Sascha Theißen

Risiken informations- und kommunikationstechnischer (IKT-) Implantate im Hinblick auf Datenschutz und Datensicherheit

Schriften des Zentrums für angewandte Rechtswissenschaft

Band 11

ZAR | Zentrum für angewandte Rechtswissenschaft

Universität Karlsruhe (TH)

Herausgeber der Schriftenreihe: *Prof. Dr. Thomas Dreier M.C.J.*

Prof. Dr. Peter Sester Dipl.-Kfm.

Prof. Dr. Indra Spiecker gen. Döhmann LL.M.

Risiken informations- und kommunikationstechnischer (IKT-) Implantate im Hinblick auf Datenschutz und Datensicherheit

von
Sascha Theißen

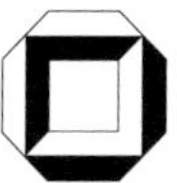

universitätsverlag karlsruhe

Dissertation, Universität Karlsruhe (TH), Fakultät für Informatik
Tag der mündlichen Prüfung: 19.12.2008

Impressum

Universitätsverlag Karlsruhe
c/o Universitätsbibliothek
Straße am Forum 2
D-76131 Karlsruhe
www.uvka.de

Universitätsverlag Karlsruhe 2009
Print on Demand

ISSN: 1860-8744
ISBN: 978-3-86644-343-3

Risiken informations- und kommunikationstechnischer (IKT) Implantate im Hinblick auf Datenschutz und Datensicherheit

Zur Erlangung des akademischen Grades eines

Doktors der Ingenieurwissenschaften

von der Fakultät für Informatik
der Universität Karlsruhe (TH)
genehmigte

Dissertation

von

Rechtsanwalt Sascha Theißen
geboren in Bonn

Tag der mündlichen Prüfung:	19. Dezember 2008
Erster Gutachter:	Prof. Dr. iur. Thomas Dreier, LL.M
Zweiter Gutachter:	Prof. Dr. rer. nat. Hannes Hartenstein

Vorwort

Die vorliegende Arbeit wurde im Wintersemester 2008 / 2009 von der Fakultät für Informatik der Universität Fridericiana zu Karlsruhe (TH) als Dissertation angenommen. Rechtsprechung und Literatur wurden bis September 2008 berücksichtigt.

Bei meinem Doktorvater, Prof. Dr. iur. Thomas Dreier, M.C.J., möchte ich mich für die Aufnahme in die Schriftenreihe und die Ermutigung bedanken, als Rechtsanwalt meiner Neigung entsprechend eine interdisziplinäre Arbeit zu verfassen. Mein Dank gilt auch Herrn Prof. Dr. rer. nat. Hannes Hartenstein für die rasche Erstellung des Zweitgutachtens.

Die Arbeit widme ich meiner Frau Sonja, die trotz zahlreicher Entbehrungen mir mit großer Geduld stets zur Seite stand und es so ermöglichte, diese Arbeit neben meiner Vollzeittätigkeit zu erstellen. Mein Dank gilt ferner meiner Tochter Sarah, deren wunderbar charmante Art mich beflügelte, nach der Unterbrechung wegen ihrer Ankunft die Arbeit zügig fertigzustellen.

Besonders danken möchte ich auch meinen Eltern, Lissy und Dr. Johannes Theißen, welche sich die Mühe gemacht haben, diese Arbeit Korrektur zu lesen.

Stuttgart, im Januar 2009

Inhaltsverzeichnis

1 **Einführung** 1

2 **IKT-Implantate** 11

2.1 Existierende IKT-Implantate mit medizinischem Schwerpunkt 12

2.1.1 VeriChip – RFID-Tagging von Patienten 12
2.1.2 Reveal Plus – Implantierbarer Loop-Rekorder zur Diagnose der Ursache ungeklärter unregelmäßiger Ohnmachtsanfälle 19
2.1.3 Home Monitoring am Beispiel aktiver implantierbarer Defibrillatoren 23

2.2 Künftig mögliche IKT-Implantate mit medizinischem Schwerpunkt - Ubiquitous Healthcare 27

2.2.1 „Fetal Health Monitor“ - Intrauterine Schwangerschaftsüberwachung mittels Implantat 29
2.2.2 Home Care - Digitale Hauspflege 29

2.3 Existierende IKT-Implantate ohne medizinischen Schwerpunkt 38

2.3.1 VeriChip 38
2.3.2 Digital Angel 42

2.4 Künftig mögliche IKT-Implantate ohne medizinischen Schwerpunkt 43

2.4.1 Tracking-Technologien und Location Based Services 44
2.4.2 Enhanced Vision 50
2.4.3 Nutzung des menschlichen Körpers zur Übertragung von Daten 53
2.4.4 Akustische Zahnimplantate 55

2.5 Ausblick auf zu erwartende neue Technologien und Weiterentwicklungen 56

2.5.1 Nanobatterien 56
2.5.2 Drahtlose Aufladung von Implantaten 57

3 **Risiken von IKT-Implantaten** 59

3.1 Risiken einer Datensammlung durch geändertes Benutzerverhalten – Virtualisierung 60

3.2 Risiken der Datensammlung durch technische Entwicklungen 65

3.2.1 Data Warehouse / Data Mining 65
3.2.2 Customer Relationship Management 66
3.2.3 Digital Rights Management (DRM) 67
3.2.4 Techniken zur Auflösung der Grenzen zwischen IKT und Nicht-IKT 68
3.2.5 Location Based Services (LBS) 69
3.2.6 Kombinationsmöglichkeiten neuer Technologien – Einsatz von IKT-Implantaten 70

3.3 Risiken aufgrund der Datensammlung durch den Staat 70

3.3.1 Erstellung von Bewegungsprofilen.. 72
3.3.2 Erstellung von Persönlichkeitsprofilen 84
3.3.3 Risiken der Aufgabe/Aushöhlung verfassungsrechtlich garantierter Grundrechte zugunsten der Sicherheit 92

3.4 Risiken aufgrund der Datensammlung durch Private............................. 112

3.4.1 Erstellung von Kundenprofilen 112
3.4.2 Verhaltenssteuerung von Nutzern durch DRM-Systeme 117
3.4.3 Überwachung durch Private 120

3.5 Sonstige Risiken 126

3.5.1 Risiken bei der biometrischen Identifikation.. 126
3.5.2 Risiken im Bereich der technischen und organisatorischen Sicherheit.. 154
3.5.3 Risiko: schleichender Einzug des Ubiquitous Computing in den Alltag . 158
3.5.4 Risiko: Verlust von Kontrolle und Vertrauen 159
3.5.5 Risiken im Bereich der Medizin 161

4 Grundlagen des Schutzes personenbezogener Daten durch geltendes Recht 183

4.1 Internationaler und supranationaler Rechtsrahmen beim Einsatz von IKT-Implantaten 183

4.1.1 Internationale Regelungen... 183
4.1.2 Supranationale Regelungen 192

4.2 Grundrechtlicher Schutz der von der Datenverarbeitung Betroffenen ... 201

4.2.1 Allgemeines Persönlichkeitsrecht 201
4.2.2 Grundrecht auf informationelle Selbstbestimmung 202
4.2.3 Grundrecht auf Gewährleistung der Vertraulichkeit und Integrität informationstechnischer Systeme 226
4.2.4 Fernmeldegeheimnis 242
4.2.5 Freizügigkeit 251
4.2.6 Unverletzlichkeit der Wohnung 252
4.2.7 Konkurrenzen und Kollisionen 255
4.2.8 Datenschutzregelungen in den Länderverfassungen............................. 262

4.3 Grundrechtlicher Schutz der Hersteller und Betreiber informationstechnischer Systeme 263

4.3.1 Grundrechte juristischer Personen 263
4.3.2 Eingriff in die Berufsfreiheit.. 265
4.3.3 Eingriff in die Eigentumsgarantie 268

5 Grenzen des herkömmlichen normativen Schutzkonzepts 278

5.1 Grundzüge des einfachgesetzlichen Datenschutzes 280

5.1.1 Bundesdatenschutzgesetz (BDSG) 280
5.1.2 Telekommunikationsgesetz (TKG) 284
5.1.3 Telemediengesetz (TMG) 292
5.1.4 Sozialgesetzbücher (SGB) 294
5.1.5 Landesdatenschutzrecht (am Beispiel Baden-Württembergs) 300

5.2 Grundsätzliche Schwächen des herkömmlichen Datenschutzrechts bei IKT-Implantaten 303

5.2.1 Ungeeignete Anknüpfung an einen Personenbezug 303
5.2.2 Fehlende Transparenz – Zielkonflikt bei IKT-Implantaten 309
5.2.3 Erschwerte Wahrnehmung der Rechte der Betroffenen 319
5.2.4 Ausgehöhlte Zweckbindung / unbegrenzte Erforderlichkeit – Zielkonflikt bei IKT-Implantaten 323
5.2.5 Entwertete Einwilligung 331
5.2.6 Fehlende Datensparsamkeit – Zielkonflikt bei IKT-Implantaten 347
5.2.7 Überholte Trennung zwischen öffentlichem und privatem Bereich 354
5.2.8 Internationale und nationale Zersplitterung des Datenschutzrechts 374

5.3 Exemplarische Einzellfallprobleme des Datenschutzrechts 382

5.3.1 Generalklauseln / berechtigtes Interesse 382
5.3.2 Privilegierung der Verarbeitung zu eigenen Zwecken 385
5.3.3 Löschungsdefizite 386
5.3.4 Fehlende Kontrolle und Sanktionen 387
5.3.5 Ausnahme persönlicher oder familiärer Tätigkeiten vom Datenschutzrecht 390
5.3.6 Beschlagnahmeverbote medizinischer Daten auf der eGK 391
5.3.7 Mangelhafte Technikadäquanz 391
5.3.8 Umstrittenes Erfordernis einer Einwilligung bei LBS 405
5.3.9 Verbot automatisierter Einzelfallentscheidungen 409
5.3.10 Kein Datenschutz durch Wettbewerb 412

5.4 Fazit 414

6 Lösungsansätze zur Abwehr der Risiken von IKT-Implantaten 417

6.1 Datenschutz durch Prozessmanagement 418

6.1.1 Organisations-, Gestaltungs- und Verarbeitungsregeln 418
6.1.2 Prozessmanagement (Informationspflichten) 419

6.2 Datenschutz durch Technik 422

6.2.1 Proaktive Technikgestaltung 422

6.2.2 Identitätsmanagement durch autonome elektronische Agenten 426
6.2.3 Anforderungen an ein datenschutzgerechtes Identitätsmanagementsystem 438

6.3 Datenschutz durch Recht 441

6.3.1 Das Vorsorgeprinzip im Datenschutz 443
6.3.2 Gefährdungshaftung im Datenschutzrecht 452
6.3.3 Verbot des Handels mit personenbezogenen Daten? 454
6.3.4 Rechtlicher Änderungsbedarf für einen Datenschutz durch Technik 455
6.3.5 Supranationale Regelungen 458
6.3.6 Einwilligung 463
6.3.7 Stärkung der Datenschutzaufsicht 464
6.3.8 „Informationelle Gewaltenteilung“ statt umfassender Überwachung...... 466
6.3.9 Ausdrückliche Festschreibung des Datenschutzes im Grundgesetz? ... 467

6.4 Datenschutz durch Wettbewerb 468

6.5 Fazit 470

7 Literaturverzeichnis 475

8 Abkürzungsverzeichnis 499

9 Glossar und Erläuterungen 504

10 English Summary 525

„Those who would give up ESSENTIAL LIBERTY,
to purchase a little TEMPORARY SAFETY,
deserve neither LIBERTY nor SAFETY“
(Benjamin Franklin, 1759)

„What was once private is now public, (…)
what once was easily forgotten is now stored forever“
(Ronald Rivest, MIT-Professor und Mitbegründer von RSA Securities)

„You already have zero privacy anyway. Get over it“
(Scott McNealy, Mitbegründer und ehemaliger CEO Sun Microsystems, 1999)

„What lies at the intersection of privacy protection and ubiquitous computing is easy to imagine: the frightening vision of an Orwellian nightmare-come-true, where countless ‘smart’ objects with detailed and far-reaching communication capabilities will observe every single moment of our lives, so unobtrusively and invisible that we won’t ever notice!”
(Marc Langheinrich, Computerwissenschaftler, ETH Zürich, 2001)

„We are moving into a world where your location is going to be known at all times by some electronic device. (…) It’s inevitable. So we should be talking about its consequences before it’s too late”
(Larry Smarr, Gründer der NCSA und heute Direktor des California Institute for Telecommunications and Information Technology, 2003)

1 Einführung

Der erste implantierbare Herzschrittmacher wurde am 8. Oktober 1958 von Elmquist und Senning in Stockholm erfolgreich eingesetzt.[1] Bereits dieses technisch sehr einfache Implantat mit einer Einsatzdauer von nur 24 Stunden verfügte über Elektroden, welche die elektrischen Impulse an den Herzmuskel und umgekehrt Messdaten zur Herzaktivität an die Elektronik übertragen.[2] Dieses stellt eines der ersten, wenn nicht das erste informationstechnische Implantat dar. In den achtziger Jahren kamen Programmierbarkeit und neue Sensortechnologien hinzu, drahtlose Kommunikationsschnittstellen im Jahre 2001.[3] Die kontinuierliche und rasante Fortentwicklung und Miniaturisierung der Mikroelektronik ermöglichte es, immer komplexere Schaltungen auf immer kleinerem Raum unterzubringen.[4] Die Leistungsfähigkeit und Zahl der Transistoren auf einem Chip verdoppelte sich nach dem von Gordon E. Moore 1965 aufgestellten sog. Moore'schen „*Gesetz*" tatsächlich im Schnitt alle 18 Monate[5] und die Taktgeschwindigkeit stieg von 4,77 Megahertz (MHz) Anfang der achtziger Jahre auf über vier Gigahertz (GHz), das entspricht 4.000 MHz. Die Speicherkapazität von ersten Festplatten für Personal Computer der Firma IBM in der Größe und mit dem Gewicht eines Ziegelsteins lag Anfang der 1980er Jahre bei 10 Megabyte (MB), heutige Festplatten sind kleiner, leichter, schneller und erreichen 1 Terrabyte, das entspricht 1.000.000 MB. Selbst miniaturisierte Festspeicherkarten auf Flash-Basis (z. B. die SD-Card oder USB-Sticks) speichern heute mehrere GB auf dem Raum eines Fingernagels. Die Leistung nahm demnach rapide zu, während die Größe der Bauteile rasant abnahm.

Elektronik und ihre Produkte und Anwendungen werden daher heute längst nicht mehr nur stationär genutzt, vielmehr verfügen heute beispielsweise schon über 74 Millionen Einwohner in Deutschland (Juni 2005) über einen Mobilfunkanschluss.[6] Das entspricht einer Marktdurchdringung von knapp 90 Prozent. Schon jetzt gibt es in Deutschland mehr Handys als Festnetzanschlüsse.[7] Tragbare Computer (Laptops) erreichen Laufzeiten von sechs und mehr Stunden bei hoher, für alltägliche Anwendungen mehr als ausreichender Leistung. Für spezielle Anwendungen haben sich tragbare Kleinstcomputer (PDAs) mit noch längeren Laufzeiten am Markt durchgesetzt, welche mittlerweile für immer breitere Anwendungszwecke geeignet sind. Sie verbinden sich mit Netzwerken und anderen Geräten via Wireless LAN (WLAN), Bluetooth[8] sowie GSM- und UMTS-Funk, verfügen über

---

1 *Privalt*, Information über Herzschrittmacher und Defibrillatoren, http://www.herzschrittmacher.info/hersteller.htm.

2 *Leonhardt*, Der Herzschrittmacher, http://www.stimulation.de/praxis/praxis_herzschrittmacher.html.

3 *Nsanze*, "ICT Implants in the Human Body" A Review, 121.

4 Vgl. zu der Entwicklung und deren Bedeutung für das Datenschutzrecht allgemein *Roßnagel*, APuZ 5-6/2006, 9.

5 *Moore*, Electronics 1965, 115f; *Glesner/Wang/Hollstein* in Rossmann/Tropea, Microelectronics meets Bionics, 31.

6 *Schlomski*, Mehr Handys als Festnetz-Anschlüsse, http://www.ce-markt.de/CE-Markt-Exklusiv/Mobilfunkmarkt/mobilfunkmarkt.html.

7 *VATM - Verband der Anbieter von Telekommunikations- und Mehrwertdiensten e.V. (Hrsg.)*, Mobilfunk - Einführung, http://www.vatm.de/content/mobilfunk/mobilfunk.html; *Schlomski*, Mehr Handys als Festnetz-Anschlüsse, http://www.ce-markt.de/CE-Markt-Exklusiv/Mobilfunkmarkt/mobilfunkmarkt.html.

8 Bluetooth ist ein funkbasierendes System zur Vernetzung unterschiedlicher mobiler Geräte mit einer Reichweite je nach Klasse von ca. 1, 10 oder sogar 100 Metern. Es findet häufig Verwendung bei drahtlosen Verbindungen zwischen Mobiltelefonen und Headsets sowie zwischen PCs, Mobiltelefonen und Druckern.

Empfänger für das Global Positioning System (GPS)-System und können sich beispielsweise im Raum orientieren und als Navigationssysteme genutzt werden. Damit trägt bereits heute ein jeder mit Laptop, PDA und Mobiltelefon mehr Rechenkapazität mit sich herum, als zur Entstehungszeit des Bundesdatenschutzgesetzes in eine Turnhalle gepasst hat.[9] Das Schutzkonzept des Datenschutzrechts, welches noch auf einer Welt weniger Großrechner beruht und nur vereinzelt angepasst wurde, wird den alltäglichen Bedrohungen der fortschreitenden technischen Entwicklung kaum mehr gerecht.

So werden herkömmliche Barcodes auf Produkten zunehmend durch so genannte Smart-Tags ersetzt, welche auf Radio Frequency Identification (RFID) beruhend das kontaktlose Auslesen ermöglichen und neben dem Hersteller-Code noch zusätzliche Daten wie Seriennummern, Produkt-Charge, Verfallsdatum u. ä. enthalten können und als wenige Millimeter große, ultra flache Aufkleber oder Einnäher in Kleidungsstücken, Verpackungen und sogar auf den Produkten selbst untergebracht werden. Da diese keine Stromquelle enthalten müssen, sondern nur bei Bedarf durch einen Scanner aktiviert werden und ihre Daten versenden, sind sie praktisch im Rahmen der Produktlebensdauer „*ewig*" haltbar. RFID-Etiketten in Büchern ermöglichen beispielsweise in Bibliotheken in Wien,[10] Stuttgart[11] und München das schnellere Ausleihen von Büchern im Self-Check-Out-Prinzip. Das (auch mobile) Internet ist zum Massenmedium geworden; aus der jungen „Online-Generation" der 14-19-Jährigen nutzen bereits 96% regelmäßig das Internet – im Schnitt mehr als zweieinhalb Stunden täglich.[12] Forscher weltweit beschäftigen sich bereits mit der nächsten Generation von Computern – bzw. dem Verschwinden von Computern aus unserer Wahrnehmung: So sollen an Stelle von klobigen Arbeitsplatzrechnern, Laptops, PDAs und Mobiltelefonen eine Vielzahl kleinster Computer treten, welche in Gegenständen jeglicher Art verborgen sind und uns überall und zu jedem Zeitpunkt vernetzen – ein alles durchdringendes, allgegenwärtiges Leben für jedermann mit dem Computer (Pervasive bzw. Ubiquitous Computing) wird prognostiziert. Es existieren bereits Miniatur-Sensoren und kleinste Chips zur Ortsbestimmung, die autarke Energieversorgung wurde leistungsfähiger, technische Komponenten werden zudem immer billiger und breiter verfügbar.[13] Vielfältig sind schon hierdurch die Möglichkeiten, das persönliche Verhalten zu registrieren und zu bewerten.[14]

---

9 *Roßnagel*, FES-Studie, 193.

10 In Wien wurden bereits im Jahre 2004 über 240.000 Bücher und 60.000 CDs und DVDs mit RFIDs etikettiert. Mittels dieser soll die Ausleihe und Rückgabe „im Vorbeigehen" geschehen und zugleich noch Schutz gegen Diebstahl bieten. Vgl. *Kelter/Wittmann*, DuD 2004, 332.

11 In Stuttgart wird derzeit aus Kosten- wie Datenschutzgründen keine RFID-Chipkarte, sondern eine herkömmliche Barcode-Karte verwendet. Zu näheren Informationen zu dem System vgl. *Lindl*, B.I.T. Online, 108-112.

12 75. Konferenz der Datenschutzbeauftragten des Bundes und der Länder, DuD 2008, 469, 473.

13 *Roßnagel*, APuZ 5-6/2006, 9.

14 75. Konferenz der Datenschutzbeauftragten des Bundes und der Länder, DuD 2008, 469.

Der nächste *„Quantensprung der Informationstechnik“* steht unmittelbar bevor: Die Verknüpfung von Informations- und Kommunikationstechnik mit dem Körper.[15] Denn während auch die noch so ausgefeilten, miniaturisierten neuen IKT-Geräte heute unser Leben bislang nur *„begleiten“*, werden sie künftig noch mehr ein integraler Bestandteil unseres Lebens sein – wenn nämlich die Integration von IKT-Geräten in den menschlichen Körper erfolgt.[16] Durch die Einführung von biometrischen Pässen und Datenbanken mit personenbezogenen Daten in Krankenhäusern (Stichwort elektronische Gesundheitskarte, elektronische Patientenakte) und die immer stärkere Integration sowohl der Technologien an sich als auch der Vernetzung von Menschen und Daten(-banken) untereinander entsteht eine völlig neue Qualität des Umgangs mit Computern – das allgegenwärtige Vernetztsein (Ubiquitous Computing) wird Realität. Neu sind dabei IKT-Implantate, welche diese Techniken ebenfalls integrieren und ihre Träger zum Teil eines Computernetzwerks werden lassen[17] – mit neuen technischen wie rechtlichen Herausforderungen und Fragestellungen. Diese verbinden Techniken wie RFID, GPS, UMTS/GSM und Computer samt Speicher mit Chips zur Ortung und Kommunikation, zur medizinischen Überwachung mit Herzschrittmachern und weiteren Geräten zu neuen, bisher so nicht existierender Techniken und Möglichkeiten.

Sie gestatten, den Standort von Personen zu bestimmen und zu übertragen.[18] Kombiniert mit Herzschrittmachern, Defibrillatoren und tragbaren EKG-Geräten, um medizinische Notfälle unmittelbar und teilweise schon vor dem Patienten selber erkennen zu können, erlauben sie, seinen Standort an das nächst gelegene Rettungsfahrzeug zu übertragen und so eine effektive Rettung zu ermöglichen. Alzheimerpatienten sollen durch eine ähnliche Anwendung überwacht werden, um sicherzustellen, dass beispielsweise Küchengeräte wieder ausgeschaltet werden, Medikamente regelmäßig eingenommen, nötige Besorgungen erledigt werden und die Patienten sich auf dem Weg nicht verirren. Die elektronische Patientenkarte wird in Deutschland Anfang 2009 eingeführt, in weiteren Ausbaustufen sollen sämtliche Befunde, Röntgenbilder und Therapien dort abgespeichert werden. In den USA bereits eingesetzte Implantate auf RFID-Basis gewähren dabei Rettungskräften den Zugriff auf die Patientendaten. Die gleichen IKT-Implantate dienen schon heute Zwecken wie dem Bezahlen von Drinks in Discotheken und als VIP-Eintrittskarte, zur Übertragung von elektronischen Daten über die Haut als Datenleiter (z. B. als eine Art implantierter Schlüssel) oder sollen künftig das Telefonieren ohne Freisprecheinrichtung ermöglichen. Dazu sollen Zahnimplantate den Empfang von Radiosignalen und Mobiltelefonaten von außen unbemerkt per Übertragung der Schallwellen mittels Knochenresonanz auf das Innenohr ermöglichen. Smart-Gun-Chips identifizieren den Träger einer Waffe gegenüber

---

15 *75. Konferenz der Datenschutzbeauftragten des Bundes und der Länder*, DuD 2008, 469, welche allerdings noch nicht auf Implantate, sondern „nur“ auf die automatisierte Messung von medizinischen Parametern und zur Kompensation organischer Beeinträchtigungen abstellt, bei welcher die Grenzen zu Implantaten allerdings fließend sind.

16 *Weber*, EMBO reports Vol 7 Special Issue 2006, S36.

17 *Tinnefeld*, RDV 2006, 98.

18 *Weber*, EMBO reports Vol 7 Special Issue 2006, S36.

dem Entriegelungssystem des Waffensystems und sollen so verhindern, dass Waffen unbefugt verwendet werden.

Dass es sich bei den geschilderten Anwendungsmöglichkeiten um keinen unbedeutenden Markt handelt, zeigt eine Untersuchung der Unternehmensberatung McKinsey, welche allein dem Verkauf von Gesundheitsprodukten und -dienstleistungen auf elektronischem Wege in Europa ein Marktpotential in Höhe von 100 Milliarden Euro zumisst.[19] Rainer Herzog, Projektmanager bei Ericsson, geht alleine in Deutschland von mehr als 25 Millionen Menschen mit Bluthochdruck- und Herzproblemen, Asthma und Diabetes aus,[20] für die bereits heute Gesundheitstelematik-Produkte verfügbar sind. Die UNESCO erwartet, dass ab dem Jahre 2010 jährlich etwa 500 Milliarden RFID-Chips in den Markt gebracht werden.[21] Dazu passt die Erwartung des ehemaligen IBM-CEOs Gerstner, dass bis 2009 bereits eine Milliarde Menschen 1.000 *„smart objects"* pro Person benutzen werden.[22] Die wirtschaftliche Bedeutung geht über die reinen Technikausgaben noch erheblich hinaus. Das Bundesministerium für Wirtschaft und Technologie erwartet eine Zunahme der von der RFID-Technologie beeinflussten Bruttowertschöpfung in Deutschland von 0,5 % im Jahre 2004 auf 8 % im Jahr 2010 und damit auf 62 Milliarden Euro[23] – ein gigantischer Markt. Diese technische, soziale und wirtschaftliche Entwicklung lässt eine Welt wahrscheinlich werden, in der viele Alltagsgegenstände mit Sensor-, Kommunikations- und Rechnertechnik ausgestattet sind.[24] Diese Vision, von Mark Weiser bereits 1991 als *Ubiquitous Computing* bezeichnet,[25] scheint Wirklichkeit zu werden. Wir gehen einer Welt entgegen, in der die Datenverarbeitung allgegenwärtig wird, aber im Hintergrund abläuft, in der computerisierte Alltagsgegenstände unmerklich und umfassend den Menschen in eine *„smarte"* Umgebung einbinden und ihm ihre Dienste anbieten.[26] Während die einzelnen existierenden oder in der Entwicklung befindlichen Implantate kaum unterschiedlicher sein könnten, haben sie doch einen gemeinsamen Nenner: Sie kommunizieren mit anderen Geräten außerhalb des menschlichen Körpers.[27] Sie können sich gegenüber anderen Geräten identifizieren– und mit ihnen ihren Träger.[28]

All diese technischen Entwicklungen und aktuellen Forschungsprojekte bewegen sich in teilweise rechtlich noch nicht oder ungenügend geregeltem Gebiet. So ergeben sich neue

---

19 Wiedergegeben in *Schaefer*, Telematik-Feldversuch, http://idw-online.de/pages/de/news21162; *Hanika*, MedR 2001, 107.

20 *Krüger-Brand*, Dtsch Ärztebl/PC 2/2003, 17.

21 *UNESCO - Information for All Programm (IFAP) (Hrsg.)*, Ethical Implications of Emerging Technologies, 45.

22 *Mattern*, Buchbesprechung "Pervasive Computing Handbook", http://www.vs.inf.ethz.ch/publ/papers/PervCompHbkRezess.pdf; *Directnews/EUROFORUM Deutschland GmbH (Hrsg.)*, RFID - Die Welt wird smart, http://www.newsticker.org/pm.php?news_id=1684.

23 *Bovenschulte/Gabriel/Gaßner et al.* in Bundesministerium für Wirtschaft und Technologie, RFID: Opportunities for Germany, Management Summary I, III.

24 *Roßnagel*, APuZ 5-6/2006, 9.

25 *Weiser*, SciAm 3/1991, 94-104.

26 *Roßnagel*, APuZ 5-6/2006, 9 mwN; *Mattern* in Roßnagel/Sommerlatte/Winand, Allgegenwärtige Informationsverarbeitung, 3ff.

27 *Weber*, EMBO reports Vol 7 Special Issue 2006, S37.

28 *Weber*, EMBO reports Vol 7 Special Issue 2006, S37.

Fragen und Herausforderungen ganz besonders für den Datenschutz und die Selbstbestimmung der Individuen bei IKT-Implantaten und den zugehörigen Telematik-Anwendungen.[29] Denn es ist nun technisch möglich, komplette Bewegungsprofile von Menschen zu erstellen[30] oder deren Krankengeschichte elektronisch abzurufen. Die neue Rechenkapazität ermöglicht im Zusammenhang mit den durch IKT-Implantate entstehenden umfassenden Daten über das Leben einer Person im Wege des Data Minings neue Zusammenhänge und Strukturen zu erkennen und Prognosen über künftige Verhaltensweisen und Entwicklungen abzugeben. Lebensvorgänge werden umfassend zum Gegenstand von Datenerhebungen – und diese Daten potentiell unendlich speicherbar. Die datenschutzrechtliche Seite von RFID-Tags wurde bis vor kurzem kaum betrachtet,[31] erst recht nicht im Hinblick auf Implantate.[32] Und obwohl seit den siebziger Jahren der Schutz persönlicher Daten und der Privatsphäre in breiten Bevölkerungsschichten eine enorme Relevanz erhalten hatte, welche in Datenschutzgesetzen und Protesten gegen die Volkszählung und die Volkszählungsentscheidung des Bundesverfassungsgerichts mündete,[33] wurden die besonders stark hierauf einwirkenden Technologien im Rahmen des Ubiquitous Computing bislang kaum beachtet.[34] Ganz im Gegenteil: Es besteht auf Seiten des Gesetzgebers derzeit eine Bereitschaft zu vorher nicht für möglich gehaltenen Beschränkungen von Bürgerrechten und damit die Freiheit zur Disposition zu stellen – ohne dass dies auf massiven öffentlichen Protest stößt.[35] Dies mag zum Teil daran liegen, dass den einzelnen verfügbaren Anwendungen kaum Bedeutung beigemessen wurde,[36] zum Teil aber auch am fehlenden Überblick über den sich rasant entwickelnden Markt und den Einsatz solcher Implantate.

Obwohl seit einigen Jahren schon eine Vielzahl medizinischer IKT-Implantate im Einsatz ist, fand hierzu auf gesellschaftlicher oder politischer Ebene vor dem Jahre 2004 nahezu keine - seither findet zumindest eine geringe - Rezeption statt. Obwohl RFID-Anwendungen längst im Markt eingeführt sind und von Verbrauchern z. B. bei Funkfernbedienungen für Kfz genutzt werden, hatten beispielsweise nur 15 % der Bevölkerung in Deutschland im November 2004 schon von der RFID-Technologie gehört.[37] Obwohl der

29 Dazu auch *Roßnagel*, APuZ 5-6/2006, 9.

30 *Gonzáles/Hidalgo/Barabási*, Nature 2008, 779ff; *Heise online/fr*, Wissenschaftler analysieren individuelle Bewegungsprofile von Handynutzern, http://www.heise.de/newsticker/meldung/109012; *Arbeitskreis "Technische und organisatorische Datenschutzfragen der Konferenz der Datenschutzbeauftragten des Bundes und der Länder unter Mitwirkung des Arbeitskreises Medien"*, DuD 2005, 701, 704 und 711; *Tinnefeld*, RDV 2006, 98; *Zimmermann*, 26. Tätigkeitsbericht 2005 des Landesbeauftragten für den Datenschutz Baden-Württemberg, http://www.baden-wuerttemberg.datenschutz.de/lfd/tb/2005/default.htm, 5.1.2, 5.2.2.3; hierzu auch *Weichert* in Sokol, Geomarketing und Datenschutz - ein Widerspruch?, 134f.

31 *Laschet/Brisch*, StoffR 2005, 83.

32 Mit der Implantation von Sensoren und Prozessoren (IKT-Implantaten) in den menschlichen Körper befasst sich am Rande *Tinnefeld*, RDV 2006, 98.

33 BVerfGE 65, 1 – *Volkszählung.*

34 *Langheinrich* in Abowd/Brumitt/Shafer, Privacy by Design, 273.

35 *Hoffmann-Riem*, zitiert nach *Bielefeldt*, Freiheit und Sicherheit im demokratischen Rechtsstaat, 5.

36 *Laschet/Brisch*, StoffR 2005, 83.

37 Vgl. *Capgemini Consulting (Hrsg.)*, RFID and Consumers - Studie, 4 zu den Ergebnissen der repräsentativen Umfrage im November 2004.

politische Dialog und die aktive Technikfolgenabschätzung bekannte Mittel und Wege sind, die Einführung neuer Technologien so weit wie möglich sozialverträglich zu gestalten, ist das im Bereich des Ubiquitous Computing und der IKT-Implantate bislang nicht geschehen.[38] Eine über Verbraucher- und Datenschützer hinausgehende Befassung breiterer Bevölkerungsschichten mit der Thematik fand kaum statt,[39] obwohl diese auch und gerade im Rahmen von IKT-Implantaten von Bedeutung ist. Vielfach blieb es daher bei *„diffusen Ängsten"*, welche sich aus den neuen, nicht von jedermann überschaubaren Technologien und Anwendungen ergeben.[40]

Dabei stehen den diffusen Ängsten handfeste Skandale zur Seite. Diese reichen von der Video-Bespitzelung bei Lidl,[41] der umfangreichen, dauerhaften und systematischen – und rechtswidrigen - Auswertung von Verbindungsdaten von Managern und Aufsichtsräten der Arbeitnehmerseite zur Aufdeckung unliebsamer Kontakte zu Wirtschaftsjournalisten bei der Telekom in den Jahren 2000 bis 2006,[42] Zugriffen der Lufthansa auf die Flugdaten von Journalisten zur Suche nach einem „Leck" im Aufsichtsrat des Konzerns in den Jahren 2000/2001[43] bis hin zu dem aktuellen Handel mit Millionen von Kunden- und Kontodaten durch Callcenter.[44] Hinzu kommen Einbrüche und Diebstähle von in der Privatwirtschaft vorgehaltenen Daten über 40 Millionen Kunden und deren Kreditkarten aus den Datenbanken neun großer U.S.-amerikanischer Händler, darunter TJX und Barnes & Noble,[45] illegale Zugriffe externer Callcenter auf die Kundendatenbank der Telekom mit Angaben zu 30 Millionen Kunden und deren Weiterverkauf und Missbrauch für unberechtigte Abbu-

---

38 So zum Pervasive Computing (mit Ausnahme der Elektrosmog-Debatte bei Mobilfunk) *Langheinrich/Mattern*, APuZ 42/2003, 7.

39 Langheinrich/Mattern, APuZ 42/2003, 7.

40 *Capgemini Consulting (Hrsg.)*, RFID and Consumers - Studie, 10.

41 *Fox*, DuD 2008, 375.

42 *Meck*, Skandal im volkseigenen Betrieb, FAZ v. 01.06.2008, http://www.faz.net/s/RubD16E1F55D21144C4AE3F9DDF52B6E1D9/Doc~E566DAAFA70F24EF885F866C331B435BA~ATpl~Ecommon~Sspezial.html; *Scherer*, MMR 2008, 433; *Fox*, DuD 2008, 375.

43 *FAZ (Hrsg.)*, Lufthansa hat Passgierdaten ausgewertet, FAZ v. 09.06.2008, http://www.faz.net/s/RubD16E1F55D21144C4AE3F9DDF52B6E1D9/Doc~E63C2E2E8A7B7418999E8B71FEB948238~ATpl~Ecommon~Scontent.html?rss_aktuell; *Lambrecht/Kurz*, Datenschutzbeauftragte prüft Lufthansa-Ermittlungen, FTD v. 10.06.2008, http://www.ftd.de/unternehmen/handel_dienstleister/:Datenschutzbeauftragte%20Lufthansa%20Ermittlungen/369965.html.

44 Angefangen von 17.000 entwendeten Datensätzen der Süddeutschen Klassenlotterie (SKL), welche neben Namen, Telefonnummer und vollständigem Geburtsdatum auch die kompletten Bankdaten enthielten (vgl. *Verbraucherzentrale Schleswig-Holstein (Hrsg.)*, Callcenter sind im Besitz von Kontodaten, http://www.verbraucherzentrale-sh.de/UNIQ121986881404013/link481821A.html), über die bei dem Informanten tatsächlich vorhandenen 1,5 Millionen weiterer Datensätze (*Spiegel Online*, Informant besitzt 1,5 Millionen Adressen, http://www.spiegel.de/wirtschaft/0,1518,572533,00.html) konnte die Verbraucherzentrale sogar CDs mit sechs Millionen Datensätzen erwerben, davon 4 Millionen mit Kontoverbindung – für nur EUR 850 (vgl. *Spiegel Online (Kröger*, Verbraucherschützer kaufen sechs Millionen Datensätze, http://www.spiegel.de/wirtschaft/0,1518,572752,00.htm).

45 *U.S. Department of Justice (Hrsg.)*, Retail Hacking Ring Charged for Stealing and Distributing Credit and Debit Card Numbers from Major U.S. Retailers - More Than 40 Million Credit and Debit Card Numbers Stolen, http://www.usdoj.gov/opa/pr/2008/August/08-ag-689.html.

chungen von jeweils EUR 50 bis EUR 100.[46] Auch das iPhone 3G wurde schon dazu missbraucht, ungewollt SMS an alle Empfänger im Adressbuch zu senden, welche die Positionsangabe des Absenders enthielten. Durch Schwachstellen eines kostenlosen Spiels wurde die gesamte Kontaktliste unverschlüsselt an einen Server übermittelt, angeblich *„um andere Fans des Spiels zu finden"*.[47] Auch enthalten entsorgte oder verkaufte Festplatten in einem Drittel der Fälle brisante Daten des vorherigen Nutzers,[48] beispielsweise Daten von einer Millionen Bankkunden, welche auf einer für 45 EUR bei eBay ersteigerten Festplatte lagen.[49]

Auch beim Staat häufen sich Fälle von abhanden gekommenen Datenträgern, z. B. mit Namen und weiteren Daten 8.500 österreichischer Häftlinge[50] oder USB-Sticks mit unverschlüsselten Informationen sämtlicher 84.000 Strafgefangener in England und Wales mit Standarddatensätzen, erweiterte Informationen zu 33.000 Schwerverbrechern und 10.000 *„Priority Criminals"* nebst kriminalpolizeilicher und geheimdienstlicher Ermittlungsakten.[51] Hinzu kommen liegen gelassene Regierungsunterlagen mit streng geheimen Informationen zum Terrornetzwerk al-Kaida in Nahverkehrszügen im Juni 2008[52] und der Verlust von zwei CDs mit Bankverbindungen, Adressen und Namen von 25 Millionen britischer Kindergeldempfänger.[53] Der Verlust von Datenträgern mit Namen und Adressen von 160.000 minderjährigen Patienten und archivierten Daten von Krebspatienten, welche 40 Jahre zuvor behandelt wurden,[54] runden das Bild ab. Dazu kommen für jedermann aus der Entfernung auslesbare Fingerabdrücke aus biometrischen Pässen,[55] verlorene Blankopässe[56] und gefälschte biometrische Ausweise, welche von Lesegräten als ordnungs-

---

46 *Siebenhaar/Louven*, Deutsche Telekom will wieder Anzeige erstatten, Handelsblatt v. 20.08.2008, http://www.handelsblatt.com/unternehmen/it-medien/;2024900; *FAZ (Hrsg.)*, Datendiebstahl-Skandal erreicht die Telekom, FAZ v. 19.08.2008, http://www.faz.net/s/RubD16E1F55D21144C4AE3F9DDF52B6E1D9/Doc~E7EFF73030B234E9D893FEA1C765A594F~ATpl~Ecommon~Scontent.html.

47 *Schwan*, Der ganz normale (mobile) Datenschutzalbtraum, http://www.heise.de/tr/blog/artikel/113404 mwN.

48 *Heise online/gr/dpa*, Festplatte mit geheimen Polizeidaten versteigert, http://www.heise.de/newsticker/meldung/58177; *Heise online/anw*, Festplatten mit Kontodaten auf eBay verscherbelt, http://www.heise.de/newsticker/meldung/114905; *Heise online/anw*, Erneut Festplatte mit Daten britischer Bürger verkauft, http://www.heise.de/newsticker/meldung/115021.

49 *Heise online/anw*, Festplatten mit Kontodaten auf eBay verscherbelt, http://www.heise.de/newsticker/meldung/114905.

50 *Sokolov*, Österreichs Justizministerin vertuscht Datendiebstahl, http://www.heise.de/newsticker/meldung/108045.

51 *Heise online/pmz*, Britische Behörden vermissen Datenträger mit Informationen über gefährliche Straftäter, http://www.heise.de/newsticker/meldung/114657; *FTD (Hrsg.)*, Briten verlieren Daten von 84.000 Häftlingen, FTD v. 22.08.2008, http://www.ftd.de/politik/europa/403816.html.

52 *FTD (Hrsg.)*, Briten verlieren Daten von 84.000 Häftlingen, FTD v. 22.08.2008, http://www.ftd.de/politik/europa/403816.html.

53 *FTD (Hrsg.)*, Briten verlieren Daten von 84.000 Häftlingen, FTD v. 22.08.2008, http://www.ftd.de/politik/europa/403816.html.

54 *Heise online/fr*, Daten von hunderttausenden Patienten sind in Großbritannien verloren gegangen, http://www.heise.de/newsticker/meldung/101035.

55 *Roth*, Niederlande: Biometrie-Pass erfolgreich gehackt, http://www.telepolis.de/r4/artikel/21/21907/1.html; *Boggan*, Cracked it!, The Guardian v. 17.11.2006, http://www.guardian.co.uk/technology/2006/nov/17/news.homeaffairs; *Heise online/pmz*, Sicherheitsexperte führt Klonen von RFID-Reisepässen vor, http://www.heise.de/newsticker/meldung/76379.

56 *Hines/Byers*, Stolen passports 'worth up to £5 million', Times Online v. 29.07.2008, http://www.timesonline.co.uk/tol/news/uk/crime/article4420850.ece.

gemäß akzeptiert werden.[57] Auch nutzt der Staat gerne vorhandene Daten zu Zwecken, für welche die Daten nicht erhoben und somit auch nicht genutzt werden dürfen, beispielsweise zur Überprüfung von Bewerbern im polizeilichen Informationssystem.[58]

Von den mit beispielloser Geschwindigkeit nach dem 11. September 2001 von westlichen Regierungen aus den Schubladen gezauberten neuen Sicherheitsgesetzen,[59] der geplanten umfangreichsten[60] Erfassung 13-Jähriger *„potentieller Verbrecher"* in Datenbanken des französischen Inlandsgeheimdienstes DCRI auch ohne begangene Straftat,[61] der Auswertung der Verbindungsdaten von bis zu 10.000 Menschen und 13.000 Handy-Gesprächen und Kurzmitteilungen bei den Ermittlungen im Oldenburger Holzklotz-Fall,[62] und den grundrechtswidrigen Gesetzen zum Kfz-Kennzeichen-Scanning, der Online-Durchsuchung und der Vorratsdatenspeicherung ganz abgesehen. Grund genug also, den Einsatz von IKT-Implantaten, welche jeden Einzelnen rund um die Uhr vernetzen, skeptisch zu sehen.

Eine im Auftrag der EU-Kommission Anfang 2008 – und damit vor dem Bekanntwerden der meisten der vorgenannten Skandale - durchgeführte Befragung zeigte, dass 64% der Bürger besorgt über die Handhabung des Datenschutzes in Europa sind, der Anteil besorgter deutscher Bürger stieg im Zeitraum 2003-2008 sogar von 58 auf 86%.[63] Nur 5% der befragten unternehmensinternen Datenschutzbeauftragten sind der Auffassung, dass die geltenden Datenschutzvorschriften völlig ausreichend seien – zugleich ist aber die Hälfte von ihnen der Ansicht, dass dem wachsenden Austausch personenbezogener Informationen nicht durch Gesetze beizukommen ist.[64]

Die vorliegende Untersuchung bezweckt, Möglichkeiten eines nutzbringenden Einsatzes von IKT-Implantaten einschließlich der hieraus erwachsenden Risiken aufzuzeigen. Um ein Verständnis für die technische und rechtliche Problematik von IKT-Implantaten zu entwickeln, wird zunächst ein keineswegs erschöpfender Überblick über existierende und in

---

57 *Meikle*, Biometric passport chips can be cloned in an hour, researcher warns, The Guardian v. 06.08.2008, http://www.guardian.co.uk/technology/2008/aug/06/news.terrorism; *Boggan*, Passports: This isn't supposed to happen: how a baby became bin Laden, Times Online v. 06.08.2008, http://www.timesonline.co.uk/tol/news/uk/crime/article4467098.ece; *Boggan*, 'Fakeproof' e-passport is cloned in minutes, Times Online v. 06.08.2008, http://www.timesonline.co.uk/tol/news/uk/crime/article4467106.ece.

58 VG Stuttgart, Beschluss v. 01.08.2008, 3 K 1886/08 (nicht rechtskräftig).

59 *Fox*, DuD 2008, 375.

60 Laut Artikel 2 der Regierungsverordnung zu "Edvige" können Informationen zum Familienstand, Beruf, zur Adresse, zu Adressenwechsel, zu körperlichen Merkmalen, zur Identität, zur Steuer, zu Vorstrafen, zur Anmeldung des Autos, aber auch zum Bekanntenkreis und – durch andere Verordnungen eingeschränkt – zum Verhalten der Personen gesammelt werden, vgl. *Heise online/tpa*, Frankreich: Geheimdienst-Datenbank "Edvige" beunruhigt die Öffentlichkeit, http://www.heise.de/newsticker/meldung/113202 mwN.

61 *APA/dpa*, Empörung über Erfassung 13-Jähriger in "Datenbank potentieller Gewalttäter", derStandard.at v. 02.07.2008, http://derstandard.at/?url=/?id=3400358.

62 *Krempl*, Bedenken gegen "Rasterfahndung" im Holzklotz-Fall, http://www.heise.de/newsticker/meldung/113253; *Stark*, Der Spiegel 30/2008.

63 *o.V.*, RDV 2008, 128 unter Verweis auf *The Gallup Organization (Hrsg.)*, Data Protection in the European Union.

64 *o.V.*, RDV 2008, 128 unter Verweis auf *The Gallup Organization (Hrsg.)*, Data Protection in the European Union.

der Entwicklung befindliche bzw. voraussichtliche künftige Implantate und Einsatzzwecke gegeben (Kapitel 2). Anschließend werden die hieraus erwachsenden Gefahren und Risiken dargestellt und erläutert (Kapitel 3). Die technischen Entwicklungen verändern unsere Gesellschaft und erfordern Handlungskonzepte des Staates, einen wirksamen Datenschutz zu implementieren.[65] Viele der durch IKT-Implantate aufgeworfenen organisatorischen, technischen und rechtlichen Probleme sind zwar nicht grundlegend neu, werden aber durch die Verbreitung der IKT-Implantate und dem Eindringen in alle Lebensbereiche sowie aufgrund der fortschreitenden Miniaturisierung und Vernetzung der Verarbeitung personenbezogener Daten aber deutlich verschärft. Insoweit handelt es sich bei IKT-Implantaten um eine Dual-Use-Technologie, welche einerseits die Erleichterung, Unterstützung und Ergänzung unserer körperlichen und geistigen Fähigkeiten und neue Freiheiten, insbesondere bei Patienten, zugleich aber auch eine umfassende Überwachung und Rekonstruktion vieler Ereignisse im Leben eines Menschen ermöglicht. Dies kann die bestehende Machtverteilung in der Gesellschaft stark verändern und gefährdet die informationelle Selbstbestimmung in besonderem Maße.

In Kapitel 4 werden daher die Grundlagen der für IKT-Implantate bedeutsamen internationalen, supranationalen und grundrechtlichen Anforderungen an einen Schutz personenbezogener Daten dargestellt. Kapitel 5 erläutert anhand der hierzu erlassenen einfachgesetzlichen Regelungen in Deutschland, wie diese den in Kapitel 3 genannten *„Bedrohungen“* begegnen sollen. Dabei wird auf konzeptionelle Schwächen des heutigen Datenschutzkonzepts in einer Welt allgegenwärtiger Datenverarbeitung durch den Einsatz von IKT-Implantaten sowie auf wesentliche Schwächen im Detail eingegangen.

Der informationellen Selbstbestimmung kommt für die freie Entfaltung von Individuen und die demokratische Entwicklung der Gesellschaft eine nicht zu unterschätzende Bedeutung zu, welche durch ein umfangreich zu modifizierendes und ergänzendes Schutzprogramm zu sichern ist. Eckpunkte eines solchen Schutzprogramms, das den nutzbringenden Einsatz von IKT-Implantaten ohne Realisierung eines Großteils der damit verbundenen Risiken ermöglichen könnte, werden in Kapitel 6 aufgeführt.

---

65 *Schuler-Harms* in Sokol, Die kommerzielle Nutzung statistischer Persönlichkeitsprofile als Herausforderung für den Datenschutz, 26.

2 IKT-Implantate

Die nachfolgende Darstellung gibt einen (notgedrungen unvollständigen) Überblick über die für die datenschutzrechtlichen Fragestellungen dieser Arbeit wesentlichen verfügbaren und/oder in der Entwicklung befindlichen Implantate. Die Untergliederung in medizinische und nicht-medizinische Anwendungen ist anhand des jeweiligen Schwerpunktes des Implantats möglichst sachdienlich vorgenommen worden. Dennoch zeigt das Beispiel VeriChip, dass eine Technologie zu nahezu beliebigen Zwecken eingesetzt werden kann, da hier primär die dahinter stehende Anwendung die Einsatzmöglichkeiten bestimmt. Dennoch erleichtert eine solche Differenzierung in vielen anderen Fällen das Erschließen der Materie, so dass diese übliche[66] Differenzierung beibehalten wird.

Neben den dargestellten Beispielen findet Forschung in vielen weiteren Bereichen statt,[67] so bei den neuronal gesteuerten Prothesen (z. B. einer kybernetischen Hand)[68] und der Mensch-Maschine-Kommunikation (Fernsteuerung eines Flugzeugs durch Ratten-Neuronen einerseits, Entwicklung eines künstlichen Hippocampus zum Ersatz beschädigter Hirnareale andererseits), Tiefenhirn-Stimulation (Deep Brain Stimulation, DBS) bei therapieresistenten Menschen mit schwerer Depression[69] und Gehirnschrittmacher gegen Parkinson-Symptome,[70] wobei die Forschung hier vielfach noch in den Kinderschuhen steckt. Ebenfalls verstärkt geforscht wird an Retina-Implantaten[71] für Blinde und Auditory Brainstem- und Cochlea-Implantate für Taube,[72] welche im Sinne dieser Arbeit zwar über Informations-, nicht aber über nennenswerte Kommunikationstechnologien verfügen, so dass sie keine nähere Beachtung finden.

Ferner wird auf eine ausführliche Darstellung eher hypothetischer künftiger Entwicklungen verzichtet. Ausblicke auf in naher Zukunft zu erwartende Technologien beschränken sich auf naheliegende und in der Forschung und Entwicklung befindliche Erweiterungen bereits existierender Technologien, welche z. B. die abzusehende weitere Miniaturisierung, die Senkung des Energieverbrauchs und die alternative Bereitstellung von Energie, die höhere Integration und ein größeres Nutzpotential betreffen.

---

66 Vgl. nur *Nsanze*, "ICT Implants in the Human Body" A Review, 117.

67 Vgl. Hierzu die exemplarisch aufgeführten Beispiele in *o.V.*, Technology Review 4/2007, 67ff.

68 http://www.cyberhand.org.

69 *Mayberg/Lozano/Voon et al.*, Neuron 2005, 653, 658; *University Health Network (Hrsg.)*, Experimental electrode implant treatment shows promise for helping severely depressed, http://www.uhn.ca/media/releases/2005/feb/electrode_implant.pdf.

70 *Kupsch/Ulm/Funk*, "Hirnschrittmacher" gegen die Parkinson-Erkrankung - Eine Patientenaufklärung, http://www.charite.de/ch/neuro/klinik/patienten/ag_bewegungsstoerungen/pdf/DBS_Aufklaerungsmaterial.pdf, 1; *Medtronic*, Tiefe Hirnstimulation - Medtronic Hintergrund, http://www.medtronic.com/germany/downloadablefiles/Hintergrund_dbs_final_frei.pdf, 1; *Herzog/Deuschl/Volkmann*, Nervenheilkunde 2003, 498ff; *Krack/Batir/Van Blercom et al.*, NEJM 2003, 1933.

71 *Zrenner*, Science 2002, 1022; *Retina Implant AG (Hrsg.)*, Web-Informationen, http://www.retina-implant.de; *Geary*, The Body Electric, 14; *Müller*, Ärzte Zeitung v. 01.07.2005; *Boahen*, SciAm 5/2005, 41.

72 *Chorost; Michael*, Technology Review Online, http://www.heise.de/tr/artikel/102518; *Geary*, The Body Electric, 42; *Müller*, Laryngo-Rhino-Otol 2005, 63; *Laszig/Aschendorff/et al.*, HNO 2004, 357; *Implant Centrum an der Universität Freiburg (Hrsg.)*, Das Cochlear Implantat, http://www.ukl.uni-freiburg.de/hno/icf/cochlearimplant.html; *Diller*, Hören mit einem Cochlear-Implant, 16; *Glesner/Wang/Hollstein* in Rossmann/Tropea, Microelectronics meets Bionics, 36f; *Puhl*, Chips im Kopf, 32f; *Bonnert*, c't 5/2006, 68; *Rosahl*, Hirnstammimplantate zur Wiederherstellung des Hörvermögens, http://ww.nf2.de/abi_rosahl.htm.

Die Darstellung der Risiken der Implantate beschränkt sich dabei auf die technischen Aspekte, etwaige datenschutz- und persönlichkeitsrechtliche Risiken werden im nachfolgenden Kapitel ausführlich behandelt.

2.1 *Existierende IKT-Implantate mit medizinischem Schwerpunkt*

2.1.1 VeriChip – RFID-Tagging von Patienten

Eine in London durchgeführte Studie aus dem Jahre 2002 hat ergeben, dass ca. 1,5 % aller Arzneimittelverordnungen bei stationären Patienten fehlerhaft waren, 0,4 % sogar potentiell gefährlich falsch.[73] Bei einem üblichen 550-Betten-Krankenhaus bedeutet dies 134 Verordnungsfehler pro Woche, davon 34 potentiell gefährliche.[74]

Auch berichtet die Tagespresse wiederholt über gravierende Kunstfehler bei Operationen, insbesondere über verwechselte Patienten. Ursachen hierfür ist, dass OP-Pläne häufig dreimal täglich verändert werden und bei herkömmlichen papier-basierten Plänen bislang nicht für jeden Patienten gewährleistet war, dass sämtliche erforderlichen Dokumente mit abgeändert wurden und im OP vorhanden waren.[75] Nach Schätzungen der britischen National Patient Safety Agency (NPSA) geschieht in Großbritannien im Schnitt ein Behandlungsfehler bei 850.000 Behandlungen. Allein die Kosten für das Gesundheitssystem durch den hierdurch verlängerten Krankenhausaufenthalt betragen in Großbritannien zwei Milliarden Pfund pro Jahr.[76]

Zudem besteht ein Bedarf seitens der Kliniken, Blutkonserven einfacher und sicherer zu überwachen und zu verwenden.[77] Wichtige Gebrauchsgegenstände wie Rollstühle und Betten sollen leichter (wieder-) auffindbar sein[78] und es wird für notwendig erachtet, den Aufenthaltsort von Babys (wie auch von Patienten, aber auch Ärzten) einfach verfolgen zu können.[79]

Patienten mit Infektionen wie MRSA müssen identifiziert werden können.[80] MRSA sind Methicillin-resistente Staphylococcus aureus, gefürchtete Erreger von Infektionen, welche in den letzten Jahren in Krankenhäusern eine rege Verbreitung gefunden und zu einer Er-

---

73 Studie am Hammersmith Hospital, 550 Betten, 36.200 Verordnungen innerhalb des vierwöchigen Untersuchungszeitraums, vgl. *Dean/Schachter/Vincent et al.*, Qual Saf Health Care 2002, 340-344.

74 *Dean/Schachter/Vincent et al.*, Qual Saf Health Care 2002, 340.

75 *The British Journal of Healthcare & Information Management (Hrsg.)*, Birmingham Heartlands RFID-tags patients to avoid litigation, http://www.bjhc.co.uk/news/1/2005/n502016.htm.

76 Zitiert nach *Kinetic Consulting (Hrsg.)*, Tag Team Care: RFID could transform healthcare, http://www.kineticconsulting.co.uk/rfid2.html#.

77 *Jell*, Patient Tracking based on RFID labels, 3.

78 *Jell*, Patient Tracking based on RFID labels, 3.

79 *Jell*, Patient Tracking based on RFID labels, 3.

80 *The British Journal of Healthcare & Information Management (Hrsg.)*, Birmingham Heartlands RFID-tags patients to avoid litigation, http://www.bjhc.co.uk/news/1/2005/n502016.htm.

höhung der Sterblichkeitsquote geführt haben.[81] Um das Infektionsrisiko senken zu können, müssen Infizierte daher schnellstmöglich identifiziert werden.[82]

Auch im Bereich der häuslichen (ambulanten) Pflege besteht ein Bedürfnis, zur Kostenreduzierung digitale Abrechnungsbögen automatisiert erstellen zu lassen. Zudem soll ein Pfleger automatisch Hinweise zu besonderen Anforderungen des gerade besuchten Patienten erhalten können.[83]

Ferner sollen in Notfallambulanzen eingelieferte Patienten schneller und fehlerfrei identifiziert und automatisch auf deren Gesundheitsdaten und Krankenakten zugegriffen werden können, selbst wenn die Patienten bewusstlos sind oder keine zweckdienlichen Angaben machen können.[84]

2.1.1.1. Herkömmliche Nutzungsmöglichkeiten

Seit 2000 werden in Krankenhäusern in den USA,[85] seit 2004 in Großbritannien[86] und seit 2005 auch in Deutschland[87] RFID-Tags (keine Implantate) zur Patientenidentifizierung verwendet. Die passiven Tags benötigen keine Energiequellen und sind sehr robust gebaut.

So verwendet das Birmingham Heartlands Hospital seit 2004 RFID-Armbänder, um die Patienten eindeutig zu identifizieren und zu verfolgen.[88] Das von der Britischen Firma Intelligent Medical Microsystems entwickelte System wird dort seit 2004 im HNO-Bereich eingesetzt.

Auch die Palmetto Health Uniklinik (Richland Campus) in Columbia, South Carolina, USA, verwendet ein ähnliches System des Herstellers Ekahau.[89] Insgesamt sorgen 1.200 Sen-

81 *Gastmeier/Witte*, Epidemiologisches Bulletin, Robert-Koch-Institut, 2005, 385.

82 *Gastmeier/Witte*, Epidemiologisches Bulletin, Robert-Koch-Institut, 2005, 385.

83 *Schüler*, c't 5/2006, 64.

84 *HealthDay/MedLine Plus*, This Chip Could Be a Lifesaver, http://www.nlm.nih.gov/medlineplus/news/fullstory_30121.html.

85 Seit 2004 Palmetto Health Group, Richland Campus Universitätsklinik, Columbia, South Carolina: *Sutherland*, Hospitals take the Pulse of Wi-Fi Tracking, http://www.wi-fiplanet.com/columns/article.php/3497116; ebenso Jacobi Medical Center, New York, NY: *Jell*, Patient Tracking based on RFID labels; seit 2000: Beth Israel Deaconess Medical Center, Boston, Mass.: *Williams*, International Best Practice Guide - An overview of RFID, http://www.ambicentres.net/article.cfm?id=122.

86 *The British Journal of Healthcare & Information Management (Hrsg.)*, Birmingham Heartlands RFID-tags patients to avoid litigation, http://www.bjhc.co.uk/news/1/2005/n502016.htm; *Williams*, International Best Practice Guide - An overview of RFID, http://www.ambicentres.net/article.cfm?id=122.

87 *E-Health Insider*, Germany joins hospital RFID pilots, http://www.e-health-insider.com/news/item.cfm?ID=1177; *Williams*, International Best Practice Guide - An overview of RFID, http://www.ambicentres.net/article.cfm?id=122.

88 *The British Journal of Healthcare & Information Management (Hrsg.)*, Birmingham Heartlands RFID-tags patients to avoid litigation, http://www.bjhc.co.uk/news/1/2005/n502016.htm; *E-Health Insider*, Germany joins hospital RFID pilots, http://www.e-health-insider.com/news/item.cfm?ID=1177.

89 Verwendet werden die Ekahau Positioning Engine 3.1 Software, T-201-Tags und ein RTLS (Real Time Location System) Anwendungssystem: *Sutherland*, Hospitals take the Pulse of Wi-Fi Tracking, http://www.wi-fiplanet.com/columns/article.php/3497116.

destationen (Access Points) von Cisco für eine flächendeckende Netzabdeckung. Das Netzwerk umspannt beide Klinikgebäude und erfasst zurzeit maximal 3.000 RFID-Tags. Neben der Möglichkeit zur Verfolgung und Identifizierung von Patienten wird das System zugleich dazu benutzt, auch das Inventar jederzeit lokalisieren zu können, so beispielsweise Rollstühle, Infusionspumpen und Krankenhausbetten.[90] Ein Zugriff ist mit jedem PDA, Laptop oder Computer mit Webbrowser möglich, da das System auf herkömmlicher WLAN-Technologie (IEEE 802.11b) aufbaut. Zugleich können jedoch auch diese PDAs, Laptops und anderen Zugriffsgeräte jederzeit geortet werden. Dies soll ermöglichen, dass auch der Aufenthaltsort von Ärzten und Pflegepersonal stets bekannt ist.[91]

Das Klinikum Saarbrücken verwendet seit April 2005 ebenfalls Armbänder mit RFID-Chip, welcher eine eindeutige Nummer enthält. In der ersten Pilot-Phase werden insgesamt 1.000 der jährlich etwa 27.000 Patienten mit Armbändern versehen. Die in den Tags gespeicherte Nummer wird mit der bei der Aufnahme angelegten elektronischen Patientenakte verknüpft. In dieser werden eingangs zunächst Name, Alter, Gewicht und Größe gespeichert.[92] Ärzte und Pflegekräfte können mit Tablet-PCs und PDAs diese Nummer auslesen und Patienten hierdurch in Sekunden identifizieren.[93] Autorisierte Personen können mittels der Nummer auf eine geschützte Datenbank zugreifen, welche die Patientendaten enthält. Hierdurch sollen Ärzte und Pflegekräfte jederzeit in Erfahrung bringen können, welche Probleme aufgetreten sind, ob Allergien o.ä. bekannt sind und welche Medikamente in welcher Dosierung verschrieben und auch verabreicht wurden. Durch ein unterstützendes Expertensystem der Saarländischen Firma Rp Doc auf dem Tablet-PC des behandelnden Arztes wird die vorgeschlagene Medikation und Dosierung überprüft und vor Gefahren gewarnt,[94] so z. B. wenn bei bestimmten Erkrankungen eine andere Dosierung erforderlich ist als üblich, um so dem Arzt eine sichere Datenbasis zur Verfügung zu stellen und Fehlern vorzubeugen.[95] Durch Anbindung an das Krankenhausinformationssystem (KIS) stehen zudem wichtige Mess- und Laborwerte zur Verfügung.[96] Seit 2006 werden auch Blutkonserven für rund 1.000 Patienten mit RFID ausgestattet.[97]

---

90 *Sutherland*, Hospitals take the Pulse of Wi-Fi Tracking, http://www.wi-fiplanet.com/columns/article.php/3497116.

91 *Sutherland*, Hospitals take the Pulse of Wi-Fi Tracking, http://www.wi-fiplanet.com/columns/article.php/3497116.

92 *Hensold*, KU 2005, 749.

93 *E-Health Insider*, Germany joins hospital RFID pilots, http://www.e-health-insider.com/news/item.cfm?ID=1177.

94 *Hensold*, KU 2005, 750.

95 Daniel Morreale, CIO im Jacobi Medical Center, in: *Jell*, Patient Tracking based on RFID labels, 8, 15; *E-Health Insider*, Germany joins hospital RFID pilots, http://www.e-health-insider.com/news/item.cfm?ID=1177.

96 *Hensold*, KU 2005, 750.

97 Bei der Anlieferung ins Hospital erhält der Beutel mit der Blutspende einen entsprechenden Chip, auf dem eine Nummer gespeichert ist. Die Nummer korrespondiert mit einem Eintrag in einer gesicherten Datenbank, in der Herkunft, Verwendungszweck und der Empfänger der Blutspende eingetragen werden. Bringt die Schwester den Blutbeutel zum Patienten, liest sie mit einem PDA sowohl den Chip an der Verpackung als auch ein RFID-Armband des Patienten ein. Erst wenn die Daten übereinstimmen, wird das Blut auch verabreicht, siehe *Roggenbuck*, Klinikum Saarbrücken erweitert RFID-Pilotprojekt um Blutkonserven, http://www.innovations-report.de/html/berichte/informationstechnologie/bericht-55463.html.

Als Besonderheit des Saarbrücker Systems können auch Patienten an speziellen Informationsterminals im Aufenthaltsraum auf ihre medizinischen Daten zugreifen, so z. B. auf Informationen zu ihrem Blutdruck, Gewicht, der diagnostizierten Krankheit sowie geplanten und/oder durchzuführenden Behandlungen samt Termin der Behandlung oder Entlassung aus dem Krankenhaus.[98]

Das Saarbrücker Projekt verwendet dabei eine fortentwickelte Version der bereits im Jacobi Medical Center in New York, NY, USA, eingesetzten RFID-Lösung, welche von Siemens Business Services, Intel und Fujitsu Siemens Computers entwickelt wurde.[99] Neben den passiven RFID-Tags ist auch eine Verwendung aktiver Tags mit deutlich erhöhter Reichweite vorgesehen, so dass ein „*Tracking*" auch außerhalb der Mauern (beispielsweise im angrenzenden Park) möglich sein soll.[100]

Das im Bostoner Diakonissen-Krankenhaus bereits seit 2000 eingesetzte System verwendet keine Armbänder, sondern in die Krankenhauskleidung eingenähte RFID-Tags,[101] ist jedoch seit 2005 auch für die Einbindung von Patienten mit VeriChip-Implantaten ausgerüstet.[102]

In Großbritannien werden Patienten bei Ihrem Eintreffen im Krankenhaus zunächst fotografiert und das Foto in ihrer elektronischen Krankenakte gespeichert.[103] Die Patienten legen nun das Armband bzw. die mit einem Tag versehene Krankenhauskleidung an. Ein drahtloses Netzwerk registriert fortan den Aufenthaltsort jedes Patienten und erlaubt es, an Schlüsselstellen im Krankenhaus sowie an mobilen Geräten auf die vollständige Patientenakte zuzugreifen, wie beispielsweise am Krankenbett oder im OP.[104] Das Foto erlaubt beispielsweise dem behandelnden Arzt, die Identität des Patienten unkompliziert zu verifizieren. Zugleich erhalten Arzt und Pflegepersonal durch die automatische Identifizierung stets die korrekten Diagnose- und Behandlungsdaten des Patienten.[105] Hierdurch soll

98 *E-Health Insider*, Germany joins hospital RFID pilots, http://www.e-health-insider.com/news/item.cfm?ID=1177; *Williams*, International Best Practice Guide - An overview of RFID, http://www.ambicentres.net/article.cfm?id=122; *Jell*, Patient Tracking based on RFID labels, 9, 27; *Hensold*, KU 2005, 750.

99 *Jell*, Patient Tracking based on RFID labels; *E-Health Insider*, Germany joins hospital RFID pilots, http://www.e-health-insider.com/news/item.cfm?ID=1177; *Roggenbuck*, Klinikum Saarbrücken erweitert RFID-Pilotprojekt um Blutkonserven, http://www.innovations-report.de/html/berichte/informationstechnologie/bericht-55463.html.

100 *Jell*, Patient Tracking based on RFID labels, 5.

101 *Williams*, International Best Practice Guide - An overview of RFID, http://www.ambicentres.net/article.cfm?id=122.

102 *Applied Digital Solutions*, Beth Israel Deaconess Medical Center, Boston, Agrees to Implement VeriChip Technology, http://www.adsx.com/pressreleases/2005-03-03.html.

103 *The British Journal of Healthcare & Information Management (Hrsg.)*, Birmingham Heartlands RFID-tags patients to avoid litigation, http://www.bjhc.co.uk/news/1/2005/n502016.htm.

104 *The British Journal of Healthcare & Information Management (Hrsg.)*, Birmingham Heartlands RFID-tags patients to avoid litigation, http://www.bjhc.co.uk/news/1/2005/n502016.htm; *E-Health Insider*, Germany joins hospital RFID pilots, http://www.e-health-insider.com/news/item.cfm?ID=1177.

105 *Jell*, Patient Tracking based on RFID labels, 20-25; *The British Journal of Healthcare & Information Management (Hrsg.)*, Birmingham Heartlands RFID-tags patients to avoid litigation, http://www.bjhc.co.uk/news/1/2005/n502016.htm.

gewährleistet werden, dass dem Patienten auch die für ihn festgelegte Therapie/Operation zuteil wird.[106]

Ferner sollen auch Blutkonserven so einfacher und sicherer überwacht und verwendet werden können[107] und der Aufenthaltsort von Gegenständen, Ärzten, Patienten und Babys soll stets online abrufbar sein.[108] Patienten mit Infektionen wie MRSA sollen hierdurch leichter identifiziert werden.

Neben dem medizinischen Nutzen für Patienten, welche mit Hilfe dieses Systems nun die für sie verordnete Behandlung erhalten sollen, verspricht sich beispielsweise das Birminghamer Krankenhaus für die Zukunft insbesondere deutlich niedrigere Kosten aus Prozessen, welche wegen fehlerhafter Behandlung gegen das Krankenhaus angestrengt werden.[109]

Technisch wird auf ein herkömmliches WLAN-Netzwerk zurückgegriffen. Das medizinische Personal erhält PDAs mit WLAN-Anbindung, auf welchen bei der Annäherung an das jeweilige Patientenbett beispielsweise automatisch der richtige Eintrag zum jeweiligen Patienten erscheint.[110] Der Zugriff auf die Datenbank soll technisch geschützt sein, Details sind unbekannt. Moderne Verschlüsselungstechnik soll die Datenkommunikation (insbesondere über das WLAN-Funknetz) absichern.[111]

Die Kosten für die Einrichtung des Systems im Bereich HNO des Birmingham Heartlands Hospital betrugen lediglich £ 25.000, die Kosten eines einzelnen RFID-Tags belaufen sich auf 40 Pence (ca. 60 Eurocent).[112] Die verwendete Software stammt von der Finnisch-U.S.-amerikanischen Firma Ekahau.[113]

Im Bereich der ambulanten Pflege bietet beispielsweise der Hersteller Nepad die Lösung io Touchpro an, welche eine Patienten-Smartcard mit RFID-Transponder, ein Nokia 3220 Mobiltelefon und die NFC Shell genannte Kommunikationsumgebung beinhaltet.[114]

---

106 *The British Journal of Healthcare & Information Management (Hrsg.)*, Birmingham Heartlands RFID-tags patients to avoid litigation, http://www.bjhc.co.uk/news/1/2005/n502016.htm.

107 *Roggenbuck*, Klinikum Saarbrücken erweitert RFID-Pilotprojekt um Blutkonserven, http://www.innovations-report.de/html/berichte/informationstechnologie/bericht-55463.html; *Jell*, Patient Tracking based on RFID labels, 3.

108 *Jell*, Patient Tracking based on RFID labels, 3.

109 *The British Journal of Healthcare & Information Management (Hrsg.)*, Birmingham Heartlands RFID-tags patients to avoid litigation, http://www.bjhc.co.uk/news/1/2005/n502016.htm.

110 *The British Journal of Healthcare & Information Management (Hrsg.)*, Birmingham Heartlands RFID-tags patients to avoid litigation, http://www.bjhc.co.uk/news/1/2005/n502016.htm.

111 *Hensold*, KU 2005, 749.

112 *Williams*, International Best Practice Guide - An overview of RFID, http://www.ambicentres.net/article.cfm?id=122.

113 *The British Journal of Healthcare & Information Management (Hrsg.)*, Birmingham Heartlands RFID-tags patients to avoid litigation, http://www.bjhc.co.uk/news/1/2005/n502016.htm.

114 *Schüler*, c't 5/2006, 64

Einsatzmöglichkeiten für den ca. 200 USD teuren VeriChip sehen interessierte Kreise u. a. bei Patienten „*außerhalb des [Gesundheits-]Systems*"[115] sowie Patienten, welche zu alt oder zu gebrechlich sind, um verlässliche Angaben zu ihrer Krankengeschichte zu machen.[116] Zudem verginge bei der herkömmlichen Suche nach verstreut aufbewahrten Krankenakten wertvolle Zeit, die die Behandlung des Patienten verzögern könnte.[117] Zielgruppen für medizinische Anwendungen seien somit Patienten, welche bereits andere medizinische Implantate wie Defibrillatoren aufwiesen, ferner sämtliche Herzpatienten, beispielsweise nach Beipassoperationen, Diabetiker, Patienten mit Beeinträchtigung der Gedächtnisfunktionen wie Alzheimer-Patienten sowie Patienten mit erhöhtem Bedarf nach medizinischer Betreuung.[118]

Die im Vergleich hierzu wohl schon als „*herkömmlich*" zu bezeichnende Speicherung von Notfalldaten auf den voraussichtlich ab 2009 flächendeckend zum Einsatz kommenden elektronischen Gesundheitskarten (eGK) wird nach der „*Gesundheitsmonitor*"-Studie der Bertelsmann-Stiftung von 86 % der Befragten befürwortet.[119]

2.1.1.2. Einsatzzwecke und Möglichkeiten des Implantats

VeriChip™ ist der Markenname eines etwa reiskorngroßen RFID-Implantats des Herstellers VeriChip Corporation, einer Tochtergesellschaft von Applied Digital Solutions.[120] Das VeriChip-System genannte „*Implantable Radiofrequency Transponder System for Patient Identification and Health Information*" wurde am 12. Oktober 2004 von der U.S.-amerikanischen Gesundheitsbehörde FDA unter der Nummer 21 CFR 880.6300 als Medizinprodukt der (dortigen) Klasse II zugelassen.[121]

Bereits seit Anfang der achtziger Jahre werden Mikrochips zur Identifikation von Tieren diesen unter die Haut injiziert. Millionen von RFID-Tags mit einer Lebensdauer von ca. 20 Jahren dienen der Kennzeichnung von Vieh, Versuchstieren und Exemplaren vom Aussterben bedrohter Tierarten und Haustieren (z. B. Hunden).[122]

---

115 Hierunter werden Patienten erfasst, welche keine Krankenversicherung besitzen. Diese Konstellation trifft in den USA zwar deutlich häufiger auf als in Deutschland. Dennoch besitzen auch in Deutschland nach Angaben des Statistischen Bundesamtes 188.000 Deutsche keine Krankenversicherung.

116 *HealthDay/MedLine Plus*, This Chip Could Be a Lifesaver, http://www.nlm.nih.gov/medlineplus/news/fullstory_30121.html.

117 *HealthDay/MedLine Plus*, This Chip Could Be a Lifesaver, http://www.nlm.nih.gov/medlineplus/news/fullstory_30121.html.

118 Scott Silverman, CEO von Applied Digital, zitiert nach *DeNoon/Smith*, Chip Implants, http://www.webmd.com/content/Article/109/109216.htm.

119 *Borchers*, Elektronische Gesundheitskarte: Der letzte Check-up ist nicht in Sicht, http://www.heise.de/ct/hintergrund/meldung/74610.

120 Informationen zum Hersteller und zum VeriChip sind verfügbar unter www.4verichip.com .

121 *FDA; U.S. Food and Drug Administration (Hrsg.)*, Classification of VeriChip as Class II, http://www.sec.gov/Archives/edgar/data/92462/000106880004000587/ex99p2.txt.

122 *Europa-Kontakt e.V. (Hrsg.)*, EU-Informationsbrief Gesundheit 03/2005, 59; *Stein*, Implantable Medical ID Approved By FDA, Washington Post v. 14.10.2004, http://www.washingtonpost.com/wp-dyn/articles/A29954-2004Oct13.html; *Bundesregierung (Ministerium des Inneren) (Hrsg.)*, BT-Drs. 15/3190, zugleich RDV 2004, 196.

Bereits vor der Zulassung in den U.S.A. hat der Hersteller nach eigenen Angaben (Stand: Oktober 2004) etwa 7.000 Chips weltweit verkauft, von denen ca. 1.000 bereits implantiert wurden.[123] Nach Zulassung erhöhte sich die Zahl implantierter Chips bis zum Sommer 2005 auf lediglich ca. 2.000, während der Hersteller noch auf eine millionenfache Verbreitung hofft.[124] Die Chips kosten ca. 200 USD (125 EUR in Europa), die Scanner ca. 650 USD.[125]

Anwendungsbeispiele im medizinischen Bereich sind die eindeutige Identifikation von Patienten und darauf aufbauend die Möglichkeit, gesundheitsrelevante Daten wie Blutgruppe, Allergien oder Informationen zur Krankheitsgeschichte aus einer Datenbank abzurufen. Für diese Zwecke besitzt der Hersteller Applied Digital Solutions die U.S.-amerikanische Zulassung.[126] Hierdurch soll die Patientenversorgung verbessert werden.[127] So könnte ein bewusstlos eingelieferter Patient in der Notfallambulanz anhand seines Tags identifiziert werden und die behandelnden Ärzte erhielten unmittelbar Auskunft über Blutgruppe, Gesundheitszustand und Medikamenteneinnahme sowie Allergien, beispielsweise gegen bestimmte Medikamente.[128]

Eine Leseeinrichtung für VeriChips ist beispielsweise am zur medizinischen Fakultät von Harvard gehörigen Beth Israel Deaconess Medical Center in Boston, Mass., vorhanden. Sie ist dort nahtlos in ein umfassendes RFID-Patienten-Tracking-System und die dahinter stehende *„CareWeb electronic medical record system“*-Anwendung eingebunden.[129] VeriChip-taugliche Scanner werden ferner am New Jersey Hackensack Hospital eingesetzt. Beide Krankenhäuser verwenden lediglich die Technik der VeriChip, Inc. Sie greifen aber nicht auf externe Datenbanken bei VeriChip, sondern nur auf eigene Datenbanken zu.[130]

---

123 *Stein*, Implantable Medical ID Approved By FDA, Washington Post v. 14.10.2004, http://www.washingtonpost.com/wp-dyn/articles/A29954-2004Oct13.html.

124 *DeNoon/Smith*, Chip Implants, http://www.webmd.com/content/Article/109/109216.htm.

125 *Stein*, Implantable Medical ID Approved By FDA, Washington Post v. 14.10.2004, http://www.washingtonpost.com/wp-dyn/articles/A29954-2004Oct13.html; *Electronic Privacy Information Center (EPIC) (Hrsg.)*, VeriChip - EPIC urges privacy safeguards for RFID, http://www.epic.org/privacy/rfid/verichip.html.

126 *FDA; U.S. Food and Drug Administration (Hrsg.)*, Classification of VeriChip as Class II, http://www.sec.gov/Archives/edgar/data/92462/000106880004000587/ex99p2.txt, 2.

127 *Stein*, Implantable Medical ID Approved By FDA, Washington Post v. 14.10.2004, http://www.washingtonpost.com/wp-dyn/articles/A29954-2004Oct13.html.

128 *Stein*, Implantable Medical ID Approved By FDA, Washington Post v. 14.10.2004, http://www.washingtonpost.com/wp-dyn/articles/A29954-2004Oct13.html; *HealthDay/MedLine Plus*, This Chip Could Be a Lifesaver, http://www.nlm.nih.gov/medlineplus/news/fullstory_30121.html.

129 *Applied Digital Solutions*, Beth Israel Deaconess Medical Center, Boston, Agrees to Implement VeriChip Technology, http://www.adsx.com/pressreleases/2005-03-03.html; *DeNoon/Smith*, Chip Implants, http://www.webmd.com/content/Article/109/109216.htm.

130 *DeNoon/Smith*, Chip Implants, http://www.webmd.com/content/Article/109/109216.htm.

2.1.1.3. Technische und medizinische Details

Die 12 x 2,1 mm kleinen etwa Reiskorn-großen RFID-Chips werden in das Fettgewebe unterhalb des Trizeps implantiert.[131] Der Eingriff geschieht durch eine spezielle *„Injektionspistole"*, welche den Chip durch einen kurzen, nahezu schmerzfreien Nadelstich unter die Haut schießt.[132] Durch eine spezielle Polyethylen-Schicht auf dem Chip soll dieser mit der Haut verwachsen, so dass eine spätere Veränderung der Position des Chips ausgeschlossen werden soll.[133]

Der Chip selbst enthält als Daten lediglich eine eindeutige, 16-stellige Seriennummer. Wird diese mit dem zugehörigen Scanner ausgelesen, stellt die passende Software über das Internet oder ein lokales Netzwerk umgehend Kontakt zu der *„Global VeriChip Subscriber (GVS) Registry"* her, in welcher anhand der Seriennummer der Datensatz des jeweiligen Kunden aufgerufen wird. Die zugehörigen Server befinden sich nach Herstellerangaben in Kalifornien und Maryland, USA.[134]

Der Chip ist mit herkömmlichen einfachen (RFID-)Ausweisen und Smart-Cards vergleichbar und soll diese nach Vorstellung des Herstellers ersetzen.[135] Im Unterschied zu diesen ist es jedoch deutlich schwieriger, einen implantierten Chip zu vergessen oder zu verlieren.

2.1.1.4. Risiken des Implantats

Die von der FDA ermittelten Risiken des VeriChips sind u. a. die Kompromittierung der Datensicherheit und das Versagen des implantierten Transponders, aber auch das „Wandern" des Chips im Körper

2.1.2 Reveal Plus – Implantierbarer Loop-Rekorder zur Diagnose der Ursache ungeklärter unregelmäßiger Ohnmachtsanfälle

Ca. 40 % der Bevölkerung erleiden im Laufe ihres Lebens zumindest einmal einen kurz andauernden Ohnmachtsanfall (Synkope). Dabei handelt es sich meistens um harmlose und nicht wiederkehrende Ereignisse, die keine Untersuchung und Behandlung erfordern. Ausgelöst wird eine Ohnmacht, wenn das Gehirn nicht genügend mit Blut und mithin Sau-

131 *Europa-Kontakt e.V. (Hrsg.)*, EU-Informationsbrief Gesundheit 03/2005, 59.

132 *Stein*, Implantable Medical ID Approved By FDA, Washington Post v. 14.10.2004, http://www.washingtonpost.com/wp-dyn/articles/A29954-2004Oct13.html.

133 *Applied Digital Solutions*, VeriChip-FAQ, http://www.adsx.com/prodservpart/verichip.html, www.adsx.com/faq/verichip.html.

134 *VeriChip Corporation (Hrsg.)*, VeriChip Herstellerbroschüre, 2; *HealthDay/MedLine Plus*, This Chip Could Be a Lifesaver, http://www.nlm.nih.gov/medlineplus/news/fullstory_30121.html.

135 Bei elektronischen Ausweisen wie dem neuen biometrischen Reisepass kommt jedoch ein anderer, weiterentwickelter RFID-Chip zum Einsatz, welcher erst nach einem Challenge-Response-Verfahren seine Daten preisgibt und somit nicht ohne weiteres von jedermann ausgelesen werden kann. Zu Details und der bereits nachgewiesenen Möglichkeit, beide Systeme zu *„hacken"*, siehe Fn 930.

erstoff versorgt wird. In den meisten Fällen kommt es zuvor zu einem massiven Abfall des Blutdrucks, der Bewusstlosigkeit zur Folge hat. Manchmal gehen der Ohnmacht Warnsignale wie z. B. Schwindelgefühl voran, manchmal treten Synkopen jedoch auch plötzlich und ohne vorherige Warnhinweise auf.[136]

Während viele Ursachen von Synkopen eher harmlos sind, können einige jedoch lebensbedrohlich sein.[137] Die Ursache von *kardiogenen Synkopen* sind häufig strukturelle Herzerkrankungen oder Herzrhythmusstörungen. Das Risiko eines plötzlichen Herztodes bei kardialen Ursachen beträgt beachtliche 24 %.[138] Insgesamt tötet der plötzliche Herztod (nicht zu verwechseln mit dem Herzinfarkt, bei dem ein Teil des Herzmuskels abstirbt) in Deutschland jährlich ca. 100.000 Menschen. Das sind mehr als an Krebs sterben.[139]

2.1.2.1. Herkömmliche Nutzungsmöglichkeiten

Ausgangspunkt der Diagnose der Ursache von Synkopen ist die Anamnese, d. h. die Ermittlung der Vorgeschichte des Patienten und die Begleitumstände seiner Ohnmacht. Zusätzlich wird in der Regel eine Grunduntersuchung durchgeführt, die eine Blutdruckmessung und ein EKG (Aufzeichnung des Herzrhythmus) beinhaltet. In seltenen Fällen ermöglicht schon dies eine Diagnose, häufig werden jedoch weitere Untersuchungen zur Verifizierung erforderlich oder die Ursache bleibt weiter unklar.[140]

Wird eine kardiogene Synkope vermutet, wird regelmäßig eine längere EKG-Überwachung (Langzeit-EKG) über mehrere Tage, ein Belastungs-EKG oder eine Herzultraschalluntersuchung durchgeführt.[141] Bei Verdacht auf eine neurokardiogene Synkope oder unklarem Befund vorangegangener EKGs wird häufig eine Kipptischuntersuchung durchgeführt.[142]

Da diese Störungen häufig unregelmäßig auftreten und nur sehr selten gerade dann, wenn der Patient zufällig beim Arzt ist (wo die Möglichkeit besteht, ein EKG zu machen) bleiben die Ursachen trotz ausführlicher nicht-invasiver und weiterer invasiver Diagnosemöglich-

---

136 CNSystems; Medizintechnik GmbH (Hrsg.), Synkopen, http://www.synkope.at.

137 *CNSystems; Medizintechnik GmbH (Hrsg.)*, Synkopen, http://www.synkope.at. Die *neurokardiogene Synkope* ist die häufigste und regelmäßig harmlose Form der Ohnmacht. Ursache kann hierbei eine durch psychische Einflüsse hervorgerufene Überreaktion des vegetativen Nervensystems sein, z. B. die Aufregung bei einem Popkonzert, aber auch Schmerz, Angst, Freude, etc. Als Folge kommt es zu einer Erweiterung der Blutgefäße und das Blut sackt in die Beine ab. Durch die daraus resultierende Unterversorgung des Gehirns mit Blut und Sauerstoff kommt es schließlich zur Ohnmacht. Stress, langes Stehen oder auch eine Blutabnahme können ebenfalls Auslöser einer neurokardiogenen Synkope sein. Ursachen einer *orthostatischen Synkope* sind hingegen neurologische Erkrankungen, Diabetes Mellitus (Zuckerkrankheit), zu plötzliches Aufstehen oder etwa eine zu hohe Raumtemperatur.

138 CNSystems; Medizintechnik GmbH (Hrsg.), Synkopen, http://www.synkope.at.

139 *Schnurr*, Zeit Wissen 1/2006, 90. Wiederkehrende Synkopen, Synkopen, welche eine Verletzung nach sich ziehen, oder Synkopen bei Patienten mit Herz- oder neurologischen Erkrankungen sollten daher in jedem Fall ärztlich untersucht werden, vgl. *CNSystems; Medizintechnik GmbH (Hrsg.)*, Synkopen, http://www.synkope.at.

140 CNSystems; Medizintechnik GmbH (Hrsg.), Synkopen, http://www.synkope.at.

141 CNSystems; Medizintechnik GmbH (Hrsg.), Synkopen, http://www.synkope.at.

142 CNSystems; Medizintechnik GmbH (Hrsg.), Synkopen, http://www.synkope.at.

keiten häufig ungeklärt.[143] Ohne zutreffende Diagnose scheitert aber auch jede passende Behandlung. Angesichts der hohen Sterblichkeitsrate bei Patienten mit kardiogenen Ursachen ist dies eine unbefriedigende Situation.

2.1.2.2. Einsatzzwecke und Möglichkeiten des Implantats

Das Problem herkömmlicher Ansätze war dabei stets, dass es kaum praktikabel war, den Patienten monatelang mit einem EKG-Gerät auszustatten, welches in dem entscheidenden Fall der Ohnmacht relevante Daten sammelt. Seit einigen Jahren ist nunmehr ein implantierbarer Loop-Rekorder (ILR) namens Reveal Plus des Herstellers Medtronic Inc. auf dem Markt verfügbar, mit dem ein Langzeit-EKG-Monitoring über mindestens 14 Monate möglich ist. Anders als herkömmliche EKG-Geräte mit Brustgurt und Aufzeichnungsgerät am Gürtel wird dieses Gerät in Herznähe subkutan, d. h. unter die Haut, implantiert. Dort wird über zwei Elektroden ein kontinuierliches Ein-Kanal-EKG registriert,[144] um so eventuelle Unregelmäßigkeiten zu dokumentieren.[145] Der Reveal Plus ILR soll zur Diagnose bei unklarer Genese wie Herzrhythmusstörungen, Bewusstlosigkeit, Benommenheit, Schwindel, Palpitation, Herzklopfen und ungeklärten anfallsartigen Episoden beitragen. Dabei soll insbesondere geklärt werden, ob die auftretenden Symptome eine kardiovaskuläre oder neurologische Ursache haben.[146] Das Gerät ist ein implantierbarer kardialer Monitor, welcher die Herzfrequenz und den Herzrhythmus auch im Zeitpunkt einer unvorhergesehenen Synkope aufzeichnet.[147] Das Implantat stellt daher eine Art implantierbares, mobiles Ultra-Langzeit-EKG dar.

2.1.2.3. Technische und medizinische Details

Der ILR Reveal® Plus besteht aus einem implantierbaren Ereignisrekorder (ILR) und einem kleinen, handlichen externen Aktivierungsgerät. Das Implantat kann mittels des Aktivierungsgeräts wahlweise in verschiedenen Betriebsarten eingesetzt werden und so je nach Bedarf einzeln ein- und ausgeschaltet werden, dauerhaft aufzeichnen oder sich mittels Auto-Aktivierung automatisch einschalten. Die Batterielebensdauer beträgt etwa 14 Monate und das Implantat besitzt einen Speicher für die Aufzeichnung eines Ein-Kanal-EKG von 42 Minuten Länge bei einer Sampling-Rate von 100 Hz.[148] Sobald der Patient Symptome verspürt (oder unmittelbar nach einem Ohnmachtsanfall), signalisiert er dies dem ILR mit Hilfe des Aktivierungsgeräts. Das ILR speichert dann die elektrischen Informationen vor, während und nach dem Auftreten der Symptome. Je nachdem wie das Ge-

143 *Vater/Rameken/Pitscher et al.*, Herzschr Elektrophys 2002, 101.

144 *Vater/Rameken/Pitscher et al.*, Herzschr Elektrophys 2002, 101.

145 *Vater/Rameken/Pitscher et al.*, ILR-Ereignisrekorder Reveal Plus, http://www.herzberatung.de/ereignisrekorder.htm.

146 *Medtronic*, Reveal® Plus Insertable Loop Recorder (ILR), http://www.medtronic.com/physician/reveal/index.html; *Meyer*, Medtronic Pressemitteilung vom 05. September 2005; *Vater/Rameken/Pitscher et al.*, ILR-Ereignisrekorder Reveal Plus, http://www.herzberatung.de/ereignisrekorder.htm.

147 *Meyer*, Medtronic Pressemitteilung vom 05. September 2005.

148 *Medtronic*, Reveal® Plus Insertable Loop Recorder (ILR), http://www.medtronic.com/physician/reveal/index.html.

rät programmiert ist, reicht es sogar aus, wenn das Aktivierungsgerät erst 6 bis 40 Minuten nach dem Abklingen der Symptome eingesetzt wird.

Das Aktivierungsgerät ist ein kleines, handliches Gerät von der Größe einer Zigarettenschachtel. Wenn das Aktivierungsgerät über das implantierte ILR gehalten und eine Taste gedrückt wird, speichert das ILR ein EKG. Diese gespeicherten Werte kann der Arzt dann später auswerten.[149] Das Aktivierungsgerät sollte daher vom Patienten immer bei sich geführt werden, sofern er nicht eine dauerhafte Aktivierung vorgenommen hat. Von einem Dauerbetrieb rät der Hersteller jedoch ausdrücklich ab.[150]

Das Implantat selbst wird ambulant unter Lokalanästhesie bei einem Eingriff, der normalerweise 15 bis 20 Minuten dauert, unter der Haut am Brustkorb implantiert.[151] Um den Rekorder einzusetzen, bedarf es eines kleinen Einschnittes von etwa 2 cm Länge in der Brustgegend.[152]

2.1.2.4. Risiken und Nutzen des Implantats

Die Bandbreite möglicher Indikationen hat sich mit der Zeit ausgeweitet. Neben einer Indikation zur Implantation eines ILR bei rezidivierenden unklaren Synkopen hält man nun auch einen Einsatz in der Risikostratifikation für möglich.[153] Das Implantat wird Patienten empfohlen, die unter unregelmäßigen Herzrhythmusstörungen leiden, unter unerklärbaren Ohnmachtsanfällen, Schwindel und Herzklopfen.[154]

Bei der Implantation selbst gibt es nach Herstellerangaben in der Regel keine größeren Risiken. Wie bei jeder Operation besteht jedoch die Möglichkeit der Sekundärinfektion.

Beim Betrieb kann es darüber hinaus zu einer vorübergehenden Interaktion bzw. Störungen zwischen dem Steuergerät und einem Handy, elektronischen Diebstahlsicherungen und Sicherheitsschleusen kommen.[155] Der Hersteller warnt vor einem Betrieb des Implantats in der Nähe eines MRT oder einer Diathermie-Anwendung, dem Aufenthalt in einem Bereich mit hohen Strahlungsdosen, elektrochirurgischen Brenneisen, vor dem Einsatz externer Defibrillatoren, Lithotripsie und Radiofrequenz-Ablationsgeräten, da diese einen elektrischen Reset des Geräts oder verfälschte Messdaten bewirken können.[156]

---

149 *Vater/Rameken/Pitscher et al.*, ILR-Ereignisrekorder Reveal Plus, http://www.herzberatung.de/ereignisrekorder.htm.
150 *Vater/Rameken/Pitscher et al.*, ILR-Ereignisrekorder Reveal Plus, http://www.herzberatung.de/ereignisrekorder.htm.
151 *Meyer*, Medtronic Pressemitteilung vom 05. September 2005.
152 *Vater/Rameken/Pitscher et al.*, ILR-Ereignisrekorder Reveal Plus, http://www.herzberatung.de/ereignisrekorder.htm.
153 *Vater/Rameken/Pitscher et al.*, Herzschr Elektrophys 2002, 101.
154 *Vater/Rameken/Pitscher et al.*, ILR-Ereignisrekorder Reveal Plus, http://www.herzberatung.de/ereignisrekorder.htm.
155 *Medtronic*, Medtronic Insertable Loop Recorder Disclosure Statement, http://www.medtronic.com/reveal/disclaimer.htm.
156 *Medtronic*, Medtronic Insertable Loop Recorder Disclosure Statement, http://www.medtronic.com/reveal/disclaimer.htm.

2.1.3 Home Monitoring am Beispiel aktiver implantierbarer Defibrillatoren

Weltweit leiden etwa 22 Millionen Menschen an einer Herzinsuffizienz, davon 6 Millionen in Europa und 5 Millionen in den USA.[157] In Deutschland sind etwa 1,8 Millionen Menschen von chronischer Herzinsuffizienz betroffen, jährlich kommen 200.000 bis 300.000 Menschen hinzu.[158] Nach aktuellen Daten des HELUMA-Herzinsuffizienz-Registers versterben 9 % aller Patienten mit nur mittelgradig eingeschränkter Herzfunktion im ersten Jahr, nach zwei Jahren bereits 23 %. Bei Patienten mit fortgeschrittener Herzinsuffizienz beträgt die Sterblichkeitsquote im 1. Jahr bereits bis zu 40 %.[159] Die Überlebenswahrscheinlichkeit bei Patienten mit chronischer Herzinsuffizienz ist damit deutlich geringer als bei den meisten Tumor-Erkrankungen.[160] Die Kosten der medizinischen Versorgung der chronischen Herzinsuffizienz sind hoch und betragen ca. 2 % der gesamten Gesundheitsausgaben in westlichen Ländern, das sind umgerechnet ca. 2,7 Milliarden Euro pro Jahr. Dabei entfallen 70 % der Kosten nicht etwa auf Medikamente oder teure Interventionen wie Herzschrittmacher und Defibrillatoren, sondern allein auf die zahlreichen Krankenhausaufenthalte dieser Patienten.[161] Durch häufige stationäre Krankenhausaufenthalte stellt die Herzinsuffizienz im Hinblick auf die Kostenentwicklung und Lebensqualität ein erhebliches Problem dar,[162] da sie allein in Europa und Amerika zu jährlich mehr als zwei Millionen Krankenhauseinweisungen führt.[163] In Deutschland sterben jährlich ca. 100.000 Menschen an einem plötzlichen Herztod.[164]

2.1.3.1. Herkömmliche Nutzungsmöglichkeiten

Betroffen sind insbesondere Patienten mit lebensbedrohlichen schnellen Herzrhythmusstörungen. Bei diesen werden herkömmlich implantierbare Cardioverter Defibrillatoren (ICD) eingesetzt.[165] Trotz medikamentöser Therapie und Einsatz von CRT-Stimulatoren kommt es bei einer Vielzahl von Patienten im Verlauf zu Zwischenfällen, welche eine Krankenhauseinweisung erforderlich machen oder direkt zum Tode führen können.[166]

Zahlreiche groß angelegte Studien in den vergangenen Jahren zur Prävention belegen, dass der Einsatz von aktiven implantierbaren Defibrillatoren bei deutlich mehr Patienten

---

157 *Deubroeck*, Medtronic Pressemitteilung vom 03. September 2005, 2; *Jung/Birkemeyer*, Herzschr Elektrophys 2005, 187

158 *Zugck/Nelles/Frankenstein et al.*, Herzschr Elektrophys 2005, 177 mwN; Nach Angaben Verbandes Elektrotechnik, Elektronik und Informationstechnik (VDE) beträgt das Potential für zur Einführung eines telemedizinischen Monitorings in Deutschland jährlich sogar 450.000 Patienten, vgl. *Heise online/pmz*, TeleMonitoring zur Kostendämpfung im Gesundheitswesen, http://www.heise.de/newsticker/meldung/70415 .

159 Zugck/Nelles/Frankenstein et al., Herzschr Elektrophys 2005, 177.

160 Zugck/Nelles/Frankenstein et al., Herzschr Elektrophys 2005, 177.

161 Zugck/Nelles/Frankenstein et al., Herzschr Elektrophys 2005, 177.

162 Zugck/Nelles/Frankenstein et al., Herzschr Elektrophys 2005, 176.

163 *Jung/Birkemeyer*, Herzschr Elektrophys 2005, 187; *Deubroeck*, Medtronic Pressemitteilung vom 03. September 2005, 2.

164 *Schnurr*, Zeit Wissen 1/2006, 90-91

165 *Jung/Birkemeyer*, Herzschr Elektrophys 2005, 184.

166 *Jung/Birkemeyer*, Herzschr Elektrophys 2005, 187.

medizinisch indiziert ist und diese hiervon erheblich profitieren.[167] Eine dem heutigen Stand der Wissenschaft entsprechende Versorgung bedeutete jedoch in den letzten zehn Jahren auch eine Verdopplung der Implantationskapazitäten.[168] Die enorme Zahl der Patienten stellte die implantierenden Zentren vor große logistische Probleme bei der regelmäßigen Nachsorge. Die vorgesehene Überprüfung der Systemfunktionen und die Anpassung der Programmierung an die individuellen Bedürfnisse des Patienten konnten zum Teil nicht mehr im erforderlichen Umfang gewährleistet werden.[169]

Eine optimale Versorgung erfordert jedoch neben der regelmäßigen individuellen Anpassung der Programmierung auch eine regelmäßige Anpassung der Medikation und Kontrolle über die gesamte Dauer des Verbleibs des Implantats im Körper. Dazu war bislang ein Klinikbesuch des Patienten alle drei bis sechs Monate erforderlich, in welchem – mit erheblicher Verzögerung – eine Anpassung erfolgen konnte. In den dazwischen liegenden Zeiträumen fand eine Kontrolle oder Anpassung nicht statt.[170]

Technische Fehler wie Elektrodendefekte nehmen bei zunehmendem Alter deutlich zu, Todesfälle durch irrtümliches Abschalten der ICDs oder Komponentenversagen sind dokumentiert.[171] Bei einer Studie an 618 Patienten traten im Zeitraum der ersten sechs Jahre nach der Implantation 137 Komplikationen auf, von denen jedoch nur 34 % im Rahmen dieser Routineuntersuchungen entdeckt wurden. Die Übrigen waren erst bei ungeplanten Nachsorgeuntersuchungen, Rückrufen oder zufälligen Austauschimplantationen bemerkt worden.[172] Bei einer Studie an 240 Patienten mit einem ICD, welcher bei einem Fehler über einen eingebauten Warnton darauf hinwies, stellte man in einem Jahr 22 sicherheitsrelevante Fehler fest.[173] Angesichts dieser Häufigkeit sicherheitsrelevanter Fehler bei potentiell lebensrettenden Geräten erscheinen schon die heutigen Wartungsintervalle zu lang. Auch sprechen medizinische Gründe dagegen, Intervalle zu streichen oder auszudünnen, da beispielsweise asymptotisches Vorhofflimmern so unentdeckt bliebe, jedoch zu einem erhöhten Schlaganfallrisiko und inadäquaten Schockabgaben bei ICDs führen kann.[174]

2.1.3.2. Einsatzzwecke und Möglichkeiten des Implantats

Der Einsatz von Telemedizin insbesondere im Bereich von Herz- und Kreislauferkrankungen verfolgt zwei Ziele: Zum einen das Zeitintervall zwischen Beginn der Systematik und Diagnoseerstellung z. B. bei akutem Myokardinfarkt oder beginnender Dekompensation

167 *Jung/Birkemeyer*, Herzschr Elektrophys 2005, 183f.
168 *Jung/Birkemeyer*, Herzschr Elektrophys 2005, 184.
169 *Jung/Birkemeyer*, Herzschr Elektrophys 2005, 184.
170 *Jung/Birkemeyer*, Herzschr Elektrophys 2005, 184.
171 *Jung/Birkemeyer*, Herzschr Elektrophys 2005, 184 mwN.
172 *Jung/Birkemeyer*, Herzschr Elektrophys 2005, 184 mwN.
173 *Jung/Birkemeyer*, Herzschr Elektrophys 2005, 184f mwN.
174 *Jung/Birkemeyer*, Herzschr Elektrophys 2005, 185 mwN.

bei Herzinsuffizienz erheblich zu verkürzen sowie eine Diagnose bei nur wechselhaft auftretenden Veränderungen wie Arrhythmien zu ermöglichen.[175] Dabei erhält der Patient die Diagnose und Therapie in vielen Fällen schon ohne direkten Arztkontakt, innerhalb kürzester Zeit und über größere Entfernungen. Hierdurch soll die Versorgung der Patienten verbessert werden. Zum anderen wird durch den Einsatz von Telemedizin und EDV die Verarbeitung der Patientendaten schneller und effizienter und verhindert überflüssige Doppeluntersuchungen und Krankenhauseinweisungen. Dadurch werden die Kosten des Gesundheitssystems erheblich reduziert, was eine Ausweitung der Versorgung auf weitere Patienten und/oder Kosteneinsparungen ermöglicht.[176] Der Patient wird zu einem selbstverantwortlichen Umgang mit seiner Krankheit angeregt, gleichzeitig wird seinem Sicherheitsbedürfnis Rechnung getragen und seine Lebensqualität gesteigert.[177]

2.1.3.3. Technische und medizinische Details

Als Erfolg versprechendes Konzept zur Lösung dieser Probleme wird derzeit das „*Home Monitoring*“ gepriesen, bei welchem das Implantat ohne Zutun des Patienten automatisch täglich Nachrichten zu Therapie und ICD/CRT-Status an das Zentrum sendet.[178] Die Überlebensrate von Patienten mit einem solchen System stieg dabei in Studien um 35 %. Ziel eines solchen Systems ist es, dem Spezialisten medizinische und technische Zustände, die eine Reaktion erfordern, ohne Zeitverzug zu melden. Zugleich soll er aber vor irrelevanten Informationen abgeschirmt werden, um eine Effizienzsteigerung zu erreichen. Als weiterer Effekt können so niedergelassene Kardiologen im Verbund mit den Spezialisten an Implantationszentren die Nachsorgeuntersuchungen übernehmen und somit die Häufigkeit der zeit- und kostenintensiven Nachsorge an diesen Zentren reduzieren, ohne dass hierdurch die Qualität der Nachsorge sinkt.[179] Durch eine kürzere Reaktionszeit in Gefahrensituationen wird die Therapiequalität verbessert. Dennoch ist eine – hochsignifikante – Reduzierung der Notarzteinsätze sowie eine Reduzierung der Arztbesuche um 70 % und der Klinikaufenthalte um 55 % erreichbar.[180] Ein solches Zentrum ist zudem jederzeit für den Patienten erreichbar.[181]

Während bei einigen Systemen noch eine manuelle Datenübermittlung über Telefonleitungen vom Patienten gestartet werden muss, die Daten aber nur im Rahmen der üblichen Nachsorgeintervalle kontrolliert werden,[182] stellen Systeme wie das Home Monitoring-System von Biotronik vollautomatische Echtzeitsysteme dar. Dabei werden die Daten oh-

---

175 *Oeff/Neuzner/Griebenow*, Herzschr Elektrophys 2005, 133.
176 Zugck/Nelles/Frankenstein et al., Herzschr Elektrophys 2005, 178.
177 Zugck/Nelles/Frankenstein et al., Herzschr Elektrophys 2005, 178.
178 *Jung/Birkemeyer*, Herzschr Elektrophys 2005, 183.
179 *Jung/Birkemeyer*, Herzschr Elektrophys 2005, 185.
180 *Zugck/Nelles/Frankenstein et al.*, Herzschr Elektrophys 2005, 177, 179; *Jung/Birkemeyer*, Herzschr Elektrophys 2005, 188f.
181 Zugck/Nelles/Frankenstein et al., Herzschr Elektrophys 2005, 177.
182 So z. B. bei CareLink von Medtronic oder HouseCall II von St. Jude Medical, vgl. *Jung/Birkemeyer*, Herzschr Elektrophys 2005, 185.

ne Zutun des Patienten zeitgesteuert an das Service-Zentrum über ein GSM-Mobiltelefon übermittelt. Das Service-Zentrum kann den Arzt bei erforderlichen Eingriffen sofort per Fax, E-Mail oder SMS verständigen. Der Informationsfluss ist vollständig automatisiert.[183] Da ein weltweit verbreitetes Mobilfunksystem verwendet wird, ist die Benutzung auch auf Reisen unproblematisch möglich. Die Daten erlauben durch die tägliche Übertragung und Aufzeichnung sämtlicher Daten nicht nur eine Diagnose der aktuellen Messwerte. Vielmehr wird so erstmals auch ein Trendverlauf bei langsamen Veränderungen sichtbar. Neue Geräte stellen darüber hinaus ein episodenbezogenes intrakardiales Elektrogramm zur Verfügung.[184]

Neben der Überwachung technischer Parameter wie Batterie- und Elektrodenintegrität erlaubt das System insbesondere die Früherkennung von Arrhythmien wie Vorhofflimmern oder Kammertachykardien und die Überwachung der Therapie und Wirkung der geänderten Medikation oder Programmierung.[185]

Die dazu erhobenen Daten sind jederzeit vom Arzt im Internet einsehbar, zusätzlich wird er bei potentiell gefährlichen Situationen unmittelbar informiert. Durch eine Filterung, welche dem Arzt nicht jede Nachricht anzeigt, sondern nur solche von besonderer Bedeutung beim jeweiligen Patienten, lassen sich Mitteilungen über unwesentliche Ereignisse individuell reduzieren.[186]

Automatische Home-Monitoring-Systeme sind – nach vorheriger gründlicher Einweisung– bei ca. 90 % der Patienten erfolgreich einsetzbar.[187]

Verbesserungen sind durch eine Erweiterung der diagnostischen Möglichkeiten, durch die fortschreitende Miniaturisierung der Aufzeichnungstechnologie sowie eine qualifiziertere Datenübertragung (durch die mittels GPRS und UMTS größeren übertragbaren Datenmengen sowie der kontinuierlich gehaltenen Verbindung per „*Standleitung*“ statt einzeln erforderlich werdender Einwahl) zu erwarten.[188]

Das als Ein- und Zweikammer-System erhältliche Lumos ICD der 3. Generation des Herstellers Biotronik beispielsweise wird in einer weniger als einstündigen Operation eingesetzt. Dabei wird eine Stelle unterhalb des Schlüsselbeins lokal betäubt und ein kleiner Hautschnitt vorgenommen. Die richtige Positionierung der Elektrode wird über einen Röntgenbildschirm während der Implantation beobachtet. Nach einem Funktionstest der Elektrode wird diese an den Herzschrittmacher angeschlossen. Der Herzschrittmacher selbst

183 *Jung/Birkemeyer*, Herzschr Elektrophys 2005, 186.
184 *Jung/Birkemeyer*, Herzschr Elektrophys 2005, 186.
185 *Jung/Birkemeyer*, Herzschr Elektrophys 2005, 186.
186 *Jung/Birkemeyer*, Herzschr Elektrophys 2005, 186.
187 *Jung/Birkemeyer*, Herzschr Elektrophys 2005, 188 mwN.
188 *Oeff/Neuzner/Griebenow*, Herzschr Elektrophys 2005, 133; *Krüger-Brand*, Dtsch Ärztebl/PC 2/2003, 15.

wird in einer kleinen „*Tasche*" unterhalb des Schlüsselbeins eingesetzt und die Wunde vernäht.[189]

2.1.3.4. Risiken und Nutzen des Implantats

Die Akzeptanz telemedizinischer Versorgung bei den Patienten ist hoch. Die Patienten fühlten sich in einer vom Bundesministerium für Bildung und Forschung (BMBF) durchgeführten Studie hierdurch bei erhöhter Sicherheit und geringerem individuellen Risiko besser betreut, als es ohne Telemedizin der Fall war. Auch bewältigten sie die mit der Grunderkrankung einhergehenden Ängste besser und erwarteten im Notfall schneller Hilfe. Nur etwa 15 % aller Patienten sehen hierdurch den Kontakt zu ihrem primären Betreuer beeinträchtigt.[190]

Risiken bei der Nutzung zahlreicher herkömmlicher elektrischer Geräte bestehen nicht. Bei Mobiltelefonen sollte das Gerät nicht in der Nähe des Implantats aufbewahrt und nur auf der implantatabgewandten Seite benutzt werden. Ferner bedarf der Einsatz von Geräten, welche starke Vibrationen verursachen wie beispielsweise Bohrmaschinen oder Feuerwaffen einer vorherigen ärztlichen Kontrolle. Der Aufenthalt in stark elektromagnetischen Feldern wie bei Sendeanlagen sowie in der Nähe von Hochspannungsleitungen soll vermieden werden.[191]

Spezielle Untersuchungsverfahren und Therapien wie Lithotripsie, transkutane elektrische Nervenstimulation, Kernspintomographie oder Elektrokauterisierung sind nur eingeschränkt möglich und bergen ein zusätzliches Risiko.[192] Das Implantat besteht aus einer Ummantelung von Titan und speziellen Kunststoffen, welche ein Allergierisiko minimieren.[193]

2.2 *Künftig mögliche IKT-Implantate mit medizinischem Schwerpunkt - Ubiquitous Healthcare*

Die Gesundheitskosten in Deutschland haben sich seit dem Jahr 1985 verdoppelt und übersteigen mit einem Wachstum von 4.6 % jährlich deutlich den Anstieg des Bruttoinlandsprodukts. Insgesamt geben die Deutschen pro Jahr über 250 Milliarden Euro für Gesundheitsleistungen aus.[194]

---

189 *Biotronik*, Patientenbroschüre, 15.

190 *Zugck/Nelles/Frankenstein et al.*, Herzschr Elektrophys 2005, 179f.

191 *Biotronik*, Patientenbroschüre, 20.

192 *Biotronik*, Patientenbroschüre, 21.

193 *Biotronik*, Patientenbroschüre, 27.

194 Institut für Technik der Informationsverarbeitung der Universität Karlsruhe (TH) (Hrsg.), Personal Health Monitoring – Motivation, http://www.phmon.de.

Hauptgrund hierfür sind Erkrankungen des Kreislaufsystems. Die Einweisungen erfolgen dabei häufig nicht zur Behandlung, sondern primär zur Überwachung des Gesundheitszustands der Patienten. Um Kosten zu senken, sollen diese Aufenthalte verkürzt oder vermieden werden. Studien haben ergeben, dass durch den Einsatz der Telematik die Kosten um 1/3 gesenkt werden können – bei gleichzeitiger Verbesserung der Qualität der medizinischen Versorgung durch eine bessere Informationslage.[195] Dies erfordert jedoch ein zuverlässiges Home-Monitoring.[196]

Mobile Anwendungen (Wireless Monitoring) erleichtern die Arbeit des medizinischen Personals, tragen zu Kostensenkungen bei und nutzen vor allem dem Patienten. Deswegen seien sie aus der künftigen Gesundheitsversorgung nicht mehr wegzudenken.[197] Eine bessere Vor- und Nachsorge von Patienten vermeidet und verkürzt stationäre Aufenthalte. Ziel ist somit die Pflege und Überwachung der Gesundheit des Patienten, um eine Behandlung möglichst zu vermeiden. Bei zahlreichen Pilotprojekten der Vergangenheit wurde mittels Computer oder PDA und Telekommunikationsverbindung (Festnetz, Mobiltelefon, DECT, Bluetooth, WLAN) versucht, eine Plattform für mobile Diagnose- und Monitoring-Systeme aufzubauen. Kernpunkte waren dabei elektronische Patientenakten, die den Zugriff auf Patientendaten von beliebigen Orten für autorisiertes medizinisches Personal und den Patienten ermöglichen, kombiniert mit mobilen Geräten und Anwendungen, welche diese Krankenakten mit aktuellen Vitalparametern und Gesundheitsdaten in Echtzeit *„füttern“*.[198] Daneben ermöglichen diese Systeme teilweise auch, die Patienten automatisch zu identifizieren und deren Aufenthaltsort beispielsweise durch GPS-Ortung zu bestimmen. Die Datenerfassung geschieht dabei durch mobile Endgeräte wie PDAs und das Auslesen von RFIDs.[199]

Für künftige Anwendungen wurden Rahmenbedingungen definiert, welche langfristig einen Einsatz im persönlichen Bereich des Patienten ermöglichen sollen: Die Geräte müssten sehr robust sein, dürfen den Benutzer nicht in seiner Bewegungsfreiheit einschränken, die Sensoren zur Messung der Vitalparameter müssen erschütterungsfest sein, eine gute Hautverträglichkeit aufweisen und dürfen nicht durch Witterungseinflüsse beeinträchtigt werden.[200]

Solche Systeme erlauben es dem Patienten, sich je nach Befinden Zuhause oder außerhalb seines Wohnortes frei zu bewegen, ohne dass der jederzeitige Kontakt zum betreu-

---

195 *Hanika*, PflR 2003, 485.

196 Institut für Technik der Informationsverarbeitung der Universität Karlsruhe (TH) (Hrsg.), Personal Health Monitoring – Motivation, http://www.phmon.de.

197 So ein Beitrag aus dem Jahre 2002 in der Deutschen Ärztezeitung über vom BMBF geförderte Forschungsprojekte, *Bludau/Bludau*, Dtsch Ärztebl/PC 3/2002, 22, 23.

198 *Frost*, Gesundheitstelematik, Telemedizin, 181; *Bludau/Bludau*, Dtsch Ärztebl/PC 3/2002, 22f mwN.

199 *Bludau/Bludau*, Dtsch Ärztebl/PC 3/2002, 23 mwN.

200 *Bludau/Bludau*, Dtsch Ärztebl/PC 3/2002, 22.

enden Arzt mit Verlassen der Klinik endet. Durch das kontinuierliche Monitoring physiologischer Parameter unter Alltagsbedingungen kann eine Optimierung von Diagnose und Therapie ohne längere stationäre Krankenhausaufenthalte erfolgen.[201]

Nachfolgende Darstellung erläutert existierende Technologien und Anwendungen, welche – anders als oben dargestelltes Home Monitoring mittels implantierbarer ICD – zurzeit noch nicht als Implantate vorliegen. Um jedoch eine allgegenwärtige und stets verfügbare Gesundheitsversorgung zu ermöglichen, besteht ein Bedarf einer möglichst lückenlosen Verbindung zwischen Patient und dem Ubiquitous Healthcare-Gerät bzw. der zugehörigen Anwendung. Um erschütterungsfeste und witterungsunabhängige Sensoren zu erreichen, welche die Bewegungsfreiheit des Patienten nicht einschränken, liegt es nahe, diese Geräte künftig als Implantate anzubieten.

Die nötige Technologie zur Miniaturisierung und Kapselung der Geräte und mithin zur Weiterentwicklung zu einem Implantat existiert bzw. steht kurz vor der Marktreife. Insofern stellen die nachfolgend aufgeführten Technologien und Anwendungen nicht nur den Status quo dar, sondern bieten darüber hinaus bereits einen ersten Eindruck dessen, was künftig möglich sein könnte.

2.2.1 „Fetal Health Monitor" - Intrauterine Schwangerschaftsüberwachung mittels Implantat

Hochrisikoschwangere müssen gewöhnlich eine längere Zeit stationär im Krankenhaus verbringen. Nur dadurch war bislang die intensive und kontinuierliche Überwachung von Mutter und Kind gewährleistet. Bei Risikoschwangerschaften besteht nunmehr die Möglichkeit der biosensorischen Überwachung der fötalen Lebensfunktionen mittels mobiler Patientenüberwachung. Dabei wird ein fingerkuppengroßer „*Pillenchip*" per Endoskopie in die Fruchtblase implantiert. Er besteht aus Sensoren, die Druck, Temperatur und Herzfrequenz messen.[202] Die gewonnenen Daten werden umgewandelt und per Funk an einen außen am Körper getragenen Empfänger übertragen. Die Einsatzdauer der Batterien währt eine gesamte Schwangerschaft (Gestationsperiode). Übermittelt das Implantat kritische Werte, löst der Empfänger Alarm aus und fordert per Überwachungssystem medizinische Hilfe an, die beispielsweise in einer Sectio-Cesarea oder einer endoskopisch durchzuführenden fötalchirurgischen Maßnahme bestehen kann.[203]

2.2.2 Home Care - Digitale Hauspflege

Die digitale Hauspflege stellt ein potentiell bedeutsames Feld der Telepflege dar. Mit ihr sollen kritische pflegerische und medizinische Parameter älterer Patienten (beispielsweise

---

201 *Frost*, Gesundheitstelematik, Telemedizin, 181.
202 *Frost*, Gesundheitstelematik, Telemedizin, 181f.
203 *Frost*, Gesundheitstelematik, Telemedizin, 182.

Blutdruck, Blutzucker, Gewicht) mittels telematisch erreichbarer Sensoren an ein Service-Zentrum übertragen werden. Ergänzt um eine beiderseitige Video- und/oder Sprachverbindung zwischen Patient und Service-Zentrum ist so rund um die Uhr eine Betreuung möglich.[204] Die Zahl der Pflegepatienten wächst deutlich in den kommenden Jahren. Angesichts der damit einhergehenden Kostensteigerungen einerseits und der Steigerung der Lebensqualität von Pflegepatienten andererseits, welche in ihrer vertrauten häuslichen Umgebung leben können, verspricht man sich von der digitalen Hauspflege eine Lösung. In dem Service-Zentrum wäre ein interdisziplinäres Team von Pflegekräften, Sozialarbeitern und Ärzten tätig. So könnte im Gefahrenfall, wenn ein Überwachungssensor einen kritischen Wert misst, Alarm gegeben und die verfügbaren Pflegekräfte je nach Bedarf eingesetzt werden.[205] Der Patient wäre dauerhaft umsorgt.

2.2.2.1. MobiHealth

MobiHealth ist ein von der Europäischen Kommission mit 5 Mio. EURO gefördertes Forschungsprojekt, welches Technologien für ambulantes Monitoring per Mobilfunk voranbringen soll.[206] Daran nehmen u. a. die Firmen Philips, Ericsson, TeliaSonera, Telefonica und HP teil.

Das System besteht aus direkt am Körper getragenen Funksensoren, welche lebenswichtigen Körperfunktionen wie Blutdruck oder Herzfrequenz messen und die gesammelten Daten an ein Body Area Network (BAN), ein selbstorganisierendes Sensorennetzwerk senden.[207] Ebenfalls übermittelt werden Video- und Audiodaten. Das BAN sendet anschließend die Messwerte über GPRS oder UMTS kontinuierlich an ein Krankenhaus oder medizinisches Callcenter.[208]

Grundlage ist eine generische BAN-Software-Plattform, welche beliebige Sensoren im Wege des Plug and Play anbindet und sich um die sichere Datenübertragung und alle technischen Belange der einzelnen Sensoren und der Verbindung zum Provider kümmert.[209] Dies ermöglicht es, sowohl beliebige Sensoren unterschiedlicher Hersteller zu unterschiedlichen Zwecken in das System einzubinden als auch die gleiche Software auf den verschiedensten Endgeräten wie PDAs und Smart Phones laufen zu lassen (Mobile Base Units, MBUs).[210]

---

204 *Hanika*, PflR 2003, 487.
205 *Hanika*, PflR 2003, 487.
206 *Krüger-Brand*, Dtsch Ärztebl/PC 2/2003, 15.
207 Vgl. zu einem BAN zur Verbindung intelligenter Implantate und weiter am Körper getragener Gegenstände auch *BSI; Bundesamt für Sicherheit in der Informationstechnik*, Pervasive Computing, 94.
208 *Krüger-Brand*, Dtsch Ärztebl/PC 2/2003, 15; *Herzog*, MobiHealth, http://www.mobihealth.org.
209 *Herzog*, MobiHealth, http://www.mobihealth.org.
210 *Herzog*, MobiHealth, http://www.mobihealth.org.

Damit die übermittelten Daten auf Seite der Gesundheitsdienstleister auch verarbeitet werden können, betreiben diese eine dazugehörige „*MobiHealth service and application platform*". Diese erlaubt mit Hilfe der vom Body Area Network (BAN) gemessenen und vom Endgerät übertragenen Daten eine kontinuierliche Überwachung, Speicherung und Übertragung zahlreicher Vitalparameter des Patienten. Dadurch sollen flexible personifizierte Dienste und bei Bedarf ein sofortiges Handeln möglich werden.[211]

Für den Patienten sollen sich hieraus größere Freiheiten und eine höhere Lebensqualität ergeben, zugleich soll die Behandlung und Therapie individueller zugeschneidert werden können. Nicht zuletzt soll der Patient sich sorgenfreier bewegen können, da sein BAN bei Überschreiten bestimmter kritischer Messwerte selbsttätig Hilfe anfordert.[212]

Neben einem Herzmonitoring System in Deutschland, welches große Ähnlichkeiten zu dem oben beschriebenen Home Monitoring aufweist, laufen Tests in weiteren europäischen Staaten. So wird in den Niederlanden seit 2003 ein System der integrierten Überwachung von Hochrisikoschwangerschaften („*Integrated Homecare in women with high-risk pregnancies*") erprobt. MobiHealth soll hier helfen, die Überwachung auch von zu Hause aus zu ermöglichen und so die Häufigkeit und Länge von stationären Krankenhausaufenthalten (und somit auch die Kosten) signifikant zu reduzieren, ohne hierdurch die Qualität der medizinischen Versorgung zu verringern.[213] Dabei werden mittels des MobiHealth BAN die Biosignale von Fötus und Mutter unmittelbar an das Krankenhaus übertragen.

Bei Versuchen schwedischer Forscher werden die Vitalparameter von Patienten mit Atemwegsinsuffizienz überwacht („*Monitoring of vital parameters in patients with respiratory insufficiency*"). [214] Die Patienten der Studie leiden an chronischer Lungenentzündung und müssen ständig medizinisch kontrolliert werden, da eine Verschlechterung ihres Zustandes jederzeit möglich ist. Neben regelmäßigen Check-Ups benötigen sie ferner eine Sauerstoff-Therapie zu Hause. Um diesen Patienten wirksam zu helfen, müssten ihr Gesundheitszustand sowie ihre Versorgung mit Sauerstoff permanent überwacht werden.[215] Das MobiHealth BAN soll der Früherkennung dienen und zugleich diese medizinische Versorgung und Überwachung der Patienten zu Hause gewährleisten. Überwachte Parameter sind Puls, Sauerstoffsättigung im Blut und Bewegungsdaten von Beschleunigungs-Sensoren. Ziel ist es auch hier, durch MobiHealth die Anzahl von Check-Ups und Kran-

---

211 *Herzog*, MobiHealth, http://www.mobihealth.org.
212 *Herzog*, MobiHealth, http://www.mobihealth.org.
213 *Hanika*, PflR 2003, 485; *Herzog*, MobiHealth, http://www.mobihealth.org.
214 *Herzog*, MobiHealth, http://www.mobihealth.org.
215 *Herzog*, MobiHealth, http://www.mobihealth.org.

kenhausaufenthalten zu reduzieren und somit Zeit und Kosten für Krankenhäuser und Gesundheitssysteme einzusparen.[216]

2.2.2.2. Personal Health Monitoring (PHMon)

Ziel des Verbundforschungsprojekts PHMon ist es, durch den Einsatz moderner Informationstechnik ein System zur Überwachung des Gesundheitszustands zu entwickeln. Das Projekt wird vom BMBF mit 3,4 Millionen EUR gefördert. Das System erfasst durch am Körper tragbare nicht invasive Vitalsensoren den Gesundheitszustand des Patienten und übermittelt die Daten drahtlos (via Bluetooth) an einen mobilen Zwischenspeicher, z. B. einen PDA oder ein SmartPhone.[217] Eine Software analysiert die Daten und entscheidet je nach Messwert, ob und wenn ja, welche Daten übertragen werden. Bei Überschreiten von vorher konfigurierten Parametern alarmiert das System einen Arzt oder Rettungsdienst. Falls erforderlich, wird zudem automatisch der Aufenthaltsort des Patienten über GPS ermittelt und mit übertragen. Im Normalfall werden die Daten an einen medizinischen Dienstleister via Mobilfunk übermittelt und in einer elektronischen Patientenakte gespeichert.[218]

Es gibt vier Schwerpunktbereiche für PHMon: Blutdruckmessung, Tonometrie (zur Messung der Durchblutung der Retina zur Diagnose der Glaukomerkrankung (Grüner Star), Atmungsmonitoring und Glukosemessung (bei Diabetikern).

Das Atmungsmonitoring dient dazu, schlafbezogene Atemstörungen (Schlafapnoe), an welchen schätzungsweise drei Millionen Menschen in Deutschland leiden, zu erkennen. Während harmlose kurzzeitige Atemaussetzer bei jedem Menschen vorkommen können, können bei chronischen Atemaussetzern im Schlaf als Folgen Bluthochdruck, Herzinsuffizienz (verminderte Herzleistung), Herzrhythmusstörungen und die verstärkte Neigung zu Herzinfarkt und Schlaganfall auftreten. Schlafapnoe ist eine häufig unentdeckte Erkrankung, da zur Erkennung eine Diagnose im Schlaflabor erforderlich ist. Diese bedeutet neben einer erheblichen Belastung für den Patienten auch einen enormen zeitlichen und personellen Aufwand. Zusammen mit der geringen Zahl an verfügbaren Diagnoseplätzen führt dies dazu, dass eine Schlafapnoe-Erkrankung häufig über lange Zeit nicht erkannt wird.[219] Ein anderes, in Deutschland durchgeführtes Pilotprojekt befasste sich mit von Sudden Infant Death Syndrome (SIDS) bedrohten Kindern mit obstruktiver Schlafapnoe. Hierunter versteht man Atemaussetzer, welche von einem Schnarchlaut gefolgt sind. Durch laute Schnarchlaute wird der Patient aufgeweckt und der normale Rhythmus von Traum- und Tiefschlafphasen gestört. Als Folgen treten Bluthochdruck, morgendliche Ab-

216 *Herzog*, MobiHealth, http://www.mobihealth.org.

217 *Krüger-Brand*, Dtsch Ärztebl/PC 2/2003, 15.

218 *Krüger-Brand*, Dtsch Ärztebl/PC 2/2003, 16.

219 Institut für Technik der Informationsverarbeitung der Universität Karlsruhe (TH) (Hrsg.), Personal Health Monitoring – Motivation, http://www.phmon.de.

geschlagenheit und dauerhafte Müdigkeit auf. Bei der Studie erfolgte die Datenübertragung dabei wahlweise über Mobilfunk oder Festnetz. An Stelle eines Aufenthalts in einer Klinik auf speziellen Schlafdiagnoseplätzen, angeschlossen an Maschinen, war durch das BAN und die Funkübertragung die freie Bewegung der Patienten zu Hause gewährleistet, ohne die Überwachung durch die betreuenden Ärzten zu beeinträchtigen.[220]

Die weltweit am häufigsten angewandten medizinischen Untersuchungsverfahren sind Blutdruckmessungen. Gegenwärtige Messgeräte sind entweder sehr genau und kontinuierlich messende invasive Systeme oder nicht-invasive Systeme. Letztere arbeiten üblicherweise mit aufblasbarer Manschette und sind sehr einfach zu bedienen, aber aufgrund der abdrückenden Manschette unangenehm für den Patienten. Sie lassen keine kontinuierliche Überwachung zu und messen recht ungenau.[221]

Nach Schätzungen der International Diabetes Federation sind derzeit weltweit ca. 170 Mio. Menschen von Diabetes betroffen. Dabei ist der Körper nicht oder nur eingeschränkt in der Lage, den Glukosegehalt des Blutes (Blutzuckerspiegel) zu regeln. Daher müssen Diabetespatienten mehrere Male täglich ihren Blutzuckerspiegel messen, um geeignete Diäten einzuhalten, oder – in schwereren Fällen – Insulin zur Regulierung zu spritzen.

Die Blutzuckermessung erfolgt dabei üblicherweise durch Entnahme kleinster Mengen Blut, wozu allerdings die Haut perforiert werden muss. Aufgrund der häufigen Messungen bedeutet dies eine erhebliche Belastung der betroffenen Hautpartien.

Für all diese Anwendungsfälle soll im PHMon-Projekt eine nicht-invasive Methode gefunden werden, welche die Überwachung bequemer und leichter macht.

2.2.2.3. Mobile Medical Monitoring (MMM)

Einen etwas anderen Ansatz verfolgt das Mobile Medical Monitoring, welches auf „Wearable Computing" aufbaut. Hierunter versteht man in die Kleidung eingebaute hoch miniaturisierte und hoch integrierte Computer,[222] welche beispielsweise mit winzigen Sensoren und Ein- und Ausgabegeräten versehen werden können. Diese ermöglichen ebenfalls die Überwachung mehrerer Vitalparameter wie EKG und Blutdruck eines frei beweglichen Patienten. Die Messdaten werden parallel gemessen, vorverarbeitet und über herkömmliche Mobilfunkverfahren (GSM/GPRS/UMTS) an eine zentrale Empfangs- und Auswertungsstation übermittelt. Dieser Server befindet sich dabei klinikumsnah in einem Dienstleistungszentrum.[223] Dort werden mit automatisierten Klassifizierungen Handlungsempfehlungen

---

220 *Frost*, Gesundheitstelematik, Telemedizin, 181 mwN.

221 Institut für Technik der Informationsverarbeitung der Universität Karlsruhe (TH) (Hrsg.), Personal Health Monitoring – Motivation, http://www.phmon.de.

222 *Dreier*, Technikfolgenabschätzung 2/2006, 18.

223 *Krüger-Brand*, Dtsch Ärztebl/PC 2/2003, 16.

und Warnhinweise ermittelt und weitergegeben. Das BMBF fördert das Vorhaben mit 1,4 Mio. EUR.

Nahezu die Hälfte aller Todesfälle geht auf Herz-Kreislauf-Erkrankungen zurück, für deren Behandlung jährlich in Deutschland ca. 35 Milliarden Euro aufgewendet werden. Rund 30 % der Patienten, die in Deutschland einen Herzinfarkt erleiden, sterben noch vor ihrem Eintreffen in der Klinik. Durch ein mobiles Monitoring soll die Reaktionszeit bis zum Eintreffen ärztlicher Hilfe reduziert werden, zugleich aber auch die Zahl überflüssiger Notfalleinsätze, Klinikeinweisungen und Arztbesuche, so dass sich die Gesamtkosten nach VDE-Schätzungen um bis zu 50 % reduzieren lassen könnten.[224]

Ein Produktbeispiel ist der *„sensor mobile"*. Dieser kann bei Herzrhythmusstörungen kurze EKG-Abschnitte aufnehmen, speichern und an ein Callcenter übertragen. Das Gerät ist in etwa so groß wie eine Kreditkarte. Der Patient legt es sich flach auf die Brust und kann über einen Tastenbefehl *„EKG aufnehmen"* ein oder mehrere 1-Kanal-EKGs aufzeichnen und über die Infrarot-Schnittstelle des *„sensor mobile"* und eines Handys die Daten an die Auswertungszentrale an der Charité in Berlin übermitteln.[225] Niedergelassene Ärzte erhalten die Daten per Fax oder E-Mail, Krankenhäuser können bei Bedarf die EKGs ihrer Patienten rund um die Uhr per Datenfernübertragung abrufen und auswerten. Dem Nutzer wird per SMS eine Empfangsbestätigung übermittelt. Der *„sensor mobile"* kostet 219 EUR, für die monatliche Dienstleistung werden 19 EUR fällig. Nutzbar ist das System zurzeit im T-D1-Netz von T-Mobile.[226]

Eine ähnliche Dienstleistung für Herzpatienten bietet Philips unter dem Namen *„Paxiva"* an.[227] Der Service wurde schon im Jahre 2003 von über 1.200 Patienten genutzt.[228] Auch das Herz-Handy der Firma Vitaphone aus Mannheim bietet einen ähnlichen Dienst, welcher die Funktionalität eines GSM-Mobiltelefons mit telemedizinischen Zusatzfunktionen verbindet. Das Gerät ermöglicht die Aufzeichnung von EKGs, welches mit nur einem Knopfdruck an das Vitaphone Service Center übertragen wird. Damit einher geht eine Bestimmung des Aufenthaltsortes des Patienten per GPS und dessen Übermittlung an das Service-Center, so dass im Notfall der Aufenthaltsort des Anrufers lokalisierbar ist.[229] Das EKG wird mit vier Elektroden an der Rückseite des Handys abgenommen, das sich der Patient auf die Brust legt. Das Handy kostet 769 EUR, die monatliche Grundgebühr für das Servicecenter beträgt 51 EUR.[230]

---

224 *Heise online/pmz*, TeleMonitoring zur Kostendämpfung im Gesundheitswesen, http://www.heise.de/newsticker/meldung/70415.

225 *Krüger-Brand*, Dtsch Ärztebl/PC 2/2003, 16.

226 *Krüger-Brand*, Dtsch Ärztebl/PC 2/2003, 16.

227 *Krüger-Brand*, Dtsch Ärztebl/PC 1/2002.

228 *Krüger-Brand*, Dtsch Ärztebl/PC 2/2003, 17.

229 *Krüger-Brand*, Dtsch Ärztebl/PC 2/2003, 17.

230 *Krüger-Brand*, Dtsch Ärztebl/PC 2/2003, 17.

2.2.2.4. Teddi - Telemonitoring zur Versorgung chronisch Kranker

Die bis Juni 2001 durchgeführte Studie „Telemedizinische Beratung und Schulung von Kindern und Jugendlichen mit Diabetes mellitus" („*Teddi*") in Rheinland-Pfalz untersuchte, welche Auswirkungen eine regelmäßige Überwachung der Blutzuckerwerte und Insulindosierung besaß. Dabei maßen die Patienten ihre Blutzuckerdaten mit einem externen Messgerät und gaben anschließend Zusatzdaten wie gespritzte Insulinmenge, Broteinheiten, sportliche Aktivitäten und Krankheiten in das Gerät ein. Mittels eines Modems wurden die Daten anschließend an das Diabeteszentrum übertragen. Als Ergebnis kam eine wesentlich bessere Einstellung der Patientendosierung heraus, welche sich in durchschnittlich nur 1,3 stationären Aufenthalten der „*Teddi*"-Patienten äußerte, im Vergleich zu sonst üblichen 4,1 Krankenhausaufenthalten.[231]

2.2.2.5. „Digitale Patientenbegleitung"

Forscher am Dortmunder Fraunhofer-Institut haben eine Software entwickelt, welche Patienten nach deren Entlassung aus der Klinik bei der Nachsorge im Alltag helfen soll. Insbesondere soll verhindert werden, dass Patienten nach ihrer Entlassung wieder in alte, schlechte Gewohnheiten zurückfallen. Dazu erinnert die Software auf einem Handy oder PDA die Patienten selbsttätig an die erforderliche tägliche Bewegung, gibt Ernährungstipps beim Einkaufen oder zeigt ihnen Bilder, wie sie früher aussahen, um sie abzuschrecken oder zu motivieren.[232]

In Forschungslaboren wird darüber hinaus an Chips geforscht, welche mit Bio- oder Mikrosensoren arbeiten und zur ständigen Überwachung von Blutwerten, organischen Prozessen oder zum Aufspüren von Krebszellen bei Patienten in der Erholungsphase nach einer Behandlung eingesetzt werden sollen.[233] In Kombination mit den Biosensoren könnte so eine Software sehr individuell auf das Befinden und Verhalten des Patienten reagieren.

Ein von der Firma Intel in ihrem Forschungslabor in Seattle entwickeltes System geht sogar noch weiter und registriert, wann Menschen ihre Medikamente nehmen, wann sie etwas essen und wie häufig sie sich bewegen. Derzeit schnallen sich die Betroffenen noch ein Armband um, was neben einem Bewegungssensor auch ein RFID-Lesegerät enthält. Viele Gegenstände der Wohnung wie beispielsweise Löffel, Teller, Zahn- und Haarbürste werden mit einem RFID-Sender „getaggt", ein Computer registriert, wann danach gegriffen wird und überträgt die Informationen über das Internet zu den Angehörigen oder einem

231 *Krüger-Brand*, Dtsch Ärztebl 2001, A 18.

232 *Heise online/tol*, Digitale Patientenbegleitung, http://www.heise.de/newsticker/meldung/56764.

233 *Europa-Kontakt e.V. (Hrsg.)*, EU-Informationsbrief Gesundheit 03/2005, 60.

Pflegedienst. Zwanzig Wohnungen in Seattle sind bereits mit diesem System ausgestattet worden, erste Ergebnisse der Rundum-Überwachung sollen in Kürze vorliegen.[234]

2.2.2.6. Telerehabilitation

Es wird erwartet, dass sich durch Gesundheitstelematikanwendungen auch die Qualität der Rehabilitation nach Unfällen, Operationen und schweren Erkrankungen optimieren lässt. Im neurologischen und besonders im orthopädischen Bereich kann durch ein computergestütztes und telematisch überwachtes Training der Patienten die Trainingsleistung auf das erwünschte Maß verbessert werden, was eine schnellere Reintegration in den Arbeits- und Sozialprozess ermöglicht.[235] Einen derartigen Ansatz verfolgt auch das spanische Teilprojekt zum Einsatz des MobiHealth BAN[236] bei der Rehabilitation von Patienten im Freien. Hierbei wurde die Telerehabilitation bei Patienten mit chronischen Atemwegserkrankungen untersucht, welche zur Verbesserung ihres Zustandes kontrollierte körperliche Betätigung betreiben sollen. Dabei werden die Schrittgeschwindigkeit und Pulsoxymetrie, EKG sowie Mobilität gemessen und mit einem Live-Audio-Signal an einen Physiotherapeuten übermittelt. Der Physiotherapeut kann den Patienten so aus der Ferne bei seinen Übungen begleiten und Rückmeldungen und Ratschläge übermitteln. Durch die Möglichkeit, diese Rehabilitation von zu Hause aus betreiben zu können, verspricht man sich eine größere soziale Akzeptanz und beträchtliche Kosteneinsparungen.[237]

2.2.2.7. Alzheimer-Armband und GPS-Tracking-Handys

Nach Polizeiangaben werden in den USA jährlich über 125.000 Alzheimer-Patienten gesucht, welche nicht mehr von alleine nach Hause finden. Etwa 60 % aller Patienten mit fortschreitendem Gedächtnisverlust gehen wenigstens einmal in ihrem Leben verloren, wobei in einigen Landesteilen der USA die Hälfte der Verschwundenen verstirbt, wenn sie nicht innerhalb von 24 Stunden gefunden werden.[238] Das Problem der so genannten „*Wanderschaft*" (wandering) von Demenzkranken besteht darin, dass diese sich unvorbereitet und ungeplant aus ihrer Einrichtung entfernen und nicht mehr zu dieser zurückfinden. Oftmals tragen sie keine witterungsgerechte Kleidung. So müssen sie, da sie nicht mehr von alleine zurückfinden, häufig nur leicht bekleidet draußen übernachten. Die „*Wanderschaft*" setzt Angehörige wie Patienten einem enormen Stress aus und führt zu Einweisungen und Problemen in Krankenhäusern und psychiatrischen Einrichtungen.[239]

---

234 *Stirn*, Der elektronische Gesundheits-Check, FAZ v. 21.07.2008, http://www.faz.net/s/Rub58F0CED852D8491CB25EDD10B71DB86F/Doc~E656390AE7E454FCA9081223CD051BDA7~ATpl~Ecommon~Scontent.html.

235 *Hanika*, PflR 2003, 488.

236 Siehe dazu weiter oben.

237 *Herzog*, MobiHealth, http://www.mobihealth.org.

238 *Kuhn/Wilson*, 'Tagging' Alzheimer's Patients, http://www.webmd.com/content/Article/52/50224.htm.

239 *Hughes/Louw*, BMJ 2002, 847.

Herkömmlicherweise werden etwa 44 % der Alzheimer-Patienten mit Neigung zur „*Wanderschaft*" zu einem bestimmten Zeitpunkt ihrer Erkrankung eingesperrt.[240] Einige Einrichtungen verwenden spezielle Armbänder dazu, dass sich bei Annäherung bestimmter Patienten die Türen automatisch schließen, bei anderen wird Alarm ausgelöst, wenn die Patienten bestimmte Bereiche verlassen.[241] Die Alzheimer Association hat darüber hinaus an 94.000 Freiwillige in ihrem „*Safe Return*"-Programm Identifikationsbänder ausgeteilt, welche die Identifizierung und Rückführung der Patienten erleichtern. Von 7.500 Fällen entschwundener Patienten mit solchen Armbändern konnten nahezu 100 % aufgefunden und in ihre Einrichtungen zurückgebracht werden.[242]

Um den Nutzen auszuweiten, erwägt die amerikanische Alzheimer's Association die Ausstattung zahlreicher Alzheimer-Patienten mit elektronischen Tracking-Geräten. Diese Tracking-Geräte dienen dem Ermitteln und Verfolgen des Aufenthaltsortes des Trägers. In einigen Einrichtungen wurden sie bereits eingeführt.[243] Auch in Europa ist diese Tracking-Technologie angekommen: In dem englischen Pflegeheim Martin House in Southall, Ealing (West-London), werden Alzheimerpatienten seit 2002 mit einer GPS-Tracking-Armbanduhr mit Alarmfunktion ausgestattet. Hierdurch sollen spontane „*Wanderschaft*" und der Aufenthalt in gefährlichen Bereichen verhindert werden.[244]

Solche Tracking-Armbänder sind auf dem freien Markt erhältlich: Die amerikanische Firma Wherify Wireless aus Redwood City, Kalifornien, bietet beispielsweise über den Online-Versandhändler Amazon.com für 300-400 USD so genannte „*GPS Personal Locator Watch*"-Armbanduhren an, welche einen eingebauten GPS-Empfänger und eine Mobilfunk-Sendeeinrichtung aufweisen. Über eine Website im Internet oder per Telefon lassen sich von Abonnenten rund um die Uhr die Standortdaten des Armbandes – und damit üblicherweise auch des Trägers – abfragen. Die Abfrage wird durch einen Klick auf der Homepage gestartet. Daraufhin wird der Lokalisierungsprozess durch eine SMS an das Handy gestartet, woraufhin sich die GPS-Einheit einschaltet und den Standort ermittelt. Dieser wird dann an das Kontrollzentrum über ein Mobilfunknetzwerk übertragen. Die Daten können sodann wahlweise telefonisch mitgeteilt werden bzw. erscheinen im Internet auf einer speziellen Website.[245]

Eine 200 USD teure Version des Herstellers RGS Technologies aus Euclid, Ohio, USA, bietet neben dem vorgenannten noch die Möglichkeit, die Person mittels eines RFID-

---

240 *Kuhn/Wilson*, 'Tagging' Alzheimer's Patients, http://www.webmd.com/content/Article/52/50224.htm; *Hughes/Louw*, BMJ 2002, 847 mwN.

241 *Kuhn/Wilson*, 'Tagging' Alzheimer's Patients, http://www.webmd.com/content/Article/52/50224.htm.

242 *Kuhn/Wilson*, 'Tagging' Alzheimer's Patients, http://www.webmd.com/content/Article/52/50224.htm.

243 *Kuhn/Wilson*, 'Tagging' Alzheimer's Patients, http://www.webmd.com/content/Article/52/50224.htm.

244 *BBC News*, Electronic tagging for Alzheimer's, http://news.bbc.co.uk/1/hi/england/2284537.stm.

245 *Spagat*, Hand-Held Homing Devices: GPS Hits Household Gadgets, The Wall Street Journal v. 11.09.2002, http://www.linkspoint.com/wsj.html.

Senders/Empfängers aus bis zu 4 Kilometern Entfernung anzupeilen und so noch leichter zu finden. Das aktive RFID-Tag sendet im Bereich von 868 MHz und ermöglicht eine Lokalisierung auf den halben Meter genau.[246] Zu den Kosten für die GPS-Einheit kommen jeweils noch monatliche Abonnementgebühren hinzu, welche sich an den Preisen für Mobilfunkverträge orientieren und zwischen 20 und 50 USD liegen.[247]

Auch als reine Handy-Version namens WheriFone findet dieselbe Technologie Anwendung und soll ebenfalls die Identifikation und das Verfolgen des Aufenthaltsortes von Kindern und verirrten Personen ermöglichen.[248]

Nach Aussagen von William Duvall, CTO von LoJack, einem Hersteller von GPS-Armbändern, welche zuvor nur Verwendung bei Tieren fanden, haben Alzheimer-Patienten die Angewohnheit, gelegentlich Wertgegenstände, Uhren oder Mobiltelefone abzulegen, wenn sie auf „*Wanderschaft*" gehen. Daher müssen die Tracking-Geräte fest mit dem Patienten verbunden sein,[249] wie beispielsweise die GPS Personal Locator Watch, deren Armband sich nicht ohne Freischaltcode eines Codegebers öffnen lässt.[250] In zwanzig Städten in Massachusetts, USA, werden solche GPS-Armbanduhren im Rahmen des Projekts „*Life Saver*" dazu verwendet, um autistische Kinder aufzuspüren.[251]

2.3 *Existierende IKT-Implantate ohne medizinischen Schwerpunkt*

2.3.1 VeriChip

Das in Kapitel 2.1.1 bereits vorgestellte VeriChip-Implantat dient jedoch nicht nur medizinischen Zwecken. Dem Chip kommt vielmehr durch eine Einsetzbarkeit auch für nichtmedizinische Zwecke eine doppelte Funktion zu.[252] Als mögliche weitere Einsatzzwecke nennt der Hersteller beispielsweise Zugangskontrollsysteme in Regierungseinrichtungen und privaten Gebäuden, Kernkraftwerken, Forschungseinrichtungen, Strafvollzugsanstalten und zur Sicherung von Gefahrguttransporten, aber auch zur Erhöhung der Sicherheit an Flughäfen und von Flugzeugen und Kreuzfahrtschiffen.[253] Ferner kommt ein Einsatz im Bereich von Finanztransaktionen in Betracht, wo durch den Einsatz des Chips die Betrugs-

---

246 *RGS Technologies (Hrsg.)*, Locate children with GPS, http://www.911togo.com/gps_child_locator_watch/gps-child-locator.html.

247 *RGS Technologies (Hrsg.)*, Locate children with GPS, http://www.911togo.com/gps_child_locator_watch/gps-child-locator.html; *Spagat*, Hand-Held Homing Devices: GPS Hits Household Gadgets, The Wall Street Journal v. 11.09.2002, http://www.linkspoint.com/wsj.html

248 *Wherify Wireless (Hrsg.)*, Products - WheriFone, http://www.wherify.com/html/solutions.asp?pageId=50.

249 Zitiert nach *Caffrey*, Location tracking, The Boston Globe v. 10.10.2005, http://www.boston.com/business/technology/articles/2005/10/10/location_tracking____for_people_products_places____is_fast_coming_into_its_own?mode=PF.

250 *Spagat*, Hand-Held Homing Devices: GPS Hits Household Gadgets, The Wall Street Journal v. 11.09.2002, http://www.linkspoint.com/wsj.html.

251 *Quiroga*, Missing Persons Search Cost Police About $1,500 A Day, http://www.thebostonchannel.com/print/4729116/detail.html.

252 *Simitis*, JZ 2008, 698.

253 *Applied Digital Solutions*, VeriChip-FAQ, http://www.adsx.com/prodservpart/verichip.html, www.adsx.com/faq/verichip.html.

rate beim Abheben von Geld an Geldautomaten reduziert werden soll.[254] Anders als für medizinische Anwendungen[255] benötigt der VeriChip beispielsweise für Sicherheits-, Finanz- und Identifikationsanwendungen keine Zulassung der FDA.[256]

Die Nachfrage nach RFID-basierenden Anwendungen hat rasant zugenommen. RFID sind bereits in nahezu sämtliche Bereiche des täglichen Lebens vorgedrungen.[257] Ob es um die mit RFID-Tags versehenen Tickets[258] oder Eintrittskarten der FIFA Fußballweltmeisterschaft 2006 geht,[259] um Bordkarten für Flugzeuge, die eine Überwachung der Passagiere schon während der Aufenthalts am Flughafen ermöglichen sollen[260] oder Systeme zur Aufenthaltsüberwachung von Koffern und Paketen,[261] Säuglingen,[262] Kindern in Vergnügungsparks[263] und Schulkindern,[264] die Nutzung funkbasierender Autoschlüssel für elektronische Wegfahrsperren,[265] die automatische Identifizierung von Mehrwegverpackungen,[266] die Nutzung als Benutzerausweise und Tags in Büchern bei öffentlichen Bibliotheken z. B. in Wien,[267] München[268] und Stuttgart[269] oder im Rahmen von Kundenbindungssystemen wie Payback, bei allen hat die RFID-Technik bereits Einzug in den Alltag gehalten oder steht kurz vor der Implementierung.

Es besteht mithin ein erhebliches Interesse, statt herkömmlicher Überprüfung von Ausweisen und Strichcodes eine automatisierte Erfassung von Waren und Nutzern (Käufer, Entleiher, Fluggäste, Stadionbesucher) zu erreichen. Ob hierdurch Personal und entsprechende Kosten eingespart, eine zusätzliche Sicherheit gegen Terroristen gewährleistet

254 *Applied Digital Solutions*, VeriChip-FAQ, http://www.adsx.com/prodservpart/verichip.html, www.adsx.com/faq/verichip.html.

255 *FDA; U.S. Food and Drug Administration*, Federal Register Vol. 69, No. 237, December 10, 2004 - Rules and Regulations.

256 *Applied Digital Solutions*, VeriChip Corporation Enters into a Memorandum of Understanding for Development of a Firearm's User Autorization System - 'Smart Gun' - Using VeriChip RFID Technology, http://www.adsx.com/pressreleases/2004-04-13.html.

257 Vgl. hierzu auch *Bizer/Dingel/Fabian et al.*, TAUCIS.

258 Für Konzerte, Theater, vgl. *Kelter/Wittmann*, DuD 2004, 332.

259 Schmidt/Hanloser, CR 2006, 75f.

260 *Schaar*, DuD 2007, 259; *Roßnagel*, FES-Studie, 50f mwN; *Borchers*, c't 23/2006, 48.

261 *Kelter/Wittmann*, DuD 2004, 332.

262 *Applied Digital Solutions*, VeriChip Corporation's RFID Technology Prevents Infant Abduction at North Carolina Hospital, http://www.adsx.com/pressreleases/2005-07-19.html.

263 *Legoland Billund (Hrsg.)*, Presseerklärung: LEGOLAND® Saison 2004 eröffnet, http://www.lego.com/legoland/billund/Press/pressrelease.asp?locale=1031&id=8840&yearcode=2004&archive=True; *Reder*, Wireless LAN: Legoland ortet verloren gegangenes Kind mittels Funknetz, http://cydome.com/de/berndreder/archives/000342.shtml; *Kidspotter A/S (Hrsg.)*, The Kidspotter Solution, http://www.kidspotter.com/menu.aspx?id=0&type=p#.

264 *Haines*, Japanese to tag schoolkids, http://www.theregister.co.uk/2004/07/09/japanese_tag_schoolkids/; *Rötzer*, Schule als Hochsicherheitszone, http://www.telepolis.de/r4/artikel/21/21546/1.html.

265 Bundesregierung (Ministerium des Inneren) (Hrsg.), BT-Drs. 15/3190, zugleich RDV 2004, 196.

266 *Kelter/Wittmann*, DuD 2004, 332.

267 *Kelter/Wittmann*, DuD 2004, 332; *Thiesse/Gillert* in Fleisch/Mattern, Das smarte Buch, 291-299; *Kandel*, RFID-Forum 2/2004, 17-25.

268 *Heise online/se*, Münchner Zentralbibliothek arbeitet mit RFID-Technik, http://www.heise.de/newsticker/meldung/69470; *Thiesse/Gillert* in Fleisch/Mattern, Das smarte Buch, 291-299; *Kandel*, RFID-Forum 2/2004, 17-25.

269 *Zimmermann*, 26. Tätigkeitsbericht 2005 des Landesbeauftragten für den Datenschutz Baden-Württemberg, http://www.baden-wuerttemberg.datenschutz.de/lfd/tb/2005/default.htm, 2.0; *Lindl*, B.I.T. Online, 108-112; *Thiesse/Gillert* in Fleisch/Mattern, Das smarte Buch, 291-299; *Kandel*, RFID-Forum 2/2004, 17-25.

werden soll oder man durch Ermittlung der Wege, welche Kunden in Läden oder Vergnügungsparks nehmen, die Verweildauer, Attraktivität und Anordnung der eigenen Angebote verbessern möchte, stets scheinen RFID-basierende Lösungen als attraktiv. Darüber hinaus gibt es Bestrebungen, Personen nicht mehr nur jederzeit erreichen, sondern auch ihren Standort jederzeit abfragen und kontrollieren zu können.[270] Schließlich sollen RFID-basierende Systeme eine erhöhte Sicherheit in kritischen Bereichen wie dem Zugang zu Sicherheitsbereichen[271] und der Nutzung von Schusswaffen[272] bringen.

2.3.1.1. Einsatzzwecke und Möglichkeiten des Implantats

2.3.1.1.1. Als VIP-Eintritts- und Bezahlkarte im Baja Beach Club

Das VeriChip-Implantat wird u. a. seit März 2004 in Amsterdam und Barcelona in den Diskotheken des *„Baja Beach Club“* als VIP-Eintrittskarte verwendet,[273] um das Anstehen zu vermeiden. Statt mit Bargeld oder einer Kreditkarte[274] bezahlen die Kunden, indem sie ihren Arm an den Scanner halten.[275] Dieser erfasst die Nummer des Chips und fragt automatisiert bei der zugehörigen Datenbank des Herstellers in den USA die dort hinterlegten Daten ab. Befinden sich dort aktuelle Bankverbindungsdaten, kann – je nach technischer Ausgestaltung – eine Übermittlung der Daten an den Abrufenden oder die Veranlassung der Zahlung durch den Abrufer ausgelöst werden. In beiden Fällen werden die nötigen Daten übertragen und das Konto des Kunden mit dem Rechnungsbetrag belastet.

2.3.1.1.2. Als Zutrittskontrolle in Sicherheitsbereichen

Die Videoüberwachungs-Firma CityWatcher versieht seit Februar 2006 ihre Mitarbeiter mit unter die Haut eingepflanzten RFID-Transpondern der Marke VeriChip.[276] Bei CityWatcher soll das Verfahren die Zutrittskontrollen für die Kontrollräume verbessern, in denen das Unternehmen die Bilder der installierten Überwachungskameras verfolgt. Bisher war der Zugang zu diesen Räumen über RFID-basierende Chipkarten, so genannte Prox Cards, geregelt. Da sich diese jedoch klonen lassen und sich Unbefugte dadurch Zutritt in die ge-

270 *Capurro*, Neuroimplantate: Stimulus oder Steuerung - Vortrag vor dem Nationalen Ethikrat, Sitzung vom 25. Januar 2006, 9 zum vom britischen Premier Blair angekündigten Programm, 5000 gefährliche Kriminelle mit Chips permanent kontrollieren zu wollen; zum Programm, sämtliche Asylbewerber in Großbritannien mit einer elektronischen Fußfessel zu versehen vgl. *Rötzer*, Asylbewerber an die elektronische Fessel, http://www.heise.de/r4/artikel/22/22241/1.html.

271 *Schüler*, Firma markiert Mitarbeiter per RFID, http://www.heise.de/newsticker/meldung/69438; *Haines*, Kidnap-wary Mexicans get chipped, http://www.theregister.co.uk/2004/07/14/mexicans_get_chipped/; *Bundesregierung (Ministerium des Inneren) (Hrsg.)*, BT-Drs. 15/3190, zugleich RDV 2004, 196.

272 *Applied Digital Solutions*, VeriChip Corporation Enters into a Memorandum of Understanding for Development of a Firearm's User Autorization System - 'Smart Gun' - Using VeriChip RFID Technology, http://www.adsx.com/pressreleases/2004-04-13.html.

273 *Electronic Privacy Information Center (EPIC) (Hrsg.)*, VeriChip - EPIC urges privacy safeguards for RFID, http://www.epic.org/privacy/rfid/verichip.html.

274 Aber auch Kreditkartenunternehmen wie American Express geben den Mark nicht kampflos auf. So testet American Express beispielsweise in den USA ein ebenfalls auf RFID-Basis beruhendes System zum bargeldlosen Zahlen mittels eines RFID-Chips im Schlüsselbund, vgl. *Hascher*, Elektronik 19/2003, 21ff.

275 *Europa-Kontakt e.V. (Hrsg.)*, EU-Informationsbrief Gesundheit 03/2005, 59.

276 *Schüler*, Firma markiert Mitarbeiter per RFID, http://www.heise.de/newsticker/meldung/69438.

schützten Räumlichkeiten verschaffen könnten, wurde nun der Umstieg auf VeriChip bekannt gegeben.[277] Mitarbeiter, die die VeriChips nicht implantiert bekommen möchten, werden zurzeit noch mit einem alternativen Zugangsidentifikationssytem auf RFID-Basis in der Form eines Schlüsselanhängers ausgestattet.[278]

2.3.1.1.3. Zur Identifizierung von Staatsanwälten in Mexiko

Der Mexikanische Generalstaatsanwalt *Rafael Macedo de la Concha* und weitere 17[279] Staatsbedienstete bei der neuen Kriminaldatenbank ließen sich im Sommer 2004 den VeriChip implantieren. Dieser zunächst als *„Anti-Kidnap"*-Chip beworbene RFID-Chip soll nach Aussagen von *Concha* sowohl die sichere Identifikation der Staatsbediensteten als auch ein Verfolgen von Entführungsopfern ermöglichen. Mexiko leidet zurzeit unter einer Kidnapp-Epidemie mit mehr als 3.000 Entführungen pro Jahr.[280]

Da es jedoch noch völlig an einer Scanner-Infrastruktur außerhalb des Datenbankzentrums fehlt, erscheint das Argument des *„Trackings"* nicht überzeugend. Nützlich kann hingegen die Regulierung und Beschränkung des Zugriffs auf die Datenbank und des Zugangs zu dem Datenbankzentrum sein, wodurch die weit verbreitete Korruption eingedämmt werden soll.[281]

Den implantierten Mitarbeitern ist der Zugang zu bestimmten Räumen vorbehalten. Anhand der Aufzeichnungen von Zugriffen und Zutritten kann nachvollzogen werden, wer wann welche Akten gesichtet hat.[282]

2.3.1.1.4. Zur Identifizierung von Leichen nach Großkatastrophen

Das amerikanische Disaster Mortuary Operational Response Team implantierte Todesopfern des Wirbelsturms Katrina VeriChips, damit deren Leichen später besser identifiziert werden können. Durch zusätzlich in der Datenbank hinterlegte Informationen zur Fundstelle und zum Zustand der Leiche versprach sich die Katastrophen-Einsatzgruppe vor allem eine genauere Dokumentation. Auch der US-Bundesstaat Louisiana will künftig ebenfalls RFID-Chips implantieren, um nicht identifizierte Leichen besser zuordnen zu können.[283]

---

277 *Schüler*, Firma markiert Mitarbeiter per RFID, http://www.heise.de/newsticker/meldung/69438.

278 *Schüler*, c't 5/2006, 64.

279 *Stein*, Implantable Medical ID Approved By FDA, Washington Post v. 14.10.2004, http://www.washingtonpost.com/wp-dyn/articles/A29954-2004Oct13.html; *Sherriff*, Outbreak of RFID tagging at medical facilities, http://www.theregister.co.uk/2004/07/27/rfid_new_york/; *Haines*, Kidnap-wary Mexicans get chipped, http://www.theregister.co.uk/2004/07/14/mexicans_get_chipped/, wobei die in den zuvor aufgeführten Quellen genannte Zahl von 160 Implantaten auf einen Übersetzungsfehler zurückzuführen ist, vgl. *CASPIAN (Hrsg.)*, VeriChip RFID Implants in Mexican Attorney General's Office Overstated, http://www.spychips.com/press-releases/mexican-implant-correction.html.

280 *Haines*, Kidnap-wary Mexicans get chipped, http://www.theregister.co.uk/2004/07/14/mexicans_get_chipped/.

281 *Haines*, Kidnap-wary Mexicans get chipped, http://www.theregister.co.uk/2004/07/14/mexicans_get_chipped/.

282 *Europa-Kontakt e.V. (Hrsg.)*, EU-Informationsbrief Gesundheit 03/2005, 60.

283 *Heise online/pmz*, Katrina-Opfer bekommen RFID-Chips implantiert, http://www.heise.de/newsticker/meldung/64033.

2.3.1.1.5. Als Teil intelligenter Waffen (Smart-Gun-Chips)

VeriChip Corporation verkündete im April 2004 eine Zusammenarbeit mit dem Waffenhersteller FN Manufacturing aus Columbia, South Carolina.[284] FN Manufacturing stellt neben Handwaffen für den allgemeinen Markt auch Waffen für das Militär und die Polizei her. Insbesondere für diese sollen gemeinsam verschiedene Ansätze mit dem Ziel erprobt werden, ein auf VeriChips RFID-Technologie basierendes serientaugliches Waffensystem zu entwickeln, welches vor der Benutzung von Schusswaffen eine Autorisierung des Nutzers vornimmt. Dabei sollen sowohl persönliche Nutzerbindungen als auch Gruppenbindungen möglich sein und das VeriChip-Implantat bei der Entwicklung Verwendung finden. Eine solche intelligente Waffe *„Smart Gun“* würde sich demnach nur von dem oder den berechtigten Nutzern abfeuern lassen.[285] Der U.S.-amerikanische Bundesstaat New Jersey hat in einem eigens verabschiedeten Gesetz sogar seine Absicht bekundet, nur noch den Verkauf von Waffen zuzulassen, welche über eine solche Technologie verfügen.[286]

2.3.1.2. Technische und medizinische Details

Zu den Details gilt das in Kapitel 2.1.1.3 Gesagte.

2.3.1.3. Risiken und Nutzen des Implantats

Zu den Risiken gilt das in Kapitel 2.1.1.4 Gesagte.

2.3.2 Digital Angel

Digital Angel Corp. ist ein Tochterunternehmen von Applied Digital, welche ebenfalls Eigentümerin des VeriChip-Herstellers VeriChip Inc., ist. Digital Angel, ebenfalls ein Hersteller von RFID- und GPS-Tracking Technologien insbesondere für Haus- und Nutztiere, hat Ende der neunziger Jahre ein *„Digital Angel“* genanntes Implantat entwickelt. Dieses Implantat besteht aus einem ca. 10mm flachen, 60mm im Durchmesser umfassenden Chip. Es ermöglicht nach Herstellerangaben durch GPS das weltweite Aufspüren von Personen.[287] Die Erforschung des Implantats zur Anwendung am Menschen wurde jedoch im Sommer 2001 eingestellt.[288] Dennoch wird ausweislich der Pressemitteilungen des Herstellers[289] die Erforschung subepidermaler RIFD- und GPS-Tracking-Implantate zu ande-

284 *Applied Digital Solutions*, VeriChip Corporation Enters into a Memorandum of Understanding for Development of a Firearm's User Autorization System - 'Smart Gun' - Using VeriChip RFID Technology, http://www.adsx.com/pressreleases/2004-04-13.html.

285 *EGE*, Opinion No. 20, 3.2; *VeriChip Corporation (Hrsg.)*, VeriChip Herstellerbroschüre; *Stein*, Implantable Medical ID Approved By FDA, Washington Post v. 14.10.2004, http://www.washingtonpost.com/wp-dyn/articles/A29954-2004Oct13.html; *Applied Digital Solutions*, VeriChip Corporation Enters into a Memorandum of Understanding for Development of a Firearm's User Autorization System - 'Smart Gun' - Using VeriChip RFID Technology, http://www.adsx.com/pressreleases/2004-04-13.html.

286 *Simitis*, JZ 2008, 699 mwN; *Nsanze*, "ICT Implants in the Human Body" A Review, 133.

287 *Europa-Kontakt e.V. (Hrsg.)*, EU-Informationsbrief Gesundheit 03/2005, 59.

288 *Foster*, 'Digital Angel' not pursuing implant, http://www.worldnetdaily.com/news/article.asp?ARTICLE_ID=23268.

289 Abrufbar unter *Digital Angel Corp. (Hrsg.)*, Pressemitteilungen, http://www.digitalangelcorp.com/about_press.asp.

ren Zwecken als der Anwendung am Menschen, ebenso wie die Miniaturisierung von Tracking-Geräten zur äußerlichen Verbindung mit Menschen, vorangetrieben und entsprechende Produkte weltweit vertrieben.

Welches Potential die weitere Miniaturisierung von Komponenten für künftige Implantate hat, zeigt ein Anfang des Jahres 2006 vom italienischen Hersteller Telit Wireless Solutions S.p.A. (wenn auch nicht im Hinblick auf Implantate) auf den Markt gebrachter Handy-Chip (GE864-QUAD Embedded), welcher Dimensionen von lediglich 30mm x 30mm bei einer Dicke von nur 2.8 mm aufweist und lediglich 7g wiegt, jedoch ein vollwertiges Handy darstellt, u. a. mit Quadband-GSM, GPRS Class 10, SMS und Fax-Interface, Telefonbuch, Uhr, Speicher und Kamerabindung.[290] Bei einem Stromverbrauch im „*Power Off*"-Modus von unter 26 μA und im Bereitschaftsmodus von unter 4 mA steht einer Implantation auch kein exorbitanter Stromverbrauch mehr im Wege, der Temperaturbereich für einen Einsatz wurde vom Hersteller erweitert und erfasst nun -30 bis +80 Grad Celsius.[291] Im Mai 2006 zeigte Infineon daraufhin einen „*E-GOLDvoice*" genannten hochintegrierten GSM-Chip, welcher alle wesentlichen elektronischen Elemente eines Mobiltelefons sogar auf einer Fläche von nur 8mm x 8mm vereint.[292]

Somit steht einem Durchbruch dieser Technologie auf technischer Seite nicht mehr viel im Wege. Anwendungsmöglichkeiten gibt es genug, diskutiert wird beispielsweise die Ortung und Verfolgung mutmaßlicher Terroristen, Stalker, Entführter, desorientierter Demenzpatienten, Kinder oder Arbeiter in Gefahrenzonen.[293]

2.4 *Künftig mögliche IKT-Implantate ohne medizinischen Schwerpunkt*

Es existieren Technologien und Geräte, welche bislang nicht als Implantate vorliegen, sondern (noch?) außerhalb des Körpers benutzt werden. Diese funktionieren jedoch in der Regel nur bestimmungsgemäß, wenn sie unmittelbar und/oder dauerhaft am Körper getragen werden. Da zudem die dahinter stehenden Technologien bereits in derart kleine Geräte eingebaut werden können, wie sie bei Implantaten zum Einsatz kommen, erscheint es nicht ausgeschlossen, dass sie in den nächsten Jahren auch in der Form von Implantaten vorkommen. Häufig existieren auch vergleichbare Anwendungen und Geräte bereits in der Form von Implantaten, beispielsweise zur Anwendung an Haus- und Nutztieren, so dass eine derartige Entwicklung umso wahrscheinlicher erscheint.

290 Telit; wireless Solutions S.p.A. (Hrsg.), GE864-QUAD Embedded Data-Sheet.

291 Telit; wireless Solutions S.p.A. (Hrsg.), GE864-QUAD Embedded Data-Sheet.

292 *Heise online/ssu*, GSM-Handy-Chip mit integriertem Strom-Management, http://www.heise.de/newsticker/meldung/73454.

293 *Europa-Kontakt e.V. (Hrsg.)*, EU-Informationsbrief Gesundheit 03/2005, 59.

2.4.1 Tracking-Technologien und Location Based Services

2.4.1.1. RFID-Chips zum Tracking von Personen

2.4.1.1.1. Als elektronischer (Schüler-)Ausweis und Überwachungsmittel

Das japanische Telekommunikationsministerium verkündete im Juli 2004 Pläne zur Einführung eines neuen Kontrollsystems auf Basis von RFID in einer Grundschule in Tabe, Präfektur Wakayama. Dabei sollen die Schulkinder mit RFID-Tags versehen werden, welche ihre Bewegungen anhand von Scannern in den Straßen und an Eingangstoren zur Schule sowie an „*gefährlichen Orten*“ erfassen. Eltern sollen hierdurch die Möglichkeit erhalten, sich per e-Mail oder SMS stets über den Aufenthaltsort ihrer Kinder informieren zu lassen.[294] Es handelt sich hierbei um Location Based Services (LBS), welche dem Verfolgen (Tracking) von Personen dienen. Da RFID-Tags jedoch versehentlich oder absichtlich „*vergessen*“ sowie entwendet werden können, würde der beabsichtigte Zweck durch ein RFID-Implantat besser erreicht werden können. Ähnliche Pläne einer Schule in den USA[295] liegen nach erheblichen Protesten zurzeit jedoch auf Eis.

2.4.1.1.2. Zur Verhinderung der Entführung von Säuglingen aus Kliniken

Das „*Hugs RFID infant protection system*“ der VeriChip Corp. besteht aus einem Armband, welches Säuglingen direkt nach der Geburt angelegt wird. Es ist mit einem RFID-Tag versehen und soll so die sichere Identifikation von Säuglingen ermöglichen. Nach Herstellerangaben werden in U.S.-amerikanischen Krankenhäusern jährlich bei jeder 20.000 Geburt die Kinder vertauscht. Ferner fanden nach Herstellerangaben in den vergangenen 22 Jahren insgesamt 233 Säuglingsentführungen statt, davon etwa die Hälfte aus Krankenhäusern. Die Zahl von mithin ca. 5 Säuglingsentführungen / Jahr aus Krankenhäusern in den USA wird als Grund genannt, warum ca. 900 U.S.-amerikanische Krankenhäuser zwischenzeitlich das Hugs-System eingeführt haben.[296]

Das System beruht derzeit noch nicht auf einem Implantat wie dem VeriChip desselben Herstellers. Da ein Armband jedoch jederzeit leicht entfernt oder vorsätzlich ausgetauscht werden kann und der VeriChip von der FDA zur Anwendung am Menschen zugelassen wurde, läge eine „Verbesserung“ des Schutzes durch den Einsatz eines entsprechenden Implantats nicht mehr jenseits der Vorstellungskraft.

2.4.1.1.3. Tracking von Arbeitern mit Wearables

Ein anderes System wird derzeit an ca. 10.000 Arbeitnehmern in Großbritannien eingesetzt. Zulieferer großer Supermarktketten wie Tesco, Sainsbury's, Asda, Boots und Marks

---

294 *Haines*, Japanese to tag schoolkids, http://www.theregister.co.uk/2004/07/09/japanese_tag_schoolkids/.

295 *Rötzer*, Schule als Hochsicherheitszone, http://www.telepolis.de/r4/artikel/21/21546/1.html.

296 *Applied Digital Solutions*, VeriChip Corporation's RFID Technology Prevents Infant Abduction at North Carolina Hospital, http://www.adsx.com/pressreleases/2005-07-19.html.

& Spencer versehen ihre Arbeiter mit tragbaren Computern („*wearables*") an Handgelenken, Armen, Fingern oder Westen, welche ihnen mitteilen, welche Güter sie von welchem Ort im Lagerhaus abholen und wo sie diese hinbringen sollen. Zugleich ermöglicht die Technik aber auch eine lückenlose Beobachtung der Arbeiter, insbesondere, ob diese nicht genehmigte Pausen einlegen oder auch stets den kürzesten Weg einschlagen.[297]

2.4.1.1.4. Elektronische Fußfessel

In Großbritannien hat der für Einwanderung zuständige Minister Tony McNulty Anfang 2006 angekündigt, das bereits in Schottland im Pilotversuch getestete Programm zur „*Anleinung*" von Asylbewerbern mittels fernüberwachbarer elektronischer Fesseln auszuweiten.[298] Zu den bislang 150 mit elektronischer Fessel versehenen abgelehnten Asylbewerbern sollen zunächst sämtliche Asylbewerber aus Liverpool und Croydon dazu stoßen, welche immerhin die Hälfte aller in Großbritannien lebenden Asylbewerber ausmachen.[299] Damit soll verhindert werden, dass Asylbewerber nach ihrer Ablehnung untertauchen. Neben Asylbewerbern soll die elektronische Fessel auch bei weiteren Personengruppen angewandt werden, beispielsweise illegalen Einwanderern, Personen, die unter Verletzung ihrer Aufenthaltsgenehmigung gearbeitet haben, deren Aufenthaltsgenehmigung überzogen wurde oder die nicht ausreisen wollen. Die rechtliche Grundlage hierzu bietet Sektion 36 des bestehenden Einwanderungsgesetzes aus dem Jahre 2004. Während in der parlamentarischen Diskussion noch erläutert wurde, dass hierzu eine Zustimmung der Betroffenen eingeholt werden müssen, hält der zuständige Minister dies nunmehr nicht mehr für erforderlich.[300] Nach Schätzungen des Innenministeriums leben in Großbritannien derzeit zwischen 150.000 und 280.000 Menschen, deren Asylantrag abgelehnt wurde. Aufgrund administrativer Versäumnisse würde deren Abschiebung voraussichtlich 10-18 Jahre dauern. Die Kosten einer Internierung wären mit 180 Millionen Pfund jedoch zu hoch.[301] Die elektronische Fessel wird daher als Ersatz einer Abschiebehaft – wahlweise an Hand- oder Fußgelenk – eingesetzt. Eine verbesserte Version mit GPS-Ortung ist angedacht.

Ein ähnliches Gerät bietet die Digital Angel Corp. an. Damit werden in den USA auf Bewährung freigelassene Strafgefangene überwacht und deren jeweilige Position an die Polizei übermittelt.[302] Der Präsident der Association of Chief Police Officers, *Ken Jones*,

---

297 *Hencke*, Firms tag workers to improve efficiency, The Guardian v. 07.06.2005, http://www.guardian.co.uk/print/0,3858,5209912-111276,00.html.

298 *Travis*, Electronic tagging for asylum seekers, The Guardian v. 14.03.2006, http://society.guardian.co.uk/asylumseekers/story/0,,1730390,00.html.

299 *Travis*, Electronic tagging for asylum seekers, The Guardian v. 14.03.2006, http://society.guardian.co.uk/asylumseekers/story/0,,1730390,00.html.

300 *Rötzer*, Asylbewerber an die elektronische Fessel, http://www.heise.de/r4/artikel/22/22241/1.html; *Musiyiwa*, Britain Criticized for Tagging Asylum Seekers, http://www.worldpress.org/Europe/2281.cfm.

301 *Travis*, Electronic tagging for asylum seekers, The Guardian v. 14.03.2006, http://society.guardian.co.uk/asylumseekers/story/0,,1730390,00.html.

302 *Becker*, Die Politik der Infosphäre, 177; vgl. zur Überwachung von Straftätern auch *Langheinrich* in Mattern, Gibt es in einer total informatisierten Welt noch eine Privatsphäre?, 250f.

schlug im Sommer 2006 vor, schweren Sexualstraftätern einen Chip unter die Haut zu implantieren, mit dem diese via Satellit ausfindig gemacht werden könnten.[303] Die Chips sollten Alarm auslösen, wenn der Betreffende sich einer Tabuzone wie einer Schule oder einem Kinderspielplatz nähere. Zudem solle er die Herzfrequenz und den Blutdruck des Straftäters übermitteln, um bevorstehende Angriffe erkennen zu können.[304] Der Vorteil gegenüber herkömmlichen elektronischen Fußfesseln oder Armbändern soll die größere Schwierigkeit sein, das Implantat zu entfernen.[305]

2.4.1.2. Bluesoft „Aeroscout"-WiFi-Ortungssystem / Ekahau „Wi-Fi tag T201"

Anders als die oben vorgestellten reinen RFID-basierenden Geräte arbeiten das von der amerikanischen Firma Bluesoft entwickelte „Aeroscout"-Ortungssystem und das ähnliche *„T210 Wi-Fi Tag"* der Finnischen Firma Ekahau ausschließlich auf Basis herkömmlicher WLAN-Technologie nach den Standards 802.11b und g.[306] Die Sender enthalten eine Energiequelle und einen Funktransponder, welcher sich in beliebige 2,45 GHz-WLAN-Funknetze einwählt und so Kontakt zu einem Server beim Betreiber des Systems aufnimmt. Insoweit verhalten sich die Systeme nicht anders, als jeder Laptop, jeder PDA und jedes Smart Phone, welche über WLAN nach einer (Internet-) Anbindung suchen und diese herstellen.[307]

Das auf dem Aeroscout basierende und z. B. im Legoland Dänemark zum Einsatz kommende System *„Kidspotter"* verwendet spezielle, miniaturisierte *„Kidspotter T2 Tags"*. Diese wasserdicht verpackten Tags sind lediglich 62 x 40mm groß und wiegen nur 35g – bei einer typischen Batterielebensdauer von drei Jahren (Herstellerangaben). Diese Tags können per Armband oder Clip befestigt werden und verbinden sich selbsttätig mit einem WiFi-Netz.[308] Die T201-Tags von Ekahau sind 49x56x23 mm groß und wiegen 80g, enthalten dafür jedoch einen wiederaufladbaren 1800 mAh starken Li-Ion-Akku.[309]

---

303 *Heise online/anw*, Britischer Polizeichef regt Satellitenüberwachung von Sexualstraftätern an, http://www.heise.de/newsticker/meldung/75552; *Leppard*, Police call for tracker chips in paedophiles, Times Online v. 16.07.2006, http://www.timesonline.co.uk/newspaper/0,,176-2272338,00.html.

304 *Leppard*, Police call for tracker chips in paedophiles, Times Online v. 16.07.2006, http://www.timesonline.co.uk/newspaper/0,,176-2272338,00.html; *Heise online/anw*, Britischer Polizeichef regt Satellitenüberwachung von Sexualstraftätern an, http://www.heise.de/newsticker/meldung/75552.

305 *Leppard*, Police call for tracker chips in paedophiles, Times Online v. 16.07.2006, http://www.timesonline.co.uk/newspaper/0,,176-2272338,00.html.

306 *Kidspotter A/S (Hrsg.)*, The Kidspotter Solution, http://www.kidspotter.com/menu.aspx?id=0&type=p# stellt ein aktives RFID und Wi-Fi-Gerät dar; das T201 arbeitet hingegen ausschließlich mit WLAN: *Ekahau*, Ekahau T201 Wi-Fi Tag Datasheet, http://www.ekahau.com/file.php?id=120.

307 Vgl. *Kidspotter A/S (Hrsg.)*, The Kidspotter Solution, http://www.kidspotter.com/menu.aspx?id=0&type=p# zu dem System von Bluesoft und Kidspotter; *Ekahau*, Ekahau T201 Wi-Fi Tag Datasheet, http://www.ekahau.com/file.php?id=120 zu den technischen Daten des Tags von Ekahau.

308 *Kidspotter A/S (Hrsg.)*, The Kidspotter Solution, http://www.kidspotter.com/menu.aspx?id=0&type=p#.

309 *Ekahau*, Ekahau T201 Wi-Fi Tag Datasheet, http://www.ekahau.com/file.php?id=120.

Das zugehörige Funknetz besteht aus zahlreichen WLAN-Empfangsstationen, welche die empfangenen Daten anschließend in beliebig weitere (in der Regel kabelgebundene) Netze weiterleiten. Die Tags beider Hersteller arbeiten mit jedem beliebigen, marktüblichen WLAN-System zusammen, so dass keine spezielle Hardware erforderlich ist und vorhandene Infrastrukturen weiterverwendet werden können.[310]

Anders als bei (passiven) RFID-Ortungssystemen ist nicht erforderlich, dass sich das Tag in unmittelbarer Nähe von einem Scanner befindet, um seinen Standort zu ermitteln. Schon durch die Bestimmung der Funkzelle, mit welcher das Tag kommuniziert, lässt sich aufgrund der bauartbegrenzten Reichweite der Tags von ca. 150m im Freien[311] der Aufenthaltsort rudimentär orten. Dadurch, dass einzelne Funkzellen sich jedoch teilweise überlappen und die Tags stets den Kontakt zur empfangsstärksten – und somit nächstgelegenen – Station suchen, ist die Bestimmung des Aufenthaltsortes schon deutlich genauer möglich. Ähnlich wie beim Global Positioning System (GPS) findet darüber hinaus bei Kidspotter eine Triangulation statt,[312] d. h. mindestens drei Stationen messen die Signallaufzeit zu dem Empfänger und berechnen hieraus jeweils den Abstand zu den einzelnen Stationen (Radius). Durch Überlagerung der drei Radien lässt sich der Schnittpunkt ermitteln, an welchem sich das Tag zu dem Zeitpunkt aufhält. Durch ausgefeilten Aufbau und eine intelligente Tracking-Software lässt sich bei Bedarf die Genauigkeit des Systems noch weiter steigern. So bewirbt Ekahau sein System mit den Worten *„Monitoring continuous and precise location information of mobile people and assets has never been this easy"*[313] und Kidspotter beziffert die typische Genauigkeit seines Systems auch in großen Umgebungen wie einem Themenpark mit 3 Metern.[314]

Die Tags werden bei *„Kidspotter"* vorab per SMS an einen zentralen Server *„angemeldet"*. Fortan verfolgt der Server kontinuierlich den Aufenthaltsort des Tags. Geht ein Kind den Eltern *„verloren"*, genügt eine SMS an den Server, welcher sofort den aktuellen Aufenthaltsort des Tags und damit in der Regel auch des Kindes an die besorgten Eltern übermittelt. Der Aufenthaltsort wird dabei als Koordinaten angegeben, welche auf einer speziellen Karte mit einem Netz in 10 x 10m großen Kästchen verzeichnet sind,[315] beispielsweise mit D/5, ähnlich der Bezeichnung bei dem Spiel *„Schiffe versenken"*.

---

310 *Ekahau*, T201 Wi-Fi tag, http://www.ekahau.com/?id=4410; *Kidspotter A/S (Hrsg.)*, The Kidspotter Solution, http://www.kidspotter.com/menu.aspx?id=0&type=p#.

311 *Ekahau*, Ekahau T201 Wi-Fi Tag Datasheet, http://www.ekahau.com/file.php?id=120.

312 *Kidspotter A/S (Hrsg.)*, The Kidspotter Solution, http://www.kidspotter.com/menu.aspx?id=0&type=p#.

313 *Ekahau*, T201 Wi-Fi tag, http://www.ekahau.com/?id=4410.

314 *Kidspotter A/S (Hrsg.)*, The Kidspotter Solution, http://www.kidspotter.com/menu.aspx?id=0&type=p#.

315 *Legoland Billund (Hrsg.)*, Presseerklärung: LEGOLAND® Saison 2004 eröffnet, http://www.lego.com/legoland/billund/Press/pressrelease.asp?locale=1031&id=8840&yearcode=2004&archive=True; *Reder*, Wireless LAN: Legoland ortet verloren gegangenes Kind mittels Funknetz, http://cydome.com/de/berndreder/archives/000342.shtml; *Kidspotter A/S (Hrsg.)*, The Kidspotter Solution, http://www.kidspotter.com/menu.aspx?id=0&type=p#.

Neben der Anwendung in Freizeitparks sehen die Hersteller Einsatzmöglichkeiten unter anderem in Kliniken zum „*Verfolgen*“ von Patienten und medizinischen Geräten, im Transportwesen oder in der Fertigung.[316] Ebenfalls denkbar, wenn auch zurzeit noch nicht realisiert, sind Location Based Services (LBS), wie sie bereits in Mobilfunknetzen zur Verfügung stehen. So haben französische Mobilfunkgesellschaften bereits 1999 damit begonnen, neben den Verbindungsdaten auch die geographische Lokalisation des Gesprächs zu erfassen.[317] Als Beispiel der Nutzung eines LBS nennt Ekahau ein Museum, bei welchem die Besucher sich von einem PDA zu Objekten lenken lassen, die für sie von Interesse sind und sich dort auf dem Gerät die dazu gehörigen Informationen anzeigen lassen.[318]

2.4.1.3. Gesundheitsmonitore für das Schlachtfeld

Im Mai 2006 führte die US-Armee den ersten groß angelegten Feldtest mit tragbaren Gesundheitsmonitoren durch. Die seit 2003 entwickelte Technik beinhaltet Sensoren in Brustgürteln, an der Uhr der Soldaten und im Wasserbeutel und misst und überwacht Vitalwerte wie den Herzschlag, Atmung, Schlafstatus, Körpertemperatur und ob ein Soldat angeschossen wurde ebenso wie Flüssigkeitszufuhr und Dehydrierung, zudem Köperausrichtung, genaue Position und Bewegung. Das insgesamt nur 720g leichte System übermittelt die Daten über verschiedene Kommunikationsmittel, beispielsweise über Radiofrequenzen bis zu 100 Meter an entsprechende Empfänger, bei Koppelung mit kommerziellen oder Feldsendern jedoch auch über sehr große Distanzen, zudem kann es via SMS in Mobilfunknetzen kommunizieren.[319]

Auf Empfängerseite stellt das System den Militärärzten und Kommandeuren auf einer Karte jeden Soldaten mit seiner Position als farbigen Punkt dar, wobei zwischen grün („*okay*“), gelb („*überprüfen*“), rot („*sofort überprüfen*“) sowie blau („*unbekannt*“) unterschieden wird, grau eingefärbte Punkte stehen für Soldaten, welche über mindestens fünf Minuten weder Atmung noch Herzschlag aufgewiesen haben („*tot*“). Das System erkennt auch, ob ein Sensor getragen wird oder abgelegt wurde. Der Gesundheitsmonitor läuft dabei mindestens 72 Stunden ohne Energiezufuhr und übersteht auch ein Eintauchen in Wasser.[320] Die das Schlafverhalten überprüfenden Uhren werden bereits an Piloten im Irak getestet.

---

316 Zitiert nach *Reder*, Wireless LAN: Legoland ortet verloren gegangenes Kind mittels Funknetz, http://cydome.com/de/berndreder/archives/000342.shtml.

317 *Baeriswyl*, RDV 2000, 9 mwN.

318 Zitiert nach *Reder*, Wireless LAN: Legoland ortet verloren gegangenes Kind mittels Funknetz, http://cydome.com/de/berndreder/archives/000342.shtml.

319 *Bourzac/Schwan*, Technology Review, http://www.heise.de/tr/artikel/70303.

320 *Bourzac/Schwan*, Technology Review, http://www.heise.de/tr/artikel/70303.

Nach Ansicht von Forschern am MIT ermöglicht der modulare Ansatz des Systems auch den Einsatz im Gesundheitswesen, so dass beispielsweise Patienten nach einem Krankenhausaufenthalt hiermit überwacht werden könnten.[321]

2.4.1.4. Wearables und Handys zum Tracking von Personen

Auch tragbare Computer in der Kleidung sind keine Fiktion mehr. So hat der niederländische Konzern Philips so genannte „*smart fabrics*“ entworfen –in der Form normaler Kinderbekleidung – welche aber ein eingebautes GPS-Ortungssystem und eine Videokamera aufweisen und den besorgten Eltern jederzeit die Fernkontrolle über ihre Kinder ermöglichen sollen.[322] Warnsysteme in der Bekleidung von Extremsportlern, z. B. Snowboardern im Himalaja, können im Notfall automatisch Rettungskräfte herbeirufen.[323]

Auch sind mittlerweile Handys bei Grundschülern in der 3. oder 4. Klasse bereits Standard, damit Kinder die Eltern jederzeit erreichen können – und umgekehrt. In den USA[324] und Japan[325] werden beispielsweise von den Mobilfunkgesellschaften NTTDocomo, Disney Mobile, Verizon Wireless und Sprint Nextel Familienlokalisierungsdienste unter Namen wie „*Family Locator*“ und „*Chaperone*“ angeboten. Diese nutzen GPS-Empfänger in den Telefonen oder auf Mobilfunktechnik aufbauende Lokalisierungstechniken, um den Standort von Handys zu bestimmen. Für eine monatliche Servicegebühr können Eltern dann jederzeit den Standort ihrer Kinder ermitteln lassen. Auch eine automatische Ortskontrolle ist möglich, so können Eltern informiert werden, wenn die Kinder zu vorgegebenen Zeiten nicht an einem bestimmten Ort sind, diesen verlassen oder so genannte „*no-go-areas*“ erreichen oder Grenzen überschreiten. Einige Dienste informieren die betroffene Person, dass sie soeben lokalisiert wurde, andere hingegen nicht.[326]

Auch in Deutschland existieren seit 2003 zahlreiche Tracking-Services, beispielsweise von Mobiloco oder jackMobile,[327] aber auch von der Björn Steiger Stiftung.[328] Die angebotenen Dienste unterscheiden sich geringfügig in der Zielrichtung, nicht jedoch in Funktion und Wirkung. Stets soll mittels Handy-Ortung ein zuvor angemeldetes Mobiltelefon lokalisiert werden, mal per GSM-Triangulation, mal per GPS-Standortermittlung. Dieses dient

---

321 *Bourzac/Schwan*, Technology Review, http://www.heise.de/tr/artikel/70303.

322 *Geary*, The Body Electric, 32.

323 *Geary*, The Body Electric, 32.

324 *Barrie-Anthony*, Cellphones: Just a leash for children?, LA Times v. 21.6.2006, http://www.latimes.com/technology/la-et-phonetrackers21jun21,0,531476.story?coll=la-home-headlines.

325 *Fritz*, "Wo bist Du jetzt"-Handy soll Japans Eltern beruhigen, http://www.tagesschau.de/aktuell/meldungen/0,1185,OID4998340,00.html; *NTT DoCoMo (Hrsg.)*, Imadoko (Location Confirmation) Service, http://www.nttdocomo.co.jp/english/p_s/service/phs/ichi.html.

326 *Barrie-Anthony*, Cellphones: Just a leash for children?, LA Times v. 21.6.2006, http://www.latimes.com/technology/la-et-phonetrackers21jun21,0,531476.story?coll=la-home-headlines.

327 *Heise online/ssu*, Big Brother für jeden: Handy-Ortung wird zur Massendienstleistung, http://www.heise.de/newsticker/meldung/73970 mwN.

328 *Heise online/anw*, Kinder per Handy an die Leine legen, http://www.heise.de/newsticker/meldung/81941 mwN.

dazu, den Aufenthaltsort von Kindern zu überwachen, bei Verlassen zuvor festgelegter räumlicher Gebiete die Eltern zu informieren (Geofencing), aber auch Freunde oder Flirtwillige aufzufinden.[329]

Bei der Anmeldung eines Handys zur Ortung muss eine Bestätigungs-SMS von diesem Handy abgesendet werden. Anschließen können Eltern, Partner, aber auch Dritte (Freunde, Bekannte, Arbeitskollegen) je nach Freigabe den Standort des Handys auf ca. 50 m genau orten.[330] Der Dienst TrackyourKid hatte nach eigenen Angaben Ende 2006 schon 250.000 Nutzer.[331]

2.4.2 Enhanced Vision

Wartungsmonteure, Lagerarbeiter und ähnlich Beschäftigte benötigen in der Regel ihre Hände frei für anstehende Arbeiten. Insbesondere in technischen Berufen besteht angesichts der hohen Komplexität elektrischer, elektromechanischer und mechanischer Maschinen ein hoher Bedarf an unterstützenden Systemen.[332] Anstatt schwere Handbücher mit sich tragen zu müssen, werden diese heute auf Laptops und PDAs gespeichert, so dass ein Zugriff auf sämtliche erforderlichen Daten schnell und relativ unkompliziert möglich ist.

Nachteil sämtlicher derartiger Systeme ist jedoch, dass der Benutzer seinen Blick von der Maschine abwenden muss, ein externes Gerät starten und dort die Daten suchen muss. Anschließend muss er sich die nötigen Schritte merken und sich erneut der Maschine zuwenden, um sie dort anzuwenden. Hilfreich wären daher Geräte, welche situations- und kontextabhängig die gerade benötigten Informationen direkt dort anzeigen, wo sie benötigt werden.[333]

Daher besteht bereits seit vielen Jahren ein Forschungsfeld, welches sich mit dem Einblenden von Informationen in das Gesichtsfeld beschäftigt.[334] Bereits seit einigen Jahren existieren so genannte *„Virtual Retina Displays"* (VRD), welche mittels Laser Bilder direkt auf die Netzhaut *„malen"*. Anstelle von Blicken auf einen Computerbildschirm wird mittels Laser das Bild direkt auf die Netzhaut geschrieben. Da das menschliche Auge nur feststellen kann, ob Licht einfällt oder nicht, nicht aber, ob das einfallende Licht von der Reflexion eines realen Gegenstandes oder einer künstlichen Quelle stammt, erscheint uns, als ob

---

329 *Langheinrich* in Mattern, Gibt es in einer total informatisierten Welt noch eine Privatsphäre?, 242f mwN; *Heise online/ssu*, Big Brother für jeden: Handy-Ortung wird zur Massendienstleistung, http://www.heise.de/newsticker/meldung/73970 mwN; *Heise online/anw*, Kinder per Handy an die Leine legen, http://www.heise.de/newsticker/meldung/81941 mwN.

330 http://trackyourkid.de/; http://mister-vista.de/; vgl. hierzu auch *Spiegel Online (AP)*, Datenschützer warnt vor Missbrauch, http://www.spiegel.de/netzwelt/mobil/0,1518,463814,00.html.

331 *Spiegel Online (AP)*, Datenschützer warnt vor Missbrauch, http://www.spiegel.de/netzwelt/mobil/0,1518,463814,00.html.

332 *Roßnagel*, FES-Studie, 69.

333 *Roßnagel*, FES-Studie, 48f mwN, 69 mwN.

334 *Geary*, The Body Electric, 25.

das Bild tatsächlich da wäre – obwohl es gar nicht existiert.[335] Der Prototyp des VRD besteht aus einer Brille und einem kleinen Computer ähnlich einem Mobiltelefon, welchen man am Gürtel trägt. Das so entstehende Bild auf der Retina blockiert keine anderen Gegenstände, sondern wird einfach darüber gelagert. Das Ergebnis ist ein Bild, ein Zeichen oder ein Gesicht, das eine Armeslänge entfernt in der Luft zu schweben scheint.[336]

Bereits im Jahre 2002 existierten zwei kommerzielle Anwendungen der Firma Microvision, WA. Die eine stellte eine immobile Anwendung, dafür mit farbigem Bild, die andere eine mobile mit Schwarz-Weiß-Bild dar.[337] Kleinere Systeme, welche in Brillen, Schutzbrillen oder Helme integriert werden können, werden kontinuierlich weiterentwickelt. Eine Integration mit Mobiltelefonen u.ä. ist angedacht, um den Zugriff auf das Internet, E-Mails, Faxe und Dokumente an jedem Ort zu ermöglichen.[338] Dieselbe Technologie kann auch angewandt werden, um bei Personen mit intakter Retina, aber z. B. starkem Narbengewebe, welches ihre normale Sicht verhindert, eine „*Normalsicht*" herzustellen.[339]

Anwendungen sind denkbar für Architekten und Bauunternehmer, welche Modelle begehen und an realen Bauten auf Übereinstimmung mit den planerischen Vorgaben überprüfen könnten.[340] Ein 3D-CAD-Modell kann dabei einfach farbig über den realen Eindruck überlagert werden. Abweichungen werden so sofort sichtbar, aber auch das Begehen virtueller Bauten wird möglich, indem das Modell an den korrekten Koordinaten eingeblendet wird. Planungsfehler lassen sich leicht erkennen, Umbauten auch nach ästethischen Gesichtspunkten „*ausprobieren*", bevor die Arbeiten beginnen.

Am Wallace-Kettering-Neuroscience Institute in Cleveland, Ohio, sind solche „*Displays*" schon seit 2002 in Betrieb.[341] Neurochirurgen erhalten dabei bei der Operation in einem Head Mounted Display (HMD) eine Überlagerung des realen Gehirns durch Bilder aus vorangegangenen oder laufenden Scans des jeweiligen Gehirns. Hierdurch soll die Präzision bei Operationen erheblich erhöht werden.[342]

Einsatzmöglichkeiten sieht der Hersteller ferner bei Piloten und entwickelt derzeit ein System für die US Navy, aber auch Computerspieler werden als Markt genannt.[343]

Ingenieure und Arbeiter könnten virtuelle Bauteile eingeblendet bekommen, damit sie reale Bauteile hiermit vergleichen und identifizieren können. Aus Handbüchern mit zweidi-

335 *Geary*, The Body Electric, 25.
336 *Geary*, The Body Electric, 25.
337 *Geary*, The Body Electric, 26.
338 *Geary*, The Body Electric, 26.
339 *Geary*, The Body Electric, 26f.
340 *Geary*, The Body Electric, 27.
341 *Geary*, The Body Electric, 27.
342 *Geary*, The Body Electric, 27.
343 *Geary*, The Body Electric, 27.

mensionalen Darstellungen wird so eine Art 3D-Reparatur-Navigationssystem, welches im Werkzeugkoffer die richtigen Bauteile und Werkzeuge anzeigt und den Benutzer Schritt für Schritt an die richtige Stelle der Maschine lotst, an der er die Werkzeuge ansetzen und defekte Komponenten austauschen muss. Bauteile in der Konstruktion können so auch von zuvor mit der Maschine nicht vertrauten Technikern an die richtigen Stellen eingesetzt werden. Eine Ablenkung des Blicks auf einen Monitor entfällt, so dass die Präzision auch bei hochkomplexen Arbeiten deutlich erhöht werden kann.

Solche Anwendungen existieren schon: Die technischen Handbücher für die Wartung einer Boing 777 wiegen zusammen genommen etwa zwei Tonnen. Anstatt sie herumzutragen, können Mechaniker den von MIT-Professor *Steve Mann* entworfenen Mobile Assistant IV benutzen. Das ist ein von der Firma Xybernaut Corp. in Fairfax, Virginia, hergestellter tragbarer Computer („*Wearable Computer*"). Mit einem Head Mounted Display und Spracherkennung wird der Zugriff auf die Daten ermöglicht, der Techniker kann jede beliebige Seite im Wartungshandbuch per Sprache aufrufen und behält seine Hände frei für anstehende Arbeiten.[344]

WearComp8, *Manns* neuste Erfindung, ist ein kompletter Multimedia-Computer mit Kamera, Mikrophon und Kopfhörern in einer Sonnenbrille.[345] Während frühere Versionen von HMDs schwer und unhandlich waren, ist das aktuelle Modell kaum noch von einer normalen Sonnenbrille zu unterscheiden. Im Rahmen einer Linse ist ein Computermonitor untergebracht, der es ermöglicht, jederzeit Websites, e-Mail-Nachrichten oder Bilder z. B. aus dem Familienalbum oder Stadtpläne zu betrachten. Die Videokamera kann die gleiche Blickrichtung wie der Nutzer haben, aber auch z. B. rückwärtsgewandt sein und ein Bild hinter dem Betrachter liefern. Der WearComp8 ist damit sehr ähnlich zu Tom Furness Virtual Retina Display, allerdings werden beim WearComp8 die Daten noch nicht direkt auf die Netzhaut, sondern vorerst nur auf einen Computerschirm ausgegeben.[346]

Neben der Darstellung der realen Welt kann das System aber auch dazu benutzt werden, Teile der realen Welt auszublenden bzw. neue Elemente einzublenden. So könnte Werbung auf Litfasssäulen oder Plakatwänden automatisch erkannt und herausgefiltert – aber auch eingeblendet – werden. Umgekehrt hat *Mann* beispielsweise ein virtuelles Post-It-System implementiert („*EyeTap*"), das auf realen Gegenständen virtuelle Post-Its ablegt. So kann er Gedanken und Notizen jederzeit an jedem Platz ablegen, auch für andere, ohne dass diese von einem Dritten eingesehen werden können.[347]

344 *Geary*, The Body Electric, 31-32.
345 *Geary*, The Body Electric, 32.
346 *Geary*, The Body Electric, 32-33.
347 *Geary*, The Body Electric, 33.

Geforscht wird an einem System, das Retina Implantate und ein Body Area Network, welches die Anbindung von Sensoren ermöglicht und die externe mobile Kommunikation herstellt, kombiniert. Das Erfordernis einer Brille mit Laser würde dann entfallen. Durch die Möglichkeit über Haut und smarte Sensoren wäre z. B. die Navigation in fremder Umgebung mittels eines Navigationssystems – im eigenen Auge und nur für einen selbst sichtbar – oder die Erläuterung von Handschritten für den sicheren Umgang mit Werkzeugen möglich, so dass deren Benutzung leichter und sicherer erlernt werden könnte. Zudem könnte man jederzeit bei Bedarf beispielsweise einen Experten an einem dritten, entfernten Ort unmittelbar in das Geschehen einblenden.[348] Eine Integration in Netzhaut-Implantate (Retina-Implantate) ist denkbar, dürfte angesichts der erst zaghaften Erfolge bei Blinden aber noch weit von einer praktischen Umsetzung auch bei Normalsichtigen entfernt sein.[349]

Typische bekannte Risiken bei der Überlagerung von realen Sinneseindrücken mit virtuellen sind Übelkeit und Orientierungslosigkeit („*Cybersickness*"),[350] ausgelöst von dem Konflikt der Sinnesorgane zwischen den realen Eindrücken, insbesondere des Gleichgewichtsorgans, und den virtuellen, z. B. hier durch das Auge.

2.4.3 Nutzung des menschlichen Körpers zur Übertragung von Daten

Microsoft erhielt am 22.06.2004 ein U.S.-amerikanisches Patent für eine Übertragung von Daten und Strom über den menschlichen Körper („*Method and apparatus for transmitting power and data using the human body*").[351]

Erfasst sind Verfahren und Gegenstände, welche Strom und Daten zu am Körper befindlichen Geräten übertragen. Als mögliche Geräte nennt das Patent beispielhaft Lautsprecher, Anzeigen (Displays), Uhren und Tastaturen. Durch den Einsatz unterschiedlicher Signale auf unterschiedlichen Frequenzen sowie Frequenz- und Amplitudenmodulation soll die Ansteuerung einzelner Geräte möglich sein.[352]

Auch die Firma Ident Technology aus Wesslingen in Bayern nutzt die Leitfähigkeit der Haut zur Datenübertragung, z. B. um beim Gebrauch gefährlicher Werkzeuge Sicherheitsvorkehrungen durchzusetzen. So überträgt ein Chip an der Schutzbrille einen Code über die Haut an das Gerät, welches ein Arbeiter in den Händen hält. Ohne Signal lässt sich so ein Gerät nicht einschalten,[353] so dass ein versehentliches Einschalten durch nicht autori-

---

348 Vgl. den Ansatz mit mobiler Navigation für „sehende Blinde" von Tom Furness, Direktor des University of Washington Human Interface Technology Laboratories in Seattle, dargestellt bei *Geary*, The Body Electric, 24f.

349 Vgl. nur *Westermann*, Technology Review 4/2007 zu Cochlea-Implantaten; zu Retina-Implantaten *Zrenner*, Science 2002, 1022ff; *Müller*, Ärzte Zeitung v. 01.07.2005.

350 *Geary*, The Body Electric, 28.

351 US Patent Nr. 6,754,472.

352 US Patent Nr. 6,754,472.

353 *Europa-Kontakt e.V. (Hrsg.)*, EU-Informationsbrief Gesundheit 03/2005, 60.

sierte Personen beispielsweise unterbunden wird. Somit bestehen hier gewisse Parallelen zu dem oben vorgestellten Smart-Gun-Chip.

„Stellen sie sich vor, Ihr Mobiltelefon schlägt Alarm, wenn sie Ihre Geldbörse verlieren. Stellen sie sich vor, sie bräuchten keinen Schlüssel mehr, um Türen zu öffnen. Stellen sie sich vor, es gäbe eine Technologie, die Ihre Kinder vor Unfällen mit gefährlichen Geräten im Haushalt schützt. Wir machen diese Träume wahr“[354] – so wirbt die Firma IdentTechnology AG für ihr „Skinplex“ genanntes Produkt.

Der durch den Körper fließende Strom liegt im Mikroamperebereich und damit tausendfach unter dem als Grenzwert noch für unschädlich gehaltenen Wert von 0,5 mA.[355]

Bei der passiven Variante von Skinplex ist eine Identifikation der Person nicht möglich, sondern lediglich die Feststellung, dass eine Person sich in der Nähe aufhält. Einsatz findet diese Variante beispielsweise als Ersatz für Lichtschranken in der Form eines berührungslos wirksamen Einklemmschutzes an automatischen Türen.

Die aktive Variante dient hingegen dazu, durch am Körper getragene Signalgeber Informationen auf Gegenstände zu übertragen.[356] Bei der aktiven Datenübertragung über die Haut erzeugen kleine, körpernah getragene Signalgeber ein elektrisches Feld, über das codierte Informationen direkt oder kapazitiv gekoppelt zu einem oder mehreren Empfängern übertragen werden können. Die übermittelte Information kann so einen Gegenstand oder eine Person identifizieren. Je nach Ergebnis der anschließenden Datenverarbeitung werden bestimmte Schaltvorgänge ausgelöst, z. B. ein Gerät ein- oder ausgeschaltet.[357]

Skinplex hat eine Reichweite von ca. 50 cm bis einen Meter um den Körper herum und soll nach Herstellerangaben abhörsicherer als RFID sein, da keine Streuung der Signale durch ein elektromagnetisches Feld besteht. Zudem kann hier – ebenso wie bei RFIDs – das Signal verschlüsselt werden.[358] Zugleich kann bei bestehenden RFID-Systemen Skinplex in Ergänzung oder Ersetzung der RFID-Übertragungsschicht eingesetzt werden.[359] Bei unterschiedlicher Annäherung erlaubt das System abgestufte Aktionen, so z. B. bei einer Tür-Schließanlagenfunktion ab 50 cm Entfernung die Erkennung einer Person, ab 40 cm

---

354 *IdentTechnology AG (Hrsg.)*, Skinplex - Einführung in die Technologie, http://www.skinplex.info/index.php?option=com_content&task=view&id=6&Itemid=4&lang=de.

355 *IdentTechnology AG (Hrsg.)*, Skinplex - Einführung in die Technologie, http://www.skinplex.info/index.php?option=com_content&task=view&id=6&Itemid=4&lang=de.

356 *IdentTechnology AG (Hrsg.)*, Skinplex - Einführung in die Technologie, http://www.skinplex.info/index.php?option=com_content&task=view&id=6&Itemid=4&lang=de.

357 *IdentTechnology AG (Hrsg.)*, Skinplex - Einführung in die Technologie, http://www.skinplex.info/index.php?option=com_content&task=view&id=6&Itemid=4&lang=de.

358 *Protector*, Protector 1-2/2006, 49.

359 *Protector*, Protector 1-2/2006, 49.

die Identifizierung und Überprüfung der Zugangsberechtigung, ab 30 cm Entfernung die Schlossentriegelung und ab 20 cm ein Aufschwingen der Türen.[360]

Der Hersteller sieht in Skinplex eine „*enabling technology*" in der Mensch-Maschine-Kommunikation der Zukunft, die völlig neue Möglichkeiten in nahezu allen Bereichen des täglichen Lebens bietet.[361] Besonderheiten sind vor allem im Bereich der Benutzungskontrolle von elektronischen Geräten gegeben. So kann durch diese Technologie bei Schaltvorgängen aller Art eine Kotrolle der Berechtigung durch den Benutzer erfolgen[362] – sozusagen Physical Rights Management als Verkörperung des digitalen Rechte-Managements (Digital Rights Management, DRM). Anwendungen sind beispielsweise der Zugriffsschutz auf Computer, Schubladen, aber auch der Arbeitsschutz bei gefährlichen Geräten. Der zur Arbeit erforderliche Strom wird dabei bei den Identifikationsgeräten wie Skinplex direkt über die Haut übertragen, bei Nahbereichssystemen ist hingegen eine kleine Batterie erforderlich.[363]

Die Skinplex-Technologie wird derzeit beispielsweise von DaimlerChrysler im Forschungsfahrzeug F 600 erprobt.[364] Dort sind für die Heizung und Sitzheizung die Schalter nur noch einfach und nicht mehr für Fahrer und Beifahrer getrennt vorhanden, da das Auto über die Daten, welche die Haut bei Berührung des Schalters liefert, erkennt, ob es vom Fahrer oder vom Beifahrer bedient wird. Weiter sollen mit dem System günstigere Systeme für den schlüssellosen Zugang sowie ein biometrisches Monitoring der Daten des Fahrers (Vitalfunktionen) möglich werden.[365]

Skinplex selbst ist kein Implantat. Derzeit ist (noch) ein externer Signalgeber in der Form einer Chipkarte erforderlich.

2.4.4 Akustische Zahnimplantate

Bislang lediglich als Konzept existieren künstliche Zähne, welche die Daten von Mobiltelefonen, Radios und Computern empfangen und als Schall über Knochenresonanz ins Innenohr von außen unmerkbar übertragen.[366] Eine solche eingebaute Freisprecheinrichtung mit reduzierter Mithörmöglichkeit dürfte insbesondere dort Einsatzmöglichkeiten finden, wo völlig freie Hände benötigt werden und Kabel sich störend auswirken. Auch im Sicherheitsbereich dürfte ein Einsatz naheliegen.

---

360 *Security Point*, Security Point 6/2005, 20.

361 *IdentTechnology AG (Hrsg.)*, Skinplex Flyer 2005, http://www.ident-technology.com/index.php?option=com_docman&task=doc_download&gid=6&Itemid=43&lang=de.

362 *Security Point*, Security Point 6/2005, 20.

363 *Security Point*, Security Point 6/2005, 20.

364 *Hlo*, Automobil-Produktion 2/2006, 53.

365 *Hlo*, Automobil-Produktion 2/2006, 53.

366 *EGE*, Opinion No. 20, 3.1.2.

2.5 *Ausblick auf zu erwartende neue Technologien und Weiterentwicklungen*

2.5.1 Nanobatterien

Das Kernproblem nahezu aller aktiven Implantate war in der Vergangenheit stets deren Strombedarf. Während die Elektronik immer kleiner wurde, blieben Batterien bei ihrer Größe nahezu unverändert und nehmen daher im Verhältnis zur sonstigen Elektronik einen unverhältnismäßig großen Raum ein, der eine weitere Miniaturisierung verhindert bzw. erschwert.

Hinzu kommt, dass herkömmliche Batterien auch ungenutzt ca. 7-10 % ihrer Kapazität pro Jahr verlieren. Um hier Abhilfe zu schaffen, wurden so genannte Reserve-Batterien entwickelt, welche Elektroden und Elektrolyt einer Batterie mechanisch trennen, bis diese aktiviert werden. Hierdurch wurde zwar die Entladung verhindert, entsprechende Batterien weisen dadurch jedoch einen noch größeren Platzbedarf auf.[367] Nicht gelöst ist hierdurch zudem das Problem von Geräten, welche kontinuierlich geringe Strommengen benötigen, jedoch nur in wenigen Fällen einen größeren Strombedarf haben. Dies konnte bislang nur durch eine Batterie im Dauerbetrieb und eine bereitgehaltene Reservebatterie gelöst werden, was den Platzbedarf weiter erhöhte.

Einem Einsatz von Batterien mit im Körper toxischen Elektrolyten stand insbesondere im militärischen Bereich bislang das Risiko des Austritts der Elektrolyte nach einer Schussverletzung beim Soldaten entgegen. Bell Laboratories entwickelt zusammen mit der Gesellschaft mPhase aus Norwalk, Connecticut, – mit Mitteln der amerikanischen Streitkräfte – neuartige Nanobatterien, welche eine Lösung für sämtliche vorgenannten Probleme versprechen und in den nächsten Jahren in Mustern an so genannte *„early adopter"* geliefert werden sollen.[368] So bestehen sie aus vielen einzelnen Kammern, einem so genannten *„Nano-Rasen"*, welcher es erlaubt, die chemischen Reaktionen nach Bedarf nur in einzelnen Kammern ablaufen zu lassen. So können geringe Ströme über einen sehr langen Zeitraum geliefert werden – oder aber bei Bedarf sehr schnell durch Schaltung zahlreicher Nanoröhrchen auch ein hoher Bedarf gedeckt werden. Dies ist insbesondere bei Sensoren interessant, welche zum Messen regelmäßig nur sehr geringe Ströme benötigen. Wenn jedoch ein mitteilungswürdiges Ergebnis gemessen wird und z. B. ein Funkgerät oder Mobiltelefon betrieben werden muss, können Nanoröhrchen auch einen deutlich größeren Energiebedarf decken.[369] Durch räumliche Trennung der Elektrolyte von den Elektroden bis zur Aktivierung jedes einzelnen Röhrchens bleibt die Ladung erhalten. Die hohe Kompartimentierung der Elektrolyte verhindert zudem deren Lecken bei einer Verletzung der

367 *Choi*, SciAm 2/2006, 55, 57.
368 *Choi*, SciAm 2/2006, 57.
369 *Choi*, SciAm 2/2006, 57.

Batterie/des Soldaten.[370] Solche Nanobatterien werden daher für alle Arten von Implantaten als interessant bewertet.[371]

2.5.2 Drahtlose Aufladung von Implantaten

Eine Alternative oder Ergänzung zu Nanobatterien wird derzeit in einer Kooperation von Intel mit dem Massachusetts Institute of Technology (MIT) entwickelt: Um dem auch außerhalb des Bereichs der Implantate bestehenden Problem des stetig steigenden Energiebedarfs und damit dem steigenden Aufwand der Wiederaufladung kleiner elektronischer Geräte Herr zu werden, wird derzeit eine Methode zur drahtlosen Übertragung des Ladestroms zur Serienreife gebracht.[372] Statt einer elektromagnetischen Strahlung wird das schon bei RFIDs eingesetzte Prinzip der induktiven Kopplung verwendet, bei welchem die Änderung der Stromstärke in einem Leiter ein Magnetfeld erzeugt, das in einem zweiten Leiter eine Spannung induziert.[373] Die Basisstation sendet elektromagnetische Wellen in niedrigen Frequenzen von 4-10 Megahertz (MHz) aus. Der Empfangsteil im Gerät muss auf der gleichen Frequenz schwingen – und nimmt dann, wenn er in die Nähe der Basisstation gebracht wird, die Energie auf.[374] Ziel der Forschungsarbeiten ist es, durch Basisstationen mobile Geräte dauerhaft laden zu können.[375] Während bislang die induktive Kopplung nur winzige Leistungspegel über sehr kurze Distanzen erlaubte, ermöglicht der nunmehr ausgenutzte Resonanzeffekt die Übertragung über zwei Meter mit einer Stärke, welche eine 60W Glühbirne zum Leuchten bringt.[376] Sogar eine zwischen die Spulen im Testaufbau gestellte massive Wand verringerte die Übertragung kaum, so dass bei Tests am MIT im Jahr 2006 immer noch um die 15 % der induzierten Energie aus der ersten Spule die zweite erreichten.[377] Die nunmehr von Intel mit weiterentwickelte „*Wireless Resonant Energy Link*“ (WREL) bzw. „*Wireless Electricity*“ (WiTricity) genannte Technik will im Leistungsbereich von 10 bis 100 Watt eine größere Distanz von je nach Wirkungsgrad einem halben bis zu einigen Metern überwinden.[378] Dabei konnte der Wirkungsgrad bereits auf 75% gesteigert werden, 90% sind das angestrebte Ziel.[379]

---

370 *Choi*, SciAm 2/2006, 57.

371 *Heise online/mhe*, Nanobatterien für Netzhautimplantate, http://www.heise.de/newsticker/meldung/68412 ; *Choi*, SciAm 2/2006, 57.

372 *Green*, Basisstation mit Power, http://www.heise.de/tr/artikel/81484; *Kurs/Karalis/Moffatt et al.*, Science 317, 2007, 83-86; *Heise online/ciw*, IDF: Notebook-Akkus drahtlos laden, http://www.heise.de/newsticker/meldung/114654; *Spiegel Online (mak/dpa)*, Intel macht den letzten Draht los, http://www.spiegel.de/netzwelt/tech/0,1518,573676,00.html.

373 Kurs/Karalis/Moffatt et al., Science 317, 2007, 83.

374 *Green*, Basisstation mit Power, http://www.heise.de/tr/artikel/81484.

375 *Green*, Basisstation mit Power, http://www.heise.de/tr/artikel/81484.

376 Kurs/Karalis/Moffatt et al., Science 317, 2007, 84f.

377 Kurs/Karalis/Moffatt et al., Science 317, 2007, 85.

378 *Heise online/ciw*, IDF: Notebook-Akkus drahtlos laden, http://www.heise.de/newsticker/meldung/114654; *Spiegel Online (mak/dpa)*, Intel macht den letzten Draht los, http://www.spiegel.de/netzwelt/tech/0,1518,573676,00.html.

379 *Heise online/ciw*, IDF: Notebook-Akkus drahtlos laden, http://www.heise.de/newsticker/meldung/114654; *Spiegel Online (mak/dpa)*, Intel macht den letzten Draht los, http://www.spiegel.de/netzwelt/tech/0,1518,573676,00.html

Mit dieser Reichweite von einigen Metern könnte von einer kleinen *„Power-Basisstation“*, welche an eine Steckdose angeschlossen ist, Energie drahtlos nicht nur auf Laptops, sondern gerade auch auf Implantate übertragen werden. Da noch einige technische Hürden zu überwinden seien, erhofft sich Intel eine Serienreife nebst bezahlbaren und kompakten Geräten erst ab dem Jahr 2013.[380] Bislang konnten schon die Komponenten deutlich verkleinert werden.[381] Erst eine richtiggehende Miniaturisierung würde einen über eine Nutzung in mobilen Geräten hinausgehenden Einsatz in Implantaten möglich machen. Ein Dauerbetrieb von Implantaten mit hohem Leistungsbedarf unter Nutzung dieser Ladetechnik könnte aber an etwas anderem scheitern: Es dringen nämlich oszillierende Magnetfelder bei Frequenzen von neun bis zehn Millionen Hertz nicht tief in den Körper ein.[382] Daher sollen zwar keine Gesundheitsrisiken entstehen,[383] möglicherweise scheitert aber wegen der geringen Einwirkungstiefe die Aufladung von Implantaten im Körper.

---

380 *Heise online/ciw*, IDF: Notebook-Akkus drahtlos laden, http://www.heise.de/newsticker/meldung/114654; *Spiegel Online (mak/dpa)*, Intel macht den letzten Draht los, http://www.spiegel.de/netzwelt/tech/0,1518,573676,00.html.

381 *Spiegel Online (mak/dpa)*, Intel macht den letzten Draht los, http://www.spiegel.de/netzwelt/tech/0,1518,573676,00.html.

382 *Green*, Basisstation mit Power, http://www.heise.de/tr/artikel/81484.

383 *Green*, Basisstation mit Power, http://www.heise.de/tr/artikel/81484.

3 Risiken von IKT-Implantaten

Das im Auftrag der EU-Kommission durchgeführte Forschungsprojekt *„Safeguards in a World of Ambient Intelligence“*[384] (SWAMI) identifizierte einige der wesentlichen Problembereiche, welche allgemein im Bereich des Ubiquitous Computing auftreten könnten.[385] Als solche sah es u. a. die Bedrohung der Privatsphäre und der persönlichen Sicherheit und Identität an, ebenso wie einen Verlust von Vertrauen und Kontrolle sowie die Entstehung einer Abhängigkeit von der Technik und deren Anbietern. Auch der Ausschluss Einzelner aus dem Kreise privilegierter Techniknutzer wurde als mögliches Risiko angesehen, wie auch eine Umkehr der Unschuldsvermutung.[386] Zwar befasste sich das SWAMI-Projekt nur an wenigen Stellen explizit mit Implantaten,[387] zeigte jedoch einige Entwicklungen auf, welche im Bereich der IKT-Implantate von besonderer Bedeutung sein können. Dadurch, dass Sensoren und Prozessoren heute auch in den Menschen implantiert werden können, werden jedoch tendenziell sämtliche Problematiken des Ubiquitous Computing auch für IKT-Implantate bedeutsam.[388]

Insbesondere die Privatsphäre wird im Rahmen der zunehmenden Verbreitung von IKT-Implantaten sowohl durch technische Entwicklungen als auch durch sozio-ökonomische Veränderungen bedroht sein. Die neuen Nutzungsmöglichkeiten beinhalten ein Kontrollpotential, das oft unbemerkt wirkt und eine *„passiv erlebte“* Überwachung ermöglicht.[389] Statt der bisher weitgehend statischen und wenig umfangreichen Datensammlungen (wie Namen, Geburtstage und Adressen von Vereinsmitgliedern) entstehen dynamische Datenbanken, die von allgegenwärtigen Datenquellen gespeist werden und einer dauerhaften Veränderung unterliegen.[390] Sie ermöglichen erstmals die vollautomatische Erstellung und Überprüfung von Verhaltensweisen in bestimmten Zeiträumen. Der Begriff *„Ubiquitous Computing“* – allgegenwärtige Datenverarbeitung – kennzeichnet dies treffend.[391] Neben den aus der Technik herrührenden Risiken besteht hier insbesondere die Gefahr, dass die Risiken derartiger neuer Nutzungsmöglichkeiten nicht mehr genügend wahrgenommen werden – mit der Folge, dass eine Technikfolgenabschätzung nicht stattfindet und Gesetze und Strategien zur Vermeidung möglicher Risiken fehlen.

---

384 Ambient Intelligence ist dabei als eher europäisch geprägter Begriff nahezu inhaltsgleich zu dem primär in den USA verwendeten Pervasive Computing. Zu den Definitionen vergleich das Glossar.

385 Insbesondere die Teile 1, 3 und 5: *Wright/Vildjiounaite/Maghiros et al.*, The brave new world of ambient intelligence - Deliverable D1 - SWAMI; *Alahuhta/De Hert/Delaitre et al.*, Dark Scenarios in ambient intelligence: Highlighting risks and vulnerabilities und *Friedewald/Wright/Lindner* in SWAMI Consortium, SWAMI Deliverable D5.

386 *Alahuhta/De Hert/Delaitre et al.*, Dark Scenarios in ambient intelligence: Highlighting risks and vulnerabilities, 8.

387 *Wright/Vildjiounaite/Maghiros et al.*, The brave new world of ambient intelligence - Deliverable D1 - SWAMI, 170f weisen darauf hin, dass im Rahmen von IKT-Implantaten auch und gerade eine nicht-medizinische Nutzung möglich wird, wobei für deren Sicherheit noch strengere Rahmenbedingungen gelten müssten, als für aktive medizinische implantierbare Geräte. Unter Verweis auf den Bericht der EGE (*EGE*, Opinion No. 20) wird zudem auf die hierdurch besonders drohenden Gefährdungen von Privatsphäre, Datenschutz und Identität hingewiesen.

388 *Tinnefeld*, RDV 2006, 98.

389 So allgemein *Peissl* in Stelzer, Biomedizin - Herausforderung für den Datenschutz, 2; im Hinblick auf RFID *Hennig/Ladkin/Sieker*, RVS-RR-04-02, 4.

390 *Peissl* in Stelzer, Biomedizin - Herausforderung für den Datenschutz, 2.

391 *Schaar*, RDV 2006, 1

Dabei gehen die Gefahren für die Privatsphäre und die informationelle Selbstbestimmung heute nur noch zum Teil von der staatlichen Seite (Stichwort innere Sicherheit, z. B. im Wege der Terrorismusbekämpfung, Überwachung und Rasterfahndung)[392] als dem Inbegriff des Orwell'schen „*Big Brother*" aus. Neu hinzugekommen ist insbesondere die Datensammlung und Verarbeitung durch private Firmen, so genannte „*Little Brothers*". Diese Entwicklung hat sich erheblich verselbständigt und durchdringt immer mehr Lebensbereiche – allein schon deswegen, weil die neue Technik vieles nutzbringender, bequemer, einfacher und kostengünstiger macht.[393] Hiervon sind wir bereits heute – auch ohne Implantate – vielfältig betroffen, sei es beim Einkauf mit einer Bonus-Karte oder von Waren mit RFID-Chip, bei der Nutzung von Location Based Services (LBS) auf dem Handy oder PDA, der Ortung via Mobilfunktechnik oder GPS, der Erfassung im Rahmen der LKW-Maut oder der sich ausbreitenden flächendeckenden Videoüberwachung.[394]

3.1 *Risiken einer Datensammlung durch geändertes Benutzerverhalten – Virtualisierung*

Die technische Entwicklung der letzten zwanzig Jahre hat dazu geführt, dass der Staat, aber auch Privatpersonen immer mehr technische Neuerungen im Alltag einsetzen. Der Staat verwendet so u. a. Mobilfunktechnik, Satellitenortung und Computertechnologien im Rahmen der Verbrechensbekämpfung und -vorbeugung. In der heutigen Gesellschaft nutzt inzwischen nahezu jeder Mobilfunktechnik, selbst Kinder besitzen häufig Handys. 96% der 14-19-Jährigen nutzen regelmäßig das Internet, im Schnitt zweieinhalb Stunden täglich.[395] Viele telefonieren via Internet, surfen schnurlos mit dem Laptop per PDA an Hotspots via WLAN und tätigen im World Wide Web ihre Geschäfte und Besorgungen. Selbst diejenigen, die Waren noch in den Läden erwerben, bezahlen diese mit EC- oder Kreditkarte und setzen vermehrt Kundenkarten ein, die heute nahezu jedes Unternehmen anbietet. All dies veranschaulicht, dass sich die Menschen längst nicht mehr nur in der „*realen*" Welt bewegen, sondern bereits auch umfangreich den virtuellen Raum für ihre Aktivitäten nutzen. Es ist zu erwarten, dass dieser Trend weiter zunimmt.

Jedes Jahr werden auf der Computer- und Technologiemesse CEBIT Neuerungen vorgestellt, die die Geräte und Technologien effizienter, leistungsfähiger, mobiler und noch allgegenwärtiger machen. Durch diesen Trend hat sich die Gesellschaft schleichend verändert. Nahezu alles, was die täglichen Aktivitäten vereinfacht – vor allem bequemer, schneller, überall und jederzeit erledigen lässt oder wie die Kundenkarten Rabatte oder Bonusleistungen verspricht, wird heute sofort und vorbehaltlos eingesetzt. Diejenigen techni-

392 Vgl. hierzu den 26. Jahresbericht des baden-württembergischen Ladensbeauftragten für den Datenschutz, *Zimmermann*, 26. Tätigkeitsbericht 2005 des Landesbeauftragten für den Datenschutz Baden-Württemberg, http://www.baden-wuerttemberg.datenschutz.de/lfd/tb/2005/default.htm sowie dessen erläuternde Anmerkungen bei der Vorstellung desselben, wiedergegeben bei *Heise online/jk*, Erosion des Datenschutzes befürchtet, http://www.heise.de/newsticker/meldung/67192.

393 *Baeriswyl*, RDV 2000, 6f; *Schaar*, RDV 2006, 1.

394 *Schaar*, RDV 2006, 1; *Baeriswyl*, RDV 2000, 6f, 9

395 75. Konferenz der Datenschutzbeauftragten des Bundes und der Länder, DuD 2008, 474.

schen Neuerungen, die diese Anforderungen erfüllen, werden daher auch künftig voraussichtlich innerhalb kürzester Zeit Einzug in den Alltag finden.

So hat sich im Laufe der Zeit allmählich neben dem *„realen"*, physischen Leben ein virtuelles Leben entwickelt.[396] Damit ist natürlich auch die Bedeutung dieses virtuellen Raumes gestiegen. Dieser spielt bereits heute eine maßgebliche Rolle, wie die nachfolgenden Beispiele belegen. Durch den Einsatz von IKT-Implantaten wird dieser virtuelle Raum allgegenwärtig mit dem realen Leben verknüpft sein.

Während früher der Reichtum einer Person allein anhand des angehäuften tatsächlich physisch vorhandenen Vermögens ermittelt wurde, zählen heute selbstverständlich auch virtuelle Werte wie Optionen auf Aktien zu deren Vermögen. Weder Aktien noch Optionen sind heute in der Regel noch physisch – in Papierform – vorhanden, sondern lediglich in digitale Depots „eingebucht". Ebenso beruht der Wert einer Aktiengesellschaft sowie dessen Kursentwicklung weniger auf physischen Gegenständen oder Veränderungen im Vermögen als vielmehr auf der ebenfalls virtuellen Bewertung potentieller künftiger Entwicklungen. Auch Bücher und Zeitschriften, welche bis vor ca. 15 Jahren nahezu ausschließlich in Papierform erschienen, werden vielfach durch online abrufbare Inhalte ergänzt oder ersetzt. Kaum eine wissenschaftliche Zeitschrift bietet ihre Aufsätze nicht als PDF abrufbar an, wie das umfangreiche Verzeichnis elektronischer Zeitschriften zeigt: So ermöglicht das Netz der Bibliotheken und Forschungseinrichtungen in Deutschland beispielsweise (je nach Institution) den Zugriff auf insgesamt 27.752 Titel, davon 3.299 reine Online-Zeitschriften.[397]

Heute bestimmen bereits auf physischen Parametern basierende statistische Werte zu so genannten Risikogruppen über die Konditionen, welche Lebens- und Krankenversicherungen ihren Kunden einräumen. Nicht mehr die *„harte"*, physische Kaufkraft einer Person bestimmt darüber, welche Zahlungsweisen ihr von Läden angeboten werden und welche Werbung sie erhält. An deren Stelle ist die Kaufkraft einer Gruppe von Personen getreten, welche ähnliche Merkmale aufweist wie der Betroffene. Die Schlussfolgerungen aus dem Verhalten dieser Gruppe bestimmen Relevanz – und Penetranz –, mit denen einzelne Personen aus diesen Gruppen im Rahmen von Marketing-Kampagnen *„beglückt"* werden und welche Zahlungsweisen (Rechnung oder Vorkasse) ein Webshop ihnen anbietet. Allein weil bestimmte Parameter bei verschiedenen Personen übereinstimmen, wird hierbei unterstellt, dass auch die anderen Parameter ähnlich sind[398] – und damit werden zum Teil auch ungleiche Fälle gleichgesetzt.

---

396 *Roßnagel*, APuZ 5-6/2006, 9; *Sorge/Westhoff*, DuD 2008, 337ff.

397 *Universität Regensburg (Hrsg.)*, Informationen zur elektronischen Zeitschriftenbibliothek, http://rxblx1.uni-regensburg.de/ezeit/about.phtml?bibid=UBTUE&colors=3&lang=de (Stand August 2006).

398 *Schmidt*, JZ 1974, 245.

In der Arbeitswelt wie auch im Privatleben ist das Internet zu einem unerlässlichen Medium geworden. Geschäftsleute nutzen es beispielsweise, um sich über den Markt, Konkurrenten o. ä. zu informieren; Schulkinder oder Studenten recherchieren mit dessen Hilfe und erledigen so ihre Hausaufgaben oder verfassen damit Seminararbeiten. Virtuelle Welten wie myspace, Facebook oder StudiVZ und SchülerVZ haben in der kurzen Zeit von 1-2 Jahren nahezu flächendeckende Verbreitung bei ihren Zielgruppen gefunden.[399]

Jeder Aufenthalt im Cyberspace wird indes digital aufgezeichnet und hinterlässt dabei zwangsweise eine Ansammlung von Spuren und Aufzeichnungen.[400] Jede Datei und jede Datenübertragung kann potentiell ewig gespeichert werden.[401] Bei Interesse lässt sich leicht nachvollziehen, wer, wo, wie lange gesurft hat. Bereits dies führt zu umfangreichen Daten, die gesammelt und ausgewertet werden können.

Weiterhin nutzen viele das Internet, um in Online-Shops einzukaufen oder Online-Banking zu tätigen. Dies ist aus mehreren Gründen reizvoll. Einerseits ist man von den Öffnungszeiten unabhängig, zudem ist es sehr bequem, schnell, häufig sogar wesentlich günstiger und in der Regel nur mit geringen Versandkosten verbunden. Für jeden Kauf im Netz ist jedoch – anders als offline – eine Registrierung als Kunde erforderlich. Bei der Registrierung werden umfangreiche persönliche Daten abgefragt – insbesondere Name, Adresse, Telefonnummer, E-Mailadresse und Bankverbindung. Daneben interessieren sich die beteiligten Firmen aber auch für nicht zwingend für den Kauf notwendige Angaben wie Geschlecht, Geburtsdatum des Käufers, Anzahl, Name und Geburtsdatum der Kinder, Interessen, Hobbies, Religionszugehörigkeit etc. Gerne wird auch danach gefragt (oder ungefragt erhoben), welche anderen Produkte bereits gekauft wurden und welche Anschaffungen in naher Zukunft geplant sind. Die vom Kunden angegebenen Daten verknüpfen viele Online-Dienste anschließend mit dem Surfverhalten des Kunden.[402]

Während die Bevölkerung im Jahr 1983 der Volkszählung[403] noch erhebliche Skepsis entgegenbrachte und sogar dagegen heftigen Widerstand leistete, werden die Fragen heute freigiebig und ohne zu zögern beantwortet. Damals musste jeder einen Fragebogen ausfüllen und dadurch selber die Erfassung seiner Daten vornehmen. Alle haben auf diese Weise die eindrückliche Erfahrung gemacht, was und wie viel Persönliches der Staat wissen will. Datenschutz war ein Thema.[404] Heute indes erfolgen die Aufzeichnungen auto-

---

399 Vgl. *Bager*, SchülerVZ-Reichweite: Die Schüler klicken wie verrückt, http://www.heise.de/newsticker/meldung/101540, wonach SchülerVZ und StudiVZ jeweils 5,3 Milliarden Page Impressions aufweisen und ersteres sogar auf 98 Millionen *„Visits“* (zusammenhängende Benutzervorgänge) pro Monat kommt.

400 Enquete-Kommission Zukunft der Medien in Wirtschaft und Gesellschaft - Deutschlands Weg in die Informationsgesellschaft (Hrsg.), BT-Drs. 13/11002, 22; Weber, EMBO reports Vol 7 Special Issue 2006, S37 mwN.

401 Weber, EMBO reports Vol 7 Special Issue 2006, S37; ebenso Hornung, MMR 2004, 6 mwN; Enquete-Kommission Zukunft der Medien in Wirtschaft und Gesellschaft - Deutschlands Weg in die Informationsgesellschaft (Hrsg.), BT-Drs. 13/11002, 22.

402 *Baeriswyl*, RDV 2000, 9.

403 Siehe hierzu die Entscheidung des BVerfG in BVerfGE 65,1ff – *Volkszählung*.

404 *Gärtner*, Ich kommuniziere, also bin ich verdächtig, http://www.telepolis.de/r4/artikel/22/22360/1.html.

matisiert und unsichtbar im Hintergrund und bleiben dadurch in der Regel unbemerkt. Kaum jemand sieht und weiß, welche Daten über ihn vorliegen und gesammelt werden. Weitere Quellen für Daten über Kunden und deren Verhalten sind Kundenkarten. Sie ermöglichen eine Vielzahl von Einkäufen in zahlreichen Läden über einen sehr langen Zeitraum eindeutig einer Person zuzuordnen. Da der Gebrauch von Kundenkarten regelmäßig mit Bonusleistungen oder Rabatten verbunden ist, finden sich in vielen Portemonnaies mehrere davon. Die Bürger müssen die Daten nicht selbst offenbaren, sondern nur den Zugriff darauf erlauben. Was im Hintergrund abläuft, wenn beispielsweise die Kundenkarte durchgezogen wird, bleibt dem Kunden verborgen. Die fühlbaren Vorteile überwiegen, weshalb von den sich durch die Vernetzung bietenden Möglichkeiten weiterhin in steigendem Maße Gebrauch gemacht werden wird. Wie bereitwillig persönliche Daten preisgegeben werden, zeigen auch folgende Beispiele:

So bat die Schweizer Großbank Credit Suisse ihre Kunden im Rahmen eines Updates der Online-Banking Software, einen Fragebogen u. a. mit Angaben zu den Familienverhältnissen, der beruflichen Situation und Ausbildung auszufüllen. Zur Überraschung der Verantwortlichen kamen 65 % der befragten Kunden dieser Bitte nach, so dass das Mitglied der Geschäftsleitung *Kurzmeyer* feststellte: *„Das Internet ist ein überaus offenes Medium, mit dem uns die Benutzer sehr viele Informationen über ihre persönlichen Präferenzen liefern“.*[405]

Auch der Onlineversandhändler Amazon.com ist davon überzeugt, dass seine Kunden gerne persönliche Daten angeben, wenn sie sich davon einen Vorteil oder bestimmten Nutzen versprechen. Daher hat er in den USA ein Patent angemeldet,[406] welches Kunden bei der Suche nach dem richtigen Geschenk helfen soll. Dabei soll der Kunde beispielsweise freiwillig Daten wie Geschlecht, Geburtsdatum, Religionszugehörigkeit, Interessen, Wohnort, Bildungsgrad, Einkommen, Beruf und Volkszugehörigkeit sowie sexuelle Orientierung angeben.[407] Falls Kunden nun beispielsweise keine demographischen Informationen über den Empfänger besitzen (was bei Geschenken doch eher selten sein dürfte), soll automatisch aus diesen eingegebenen Daten, früheren Bestellungen oder aus öffentlichen Datenbanken ein Profil erstellt werden, welches bei der Auswahl des richtigen Geschenks behilflich sein könnte.

Viele erstellen eine persönliche Homepage, gerade auch im *„Web 2.0“* auf Seiten wie SchülerVZ.[408] Dort finden sich beispielsweise Fotos der Familienmitglieder, Fotos von deren Haustieren, Fotos von Freizeitaktivitäten und Urlaubsbilder, der Link auf den Arbeitgeber und den bei diesem vorhandenen Lebenslauf. So werden auch auf diese Weise viele

405 Zitiert nach *Baeriswyl*, RDV 2000, 9 mwN.

406 USPTO Patent Application No. 20060178946 A1 vom 09.12.2005.

407 USPTO Patent Application No. 20060178946 A1 vom 09.12.2005, Beschreibung Ziffern 0048 und 0051.

408 *Bager*, c't 5/2008, 92ff.

persönliche Daten der Öffentlichkeit zugänglich gemacht.[409] Ebenso lassen sich einige in Kontaktbörsen zum *„Social Networking"* wie beispielsweise myspace, Facebook oder Xing (ehemals Open BC) registrieren, da inzwischen bekannt und üblich ist, dass Headhunter gerade auch dieses Medium zur Suche hochqualifizierten Personals einsetzen. Auch dort gibt man umfangreiche persönliche Daten preis – insbesondere wird üblicherweise ein Lebenslauf eingestellt und es kann nachverfolgt werden, wer wen kennt. Dies zeigt, dass nicht nur das *„Leben"* in der Form des Konsums elektronischer Werke virtuell wurde, sondern sogar der Mensch selbst.

Längst hat die Kommunikation per E-Mail sowohl im Geschäfts- als auch im Privatleben in weiten Teilen die Briefpost abgelöst. Auch dadurch entstehen immer mehr Spuren. Viele kostenlose E-Mail-Dienste, allen voran Google mit GMail, werten die Nutzerangaben und – bei GMail – sogar den Inhalt sämtlicher E-Mails daraufhin aus, welche Interessen der Nutzer hat, um ihm *„passende"* Werbung einblenden zu können. Das Internet bietet damit für Marketing-Firmen den Vorteil, dass es schnell und billig anhand des Online-Verhaltens eine automatische Profilbildung erlaubt, welche zudem automatisch aktualisiert werden kann.[410]

Aber auch Geschäfte des täglichen Lebens außerhalb des Internets lassen *„Berge"* von Daten entstehen: Beim Bezahlen mit Plastikgeld[411] und bei Banküberweisungen fallen Daten an, welcher Kunde welche Produkte kauft und welche Produkte häufig zusammen gekauft werden. Gleiches gilt für Katalogbestellungen und Abonnements.[412] Ebenso dienen Gewinnspiele[413] der Erfassung von Daten. Gerne wird daran teilgenommen, denn den Preis – sei es Geld, eine Reise oder ein neues Auto – kann schließlich jeder gebrauchen. Häufig genügt der Einwurf einer Visitenkarte oder einer ausgefüllten Teilnehmerkarte.

Viele Daten stammen aus elektronischen Netzen.[414] Heute besitzt und nutzt nahezu jeder ein Handy. Vielfach wird zwischenzeitlich erwartet oder sogar als selbstverständlich vorausgesetzt, dass jeder jederzeit und überall erreichbar ist. Daher ist das Handy nahezu immer angeschaltet – sei es auch im Lautlos-Modus, wenn man einmal nicht gestört werden will.[415] Ein eingeschaltetes Handy ist indes lokalisierbar. Selbst wenn es ausgeschaltet wird, kann teilweise noch ermittelt werden, wo es sich befindet.[416] Der Mobilfunkbetreiber oder Diensteanbieter kann permanent die Standortdaten der eingeschalteten Handys

409 *Bager*, c't 5/2008, 92ff.
410 *Becker*, Die Politik der Infosphäre, 200.
411 *Baeriswyl*, RDV 2000, 7.
412 *Baeriswyl*, RDV 2000, 9; *Mietzner* in Sokol, Anwendungsfelder für mikrogeographische Daten, 41.
413 Hierzu auch *Herb*, RDV 2005, 255.
414 *Becker*, Die Politik der Infosphäre, 198; *Mietzner* in Sokol, Anwendungsfelder für mikrogeographische Daten, 41f.
415 Vgl. hierzu die aktuelle Studie in CarPhone Warehouse Group plc; Philip Gould Associates; YouGov (Hrsg.), Mobile Life Report, 21.
416 *Summers*, Mobile phones - the new fingerprints, http://news.bbc.co.uk/1/hi/uk/3303637.stm.

auslesen und verfügt über detaillierte Benutzungs- und Bewegungsdaten.[417] So genannte Location Based Services (LBS) ermöglichen es den Nutzern, auf ihren mobilen Geräten (PDA, Handy) ortsbezogene Informationen zu erhalten, beispielsweise zu Einkaufsmöglichkeiten (nächste Tankstelle, nächstes Kino/Restaurant) oder sich im Rahmen von Handyortungsfunktionen für Kinder deren Standortdaten anzeigen zu lassen. Zudem sind viele Oberklasse-Automobile mittlerweile nicht nur mit GPS-Empfängern, sondern auch mit GPS-Sendern ausgestattet. Auf diese Weise entstehen ebenso wie durch die Benutzung von WLAN-Hotspots mit Laptops und PDAs wiederum Bewegungs- und Nutzungsdaten. [418]

Moderne Techniken haben in vielfältigen Lebensbereichen Einzug gefunden. Da diese Technologien in immer größerem Maße eingesetzt werden, entstehen entsprechend umfangreichere Datenspuren, Aufzeichnungen und Datensätze, die der Datenverarbeitung zugänglich gemacht werden können. Wir sind daher – schon ohne IKT-Implantate – bereits auf dem besten Wege zur wahrhaft *„allgegenwärtigen Datenerhebung"*. Zur *„allgegenwärtigen Datenverarbeitung"* (Ubiquitous Computing – UC) ist es nur noch ein kleiner Schritt.

3.2 *Risiken der Datensammlung durch technische Entwicklungen*

Das Verhalten der Benutzer, bewusst oder unbewusst persönliche Daten preiszugeben, geht Hand in Hand mit neuen Techniken und Methoden, die es erlauben, Daten schneller und einfacher auszulesen, auszuwerten und auch miteinander zu verknüpfen. Die erhobenen Datenmengen werden daher heute in einem weiteren Schritt den Datenverarbeitungstechnologien zugeführt.

3.2.1 Data Warehouse / Data Mining

Ein Data Warehouse dient dazu, die durch zahlreiche Technologien und ein geändertes Benutzerverhalten erhobenen Daten zu speichern und diese bei Bedarf zur Verfügung zu stellen.[419] Data Mining beschreibt den Prozess des Auslesens einer Vielzahl von Daten aus dem Data Warehouse und deren Auswertung.[420] Dabei müssen die Daten mit Data Mining Tools zunächst vereinheitlicht werden, da sie je nach Quelle unterschiedlich strukturiert sein können.[421] Dabei gilt es beispielsweise, unterschiedliche gespeicherte, aber

---

417 Arbeitskreis "Technische und organisatorische Datenschutzfragen der Konferenz der Datenschutzbeauftragten des Bundes und der Länder unter Mitwirkung des Arbeitskreises Medien", DuD 2005, 701, 704 und 711; Tinnefeld, RDV 2006, 98; Weichert, DuD 1997, 274; vgl. hierzu auch Schaar, RDV 2006, 1; Gonzáles/Hidalgo/Barabási, Nature 2008, 779ff; Heise online/fr, Wissenschaftler analysieren individuelle Bewegungsprofile von Handynutzern, http://www.heise.de/newsticker/meldung/109012.

418 *Baeriswyl*, RDV 2000, 9; *Mietzner* in Sokol, Anwendungsfelder für mikrogeographische Daten, 41.

419 *Baeriswyl*, RDV 2000, 6.

420 Data Mining wird beschrieben in Kapitel 0, die sich hieraus speziell ergebenden Risiken werden im nachfolgenden Kapitel erörtert. Vgl. hierzu auch *Baeriswyl*, RDV 2000, 6f.

421 *Baeriswyl*, RDV 2000, 6f.

inhaltlich gleichbedeutende Angaben wie *„Meier, A. I.“* und *„Alfred I. Meier“* oder *„Breite Str. 1“, „Breitestr. 1“* und *„Breitestraße 1“* zu vereinheitlichen. Anschließend werden durch statistische Verfahren und Methoden der künstlichen Intelligenz große Mengen an Einzeldaten analysiert und ausgewertet. Bekannte Data-Mining-Programme sind das KnowledgeSTUDIO des Herstellers Angoss oder der EnterpriseMiner von SAS.[422] Indem die Rohdaten dabei in verschiedener Weise zueinander in Beziehung gesetzt und auch mit zahlreichen anderen Daten verknüpft werden, werden gewisse Rückschlüsse ermöglicht und ein Datenmehrwert kann generiert werden.

Dabei werden häufig *„harmlose“,* d. h. anonymisierte Daten, welche in dieser Form nicht dem Datenschutzrecht unterfallen (dazu ausführlich in Kapitel 5), mit den Daten einer bestimmten Person(-engruppe) verknüpft. Ist beispielsweise bekannt, dass die Zahlungsausfallwahrscheinlichkeit einer weiblichen Person zwischen 20 und 30 in Berlin-Mitte, welche in einem Mehrfamilienhaus zur Miete wohnt, x % beträgt (ein so genannter Score Wert), kann dies einen Rückschluss auf einen konkreten Antragsteller mit eben diesen Daten ermöglichen. Durch eine statistische Vornamensanalyse sind Rückschlüsse auf das Alter einer Person möglich, bei bekannter Adresse können der Datenbank detaillierte Angaben über das Haus, die Zahl der Bewohner und die soziale Struktur entnommen werden. Durch diesen Akt der Verknüpfung werden sie einer bestimmten Person zugeordnet und können mit den übrigen zu dieser Person gesammelten Daten zusammen übermittelt und genutzt werden. Hierdurch werden aus zuvor anonymisierten Erkenntnissen und dem Namen und der Adresse einer Person neue Erkenntnisse gewonnen.[423]

3.2.2 Customer Relationship Management

Das Customer Relationship Management (CRM) macht sich Data Mining Prozesse zunutze, um für eine beliebige spätere Nutzung – beispielsweise ein direktes Kundenmarketing (*„One-to-one Marketing“*) – Daten immer weiter zu verfeinern und neue Erkenntnisse zu erlangen.[424] Hierzu werden die Daten, welche bei den Unternehmen selbst anfallen (z. B. Angaben zu den bestellten Produkten, Bestellhäufigkeit, Art und Weise der Zahlung, Name, Anschrift, etc.) häufig mit extern eingekauften Daten verbunden (z. B. Daten zu der sozialen Struktur des Wohngebietes, den wirtschaftlichen Verhältnissen, etc.). Um möglichst genaue Kundenprofile zu erstellen, gilt es, einerseits so viele, aber auch so genaue Informationen wie möglich zu erhalten. Diesen *„Berg“* von Informationen gilt es sodann auszuwerten und auf die relevanten Daten zu reduzieren. Das Data Mining ermöglicht es, Angaben über Präferenzen, Zahlungsausfallwahrscheinlichkeiten oder Kundenprofitabilität

---

422 *Becker*, Die Politik der Infosphäre, 198 mwN.

423 *Schuler-Harms* in Sokol, Die kommerzielle Nutzung statistischer Persönlichkeitsprofile als Herausforderung für den Datenschutz, 11 mwN.

424 *Schuler-Harms* in Sokol, Die kommerzielle Nutzung statistischer Persönlichkeitsprofile als Herausforderung für den Datenschutz, 6 mwN.

zu ermitteln.[425] Erstmals bietet Data Mining darüber hinaus Firmen die Möglichkeit, für die gesamte Bevölkerung das Konsumverhalten präzise auf Einzelpersonen zugeschnitten zu erfassen.[426]

3.2.3 Digital Rights Management (DRM)

Digital Rights Management (DRM) Systeme fanden in der Vergangenheit überwiegend bei urheberrechtlich geschützten Werken (Software, Musik, Film) Verwendung. Sie ermöglichen es, die Nutzung an eine vorherige elektronische, automatische und online durchgeführte Gültigkeitsprüfung einer erworbenen Lizenz zu knüpfen.

DRM Systeme werden zunehmend auch zur Vereinfachung eingesetzt, beispielsweise bei Microsoft Windows Vista. Dieses ist in sechs verschieden ausgestatteten Versionen auf dem Markt, zudem als 32-Bit und 64-Bit Betriebssystem.[427] Dennoch wird nur ein identischer DVD-Datenträger ausgeliefert, welcher je nach Lizenzschlüssel die Installation der entsprechenden Version ermöglicht.[428] Auch die Automobilindustrie erwägt, DRM Systeme in künftigen Fahrzeuggenerationen einzusetzen. Da die Leistung eines Fahrzeugs zumindest teilweise auch durch die Motorsteuerung und nicht mehr bloß durch die Mechanik bestimmt wird, wird es möglich sein, günstige, abgespeckte Leistungspakete zu verkaufen und dem Kunden bei Bedarf im Wege des DRM eine Zusatzleistung für einen begrenzten Zeitraum gegen Aufpreis zur Verfügung zu stellen.[429] Denkbar sind DRM Systeme auch bei IKT-Implantaten, insbesondere dort, wo diese zur Leistungssteigerung verwendet werden. So ließen sich bei einem Mobilfunkimplantat zusätzliche Funktionen nachrüsten, elektronische Retina-Implantate könnten für Zusatzfunktionen im Sinne eines Head-Up-Displays (HUD) und künftige Cochlea- oder Auditory-Brainstem-Implantate auch für andere Funktionen verwendet werden.

Damit erhält das DRM in naher Zukunft auch Einzug in Geräte, bei welchen ihm früher keine Bedeutung zukam. DRM könnte zudem als Zugangs- und Zutrittskontrollsystem genutzt werden, gerade in Kombination mit IKT-Implantaten. So nutzen bereits Videoüberwachungsfirmen und die mexikanische Generalstaatsanwaltschaft das VeriChip-Implantat zur Sicherung sensibler Bereiche und Überwachung des Zugriffs auf die DV-Systeme.[430] Die Nutzungsmöglichkeiten von DRM-Systemen sind dabei nahezu unbegrenzt und gehen

---

425 *Baeriswyl*, RDV 2000, 7.

426 *Baeriswyl*, RDV 2000, 7.

427 *Heise online/axv*, Offiziell: Sechs Namen für Windows Vista, http://www.heise.de/newsticker/meldung/70116; *Heise online/axv*, Vista: Von Home Basic zur Ultimate per Mausklick, http://www.heise.de/newsticker/meldung/70515.

428 *Heise online/axv*, Vista: Von Home Basic zur Ultimate per Mausklick, http://www.heise.de/newsticker/meldung/70515.

429 *Paar*, Elektronik Automotive 01/2004, 3.1.

430 *CASPIAN (Hrsg.)*, VeriChip RFID Implants in Mexican Attorney General's Office Overstated, http://www.spychips.com/press-releases/mexican-implant-correction.html; *Schüler*, Firma markiert Mitarbeiter per RFID, http://www.heise.de/newsticker/meldung/69438.

weit über das hinaus, was sich die meisten von uns derzeit vorstellen können.[431] DRM ermöglicht es, umfassend Geräte, Daten oder Programme an den Nutzer zu übertragen, ohne sich der Verfügungsbefugnis hieran zu begeben. Dazu werden die Daten in einem sicheren Container aufbewahrt. Hierunter versteht man eine technische Vorkehrung, welche den Inhalt vor dem beliebigen Zugriff des Nutzers oder Käufers schützt. Dieser Container lässt sich nur mit der entsprechenden Lizenz des Anbieters öffnen. Anschließend kann die digitale Ware genutzt werden. Dazu ist häufig eine Online-Verbindung zum Server des Lizenzgebers erforderlich, welcher die vom Benutzer angegebene Lizenz auf ihren Bestand und Umfang überprüft und erst hiernach den Zugriff auf das Werk freigibt. Je nach Ausgestaltung des DRM können dabei nur einzelne oder auch alle Nutzungsmöglichkeiten freigegeben werden sowie auf eine bestimmte Zeit beschränkt werden.

Eine Lizenz wird häufig an den Nutzer persönlich oder eine bestimmte Hardware gebunden.[432] Um die Gültigkeit einer Lizenz überprüfen zu können, benötigt der Anbieter zahlreiche Angaben zur Identität des Kunden (Name, Adresse), ggf. auch eine Bankverbindung (falls eine Bezahlung pro Nutzung erfolgen soll) und Angaben zur Hardware, auf welcher die Nutzung erfolgen soll.[433] Häufig wird zur Verfolgung potentiell rechtswidrigen Verhaltens bereits im Vorfeld nach weiteren Daten wie Telefonnummer, E-Mail-Adresse, Geburtstag, Kreditkartendaten, Geschlecht u. ä. gefragt.[434] Der Anbieter verfügt zudem aufgrund der erforderlichen Onlineprüfung der Gültigkeit einer Lizenz vor jedem Nutzungsvorgang über detaillierte Kenntnisse, wann und durch wen welche Form der Nutzung erfolgt.[435] Dies verschafft ihm die Möglichkeit, genaue Kundenprofile anhand der jeweiligen Nutzungen, Nutzungshäufigkeit und -art, aber auch anhand des persönlichen Geschmacks der lizenzierten Werke zu erstellen.[436]

3.2.4 Techniken zur Auflösung der Grenzen zwischen IKT und Nicht-IKT

Entscheidende Bedeutung kommt neuen Technologien zu, welche die Grenzen zwischen der realen Welt ohne Informations- und Kommunikationstechnologien und der virtuellen Welt innerhalb von IKT-Technologien schließen.[437] Diese zur Vermeidung von Medienbrüchen eingeführten Technologien erleichtern die Sammlung von Daten gravierend, indem Miniatursensoren, billigere Mikrochips und drahtlose Kommunikation den Einfluss des Computers in die reale Welt verlängern.[438] Informationen aus der virtuellen Welt werden in der körperlichen Welt verfügbar.[439] Umgekehrt erlauben die neuen Technologien, den All-

431 *Dreier*, Technikfolgenabschätzung 2/2006, 18.
432 *Möller/Puchta*, Technikfolgenabschätzung 2/2006, 27; *Grimm/Puchta/Müller et al.*, privacy4DRM, 17.
433 *Möller/Puchta*, Technikfolgenabschätzung 2/2006, 28.
434 Grimm/Puchta/Müller et al., privacy4DRM, 17ff.
435 *Bechtold*, Technikfolgenabschätzung 2/2006, 48.
436 *Wright/Vildjiounaite/Maghiros et al.*, The brave new world of ambient intelligence - Deliverable D1 - SWAMI, 167.
437 *Hilty* in Mattern, Risiken und Nebenwirkungen der Informatisierung des Alltags, 200.
438 *Langheinrich* in Fleisch/Mattern, Die Privatsphäre im Ubiquitous Computing, 335.
439 *Roßnagel/Müller*, CR 2004, 626.

tag – und damit Informationen aus der realen Welt – immer verlässlicher und effizienter digital abzubilden,[440] sei es durch RFID-Tags als Fahrkarte, elektronisches Zahlungsmittel, Bibliotheksausweis oder durch die elektronische Gesundheitskarte.[441] Gleiches erlauben die implantierbaren Sensoren dank Vernetzung mit BANs und anderen Netzen. Während derzeit Handys, PDAs und Laptops noch eindeutig als „IKT" und andere Personen und Gegenstände als *„Nicht-IKT"* identifiziert werden können, führt die Zunahme von Lesegeräten und Sensoren und zugehörigen Datenverarbeitungsgeräten im Umfeld einer Person zu einem Verschwimmen der Grenze zwischen der realen, physischen Welt und dem Virtuellen.[442] Die Digitalisierung des Lebens zum Zweck der automatisierten Verarbeitung führt zu einer Datengenerierung weit über die Grenzen von Onlineshops und die Internetnutzung hinaus. Diese Technologien verstärken daher den durch das geänderte Benutzungsverhalten eingeläuteten Trend zu mehr Daten, indem sie nunmehr potentiell alle Bereiche des Lebens abdecken.

3.2.5 Location Based Services (LBS)

Location Based Services (LBS) sind Dienste, welche in Abhängigkeit vom Standort des Nutzers erbracht werden.[443] Voraussetzung für die Diensterbringung ist stets, den Aufenthaltsort des Nutzers eindeutig und so präzise wie möglich erkennen zu können. Bei fest installierten Terminals ist dies unproblematisch möglich. Bei der Nutzung mobiler Geräte wie IKT-Implantaten muss hingegen ermittelt werden, wo sich der Implantatträger befindet. Dies kann beispielsweise durch eine GPS-Abfrage geschehen, aber auch durch das Auslesen eines RFID-Tags durch ein Lesegerät oder die Triangulation des Standortes eines Mobiltelefons oder via WLAN. Anschließend kann der Anbieter aufgrund des ihm nun bekannten Standortes des Benutzers und dessen Wunsch (z. B. Wegbeschreibung zu einem Ziel, nächstgelegene Verkaufstelle etc.) die nötigen weiteren Daten ermitteln und dem Benutzer übermitteln.

Dabei ermöglichen herkömmliche RFID-Tags stets eine zweifelsfreie Identifizierung, wenn sie nur in die Nähe eines aktiven Lesegeräts gelangen.[444] Der Standort eines eingeschalteten Mobiltelefons oder einer angemeldeten WLAN-Station ist dem Netzbetreiber – und

[440] *Roßnagel/Müller*, CR 2004, 626.

[441] Vgl. auch *Müller*, DuD 2004, 216.

[442] *Langheinrich* in Fleisch/Mattern, Die Privatsphäre im Ubiquitous Computing, 335; *Hilty* in Mattern, Risiken und Nebenwirkungen der Informatisierung des Alltags, 200.

[443] Vgl. zur Einleitung in LBS die Erläuterungen im Glossar.

[444] Das Auslesen dieser – der Kollisionsprüfung dienenden – Identifikationsnummer ist daher von dem Auslesen der eigentlichen Daten – welche kryptographisch erschwert oder verhindert werden kann – zu unterscheiden, *Müller*, DuD 2004, 215ff. Auf die technischen Möglichkeiten, durch Transaktions-Meta-IDs eine derartige Identifizierung zu verhindern, wird in Kapitel 0 eingegangen.

ggf. auch Dritten – permanent bekannt bzw. einfach ermittelbar.[445] Sowohl der Betroffene selbst als auch die Anbieter können den Standort ermitteln und an Dritte weitergeben – gerade auch bei einer Fehlfunktion des Dienstes oder aufgrund schlechter Programmierung.[446]

3.2.6 Kombinationsmöglichkeiten neuer Technologien – Einsatz von IKT-Implantaten

Erhöhte Risiken beim Einsatz in IKT-Implantaten liegen weniger in den Folgen einzelner dieser Techniken, sondern in deren Kombinierbarkeit und hierauf aufsetzenden neuen Nutzungsmöglichkeiten. Diese gehen, sowohl was den neuen Nutzen als auch das Ausmaß an Gefahren und Überwachungsmöglichkeiten angeht, weit über alles bisher Bekannte hinaus.[447]

3.3 *Risiken aufgrund der Datensammlung durch den Staat*

Das Handeln staatlicher Stellen ist verstärkt darauf gerichtet, viele Daten ohne klare Zweckbestimmung zu sammeln, um sie anschließend vielfältig auszuwerten.[448] IKT-Implantate ermöglichen – je nach Ausgestaltung und geplanter Nutzung – die jederzeitige Datenerhebung, Übermittlung und/oder zum Datenaustausch. Um dem Träger des Implantats die erhoffte, größtmögliche Freiheit zu gewähren, begibt sich dieser mit dem Implantat in eine Welt des Ubiquitous Computing. Er ist auf Schritt und Tritt (potentiell) mobil vernetzt, seine reale Welt und die Spuren in der virtuellen Welt verlaufen (potentiell) parallel. Die verstärkte Nutzung von UC-Diensten im alltäglichen Leben wird daher noch sehr viel mehr elektronische Spuren hinterlassen.[449] Diese Spuren ermöglichen eine neue Art einer immer umfassenderen Überwachung – ob des physikalischen Aufenthaltsorts, der Nut-

---

445 Vgl. ÖGH, GRUR Int 2007; *NTT DoCoMo (Hrsg.)*, Imadoko (Location Confirmation) Service, http://www.nttdocomo.co.jp/english/p_s/service/phs/ichi.html; *Caffrey*, Location tracking, The Boston Globe v. 10.10.2005, http://www.boston.com/business/technology/articles/2005/10/10/location_tracking____for_people_products_places____is_fast_coming_into_its_own?mode=PF; *Kidspotter A/S (Hrsg.)*, The Kidspotter Solution, http://www.kidspotter.com/menu.aspx?id=0&type=p#.

446 So wurde das iPhone 3G schon dazu missbraucht, ungewollt SMS an alle Empfänger im Adressbuch zu senden, welche die Positionsangabe des Absenders enthielten, durch Schwachstellen eines kostenlosen Spiels wurde die gesamte Kontaktliste unverschlüsselt an einen Server übermittelt, angeblich *„um andere Fans des Spiels zu finden"*, vgl. *Schwan*, Der ganz normale (mobile) Datenschutzalbtraum, http://www.heise.de/tr/blog/artikel/113404 mwN.

447 *Schaar*, RDV 2006, 1.

448 *75. Konferenz der Datenschutzbeauftragten des Bundes und der Länder*, DuD 2008, 469; beispielsweise nutzte der Staat vorhandene Daten zu Zwecken, für welche die Daten nicht erhoben und somit auch nicht genutzt werden dürfen, beispielsweise zur Überprüfung von Bewerbern im polizeilichen Informationssystem, vgl. VG Stuttgart, Beschluss v. 01.08.2008, 3 K 1886/08 (nicht rechtskräftig).

449 *Langheinrich/Mattern*, APuZ 42/2003, 12; so zu UC allgemein *Hilty* in Mattern, Risiken und Nebenwirkungen der Informatisierung des Alltags, 200; ebenso *Roßnagel/Müller*, CR 2004, 626.

zung elektronischer Geräte (ob, wie, wozu) oder unseres Kauf- und Kommunikationsverhaltens.[450]

Verschärft wird diese Problematik dadurch, dass durch die zunehmende Virtualisierung unseres Lebens, den größeren Datenverkehr von beliebigen Orten aus, der zunehmenden elektronischen Vernetzung zwischen Menschen und Orten physische Grenzen an Bedeutung verlieren: Während früher die Überwachung Dritter an Mauern und Türen ihr natürliches Ende fand, verwischen diese Grenzen immer mehr.[451]

Roßnagel veranschaulicht diese Entwicklung anhand eines 3-Stufen-Modells: In der ersten Stufe der Nutzung von Informationstechnik wurden Daten offline gesammelt und verarbeitet. Diese Datenverarbeitung fand zunächst in Rechenzentren statt und erfasste nur einen kleinen Ausschnitt des Lebens; zudem war sie für die Betroffenen leicht überschau- und kontrollierbar.[452] Auch die Einführung von PCs änderte hieran zunächst wenig. Erst mit der zunehmenden, zwischenzeitlich weltweiten Vernetzung der PCs, Menschen und Firmen und der zunehmenden Verlagerung sozialer Aktivitäten in virtuelle Räume wurde die zweite Stufe erreicht.[453] Bereits auf dieser Stufe, auf der wir uns heute vielfach noch befinden, ist die Datenerhebung, -verarbeitung und -nutzung für den Betroffenen kaum mehr überschaubar, geschweige denn kontrollierbar. Die Datenverarbeitung erfasst hier jedoch – je nach Intensität der Nutzung des Internets, von Bonusprogrammen u. ä. durch den Einzelnen – im Regelfall nur Ausschnitte des Lebens, wenn auch zunehmend größere und diese potentiell auch vollständig (z. B. aufgrund der Vorratsdatenspeicherung aller elektronischen Aktivitäten in Datennetzen).[454] Dennoch kann der Betroffene diesen Risiken zumindest teilweise dadurch entgehen, dass er virtuelle Räume meidet.[455]

Mit dem Einzug des UC wird die Datenverarbeitung eine neue, die dritte Stufe erreichen, da sie alle Lebensbereiche vollständig erfasst.[456] Träger von IKT-Implantaten hinterlassen zeitgleich sowohl in der „realen Welt" als auch in der *„virtuellen Welt"* Spuren. Denn diese

---

450 *Alahuhta/De Hert/Delaitre et al.*, Dark Scenarios in ambient intelligence: Highlighting risks and vulnerabilities, 9; ebenso *Tinnefeld*, RDV 2006, 97f; *Roßnagel*, FES-Studie, 102ff mwN; 144f, 188f; *Roßnagel* in Mattern, Informationelle Selbstbestimmung in der Welt des Ubiquitous Computing, 272; *Schaar*, DuD 2007, 260; *Bizer/Dingel/Fabian et al.*, TAUCIS, 205f; *Weichert* in Sokol, Geomarketing und Datenschutz - ein Widerspruch?, 137.

451 *Wright/Vildjiounaite/Maghiros et al.*, The brave new world of ambient intelligence - Deliverable D1 - SWAMI, 183.

452 *Roßnagel*, APuZ 5-6/2006, 9; vgl. auch *Hilty* in Mattern, Risiken und Nebenwirkungen der Informatisierung des Alltags , 200, welcher darauf abstellt, dass derzeit noch zwischen IKT-Geräten und Nicht-IKT-Geräten einfach differenziert werden kann.

453 *Roßnagel*, APuZ 5-6/2006, 9.

454 Vgl. zu den Risiken der Vorratsdatenspeicherung in einer Welt des UC auch *Roßnagel*, FES-Studie, 104, 189; hierzu auch *Verbraucherzentrale Bundesverband e.V. (Hrsg.)*, DuD 2007, 271f.

455 *Roßnagel*, APuZ 5-6/2006, 9.

456 *Roßnagel*, APuZ 5-6/2006, 10.

werden automatisch bei jeder Aktivität erzeugt und führen damit zu einer Verknüpfung beider Welten.[457]

3.3.1 Erstellung von Bewegungsprofilen

Bereits heute sind immer weniger Lebensbereiche frei von jeglicher Überwachung. Allgegenwärtige Überwachungskameras in Straßen, Unterführungen, Bahnhöfen, Flughäfen, U-Bahn-Stationen, Banken, Kaufhäusern, Krankenhäusern, Schulen und Bürogebäuden ermöglichen es, den Aufenthalt von bestimmten Personen an vorbekannten Orten festzustellen. Dabei werden die Kameras aus verschiedenen Gründen installiert und betrieben: Zur Überwachung der LKW- oder City-Maut, zur Verkehrsüberwachung und zur Verbrechensbekämpfung. Vielfach wird aber auch unabhängig von konkreten Gefahren oder Verdachtsmomenten ganz normales Verhalten registriert.

3.3.1.1. Videoüberwachung

In Hamburg werden Busse, Bahnen und Reeperbahn von der Polizei rund um die Uhr videoüberwacht.[458] Auch die Deutsche Bahn überwacht derzeit bereits 5700 Bahnhöfe in Deutschland per Videokamera. Sie will die Überwachung noch ausdehnen.[459] Im Mainzer Hauptbahnhof wird das Intelligent Scene Analysis System der englischen Firma Virage Systems getestet, welches automatisch herrenlose Gepäckstücke und unschlüssige Selbstmordattentäter an deren Bewegungsmuster erkennen können soll.[460] Ebenfalls wurde ein Programm zur Gesichtserkennung ausprobiert. Dieses wies jedoch erhebliche Mängel auf, so dass dessen Erprobung zwischenzeitlich eingestellt wurde.

Mit dieser Entwicklung steht Deutschland nicht allein. Auch in unseren Nachbarländern wird vermehrt überwacht. Die hierfür erforderlichen Technologien werden aufgrund der stetig steigenden Nachfrage weltweit weiterentwickelt und eingesetzt. Österreich, Großbritannien und China setzen beispielsweise ebenfalls großflächig Überwachungstechnologien ein.

So verwenden die Österreichischen Bundesbahnen (ÖBB) bereits ein 2.000 stationäre Kameras – mit Zoom-, Schwenk- und Tonaufzeichnungsfunktion – umfassendes Video-

---

457 *Langheinrich* in Fleisch/Mattern, Die Privatsphäre im Ubiquitous Computing, 335; *Hilty* in Mattern, Risiken und Nebenwirkungen der Informatisierung des Alltags, 200.

458 Um die Menschen, die dort leben und arbeiten, von einer anlassunabhängigen permanenten Überwachung auszunehmen, wird allerdings nur das Erdgeschoss gefilmt. Wenn eine Kamera höher schwenkt, erfolgt eine automatische Schwärzung. Zudem schwenkt die Kamera nach einer Überwachung eines Ortes von 10 Minuten Dauer automatisch zum Ausgangspunkt zurück, um eine anlassunabhängige Dauerüberwachung zu verhindern. Vgl. *Gärtner*, Ich kommuniziere, also bin ich verdächtig, http://www.telepolis.de/r4/artikel/22/22360/1.html.

459 *Heise online/anw*, Politiker wollen Videoüberwachung ausdehnen und Anti-Terrordatei ausbauen, http://www.heise.de/newsticker/meldung/77061.

460 *Heise online/anw*, Politiker wollen Videoüberwachung ausdehnen und Anti-Terrordatei ausbauen, http://www.heise.de/newsticker/meldung/77061 mwN.

überwachungssystem.[461] Es soll zur Bekämpfung und Prävention von Kriminalität und Terrorismus benutzt werden sowie zu Einsparungen und Prozessoptimierungen führen. Dazu erfolgt neben einer Live-Überwachung eine Aufzeichnung und Speicherung der Bilder für 48 Stunden, anschließend werden sie gelöscht, wenn nicht die Polizei eine Kopie anfordert.[462] Dies war im ersten Jahr nach Einführung über 140 Mal gegeben.[463] Dabei ermöglichen die Kameras die Darstellung der Bahnsteige, aber auch benachbarter Wohnhäuser oder das Erkennen von Kfz-Kennzeichen in bester Qualität auch auf große Entfernungen.[464] Ergänzt wird das fest installierte System durch weitere je acht Kameras in 170 Nahverkehrs-Garnituren, so dass insgesamt über 3.300 Videokameras zur Überwachung und Aufzeichnung eingesetzt werden.[465]

In Großbritannien wird die Zahl der Überwachungskameras von der Bürgerrechtsvereinigung Privacy International auf ca. 300.000 geschätzt. Sie sollen die Verbrechensbekämpfung vereinfachen und auch vorbeugend wirken. Daher wurden zunächst Schwerpunkte krimineller Aktivitäten überwacht. Infolge der Überwachung verlagerte sich die Kriminalität. Dies machte es erforderlich, zusätzlich zu den Kameras an den Altstandorten weitere Kameras in den benachbarten Bereichen zu installieren.[466] In London werden zudem die ein- und ausfahrenden Fahrzeuge aufgrund der City-Maut automatisch aufgezeichnet. Dadurch existiert ein lückenloser Überwachungsring rund um die Mautgrenze.

In Shenzhen, China, wird der Polizei neben 20.000 eigenen Kameras nunmehr auch der Zugriff auf 180.000 private Überwachungskameras ermöglicht. Eine fortgeschrittene Gesichtserkennungssoftware und RFID-Lesegeräte sollen ferner helfen, die Bewegung der für Zugezogene zwingend erforderlichen biometrischen Personalausweise – und damit deren Inhaber – umfassend zu überwachen, um die Sicherheit zu erhöhen.[467]

---

461 *Sokolov*, Österreichs Bundesbahnen installieren Videoüberwachung, http://www.heise.de/newsticker/meldung/78358; *Wetz*, ÖBB-Plan: Flächendeckende Videoüberwachung; *Sokolov*, Über 3.300 Überwachungskameras bei Österreichischen Bundesbahnen, http://www.heise.de/newsticker/meldung/107481.

462 *Sokolov*, Österreichs Bundesbahnen installieren Videoüberwachung, http://www.heise.de/newsticker/meldung/78358; *Wetz*, ÖBB-Plan: Flächendeckende Videoüberwachung; *Sokolov*, Über 3.300 Überwachungskameras bei Österreichischen Bundesbahnen, http://www.heise.de/newsticker/meldung/107481.

463 *Sokolov*, Über 3.300 Überwachungskameras bei Österreichischen Bundesbahnen, http://www.heise.de/newsticker/meldung/107481.

464 *Sokolov*, Österreichs Bundesbahnen installieren Videoüberwachung, http://www.heise.de/newsticker/meldung/78358; *Wetz*, ÖBB-Plan: Flächendeckende Videoüberwachung.

465 *Sokolov*, Über 3.300 Überwachungskameras bei Österreichischen Bundesbahnen, http://www.heise.de/newsticker/meldung/107481.

466 *Becker*, Die Politik der Infosphäre, 150.

467 *Bradsher*, China Enacting a High-Tech Plan to Track People, NY Times v. 12.07.2007, http://www.nytimes.com/2007/08/12/business/worldbusiness/12security.html. Vgl. Hierzu näher die Ausführungen in Kapitel 3.3.1.3.

3.3.1.2. Überwachung des Pkw-Verkehrs

Ein immer umfangreicheres und flächendeckenderes Netz an Überwachungstechnologien birgt jedoch die große Gefahr, dass in Zukunft jede Bewegung von Personen erfasst, aufgezeichnet und gespeichert werden könnte. Dies ist im Rahmen des LKW-Verkehrs schon heute in weitem Umfang möglich. Die technischen Voraussetzungen, um die Fahrtstrecken der Lastkraftwagen detailliert nachvollziehen zu können, existieren. Denn der Betreiber des Lkw-Mautsystems TollCollect verfügt über die Daten zur Zuordnung der SIM-Karten und Mobiltelefonnummer von On Board Units (OBUs) in mautpflichtigen Fahrzeugen. Diese SIM-Karten, Telefonnummern und OBUs sind – insoweit vergleichbar zu Implantaten – nahezu unveränderlich. Der Fahrer eines mit OBU ausgerüsteten Lkws kann mit regulären Mitteln die integrierte GSM-Funktion nicht abschalten oder modifizieren.[468] Zwischenzeitlich werden 90 % des mautpflichtigen Verkehrs in Deutschland über OBUs abgewickelt, so dass den 3.700 Mautterminals nur noch eine untergeordnete Bedeutung zukommt.[469] Zugleich wäre eine Standortüberwachung und Routenverfolgung von 90 % des LKW-Verkehrs in Deutschland möglich, ohne dass die Betroffenen hieran etwas ändern könnten.

Aktuelle Vorhaben würden sogar die Überwachung sämtlicher Fahrzeuge ermöglichen: Nach einem Aktionsplan der EU-Kommission, abgestimmt mit Wirtschaftsvertretern, sollen alle neuen Fahrzeuge ab dem Jahre 2009 mit einem automatischen Notrufsystem ausgerüstet werden.[470] Dieses so genannte eCall-System sendet bei einem Unfall automatisch einen Notruf an die zuständige Notrufzentrale. Dabei werden ohne Zutun der Beteiligten der Unfallort und das Unfallereignis schnellstmöglich und automatisch festgestellt. Die EU-Kommission erhofft sich hiervon die Rettung von jährlich bis zu 2.000 Menschenleben. Datenschützer befürchten jedoch eine permanente Ortung der Fahrzeuge und eine Aktivierung auch in Nicht-Notfällen.[471] Auf EU-Ebene wird nach Angaben im Telegraph derzeit auch erörtert, ein anderes Black-Box-System namens *„Project Veronica“* einzuführen, um der Polizei die bessere Rekonstruktion bei Autounfällen zu ermöglichen.[472]

Auch in der Privatwirtschaft gibt es Projekte, die dazu genutzt werden könnten, sämtliche Fahrzeuge zu überwachen. Die Württembergische Gemeindeversicherung (WGV) testet bis zum Jahre 2009 in dem Pilotprojekt *„Young & Safe“* zusammen mit Hewlett Packard (HP) einen Rabatt für Fahranfänger zwischen 18 und 24 von 30 % auf ihre Versicherungsbeiträge, wenn sie sich ein System zur Geschwindigkeitskontrolle in ihr Fahrzeug einbauen lassen. Dieses Gerät ermittelt die Geschwindigkeit und den Standort via GPS-

468 *Fraenkel/Hammer*, DuD 2006, 499.
469 *Fraenkel/Hammer*, DuD 2006, 499.
470 *Schaar*, RDV 2006, 3.
471 *Schaar*, RDV 2006, 3.
472 *Millward*, 'Spy in the sky' keeps watch on speeding drivers, http://www.telegraph.co.uk/news/worldnews/1514648/.html.

Positionsdatenveränderung und über den Tacho.[473] Überschreitet ein Fahrer die zulässige Höchstgeschwindigkeit, ertönt ein Warnton. Verringert dieser nicht binnen 15 Sekunden die Geschwindigkeit auf das erlaubte Maximum, erhält er einen Minuspunkt. Bei 12 Minuspunkten im Jahr entfällt der Versicherungsrabatt.[474] Zwar sollen bei diesem System der WGV keine Positionsdaten gespeichert werden. Damit will man verhindern, dass festgestellt werden kann, wann sich das Fahrzeug an einem bestimmten Ort befand.[475] Es gibt jedoch in den Vereinigten Arabischen Emiraten (VAE) bereits ein vergleichbares System, welches genau dieses bezweckt. Dort wird derzeit eine von IBM entwickelte Überwachungseinheit in die ersten 10.000 der dort insgesamt zugelassenen 700.000 Autos eingebaut, um insbesondere Verkehrsverstöße jederzeit zu erkennen und zu ahnden:[476] Das System in den VAE operiert dabei mit GPS-Anbindung und der Nutzung zusätzlicher britischer Satelliten. Dadurch ist es möglich, Ort und Geschwindigkeit jedes Fahrzeuges in Echtzeit zu erfassen. Mit der im Auto eingebauten Black Box wird es möglich sein, sämtliche Geschwindigkeitsüberschreitungen und zu schnelles Abbiegen zu registrieren.[477] Der Fahrer wird zunächst über das Radio oder Navigationsgerät verwarnt. Befolgt er die Verwarnung nicht, wird automatisch ein Strafzettel erteilt.[478]

Zwar bestreitet das beteiligte CERT in Dubai[479] den Bericht des Telegraphs,[480] wonach es bereits Abkommen mit der Regierung gäbe, die Black Boxes zwangsweise in jedes Auto einzubauen. Allerdings sucht die Regierung der Emirate händeringend nach einer Möglichkeit, die Zahl der Verkehrstoten und Verletzten massiv zu reduzieren. So rangieren die Emirate derzeit auf Rang drei der Liste der UNO über Länder mit dem gefährlichsten Straßenverkehr – mit 21,6 Toten auf 100.000 Einwohner.[481] Im Vergleich waren in Deutschland 2002 „nur“ 8,28 Tote pro 100.000 Einwohner zu verzeichnen.[482] Eine drastische Reduzierung der Verkehrstoten durch eine automatische, zwangsweise Verkehrsüberwa-

473 *o.V.*, c't 26/2006, 34; *WGV (Hrsg.)*, WGV startet in Zusammenarbeit mit HP Pilotprojekt für junge Fahranfänger – Testfahrer gesucht, http://www.wgv-online.de/produkte/kfz_youngandsafe.htm.

474 *o.V.*, c't 26/2006, 34; *WGV (Hrsg.)*, WGV startet in Zusammenarbeit mit HP Pilotprojekt für junge Fahranfänger – Testfahrer gesucht, http://www.wgv-online.de/produkte/kfz_youngandsafe.htm.

475 *WGV (Hrsg.)*, WGV startet in Zusammenarbeit mit HP Pilotprojekt für junge Fahranfänger – Testfahrer gesucht, http://www.wgv-online.de/produkte/kfz_youngandsafe.htm.

476 *Rötzer*, Emirate testen weltweit einmaliges Überwachungsprojekt, http://www.heise.de/bin/tp/issue/r4/dl-artikel2.cgi?artikelnr=22383&mode=print.

477 *CERT; Centre of Excellence for Applied Research and Training (Hrsg.)*, No Big Brother for UAE Drivers, http://cert.hct.ac.ae/NewsAndEvents/News/2006/4/No_Big_Brother_for_UAE_drivers.aspx.

478 *Millward*, 'Spy in the sky' keeps watch on speeding drivers, http://www.telegraph.co.uk/news/worldnews/1514648/.html; *Rötzer*, Emirate testen weltweit einmaliges Überwachungsprojekt, http://www.heise.de/bin/tp/issue/r4/dl-artikel2.cgi?artikelnr=22383&mode=print.

479 *CERT; Centre of Excellence for Applied Research and Training (Hrsg.)*, No Big Brother for UAE Drivers, http://cert.hct.ac.ae/NewsAndEvents/News/2006/4/No_Big_Brother_for_UAE_drivers.aspx.

480 *Millward*, 'Spy in the sky' keeps watch on speeding drivers, http://www.telegraph.co.uk/news/worldnews/1514648/.html.

481 *CERT; Centre of Excellence for Applied Research and Training (Hrsg.)*, No Big Brother for UAE Drivers, http://cert.hct.ac.ae/NewsAndEvents/News/2006/4/No_Big_Brother_for_UAE_drivers.aspx; *Millward*, 'Spy in the sky' keeps watch on speeding drivers, http://www.telegraph.co.uk/news/worldnews/1514648/.html.

482 *UNECE; United Nations Economic Commission for Europe (Hrsg.)*, 49th Statistics of Road Traffic Accidents in Europe and North America, 10.

chung sämtlicher Fahrzeuge dürfte damit durchaus als geeignetes Mittel und damit als wahrscheinliche Option anzusehen sein.

Auch das Problem der Identifizierung des Fahrers ließe sich technisch lösen: Während Fahrzeughersteller bereits die Identifizierung des Fahrers mittels RFID-Karte oder Schlüssel erproben, damit sich Sitz und Lüftung einen Gewohnheiten automatisch anpassen, sind auch weitere Kombinationen denkbar: So würde bei einem RFID-Implantat die Zuordnung noch genauer. Die On-Board-Units (OBUs) könnten so den Fahrer automatisch ermitteln und korrekt an die Systembetreiber melden. Schon bislang bietet beispielsweise TollCollect den Lkw-Eigentümern an, Standortdaten ihrer Lkws aktuell zu übertragen. Während dies bislang im Wege der *„kostenpflichtigen Auskunft über aktuelle Streckendaten entwendeter LKW“* erfolgt, wäre auch eine dauerhafte Übermittlung im Wege des Flottenmanagements technisch machbar. Künftig hinzukommen könnte neben den Ortsangaben, gefahrenen Strecken und Fahrtzeiten des Lkws damit auch die Überprüfung der Identität des Fahrers – und damit beispielsweise auch die Einhaltung seiner Ruhezeiten. Die Lücke zur bereits heute möglichen Totalüberwachung stationärer Arbeitnehmer würde sich hierdurch erheblich schließen.[483]

Die britische Regierung beäugt die Ergebnisse aus den Emiraten ebenfalls nach Angaben im Telegraph sehr interessiert – so ist zum Einen in Großbritannien die Zahl aller Autounfälle in etwa doppelt so hoch wie in Frankreich, bei nahezu gleicher Einwohnerzahl,[484] zum Anderen würde sich so ein System eignen, die geplante flächendeckende allgemeine Fahrzeugmaut[485] durchzusetzen. Erste Tests sollen im Januar 2010 mit zunächst 100 Fahrzeugen in acht Bezirken, darunter Leeds, North Yorkshire und Essex erfolgen.[486] Ähnlich dem von TollCollect bei der deutschen Lkw-Maut betriebenen System sollen dabei On Board Units (OBUs) mit einem GPS-Empfänger eingesetzt werden.[487] Saudi Arabien hat ebenfalls Interesse angemeldet, allerdings um *„sichere Zonen“* errichten zu können, in denen kein Auto fahren darf.[488] Dies zeigt, wie viele Länder ein grundsätzliches Interesse an diesem System haben. Letztlich kann nicht ausgeschlossen werden, dass die Technik

483 Inwieweit dies rechtlich zulässig ist, wird im nachfolgenden Kapitel erörtert. Bislang bestehen in Deutschland vergleichsweise enge Grenzen der dauerhaften und verdachtsunabhängigen Überwachung von Personen, insbesondere auch von Arbeitnehmern.

484 *Millward*, 'Spy in the sky' keeps watch on speeding drivers, http://www.telegraph.co.uk/news/worldnews/1514648/.html; *UNECE; United Nations Economic Commission for Europe (Hrsg.)*, 49th Statistics of Road Traffic Accidents in Europe and North America, 10.

485 *Heise online/fr*, Britische Regierung plant weiterhin Kfz-Maut, http://www.heise.de/newsticker/meldung/114400; *Millward*, 'Spy-in-the-sky' paves way for road pricing, http://www.telegraph.co.uk/news/newstopics/fairdealfordrivers/2573876/.html.

486 *Heise online/fr*, Britische Regierung plant weiterhin Kfz-Maut, http://www.heise.de/newsticker/meldung/114400; *Millward*, 'Spy-in-the-sky' paves way for road pricing, http://www.telegraph.co.uk/news/newstopics/fairdealfordrivers/2573876/.html.

487 *Heise online/fr*, Britische Regierung plant weiterhin Kfz-Maut, http://www.heise.de/newsticker/meldung/114400; *Millward*, 'Spy-in-the-sky' paves way for road pricing, http://www.telegraph.co.uk/news/newstopics/fairdealfordrivers/2573876/.html.

488 *Rötzer*, Emirate testen weltweit einmaliges Überwachungsprojekt, http://www.heise.de/bin/tp/issue/r4/dl-artikel2.cgi?artikelnr=22383&mode=print; *CERT; Centre of Excellence for Applied Research and Training (Hrsg.)*, No Big Brother for UAE Drivers, http://cert.hct.ac.ae/NewsAndEvents/News/2006/4/No_Big_Brother_for_UAE_drivers.aspx; *Millward*, 'Spy in the sky' keeps watch on speeding drivers, http://www.telegraph.co.uk/news/worldnews/1514648/.html.

eines Tages auch in Deutschland eingesetzt wird. Denn mit derartigen Systemen könnten künftig Geschwindigkeitsüberschreitungen und Falschparken in breiter Form der Vergangenheit angehören.

3.3.1.3. Überwachung von Personen

Gegenwärtig ist es schwierig, Personen automatisch zu identifizieren und zu verfolgen, wenn sie die überwachten Plätze verlassen. Durch aufwändige und komplizierte Gesichtserkennungssysteme lassen sich derzeit zumindest einige Hundert zuvor ins System eingespeiste Personen erkennen.[489] Digitale Gesichtsbilder aus biometrischen Ausweisen, welche in zentralen Datenbanken vorgehalten werden, könnten dabei als qualitativ hochwertige Referenz zum Abgleich herangezogen werden.[490] Dennoch führten erhebliche Schwierigkeiten, nicht zuletzt aufgrund je nach Tageszeit wechselnder Lichtverhältnisse zu einem Scheitern des Modellversuchs am Mainzer Hauptbahnhof.[491]

Auch mit diesen Systemen ist man bis zum heutigen Tage aber lediglich in der Lage, den Aufenthalt von wenigen bestimmten Personen an bekannten Orten zu überwachen. Genau dies könnte sich durch IKT-Implantate ändern: Bei deren Nutzung fallen zahlreiche Kommunikationsdaten an, welche Auskunft über die Identität des Trägers und seines Standortes geben.[492] Im Rahmen der Entwicklung zum UC ist es alle andere als fern liegend, dass nahezu jeder Mensch in den Industriestaaten mit einem mobilen Kommunikationsgerät ausgestattet ist. Bereits heute besitzt vom Kindesalter an nahezu jeder Einwohner ein Mobiltelefon,[493] welches viele dauerhaft angeschaltet mit sich herumtragen.[494] Mittels der Standortdaten des IKT-Geräts ist es möglich, den Aufenthaltsort und die Bewegung des Geräts zu verfolgen.[495] Allerdings liegen die Standortdaten von Mobilfunktelefonen derzeit nur bei den Netzbetreibern, während sie durch zusätzliche LBS-Anwendungen oder der Nutzung von RFIDs künftig auch einer Vielzahl von Dritten potentiell offen stehen. Durch

---

489 *Becker*, Die Politik der Infosphäre, 149f; vgl. auch *Hansen/Meissner*, Verkettung digitaler Identitäten, 86 mwN, 149 mwN, wonach das Erkennen und Verfolgen von Personen anhand der biometrischen Passbilder derzeit technisch noch nicht sehr zuverlässig gelingt.

490 *Weichert*, c't 11/2005, 97.

491 Vgl. die Erkennungsleistung von in der Spitze 60%, mit weiten Teilen des Tages deutlich unter 30% in *Bundeskriminalamt (Hrsg.)*, Abschlussbericht, 21ff, 24.

492 Hierbei kann die Überwachung von Angestellten z. B. mittels GPS-Ortungssystemen erfolgen, vgl. *Langheinrich* in Mattern, Gibt es in einer total informatisierten Welt noch eine Privatsphäre?, 236 mwN und *Roßnagel*, FES-Studie, 34, 188, aber auch durch RFIDs, vgl. *Dix*, DuD 2007, 256 sowie *Roßnagel*, FES-Studie, 96f, oder durch GSM- und UMTS-Mobilfunkgeräte, vgl. *Roßnagel*, FES-Studie, 34, 188; *Gonzáles/Hidalgo/Barabási*, Nature 2008, 779ff; *Heise online/fr*, Wissenschaftler analysieren individuelle Bewegungsprofile von Handynutzern, http://www.heise.de/newsticker/meldung/109012.

493 *VATM - Verband der Anbieter von Telekommunikations- und Mehrwertdiensten e.V. (Hrsg.)*, Mobilfunk - Einführung, http://www.vatm.de/content/mobilfunk/mobilfunk.html; *Schlomski*, Mehr Handys als Festnetz-Anschlüsse, http://www.ce-markt.de/CE-Markt-Exklusiv/Mobilfunkmarkt/mobilfunkmarkt.html.

494 *CarPhone Warehouse Group plc; Philip Gould Associates; YouGov (Hrsg.)*, Mobile Life Report, 22; *Roßnagel*, FES-Studie, 97; vgl. auch *Langheinrich* in Fleisch/Mattern, Die Privatsphäre im Ubiquitous Computing, 336.

495 *Gonzáles/Hidalgo/Barabási*, Nature 2008, 779ff; *Heise online/fr*, Wissenschaftler analysieren individuelle Bewegungsprofile von Handynutzern, http://www.heise.de/newsticker/meldung/109012; so zu RFID-Tags *Bizer/Dingel/Fabian et al.*, TAUCIS, 205; *Roßnagel*, FES-Studie, 25, 96f, 103.

einen Abgleich zwischen den Standort- und Identifizierungsdaten eines IKT-Geräts und eines Videobildes könnte man jeder Person auf dem Videobild einen Namen und weitere Daten zuordnen, den Aufenthalt und die Bewegung verfolgen.[496] Der Einsatz von Implantaten würde längerfristige, noch detailliertere und genauere und umfassendere Bewegungsbilder ermöglichen, da ein Wechsel des Implantats im Vergleich zu einem Wechsel der Kreditkarte, des Mobiltelefons oder anderer zur Überwachung nutzbarere Techniken nahezu ausgeschlossen sein dürfte. Die Überwachungsmöglichkeit beträfe zudem nicht mehr nur einige wenige Personen, sondern würde in Echtzeit beispielsweise in Bahnhofshallen und auf Flughäfen eine Überwachung der Bewegung einer beliebig großen Anzahl von Menschen ermöglichen.[497] Die Rund-um-die-Uhr-Überwachung nahezu der gesamten Bevölkerung nimmt damit Gestalt an.[498]

Der Einsatz von RFID gestattet bereits heute Personen und ihre Bewegungen zu erfassen.[499] Wie dies technisch umzusetzen ist, beschreibt eine Patentschrift von IBM eines im Jahr 2001 in den USA angemeldeten und am 11. Juli 2006 erteilten Patents *„Identification and tracking of persons using RFID-tagged items"*.[500] Die Tatsache, dass ein RFID-Tag derzeit nur eine UID, nicht aber Name und weitere Identifikationsmerkmale des Betroffenen enthält, hindert den Einsatz nicht, da der nötige Personenbezug spätestens beim ersten Benutzen einer Bankkarte, Kreditkarte oder einer Kundenkarte leicht hergestellt werden kann.[501] Allerdings erlauben passive RFID-Systeme üblicherweise nur, Tags im Abstand von wenigen Zentimetern bis hin zu einigen Metern zum Scanner auszulesen.[502] Das bedeutet, dass die Identifizierung und Ortung nach jetzigem Stand nur auf eine kurze Entfernung möglich ist und dadurch derzeit noch deutlichen Grenzen unterliegt. Denn Voraussetzung für lückenlose Bewegungsmuster ist ein umfangreiches Netz von Scannern.[503] Ein derart allgegenwärtiges Netz von RFID-Lesegeräten existiert aber noch nicht.[504] Dies soll sich nach Einschätzungen des IT-Beauftragten der Bundesregierung, *Bernhard Beus*,

496 In diesem Sinne auch *Neumann/Schulz*, DuD 2007, 252; vgl. hierzu auch *Hansen/Meissner*, Verkettung digitaler Identitäten, 86 mwN, 149 mwN.

497 Vgl. auch *Neumann/Schulz*, DuD 2007, 252; zu vergleichbaren Möglichkeiten durch RFID auch *Dix*, DuD 2007, 256f; ebenso *Roßnagel*, FES-Studie, 96f mwN.

498 Vgl. zu dieser Gefahr auch BVerfG, 1 BvR 370/07, 1 BvR 595/07, 234 – *Online-Durchsuchung*; *Roßnagel*, FES-Studie, 102 mwN; *Langheinrich* in Fleisch/Mattern, Die Privatsphäre im Ubiquitous Computing, 336f.

499 *Roßnagel*, FES-Studie, 96f mwN; *Bizer/Dingel/Fabian et al.*, TAUCIS, 205; *Bradsher*, China Enacting a High-Tech Plan to Track People, NY Times v. 12.07.2007, http://www.nytimes.com/2007/08/12/business/worldbusiness/12security.html.

500 US Patent Nr. 7,076,411 von IBM mit dem Titel "Identification and tracking of persons using RFID-tagged items in store environments": „The personal information will be obtained when the person uses his or her credit card, bank card, shopper card or the like"; vgl. zu dessen Potential, auch außerhalb von Läden Personen mittels RFID-Tags zu verfolgen auch Albrecht, SciAm 9/2008, 51f.

501 US Patent Nr. 7,076,411; *Albrecht*, SciAm 9/2008, 51f.

502 Siehe das Glossar.

503 *Europa-Kontakt e.V. (Hrsg.)*, EU-Informationsbrief Gesundheit 03/2005, 59; vgl. dazu die technischen Erläuterungen in Kapitel 0, S. 515; hierzu auch *Zimmermann*, 26. Tätigkeitsbericht 2005 des Landesbeauftragten für den Datenschutz Baden-Württemberg, http://www.baden-wuerttemberg.datenschutz.de/lfd/tb/2005/default.htm, 5.2.2.3, der jedoch genau dies kommen sieht.

504 So auch die Bundesregierung in ihrem Bericht zu den Aktivitäten, Planungen und zu einem möglichen gesetzgeberischen Handlungsbedarf in Bezug auf die datenschutzrechtlichen Auswirkungen der RFID-Technologie, BT-Drs. 16/7891, 7.

und des Bundesamtes für Sicherheit in der Informationstechnik (BSI) in nächster Zukunft ändern.[505] Schon heute betreiben zahllose Firmen, Behörden und Flughäfen RFID-Scanner.[506] Sie werden auch in anderen öffentlichen wie privaten Gebäuden und Bereichen eingesetzt. Mit dem begonnenen Einzug von RFID-Kreditkarten sowie Bibliotheksausweisen, Stadioneintrittskarten und Nahverkehrsfahrkarten – in die RFID-Chips eingearbeitet sind – in den Alltag und in den Einzelhandel, wird das Netz mit zunehmender Zahl von Lesegeräten immer dichter. Krankenhäuser verfolgen ihr Mobiliar, Ärzte und Patienten ebenfalls bereits per RFID und IKT-Implantate werden als Zugangsschlüssel zu Gesundheitsdaten genutzt.[507] Die Integration von Lesegeräten in Tastaturen und Laptops bei Firmen wie Privaten, z. B. zum Auslesen der neuen biometrischen Pässe und der kommenden Personalausweise[508] explizit zur Nutzung im Internet, würden ihr übriges dazu tun.[509] Das Vorhandensein von Lesegeräten an Ein- und Ausgängen von Gebäuden und an anderen *„Flaschenhälsen“* öffentlich zugänglicher Punkte genügt bereits für eine Standortverfolgung von Tags und Personen.[510] Durch eine mögliche Erfassung am jeweiligen Arbeitsplatz würde sich das Netz immer engmaschiger schließen. Ein intensiver Austausch von Daten passiver RFID-Systeme schafft so ein *„Netz“*, welches eine allgegenwärtige Verfolgung der Träger zulässt.[511] Auch die stetig fallenden Preise der Chips und Scanner werden für eine zunehmende Verbreitung sorgen und damit auch zur Schaffung eines deutlich dichteren *„Netzes“* beitragen. Auch wenn die einzelnen Systeme (noch) nicht zusammengeschaltet sind, ist dies für die Zukunft keineswegs auszuschließen.[512] Ist einmal ein elektronisches Netz vorhanden, wird die umfassende Verfolgung von Personen

---

505 Wiedergegeben in *Borchers*, Wohin mit der Signatur: Smarte Bürger am Scheideweg, http://www.heise.de/newsticker/meldung/113314; anderer Auffassung ist hier überraschend noch die *Bundesregierung* in ihrem wenige Monate zuvor veröffentlichten Bericht zu den Aktivitäten, Planungen und zu einem möglichen gesetzgeberischen Handlungsbedarf in Bezug auf die datenschutzrechtlichen Auswirkungen der RFID-Technologie, BT-Drs. 16/7891, 7, welcher kurz- und mittelfristig noch nicht hiervon ausgeht.

506 Vgl. auch die Überlegungen zu möglichen Anwendungen bei *Roßnagel*, FES-Studie, 50f mwN.

507 *Applied Digital Solutions*, Beth Israel Deaconess Medical Center, Boston, Agrees to Implement VeriChip Technology, http://www.adsx.com/pressreleases/2005-03-03.html; *Sherriff*, Outbreak of RFID tagging at medical facilities, http://www.theregister.co.uk/2004/07/27/rfid_new_york/.

508 *Krempl*, Bundeskabinett verabschiedet Gesetz zum biometrischen Personalausweis, http://www.heise.de/newsticker/meldung/113204.

509 So das BSI und der IT-Beauftragte der Bundesregierung, *Bernhard Beus*, in *Borchers*, Wohin mit der Signatur: Smarte Bürger am Scheideweg, http://www.heise.de/newsticker/meldung/113314; *Krempl*, Schäuble wirbt für neuen elektronischen Personalausweis, http://www.heise.de/newsticker/meldung/113165.

510 Hennig/Ladkin/Sieker, RVS-RR-04-02, 4.

511 *Zimmermann*, 26. Tätigkeitsbericht 2005 des Landesbeauftragten für den Datenschutz Baden-Württemberg, http://www.baden-wuerttemberg.datenschutz.de/lfd/tb/2005/default.htm, 5.2.2.3; *Neumann/Schulz*, DuD 2007, 252; in diesem Sinne wohl auch *Bizer/Dingel/Fabian et al.*, TAUCIS, 205.

512 So auch *Richard M. Smith*, in *Stein*, Implantable Medical ID Approved By FDA, Washington Post v. 14.10.2004, http://www.washingtonpost.com/wp-dyn/articles/A29954-2004Oct13.html; in diesem Sinne wohl auch *Zimmermann*, 26. Tätigkeitsbericht 2005 des Landesbeauftragten für den Datenschutz Baden-Württemberg, http://www.baden-wuerttemberg.datenschutz.de/lfd/tb/2005/default.htm, 5.2.2.3; *Neumann/Schulz*, DuD 2007, 252; auch die *Bundesregierung* hält dies – allerdings nur *„sehr langfristig“* für möglich in ihrem Bericht zu den Aktivitäten, Planungen und zu einem möglichen gesetzgeberischen Handlungsbedarf in Bezug auf die datenschutzrechtlichen Auswirkungen der RFID-Technologie, BT-Drs. 16/7891, 7; anderer Ansicht das BSI und der IT-Beauftragte der Bundesregierung, *Bernhard Beus*, in *Borchers*, Wohin mit der Signatur: Smarte Bürger am Scheideweg, http://www.heise.de/newsticker/meldung/113314; *Krempl*, Schäuble wirbt für neuen elektronischen Personalausweis, http://www.heise.de/newsticker/meldung/113165.

und Gegenständen nicht nur in Krankenhäusern und Sicherheitsbereichen, sondern in allen Lebensbereichen Wirklichkeit.[513]

Erste aktive RFID-Tags sind bereits seit 1998 auf dem Markt, die eine Lese- und Schreib-Reichweite von mehr als 500 Metern aufweisen. Hinzu kommen nun solche, welche auch mit GPS-Receivern und Antennen gekoppelt sind.[514] Das Tag ortet sich selbst, sobald es bewegt wird und nutzt sowohl Satelliten als auch RFID zur Routenaufzeichnung. Sobald es in den Messbereich eines Lesegeräts kommt, liefert es Informationen über seine Bewegungen und Standorte, wobei die Batterie nach Herstellerangaben nur alle 2,5 Jahre gewechselt werden muss.[515] Der Hersteller sieht seine Lösung daher als ideal *„für die Verfolgung von Equipment auf einem Flughafen oder für einen Autohändler, der die Fahrzeuge auf seinem Gelände verfolgen will"*.[516] Bei einer Reichweite von über 500 Metern und Aufzeichnung der zwischen zwei Lesegeräten erfolgten Bewegungen kann das Netz an Lesegeräten bereits extrem löchrig werden, ohne dass Einbußen bei der Erfassung vollständiger Bewegungsprofile zu befürchten wären.

Dass eine Kombination von Videoüberwachung und RFID-Tag zur Erstellung von Bewegungsprofilen nicht mehr bloße Theorie ist, belegen deren Einsatz im englischen Alton Towers Vergnügungspark. Dort erhält jeder Besucher beim Betreten ein Armband mit einem passiven RFID-Chip und einer einmaligen UID. Jede der Attraktionen ist mit mehreren RFID-Lesegeräten und drei bis sechs stationären Videokameras ausgestattet, welche den Vergnügungsparkbesucher beim Passieren des Kamerasichtfeldes filmen. Am Ende des Parkbesuchs kann jeder Parkbesucher so einen individuellen Film über „seinen" Parkbesuch auf DVD erhalten.[517] In diesem Fall gibt der Parkbetreiber an, die Tags zufällig auszugeben und so keine Zuordnung der Personen vornehmen zu können.[518]

---

513 Siehe zu dem Einsatz von RFID in Sicherheitsbereichen Kapitel 2.3.1.

514 *Fiutak*, RFID-Tag wird mit GPS gekoppelt, http://www.silicon.de/hardware/netzwerk-storage/0,39039015,39183913,00/rfid_tag+wird+mit+gps+gekoppelt.htm; *IDENTEC SOLUTIONS AG (Hrsg.)*, Intelligent Long Range Tags - GPS Tag, http://www.identecsolutions.com/ilrlongrange.html; *IDENTEC SOLUTIONS AG (Hrsg.)*, ILR (Intelligent Long Range) Technology, http://www.identecsolutions.com/ilr.html.

515 *Fiutak*, RFID-Tag wird mit GPS gekoppelt, http://www.silicon.de/hardware/netzwerk-storage/0,39039015,39183913,00/rfid_tag+wird+mit+gps+gekoppelt.htm; *IDENTEC SOLUTIONS AG (Hrsg.)*, Intelligent Long Range Tags - GPS Tag, http://www.identecsolutions.com/ilrlongrange.html.

516 *Fiutak*, RFID-Tag wird mit GPS gekoppelt, http://www.silicon.de/hardware/netzwerk-storage/0,39039015,39183913,00/rfid_tag+wird+mit+gps+gekoppelt.htm.

517 *Albrecht*, SciAm 9/2008, 52; vgl. hierzu näher auch die Angaben des Parkbetreibers unter http://www.yourdayataltontowers.com/questions.html.

518 http://www.yourdayataltontowers.com/questions.html.

Diese *„Anonymität"* eines Implantats oder RFID-Tags schützt den Träger aber nicht vor der Erstellung eines Bewegungsprofils und der Zuordnung zu seiner Person.[519] Zwar kennen die Betreiber passender Scanner zunächst nur die gescannten Tag-IDs, ohne hieraus allein den Träger ermitteln zu können. Erhalten sie jedoch auf beliebige Art und Weise personenbezogene Daten, z. B. durch das Bezahlen des Kunden mit EC-Karte, Verwendung von Kundenkarten, Registrierung am Check-In-Schalter oder beim Ausstellen eines RFID-Ausweises, können sie die Person und die Tag-ID kombinieren.[520] Wer danach bestimmte mit RFID-Tag versehene Gegenstände (z. B. bestimmte Kleidungsstücke, Schuhe, Taschen, Handys, biometrische Reisepässe) – oder Implantate – mit sich führt, muss damit rechnen, dass diese zu den bereits erfassten Daten hinzu registriert und analysiert werden.[521] Als Folge wird mit der Zeit jedes erfasste Tag einer Person zugeordnet. Die einmalige Zuordnung einer einzigen Tag-ID zu einer Person ermöglicht es, mit den Daten deren Bewegungsprofil zu erstellen.[522] Wechselt heute ein Käufer eines mit RFID-Tags versehenen Kleidungsstücks, welches ihm zugeordnet ist, die Kleidung, wäre er fortan wieder *„anonym"*. Genau dies ist den Trägern von RFID-Implantaten jedoch verwehrt, da sie dauerhaft eine eindeutige Identifikationsnummer mit sich führen. Jedes neue Tag wird automatisch den bekannten Tags und damit dem Träger zugeordnet werden. Die Datenpfade, die die Träger hinterlassen, werden immer breiter.

Auch die Überwachung aller Zugezogenen in Shenzhen, China, mittels biometrischer Pässe, einem Netz von Lesegräten und 200.000 Videoüberwachungskameras ist bereits Realität.[523] Dass eine immer umfassendere Überwachung durch RFID auch in der EU kein fern liegendes Szenario mehr ist, zeigt das von der EU mit 2,2 Millionen Euro geförderte Modellprojekt *„Improving Airport Efficiency, Security and Passenger Flow by Enhanced Passenger Monitoring"* auf dem ungarischen Flughafen Debrecen.[524] Dort wird seit November 2006 ein *„OpTag"* genanntes Überwachungssystem, das aus einer Kombination

---

519 Vgl. nur US Patent Nr. 7,076,411; zu dessen Potential, auch außerhalb von Läden Personen mittels RFID-Tags zu verfolgen auch *Albrecht*, SciAm 9/2008, 51f; zu den mangelnden Sicherheit biometrischer Ausweise auch *Heise online/fr*, Holländischer Computerexperte fälschte britischen E-Pass, http://www.heise.de/newsticker/meldung/113884; *Meikle*, Biometric passport chips can be cloned in an hour, researcher warns, The Guardian v. 06.08.2008, http://www.guardian.co.uk/technology/2008/aug/06/news.terrorism; *Boggan*, Passports: This isn't supposed to happen: how a baby became bin Laden, Times Online v. 06.08.2008, http://www.timesonline.co.uk/tol/news/uk/crime/article4467098.ece sowie *Krempl*, Datenschützer waren vor neuem elektronischen Ausweis, http://www.heise.de/newsticker/meldung/113284; *Roßnagel*, FES-Studie, 96f mwN.

520 *Hennig/Ladkin/Sieker*, RVS-RR-04-02, 5; *Schaar*, RDV 2006, 4f.

521 *Schaar*, RDV 2006, 5; *Hennig/Ladkin/Sieker*, RVS-RR-04-02, 5.

522 *Zimmermann*, 26. Tätigkeitsbericht 2005 des Landesbeauftragten für den Datenschutz Baden-Württemberg, http://www.baden-wuerttemberg.datenschutz.de/lfd/tb/2005/default.htm, 5.2.2.3; *Schaar*, RDV 2006, 5; *Tinnefeld*, RDV 2006, 98; *Hennig/Ladkin/Sieker*, RVS-RR-04-02, 5; *Roßnagel*, FES-Studie, 96f, 103 mwN; a.A. *Bundesregierung* in BT-Drs. 16/4882, 15/3190 sowie 16/7891, 7, welche Big-Brother-Szenarien einer allgegenwärtigen Überwachung durch RFID *„angesichts der Tatsache, dass mit einem flächendeckenden Netz von Lesegeräten allenfalls sehr langfristig zu rechnen ist"*, als *„noch völlig unrealistisch"* ansieht.

523 *Bradsher*, China Enacting a High-Tech Plan to Track People, NY Times v. 12.07.2007, http://www.nytimes.com/2007/08/12/business/worldbusiness/12security.html.

524 *Borchers*, c't 23/2006, 48; *Schaar*, DuD 2007, 259; siehe dazu auch die Website des Projekts unter http://ec.europa.eu/research/transport/projects/article_3718_en.html.

von hochauflösenden Videokameras, hochempfindlichen Ortungsantennen und aktiven RFID-Chips besteht, eingesetzt. Die mit ID-Nummern versehenen Chips sind in die Bordkarten der Passagiere einlaminiert und senden zweimal pro Sekunde fortlaufend ihre Position an überall im Abstand von maximal 20 Metern im Flughafen installierte Empfänger.[525] Die ID-Nummer des Chips und seine Position werden an ein Videoüberwachungssystem übergeben, das neben den Videobildern rote und grüne Punkte auf einem Gebäudeplan produziert. Bei Bedarf können zu jeder Nummer der Name und sämtliche gespeicherten Informationen zu dessen Träger eingeblendet werden. Das System soll einerseits Verspätungen reduzieren. Erprobt wird auch, ob dadurch verhindert werden kann, dass Passagiere unbeobachtet ihre Bordkarten tauschen. Zudem wird überprüft, ob das System biometrische Angaben des Flugpassagiers speichern soll. So besitzt OpTag bereits eine Schnittstelle zu einem Gesichtserkennungssystem. Das System kann in viele Richtungen ausgebaut werden. Untersucht wird beispielsweise die Koppelung der Ortungstechnik an die Videoaufnahmen von speziellen Rundumkameras. In diesen arbeiten acht Einzelkameras, die sich getrennt zoomen lassen, mit einem Aufnahmesystem zusammen, das automatisch *„verdächtige Bewegungen"* aufzuzeichnen vermag. Mittels OpTag kann jede Bewegung sofort dem entsprechenden Passagier zugeordnet werden. Sicherheitskräfte mit Hand-Lesegeräten sollen sich unter die Passagiere mischen, um jederzeit Verdächtige verhaften zu können.[526]

Wie die Beispiele zur RFID-Ortung und Videoüberwachung zeigen, ist die Entwicklung umfassender Überwachungstechniken bereits weit fortgeschritten. Deren Einführung ist daher als wahrscheinlich anzusehen. Bei Implantaten ist das Risiko einer permanenten Ortung und Überwachung aufgrund der stetigen Verbundenheit mit dem Träger und der erschwerten Kontrolle seiner Aktivitäten besonders groß.[527]

Während reine GPS-Empfänger in Implantaten nur ein begrenztes Gefährdungspotential aufweisen, da sie nur den Standort ermitteln, nicht aber senden können, ist der Nutzen derartiger Empfänger ebenso begrenzt. Ganz anders sieht dies bei einem System aus, das auch über eine Sendeeinrichtung verfügt. Zwar können Implantate technisch bedingt kaum eine für die Satellitenkommunikation erforderliche Sendeeinrichtung (Richtfunkantenne) aufweisen. Die Hersteller weichen daher – auch aus Kostengründen – zur Erreichung dieses Zwecks häufig auf die Nutzung von Mobilfunknetzen aus. So können die durch GPS oder GSM ermittelten Standortdaten via Mobilfunk an den Betreiber des Diens-

---

525 *Borchers*, c't 23/2006, 48.

526 Auch von anderen Herstellern, so z. B. von NEC werden RFID-Bordkarten und -Lesegeräte produziert und beispielsweise am Fährterminal von Singapur eingesetzt, um Passagiere zur korrekten Abfahrtszeit auf die richtige Fähre zu lotsen. Bei Federal Express werden auf 915 MHz sendende aktive Bordkarten für speziell versicherte oder temperaturempfindliche Sendungen verwendet. Siehe *Borchers*, c't 23/2006, 48.

527 So allgemein zu RFID-Tags in einer Welt der UC bereits *Roßnagel*, FES-Studie, 96f; ebenso *BSI; Bundesamt für Sicherheit in der Informationstechnik*, Risiken und Chancen des Einsatzes von RFID-Systemen, 47; *Bizer/Dingel/Fabian et al.*, TAUCIS, 205; zugleich werden durch eine längerfristige Überwachungsmöglichkeit und umfassendere Datensammlung auch die Risiken für die Grundrechte erheblich erhöht, vgl. BVerfG, 1 BvR 370/07, 1 BvR 595/07, 234 – *Online-Durchsuchung.*

tes übertragen werden. Auch mittels herkömmlicher Funkzellenortung kann der Standort eines Mobiltelefons in Großstädten auf 30-100 Meter genau ermittelt werden.[528] Dabei ist der Dienstbetreiber nicht zwingend identisch mit dem Mobilfunkbetreiber, sondern dies kann auch jeder beliebige Dritte sein.[529] In Österreich[530] und Deutschland[531] existieren bereits zahlreiche Anbieter von Lokalisierungsdiensten. Deren Zahl dürfte künftig steigen. Bei künftigen Implantaten wird ein integriertes Mobiltelefon wohl üblicherweise nur im Stand-by-Modus betrieben werden oder gar ausgeschaltet sein und sich nur im Notfall aktivieren, um die Lebensdauer der Stromversorgung zu erhöhen und die Strahlenbelastung gering zu halten. Für bereits existierende vergleichbare Implantate gilt dies aber nicht: Ein Herzschrittmacher-Implantat, dass einen kritischen Zustand ermittelt, muss diesen unverzüglich melden. Dabei sendet es seine Daten an das von dem Träger (extern) mit sich geführte Mobiltelefon. Dieses kann daher nicht abgeschaltet sein, sondern muss zumindest zum Implantat hin einen Empfangskanal dauerhaft offen halten. Nur so ist eine sofortige Weitergabe der Daten gewährleistet. Zwar ist es technisch möglich, nur die Empfangseinheit für den Herzschrittmacher (z. B. Bluetooth) dauerhaft angeschaltet, das Mobiltelefon im Übrigen aber deaktiviert zu lassen. Kein auf dem Markt befindliches Gerät weist diese Eigenschaft jedoch bislang auf. Als Folge ist der Träger eines solchen Implantats – sofern er sich in der Nähe der nahezu flächendeckenden Mobilfunknetze aufhält – jederzeit und nahezu überall ortbar, auch wenn gar kein Notfall vorliegt. Während die Ortung bei dieser Art von IKT-Implantaten zwar eine gewollte Funktion ist, deren Nutzung üblicherweise jedoch noch auf Notfälle beschränkt ist, sieht dies bei den Lokalisierungsimplantaten anders aus, welche beispielsweise Eltern den Standort ihres Kindes mitteilen sollen. Hier ist der ortsbasierende Dienst (Location Based Service, LBS) der Hauptzweck des Geräts und Implantats. Bei der Nutzung von LBS können zudem die angefallenen Standortdaten zu umfangreichen Bewegungsbildern zusammengesetzt werden.[532]

---

528 Innerorts 100 m bei in Frankreich eingeführte System, vgl. *Baeriswyl*, RDV 2000, 9 mwN. In ländlichen Gebieten ist die Ortung hingegen nur auf 15-30 Kilometer genau möglich, weshalb ein GPS-basierender Ansatz vorzugswürdig erscheint. *Roßnagel*, FES-Studie, 34 mwN spricht hingegen von etwa 300 m bei GSM und ca. 30 m bei UMTS innerorts und bis zu 35 km im ländlichen Raum unter Verweis auf *BSI; Bundesamt für Sicherheit in der Informationstechnik*, Pervasive Computing, 47.

529 *Jandt*, MMR 2007, 74 geht vom Regelfall aus, dass ein Telematikdienstanbieter, ein TK-Dienstleister und der Nutzer beteiligt sind, jedoch ausnahmsweise auch der TK-Dienstleister selbst den LBS anbieten kann.

530 So T-Mobile Austria seit 2003, aber auch ein Detektivbüro, vgl. ÖGH, GRUR Int 2007, 165ff . Dessen Ortungsdienst ist in der Lage, geografische Positionen eines beliebigen Mobiltelefons mit einer Genauigkeit von 100-200m im städtischen Bereich im Internet darzustellen und einzelne Standortbestimmungen zu einem Bewegungsprofil zusammenzufassen. Zudem kann er als Bewegungsmelder und sogar als Abhörgerät eingesetzt werden.

531 *Heise online/ssu*, Big Brother für jeden: Handy-Ortung wird zur Massendienstleistung, http://www.heise.de/newsticker/meldung/73970; *Heise online/anw*, Kinder per Handy an die Leine legen, http://www.heise.de/newsticker/meldung/81941; http://www.trackyourkid.de.

532 Arbeitskreis "Technische und organisatorische Datenschutzfragen der Konferenz der Datenschutzbeauftragten des Bundes und der Länder unter Mitwirkung des Arbeitskreises Medien", DuD 2005, 701, 704 und 711; Jandt/Laue, K&R 2006, 317; Baeriswyl, RDV 2000, 7, 9; Schaar, in Spiegel Online (AP), Datenschützer warnt vor Missbrauch, http://www.spiegel.de/netzwelt/mobil/0,1518,463814,00.html; ÖGH, GRUR Int 2007, 165; Jandt, MMR 2007, 74; Roßnagel, FES-Studie, 25, 102f.

Ein weiterer Anwendungsfall für LBS und Implantate mit GPS-Funktion ist die Überwachung von Straftätern. In Amerika wird sie schon heute praktiziert. Sowohl in Florida[533] als auch in Kalifornien[534] sind Sexualstraftäter nach ihrer Haftentlassung lebenslänglich verpflichtet, einen GPS-Sender zu tragen, damit man permanent ihren Aufenthaltsort ermitteln kann.[535] Momentan werden hierzu noch nicht-invasive Systeme eingesetzt.[536] Das Hauptproblem derzeitiger GPS-Sender ist jedoch, dass diese jederzeit abgelegt werden können. Dies löst zwar einen Alarm aus und ist mit Strafe bedroht.[537] Dennoch wäre dies bei Implantaten zumindest erheblich erschwert. Bei einer lebenslänglich bestehenden Pflicht, solch einen Sender zu tragen, bietet sich daher eine Implantation geradezu an. Die Kosten, welche angesichts der 90.000 verurteilten Sexualstraftäter in Kalifornien[538] bereits mit herkömmlicher Technik durch die Überwachung erwachsen, sind enorm und werden auf Dutzende Millionen USD jährlich geschätzt. Im Jahre 2016 sollen sie jährlich 100 Millionen USD betragen. Pro Tag und Straftäter geht man dabei von 8-12 USD aus, welche den Straftätern – sofern möglich – nach dem neuen Gesetz selber auferlegt werden sollen.[539] Der Einsatz von Implantaten könnte dabei zu einer Kostenreduzierung führen. Damit dürfte die Einführung von GPS-Sender-Implantaten nicht mehr lange auf sich warten lassen.

Auch in Europa wird über den Einsatz solcher Technologien nachgedacht. So sollen in Großbritannien Asylbewerber mittels elektronischer Fußfesseln fernüberwacht werden.[540]

3.3.2 Erstellung von Persönlichkeitsprofilen

Es wird möglich sein, derart viele Daten zu einer Person so zu sammeln und zusammenzufassen, dass diese zumindest ein Teilbild über seine Persönlichkeit ermöglichen.[541] Dann existierte neben dem Bewegungs- sogar ein Kontakt-, Interessen- und Persönlichkeitsprofil. Denn aufgrund der Standortdaten, die durch IKT-Implantate auf RFID-Basis oder die Nutzung von LBS zur Verfügung stehen, kann neben jeder Bewegung und jedem Aufenthaltsort auch jede Begegnung von Personen und damit auch jedes Gespräch –

---

533 *Rötzer*, Lebenslänglich wird jeder Schritt überwacht, http://www.telepolis.de/r4/artikel/23/23941/1.html mwN.

534 Proposition 83 zum „The Sexual Predator Punishment and Control Act: Jessica's Law", verabschiedet im November 2006 von einer über 70%igen Mehrheit der stimmberechtigten Einwohner, welcher das kalifornische Strafrecht in Section 3000 und 3004 (b) Californian Penal Code dahingehend abändert, dass Straftäter während der Bewährung und Sexualstraftäter lebenslänglich eine GPS-Sender-Fußfessel tragen müssen; vgl. dazu ebenfalls *Rötzer*, Lebenslänglich wird jeder Schritt überwacht, http://www.telepolis.de/r4/artikel/23/23941/1.html.

535 Vgl. hierzu und zu den Risiken die Ausführungen bei *Langheinrich* in Mattern, Gibt es in einer total informatisierten Welt noch eine Privatsphäre?, 251 mwN.

536 Vgl. *Weichert*, DuD 1997, 268 mwN.

537 *Rötzer*, Lebenslänglich wird jeder Schritt überwacht, http://www.telepolis.de/r4/artikel/23/23941/1.html.

538 Siehe hierzu auch http://www.meganslaw.ca.gov.

539 Section 3000.07 (b) Californian Penal Code.

540 Siehe Kapitel 2.4.1.1.4; dazu auch *Heise online/anw*, Britischer Polizeichef regt Satellitenüberwachung von Sexualstraftätern an, http://www.heise.de/newsticker/meldung/75552.

541 *BSI; Bundesamt für Sicherheit in der Informationstechnik*, Risiken und Chancen des Einsatzes von RFID-Systemen,47; *Roßnagel*, FES-Studie, 96f mwN, 103; *Baeriswyl*, RDV 2000 , 7; *Jandt/Laue*, K&R 2006, 317 mwN.

nunmehr auch unter Anwesenden – erfasst und überwacht werden.[542] Die erhobenen Daten ermöglichen nicht nur ein relativ genaues Detailbild der Persönlichkeit und des Verhaltens dieser Person, sondern lassen auch weitgehende Rückschlüsse zu. Eine solche Profilbildung[543] geht weit über eine bloße Zusammenführung von Daten hinaus.[544] Das ist der Moment, in dem der *„gläserne Bürger"* Realität wird.[545]

Persönlichkeitsprofile werden in der Regel aus zunächst *„belanglosen"* Einzeldaten erstellt.[546] Aus scheinbar wenig aussagekräftigen Angaben über Kommunikationspartner, die Dauer und den Ort sowie das verwendete Medium einer Kommunikation lassen sich mit wissenschaftlichen Methoden hochsensible Informationen über Freundeskreise, soziale Netzwerke, über persönliche Interessen und Bedürfnisse, sexuelle Präferenzen, Glaubensvorstellungen, Kaufgewohnheiten und demographische Merkmale wie Alter und Geschlecht sowie andere Persönlichkeitsmerkmale ermitteln.[547]

Zu wissen, dass eine bestimmte Veranstaltung zu einem bestimmten Zeitpunkt an einem bestimmten Ort stattfindet, ist für sich genommen wenig aufschlussreich. Verknüpft man diese Daten indes mit dem Aufenthaltsort eines Menschen, können hieraus interessante und sogar *„besonders sensible"* Daten entstehen.[548] Beispielsweise lassen sich aus bei Finanzdienstleistern vorhandenen Einzelpositionen Fakten aus den verschiedensten Lebenswelten ableiten, wie Reisen, Vereinsmitgliedschaften, Konsumverhalten, geschäftliche Beziehungen – und das aufgrund der Langfristigkeit der Kundenbeziehungen oft über Jahre oder Jahrzehnte hinweg.[549] Hinzu kommen Selbstauskünfte eines Kunden im Rahmen von Beratungsgesprächen oder Vertragsvorbereitungen, welche oft tiefe Einblicke in individuelle Hintergründe geben. Das soziale Umfeld, die familiäre und berufliche Situation, Interessen, Hobbys und sonstige Vorlieben, Investitionen, berufliche und private Planungen, Einstellungen im Hinblick auf Sicherheit und Risiko und politische Einstellungen,

542 *BSI; Bundesamt für Sicherheit in der Informationstechnik*, Risiken und Chancen des Einsatzes von RFID-Systemen, 47; *Roßnagel*, FES-Studie, 96f mwN, 103.

543 Profilbildung oder Profiling steht mithin für eine hoch entwickelte Mustererkennung und wird als *„enabling technology"*, als „ermöglichende Technologie" oder *conditio sine qua non* für Ubiquitous Computing angesehen – so *Hildebrandt*, DuD 2006, 548, zum europäischen Ableger der Ambient Intelligence.

544 *Scholz*, Datenschutz beim Internet-Einkauf, 95 mwN.

545 Vgl. dazu auch: Enquete-Kommission Zukunft der Medien in Wirtschaft und Gesellschaft - Deutschlands Weg in die Informationsgesellschaft (Hrsg.), BT-Drs. 13/11002, 22; Baeriswyl, RDV 2000, 7; am Beispiel des gläsernen Schuldners auch Iraschko-Luscher, DuD 2005, 467; Tinnefeld, RDV 2006, 97f; BSI; Bundesamt für Sicherheit in der Informationstechnik, Risiken und Chancen des Einsatzes von RFID-Systemen, 47.

546 Enquete-Kommission Zukunft der Medien in Wirtschaft und Gesellschaft - Deutschlands Weg in die Informationsgesellschaft (Hrsg.), BT-Drs. 13/11002, 22.

547 Vgl. hierzu auch *BSI; Bundesamt für Sicherheit in der Informationstechnik*, Risiken und Chancen des Einsatzes von RFID-Systemen, 47; *Roßnagel*, FES-Studie, 96f mwN, 103; *George Danezis*, in *Heise online/hos*, 23C3: Verkehrsdatenanalyse als Großangriff auf die Privatsphäre, http://www.heise.de/newsticker/meldung/83054; Beispiele von *Weichert* in Sokol, Geomarketing und Datenschutz - ein Widerspruch?, 135; *Weber*, EMBO reports Vol 7 Special Issue 2006, S38 mwN; *Gonzáles/Hidalgo/Barabási*, Nature 2008, 779ff; *Becker*, Die Politik der Infosphäre, 152f.

548 *Weichert* in Sokol, Geomarketing und Datenschutz - ein Widerspruch?, 135; *Roßnagel*, FES-Studie, 35f mwN; *Müller*, DuD 2004, 216.

549 *Weichert*, RDV 2003, 114.

welche sich z. B. aus der Geldanlage in ökologische Projekte oder bei Überweisung eines Parteimitgliedsbeitrags erkennen lassen, können so zu einem umfassenden Profil zusammengeführt werden.[550]

Gleiches gilt hinsichtlich einer Verknüpfung von Standortdaten. Während die Kenntnis über den bloßen Aufenthalt eines Menschen in der Innenstadt an einem Samstagvormittag wenig brisante Informationen liefert, ist dies durch eine genauere Lokalisierung des Aufenthalts (in einem Motorradladen oder einem Laden für Freikletterbedarf – als versicherungsrelevantes Risiko – oder in einem Sexshop – als möglicherweise diskreditierendes Datum) u. U. sehr wohl der Fall.[551]

Profile enthalten häufig nicht nur Daten, welche der Benutzer selbst bewusst bekannt gegeben hat oder die allgemein zugänglich sind. Daten werden vielmehr häufig auch heimlich oder zumindest ohne bewusste Kenntnis des Betroffenen erhoben, gerade durch informationstechnische Systeme.[552] Diese Daten werden wiederum häufig verknüpft mit Daten, die aus anderen Quellen stammen (wie z. B. allgemeine Erkenntnisse und Erfahrungswerte) oder durch Auswertung der bereits vorhandenen Daten gewonnen werden (Metadaten).[553] Daten aus unternehmensübergreifenden Kundenverbünden, Kundenbindungssystemen sowie Konzern- und Verbundpartnerdaten, beispielsweise von Kreditkartenunternehmen mit Umsatzdaten, Angaben über Pfändungen sowie kundenbezogene Ratingdaten von anderen Firmen, werden ebenso genutzt, wie statistische und personenbezogene externe Datenbestände von Adressenhändlern oder der Direktmarketingbranche.[554]

Für den Staat sind solche Persönlichkeitsprofile und die zugrunde liegenden Rohdaten vor allem im Sicherheitsbereich hochinteressant. Sie sind für Strafverfolgungsbehörden bei der Ermittlung der Kontaktpersonen von Kriminellen, Terroristen und anderen Personen sehr hilfreich, können aber auch von anderen Sicherheitsbehörden für deren Zwecke genutzt werden.[555] Neben dem Abhören von Verbindungen sind die – rechtlich leichter verfügbaren – reinen Verbindungsdaten für Analysen und Data-Mining-Anwendungen von großem Interesse. So erlaubt das WatCall-Analysesystem der britischen Polizei das

---

550 *Weichert*, RDV 2003, 114.

551 *Weichert* in Sokol, Geomarketing und Datenschutz - ein Widerspruch?, 135; gleiches gilt im Bereich der Strafverfolgung, so beispielweise die erfolgte Auswertung der Verbindungsdaten von bis zu 10.000 Menschen und 13.000 Handy-Gesprächen und Kurzmitteilungen bei den Ermittlungen im Oldenburger Holzklotz-Fall, vgl. *Krempl*, Bedenken gegen "Rasterfahndung" im Holzklotz-Fall, http://www.heise.de/newsticker/meldung/113253; *Stark*, Der Spiegel 30/2008.

552 Vgl. hierzu auch die vom BVerfG gesehenen Risiken der heimlichen Datenerhebung (Rn 238) und der staatlichen Datenerhebung in komplexen informationstechnischen Systemen allgemein, welchen ein *„beträchtliches Potential zur Ausforschung der Persönlichkeit“* innewohnt, BVerfG, 1 BvR 370/07, 1 BvR 595/07, Rn 229, 231f, 237 – *Online-Durchsuchung.*

553 *Scholz*, Datenschutz beim Internet-Einkauf, 95 mwN; *Jandt/Laue*, K&R 2006, 317 mwN.

554 *Weichert*, RDV 2003, 114; vgl. hierzu auch *Solove*, SciAm 9/2008, 81.

555 *Zimmermann*, 26. Tätigkeitsbericht 2005 des Landesbeauftragten für den Datenschutz Baden-Württemberg, http://www.baden-wuerttemberg.datenschutz.de/lfd/tb/2005/default.htm, 5.2.2.3; BVerfG, 1 BvR 370/07, 1 BvR 595/07, Rn 1ff – *Online-Durchsuchung*; vgl. hierzu auch *Roßnagel*, FES-Studie, 104, 189.

Erstellen von *„Freundschaftsnetzwerken“* anhand der Verbindungsdaten. Dabei ist für Ermittlungszwecke höchst aufschlussreich, welche Person welche andere Person kennt und zu welchem Zeitpunkt mit ihr in Kontakt tritt.[556] Bereits seit 2002 wertet die amerikanische National Security Agency (NSA) – auf rechtlich zweifelhafter Basis – die Verbindungsdaten der Inlandstelefonate von etlichen Millionen Telefonanschlüssen des Telefonbetreibers AT&T in den USA aus.[557] Ziel dieser Aktion ist es, durch die Ermittlung von sozialen Netzwerken *„Schläfer“* und verdächtige Gruppierungen leichter aufspüren zu können. Trotz mutmaßlicher 500 Milliarden überwachter Telefongespräche im Jahre 2005 wurde ein entsprechender Erfolg bislang jedoch nicht verkündet.[558] Die erstellten Karten sozialer Netzwerke dürften dagegen sehr umfangreich sein.

Der Einzug von IKT-Implantaten in den Alltag ermöglicht noch aussagekräftigere Profile. Dadurch, dass sie mit ihren Trägern dauerhaft verbunden sind, diese auf Schritt und Tritt begleiten und nicht einfach jederzeit abgelegt oder ausgeschaltet werden können, können immer mehr Informationen aus einer immer größer werdenden Bandbreite an Lebenssachverhalten bei der Profilbildung verwendet werden.[559] Die Datensammlung wird bei IKT-Implantaten nicht beendet, da sie vielmehr fast immer aktiv sind[560] und multifunktional eingesetzt werden können.[561] Aufgrund der immer umfangreicheren Registrierung und Katalogisierung der Persönlichkeit durch die Zusammenführung einzelner Lebens- und Personendaten entsteht ein nahezu umfassendes, vollständiges und detailliertes Bild der jeweiligen Person.[562] Je mehr Lebensbereiche umfänglich erfasst werden, desto größer wird das Risiko einer Totalerfassung der Person.[563]

Für den Betroffenen kann dies schwer wiegende Konsequenzen bis hin zu Existenzfragen mit sich bringen. Ob jemand einen Kredit oder einen Job erhält, kann künftig davon abhängen, welche Produkte diese Person zuletzt gekauft hat und welche Rückschlüsse die Bank oder der Arbeitgeber aus diesen Informationen gezogen haben.[564] Wenn für die Frage der Kreditwürdigkeit schon das Vorhandensein *„playboyhafter“* Neigungen relevant sein

---

556 *Becker*, Die Politik der Infosphäre, 152f; vgl. hierzu auch Fn 551.

557 *Rötzer*, Umfassender Lauschangriff auf US-Bürger, http://www.heise.de/tp/r4/artikel/22/22650/1.html; *Rötzer*, Sicherheit geht vor Datenschutz, http://www.heise.de/tp/r4/artikel/22/22663/1.html.

558 *Rötzer*, Umfassender Lauschangriff auf US-Bürger, http://www.heise.de/tp/r4/artikel/22/22650/1.html; *Rötzer*, Sicherheit geht vor Datenschutz, http://www.heise.de/tp/r4/artikel/22/22663/1.html.

559 Zu diesem Risiko bereits bei herkömmlichen RFID-Tags in einer Welt allgegenwärtiger Datenverarbeitung *BSI; Bundesamt für Sicherheit in der Informationstechnik*, Risiken und Chancen des Einsatzes von RFID-Systemen, 47.

560 So zu Pervasive Computing Anwendungen allgemein *Langheinrich/Mattern*, APuZ 42/2003, 12; *Langheinrich* in Fleisch/Mattern, Die Privatsphäre im Ubiquitous Computing, 336.

561 So zu multifunktionalen Chipkarten bereits *Weichert*, DuD 1997, 274.

562 *Alahuhta/De Hert/Delaitre et al.*, Dark Scenarios in ambient intelligence: Highlighting risks and vulnerabilities, 9; ausdrücklich zu IKT-Implantaten auch *Tinnefeld*, RDV 2006, 98.

563 *Weichert*, DuD 1997, 274; *Roßnagel*, FES-Studie, 97 mwN; vgl. hierzu auch BVerfG, 1 BvR 370/07, 1 BvR 595/07, Rn 169ff, 173f, 177ff, 197ff, 200 – *Online-Durchsuchung*; Beispiel bei *Weber*, EMBO reports Vol 7 Special Issue 2006, S37, S38.

564 Vgl. die bei *Langheinrich* in Mattern, Gibt es in einer total informatisierten Welt noch eine Privatsphäre?, 252f wiedergegebenen Beispiele aus der aktuellen Diskussion.

soll[565] und Detekteien im Auftrag von Versicherungsgesellschaften über die notwendigen Daten hinaus auch persönliche Umstände wie Probleme mit dem Arbeitsamt und Gründe für ein ärztliches Attest ermitteln,[566] wird deutlich, welches Ausmaß die Datensammlung und Profilbildung bereits angenommen hat und weiter anzunehmen droht. Eine Studie der Universität Leicester fand beispielsweise Zusammenhänge zwischen der bevorzugten Musikrichtung und sexuellen Neigungen heraus – wonach beispielsweise Hip-Hop-Fans 25 mal häufiger ihre Sexualpartner wechseln als Countrymusic-Fans und Dancemusic-Liebhaber immerhin mehr als 19 mal so oft.[567] Über die Hälfte von Ihnen hat zudem schon Straftaten begangen, während der Anteil bei Musicalfans nur 17,9 % beträgt. Auch 25 % der Opernfans – auch aus der Mittel- und Oberschicht - haben demnach Erfahrungen mit Haschisch gemacht.[568] Diese exemplarischen Beispiele zeigen, dass nicht alleine das Ausmaß, also Art und Umfang, sondern gerade auch alle denkbaren Verwendungen und mithin das jeweilige (Miss-)brauchspotential maßgeblich die Grundrechtsrelevanz der erhobenen Daten bestimmen.[569]

Besondere Risiken gehen dabei von fehlerhaften Daten aus: Während die Richtigstellung des Verdachts einer vermeintlichen nächtlichen Geschwindigkeitsüberschreitung in einer Stadt, in welcher man noch nie gewesen ist, in einem Auto mit auswärtigem Kennzeichen, was einem nicht gehört und von dem feststeht, dass es sich auch nicht um einen Leihwagen handeln kann,[570] für den Betroffenen zwar lästig, im Ergebnis aber eher harmlos sein dürfte, kann dies auch anders aussehen, wie ein Fall zeigt, der sich tatsächlich so ereignet hat: Die Polizei durchsuchte ein Büro und eine Villa eines Professors wegen des Verdachts, Kinderpornographie bezogen zu haben. Bald stellte sich jedoch heraus, dass irrtümlich ermittelt wurde. Denn in besagtem Fall wurde zwar tatsächlich mit der Kreditkarte des Verdächtigen ein Betrag von 19,95 Dollar an einen Kinderpornohändler bezahlt. Jedoch wurden die Kreditkartendaten des Verdächtigen zuvor von Dritten ausgespäht. Während die Bank dies wusste, war diese Information beim polizeilichen Datenabgleich nicht vorhanden.[571] Der Betroffene geriet dadurch in die äußerst missliche Lage, Mitarbeitern und der Familie erläutern zu müssen, weshalb Polizei und Staatsanwaltschaft angerückt waren.[572] Diese Beispiele belegen, welche gravierenden Folgen fehlerhafte Daten bei der Verwendung zur Profilbildung haben können. Während die automatische Erfassung und Übermittlung jedoch einfach und kostengünstig erfolgen können, bedeutet die Pflege und

565 *Tiedemann/Sasse*, Delinquenzprophylaxe, 131.
566 *Iraschko-Luscher*, DuD 2005, 467 mwN.
567 *North*, New University of Leicester study identifies links between musical tastes and lifestyle, http://www.eurekalert.org/pub_releases/2006-09/uol-nuo091206.php.
568 *North*, New University of Leicester study identifies links between musical tastes and lifestyle, http://www.eurekalert.org/pub_releases/2006-09/uol-nuo091206.php.
569 BVerfGE 65, 1 (46) – *Volkszählung;* bestätigt in BVerfG, 1 BvR 370/07, 1 BvR 595/07, Rn 240 – Online-Durchsuchung.
570 *Grell*, c't 2/2007, 1.
571 *Geiger*, StZ v. 06.02.2007, 1.
572 *Geiger*, StZ v. 06.02.2007, 1.

Korrektur unvollständiger und/oder fehlerhafter Daten enorme Kosten bei großem Personal- und Zeitaufwand.

Dass auch aus zutreffenden Daten falsche Schlüsse gezogen werden können, veranschaulicht folgendes Beispiel eindrucksvoll: Eigentlich wollte *Majeh Shehadeh*, ein deutscher Geschäftsmann aus Alzenau, nur seine in Las Vegas studierende Tochter besuchen. Der seit dreißig Jahren mit einer Amerikanerin verheiratete Deutsche muslimischen Glaubens handelt jedoch mit Wasserrohren und besucht daher geschäftlich häufig Länder wie Syrien, Somalia oder den Libanon. Doch das Automatic Targeting System (ATS) der amerikanischen Homeland Security, das anhand von Reisedaten, Essenswünschen und anderen Daten im Wege der Rasterfahndung für jeden Einreisewilligen ein individuelles Risikoprofil ermittelt,[573] schlug fälschlicherweise Alarm. Dies brachte ihm ein zwölfstündiges Verhör durch Grenzbeamte und FBI, einen viertägigen Haftaufenthalt mit 25 weiteren Insassen und eine Einreiseverweigerung in die USA ein.[574] Da kein Anspruch auf Kenntnis und Überprüfung der gespeicherten Daten besteht, kann gegen die individuelle Einstufung nicht einmal rechtlich vorgegangen werden.[575] Dennoch bleiben die Daten und Profile 40 Jahre lang gespeichert und werden an andere Regierungsstellen weitergegeben.[576]

Persönlichkeitsprofile bergen noch weitere Risiken. Die Verwendung konkreter Profile kann zur Folge haben, dass Implantatträger in Bezug auf ihr Verhalten, ihre Handlungen und Bewegungen einer ständigen Kontrolle unterliegen.[577] Sie werden notgedrungen Gegenstand datenerhebender und –verarbeitender Vorgänge, ohne dass sie erkennen könnten, dass und welche Daten über sie erhoben werden.[578] Ein Betroffener wird daher künftig nicht mehr in der Lage sein zu wissen, wer welche Daten über ihn erhebt, nutzt und in anderen Zusammenhängen für oder gegen ihn verwendet.[579] Damit einhergehen ein Kontroll- und Anpassungsdruck und das Risiko von Manipulation und einer gezielten Beeinflussung.[580] Profile ermöglichen außerdem Rückschlüsse auf die Vergangenheit und Prognosen zu künftigem Verhalten des Nutzers[581] und ein detailliertes Bild über Interessen, Neigungen, Verhaltensweisen, die allgemeine Verfassung und Schwächen einer Person.[582] Hierdurch weiß der Ersteller des Profils oft mehr, als sich der Betroffene bewusst ist. Dies kann zu einem Gefühl des Ausgeliefertseins und der Fremdbeobachtung führen, welche in einer Verhaltensbeeinflussung des Betroffenen mündet.[583] Wer sich unsicher ist,

---

573 Im Jahre 2006 wurden hiermit individuelle Risikoprofile von 87 Millionen Reisenden erstellt.

574 *Reppesgaard* in Handelsblatt, Handelsblatt Karriere & Management,, 4.

575 So *Roland Schmid*, in *Reppesgaard* in Handelsblatt, Handelsblatt Karriere & Management,, 4.

576 *Reppesgaard* in Handelsblatt, Handelsblatt Karriere & Management,, 4.

577 *Jandt/Laue*, K&R 2006, 317.

578 *Roßnagel*, FES-Studie, 86 mwN; *Roßnagel/Müller*, CR 2004, 627.

579 *Roßnagel/Pfitzmann/Garstka*, Modernisierung des Datenschutzrechts, 23.

580 75. Konferenz der Datenschutzbeauftragten des Bundes und der Länder, DuD 2008, 469; Jandt/Laue, K&R 2006, 317.

581 *Jandt/Laue*, K&R 2006, 317.

582 *Roßnagel*, FES-Studie, 100.

583 *Jandt/Laue*, K&R 2006, 317; BVerfGE 65, 1ff – *Volkszählung;* ebenso BVerfG, 1 BvR 370/07, 1 BvR 595/07, Rn 233 – Online-Durchsuchung; *Roßnagel*, FES-Studie, 100f mwN.

was sein Gegenüber – Arbeitgeber, öffentlicher Bediensteter, Bankmitarbeiter – über ihn weiß, wird sich so verhalten, wie er vermutet, dass es der andere von ihm erwartet.[584] Jede Form der tatsächlichen oder vermeintlichen Überwachung ruft zudem Unsicherheit hervor, *„ob abweichende Verhaltensweisen jederzeit notiert und als Information dauerhaft gespeichert, verwendet oder weitergegeben werden“*.[585] Sie kann Menschen davon abhalten, frei zu agieren[586] und dazu führen, dass ein möglichst unauffälliges Verhalten *„erzwungen“* wird.[587] Auf diese Weise kann allein durch das Vorhandensein von IKT-Implantaten und der entsprechenden Infrastruktur das Verhalten von vielen Menschen gesteuert werden.[588] Dies gilt umso mehr, als die heutige „Grundtradition des Vergessens“, wie sie gesellschaftlich gewollt und gesetzlich implementiert ist (z. B. durch Löschung von Einträgen im Bundeszentralregister), durch die beliebigen Erhebungs-, Speicherungs- und Übermittlungsmöglichkeiten unmöglich wird.[589] Dies verstärkt das Gefühl, der Technik ausgeliefert zu sein und permanent kontrolliert zu werden, da der Betroffene zeitlich, räumlich und inhaltlich unbegrenzt für alle Datenspuren und daraus ziehbare Schlüsse verantwortlich wird.[590]

Besonders brisant kann es werden, wenn Daten zu einem anderen als zu dem Zweck ihrer Erhebung verwendet werden. Der komplexe Entstehungskontext ist dabei häufig nicht bekannt und kann so leicht zu falschen Schlussfolgerungen führen. So ist die Tatsache, dass man sich für eine Selbsthilfegruppe bezüglich einer schweren Krankheit interessiert, nicht gleichbedeutend mit der Tatsache, dass man selber an dieser Erkrankung leidet.[591] Auch der regelmäßige Erwerb von Zigaretten bedeutet nicht zwangsläufig, dass der Erwerber Raucher ist.[592] Es kann auch der Enkel für seine Oma die Zigaretten kaufen. Dennoch kann hier eine falsche Zuordnung erfolgen. Wenn dann als Folge höhere Versicherungsprämien anfallen oder gar eine Versicherung abgelehnt wird, ist das Kind schon in den Brunnen gefallen.[593]

---

584 Roßnagel, FES-Studie, 86f, 100f; 75. Konferenz der Datenschutzbeauftragten des Bundes und der Länder, DuD 2008, 469.

585 BVerfGE 65,1 (43) – *Volkszählung*; ebenso BVerfGE 115, 166-204 (Rn 86) – *Telekommunikationsüberwachung*.

586 BVerfG, 1 BvR 370/07, 1 BvR 595/07, Rn 233 – Online-Durchsuchung; BVerfGE 65, 1, 43; *Tinnefeld*, RDV 2006, 99 mwN; ebenso *Bizer/Dingel/Fabian et al.*, TAUCIS, 115.

587 Vgl. UNESCO - Information for All Programm (IFAP) (Hrsg.), Ethical Implications of Emerging Technologies, 48 zu beobachteten Mitarbeitern; *Bizer/Dingel/Fabian et al.*, TAUCIS, 115 mwN; 75. Konferenz der Datenschutzbeauftragten des Bundes und der Länder, DuD 2008, 469.

588 *Roßnagel*, FES-Studie, 101.

589 *Bizer/Dingel/Fabian et al.*, TAUCIS, 115.

590 *Bizer/Dingel/Fabian et al.*, TAUCIS, 115.

591 Beispiel nach *Peissl* in Stelzer, Biomedizin - Herausforderung für den Datenschutz, 14.

592 Vgl. den bei *Langheinrich* in Mattern, Gibt es in einer total informatisierten Welt noch eine Privatsphäre?, 256 zitierten Fall eines kalifornischen Supermarktes, welcher aufgrund der früheren Einkaufshistorie eines auf einer Joghurtlache ausgerutschten Kunden diesem Trunkenheit als Unfallursache unterstellte, um sich so aus seiner Schadensersatzpflicht herauszuwinden.

593 In diesem Sinne auch *Peissl* in Stelzer, Biomedizin - Herausforderung für den Datenschutz, 14; zu einer möglichen Diskriminierung durch höhere Prämien, verminderte Karrierechancen oder gar Verlust von Versicherungsschutz oder Arbeitsplatz s. *Friedewald/Lindner* in Mattern, Datenschutz, Privatsphäre und Identität in intelligenten Umgebungen, 224.

Noch brisanter werden Auswüchse einer umfassenden Datensammlung, wenn unbeteiligte Dritte einbezogen werden. So öffnete die U.S.-amerikanische Bundespolizei FBI kürzlich ihre Gendatenbank für die Suche nach *„Ähnlichkeiten“*:[594] In Fällen, in denen aufgefundene Spuren am Tatort keinen eindeutigen Treffer lieferten, wurden bislang keine der abgeglichenen Daten an die Ermittler zurückgemeldet. Nunmehr werden jedoch auch teilweise Übereinstimmungen gemeldet, wie sie beispielsweise bei Verwandten auftreten können. Die ursprünglich zur Erfassung von Sexualverbrechern dienende Datenbank wurde seit ihrer Einführung 1990 immer weiter ausgebaut, die erfassten Daten auf die Täter anderer Verbrechen, Vergehen und sogar von Ordnungswidrigkeiten ausgedehnt.[595] Insgesamt enthält die Datenbank DNA-Daten von über 3,6 Millionen Personen. Ausgehend von der Tatsache, dass 46 % der Inhaftierten einen Verwandten haben, welcher ebenfalls im Gefängnis sitzt, soll durch die Ausweitung der Ergebnisübermittlung auf Verwandte die Suche nach dem Täter erleichtert werden.[596] Damit geraten Verwandte von Straftätern automatisch in das Visier von Strafverfolgern, selbst wenn sie sich nichts zu schulden haben kommen lassen und auch in keiner anderen Beziehung zum Täter stehen, außer mit ihm verwandt zu sein. Bei einer Stichprobenprüfung des Bundesstaates Arizona wurden beispielsweise 20 „Treffer“ generiert, obwohl anhand der Testdaten nur drei Treffer zutreffend gewesen wären. Für die übrigen 17 „Treffer“ bedeutet dies im Ernstfall die Gefahr, der Strafverfolgung auf Basis vermeintlich *„harter“* Fakten ausgesetzt zu sein – ohne mit der Tat auch nur im Geringsten etwas zu tun zu haben.[597]

Nicht nur Gendatenbanken ermöglichen *„individuelle“* Profile, auch Bewegungs-[598] und Aktivitätsmuster liefern vermeintlich *„individuelle“,* charakteristische Daten – ebenfalls mit der Gefahr, auch daneben zu liegen. Mit den Überwachungsmöglichkeiten von IKT-Implantaten, der Vorratsdatenspeicherung und Data-Mining-Anwendungen ist daher eine Ausweitung des DNA-Near-Matchings prinzipiell auch auf andere Datensammlungen möglich. Die Britische Polizei erstellt beispielsweise seit September 2006 eine Datenbank mit einer Liste der 100 gefährlichsten Mörder und Vergewaltiger *der Zukunft.*[599] Ausgehend von Erkenntnissen der London Metropolitan Police Homicide Prevention Unit, von Psychologen und anhand von Daten vergangener Verbrechen werden Profile potentieller Täter erstellt. Insbesondere die Daten von Männern, welche in der Vergangenheit durch Gewalttaten polizeilich auffällig wurden, werden mit diesen Profilen abgeglichen und die gefährlichsten *potentiellen* Mörder und Vergewaltiger so herausgefiltert.[600] *Laura Richards*, lei-

594 *Lehrman*, SciAm 12/2006, 8.

595 *Lehrman*, SciAm 12/2006, 8.

596 *Lehrman*, SciAm 12/2006, 9.

597 *Lehrman*, SciAm 12/2006, 9.

598 *Gonzáles/Hidalgo/Barabási*, Nature 2008, 779ff; *Heise online/fr*, Wissenschaftler analysieren individuelle Bewegungsprofile von Handynutzern, http://www.heise.de/newsticker/meldung/109012.

599 *Bannerman*, Police target dangerous suspects before the can offend, Times Online v. 27.11.2006, Times Online v. 27.11.2006, http://www.timesonline.co.uk/printFriendly/0,,1-2-2473501-2,00.html.

600 *Bannerman*, Police target dangerous suspects before the can offend, Times Online v. 27.11.2006, Times Online v. 27.11.2006, http://www.timesonline.co.uk/printFriendly/0,,1-2-2473501-2,00.html.

tende Kriminalpsychologin bei der Metropolitan Police, sieht es als das Ziel der Aktion an, die Täter zu ermitteln, bevor sie eine schwere Straftat begehen können. Dann könnte bereits im Vorfeld geprüft werden, ob man den Betreffenden inhaftieren oder in bestimmte soziale Programme einweisen soll.[601] Genau diese Eingriffe in das Leben von Personen, die verdächtigt werden, in Zukunft ein schweres Verbrechen begehen zu können, aber dieses noch nicht begangen – oder auch nur beabsichtigt oder geplant – haben, ist ein überaus bedenklicher Schritt.[602]

Wie leicht man in eine kriminalistische Gendatenbank gelangt, zeigt ein Fall aus Großbritannien aus dem Juli 2006. Bei diesem nahmen Polizisten nordwestlich von London drei 12-jährige Kinder fest, weil diese in einem Kirschbaum in einem öffentlichen Park ein Baumhaus bauen wollten.[603] Die Kinder wurden wegen Beschädigung öffentlichen Eigentums auf die Wache gebracht, erkennungsdienstlich behandelt und zur Abgabe einer Speichelprobe gezwungen, bevor sie für zwei Stunden in eine Zelle gesperrt wurden. Die Begründung der Polizei hierfür lautete: „*West Midlands Police deals robustly with anti-social behaviour. By targeting what may seem relatively low-level crime we aim to prevent it developing into more serious matters*".[604] Die Datenbank enthält zwischenzeitlich über 3,6 Millionen Einträge, davon 25.000 von Minderjährigen und wird beispielsweise für das Auffinden spuckender Jugendlicher verwendet.[605]

3.3.3 Risiken der Aufgabe/Aushöhlung verfassungsrechtlich garantierter Grundrechte zugunsten der Sicherheit

3.3.3.1. Übermäßige staatliche Überwachung infolge terroristischer Anschläge

Seit den Anschlägen auf das World Trade Center in New York am 11. September 2001, den Anschlägen auf Pendlerzüge in Madrid am 11. März 2004 und den Anschlägen auf Busse und U-Bahnen in London am 7. Juli 2005 ist die Angst vor Terror in den Industrienationen sehr präsent. Die Forderung nach einer wirksamen Bekämpfung des Terrorismus hat zu verstärkter Überwachung geführt. Denn unter dem unmittelbaren Eindruck dieser Anschläge und ihrer Nachwirkungen bestand die Bereitschaft der Bevölkerung zu Maßnahmen, die Grundrechte einschränken. So wurden durch zahlreiche Sicherheitsgesetze die Aufgaben und Befugnisse von Polizei und Geheimdiensten erheblich ausgeweitet, breit angelegte Fahndungsmethoden wie die Rasterfahndung ausgebaut, erweiterte Zugriffsbe-

601 *Laura Richards*, in *Bannerman*, Police target dangerous suspects before the can offend, Times Online v. 27.11.2006, Times Online v. 27.11.2006, http://www.timesonline.co.uk/printFriendly/0,,1-2-2473501-2,00.html

602 *Rötzer*, Datenbank mit potentiellen Gewalttätern, http://www.heise.de/tp/r4/artikel/24/24074/1.html.

603 *Langheinrich* in Mattern, Gibt es in einer total informatisierten Welt noch eine Privatsphäre?, 250; *Slack*, Daily Mail 05.09.2007, http://www.dailymail.co.uk/pages/live/articles/news/news.html?in_article_id=480017&in_page_id=1770&ito=1490.

604 *Slack*, Daily Mail 05.09.2007, http://www.dailymail.co.uk/pages/live/articles/news/news.html?in_article_id=480017&in_page_id=1770&ito=1490.

605 *Langheinrich* in Mattern, Gibt es in einer total informatisierten Welt noch eine Privatsphäre?, 250 mwN.

fugnisse auf Datenbestände geschaffen, der Informationsfluss intensiviert und Eingriffsschwellen abgesenkt.[606] Als Folge wurde die Überwachung im Alltag erheblich verstärkt.[607] Polizeiliches Handeln wird zunehmend ins Vorfeld konkreter Gefahrenabwehr verlagert.[608] Die zunehmende Fernkommunikation und Verbreitung entsprechender Technologien taten ein Übriges und führten zu einer Vervielfachung der Möglichkeiten zum – auch nicht autorisierten, rechtswidrigen – Zugriff auf Informationen.[609] So wird auch in der juristischen Literatur von einer *„gewaltigen Nachrüstung des überwachenden Leviathans“* gesprochen.[610]

Mit der steigenden Verbreitung digitaler Kommunikation steigt gleichzeitig deren Anfälligkeit zum Missbrauch für kriminelle Zwecke.[611] Um die Kriminalität einzudämmen, bedingt eine effektive Verbrechensbekämpfung auch den weiten Einsatz dieser Technologien sowie eine Ausweitung der staatlichen Überwachung auf die digitale Kommunikation.[612] Dass eine umfassende Überwachung vor IKT-Implantaten keinen Halt machen wird, ist dabei zu erwarten: Bedenkt man, dass die Verfolgung des Aufenthaltsortes von Personen heute via Mobiltelefonortung (IMSI-Catcher)[613] und Anbringung eines GPS-Peilsenders[614] übliche Fahndungsmethoden darstellen, benötigt man nicht viel Phantasie, um eine Ausdehnung auf implantierte Mobilfunkgeräte oder GPS-Geräte anzunehmen. Eine flächendeckende[615] Verbreitung von RFID-Lesegeräten und das Vorhandensein von RFID-Tags auf Waren, in Pässen, Bibliotheksausweisen oder eben IKT-Implantaten macht eine Erweiterung der Überwachung auch hier alles andere als unwahrscheinlich. Der Reiz des technisch Machbaren auch in Bezug auf rechtlich zweifelhafte Ermittlungsmaßnahmen ist nicht zu unterschätzen. Schon bisher hat der Gesetzgeber früher oder später dem Drängen von Sicherheitsbehörden immer nachgegeben, auch auf Daten neuer Anwendungen zugreifen zu können.[616] Bereits heute werden mit RFID versehene Bordkarten dazu genutzt, um den Aufenthaltsort und *„verdächtige Bewegungen“* von Fluggästen zu überwachen.[617] Es ist

606 *Bielefeldt*, Freiheit und Sicherheit im demokratischen Rechtsstaat, 4.

607 *Becker*, Die Politik der Infosphäre, 154; *Tinnefeld*, MMR 2002, 493f; kritisch hierzu auch *Zimmermann* in *Heise online/jk*, Erosion des Datenschutzes befürchtet, http://www.heise.de/newsticker/meldung/67192.

608 Vgl. die vom BVerfG, 1 BvR 370/07, 1 BvR 595/07 – Online-Durchsuchung in Leitsatz 2 gebilligte Maßnahme, selbst „wenn sich noch nicht mit hinreichender Wahrscheinlichkeit feststellen lässt, dass die Gefahr in näherer Zukunft eintritt“ und Rn 219; Bielefeldt, Freiheit und Sicherheit im demokratischen Rechtsstaat, 4

609 BVerfG, 1 BvR 370/07, 1 BvR 595/07, Rn 180 – Online-Durchsuchung; *Becker*, Die Politik der Infosphäre, 156.

610 *Tinnefeld*, MMR 2002, 494.

611 BVerfG, 1 BvR 370/07, 1 BvR 595/07, Rn 180 – Online-Durchsuchung.

612 *Becker*, Die Politik der Infosphäre, 161f.

613 Die Funktionsweise eines IMSI-Catchers wird in Beschluss des BVerfG, 2 BvR 1345/03 vom 22.8.2006, Rn 9-17 ausführlich (mwN) erläutert und die rechtliche Zulässigkeit des Einsatzes durch Nichtannahme bestätigt.

614 Zur Verfassungsmäßigkeit siehe BVerfGE 112, 304-321 – *GPS-Peilsender*, der Einsatz eines GPS-Peilsenders erfolgte dabei bereits 1995 in dem vom BVerfG zu entscheidenden Verfahren.

615 Nach *Hennig/Ladkin/Sieker*, RVS-RR-04-02, 4, ist trotz der geringen Reichweite der Tags für eine *„flächendeckende“* Überwachung kein allgegenwärtiges Netz von Lesegeräten erforderlich. Es genüge vielmehr, an Ein- und Ausgängen und bestimmten anderen *„Flaschenhälsen“* Lesegeräte anzubringen, um Personen verfolgen zu können.

616 *Roßnagel*, FES-Studie, 144; *Roßnagel* in Mattern, Informationelle Selbstbestimmung in der Welt des Ubiquitous Computing, 277; *Langheinrich* in Mattern, Gibt es in einer total informatisierten Welt noch eine Privatsphäre?, 249.

617 Siehe *Borchers*, c't 23/2006, 48.

daher nahe liegend, dass eine einmal geschaffene Infrastruktur von RFID-Lesegeräten auf Bahnhöfen, in Einkaufszentren, öffentlichen Nahverkehrsmitteln und anderen privaten sowie öffentlich zugänglichen Gebäuden wie beispielsweise Stadien ebenfalls dazu genutzt wird, um Personen zu überwachen.[618]

Mit Hinweis auf eine tatsächliche oder vermeintliche Gefährdung der inneren Sicherheit werden nach Ansicht des Landesbeauftragten für den Datenschutz Baden-Württemberg, *Zimmermann*, viele Hemmungen fallen gelassen, die noch vor Jahren für einen vernünftigen Ausgleich der Sicherheitsbelange mit den Bürgerrechten gesorgt hätten.[619]

3.3.3.2. Aufgabe/Weitgehende Beschränkung der Freiheitsgrundrechte zugunsten der Sicherheit

Die quantitative wie qualitative Ausdehnung der Überwachung auch auf bisher einem dauerhaften und unauffälligen Monitoring nicht zugängliche Bereiche könnte die Balance zwischen Freiheit und Sicherheit aus dem Gleichgewicht bringen.[620] Freiheit und Sicherheit stellen in einer demokratischen Gesellschaft unabdingbare Grundpfeiler dar.[621] Sie stehen in einem natürlichen, im Rechtsstaatsprinzip angelegten Spannungsverhältnis.[622] Jede Sicherheitsmaßnahme tangiert und beschränkt notgedrungen die Freiheit der Bürger, während die Verwirklichung der maximalen Freiheit zu Einbußen auf dem Gebiet der Sicherheit führt.[623] Daher darf keiner der beiden Grundpfeiler auf Kosten der Unterdrückung des anderen ausschließlich zur Geltung gebracht werden.[624] Totale Sicherheit würde zu einem totalitären Staat führen. Denn totale Sicherheit bedingt totale Überwachung und lässt keinerlei Freiheit mehr zu.[625] Völlige Freiheit dagegen brächte einen Willkürstaat hervor. Wenn jeder tun und lassen kann, was er will, lebt niemand mehr in Sicherheit.

Allerdings bewegen wir uns im Spannungsfeld von Freiheit und Sicherheit seit geraumer Zeit hin zum Pol der Sicherheit. Dies geht zu Lasten der Freiheit."[626] Statt der Maxime *„Freiheit durch Sicherheit"*[627] als Grundlage einer offenen Gesellschaft befinden wir uns in

618 Vgl. zu der Gefahr, dass einmal gesammelte Daten Begehrlichkeiten wecken, auch *Langheinrich* in Mattern, Gibt es in einer total informatisierten Welt noch eine Privatsphäre?, 249 mwN; *Simitis*, RDV 2007, 148; *Schaar*, DuD 2007, 260; *Friedewald/Lindner* in Mattern, Datenschutz, Privatsphäre und Identität in intelligenten Umgebungen, 224; *Roßnagel*, FES-Studie, 144 mwN.

619 So *Zimmermann* bei der Vorstellung des 26. Jahresberichts, wiedergegeben in *Heise online/jk*, Erosion des Datenschutzes befürchtet, http://www.heise.de/newsticker/meldung/67192; ebenso auch *Roßnagel*, FES-Studie, 144f.

620 *Langheinrich/Mattern*, APuZ 42/2003, 12; in diesem Sinne auch BVerfG, 1 BvR 370/07, 1 BvR 595/07, Rn 170f, 177ff, 181 – Online-Durchsuchung.

621 Vgl. hierzu auch *Hassemer* in Bizer, Staat, Sicherheit und Information.

622 VerfG Mecklenburg-Vorpommern, 2/98, Entscheidung vom 21.10.1999, Rn 98 mwN.

623 *Koch*, Freiheitsbeschränkung in Raten?, 3.

624 *Koch*, Freiheitsbeschränkung in Raten?, 3; VerfG Brandenburg, 3/98, Entscheidung vom 30.06.1999, 28; VerfG Mecklenburg-Vorpommern, 2/98, Entscheidung vom 21.10.1999, Rn 98 mwN; *Konrad Hesse*, zitiert nach *Tinnefeld*, MMR 2002, 494.

625 *Koch*, Freiheitsbeschränkung in Raten?, 3.

626 *Hassemer*, zitiert nach *Bielefeldt*, Freiheit und Sicherheit im demokratischen Rechtsstaat, 5 mwN; ebenso *Hassemer*, FAZ v. 05.07.2007, 6.

627 So u.a. VerfG Brandenburg, 3/98, Entscheidung vom 30.06.1999, 28.

einem grundsätzlichen gesellschaftlichen Wandel hin zu der Maxime *„Mehr Sicherheit, weniger Freiheit“*.[628] So kommt der vorbeugenden Bekämpfung von Straftaten hohe Bedeutung zu, welche auch einen verfassungsrechtlich anerkannten Belang darstellt.[629] Eine Politik, welche den Respekt vor Menschenrechten vernachlässigt, kann im Ergebnis jedoch weder Freiheit noch Sicherheit gewährleisten.[630] Aus der Unteilbarkeit aller Menschenrechte, wie auf der Wiener Weltmenschenrechtskonferenz 1993 formuliert, wird deutlich, dass es bei dem Recht auf Leben (und damit auch auf eine gewisse *„Sicherheit“*) nicht allein um Sicherung des physischen Überlebens um jeden Preis gehen kann, sondern um den Schutz menschenwürdigen Lebens insgesamt gehen muss.

Dabei geht es nicht nur um die Unannehmlichkeiten einzelner, die zu Unrecht in Verdacht geraten. Vielmehr geht die Freiheit einer ganzen Gesellschaft schleichend verloren, wenn der Staat die Privatsphäre seiner Bürger immer weniger achtet.[631] Als Folge entsteht so ein Verlust von Datenschutz und Freiheit.[632] Der Bürger fühlt sich unfrei und nicht mehr geborgen in seinem Staat.[633] Es geht daher um die grundlegende Frage, ob wir als Gesellschaft auf Räume des unbeobachteten Handelns verzichten können.[634] Nach *Pfitzmann*[635] brauchen wir *„überwachungsfreie Räume für unsere menschliche Entwicklung“.* Der Cyberspace sei nicht nur eine Fortsetzung der physischen Realität, sondern auch eine Fortsetzung unseres Denkens. Überwachungsfreiheit ist wesentliche Grundlage für die Freiheit unserer Gedankenäußerung, unserer Kommunikation.[636]

3.3.3.3. Einschränkung des Rechts auf freie Entfaltung der Persönlichkeit

Das Grundgesetz geht von einem personalen Menschenbild aus. Der Mensch wird als ein mit der Fähigkeit zu eigenverantwortlicher Lebensgestaltung ausgestattetes, mit Verstand und freiem Willen begabtes und mit anderen Menschen verbundenes soziales Wesen angesehen. Daher sieht Art. 2 Abs. 1 GG vor, dass jeder tun und lassen kann, was er will,

628 *Tinnefeld*, MMR 2002, 494 unter Verweis auf *Karl Popper*; in diesem Sinne wohl auch *Langheinrich/Mattern*, APuZ 42/2003, 12.

629 Vgl. nur BVerfGE 100, 313 – *Telekommunikationsüberwachung*, Rn 260.

630 *Bielefeldt*, Freiheit und Sicherheit im demokratischen Rechtsstaat, 12f mwN.

631 *Geiger*, StZ v. 06.02.2007, 2; ebenso BVerfG, 1 BvR 370/07, 1 BvR 595/07, Rn 181 – Online-Durchsuchung, welches darauf verweist, dass der Einzelne darauf angewiesen ist, dass der Staat mit Blick auf die ungehinderte Persönlichkeitsentfaltung berechtigte Erwartungen an die Integrität und Vertraulichkeit informationstechnischer Systeme achtet.

632 *Koch*, Freiheitsbeschränkung in Raten?, II; ebenso *Federrath*, Schleichender Verlust an Datenschutz, http://www.heise.de/newsticker/meldung/70728.

633 BVerfG, 1 BvR 370/07, 1 BvR 595/07, Rn 199, 233 – Online-Durchsuchung; *Federrath*, Schleichender Verlust an Datenschutz, http://www.heise.de/newsticker/meldung/70728; in diesem Sinne auch *Witthau*, GdP-Pressemeldung, http://www.gdp.de/gdp/gdpcms.nsf/id/p60801?Open&ccm=500020000&L=DE, welcher darauf abstellt, dass die Polizei für Ihre Arbeit auch das Vertrauen der Bevölkerung benötige, welches er bei einem Ausbau zum Polizeistaat gefährdet sieht.

634 *Pfitzmann*, DuD 2005, 288; diese Frage wirft auch *Schaar*, RDV 2006, 5 auf.

635 *Andreas Pfitzmann*, zitiert nach *Krempl*, Wir brauchen überwachungsfreie Räume, http://www.heise.de/newsticker/meldung/81571.

636 *Andreas Pfitzmann*, zitiert nach *Krempl*, Wir brauchen überwachungsfreie Räume, http://www.heise.de/newsticker/meldung/81571.

solange und soweit er dadurch nicht Rechte anderer beeinträchtigt. Grundlage einer freiheitlichen Demokratie ist ein autonom agierendes Individuum, das sich unbeeinflusst und frei entscheiden kann.[637] Unser Staat knüpft gerade nicht an einen Orwell'schen *„Big Brother“*, einen alles überwachenden Staat an, der jeden Schritt seiner Bürger auf das Kleinste kontrolliert. Er hat vielmehr das Bild einer offenen Gesellschaft mit mündigen, informierten und mitverantwortlichen Bürgern vor Augen.[638] Wenn IKT-Implantate eine nahezu allumfassende Aufzeichnung von Vorgängen des täglichen Lebens und deren potentiell endlose Speicherung ermöglichen, lässt sich dieses personale Menschenbild jedoch nicht mehr aufrechterhalten. Künftig könnten nicht nur die Einhaltung der Gesetze, sondern auch Moralvorstellungen und vorherrschende soziale Verhaltensweisen überwacht werden. Die Folgen umfassender Überwachungsmaßnahmen treffen damit nicht nur Gesetzesbrecher, sondern jeden Bürger. Sie würden schwerwiegende gesellschaftliche Probleme nach sich ziehen.[639]

Familien, Eltern-Kind-Beziehungen und Freundschaften wären nicht mehr ein privater Bereich, sondern unterlägen der Kontrolle und Überwachung.[640] Jeder noch so kleine *„Fehltritt“* in der Vergangenheit wäre erfassbar und verfügbar.[641] Aus früheren Verhalten einer Person könnten jederzeit negative Schlüsse gezogen werden. Eine Registrierung und Aufzeichnung von – seinerzeit legalen, womöglich allseitig akzeptierten – *„Jugendsünden“* könnte dem Betroffenen noch Jahrzehnte später zum Verhängnis werden, beispielsweise wenn durch eine geänderte Moralvorstellung die Aufdeckung der Jugendsünde zu Zweifeln an der Integrität des – seit langem den neuen Moralvorstellungen angepasst lebenden – Betroffenen führt. Dass dies keine irreale Befürchtung ist, belegt die Befragung der amerikanischen Vizepräsidentschaftskandidaten *Sarah Palin* im Wahlkampf 2008 mit 70 intimen Fragen, darunter *„Habe Sie jemals für Sex bezahlt?“*, *„Waren Sie in ihrer Ehe treu?“*, *„Haben Sie je Drogen genommen oder gekauft?“* und *„Haben Sie sich (im Internet) Pornografie heruntergeladen?“*.[642]

Eine bewusst gemachte Überwachung führt kurzfristig zu einer Verhaltensanpassung der Bürger.[643] Denn wer unsicher ist, ob abweichende Verhaltensweisen jederzeit notiert und als Information dauerhaft gespeichert werden, wird versuchen, nicht durch solche Verhaltensweisen aufzufallen. Gegenwärtig spielt der Einzelne im täglichen Leben und im Laufe seiner Entwicklung nicht nur *„eine Rolle“*. Es ist vielmehr üblich, sich je nach Gesprächs-

637 *Peissl* in Stelzer, Biomedizin - Herausforderung für den Datenschutz, 3 mwN.

638 *Tinnefeld*, MMR 2002, 494 unter Verweis auf Jutta Limbach.

639 Langheinrich/Mattern, APuZ 42/2003, 12.

640 In diesem Sinne auch *Tinnefeld*, MMR 2002, 494; *Friedewald/Lindner* in Mattern, Datenschutz, Privatsphäre und Identität in intelligenten Umgebungen, 224 hält die möglichen Konsequenzen einer solchen völligen Offenlegung persönlicher Profile für familiäre und andere zwischenmenschliche Beziehungen noch für unabsehbar.

641 *Bizer/Dingel/Fabian et al.*, TAUCIS, 115.

642 *FTD (Hrsg.)*, Sarah Palin im Test - "Haben Sie je für Sex bezahlt?", FTD v. 03.09.2008, http://www.ftd.de/politik/international/408935.html

643 BVerfG, 1 BvR 370/07, 1 BvR 595/07, Rn 233 – Online-Durchsuchung; *Peissl* in Stelzer, Biomedizin - Herausforderung für den Datenschutz, 14; *Schmidt*, JZ 1974, 245; so auch BVerfGE 65, 1, 43 – *Volkszählung*; ebenso *Tinnefeld*, RDV 2006, 99 mwN.

partner und Umfeld unterschiedlich zu präsentieren. So werden für einen Arbeitgeber andere Punkte aus dem eigenen Werdegang erwähnt und präsentiert als beim Werben um einen Partner oder beim Gespräch mit Freunden. Die individuelle Entwicklung und Entfaltung eines jeden Menschen erfordert, dass er sich in verschiedenen sozialen Rollen darstellen kann und ihm diese Selbstdarstellung in der Kommunikation mit anderen zurückgespiegelt wird.[644] Dieses Experimentieren mit verschiedenen Rollen kann aber nur gelingen, wenn der Betroffene selbst entscheiden kann, welche Angaben er über sich in welcher Rolle und welcher Kommunikation preisgibt.[645] Selbst dort, wo dies schon herkömmlich nicht möglich war, etwa weil Mitmenschen das Verhalten des Einzelnen zwangsläufig registrierten, half die „Gnade des Vergessens" oder ein Fortzug in eine andere Stadt.[646] Jugendsünden und die mit dem Heranwachsen einhergehende Phase des Experimentierens blieben in der vagen Erinnerung Weniger zurück, so dass die Chance für einen Neuanfang, Veränderung und Weiterentwicklung bestand.[647] Wenn jedoch jede dieser sozialen Identitäten künftig gespeichert und für jeden zugänglich werden, beschränkt dies die persönliche Entfaltung: Nur der kleinste gemeinsame Nenner, der für alle akzeptabel ist, kann noch gefahrlos ausgelebt werden. Unterschiede werden vertuscht, jedes für *„auffällig"* oder *„abweichend"* gehaltene Verhalten wird vermieden. Selbst erlaubtes Verhalten würde aus Angst vor künftigen Repressionen unterlassen, wenn auch nur der Verdacht bestünde, dass dieses zu einem späteren Zeitpunkt einmal negativ aufgefasst werden könnte.[648]

Als mittel- und langfristige Folge kann dieser Effekt so stark werden, dass die soziale, kulturelle und wirtschaftliche Entwicklung ins Wanken gerät, da gerade Widerspruch und abweichendes Verhalten in den Sozialwissenschaften als wesentlicher Motor für Entwicklung angesehen wird. Ein sozialer Wandel in Konformität ist hingegen nicht möglich.[649] *George Bernard Shaw* sagte: *„The reasonable man adapts himself to the world; the unreasonable one persists in trying to adapt the world to himself. Therefore all progress depends on the unreasonable man"*.[650]

Gerade im kulturellen Bereich gehörten und gehören viele große Künstler nicht zu den angepassten Mitgliedern der Gesellschaft.[651] Eine überwachte, vereinheitlichte und verängstigte Gesellschaft könnte in ihrem kulturellen Leben und ihrer Entwicklung sogar zum Er-

---

644 *Roßnagel*, FES-Studie, 109; in diesem Sinne auch *Solove*, SciAm 9/2008, 81.

645 *Roßnagel*, FES-Studie, 109.

646 *Solove*, SciAm 9/2008, 81.

647 *Solove*, SciAm 9/2008, 79-81.

648 In diesem Sinne bereits BVerfGE 65, 1 (43) – Volkszählung; ähnlich Solove, SciAm 9/2008, 81: „This openness means that the opportunities for the Generation Google might be limited because of something they did years ago as wild teenagers. Their intimate secrets may be revealed by other people they know".

649 *Peissl* in Stelzer, Biomedizin - Herausforderung für den Datenschutz, 15 mwN.

650 *Shaw*, Man and superman.

651 Dass dies nicht nur für Künstler, sondern auch für Kunstliebhaber gilt, belegt exemplarisch die Erkenntnis, dass gerade gut betuchte Opernfans häufig Kontakt zu Haschisch hatten, vgl. *North*, New University of Leicester study identifies links between musical tastes and lifestyle, http://www.eurekalert.org/pub_releases/2006-09/uol-nuo091206.php.

liegen kommen.[652] Von dem liberalen und schöpferischen Geist würde viel verloren gehen. Das Experimentieren bei der Suche nach der eigenen Persönlichkeit wäre eingeschränkt. Und dies nicht nur durch die aktuell gültigen sozialen Normen. Vielmehr müsste bereits bedacht werden, welches die zukünftig geltenden gesellschaftlichen Normen bzw. die herrschende Moralvorstellung sein könnten, um sich für die Zukunft alle Möglichkeiten offen zu halten.

Dies zeigt, dass nicht nur die individuellen Entfaltungschancen des Einzelnen beeinträchtigt wären, sondern auch das Gemeinwohl. Denn Selbstbestimmung ist eine elementare Funktionsbedingung eines auf Handlungsfähigkeit und Mitwirkungsfähigkeit seiner Bürger begründeten freiheitlichen demokratischen Gemeinwesens.[653] Ein Leben in ständiger Angst vor allgegenwärtiger Überwachung, konzentriert darauf, auf keinen Fall auch nur den geringsten Fehler zu machen, würde dem zutiefst widersprechen.[654] Elementare Grundrechte wären derart gravierend eingeschränkt, dass sie zu einer inhaltlosen Hülle verkommen könnten. Das Grundverständnis unseres GG würde in seinen Grundfesten erschüttert.[655] Eine allgegenwärtige Überwachung geht von einem unmündigen Bürger aus. Eine Technologie kann jedoch nur dann ein verantwortungsbewusstes Handeln fördern, wenn sie vom Nutzer verstanden und von ihm kontrolliert wird, statt ihn zu überwachen und zu entmündigen.[656] Dennoch werden zugunsten von immer neuen Sicherheitsmaßnahmen seit dem 11. September 2001 systematisch Schritt für Schritt Individualrechte – nämlich Freiheitsrechte der Bürger – dem Gemeinwohlinteresse Sicherheit geopfert. Datenschutz und Freiheitsrechte werden denunziert als ein Luxus, den man sich angesichts der terroristischen Bedrohung nicht mehr leisten könne.[657] Es gibt jedoch keine absolute Sicherheit, auch nicht um den Preis der Aufgabe aller Freiheitsrechte – wenn diese aber einmal genommen sind, sind sie auf Dauer verloren.[658] Diese Erkenntnis entspricht der Einschätzung von *Benjamin Franklin* aus dem Jahre 1759: „*Those who would give up* ESSENTIAL LIBERTY, *to purchase a little* TEMPORARY SAFETY, *deserve neither* LIBERTY *nor* SAFETY.“

Nach der demokratietheoretischen Argumentation ist die Grundlage einer freiheitlichen Demokratie ein autonom agierendes Individuum, das sich unbeeinflusst und frei entscheiden kann.[659] Dies ist jedoch nicht möglich unter Beobachtung und Überwachung. Je mehr Überwachung wir zulassen, gleich ob staatlich oder privat, desto stärker entwickeln wir

652 *Peissl* in Stelzer, Biomedizin - Herausforderung für den Datenschutz, 15.
653 BVerfGE 65, 1, 43 – *Volkszählung*; ebenso *Koch*, Freiheitsbeschränkung in Raten?, 28.
654 In diesem Sinne bereits BVerfGE 65, 1 (43) – *Volkszählung*.
655 In diesem Sinne auch *Tinnefeld*, RDV 2006, 99f unter Verweis auf die Rechtsprechung des BVerfGE 65, 1 (43) – *Volkszählung*; 109, 279 (314).
656 *Schaar*, in *Eicher*, ADACmotorwelt 11/2006, 79.
657 *Gärtner*, Ich kommuniziere, also bin ich verdächtig, http://www.telepolis.de/r4/artikel/22/22360/1.html.
658 *Gärtner*, Ich kommuniziere, also bin ich verdächtig, http://www.telepolis.de/r4/artikel/22/22360/1.html.
659 *Peissl* in Stelzer, Biomedizin - Herausforderung für den Datenschutz, 3 mwN.

uns in Richtung einer *„panoptischen Gesellschaft“*.[660] Dies gilt umso mehr, als durch IKT-Implantate eine nahezu allumfassende Aufzeichnung von Vorgängen des täglichen Lebens und deren potentiell endlose Speicherung möglich wird.

Letztlich geht es um die Frage, wie wir künftig leben werden. IKT-Technologien dringen in immer mehr Bereiche unseres Lebens vor. Daher ist es von zentraler Bedeutung, das Selbstbestimmungsrecht des Einzelnen in diesem technischen Umfeld zu wahren.[661] Dies kann nur gelingen, wenn es auch künftig kontrollfreie Räume gibt, in denen nicht jeder Schritt und Tritt, jeder Abruf und Anruf registriert und kontrolliert wird.[662] Nicht die totale Informiertheit öffentlicher und privater Instanzen, sondern ein Gleichgewicht zwischen Kontrolle, Überwachung, Sanktion und Freiräumen muss daher das Ziel sein.[663] Dies ist erforderlich zum Schutz der Menschenwürde, der repressionsfreien Entfaltung des Menschen und zur Erhaltung des Rechtsstaates als *„gerechten Staat“*. Insoweit hat der Staat sich selbst wie auch private Stellen in die Pflicht zu nehmen.

Eine der wichtigsten Säulen des Rechtsstaats ist die Unschuldsvermutung.[664] Zwar ergibt sich aus dem Menschenbild der Verfassung noch keine Vermutung der Redlichkeit – dennoch darf im Rechtsstaat nicht jedermann als potentieller Verbrecher behandelt werden.[665] Aus der *„Unteilbarkeit“* aller Menschenrechte, wie auf der Wiener Weltmenschenrechtskonferenz 1993 formuliert, und aus Art. 1 Abs. 1 GG wird deutlich, dass es bei allem staatlichen Handeln um den Schutz menschenwürdigen Lebens insgesamt gehen muss.[666] Aus diesem Grund und im Rückblick auf die Naziherrschaft – welche die Grundrechte der Menschen mit Füßen getreten und missachtet hat – hat sich der Staat Selbstbeschränkungen auferlegt. Hierzu gehört, dass Ermittlungen *„ins Blaue hinein“* unzulässig sind.[667] Dies kann bei der Strafverfolgung und Prävention im Einzelfall misslich sein, ist aber zur Wahrung der freiheitlichen Demokratie, der Grundrechte und der Aufrechterhaltung des Rechtsstaats erforderlich. Straftäter dürfen schweigen und straflos lügen. Die Folter ist verboten. Gelingt ein Nachweis der Tat mitsamt ihrer Merkmale gegenüber dem Angeklagten nicht zweifelsfrei, ist er – in dubio pro reo –freizusprechen. Diese Fesseln hat der

---

660 So auch *Peissl* in Stelzer, Biomedizin - Herausforderung für den Datenschutz, 4; Der *Begriff „panoptische Gesellschaft“* geht zurück auf Panopticum des englischen Philosophen *Jeremy Bentham*, 1748-1832, welcher ein Gefängnis ersann, in dem die allgegenwärtige Überwachung möglich war, ohne dass die Überwacher zu sehen waren. Hierdurch war sich jeder Insasse bewusst, dass er überwacht werden konnte, ohne zu wissen, ob eine Überwachung tatsächlich stattfand.

661 BVerfG, 1 BvR 370/07, 1 BvR 595/07, Rn 181, 187, 198, 199f, 204 – Online-Durchsuchung; *Schaar*, RDV 2006, 5; ebenso *Roßnagel*, APuZ 5-6/2006, 10f; in diesem Sinne wohl auch *Tinnefeld*, MMR 2002, 494; BVerfGE 65, 1, 43 – *Volkszählung.*

662 *Schaar*, RDV 2006, 5; in diesem Sinne wohl auch *Tinnefeld*, MMR 2002, 494; BVerfGE 65, 1, 43 – *Volkszählung*; zum unantastbaren Kernbereich auch BVerfG, 1 BvR 370/07, 1 BvR 595/07, Rn 270f – Online-Durchsuchung.

663 In diesem Sinne wohl auch *Bull*, ZRP 1975, 11.

664 So auch *Peissl* in Stelzer, Biomedizin - Herausforderung für den Datenschutz, 14.

665 VerfG Mecklenburg-Vorpommern, 2/98, Entscheidung vom 21.10.1999, Rn 84, 88; ebenso BVerwGE 26, 169, 170; vgl. auch BVerfG, 1 BvR 2074/05, 1 BvR 1254/07, Rn 169ff mwN – *Kraftfahrzeugkennzeichenerfassung*, welches grundrechtseingreifende Ermittlungen *„ins Blaue hinein“* als verfassungsrechtlich unzulässig ansieht.

666 *Bielefeldt*, Freiheit und Sicherheit im demokratischen Rechtsstaat, 15 mwN.

667 BVerfGE 115, 320 (360f) mwN; BVerfG, 1 BvR 2074/05, 1 BvR 1254/07, Rn 169ff – *Kraftfahrzeugkennzeichenerfassung.*

Rechtsstaat sich jedoch nicht angelegt, um das Verbrechen zu fördern, sondern um die Freiheit seiner Bürger zu schützen.[668]

Wenn jedoch aus Angst vor Terroristen und Verbrechern die flächendeckende Überwachung von öffentlichen Plätzen, Verkehrsmitteln – und mit IKT-Implantaten potentiell jeglicher Orte – eingeführt wird und die Daten sämtlicher Bürger im Wege der Vorratsdatenspeicherung vorgehalten werden, werden Kontrolle und Überwachung nicht mehr nur zur Ausforschung Verdächtiger genutzt.[669] Vielmehr werden umgekehrt alle überwacht und verdächtigt.

Die unterschieds- und anlasslose Überwachung, wie sie beispielsweise beim Videoscanning von Kfz-Kennzeichen praktiziert wird,[670] unterstellt alle Verkehrsteilnehmer einem Generalverdacht und ermöglicht unzulässige Ermittlungen *„ins Blaue hinein“*.[671] Hierin wird ein Verstoß gegen den Verhältnismäßigkeitsgrundsatz und das Recht auf informationelle Selbstbestimmung gesehen.[672] Mit Blick auf Forderungen der britischen Polizei, erfasste Daten für fünf Jahre zu speichern, wird zudem befürchtet, dass hierdurch eine Sicherheitsinfrastruktur aufgebaut werden soll, welche künftig noch weitergehende Eingriffe und Speicherungen ermöglichen wird.[673] Bereits bei einer Vernetzung der Videoscanning-Systeme der Länder untereinander und mit dem Mauterfassungssystem entstünde die Möglichkeit, jede längere Fahrt mit dem Kfz zu dokumentieren und über eine punktuelle Erfassung hinaus eine Vielzahl von Informationen über Fahrer zu gewinnen.[674] In Anbetracht von IKT-Implantaten, welche eine Standortbestimmung per GSM und GPS ermöglichen, wird sogar jede Bewegung, gleich mit welchem Verkehrsmittel, und der Aufenthalt auf beliebigen Plätzen potentiell registrier- und speicherbar.

Eine hierdurch bewirkte Verhaltensanpassung des Bürgers zur Gesetztreue wäre zwar grundsätzlich begrüßenswert, widerspräche aber den Vorstellungen eines liberalen Staats, der seinen Bürgern das Recht auf freie Entfaltung der Persönlichkeit zubilligt und nur eingreift, wo es für ein geordnetes Zusammenleben unabdingbar ist. Gerade auch angesichts der Risiken, welche durch Missbrauch oder Fehlerhaftigkeit der Daten drohen,[675] würden sämtliche Bürger im Ergebnis der Gefahr ausgesetzt sein, Opfer von falschen Verdächtigungen, von Datenmissbrauch und von fehlerhaften Datenbankeinträgen zu werden. Wer-

---

668 *Geiger*, StZ v. 06.02.2007, 2.

669 75. Konferenz der Datenschutzbeauftragten des Bundes und der Länder, DuD 2008, 469.

670 BVerfG, 1 BvR 2074/05, 1 BvR 1254/07, Leitsatz 4, Rn 145, 172 – *Kraftfahrzeugkennzeichenerfassung*; *Eicher*, ADACmotorwelt 11/2006, 78.

671 BVerfG, 1 BvR 2074/05, 1 BvR 1254/07, Rn 169, 172 – *Kraftfahrzeugkennzeichenerfassung.*

672 *Schaar*, in *Eicher*, ADACmotorwelt 11/2006, 78; VerfG Mecklenburg-Vorpommern, 2/98, Entscheidung vom 21.10.1999, Rn 88; ebenso BVerwGE 26, 169, 170; BVerfG, 1 BvR 2074/05, 1 BvR 1254/07, Rn 172 – *Kraftfahrzeugkennzeichenerfassung.*

673 *Eicher*, ADACmotorwelt 11/2006, 79.

674 BVerfG, 1 BvR 2074/05, 1 BvR 1254/07, Rn 140ff – *Kraftfahrzeugkennzeichenerfassung*; vgl. hierzu auch *Langheinrich* in Mattern, Gibt es in einer total informatisierten Welt noch eine Privatsphäre?, 249 mwN; *Eicher*, ADACmotorwelt 11/2006, 79.

675 Vgl. hierzu die Beispielsfälle in Kapitel 3.3.2 am Ende.

den an einem Tatort biometrische Spuren gefunden, werden diese dem Inhaber der Daten in der biometrischen Datenbank zugeordnet und dieser gerät so in das Visier der Strafverfolger, auch wenn er oder sie mit der Tat nichts zu tun hatten. Während bislang die Fingerabdrücke von Unbeteiligten kaum in Datenbanken vorhanden waren und sich so die Ermittlungen auf *„tatnahe"* Personen konzentrierten, würden die Träger der biometrischen Merkmale fast zwangsläufig in Ermittlungsverfahren hineingezogen.[676] Gleiches gilt bei Datenspuren, welche aus Telekommunikationskontakten und aus Finanztransaktionen stammen. Bei IKT-Implantaten kommen der jeweilige Aufenthaltsort und gegebenenfalls weitere Aktivitäten noch hinzu. Auch Missbrauchsfälle bergen diese Gefahr: Ob im Wege des *„kleinen Missbrauchs"* durch privatnützig recherchierende Polizisten oder Ärzte oder im Interesse einer gezielten Manipulation durch staatliche Stellen zur Vortäuschung von Straftaten[677] wie beim *„Celler Loch"*,[678] ist für Betroffene zweitrangig: Wehren muss er sich hiergegen gleichermaßen, wodurch lediglich eine Aufrüstung an Schutzmechanismen auf der einen[679] und an Mitteln zu deren Durchbrechung auf der anderen Seite erreicht wird. Wer als ehrlicher, nicht krimineller Bürger angesichts der Rasterung privater Datenbanken im Auftrag der Polizei, wie sie bei der „Aktion Mikado"[680] erfolgte, nicht unter dem Druck von Verwechslungen und falschen Verdächtigungen leben möchte und daher Abschied von bargeldlosen Zahlungssystemen nimmt, kann weiter verdächtig erscheinen: In einer Gesellschaft, die alltägliche Geschäfte zunehmend bargeldlos abwickelt, erscheint jemand, der dies nicht tut, doch gerade als verdächtig: Denn wenn er nichts zu verbergen hätte, könnte er sich ja auch der bargeldlosen Zahlung bedienen, oder? Die Frage *„Datenschutz – wozu?"* und die Aussage, *„Wer nichts zu verbergen hat, hat auch nichts zu befürchten"* tauchen in der Diskussion regelmäßig auf.[681] Und tatsächlich, warum sollte ein unbescholtener Bürger Eingriffe in seine Privatsphäre fürchten, wozu braucht er einen strengen Datenschutz? Man kann es sich einfach machen und auf die bestehende Rechtslage, die Datenschutzgesetze und die Verfassung hinweisen. Wer keine rechtswidrigen Taten begangen hat, hat demnach vom Staat nichts zu befürchten. Allerdings wirft dies die Frage auf, warum der Bürger dem Staat dieses uneingeschränkte Vertrauen entgegen bringen soll, wenn der Staat selbst es umgekehrt nicht tut – sonst müsste er ja nicht jeden *„ins Blaue hinein"* überwachen (Generalverdacht), sondern könnte sich auf die bereits ermittelten Gesetzesbrecher konzentrieren. Allgegenwärtige Überwachung ist somit schon

---

676 In diesem Sinne auch *Weichert*, c't 11/2005, 98; vgl. hierzu auch Kapitel 3.3.2 am Ende.

677 *Bizer*, DuD 2007, 2.

678 Beim Celler Loch wollten Verfassungsschutz und GSG-9 1978 einen V-Mann in die RAF einschleusen. Hierzu verwendeten sie Vordrucke und Dienstsiegel aus Einbrüchen bei Behörden, stellten gefälschte Pässe her und täuschten einen Fluchthilfeversuch mit einem mit Waffen und Sprengstoff geladenen gestohlenen Mercedes vor, welcher am 25. Juli 1978 ein Loch in die Gefängnismauern der JVA Celle sprengte. 1988 fanden Journalisten heraus, dass es sich bei den vermeintlichen Tätern um V-Leute des Verfassungsschutzes handelte und die Aktion von staatlichen Stellen vorbereitet worden war. Vgl. *Ellersiek/Becker*, Das Celler Loch.

679 *Bizer*, DuD 2007, 2.

680 *Geiger*, StZ v. 10.01.2007; *Winsemann*, Generalverdacht gegen alle Kreditkartenbesitzer, http://www.heise.de/tp/r4/artikel/24/24443/1.html; vgl. näher hierzu Kapitel 3.3.3.6.3.

681 So auch *Peissl* in Stelzer, Biomedizin - Herausforderung für den Datenschutz, 3.

auf Legitimationsebene anders anzusiedeln als eine konkrete Überwachungsmaßnahme im begründeten Einzelfall.[682]

Private, kontrollfreie Räume sind als Bedingung der persönlichen Freiheit essentiell. Gerade auch für eine funktionierende Demokratie sind daher Privatheit und Privatsphäre als Ausdruck der Würde des Menschen für ein erfülltes Leben unentbehrlich.[683] Dazu darf aber nicht der Eindruck ständiger Kontrolle erweckt werden und ein Gefühl des Überwachtwerdens entstehen, welches zu Einschüchterungseffekten und in der Folge zu Beeinträchtigungen bei der Ausübung von Grundrechten führt.[684] Unabhängig vom hehren Zweck, den eine staatliche Zwangsmaßnahme verfolgt, muss sie die Grundrechte der Betroffenen wahren und sich an die gesetzlichen Vorgaben halten. Andernfalls liegt kein Rechtsstaat, sondern ein Willkürstaat vor.[685] Ein Staat, welcher den Respekt vor Menschenrechten vernachlässigt, kann im Ergebnis weder Freiheit noch Sicherheit gewährleisten.[686]

3.3.3.4. Änderung des Begriffsverständnisses „Privatsphäre", Aushöhlung des Grundrechts auf Unverletzlichkeit der Wohnung

Nach Ansicht des Bundesamtes für Sicherheit in der Informationstechnik (BSI) hat eine stark informatisierte Alltags- und Berufswelt neben ökonomischen Potentialen auch grundsätzliche Auswirkungen auf die Informationsfreiheit und die Privatsphäre bzw. den Datenschutz.[687] Diese Ansicht teilte auch das BVerfG in seiner Entscheidung zu Online-Durchsuchungen vom 27.02.2008.[688]

Durch die zunehmende Durchdringung vielfältiger Lebensbereiche mit intelligenten Gegenständen (*„smart objects"*) werden künftig unzählige zuvor private Handlungen und Inhalte öffentlich gemacht.[689] Denn die intelligenten Gegenstände sammeln und speichern auch im privaten Bereich Daten über Personen, welche sich danach grundsätzlich (auch) im öffentlichen Bereich auslesen lassen.[690] Die Grenzen, was künftig als öffentlich und was als privat angesehen wird, verschwimmen.[691] Dies veranschaulichen folgende Beispiele: Während ein Festnetzanschluss früher noch eindeutig einer bestimmten Wohnung zugehörig war, ist dies beim Mobilfunkanschluss, der in der Wohnung genutzt wird, bereits fraglich. Und wie sieht es bezüglich Datenübertragungen durch Personal Health Monito-

---

682 So auch ausdrücklich BVerfG, 1 BvR 2074/05, 1 BvR 1254/07, Rn 169ff mwN – *Kraftfahrzeugkennzeichenerfassung*; BVerfGE 115, 320 (360f) mwN.

683 *Goppel*, DuD 2005, 322.

684 BVerfG, 1 BvR 2074/05, 1 BvR 1254/07, Rn 78, 173 mwN – *Kraftfahrzeugkennzeichenerfassung*

685 *Udo Vetter*, in *Winsemann*, Generalverdacht gegen alle Kreditkartenbesitzer, http://www.heise.de/tp/r4/artikel/24/24443/1.html.

686 *Bielefeldt*, Freiheit und Sicherheit im demokratischen Rechtsstaat, 12f mwN.

687 *BSI; Bundesamt für Sicherheit in der Informationstechnik*, Risiken und Chancen des Einsatzes von RFID-Systemen, 20.

688 BVerfG, 1 BvR 370/07, 1 BvR 595/07, Rn 171ff, 177ff – Online-Durchsuchung.

689 *Telepolis (Hrsg.)*, Privates wird öffentlich, Öffentliches privat, http://www.telepolis.de/r4/artikel/22/22860/1.html.

690 Vgl. hierzu BVerfG, 1 BvR 370/07, 1 BvR 595/07, Rn 192 – Online-Durchsuchung.

691 *Telepolis (Hrsg.)*, Privates wird öffentlich, Öffentliches privat, http://www.telepolis.de/r4/artikel/22/22860/1.html.

ring Implantate aus, welche z. B. das Befinden und den Aufenthaltsort übertragen können oder mit Sprachverbindungen, welche mit implantierten Mobiltelefonen erfolgen? Welche Folgen hat eine Ausdehnung der stationären Bildübertragungen (von Videoüberwachungskameras), welche durch implantierte RFID-Tags automatisch aktiviert werden und der Person automatisch folgen, wohin sie auch geht? Die hierzu erforderliche Technik wird bereits an einem Flughafen eingesetzt.[692] Bei erfolgreichen Tests ist eine Ausdehnung auf Implantate möglich und eine Verwendung in anderen öffentlichen Gebäuden wäre wenig überraschend.[693] Unterliegt ein Zugriff auf die Übertragung derartiger Daten noch den strengen Eingriffsnormen des Strafprozessrechts? Welche Auswirkung hat die zunehmende Vorfeldaufklärung durch Polizeibehörden und Nachrichtendienste? Wann ist ein Mensch künftig *„zu Hause"*, wann in der Öffentlichkeit, wenn sein Bild und seine Gespräche, seine Vitalfunktionen und sein Aufenthaltsort jederzeit „von außen" ermittelbar sind? Betrachtet man nun die technischen Gegebenheiten der *„always on"*-Implantate, welche eine jederzeitige Standortfeststellung und noch bedeutend mehr an Daten auch über das Verhalten des Trägers offenbaren, besteht die Gefahr, dass die vom BVerfG bisher hochgehaltene *„Unverletzlichkeit der Wohnung"*[694] massiv ausgehöhlt werden könnte.[695]

Im Lichte dieser Entwicklung gehen Literatur und Rechtsprechung davon aus, dass die Privatsphäre im Zeitalter des potentiell *„gläsernen Menschen"*, dessen Daten von den verschiedensten Institutionen gesammelt und für ihn nicht steuerbar genutzt und weitergegeben werden, eine neue Bedeutung erlangt: Unter Privatsphäre ist nunmehr die Macht zu verstehen, sich der Welt selbstbestimmt und selektiv zu öffnen.[696] Im Gegenzug wird befürchtet, dass genau dieses Recht immer weiter ausgehöhlt wird.[697] Die Befürchtung der Entprivatisierung und Veröffentlichung zuvor nur bestimmten Stellen und Personen bekannter Daten ist dabei schon über dreißig Jahre alt – und wurde seinerzeit schon als *„theoretisch (...) vor der integrierten EDV denkbar, praktisch (jedoch) kaum"* gegeben erachtet.[698]

---

692 *Borchers*, c't 23/2006, 48.

693 Die Risiken einer Verbindung von Videoüberwachung, Biometrie und RFID sehen auch *Neumann/Schulz*, DuD 2007, 252 deutlich, mit den Folgen der Bildung von aussagekräftigen Bewegungsprofilen von Menschen und der gezielten Überwachung von Einzelpersonen und Personengruppen.

694 BVerfGE 109, 279, 314.

695 Auch das BVerfG, 1 BvR 370/07, 1 BvR 595/07, Rn 191, 193 – Online-Durchsuchung sieht Schutzlücken in Art. 13 Abs. 1 GG gegenüber Zugriffen auf informationstechnische Systeme, z. B. bei Verwendung einer Kamera oder eines Mikrofons eines vom Bewohner in der Wohnung aufgestellten Geräts zur Überwachung der Vorgänge in der Wohnung.

696 *Becker*, Die Politik der Infosphäre, 171; BVerfG, 1 BvR 370/07, 1 BvR 595/07, Rn 197f, 201 – Online-Durchsuchung; Hierzu gehört nicht nur das herkömmliche Verständnis, dass bestimmte Daten „geheim" bleiben müssen, sondern zunehmend auch die Frage, wie zugänglich bestimmte offenbarte Daten zu sein haben, vgl. mit Herleitung und Begründung anhand von Beispielen aus der Social Network Platform Facebook in den USA *Solove*, SciAm 9/2008, 82.

697 *Geis/Geis*, K&R 2006, 279, 280 unter Verweis auf BVerfG K&R 2006, 178ff, in welcher das Recht auf informationelle Selbstbestimmung de facto reduziert wurde auf eine Berücksichtigung in der Verhältnismäßigkeit des Eingriffs. *Geis/Geis* befürchten daher, dass von dem informationellen Selbstbestimmungsrecht nichts anderes als eine Pathosformel des Datenschutzrechts verbleibt.

698 *Schmidt*, JZ 1974, 242; zu den Konzepten großer Konzerne aus den siebziger Jahren auch *Baeriswyl*, RDV 2000, 6.

3.3.3.5. Einschränkung des Grundrechts auf freie Wahl des Aufenthaltsorts und Ausübung der Versammlungsfreiheit

Schon die heute existierenden Überwachungssysteme mit allgegenwärtigen Kameras führen dazu, dass nicht nur – wie bezweckt – verdächtige Personen, sondern rein statistisch sogar weit überwiegend immer mehr *„Normalbürger"* erfasst werden. Aus diesem Grund wird befürchtet, dass hierdurch jedermann bei seiner Grundrechtsausübung wie der freien Wahl des Aufenthaltsortes oder der Ausübung der Versammlungsfreiheit in die Überwachung einbezogen wird.[699]

3.3.3.6. Geweckte Begehrlichkeiten, Daten zu anderen als dem ursprünglichen Erhebungszweck zu nutzen – Beispiele

Jede vorhandene Technik – und sei sie noch so sehr zu einem eng gefassten, allseits akzeptierten Zweck angeschafft worden – kann jederzeit zu anderen Nutzungsmöglichkeiten herangezogen werden. Es besteht nun mehr denn je die Gefahr, dass die vorhandenen – privat wie auch öffentlich gesammelten – Datenmengen neue Begehrlichkeiten wecken, sie auch für andere Zwecke – etwa die Suche nach Kriminellen – zu nutzen.[700] Ursprünglich ausschließlich zu einen bestimmten Zweck erhobene Daten werden „wie selbstverständlich" für weitere Zwecke eingesetzt, so dass von einer *„Entkriminalisierung des Datensammelns"* gesprochen wird.[701] Hintergrund ist häufig, dass Data Mining Systeme umso besser funktionieren und genauere Vorhersagen ermöglichen, umso mehr Daten zur Auswertung zur Verfügung stehen.[702] Es besteht daher bei jeder Form des Data Minings stets die natürliche Tendenz, noch umfangreichere Datensätze auszuwerten.[703]

3.3.3.6.1. Toll Collect/ Verkehrsüberwachung/ Kfz-Kennzeichen-Scanning

Ermittlungsbehörden forderten vom Betreiber TollCollect die Herausgabe fahrtbezogener Daten mautpflichtiger Fahrzeuge,[704] obwohl die erhobenen Daten gemäß §§ 4 Abs. 2 und 7 Abs. 2 Autobahnmautgesetz ausdrücklich nur für den Zweck der Mauterhebung erhoben

---

699 *Becker*, Die Politik der Infosphäre, 151.

700 *Federrath*, Schleichender Verlust an Datenschutz, http://www.heise.de/newsticker/meldung/70728; *Schaar*, DuD 2007, 260; *Bizer/Dingel/Fabian et al.*, TAUCIS, 214f; *Simitis*, RDV 2007, 148; *Friedewald/Lindner* in Mattern, Datenschutz, Privatsphäre und Identität in intelligenten Umgebungen, 224; *Langheinrich* in Mattern, Gibt es in einer total informatisierten Welt noch eine Privatsphäre?, 249, 251 mwN; *Roßnagel*, FES-Studie, 144f, 189; *Roßnagel* in Mattern, Informationelle Selbstbestimmung in der Welt des Ubiquitous Computing, 277.

701 *Langheinrich* in Mattern, Gibt es in einer total informatisierten Welt noch eine Privatsphäre?, 249 mwN.

702 *Garfinkel*, SciAm 9/2008, 65.

703 Vgl. hierzu auch die ausführliche Darstellung gegenwärtiger Schwierigkeiten und Grenzen bei *Garfinkel*, SciAm 9/2008, 60-65.

704 *Schaar*, RDV 2006, 4; AG Gummersbach NJW 2004, 240.

und genutzt werden dürfen.[705] Diese enge Zweckbindung wurde politisch im Jahre 2004 noch einmal ausdrücklich bekräftigt.[706] Zwischenzeitlich wird indes eine Gesetzesänderung des ABMG diskutiert[707] und im Bundesinnenministerium vorbereitet.[708] Befürworter der geplanten Gesetzesänderung möchten zwar eine Erweiterung der Datenerhebung und -nutzung zur Aufklärung normaler Straftaten und Ordnungswidrigkeiten ausgeschlossen wissen. Es soll verhindert werden, ein *„allgemeines Überwachungsraster"* zu schaffen, das den Weg in einen Polizeistaat ebnet.[709] Dennoch scheinen die Pläne nach Ansicht von *Schaar* in diese Richtung zu gehen: *„Man hat die Vorstellung, dass man TollCollect zu einer Art Fahndungssystem umbaut, wo diese Daten gesammelt werden, nur um dann den möglicherweise geschehenen Straftaten besser auf die Spuren zu kommen. Das halte ich für völlig falsch".*[710] Auch der verkehrspolitische Sprecher der Grünen, *Winfried Hermann*, befürchtet am Ende des Prozesses die *„totale Überwachung des Individualverkehrs"*, welche es zu vermeiden gelte.[711] Als warnendes Beispiels wird das britische Pendant, das Automatic Number Plate Recognition Systems (ANPR) als weltweit wohl im größten Umfang eingesetztes System angesehen, welches seit Juni 2006 die Ringautobahn M25 um London überwacht und die Bewegungen aller Fahrzeuge für zwei (künftig fünf) Jahre speichert, so dass diese für Ermittlungszwecke zur Verfügung stehen.[712] Auch in Frankreich erfolgt die automatisierte Kennzeichenerfassung zur Verhütung und Ahndung von Straftaten und Zollvergehen.[713] Eine Totalüberwachung scheint – gerade bei der in Großbritannien bereits betriebenen Ausdehnung auf alle Nationalstraßen dann jedoch in naher Reichweite: So ist das Ziel der britischen Polizei *„to deny criminals the use of the roads".*[714] Da die Nutzer sich nicht freiwillig dem Mautsystem anschließen, begeben sie sich zwangsweise in die Situation einer gefährdeten Vertraulichkeit.[715] Nach Ansicht des externen Datenschutzbeauftragten von TollCollect, *Fraenkel*, besteht schon heute keine Wahlfreiheit der Transportunternehmen hinsichtlich der Nutzung einer OBU (an Stelle der 3.700 Mautterminals).[716] Vielmehr würden wirtschaftliche Zwänge die Nutzung der OBUs durch Speditionen unumgänglich machen. So werden bereits heute 90 % des mautpflichti-

---

705 Vgl. dazu die ausführliche Begründung bei *Otten*, DuD 2005, 660, welche aufgrund dieser Zweckbindung gerade keine „Bestimmung" der OBU und der anfallenden Daten zu Überwachungszwecken sieht und folgerichtig eine Anwendbarkeit der §§ 100 c, 100 f und 100 g StPO verneint; ebenso *Göres*, NJW 2004, 197; auch *Fraenkel/Hammer*, DuD 2006, 499f verneinen einen Zugriff des Staates auf Grundlage der §§ 100 g, 100 h StPO unter Verweis auf ABMG und darauf, dass es sich hierbei gar nicht um Kommunikationsdienstleistungen handele, da sämtliche OBUs TollCollect gehörten und somit nur eine interne Kommunikation erfolge, nicht jedoch das Anbieten von Kommunikationsdienstleistungen für Dritte.

706 *Schaar*, RDV 2006, 4.

707 *Langheinrich* in Mattern, Gibt es in einer total informatisierten Welt noch eine Privatsphäre?, 249 mwN.

708 *Borchers*, LKW-Maut: Schäuble will Zweckbindung der Mautdaten aufheben, http://www.heise.de/newsticker/meldung/76391.

709 So der stellvertretende GdP-Vorsitzende, *Bernhard Witthau*, GdP-Pressemeldung, http://www.gdp.de/gdp/gdpcms.nsf/id/p60801?Open&ccm=500020000&L=DE

710 So der Bundesdatenschutzbeauftragte, *Peter Schaar*, in *Deutschlandradio Kultur*, Interview vom 04.08.2006.

711 *Borchers*, LKW-Maut: Schäuble will Zweckbindung der Mautdaten aufheben, http://www.heise.de/newsticker/meldung/76391.

712 Vgl. hierzu BVerfG, 1 BvR 2074/05, 1 BvR 1254/07, Rn 3 mwN – *Kraftfahrzeugkennzeichenerfassung*; *Langheinrich* in Mattern, Gibt es in einer total informatisierten Welt noch eine Privatsphäre?, 249 mwN.

713 BVerfG, 1 BvR 2074/05, 1 BvR 1254/07, Rn 3 mwN – *Kraftfahrzeugkennzeichenerfassung*.

714 Zitiert nach *Langheinrich* in Mattern, Gibt es in einer total informatisierten Welt noch eine Privatsphäre?, 249 mwN.

715 *Göres*, NJW 2004, 198.

716 *Fraenkel/Hammer*, DuD 2006, 499.

gen Verkehrs in Deutschland via OBU erfasst.[717] Neben der unausweichlichen Erfassung aller Fahrzeuge an den Kontrollbrücken wäre somit die weitaus umfangreichere Erfassung sämtlicher Fahrten via OBUs ebenfalls nahezu unvermeidlich.[718]

Während Schleswig-Holstein im Jahr 2006 noch plante, Maut-Daten aus den automatischen Überwachungsanlagen zu einem allgemeinen Kfz-Kennzeichen-Scanning zu verwenden,[719] wurde in den Polizeigesetzen dort sowie in Baden-Württemberg, Bayern, Bremen, Brandenburg, Hamburg, Hessen, Mecklenburg-Vorpommern und Rheinland-Pfalz die entsprechende Umsetzung für ein vom Mautsystem unabhängiges *„Videoscanning“* von Kfz-Kennzeichen vorgenommen.[720] Dabei werden anlass- und verdachtsunabhängig sämtliche Kennzeichen vorbeifahrender Kraftfahrzeuge erfasst und automatisch mit polizeilichen Fahndungsdateien abgeglichen.[721] Allein in Bayern werden monatlich fünf Millionen Nummernschilder auf diese Art und Weise überprüft.[722] Die Erfolgsquote ist dabei gering: Lediglich bei 0,3 Promille der erfassten Kennzeichen wurden relevante Treffer registriert.[723] Dabei handelte es sich jedoch nicht etwa um Kapitalverbrecher oder Terroristen, sondern um säumige Versicherungszahler, Fahrer mit gestohlenen Kennzeichen oder Kleinkriminelle.[724] War ein überprüftes Kennzeichen nicht im Fahndungsbestand, wurden das Bild und das erfasste Kennzeichen umgehend gelöscht. Angesichts des Umfangs der überprüften Kennzeichen, der verdachtslosen Erhebung und der geringen Erfolgsquote – zudem im Bereich kleinster Kriminalität und von Ordnungswidrigkeiten – ging das BVerfG jüngst bezüglich der Regelung zum Kfz-Kennzeichen-Scanning in Schleswig-Holstein von einer unverhältnismäßigen Maßnahme aus und erklärte die entsprechenden Regelungen für verfassungswidrig und nichtig.[725] Dennoch wollen zumindest Bayern, Baden-Württemberg und Niedersachen an ihrem Kfz-Kennzeichen-Scanning unverändert festhalten.[726]

---

717 *Fraenkel/Hammer*, DuD 2006, 499.

718 Ähnliches dürfte hinsichtlich der eCall-Notrufsysteme (*Schaar*, RDV 2006, 3), dem Projekt Veronica (*Millward*, 'Spy in the sky' keeps watch on speeding drivers, http://www.telegraph.co.uk/news/worldnews/1514648/.html) und dem WGV-Pilotprojekt „Young & Safe“ (*WGV (Hrsg.)*, WGV startet in Zusammenarbeit mit HP Pilotprojekt für junge Fahranfänger – Testfahrer gesucht, http://www.wgv-online.de/produkte/kfz_youngandsafe.htm) gelten, wie das Beispiel Vereinigte Arabische Emirate zeigt.

719 *Neumann*, Datenschützer fordern Streichung von Rasterfahndung und Kfz-Kennzeichen-Scanning, http://www.heise.de/newsticker/meldung/73443.

720 *Handelsblatt (Hrsg.)*, Kennzeichenerfassung ist verfassungswidrig, Handelsblatt v. 11.03.2008, http://www.handelsblatt.com/News/Auto/Recht-Steuern/_pv/_p/205919/_t/ft/_b/1402400/default.aspx/kennzeichenerfassung-ist-verfassungswidrig.html; *Eicher*, ADACmotorwelt 11/2006, 78

721 BVerfG, 1 BvR 2074/05, 1 BvR 1254/07, Rn 2 – *Kraftfahrzeugkennzeichenerfassung.*

722 *Eicher*, ADACmotorwelt 11/2006, 78.

723 *Handelsblatt (Hrsg.)*, Kennzeichenerfassung ist verfassungswidrig, Handelsblatt v. 11.03.2008, http://www.handelsblatt.com/News/Auto/Recht-Steuern/_pv/_p/205919/_t/ft/_b/1402400/default.aspx/kennzeichenerfassung-ist-verfassungswidrig.html.

724 *Spiegel Online (hen/amz/AP/dpa/ddp)*, Bayern, Niedersachsen und Baden-Württemberg sperren sich gegen Autoscan-Stopp, http://www.spiegel.de/politik/deutschland/0,1518,540785,00.html; *Eicher*, ADACmotorwelt 11/2006, 78

725 BVerfG, 1 BvR 2074/05, 1 BvR 1254/07, Tenor – *Kraftfahrzeugkennzeichenerfassung* (zu § 14 Abs. 5 HSOG, § 184 Abs. 5 LVwG Schleswig-Holstein).

726 *Spiegel Online (hen/amz/AP/dpa/ddp)*, Bayern, Niedersachsen und Baden-Württemberg sperren sich gegen Autoscan-Stopp, http://www.spiegel.de/politik/deutschland/0,1518,540785,00.html.

3.3.3.6.2. Vorratsdatenspeicherung

Auch die Richtlinie 2006/24/EG über die Vorratsdatenspeicherung von Kommunikationsdaten belegt, wie schnell ein ursprünglich eng definierter Anwendungsbereich rasch ausgedehnt wird. Denn die Richtlinie 2006/24/EG wurde auf EU-Ebene allein zur Terrorismusabwehr eingeführt. In der deutschen Umsetzung der Richtlinie in §§ 113 a, 113 b TKG, in Kraft getreten am 01.01.2008, dient sie jedoch neben der Ermittlung, Aufdeckung und Verfolgung schwerster Straftaten auch der Aufdeckung von *„mittels Telekommunikation"* begangener Straftaten, beispielsweise von Urheberrechtsverletzungen in Tauschbörsen. Die Richtlinie sieht die verdachtslose Speicherung von Verkehrsdaten bei elektronischer Kommunikation von bis zu zwei Jahren vor.[727] Es geht mithin nicht darum, dass Sicherheitsbehörden auf die Daten von Verdächtigen (Personen, welche eine Straftat begangen haben oder zu begehen planen) zugreifen und diese analysieren wollen, sondern es handelt sich um eine rein präventive Maßname, mit der jeder Nutzer elektronischer Medien unter Verdacht gestellt wird.[728] Als Folge der Vorratsdatenspeicherung kann mittels der Telekommunikation und der Informationstechnologie – wenn dies vom Gesetzgeber so sicherlich auch noch gar nicht bedacht worden sein mag – potentiell jeder Nutzer von IKT weltweit überwacht werden.[729] Zugriffsberechtigt sind die Behörden des Mitgliedsstaats, welche für die Verfolgung schwerer Straftaten zuständig sind. Auch wenn sich den reinen Verbindungsdaten nicht entnehmen lässt, um welche Inhalte es bei der Kommunikation via Telefon, SMS oder Internet-Verbindung ging, stellen diese dennoch sensible Daten dar, da sie detaillierte Einblicke in die Lebens- und Verhaltensweise der Kommunikationsteilnehmer gewähren.[730]

Auch über die Grenzen der EU hinaus weckt die Vorratsdatenspeicherung Begehrlichkeiten: Im April 2006 wurde bekannt, dass die US Regierung gegenüber EU-Vertretern den Wunsch geäußert hat, zum Zweck der Terrorismusbekämpfung ebenfalls Zugriff auf die Verbindungsdaten europäischer Bürger zu erhalten, welche gemäß der Vorratsdatenspeicherungsrichtlinie anfallen. Nach Aussagen des zuständigen EU-Kommissars, *Frattini,* sei die Frage eines Zugriffs jeweils national zu regeln, könne jedoch wie sämtliche anderen Auskünfte auch in *„besonderen und gut definierten Fällen"* erfolgen.[731] Die Vorratsdaten-

---

727 Vgl. zur Kritik hieran *Schaar*, RDV 2006, 2; allerdings wurde vom deutschen Gesetzgeber nur die Mindestspeicherfrist der Richtlinie von 6 Monaten übernommen. Das BVerfG hat jedoch in seiner Eilentscheidung (BVerfG, 1 BvR 256/08) bereits Zugriffe auf diese Daten untersagt, das Urteil in der Hauptsache steht noch aus.

728 *Tinnefeld*, RDV 2006, 98; vgl. hierzu auch *Starostik/Gusy/Gössner et al.*, Verfassungsbeschwerde Vorratsdatenspeicherung (Klageschrift), http://www.starostik.de/downloads/anwalt-berlin-verfassungsbeschwerde-vorratsdatenspeicherung.pdf.

729 *Roßnagel*, FES-Studie, 104, 189; *Tinnefeld*, RDV 2006, 98

730 *Zimmermann*, 26. Tätigkeitsbericht 2005 des Landesbeauftragten für den Datenschutz Baden-Württemberg, http://www.baden-wuerttemberg.datenschutz.de/lfd/tb/2005/default.htm, 5.5; in diesem Sinne wohl auch BVerfG, 1 BvR 370/07, 1 BvR 595/07, Rn 198, 203, 233, 237 – Online-Durchsuchung.

731 *TELEPOLIS/fr*, EU will Verbindungsdaten an die USA weitergeben, http://www.heise.de/newsticker/meldung/78467; *Frattini*, Antwort P-2846/06EN auf eine Anfrage.

speicherung und beabsichtigte Datenübermittlung an auswärtige Staaten durch die EU wird es daher diesen ermöglichen, Bewegungsbilder auch von EU-Bürgern zu erstellen.[732]

Aber auch innerhalb der EU ist eine Ausweitung der Zugriffsbefugnisse auf nahezu sämtliche Datenbanken angedacht oder bereits beschlossen: Als Nachfolger des Schengener Abkommens sieht der Vertrag von Prüm eine weitere Vernetzung der EU-Strafverfolgungsbehörden vor. Das grundsätzlich zu begrüßende Zusammenwachsen der Behörden der Mitgliedsstaaten und die enge Zusammenarbeit im Bereich der Strafverfolgung bergen jedoch auch Risiken, wenn nicht in allen Mitgliedsstaaten die gleichen Vorschriften zum Schutz der Daten gelten. Der innenpolitische Sprecher der Liberalen im EU-Parlament, *Alexander Alvaro*, befürchtet in dem Vertrag von Prüm nur einen Vorgeschmack auf die sich abzeichnende Superdatenbank. Diese böte Möglichkeiten, alle Bürger *„von der Wiege bis zur Bahre“* digital zu erfassen – ohne jegliche parlamentarische Kontrolle und wirksamen Grundrechtsschutz.[733] Bundesinnenminister *Wolfgang Schäuble* regte Anfang 2007 zudem an, bei dem Informationsaustausch auch DNA- und Fingerabdruckdaten für die jeweiligen Strafverfolgungsbehörden direkt zugänglich zu machen.[734] Die Daten sollen dabei auch zu präventiven Zwecken wie *„im Rahmen von Großveranstaltungen über einreisende Gewalttäter“* genutzt werden dürfen. Zudem deutete *Schäuble* an, dem Wunsch des US-Heimatschutzministeriums möglicherweise nachkommen zu wollen, die polizeiliche Gendatenbank auch gegenüber den USA zu öffnen.[735]

Wie die Diskussionen und Entwicklungen um die Nutzung von LKW-Mautdaten für Fahndungszwecke oder um die Vorratsdatenspeicherung[736] exemplarisch belegen, wird bereitwillig und sehr schnell unter Verweis auf die unausweichliche Notwendigkeit der Bekämpfung schwerster Straftaten der Verwendungszweck hierauf ausgedehnt. Ist der Damm dann erst einmal gebrochen, wäre es doch schade, die vorhandenen Daten nicht auch zur Bekämpfung der mittleren Kriminalität nutzen zu können.[737] Mit der Terrorismusbekämpfung lasse sich daher leicht ein gesellschaftlicher Konsens finden, um individuelle Freiheiten einer mittels detaillierter Überwachung geschaffenen *„sicheren“* Umwelt zu opfern.[738] Ist eine solche Möglichkeit einmal da, wird sie auch genutzt. Nach Terroristen,

---

732 75. Konferenz der Datenschutzbeauftragten des Bundes und der Länder, DuD 2008, 471.

733 *Krempl*, Warnungen vor "Superdatenbank" der Sicherheitsbehörden, http://www.heise.de/newsticker/meldung/83870.

734 *TELEPOLIS/fr*, Schäuble schlägt europaweite Vernetzung der Gen- und Fingerabdruckdatenbanken vor, http://www.heise.de/newsticker/meldung/83740.

735 *TELEPOLIS/fr*, Schäuble schlägt europaweite Vernetzung der Gen- und Fingerabdruckdatenbanken vor, http://www.heise.de/newsticker/meldung/83740.

736 Die Richtlinie 2006/24/EG über die Vorratsdatenspeicherung von Kommunikationsdaten – ABl 2006 L 105, 54 – muss in Deutschland bis zum 15. März 2009 in nationales Recht umgesetzt werden, vgl. hierzu *Neumann*, Richtlinie 2006/24/EG, http://www.tkrecht.de/index.php4?direktmodus=nachrichten&nid=20060413-1. Sie ist abrufbar unter: http://europa.eu.int/eur-lex/lex/lexuriserv/site/de/oj/2006/l_105/l_10520060431de00540063.pdf; zur Vorratsdatenspeicherung von Verbindungsdaten *Zimmermann*, 26. Tätigkeitsbericht 2005 des Landesbeauftragten für den Datenschutz Baden-Württemberg, http://www.baden-wuerttemberg.datenschutz.de/lfd/tb/2005/default.htm, 5.5.

737 So Zimmermann bei der Vorstellung des 26. Jahresberichts, wiedergegeben in *Heise online/jk*, Erosion des Datenschutzes befürchtet, http://www.heise.de/newsticker/meldung/67192.

738 Langheinrich/Mattern, APuZ 42/2003, 12.

Schläfern und Käufern von Kinderpornographie kommen – so diese Praxis in den anhängigen Verfahren als rechtmäßig bestätigt werden sollte – daher auch andere Delikte niedriger Kriminalität in Betracht, z. B. das Herunterladen urheberrechtlich geschützter Dateien aus dem Internet durch Unbefugte.

3.3.3.6.3. Aktion „Mikado"

Auch die Aktion *„Mikado"* belegt, wie groß der Reiz ist, auf eigentlich zu völlig anderen Zwecken gesammelte und leicht abrufbar vorgehaltene Daten zuzugreifen, wenn nur die Möglichkeit dazu besteht.

Bei der Aktion *„Mikado"* überprüfte die Polizei Sachsen-Anhalts mit Hilfe aller deutschen Kreditinstitute und Verrechnungsstellen, welche ihrer 22 Millionen Kunden einen Betrag von USD 79,99 innerhalb eines bestimmten Zeitraums an die im Ausland sitzenden, unbekannten Betreiber einer kinderpornographischen Internetseite auf den Philippinen via Kreditkarte bezahlt hatten.[739] Das Besondere an der Aktion war, dass nicht bekannt war, ob überhaupt Deutsche unter den Käufern waren. Mithin bestanden keinerlei Verdachtsmomente und es wurde allein aufgrund eines Generalverdachts ermittelt[740] – nämlich aufgrund der Annahme, dass es kriminalistischer Erfahrung widerspräche und lebensfremd wäre, wenn bei 22 Millionen deutschen Kreditkartennutzern nicht auch *„schwarze Schafe"* dabei seien.[741] Zunächst wurde ein verdächtiges Verhalten definiert und die Datensätze sämtlicher Kunden daraufhin überprüft, ob bei ihnen das gesuchte Verhaltensmuster aufzufinden war.[742] Damit wurde wie bei einer Rasterfahndung vorgegangen.[743] Bei dieser werden große Mengen personenbezogener Daten (aus öffentlichen und privaten Datensammlungen) miteinander abgeglichen, um diejenige Schnittmenge von Personen zu ermitteln, auf welche bestimmte, vorab festgelegte und für die weiteren Ermittlungen als bedeutsam angesehene Merkmale zutreffen.[744] An die Zulässigkeit der Rasterfahndung stellt das BVerfG indes strenge Anforderungen. Nur wenn eine konkrete Gefahr für hochrangige Rechtsgüter – wie den Bestand oder die Sicherheit des Bundes oder eines Landes oder für Leib, Leben oder Freiheit einer Person – vorliegt, darf von dieser Ermittlungsmethode Gebrauch gemacht werden. Der Grad der Wahrscheinlichkeit einer Rechtsgutverletzung

---

739 AG Halle-Saalkreis, Beschluss vom 11.03.2007, Az. 395 Gs 34/07 – *Mikado*, 2f, abgedruckt in DuD 2007, 464-470 sowie abrufbar unter http://udovetter.de/lawblog/070313a.pdf; *Geiger*, StZ v. 10.01.2007, 2; *Winsemann*, Generalverdacht gegen alle Kreditkartenbesitzer, http://www.heise.de/tp/r4/artikel/24/24443/1.html.

740 So auch *Udo Vetter*, in *Winsemann*, Generalverdacht gegen alle Kreditkartenbesitzer, http://www.heise.de/tp/r4/artikel/24/24443/1.html, der den Sachverhalt mit dem Absperren und Durchsuchen eines ganzen Stadtviertels vergleicht.

741 AG Halle-Saalkreis, Beschluss vom 11.03.2007, Az. 395 Gs 34/07 – *Mikado*, II 2 a dd), 12.

742 Dabei wurde gefragt: „Welche Kreditkartenkonten weisen ab den 01.03.2006 bis heute einen Überweisungsbetrag von 79,99 Dollar an die Firma AD Soft auf?" und auf die Verbindung zur Kinderpornografie hingewiesen. AG Halle-Saalkreis, Beschluss vom 11.03.2007, Az. 395 Gs 34/07 – Mikado, II 2 a dd), 3.

743 So der Beschwerdeführer in AG Halle-Saalkreis, Beschluss vom 11.03.2007, Az. 395 Gs 34/07 – *Mikado*, a.A. das AG, welches hierfür einen Abgleich der übermittelten Datensätze untereinander für erforderlich hält, während im Fall Mikado nur „Treffer" übermittelt worden seien, a.a.O. II 2 b) bb) bbb), 14.

744 BVerfG, DuD 2006, 443.

muss dabei nicht nur mit Rücksicht auf die Größe eines möglichen Schadens, sondern auch im Hinblick auf die Schwere und die Erfolgschancen des Grundrechtseingriffs bestimmt werden, der zur Gefahrenabwehr eingesetzt wird.[745]

Im vorliegenden Fall waren diese Voraussetzungen allesamt nicht erfüllt.[746] So widerwärtig Kinderpornographie auch ist, stuft das Gesetz den Erwerb von Kinderpornographie nur als *Vergehen* ein und die Hintermänner sollten und konnten auf diese Weise nicht ermittelt werden.[747] Zwar ließ sich im konkreten Fall die Polizei nicht die Daten übermitteln, um sie dann selber zu „rastern" wie es üblicherweise bei Rasterfahndungen geschieht, sondern bat die oben genannten Kreditinstitute und Verrechnungsstellen – also Private, bei denen die Daten bereits verfügbar vorlagen – die Rasterung durchzuführen. Das Ergebnis ist jedoch faktisch das Gleiche.

Genau hierin werden zugleich die größten Gefahren der Folgen zunehmender staatlicher und privater Überwachung und Vorratsdatenspeicherung gesehen: Denn eine derartige Überprüfung hätte zum Einen nicht stattgefunden, wenn die Daten nicht gesammelt und leicht abrufbar vorgehalten worden wären.[748] Zum anderen bestand aber gegen keinen der ermittelten 322 Verdächtigen zuvor auch nur ein Anfangsverdacht, der über die bloße statistische Wahrscheinlichkeit, dass auch *„schwarze Schafe"* aus Deutschland beteiligt gewesen seien, hinausging.[749] So geraten auch völlig unschuldige Menschen – immerhin 99,9985 % der 22 Millionen Überprüften – in das Visier der Fahnder. Aufgrund der bekannten Problematik *„gestohlener"* Kreditkartendaten[750] besteht auch hier die Gefahr, dass eine große Zahl Unschuldiger Opfer falscher Verdächtigungen werden.[751]

3.3.3.6.4. GEZ, BaFin

Auch andere staatliche Institutionen wollen auf Daten privater Quellen zugreifen bzw. tun dies bereits. Dass der Staat neben den eigenen Daten auch auf privat generierte Datensätze zugreift, ist spätestens seit dem millionenfachen Adressenerwerb durch die GEZ be-

745 BVerfG, DuD 2006, 443; *Kaufmann*, DuD 2007, 33.

746 So auch *Udo Vetter*, in *Winsemann*, Generalverdacht gegen alle Kreditkartenbesitzer, http://www.heise.de/tp/r4/artikel/24/24443/1.html; vgl. auch VerfG Mecklenburg-Vorpommern, 2/98, Entscheidung vom 21.10.1999, Rn 86.

747 AG Halle-Saalkreis, Beschluss vom 11.03.2007, Az. 395 Gs 34/07 – *Mikado*, a.a.O.; *Udo Vetter*, in *Winsemann*, Generalverdacht gegen alle Kreditkartenbesitzer, http://www.heise.de/tp/r4/artikel/24/24443/1.html.

748 Vgl. hierzu auch BVerfG, 1 BvR 2074/05, 1 BvR 1254/07, Rn 64 – *Kraftfahrzeugkennzeichenerfassung*, welches ebenfalls darauf abstellt, dass die elektronisch nunmehr mögliche Maßnahme des konventionell nicht bewältigbaren Kfz-Kennzeichen-Scanning zu einer gesteigerten Gefährdungslage führt.

749 So im Ergebnis die Urteilsbegründung AG Halle-Saalkreis, Beschluss vom 11.03.2007, Az. 395 Gs 34/07 – *Mikado*, a.a.O.; *Geiger*, StZ v. 10.01.2007, 2; *Geiger*, StZ v. 10.01.2007, 3.

750 Vgl. nur den Bericht der *F.A.S. (Hrsg.)*, Für zehn Dollar das Bankkonto leerräumen, F.A.S. v. 24.08.2008, http://www.faz.net/s/RubE2C6E0BCC2F04DD787CDC274993E94C1/Doc~E457AAE6F26C140609542A7F35970071A~ATpl~Ecommon~Scontent.html, wonach Kreditkartendaten auf dem Schwarzmarkt für weniger als einen USD pro Karte erhältlich sind und sogar komplette Zugangsdaten zum Online-Banking für Preise ab 10 USD gehandelt würden.

751 *Winsemann*, Generalverdacht gegen alle Kreditkartenbesitzer, http://www.heise.de/tp/r4/artikel/24/24443/1.html; vgl. auch den Fall des zu Unrecht verdächtigten Professors in *Geiger*, StZ v. 06.02.2007.

kannt.[752] Dabei kam die Gebühreneinzugszentrale GEZ bereits vor einigen Jahren auf die *„kreative Idee“*, zur Ermittlung potentieller Beitragszahler auf privat gesammelte Adressenbestände zuzugreifen.[753] Seither wurden Millionen von Adressen erworben, mit dem Bestand abgeglichen und diejenigen angeschrieben, welche noch nicht bei der GEZ gemeldet waren.[754] Als Legitimation hierfür nennt der VGH Baden-Württemberg beispielsweise den verfassungsrechtlichen Anspruch der Rundfunkanstalten auf eine gewährleistete Finanzierung, zu der ihr auch entsprechende Befugnisse an die Hand gegeben werden mussten. Daher seien die Rundfunkanstalten *„gehalten, alles zu tun, um alle Teilnehmer ordnungsgemäß zu erfassen“*.[755] Dass sich mit dem verfassungsrechtlichen Auftrag nahezu sämtliche Maßnahmen des Staates rechtfertigen ließen, liegt auf der Hand. Auch zur „vorbeugenden Straftatenbekämpfung“ sollen von Providern Bestands- und Nutzungsdaten von Telemediendiensten herausgegeben werden.[756]

Auch die Bundesanstalt für Finanzdienstleistungsaufsicht (BaFin) prüft den Einsatz von Data Mining Analysetools, um aus den täglich etwa eine halbe Million Meldungen über Käufe und Verkäufe von Aktien und Optionen verdächtige Transaktionen (insbesondere Insiderhandel) aufzudecken.[757] Dass auch andere staatliche Stellen wie Finanzämter, Sozialämter, Polizeibehörden oder Geheimdienste auf die bei Privaten gesammelten Daten zugreifen werden, ist daher alles andere als auszuschließen.[758] Dass diese dabei nicht einmal vor dem Erwerb und der Verwendung rechtswidrig erlangter Daten zur Aufdeckung von Steuerhinterziehungen zurückschrecken, zeigt die Liechtensteiner Steueraffäre.

3.3.3.6.5. Staatliche Überwachung für Private – FIFA

Weitere Auswüchse der staatlichen Überwachung zeigen sich auch an der Schnittstelle zur privaten Wirtschaft: So mussten sich ca. 250.000 Menschen für die – privat veranstaltete! – FIFA Fußballweltmeisterschaft 2006 damit einverstanden erklären, durch den Verfassungsschutz und Bundesnachrichtendienst überprüft zu werden – vom Würstchenverkäufer über Reinigungskräfte bis hin zu Journalisten, welche sich akkreditieren wollten.[759] *Lubomierski* sieht hierin eine zum Ausdruck kommende Sicherheitshysterie, die es in Deutschland so zuvor noch nie gegeben habe, insbesondere, da sie zu Gunsten eines pri-

752 *Herb*, RDV 2005, 252.

753 *Herb*, RDV 2005, 252.

754 *Herb*, RDV 2005, 252.

755 VGH Baden-Württemberg VBlBW 1995, 367, 370.

756 *Krempl*, Bundesregierung will Kundendaten für vorbeugende Straftatenbekämpfung, http://www.heise.de/newsticker/meldung/80147.

757 *Baeriswyl*, RDV 2000, 10 mwN.

758 *Baeriswyl*, RDV 2000, 9f; *Becker*, Die Politik der Infosphäre, 143.

759 So der Landesbeauftragte für den Datenschutz in Baden-Württemberg, Zimmermann, bei der Vorstellung des 26. Jahresberichts, wiedergegeben in *Heise online/jk*, Erosion des Datenschutzes befürchtet, http://www.heise.de/newsticker/meldung/67192; ebenso *Gärtner*, Ich kommuniziere, also bin ich verdächtig, http://www.telepolis.de/r4/artikel/22/22360/1.html.

vaten Veranstalters erfolge und dieser Polizei und Verfassungsschutz vorgebe, welche Daten er haben wolle.[760]

Dass diese Überprüfung von 250.000 Menschen überhaupt erfolgte und die Staatsorgane dem Wunsch Folge leisteten, liegt an zwei Gründen: Zum einen, weil ein öffentliches Interesse an der Sicherheit der Veranstaltung bestand. Zum anderen aber liegt es wiederum daran, dass die Möglichkeit zu dieser Überprüfung so vieler Personen aufgrund der Technik nunmehr auch vorhanden ist. Wenn man dazu Karteikarten hätte sichten müssen, wären der Aufwand und damit die Kosten viel zu hoch gewesen und eine solche Überprüfung wäre nie durchgeführt worden. Da aber alles per Computer sekundenschnell und mit geringsten Kosten durchführbar war, ließen sich die Sicherheitsorgane zu willigen Handlangern der FIFA als privatem Veranstalter bei diesem unverhältnismäßigen Sicherheitscheck machen.[761] Besorgniserregend an der Überprüfung ist, dass hierfür weder eine gesetzliche Regelung existiert noch das Parlament diese Überprüfung auch nur beschlossen hat – sie wurde einfach durchgeführt, weil es angeblich für das Image des Landes wichtig wäre. Und da jeder Betroffene ja seine *„Einwilligung“* hierin gegeben hatte, war der Schein der Rechtmäßigkeit hinreichend gewahrt. Angesichts dieses Verhaltens fragt *Lubomierski*, was aus dem Rechtsstaat Deutschland geworden ist, wenn aus Imagegründen – und eben, weil es nunmehr auch technisch machbar ist – Grundrechte ausgehebelt werden.[762]

3.4 *Risiken aufgrund der Datensammlung durch Private*

3.4.1 Erstellung von Kundenprofilen

Personenbezogene Daten über jeden Bürger sind indes nicht nur für Regierungen, sondern auch für Firmen von großer Bedeutung. Denn wenn sie nicht in der Lage sind, sofort auf den Druck aktueller Trends und Veränderungen zu reagieren, geraten sie schnell ins Abseits. Mehr als je zuvor besteht daher ein Bedürfnis, Daten über Kunden, Konkurrenten, die wirtschaftliche Entwicklung etc. zu sammeln und diese miteinander in Beziehung zu setzen, um so einen Datenmehrwert zu generieren. Dieser Datenmehrwert kann dann gezielt für Marketing, Börsengeschäfte, Risikoprüfungen und andere Aufgaben eingesetzt werden.[763] Die technischen Möglichkeiten hierzu liegen zwischenzeitlich vor.[764] Aufgrund der weiter zunehmenden, aber bereits heute enormen Bedeutung, welche Kundendaten für Unternehmen aufweisen, investieren diese mittlerweile große Summen in das Management von Kundenbeziehungen (CRM).[765] Mit den daraus gewonnenen Daten sollen in

---

760 *Gärtner*, Ich kommuniziere, also bin ich verdächtig, http://www.telepolis.de/r4/artikel/22/22360/1.html.

761 *Gärtner*, Ich kommuniziere, also bin ich verdächtig, http://www.telepolis.de/r4/artikel/22/22360/1.html.

762 *Gärtner*, Ich kommuniziere, also bin ich verdächtig, http://www.telepolis.de/r4/artikel/22/22360/1.html.

763 Becker, Die Politik der Infosphäre, 196, 197; Enquete-Kommission Zukunft der Medien in Wirtschaft und Gesellschaft - Deutschlands Weg in die Informationsgesellschaft (Hrsg.), BT-Drs. 13/11002, 22.

764 Vgl. nur *Schuler-Harms* in Sokol, Die kommerzielle Nutzung statistischer Persönlichkeitsprofile als Herausforderung für den Datenschutz, 5 mwN (dortige Fn 1 – 4).

765 Customer Relationship Management – Erläuterung unter 3.2.2.

einem zunehmend gesättigten Markt beispielsweise die Kundenbindung an das Unternehmen gefestigt und lukrative Neukunden „entdeckt“ und im Hinblick auf einen Wechsel zu diesem Unternehmen geworben werden.[766] Marketingstrategien und Verkaufsprogramme können aus Unternehmenssicht zielgerichteter und effizienter gestaltet werden und somit zur Steigerung der Profitabilität beitragen.[767] Zugleich soll das *„Ertragspotential“* jedes Kunden konsequent ausgeschöpft werden.[768] Mit der erfolgten Zusammenstellung und Auswertung personenbezogener Daten wird anschließend versucht, das Verhalten der (potentiellen) Kunden gezielt zu steuern. So werden bestimmte Produkte im Hinblick auf ein prognostiziertes Kaufverhalten angeboten.[769] Der Einsatz von Kundenkarten trägt maßgeblich dazu bei, dass Unternehmen über kundenrelevante Daten verfügen. Denn auf diese Weise lässt sich sehr leicht ermitteln, wann der Kunde wofür wie viel Geld ausgegeben hat.

Die Unternehmen verfügen jedoch nicht nur über die Daten, die bei ihnen selbst anfallen – wie Angaben zu den erworbenen Produkten, Häufigkeit der Einkäufe, Art und Weise der Zahlung, Name und Anschrift des Kunden. Um noch genauere Kundenprofile zu erhalten, erwerben sie weitere Daten zu dem Kunden und auch allgemeine statistische Daten beispielsweise zu der Kaufkraft bestimmter Konsumentengruppen in bestimmten Regionen. Denn je mehr Daten im Rahmen des CRM zur Verfügung stehen, umso präziser wird das Kundenprofil. Diese Daten liefern ihnen Dienstleister. Sie haben sich darauf spezialisiert, große Datenmengen für das Data Warehousing und Data Mining zu sammeln, zu verarbeiten und anschließend als Produkt anzubieten. Direktmarketing-Firmen ermöglichen die gezielte Konsumentenwerbung. Die von Direktmarketing-Firmen erstellten Konsumentenprofile umfassen neben Grunddaten wie Name, Alter, Geschlecht, Nationalität, Familienstand, Beschäftigungsverhältnis, Adresse, Telefonnummer und E-Mailadresse auch weitere Daten wie beispielsweise Größe des Haushalts, Kaufkraft, Wohnqualität, Bebauungsstruktur, Größe des Wohnorts, soziale Schicht, akademische Titel, Neigung zum Versandkauf, Lifestyle-Daten, Konsumschwerpunkte, Anzahl und Alter der Kinder, Haustiere, Freizeitbeschäftigungen, Kommunikationsdaten, Wahlverhalten, Versicherungen, Investitionsverhalten, Kreditwürdigkeit und Weltanschauung.[770] Der Name einer Person ist dabei teilweise mit hunderten derartiger Indikatoren verknüpft.

Die Daten, die die Dienstleister zur Erstellung ihrer Profile verwenden, werden ihnen zum einen direkt von den Unternehmen zur Verfügung gestellt, die sie später nutzen. Sie stammen aber auch aus öffentlich verfügbaren Registern wie Telefonbüchern, Sozialversi-

---

766 *Baeriswyl*, RDV 2000, 7.

767 *Baeriswyl*, RDV 2000, 7.

768 *Baeriswyl*, RDV 2000, 7.

769 *Baeriswyl*, RDV 2000, 7.

770 *Becker*, Die Politik der Infosphäre, 198f; *Rauner*, Zeit Wissen 4/2006, 36ff; *Mietzner* in Sokol, Anwendungsfelder für mikrogeographische Daten, 40f; *Schober Information Group (Hrsg.)*, Consumer MarketBase Deutschland, http://www.schober.de/site/index.php?id=1 mwN.

cherungsdatenbanken (z. B. in den USA oder in Schweden), Bildungseinrichtungen (z. B. über den Erwerb akademischer Titel im Internet), Standesämtern (Publikationen von Hochzeiten im Amtsblatt), Banken, sowie aus den Daten des Kraftfahrtbundesamtes über Typen und das Alter zugelassener Fahrzeuge je Straßenabschnitt.

Diese Datensätze werden auch geographisch zugeordnet verkauft, um z. B. speziell Regionen (Stadtteile, Straßenzüge) in denen besonders kaufkräftige Personen leben mit Werbematerialien zu versorgen. Dieses so genannte Geomarketing verwendet Geographische Informationssysteme (GIS). Mittels derartiger Daten könnte eine Versicherungsgesellschaft beispielsweise eine erhöhte Krebsrate in einem Gebiet ermitteln und Konsequenzen hieraus für einen Antragssteller aus diesem Gebiet ziehen.[771]

Bekannte Direktmarketing-Firmen sind beispielsweise die zur Bertelsmann Unternehmensgruppe gehörende AZ direct GmbH,[772] die Global Group Dialog Solutions AG[773] oder die Schober Informations Group.[774] Die Firma Schober nennt für ihre Datensammlung in Deutschland beispielsweise 50 Millionen Privatadressen samt 10 Milliarden *„Zusatzinformationen"* in der Consumer MarketBase sowie in der Lifestyle MarketBase *„5 Millionen Konsumenten mit konkreten Interessen und Kaufabsichten"*.[775] Die Firma Schober verfügt nach eigenen Angaben darüber hinaus über *„sieben Millionen private E-Mail- und Mobile-Adressen, tief selektierbar, permission-based"*.[776] Die Geo MarketBase enthält nach Angaben von Schober *„alle 19 Millionen Gebäude Haus für Haus persönlich vor Ort bewertet. Kartografie, Regionaldaten, infas GEOdaten und vieles mehr"*[777] und macht damit eindrucksvoll deutlich, über welch große Datenmengen diese Firmen verfügen. Die Global Group wirbt mit *„rund 65 Millionen Personeneinträge mit mehr als 200 Merkmalen"*, AZ direct hat nach eigenen Angaben Daten zu *„mehr als 70 Millionen Personen, 37 Millionen Haushalten, 20 Millionen Gebäuden, nahezu jeder Straße, allen Gemeinden und PLZ-Gebieten"* gespeichert, ferner *„1900 Adresslisten, davon 130 exklusiv"* und *„40 Millionen Negativmerkmale zu 7,7 Millionen Konsumenten"*.[778] Diese Firmen können anhand *„mikrogeografischer Daten"* Details zum Konsumverhalten von Kundentypen nach ihrem konkreten Freizeitverhalten aufschlüsseln, beispielsweise nach Erotik, Rätsel, Per-Post-Käufer oder Mode für große Größen, ortsbezogene Informationen über den Anteil an Ausländern, Osteuropäern, Russen oder Türken liefern sowie Haushalte anhand von Konsumschwer-

771 *Baeriswyl*, RDV 2000, 10.
772 http://www.az-direct.com.
773 http://www.global-group.de.
774 Schober Information Services GmbH, http://www.schober.de.
775 *Schober Information Group (Hrsg.)*, Consumer MarketBase Deutschland, http://www.schober.de/site/index.php?id=1.
776 *Spiegel Online (Konrad Lischka)*, Wer Deutschlands größte Datensammler sind, http://www.spiegel.de/netzwelt/web/0,1518,573014,00.html.
777 *Schober Information Group (Hrsg.)*, Consumer MarketBase Deutschland, http://www.schober.de/site/index.php?id=1.
778 *Spiegel Online (Konrad Lischka)*, Wer Deutschlands größte Datensammler sind, http://www.spiegel.de/netzwelt/web/0,1518,573014,00.html.

punkten, soziodemografischen, psychografischen und geografischen Merkmalen selektieren.[779]

Auskunfteien wie die Schutzgemeinschaft für allgemeine Kreditsicherung e.V. (SCHUFA) verfügen über 407 Millionen Einzeldaten zu 64 Millionen Personen (Stand 2008)[780] und erfassen nahezu die gesamte kreditrelevante Bevölkerungsgruppe in Deutschland. Der Verband der Vereine Creditreform e.V. (Creditreform) hat im Jahr 2007 nach eigenen Angaben Privatpersonenauskünfte über 17 Millionen Kunden erteilt, welche aus einem Datenbestand mit *„60 Millionen personenbezogenen Informationen zu fast 22 Millionen Bundesbürgern"* stammen.[781] Die Datenbanken von SCHUFA und Creditreform enthalten Angaben zu Namen, Geburtsdatum, aktuelle und frühere Meldeadresse, Informationen über die Anzahl von Girokonten, Kreditkarten und Angaben zu Handy-, Telefon-, Leasing und Kreditverträgen sowie Erkenntnisse aus Privatinsolvenzen, eidesstattlichen Versicherungen und Haftbefehlen im Zusammenhang mit Insolvenzen, aber auch Schuldnerlisten und Daten aus eigenen Mahn- und Inkassoverfahren sowie solche ihrer Vertragspartner.[782] Weitere Firmen auf dem deutschen Markt mit Konsumentendaten sind (ohne Anspruch auf Vollständigkeit) die Bürgel Wirtschaftsinformationen GmbH & Co. KG, InFoScore Consumer Data GmbH, die Accumio Finance Services GmbH, SAF Forderungsmanagement GmbH, Dun & Bradstreet Deutschland GmbH, Producta Daten-Service GmbH, Loyalty Partner Gesellschaft für Kundenbindungssysteme mbH (Payback), Informa GmbH, Acxiom Deutschland GmbH, mediadress GmbH und die Trebbau & Koop CrossMedia Adress GmbH.

Weiterhin brachten strategische Allianzen, wie die zwischen dem Online-Werber DoubleClick und Yahoo neue Datensätze hervor. Diese Allianz führte dann im Jahre 1999 sogar zu der Übernahme von DoubleClick durch die Direktmarketingfirma Abacus Direct,[783] nach Einstieg eines Finanzinvestors wurde DoubleClick schließlich im Jahr 2007 für 3,1 Milliarden USD an Google verkauft.[784]

Neu an den Geodaten und Konsumentendatenbanken ist nicht, dass für jedes Haus, jeden Straßenabschnitt und größere Regionen detaillierte Karten vorliegen, die Angaben zum Kaufverhalten in den verschiedensten Kategorien, Kaufkraft, Online-Nutzungsverhalten,

---

779 *Spiegel Online (Konrad Lischka)*, Wer Deutschlands größte Datensammler sind, http://www.spiegel.de/netzwelt/web/0,1518,573014,00.html.

780 *SCHUFA Holding AG (Hrsg.)*, SCHUFA Produkte und Services, http://www.schufa.de/02_01.html ; im Jahr 2003 waren es noch 62 Millionen gespeicherter Personen und 343 Millionen zugehöriger Daten, vgl. *Iraschko-Luscher*, DuD 2005, 467.

781 *Spiegel Online (Konrad Lischka)*, Wer Deutschlands größte Datensammler sind, http://www.spiegel.de/netzwelt/web/0,1518,573014,00.html.

782 *Spiegel Online (Konrad Lischka)*, Wer Deutschlands größte Datensammler sind, http://www.spiegel.de/netzwelt/web/0,1518,573014,00.html.

783 *Becker*, Die Politik der Infosphäre, 201.

784 *FTD (Hrsg.)*, EU erlaubt Doubleclick-Kauf, FTD v. 11.03.2008, http://www.ftd.de/technik/medien_internet/:EU%20Doubleclick%20Kauf/329549.html; *Golem.de (Hrsg.)*, Google kauft DoubleClick für 3,1 Milliarden US-Dollar, http://www.golem.de/0704/51672.html.

Zahlungsmoral, bevorzugte Kfz-Typen und -Marken enthalten. Solche Daten bieten beispielsweise die Gesellschaft für Konsumforschung (GfK), die Deutsche Post AG, oder der Datenhändler Schober schon seit längerem an.[785] Erst die nun mögliche Kombination dieser Daten aus den verschiedenen Quellen mit den aus der Auswertung erlangten Daten ermöglicht, ein äußerst detailliertes Profil des Nutzers zu erstellen.[786] Kritiker befürchten, dass auch mit der RFID-Technologie ein bestimmtes Verbraucherverhalten ausgeforscht werden soll. Angesichts der Planungen für einen immer weitergehenden, kundenbezogenen Einsatz von RFID-Tags erscheint dies jedenfalls nicht irreal.[787]

Einen Versuch, ein auf RFID-Technik basierendes Zahlungssystem einzusetzen, hat in den USA das Kreditkartenunternehmen American Express gestartet. Es nennt sich „Express Pay" und arbeitet mit RFID-Chips von Texas Instruments. Beim Bezahlen führt der Kunde einen kleinen Schlüsselanhänger mit dem Transponder an einem Lesegerät vorbei. Da die Bankverbindung des Kunden darauf abgespeichert ist, erfolgt automatisch eine Abbuchung.[788] Der Sicherheitstechnikhersteller Giesecke & Devrient stellte im Mai 2006 eine verkleinerte Kreditkarte für den Schlüsselbund vor, welche das Paypass-Abrechnungssystem von Mastercard nutzt. Die mit einem RFID-Chip bestückte Karte soll das kontaktlose Bezahlen, beispielsweise beim Tanken direkt an der Zapfsäule oder an Mautstationen übernehmen. Ein Einsatz in öffentlichen Verkehrsmitteln erscheint ebenfalls möglich. Die Entfernung zum Lesegerät darf dabei bis zu 20 cm betragen. Ziel von Banken und Kreditinstituten ist es, durch die mit RFID versehene Karte solche mit den veralteten Magnetstreifen abzulösen.[789]

Auch in Deutschland werden seit 2007 erste VISA Contactless-Karten ausgegeben, mit denen geringste Beträge *„mit einer Handbewegung"* bezahlt werden können.[790] Die VISA-Karte wird dabei – neben den herkömmlichen Funktionen – mit einem auf 13,56 MHz arbeitenden RFID-Chip versehen sein. In Nordamerika und in Asien sind Millionen von Visa Contactless-Karten bereits seit 2002 im Umlauf.[791]

Diese Systeme sind umstritten, da man hierbei nicht weiß, welche Lesegeräte beispielsweise in der Umgebung eines Kaufhauses gerade versuchen, die Informationen von den Transpondern vorbeigehender Besucher zu lesen. Befürchtet wird zudem, dass die *„Tags"* das Privatleben durch Erfassung und Weitergabe von Kaufgewohnheiten offen legen.[792]

---

785 *Rauner*, Zeit Wissen 4/2006, 36ff, 40f.

786 Vgl. hierzu auch *Schuler-Harms* in Sokol, Die kommerzielle Nutzung statistischer Persönlichkeitsprofile als Herausforderung für den Datenschutz, 4-7.

787 *Laschet/Brisch*, StoffR 2005, 82.

788 *Hascher*, Elektronik 19/2003, 21ff.

789 *Borchers*, Kreditkarte mit RFID-Chip für den Schlüsselbund, http://www.heise.de/newsticker/meldung/73399 mwN.

790 *Sokolov*, Berührungsloses Zahlen mit Visa ab 2007 auch in Europa, http://www.heise.de/newsticker/meldung/81541.

791 *Sokolov*, Berührungsloses Zahlen mit Visa ab 2007 auch in Europa, http://www.heise.de/newsticker/meldung/81541.

792 *Hascher*, Elektronik 19/2003, 21ff; zur RFID-Problematik *Hennig/Ladkin/Sieker*, RVS-RR-04-02, 4.

Bereits heute geben Statistiken den Freizeitparkbetreibern vor, in welchem Abstand Fahrgeschäfte, Verpflegungsverkaufsstellen und anschließend Toiletten sinnvollerweise aufgestellt werden müssen, um beispielsweise zu verhindern, dass Besucher aufgrund von Hunger oder wegen eines zu langen Weges zu den Toiletten etwaige Einkaufsmöglichkeiten „ungenutzt" lassen. Neu wird jedoch sein, dass die Kunden die dazu nötigen Daten, welche andernfalls nur sehr aufwändig zu erheben sind, nunmehr selber und „freiwillig" liefern. Ein Beispiel hierfür ist das RFID-WLAN-Standortbestimmungssystem von Ekahau, welches u. a. im Legoland in Dänemark zum Einsatz kommt. Dabei wird einem Kind ein Tag angelegt, das seiner Begleitperson ermöglicht, jederzeit den Standort des Tags und damit im Regelfall auch den des Kindes abzufragen. Ein Nebeneffekt ist zwangsläufig, dass auch der Anbieter, auf dessen Server die Daten liegen, hierauf zugreifen kann. Was mit den Daten dort geschieht, bleibt dem Nutzer des Systems verborgen. Die Angaben des Herstellers, welchen Nutzen die Themenparkbetreiber hieraus ziehen können, sind dagegen sehr aufschlussreich: *„Mehr Umsatz pro Besucher, detaillierte Echtzeit- und aufgezeichnete Daten zu Besucherdichte und Fluktuation sowie erhöhte Profitabilität von Verkaufsgeschäften"*.[793] Auch detailliertere Statistiken ließen sich noch leichter erstellen, wenn bei der Ausgabe der Tags weitere Information erfasst würden wie Anzahl, Alter und Geschlecht der Besucher. Ergänzt um Dienstleistungen von Data Mining Gesellschaften müssten diese Daten vielfach gar nicht mehr beim Benutzer erhoben werden, da viele Kunden künftig bereits über Implantate, biometrische Pässe oder sonstige RFID-Tags anhand der dort vorhandenen Daten leicht identifiziert werden könnten.

Mit dem zunehmenden Datenverkehr, gerade auch durch IKT-Implantate und ihre nahezu perfekte Personenbindung, fallen deutlich mehr personenbezogene Daten an. Diese ermöglichen die umfangreichere und exaktere Profilbildung: So kann bislang nicht ausgeschlossen werden, dass sich mehrere Benutzer, z. B. eine studentische WG oder eine Familie einen Account bei einem Onlineshop teilen. Dies ist vielmehr naheliegend – mit der Folge, dass nicht die Profile einzelner Nutzer erfasst werden, sondern ein Strauß verschiedener Nutzer unter einer Nutzerkennung erfasst wird, mit zum Teil widerstreitenden Interessen. Wenn nun aber die Identifizierung des Kunden über ein Implantat erfolgt, kann nahezu ausgeschlossen werden, dass ein Dritter diesen Zugang benutzt – und ein exakteres Profil erstellt werden.

3.4.2 Verhaltenssteuerung von Nutzern durch DRM-Systeme

Die Anbieter von digitalem Content nutzen DRM-Systeme zur Rechteverwaltung und Überwachung der Kunden, insbesondere um rechtswidriges Verhalten verfolgen zu können, aber auch zur Verhinderung eines legalen „*Gebrauchtmarktes*" für digitale Medieninhalte. Hierzu benötigen sie umfangreiche personenbezogene Daten. An diese Datensätze gelangen sie aus den verschiedensten Quellen und bei zahlreichen Anlässen: Von Daten

793 *Kidspotter A/S (Hrsg.)*, The Kidspotter Solution, http://www.kidspotter.com/menu.aspx?id=0&type=p#.

des Systems des Kunden (Browser, Hard- und Software), welche häufig ohne Zutun des Benutzers erhoben werden,[794] über vom Nutzer erzeugte Daten (durch persönliche Angaben bei der Registrierung/beim Kauf) oder automatisch erzeugte (durch das Nutzungsverhalten) bis hin zu in dem Produkt einkodierten Daten.[795] Vor dem Vertragsschluss werden bereits über betrachtete Produkte Daten gesammelt, hinzu kommen persönliche Daten aus Registrierung, Kauf und Bezahlung und hiernach durch die Nutzung und Aktivierung der erworbenen Medieninhalte und dem Wechsel auf ein anderes System (erneute Aktivierung), welche neben den vertraglichen Zwecken auch zur „Verbesserung des Angebots" oder zum Direktmarketing genutzt werden können.[796] Der Inhalteanbieter kann potentiell genau nachvollziehen, welche Medienangebote die Nutzer lesen, hören oder ansehen.[797]

Da derzeit zahlreiche verschiedene und häufig nicht miteinander kompatible Systeme nebeneinander bestehen, ist ein interessierter Nutzer häufig gezwungen, sich bei mehreren Systemen anzumelden.[798] Dabei muss er neben seinem Namen in der Regel auch Adresse und Konto- oder Kreditkartendaten für die Abrechnung eingeben. Damit verfügen dann zahlreiche Betreiber über einen Stamm von personenbezogenen Daten samt zugehöriger Nutzungsdaten ihrer Kunden.

In ihrer einfachsten Form können diese Daten dazu verwendet werden, über Preise und Preisänderungen zu informieren und bei der Durchführung von Käufen dem Kunden vermeintlich *„passende"* Produkte anzubieten. Zahlreiche Online-Shops arbeiten nach dem Prinzip „andere Nutzer, die die gleichen Produkte im Warenkorb haben wie Sie interessierten sich zudem für die Produkte x, y und z".[799] Mit ausgefeilter Data-Mining-Technologie lassen sich aus den bekannt werdenden Daten jedoch auch umfangreiche Kundenprofile erstellen.[800] Letztlich kann sogar das Kundenverhalten durch DRM-Systeme gesteuert werden. Denn die Inhalteanbieter können die personenbezogenen Daten des Kunden jederzeit und langfristig mit der Nutzerkennung und dem jeweiligen Profil verknüpfen.[801]

---

794 Die Abspielsoftware stellt auf dem heimischen Rechner zur Überprüfung der Gültigkeit der Lizenz bei einem Zugriffsversuch auf geschützte Inhalte eine Verbindung zum Server des Anbieters her. Dieser prüft, ob die geplante Nutzung (z. B. eine Kopie von dem heimischen Rechner auf ein ebenfalls geschütztes mobiles Abspielgerät, z. B. einen iPod oder ein Abspielen des Songs auf dem PC) von der Lizenz des Benutzers erfasst ist und schaltet den Nutzungsvorgang gegebenenfalls frei. Da jede Lizenz an den Benutzeraccount gebunden ist, führt jede Lizenzanfrage des Benutzers zu entsprechenden Daten beim Lizenzgeber.

795 Grimm/Puchta/Müller et al., privacy4DRM, 30f.

796 Grimm/Puchta/Müller et al., privacy4DRM, 30f.

797 *Bechtold*, Technikfolgenabschätzung 2/2006, 49.

798 *Helberger*, Technikfolgenabschätzung 2/2006, 36; so ermöglicht beispielsweise das von Apple eingesetzte „FairPlay"-DRM-System das Abspielen von im iTunes Store gekaufter Musik und Videos nur über den ebenfalls von Apple angebotenen iPod, nicht hingegen auf anderen mobilen Abspielgeräten, vgl. *Bohn*, Technikfolgenabschätzung 2/2006, 42 mwN zu der hierzu insbesondere in Frankreich geführten Diskussion.

799 So z. B. einer der führenden Online-Händler Amazon.com oder der PC-Händler Avitos.de.

800 *Becker*, Die Politik der Infosphäre, 84f; *Möller/Puchta*, Technikfolgenabschätzung 2/2006, 28.

801 *Möller/Puchta*, Technikfolgenabschätzung 2/2006, 28; im Hinblick auf eCommerce und RFID auch *Hennig/Ladkin/Sieker*, RVS-RR-04-02, 5.

Dies lässt weitere Rückschlüsse auf den Nutzer und sein Verhalten zu. Allein die Möglichkeit hierzu setzt den Kunden unter Überwachungsdruck.[802]

Nur scheinbar handelt es sich bei dem DRM um ein nur bei der Nutzung digitaler Medieninhalte auftretendes Phänomen oder Problem. Tatsächlich gehen dessen Auswirkungen weit hierüber hinaus. Neben urheberrechtlichen Fragestellungen wird DRM zunehmend als allgemeine Angelegenheit des Verbraucherschutzes angesehen.[803] So kann beispielsweise auch der Einsatz elektronischer Werkzeuge, welche – zur Erleichterung der Benutzung – über eine Feedback-Funktion zu einem Implantat verfügen, durch DRM beschränkt und der Nutzer hierdurch kontrolliert werden. Während eines Aufenthalts in einer Bibliothek, welche ein auf RFID-Implantaten basierendes Ausleih- und Zugangkontrollsystem aufweist, wäre es möglich, das Nutzerverhalten des Lesers (wann betritt er die Bibliothek, wie lange verweilt er vor welchem Regal, welches mit einem RFID-Tag versehene Buch entnimmt er einem Regal, wie lange liest er darin) bis ins Detail mitzuprotokollieren. Durch ein DRM-System auf IKT-Implantat-Basis könnte geregelt werden, dass je nach Benutzerstatus ein Besuch nur zu bestimmten Zeiten möglich ist. Die kostenlose Recherche wäre nur während bestimmter *„Öffnungszeiten"* möglich, zahlende Kunden könnten hingegen mittels des Implantats 24 Stunden rund um die Uhr die Einrichtungen nutzen. Auch die Ausleihe von elektronischen Büchern, z. B. in Universitätsbibliotheken, könnte je nach Benutzerstatus anders geregelt sein, z. B. mit unterschiedlichen Leihfristen. DRM kann auch in öffentlichen Gebäuden und privaten Firmen als Zugangs- und Zutrittskontrolle zu bestimmten Bereichen eingesetzt werden. Die Frage, welche Lizenz ein Implantatträger erworben hat und welche Nutzungen ihm hiermit offen stehen, wäre von größter Bedeutung.

Auch bei dieser Technologie besteht die Gefahr, dass die Nutzer zunächst nur die positiven Eigenschaften der DRM-Systeme in Implantaten bemerken. Diese gewähren ihnen größere Freiheiten als dies bei den bisherigen Systemen der Fall ist. So wäre es künftig unerheblich, welches Abspielgerät der Nutzer mit sich trägt oder ob er sich in der Nähe eines solchen Geräts befindet. Denn solange sich nur der Träger des Implantats in unmittelbarer Nähe aufhält, wäre eine per Funk erfolgende Freischaltung beliebiger benachbarter Empfänger möglich. Mit den extrem benutzerbezogenen Rechten und der Protokollierungsmöglichkeit der Nutzungen geht aber auch eine nie da gewesene Möglichkeit der Kontrolle der Nutzung einher.[804] Dennoch hat einer repräsentativen Studie vom Januar 2006 zufolge über die Hälfte der Internetnutzer in der EU noch nichts von DRM gehört. Und auch von den Personen, die angaben, DRM zu kennen, war sich wiederum fast die

802 *Möller/Puchta*, Technikfolgenabschätzung 2/2006, 28.
803 *Helberger*, Technikfolgenabschätzung 2/2006, 37.
804 *Helberger*, Technikfolgenabschätzung 2/2006, 36.

Hälfte der Befragten nicht bewusst, dass der Einsatz von DRM eine Bedrohung der Privatsphäre darstellen kann.[805]

Da das Ziel von DRM eine möglichst enge Bindung der Lizenz an den jeweiligen Nutzer ist, dürften Implantate hierfür ideal sein.

3.4.3 Überwachung durch Private

Infolge immer billigerer und kleinerer Überwachungsgeräte können nun neben dem Staat („*Big Brother*“) auch viele kleine „*Little Brother*“ – Unternehmen, Arbeitgeber, besorgte Eltern, Verwandte, neugierige Nachbarn, eifersüchtige Bekannte oder sonstige Dritte – jeden Schritt und jede Äußerung automatisch und problemlos überwachen, aufzeichnen und in Erfahrung bringen.[806] Schon herkömmlich konnten Arbeitgeber mittels Videoüberwachung (rechtswidrige) Profile ihrer Angestellten erstellen, was sie beim Discounter Lidl auch taten.[807] Die Telekom ließ illegal umfangreich, dauerhaft und systematisch Verbindungsdaten von Managern und Aufsichtsräten der Arbeitnehmerseite zur Aufdeckung unliebsamer Kontakte zu Wirtschaftsjournalisten in den Jahren 2000 bis 2006 auswerten.[808] Auch die Lufthansa griff bei der Suche nach einem „*Leck*“ im Aufsichtsrat des Konzerns unerlaubt auf die Flugdaten von Journalisten in den Jahren 2000/2001 zu.[809] Die vereinfachten Überwachungsmöglichkeiten, welche insbesondere mit Mobiltelefonen aufkamen,[810] werden bei „*smart objects*“ im Rahmen von Anwendungen von Ambient Intelligence und Pervasive bzw. Ubiquitous Computing nahezu unüberschaubar.

3.4.3.1. Überwachung durch „Schnüffelchips“ im Einzelhandel

Verbraucherschützer befürchten, dass die schon erprobten, chipbestückten Waren künftig dazu genutzt werden, um Kunden im Laden zu „verfolgen“. Denn passiert man mit dem Warenkorb RFID-Lesegeräte, zeichnen diese sowohl die Bewegung als auch die Verweildauer des Chips auf. So wird es technisch und organisatorisch leicht möglich, die Kunden zu lokalisieren, Detailkenntnisse über deren Nutzungsverhalten zu erfassen und daraus

---

805 Zweite INDICARE-Befragung im Januar 2006 durch Berlecon Research. Befragt wurden 2.731 Internet-Nutzer in Spanien, Deutschland, Frankreich, Großbritannien und Schweden. Diese Länder machen 64% des europäischen Bruttoinlandprodukts aus und stellen 55% der EU-Gesamtbevölkerung dar, vgl. *Bohn*, Technikfolgenabschätzung 2/2006, 44.

806 *Roßnagel*, FES-Studie, 48 mwN; *Alahuhta/De Hert/Delaitre et al.*, Dark Scenarios in ambient intelligence: Highlighting risks and vulnerabilities, 7; *Tinnefeld*, RDV 2006, 98.

807 *Fox*, DuD 2008, 375.

808 *Meck*, Skandal im volkseigenen Betrieb, FAZ v. 01.06.2008, http://www.faz.net/s/RubD16E1F55D21144C4AE3F9DDF52B6E1D9/Doc~E566DAAFA70F24EF885F866C331B435BA~ATpl~Ecommon~Sspezial.html; *Scherer*, MMR 2008, 433; *Fox*, DuD 2008, 375.

809 *FAZ (Hrsg.)*, Lufthansa hat Passgierdaten ausgewertet, FAZ v. 09.06.2008, http://www.faz.net/s/RubD16E1F55D21144C4AE3F9DDF52B6E1D9/Doc~E63C2E2E8A7B7418999E8B71FEB948238~ATpl~Ecommon~Scontent.html?rss_aktuell; *Lambrecht/Kurz*, Datenschutzbeauftragte prüft Lufthansa-Ermittlungen, FTD v. 10.06.2008, http://www.ftd.de/unternehmen/handel_dienstleister/:Datenschutzbeauftragte%20Lufthansa%20Ermittlungen/369965.html.

810 Vgl. nur BVerfG, 2 BvR 1345/03 vom 22.8.2006, Rn 9-17.

Kundenprofile zu erstellen.[811] Es genügt schon ein einzelnes Tag, um eine Person von einer anderen zu unterscheiden. Mit dem Bezahlen der Waren im Wege des elektronischen Checkouts, sei es per EC-Lastschrift, Kredit- oder Kundenkarte, können diese Daten zudem mit den persönlichen Daten des Kunden verbunden werden.[812] Selbst Informationen, denen eigentlich kein Personenbezug zukommt, weil sie allein ein Produkt kennzeichnen, könnten so während der Lebensdauer des Chips rückwirkend personenbeziehbar bzw. personenbezogen werden.[813] Sämtliche Tags auf Waren haben folglich das Potential, sich in *„Schnüffelchips"* zu verwandeln.[814] Ebenso kann über Hintergrunddienste wie EPCGlobal oder den Indexdienst Object Name Service (ONS) ein Personenbezug hergestellt werden.[815] Für den Betroffenen wird regelmäßig nur schwer zu erkennen sein, welche Stelle seine Tags ausliest, welche dieser und weiterer Informationen ein Anbieter zu welchem Zweck speichert und verarbeitet und welche Schlüsse er aus der Kombination von ausgelesenen und aus der Vergangenheit vorgehaltenen Daten in der Hintergrunddatenbank sowie einem Abgleich mit statistischen Werten zieht.[816] Die Intransparenz der Datenerhebung und Verarbeitung in Hintergrundsystemen eröffnet einem umfassenden Data Mining *„Tür und Tor"* für eine tief in die Privatsphäre des Betroffenen reichende Profilbildung.[817] Gerade die Kombination von RFID-Tag mit einer eindeutigen Nummer und einer Datenbank mit zugehörigen Informationen wird daher als besonders bedrohlich für die Privatsphäre erachtet.[818] Während für *„normale"* Kunden das anonyme Einkaufen in Zukunft zumindest erschwert wird,[819] scheint dies bei Implantatträgern sogar unmöglich zu sein.[820]

Derzeit finden – außerhalb der Erprobung im Metro Future Store – RFID-Tags primär nur in der dem Verkauf der Waren vorgeschalteten Logistikebene – insbesondere bei Paletten – Verwendung. Die Tags sind derzeit noch zu teuer, um auf sämtlichen Konsumgütern angebracht zu werden. Bislang sind lediglich vereinzelt Medikamente, Markenkleidung und

---

811 So *Artikel-29-Datenschutzgruppe*, WP 105, 2 und allgemein *Tinnefeld*, RDV 2006, 98, welche auch auf die Überwachungsmöglichkeit von Mitarbeitern hinweist; vgl. auch *Bizer/Dingel/Fabian et al.*, TAUCIS, 213 mwN; vgl. das im Juli 2006 erteilte US Patent Nr. 7,076,411 von IBM mit dem Titel "*Identification and tracking of persons using RFID-tagged items in store environments*": *„The personal information will be obtained when the person uses his or her credit card, bank card, shopper card or the like"*; *Albrecht*, SciAm 9/2008, 51f.

812 *Beschlüsse des Düsseldorfer Kreises*, DuD 2007, 37f; *Koel Dupon*, in: *Krempl*, c't 13/2006, 196; US Patent Nr. 7,076,411; *Albrecht*, SciAm 9/2008, 51f.

813 US Patent Nr. 7,076,411; *Albrecht*, SciAm 9/2008, 51f.

814 *Beschlüsse des Düsseldorfer Kreises*, DuD 2007, 37f; *Heise online/anw*, Neue Vorstöße zur RFID-Selbstregulierung der Industrie, http://www.heise.de/newsticker/meldung/73621; *Hennig/Ladkin/Sieker*, RVS-RR-04-02, 4.

815 *Heise online/anw*, Neue Vorstöße zur RFID-Selbstregulierung der Industrie, http://www.heise.de/newsticker/meldung/73621; so auch die *Bundesregierung* in ihrem Bericht zu den Aktivitäten, Planungen und zu einem möglichen gesetzgeberischen Handlungsbedarf in Bezug auf die datenschutzrechtlichen Auswirkungen der RFID-Technologie, BT-Drs. 16/7891, 7, 9.

816 *Bizer/Dingel/Fabian et al.*, TAUCIS, 213 mwN; ebenso *Bundesregierung* in ihrem Bericht zu den Aktivitäten, Planungen und zu einem möglichen gesetzgeberischen Handlungsbedarf in Bezug auf die datenschutzrechtlichen Auswirkungen der RFID-Technologie, BT-Drs. 16/7891, 7.

817 *Bizer/Dingel/Fabian et al.*, TAUCIS, 213f mwN.

818 Hennig/Ladkin/Sieker, RVS-RR-04-02, 4.

819 So auch die *Bundesregierung* in ihrem Bericht zu den Aktivitäten, Planungen und zu einem möglichen gesetzgeberischen Handlungsbedarf in Bezug auf die datenschutzrechtlichen Auswirkungen der RFID-Technologie, BT-Drs. 16/7891, 9f.

820 So befürchten *Hennig/Ladkin/Sieker*, RVS-RR-04-02, 4-6, dass auch Profile über „Barzahler" erstellt werden sowie diese von Vergünstigungen ausgeschlossen werden.

andere hochwertige Güter mit Tags versehen. Trotzdem hat das US-Militär bereits im Jahr 2005 seine Zulieferer verpflichtet, nahezu alle Artikel bzw. die Warenbehälter mit RFIDs zu etikettieren. Hiervon waren rund 43.000 Firmen mit über 40 Millionen zu erfassender Einzelposten betroffen.[821] Da sich der Markt für RFIDs rasant entwickelt, könnte dies innerhalb kürzester Zeit zu einem breiten Einsatz von RFIDs führen. Denn während im Jahre 2003 lediglich 1,3 Milliarden USD mit der RFID-Technologie umgesetzt wurden, betrug der Umsatz im Jahre 2005 schon 2,4 Milliarden USD.[822] Dies entsprach in etwa 600 Millionen RFID-Tags. Das Marktvolumen für RFID soll 2008 rund 5,29 Milliarden USD erreichen, wobei ein Verkauf von 2,16 Mrd. RFID-Tags erwartet wird.[823] Davon sind 25% aktive Tags, die überwiegend in Autoschlüsseln eingebaut werden. Die restlichen 75% sind passive Tags, die sich insbesondere in Smart Cards befinden.[824]

Obwohl große Handelskonzerne RFIDs im Rahmen der Lieferkette in beträchtlichem Umfang verwenden,[825] machte dies im Jahre 2005 lediglich 5 % dieses Marktes aus. Jedoch ist davon auszugehen, dass der Umfang in den nächsten zwei Jahren auf etwa 50 % Marktanteil steigt – bei einem insgesamt wachsenden Markt.[826] Die UNESCO erwartet, dass im Jahre 2010 jährlich mehr als 500 Milliarden RFID-Tags in den Umlauf gebracht werden.[827] Der Preis für RFID-Tags ist bereits heute auf ein paar Cent gefallen und soll künftig weniger als einen Cent betragen.[828]

Indem immer mehr RFID-Tags zum Einsatz kommen und folglich auch stetig steigende Stückzahlen zu immer geringeren Kosten gefertigt werden, bekommen auch *„kleine"* Akteure und einzelne Bürger die Möglichkeit zur Überwachung und Datensammlung.[829] Dann kann beispielsweise ein Verkehrsunternehmen seine Monatskarten mit RFIDs ausstatten und so verfolgen, wann welche Leistungen von wem in Anspruch genommen werden. In einer derartigen Nutzung sieht die Artikel-29-Datenschutzgruppe einen offensichtlichen Eingriff in die Privatsphäre der Betroffenen.[830] Ebenso ist hierdurch beispielsweise das Kundenverhalten im Handel in den Verkaufsräumen genau erfassbar. So könnte verfolgt werden, wer wie lange in einem Laden und vor einzelnen Regalen verweilt, sowie ob, was und wie viel bei einem Besuch gekauft wird.[831] RFID ermöglicht damit technisch die unbemerkte Ausforschung von Lebensgewohnheiten und des Konsumverhaltens zu belie-

821 *Kelter/Wittmann*, DuD 2004, 332.

822 *Santucci*, EU Kommission - Policy Framework Paper, 6.

823 2006 wurden 1,02 Mrd. und 2007 schon 1,74 Mrd. Tags verkauft, *Vollmuth*, Elektronik Praxis v. 08.02.2008, http://www.elektronikpraxis.vogel.de/themen/elektronikmanagement/marktforschungmarktentwicklung/articles/108705/.

824 *Santucci*, EU Kommission - Policy Framework Paper, 6.

825 So beispielsweise Metro und Wal-Mart, vgl. *Kelter/Wittmann*, DuD 2004, 332.

826 *Santucci*, EU Kommission - Policy Framework Paper, 6.

827 *UNESCO - Information for All Programm (IFAP) (Hrsg.)*, Ethical Implications of Emerging Technologies, 45 mwN.

828 Vgl. nur *UNESCO - Information for All Programm (IFAP) (Hrsg.)*, Ethical Implications of Emerging Technologies, 45 mwN (0,07 USD) sowie *Schüler*, c't 5/2006, 64.

829 Artikel-29-Datenschutzgruppe, WP 105, 2.

830 Artikel-29-Datenschutzgruppe, WP 105, 7.

831 Artikel-29-Datenschutzgruppe, WP 105, 6.

bigen Zwecken.[832] Auch werden RFIDs immer kleiner. Der kleinste kommerziell erhältliche Chip von Hitachi ist mit bloßem Auge bereits nicht mehr sichtbar.[833] Dies gefährdet jedoch die Ausübung der verfassungsrechtlich begründeten und datenschutzrechtlich unabdingbaren Rechte der Bürger auf Auskunft, Löschung und Berichtigung von unrichtigen personenbezogenen Daten allein dadurch, dass das Vorhandensein eines Chips nicht mehr einfach überprüft werden kann.[834]

3.4.3.2. Überwachung durch Arbeitgeber

Auch in der Berufswelt wird vermehrt überwacht. In vollständig digitalisierten Branchen wie Call-Centern oder eCommerce-Betrieben ist das ständige Monitoring der Leistung von Mitarbeitern weit verbreitet. Arbeitstempo, Effizienz und Pünktlichkeit, aber auch Pausendauer und -häufigkeit, Online-Verhalten und Telefongespräche werden in Echtzeit aufgezeichnet und überprüft.[835] In der Schweiz wird das Verhalten von Kassierern im Handel vereinzelt bereits seit 2002 vollautomatisch und vollumfänglich verfolgt, um unzuverlässige Arbeitnehmer zu entlarven und Diebstähle und Unterschlagungen zu unterbinden.[836] Laut einer Studie aus dem Jahr 2000 überwachen in den USA knapp drei Viertel aller großen US-amerikanischen Arbeitgeber die Arbeit ihrer Angestellten regelmäßig mit Hilfe von Telefon- und Videoaufzeichnungen bzw. E-Mail- und Internetüberwachung.[837] Die Ausweitung dieser Überwachung über den PC hinaus mittels GPS-basierten Ortungssystemen findet zur Fuhrparküberwachung auch in Deutschland bereits Anwendung.[838] Es verwundert daher wenig, dass der Anbieter von Videoüberwachungslösungen CityWatcher bereits seit dem Februar 2006 seinen Mitarbeitern VeriChips implantieren lässt, um deren Einsatz in den Überwachungsanlagen zu überwachen.[839]

3.4.3.3. Überwachung durch besorgte Eltern/Angehörige oder Dritte

Auch im privaten Rahmen nimmt die Überwachung insbesondere durch die Nutzung von LBS und das Tagging von Personen zu. Besorgte Eltern, die wissen möchten, wo sich ihre Kinder aufhalten, statten diese mit einem Handy oder Armband mit Ortungsfunktion aus.[840] Herkömmliche Handy-Tracking-Dienste wie TrackYourKid, Mobiloco und Mister

---

832 *Bizer/Dingel/Fabian et al.*, TAUCIS, 213f mwN; Beschlüsse des Düsseldorfer Kreises, DuD 2007, 37; Hennig/Ladkin/Sieker, RVS-RR-04-02, 4.

833 *Hornyak*, SciAm 2/2008, 60ff; *Heise online/pmz*, Hitachi treibt Miniaturisierung von RFID-Tags voran, http://www.heise.de/newsticker/meldung/85432.

834 Hennig/Ladkin/Sieker, RVS-RR-04-02, 4; Beschlüsse des Düsseldorfer Kreises, DuD 2007, 38; Weichert, DuD 1997, 275 mwN.

835 *Becker*, Die Politik der Infosphäre, 152.

836 *Wilke*, RDV 2002, 228.

837 *Solove/Rotenberg*, Information privacy law, zitiert nach *Langheinrich* in Mattern, Gibt es in einer total informatisierten Welt noch eine Privatsphäre?, 236.

838 Siehe *Langheinrich* in Mattern, Gibt es in einer total informatisierten Welt noch eine Privatsphäre?, 236 mwN.

839 *Langheinrich* in Mattern, Gibt es in einer total informatisierten Welt noch eine Privatsphäre?, 236 mwN.

840 Siehe dazu Kapitel 2.2.2.7, S. 36; zu den rechtlichen Problemen vgl. *Alahuhta/De Hert/Delaitre et al.*, Dark Scenarios in ambient intelligence: Highlighting risks and vulnerabilities, 93.

Vista erlauben den Eltern, bei Nutzung von GPS-Ortung genaue Bewegungsprofile von ihren Kindern zu erhalten.[841] Andere Eltern in den USA oder in Japan nutzen RFID-Tags zur Verfolgung der Kinder auf dem Schulweg.

Der Soziologe *Frank Furedi* kam zu der Erkenntnis, dass sich das Verständnis von *„guter Erziehung"* gewandelt habe: Während früher die gesunde Ernährung und Förderung der motorischen, geistigen und sozialen Entwicklung eine gute Erziehung ausmachte, ist dies heute vielfach die gute Überwachung der Kinder. Videokameras in Kindergärten, die es den Eltern ermöglichen, jederzeit den eigenen Nachwuchs zu überwachen, seien in England keine Seltenheit mehr.[842] Die einerseits sehr verständliche Angst der Eltern um ihre Kinder und das daraus resultierende Bedürfnis nach Kontrolle führt aber gleichzeitig zu einem massiven Eindringen in deren Privatsphäre. Der für eine gesunde Entwicklung erforderliche Freiraum der Kinder wird hierdurch stark eingeschränkt. Die Artikel-29-Datenschutzgruppe befürchtet durch diese Entwicklung erhebliche Gefahren für die Ausübung der Rechte von Kindern.[843]

Während bei *„portablen"* Geräten wie Armbändern und Handys die üblichen Mittel zur Verhinderung der Überwachung (Störung des Empfangs, vorübergehende Weitergabe des Handys an Dritte)[844] noch möglich sind, besteht diese Möglichkeit bei Implantaten nicht mehr.

Die Nutzung dieser Technologien bleibt nicht nur Eltern vorbehalten. Beispielsweise können sich auch eifersüchtige Partner oder Dritte diese zunutze machen und für ihre Zwecke einsetzen. Der Bundesdatenschutzbeauftragte *Schaar* fordert daher, die heimliche Ortung unter Strafe zu stellen.[845] Bereits heute werden Kinder und Demenzkranke nicht nur in den USA und in England, sondern auch in Deutschland mit RFIDs versehen (Tagging).

Das Tagging von Demenzkranken wurde bereits über 250.000-mal angewandt, wenn auch bislang nicht im Wege von Implantaten.[846] Demenzkranke verlaufen sich immer wieder und irren dann orientierungslos umher. Dies führt zu Unfällen, kostspieligen Aufenthalten in Krankenhäusern und im schlimmsten Fall sogar zum Tode.[847] Um dies zu vermeiden, werden Ein- und Ausgänge von Gebäuden, in denen Demenzkranke leben, mit Alarmsys-

---

841 *Spiegel Online (AP)*, Datenschützer warnt vor Missbrauch, http://www.spiegel.de/netzwelt/mobil/0,1518,463814,00.html; *Heise online/ssu*, Big Brother für jeden: Handy-Ortung wird zur Massendienstleistung, http://www.heise.de/newsticker/meldung/73970.

842 *Pany*, Big Mother, http://www.telepolis.de/r4/artikel/22/22965/1.html.

843 *Artikel-29-Datenschutzgruppe*, Work Program 2006-2007 Article 29 Working Party, 2.

844 *Pany*, Big Mother, http://www.telepolis.de/r4/artikel/22/22965/1.html; *Barrie-Anthony*, Cellphones: Just a leash for children?, LA Times v. 21.6.2006, http://www.latimes.com/technology/la-et-phonetrackers21jun21,0,531476.story?coll=la-home-headlines.

845 *Spiegel Online (AP)*, Datenschützer warnt vor Missbrauch, http://www.spiegel.de/netzwelt/mobil/0,1518,463814,00.html.

846 Vgl. hierzu näher Kapitel 2.2.2.7, S. 36f; *Spiegel Online (AP)*, Datenschützer warnt vor Missbrauch, http://www.spiegel.de/netzwelt/mobil/0,1518,463814,00.html.

847 *Hughes/Louw*, BMJ 2002, 847f mwN.

temen versehen. Zudem wird versucht, die Betroffenen ständig zu überwachen. Da dies in der Praxis kaum möglich ist, sehen sich die Pflegekräfte zur Gewährleistung der Sicherheit ihrer Patienten oft gezwungen, viele dieser an Demenz leidenden Patienten zumindest zeitweise einzusperren oder medikamentös ruhig zu stellen. Vom Tagging versprechen sich Angehörige und Pflegekräfte daher viele Vorteile. Bestenfalls scheint es geeignet, ein Umherirren der Demenzkranken zu verhindern, ohne diese einzusperren. Zumindest aber erleichtert es die Suche nach ihnen.

Auf ein Editorial im British Medical Journal aus dem Oktober 2002[848] über das *„Electronic tagging of people with dementia who wander"* folgte eine rege Diskussion über das Für und Wider des *„Tagging"* von Menschen. Dabei wurde insbesondere die Frage aufgeworfen, ob ethische Bedenken nicht bedeutsamer sein könnten, als mögliche praktische Vorteile. Die Befürworter des Tagging – darunter einige Pflegekräfte – sind der Ansicht, dass die höhere Sicherheit der Demenzkranken den Verlust an Freiheit rechtfertige. Auch könne durch das Verhindern des Umherirrens die Würde der Patienten mit mittlerer bis schwerer Demenz gewahrt werden, in dem diese sich nicht mehr nachts halb nackt auf einer viel befahrenen Straße wieder finden würden.[849] Da man seltener zu Mitteln wie der medikamentösen Ruhigstellung und dem Einsperren der Patienten greifen müsse, könnte dies sogar einen *„Gewinn an Freiheit"* für die Betroffenen bedeuten.

Die Gegner befürchten indes, dass – neben den gravierenden Einschränkungen der Freiheitsrechte – das Recht auf Privatsphäre der Patienten nicht genügend beachtet wird.[850] Einschränkungen der Autonomie und eine dauerhafte automatische Überwachung, auch durch Familienangehörige, wären die Folge.

---

848 *Hughes/Louw*, BMJ 2002, 847f.
849 *Hughes/Louw*, BMJ 2002, 847f.
850 *Cahill*, BMJ 2003, 281; *Hughes/Louw*, BMJ 2002, 848.

3.5 *Sonstige Risiken*

3.5.1 Risiken bei der biometrischen Identifikation

Heute wird die menschliche Identität vermehrt anhand biologischer Merkmale (biometrische Identifikation) überprüft.[851] Unbekannte Dritte werden in der Regel nicht durch umfangreiche Tests identifiziert, sondern durch Abgleich des Bildes des Personalausweises oder Führerscheins mit der vor uns stehenden Person (Authentifizieren).[852] Danach kann gefolgert werden, ob die Person mit der Person, deren Identitätsdaten vorliegen, identisch ist.

Biometrische Verfahren beruhen darauf, dass bestimmte Merkmale bei verschiedenen Menschen (nahezu immer) unterschiedlich ausgeprägt sind. Bei jeder Begegnung mit anderen Personen stellen wir u. a. anhand ihres Gangs, ihres Gesichts, ihrer Stimme, ihres Geruchs und ihres Körperbaus fest, ob uns diese Personen fremd sind oder nicht.[853] Dazu gleicht das Gehirn ständig die Außenwelt mit den gespeicherten Informationen ab. Bei der technischen biometrischen Identifikation ist der Ansatz ähnlich, wenn auch häufig auf andere Kriterien geachtet wird. Dabei liefert der biometrische Ausweis die *„inneren Werte"*, also den Vergleichsmaßstab, an dem die zu identifizierende Person gemessen wird. Hierzu können in Ausweisen bislang ein Iris-Scan, Fingerabdrücke und elektronische Passbilder verwendet werden.[854] Dazu werden die biometrischen Daten selbst[855] oder aber deren

---

851 *Juels/Molnar/Wagner* in Chlamtac, Security and Privacy Issues in E-passports, 4; vgl. die zahlreichen Nachweise zu den leicht divergierenden Definitionen bei *Albrecht*, Biometrische Verfahren im Spannungsfeld von Authentizität im elektronischen Rechtsverkehr und Persönlichkeitsschutz, 30 mwN. Biometrische Reisepässe, welche derzeit in Deutschland ein digitalisiertes Foto und in der zweiten Ausbaustufe ab 2008 die Fingerabdrücke der Inhaber speichern (*Dickopf*, Digitale Sicherheitsmerkmale im ePass, 1, 3) sollen den Inhaber gegenüber staatlichen Stellen fälschungssicherer ausweisen. Später sollen auch Führerscheine hinzukommen (*Borchers*, Interoperabilitätstests mit biometrischen Reisepässen, http://www.heise.de/ct/hintergrund/meldung/73803), welche kontaktlos über RFID-Chips auslesbar sein sollen, vgl. *Dickopf*, Digitale Sicherheitsmerkmale im ePass, 1ff; Auch in den USA hat die Ausgabe biometrischer Reisepässe im Sommer 2006 begonnen. Diese speichern ebenfalls zunächst nur ein digitales Lichtbild, der freie Speicherplatz auf dem RFID-Chip soll jedoch künftig auch mit weiteren biometrischen Merkmalen wie Fingerabdrücken oder dem Iris-Muster genutzt werden, siehe *Heise online/pmz*, USA starten Ausgabe von RFID-Reisepässen, http://www.heise.de/newsticker/meldung/76514. Die Bundesdruckerei, welche die biometrischen Reisepässe herstellt, beschreibt auf ihrer Homepage im Kapitel *„125 Jahre Bundesdruckerei"* die Möglichkeiten der neuen Ausweise wie folgt: *„Ab 2010... Die Grenzen der Industriestaaten werden von der Bundesdruckerei mit automatischen Erkennungssystemen ausgestattet, die Personen quasi im Vorbeigehen identifizieren. Dazu gehören auch Identitätskarten mit Chips, die dreidimensionale biometrische Merkmale speichern." Bundesdruckerei GmbH (Hrsg.)*, 125 Jahre Bundesdruckerei, http://www.bundesdruckerei.de.

852 Eine Alternative hierzu stellt die Frage nach gewissen personenbezogenen Daten wie Name, Geburtsdatum und -ort, Adresse, Sozialversicherungsnummer (z. B. in den USA und den skandinavischen Ländern) und Kredit- oder Kontodaten dar, welche *„nur dem Betroffenen bekannt sein dürften"* und daher mittelbar zur Identifizierung genutzt werden.

853 *Sinell*, Sicherheit und Datenschutz bei E-Passports, http://www.net.informatik.tu-muenchen.de/teaching/WS05/security/ausarbeitungen/11-Paul_Sinell-e_passports.pdf, 3; *Juels/Molnar/Wagner* in Chlamtac, Security and Privacy Issues in E-passports, 4.

854 *Sinell*, Sicherheit und Datenschutz bei E-Passports, http://www.net.informatik.tu-muenchen.de/teaching/WS05/security/ausarbeitungen/11-Paul_Sinell-e_passports.pdf, 3.

855 So das erste Modell des Malaysischen Passes, welcher seit 1998 über 5 Millionen Mal ausgegeben wurde; *Juels/Molnar/Wagner* in Chlamtac, Security and Privacy Issues in E-passports, 1.

Hash-Wert[856] in einem so genannten *„Template"* gespeichert. Das Template enthält die charakteristischen Merkmale der Person und dient für alle künftigen Abgleiche als Referenz.[857] Bei den modernen biometrischen Ausweisen werden die Templates zusammen mit weiteren Daten in einem in den Ausweis eingebundenen RFID-Tag gespeichert. Darauf findet ein verschlüsselter Zugriff statt, bei dem die Daten ausgelesen werden. Ein Fingerabdruckscanner vergleicht dabei die gemessenen Livedaten mit den im Ausweis gespeicherten Vorgaben (1:1-Abgleich).[858] Stimmen die Merkmale des Körpers mit denen des Ausweises überein, ist die vor uns stehende Person auch die im Ausweis genannte.[859] Dadurch, dass bei der biometrischen Identifikation die biometrischen Daten gemessen und zu den Daten der Person gespeichert werden, muss die Authentisierung nur ein einziges Mal erfolgen, um diese Person anschließend zu einem beliebigen Zeitpunkt und an jedem Ort allein durch einen Vergleich der dort gemessenen biometrischen Daten (IST-Wert) mit den gespeicherten Daten in der Datenbank (SOLL-Wert) authentifizieren zu können. Ein auf RFID-Basis arbeitendes biometrisches Identifikationssystem könnte ideal mit IKT-Implantaten verknüpft werden, um eine Art nicht verlierbaren Ausweis zu ergeben. Ein solches Identifikationssystem könnte - neben auf Reisen - auch dazu genutzt werden, den Träger des Implantats gegenüber Behörden, Geschäften, Banken und Finanzdienstleistern, Versicherungen und Ärzten zu identifizieren (und im fortgeschrittenen Stadium auch als elektronische Gesundheitskarte dienen). 100 Millionen biometrischer Ausweise wurden weltweit bereits ausgegeben.[860] Grund genug, sich mit der Sicherheit biometrischer Identifikationssysteme zu beschäftigen.

---

856 Ein Hash-Wert ist ein Wert, der aus einem größeren Datensatz (z. B. einer Datei, einem Text, einem Bild) mittels einer Hash-Funktion erzeugt wird. Ein Hash-Wert wird auch als Fingerprint bezeichnet, da er – so wie ein Fingerabdruck einen Menschen nahezu eindeutig identifiziert – eine nahezu eindeutige Kennzeichnung des übergeordneten Datensatzes liefert. Mittels eines Hash-Wertes kann daher überprüft werden, ob der vorliegende Datensatz mit sehr hoher Wahrscheinlichkeit identisch ist zu einem gespeicherten Datensatz. Dazu wird aus dem vorliegenden Datensatz beim biometrischen Abgleich eines vor Ort abgenommenen Finderabdrucks, Iris-Scans oder Fotos (nach Vereinheitlichung und Reduzierung des Rauschens), ein Hash-Wert gebildet. Dieser wird verglichen mit dem im biometrischen Pass gespeicherten Hash-Wert. Stimmen beide überein, ist die vor einem stehende Person mit sehr hoher Wahrscheinlichkeit diejenige, welche im Pass eingetragen ist. Ein derartiger Abgleich des Hash-Wertes hat gegenüber einem Abgleich der Volldaten den Vorteil, dass viel weniger Daten übermittelt und überprüft werden müssen. Populäre kryptographische Hash-Algorithmen sind das MD5-Verfahren mit einem 128-Bit langem Hash-Wert sowie SHA-1, welches einen 160-Bit langen Hash-Wert nutzt. Vgl. hierzu *Garfinkel*, SciAm 9/2008, 63. Zudem ist es derzeit mit den zur Verfügung stehenden Mitteln noch nicht möglich, aus dem Hash-Wert in vertretbarer Zeit Rückschlüsse auf die zugrunde liegenden Daten zu ziehen – allerdings werden zunehmend Ansätze aufgezeigt, wie dies dennoch funktionieren könnte, vgl. *Rechberger*, Österreichische Kryptologen attackieren Hash-Funktionen, http://www.heise.de/security/news/meldung/114553.

857 *Juels/Molnar/Wagner* in Chlamtac, Security and Privacy Issues in E-passports, 4.

858 *Weichert*, c't 11/2005, 98.

859 *Juels/Molnar/Wagner* in Chlamtac, Security and Privacy Issues in E-passports, 4.

860 *Boggan*, 'Fakeproof' e-passport is cloned in minutes, Times Online v. 06.08.2008, http://www.timesonline.co.uk/tol/news/uk/crime/article4467106.ece.

3.5.1.1. Risiko: mangelnde Sicherheit der biometrischen Identifikation

Ziel der biometrischen Erkennungssysteme ist die eindeutige Identifizierung und Authentifizierung[861] von Personen. Kein Unbefugter soll die Chance haben, als Berechtigter akzeptiert zu werden; der Anteil von fehlerhaften Zulassungen wird als *false acceptance rate* (FAR) bezeichnet.[862] Gleichzeitig sollen die Verfahren aber – um benutzerfreundlich und damit alltagstauglich zu sein – niemanden zu Unrecht abweisen; den Anteil fehlerhafter Abweisungen bezeichnet man als *false rejection rate* (FRR).[863]

Anders als beispielsweise bei einer Passwort- oder PIN-Abfrage, bei der eine Eingabe nur 100 % richtig sein kann und sonst automatisch falsch ist, beruht die Sicherheit biometrischer Systeme auf Näherungswerten und einer Wahrscheinlichkeitsrechnung.[864] Dabei ist das analoge „Rauschen" (d.h. alle nebensächlichen mitgemessenen Werte) herauszufiltern und eine Reduzierung der Messdaten auf die zur Identifikation relevanten durchzuführen.[865] Biometrische Verfahren führen dann einen Abgleich mit bekannten Mustern durch und ermitteln die Wahrscheinlichkeit der Identität von gespeicherten und gemessenen Daten.

Der technisch-biometrische Abgleich erfolgt dadurch aber nicht fehlerfrei. Aufgrund der unvermeidbaren Schwankungen bei der Messung biometrischer Daten ist eine Restungenauigkeit unvermeidbar. Um eine Abweisung an sich Berechtigter zu vermeiden, muss eine höhere Toleranz eingeführt werden. Es kommt damit immer wieder sowohl zu einer falschen Zulassung (*false acceptance*) als auch zu einer falschen Abweisung (*false rejection*).[866]

Ein benutzerfreundliches System hat eine sehr geringe false rejection rate, ein sicherheitskritisches System eine sehr geringe false acceptance rate – jeweils auf Kosten des anderen Faktors. Erkennungsleistungen von weniger als 1 % false rejection gelten als *„stark"*, ab 7 % als *„schwach"*. Eine false acceptance von mehr als 5 % bedeutet eine schwache Erkennungsleistung, eine geringere als 0,3 % eine starke.[867] Experten halten sogar allein Systeme mit einer FRR und FAR von jeweils weniger als 0,1% für akzeptabel,

---

861 Authentizität und damit Übereinstimmung einer behaupteten mit der tatsächlichen Identität ist neben Vertraulichkeit, Integrität und Verfügbarkeit eines der herausragenden Sicherheitsziele im informationstechnologischen Zusammenhang, vgl. *Albrecht*, Biometrische Verfahren im Spannungsfeld von Authentizität im elektronischen Rechtsverkehr und Persönlichkeitsschutz, 30 mwN.

862 *Pfitzmann*, DuD 2005, 286; ebenso *Koch*, Freiheitsbeschränkung in Raten?, 25.

863 *Pfitzmann*, DuD 2005, 286; ebenso *Koch*, Freiheitsbeschränkung in Raten?, 25.

864 *Albrecht*, Biometrische Verfahren im Spannungsfeld von Authentizität im elektronischen Rechtsverkehr und Persönlichkeitsschutz, 52 mwN.

865 Kevenaar/van der Veen/Zhou et al., DuD 2008, 395.

866 *Albrecht*, Biometrische Verfahren im Spannungsfeld von Authentizität im elektronischen Rechtsverkehr und Persönlichkeitsschutz, 52 mwN.

867 *Albrecht*, Biometrische Verfahren im Spannungsfeld von Authentizität im elektronischen Rechtsverkehr und Persönlichkeitsschutz, 52f mwN.

d. h. mit maximal einer fehlerhaften Zulassung und Abweisung pro 1.000 Personen.[868] Tests am Frankfurter Flughafen im Jahre 2004 mit 2081 Flughafenmitarbeitern und Bundesgrenzschutzangehörigen ergaben hingegen Fehlerraten von 5 %. Zudem war die Vergleichsgruppe sehr klein und Senioren, welche 30 % der Bevölkerung ausmachen, waren nur zu 1 % vertreten.[869] Auch Evaluierungen durch das U.S.-amerikanische National Institute of Standards and Technology zwischen 2003 und 2006 ergaben Fehlerraten bei biometrischen Systemen (Finderabdruck, Iris Scan und Stimmerkennung) deutlich oberhalb von 0,1%.[870]

Bei einer künftigen automatischen Identifikation durch IKT-Implantate (als Quelle für SOLL-Daten) und einen Abgleich anhand biometrischer Daten des Trägers besteht daher die Gefahr, dass Berechtigte künftig zunehmend fälschlicherweise abgewiesen (und Unbefugte fälschlicherweise zugelassen werden).

3.5.1.2. Risiko: einfaches Abhören und Entschlüsseln der Ausweis-Daten (cryptographic weakness, clandestine scanning, eavesdropping)

Problematisch an den derzeitig favorisierten und zur Erstellung von biometrischen Ausweisen benutzten biometrischen Verfahren ist, dass die verwendeten Merkmale wie Fingerabdrücke und Gesichtsbild, aber auch Stimme, körperliches Gewebe (genetischer Fingerabdruck) oder die Gangart, höchst missbrauchsanfällig sind.[871] Eine eindeutige Identifikation setzt voraus, dass der Ausweis vertrauenswürdige Daten enthält. Daher muss sichergestellt werden, dass die Daten im Ausweis zum einen tatsächlich von der dort genannten Person stammen und zum anderen nicht verfälscht wurden. Um zu verhindern bzw. wenigstens zu erschweren, dass die im Ausweis gespeicherten biometrischen Daten von unbefugten Dritten ausgelesen werden können, werden sie in herkömmlichen Systemen verschlüsselt gespeichert und übertragen.[872] Nicht so im biometrischen Pass, bei welchem lediglich die Kommunikation mit dem Lesegerät verschlüsselt erfolgt.[873] Das System bietet daher zwei Schwachstellen, an denen ein Angriff ansetzen kann, denn unabhängig davon, ob die Daten zunächst nur verschlüsselt vorliegen oder nur verschlüsselt übertragen werden, müssen diese spätestens zur Durchführung des Abgleichs entschlüsselt werden. Es können daher sowohl die Referenzdaten abgefangen als auch diese samt Schlüssel ausgespäht werden.[874] Liegen die Daten im Chip unverschlüsselt vor, ist zudem

868 *Jain/Pankanti*, SciAm 9/2008, 57.

869 *Sinell*, Sicherheit und Datenschutz bei E-Passports, http://www.net.informatik.tu-muenchen.de/teaching/WS05/security/ausarbeitungen/11-Paul_Sinell-e_passports.pdf, 10 mwN.

870 *Jain/Pankanti*, SciAm 9/2008, 56f.

871 *Jain/Pankanti*, SciAm 9/2008, 57.

872 Kevenaar/van der Veen/Zhou et al., DuD 2008, 394.

873 *Boggan*, Cracked it!, The Guardian v. 17.11.2006, http://www.guardian.co.uk/technology/2006/nov/17/news.homeaffairs.

874 *Kevenaar/van der Veen/Zhou et al.*, DuD 2008, 394; *Boggan*, Cracked it!, The Guardian v. 17.11.2006, http://www.guardian.co.uk/technology/2006/nov/17/news.homeaffairs.

der Austausch der Daten gegen gefälschte Daten, z. B. mit anderem Namen, neuem Lichtbild oder gefälschten Fingerabdrücken, grundsätzlich ein leichtes Unterfangen.[875]

Der Zugriff auf den Pass erfolgt mit einem zu Beginn der Kommunikation aus dem maschinenlesbaren Feld des Passes ermittelten Schlüssel (Basic Access Control). Dieser wird bei den biometrischen Reisepässen stets aus einer Kombination von Passnummer (neunstellige Zahl), Geburtsdatum des Passinhabers (mit näherungsweise $365*10^2$ Möglichkeiten) und Ablaufdatum des Passes (bei zehnjähriger Gültigkeit mithin 365*10 Möglichkeiten) in genau dieser Reihenfolge gebildet.[876] Hieraus ermittelt das BSI eine Schlüsselstärke von annähernd 56 Bit.[877] Die nach der Autorisierung (Basic Access Control) erfolgende Datenübertragung zwischen Lesegerät und RFID wird mit 112-Bit-Triple-DES verschlüsselt.[878]

Jedoch hat sich gezeigt, dass diese Verschlüsselung nicht ausreicht, um den Zugriff von Unbefugten auf den Datenverkehr biometrischer Pässe zu verhindern. Das Challenge-Response-Verfahren von RFID in den neuen biometrischen Reisepässen sollte die Sicherheit der Ausweise erhöhen, da das Mitlesen der Kommunikation verhindert werden sollte.[879] Das Mitprotokollieren,[880] also die Aufzeichnung der verschlüsselten Übertragung, bleibt aber unabhängig davon ebenso wie das Kopieren der Daten auf einen neuen Pass möglich.[881]

Eine Schwierigkeit ist, dass die verwendeten Schlüssel für die gesamte Gültigkeitsdauer der Pässe sicher sein müssen.[882] Um das Risiko der Entschlüsselung zu reduzieren, erfolgt ein Wechsel des Erstellerschlüssels nach drei Monaten (Document Signer) bzw. drei bis fünf Jahren (Country Signing CA). Angesichts der Gültigkeitsdauer der Pässe von 10 Jahren bedeutet dies aber, dass sämtliche verwendeten Schlüssel über bis zu 15 Jahre „sicher" bleiben müssten.[883] Aus diesem Grund wird für die Country Signing CA auch eine

---

875 *Boggan*, Passports: This isn't supposed to happen: how a baby became bin Laden, Times Online v. 06.08.2008, http://www.timesonline.co.uk/tol/news/uk/crime/article4467098.ece.

876 *Boggan*, Cracked it!, The Guardian v. 17.11.2006, http://www.guardian.co.uk/technology/2006/nov/17/news.homeaffairs.

877 *Dickopf*, Digitale Sicherheitsmerkmale im ePass, 3; ebenso zum US-E-Passport *Juels/Molnar/Wagner* in Chlamtac, Security and Privacy Issues in E-passports, 8 mwN.

878 *Dickopf*, Digitale Sicherheitsmerkmale im ePass, 4.

879 *Westhues*, Proximity Cards, http://cq.cx/prox.pl.

880 Arbeitskreis "Technische und organisatorische Datenschutzfragen der Konferenz der Datenschutzbeauftragten des Bundes und der Länder unter Mitwirkung des Arbeitskreises Medien", DuD 2005, 700.

881 *Heise online/pmz*, Sicherheitsexperte führt Klonen von RFID-Reisepässen vor, http://www.heise.de/newsticker/meldung/76379 mwN.

882 Diese lange Gültigkeitsdauer von 10 Jahren führt zu einer dramatischen Reduzierung der Sicherheit und der Privatsphäre. *Future of Identity in the Information Society (FIDIS)*, DuD 2006, 760.

883 Dies ergibt sich aus der 5-jährigen Laufzeit der Country Signing CA und der zehnjährigen Gültigkeit des Passes. Die Spanne zwischen dem Datum der Ausgabe des ersten mit einer neuen CSCA verschlüsselten Pass und dem letzten beträgt 5 Jahre, hinzu kommt die zehnjährige Laufzeit, was eine Gesamtdauer von 15 Jahren ergibt.

Schlüssellänge von 3072 Bit (RSA/DSA) bzw. 256 Bit (ECDSA) empfohlen, für die Document Signer CA immer noch relativ sichere 2048 Bit (RSA/DSA) bzw. 224 Bit (ECDSA).[884]

Allerdings beträgt die Schlüsselstärke bei Aufnahme der Funkverbindung und Aushandlung des Schlüssels für die nachfolgende Kommunikation nur annähernd 56 Bit. Weil aber das Alter einer Person geschätzt werden kann, reduziert dies die Stärke der Verschlüsselung (von $365*10^2$ auf z. B. 365*5 und damit um den Faktor 20) erheblich. Kommt noch – wie im Fall der gehackten niederländischen Pässe[885] – eine fortlaufende Nummerierung der Pässe bei annähernd gleicher Anzahl monatlich ausgegebener Pässe hinzu, lässt dies weitere Rückschlüsse auf die Ausweisnummer zu und verringert die Schlüssellänge weiter.[886] Auch das Ausstelldatum ist zumindest näherungsweise ermittelbar; es sind sogar Fallkonstellationen denkbar, bei denen all diese Daten erratbar sind.[887] Es war daher Hackern ein Leichtes, die Passdaten niederländischer biometrischer Pässe bei der Funkübertragung an einer Kontrollstelle mittels eines handelsüblichen Laptops nicht nur mitzulesen, sondern durch Knacken des ersten 56-Bit-Schlüssels auch binnen zwei Stunden zu entschlüsseln.[888] Geburtsdatum, Foto und Fingerabdruck des belauschten Passbesitzers lagen ihnen nun im Klartext vor.[889] Dass auch die deutschen biometrischen Pässe leicht auslesbar sind und kopiert werden können, ist seit 2005 bekannt[890] und wurde von *Lukas Grunwald* auf der Black Hat Briefings and Training USA im Sommer 2006 vorgeführt.[891] Dabei war es ihm mit Hilfe dieser Daten, welche er auf einem leeren Chip speicherte, möglich, ein Dokument zu erstellen, das elektronische Pass-Lesegeräte nicht vom Original unterscheiden können. Dieses Ereignis deckt sich mit der Einschätzung des Bundesamtes für Sicherheit in der Informationstechnik aus dem Sommer 2005, welches dies für möglich erachtete, jedoch hierfür noch – wie sich herausstellte fälschlicherweise – *„viel Zeit"* und

---

884 *Dickopf*, Digitale Sicherheitsmerkmale im ePass, 2. Grundsätzlich gilt, dass der zur Entschlüsselung erforderliche Aufwand mit zunehmender Schlüssellänge bei Verwendung sicherer Algorithmen exorbitant steigt. Während kurze Schlüssel durch einen Laptop in kurzer Zeit geknackt werden können, benötigen selbst Supercomputer für lange Schlüssel mehrere Jahre, so dass derart verschlüsselte Daten (bei grundsätzlich sicherem Algorithmus und sauberer Implementation) für den täglichen Gebrauch als „sicher" eingestuft werden können. Als relativ „sicher" gelten heute nur Schlüssel ab einer Länge von 128 Bit, in sicherheitskritischen Bereichen werden sogar 2048- oder 4096-Bit-Schlüssel verwendet.

885 Die niederländische Regierung vergab die Passnummern fortlaufend. Sie korrelierten mit dem Ablaufdatum des Passes. Da monatlich ungefähr gleich viele Pässe ausgegeben wurden, sank die Sicherheit der Verschlüsselung weiter. Nach bekannt werden dieser Schwachstellen ging des niederländische Innenministerium dazu über, die Passnummern aus Zufallszahlen zu bestimmen, vgl. *Roth*, Niederlande: Biometrie-Pass erfolgreich gehackt, http://www.telepolis.de/r4/artikel/21/21907/1.html.

886 Vgl. hierzu auch *Langheinrich* in Fleisch/Mattern, Die Privatsphäre im Ubiquitous Computing, 354, welcher genau dieses Verfahren für wahrscheinlich hält.

887 So das Beispiel eines Briefträgers, welcher (aufgrund von Glückwunschpostkarten) den Geburtstag und das ungefähre Alter des Empfängers, das Ausstelldatum des überbrachten Passes (wenige Tage vor der Zustellung) und (anhand der Statistiken über die Anzahl ausgegebener Pässe) die Passnummer näherungsweise in Erfahrung bringen könnte (bei denen in Großbritannien zudem die ersten vier Ziffern identisch zu sein scheinen) bei *Boggan*, Cracked it!, The Guardian v. 17.11.2006, http://www.guardian.co.uk/technology/2006/nov/17/news.homeaffairs.

888 *Roth*, Niederlande: Biometrie-Pass erfolgreich gehackt, http://www.telepolis.de/r4/artikel/21/21907/1.html; dazu näher s. weiter unten.

889 *Roth*, Niederlande: Biometrie-Pass erfolgreich gehackt, http://www.telepolis.de/r4/artikel/21/21907/1.html.

890 Future of Identity in the Information Society (FIDIS), DuD 2006, 761 mwN.

891 *Heise online/pmz*, Sicherheitsexperte führt Klonen von RFID-Reisepässen vor, http://www.heise.de/newsticker/meldung/76379; *Albrecht*, SciAm 9/2008, 50.

sehr teure Hardware für erforderlich hielt.[892] Auch der britische biometrische Reisepass wurde vom Sicherheitsberater *Adam Laurie* im Jahr 2007 aus der Ferne ausgelesen – während der Pass selbst noch versiegelt in dem Briefumschlag lag, in welchem er zugesandt wurde.[893] Die gleiche Schwäche weisen auch der niederländische und der tschechische Reisepass auf.[894] Malaysia hat bereits 25 Millionen Pässe ausgegeben, Qatar führt diese soeben ein und China gibt seit kurzem ebenfalls eine Milliarde RFID-basierte Personalausweise aus, welche alle auf der Norm ISO 14443 basieren.[895] Auch britische biometrische Pässe werden bereits im Jahr 2006 derart ausgelesen und die Daten auf einen neuen RFID-Chip kopiert, welcher fortan als „echt" erkannt wurde.[896]

Eine Verschlüsselung mit – im Ergebnis deutlich weniger als – 56 Bit kann daher für einen derart langen Zeitraum kaum mehr als einen rudimentären Schutz vor Gelegenheitshackern bieten.[897] Bedenkt man, dass zu sicherheitskritischen Großereignissen wie der FIFA Fußballweltmeisterschaft 2006 in Deutschland oder der EM 2004 in Portugal sämtliche Interessenten zur Kartenbestellung ihren Namen, ihr Geburtsdatum, die Reisepassnummer und das Ausstellungsdatum in ein Internetformular eintragen mussten,[898] geht von dem 56-Bit-Schlüssel nahezu keine Sicherheit mehr aus. Passnummer und Geburtsdatum des Passinhabers sind bekannt und das Ablaufdatum des Passes ist mit Hilfe seines Ausstellungsdatums leicht ermittelbar. Eine Ausdehnung obiger Praxis auf die Olympischen Spiele oder Leichtathletik-Weltmeisterschaften, Konzerte und andere Großereignisse steht zu befürchten.[899] Riskant ist zudem, dass die für den Zugriff erforderlichen Daten im Klartext des maschinenlesbaren Passfeldes stehen (müssen) und damit nicht geheim sind.[900] Gerade auch Hotels, Banken und andere private Firmen kopieren als Sicherheit für offene Forderungen häufig Reisepässe oder Personalausweise,[901] Autohäuser vor Probefahrten den Führerschein. Die Daten werden somit beispielsweise bei Hotels und Banken sowie an anderen Orten, an denen man sich ausweisen muss, für eine unüberschaubare Zahl von Personen frei zugänglich.[902] Mit dieser Kenntnisnahmemöglichkeit Dritter einerseits und der keineswegs sicheren Übertragung bzw. Eingabe im Internet – z. B. über nachge-

---

892 *Dickopf*, Digitale Sicherheitsmerkmale im ePass, 4.

893 *Albrecht*, SciAm 9/2008, 50.

894 *Albrecht*, SciAm 9/2008, 50; *Roth*, Niederlande: Biometrie-Pass erfolgreich gehackt, http://www.telepolis.de/r4/artikel/21/21907/1.html.

895 *Albrecht*, SciAm 9/2008, 50; *Bradsher*, China Enacting a High-Tech Plan to Track People, NY Times v. 12.07.2007, http://www.nytimes.com/2007/08/12/business/worldbusiness/12security.html.

896 *Boggan*, Cracked it!, The Guardian v. 17.11.2006, http://www.guardian.co.uk/technology/2006/nov/17/news.homeaffairs; *Heise online/pmz*, Sicherheitsexperte führt Klonen von RFID-Reisepässen vor, http://www.heise.de/newsticker/meldung/76379.

897 Noch weitergehend, nämlich die Wirksamkeit der bloßen Verschlüsselung biometrischer Daten generell mit guter Begründung anzweifelnd, *Kevenaar/van der Veen/Zhou et al.*, DuD 2008, 394, welche zudem ein System vorstellen, welches diese Schwachstellen lösen soll.

898 Artikel-29-Datenschutzgruppe, WP 112, 11.

899 Artikel-29-Datenschutzgruppe, WP 112, 11.

900 *heise online/hb*, ePass birgt Sicherheitsrisiken, http://www.heise.de/newsticker/meldung/79292.

901 Artikel-29-Datenschutzgruppe, WP 112, 11

902 In diesem Sinne auch *Future of Identity in the Information Society (FIDIS)*, DuD 2006, 762, welche daher eine Vermeidung der Weitergabe der Dokumente an private Organisationen wie Hotels empfehlen.

machte Phishing-Seiten – wird erwartet, dass nahezu jedermann künftig in der Lage sein wird, den Schutzmechanismus, genannt Basic Access Control, auszuhebeln.[903]

Auch die sich an das Basic Access Control Verfahren anschließende eigentliche Datenübertragung, nebst dem dabei eingesetzten längeren Schlüssel, täuscht eine größere Sicherheit vor, als sie tatsächlich besteht. Denn die Aushandlung dieses Schlüssels erfolgt bei der Aufnahme der Kommunikation (Basic Access Control) und ist nur mit dem 56-Bit-Schlüssel verschlüsselt. Gelingt es, diesen Schlüssel zu entschlüsseln, kann auch der ausgehandelte weitere Schlüssel im Klartext ausgelesen und zur Entschlüsselung der anschließenden Kommunikation genutzt werden. Es steht daher nach Ansicht des BSI zu befürchten, dass auch bei künftig fehlerfrei arbeitenden Pässen und Lesegeräten und einer zufälligen Vergabe von Nummern die Daten nicht übermäßig sicher sein werden.[904] Insofern würde es für Abhilfe sorgen, wenn die Sicherheit vor dem Auslesen biometrischer Daten im Rahmen der Extended Access Control (EAC) verbessert würde.[905] Allerdings ist der Mechanismus der Extended Access Control lediglich fakultativ von der International Civil Aviation Organization (ICAO) vorgesehen und kein ICAO Standard.[906] Auch sind zahlreiche Einzelheiten noch unklar,[907] so dass dessen Einführung keineswegs sicher ist. Zumindest in nichteuropäischen Ländern wird wohl lediglich die Basic Access Control eingeführt, nicht aber EAC. Wenn jedoch nicht alle Länder den EAC fordern, verzichten möglicherweise auch die europäischen Länder auf einen derart gesicherten Zugriff auf die Reisepässe, um eine weltweite Interoperabilität zu gewährleisten. Dieser ungeschützte Zugriff auf hoch sensible Daten, wie digitale Fingerabdrücke, darf jedoch keinesfalls zugelassen werden.[908] Herkömmliche Schutzmethoden wie das Einschieben des Passes in eine Aluminiumfolienhülle zur Verhinderung eines ungewollten Auslesens sind bei Implantaten nicht mehr möglich.

Doch auch die durch den RFID-Einsatz bezweckte höhere Fälschungssicherheit besteht nicht: So wurde seit längerem befürchtet, dass selbst dieser Schutz eines Tages umgangen werden könnte. Gefälschte Ausweise, welche sich via RFID identifizieren und zu dem ausgetauschten Bild den richtigen Hash-Wert zur Bilddatei liefern, würden eine erhöhte Sicherheit nur vorgaukeln.[909] Bislang ging man dennoch davon aus, dass die relativ hohe Sicherheit der Integrität der Daten von der sehr geringen Sicherheit gegen unbefugtes

903 *Future of Identity in the Information Society (FIDIS)*, DuD 2006, 760ff mwN; im Ergebnis wohl auch *Artikel-29-Datenschutzgruppe*, WP 112, 11 sowie *Langheinrich* in Fleisch/Mattern, Die Privatsphäre im Ubiquitous Computing, 353f.

904 *Dickopf*, Digitale Sicherheitsmerkmale im ePass, 4.

905 *Dickopf*, Digitale Sicherheitsmerkmale im ePass, 3.

906 ICAO Technical Report: PKI for Machine Readable Travel Documents offering ICC Read-Only Access, Version 1.1, Seiten 17, 21 und 22, zitiert nach *Artikel-29-Datenschutzgruppe*, WP 112, 12; *Future of Identity in the Information Society (FIDIS)*, DuD 2006, 761.

907 ICAO Technical Report: PKI for Machine Readable Travel Documents offering ICC Read-Only Access, Version 1.1, Seiten 17, 21 und 22, zitiert nach *Artikel-29-Datenschutzgruppe*, WP 112, 12.

908 So auch Artikel-29-Datenschutzgruppe, WP 112, 12; Future of Identity in the Information Society (FIDIS), DuD 2006, 761f.

909 *Boggan*, Cracked it!, The Guardian v. 17.11.2006, http://www.guardian.co.uk/technology/2006/nov/17/news.homeaffairs.

Auslesen der Daten zu unterscheiden sei.[910] Auch die Fälschungssicherheit eines derartigen Passes ist nach neuesten Erkenntnissen zweifelhaft. So wurden im Rahmen eines Interoperabilitätstests im Jahr 2006 insgesamt 443 Reisepässe in 47 Lesegeräten von 38 Herstellern neben der Tauglichkeit zum Auslesen der Pässe auch daraufhin geprüft, ob sie gefälschte Dokumente erkennen. Die Ergebnisse zeigten laut BKA, dass die Pässe weitaus fälschungssicherer, die Lesegeräte hingegen anfälliger waren als erwartet. Dennoch sei die Erkennungsquote gefälschter Pässe *„sehr zufrieden stellend"*.[911] Details wurden nicht genannt, so dass die Ergebnisse nicht verifizierbar sind. Im Juli 2008 gelang es jedoch dem niederländischen Sicherheitsfachmann *Jeroen van Beek*, aufbauend auf Vorarbeiten des Neuseeländers *Peter Gutman*, den Pass eines 16 Monate alten Kindes nicht nur auszulesen, sondern das darin gespeicherte Foto des Kindes durch das von Osama bin Laden zu ersetzen und beides in einem neuen RFID-Chip zu speichern, welcher von der Software Golden Reader Tool, dem Standard der ICAO zur Überprüfung biometrischer Pässe, als „echt" und unverfälscht akzeptiert wurde.[912] Auch Fingerabdrücke und andere Angaben des Passes ließen sich auf diesem Wege problemlos in neue Chips geändert einspeichern.[913] Zwar wäre herkömmlich noch ein entsprechend leerer oder gefälschter Pass erforderlich, da Blankchips statt Pässen etwas auffällig wären – wenn denn ein Mensch den Lesevorgang überwacht. Es könnten allerdings beispielsweise die 3.000 biometrischen Blankopässe genutzt werden, welche Ende Juli 2008 gestohlen wurden.[914] Werden anstelle von Passdokumenten künftig Implantate genutzt, würde die Verifikation anhand eines Papierdokuments zudem ganz entfallen, so dass auch diese Hürde einer Fälschung noch geringer ausfiele.[915]

Die Schwachstelle, welche verhinderte, dass die gefälschten biometrischen Pässe als solche erkannt wurden, liegt in der fehlenden Public Key Infrastruktur (PKI). So hat die ICAO eine zentralisierte Datenbank namens Public Key Directory (PKD) bei der singapurischen Firma Netrust eingerichtet, die wie bei einer herkömmlichen Verschlüsselung von E-

---

910 So das Britische Home Office in *Boggan*, Cracked it!, The Guardian v. 17.11.2006, http://www.guardian.co.uk/technology/2006/nov/17/news.homeaffairs und die Bundesregierung gegenüber der SZ in *Röder*, Osama bin Laden auf dem Passbild, SZ v. 11.08.2008, http://www.sueddeutsche.de/politik/593/305561/text/.

911 *Borchers*, Interoperabilitätstests mit biometrischen Reisepässen, http://www.heise.de/ct/hintergrund/meldung/73803.

912 *Boggan*, Passports: This isn't supposed to happen: how a baby became bin Laden, Times Online v. 06.08.2008, http://www.timesonline.co.uk/tol/news/uk/crime/article4467098.ece.

913 *Boggan*, Passports: This isn't supposed to happen: how a baby became bin Laden, Times Online v. 06.08.2008, http://www.timesonline.co.uk/tol/news/uk/crime/article4467098.ece.

914 *Hines/Byers*, Stolen passports 'worth up to £5 million', Times Online v. 29.07.2008, http://www.timesonline.co.uk/tol/news/uk/crime/article4420850.ece.

915 Immerhin war für die Durchführung des Auslesens, Kopierens und Fälschens des Passes nur noch ein frei im Handel erhältliches Lesegerät im Wert von EUR 60, ein RFID-Chip für EUR 15 und eine selbst geschriebene Software erforderlich, was den Kostenaufwand deutlich reduziert, vgl. *Boggan*, Passports: This isn't supposed to happen: how a baby became bin Laden, Times Online v. 06.08.2008, http://www.timesonline.co.uk/tol/news/uk/crime/article4467098.ece; *Boggan*, 'Fakeproof' e-passport is cloned in minutes, Times Online v. 06.08.2008, http://www.timesonline.co.uk/tol/news/uk/crime/article4467106.ece. Aber auch die geschätzten Schwarzmarktkosten für einen der gestohlenen biometrischen Blankopässe werden mit nur ca. EUR 2.500 (*Hines/Byers*, Stolen passports 'worth up to £5 million', Times Online v. 29.07.2008, http://www.timesonline.co.uk/tol/news/uk/crime/article4420850.ece) alles andere als unbezahlbar für jemanden mit der nötigen kriminellen Energie sein.

Mails u.ä. ermöglichen soll, die Signatur der Passdaten zu überprüfen und bei einem Abweichen den Pass als gefälscht zu entlarven.[916] Bislang nehmen an diesem System jedoch nur 45 Länder teil. Da jedes Land zudem bestimmen muss, welchen anderen Ländern es die Signaturen biometrischer Pässe elektronisch oder nur manuell zukommen lässt, reduziert sich die Zahl der Länder mit aktuellen Daten weiter. So nutzen derzeit nur Australien, Neuseeland, Singapur, die USA und Japan die PKD, weitere Länder wie Großbritannien wollen dieses in nächster Zeit zumindest einführen.[917] *Eckart Brauer* von der ICAO weist jedoch darauf hin, dass erst die vollumfängliche Nutzung durch alle 189 Staaten dieser Erde die Lücke vollständig beseitigt, dass gefälschte e-Pässe dieser Länder nicht erkannt werden.[918] Bis dahin könnten jedoch auch die Angriffe auf Hash-Funktionen wie GOST oder SHA-1 mit realistischem Aufwand durchführbar sein.[919]

Die erreichte Sicherheit hängt zudem nicht nur von der Schlüssellänge, sondern auch der sauberen und fehlerfreien Implementierung der Verschlüsselung ab: So stellten Kryptographen im Februar 2006 eine Methode vor, mit der der Passwortschutz gängiger passiver RFID-Transponder im 900 MHz-Band[920] einfach geknackt werden kann.[921] Normalerweise kommuniziert das Lesegerät im Rahmen der Entschlüsselung mit einem passiven RFID-Transponder, indem es eine Trägerwelle ausstrahlt, in deren Seitenband die Passwort-Challenge kodiert ist. Die Trägerwelle liefert dabei üblicherweise nur die für die Arbeit des Tags benötigte Energie, welche auf dem Tag in einem kleinen Kondensator zwischengespeichert wird. Nach Übertragung der Passwort-Challenge sendet das Lesegerät nur noch die Trägerwelle aus und beginnt, auf die Antwort des Tags zu warten. Das Tag selbst kann pulsweise seine Antenne *„verstimmen"* und so mehr oder weniger von der Feldstärke der Trägerwelle absorbieren. Die so entstandene Modulation der Trägerwelle – und damit die übermittelten Daten – wertet das Lesegerät aus.[922] Forscher veränderten das Lesegerät dergestalt, dass es schon während des Sendens der Passwort-Challenge die Modulation der Trägerwelle durch das Tag empfängt und nicht erst danach. Diese – an sich sinnfreie

916 *Boggan*, Passports: This isn't supposed to happen: how a baby became bin Laden, Times Online v. 06.08.2008, http://www.timesonline.co.uk/tol/news/uk/crime/article4467098.ece.

917 *Boggan*, Passports: This isn't supposed to happen: how a baby became bin Laden, Times Online v. 06.08.2008, http://www.timesonline.co.uk/tol/news/uk/crime/article4467098.ece.

918 *Boggan*, Passports: This isn't supposed to happen: how a baby became bin Laden, Times Online v. 06.08.2008, http://www.timesonline.co.uk/tol/news/uk/crime/article4467098.ece.

919 Vgl. Zu den Fortschritten und Ansätzen *Rechberger*, Österreichische Kryptologen attackieren Hash-Funktionen, http://www.heise.de/security/news/meldung/114553.

920 Nach Ansicht der Forscher sind jedoch auch passive RFID-Transponder in anderen Frequenzbändern, z. B. bei 13,56 MHz, betroffen. Hier sei lediglich die Reichweite der Tags geringer, zudem würde man sehr feine Messgeräte benötigen, technisch bestünden hingegen keine Unterschiede. Prinzipiell anfällig seien zudem auch aktive Tags, sofern die Verarbeitung dort ebenso unsauber gelöst wäre. Vgl. *Shamir/Oren*, Power Analysis of RFID Tags, http://www.wisdom.weizmann.ac.il/~yossio/rfid/.

921 Das dabei angewandte Verfahren ist sogar von der Passwortlänge unabhängig, siehe *Shamir/Oren*, Power Analysis of RFID Tags, http://www.wisdom.weizmann.ac.il/~yossio/rfid/; *Schüler*, RFID: Passwortraten leicht gemacht, http://www.heise.de/newsticker/meldung/69698. Auch ein 4096-Bit-Schlüssel, welcher gemeinhin als nahezu nicht entschlüsselbar gilt, könnte mit vertretbarem Zeitaufwand geknackt werden. Bedenkt man, dass bessere RFID-Tags bestenfalls über eine 128-Bit-Verschlüsselung verfügen, stellt sich dieser Aufwand als vergleichsweise gering dar.

922 *Shamir/Oren*, Power Analysis of RFID Tags, http://www.wisdom.weizmann.ac.il/~yossio/rfid/; *Schüler*, RFID: Passwortraten leicht gemacht, http://www.heise.de/newsticker/meldung/69698.

– Änderung brachte zu Tage, dass das Tag nicht erst nach Ende der Übertragung mit der Überprüfung des Passworts beginnt, wie es eigentlich vorgesehen und kryptographisch sinnvoll ist, sondern die einzelnen Bits eines Passworts bereits während der noch laufenden Challenge-Anfrage prüft. Der Energieverbrauch des Tags hängt davon ab, ob das empfangene Bit korrekt oder falsch ist. Das Tag führt nach jedem x-ten falschen Bit eine Sonderroutine durch, welche mehr Strom benötigt und somit kurzfristig einen verminderten Ladezustand des Kondensators bewirkt. Dieser geringere Ladezustand führt zu einer messbar stärkeren Aufladung des Kondensators aus der Trägerwelle und moduliert diese daher in der Form einer Amplitudenabschwächung.[923]

Somit lässt sich ein marktübliches RFID-Tag[924] – unabhängig von der verwendeten Passwortlänge – mit einfachsten Mitteln kompromittieren. Durch einfaches Ausprobieren werden so lange einzelne Bits durchprobiert, bis das Richtige dabei ist (Brute-Force-Angriff). Auf diese Weise kann in kurzer Zeit das vollständige Passwort herausgefunden und die Sicherheit des Tags kompromittiert werden. Dazu reicht schon jedes herkömmliche NFC-Mobiltelefon aus, da es alle hierfür benötigten Bauteile aufweist. Ursache dieser Schwachstelle ist der Sparzwang bei den Produktionskosten für RFID-Transponder, welche die Entwickler zwingen, Sicherheitsanforderungen über Bord zu werfen. Sichere Tags seien nach Ansicht von *Shamir* in den nächsten ein bis zwei Jahren auch nicht zu erwarten, da eine sichere Implementierung die erzielbare Reichweite zunächst deutlich reduzieren würde – bei doppelten Herstellungskosten des Tags.[925] Weder diese einfachen Tags, noch biometrische Pässe enthalten zudem einen Zugriffsschutz, der bei mehrmaligem Senden des falschen Passwortes die Verbindung für einen gewissen Zeitraum verhindert und so das einfache Durchprobieren zumindest verzögern und damit erschweren würde.[926]

Gerade bei auf Funk basierenden Systemen wie RFID müssen an die Sicherheit der Kommunikation hohe Anforderungen gestellt werden. Tatsächlich harren aber noch zahlreiche Fragen zur Sicherheit und Verlässlichkeit biometrie-gestützter Personaldokumente einer überzeugenden Antwort.[927] Die Biometrie wird im Hinblick auf ihre Sicherheit als extrem fehler-intolerant angesehen. Die biometrischen Verfahren sind, sowohl was ihre kurz- und langfristige Sicherheit als auch ihre *„Nebenwirkungen“* angeht, noch nicht hinreichend

---

923 *Shamir/Oren*, Power Analysis of RFID Tags, http://www.wisdom.weizmann.ac.il/~yossio/rfid/; *Schüler*, RFID: Passwortraten leicht gemacht, http://www.heise.de/newsticker/meldung/69698.

924 Allerdings nach bislang verfügbaren Informationen nicht das insoweit wenigstens besser designte Tag biometrischer Pässe.

925 *Shamir/Oren*, Power Analysis of RFID Tags, http://www.wisdom.weizmann.ac.il/~yossio/rfid/.

926 *Boggan*, Cracked it!, The Guardian v. 17.11.2006, http://www.guardian.co.uk/technology/2006/nov/17/news.homeaffairs.

927 *Schaar*, RDV 2006, 3.

für einen flächendeckenden Einsatz untersucht. Ihr Einsatz wird daher derzeit zu Recht für nicht verantwortbar gehalten.[928]

3.5.1.3. Risiko: Beweislastumkehr

Obwohl die zur Identifizierung erforderlichen Daten aus den mit RFID versehenen biometrischen Ausweisen leicht ausgelesen, kopiert und auf neuen Tags gespeichert werden können, so dass eine (unveränderte, ohne verbreitete PKI-Infrastruktur sogar gefälschte/veränderte[929]) Kopie des Passes sich unerkannt als Original ausgibt,[930] wird die Technologie allgemein als fälschungssicher angesehen. Durch dieses gefährliche Vertrauen in die neue Technik können gravierende Sicherheitslücken auftreten, inbesondere wenn zusätzliche Kontrollen unterbleiben.

Im Falle einer fehlerhaften Erkennung eines gefälschten, aber als *„fälschungssicher"* geltenden, Ausweises als vermeintlich *„echt"*, könnte dies für den Inhaber des echten Ausweises gravierende Auswirkungen haben: So dürfte, solange die Möglichkeit der Fälschbarkeit nicht allgemein bekannt ist, beispielsweise von einer Beweislastumkehr ausgegangen werden: Das Opfer muss nun nachweisen, dass es nicht selbst den Ausweis vorgelegt hat.[931] Noch gravierender wird dies bei einem flächendeckenden Einsatz von Implantaten, da diese – im Regelfall – nicht vom Körper getrennt werden können. Stimmen daher die biometrischen Daten mit denen eines Implantats überein, sollte tatsächlich die behauptete Person vor einem stehen. Angesichts der aufgezeigten Schwachstellen, welche ein Kopieren der Daten biometrischer Pässe oder des VeriChips ermöglichen, ist dem aber nicht so. Insbesondere dort, wo eine menschliche Kontrolle unterbleibt und diese rein elektronisch erfolgt, besteht aufgrund der leichten Kopierbarkeit der Tags und ihrer Daten daher ein erhebliches Risiko.[932] Untersuchungen der Westminster University haben ergeben, dass sogar das Personal in Supermärkten bei Vorlage von Lichtbildausweisen große Probleme hatte, das Übereinstimmen des Bildes mit der vor ihnen stehenden Person zu überprüfen, weshalb Kreditkartenfirmen in Großbritannien hiernach von dem Aufbringen von Lichtbil-

---

928 Nach Aussagen von *Pfitzmann*, welcher sich seit 1983 mit solchen Systemen beschäftigt, werden seither solcherart sichere biometrische Systeme *„für in zwei Jahren"* angekündigt, ohne dass sich diese Prognose eingestellt hätte, vgl. *Pfitzmann*, DuD 2005, 287, 288. Auch der Bundesbeauftragte für den Datenschutz, *Schaar*, sieht noch unzählige offene Fragen, beispielsweise zur Sicherheit und Verlässlichkeit biometrischer Personaldokumente, die noch einer überzeugenden Antwort harren, vgl. *Schaar*, RDV 2006, 3.

929 *Boggan*, Passports: This isn't supposed to happen: how a baby became bin Laden, Times Online v. 06.08.2008, http://www.timesonline.co.uk/tol/news/uk/crime/article4467098.ece.

930 Laut *Heise online/pmz*, Sicherheitsexperte führt Klonen von RFID-Reisepässen vor, http://www.heise.de/newsticker/meldung/76379 stammten die erforderlichen Angaben zum Klonen der Pässe u. a. von den Internetseiten der internationalen Luftfahrtbehörde ICAO. Mittels handelsüblicher Lesegeräte wurden die Chips ausgelesen, das ICAO-Layout auf ein neues RFID-Tag gebrannt und anschließend die ausgelesenen Daten in das neue Tag kopiert.

931 So die Befürchtung des Chaos Computer Club e.V., welcher gemeinsam mit Journalisten der ARD nachwies, dass sich Fingerabdruckscanner in einem Supermarkt ohne weiteres überlisten ließen, so dass die Journalisten auf fremde Rechnung mit falschen Fingerabdrücken einkaufen konnten, vgl. *Chaos Computer Club e.V. (Hrsg.)*, Fingerabdruck an der Supermarkt-Kasse genauso unsicher wie Biometrie im Reisepass, http://www.ccc.de/updates/2007/umsonst-im-supermarkt?language=de.

932 *Heise online/pmz*, Sicherheitsexperte führt Klonen von RFID-Reisepässen vor, http://www.heise.de/newsticker/meldung/76379, näher dazu unter Fn 930; siehe ferner auch Kapitel 3.5.1.9.

dern auf Kreditkarten mangels Nutzen generell abgesehen haben.[933] Sogar eine Überprüfung durch einen Menschen muss daher nicht zu einer erhöhten Sicherheit führen. Gerade dort, wo ein vermeintlich besonders sicheres Identifikationsmittel zum Einsatz kommt, ist zu erwarten, dass die Überprüfung noch weniger genau erfolgt. Erscheint beispielsweise eine Person bei ihrer Bank, welche anhand eines implantierten RFID-Chips nebst Lichtbild automatisch identifiziert und deren Bild dem Bankmitarbeiter angezeigt wird, wird dieser kaum Zweifel an der Identität der Person haben – auch wenn der Pass gefälscht wurde und die Person vor ihm plötzlich einen Bart und eine Sonnenbrille trägt.

Sicherheitsmängel dürfen jedoch nicht zu Lasten der Bürger gehen.[934] Eine Beweislastumkehr kommt auch in Frage, wenn eine Person aufgrund eines biometrischen Verfahrens überprüft und fälschlicherweise nicht zugelassen wird (False Rejection), obwohl sie die Person ist, für die sie sich ausgibt.[935] Ähnlich ist es in neueren Kfz mit elektronischen Wegfahrsperren, welche mittels RFID im Schlüssel geöffnet und gestartet werden. Auch hier geht man zu Lasten des Autohalters davon aus, dass er seinen Schlüssel herausgegeben oder grob fahrlässig verloren hat, wenn das Kfz entwendet wird.

3.5.1.4. Risiko: heimliches Verfolgen des Ausweisinhabers (clandestine tracking)

Nachdem sich zahllose Stellen den Ausweis zur Identifizierung vorlegen lassen, verfügt grundsätzlich jede über den nötigen Zugriffsschlüssel, um sämtliche Ausweisdaten lesen zu können. Dies trifft neben privaten Stellen auch für staatliche Stellen, beispielsweise im Ausland, zu: Wird ein Ausweis an der Passkontrolle einmal vorgelegt, kann der Ausweis anschließend – selbst im Falle wirksamer Verschlüsselung – beliebig ausgelesen werden, sofern die Passkontrollstelle die Daten hierfür zur Verfügung stellt.[936] Grundsätzlich ist es damit möglich, den Ausweisinhaber zu verfolgen. An jedem RFID-Scanner, den die Person passiert, wird ihre Anwesenheit erfassbar. Bei entsprechender Verbreitung der Lesegeräte können daraus detaillierte Bewegungsprofile erstellt werden.[937] Gerade im Hinblick auf die gestiegenen Sicherheitsanforderungen könnten Hotels, Flughäfen und öffentliche Gebäude – vergleichbar dem „OpTag"-EU-Projekt am ungarischen Flughafen Debrecen[938] – ein erhebliches Interesse daran haben, zu wissen, wer sich wann und wo aufhält.

In den modernen deutschen und niederländischen biometrischen Reisepässen bereits enthaltene RFID-Tags und deren Kommunikation sind nur auf kurze Entfernung (bis zu 30

933 *Boggan*, Cracked it!, The Guardian v. 17.11.2006, http://www.guardian.co.uk/technology/2006/nov/17/news.homeaffairs.

934 Artikel-29-Datenschutzgruppe, WP 112, 6.

935 *Koch*, Freiheitsbeschränkung in Raten?, 25, welche jedoch (fälschlicherweise) von einer Umkehr der „Unschuldvermutung" spricht, welche bei der Frage der Identifizierung kaum anwendbar sein dürfte.

936 *Juels/Molnar/Wagner* in Chlamtac, Security and Privacy Issues in E-passports, 3, 8 mwN.

937 Hennig/Ladkin/Sieker, RVS-RR-04-02, 4ff.

938 *Borchers*, c't 23/2006, 48; *Schaar*, DuD 2007, 259; siehe dazu auch die Website des Projekts unter http://ec.europa.eu/research/transport/projects/article_3718_en.html; vgl. hierzu näher Kapitel 3.3.1.3.

cm) auslesbar.[939] Dies schützt zwar nicht vor einem nur wenige Sekunden dauernden Auslesen durch den Nachbarn in der U-Bahn, verhindert jedoch zumindest ein automatisiertes Verfolgen von Personen aus größerer Entfernung allein anhand des RFID-Chips. In den USA werden aber bereits in den Bundesstaaten Washington, Arizona, Michigan und Vermont - auch New York beteiligt sich seit September 2008 hieran - *„enhanced driver's licenses"*, erweitere Führerscheine, ausgegeben,.[940] Diese verwenden passive RFID-Chips, welche sich auch bei hohen Geschwindigkeiten und aus einer Entfernung von mindestens 8 Metern automatisch – das heißt ohne Aktivität des Besitzers – auslesen lassen.[941] Aktive RFID-Tags erlauben zudem ein Auslesen und Beschreiben aus über 500 Metern Entfernung.[942] Bislang wurden die praktischen Auswirkungen der mangelnden Sicherheit von RFID-Tags durch deren geringe Ausleseentfernung etwas entschärft. Die Auslesbarkeit über größere Entfernungen würde die Verwendung dieser Chips entscheidend ändern. Denn anders als die biometrischen Reisepässe nach ISO 14443, welche zumindest eine rudimentäre Verschlüsselung vorsehen, basieren die erweiterten Führerscheine allein auf dem für den Handel entwickelten Standard Gen 2 von EPCGlobal, welcher keinerlei Verschlüsselung aufweist.[943] Diese können vielmehr mit herkömmlichen, im Handel frei erhältlichen, Lesegeräten ausgelesen werden. 35.000 derartiger Führerscheine waren in Washington im Frühjahr 2008 schon bestellt, 10.000 hiervon ausgeliefert worden.[944]

Sicherheitsmängel und Bedenken hindern Länder wie China nicht daran, bei dem derzeit eingeführten Personalausweis auch Daten über den Gesundheitszustand, Angaben über den gezeugten Nachwuchs, absolvierte Ausbildung und Arbeitsverhältnis, Religion, ethnische Herkunft, Vorstrafenregister sowie Name und Telefonnummer des Vermieters zu speichern.[945] Auch Fahrten im öffentlichen Nahverkehr und Finanztransaktionen sowie die Kredithistorie sollen künftig erfasst werden. Ohne einen solchen Personalausweis wird für neu Zugezogene der Aufenthalt in den städtischen Ballungsgebieten unzulässig, so dass angesichts von jährlich ca. 10 Millionen zuwandernden Chinesen eine schnelle Verbreitung zu erwarten ist.[946] So räumte denn auch der Vizepräsident der für die Einführung der

---

939 *Boggan*, Cracked it!, The Guardian v. 17.11.2006, http://www.guardian.co.uk/technology/2006/nov/17/news.homeaffairs.

940 *Albrecht*, SciAm 9/2008, 48, 50f, 53.

941 Nach einer Ausschreibung des US-Heimatschutzministeriums sollen im Rahmen des Visa-Visit-Programms beim Grenzübertritt Daten auch aus größerer Entfernung und auch wenn sich mehrere Personen in einem Fahrzeug (PKW, Lastwagen, Bus) befinden, das mit einer Geschwindigkeit bis zu 55 Meilen fährt, ausgelesen werden können. Hierdurch soll die Sicherheit verstärkt, der Reiseverkehr und der Warentransport beschleunigt und – auf welche Art auch immer – *„die Privatsphäre der Besucher der USA geschützt"* werden. *Rötzer*, Identifizierung aus der Entfernung, http://www.heise.de/bin/tp/issue/r4/dl-artikel2.cgi?artikelnr=22171; *Albrecht*, SciAm 9/2008, 48.

942 *IDENTEC SOLUTIONS AG (Hrsg.)*, ILR (Intelligent Long Range) Technology, http://www.identecsolutions.com/ilr.html; *Fiutak*, RFID-Tag wird mit GPS gekoppelt, http://www.silicon.de/hardware/netzwerk-storage/0,39039015,39183913,00/rfid_tag+wird+mit+gps+gekoppelt.htm.

943 *Albrecht*, SciAm 9/2008, 50.

944 *Albrecht*, SciAm 9/2008, 50f, 53.

945 *Bradsher*, China Enacting a High-Tech Plan to Track People, NY Times v. 12.07.2007, http://www.nytimes.com/2007/08/12/business/worldbusiness/12security.html; *Albrecht*, SciAm 9/2008, 51.

946 *Bradsher*, China Enacting a High-Tech Plan to Track People, NY Times v. 12.07.2007, http://www.nytimes.com/2007/08/12/business/worldbusiness/12security.html.

Personalausweise zuständigen China Public Security Technology, *Michael Lin*, gegenüber der New York Times freimütig ein, dass es sich hierbei um ein System der Regierung handelt, die Bevölkerung in der Zukunft zu kontrollieren.[947] Hierzu sollen z.B. auch die über 180.000 privaten Überwachungskameras dienen, auf welche die Polizei in Shenzhen zusätzlich zu ihren eigenen 20.000 zugreifen darf - nebst Gesichtserkennungssystemen versteht sich.[948]

3.5.1.5. Risiko: freier Zugriff auf biometrische Daten (biometric data leakage)

Mit der Zunahme biometrischer Identifikation auch im privaten Bereich, beispielsweise als Zugangskennung für den Laptop oder für digitale Zugangssysteme, gewinnt die Problematik der unbeabsichtigten Verbreitung biometrischer Daten an Bedeutung.[949] Dabei sind biometrische Merkmale zunächst einmal omnipräsent[950] – jeder Gegenstand, den wir anfassen, trägt hiernach unseren Fingerabdruck, jedes Gespräch liefert Daten zur Stimmerkennung. Das Gesicht lässt sich im Alltag ebenfalls kaum geheim halten. Biometrische Daten sind daher nicht geheim.[951] Jedoch ist die Zuordnung dieser Daten zu Personen nur mit einem vergleichsweise großen Aufwand möglich. Bisher war der Nutzen einer Zuordnung beliebiger Dritter – abgesehen von der Kriminaltechnik – eher gering. Eine elektronische Datenbank mit sämtlichen Fingerabdrücken ermöglicht es hingegen, die biometrischen Daten von Dritten in Erfahrung zu bringen, ohne dass man überhaupt in ihre Nähe gelangen muss, ja man muss die Betroffenen nicht einmal kennen. Wenn nun diese biometrischen Daten an zahlreichen Orten als Identifizierungsmerkmal dienen, steigt der Nutzen ihrer Kenntnis (zumindest für Kriminelle), bei gleichzeitig deutlich einfacherer Kenntniserlangung hinsichtlich einer großen Zahl biometrischer Daten.[952] Eine – als mögliche Absicherung der Identifikation – diskutierte Nutzung von biometrischen Daten in IKT-Implantaten, bei welcher sich der Träger durch Fingerabdruck und Funkimplantat gegenüber elektronischen Systemen identifiziert, vergrößert daher das Risiko, dass biometrische Daten und deren Zuordnung – und nicht mehr nur potentiell, sondern tatsächlich – nahezu

---

947 *Albrecht*, SciAm 9/2008, 51.

948 *Bradsher*, China Enacting a High-Tech Plan to Track People, NY Times v. 12.07.2007, http://www.nytimes.com/2007/08/12/business/worldbusiness/12security.html.

949 *Sinell*, Sicherheit und Datenschutz bei E-Passports, http://www.net.informatik.tu-muenchen.de/teaching/WS05/security/ausarbeitungen/11-Paul_Sinell-e_passports.pdf, 4; *Chaos Computer Club e.V. (Hrsg.)*, Fingerabdruck an der Supermarkt-Kasse genauso unsicher wie Biometrie im Reisepass, http://www.ccc.de/updates/2007/umsonst-im-supermarkt?language=de.

950 So auch *Weichert*, c't 11/2005, 98, der darauf hinweist, dass wir biometrische Merkmale bei nahezu jeder Gelegenheit ohne größeres Nachdenken hinterlassen.

951 So auch *Weichert*, c't 11/2005, 98, welcher die derzeit favorisierten Merkmale Fingerabdruck und Gesichtsbild für höchst missbrauchsanfällig und daher aus Datenschutzsicht für eine biometrische Identifikation besonders wenig geeignet ansieht.

952 Das Risiko „*datenreicher*" Datensätze ist bei einem unberechtigten Zugriff deutlich höher, da die möglichen Missbrauchsformen und deren Konsequenzen um ein Vielfaches gravierender sind, als wenn nur einzelne Information in die falschen Hände geraten. So auch *Peeters*, MMR 2005, 416.

beliebig bekannt werden. Daher verlangen Datenbanken mit biometrischen Daten nach einem besonderen Schutz.[953]

3.5.1.6. Risiko: Diebstahl der Identität (cloning)

Ein weiteres Risiko ist der mögliche Diebstahl der Identität (*identity theft*).[954] Der Identitätsdieb späht dabei personenbezogene Daten seines späteren Opfers – üblicherweise mit Betrugsabsicht – aus und gibt sich anschließend selbst als diese Person aus, täuscht also eine andere Identität vor.[955] Es geht mithin um die Aneignung einer fremden Identität zur Erwirkung einer falschen Zuordnung.[956] Die erlangten Daten wurden in der Vergangenheit üblicherweise mit dem Ziel verwendet, sich finanziell zu bereichern.[957] Die Angabe gewisser, nicht allgemein bekannter personenbezogener Daten (beispielsweise der Mädchenname der Mutter, die Sozialversicherungsnummer oder die Kopie des Führerscheins) lässt vermuten, dass die Person mit derjenigen, zu der die Daten gehören, identisch ist. Durch einfache Kenntnis einiger solcher personenbezogener Daten gelingt es Betrügern, sich gefälschte Papiere zu beschaffen, welche den Anschein der Ordnungsmäßigkeit aufweisen. Mit diesen lassen sich dann Konten eröffnen, Kreditkarten und -linien erhalten, Waren, Gebäude und Fahrzeuge kaufen und Dienstleistungen in Anspruch nehmen – alles unter falschen Namen.[958] In der Regel werden mit der neu erlangten Identität anschließend die Daten so geändert, dass Korrespondenz und Lieferungen an die Adresse des Diebes erfolgen.[959] Der Betroffene bemerkt von dem Diebstahl längere Zeit nichts.[960] Für den Betroffenen hat das gravierende Folgen, denn der Dieb ist nun in der Lage über dessen Identität zu verfügen, d. h. so zu handeln, als sei er selbst die betreffende Person. Dieses Risiko besteht verstärkt bei der Nutzung von IKT-Implantaten, beispielsweise dem VeriChip, aber auch bei den vermeintlich „sicheren" biometrischen Ausweisen, da diese beliebig kopierbar sind. Somit kann sich jeder als der berechtigte Inhaber des Chips ausgeben – und damit dessen Identität annehmen.

3.5.1.6.1. Ursprung/Quelle(n) der von Identitätsdieben verwendeten Daten

---

953 Der CCC e.V. fordert sogar ein gesetzliches Verbot der Nutzung biometrischer Systeme, da deren Risiken noch nicht hinreichend bekannt und beherrschbar seinen, vgl. *Chaos Computer Club e.V. (Hrsg.)*, Fingerabdruck an der Supermarkt-Kasse genauso unsicher wie Biometrie im Reisepass, http://www.ccc.de/updates/2007/umsonst-im-supermarkt?language=de.

954 Der Begriff des Identitätsdiebstahls ist zwar technisch unkorrekt, wird aber, da er prägnant und allgemein üblich ist, auch im Rahmen der nachfolgenden Ausführungen verwendet.

955 *Rihaczek*, DuD 2004, 649; *Peeters*, MMR 2005, 415.

956 *Rihaczek*, DuD 2004, 649.

957 *Peeters*, MMR 2005, 415; vgl. auch die in *Garfinkel*, SciAm 9/2008, 64 wiedergegebenen tatsächlichen Fälle, in welchen Mitarbeiter von Scientific American Opfer eines Identitätsdiebstahls wurden.

958 Vergleich die Beispiele und Erlebnisse der Opfer in *Zeller Jr.*, For Victims, Repairing ID Theft Can Be Gruelling, NY Times Online v. 01.10.2005, http://www.nytimes.com/2005/10/01/technology/01theft.html; ebenso *Peeters*, MMR 2005, 415.

959 *Garfinkel*, SciAm 9/2008, 64.

960 *Peeters*, MMR 2005, 415 mwN.

Die Daten, die Identitätsdiebe verwenden, stammen aus den verschiedensten Quellen;[961] im Fall von Seisint,[962] einer zu LexisNexis/Reed Elsevier gehörenden Gesellschaft, beispielsweise aus gehackten elektronischen Datenbanken, aus welchen während 59 unerlaubten Zugriffen die personenbezogenen Daten einschließlich Vermerken über Verhaftungen, Strafregister, Grundbuchauszüge, Fotos, Heirats- und Scheidungsvermerke sowie Jagd- und Fischereierlaubnisse von insgesamt 310.000 US-Bürgern entwendet wurden.[963]

Sie rühren aber auch aus verschwundenen Backupbändern her, wie im Fall der CitiFinancial (Citigroup),[964] der diese beim Transport zu einem Kreditbüro abhanden kamen – und mit ihnen 3,9 Millionen Kundendaten, oder der Bank of America, welche im Februar 2005 beim Transport fünf Bänder mit Daten zu 1,2 Millionen SmartPay Bankkarten verlor.[965]

Sie können aber auch von gebrauchten Festplatten resultieren, auf denen die Daten nicht sicher gelöscht wurden[966] oder aufgrund gestohlener Computer zur Verfügung stehen, wie im Fall der Verwaltung der San Jose Medical Group. Mit den Computern wurden Patientennamen, Adressen, Krankenakten und Sozialversicherungsnummern von 185.000 Patienten entwendet.[967] Auch der Flugzeughersteller Boing musste im Dezember 2006 den Verlust eines Laptops mit 382.000 Daten ehemaliger und aktueller Mitarbeiter bekannt geben.[968] Diese enthielten u. a. die für die Identifizierung in den USA so wichtigen Sozialversicherungsnummern, Adressen, Telefonnummern und Geburtsdaten der Betroffenen. Bereits zuvor waren bei Boing wiederholt Laptops mit Mitarbeiterdaten als gestohlen gemeldet worden.[969]

Im Fall des amerikanischen Datenhändlers ChoicePoint,[970] welcher etwa 100.000 Kunden mit rund 19 Milliarden Daten im Wert von über 918 Millionen USD jährlich beliefert, wurden die Daten von bis zu 145.000 Bürgern an Datendiebe übermittelt, die sich aufgrund gefälschter Dokumente erfolgreich als legitime Interessenten ausgaben. Das Pikante hieran ist, dass ChoicePoint seine Dienstleistungen primär zu dem Zweck anbietet, dass Dritte

961 *Peeters*, MMR 2005, 415f mwN zu unzähligen Vorkommnissen im Jahre 2005.

962 *Peeters*, MMR 2005, 416 mwN; *Zeller Jr.*, For Victims, Repairing ID Theft Can Be Gruelling, NY Times Online v. 01.10.2005, http://www.nytimes.com/2005/10/01/technology/01theft.html.

963 *Peeters*, MMR 2005, 416 mwN.

964 *Zeller Jr.*, For Victims, Repairing ID Theft Can Be Gruelling, NY Times Online v. 01.10.2005, http://www.nytimes.com/2005/10/01/technology/01theft.html; *Peeters*, MMR 2005, 416 mwN.

965 *Peeters*, MMR 2005, 416 mwN.

966 *Garfinkel*, SciAm 9/2008, 64.

967 *Peeters*, MMR 2005, 416.

968 *Heise online/anw*, Boing kommt Laptop mit tausenden Mitarbeiterdaten abhanden, http://www.heise.de/newsticker/meldung/82523.

969 *Heise online/anw*, Boing kommt Laptop mit tausenden Mitarbeiterdaten abhanden, http://www.heise.de/newsticker/meldung/82523.

970 *Peeters*, MMR 2005, 415f mwN; *Zeller Jr.*, For Victims, Repairing ID Theft Can Be Gruelling, NY Times Online v. 01.10.2005, http://www.nytimes.com/2005/10/01/technology/01theft.html.

mittels der gelieferten Daten die Identität ihrer Geschäftspartner überprüfen können – und genau dies bei den eigenen Kunden ersichtlich scheiterte.[971]

Es wird befürchtet, dass ein Hacker bei seinem Angriff auf das US-Landwirtschaftsministerium Anfang Juni 2006 Zugriff auf persönliche Daten wie Namen, Fotos und Sozialversicherungsnummern von bis zu 26.000 Angestellten und Geschäftspartnern gehabt und diese kopiert haben könnte.[972] Das Ministerium hat den Betroffenen daher angeboten, ihre Kredite ein Jahr lang auf Auffälligkeiten zu überwachen. Da die Sozialversicherungsnummer in den USA – ähnlich der Personennummer in Schweden – eine wichtige Funktion in allen Bereichen des sozialen Lebens aufweist und beispielsweise zur Identifikation bei der Aufnahme von Krediten oder beim Hauskauf dient, könnte ein großer Schaden entstanden sein.[973] Die Einführung der lebenslangen Steuernummer und der eindeutigen Patienten-ID bei der elektronischen Gesundheitskarte lässt auch dieses Risiko in Deutschland real werden. Weil ein Angestellter des Ministeriums für Veteranenangelegenheiten einen Laptop mit nach Hause nahm, wo er ihm abhanden kam, wurden die darauf gespeicherten Daten von 26,5 Millionen Menschen entwendet. Im US-Gesundheitsministerium waren Anfang Juni 2006 17.000 Datensätze ebenfalls Ziel eines Hackerangriffs.[974] Weitaus häufiger als durch Hackerangriffe oder Rekonstruktionen werden einer Studie von Javelin Strategy zufolge die meisten Daten auf verhältnismäßig einfachem Wege beim Kassieren oder durch Diebstahl der Brieftasche erlangt.[975]

Wie die jüngsten Skandale um gehandelte sensible Bankdaten der Süddeutschen Klassenlotterie von rund 17.000 Verbrauchern und deren Nutzung durch Callcenter auch in Deutschland[976] und die leichte Erwerbbarkeit von 6 Millionen Kundendaten durch den Verbraucherzentrale Bundesverband e.V.[977] zeigen, handelt es sich dabei um kein rein amerikanisches Phänomen. Ebenfalls im Jahr 2008 hat sich ein Callcenter in Bremerhaven illegal Zugriff auf Datenbanken der Telekom verschafft und Daten davon offenbar an

---

971 *Peeters*, MMR 2005, 416.

972 *Spiegel Online (hda/AP)*, Erneut Hackerangriff auf US-Ministerium, http://www.spiegel.de/netzwelt/technologie/0,1518,433003,00.html.

973 *Spiegel Online (hda/AP)*, Erneut Hackerangriff auf US-Ministerium, http://www.spiegel.de/netzwelt/technologie/0,1518,433003,00.html.

974 *Spiegel Online (hda/AP)*, Erneut Hackerangriff auf US-Ministerium, http://www.spiegel.de/netzwelt/technologie/0,1518,433003,00.html.

975 *Zeller Jr.*, For Victims, Repairing ID Theft Can Be Gruelling, NY Times Online v. 01.10.2005, http://www.nytimes.com/2005/10/01/technology/01theft.html.

976 *AP (Hrsg.)*, Betrüger buchten ohne Erlaubnis Geld ab, FAZ v. 12.08.2008, http://www.faz.net/s/Rub77CAECAE94D7431F9EACD163751D4CFD/Doc~EA8B2C0ACC8EB4D00A8069DA181125CDB~ATpl~Ecommon~Scontent.html; *FAZ (Hrsg.)*, Datendieb stellt sich der Polizei, FAZ v. 15.08.2008, http://www.faz.net/s/Rub77CAECAE94D7431F9EACD163751D4CFD/Doc~E8C9D628E3E8A4229A1D55EFA97239F7D~ATpl~Ecommon~Scontent.html.

977 *FAZ (Hrsg.)*, "Kein großer Akt, an illegale Daten zu kommen", FAZ v. 18.08.2008, http://faz.net/s/Rub0E9EEF84AC1E4A389A8DC6C23161FE44/Doc~E2908A0589E7F4A6985A2F969782DDF16~ATpl~Ecommon~Scontent.html.

Dritte weiterverkauft.[978] Inzwischen werden gestohlene Kreditkartendaten („*dump*") für weniger als einen USD auf dem Schwarzmarkt zum Kauf angeboten[979] und auch die Zugangsdaten für Online-Banking sind ab einem Preis von zehn USD pro Konto erhältlich.[980]

3.5.1.6.2. Folgen eines Identitätsdiebstahls

Mit zunehmender Datenmenge und Verwendung von Datenbanken wird die Gefahr steigen, dass Datensätze entwendet werden. Auch bei dem Online-Auktionshaus eBay kam es in der Vergangenheit sowohl zu „*Entführungen*" (Hijacking) von Accounts als auch zu Anmeldungen unter falschem Namen. Die für eine Anmeldung erforderlichen Daten waren dabei zuvor ausgespäht worden. Mittels dieser richtigen – wenn auch eigentlich einer anderen Person gehörenden – Daten trieben die Täter anschließend Handel. Nur durch Zufall (in der Regel im Rahmen von Reklamationen, Rücksendungen o. ä.) erhielten diejenigen, deren Daten missbraucht wurden, hiervon Kenntnis.[981]

Die Folgen für die Opfer sind hohe nervliche, insbesondere aber große finanzielle Belastungen ihrer Kreditkarten und Konten. Der Nachweis gegenüber einer Vielzahl von Gläubigern, Inkassounternehmen und der Polizei, dass man gar nicht der Käufer der Waren oder Nutzer der Dienstleistungen war, sondern es sich um unberechtigte Abbuchungen und Ansprüche handelt, bedeutet einen großen Aufwand und geht für die Betroffenen oft mit einer enormen psychischen Anstrengung einher. Hinzu kommt häufig eine Beschädigung der eigenen Kreditwürdigkeit und Reputation durch falsche Eintragungen, selbst wenn die eigenen Zahlungen zu keinem Zeitpunkt stockten und die gemeldeten negativen Ereignisse allesamt falsch sind.[982] In einem vom OLG Brandenburg entschiedenen Fall des Identitätsdiebstahls beim Online-Auktionshaus eBay hat dieses nach Ansicht des Gerichts nicht genügend Vorsorge getroffen, um weitere Rechtsverletzungen des Opfers zu verhindern. Dessen Daten wurden sogar wiederholt von denselben Tätern erfolgreich zur Anmeldung genutzt.[983] Hierin sah das OLG Brandenburg einen Eingriff in das allgemeine Persönlichkeitsrecht des Opfers.[984]

---

978 *FAZ (Hrsg.)*, Datendiebstahl-Skandal erreicht die Telekom, FAZ v. 19.08.2008, http://www.faz.net/s/RubD16E1F55D21144C4AE3F9DDF52B6E1D9/Doc~E7EFF73030B234E9D893FEA1C765A594F~ATpl~Ecommon~Scontent.html.

979 *Zeller Jr.*, NY Times, Late Edition v. 21.06.2005, A 1; *F.A.S. (Hrsg.)*, Für zehn Dollar das Bankkonto leerräumen, F.A.S. v. 24.08.2008, http://www.faz.net/s/RubE2C6E0BCC2F04DD787CDC274993E94C1/Doc~E457AAE6F26C140609542A7F35970071A~ATpl~Ecommon~Scontent.html.

980 *F.A.S. (Hrsg.)*, Für zehn Dollar das Bankkonto leerräumen, F.A.S. v. 24.08.2008, http://www.faz.net/s/RubE2C6E0BCC2F04DD787CDC274993E94C1/Doc~E457AAE6F26C140609542A7F35970071A~ATpl~Ecommon~Scontent.html unter Verweis auf Trend Micro und Kaspersky.

981 So der vom OLG Brandenburg entschiedene Fall in GRUR-RR 2006, 297-301 – *Identitätsdiebstahl.*

982 Vgl. die zitierten Auswirkungen in *Zeller Jr.*, For Victims, Repairing ID Theft Can Be Gruelling, NY Times Online v. 01.10.2005, http://www.nytimes.com/2005/10/01/technology/01theft.html.

983 OLG Brandenburg GRUR-RR 2006, 297-301, 300 – *Identitätsdiebstahl.*

984 OLG Brandenburg GRUR-RR 2006, 297-301, 300 – *Identitätsdiebstahl.*

Die US Federal Trade Commission (FTC) veröffentlichte im September 2003 eine von ihr beauftragte Studie von Synovate.[985] Danach wurden im Jahre 2003 insgesamt 9,91 Millionen US-Bürger Opfer eines Identitätsdiebstahls, welcher die Opfer durchschnittlich ca. 30 Stunden zur Behebung kostete (entspricht insgesamt 297 Millionen Stunden). Der angerichtete Schaden bei Opfern und Verkäufern betrug dabei alles in allem 47,6 Milliarden USD.[986] Seither ging die Zahl der Opfer leicht zurück (9,3 Millionen in 2005, 8,9 Millionen in 2006), der Schaden pro Opfer wurde jedoch größer, so dass der Gesamtschaden leicht anstieg (54,4 Milliarden USD in 2005 und 56,6 Milliarden USD in 2006). Auch benötigten Opfer zur Beseitigung der Folgen nun durchschnittlich 40 Stunden.[987]

Selbst wenn man einem Menschen seine eigene Identität niemals nehmen, sondern diese nur impersonieren kann,[988] ändert dies nichts an den folgenschweren Auswirkungen dieses Delikts. Zwar stammen obige Beispiele überwiegend aus den USA und sind zum Teil den dortigen fragmentarischen Datenschutzbestimmungen geschuldet. Trotzdem besteht auch hierzulande die Möglichkeit derartiger Vorfälle, wie die jüngsten Skandale ans Licht gebracht haben.[989] Auch Europäer müssen sich der Möglichkeit und Gefahren eines Diebstahls Ihrer Identität bewusst sein und sich darauf einstellen.[990] Wenn biometrische Verfahren, RFID-Implantate wie der VeriChip, VISA RFID-Kreditkarten oder andere IKT-Implantate zur Identifizierung und Abwicklung elektronischer Bezahlvorgänge künftig zunehmend genutzt und die Daten bei noch mehr Stellen gespeichert werden, erhöht sich das Risiko für einen Identitätsdiebstahl nochmals erheblich.[991]

Äußerst schwierig zu beantworten ist die Frage, was geschehen soll, wenn die biometrischen Daten oder auch nur ihr Zugriffsschutz kompromittiert wurden. Zwar ist die Ausstellung neuer Ausweise, Kreditkarten und dergleichen heute weder technisch noch organisatorisch ein größeres Problem und für den Betroffenen nur mit einem gewissen Zeit- und Kostenaufwand verbunden. Doch im Gegensatz zur Kryptographie, bei der man unsicher gewordene Schlüssel unproblematisch durch neu erstellte ersetzen und die alten für ungültig erklären kann oder bei einem Diebstahl von EC- bzw. Kreditkarte, PIN und TAN, welche man problemlos austauschen kann, gilt dies bei biometrischen Verfahren gerade nicht.[992] Da die biometrischen Daten des Ausweises ja (nahezu) unverwechselbar und unveränderbar sind, muss deren Austausch scheitern. Die eigentliche Schwäche biometri-

---

985 *Synovate (Hrsg.)*, Federal Trade Commission - Identity Theft Survey Report 2003.

986 *Synovate (Hrsg.)*, Federal Trade Commission - Identity Theft Survey Report 2003, 7.

987 *Johannes*, 2006 Identity Fraud Survey Report - Consumer Version, 5.

988 *Rihaczek*, DuD 2004, 649.

989 Vgl. die in Kapitel 1 aufgeführten Fälle.

990 So auch *Peeters*, MMR 2005, 421; vgl. auch den bei *Rihaczek*, DuD 2006, 469 geschilderten Fall aus Deutschland.

991 Kevenaar/van der Veen/Zhou et al., DuD 2008, 394.

992 *Koch*, Freiheitsbeschränkung in Raten?, 24; *Chaos Computer Club e.V. (Hrsg.)*, Fingerabdruck an der Supermarkt-Kasse genauso unsicher wie Biometrie im Reisepass, http://www.ccc.de/updates/2007/umsonst-im-supermarkt?language=de; *Kevenaar/van der Veen/Zhou et al.*, DuD 2008, 394.

scher Verfahren wird deshalb in ihrer Stärke gesehen:[993] So kann die missbräuchliche Verwendung eines Merkmals den zukünftigen Gebrauch eben dieses Merkmals für jedweden Zweck ausschließen. Derjenige, *„dessen Gesicht gestohlen wurde, hat nun mal kein zweites“*.[994] Folglich können für die Zukunft allenfalls andere als die kompromittierten biometrischen Merkmale verwendet werden. Und selbst ein Wechsel auf andere biometrische Merkmale ist angesichts von nur einem Gesicht, zwei Augen und zehn Fingern arg begrenzt.[995]

Ähnliche Risiken bestehen auch bei IKT-Implanaten ohne biometrische Identifizierung: Sind die Daten einmal kompromittiert, müssen sie ersetzt werden. Zumindest herkömmliche RFID-Tags sind jedoch als WORM (Write Once, Read Many) ausgelegt und erlauben keine Änderung von Daten. Es stünde mithin ein Austausch des Implantats an, welcher für den Implantatträger – anders als bei einer EC- oder Kreditkarte, deren PIN ausgespäht wurden – weder einfach noch risikolos möglich ist.

Wenn es der Identitätsdieb nicht dabei belässt, sofort bemerkbare Vorgänge wie unerwünschte Abbuchungen zu tätigen, sondern den Zugriff auf dessen Daten nutzt, um sie nach Belieben zu verändern, kann er dem Opfer gezielt und nachhaltig schaden. Denkbar ist beispielsweise die Manipulation von Datenbanken durch falsche Eintragungen von Autounfällen oder Gesundheitsproblemen. Dies könnte für das Opfer höhere Versicherungsprämien bedeuten, um nur eine der möglichen Folgen zu nennen. Diskreditierende – gerade auch falsche - Daten können auch die politische Zukunft verbauen, etwa wenn sie im Rahmen der Überprüfung der Vizepräsidentschaftskandidatin Sarah Palin im US-Wahlkampf aufgetaucht wären, z.B. bei der Frage, ob sie jemals Pornographie im Internet heruntergeladen oder für Sex bezahlt habe.[996]

---

993 Ausgerechnet eine Technologie und Anwendung, welche die Identifizierung sicherer machen und den Missbrauch eindämmen soll (so *Pfitzmann*, DuD 2005, 286) verschärft die Problematik des Identitätsdiebstahls. Die europäischen Regierungen haben es versäumt, für die biometrischen Ausweise eine angemessene Sicherheitsarchitektur zu schaffen. Die Ausweise sind weiterhin anfällig für herkömmliche Missbrauchsszenarien. Dies ist besonders kritisch, da im Laufe der Zeit immer mehr Bürger – und schließlich alle – bei Reisen die neuen biometrischen Pässe nutzen müssen. Die biometrischen Daten, insbesondere die Fingerabdrücke des Inhabers, sind wegen des darin enthaltenen RFID-Chips auch per Funk aus der Ferne auslesbar. Statt der nominellen Reichweite von 10-15 cm beträgt die Leseentfernung – mit nicht sehr aufwändigen technischen Hilfsmitteln – bis zu 10 Meter, vgl. *Future of Identity in the Information Society (FIDIS)*, DuD 2006, 761 mwN. Die eingesetzte Zugriffssteuerung (Access Control) ist mangelhaft und ermöglicht ein unbemerktes Auslesen der Passdaten durch Unbefugte. Dadurch wird das Risiko eines Identitätsdiebstahls erhöht, vgl. *Future of Identity in the Information Society (FIDIS)*, DuD 2006, 760. So auch der amerikanische Sicherheitsexperte Bruce Schneier, der davon ausgeht, dass es zwangsläufig dazu kommt, dass die persönlichen Daten der Ausweisinhaber schon aus der Entfernung von Dritten gesammelt werden, vgl. *Heise online/pmz*, USA starten Ausgabe von RFID-Reisepässen, http://www.heise.de/newsticker/meldung/76514. Das Forschungsnetzwerk FIDIS und das Unabhängige Datenschutzzentrum Schleswig-Holstein teilen diese Auffassung, vgl. *Future of Identity in the Information Society (FIDIS)*, DuD 2006, 760f.

994 *Pfitzmann*, DuD 2005, 287; ebenso am Beispiels einer Gesichtserkennung auch *Koch*, Freiheitsbeschränkung in Raten?, 24 mwN; ähnlich auch *Chaos Computer Club e.V. (Hrsg.)*, Fingerabdruck an der Supermarkt-Kasse genauso unsicher wie Biometrie im Reisepass, http://www.ccc.de/updates/2007/umsonst-im-supermarkt?language=de.

995 Kevenaar/van der Veen/Zhou et al., DuD 2008, 394.

996 Vgl. hierzu *FTD (Hrsg.)*, Sarah Palin im Test - "Haben Sie je für Sex bezahlt?", FTD v. 03.09.2008, http://www.ftd.de/politik/international/408935.html.

Auch wenn objektiv falsche oder unzulässige Daten vorhanden sind, könnten Fehler und Risiken leichter und sicherer durch eine neue Identität behoben werden, als durch ein mühsames Zurückverfolgen der Daten und Korrektur sämtlicher Analysen und Berechnungen. Denn oft wurden solche Daten bereits weitergegeben oder ausgewertet, so dass selbst bei einer Korrektur der Daten in einer Datenbank nicht sichergestellt ist, dass alle falschen Daten und Schlussfolgerungen bei sämtlichen Empfängern dieser Daten korrigiert wurden. Ohne eine detaillierte Protokollierung sämtlicher Datenverarbeitungs- und Übermittlungsvorgänge und leichter Einsichtnahmemöglichkeit des Nutzers – derzeit in dieser Form nicht vorhanden – wird dieser aber nicht in die Lage versetzt, Unrichtigkeiten bis in alle Verästelungen zu berichtigen.

Zudem kann es – je nachdem, welche Daten in welchen Datenbanken geändert wurden, schwierig bis unmöglich sein, die richtigen Daten von den falschen zu trennen. Dies ist insbesondere der Fall, wenn keine älteren korrekten Datensätze vorliegen oder diese zwar vorhanden sind, sich aber nicht getrennt von den manipulierten zurückspielen lassen. Ein vollständiges Zurückspielen älterer Daten würde mitunter bedeuten, dass Millionen aktualisierter Einträge von anderen Personen verloren gingen. Je nach verwendeter Technik ist es zudem nicht einfach, den Zugriff auf die Daten so zu sperren, dass der Betroffene dennoch sein Implantat nutzen kann. In solchen Fällen wäre an sich ein „Wechsel“ der Identität angezeigt.

Aber nicht nur in Fällen unbrauchbar gewordener digitaler Identitäten entstehen durch IKT-Implantate und biometrische Verfahren Risiken: Auch die Möglichkeit, anonym oder pseudonym am sozialen Leben teilzunehmen, wird durch jederzeit aus der Ferne auslesbare RFID-Chips und Implantate massiv erschwert. Ob hierbei für den Einzelnen noch Chancen verbleiben, seine Identität gegenüber Dritten zu schützen, muss bezweifelt werden.[997] Dabei kann auch über Missbauchsfälle hinaus ein Interesse daran bestehen, unter verschiedenen Identitäten – oder Pseudonymen – zu agieren und nur ausgewählten Personen die wahre Identität zu zeigen.

3.5.1.7. Risikoerhöhung: zentrale Speicherung und Abrufbarkeit biometrischer Daten

Trotz der Forderungen des Bundesdatenschutzbeauftragten *Schaar,* die Datenspeicherung in zentralen Datenbanken zu verbieten[998] und der Enquete-Kommission des Bundestags, biometrische Daten zur Risikoverringerung dezentral in autonomen Geräten abzulegen[999] sowie der Warnung der Hackervereinigung Chaos Computer Club (CCC) vor den

997 So auch *Bizer*, DuD 2006, 198.

998 *Schaar*, RDV 2006, 3.

999 Enquete-Kommission Zukunft der Medien in Wirtschaft und Gesellschaft - Deutschlands Weg in die Informationsgesellschaft (Hrsg.), BT-Drs. 13/11002, 49.

Folgen einer zentralen Erfassung der Daten,[1000] überlegt die Bundesregierung seit längerem, biometrische Merkmale zentral zu erfassen.[1001] Auch der Bundesrat sprach sich am 16.02.2007 ausdrücklich für eine Speicherung von Gesichtsbildern und Fingerbadrücken aus biometrischen Ausweisdokumenten bei der Polizei und für einen automatisierten Vergleich der höchstpersönlichen Daten mit Fahndungsdatenbanken aus.[1002] Bei jeder Passkontrolle solle zudem ein automatisierter Abgleich der erhobenen biometrischen Daten mit der erkennungsdienstlichen Datei des Fingerabdruck-Identifizierungssystems (AFIS) erfolgen. Die im derzeitigen Regierungsentwurf noch vorgesehene Löschung der Passdaten nach der Kontrolle soll zudem *„aus präventiven Gründen zur Aufrechterhaltung der öffentlichen Sicherheit und Ordnung“* unterbleiben.[1003] Zudem sollen sämtliche biometrischen Daten zur Verfolgung von Straftaten und Ordnungswidrigkeiten automatisiert abrufbar sein, wenn dies *„erforderlich“* ist. Bislang war nur der Onlineabruf des Lichtbildes im Rahmen von straßenverkehrsrechtlichen Ordnungswidrigkeitsverfahren durch die Polizeibehörden vorgesehen.[1004] Damit läge – unabhängig davon, ob jedes Land oder jede Gemeinde separate Datenbanken vorhalten, welche jedoch bundesweit vernetzt und beliebig abrufbar sind oder es lediglich eine zentrale Datenbank mit den gleichen Zugriffsmöglichkeiten gibt – zumindest de facto eine zentrale Speicherung der biometrischen Daten vor.

In solchen Datenbanken wäre jeder erfasst, Christen, Juden, Muslime, Touristen, Geschäftsleute, einfache Angestellte und hochqualifizierte Akademiker.[1005] Diese Datenbanken werden daher als geradezu ideal für eine Diskriminierung von Personen oder Personengruppen aufgrund beliebiger persönlicher Merkmale angesehen, seien es nun kritische Journalisten, engagierte Bürgerrechtler, staatliche oder wirtschaftliche Geheimnisträger, Angehörige bestimmter Glaubensrichtungen oder Organisationen.[1006] Auch wenn dies zur Zeit in Deutschland bestenfalls in Einzelfällen vorkommt, zeigen die No-Fly-Listen in den USA mögliche Konsequenzen auch in gefestigten Demokratien auf. Da eine Weitergabe dieser Daten an andere Staaten bereits diskutiert wird, gefährdet die Erhebung und Speicherung der Daten in Deutschland auch die Gewährleistung von Freiheitsrechten Deutscher im Ausland. Welche Folgen für den Einzelnen aus derartigen Daten künftig erwachsen, wenn sich das politische Klima wandelt, ist nicht absehbar. Es sei nur an die Internierung von mehr als 100.000 U.S.-Bürgern japanischer Abstammung während des 2. Welt-

1000 *Krempl*, CCC stemmt sich gegen biometrische Vollerfassung der Bundesbürger, http://www.heise.de/newsticker/meldung/85662. Laut CCC ermöglicht die zentrale Erfassung der Daten Unbefugten einen leichteren Zugriff darauf. Da zudem nach dem Willen des Bundesrates die zunächst geplante Löschung der Daten nach einem Abgleich entfallen soll, würde zudem die Zweckbindung der erhobenen biometrischen Daten aufgehoben. Dies zeige, dass entsprechende Versicherungen der Bundesregierung nur wenige Monate nach Einführung der Technologien bereits wertlos sind.

1001 *Krempl*, CDU/CSU-Fraktion liebäugelt mit zentraler Speicherung biometrischer Daten, http://www.heise.de/newsticker/meldung/74796.

1002 *Krempl*, Bundesrat fordert zentralen Abgleich biometrischer Passdaten, http://www.heise.de/newsticker/meldung/85446.

1003 *Krempl*, Bundesrat fordert zentralen Abgleich biometrischer Passdaten, http://www.heise.de/newsticker/meldung/85446.

1004 *Krempl*, Bundesrat fordert zentralen Abgleich biometrischer Passdaten, http://www.heise.de/newsticker/meldung/85446.

1005 So plastisch *Weichert*, c't 11/2005, 99.

1006 *Weichert*, c't 11/2005, 99.

kriegs in den USA erinnert, welche als vorbeugende Maßnahme gegen Sabotage und Spionage gerechtfertigt wurde, obwohl keine konkreten Verdachtsmomente bestanden. Die Folgen unlauter erlangter Daten treffen den Einzelnen wie auch Firmen, die diese Daten gutgläubig von anderen kaufen: So entschied das OLG Düsseldorf, dass Adressen, welche unter Verstoß gegen das Datenschutzgesetz erlangt wurden, mangelhaft seien, da sich deren Nutzung als wettbewerbswidrig herausstellen oder deren Verwender auf negative Kundenreaktionen stoßen könnte.[1007]

Die Bundesratsinitiative würde dazu führen, dass Fingerabdruckdateien auf Landesebene die Daten sämtlicher Bürger dieses Bundeslandes und nicht nur die der Straftäter enthält. Durch die Vernetzung wären die biometrischen Daten sämtlicher Bundesbürger für jede Polizei- und Ordnungswidrigkeitsstelle beliebig und allgemein abfragbar – und damit der Zugriff auf die Daten unkontrollierbar.[1008] Hohe Einzelschäden, aber auch Komplexschäden könnten die Folge sein.[1009] Die vereinheitlichte Zugriffsmöglichkeit auf Daten in verschiedenen Datenbanken – genauso wie deren Zusammenlegung – steigert die Wirkung massiv, dass ein Hack in diese Daten sehr viel lohnender erscheint, als wenn man für einen Zugriff auf eine Vielzahl von Daten auch eine Vielzahl von unterschiedlich gesicherten Datenbanken hacken müsste. Selbst wenn diese eine Datenbank besonders gut gesichert wäre, würde der mögliche Gewinn aus dem Zugriff auf diese Daten auch einen besonders aufwändigen und teuren *„Hack"* aufwiegen.[1010] Werden sämtliche Daten in einer Datenbank zusammengeführt, mag der Schutz gegen ein Eindringen zum Teil höher sein, als er es heute vereinzelt ist.[1011] Ist der Eindringling jedoch erst einmal im System, erhält er Zugriff auf weit mehr Daten als je zuvor. Ein derartiger Hack ermöglicht deutlich größere Gewinnaussichten – somit bergen die zentrale sowie die dezentral-vernetzte Speicherung deutlich höhere Risiken.[1012] Diese Daten könnten auch durch Mitarbeiter kopiert werden, wie der Fall des Bankmitarbeiters aus Liechtenstein in der „Steuerhinterziehungsaffäre" zeigt. Die nötige kriminelle Energie dürfte, je nachdem, was man sich von den Verwendungsmöglichkeiten verspricht bzw. welchen Anreiz man hierfür bietet, vorhanden sein. Die Risiken des unautorisierten Zugriffs und der Zweckentfremdung sind daher zu

---

1007 OLG Düsseldorf RDV 2005, 169.

1008 *Krempl*, Bundesrat fordert zentralen Abgleich biometrischer Passdaten, http://www.heise.de/newsticker/meldung/85446. Eine zentrale biometrische Datenbank mit allgemeiner Abrufbarkeit durch Sicherheitsbehörden sollte man daher mit gebotener Vorsicht betrachten, vgl. auch *Vetter*, Chancen und Risiken zentralisierter Patienten-Datenbestände, 3f.

1009 So die *Enquete-Kommission Zukunft der Medien in Wirtschaft und Gesellschaft - Deutschlands Weg in die Informationsgesellschaft (Hrsg.)*, BT-Drs. 13/11002, 22, welche jedoch nur den allgemeinen Schaden zentraler IT-Systeme und nicht den persönlichen Schaden Betroffener explizit anspricht.

1010 So auch *Vetter*, Chancen und Risiken zentralisierter Patienten-Datenbestände, 3f.

1011 *Friedewald/Lindner* in Mattern, Datenschutz, Privatsphäre und Identität in intelligenten Umgebungen, 225.

1012 *Bizer*, DuD 2006, 198; *Vetter*, Chancen und Risiken zentralisierter Patienten-Datenbestände, 3f; *Roßnagel*, in *Krempl*, CDU/CSU-Fraktion liebäugelt mit zentraler Speicherung biometrischer Daten, http://www.heise.de/newsticker/meldung/74796; *Roßnagel*, FES-Studie, 98; *Roßnagel/Müller*, CR 2004, 628; *Friedewald/Lindner* in Mattern, Datenschutz, Privatsphäre und Identität in intelligenten Umgebungen, 225.

groß.[1013] Die zentrale Datei ist im Hinblick auf den geringen Sicherheitsgewinn im Vergleich zum hohen Missbrauchsrisiko verfassungsrechtlich nicht gerechtfertigt.[1014] Sie widerspricht den begründeten Forderungen der Datenschützer. Der Bundesdatenschutzbeauftragte *Schaar* fordert z. B. seit längerem bezüglich biometrischer Pässe, dass der Zweck, zu dem die Daten aus dem Pass gelesen, gespeichert, verändert oder gelöscht werden dürfen, gesetzlich konkret bestimmt sein müsse. Dies solle ausschließlich zur Feststellung der Echtheit des Dokuments und der Identität des Inhabers mittels Verifikation der im Pass gespeicherten Daten zulässig sein.[1015] Zudem hat die Dezentralität[1016] aus datenschutzrechtlicher Sicht große Vorzüge: Sie vermeidet mächtige – und für die informationelle Selbstbestimmung teilweise *„übermächtige"* – Datensammlungen[1017] und überlässt die Verantwortung nicht nur einer Stelle. Durch eine lokale Verarbeitung sinkt zudem das Risiko, bei einem einzigen Angriff eine Vielzahl an Daten ausspähen oder manipulieren zu können.

Auch die EU denkt im Rahmen ihres geplanten Visa-Informationssystems an eine zentrale Datenbank mit biometrischen Daten. Das System soll jährlich rund 20 Millionen neue Einträge einschließlich der biometrischen Fingerabdrücke erfassen. Der EU-Datenschutzbeauftragte *Peter Hustinx* befürchtet, dass der Datenschutz dabei nicht ausreichend beachtet wird.[1018] Insbesondere müsste eine enge Zweckbindung für Zugriffe auf die Daten und deren Verwendung der Daten vorgesehen werden, so dass die Vielzahl potentieller Abrufer nur bei einem zu erwartenden substantiellen Beitrag zur Verhütung oder Aufklärung schwerer Straftaten tatsächlich Zugriff erhalten.[1019] Weitergehende Suchbegriffe wie *„Grund der Reise"* und eine Bildsuche sollten nur bei positiven Treffern angezeigt werden, nicht aber als allgemeine Suchbegriffe zugelassen werden, da diese zu breit und zu ungenau seien. Darüber hinaus ist eine Überwachung der Einhaltung der Datenschutzbestimmungen in allen auf die Daten zugreifenden Staaten erforderlich.[1020]

Selbst wenn zentrale biometrische Datenbanken in Europa verboten wären, bestehen derzeit keine Möglichkeiten, ein Auslesen der Daten außerhalb zu verhindern. Niemand weiß, was z. B. bei einem entsprechenden Grenzübertritt mit den biometrischen Daten geschieht. Insbesondere bei der Einreise in nicht demokratische Länder, aber auch in einem

1013 *Roßnagel*, in *Krempl*, CDU/CSU-Fraktion liebäugelt mit zentraler Speicherung biometrischer Daten, http://www.heise.de/newsticker/meldung/74796; *Krempl*, CCC stemmt sich gegen biometrische Vollerfassung der Bundesbürger, http://www.heise.de/newsticker/meldung/85662.

1014 *Roßnagel*, in *Krempl*, CDU/CSU-Fraktion liebäugelt mit zentraler Speicherung biometrischer Daten, http://www.heise.de/newsticker/meldung/74796.

1015 *Schaar*, RDV 2006, 3.

1016 Beispiel für dezentral geführtes Register sind die auf kommunaler Ebene geführten Melderegister. Das Kraftfahrtregister führt dagegen alle Daten zentral zusammen, vgl. *Artikel-29-Datenschutzgruppe*, WP 112, 9; *Bizer*, DuD 2006, 198.

1017 *Bizer*, DuD 2006, 198; *Friedewald/Lindner* in Mattern, Datenschutz, Privatsphäre und Identität in intelligenten Umgebungen, 225; *Roßnagel*, FES-Studie, 98.

1018 *Hustinx*, Opinion of the European Data Protection Supervisor COM (2005) 600 final, 2ff, 7.

1019 *Hustinx*, Opinion of the European Data Protection Supervisor COM (2005) 600 final, 2ff, 7.

1020 *Hustinx*, Opinion of the European Data Protection Supervisor COM (2005) 600 final, 2ff, 7.

Rechtsstaat, in dem ein wirksamer Datenschutz fehlt, wie beispielsweise in den USA, können „feindliche" biometrische Datenbanken aufgebaut werden.[1021] Diese Datenbanken liefern die biometrischen Merkmale der bei der Einreise kontrollierten Personen einschließlich sämtlicher sonstiger auf dem Ausweis gespeicherten Daten.[1022] Da die Identifikation zweifelsfrei erfolgt ist, bietet sich eine derartige Datenbank zudem als Grundgerüst für weitere Daten an, welche zum Beispiel durch die Übermittlung von Fluggastdaten, SWIFT-Überweisungen, VISA-Anträgen und andere Überwachungs- und Datensammlungsprogrammen ermittelt wurden.

Insbesondere häufig reisende Geschäftsleute sind daher dem Risiko ausgesetzt, dass ihre biometrischen Daten im Ausland unbefugt ausgelesen und in biometrischen Datenbanken gespeichert werden.[1023] Angesichts der zunehmenden Verbreitung der Nutzung von Fingerabdrücken für Zahlungsvorgänge, den Zugang zu PCs oder für den Zutritt zu sicherheitsrelevanten Bereichen von Unternehmen und staatlichen Stellen wird befürchtet, dass es nur noch eine Frage der Zeit sei, bis auch Fingerabdruckdateien käuflich werden.[1024] Einen hohen Marktwert dürften diese Daten allemal haben[1025] – und das Beispiel des Handels mit Kreditkartendaten zeigt, dass sich hier leicht ein neuer Schwarzmarkt etablieren kann.

3.5.1.8. Risikoerhöhung: Ausdehnung der Nutzung staatlich erhobener biometrischer Daten auf Private

Nach Ansicht der 27. Internationalen Konferenz der Datenschutzbeauftragen muss eine strikte Trennung zwischen biometrischen Daten erfolgen, welche für gesetzlich vorgesehene Zwecke wie Grenzkontrollen genutzt werden und solchen, welche von Unternehmen zu Vertragszwecken erhoben werden.[1026] Doch gibt es bereits Bestrebungen, die hoheitlichen Datenbanken rund um die neuen biometrischen Ausweisdokumente auch für andere Nutzer und Zwecke zu öffnen.

1021 *Weichert*, c't 11/2005, 99.

1022 *Weichert*, c't 11/2005, 99.

1023 *Stokar/Wieland*, Der Fingerabdruck im Reisepass ist ein hohes Sicherheitsrisiko, http://www.stokar.de/index/show/386070.html.

1024 Wenn zunehmend an Stelle von Passwörtern biometrische Daten wie Fingerabdrücke verwendet werden, um den Zugang zu Datenbanken und den Zutritt zu Sicherheitsbereichen zu regeln, wird ein schwunghafter globaler Handel mit Fingerabdruckdateien befürchtet. Diese können sowohl aus Datenbanken gehackt, aus der Ferne per RFID-Funkübertragung ausgelesen als auch direkt von den Sensoren kopiert werden, vgl. *Stokar/Wieland*, Der Fingerabdruck im Reisepass ist ein hohes Sicherheitsrisiko, http://www.stokar.de/index/show/386070.html; *Heise online/ciw*, 23C3: Fingerabdruck-Systeme lassen sich noch immer leicht austricksen, http://www.heise.de/newsticker/meldung/83013.

1025 *Stokar/Wieland*, Der Fingerabdruck im Reisepass ist ein hohes Sicherheitsrisiko, http://www.stokar.de/index/show/386070.html.

1026 Resolution zur Verwendung der Biometrie in Pässen, Identifikationskarten und Reisedokumenten, wiedergegeben in *Artikel-29-Datenschutzgruppe*, WP 112, 7 mwN, welche sich dieser Forderung ausdrücklich anschließt (S. 12); ebenso im Ergebnis *Koch*, Freiheitsbeschränkung in Raten?, 24 mwN, welche sogar die erforderliche längerfristige Sicherheit bei der Verwendung biometrischer Daten nur gewährleistet sieht, wenn die im Pass verwendeten biometrischen Merkmale zu keinem anderen Zweck verwendet werden.

Dem US-amerikanischen Dienstleister Unisys schwebt vor, ein sicheres Bezahlen auch kleinster Beträge („*Micropayment*") im Internet zu ermöglichen. Wenn schon allgegenwärtig eine sichere Infrastruktur zur Identifikation der Bürger aufgrund des Kampfes gegen den Terrorismus entstünde, könne diese auch für „*Mehrwertdienste*" genutzt werden.[1027] Demnach sollen biometrische Identifikationsdatenbanken für kommerzielle Anbieter in den Bereichen eGovernment, eCommerce oder beispielsweise zum Bezahlen von Parkgebühren geöffnet werden. Nach Ansicht von Unisys würden vermeintliche Eingriffe in die Privatsphäre durch die Vorteile einer solchen Multifunktionskarte aufgewogen. Auch die hierfür erforderliche zentrale Speicherung der Daten führe nicht zu einer größeren Angriffsfläche für Kriminelle. Vielmehr könnten die bislang insbesondere in den USA vorkommenden Identitätsdiebstähle deutlich vermindert werden.[1028] Eine Begründung für diese These liefert Unisys indes nicht. Das Gegenteil dürfte vielmehr der Fall sein.[1029]

Auch bei den verschiedenen Programmen von Flughafenbetreibern und Airlines, welche ihren Frequent Travelern auf biometrischen Verfahren beruhende Erleichterungen bei Sicherheitskontrollen und der Einreise verschaffen, findet bereits eine Nutzung biometrischer Daten außerhalb der Staatsgewalt statt.[1030] Während dort jedoch noch eine gewisse Sicherheitsrelevanz gegeben ist, muss die Verhältnismäßigkeit der auch in Deutschland erfolgenden Speicherung biometrischer Daten zur Bezahlung in Schulkantinen, Gaststätten und Verbrauchermärkten bezweifelt werden.[1031]

Auch das Bundesinnenministerium zeigt sich nicht abgeneigt, der Wirtschaft Zugriff auf biometrische Daten aus den neuen Personalausweisen zu gewähren. Jedoch stelle dies lediglich ein „*Denkmodell*" zur Finanzierung der neuen Ausweise und Infrastrukturen dar – geplant oder beschlossen sei dies entgegen der Presseberichterstattung nicht.[1032]

1027 So *Robert Tavano*, Leiter der Abteilung Öffentlicher Sektor bei Unisys in Brüssel, in: *Krempl*, Unisys will biometrische Passdaten für kartenbasierte Mehrwertdienste nutzen, http://www.heise.de/newsticker/meldung/74093.

1028 *Krempl*, Unisys will biometrische Passdaten für kartenbasierte Mehrwertdienste nutzen, http://www.heise.de/newsticker/meldung/74093.

1029 So auch *Friedewald/Lindner* in Mattern, Datenschutz, Privatsphäre und Identität in intelligenten Umgebungen, 225.

1030 Neben dem „*Registered Traveler Program*" des Orlando International Airport in Florida, USA, mit 27.000 Teilnehmern gehen nunmehr auch zahlreiche andere Flughäfen dazu über, eine beschleunigte Abfertigung (insbesondere Sicherheitskontrolle und Passkontrolle bei Ein-/Ausreise) anzubieten. Voraussetzung dafür ist die Nutzung biometrischer Daten der Passagiere. Diese müssen sich vorab unter Vorlage von zwei Ausweisdokumenten registrieren, in einen Background-Check bei nicht näher bezeichneten US-Behörden einwilligen und einen Iris- und Fingerabdruck-Scan über sich ergehen lassen. Für einen Betrag von 80 USD pro Jahr dürfen sie nach erfolgreicher Überprüfung „*innerhalb weniger Minuten*" die Kontrollen am Flughafen passieren. Neben den Flughäfen in San Jose, Indianapolis und Cincinnati soll das biometrische Screening System künftig auch in Toronto, Kanada und an New Yorks J.F.K.-Flughafen eingeführt werden. Vergleichbare Programme bieten der Amsterdamer Flughafen Schiphol mit 30.000 Nutzern und die Fluggesellschaft Air France mit ihrem Pégase Programm mit 5.000 Nutzern an, vgl. *Clark*, International Herald Tribune vom 01.09.2006, 9. Auch Offenburger Schüler werden zum Schuljahr 2007/2008 ihr Mittagessen per Fingerabdruck bezahlen, vgl. *Heise online/pmz*, Offenburg führt erstes Fingerabdruck-Bezahlsystem an Schulen ein, http://www.heise.de/newsticker/meldung/82817.

1031 Zu den Anwendungsbeispielen vgl. *Heise online/pmz*, Offenburg führt erstes Fingerabdruck-Bezahlsystem an Schulen ein, http://www.heise.de/newsticker/meldung/82817 mwN.

1032 *Winsemann*, Stille Post im digitalen Dorf, http://www.telepolis.de/r4/artikel/21/21937/1.html.

3.5.1.9. Risikoerhöhung: automatisierte Kontrolle der Ausweise anstelle einer Kontrolle durch Personen

Während die von einem Menschen überwachte Identifizierung mittels biometrischer Technik eine vergleichsweise hohe Sicherheit gegen Manipulationen bietet, da ein aufgeklebter nachgemachter Fingerabdruck zumindest einem besonders aufmerksamen Kontrollpersonal auffallen dürfte, gilt dies für die rein automatisierte Erkennung nicht. Hacker haben bereits vor Jahren gezeigt, wie leicht ein Fingerabdruck gefälscht und ein Scanner getäuscht werden kann.[1033] Auf dem 23. Chaos Communication Congress Ende 2006 in Berlin zeigte der Hacker *„starbug"*, wie er binnen zwanzig Minuten aus einfachen Mitteln wie Alufolie, Holzleim und Klebeband auch die neuesten biometrischen Fingerabdruckscanner hinters Licht führt.[1034] Maßnahmen zur Lebenderkennung und zur Erhöhung der Fälschungssicherheit, wie z. B. eine Kontrolle, ob Blut durch den Finger fließe, der Puls schlage oder sich der Abdruck deformiere, waren bislang wenig erfolgreich.[1035] So gelang es Ende 2007 Journalisten der ARD, mittels gefälschter Fingerabdrücke Waren auf fremde Rechnung in mit Fingerabdruckscannern ausgerüsteten Supermärkten einzukaufen.[1036] Fälschungen im Sinne von Artefakten (Fotos zur Überlistung von Gesichtserkennungssystemen, Tonbandaufnahmen zum Täuschen von Spracherkennungssystemen, Silikonabgüsse von Fingerabdrücken, Kontaktlinsen mit fremden Irismustern oder Tipp- und Schreibautomaten zur Umgehung dynamischer Schreib- bzw. Tipprhythmuserkennungssysteme) existieren bereits.[1037] Bei allen biometrischen Systemen wird daher ein Angreifer versuchen, das biometrische Merkmal so gut wie möglich nachzumachen, um in den Toleranzbereich der false acceptance rate zu gelangen.[1038] Einen Sicherheitsgewinn wird daher der Einzug biometrischer Systeme in Mobiltelefonen, Computern, Geldautomaten oder Zugangskontrollsystemen nicht bringen, sondern höchstens einen Bequemlichkeitsgewinn.[1039] Wo automatisierte biometrische Verfahren Verwendung finden, droht sogar eine Reduzierung der Sicherheit, da biometrische Daten nahezu beliebig und einfach von Unbefugten erlangt werden können.[1040]

1033 *Chaos Computer Club e.V. (Hrsg.)*, Wie können Fingerabdrücke nachgebildet werden?, http://www.ccc.de/biometrie/fingerabdruck_kopieren?language=de.

1034 *Heise online/ciw*, 23C3: Fingerabdruck-Systeme lassen sich noch immer leicht austricksen, http://www.heise.de/newsticker/meldung/83013.

1035 *Juels/Molnar/Wagner* in Chlamtac, Security and Privacy Issues in E-passports mwN; *Heise online/ciw*, 23C3: Fingerabdruck-Systeme lassen sich noch immer leicht austricksen, http://www.heise.de/newsticker/meldung/83013; *Albrecht*, Biometrische Verfahren im Spannungsfeld von Authentizität im elektronischen Rechtsverkehr und Persönlichkeitsschutz, 55 mwN.

1036 *Chaos Computer Club e.V. (Hrsg.)*, Fingerabdruck an der Supermarkt-Kasse genauso unsicher wie Biometrie im Reisepass, http://www.ccc.de/updates/2007/umsonst-im-supermarkt?language=de.

1037 *Albrecht*, Biometrische Verfahren im Spannungsfeld von Authentizität im elektronischen Rechtsverkehr und Persönlichkeitsschutz, 55 mwN.

1038 *Albrecht*, Biometrische Verfahren im Spannungsfeld von Authentizität im elektronischen Rechtsverkehr und Persönlichkeitsschutz, 55.

1039 *Heise online/ciw*, 23C3: Fingerabdruck-Systeme lassen sich noch immer leicht austricksen, http://www.heise.de/newsticker/meldung/83013.

1040 *Friedewald/Lindner* in Mattern, Datenschutz, Privatsphäre und Identität in intelligenten Umgebungen, 225.

Die Vorteile biometrischer Erkennung werden insbesondere in der Beschleunigung der Abfertigung durch automatisierte Verfahren gesehen. Die Einreise in die Bundesrepublik Deutschland, aber auch in die USA[1041], ist für registrierte Nutzer biometrischer Erkennungssysteme bereits heute automatisch möglich, auch der Flughafen in Kuala Lumpur bietet den Inhabern von E-Passport ein *„AutoGate“* an, welches per Fingerabdruckscanner und ohne menschliche Kontrolle die Einreise ermöglicht.[1042] Australien plant ein vergleichbares *„SmartGate“* mit Gesichtserkennung.[1043]

3.5.1.10. Risikoerhöhung: zunehmendes Outsourcing

Ein weiteres Risikofeld eröffnet das Outsourcing von IT-Dienstleistungen an Dritte. Von der Einschaltung spezialisierter Unternehmen verspricht man sich eine Kostenreduzierung bei gleichzeitigem Gewinn an Professionalität und Erfahrung durch die höhere Spezialisierung des Dienstleisters.[1044] Zu bedenken ist jedoch, dass hierdurch vermehrt auch sensible Daten an außen stehende Dritte weitergegeben werden, was eine sorgfältige Auswahl und Überwachung des Dienstleisters notwendig macht.[1045] Ob die größere Erfahrung im technischen Bereich die Risiken aufwiegt, welche das Outsourcing birgt, ist fraglich und muss einer Einzelfallprüfung vorbehalten bleiben.

Nicht nur für Kunden der outsourcenden Unternehmen bestehen Risiken hinsichtlich der Sicherheit ihrer Daten, auch das Unternehmen selber erhöht hierdurch möglicherweise das Gefahrenpotential. Lücken der IT-Sicherheit können sich als Schadensersatzrisiken aus vertraglicher Pflichtverletzung oder aus deliktischer Haftung realisieren.[1046]

3.5.2 Risiken im Bereich der technischen und organisatorischen Sicherheit

Weitere Risiken bestehen bei der Sicherheit der zum Einsatz kommenden Technik. Technische Mängel, wie unsichere Hard- oder Software, können maßgeblich dazu beitragen, dass Unbefugte Zugriff auf die vertraulichen Daten erhalten. Betriebssysteme des PC sind für sich genommen grundsätzlich unsicher. Erst durch den Einsatz von (hochaktuellen) Virenscannern, Firewalls und weiteren Maßnahmen wie Trusted Computing wird ein annähernd akzeptables Sicherheitsniveau erreicht. Doch kann mit Hilfe technischer Mittel (Trojaner, Würmer, etc.) auf informationstechnische Systeme zugegriffen werden, so dass selbst sichere Verschlüsselungen übertragener und gespeicherter Daten keine letzte Sicherheit bieten – denn diese Daten müssen zumindest bei der konkreten Nutzung durch

---

1041 *Clark*, International Herald Tribune vom 01.09.2006, 9.

1042 *Juels/Molnar/Wagner* in Chlamtac, Security and Privacy Issues in E-passports, 5 mwN.

1043 *Juels/Molnar/Wagner* in Chlamtac, Security and Privacy Issues in E-passports, 5 mwN.

1044 *Räther*, DuD 2005, 462.

1045 *Heckmann*, MMR 2006, 282.

1046 OLG Karlsruhe NJW 1996, 200, 201; *Heckmann*, MMR 2006, 282 mwN.

den Systembetreiber entschlüsselt vorliegen und können dabei von Dritten mitgelesen werden.[1047]

Der beste technische Zugangsschutz (z. B. durch gute Verschlüsselung) wird zudem wirkungslos, wenn er auf organisatorischer Ebene umgangen wird. Ein aktuelles Beispiel hierfür ist die sog. *„Schnüffel-Affäre"* beim Computerhersteller Hewlett Packard (HP). So beauftragte die Verwaltungsratsvorsitzende *Patricia Dunn* externe Ermittler, die herausfinden sollten, welches Verwaltungsratmitglied interne Informationen über die spektakuläre Entlassung der ehemaligen CEO *Carly Fiorina* an die Presse weitergegeben hatte. Die externen Ermittler gaben sich dabei gegenüber der Telefongesellschaft als das Verwaltungsratsmitglied *George Keyworth* aus und identifizierten sich mittels dessen Sozialversicherungsnummer. Hierdurch erhielten sie Zugriff auf dessen Online-Telefonverbindungsdaten. Ebenso soll bei zahlreichen Journalisten der New York Times, dem Wall Street Journal und von CNET News verfahren worden sein.[1048] Eine wirksame *technische* Sicherung von Daten und Zugriffsrechten allein verschafft daher immer noch nicht die nötige Sicherheit vor einem missbräuchlichen Zugriff Dritter.

Sicherheitsmängel bestehen sowohl bei staatlichen Stellen als auch in der Privatwirtschaft. So stellte der Bundesrechnungshof bei einer Überprüfung Ende 2004 in Computersystemen von Behörden der Bundesverwaltung *„haarsträubende Sicherheitsmängel im Umgang mit geheimen Daten"* fest, wodurch die Sicherheit vertraulicher Daten nicht gewährleistet sei. *„Die Kenntnisnahme hochsensibler Daten durch Unbefugte kann daher als wahrscheinlich angesehen werden"*.[1049] Auch die Überprüfung von 3.000 Verkäufern und 35 Service-Providern der Kreditkartenfirmen MasterCard und Visa führte bei 2/3 der überprüften Firmen zu diesem Ergebnis. Selbst bei der Nachkontrolle erfüllten nur 2.000 von 3.000 Unternehmen die Sicherheitsvorgaben der Kreditkartenfirmen.[1050] Firewalls fehlten, standardmäßig eingestellte Passwörter blieben unverändert, Daten wurden unverschlüsselt übertragen und/oder gespeichert, die CVC2/CVV2-Prüfzahlen wurden vorschriftswidrig auch nach erfolgter Autorisierung der Zahlungen aufbewahrt und auf den Terminalservern lief zum Teil Filesharing oder Chatsoftware.[1051] Nach einer Studie im Auftrag von Toshiba speichern europaweit 92 % und in Deutschland sogar 97 % der Geschäftsleute vertrauliche Informationen und Dokumente – darunter Firmenkontakte, Verträge, Strategiepapiere und Geschäftspläne – auf mobilen Endgeräten. Jedem fünften europäischen Unternehmen ist ein solches Gerät schon einmal abhanden gekommen. 75 % der Befrag-

1047 BVerfG, 1 BvR 370/07, 1 BvR 595/07, Rn 188 – Online-Durchsuchung.

1048 *Heise online/vdr*, Schnüffel-Affäre bei HP weitet sich aus, http://www.heise.de/newsticker/meldung/77946.

1049 So ein Bericht der Rheinischen Post v. 18.10.2004, S. 14, zitiert nach *Heckmann*, MMR 2006, 280.

1050 *Heise online/hos*, 23C3: Fahrlässiger Umgang mit Kreditkartendaten beanstandet, http://www.heise.de/newsticker/meldung/83049.

1051 *Heise online/hos*, 23C3: Fahrlässiger Umgang mit Kreditkartendaten beanstandet, http://www.heise.de/newsticker/meldung/83049.

ten schützen diese Daten zumindest durch eine Kennwortabfrage, 10 % ergreifen keinerlei Maßnahmen.[1052]

Selbst ein (sicherer!) Passwortschutz für persönliche Daten ist zwecklos, wenn das Passwort vom Betreiber an einen Dritten herausgegeben wird, der nur behauptet, der Berechtigte zu sein oder das Passwort, welches einen autorisierten Zugriff auf die Daten ermöglicht, auf einem Klebezettel am Monitor vermerkt ist oder aus dem leicht zu ermittelnden Vornamen des Partners besteht. Problematisch ist, dass bei einer sehr hohen Zugriffssicherheit die Bedienerfreundlichkeit stark zu wünschen übrig lässt, eine hohe Bedienerfreundlichkeit aber zu mangelnder Zugriffssicherheit führt. Ist das vergebene Passwort technisch sicher (d. h. es ist sehr lang, enthält Umlaute und Sonderzeichen und wurde ohne erkennbares Muster gebildet), kann der Benutzer es sich in der Regel schwer merken und wird es sich daher häufig aufschreiben und den Zettel dort aufbewahren, wo er ihn für den Zugriff benötigt. Der Anwender macht damit aber den durch das technisch sichere Passwort erlangten Schutz wieder zunichte.

Doch selbst wenn Datenbanken technisch gut gegen ein Eindringen Unbefugter gesichert sind, endet hiermit der erforderliche Datenschutz nicht: So versteigerten Behörden der Kanadischen Provinz British Columbia im Mai 2005 einen Karton mit 41 Datenbändern. Hierauf befanden sich – ungelöscht und unverschlüsselt – brisante Daten tausender Bürger: Namen, Adressen, Sozialversicherungsnummern, Führerscheinnummern, Krankenversicherungsdateien und Gesundheitsdaten wie HIV-Status, Drogenabhängigkeit und psychische Erkrankungen sowie Finanzinformationen, Angaben über Arbeitgeber und Anwaltsbeziehungen.[1053] Der Schutz von Daten muss daher auch die Verschlüsselung im internen Gebrauch und die Sicherstellung deren vollständiger Löschung beinhalten, bevor veraltete Technik *„entsorgt“* wird.

Sicherheit in der Informationstechnologie ist nicht nur ein Problem der IT-Unternehmen, deren Geschäftsbereich IKT umfasst.[1054] IT-Sicherheit ist vielmehr für alle Unternehmen und Einrichtungen eine Herausforderung, welche informationstechnische Systeme auch nur als Mittel zum Zweck einsetzen, gerade auch, wenn der Zweck und die Kernkompetenz des Unternehmens in anderen Bereichen liegen.[1055] Zu den bekannten Risiken zählen unter anderem das Ausspähen von internen Netzwerken und Rechnern, das Ausspähen sensibler Daten, das Abhören von Inhalts- und Verbindungsdaten sowie die Manipula-

---

1052 *Heise online/pmz*, Studie: Riskanter Umgang mit Geschäftsinformationen auf Handys, http://www.heise.de/newsticker/meldung/83895.

1053 *Heise online/jk*, Kanadische Provinzbehörden als Datenschleudern, http://www.heise.de/newsticker/meldung/71444 Ebenfalls in Kanada erstand ein Mann sieben Blackberries der Provinzregierung, welche noch persönliche Daten wie E-Mails, Passwörter und vollständige Adressbücher jener Beamten enthielten, die die Blackberries zuvor nutzten.

1054 *Heckmann*, MMR 2006, 284.

1055 *Heckmann*, MMR 2006, 284.

tion von Daten.[1056] Eine realistische Einschätzung der Gefahren für die informationelle Selbstbestimmung erlaubt dabei nicht die Technik an sich, sondern erst die Betrachtung der Gesamtschau von Speichermedien, Zugriffsgeräten, angeschlossenen Datenbanken und Anwendungen sowie Vernetzungen.[1057]

Eine weitere Gefahr droht durch offene Netze. Weil die mobile Kommunikation ermöglicht, dass grundsätzlich jeder auf die entsprechenden Netze zugreifen kann, ist sie weit verbreitet. Diese Vernetzung ist aus Sicherheitsaspekten aber auch deren größter Nachteil: Die Verbesserung von Mobilität und Flexibilität wird in der Regel durch einen Sicherheitsverlust erkauft:[1058] Dies gilt insbesondere bei Funknetzen, bei welchen sich Funkwellen unkontrolliert und unbegrenzt ausbreiten. Durch Reflexionen lässt sich kaum vorhersagen, wo der Empfang von Funkwellen bestimmter Sender jeweils möglich ist.[1059] Diese Nichtvorhersagbarkeit ist daher häufig die Basis für verschiedene Angriffe, Mitschnitte, Auswertungen und Manipulationen, gleich ob sie aus sportlichem Ergeiz oder krimineller Energie heraus stattfinden.[1060] Sicherheitsexperten gehen daher allgemein davon aus, dass sämtliche Funknetze aus Sicht der Sicherheit *„dreckige Netze"* seien, bei denen zusätzliche Maßnahmen getroffen werden müssen, um Vertraulichkeit, Authentizität und Integrität der Daten zu gewährleisten.[1061]

Auch herkömmliche Datenbanken können überraschend leicht in unbefugte Hände gelangen. Häufig erlangen Kriminelle aufgrund der Unachtsamkeit ihrer Besitzer Zugriff auf berechtigt und datenschutzkonform in öffentlichen und privaten Dateien gesammelte Daten (*„data spill"*). Beispiele sind der oben berichtete Fall der kanadischen Behörden und der des amerikanischen US Department of Veteran Affairs, in welchem personenbezogene Daten von 26,5 Millionen ehemaligen Soldaten und ihren Ehegatten gestohlen worden sein sollen,[1062] aber auch der Zugriff von Callcentern auf Kundendaten bei der Telekom.[1063] Ein *„Abhanden kommen"* bedeutet dabei in der Regel nicht den Verlust dieser

---

1056 *Bergmann/Möhrle/Herb*, Datenschutzrecht Bd. III Teil 7, MMuD Rn 5.

1057 So schon *Weichert*, DuD 1997, 268 mwN.

1058 Arbeitskreis "Technische und organisatorische Datenschutzfragen der Konferenz der Datenschutzbeauftragten des Bundes und der Länder unter Mitwirkung des Arbeitskreises Medien", DuD 2005, 700.

1059 Arbeitskreis "Technische und organisatorische Datenschutzfragen der Konferenz der Datenschutzbeauftragten des Bundes und der Länder unter Mitwirkung des Arbeitskreises Medien", DuD 2005, 700.

1060 Zu RFID *Roßnagel*, FES-Studie, 99 mwN; *BSI; Bundesamt für Sicherheit in der Informationstechnik*, Risiken und Chancen des Einsatzes von RFID-Systemen, 55; *Langheinrich* in Fleisch/Mattern, Die Privatsphäre im Ubiquitous Computing, 348; zu WLAN *Arbeitskreis "Technische und organisatorische Datenschutzfragen der Konferenz der Datenschutzbeauftragten des Bundes und der Länder unter Mitwirkung des Arbeitskreises Medien"*, DuD 2005, 700.

1061 Arbeitskreis "Technische und organisatorische Datenschutzfragen der Konferenz der Datenschutzbeauftragten des Bundes und der Länder unter Mitwirkung des Arbeitskreises Medien", DuD 2005, 700f; vgl. hierzu auch Langheinrich in Fleisch/Mattern, Die Privatsphäre im Ubiquitous Computing, 348f mwN.

1062 *Rihaczek*, DuD 2006, 469.

1063 *Siebenhaar/Louven*, Deutsche Telekom will wieder Anzeige erstatten, Handelsblatt v. 20.08.2008, http://www.handelsblatt.com/unternehmen/it-medien/;2024900; *FAZ (Hrsg.)*, Datendiebstahl-Skandal erreicht die Telekom, FAZ v. 19.08.2008, http://www.faz.net/s/RubD16E1F55D21144C4AE3F9DDF52B6E1D9/Doc~E7EFF73030B234E9D893FEA1C765A594F~ATpl~Ecommon~Scontent.html.

Daten beim ursprünglichen Besitzer, sondern die Erlangung einer Kopie der Daten durch einen unbefugten Dritten. Dieser kann mit den Daten faktisch wie deren Besitzer verfahren.[1064]

Es ist davon auszugehen, dass neben der datenschutzkonformen Datenwelt eine parallele Schattenwelt so genannter *„okkulter Daten"* existiert, in welcher versteckte Kreise eine hohe Anzahl sensitiver personenbezogener Daten horten und für kriminelle Zwecke verwenden. Diese sollen illegal erfasst, gespeichert, gepflegt, übermittelt und ausschließlich kriminell verwendet werden.[1065]

3.5.3 Risiko: schleichender Einzug des Ubiquitous Computing in den Alltag

Ein zusätzliches Problem – und die besondere Gefahr, welche von Ubiquitous Computing ausgeht – ist, dass es im Gegensatz zu anderen Forschungsfeldern eher allmählich und unaufdringlich, quasi *„unterhalb des Radars"* in den Alltag eindringt: die meisten Anwendungen und Geräte erscheinen viel zu gewöhnlich und unspektakulär, um größere Aufmerksamkeit auf sich zu ziehen.[1066] Darüber hinaus sollen nach den Prognosen der Pervasive Computing-Forscher künftig Computer nicht nur überall sein, sondern in kürzester Zeit zudem aus der Wahrnehmung verschwinden und durch kleine, schlanke und vor allem unsichtbare Systeme ersetzt werden.[1067] Dies wird jedoch nicht nur erhebliche Verhaltensänderungen in unserem Leben nach sich ziehen, sondern uns auch die Kenntnis – und mithin die Kontrolle – darüber nehmen, ob wir gerade mit einem Computer kommunizieren und welche Daten wann und von wem über uns erfasst werden – bei gleichzeitiger explosiver Zunahme eben hierdurch verfügbarer Daten.[1068] Gerade unsichtbare Geräte sind ideal geeignet, jeden jederzeit – auch und gerade illegal – zu überwachen.[1069]

Daher kommt der Weiterentwicklung der an solche Geräte gerichteten gesetzlichen Anforderungen zum Schutz der Betroffenen eine enorme Bedeutung zu. Die Umsetzung eines

---

1064 Dadurch ist eine gewisse Parallelität zu einem Dieb und den Einwirkungs- und Nutzungsmöglichkeiten der gestohlenen Sache gegeben, die es rechtfertigt, von einem Abhanden kommen der Daten zu sprechen.

1065 *Rihaczek*, DuD 2006, 469; vgl. hierzu auch *U.S. Department of Justice (Hrsg.)*, Retail Hacking Ring Charged for Stealing and Distributing Credit and Debit Card Numbers from Major U.S. Retailers - More Than 40 Million Credit and Debit Card Numbers Stolen, http://www.usdoj.gov/opa/pr/2008/August/08-ag-689.html, *Krempl*, Kripo will "mafiöse Strukturen" im Handel mit persönlichen Daten bekämpfen, http://www.heise.de/newsticker/meldung/114203; *Krempl*, Datenschützer sieht alle Bundesbürger vom illegalen Datenhandel betroffen, http://www.heise.de/newsticker/meldung/114507; *Krempl*, Illegaler Handel mit Kundendaten: Der "GAU" wird immer noch größer, http://www.heise.de/newsticker/meldung/114457.

1066 *Langheinrich* in Abowd/Brumitt/Shafer, Privacy by Design, 279; *Langheinrich/Mattern*, APuZ 42/2003 ,7; wohl in diesem Sinne zu verstehen auch *Schaar*, RDV 2006, 1ff; zu der *„weitgehend unsichtbar"* erfolgenden Verbreitung von RFID auch *Kelter/Wittmann*, DuD 2004, 331.

1067 *Langheinrich* in Abowd/Brumitt/Shafer, Privacy by Design, 278; diese Tendenz sieht *Roßnagel*, APuZ 5-6/2006, 9 ebenso; wie *Bohne*, NVwZ 1999, 3f jedoch zutreffend anmerkt, ist es kennzeichnend für Zukunftstechnologien, dass Prognosen mit einer erheblichen Prognoseunsicherheit belastet sind. Da zudem nur auf Erfahrungen der Vergangenheit zurückgeblickt werden kann, gleicht die Zukunftsprognose einem Autofahrer, *„dessen Windschutzscheibe völlig verschmiert ist und der deshalb Fahrtrichtung und Geschwindigkeit nach den Informationen aus seinem Rückspiegel bestimmt"*.

1068 *Roßnagel*, FES-Studie, 86 mwN; *Langheinrich* in Abowd/Brumitt/Shafer, Privacy by Design, 279.

1069 *Langheinrich* in Abowd/Brumitt/Shafer, Privacy by Design, 280.

effektiven Daten- und Persönlichkeitsschutzes bedarf technischer Sicherheitsmaßnahmen. Dies gilt insbesondere für IKT-Implantate.

Während sich die Rechtswissenschaft vielfach noch mit den Technologien der letzten 20 Jahre beschäftigt, so mit der rechtlichen Behandlung von Hyperlinks und E-Mail, zeichnen sich die Auswirkungen der immer weiter voran schreitenden höheren Aufzeichnungs- und Rechenkapazität, neuartiger Sensoren und Materialien und der schier unaufhaltsamen Miniaturisierung schon für die nahe Zukunft ab, ohne dass dieses weitaus stärker alles beeinflussende und verändernde Feld genügende Beachtung fände.[1070]

3.5.4 Risiko: Verlust von Kontrolle und Vertrauen

Subjektiv fühlt sich einer aktuellen Studie zufolge knapp die Hälfte der Arbeitnehmer in Deutschland überwacht und geht davon aus, dass ihr Mailverkehr und ihre Internetnutzung vom Arbeitgeber kontrolliert werden.[1071] In den USA ergaben Studien, dass das detaillierte Überwachen und Überprüfen von Angestellten mittels Telefon- und Videoaufzeichnungen bzw. E-Mail- und Internetüberwachung schon die Regel ist.[1072] Auch bei vielen Kunden löst die Vorstellung vom *„gläsernen Menschen"* Ängste dahingehend aus, Opfer von Manipulationen zu werden.[1073] 75% der Bevölkerung in den USA glauben einer Umfrage zufolge, die Kontrolle über ihre persönlichen Daten verloren zu haben und dass Unternehmen zu viele persönliche Informationen bearbeiten.[1074]

Weder die Erhebung der Daten noch deren Verbreitung kann vom Betroffenen noch kontrolliert werden[1075] und niemand kann noch überschauen, wer was wann wie und bei welcher Gelegenheit über ihn in Erfahrung gebracht und gespeichert hat.[1076] Daten sind bereits jetzt zum wichtigsten *„Rohstoff"* der modernen Wirtschaft geworden.[1077] *„You already have zero privacy, get over it"* – mit dieser Aussage des Gründers, Direktors und CEO von Sun Microsystems, *Scott McNealy*, wird die zunehmende Ansicht in Teilen der Bevölkerung treffend beschrieben, dass mit der fortschreitenden Technik immer leichter immer umfangreichere digitale Dossiers über jeden angefertigt werden können und in Echtzeit verfügbar sind.[1078] Aufgrund unzureichender Kenntnisse des Bürgers sind auch die Mög-

1070 *Langheinrich* in Abowd/Brumitt/Shafer, Privacy by Design, 279f.
1071 *StepStone (Hrsg.)*, StepStone Survey, http://www.stepstone.de/ueberuns/presse/poll_monitored.html.
1072 So werden dort etwa 75% der Arbeitnehmer derart überwacht, vgl. *Langheinrich* in Mattern, Gibt es in einer total informatisierten Welt noch eine Privatsphäre?, 236 mwN.
1073 *Baeriswyl*, RDV 2000, 7.
1074 *Baeriswyl*, RDV 2000, 7.
1075 *Roßnagel*, APuZ 5-6/2006, 9.
1076 *Goppel*, DuD 2005, 322.
1077 *Becker*, Die Politik der Infosphäre, 195.
1078 *Langheinrich* in Abowd/Brumitt/Shafer, Privacy by Design, 277 mwN.

lichkeiten individueller Gegenwehr begrenzt, sie haben häufig weder das Wissen, noch die Sachkunde, Eingriffe in ihren Privatbereich zu orten oder abzuwehren.[1079]

Dass die befürchteten Kontrollverluste keineswegs utopische Schreckensszenarien darstellen, belegen die unzähligen Fälle allein in jüngster Zeit, in welchen Millionen personenbezogener – und teils äußerst sensibler - Daten verloren gingen oder ausspioniert wurden. Daten von 40 Millionen Kunden nebst Kreditkarten wurden aus Datenbanken neun großer U.S.-amerikanischer Händler, darunter TJX und Barnes & Noble, ausgespäht.[1080] Auch auf die bei der Telekom gespeicherten Angaben zu 30 Millionen Kunden erfolgten illegale Zugriffe.[1081] Namen und weitere Daten von 8.500 österreichischen Häftlingen,[1082] USB-Sticks mit unverschlüsselten Informationen sämtlicher 84.000 Strafgefangener in England und Wales mit erweiterten Informationen zu 33.000 Schwerverbrechern und 10.000 *„Priority Criminals“* nebst kriminalpolizeilicher und geheimdienstlicher Ermittlungsakten[1083] gingen ebenso verloren wie Regierungsunterlagen mit streng geheimen Informationen zum Terrornetzwerk al-Kaida.[1084] CDs mit Bankverbindungen, Adressen und Namen von 25 Millionen britischer Kindergeldempfänger[1085] gingen auf dem Postweg ebenso verloren wie Datenträger mit Namen und Adressen von 160.000 minderjährigen Patienten und archivierte Daten von Krebspatienten.[1086]

Dieser Trend wird sich bei IKT-Implantaten weiter verschärfen, wenn selbst die Datenerhebung völlig in den Hintergrund tritt.[1087] Eine Folge hiervon wird ein (weiterer) Verlust von Vertrauen und eine gesteigerte Abhängigkeit von Dritten sein.[1088]

1079 *Goppel*, DuD 2005, 322; vgl. auch *Roßnagel*, FES-Studie, 86; *Schaar*, DuD 2007, 259; *Bizer/Dingel/Fabian et al.*, TAUCIS, 214f; *Simitis*, RDV 2007, 144.

1080 *U.S. Department of Justice (Hrsg.)*, Retail Hacking Ring Charged for Stealing and Distributing Credit and Debit Card Numbers from Major U.S. Retailers - More Than 40 Million Credit and Debit Card Numbers Stolen, http://www.usdoj.gov/opa/pr/2008/August/08-ag-689.html.

1081 *Siebenhaar/Louven*, Deutsche Telekom will wieder Anzeige erstatten, Handelsblatt v. 20.08.2008, http://www.handelsblatt.com/unternehmen/it-medien/;2024900; *FAZ (Hrsg.)*, Datendiebstahl-Skandal erreicht die Telekom, FAZ v. 19.08.2008, http://www.faz.net/s/RubD16E1F55D21144C4AE3F9DDF52B6E1D9/Doc~E7EFF73030B234E9D893FEA1C765A594F~ATpl~Ecommon~Scontent.html.

1082 *Sokolov*, Österreichs Justizministerin vertuscht Datendiebstahl, http://www.heise.de/newsticker/meldung/108045.

1083 *Heise online/pmz*, Britische Behörden vermissen Datenträger mit Informationen über gefährliche Straftäter, http://www.heise.de/newsticker/meldung/114657; *FTD (Hrsg.)*, Briten verlieren Daten von 84.000 Häftlingen, FTD v. 22.08.2008, http://www.ftd.de/politik/europa/403816.html.

1084 *FTD (Hrsg.)*, Briten verlieren Daten von 84.000 Häftlingen, FTD v. 22.08.2008, http://www.ftd.de/politik/europa/403816.html.

1085 *FTD (Hrsg.)*, Briten verlieren Daten von 84.000 Häftlingen, FTD v. 22.08.2008, http://www.ftd.de/politik/europa/403816.html.

1086 *Heise online/fr*, Daten von hunderttausenden Patienten sind in Großbritannien verloren gegangen, http://www.heise.de/newsticker/meldung/101035.

1087 *Roßnagel*, FES-Studie, 86.

1088 *Alahuhta/De Hert/Delaitre et al.*, Dark Scenarios in ambient intelligence: Highlighting risks and vulnerabilities, 8.

3.5.5 Risiken im Bereich der Medizin

Im Gesundheitswesen werden die sensibelsten und höchstpersönlichsten Informationen über Menschen gespeichert.[1089] Datenschutz spielt daher gerade in diesem Bereich eine ganz besondere Rolle.

3.5.5.1. Elektronische Gesundheitskarte (eGK) und elektronische Patientenakte (ePA)

Ende 2006 wurde damit begonnen, einige Tausend Versicherte in ersten Modellregionen mit der elektronischen Gesundheitskarte (eGK) auszustatten.[1090] Der große Rollout soll nach mehreren Verzögerungen nun 2009 erfolgen. Sobald die eGK flächendeckend eingeführt ist, soll sie die bisherige Krankenversichertenkarte ersetzen. Heute werden Patientendaten nur lokal bei dem jeweiligen Arzt oder Krankenhaus gespeichert. Demgegenüber soll die eGK ermöglichen, dass neben dem behandelnden Arzt, dessen Kollegen sowie dem medizinischen Personal auch andere Ärzte und Einrichtungen die Patientendaten abrufen und auf diese zugreifen können. So werden rund 80 Millionen Versicherte, 185.000 Ärzte, 22.000 Apotheken, 2.200 Krankenhäuser und ca. 260 Krankenkassen miteinander vernetzt.

Während die bisherige Krankenversichertenkarte nur Verwaltungsdaten wie Name, Anschrift, Geburtsdatum, Krankenkasse, Versichertenstatus und Lichtbild enthält, soll die eGK daneben auch als Medium zur Übermittlung von Rezepten und in den weiteren Ausbaustufen sogar als Träger von medizinischen Informationen dienen.[1091] So könnten Notfalldaten wie die Blutgruppe, chronische Erkrankungen und Allergien des Patienten, aber auch weitere Befunde, Diagnosen, Therapieempfehlungen und Maßnahmen, Behandlungsberichte, Impfungen sowie Röntgenuntersuchungen aber auch vom Versicherten selbst zur Verfügung gestellte Daten, z. B. Hinweise auf Patientenverfügungen, hierauf gespeichert werden.[1092] Aufgrund der aus Kostengründen derzeit noch beschränkten Speicherkapazität der Karten soll ein Großteil der Daten nicht direkt auf der Karte abgelegt

---

1089 *Heyers/Heyers*, MDR 2001, 1209; *Vetter*, ZaeFQ 2001, 662; *Weichert*, DuD 1997, 269.

1090 Ursprünglich sollte die eGK bereits zum 01. Januar 2006 flächendeckend eingeführt werden. Es kam jedoch wiederholt zu Verzögerungen, vgl. *Zimmermann*, 26. Tätigkeitsbericht 2005 des Landesbeauftragten für den Datenschutz Baden-Württemberg, http://www.baden-wuerttemberg.datenschutz.de/lfd/tb/2005/default.htm, 3.1.1.

1091 Nach derzeitigem Planungs- und Entwicklungsstand soll die in der Einführung befindliche elektronische Gesundheitskarte in der ersten Stufe allerdings lediglich als (nunmehr europäische) Versichertenkarte fungieren. In der zweiten Ausbaustufe werden darauf zusätzlich elektronische Rezepte ausgestellt, welche die bislang jährlich ausgestellten 750 Millionen Papierrezepte ersetzen sollen, vgl. *Borchers*, Smartcard-Preisträger kritisiert Planungen für die E-Patientenakte, http://www.heise.de/newsticker/meldungen/84989. In der 3. Stufe können darauf freiwillig Notfalldatensätze und Arzneimitteldokumentationen gespeichert werden. Stufe 4 sieht dann, ebenfalls auf freiwilliger Basis, die Aufnahme der elektronischen Patientenakte (ePA) vor, vgl. *Bundesministerium für Gesundheit (Hrsg.)*, Die Gesundheitskarte - Medizinische Funktionen, http://www.die-gesundheitskarte.de/grundfunktionen/medizinische_funktionen/index.html. Die Investitionskosten für die Einführung der eGK werden dabei auf 1,5 bis 5 Mrd. Euro geschätzt, so dass sich diese erst bei zunehmender Nutzung der freiwilligen Zusatzanwendungen wie der elektronischen Patientenakte und der Arzneimitteldokumentation nennenswert amortisieren dürften, vgl. *Warda*, Bundesgesundheitsbl 2005 ,742.

1092 *Zimmermann*, 26. Tätigkeitsbericht 2005 des Landesbeauftragten für den Datenschutz Baden-Württemberg, http://www.baden-wuerttemberg.datenschutz.de/lfd/tb/2005/default.htm, 3.1.1.

werden. Die eGK soll lediglich als „*Schlüssel*“ zu den Datensätzen dienen, welche verteilt auf verschiedenen Rechnersystemen deponiert werden.[1093]

Diese Daten werden in der elektronischen Patientenakte (ePA) gespeichert.[1094] Hierunter versteht man „ein über das Internet zugängliches Programm zur Erstellung, Betrachtung und Pflege einer persönlichen Akte über jeden gesundheitlichen Aspekt des Benutzers“.[1095] Die ePA vereint neben den Personendaten eine Fülle weiterer medizinischer Daten wie beispielsweise die individuelle Krankengeschichte, wichtige Laborbefunde, Operationsberichte sowie Röntgenbilder und digitale Daten anderer Untersuchungen.[1096]

Damit unterscheidet sich diese neue Form der ePA von der bisher bei der Hälfte der niedergelassenen Ärzte und einem Viertel der Kliniken praktizierten elektronischen Dokumentation insbesondere dadurch, dass die Daten nicht mehr nur für einen Verwender gespeichert werden.[1097] Unabhängig vom tatsächlichen Speicherort und Erheber der Daten sollen sämtliche Daten in der ePA jederzeit von jedem behandelnden Arzt online abrufbar sein.[1098] Allerdings soll der Zugriff auf besonders sensible Patientendaten nur mit Hilfe eines elektronischen Heilberufeausweises (der Health Professional Card, HPC) statthaft sein und der Patient darüber bestimmen dürfen, welcher Mediziner welche Daten einsehen kann. Zudem soll erstmals der Patient aktiv eigene Daten zu den Akten speichern können, beispielsweise durch IKT-Implantate, welche ihre Sensormesswerte automatisch der Akte hinzufügen und anschließend dem Arzt zur Überwachung zur Verfügung stehen.

Es wird jedoch nicht erwartet, dass die ePA heutige Systeme in kurzer Zeit ersetzt. Vielmehr wird für wahrscheinlich gehalten, dass die ePA lediglich als eine Art „*Aufsatz*“ auf die zahllosen bereits existierenden und eingesetzten Dokumentationssysteme fungieren wird und lediglich einzelne Daten aus diesen Systemen beim jeweiligen Arzt in die ePA verlinkt werden.[1099]

3.5.5.2. Risiko: mangelnde technische Sicherheit

Auch im Gesundheitswesen werden Datenverarbeitungstechnologien in steigendem Maße eingesetzt. Die personenbezogenen Daten des Patienten geben über die intimsten Dinge

---

1093 *Bundesministerium für Gesundheit (Hrsg.)*, Die Gesundheitskarte - Medizinische Funktionen, http://www.die-gesundheitskarte.de/grundfunktionen/medizinische_funktionen/index.html.

1094 *Warda*, Bundesgesundheitsbl 2005, 742ff unterscheidet insoweit zwischen den herkömmlichen, bei einzelnen Ärzten gespeicherten elektronischen Patientenakten und der „*elektronischen Gesundheitsakte*“, welche die vernetzte und ubiquitär verfügbare elektronische Akte bezeichnen soll. Nachfolgend wird jedoch der Verständlichkeit halber einheitlich der Begriff ePA verwendet, da sich dieser im allgemeinen Sprachgebrauch durchgesetzt hat.

1095 *Warda*, Bundesgesundheitsbl 2005, 742f mwN.

1096 *Bundesministerium für Gesundheit (Hrsg.)*, Die Gesundheitskarte - Elektronische Patientenakte, http://www.die-gesundheitskarte.de/glossar/details/elektronische_patientenakte.html.

1097 *Warda*, Bundesgesundheitsbl 2005, 742f.

1098 *Warda*, Bundesgesundheitsbl 2005, 742.

1099 *Warda*, Bundesgesundheitsbl 2005, 743.

seines Lebens Auskunft. Anamnesen, Diagnosen und therapeutische Maßnahmen betreffen zwar nicht stets die unantastbare Intimsphäre, wohl aber den privaten Bereich des Patienten.[1100] Die Übermittlung personenbezogener Gesundheitsdaten an Krankenkassen, Versicherungen, Arbeitgeber, Marketingfirmen, den Einzelhandel, die Presse oder die Staatsanwaltschaft kann unerwünschte Nebenwirkungen nach sich ziehen.[1101] Das Offenkundigwerden solcher Informationen kann den Betroffenen beeinträchtigen, dessen soziales Image beschädigen oder persönliche und berufliche Zukunftschancen zunichte machen.[1102]

Aufgrund des ständigen Anfalls besonders schützwürdiger Daten ist die Sicherheit der Erhebung, Speicherung, Übermittlung und Verarbeitung der Daten von großer Bedeutung. Die Versicherten müssen sich sicher fühlen können, dass ihre Gesundheitsdaten im Netz eines modernen Gesundheitswesens hinreichend geschützt sind.[1103] Sie dürfen nicht zum bloßen Objekt des Systems werden.[1104] Daher müssen die Datenhoheit der Versicherten und der Grundsatz der Freiwilligkeit der Speicherung von Gesundheitsdaten gewährleistet bleiben. Unbefugte dürfen nicht die Möglichkeit haben, die – besonders sensiblen[1105] – Daten einzusehen und erst recht nicht, diese zu manipulieren.[1106]

Daher ist der datenschutzkonforme Umgang mit personenbezogenen medizinischen Daten geradezu eine Grundanforderung an ein humanes Gesundheitssystem.[1107] Dies gilt insbesondere für sonstige Telematikdienstleistungen und IKT-Anwendungen: Diese zielen meist darauf ab, das Leben des Einzelnen zu vereinfachen und dessen Versorgung zu verbessern. Zugleich dienen sie dem Wohle der Gesellschaft.[1108] Während für gesunde Bürger in der Regel die Wahrung ihrer informationellen Selbstbestimmung und persönlichen Intimsphäre im Vordergrund steht, tritt diese bei Schwerkranken schnell in den Hintergrund und wird durch den Wunsch nach einer möglichst optimalen, effizienten und schnellen Heilbehandlung ersetzt.

Die Einführung und Nutzung der Telematik birgt neben Chancen auch viele Risiken. Nach *Jacob* geht kaum etwas einem Menschen so nahe, wie seine eigene Gesundheit. So sehr wir – außer auf Hilfe, Zuwendung und Zuspruch – auf neue Techniken in der Medizin hoffen, so sehr wollen wir gerade hier selbst darüber bestimmen können, wer was unter welchen Umständen über unsere Gesundheitsprobleme erfährt.[1109] Menschen stufen die Ver-

---

1100 BVerfGE 32, 373 (380) – *Ärztekartei*.
1101 *Dierks*, DuD 2006, 143.
1102 *Heyers/Heyers*, MDR 2001, 1209f mwN; *Haas*, Bundesgesundheitsbl 2005, 776.
1103 *Schaar*, RDV 2006, 4.
1104 *Schaar*, RDV 2006, 4.
1105 *Weichert*, DuD 1997, 269.
1106 *Müller*, Bundesgesundheitsbl 2005, 632.
1107 *Mand*, MedR 2003, 400.
1108 *Warda/Noelle*, Telemedizin und eHealth, 14, 32 mwN, 34.
1109 *Jacob*, ZaeFQ 1999, 726.

traulichkeit ihrer Gesundheitsdaten sogar noch höher ein als Daten über ihre wirtschaftliche Situation.[1110] Über die Krankheit eines Menschen soll der Arzt nicht ohne Einwilligung des Patienten und schon gar nicht gegen dessen Willen Dritten etwas mitteilen. Vielmehr soll der Patient über den Umgang mit diesen Informationen, die in erster Linie ihn selbst betreffen und deshalb als sein „*Eigentum*" anzusehen sind, selbst bestimmen dürfen.[1111] Gerade hier weckt der technische Fortschritt nicht nur Hoffnungen, sondern auch Ängste. Die Befürchtung, dass angesichts der steigenden Datenberge und deren Auswertungsmöglichkeiten irgendwann einmal die Wirtschaftlichkeit – als Quotient aus gesellschaftlichem Nutzen einer Behandlung und den daraus anfallenden Kosten – über Leben und Tod entscheiden könnte, ist der Grund dafür, dass beim Computereinsatz im Gesundheitswesen die Hoffnungen auf bessere Hilfe durch die Technik und die Ängste vor dieser Technik enger beieinander liegen, als auf irgendeinem anderen Gebiet.[1112]

Durch die räumliche und zeitliche Trennung bei Telematikanwendungen und IKT-Implantaten wird die im herkömmlichen Arzt-Patientenverhältnis gesicherte Abschottung der Patientendaten jedoch gelockert oder sogar ganz aufgehoben.[1113] Telemedizinische Anwendungen zeichnen sich daher durch ein besonderes Gefährdungspotential aus.[1114] Eine kommunikative Infrastruktur im Gesundheitsbereich bedingt hohe Anforderungen an Datensicherheit[1115] und Datenschutz.[1116] Datensicherheit ist dabei kein Selbstzweck, sondern dient dazu, die individuellen und kollektiven Ziele des Gesundheitssystems, nämlich die möglichst effektive und kostengünstige Verhütung und Heilung von Krankheiten, zu erreichen. Denn der Behandlungserfolg hängt maßgeblich davon ab, ob der Patient seinem Arzt alle erforderlichen Informationen verschafft. Nur wenn zwischen Arzt und Patient eine Vertrauensbasis besteht, die das Vertrauen des Patienten in die Geheimhaltung der übermittelten höchstpersönlichen Gesundheitsdaten mit umfasst, wird der Patient seine – unter Umständen sogar lebenswichtigen – Informationen gegenüber seinem Arzt umfassend preisgeben.[1117] Die Vertraulichkeit ist elementare Grundlage jeder Arzt-

1110 *Haas*, Bundesgesundheitsbl 2005, 776.

1111 *Jacob*, ZaeFQ 1999, 723; *Vetter*, ZaeFQ 2001, 663; *Vetter*, Chancen und Risiken zentralisierter Patienten-Datenbestände, 1.

1112 *Jacob*, ZaeFQ 1999, 726.

1113 So zur Telematik auch *Berg*, MedR 2004, 413.

1114 *Hanika*, MedR 2001, 107ff; *Berg*, MedR 2004, 413 mwN.

1115 Unter dem Sammelbegriff der Datensicherheit versteht man drei verschiedene, aber zusammenhängende Aspekte: Verfügbarkeit, Integrität und Vertraulichkeit der Daten, vgl. *Schmidt* in Dierks/Feussner/Wienke, Datensicherheit, 101; ebenso *Heyers/Heyers*, MDR 2001, 1211 mwN; *Vetter*, ZaeFQ 2001, 663; *Müller*, Bundesgesundheitsbl 2005, 632f; *Meier*, Der rechtliche Schutz patientenbezogener Gesundheitsdaten, 314 mwN. Gesundheitsdaten müssen nutzbar sein, wenn sie gebraucht werden (Verfügbarkeit), sie müssen zumindest in dem Sinne richtig sein, dass sie unverändert das wiedergeben, was der Autor in die Patientenakte eingegeben hat (Integrität) und sie müssen derart gesichert sein, dass Unbefugten vertraulich zu behandelnde Daten unbekannt bleiben (Vertraulichkeit). Wenn Daten nicht verfügbar sind, kann der behandelnde Arzt diese nicht zur Grundlage seiner Diagnose und Behandlung machen. Sind die Daten zwar verfügbar, aber nicht vertrauenswürdig, da sie verfälscht oder unvollständig sein können, darf der behandelnde Arzt sich auf diese nicht verlassen und muss – zeit- und kostenintensive – Doppeluntersuchungen vornehmen.

1116 *Heyers/Heyers*, MDR 2001, 1211.

1117 *Berg*, MedR 2004, 413.

Patientenbeziehung.[1118] Wer sich in ärztliche Behandlung begibt, muss erwarten können, dass alles, was er seinem Arzt berichtet, mit ihm bespricht oder was von diesem über seinen Gesundheitszustand aufgezeichnet wird, vertraulich behandelt wird und gegenüber fremden Einblicken verschlossen bleibt.[1119] Dies bezweckt bereits der hippokratische Eid, der die ärztliche Schweigepflicht („*Meineid*") mit dem Verlust des „*Ruhms bei allen Menschen bis in ewige Zeiten*" sanktioniert.[1120]

Dies gilt hinsichtlich der gesicherten harten Fakten, aber noch mehr hinsichtlich der weichen, ungesicherten Daten, welche auf Prognosen, Schätzungen oder subjektiven Bewertungen beruhen.[1121] Denn diese sind aufgrund ihrer Subjektivität wesentlich fehleranfälliger. Zugleich nimmt die Gefahr zu, dass Dritte bei Kenntnis der Daten hieraus falsche Schlüsse ziehen. Andererseits benötigt jeder Arzt derartige Daten, um in der Gesamtschau der harten Fakten und der Eindrücke eine möglichst genaue Diagnose erstellen und den Behandlungserfolg kontrollieren zu können.

1118 *Jacob*, ZaeFQ 1999, 723; *Vetter*, ZaeFQ 2001, 662; BVerfGE 32, 373 (380) – *Ärztekartei*; Die Ausführungen des BVerfG im Volkszählungsurteil weisen den Weg: *„Für die Funktionsfähigkeit der amtlichen Statistik ist ein möglichst hoher Grad an Genauigkeit und Wahrheitsgehalt der erhobenen Daten notwendig. Dieses Ziel kann nur erreicht werden, wenn bei dem auskunftspflichtigen Bürger das notwendige Vertrauen in die Abschottung seiner [...] erhobenen Daten geschaffen wird, ohne welche seine Bereitschaft, wahrheitsgemäße Angaben zu machen, nicht herzustellen ist [...]. Eine Staatspraxis, die sich nicht um die Bildung eines solchen Vertrauens durch Offenlegung des Datenverarbeitungsprozesses und strikte Abschottung bemühte, würde auf längere Sicht zu schwindender Kooperationsbereitschaft führen, weil Misstrauen entstünde."*, BVerfGE 65, 1, 50f – *Volkszählung*.

1119 BVerfGE 32, 373 (380) – *Ärztekartei*; *Schreiber*, ZaeFQ 1999, 762; *Müller*, Bundesgesundheitsbl 2005, 633. Ärzte und andere Entscheidungsträger sind verpflichtet, Patientendaten geheim zu halten, wenn der Patient nicht in eine Kenntnisnahme Dritter ausdrücklich einwilligt. Wenn sie jedoch diese Daten unzureichend gesichert über öffentliche Netze versenden oder an externe Dienstleister zur Archivierung übertragen, nehmen sie die Kenntniserlangung Dritter billigend in Kauf und verstoßen damit gegen ihre Geheimhaltungsverpflichtungen. Gleiches gilt bei IKT-Implantaten, welche ihre Messdaten über öffentliche Netze (z. B. über das Mobilfunknetz) übertragen, vgl. *Dierks*, DuD 2006, 146; *Heyers/Heyers*, MDR 2001, 1210; so auch *Padano*, DISTRICT COURT OF APPEAL, FIRST DISTRICT, STATE OF FLORIDA, USA, Az. 1D06-0162, http://opinions.1dca.org/written/opinions2007/1-19-07/06-0162.pdf, 15.

1120 *Garstka*, ZaeFQ 1999, 781.

1121 So *Weichert*, DuD 1997, 276, der den weichen Daten daher eine besondere Sensibilität beimisst. Auch *Bohne*, NVwZ 1999, 3f hält die Abschätzung von Nutzen und Risiken bei Zukunftstechnologien für mit einer erheblichen Prognoseunsicherheit belastet, was in vielen Fällen übertragbar ist und so eine besonders eingeschränkte Verwendung von Prognosedaten bedingen muss.

Die solide und für jedermann glaubwürdige Gewährleistung des Datenschutzes von Gesundheitsdaten und der ärztlichen Schweigepflicht[1122] unter den Bedingungen der modernen Datenverarbeitung sind geradezu Grundvoraussetzungen für die Akzeptanz jeglicher modernen Datenverarbeitung im Gesundheitswesen.[1123] Solange es aber regelmäßig Sicherheitslücken und Pannen bei der Datenerhebung, -verarbeitung und -übertragung sowie Missbrauch von Daten gibt, ist nicht zu erwarten, dass Patienten der Sicherheit von IKT-Implantaten und Telematikanwendungen im Bereich des Gesundheitswesens uneingeschränkt vertrauen.[1124] Gerade der Glaube an die – grundsätzlich zeitlich unbegrenzte – Vertraulichkeit aller mit dem Arzt besprochenen und von ihm gespeicherten Informationen ist Grundvoraussetzung für jede Form moderner Datenverarbeitung im Gesundheitswesen.[1125] Dieses Vertrauen muss daher erworben werden. Der Sicherheit der Technik, die der eGK und der ePA zugrunde liegt, kommt somit höchste Priorität zu.

Eine Voraussetzung dafür ist, dass die durch ein Kommunikationsnetz übertragenen Daten verschlüsselt und mit einer Signatur versehen werden.[1126] Wie bereits bei den biometrischen Ausweisen dargelegt wurde, sind heutige kryptographische Verfahren nur bedingt sicher. Selbst Verfahren, die heute als sicher gelten,[1127] können aufgrund neu entdeckter

---

1122 Die ärztliche Schweigepflicht ist nämlich eine diagnostische und therapeutische *conditio sine qua non*, vgl. *Kienzle*, ZaeFQ 1999, 746; *Müller*, Bundesgesundheitsbl 2005, 633. Sie soll Patienten dazu bewegen, sämtliche relevanten Tatsachen rückhaltlos gegenüber dem Arzt offen zu legen, ohne Sorge vor einer Weitergabe der Daten über seine Krankheit und eine Beeinträchtigung durch Dritte als deren Folge, vgl. BVerfGE 32, 373 (380) – *Ärztekartei*; *Schreiber*, ZaeFQ 1999, 762; *Müller*, Bundesgesundheitsbl 2005, 633. Damit dient die ärztliche Schweigepflicht einerseits dazu, dass der Arzt aufgrund vollständiger Angaben sogleich die richtige Diagnose stellen und die passende Therapie verschreiben kann. Das Arztgeheimnis dient aber auch dem Schutz des Arztes. Denn wenn die hochsensiblen Daten über den Patienten nun in elektronischen Akten Dritten zur Verfügung stehen, geben sie auch detailliert Auskunft über das Können, Wissen und Vorgehen des behandelnden Arztes, und das in bisher ungeahnter Transparenz, so *Haas*, Bundesgesundheitsbl 2005, 776. Zudem kommt der Verschwiegenheit, über die Individualinteressen von Arzt und Patient hinaus, auch ein kollektives Interesse zu: Kranke sollen sich nicht aus Zweifeln an der Verschwiegenheit des Arztes davon abhalten lassen, ärztliche Hilfe in Anspruch zu nehmen, vgl. *Heyers/Heyers*, MDR 2001, 1210 mit umfangreichen weiteren Nachweisen; *Müller*, Bundesgesundheitsbl 2005, 633. Denn eine rechtzeitige und erfolgreiche Behandlung dient nicht nur dem Patienten, sondern sie senkt auch das Risiko der Ausbreitung ansteckender Krankheiten und sie begrenzt - bei nicht ansteckenden Krankheiten - deren wirtschaftliche und soziale Folgen, vgl. BVerfGE 32, 373 (380) – *Ärztekartei*; *Jacob*, ZaeFQ 1999, 723. Nur bei unbehinderter Inanspruchnahme ärztlicher Leistungen können somit auch die Volksgesundheit und damit das Gemeinwohl gefördert und die Kosten des Gesundheitssystems reduziert werden, weil dies die Chancen der Heilung vergrößert und damit - im ganzen gesehen - der Aufrechterhaltung einer leistungsfähigen Gesundheitsfürsorge dient, so BVerfGE 32, 373 (380) – *Ärztekartei*; *Schmidt* in Dierks/Feussner/Wienke, Datensicherheit, 101; *Müller*, Bundesgesundheitsbl 2005, 633. Dennoch ist die Schweigepflicht gegenüber Krankenkassen, Arbeitgebern, Behörden und Versicherungsgesellschaften mittlerweile von weit reichenden Durchbrechungen geprägt und praktisch außer Kraft gesetzt worden, so *Schreiber*, ZaeFQ 1999, 762.

1123 *Jacob*, ZaeFQ 1999, 726; *Heyers/Heyers*, MDR 2001, 1210 mwN.

1124 So zur EDV und Telematik allgemein auch *Schmidt* in Dierks/Feussner/Wienke, Datensicherheit, 103; in diesem Sinne ebenso *Haas*, Bundesgesundheitsbl 2005, 774.

1125 *Heyers/Heyers*, MDR 2001, 1210 mwN.

1126 *Müller*, Bundesgesundheitsbl 2005, 633, 633; *Haas*, Bundesgesundheitsbl 2005, 776; *Schaar*, RDV 2006, 4; *Vetter*, ZaeFQ 2001, 663.

1127 Heutige Verfahren werden aus zwei Gründen als sicher angesehen. Zum einen, weil ihr Algorithmus offen gelegt ist, so dass jeder Fachmann diesen auf Schwachstellen überprüfen kann, bislang jedoch keine Schwachstelle gefunden wurde - so wurde beispielsweise die WEP-Verschlüsselung von WLAN-Netzwerken zunächst als „*sicher*“ angepriesen, aufgrund eines Implementierungsfehlers jedoch später als völlig unsicher erkannt und durch das WPA bzw. WPA2 ersetzt. Zum anderen, weil der Aufwand für ein Entschlüsseln ohne Schlüssel durch die gewählte große Schlüssellänge als derart hoch eingeschätzt wird, dass mit derzeitigen technischen und mathematischen Möglichkeiten mit erfolgreichen Angriffen nicht zu rechen ist, vgl. *Schmidt* in Dierks/Feussner/Wienke, Datensicherheit, 106.

theoretischer wie praktischer Angriffsmöglichkeiten und der besseren Vernetzung und Rechenleistung mit der Zeit unsicher werden. Mittels verteilter Rechennetze (Distributed Computing)[1128] können derzeit bereits vor 15 Jahren als sicher angesehene Kryptoverfahren geknackt werden.[1129] Bei der heutigen durchschnittlichen Lebenserwartung von weit über 70 Jahren müsste gewährleistet sein, dass die Gesundheitsdaten eines Patienten entsprechend lange geheim bleiben.[1130] Dies kann nicht garantiert werden.[1131]

Ein weiteres Problem ergibt sich daraus, dass Ärzte die Sicherheit der von ihnen eingesetzten Verfahren und Geräte gewährleisten bzw. ihre Patienten über die Risiken angemessen aufklären müssen. Ärzte sind jedoch regelmäßig nicht in der Lage zu prüfen, ob die von ihnen empfohlene oder eingesetzte Technik auch tatsächlich die im Gesundheitswesen notwendigen Sicherheitsanforderungen erfüllen.[1132] Insbesondere im Bereich der Kryptographie können sie mangels entsprechender Ausbildung und Erfahrung die Sicherheit der eingesetzten Verfahren nicht selbst abschätzen.[1133] Dennoch müssen sie sich davon überzeugen, dass die Restrisiken bei der Anwendung vertretbar gering sind.[1134] Selbst Krankenhäusern wird ein deutliches Missverhältnis zwischen den technischen Möglichkeiten und den getroffenen Sicherheitsmaßnahmen attestiert, welches oft auf das geringe oder fehlende Sicherheitsbewusstsein bei den Anwendern, ungenügendes Knowhow oder eine Überlastung der IT-Mitarbeiter zurückgeführt wird.[1135]

Während sich ein Arzt gegenüber den Befunden und Empfehlungen eines mit dem Fall gleichfalls betrauten Kollegen auf dessen Verpflichtung zur Einhaltung der ärztlichen Sorg-

1128 Distributed Computing ermöglicht die freie Rechenleistung von hunderttausenden Computern über das Internet für Berechnungen zur Verfügung zu stellen.

1129 *Schmidt* in Dierks/Feussner/Wienke, Datensicherheit, 107.

1130 So auch *Schmidt* in Dierks/Feussner/Wienke, Datensicherheit, 107.

1131 *Schmidt* in Dierks/Feussner/Wienke, Datensicherheit, 107. Da allerdings auch bei herkömmlichen, anerkannten und als sicher geltenden Kryptoverfahren immer wieder Sicherheitslücken entdeckt werden und deren Zukunftssicherheit kaum prognostiziert werden kann, muss vor dem Einsatz von Gesundheitstelematikanwendungen eine Abwägung zwischen dem Nutzen des Einsatzes und dessen Risiken erfolgen, vgl. *Heyers/Heyers*, MDR 2001, 1212. Dementsprechend forderten bereits 1999 die Einbecker Empfehlungen der Deutschen Gesellschaft für Medizinrecht, *„im Interesse einer größtmöglichen Datensicherheit die übermittelten Datenmengen (...) auf das absolut Notwendige zu beschränken"*, s. *Deutsche Gesellschaft für Medizinrecht (DGMR)*, MedR 1999, 557f. Wie dies jedoch im Zeitalter der ePA realisiert werden soll, ist offen. Denn auf die ePA muss ein Leben lang von unzähligen Ärzten und medizinischen Dienstleistern zugegriffen werden können – und IKT-Implantate schicken ihre Messdaten bestimmungsgemäß täglich oder sogar in Echtzeit an Dienstleister, welche diese zu den Akten speichern. Daher ist im Gegenteil eher von einer deutlichen Zunahme der übermittelten Daten auszugehen. Im Rahmen der Technikfolgenabschätzung wird daher üblicherweise auch eine Nullvariante geprüft, bei der alles so bleibt wie es ist. Nur wenn der Einsatz einer neuen Technik mit wirklich beherrschbaren Gefahren verbunden ist, darf er erfolgen, so *Weichert*, DuD 1997, 276. Andernfalls kann auch ein noch so großer Nutzen die unbeherrschbaren Gefahren nicht aufwiegen, so dass die Technik nicht zum Einsatz kommen sollte.

1132 *Schmidt* in Dierks/Feussner/Wienke, Datensicherheit, 103, 107.

1133 *Schmidt* in Dierks/Feussner/Wienke, Datensicherheit, 106.

1134 Die Auswahl und der Einsatz unsicherer Systeme sind vom Anwender zu vertretende Fehler, so *Schmidt* in Dierks/Feussner/Wienke, Datensicherheit, 106.

1135 So *Klaus Pommerening* in seinem Vortrag auf dem 3. Wieslocher Symposium, wiedergegeben bei *Krüger-Brand*, Dtsch Ärztebl 2003, A2989.

falt berufen kann und insoweit der Vertrauensgrundsatz Anwendung findet, gilt dies gegenüber telematischen Dienstleistern nicht, da diese in der Regel keine Ärzte sind.[1136] Daher darf sich der behandelnde Arzt nicht darauf verlassen, dass diese sich entsprechend den Anforderungen an die ärztliche Sorgfalt verhalten. Ein Arzt, der IKT-Implantate und Gesundheitstelematikdienstleistungen nutzen will, steht mithin in einem Zwiespalt: Einerseits darf er dem Telematikdienstleister nicht vertrauen, sondern muss zur Sicherstellung der Einhaltung der ärztlichen Sorgfaltspflicht die Sicherheit der Daten und Kommunikation selbst überprüfen. Andererseits ist er hierzu häufig gar nicht in der Lage und muss darauf vertrauen, dass die Systeme die behauptete Sicherheit auch bieten.

Ohne organisatorische, rechtliche und technische Mechanismen, welche sicherstellen, dass nur berechtigte Personen auf Informationen zugreifen bzw. je nach Behandlungssituation nur vom Patienten zuvor detailliert festgelegte Informationen erhalten, wird der erforderliche Schutz der Patientendaten nicht gewährleistet. Der Einsatz vertrauenswürdiger und äußerst differenzierter Mechanismen für den Datenschutz ist daher Grundvoraussetzung für den allgegenwärtigen und umfassenden, nutzbringenden Einsatz von elektronischen Patientenakten, -karten und Gesundheitstelematikanwendungen.[1137]

Das Gesamtsystem ist nur so sicher wie sein schwächstes Glied. So geht beispielsweise *Haas*[1138] davon aus, dass innerhalb der einzelnen institutionellen Informationssysteme noch „*erhebliche Zusatzentwicklungen*“ getätigt werden müssen, um eine sichere und vertrauenswürdige Gesundheitstelematik zu ermöglichen.[1139] Angesichts von ca. 2.200 Krankenhäusern, 1.200 Vorsorge- und Rehabilitationseinrichtungen und über 100.000 Arztpraxen,[1140] welche im Einzelfall Zugriff auf die Daten haben sollen, ist es schwierig, jede um-

1136 *Kern* in Dierks/Feussner/Wienke, Rechtliche Konsequenzen für medizinischen Standard, Methodenfreiheit, Sorgfaltsmaßstab und Aufklärung, 64.
1137 *Schaar*, RDV 2006, 4; *Haas*, Bundesgesundheitsbl 2005, 776.
1138 Professor für medizinische Informatik an der FH Dortmund.
1139 *Haas*, Bundesgesundheitsbl 2005, 776.
1140 *Haas*, Bundesgesundheitsbl 2005, 776.

fänglich abzusichern. Ohne garantierte Vertraulichkeit, Authentizität, Integrität und Verfügbarkeit der Daten kann ein solches System nicht funktionieren.[1141]

Besonders kritisch ist der Einsatz des VeriChip, der in den USA als medizinisches Implantat zugelassen ist und als *„implantierbare elektronische Krankenkarte*" Verwendung finden soll.[1142] Denn bei dem VeriChip existiert die erforderliche Sicherheit nicht einmal im Ansatz. Auch wenn *Scott Silverman*, CEO von Applied Digital Solutions, Inc., vom Hersteller des VeriChip-RFID-Implantats davon ausgeht, dass ein unbefugter Zugriff auf die im Chip gespeicherte Seriennummer extrem schwer zu erreichen wäre und selbst im Fall eines unberechtigten Auslesens aufgrund zusätzlicher Schutzmechanismen nicht automatisch auf die in der Datenbank gespeicherten Daten zugegriffen werden könnte,[1143] muss stark bezweifelt werden, dass das Implantat – wie der Hersteller glauben machen will – *„unmöglich*" gestohlen oder gefälscht werden kann. Zwar dürfte ein Diebstahl oder Verlust des Chips wesentlich seltener auftreten als bei einer Chipkarte. Ausgeschlossen ist er aber nicht, wie das erschreckende Beispiel malaiischer Autodiebe zeigt.[1144] Diese wollten angeblich im März 2005 in Kuala Lumpur den per Fingerabdruck-Scanner gesicherten S-Klasse-Mercedes des Besitzers stehlen, trennten dem glücklosen Besitzer hierzu einfach den Finger ab und nahmen ihn mit. Selbst wenn diese Meldung nicht der Wahrheit entsprechen sollte, zeigt sie doch sehr plastisch, dass auch ein Diebstahl eines Implantats alles andere als undenkbar ist. Bereits 1998 ging die Enquete-Kommission des Deutschen Bundestags davon aus, dass biometrische Verfahren grundsätzlich nicht anders sind als der Identitätsnachweis durch besitzbasierende Verfahren (wie beispielsweise einer Chip-

1141 Dies muss schon in der anstehenden Testphase eingehalten werden, denn bereits hier werden sensible personenbezogene Daten verarbeitet, so *Schaar*, RDV 2006, 4. Ein Beispiel für ein schlechtes Gesundheitstelematiksystem liefert *„The Spine*" – das Rückgrat – die Gesundheitsdatenbank aus Großbritannien. Es vernetzt 300 Krankenhäuser und 30.000 niedergelassene Ärzte und enthält die Daten von 50 Millionen Personen. Angefangen von Namen, Telefonnummern und Adressen der Patienten soll das System sukzessive auf sämtliche Patientendaten ausgedehnt werden. Im Laufe des Jahres 2007 soll es um persönliche Patienteninformationen, darunter auch solche wie Ort und Zeit von Schwangerschaften und Abtreibungen, Diagnosen über seelische Krankheiten oder HIV-Infektionen, Drogen- oder Alkoholsucht sowie DNA-Profile ergänzt werden. Die Übertragung der Informationen in die zentrale Datenbank erfolgt dabei automatisch und ohne eine Möglichkeit der Patienten, hiergegen rechtlich vorzugehen. Lediglich eine spätere Sperrung einzelner Daten ist vorgesehen, welche jedoch bei Bestehen eines öffentlichen Interesses an einem Datenzugriff unwirksam ist. Die lebenslange Krankengeschichte aller 50 Millionen Patienten wird dabei nicht mehr beim jeweiligen Arzt, sondern zentral gespeichert sein. Neben dem Zugriff medizinischen Personals mit einer HPC soll auch der Polizei der Zugriff und die Durchsuchung der Datenbanken ermöglicht werden. Auch zahlreiche Regierungsstellen erhalten Zugriff, wenn das öffentliche Interesse als größer angesehen wird, als die Privatsphäre der Betroffenen. Der britische Datenschutzbeauftragte *Richard Thomas* befürchtet, dass damit dem ungehinderten Zugriff Tür und Tor geöffnet werde, da strafrechtlichen Sanktionen derart gering ausfallen, dass sich Journalisten der Regenbogenpresse und Privatdetektive bereits bislang beliebig Zugriff verschafft hätten. Nunmehr sei dies auf einer großindustriellen Ebene zu befürchten, so *Leigh/Evans*, Warning over privacy of 50m patient files, The Guardian v. 01.11.2006, http://www.guardian.co.uk/print/0,,329615632-117700,00.html.

1142 Vorteil dieses Verfahrens wäre die (nahezu völlige) Untrennbarkeit von Inhaber und Karte, so dass eine Zuordnung auch bei Bewusstlosen leicht möglich ist, ein Missbrauch soll einfacher verhindert werden.

1143 *Stein*, Implantable Medical ID Approved By FDA, Washington Post v. 14.10.2004, http://www.washingtonpost.com/wp-dyn/articles/A29954-2004Oct13.html.

1144 *Kent*, BBC News: Malaysia car thieves steal finger, http://news.bbc.co.uk/go/pr/fr/-/2/hi/asia-pacific/4396831.stm.

karte). Ebenso wie Chipkarten gestohlen werden könnten, können Fingerabdruckverfahren durch Abtrennen des Fingers getäuscht werden.[1145]

Eine Entwendung des Chips ist aber gar nicht notwendig, wenn es gelingt, die Daten auch so auszulesen. Beim VeriChip, der ein RFID-Tag enthält, kann das Implantat durch Vortäuschen eines vermeintlich berechtigten Lesegeräts ausgelesen werden. Wenn anschließend die Daten auf ein anderes Tag kopiert werden, kann das Vorhandensein des Implantats und damit die entsprechenden Berechtigung zum Datenzugriff vorgetäuscht werden. Wie leicht unbefugt auf den Chip zugegriffen werden kann, zeigte der IT-Experte *Jonathan Westhues* aus Cambridge, MA, schon im Januar 2006.[1146] Ihm gelang es, den VeriChip der Wired-Journalistin *Annalee Newitz* drahtlos auszulesen und zu replizieren. Mittels eines einfachen Sendegeräts konnte das Vorhandensein eines ganz bestimmten VeriChips vorgetäuscht werden. Mit der von ihm benutzen Methode lässt sich mit verhältnismäßig geringem Aufwand innerhalb von nur zwei Stunden jeder VeriChip „*klonen*", sogar ohne dass sein Träger hiervon etwas bemerkt.[1147]

Da der Funkverkehr des Implantats nicht genügend geschützt ist, ist die zusätzliche Sicherheit eines Implantats gegenüber einer Karte hinfällig. Eine Sicherheit vor unbefugtem Auslesen, Kopieren oder gar einem Diebstahl kann dieses sehr einfache RFID nicht verschaffen. Nach Ansicht von *Westhues* ist einzig die kurze Funkreichweite von ca. 30 cm ein sicherheitsförderliches Merkmal des VeriChip.[1148] Als Zugangskontroll-Chip für die hoch sensiblen und besonders schutzwürdigen Daten in der ePA ist ein solches unverschlüsseltes und ohne sichere Authentifizierung (Challenge-Response-Verfahren) arbeitendes, einfaches read-only-Tag[1149] nicht geeignet.

Wenn IKT-Implantate schon rudimentäre Sicherheitsfunktionen vermissen lassen, ist einem Missbrauch Tür und Tor geöffnet. Während auch eine hohe technische Sicherheit ein unbefugtes Eindringen und Auslesen oder Verändern der Daten nicht mit letzter Sicherheit verhindern kann, kann eine Technik ohne Sicherheitsvorkehrungen, die es jedermann ohne Spezialwissen und Spezialfähigkeiten erlaubt, sie zu missbrauchen, nur als gefährlich angesehen werden.

1145 Enquete-Kommission Zukunft der Medien in Wirtschaft und Gesellschaft - Deutschlands Weg in die Informationsgesellschaft (Hrsg.), BT-Drs. 13/11002, 49.

1146 *Westhues*, Demo: Cloning a VeriChip, http://cq.cx/verichip.pl; ebenso der RFID-Experte *Simson Garfinkel*, vgl. *Schüler*, c't 5/2006, 64.

1147 *Westhues*, Demo: Cloning a VeriChip, http://cq.cx/verichip.pl.

1148 *Westhues*, Demo: Cloning a VeriChip, http://cq.cx/verichip.pl.

1149 *BSI; Bundesamt für Sicherheit in der Informationstechnik*, Risiken und Chancen des Einsatzes von RFID-Systemen, 17.

3.5.5.3. Risiko: einfacher Zugriff auf große Datenmengen

Risiken ergeben sich nicht nur aufgrund der unsicheren Technikgestaltung von eGK, ePA und beispielsweise dem VeriChip. Heute sind Hackerangriffe und Einbrüche in Arztpraxen noch vergleichsweise harmlos, da nur die Patientendaten eines Arztes erbeutet werden können. Diese Daten ermöglichen weder den Zugriff auf die gesamte Krankengeschichte eines Menschen, geschweige denn einer Vielzahl von Menschen. Um nur annähernd die ganze Krankengeschichte einer Person rekonstruieren zu können, sind derzeit nicht nur ein erheblicher und vor allem kostenintensiver Aufwand und viel kriminelle Energie erforderlich. Benötigt werden zudem auch detaillierte Kenntnisse über die behandelnden Ärzte in den verschiedenen Lebensphasen. Diese wechseln jedoch in der Regel aufgrund von Umzügen oder anderen Veränderungen der Lebensumstände im Laufe des Lebens. Damit ist es heute faktisch unmöglich, mit vertretbarem Aufwand ein vollständiges Bild über die Krankengeschichte eines Menschen zu erhalten.

All dies ändert sich, sobald die Daten einer Person von der Wiege bis zur Bahre mit einem einzigen Zugriff elektronisch abrufbar sind. Anders als bei der Papierkartei oder der nur bei einem Arzt angelegten ePA, trägt der Mensch künftig den Zugriffscode in der Tasche oder als Implantat im Körper und damit seine gesamte Krankengeschichte bei sich. Wer es schafft, sich diesen Schlüssel anzueignen, kann die Daten seines Besitzers beliebig auslesen und verändern, wenn nicht geeignete weitere Sicherheitsmechanismen vorgesehen sind. Bei Einbrüchen in die dahinter liegenden Datenbanksysteme werden nicht nur die Daten eines Menschen, sondern von nahezu allen Menschen in Deutschland, Europa und darüber hinaus auf einfachste Weise für Unbefugte zugänglich.

3.5.5.4. Risiko: Profilbildung zur Risikoselektion

Die Befürchtung, dass Daten in einem derart sensiblen Bereich lückenlos aufgezeichnet, dokumentiert und für viele Auswertungen zur Verfügung gestellt werden,[1150] ist teilweise schon Realität geworden. Die Datenbestände in den Rechenzentren von Kliniken, medizinischen Dienstleistern, ärztlichen Abrechnungsstellen und bei Krankenversicherungen wachsen stetig an. Technisch ist es längst möglich, in erheblichem Umfang Patientendaten zusammenzuführen und vollständige Gesundheitsprofile zu erstellen.[1151] Die *„Mobilität“* von personenbezogenen Patientendaten hat sich mit den neuen Techniken der Datenverarbeitung und -übermittlung unvorstellbar erweitert.[1152] Dieser Effekt dürfte sich parallel zur weiteren Verbreitung der Gesundheitstelematik und von IKT-Implantaten und der zu-

[1150] Vgl. dazu *Heyers/Heyers*, MDR 2001, 1213 mwN.

[1151] Nach *Meier*, Der rechtliche Schutz patientenbezogener Gesundheitsdaten, 332 mwN ist dies sogar das Ziel der aktuellen Entwicklung. Mittels Data Mining lassen sich aus dem Einkaufsverhalten Betroffener zudem bereits umfangreiche gesundheitsbezogene Risikoprofile erstellen, wie die Transparenzprojekte der Krankenkassen zeigen, vgl. *Heyers/Heyers*, MDR 2001, 1213.

[1152] *Schreiber*, ZaeFQ 1999, 763.

nehmenden Vernetzung noch exponentiell verstärken. Solch umfangreiche Datenbestände schaffen jedoch die Voraussetzungen für eine Risikoselektion.[1153]

3.5.5.5. Risiko: Kollision von Patientenrechten mit dem medizinisch notwendigen unbeschränkten Zugriff auf die Daten

Sinn und Zweck der Einführung der eGK und der hierzu gespeicherten ePA ist es, Informationen nicht mehr nur beim einzelnen Arzt zu erheben und für dessen Zwecke zu speichern, sondern die Dokumentation der Diagnose und der Therapie grundsätzlich für sämtliche im Gesundheitssystem Mitwirkende zugänglich zu machen. Für Ärzte soll dies uneingeschränkt gelten. Sie sollen jederzeit auf die Daten zugreifen können.[1154] Aber auch medizinisches Hilfspersonal muss in der Lage sein, Verordnungen von Arzneimitteln abzurufen, um diese Arzneimittel anschließend den Patienten verabreichen zu können. Da in Krankenhäusern in der Regel im Schichtbetrieb gearbeitet wird, wechselt das Personal häufig. Oft wird im Laufe der Behandlung eine Vielzahl von Spezialisten hinzugezogen. Damit ist der Kreis derer, die auf die Daten zugreifen (müssen), beachtlich. Insbesondere in Notfällen müssen Ärzte und Rettungssanitäter von anderweitig erhobenen Befunden und Vorerkrankungen, Allergien, festgestellten Medikamentenunverträglichkeiten oder Wechselwirkungen mit anderen verordneten Medikamenten schnell Kenntnis erlangen, um ihre Patienten entsprechend richtig behandeln zu können. Für die optimale medizinische Versorgung ist es damit unerlässlich, einer nicht überschaubaren und nicht im Detail vorhersehbaren Vielzahl von Ärzten und in gewissem Umfang auch den Krankenschwestern und -pflegern den uneingeschränkten Zugriff auf zahlreiche Patientendaten zu ermöglichen.

Allerdings hat der Patient, dessen Krankengeschichte womöglich von Geburt an aufgezeichnet wurde, unter Umständen legitime Gründe, warum er nicht in jedem Falle jedem beliebigen im Gesundheitssystem Mitwirkenden sämtliche Daten uneingeschränkt zur Verfügung stellen möchte.[1155] So muss es einem Patienten möglich sein, eine unabhängige Zweitmeinung einzuholen – weshalb auch die Musterberufsordnung für Ärzte dies explizit vorsieht.[1156] Dies erfordert aber, dass der zweite Facharzt die Untersuchungsergebnisse und Diagnose des ersten Facharztes nicht kennt.[1157] Ebenso muss sichergestellt sein, dass ein Betriebsarzt bei der Einstellungsuntersuchung nicht die gesamte Patientendoku-

---

1153 *Vetter*, Chancen und Risiken zentralisierter Patienten-Datenbestände, 3; so kaufen in den USA beispielsweise Lebensversicherungsgesellschaften von Supermärkten Listen von Rauchern, vgl. *Baeriswyl*, RDV 2000, 9.

1154 *Borchers*, Elektronische Gesundheitskarte: Der letzte Check-up ist nicht in Sicht, http://www.heise.de/ct/hintergrund/meldung/74610 unter Verweis auf den *„Gesundheitsmonitor“* 2006 der Bertelsmann-Stiftung.

1155 *Vetter*, Chancen und Risiken zentralisierter Patienten-Datenbestände, 10f.

1156 Vgl. zu dem Recht auf eine unabhängige Zweitmeinung und dem Nutzen einer Zweitmeinung *Heier*, Vom Vorteil, eine zweite Meinung zu hören, FAZ v. 12.08.2008, http://www.faz.net/s/Rub7F74ED2FDF2B439794CC2D664921E7FF/Doc~E141124A65B194F30AEE84657275F4167~ATpl~Ecommon~Scontent.html; zur Regelung in der Musterberufsordnung für Ärzte (C. Grundsätze korrekter ärztlicher Berufsausübung), online abrufbar bei der Bundesärztekammer unter http://www.bundesaerztekammer.de/page.asp?his=1.100.1143.

1157 *Vetter*, Chancen und Risiken zentralisierter Patienten-Datenbestände, 10.

mentation einsehen darf.[1158] Unabhängig davon, ob derartige Aufzeichnungen Krankheiten, Leiden oder Beschwerden verraten, deren Offenbarung den Betroffenen mit dem Verdacht einer Straftat belastet, ihm in anderer Hinsicht peinlich oder seiner sozialen Geltung abträglich ist, verdient der Wille des Einzelnen Achtung, so höchstpersönliche Dinge wie die Beurteilung seines Gesundheitszustandes durch einen Arzt vor fremdem Einblick zu bewahren.[1159] Auch künftig muss der Patient entscheiden können, ob beispielsweise der Zahnarzt ungefragt in die Unterlagen des Urologen schauen darf.[1160]

Fraglich ist, ob und wie dieser Interessenskonflikt gelöst werden kann. Unzureichend wäre die Möglichkeit, Daten nur ganz sperren oder freigeben zu können, da hierdurch ein faktischer Zwang zur Offenbarung aller Daten bewirkt würde.[1161] Soll grundsätzlich nur der Hausarzt des Vertrauens über sämtliche Daten von Fachärzten verfügen, zugleich aber einzelne Fachärzte untereinander keinen Zugriff auf die Daten ihrer Kollegen anderer Fachrichtungen erhalten, erfordert dies ein detailliertes Profil. Wenn nun aus einem bestimmten Grund doch ein Arzt gleicher Fachrichtung auf die Daten des vorbehandelnden Kollegen zugreifen können soll, muss auch dies realisierbar sein. Trotzdem muss gewährleistet bleiben, dass nicht jeder Facharzt die Daten von Kollegen gleicher Fachrichtung einsehen kann. Sollen in Notfällen sämtliche Daten verfügbar sein, steigt die Komplexität weiter.

Bislang ist sichergestellt, dass überwiegend nur Berechtigte auf Informationen im Rahmen der medizinischen Behandlung zugreifen können und diesen – je nach Behandlungssituation – nur bestimmte Informationen zur Verfügung gestellt werden, die weitergegeben werden können.[1162] Der Patient ist noch weitgehend Herr seiner Daten. Daran darf die Einführung von IKT-Implantaten, von Telematikanwendungen und der eGK nichts ändern. Insbesondere darf sie nicht zu einer rechtlichen oder faktischen Verschlechterung der Patientenrechte führen. Voraussetzung für den Einsatz vertrauenswürdiger ePAs sind also äußerst differenzierte, abgestufte Mechanismen zur Wahrung des Datenschutzes der Beteiligten.[1163] Differenzierte Zugriffsberechtigungen lassen sich jedoch technisch nur schwer realisieren und würden den durchschnittlichen Kartenbenutzer wohl überfordern.[1164]

Auch wenn der Patient für jeden Einzelfall steuern und festlegen können muss, auf welche Informationen bestimmte Gruppen oder Einzelpersonen zugreifen dürfen, müssen derart erstellte Profile alltagstauglich bleiben. Denn allzu restriktive Profile können schaden: Zwar

---

1158 *Meier*, Der rechtliche Schutz patientenbezogener Gesundheitsdaten, 332f; gleiches hält *Weichert*, DuD 1997, 274 auch generell für den Arbeitgeber für erforderlich, beispielsweise, wenn eine Karte multifunktional genutzt wird, z. B. auch als Betriebsausweis oder in der Kantine.

1159 BVerfGE 32, 373 (380) – *Ärztekartei* unter Verweis auf BGHZ 24, 72, 81.

1160 *Müller*, Bundesgesundheitsbl 2005, 630; *Vetter*, Chancen und Risiken zentralisierter Patienten-Datenbestände, 10f.

1161 *Müller*, Bundesgesundheitsbl 2005, 631.

1162 *Müller*, Bundesgesundheitsbl 2005 , 631; *Haas*, Bundesgesundheitsbl 2005, 776.

1163 *Mand*, MedR 2003, 397; *Vetter*, Chancen und Risiken zentralisierter Patienten-Datenbestände, 11; *Weichert*, DuD 1997, 274.

1164 *Weichert*, DuD 1997, 274.

ist die überwiegende Mehrheit der Patienten bereit, ihre Daten im Notfall preis zu geben. Aber die Frage, wann denn ein Notfall vorliegt und wer darüber entscheidet, bereitet erhebliche Probleme. Solange ein Patient noch bei Bewusstsein ist, kann dieser selber entscheiden. Spätestens im Fall der Bewusstlosigkeit muss das Urteil unabhängig von einer Mitwirkung des Patienten zu diesem Zeitpunkt gefällt werden können. Will man den Willen des Patienten auch in diesen Situationen berücksichtigen, muss es einen Weg geben, dass der Patient im Vorfeld bestimmte Zugriffsmuster definiert.

So könnten beispielsweise Rettungssanitäter und Notärzte im Dienst Heilberufeausweise mit sich führen, in denen spezielle *„Notfallberechtigungen“* gespeichert sind. Ein Zugriff außerhalb der Dienstzeit wäre damit weitgehend unterbunden. Während der Dienstzeit bliebe ein Missbrauch jedoch möglich, denn nicht immer, wenn ein Rettungssanitäter *„im Dienst“* ist, muss auch ein medizinischer Notfall vorliegen. Fraglich bleibt auch, wie man in Fällen verfährt, in denen kein Rettungsdienst vor Ort, aber zufällig ein Arzt anwesend ist. Wie sollte in diesem Fall ein bewusstloser Patient diesem, ihm wohlmöglich unbekannten Arzt die Einwilligung hierzu erteilen? Für solche Fälle wäre ein ungehinderter Zugriff sinnvoll – der dann allerdings auch in allen anderen Situationen ungehindert erfolgen könnte. In gewissem Rahmen werden die in einer HPC gespeicherten Zugriffsrechte daher immer auch über den konkret erforderlichen Umfang hinaus den Zugriff auf die Daten des Patienten ermöglichen.[1165] Ein entsprechendes Missbrauchsrisiko geht damit einher.

Zur Durchsetzung und Konkretisierung der Schutzrechte der Patienten bedarf es unter den veränderten technischen Bedingungen neuer datenschutzrechtlicher Konzepte.[1166] Dem Patienten muss das Recht der vollständigen Einsichtnahme, der notwendigen Ergänzung oder der Löschung bzw. Sperrung von Daten eingeräumt sein, soweit dies nicht durch zwingende, vorrangige Gemeinwohlinteressen gesetzlich ausgeschlossen ist.[1167] Trotzdem wird die Freiheit des Patienten, mit seinen Daten so zu verfahren wie er will, nicht schrankenlos sein, da es den Ärzten möglich sein muss, ihren medizinischen Dokumentationspflichten ordnungsgemäß nachzukommen. Die Dokumentation ist nur verlässlich, wenn sie die Grundprinzipien einer ordnungsgemäßen medizinischen Dokumentation erfüllt. Dazu muss sie vollständig, sachgerecht, zeitnah und integer sein.[1168] Integrität bedeutet, dass die Daten zutreffend wiedergeben, was der für die Richtigkeit verantwortliche Verfasser eingegeben hat.[1169] Erhobene, gespeicherte, übermittelte oder sonst verarbeitete Daten müssen während aller Phasen der Verarbeitung unversehrt, vollständig, gültig und widerspruchsfrei bleiben.[1170] Ideal wäre es, wenn nur richtige Daten (Befunde, Diag-

---

1165 So auch *Meier*, Der rechtliche Schutz patientenbezogener Gesundheitsdaten, 336.

1166 *Müller*, Bundesgesundheitsbl 2005, 629.

1167 *Weichert*, DuD 1997, 275 mwN; In diesem Sinne auch *Müller*, Bundesgesundheitsbl 2005, 630.

1168 *Haas*, Bundesgesundheitsbl 2005, 774.

1169 *Heyers/Heyers*, MDR 2001,1211 mwN.

1170 *Müller*, Bundesgesundheitsbl 2005, 633 ; *Bultmann/Welbrock/Biermann et al.* in Konferenz der Datenschutzbeauftragten des Bundes und der Länder, Konferenz der Datenschutzbeauftragten - Datenschutz und Telemedizin 10/2002, 11.

nosen, etc) zu einem Patienten gespeichert würden. Hierauf hat die Gesundheitstelematik aber nur begrenzten Einfluss. Unbedingt sichergestellt sein muss jedoch, dass zumindest die einmal eingegebenen oder automatisch aufgezeichneten Daten nicht nachträglich verfälscht werden.[1171] Eine effiziente Gesundheitstelematik, die die von ihr erhoffte Verbesserung der Versorgung zu geringeren Kosten bringen soll, kann nur erreicht werden, wenn die zugrunde liegende einrichtungsübergreifende ePA für das medizinische Handeln des Arztes verlässlich ist.[1172] Verfälschte oder unvollständige Daten können sich nachteilig auf die Versorgung auswirken und unter Umständen sogar lebensbedrohliche Folgen haben,[1173] z. B. könnten falsche Befunde zu einer falschen Diagnose und verfälschte Diagnosen zu falschen Behandlungen führen. Neben den nachteiligen Auswirkungen auf den Patienten ist dies mit rechtlichen Konsequenzen für den Mediziner verbunden[1174] sowie mit Effizienzverlusten im Gesundheitswesen, etwa wenn hierdurch vermeidbare Doppeluntersuchungen notwendig werden.[1175]

Um Schäden am Patienten und Haftungsrisiken der Ärzte zu vermeiden, muss bei dem Einsatz von Gesundheitstelematik sichergestellt werden, dass Daten zweifelsfrei auch dem jeweiligen Patienten zugeordnet werden können.[1176] Wurden Daten beispielsweise nicht signiert übertragen und ist damit der Absender nicht zweifelsfrei identifizierbar oder ist die Integrität der erhaltenen Daten zweifelhaft, dürfen diese Daten nicht zur Grundlage einer ärztlichen Entscheidung gemacht werden.[1177] IKT-Implantate könnten dabei die Zuordnung der Messdaten zu dem jeweiligen Patienten erleichtern und menschliche Fehler bei der Zuordnung vermeiden.

Wenn der Patient das Recht und die Möglichkeit hat, einzelne Teile der Dokumentation phasenweise zu sperren, zu löschen bzw. gar nicht erst in der ePA speichern zu lassen, entsteht eine Dokumentation, die weder die Integrität noch die Vollständigkeit wahrt und deren Relevanz und Verlässlichkeit für jeden behandelnden Arzt höchst zweifelhaft ist.[1178] Während somit eine erzwungene Vollständigkeit der Dokumentation den Patienten verunsichern kann (*„Was weiß der Arzt über mich?“, „Ich möchte etwas geheim halten“*), birgt eine aus der informationellen Selbstbestimmung resultierende Unvollständigkeit bis hin zur

---

1171 *Schmidt* in Dierks/Feussner/Wienke, Datensicherheit, 101: *Haas*, Bundesgesundheitsbl 2005, 775.

1172 *Haas*, Bundesgesundheitsbl 2005, 774.

1173 *Bultmann/Welbrock/Biermann et al.* in Konferenz der Datenschutzbeauftragten des Bundes und der Länder, Konferenz der Datenschutzbeauftragten - Datenschutz und Telemedizin 10/2002, 11; *Haas*, Bundesgesundheitsbl 2005, 772.

1174 *Bultmann/Welbrock/Biermann et al.* in Konferenz der Datenschutzbeauftragten des Bundes und der Länder, Konferenz der Datenschutzbeauftragten - Datenschutz und Telemedizin 10/2002, 11; *Mand*, MedR 2003, 397.

1175 *Mand*, MedR 2003, 397; *Meier*, Der rechtliche Schutz patientenbezogener Gesundheitsdaten, 331.

1176 *Heyers/Heyers*, MDR 2001, 1215; zu den Anforderungen an Revisionsfähigkeit, Validität, Rechtssicherheit und Authentizität vgl. auch *Bultmann/Welbrock/Biermann et al.* in Konferenz der Datenschutzbeauftragten des Bundes und der Länder, Konferenz der Datenschutzbeauftragten - Datenschutz und Telemedizin 10/2002, 12f.

1177 *Heyers/Heyers*, MDR 2001, 1211f; ebenso *Bultmann/Welbrock/Biermann et al.* in Konferenz der Datenschutzbeauftragten des Bundes und der Länder, Konferenz der Datenschutzbeauftragten - Datenschutz und Telemedizin 10/2002, 11, welche die rechtlichen Konsequenzen dieses Verhaltens betont.

1178 *Haas*, Bundesgesundheitsbl 2005, 774.

Unbrauchbarkeit unwägbare Risiken für den Arzt („*Was wird mir bewusst verschwiegen?*", „*Welchen Vollständigkeitsgrad hat die Dokumentation?*", „*Wie gehe ich damit um?*").[1179]

Angesichts der wachsenden Missbrauchsmöglichkeiten und der Möglichkeiten, auch an zulässige Nutzungen von Daten negative Konsequenzen für den Betroffenen zu knüpfen (wie beispielsweise einen Risikozuschlag für Versicherungen) kommt der Vertraulichkeit der Gesundheitsdaten daher allerhöchste Bedeutung zu. Ohne ein Vertrauen des Patienten in die Einhaltung der ärztlichen Schweigepflicht dürfte eine kooperative Lösung zum Scheitern verurteilt sein. Die Sicherstellung der Vertraulichkeit erfordert jedoch die Möglichkeit, einzelne Daten vor dem jeweiligen Arzt oder Apotheker zu verbergen. Dies bedeutet daher zugleich, dass die Vollständigkeit und Integrität der Daten aus dessen Sicht abnehmen wird. Will man jedoch – gerade zur Kostenreduzierung im Gesundheitswesen – Doppeluntersuchungen reduzieren, muss die Integrität gegenüber der Vertraulichkeit übergewichtet werden. Dies wiederum hätte erhebliche Risiken für die informationelle Selbstbestimmung der Patienten zur Folge.

Dem zentralen Grundgedanken des deutschen Gesundheitswesens von einem aufgeklärten, selbstbestimmten Patienten stehen insoweit sich widersprechende, zur Ausschöpfung des Potentials der ePA erforderliche elementarere Grundprinzipien jeder medizinischen Dokumentation entgegen. Eine Lösung dieses Zielkonflikts wird – wenn überhaupt – nur durch kooperative Zusammenarbeit der Patienten und Ärzte für lösbar gehalten.[1180]

3.5.5.6. Risiko: zunehmende Begehrlichkeiten an Gesundheitsdaten und Verlust der Verfügungsbefugnis

Auch wenn die Gesundheitstelematik momentan noch ausdrücklich dem Zweck der besseren Versorgung der Patienten dient, erfolgt deren Einführung doch mit dem erklärten Ziel, hierdurch Kosten im Gesundheitssystem einzusparen. Zwar sollen diese Einsparungen teilweise zugleich eine Ausweitung der Versorgung bewirken und somit mehr Patienten als bisher eine intensive(re) Behandlung ermöglichen. Absehbar ist jedoch, dass die entstehenden Datensammlungen erhebliche Begehrlichkeiten bei den Kostenträgern und der Politik wecken werden.[1181] Denn der moderne Rechts- und Sozialstaat benötigt in großem Umfang personenbezogene Daten, um seine vielfältigen Aufgaben fachlich richtig und gerecht erfüllen zu können.[1182] Angesichts der auch im Gesundheitswesen immer knapper werdenden öffentlichen Mittel wäre es nur eine logische Folge, wenn die verfügbaren Daten neben der betriebswirtschaftlichen Planung und Steuerung sowie Gesundheitssystemplanung z. B. auch bei der Frage der Bewilligung von Leistungen wie speziellen Therapien, Heil- und Rehabilitationsbehandlungen, Kuren und Versicherungsvertragsabschlüs-

1179 Beispiele nach *Haas*, Bundesgesundheitsbl 2005, 774.

1180 *Haas*, Bundesgesundheitsbl 2005, 774.

1181 *Haas*, Bundesgesundheitsbl 2005, 777; *Vetter*, Chancen und Risiken zentralisierter Patienten-Datenbestände, 3.

1182 *Müller*, Bundesgesundheitsbl 2005, 629.

sen herangezogen werden dürften.[1183] Wenn derart umfangreiche Datenbestände erst einmal existieren, werden Begehrlichkeiten wachsen.[1184]

Denkbar ist beispielsweise, dass Versicherungen künftig derartige Daten von ihren Versicherten zur Kostenreduzierung einfordern. Sie könnten den Abschluss von Versicherungsverträgen bzw. die Bewilligung von Leistungsanträgen für spezielle Therapien, Heil- und Rehabilitationsbehandlungen sowie Kuren davon abhängig machen, dass die behandelnden Einrichtungen den Versicherungen zuvor ihre Daten offen legen.[1185] Im ärztlichen Alltag kommt es bereits heute nahezu täglich vor, dass Krankenkassen detaillierte Auskünfte über die Erkrankungen von Patienten anfordern. Die Ärzte übermitteln diese schützenswerten Informationen sodann häufig ohne die erforderliche gesetzliche Ermächtigung bzw. ohne Einwilligung des Patienten.[1186] Entsprechende pauschale Einwilligungsklauseln in Lebensversicherungs- und privaten Krankenversicherungsverträgen belegen bereits heute die Datensammelwut und Offenbarungsforderungen in diesem Bereich.[1187] Warum sollten also die gesetzlichen Krankenkassen in Zeiten stetig steigender Kosten nicht ebenfalls ähnliche Regelungen einführen?[1188] Ob die Einwilligung bereits heute *„freiwillig"* erteilt wird, wenn diese Bedingung für den Abschluss des Versicherungsvertrags ist und deren Verweigerung diesen Vertragsschluss verhindert, ist zu bezweifeln.[1189] Wenn jedoch in der gesetzlichen Krankenversicherung aufgrund des hohen Finanzdrucks vergleichbare Regelungen gar in Gesetzesform erlassen werden, droht der Patient seine Verfügungsbefugnis – auch über bereits gespeicherte Daten – gänzlich zu verlieren.

3.5.5.7. Risiko: Kenntnis von Standortdaten bei LBS-Implantaten

IKT-Implantate, welche ihren Träger auf Schritt und Tritt überwachen und Messwerte an medizinische Dienstleister und Ärzte funken, ermöglichen Langzeitaufzeichnungen und Messergebnisse in einem nie dagewesenen Umfang. Aber auch Implantate, welche keinem medizinischen Zweck dienen, bergen Risiken im Bereich der Medizin. Bei Implantaten mit Ortungsfunktion (Location Based Services, LBS) kann festgestellt werden, wer sich zu welchem Zeitpunkt an welchem Ort aufhält – und damit natürlich auch, dass jemand einen bestimmten Arzt aufsucht. Das Arztgeheimnis umfasst jedoch nicht nur Diagnosen und Therapien, sondern bereits die Tatsache des Arztbesuches selbst.[1190] Auch die Infor-

1183 *Haas*, Bundesgesundheitsbl 2005, 777.

1184 So auch *Vetter*, Chancen und Risiken zentralisierter Patienten-Datenbestände, 3f; so allgemein zu Data-Mining Anwendungen mit der natürlichen Tendenz der Verarbeiter, zur Erzielung besserer Ergebnisse auf immer größere Datenbestände zugreifen zu wollen *Garfinkel*, SciAm 9/2008, 65.

1185 *Haas*, Bundesgesundheitsbl 2005, 777.

1186 Vgl. BSG RDV 2003, 29; *Heyers/Heyers*, MDR 2001, 1211.

1187 Vgl. zu deren datenschutzrechtlicher Unzulässigkeit *Vetter*, ZaeFQ 2001, 663; zu den hiergegen bestehenden Bedenken ebenfalls *Schreiber*, ZaeFQ 1999, 764.

1188 *Haas*, Bundesgesundheitsbl 2005, 777.

1189 Ebenso *Haas*, Bundesgesundheitsbl 2005, 777; verneinend auch *Vetter*, Chancen und Risiken zentralisierter Patienten-Datenbestände , 2.

1190 *Vetter*, ZaeFQ 2001, 662.

mation über einen Arztbesuch ist ein sensibles Datum.[1191] Denn der (wohlmöglich gar regelmäßige) Besuch beispielsweise eines Psychiaters kann eine für den Arbeitgeber oder eine Versicherung höchst interessante Information sein. Mittels Datenauswertung via Data Mining und Profilbildung lassen sich hierdurch risikorelevante Informationen ermitteln, welche sich in verschlechterten Bedingungen oder gar einer Ablehnung des Versicherungsantrags oder einer Kündigung äußern können. Allein die Kenntnis des Arztbesuchs kann sich demnach für den Betroffenen negativ auswirken.

Sofern die von den IKT-Implantaten gesammelten Daten nicht weitergegeben werden und zweckgebunden allein zur Förderung der Gesundheit des Patienten eingesetzt werden, entsteht hieraus im Regelfall auch kein Konflikt mit den Interessen des Patienten. Wenn jedoch Dritte auf diese Daten zugreifen und hieran Schlussfolgerungen knüpfen und Entscheidungen treffen, können Patienten ein teilweise sehr großes Interesse daran haben, zumindest bestimmte Teile ihrer Krankenakte, insbesondere relevante Vorerkrankungen, nur teilweise oder gar nicht offen zu legen.[1192] Heftig kritisiert[1193] wird daher bereits die zum 01. Juli 2008 erfolgte Pflegereform, bei welcher die Vorschrift des § 294 a Sozialgesetzbuch (SGB) V mit geändert wurde. Dieser sieht nunmehr vor, dass Versicherte an den Krankheitskosten beteiligt werden können, die durch Behandlungen nach misslungenen Schönheitsoperationen, Piercings oder Tätowierungen entstehen. Hierzu sind Ärzte und Krankenhäuser verpflichtet, entsprechende Fälle den gesetzlichen Krankenkassen zu melden. Ärztevertreter sehen hierin einen *„Frontalangriff auf die ärztliche Schweigepflicht"*. Wenn behandelnde Ärzte missglückte Schönheitsoperationen oder Piercings melden müssten, sei das Vertrauensverhältnis zwischen Arzt und Patient gefährdet.[1194] Dieses ist jedoch erforderlich, damit Patienten sämtliche relevanten Tatsachen rückhaltlos gegenüber dem Arzt offen legen, ohne Sorge vor einer Weitergabe der Daten über die Krankheit und eine Beeinträchtigung durch Dritte als deren Folge.[1195]

Da jedoch zahlreiche IKT-Implantate und Gesundheitstelematikanwendungen zur Übertragung der von ihnen ermittelten Messwerte auf öffentliche Netze (Telefon, Mobilfunk, Internet) zugreifen, fallen hierbei neben den – hoffentlich verschlüsselt übertragenen – Nutzdaten auch so genannte Verbindungsdaten (oder: Verkehrsdaten) an. Verbindungsdaten sind dabei unter anderem[1196] die Fernmeldekontonummer (Nummer des anrufenden Anschlusses), die Kennung des anrufenden Teilnehmers, die Zielrufnummer und Kennung des angerufenen Teilnehmers, bei mobilen Anschlüssen auch die Standortdaten (Funkzelle oder andere Lokalisationsinformation), Datum und Uhrzeit des Beginns und des Endes

---

1191 *Weichert*, DuD 1997, 269.
1192 *Vetter*, Chancen und Risiken zentralisierter Patienten-Datenbestände, 3f.
1193 *dpa/chy*, ÄP Dermatologie/Allergologie 2008, 50.
1194 So der Vorsitzende des NAV-Virchow-Bundes, Dr. Klaus Bittmann, in *dpa/chy*, ÄP Dermatologie/Allergologie 2008, 50.
1195 BVerfGE 32, 373 (380) – *Ärztekartei*; *Schreiber*, ZaeFQ 1999, 762; *Müller*, Bundesgesundheitsbl 2005, 633.
1196 Vgl. § 96 TKG, welcher Verkehrsdaten/Verbindungsdaten zwar nicht definiert, jedoch dem Diensteanbieter gestatte, *„folgende Verkehrsdaten (zu) erheben und verwenden"*.

der Verbindung, Gesprächsdauer und die übermittelten Datenmengen sowie den vom Nutzer in Anspruch genommenen Telekommunikationsdienst (Sprache, Daten, Fax, ...).

Es ist Ausfluss der informationellen Selbstbestimmung jedes Patienten, selbst darüber entscheiden zu können, welche Daten in seiner elektronischen Patientenkarte gespeichert sein sollen und wer hierauf zugreifen darf.[1197] Wenn jedoch Daten durch ein IKT-Implantat an den Arzt übermittelt werden, kann allein anhand der Verbindungsdaten recherchiert werden, dass der Implantatträger bei dem Empfänger in Behandlung ist. Wenn Vorgänge des täglichen Lebens, welche bislang frei von (öffentlicher) Datenspeicherung blieben und gegenüber Dritten (überwiegend) anonym erfolgten, durch eine Einbindung elektronischer Medien und Kommunikationsmittel nunmehr in elektronischen Netzen stattfinden, kann dies zu einer Aushöhlung des Datenschutzes führen. Schon die Verwendung einer eGK, deren Daten zur Überprüfung der Karte oder zum Abruf der ePA über öffentliche Netze geschickt werden, würden zu Verbindungsdaten führen.[1198] Gleiches gilt hinsichtlich von jeglichen Gesundheitstelematikanwendungen und IKT-Implantaten, welche ihre Messdaten, Standortdaten u. ä. über öffentliche Netze transportieren. Grundsätzlich droht eine Erfassung zumindest der zugehörigen Bestandsdaten auch dieser Kommunikationsvorgänge. Wenn aufgrund von überschießenden Vorgaben des Gesetzgebers im Rahmen der Vorratsdatenspeicherung den Sicherheitsbehörden Befugnisse eingeräumt werden, die dazu führen, dass Krankenhäuser und andere Gesundheitsdaten verarbeitenden Stellen befugt oder verpflichtet wären, ihre Bestandsdaten den Sicherheitsbehörden zugänglich zu machen, droht ein Konflikt mit dem Arztgeheimnis.[1199]

Daher sieht der Bundesbeauftragte für den Datenschutz, *Schaar,* durch die Vorratsdatenspeicherung von Verkehrsdaten Gefahren für die informationelle Selbstbestimmung der Patienten. Eine Vorratsdatenspeicherung von Daten bei Arztbesuchen, welche den Sicherheitsbehörden anschließend zur Verfügung stünde, ist daher zu vermeiden.[1200] Bei einer Anwendung der Vorratsdatenspeicherung auch auf medizinische Datenübertragungsvorgänge muss – neben der zwingend erforderlichen Verschlüsselung und Signatur –über eine zusätzliche Verschleierung der Identität von Absender und Empfänger während der Übermittlung dieser besonders sensiblen Daten nachgedacht werden.[1201] Gerade bei IKT-Implantaten, welche beispielsweise im Bereich des Home-Monitorings Meldungen an den überwachenden Arzt schicken, bestünde andernfalls kaum eine Möglichkeit, dies vor dem Netzbetreiber und vor dem Zugriff Dritter geheim zu halten.

1197 *Schaar*, RDV 2006, 4; *Müller*, Bundesgesundheitsbl 2005, 631; *Haas*, Bundesgesundheitsbl 2005, 774.

1198 *Schaar*, RDV 2006, 3.

1199 *Dierks*, zitiert nach *Kienzle*, ZaeFQ 1999, 794.

1200 *Schaar*, RDV 2006, 3.

1201 *Garstka*, ZaeFQ 1999, 783; zu dieser Überlegung auch *Meier*, Der rechtliche Schutz patientenbezogener Gesundheitsdaten, 326.

3.5.5.8. Risiko: Überflutung mit irrelevanten Daten

Im Rahmen der bisherigen medizinischen Versorgung waren Patienten außerhalb der Telemedizin zu wenig informiert, um Behandlungsmaßnahmen so zu unterstützen, wie es für einen bestmöglichen Behandlungserfolg erforderlich gewesen wäre.[1202] Die Folgen mangelnder Mitarbeit („*Compliance*") des Patienten wurden im Jahr 1996 auf 4,4% der gesamten Ausgaben für Leistungen der gesetzlichen Krankenversicherung geschätzt.[1203] Zudem sind unzureichend aufgeklärte Patienten nicht in der Lage, selbstbestimmt unter mehreren Optionen die für sie beste bzw. in Frage kommende zu wählen. Sie mussten die Entscheidung anderen überlassen.[1204]

Diese Mängel sollen durch die Telemedizin behoben werden. Jedoch birgt die Telemedizin zugleich die Gefahr einer Überflutung mit Gesundheitsinformationen.[1205] Infolgedessen könnten die Patienten auch gegenüber wichtigen Themen unsensibel werden.[1206] Auch dürfte mittels der Telemedizin nur ein Teil der Compliance-Problematik gelöst werden: Denn Implantate können zwar genauere und regelmäßigere Messungen vornehmen als ungeschulte, vergessliche oder desinteressierte Patienten. Ebenso wird die erforderliche Mitwirkung des Patienten auf ein Minimum reduziert, wenn beispielsweise die Medikamentengabe durch das Implantat oder die Messung automatisiert in den vorgegebenen Abständen erfolgt. Ob jedoch alle sozialen Schichten und Altersgruppen, vor allem ältere, wenig mit der Technik vertraute, geistig verwirrte oder wenig gebildete Menschen hierbei so gut aufgeklärt werden, dass ihnen die zur Auswahl stehenden Behandlungsoptionen tatsächlich eine Wahl lassen, ist zweifelhaft. Gerade bei Nicht-Fachleuten dürfte die Neigung, die Behandlung komplett einem Fachmann zu überlassen, bei dieser kompliziert zu überschauenden Technik sogar zunehmen.

Auch die Tatsache, dass Informationen und Dokumente leichter in die ePA aufgenommen und kommuniziert werden können, kann zu einem unnötigen Informationsaufkommen führen. Denn in der Regel werden die Daten undifferenziert, also unabhängig davon, ob sie von langfristiger Relevanz sind oder nicht, übermittelt und in die Akte aufgenommen.[1207] Wenn angesichts dieser Datenfülle schon der Fachmann Schwierigkeiten hat, Wichtiges

1202 *Bahlo* in Dierks/Feussner/Wienke, Telemedizin - Chancen und Risiken aus Sicht des Patienten, 128.
1203 *Bahlo* in Dierks/Feussner/Wienke, Telemedizin - Chancen und Risiken aus Sicht des Patienten, 129 mwN.
1204 *Bahlo* in Dierks/Feussner/Wienke, Telemedizin - Chancen und Risiken aus Sicht des Patienten, 128.
1205 *Bahlo* in Dierks/Feussner/Wienke, Telemedizin - Chancen und Risiken aus Sicht des Patienten, 130.
1206 *Bahlo* in Dierks/Feussner/Wienke, Telemedizin - Chancen und Risiken aus Sicht des Patienten, 130.
1207 *Haas*, Bundesgesundheitsbl 2005, 772.

vom Unwichtigen zu trennen, kann für den Patienten die Ausübung seiner informationellen Selbstbestimmung nicht mehr gewährleistet werden.[1208]

[1208] *Haas*, Bundesgesundheitsbl 2005, 772.

4 Grundlagen des Schutzes personenbezogener Daten durch geltendes Recht

Mit der Digitalisierung der Telekommunikation ist die weltweite Vernetzung von staatlichen Einrichtungen, Wirtschaftsunternehmen und Privatpersonen möglich geworden. Die wirtschaftlichen Verflechtungen und die Erfordernisse eines *„transborder-data-flows“* lassen geographische und organisatorische Grenzen verschwinden und schaffen grenzüberschreitende Probleme.[1209] Eine nationale Rechtsordnung kann in der globalisierten Welt nicht mehr alleine die Datenverarbeitung regeln. Datenschutz ist daher nicht nur Gegenstand von nationalen, sondern auch von internationalen (OECD, Vereinte Nationen, Europarat) und supranationalen Regelungen (EU).[1210] Folglich beruhen die Änderungen der vergangenen Jahre im deutschen Datenschutzrecht zu einem großen Teil auf Harmonisierungsbestrebungen der Europäischen Union und anderer Organisationen.[1211] Nachfolgend werden daher zunächst die Entwicklung und wesentliche Inhalte auf inter- und supranationaler Ebene nachgezeichnet. Anschließend wird auf verfassungsrechtliche Vorgaben sowohl zum Schutz personenbezogener Daten, als auch zum Schutz der Interessen der Verarbeiter solcher Daten eingegangen.

4.1 *Internationaler und supranationaler Rechtsrahmen beim Einsatz von IKT-Implantaten*

4.1.1 Internationale Regelungen

International ist es bisher vor allem dem Europarat, der Organisation für wirtschaftliche Zusammenarbeit und Entwicklung (OECD) und den Vereinten Nationen (UN) gelungen, Standards im Bereich des Datenschutzes festzuschreiben.

4.1.1.1. Europarat

Keine internationale Organisation hat die Entwicklung der Menschenrechte und insbesondere die des Menschenrechts auf Datenschutz so nachhaltig beeinflusst, wie der Europarat.[1212] Zielsetzung des Europarates ist die Schaffung eines effizienten Menschenrechtsschutzes auf der Grundlage der Europäischen Menschenrechtskonvention (EMRK) vom 4. November 1950 und deren Zusatzprotokollen. Dem Europarat stehen hierzu allerdings keine Hoheitsrechte zu. Die in seinem Rahmen ausgearbeiteten Abkommen bedürfen daher der Unterzeichnung und ggf. der Ratifikation durch die Mitgliedstaaten.

4.1.1.1.1. Europäische Menschenrechtskonvention (EMRK)

1209 Gola/Schomerus, BDSG, E 4 mwN; Tinnefeld/Ehmann/Gerling, Datenschutzrecht, 97.
1210 Tinnefeld/Ehmann/Gerling, Datenschutzrecht, 97.
1211 *Scholz*, Datenschutz beim Internet-Einkauf, 113.
1212 *Simitis* in Simitis, BDSG, E 151,E 136ff; ebenso *Tinnefeld/Ehmann/Gerling*, Datenschutzrecht, 100.

Ansätze zu einem Schutz der Privatsphäre, der zur gemeinsamen Verfassungsüberlieferung der Mitgliedsstaaten gehört, lieferte die EMRK von 1950.[1213] Sie gehört zu den herausragenden völkerrechtlichen Verträgen und hat von allen internationalen Menschenrechtsinstrumenten am nachhaltigsten auf das europäische Recht eingewirkt.[1214]

Aufgrund von Art. 19 EMRK wurde der ständige Europäische Gerichtshof für Menschenrechte (EGMR) in Straßburg[1215] errichtet und damit zum ersten Mal ein effektiver Durchsetzungsmechanismus für den Schutz von Menschenrechten auf internationaler Ebene im Rahmen eines gerichtlichen Verfahrens geschaffen.[1216] Während der EMRK beispielsweise in Griechenland und Österreich Verfassungsrang zukommt, hat sie in Deutschland formell nur den Rang eines einfachen Gesetzes.[1217] Nach der Rechtsprechung des BVerfG[1218] müssen die Grundrechte aber sowohl im Einklang mit dem GG als auch mit der EMRK und der hierzu ergangenen Rechtsprechung des EGMR stehen. Daher kommt es im Ergebnis doch zu einem *„faktischen“* Vorrang der EMRK vor deutschem Recht.[1219] Auch die Europäische Gemeinschaft basiert auf dem geltenden Völkerrecht der Mitgliedsstaaten und mithin auch auf der EMRK. Die Grundrechte in der Charta der EU müssen daher zumindest dieselbe Bedeutung und Tragweite haben, wie jene der EMRK. Damit muss die Rechtsprechung nationaler Gerichte wie auch des Europäischen Gerichtshofs (EuGH) im Ergebnis der Rechtsprechung des EGMR folgen.[1220]

Art. 8 Abs. 1 EMRK gewährleistet den Anspruch eines Menschen auf Achtung seines Privatlebens, seines Familienlebens, seiner Wohnung und seines Briefverkehrs. Legitime Eingriffe seitens der Behörden sind nur unter den gesetzlich aufgelisteten Voraussetzungen zulässig (Art. 8 Abs. 2 EMRK). Dieses Menschenrecht kann daher als *„Urform“* des Rechts auf informationelle Selbstbestimmung angesehen werden,[1221] enthält aber keine Verpflichtung zum ausdrücklichen Schutz personenbezogener Daten im Sinne eines Datenschutzrechts.[1222] Die Beratende Versammlung forderte das Ministerkomitee daher bereits 1968 auf, zu prüfen, ob die EMRK genüge, um den Einzelnen ausreichend gegen die sich aus der Entwicklung der Datenverarbeitungstechnologie ergebenden Gefahren zu schützen.[1223] Fünf Jahre später wurde die erste Entschließung zur Verarbeitung perso-

---

1213 Sie wurde (Stand: 06.04.2008) von 47 Staaten unterzeichnet und ratifiziert, vgl. http://conventions.coe.int/Treaty/Commun/ChercheSig.asp?NT=005&CM=2&DF=4/6/2008&CL=GER.

1214 *Scholz*, Datenschutz beim Internet-Einkauf, 113; ebenso *Tinnefeld/Ehmann/Gerling*, Datenschutzrecht, 100.

1215 Art. 19 EMRK.

1216 *Scholz*, Datenschutz beim Internet-Einkauf, 113; Vgl. zur Individualbeschwerde beim EGMR Art. 34 und 35 Abs. 1 EMRK; zur Staatenbeschwerde Art. 33 EMRK; zum Gutachterverfahren Art. 47 EMRK.

1217 Tinnefeld/Ehmann/Gerling, Datenschutzrecht, 101f.

1218 Ständige Rspr. des BVerfG, vgl. BVerfGE 19, 342 (347) – *Untersuchungshaft*; 74, 358 (370) – *Unschuldsvermutung*.

1219 *Tinnefeld/Ehmann/Gerling*, Datenschutzrecht, 102 mwN.

1220 Tinnefeld/Ehmann/Gerling, Datenschutzrecht, 102.

1221 Vgl. EGMR Entscheidung vom 26.03.1987, Serie A, Band 116 – *Leander ./. Schweden*; dazu auch *Scholz*, Datenschutz beim Internet-Einkauf, 114 mwN.

1222 *Scholz*, Datenschutz beim Internet-Einkauf, 114.

1223 *Simitis* in Simitis, BDSG, E 151 unter Verweis auf Nr. R 509 vom 31.01.1968.

nenbezogener Daten im nicht-öffentlichen Bereich verabschiedet, 1974 folgte die zweite, den öffentlichen Bereich betreffende Resolution.[1224] Diese Entschließungen waren jedoch, anders als die EMRK, nur unverbindliche Appelle an die Mitgliedsstaaten.

4.1.1.1.2. Straßburger Vertrag

1981 wurde das „*Übereinkommen zum Schutz des Menschen bei der automatischen Verarbeitung personenbezogener Daten*“ (Europäische Datenschutzkonvention – sog. Straßburger Vertrag)[1225] verabschiedet. Es trat am 01. Oktober 1985 nach Ratifizierung durch Frankreich, Norwegen, Schweden, Spanien und die Bundesrepublik Deutschland in Kraft. Damit hatte der Europarat die erste internationale Datenschutzregelung geschaffen, die völkerrechtlich verbindlich ist und der Umsetzung des Menschenrechts aus Art. 8 EMRK dient.[1226] Ihm sind bislang[1227] insgesamt 38 Staaten beigetreten, vier weitere haben es unterzeichnet, jedoch nicht ratifiziert.[1228]

Der Straßburger Vertrag enthält Anregungen, die Ansatzpunkte für nationale Regelungen liefern, fordert aber auch ein Mindestmaß an Übereinstimmung der nationalen Regelungen.[1229] Er verpflichtet die Unterzeichnerstaaten, die dort niedergelegten Grundsätze (Art. 5 bis 11) als gemeinsames datenschutzrechtliches Minimum zu verwirklichen.[1230] Hierzu enthält er Regelungen für die automatisierte Verarbeitung personenbezogener Daten ohne Rücksicht darauf, ob diese durch öffentliche oder private Stellen erfolgt (Art. 3 Abs. 1).[1231] Er stellt fünf Verarbeitungsgrundsätze auf: Das Erfordernis der rechtmäßigen Beschaffung und Verarbeitung der Daten gemäß Treu und Glauben (Art. 5 a), die Zweckbindung der Daten (Art. 5 b), die Erhebung nur der für den Verarbeitungszweck relevanten und vom Umfang angemessenen Daten (Datensparsamkeit, Art. 5 c), das Erfordernis der Aktualität und Richtigkeit der Daten (Datenqualität, Art. 5 d) und das Erfordernis, diese stets so aufzubewahren, dass die Betroffenen lediglich während der erforderlichen Verarbeitungszeit identifiziert werden können (Löschung, Anonymisierung/Pseudonymisierung soweit möglich, Art. 5 e). Diese Verarbeitungsgrundsätze werden ergänzt um Sonderregeln für die Verarbeitung sensitiver Daten (Art. 6), Rechte der Betroffenen auf Mitteilung, Einsicht, Berichtigung und Löschung (Art. 8 a-c) und Rechtsmittel bei Verstoß hiergegen (Art. 8 d

---

1224 *Simitis* in Simitis, BDSG, E 151 unter Verweis auf Entschließung (73) 22 und (74) 29.

1225 *Beckmann*, Der Schutz personenbezogener Daten im sozialen Sicherungssystem, 134ff; *Di Martino*, Datenschutz im europäischen Recht.

1226 *Di Martino*, Datenschutz im europäischen Recht, 43 mwN; *Tinnefeld/Ehmann/Gerling*, Datenschutzrecht, 103.

1227 Stand 06.04.2008.

1228 Laut http://conventions.coe.int/Treaty/Commun/ChercheSig.asp?NT=108&CM=1&DF=4/6/2007&CL=GER sind dies Moldau, Russland, Ukraine und Türkei.

1229 *Simitis* in Simitis, BDSG, E 152.

1230 *Di Martino*, Datenschutz im europäischen Recht, 43 mwN; *Tinnefeld/Ehmann/Gerling*, Datenschutzrecht, 103 mwN.

1231 *Simitis* in Simitis, BDSG, E 154 mwN.

i.V.m. Art. 10). Nach Art. 12 ist die Datenübermittlung zwischen Vertragsstaaten erlaubt, soweit sie nicht zulässigerweise nach nationalem Recht verboten ist.[1232]

Dadurch, dass sich der Vertrag allein an die Unterzeichnerstaaten richtet, kann der Einzelne hieraus keine Rechte herleiten (*non execution treaty*).[1233] Der Vertrag darf erst ratifiziert werden, wenn der jeweilige Unterzeichnerstaat die Voraussetzungen zweifelsfrei erfüllt.[1234] Um zudem die beabsichtige breite Wirkung zu erzielen, können dieser Konvention auch die nichteuropäischen Mitgliedstaaten der OECD beitreten (Art. 23).[1235] Die beitretenden Staaten müssen die Regelungen in innerstaatliches Recht umsetzen (Art. 4 Abs. 1). Allerdings ist der Straßburger Vertrag generell-abstrakt formuliert und vermeidet – im Interesse einer universellen Gültigkeit der Mindeststandards und einer Vorbereitung in möglichst vielen Staaten – eine Regelung in besonders kritischen Punkten. So geht er weder näher darauf ein, welche Einschränkungen mit Rücksicht auf die *„öffentliche Sicherheit"* oder die *„monetären Interessen"* (Art. 9 Abs. 2 a Straßburger Vertrag) in Kauf genommen werden müssen, noch definiert er die *„angemessenen"* Schutzvorkehrungen bei der Verarbeitung *„sensitiver Daten"* in Art. 6 näher.[1236]

Probleme ergeben sich durch die unterschiedliche Umsetzung des Straßburger Vertrags, die insbesondere im Bereich der sensitiven Daten (Art. 6) deutlich wird. Die unterschiedlichen Regelungen in den einzelnen Mitgliedsstaaten zeigen, dass die Vorstellungen, in welchem Umfang diese Daten besonderen Schutz verdienen, national erheblich variieren.[1237] Teils werden beispielsweise Informationen über das Sexualleben hierzu gezählt,[1238] teils nicht,[1239] dafür aber Gewerkschaftszugehörigkeit, Sozialhilfemaßnahmen, finanzieller Status oder Drogenkonsum.[1240] Sozialdaten finden sich in der Liste des Art. 6 des Straßburger Vertrages nicht. Es verwundert daher kaum, dass es nicht gelungen ist, einheitliche Maßstäbe zu entwickeln, welche die *„Sensitivität"* eindeutig bestimmen lassen.[1241]

1232 *Tinnefeld/Ehmann/Gerling*, Datenschutzrecht, 103 mwN; *Scholz*, Datenschutz beim Internet-Einkauf, 115.

1233 *Di Martino*, Datenschutz im europäischen Recht, 43 mwN; *Scholz*, Datenschutz beim Internet-Einkauf, 114 mwN; ebenso *Simitis* in Simitis, BDSG, E 153 mwN.

1234 Dies war jedoch bei der Ratifizierung durch Spanien nicht der Fall, wurde jedoch im Hinblick auf die anstehende Verabschiedung eines Datenschutzgesetzes vorübergehend hingenommen. Die spätere Ratifizierung durch Großbritannien wurde jedoch – gerade mit Blick auf Spanien – vom Europarat so lange blockiert, bis dieses seiner *„Vorleistungspflicht"* gerecht wurde. Großbritannien hatte versucht, einer Datenschutzgesetzgebung dadurch auszuweichen, dass es den Straßburger Vertrag ratifiziert und diese – allgemeinen – Grundsätze für anwendbar erklärt. Vgl. *Simitis* in Simitis, BDSG, E 153 mwN.

1235 *Simitis* in Simitis, BDSG, E 152 mwN; *Scholz*, Datenschutz beim Internet-Einkauf, 114 mwN.

1236 *Simitis* in Simitis, BDSG, E 152.

1237 *Simitis* in Simitis, BDSG, E 160 mwN.

1238 §§ 6, 9 DSG–Norwegen 1978; § 7 Abs. 1 DSG–Niederlande 1988; § 3 Abs. 2 Gesetz über private Register–Dänemark 1978; vgl. *Simitis* in Simitis, BDSG, E 160.

1239 DSG–Frankreich 1978; vgl. *Simitis* in Simitis, BDSG, E 160.

1240 Vgl. die einzelnen Bestimmungen nachgewiesen bei *Simitis* in Simitis, BDSG, E 160 mwN.

1241 *Simitis* in Simitis, BDSG, E 161 mwN.

Der Europarat erkannte früh, dass die allgemeinen Verarbeitungssätze des Straßburger Vertrages nicht ausreichen und beschloss, diesen durch eine Reihe von bereichsspezifischen Datenschutzempfehlungen zu ergänzen.[1242] Diese enthalten unter anderem jeweils eine Vorschrift zur rechtmäßigen Verwendung und Weitergabe der Daten im einschlägigen Bereich und zu den speziellen Rechten des Einzelnen. Die Empfehlungen haben zwar keine unmittelbar bindende Wirkung, dienen aber der Konkretisierung von unbestimmten Rechtsbegriffen und Generalklauseln des Straßburger Vertrags und entfalten damit zumindest eine indirekte Bindungswirkung.[1243]

Die erste Empfehlung dieser Art wurde bereits fünf Tage vor der Auslegung des Vertrages zur Unterzeichnung verabschiedet und enthielt Regelungsvorschläge zu automatischen medizinischen Datenbanken. Sie wurde 1997 durch die Empfehlung über den Umgang mit medizinischen Daten abgelöst.[1244] Weitere bedeutsame Empfehlungen sind Nr. R (99) 5 vom 23. Februar 1999 zum Schutz personenbezogener Daten im Internet, welche im Anhang *„Leitlinien für den Schutz der Privatsphäre im Internet“* enthält.[1245] Ebenfalls relevant im Bereich von IKT-Implantaten sind die Empfehlungen Nr. R (85) 20 vom 25. Oktober 1985 zum Schutz personenbezogener Daten bei der Verwendung für Zwecke der Direktwerbung, die Empfehlung Nr. R (90) 19 vom 13. September 1990 zum Schutz personenbezogener Daten, die für Zahlungszwecke oder andere damit im Zusammenhang stehende Geschäfte verwendet werden und die Empfehlung Nr. R (95) 4 vom 7. Februar 1995 zum Schutz personenbezogener Daten auf dem Gebiet der Telekommunikationsdienste.[1246]

Die Empfehlung Nr. R (99) 5 stellt das erste Regelwerk für diesen Bereich auf internationaler Ebene dar. Von Anbietern im Internet verlangt sie den Einsatz datenschutzfreundlicher Technik sowie die frühzeitige und umfassende Aufklärung der Nutzer über die mit den jeweiligen Diensten üblicherweise verbundenen Risiken. Ferner fordert sie die Verwender auf, sich bei der Erhebung und Verarbeitung von Daten auf das für die jeweilige Zweckerreichung erforderliche Maß zu beschränken und gespeicherte Daten frühzeitig wieder zu löschen. An die Nutzer appelliert die Empfehlung, alle erreichbaren technischen Vorkehrungen zum Aufbau eines hohen Eigenschutzes zu treffen, insbesondere Angebote zur anonymen oder pseudonymen Nutzung und Bezahlung in Anspruch zu nehmen und bei den Anbietern um Informationen über angestrebte oder erfolgte Datenverarbeitung nachzufragen.[1247]

1242 *Simitis* in Simitis, BDSG, E 178 mwN; ebenso *Scholz*, Datenschutz beim Internet-Einkauf, 115.

1243 *Scholz*, Datenschutz beim Internet-Einkauf, 115 mwN.

1244 Regulations for Automated Medical Data Banks, Nr. R (81) 1 vom 23. Januar 1981, abgelöst durch Nr. R (97) 5 vom 13. Februar 1997.

1245 *Scholz*, Datenschutz beim Internet-Einkauf, 115f mwN.

1246 Auf diese kann vorliegend nicht näher eingegangen werden.

1247 *Scholz*, Datenschutz beim Internet-Einkauf, 116 mwN.

Die Empfehlungen dokumentieren mithin die Notwendigkeit, die Verarbeitungsbedingungen in den konkret angesprochenen Bereichen für alle Mitgliedsstaaten einheitlich und konkret festzulegen und geben deutlich zu erkennen, welches die Eckwerte einer solchen Regelung sein müssen. Auch wenn die Empfehlungen flexibler und innovativer als der Straßburger Vertrag auf aktuelle Probleme reagieren können, haben sie doch den Nachteil, dass sie unverbindlich sind.[1248] Im Gegensatz zu ratifizierten Verträgen müssen die Mitgliedsstaaten die Empfehlungen nicht beachten. Es hat sich dennoch gezeigt, dass die Wirkung der Empfehlungen nicht zu unterschätzen ist. Denn sie dienen der Konkretisierung des allgemein anerkannten Straßburger Vertrages und thematisieren diejenigen Probleme, die sich in den Mitgliedsstaaten stellen.[1249] Das Ermessen der Vertragsstaaten bei der Umsetzung der Konvention wird durch sie erheblich eingeschränkt.[1250]

4.1.1.1.3. Bedeutungsverlust durch EG-Datenschutzrichtlinie (DSRL)

Der Europarat hat ferner zahlreiche spezifische datenschutzrechtliche Empfehlungen in bestimmten Bereichen der Wirtschaft, der Verwaltung und der wissenschaftlichen Forschung geschaffen.[1251] Er befasste sich nahezu zwei Jahrzehnte intensiv mit Fragen des Datenschutzes und schuf die Voraussetzungen für dessen breite internationale Anerkennung.[1252] Jedoch ist der Einfluss des Europarates – und damit auch des Straßburger Vertrages – mit der Annahme der EG-Datenschutzrichtlinie (DSRL) vom 24. Oktober 1995[1253] immer weiter zurück gegangen. Denn die Staaten, die den Straßburger Vertrag und die Empfehlungen maßgeblich mit erarbeitet haben, sind zugleich Mitgliedsstaaten der EU. Sie werden von der Kommission dazu gedrängt, im Europarat einheitlich aufzutreten. Zudem löst das verbindliche Recht der Richtlinie den vage gehaltenen Vertrag als Grundlage weitgehend ab.[1254] Mit der Aufgabenverlagerung auf die EU kommt dem Europarat insoweit nur noch eine Hilfsfunktion zu. Lediglich in Bereichen, welche die EU ausdrücklich von ihrem Regelungsbereich ausnimmt, hat der Europarat noch eigenständige Bedeutung, insbesondere im wichtigen Sicherheitsbereich (z. B. Schengener Durchführungsabkommen und Europolkonvention).[1255] Zudem greifen die EU-Mitgliedsstaaten gerne auf den Europarat zurück, wenn sie einheitliche Regelungen anstreben, die jedoch weniger restriktiv und konkret ausgestaltet sein sollen als die Richtlinie. Damit entwickelt sich der Europarat jedoch immer mehr zu einem Mittel, was genutzt wird, um Kompromisse durchzuset-

---

1248 *Simitis* in Simitis, BDSG, E 180.

1249 *Simitis* in Simitis, BDSG, E 180 mwN.

1250 *Scholz*, Datenschutz beim Internet-Einkauf, 115 mwN.

1251 Vgl. hierzu näher *Tinnefeld/Ehmann/Gerling*, Datenschutzrecht, 105 mwN.

1252 *Simitis* in Simitis, BDSG, E 181.

1253 Richtlinie 95/46/EG vom 24. Oktober 1995 zum Schutz natürlicher Personen bei der Verarbeitung personenbezogener Daten und zum freien Datenverkehr, ABl L 281 vom 23. November 1995, 31.

1254 *Simitis* in Simitis, BDSG, E 181.

1255 Übereinkommen vom 19. Juni 1990 zur Durchführung des Übereinkommens von Schengen vom 14. Juni 1985; Übereinkommen vom 26. Juli 1995 aufgrund von Artikel K.3 des Vertrages über die Europäische Union über die Errichtung eines Europäischen Polizeiamts, ergänzt durch den Beschluss des Rate vom 03. Dezember 1998, ABl 1995 Nr. C 316/25, 1999 Nr. C 26/21; vgl. hierzu *Simitis* in Simitis, BDSG, E 183.

zen, welche zu Lasten des national und supranational erreichten Datenschutzes gehen.[1256] Seine ursprünglich umfassende Bedeutung für den Datenschutz hat der Europarat mithin verloren.

4.1.1.2. Organisation für wirtschaftliche Zusammenarbeit und Entwicklung (OECD)

Die OECD ist eine Organisation westlicher Industrieländer mit Sitz in Paris. Sie umfasst derzeit 29 Mitgliedstaaten, darunter neben den europäischen Staaten beispielsweise die USA, Kanada, Japan, Australien, Neuseeland und Mexiko.[1257] Sie ist neben dem Europarat die zweite internationale Organisation, die sich nachhaltig in die Datenschutzdiskussion eingeschaltet hat.[1258]

1977 betraute die OECD eine Expertengruppe („*Expert Group on Transborder Data Barriers*") mit der Aufgabe, den möglichen Handelshemmnissen von Datenschutzanforderungen auf den grenzüberschreitenden Datenaustausch nachzugehen.[1259] Während für den Europarat als konsequente Fortführung der EMRK die internationale Absicherung des Datenschutzes das Ziel darstellte, um den Einzelnen vor den Gefahren einer durch die Automatisierung geprägten Verarbeitungstechnologie zu schützen, ging es der OECD primär darum, potenzielle Handelshemmnisse zu verhindern.[1260]

Am 23. September 1980 verabschiedete der Rat der OECD die „Guidelines on the protection of Privacy and Transborder Data Flows of Personal Data" („Leitlinien für den Schutz des Persönlichkeitsbereichs und den grenzüberschreitenden Verkehr personenbezogener Daten"), welche materielle und verfahrensrechtliche Regelungen für den öffentlichen und privaten Sektor enthalten.[1261] Im Unterschied zum Straßburger Vertrag handelt es sich jedoch nicht um ein völkerrechtlich verbindliches Dokument, sondern um bloße Vorschläge für einheitliche Verarbeitungsgrundsätze und zum grenzüberschreitenden Datenaustausch.[1262] Es steht den Mitgliedstaaten daher frei, ob sie die Leitlinien im Rahmen ihrer nationalen Datenschutzgesetzgebung umsetzen. Art. 3 a der Leitlinien lässt ausdrücklich Ausnahmen von den in den Leitlinien geregelten Grundsätzen zu.[1263]

1256 *Simitis* in Simitis, BDSG, 183 mwN.

1257 *Tinnefeld/Ehmann/Gerling*, Datenschutzrecht, 98; *Scholz*, Datenschutz beim Internet-Einkauf, 116.

1258 *Simitis* in Simitis, BDSG, E 184 mwN; *Scholz*, Datenschutz beim Internet-Einkauf, 116.

1259 *Simitis* in Simitis, BDSG, E 184 mwN.

1260 *Simitis* in Simitis, BDSG, E 184 mwN.

1261 *Di Martino*, Datenschutz im europäischen Recht, 43; *Scholz*, Datenschutz beim Internet-Einkauf, 116; *Simitis* in Simitis, BDSG, E 186 mwN; *Tinnefeld/Ehmann/Gerling*, Datenschutzrecht, 98 mwN.

1262 *Tinnefeld/Ehmann/Gerling*, Datenschutzrecht, 98 mwN; *Simitis* in Simitis, BDSG, E 185 mwN; *Di Martino*, Datenschutz im europäischen Recht, 43.

1263 *Di Martino*, Datenschutz im europäischen Recht, 43 mwN.

Gleichwohl haben die Leitlinien für die mittlerweile 29 OECD-Mitgliedstaaten die Funktion eines internationalen Maßstabs für nationale Datenschutzregulierung entfaltet.[1264] Denn Staaten, die den Leitlinien zugestimmt hatten, mussten in anderen internationalen Foren darlegen, weshalb sie ein abweichendes Verhalten an den Tag legten.[1265]

Die Leitlinien enthalten acht zentrale Grundprinzipien des Datenschutzes (Nr. 7 bis 14) und decken sich inhaltlich weitgehend mit dem Straßburger Vertrag.[1266] Die geringen Abweichungen präzisieren lediglich Punkte aus dem Vertrag. So müssen beispielsweise die jeweils verarbeiteten Daten nicht nur korrekt, sondern auch vollständig sein (Nr. 8). Ebenso wie beim Straßburger Vertrag müssen sich die Verarbeitungsgrundsätze nach der Art der Daten richten. Auch erwähnen die Leitlinien zwar das gemeinsame Interesse der Staaten am Schutz der Privatsphäre, stellen jedoch entscheidend darauf ab, dass nationale Datenschutzvorschriften ein potentielles Hindernis für den freien grenzüberschreitenden Datenaustausch darstellen.[1267] Die Ursache hierfür ist Artikel 1 c der OECD-Konvention, der die OECD verpflichtet, eine Politik zur Ausweitung des Welthandels zu fördern.[1268] Die Freiheit von grenzüberschreitenden Datenflüssen wurde daher von der OECD als Voraussetzung einer internationalen Wirtschaft angesehen, nicht jedoch der Schutz personenbezogener Daten.[1269]

Im Unterschied zu Art. 6 des Straßburger Vertrages liegt der Schwerpunkt der Regelung nicht auf dem Schutz besonders schutzwürdiger *„sensitiver“* Daten, sondern auf der ungehinderten Verarbeitung von Daten, von denen *„offensichtlich keine Gefahr“* ausgehen könne. Diese werden daher von der Anwendung der Leitlinien ausgeschlossen (Nr. 3 b). Die Regelungen in Nr. 15 bis 18 der Leitlinien ermahnen die OECD-Mitglieder, sich der Bedeutung bewusst zu sein, die der Wiederausfuhr personenbezogener Angaben zukommt (Nr. 15). Sie fordern die Mitgliedstaaten dazu auf, auf Übermittlungsschranken zu verzichten, die für den Schutz der Betroffenen nicht erforderlich sind (Nr. 18) und durch Angleichung der nationalen Datenschutzvorschriften einen reibungslosen Informationsfluss zu ermöglichen, insbesondere auch für personenbezogene Daten in Drittländer.[1270] Sonderregelungen für *„sensitive“* Daten werden nur akzeptiert, wenn keine *„gleichwertigen“* Vorschriften im Empfängerland bestehen (Nr. 17 Satz 2).

Auch die fünf Jahre später angenommene *„Datendeklaration“* betont das Interesse der OECD an einem ungehinderten Informationsaustausch – und damit am Abbau der mit Da-

1264 *Scholz*, Datenschutz beim Internet-Einkauf, 117.
1265 *Di Martino*, Datenschutz im europäischen Recht, 43 mwN.
1266 *Di Martino*, Datenschutz im europäischen Recht, 43; *Simitis* in Simitis, BDSG, E 187 mwN.
1267 *Scholz*, Datenschutz beim Internet-Einkauf, 116.
1268 Vgl. *Di Martino*, Datenschutz im europäischen Recht, 43 mwN.
1269 *Di Martino*, Datenschutz im europäischen Recht, 43 mwN.
1270 *Scholz*, Datenschutz beim Internet-Einkauf, 117.

tenschutzbestimmungen zusammenhängenden Handelsbarrieren.[1271] Die OECD ist ihren Grundsätzen auch in der Folgezeit treu geblieben. Mehr noch: Sie hat noch konsequenter versucht, den grenzüberschreitenden Datenaustausch vor störenden Restriktionen zu bewahren und die Selbstregulierung in den Vordergrund zu stellen.[1272] Damit hat sich die OECD zum Gegenpol derjenigen Organisationen entwickelt, die sich, wie der Europarat und die EG-Kommission, nachdrücklich für verbindliche, gesetzlich abgesicherte Datenschutzregelungen einsetzen.[1273]

4.1.1.3. Vereinte Nationen (UN)

Die Bestrebungen der UN, Datenschutzgrundsätze auszuarbeiten, gehen genauso weit zurück, wie die des Europarates. Ebenso wie dieser befürchten die UN, dass eine automatisierte Datenverarbeitung die Menschenrechte verletzen könne.[1274] Bereits 1968 forderte die Generalversammlung den Generalsekretär auf, die Auswirkungen der wissenschaftlich-technischen Entwicklung auf die Menschenrechte zu untersuchen, insbesondere auch im Hinblick auf die automatische Datenverarbeitung und etwaig erforderliche Abwehrmaßnahmen.[1275] Die UN-Resolution 45/95 über „*Guidelines for the Regulation of Computerized Personnel Data Files*" wurde am 14. Dezember 1990 durch die Generalversammlung der UN beschlossen.[1276] Diese empfiehlt – völkerrechtlich unverbindlich – bestimmte Richtlinien zur Verarbeitung personenbezogener Daten in automatisierten Dateien, insbesondere im Hinblick auf Vollständigkeit und Integrität (Nr. 2), Zweckbindung (Nr. 3), Auskunft (Nr. 4), Verbot von Diskriminierungen (Nr. 5) und Datensicherheit (Nr. 7). Die Richtlinien lehnen sich eng an den Straßburger Vertrag und die OECD-Leitlinien an, räumen jedoch – ebenso wie der Straßburger Vertrag und im Gegensatz zu den Leitlinien der OECD – dem Datenschutz den Vorrang vor einem grenzüberschreitenden Datenaustausch ein. Danach ist ein freier Austausch nur bei einer gleichwertigen Datenschutzregelung im Empfängerland zulässig.[1277] Anders als die Leitlinien oder der Straßburger Vertrag richten sich diese Richtlinien nicht ausschließlich oder primär an die Mitgliedstaaten, sondern auch an internationale staatliche Organisationen.[1278] Sie beziehen sich sowohl auf den öffentlichen wie auch den nicht-öffentlichen Sektor und sind das erste internationale Dokument, das die Einrichtung von kompetenten und unabhängigen Datenschutzinstanzen vorsieht (Art. 8 UNO-Richtlinie).[1279]

1271 *Simitis* in Simitis, BDSG, E 185 mwN.
1272 *Simitis* in Simitis, BDSG, E 190 mwN.
1273 *Simitis* in Simitis, BDSG, E 191 mwN.
1274 *Tinnefeld/Ehmann/Gerling*, Datenschutzrecht, 99 mwN; *Simitis* in Simitis, BDSG, E 192 mwN.
1275 UN Resolution 2450 (XXIII); dazu auch *Simitis* in Simitis, BDSG, E 192 mwN.
1276 UN Resolution 45/95, abrufbar unter http://www.unhchr.ch/html/menu3/b/71.htm.
1277 *Tinnefeld/Ehmann/Gerling*, Datenschutzrecht, 100; *Simitis* in Simitis, BDSG, E 197f mwN.
1278 *Scholz*, Datenschutz beim Internet-Einkauf, 118.
1279 *Tinnefeld/Ehmann/Gerling*, Datenschutzrecht, 99 mwN; *Simitis* in Simitis, BDSG, E 195 mwN; *Scholz*, Datenschutz beim Internet-Einkauf, 118.

Die Richtlinien erlauben Ausnahmen von den Verarbeitungsgrundsätzen, soweit es sich um personenbezogene Dateien handelt, die der humanitären Hilfe oder dem Schutz der Menschenrechte und Grundfreiheiten dienen, z. B. beim Internationalen Roten Kreuz, bei Amnesty International oder dem UN-Hochkommissariat für Flüchtlinge (UNHCR). Damit soll deren Arbeitsbedingungen Rechnung getragen werden, die eine Einwilligung in die Datenspeicherung von Tätern oder Opfern politischer Verfolgung oder rassistischer Diskriminierung häufig nicht zulassen sowie eine Auskunftspflicht gegenüber den Tätern unbillig erscheinen lassen.[1280]

Die Richtlinien der UN beziehen sich jedoch auf den Offline-Bereich, so dass sie zu einem einheitlichen internationalen Schutz von personenbezogenen Daten im Onlinebereich nur in äußerst geringem Umfang beitragen können.[1281] Zwar geben sie gewisse Mindeststandards wie die Transparenz der Datenverarbeitung vor und räumen Betroffenen bestimmte Rechte ein, können den spezifischen Problemen des Datenschutzes in offenen Kommunikationsnetzen aber keine angemessene Lösung entgegensetzen.[1282]

4.1.2 Supranationale Regelungen

4.1.2.1. Historische Entwicklung

Das Europäische Parlament hatte sich bereits 1975 und nochmals in den Jahren 1976, 1979 und 1982 nachdrücklich für eine eigene Datenschutzregelung ausgesprochen und hierzu die aus seiner Sicht wichtigsten Verarbeitungsgrundsätze formuliert.[1283] Dennoch reagierte die EG-Kommission nicht, da sie den Straßburger Vertrag für ausreichend erachtete und außerdem Zweifel an der eigenen Kompetenz hatte.[1284] Weder die Kommission noch der Rat sahen sich durch die Forderungen des Parlaments daran gehindert, eine Politik zu verfolgen, die nicht nur die Entwicklung der Datenverarbeitung konsequent unterstützte, sondern auch den Austausch personenbezogener Daten innerhalb der Gemeinschaft forcierte.[1285]

Erst im September 1990 änderte die EG-Kommission ihre Haltung und legte mit Richtlinienentwürfen zum Schutz von Personen bei der Verarbeitung personenbezogener Daten sowie zu den speziellen Datenschutzproblemen im Telekommunikationsbereich, dem Entwurf einer Entschließung über die Anwendung der Verarbeitungsgrundsätze auf den gesamten öffentlichen Bereich der Mitgliedstaaten, einer Erklärung zum Datenschutz innerhalb der Gemeinschaftsorgane und -einrichtungen, mit Empfehlungen zur Aufnahme von Verhandlungen über den Beitritt zum Straßburger Vertrag und einem Aktionsplan zur

---

1280 *Simitis* in Simitis, BDSG, E 196.

1281 So zum eCommerce ausdrücklich *Scholz*, Datenschutz beim Internet-Einkauf, 118.

1282 *Scholz*, Datenschutz beim Internet-Einkauf, 118.

1283 *Simitis* in Simitis, BDSG, E 203 mwN.

1284 *Di Martino*, Datenschutz im europäischen Recht, 25, 30f mwN; *Simitis* in Simitis, BDSG, E 203 mwN.

1285 *Simitis* in Simitis, BDSG, E 203 mwN.

Informationssicherheit ein ganzes Bündel von Vorschlägen vor.[1286] Dabei orientierte sich die Kommission deutlich am Bundesdatenschutzgesetz von 1990 (BDSG 1990) und ging hinsichtlich der Einzelregelungen weit über den Straßburger Vertrag hinaus, indem sie umfangreiche konkrete Regelungen vorsah.

Da fünf der Mitgliedstaaten (Belgien, Griechenland, Italien, Spanien und Portugal) seinerzeit über keine Datenschutzvorschriften verfügten, war eine Weitergabe von personenbezogenen Daten an diese schon nach dem Straßburger Vertrag unzulässig. Dieses Hemmnis beim Einformationsfluss drohte zu einer Beschränkung des Binnenmarktes zu führen,[1287] so dass das Umdenken der Kommission zumindest auch vor dem Hintergrund erfolgte, das Funktionieren des Binnenmarktes zu fördern, indem unterschiedliche Datenschutzniveaus innerhalb der Gemeinschaft vereinheitlich werden sollten.[1288]

Im Oktober 1992 legte die Kommission eine zweite, revidierte Fassung ihrer Vorschläge vor. Darin wurde die ursprünglich am BDSG 1990 ausgerichtete Aufspaltung zwischen öffentlichen und nicht-öffentlichen Stellen aufgegeben. Der zweite Entwurf einer Richtlinie zum Schutz natürlicher Personen bei der Verarbeitung personenbezogener Daten und zum freien Datenverkehr (DSRL) enthielt zudem noch konkretere Rechte der Betroffenen, die vorgesehenen Meldepflichten wurden übersichtlicher gestaltet und die Befugnisse der Kontrollinstanzen ausgebaut.[1289] Im Laufe der sich anschließenden Verhandlungen wurde jedoch der Geltungsbereich der Richtlinie deutlich eingeschränkt, indem die Datenverarbeitung im Bereich der Justiz- und Sicherheitspolitik (Art. 3 Abs. 2 DSRL) ausgenommen wurde. Der Vorschlag der Kommission, dass die Mitgliedsstaaten zumindest ihre Bereitschaft bekunden sollten, sich auch außerhalb der bindenden Vorgaben des Gemeinschaftsrechts an die Vorgaben der Richtlinie zu halten, scheiterte am Widerstand des Rates.[1290] Nach fast drei Jahre dauernden Verhandlungen wurde die Richtlinie 95/46/EG zum Schutz natürlicher Personen bei der Verarbeitung personenbezogener Daten und zum freien Datenverkehr[1291] (DSRL) am 24.Oktober 1995 – zwanzig Jahre nach der ersten Forderung des Europäischen Parlaments – angenommen.[1292]

Die DSRL schrieb den Mitgliedstaaten eine Frist bis zum 24. Oktober 1998 vor, binnen derer sie ihre rechtlichen Regelungen den Anforderungen der DSRL anpassen mussten. Nur

1286 *Simitis* in Simitis, BDSG, E 204 mwN.
1287 *Simitis* in Simitis, BDSG, E 205 mwN.
1288 *Merati-Kashani*, Der Datenschutz im E-Commerce, 21 unter Verweis auf Erwägungsgründe 3 und 7 der DSRL.
1289 *Simitis* in Simitis, BDSG, E 206 mwN.
1290 *Simitis* in Simitis, BDSG, E 208 mwN.
1291 Richtlinie 95/46/EG vom 24. Oktober 1995 zum Schutz natürlicher Personen bei der Verarbeitung personenbezogener Daten und zum freien Datenverkehr, ABl L 281 vom 23. November 1995, 31.
1292 *Di Martino*, Datenschutz im europäischen Recht, 25; *Simitis* in Simitis, BDSG, E 211 mwN.

fünf Mitgliedstaaten setzten die DSRL fristgerecht um.[1293] Gemäß Art. 249 Abs. 3 EGV ist eine Richtlinie nur hinsichtlich des Ziels verbindlich, überlässt dem Mitgliedsstaat jedoch die Wahl der Form und Mittel zur Verfolgung dieses Ziels. Damit erscheinen die Unterschiede zwischen dem Straßburger Vertrag als *non self-executing treaty* und der DSRL eher gering, da beide sich nur an die Mitgliedsstaaten wenden und zu ihrer Wirksamkeit einer Umsetzung in nationales Recht bedürfen.[1294] Der EuGH hat Richtlinien jedoch für unmittelbar anwendbar erklärt, wenn die Umsetzungsfrist abgelaufen ist und die Richtlinie nicht oder nur unzulänglich umgesetzt wurde. Die Bestimmungen der Richtlinie müssen nach der Rechtsprechung des EuGH inhaltlich verpflichtend und hinreichend konkret sein.[1295] In diesen Fällen können Einzelne Rechte aus der Richtlinie gegen den jeweiligen Mitgliedsstaat geltend machen, der seiner Umsetzungspflicht nicht bzw. fehlerhaft nachgekommen ist.[1296] Alle nationalen Behörden jeder Verwaltungsebene sind verpflichtet, die betreffende Bestimmung als unmittelbar geltendes Recht zu beachten.[1297]

4.1.2.2. Richtlinie zum Schutz natürlicher Personen bei der Verarbeitung personenbezogener Daten und zum freien Datenverkehr (95/46/EG) (DSRL)

Die DSRL kombiniert zentrale Elemente der Regelungen des Straßburger Vertrages, der OECD Leitlinien und der nationalen Datenschutzgesetze.[1298] Da die DSRL in Deutschland zwischenzeitlich vollständig umgesetzt wurde, beschränkt sich nachfolgende Darstellung auf einen kurzen Abriss der wesentlichen Grundsätze sowie der Unterschiede zur nationalen Regelung.

4.1.2.2.1. Systematischer Ansatz

Während das deutsche Recht durch das vom BVerfG 1983 „geschaffene" Grundrecht auf informationelle Selbstbestimmung einen speziell informationsrechtlichen Ansatz wählte, stellten der Straßburger Vertrag in Anlehnung an Art. 8 EMRK und die nationalen Regelungen der anderen Mitgliedsstaaten der EU allgemein auf das Recht auf Privatsphäre oder Privatleben (*droit à la vie privée / right to privacy*) ab.[1299] Das BVerfG hat jedoch die Schutzlücken eines rein informationsrechtlichen Ansatzes erkannt und durch das Grund-

---

1293 Neben Großbritannien, Portugal und Schweden waren dies auch zwei der Mitgliedsstaaten, welche zuvor beide keine Datenschutzgesetze hatten (Italien, Ende 1996 und Griechenland, Anfang 1997). Belgien setzte die DSRL hingegen erst Ende 1998 um, es folgten im Jahre 1999 Finnland, im Jahre 2000 Österreich, Spanien und Dänemark. Deutschland novellierte gar erst am 18.Mai 2001 – und nur notdürftig – sein BDSG, Frankreich als letzter Mitgliedstaat erst 2004. *Merati-Kashani*, Der Datenschutz im E-Commerce, 22f mwN; *Simitis* in Simitis, BDSG, E 228f mwN.

1294 So auch *Di Martino*, Datenschutz im europäischen Recht, 49.

1295 *Di Martino*, Datenschutz im europäischen Recht, 50.

1296 *Di Martino*, Datenschutz im europäischen Recht, 50 mwN; vgl. EuGH C–361/88, Slg. 1991, I–02567, Leitsatz 3; EuGH C–6/90 und C–9/90, Slg. 1991, 5357 – *Frankovich ./. Italien.*

1297 EuGH NVwZ 1990, 649 – *CONSTANZO.*

1298 *Di Martino*, Datenschutz im europäischen Recht, 50.

1299 *Di Martino*, Datenschutz im europäischen Recht, 50 mwN.

recht auf Gewährleistung der Vertraulichkeit und Integrität informationstechnischer Systeme geschlossen.[1300]

Die DSRL legt in Erwägungsgrund 2 fest, dass Datenverarbeitungssysteme im Dienste des Menschen stehen müssen und deren Grundrechte und -freiheiten, *„insbesondere deren Privatsphäre“*, ungeachtet der Staatsangehörigkeit oder des Wohnorts der natürlichen Personen zu achten und zum wirtschaftlichen und sozialen Fortschritt, zur Entwicklung des Handels sowie zum Wohlergehen der Menschen beizutragen haben. Gleiches besagt der Erwägungsgrund 2 der Richtlinie über die Verarbeitung personenbezogener Daten und den Schutz der Privatsphäre in der elektronischen Kommunikation (eCommerce-RL).[1301] Auch Art. 1 Abs. 1 der DSRL stellt ausdrücklich fest, dass die *„Gewährleistung der Grundrechte und Grundfreiheiten der Betroffenen“* Aufgabe der Richtlinie sei.

Eckpunkte der DSRL sind die Einführung von Mindeststandards in allen Mitgliedsstaaten, die Angleichung der Anforderungen an den Datenschutz im öffentlichen und privaten Bereich, die Einschränkung der Datenverarbeitung durch ein Verbot mit Erlaubnisvorbehalt, die Regelung der eingeschränkten Übermittlung von personenbezogenen Daten in Drittstaaten, eine Reduktion der Erhebung, Verarbeitung und Nutzung personenbezogener Daten auf das Unvermeidbare, die Verankerung des Zweckbindungsgrundsatzes, die Schaffung von Transparenz durch Informations- und Auskunftspflichten, die Verankerung geeigneter technischer und organisatorischer Sicherheitsmaßnahmen, der besondere Schutz sensibler Daten und die Schaffung einer Verarbeitungskontrolle.[1302]

4.1.2.2.2. Verbot mit Erlaubnisvorbehalt, Einwilligung

Dem deutschen Datenschutzkonzept entsprechend wurde in der DSRL das sog. Verbot mit gesetzlichem Erlaubnisvorbehalt aufgenommen, das in den übrigen Mitgliedsstaaten zuvor wenig bekannt war.[1303] Nach Art. 5 Abs. 1 DSRL ist die Verarbeitung personenbezogener Daten nur dann zulässig, wenn bestimmte materiell-rechtliche Voraussetzungen erfüllt sind, beispielsweise eine Verarbeitung der Daten nur aufgrund erfolgter Einwilligung des Betroffenen (Art. 7 a DSRL). Alternativ ist sie zur Erfüllung einer vertraglichen Verpflichtung gegenüber dem Betroffenen (Art. 7 b DSRL) oder bei einem überwiegenden Interesse des Verantwortlichen oder der Öffentlichkeit zugelassen. Damit besteht eine Vermutung für die Unzulässigkeit jeglicher Datenverarbeitung, so dass ein Verarbeiter nachzuweisen hat, dass seine Verarbeitung durch einen Erlaubnistatbestand legitimiert ist.[1304]

1300 BVerfG, 1 BvR 370/07, 1 BvR 595/07, – Online-Durchsuchung Leitsatz 1; siehe dazu näher Kapital 4.2.3.

1301 Richtlinie 2002/58/EG vom 12. Juli 2002 über die Verarbeitung personenbezogener Daten und den Schutz der Privatsphäre in der elektronischen Kommunikation, ABl L 201 vom 31.07.2002, 37.

1302 *Merati-Kashani*, Der Datenschutz im E-Commerce, 22.

1303 *Di Martino*, Datenschutz im europäischen Recht, 51.

1304 *Di Martino*, Datenschutz im europäischen Recht, 51.

Art. 7 DSRL enthält einen Katalog an Voraussetzungen, unter welchen eine Datenverarbeitung ausnahmsweise zulässig ist. Bei IKT-Implantaten kommt den gesetzlichen Erlaubnistatbeständen der Datenverarbeitung für die Wahrung lebenswichtiger Interessen der betroffenen Personen (Art. 7 d DSRL)[1305] und der Datenverarbeitung im Rahmen von Vertragsverhältnissen (Art. 7 b DSRL) eine wesentliche Bedeutung zu. Darüber hinaus ist die Datenverarbeitung stets zulässig, wenn die betroffene Person zweifelsfrei ihre Einwilligung erteilt hat (Art. 7 a). Eine Einwilligung muss dabei auf informierter Basis, unbedingt, eindeutig und freiwillig abgegeben werden, d. h. *„für den konkreten Fall und in Kenntnis der Sachlage“* (Art. 2 h), insbesondere ohne *„Täuschung oder Zwang“*.[1306] Um eine Umgehung zu verhindern, wird das Verbot der Datenverarbeitung um ein Verbot der Übermittlung in so genannte Drittstaaten, welche kein *„angemessenes Datenschutzniveau“* aufweisen, ergänzt.[1307]

4.1.2.2.3. Zweckbestimmung und Datensparsamkeit, Datenqualität

Personenbezogene Daten dürfen immer nur für bestimmte im Voraus festgelegte Zwecke verarbeitet werden (Art. 6 Abs. 1 b DSRL). Dieser Grundsatz der Zweckbestimmung verhindert jede Weiterverarbeitung erhobener Daten zu einem anderen als dem vereinbarten oder gesetzlich zugestandenen Zweck.[1308] Ebenfalls von großer Bedeutung ist der Grundsatz der Datensparsamkeit: Personenbezogene Daten müssen für die Zwecke, zu denen sie erhoben werden, erheblich sein und dürfen nicht über das erforderliche Maß hinausgehen (Art. 6 Abs. 1 c DSRL). Nicht erforderliche Daten dürfen nicht erhoben werden. Falls sie dennoch erhoben werden, müssen sie gelöscht werden. Darüber hinaus müssen Daten richtig und auf dem neuesten Stand sein (Datenqualität, Art. 6 Abs. 1 d DSRL). Personenbezogene Daten dürfen zudem nicht länger aufbewahrt werden, als es für die Realisierung der Zwecke, für die sie erhoben oder weiterverarbeitet werden, erforderlich ist (Art. 6 Abs. 1 e DSRL).

4.1.2.2.4. Kontrolle

Art. 28 und Erwägungsgrund 62 DSRL verlangen die Einrichtung einer unabhängigen Kontrollinstanz, welche funktional von der öffentlichen Verwaltung getrennt sein muss.[1309] Die DSRL geht davon aus, dass nur eine möglichst effiziente Verarbeitungskontrolle durch

---

1305 Art. 7 d DSRL, welcher bei medizinischen Implantaten als *„Schlüssel“* zu Gesundheitsdaten bei nicht mehr ansprechbaren und somit einwilligungsunfähigen Unfallopfern relevant sein kann. Zu den Erlaubnistatbeständen auch *Artikel-29-Datenschutzgruppe*, WP 105, 11, unter Hinweis darauf, dass der Einwilligung wohl die größte Bedeutung zukommt, im Klinikbereich der Einsatz aber häufig bereits durch Art. 7 d DSRL gedeckt sein dürfte.

1306 Artikel-29-Datenschutzgruppe, WP 105, 11.

1307 Erwägungsgründe 56, 57 DSRL; hierzu auch *Merati-Kashani*, Der Datenschutz im E-Commerce, 22.

1308 Artikel-29-Datenschutzgruppe, WP 105, 10.

1309 *Di Martino*, Datenschutz im europäischen Recht, 53 mwN.

außenstehende, *„völlig unabhängige“* Instanzen die Einhaltung der Vorgaben ermöglicht.[1310]

Die Vorschriften der DSRL über die Kontrollinstanz haben sich erheblich auf das nationale Organisationsrecht ausgewirkt. Beispielsweise war in Italien die bis dahin unbekannte Einrichtung eines Datenschutzbeauftragten Folge der Umsetzung der DSRL.[1311]

4.1.2.2.5. Informationspflichten und Rechte bei fehlerhaften Daten

Gemäß Art. 10 der DSRL müssen die Datenverarbeitenden den betroffenen Personen Informationen über die Identität des für die Verarbeitung Verantwortlichen, die Zweckbestimmung der Verarbeitung, die Empfänger oder Kategorien der Empfänger der Daten, die Folgen einer unterlassenen Einwilligung oder Auskunftserteilung und über das Bestehen von Auskunfts- und Berichtigungsrechten bezüglich der sie betreffenden Daten mitteilen. Diese Informationen stellen eine Grundvoraussetzung dafür dar, dass ein Betroffener die Datenverarbeitung überblicken und kontrollieren kann. Die individuelle und die institutionelle Kontrolle ergänzen einander. Gemäß Art. 6 Abs. 1 a DSRL muss die Information eine nach *„Treu und Glauben“* rechtmäßige Verarbeitung gewährleisten, weshalb sämtliche Informationen für die betroffenen Personen *„klar und verständlich“* sein müssen.[1312]

Genauso wie die nationalen Rechtsordnungen und der Straßburger Vertrag stellt die DSRL das Auskunftsrecht in den Mittelpunkt und verknüpft es mit dem Recht des Betroffenen, eine Löschung, Sperrung oder Berichtigung unvollständiger oder unrichtiger Daten zu verlangen. Jedoch präzisiert die DSRL den Mindestinhalt der Auskunft auf die Herkunft der Daten (Art. 12 a DSRL) und ergänzt die allgemein anerkannten Rechte um ein Widerspruchsrecht (Art. 14 DSRL) und das Recht, nicht einer Entscheidung unterworfen zu werden, die sich allein auf die automatisierte Erstellung eines Verhaltensprofils stützt.[1313]

Das Auskunftsrecht aus Art. 12 der DSRL soll den Betroffenen die Möglichkeit geben, die Richtigkeit der Daten zu überprüfen und sicherzustellen, dass die Daten auf dem neusten Stand sind. Dies bedeutet, dass der Datenverarbeiter *alle* Informationen offen legen muss, welche mit der betreffenden Person verknüpft sind.[1314]

Diese Regelung ist im Zusammenhang mit IKT-Implantaten von maßgeblicher Bedeutung: Diese können entweder selbst personenbezogene Daten enthalten, darin kann aber auch nur eine eindeutige Identifikationsnummer gespeichert sein, die erst beim Dienstleister in der zugehörigen Datenbank den Zugriff auf die personenbezogenen Daten des Implantat-

---

1310 *Simitis* in Simitis, BDSG, E 225 mwN; *Di Martino*, Datenschutz im europäischen Recht, 52 mwN.

1311 *Di Martino*, Datenschutz im europäischen Recht, 53.

1312 Artikel-29-Datenschutzgruppe, WP 105, 12.

1313 *Di Martino*, Datenschutz im europäischen Recht, 52.

1314 Artikel-29-Datenschutzgruppe, WP 105, 12.

trägers ermöglicht. In jedem Fall müssen die betroffenen Personen erfahren können, welche Informationen wo gespeichert sind und das Recht haben, mit einfachen Mitteln Berichtigungen vorzunehmen.[1315] Neben Informationen darüber, wann, wie und durch wen die Implantate ausgelesen werden können, müssen die Betroffenen zudem auch über die Identität des für die Datenverarbeitung Verantwortlichen informiert werden. Darüber hinaus muss der Implantatträger über die Zwecke in Kenntnis gesetzt werden, zu denen die Daten verwendet werden, welche Dritte ggf. Zugriff erhalten (Ärzte, Krankenhäuser, Dienstleister, etc.). Abschließend muss der Träger erfahren, wie er ggf. das Implantat vorübergehend oder dauerhaft deaktivieren und sein Auskunftsrecht wahrnehmen kann.[1316]

4.1.2.2.6. Organisatorische und technische Gewährleistung der Datensicherheit

Art. 17 DSRL verpflichtet die für die Verarbeitung Verantwortlichen, geeignete Maßnahmen zum Schutz gegen zufällige oder unrechtmäßige Zerstörung oder unberechtigte Offenlegung zu ergreifen. Die Maßnahmen können organisatorischer oder technischer Art sein.[1317]

Bei Patiententags, auf denen die Identität des Patienten und verknüpfte Daten wie der behandelnde Arzt, durchzuführende Behandlungsmethoden etc. gespeichert sind bzw. durch Zugriff auf die zugehörige Datenbank ermittelt werden können, muss daher beispielsweise durch Verschlüsselung sichergestellt werden, dass sich diese Angaben nicht durch Dritte auslesen lassen.[1318]

4.1.2.2.7. Besonderer Schutz sensibler Daten

Die DSRL knüpft an Art. 6 des Straßburger Vertrages an und fordert in Art. 8 einen intensiveren Schutz für besonders sensible Datenarten (Daten über rassische und ethnische Herkunft, politische Meinungen, religiöse und philosophische Überzeugungen, Gewerkschaftszugehörigkeit, Gesundheit und Sexualleben). Dies beruht auf dem Gedanken, dass besondere Dimensionen der Persönlichkeitsentfaltung sowie Bereiche, bei denen Gefährdungen ungewöhnlich gravierende Auswirkungen haben, eines verstärkten Schutzes bedürfen.[1319] Zu diesem Zweck enthält Art. 8 Abs. 1 DSRL ein generelles Verbot der Verarbeitung sensibler Daten, welches nur in bestimmten, in Abs. 2 benannten Ausnahmen (ausdrückliche Einwilligung, arbeitsrechtliche Erfordernisse oder die Verarbeitung durch eine Organisation aus den besonders schutzwürdigen Bereichen hinsichtlich der Daten ihrer Mitglieder – Tendenzbetriebe) aufgehoben ist.

1315 So *Artikel-29-Datenschutzgruppe*, WP 105, 12, allgemein zu RFID–Transpondern.

1316 Zu diesen Voraussetzungen, ohne allerdings auf die spezielle Problematik von IKT–Implantaten einzugehen, auch *Artikel-29-Datenschutzgruppe*, WP 105, 12.

1317 Artikel-29-Datenschutzgruppe, WP 105, 13ff.

1318 Artikel-29-Datenschutzgruppe, WP 105, 19.

1319 *Di Martino*, Datenschutz im europäischen Recht, 51.

4.1.2.2.8. Geltungsbereich der DSRL

Rat und EG-Kommission haben in einer gemeinsamen Erklärung zum Erwägungsgrund Nr. 12 der EG-Datenschutzrichtlinie von 1995 klargestellt, dass für die Institutionen und Organe der Europäischen Union nichts anderes gelten darf als für die Mitgliedstaaten.[1320]

4.1.2.3. Richtlinie über die Verarbeitung personenbezogener Daten und den Schutz der Privatsphäre in der elektronischen Kommunikation (2002/58/EG) (eCommerce-RL)

Die EG-Datenschutzrichtlinie von 1995 war nur der erste Schritt auf dem Weg zu einem bereichsspezifisch differenzierten, konkretisierten und am Verarbeitungskontext orientierten Regelsystem.[1321] Im Jahre 2002 wurde das Telekommunikationsrecht umfassend auf europäischer Ebene reformiert. Dabei ist die Richtlinie über die Verarbeitung personenbezogener Daten und den Schutz der Privatsphäre in der elektronischen Kommunikation (eCommerce-RL) von datenschutzrechtlicher Relevanz.[1322] Sie verfolgte den Zweck, technologieneutrale Regeln aufzustellen, um den Schutz der persönlichen Daten und der Privatsphäre zu wahren.[1323] Der Anwendungsbereich erstreckt sich auf elektronische Kommunikationsdienste und -netze und enthält u. a. eine Aufweichung der strengen Voraussetzungen, wenn der alleinige Zweck die Übertragung oder die Erleichterung der Übertragung einer Nachricht über ein elektronisches Kommunikationsnetz ist oder der Nutzer den Dienst ausdrücklich gewünscht hat und die Daten hierfür erforderlich sind.[1324]

4.1.2.4. Charta der Grundrechte der Europäischen Union

Die EU hat sich 1997 im Vertrag von Amsterdam[1325] die *„Erhaltung und Weiterentwicklung der Union als Raum der Freiheit, der Sicherheit und des Rechts“* (Art. 1 Nr. 5) als Ziel gesetzt. Hierauf aufbauend wurde auf dem EU-Gipfel in Nizza im Dezember 2000 von der EU-Kommission, dem Europaparlament und dem Rat der EU die Charta der Grundrechte der EU verkündet. Damit hat die EU erstmals einen ausformulierten, umfangreichen und modernen Grundrechtskatalog erhalten.[1326] Die Charta stellt den Menschen in den Mittelpunkt des Handelns (Präambel Abs. 2) und die Achtung der Menschenwürde an die Spitze ihres Grundrechtskatalogs (Art. 1). Die Beziehungen der EU zu den ihr zugeordneten na-

---

1320 *Simitis* in Simitis, BDSG, E 217 mwN.
1321 *Simitis* in Simitis, BDSG, E 216 mwN.
1322 Richtlinie 2002/58/EG über die Verarbeitung personenbezogener Daten und den Schutz der Privatsphäre in der elektronischen Kommunikation (Datenschutzrichtlinie für elektronische Kommunikation), ABl L 201/37 vom 31.07.2002.
1323 *Merati-Kashani*, Der Datenschutz im E-Commerce, 25 mwN.
1324 *Merati-Kashani*, Der Datenschutz im E-Commerce, 25.
1325 Vertrag von Amsterdam zur Änderung des Vertrages über die Europäische Union, der Verträge zur Gründung der Europäischen Gemeinschaften sowie einiger damit zusammenhängender Rechtsakte vom 2. Oktober 1997, ABl Nr. C 340 vom 10. November 1997.
1326 *Scholz*, Datenschutz beim Internet-Einkauf, 118 mwN.

türlichen und juristischen Personen werden nach den Prinzipien der Freiheit und Gleichheit gestaltet.[1327]

Der von der EG-Datenschutzrichtlinie betonte Zusammenhang zwischen dem Datenschutz einerseits und den Grundrechten und Grundfreiheiten des Einzelnen andererseits ist durch die Grundrechtscharta bekräftigt worden. Art. 8 Abs. 1 der Grundrechtscharta garantiert das Recht auf Schutz personenbezogener Daten, Art. 8 Abs. 2 erfordert eine Einwilligung der betroffenen Person oder eine gesetzliche Grundlage für eine Datenverarbeitung und Art. 8 Abs. 3 sieht eine Überwachung der Einhaltung der Vorschriften durch eine unabhängige Kontrollstelle vor.

Sobald die Grundrechtscharta Rechtsgeltung erlangt, gilt sie in allen Mitgliedsstaaten unmittelbar als weiterer Grundrechtskatalog. Dann bindet sie nationale Organe wie Parlamente und Gerichte, soweit diese Gemeinschaftsrecht anwenden müssen (Art. 52 EU-Grundrechtscharta).[1328] Soweit die Charta und die EMRK in der Sache übereinstimmen, haben sie mindestens dieselbe Bedeutung und Tragweite. Die Charta entfaltet derzeit allerdings formell noch keine unmittelbare Wirkung, da die Europäische Verfassung, in die sie aufgenommen wurde, vorerst gescheitert ist. Jedoch reichen die derzeitigen rechtlichen Wirkungen von einer politischen Selbstbindung der Organe der EU, welche die Charta proklamiert haben, hin zu einer Rechtsquelle, die der EuGH als Interpretationshilfe der gemeinsamen Verfassungsüberlieferungen der Mitgliedsstaaten heranziehen kann.[1329] So haben gleich mehrere Generalanwälte in ihren Schlussanträgen vor dem EuGH auf die Charta verwiesen, um klarzustellen, welche Grundrechte die Gemeinschaft respektieren und gewährleisten muss.[1330] Auch der EuGH selbst hat hiervon bei der Kontrolle von Gemeinschaftsrecht bereits maßgeblich Gebrauch gemacht,[1331] so dass anzunehmen ist, dass er die Charta auch künftig zur Fortentwicklung des Gemeinschaftsrechts heranziehen wird.[1332] Die EG-Kommission hat zudem im März 2001 beschlossen, alle Vorschläge für Rechtsakte und Regelungen noch vor ihrer Einbringung auf ihre Vereinbarkeit mit der Charta zu prüfen. Die Verwendung personenbezogener Daten im Bereich der Europäischen Union muss sich daher an der Charta orientieren und ihr Rechnung tragen.[1333]

1327 Tinnefeld/Ehmann/Gerling, Datenschutzrecht, 110.
1328 Tinnefeld/Ehmann/Gerling, Datenschutzrecht, 110.
1329 *Scholz*, Datenschutz beim Internet-Einkauf, 119 mwN.
1330 *Simitis* in Simitis, BDSG, E 244 mwN.
1331 Vgl. nur Rs. C–540/03, Entscheidung vom 27. Juni 2006, NVwZ 2006, 1033–1037 (Achtung des Privat- und Familienlebens); C–432/05 Vorabentscheidung v. 13. Februar 2007 – *Unibet ./. Schweden* (Grundsatz des effektiven Rechtsschutzes).
1332 *Scholz*, Datenschutz beim Internet-Einkauf, 119.
1333 *Simitis* in Simitis, BDSG, E 244 mwN.

4.2 *Grundrechtlicher Schutz der von der Datenverarbeitung Betroffenen*

Neben der EMRK, der Charta der Grundrechte der Europäischen Union und den weiteren internationalen und supranationalen Regelungen, die der deutsche Gesetzgeber zu beachten hat, bestimmen die nationalen Grundrechte des GG maßgeblich den erforderlichen Schutz von Daten. Von entscheidender Bedeutung sind hier das aus dem allgemeinen Persönlichkeitsrecht (Art. 2 Abs. 1 GG i. V. m. Art. 1 Abs. 1 GG) entwickelte Grundrecht auf informationelle Selbstbestimmung[1334] und das Grundrecht auf Gewährleistung der Vertraulichkeit und Integrität informationstechnischer Systeme.[1335] Diese werden flankiert durch das Fernmeldegeheimnis (Art. 10 Abs. 1 GG), das Grundrecht auf Unverletzlichkeit der Wohnung (Art. 13 GG) und weitere durch IKT-Implantate und Location Based Services (LBS) berührte Grundrechte wie die Freizügigkeit (Art. 11 GG). Ferner existieren zahlreiche Spezialregelungen in den Länderverfassungen, insbesondere zum Datenschutzrecht und zur informationellen Selbstbestimmung.[1336]

4.2.1 Allgemeines Persönlichkeitsrecht

Dem allgemeinen Persönlichkeitsrecht (APR) aus Art. 1 GG i. V. m. Art. 2 Abs. 1 GG kommt eine fundamentale Bedeutung bei der Freiheitsverbürgung des GG zu.[1337] Während sich die allgemeine Handlungsfreiheit aus Art. 2 Abs. 1 GG in aktiver Weise entfaltet („*jeder kann tun und lassen, was er will*“), dient das APR eher passiv der Respektierung der Privatsphäre, schützt vor dem unbefugten Eindringen in einen räumlich und thematisch bestimmten Bereich[1338] und darüber hinaus vor Beeinträchtigungen autonomer Selbstbestimmung und Selbstdarstellung.[1339] Das APR gewährleistet insoweit Elemente der Persönlichkeit, welche nicht Gegenstand der besonderen Freiheitsgarantien des GG sind, diesen in ihrer konstituierenden Bedeutung für die Persönlichkeit aber in nichts nachstehen.[1340] Das APR gewährt das Recht auf Achtung und Nichtverletzung der Person sowohl in ihrem unmittelbaren Dasein als auch in ihren einzelnen Erscheinungsformen[1341] und ist „*umfassender Ausdruck der persönlichen Freiheitssphäre und zugleich Ausgangspunkt aller subjektiven Abwehrrechte des Bürgers gegen den Staat*“.[1342] Ein Rückgriff auf das APR scheidet aus, wenn ein Verhalten in den Schutzbereich eines anderen Grund-

1334 Grundlegend BVerfGE 65, 1 – *Volkszählung.*

1335 Grundlegend BVerfG, 1 BvR 370/07, 1 BvR 595/07 – Online-Durchsuchung.

1336 Hierauf wird in Kapitel 4.2.7 kurz näher eingegangen.

1337 *Dreier* in Dreier, Grundgesetz, Art. 2, Rn 22.

1338 BVerfGE 27, 344 (350ff) – *Scheidungsakte*; BVerfGE 44, 353 (372f) – *Suchtkrankenberatungsstelle*; BVerfGE 90, 255 (260) – *Briefüberwachung*; BVerfGE 101, 361 (382f) – *Caroline von Monaco II*; BVerfG, 1 BvR 370/07, 1 BvR 595/07, Rn 197 mwN – Online-Durchsuchung.

1339 BVerfGE 54, 148 (153ff) – *Eppler*; *Dreier* in Dreier, Grundgesetz, Art. 2, Rn 23 mwN.

1340 BVerfGE 99, 185 (193) – *Scientology*; BVerfGE 114, 339 (346) – *Manfred Stolpe*; BVerfG, 1 BvR 370/07, 1 BvR 595/07, Rn 169 – Online-Durchsuchung; ebenso *Dreier* in Dreier, Grundgesetz, Art. 2, Rn 30 mwN.

1341 *Deutsch*, AcP (192) 1992, 162 mwN.

1342 BVerfGE 49, 15 (23).

rechts fällt und sich die dort vorgenommene Einschränkung als verfassungsgemäß erweist.[1343]

Der Ursprung des APR liegt in der Sicherung der Entstehungsbedingungen freier autonomer Individualität. Diese Individualität kann ohne den Schutz der Privatsphäre und der Möglichkeit selbstbestimmter Darstellung Dritten gegenüber nicht zur Entfaltung kommen. Erst das Wissen um die Respektierung der Individualität und Privatsphäre und entsprechende Sicherheitsvorkehrungen gestatten eine freie, aktive und nach außen gewandte Betätigung im Sinne der allgemeinen Handlungsfreiheit.[1344] Die allgemeine Handlungsfreiheit garantiert im Hinblick auf den Einsatz von IKT-Implantaten die damit zusammenhängende *„Produktion"* von Lebensdaten im umfassendsten Sinne, während das APR vor dem Zugriff auf diese Daten schützt.[1345] Aus der unbegrenzten Vielfalt der durch das APR geschützten Bereiche haben sich bestimmte Teilgehalte mit tatbestandlich klarer Struktur herauskristallisiert. Besondere Bedeutung kommt dem Grundrecht auf informationelle Selbstbestimmung und der jüngsten speziellen Ausformung des APR, dem Grundrecht auf Vertraulichkeit und Integrität informationstechnischer Systeme zu.

4.2.2 Grundrecht auf informationelle Selbstbestimmung

4.2.2.1. Entwicklung

Das BVerfG befasste sich erstmals in seiner Mikrozensus-Entscheidung im Jahre 1969 mit dem Schutz persönlicher Daten.[1346] In dieser und in den hierauf folgenden Entscheidungen machte es die Schutzwürdigkeit von personenbezogenen Daten von der Zugehörigkeit dieser Daten zur Privatsphäre abhängig (Sphärentheorie).[1347]

Bereits zuvor hatte das BVerfG auf Basis des APR dem einzelnen Bürger zunächst einen unantastbaren Bereich privater Lebensgestaltung gewährt, der der Einwirkung der öffentlichen Gewalt entzogen ist.[1348] In der Mikrozensus-Entscheidung sprach das BVerfG aus, dass es mit der Menschenwürde nicht vereinbar ist, wenn der Staat für sich das Recht in Anspruch nimmt, Menschen zwangsweise in ihrer ganzen Persönlichkeit zu registrieren und zu katalogisieren, sei es auch in der Anonymität einer statistischen Erhebung.[1349] Andererseits verletzt auch nicht jede statistische Erhebung von Lebensdaten die Persönlichkeit in ihrer Würde oder berührt ihr unantastbares Selbstbestimmungsrecht im innersten

---

1343 *Dreier* in Dreier, Grundgesetz, Art. 2, Rn 30 mwN.

1344 *Dreier* in Dreier, Grundgesetz, Art. 2, Rn 25.

1345 Z. B. von der Kenntnisnahme von Lebensgewohnheiten, sexueller Orientierung, vgl. *Dreier* in Dreier, Grundgesetz, Art. 2, Rn 24.

1346 BVerfGE 27, 1 (7) – *Mikrozensus.*

1347 BVerfGE 27, 344 (350f) – *Scheidungsakte*; BVerfGE 32, 373 (379) – *Ärztekartei*; BVerfGE 35, 202ff (221) – *Lebach*; BVerfGE 44, 353 (353) – *Suchtkrankenberatungsstelle.*

1348 BVerfGE 6, 32 (41) – *Elfes.*

1349 BVerfGE 27, 1 (6ff) – *Mikrozensus.*

Lebensbereich.[1350] Dies gilt beispielsweise in Fällen, in welchen die statistische Erhebung nur an das Verhalten des Menschen in der Außenwelt anknüpft.[1351] Daher entwickelte das BVerfG die Sphärentheorie, welche zwischen drei Persönlichkeitssphären mit gestuften Eingriffsmöglichkeiten unterschied. Sie differenzierte zwischen einem letzten unantastbaren Bereich privater Lebensgestaltung, der als absolut geschützter Kernbereich keiner Einschränkung zugänglich ist (Intimsphäre) und verschiedenen abgestuften Sphären von der Privatsphäre bis hin zur Öffentlichkeit.[1352] Außerhalb dieses Kernbereichs sah das BVerfG die Privatsphäre als ebenfalls schützenswert an, aber nicht mit dieser absoluten Schutzpriorität. Die äußerste, dritte Sphäre – die Sozialsphäre/Öffentlichkeit – unterfiel noch geringeren Voraussetzungen.[1353] Diese sollte unter Berufung auf das Menschenbild des GG und seiner Gemeinschaftsbezogenheit verfassungsrechtlichen Beschränkungen zugänglich sein.[1354]

Die über 1.000 Verfassungsbeschwerden gegen das Gesetz über eine Volks-, Berufs-, Wohnungs- und Arbeitsstättenzählung vom 25.03.1983 waren Anlass für das BVerfG, seine Rechtsprechung über die Zulässigkeit staatlicher Informationssammlung, -bearbeitung und -weitergabe zu vertiefen und zu konkretisieren.[1355] Die Sphärentheorie ließ sich unter den Bedingungen der modernen Datenverarbeitung nicht mehr aufrecht erhalten. Denn die entfernungsunabhängige schnelle Abrufbarkeit *„unbegrenzter"* Daten schuf die Möglichkeit, über integrierte Informationssysteme unabhängig von der Herkunft aus einer bestimmten Sphäre ein *„teilweises oder weitgehend vollständiges Persönlichkeitsbild"* zusammenzufügen. Die bisher unbekannte Einsicht- und Einflussnahme, *„welche auf das Verhalten des Einzelnen schon durch den psychischen Druck öffentlicher Anteilnahme einzuwirken vermögen"*,[1356] bewog letztlich das BVerfG zur Abkehr von der Sphärentheorie. Unter Berücksichtigung dieser spezifischen Gefahren müsse es dem Einzelnen nicht nur möglich sein, Entscheidungen über sein Verhalten zu treffen, sondern der Einzelne müsse sich auch tatsächlich entsprechend seiner Entscheidungen verhalten können.[1357] *„Mit dem Recht auf informationelle Selbstbestimmung wäre eine Gesellschaftsordnung und eine diese ermöglichende Rechtsordnung nicht vereinbar, in der Bürger nicht mehr wissen können, wer was wann und bei welcher Gelegenheit über ihn weiß. Wer unsicher darüber ist, ob abweichende Verhaltensweisen jederzeit notiert und als Information dauerhaft gespeichert, verwendet oder weitergegeben werden, wird versuchen, nicht durch sol-*

1350 BVerfGE 27, 1 (7) – *Mikrozensus.*

1351 BVerfGE 27, 1 (7) – *Mikrozensus.*

1352 BVerfGE 6, 32 (41) – *Elfes*; 32, 373 (378ff) – *Ärztekartei*; 34, 238 (245) – *Heimliche Tonbandaufnahme*; 35, 35 (39) – *Untersuchungsgefangener*, 38, 312 (320); 80, 367 (373ff) – *Tagebuchaufzeichnung*; 103, 21 (31ff) – *Genetischer Fingerabdruck I*; *Tinnefeld/Ehmann/Gerling*, Datenschutzrecht, 131.

1353 Vergleich hierzu *Dreier* in Dreier, Grundgesetz, Art. 2, Rn 87ff mwN.

1354 BVerfGE 6, 32 (41) – *Elfes*; 27, 344 (350ff) – *Scheidungsakte*; 32, 373 (378ff) – *Ärztekartei*; 34, 238 (245ff) – *Heimliche Tonbandaufnahme*; 35, 202 (220) – *Lebach*; 80, 367 (373ff) – *Tagebuchaufzeichnung.*

1355 BVerfGE 65, 1ff – *Volkszählung*; Vergleich dazu *Beckmann*, Der Schutz personenbezogener Daten im sozialen Sicherungssystem, 28 mwN; *Dreier* in Dreier, Grundgesetz, Art. 2, Rn 88 mwN.

1356 BVerfGE 65, 1 (42) – *Volkszählung.*

1357 BVerfGE 65, 1 (42ff) – *Volkszählung.*

che Verhaltensweisen aufzufallen. (...) Dies würde nicht nur die individuellen Entfaltungschancen des Einzelnen beeinträchtigen“.[1358]

Dieser Schutzauftrag erfordert es, nicht mehr auf die Sphäre abzustellen, aus welcher die Daten herrühren, sondern auf deren Verwendungszusammenhang.[1359] Dem Datum selbst ist vielfach nicht anzusehen, welche Bedeutung es für den Betroffenen hat und welche es durch die Einbeziehung in andere Zusammenhänge gewinnen kann.[1360] Daher *„kann nicht mehr allein auf die Art der Daten abgestellt werden. Entscheidend sind ihre Nutzbarkeit und Verwendungsmöglichkeit“.*[1361] Diese hängen von dem Erhebungszweck und den der Informationstechnologie eigenen Verwendungs- und Verknüpfungsmöglichkeiten ab.[1362] Die heute mögliche Verdichtung zahlreicher *„belangloser“* und *„harmloser“* Einzelinformationen zu umfassenden Profilen führt dazu, dass die Zuordnung eines Sachverhalts zu einer bestimmten Sphäre unter den Bedingungen der heutigen Informations- und Kommunikationstechnologie keinen Sinn macht.[1363] Da die technischen Verknüpfungsmöglichkeiten unbegrenzt sind und auch aus für sich genommen unerheblichen Informationen durch Verknüpfung mit anderen Daten Rückschlüsse auf den Betroffenen, seinen Lebensweg und seine Persönlichkeit ermöglichen,[1364] *„gibt es unter den Bedingungen der automatisierten Datenverarbeitung kein 'belangloses' Datum mehr“,*[1365] so dass nicht mehr nach Intim-, Privat- und Individualsphäre zu trennen ist.[1366]

Das Grundrecht auf informationelle Selbstbestimmung aus Art. 2 Abs. 1 i. V. m. Art. 1 Abs. 1 GG geht daher über den Schutz der Privatsphäre hinaus und umfasst *„den Schutz des Einzelnen gegenüber unbegrenzter Erhebung, Speicherung, Verwendung und Weitergabe seiner persönlichen Daten“* und somit *„die Befugnis des Einzelnen, grundsätzlich selbst über die Preisgabe und Verwendung seiner persönlichen Daten zu bestimmen“.*[1367]

Insbesondere unter Berücksichtigung der Möglichkeit der modernen Informationstechnologien, der Telematik und der IKT-Implantate können künftig umfangreichste miteinander kompatible Daten erhoben, miteinander verknüpft und vielfältig verwendet werden.[1368] Wer

---

1358 BVerfGE 65, 1 (43) – *Volkszählung*; Vergleich hierzu auch *Tinnefeld/Ehmann/Gerling*, Datenschutzrecht, 132 mwN.

1359 BVerfGE 65, 1 (45) – *Volkszählung*; *Dreier* in Dreier, Grundgesetz, Art. 2, Rn 88 mwN.

1360 BVerfG, 1 BvR 370/07, 1 BvR 595/07, Rn 197 – Online-Durchsuchung.

1361 BVerfGE 65, 1 (45) – *Volkszählung.*

1362 BVerfG, 1 BvR 370/07, 1 BvR 595/07, Rn 197 – Online-Durchsuchung.

1363 So ausdrücklich *Tinnefeld/Ehmann/Gerling*, Datenschutzrecht, 133 mwN; *Dreier* in Dreier, Grundgesetz, Art. 2, Rn 80 mwN; dies gilt umso mehr für IKT–Implantate, da sich die Risiken, hierdurch noch deutlich verstärken.

1364 *Dreier* in Dreier, Grundgesetz, Art. 2, Rn 80.

1365 BVerfGE 65, 1 (45) – *Volkszählung*; von diesem Grundsatz aber abweichend wiederum BVerfGE 80, 367 (373) – *Tagebuchaufzeichnung.*

1366 BVerfG, 1 BvR 370/07, 1 BvR 595/07, Rn 197 – Online-Durchsuchung; *Dreier* in Dreier, Grundgesetz, Art. 2, Rn 80 mwN.

1367 BVerfGE 65, 1 (43) – *Volkszählung*; *Tinnefeld/Ehmann/Gerling*, Datenschutzrecht, 132 mw3N; *Dreier* in Dreier, Grundgesetz, Art. 2, Rn 78; *Beckmann*, Der Schutz personenbezogener Daten im sozialen Sicherungssystem, 24f.

1368 So bereits zu den Anfängen der Datenverarbeitung BVerfGE 65, 1ff – *Volkszählung*; Vergleich zu den vielseitigen Verknüpfungs- und Verwendungsmöglichkeiten auch *Beckmann*, Der Schutz personenbezogener Daten im sozialen Sicherungssystem, 25; ebenso BVerfG, 1 BvR 370/07, 1 BvR 595/07, Rn 198ff – Online-Durchsuchung.

aber *„nicht mit hinreichender Sicherheit überschauen kann, welche ihn betreffenden Informationen in bestimmten Bereichen seiner sozialen Umwelt bekannt sind, und wer das Wissen möglicher Kommunikationspartner nicht einigermaßen abzuschätzen vermag, kann in seiner Freiheit wesentlich gehemmt werden, aus eigener Selbstbestimmung zu planen oder zu entscheiden"*.[1369] Nur wenn der Einzelne darauf vertrauen kann, sich in unser Gesellschaft unbehelligt bewegen zu können, ohne dass seine persönlichen Daten im Zusammenhang mit einem Ereignis oder einer Tätigkeit vom Staat oder privaten Dritten erfasst werden, kann er die ihm zustehenden Rechte, seine Meinung frei zu äußern, zu demonstrieren, zu koalieren, etc., wahrnehmen. Aus diesem Grund wird der Datenschutz als strukturelle Voraussetzung eines demokratischen Staates angesehen.[1370]

4.2.2.2. Schutzbereich

4.2.2.2.1. Persönlicher Schutzbereich

Das Grundrecht auf informationelle Selbstbestimmung ist ein so genanntes Jedermann-Grundrecht, welches allen lebenden natürlichen Personen unabhängig von der Staatsangehörigkeit zusteht.[1371] Der Grundrechtsschutz ist auch nicht an die Grundrechtsmündigkeit des Trägers gebunden.[1372] Für Minderjährige[1373] wird im Hinblick auf Artikel 2 Abs. 1 GG sogar von einem *„Menschwerdungsrecht"* beziehungsweise *„Persönlichkeitswerdungsrecht"* gesprochen,[1374] welches das notwendige Experimentieren zur Persönlichkeitsfindung und -entfaltung gewährleisten soll.[1375] Auf Grund der Verankerung des Rechts auf informationelle Selbstbestimmung im APR des Art. 2 Abs. 1 GG, welches sich ausschließlich auf noch lebende Personen bezieht,[1376] gelten für Verstorbene allein die Grundsätze des in Art. 1 Abs. 1 GG verankerten postmortalen Persönlichkeitsschutzes.[1377]

4.2.2.2.1.1. Sachlicher Schutzbereich

4.2.2.2.1.2. Personenbezogene Informationen

1369 BVerfGE 65, 1 (43) – *Volkszählung*; bestätigend BVerfG NJW 2002, 2164; Vergleich hierzu auch *Dreier* in Dreier, Grundgesetz, Art. 2, 78 mwN.

1370 *Beckmann*, Der Schutz personenbezogener Daten im sozialen Sicherungssystem, 25 mwN; *75. Konferenz der Datenschutzbeauftragten des Bundes und der Länder*, DuD 2008, 469.

1371 Ganz h.M., vgl. Nachweise bei *Dreier* in Dreier, Grundgesetz, Art. 2, Rn 81 mwN, *Kunig*, Jura 1993, 589; gemäß Art. 19 Abs. 3 GG gelten Grundrechte auch für inländische juristische Personen des Privatrechts, soweit sie ihren Wesen nach auf diese anwendbar sind. Diese Anwendbarkeit ist für das allgemeine Persönlichkeitsrecht – und damit auch für das Recht auf informationelle Selbstbestimmung – umstritten. Vgl. zu diesem Streit mwN *Dreier* in Dreier, Grundgesetz, Art. 2, Rn 82 mwN. Da es in dieser Untersuchung primär um den Schutz natürlicher Personen geht, wird auf diesen Streit nicht weiter eingegangen.

1372 *Kunig*, Jura 1993, 589. Der pränatale Persönlichkeitsschutz steht jedoch nicht dem Ungeborenen selbst, sondern seiner Mutter zu, da erst geborene Menschen über Privatsphäre und Persönlichkeit verfügen, *Kunig*, Jura 1993, 599.

1373 Vgl. BVerfGE 47, 46 (72ff) – *Sexualkundeunterricht*; 83, 130 (140) – *Josefine Mutzenbacher*; *Dreier* in Dreier, Grundgesetz, Art. 2, Rn 81 mwN.

1374 *Dreier* in Dreier, Grundgesetz, Art. 2, Rn 81 mwN; BVerfGE 24, 119 (144) – *Adoption I*; 55, 171 (181) – *Sorgerecht.*

1375 *Roßnagel*, FES-Studie, 109.

1376 BVerfGE 30, 173 (194) – *Mephisto.*

1377 *Kunig*, Jura 1993, 589ff; *Dreier* in Dreier, Grundgesetz, Art. 2, Rn 81 mwN.

Der Schutzbereich des Rechts auf informationelle Selbstbestimmung definiert sich über die *„personenbezogenen Daten“*.[1378] Dieser Begriff wurde vom BVerfG in seinen Entscheidungen nicht näher definiert. Vielmehr wurde auf die Definition im BDSG zurückgegriffen.[1379] Dabei wird die gesetzliche Definition teilweise als deckungsgleiche, teilweise als konkretisierende Bestimmung angesehen.[1380] Nach § 3 Abs. 1 BDSG sind personenbezogene Daten Einzelangaben über persönliche oder sachliche Verhältnisse einer bestimmten oder bestimmbaren natürlichen Person. Die grundsätzliche Schutzwürdigkeit der Daten hängt unter den Bedingungen der modernen Informationstechnologie nicht mehr von der inhaltlichen Aussage der Daten ab.[1381] Daher beschränkt sich der Schutzumfang des Grundrechts nicht auf solche Informationen, welche bereits ihrer Art nach sensibel sind. Auch der Umgang mit personenbezogenen Daten, die für sich genommen nur geringsten Informationsgehalt aufweisen, kann je nach Ziel des Zugriffs und den bestehenden Verarbeitungs- und Verknüpfungsmöglichkeiten grundrechtliche Auswirkungen auf die Privatheit und Verhaltensfreiheit des Betroffenen haben.[1382] Ebenso wie die Definition des BDSG sieht das BVerfG zudem nicht nur personenbezogene, sondern auch alle individualisierbaren (personenbeziehbaren) Angaben als schützenswert an.[1383] Demnach sind auch sämtliche Einzelangaben, welche einer Person zwar nicht eindeutig zugeordnet sind, aber dazu beitragen können, deren Identität festzustellen, vom Schutz des Grundrechts erfasst. In jüngster Zeit ist eine Diskussion darüber entbrannt, für wen Daten personenbezogen sein müssen, um unter die Definition der Datenschutzgesetze zu fallen.[1384] Während nach der wohl h. M. der Personenbezug jeweils für die datenverarbeitenden Stelle vorliegen muss (so genannter *„relativer Personenbezug“*), will eine neue Meinung hierunter alle Daten verstehen, welche für eine beliebige Person einen Personenbezug aufweisen (*„objektiver Personenbezug“*).[1385] Soviel in einer Welt allgegenwärtiger Datenverarbeitung, bei der die jederzeitige Verknüpfung technisch wie organisatorisch möglich ist, auch dafür sprechen mag,[1386] den Personenbezug nur noch objektiv zu sehen, widerspricht diese Auffassung doch der klaren Intention des Gesetzgebers: So wäre beispielsweise für eine pseudonyme Nutzung kein Raum mehr, bei der nach der herkömmlichen Definition gerade keine anonymen Daten vorliegen, wohl aber dem Verarbeiter selbst der Zuordnungsschlüssel nicht bekannt ist – so dass es sich aus seiner Sicht nicht um personenbezogene Informationen handelt.[1387] Würde man lediglich darauf abstellen, dass irgendeine Person

1378 *Dreier* in Dreier, Grundgesetz, Art. 2, Rn 80.

1379 BVerfGE 65, 1 (42) – *Volkszählung.*

1380 *Di Fabio* in Maunz/Dürig/Herzog, Grundgesetz, Art 2 Abs. 1, Rn 175; *Dreier* in Dreier, Grundgesetz, Art. 2, Rn 80.

1381 *Di Fabio* in Maunz/Dürig/Herzog, Grundgesetz, Art 2 Abs. 1, Rn 174.

1382 BVerfG NJW 2007, 2464 (2466) – *Schweigepflichtentbindung*; BVerfG, 1 BvR 370/07, 1 BvR 595/07, Rn 198 – Online-Durchsuchung.

1383 BVerfGE 67, 100 (144) – *Flick–Ausschuss.*

1384 Siehe hierzu *Pahlen-Brandt*, K&R 2008, 288ff mwN.

1385 Für den „objektiven“ Personenbezug *Pahlen-Brandt*, K&R 2008, 288; AG Berlin Mitte K&R 2007, 600, für einen „relativen“ Personenbezug hingegen *Dammann* in Simitis, BDSG, § 3, Rn 31ff; *Gola/Schomerus*, BDSG, § 3, Rn 10.

1386 Vgl. diesbezüglich auch *Simitis*, JZ 2008, 702, welcher zutreffend darauf verweist, dass die Vernetzung „den Zugang zu den Daten, wo immer sie sich befinden und ohne Rücksicht darauf, von wem sie wann wofür erhoben und verarbeitet wurden“, erlaube.

1387 Vgl. hierzu näher Kapitel 5.2.6.3.

diesen Zuordnungsschlüssel besitzt, gäbe es keine pseudonymen Daten mehr. Die Figur des „objektiven" Personenbezugs wird aber auch gar nicht benötigt: Nach Erwägungsgrund 26 der DSRL sind bei der Entscheidung über die Bestimmbarkeit der Person alle Mittel zu berücksichtigen, die vernünftigerweise von dem Verantwortlichen der DV oder einem Dritten eingesetzt werden können, um die entsprechende Person zu identifizieren.[1388] Sobald eine datenverarbeitende Stelle daher aufgrund rechtlicher, technischer oder organisatorischer Möglichkeiten ohne größere Hürde auf Daten Dritter zugreifen kann, ist aus ihrer Sicht zumindest die Person bestimmbar – was auch nach der herrschenden Ansicht dem Personenbezug gleich gestellt ist. Die Mindermeinung hat jedoch für sich, dass sie ausdrücklich auch nicht legale Mittel der Identifizierung erfasst haben will, da das Datenschutzrecht gerade den Schutz vor Missbrauch bieten will.[1389] Ob eine Stelle solche Mittel aber „vernünftigerweise" einsetzt, ist stark zu bezweifeln, so dass der Missbrauch tatsächlich von der h.M. nicht erfasst wird.

4.2.2.2.1.3. Schutzrichtungen

Die informationelle Selbstbestimmung ist – neben dem Fernmeldegeheimnis – das zentrale Grundrecht der Informationsgesellschaft.[1390] Sie hat eine subjektive und objektive Schutzrichtung. Das Recht auf informationelle Selbstbestimmung ist dabei nicht auf die besonderen Gefahren moderner Datenerhebung und -verarbeitung beschränkt.[1391] Da die neuartigen Möglichkeiten moderner Informationstechnologie, – jederzeitige Verfügbarkeit, beliebige Transferierbarkeit, grenzenlose Kombinationsmöglichkeit – jedoch in besonderem Maße ein Gefährdungspotential für den Datenschutz darstellen,[1392] kommt dem Grundrecht eine elementare Bedeutung zu.[1393]

4.2.2.2.1.3.1. Subjektive Schutzrichtung

Die informationelle Selbstbestimmung schützt die selbstbestimmte Entwicklung und Entfaltung des Einzelnen. Dabei ist zu berücksichtigen, dass dessen Persönlichkeit durch das Gesamtbild seines Handelns und Kommunizierens in unterschiedlichen sozialen Rollen geprägt wird.[1394] Eine individuelle Entwicklung, Entfaltung und Darstellung des Einzelnen erfordert, dass Informationen, die im Rahmen der jeweiligen Kontakte offenbart werden, nicht gegen den Willen des Betroffenen weitergegeben oder zweckentfremdet verwendet

---

1388 So auch die Mindermeinung, vgl. AG Berlin Mitte, K&R 2007, 600 (601); *Pahlen-Brandt*, K&R 2008, 289.

1389 AG Berlin Mitte, K&R 2007, 600 (601); *Pahlen-Brandt*, K&R 2008, 289.

1390 *Roßnagel*, FES-Studie, 108 mwN.

1391 BVerfGE 78, 77 (84) – Entmündigungsbeschluss.

1392 BVerfG, 1 BvR 2074/05, 1 BvR 1254/07, Rn 64 mwN – *Kraftfahrzeugkennzeichenerfassung*; BVerfGE 65, 1 (42) – *Volkszählung*; ebenso *Dreier* in Dreier, Grundgesetz, Art. 2, Rn 78.

1393 So bereits das BVerfG in BVerfGE 65, 1 (42) – *Volkszählung*; BVerfGE 78, 77 (84); *Dreier* in Dreier, Grundgesetz, Art. 2, 78; wobei bei diesen Entscheidungen die seinerzeit bekannte Datenverarbeitung noch weit hinter dem zurückblieb, was heute schon möglich ist und erst recht in einer Welt des Ubiquitous Computing möglich sein wird. Auf genau diese neuen Möglichkeiten und die damit einhergehende gesteigerte Gefährdungslage stellt die Entscheidung BVerfG, 1 BvR 2074/05, 1 BvR 1254/07, Rn 64 – *Kraftfahrzeugkennzeichenerfassung* ab.

1394 *Roßnagel*, FES-Studie, 109.

werden und er die Preisgabe von Angaben über sich zumindest überschauen kann.[1395] Kann er dies nicht, wird er in seiner Freiheit wesentlich gehemmt, aus eigener Selbstbestimmung zu planen oder zu entscheiden.[1396] Diesen Vorrang autonomer Entscheidung über Informationsfreigabe schützt die subjektive Komponente des Grundrechts auf informationelle Selbstbestimmung.[1397]

Die informationelle Selbstbestimmung verlangt als Ausdruck der Menschenwürde, einen Menschen nicht zum bloßen Objekt werden zu lassen.[1398] Es widerspricht daher der Menschenwürde, einen Menschen in seiner gesamten Persönlichkeit zu registrieren und wie eine Sache zu behandeln, welche einer Bestandsaufnahme in jeder Beziehung und zu jeder Zeit zugänglich ist.[1399] Dabei soll nicht jegliche Verobjektivierung des Menschen verboten werden, da diese teilweise geboten sein kann. Stattdessen bezweckt dieses Grundrecht den Schutz des Einzelnen durch Gewährung eines privaten Raums, der fremden Einwirkungen entzogen ist und in den er sich zurückziehen kann, ohne dass sein Tun in unerwünschter Weise von anderen registriert wird.[1400]

Als Ausfluss der Menschenwürde ist die Freiheit vor überhand nehmender Beobachtung und Registrierung von Verhaltensweisen mit geschützt, da diese den Einzelnen verängstigen können.[1401] Hierzu gehört das Recht, nicht ausspioniert zu werden, weder in einzelnen Lebensäußerungen noch in der Gesamtheit der Lebensgewohnheiten.[1402] Ein Ausspionieren liegt jedoch regelmäßig noch nicht vor bei einer bloßen Beobachtung in der Öffentlichkeit, wohl aber beim Zusammenstellen der Beobachtungen zu einem Gesamtbild.[1403] Da schon die Möglichkeit der Beobachtung dazu führen kann, dass sich die Betroffenen bemühen, nicht aufzufallen und sich konform zu verhalten, kann der „*psychische Druck öffentlicher Anteilnahme*" die Entfaltung der Persönlichkeit hemmen und dem Betroffenen wesentliche Teile seiner Handlungsfreiheit rauben.[1404] Insbesondere wenn der Einzelne nicht weiß, welche nachteiligen Auswirkungen sich aus einer möglichen Speicherung seiner Daten ergeben, können Angstgefühle ausgelöst werden. Ein Zustand der Angst wird aber als grundsätzlich nicht mit der Menschenwürde vereinbar angesehen.[1405]

1395 BVerfGE 65, 1 (41) – *Volkszählung*; *Hetmank*, JurPC Web-Dok. 67/2002, Rn 10.

1396 BVerfGE 65, 1 (43) – *Volkszählung*; bestätigend BVerfG NJW 2002, 2164; BVerfG RDV 2007, 70–74 (Ziff. B II 2 a) – *IMSI-Catcher*; *Roßnagel*, FES-Studie, 109.

1397 BVerfGE 65, 1 (42) – *Volkszählung*; 80, 367 (373) – *Tagebuchaufzeichnung*; BVerfG RDV 2007, 70–74 (Ziffer B II 2 a) – *IMSI-Catcher*; *Dreier* in Dreier, Grundgesetz, Art. 2, Rn 78 mwN; *Roßnagel*, FES-Studie, 109.

1398 BVerfGE 27, 1 (6) – *Mikrozensus*; 30, 1 (25).

1399 *Hetmank*, JurPC Web-Dok. 67/2002, Rn 6 mwN.

1400 BVerfGE 27, 1 (6) – *Mikrozensus*.

1401 *Hetmank*, JurPC Web-Dok. 67/2002, Rn 6 mwN.

1402 *Starck* in v. Mangoldt/Klein/Starck, Grundgesetz, Art. 2 Abs. 1 GG, Rn 179.

1403 *Starck* in v. Mangoldt/Klein/Starck, Grundgesetz, Art. 2 Abs. 1 GG, Rn 179.

1404 BVerfGE 27, 1 (7) – *Mikrozensus*; *Hetmank*, JurPC Web-Dok. 67/2002, Rn 12f mwN.

1405 *Hetmank*, JurPC Web-Dok. 67/2002, Rn 6 mwN.

Aus dem Grundrecht auf informationelle Selbstbestimmung folgt nicht nur ein Abwehranspruch, sondern flankierend auch ein Auskunftsrecht im Sinne einer gewissen Informationsfreiheit. So ist seit mehr als 25 Jahren anerkannt, dass sich als Ausfluss des Rechts auf informationelle Selbstbestimmung auch Auskunftsansprüche gegen Dritte ergeben, beispielsweise ein Recht auf Einblick in Krankenunterlagen.[1406] Denn ein Kranker hat ein geschütztes Interesse daran, zu erfahren, wie man mit seinem Körper und seiner Gesundheit bei der ärztlichen Behandlung umgegangen ist, welche Daten sich dabei ergeben haben und wie man die weitere Entwicklung einschätzt. Diese rückblickende Informationsmöglichkeit gehört zur Verwirklichung der Person und ist damit Gegenstand des verfassungsrechtlich geschützten Rechts auf informationelle Selbstbestimmung.[1407]

Insbesondere wenn Datenbestände zu einem Persönlichkeitsabbild zusammengefügt werden, ohne dass der Betroffene dessen Richtigkeit hinreichend kontrollieren kann, drohen Fehlentscheidungen aufgrund falscher oder unvollständiger Informationen.[1408] Auch eine Datennutzung außerhalb des Kontextes, unter welchem die Daten erhoben wurden, gefährdet die Richtigkeit von Daten. Ziel des grundrechtlichen Schutzes ist es somit auch, die Richtigkeit von Daten so weit wie möglich zu gewährleisten.[1409] Dabei stehen Auskunftsrechte häufig in Wechselwirkung zu Abwehrrechten, da nur die Kenntnis der bei Dritten vorliegenden Daten Einfluss auf deren Speicherung, Verarbeitung und Löschung ermöglicht.

4.2.2.2.1.3.2. Objektive Schutzrichtung

Die informationelle Selbstbestimmung zielt auf eine Kommunikationsordnung, die einen selbstbestimmten Informationsaustausch und eine freie demokratische Willensbildung ermöglicht.[1410] In dieser überindividuellen Funktion ist die informationelle Selbstbestimmung daher auch Element einer „objektiven Werteordnung", „die als verfassungsrechtliche Grundentscheidung für alle Bereiche des Rechts gilt und Richtlinien und Impulse für Gesetzgebung, Verwaltung und Rechtsprechung gibt".[1411] Hierdurch ist der Staat verpflichtet, rechtliche und organisatorische Vorkehrungen zu treffen, um Beeinträchtigungen des Rechts auf informationelle Selbstbestimmung von Seiten privater Dritter vorzubeugen.[1412]

1406 BGHZ 85, 327 – Einsichtsrecht des Patienten in ärztliche Aufzeichnungen; Deutsch, AcP (192) 1992, 170ff.

1407 *Deutsch*, AcP (192) 1992, 171.

1408 BVerfGE 27, 1 (42) – *Mikrozensus*; *Tinnefeld/Ehmann/Gerling*, Datenschutzrecht, 3; *Simitis*, NJW 1984, 402.

1409 *Hetmank*, JurPC Web-Dok. 67/2002, Rn 14.

1410 *Roßnagel* in Mattern, Informationelle Selbstbestimmung in der Welt des Ubiquitous Computing, 268.

1411 BVerfGE 39, 1 (41) – *Schwangerschaftsabbruch I*; vgl. hierzu auch *Langheinrich* in Fleisch/Mattern, Die Privatsphäre im Ubiquitous Computing, 335 mwN.

1412 *Kunig* in Münch/Kunig, Grundgesetz, Art. 2 Abs. 1, Rn 40; ebenso die *Bundesregierung* in ihrem Bericht der zu den Aktivitäten, Planungen und zu einem möglichen gesetzgeberischen Handlungsbedarf in Bezug auf die datenschutzrechtlichen Auswirkungen der RFID-Technologie, BT-Drs. 16/7891, 7 unter Verweis auf die Rechtsprechung des BVerfG, wonach die informationelle Selbstbestimmung des Einzelnen in Zeiten moderner Datenverarbeitung – gerade angesichts der Möglichkeit zu umfassender Profilbildung – des besonderen Schutzes vor Beeinträchtigungen von Seiten nicht-staatlicher Dritter bedarf; wohl in diesem Sinne auch BVerfG, 1 BvR 370/07, 1 BvR 595/07, Rn 199 mwN – Online-Durchsuchung; *75. Konferenz der Datenschutzbeauftragten des Bundes und der Länder*, DuD 2008, 469.

Er muss daher auch bei einem Einsatz von IKT-Implantaten dafür Sorge tragen, dass das Recht, nicht ausspioniert zu werden, gewahrt bleibt.[1413] Dieser objektive Gehalt der Grundrechte tritt neben die durch die Grundrechte gewährten Abwehrrechte und soll den rein negatorischen und insoweit lückenhaften Schutz verstärken und vervollständigen.[1414] Dies erfordert auch, Hilfen zum informationellen Selbstschutz zur Verfügung zu stellen und das Datenschutzbewusstsein zu fördern, um vor einem fahrlässigen Umgang mit persönlichen Daten abzuhalten.[1415] Der Staat ist insoweit verpflichtet, sich schützend vor den Einzelnen zu stellen, wenn Eingriffe Dritter die grundrechtlichen Schutzgüter bedrohen.[1416] Dieser objektivrechtlichen Schutzpflicht entspricht zugleich ein subjektiver Schutzanspruch. Verletzt der Staat seine Schutzpflicht, verletzt er zugleich das betreffende subjektive Grundrecht.[1417] Dies gilt auch für die Schutzgüter des Art. 2 Abs. 1 GG, insbesondere den Datenschutz.[1418]

4.2.2.2.1.3.3. Schutzwirkung gegenüber nicht-staatlicher Datenverarbeitung

Während sich die ersten Entscheidungen des BVerfG zum Mikrozensus und zum Volkszählungsgesetz primär mit staatlichen Eingriffen befassten, wird in der Literatur seit langem eine Ausdehnung des grundrechtlichen Schutzes auch auf die Datenerhebung und Verarbeitung durch Private für erforderlich gehalten.[1419] Mittlerweile sieht auch das BVerfG in der Missachtung der informationellen Selbstbestimmung einen Eingriff, unabhängig davon, ob dieser durch eine staatliche Behörde oder ein privates Unternehmen erfolgte.[1420] Allerdings begründet das Grundrecht auf informationelle Selbstbestimmung aufgrund des eindeutigen Wortlauts der Bindungstrias in Art. 1 Abs. 3 GG und der Entstehungsgeschichte der Grundrechte nur gegenüber der staatlichen Gewalt eine unmittelbare Abwehrfunktion.[1421] Die informationelle Selbstbestimmung ist aber in erheblichem Maße auch Beeinträchtigungen durch die Aktivitäten privater Dritter ausgesetzt.[1422] Im Bereich von IKT-Implantaten, welche eine nahezu vollständige Datenerhebung bei allen Betätigungen des täglichen Lebens ermöglichen, ist die Frage der Wirkung des Rechts auf informationelle Selbstbestimmung gegenüber Privaten (so genannte horizontale Geltung der Grundrech-

---

1413 *Starck* in v. Mangoldt/Klein/Starck, Grundgesetz, Art. 2 Abs. 1 GG, Rn 179.

1414 *Scholz*, Datenschutz beim Internet-Einkauf, 143 mwN.

1415 75. Konferenz der Datenschutzbeauftragten des Bundes und der Länder, DuD 2008, 469.

1416 BVerfGE 39, 1 (41f) - Schwangerschaftsabbruch I; 49, 89 (141f) - Schneller Brüter; 53, 30 (57) - Mülheim-Kärlich; 56, 54 (73) - Fluglärm; 77, 170 (214) - C-Waffen-Einsatz; 79, 174 (201f) – Straßenverkehrslärm; 115, 118 (152) - Luftsicherheitsgesetz; BVerfG 1 BvR 3262/07, 1 BvR 402/08, 1 BvR 906/08 – Rauchverbot, Rn 119.

1417 *Murswiek* in Sachs/Battis, Grundgesetz, Art. 2 Abs. 1, Rn 24f mwN.

1418 *Murswiek* in Sachs/Battis, Grundgesetz, Art. 2 Abs. 1, Rn 25.

1419 *Simitis*, NJW 1984, 401; *Kunig*, Jura 1993, 602; *Dreier* in Dreier, Grundgesetz, Art. 2, Rn 109 mwN.

1420 BVerfG, 1 BvR 370/07, 1 BvR 595/07, Rn 199 mwN – Online-Durchsuchung; BVerfG NJW 2007, 2464 (2466) – *Schweigepflichtentbindung;* BVerfGE 84, 192 (195) – *Entmündigung.*

1421 *Dreier* in Dreier, Grundgesetz, Vorb., Rn 59; ebenso *Scholz*, Datenschutz beim Internet-Einkauf, 142 mwN; Etwas unklar spricht das BVerfG, 1 BvR 370/07, 1 BvR 595/07, Rn 199 – Online-Durchsuchung in seiner jüngsten Entscheidung jedoch von *„mit dem Recht auf informationelle Selbstbestimmung abzuwehrenden Persönlichkeitsgefährdungen"* aufgrund der *„vielfältigen Möglichkeiten des Staates und gegebenenfalls auch privater Akteure"* unter Verweis auch auf die Entscheidung BVerfG NJW 2007, 2464 (2466) – *Schweigepflichtentbindung.*

1422 Vgl. hierzu die ausführliche Darstellung der Risiken aus Kapitel 3; ebenso *Dreier* in Dreier, Grundgesetz, Art. 2, Rn 85; *Starck* in v. Mangoldt/Klein/Starck, Grundgesetz, Art. 2 Abs. 1 GG, Rn 163.

te) von entscheidender Bedeutung.[1423] Aufgrund dieser seit dem Volkszählungsurteil stark veränderten Gefahrenlage wird daher eine Stärkung des staatlich gewährleisteten Schutzes gefordert.[1424]

Eine zeitliche und räumliche *„Rundumüberwachung“* wurde vom BVerfG jedoch bereits für unzulässig gehalten, weil die Wahrscheinlichkeit groß sei, dass dabei auch höchstpersönliche Gespräche abgehört werden.[1425] Das BVerfG sah es folgerichtig als Verletzung der Menschenwürde an, *„wenn eine Überwachung sich über einen längeren Zeitraum erstreckt und derart umfassend ist, dass nahezu lückenlos alle Bewegungen und Lebensäußerungen des Betroffenen registriert werden und zur Grundlage für ein Persönlichkeitsprofil werden können“.*[1426] Auch die vom BVerfG in Bezug auf das Schutzgut Leben und körperliche Unversehrtheit (Art. 2 Abs. 2 Satz 1 GG) entwickelte staatliche Schutzpflicht als eigenständige Regelungsdimension der Grundrechte wurde aus dem objektiv-rechtlichen Charakter eines Grundrechts hergeleitet und ist daher auch auf andere Freiheitsgrundrechte auszudehnen.[1427] Hieraus folgt eine verfassungsrechtlich gebotene Risikovorsorge im Sinne einer Schutzpflicht des Staates gegenüber den grundrechtlich geschützten Rechtsgütern seiner Bürger, welche auch für das Verhalten Privater zueinander besteht.[1428] Die sich aus Art. 20 Abs. 3 GG ergebende Aufgabe des Staates, als Inhaber des Gewaltmonopols für Instrumente der Konfliktlösung zu sorgen und die Güter der einzelnen Bürger vor Angriffen Dritter zu sichern, führt zu einer allgemeinen Gewährleistungspflicht des Staates.[1429]

Um der Schutzpflicht effektiv nachzukommen, muss die Gewährleistungspflicht des Staates neben dem Schutz vor finalen Eingriffen in grundrechtlich geschützte Rechtsgüter auch den Schutz vor Beeinträchtigungen umfassen, die durch ungewollte Folgen bestimmten Verhaltens verursacht werden.[1430] Wenn aber die unbeabsichtigte Beeinträchtigung von der Schutzgewährleistungspflicht erfasst ist, müssen direkt verursachte Risiken mindestens in gleichem Maße erfasst sein.[1431] Aus den Grundrechten erwachsen neben den herkömmlichen Abwehransprüchen folglich auch objektiv-rechtliche Ansprüche im Sinne

---

1423 So allgemein zur modernen Datenverarbeitung bereits *Scholz*, Datenschutz beim Internet-Einkauf, 142 mwN, 145 mwN; vgl. hierzu ferner Kapitel 3.

1424 *Simitis*, NJW 1984, 401; *Kunig*, Jura 1993, 602; *Dreier* in Dreier, Grundgesetz, Art. 2, Rn 109 mwN; *Scholz*, Datenschutz beim Internet-Einkauf, 144f mwN.

1425 BVerfGE 109, 279–391 (Rn 154) – *Großer Lauschangriff.*

1426 BVerfGE 109, 279–391 (Rn 154) – *Großer Lauschangriff*; BVerfGE 65, 1 (42ff) – *Volkszählung*; zustimmend auch *Starck* in v. Mangoldt/Klein/Starck, Grundgesetz, Art. 2 Abs. 1 GG, Rn 179 hinsichtlich des Rechts, nicht ausspioniert zu werden.

1427 *Isensee* in Kirchhoff/Isensee, HdbStR V, § 111, Rn 89.

1428 *Müller* in Mattern, Datenschutzvorsorge gegenüber den Risiken der RFID-Technologie, 300 mwN; *Starck* in v. Mangoldt/Klein/Starck, Grundgesetz, Art. 2 Abs. 1 GG, Rn 179.

1429 BVerfGE, 39, 1 (41) – *Schwangerschaftsabbruch I*; *Müller* in Mattern, Datenschutzvorsorge gegenüber den Risiken der RFID-Technologie, 300f.

1430 *Murswiek*, Die staatliche Verantwortung für die Risiken der Technik, 120; *Müller* in Mattern, Datenschutzvorsorge gegenüber den Risiken der RFID-Technologie, 301.

1431 *Murswiek*, Die staatliche Verantwortung für die Risiken der Technik, 120; *Müller* in Mattern, Datenschutzvorsorge gegenüber den Risiken der RFID-Technologie, 301.

eines Auftrages an den Staat, sich für ein verfassungsverträgliches Handeln schützend und fördernd vor die Grundrechte zu stellen.[1432]

Die grundrechtlichen Schutzpflichten stellen sich für die Legislative als Pflicht zur normativen Absicherung grundrechtlicher Freiheitsräume gegenüber privat verursachten Gefährdungslagen dar.[1433] Diese Pflicht muss daher auch für das Grundrecht auf informationelle Selbstbestimmung gelten, welches als spezielles Teilgrundrecht dem allgemeinen Persönlichkeitsrecht aus Art. 2 Abs. 1 in Verbindung mit Art. 1 Abs. 1 GG unterfällt. Unter diesem Aspekt trifft den Gesetzgeber die Aufgabe, Übergriffe Dritter zu verhindern und gegebenenfalls zu sanktionieren.[1434] Da eine datenschutzfreie Verwendung umfangreicher personenbezogener Daten über potentiell Betroffene geeignet ist, das Grundrecht auf informationelle Selbstbestimmung des Betroffenen irreparabel und unvermeidlich zu verletzen, hat der Staat für effektive Schutzmaßnahmen auch im Vorfeld eines Personenbezugs zu sorgen, welche das Risiko beseitigen oder minimieren.[1435] Dies gilt insbesondere auch, wenn die Datenverwendung überwiegend durch Private erfolgt.[1436]

Aber auch im Verhältnis zwischen Privaten beansprucht das Grundrecht auf informationelle Selbstbestimmung nach überwiegender Auffassung Geltung: „*Geschützt ist das so gewährleistete allgemeine Persönlichkeitsrecht nicht nur vor direkten staatlichen Eingriffen. Es entfaltet als objektive Norm seinen Rechtsgehalt auch im Privatrecht und strahlt in dieser Eigenschaft auf die Auslegung und Anwendung privatrechtlicher Vorschriften aus*“ (mittelbare Drittwirkung).[1437]

Darüber hinaus verpflichtet Art. 1 Abs. 3 GG neben der Gesetzgebung und der vollziehenden Gewalt auch die Rechtsprechung auf die Gewährleistung der Grundrechte. Diese ist

---

1432 BVerfGE 56, 54 (63) – *Fluglärm*; 39, 1 (42) – *Schwangerschaftsabbruch I*; *Müller* in Mattern, Datenschutzvorsorge gegenüber den Risiken der RFID-Technologie, 301 mwN.

1433 *Dreier* in Dreier, Grundgesetz, Vorb., Rn 63; ebenso *Scholz*, Datenschutz beim Internet-Einkauf, 144; *Starck* in v. Mangoldt/Klein/Starck, Grundgesetz, Art. 2 Abs. 1 GG, Rn 167f mwN.

1434 *Dreier* in Dreier, Grundgesetz, Art. 2, Rn 89; *Starck* in v. Mangoldt/Klein/Starck, Grundgesetz, Art. 2 Abs. 1 GG, Rn 167f mwN.

1435 *Müller* in Mattern, Datenschutzvorsorge gegenüber den Risiken der RFID-Technologie, 302.

1436 *Müller* in Mattern, Datenschutzvorsorge gegenüber den Risiken der RFID-Technologie, 302; ähnlich *Starck* in v. Mangoldt/Klein/Starck, Grundgesetz, Art. 2 Abs. 1 GG, Rn 167f mwN, allerdings nur insoweit, als das hinter den Grundrechten stehende Menschenbild bedroht ist, was beim passiven Aspekt des Persönlichkeitsrecht darauf, in Ruhe gelassen zu werden, der Fall sei, nicht aber per se bei der Privatsphäre insgesamt, in welche unter strenger Wahrung des Verhältnismäßigkeitsprinzips eingegriffen werden könne (Rn 173 mwN).

1437 BVerfGE 7, 198 (205ff) – *Lüth*; 30, 173 (188ff) – *Mephisto*; 33, 303 (330ff) – *numerus clausus I*; 34, 269 (279ff) – *Soraya*; 35, 202 (218ff) – *Lebach*; 42, 143 (148) – *DGB*; 54, 148 (151) – *Eppler*; 54, 208 (215) – *Heinrich Böll*; 73, 261 (269) – *Hausbrandkohle*; 84, 192 (194ff) – *Entmündigung*; BAG NJW 1987, 2459; *Dreier* in Dreier, Grundgesetz, Art. 2, Rn 92 mwN; ders. Vorb. Rn 98 mwN; *Simitis*, NJW 1984, 401ff; *Tinnefeld/Ehmann/Gerling*, Datenschutzrecht, 154; *Münch* in Münch/Kunig, Grundgesetz, Vorb., Rn 31ff; *Starck* in v. Mangoldt/Klein/Starck, Grundgesetz, Art. 1 GG, Rn 262ff; *Dürig* in Maunz/Dürig/Herzog, Grundgesetz, Art. 1 Abs. 3, Rn 127ff; *Kamp*, RDV 2007, 236 mwN; *Starck* in v. Mangoldt/Klein/Starck, Grundgesetz, Art. 2 Abs. 1 GG, Rn 168 mwN; *Murswiek* in Sachs/Battis, Grundgesetz, Art. 2 Abs. 1, Rn 37, 40.

ebenfalls gehalten, dem Schutz der informationellen Selbstbestimmung im Verhältnis zu privaten Dritten – etwa bei der Auslegung von Verträgen – Geltung zu verschaffen.[1438]

4.2.2.3. Eingriff

4.2.2.3.1. Eingriffe durch den Staat

Staatliche Eingriffe in das Recht auf informationelle Selbstbestimmung sind alle rechtlichen oder faktisch zurechenbaren staatlichen Maßnahmen, welche die Verfügungsbefugnis des Einzelnen über die Preisgabe und Verwendung der auf seine Person bezogenen Daten beeinträchtigen. Staatliche Eingriffe sind daher beispielsweise im Bereich gesetzlich angeordneter Informationserhebungen, aber auch bei jedem anderen Zwang zur Preisgabe von Daten oder zur Duldung der Abgabe des genetischen Fingerabdruckes gegeben.[1439] Ein Eingriff ist tatbestandlich nur ausgeschlossen, wenn der Betroffene in die Datenerhebung und Verarbeitung eingewilligt hat.[1440] Da die informationelle Selbstbestimmung jedoch nicht nur ein subjektives Recht des Betroffenen ist, sondern als Funktionsvoraussetzung einer freien und demokratischen Gesellschaft auch überindividuelle Interessen schützt, ist die informationelle Selbstbestimmung nicht in das Belieben des Einzelnen als *„Händler seiner Daten“* gestellt.[1441] Das GG erlaubt daher keinen generellen, gar zeitlich unbefristeten Verzicht auf die Ausübung bestimmter Grundrechte.[1442] Insbesondere Grundrechte, welche eine Institutsgarantie darstellen, werden generell als verzichtsfeindlich eingestuft.[1443] Allerdings wird ein zeitlich und sachlich limitierter rechtswirksamer

---

1438 *Starck* in v. Mangoldt/Klein/Starck, Grundgesetz, Art. 2 Abs. 1 GG, Rn 168 mwN; etwaige Grundrechte privater Dritter – zum Beispiel die Freiheit der Berufsausübung – ermächtige diese nicht zu Eingriffen in die Grundrechte Dritter, beispielsweise in das Grundrecht auf informationelle Selbstbestimmung (*Roßnagel*, FES-Studie, 109). Es ist vielmehr Aufgabe des Gesetzgebers, konkurrierende Grundrechte so in Einklang zu bringen, dass die Ausübung von Grundrechten durch den einen nicht dazu führt, dass in die Grundrechte anderer eingegriffen wird. Ist ein Eingriff nicht zu vermeiden, ist eine möglichst geringe Beeinträchtigung beider Grundrechte anzustreben. Soweit der Gesetzgeber daher das Grundrecht auf informationelle Selbstbestimmung nicht zu Gunsten überwiegender privater Interessen durch Gesetzt eingeschränkt hat, haben private Dritte kein eigenständiges Recht zur Verarbeitung personenbezogener Daten Dritter (*Roßnagel/Pfitzmann/Garstka*, Modernisierung des Datenschutzrechts, 46ff).

1439 BVerfGE 27, 1 (6) – *Mikrozensus*; *Dreier* in Dreier, Grundgesetz, Art. 2, Rn 83.

1440 *Kunig*, Jura 1993, 600.

1441 So ausdrücklich *Roßnagel*, FES-Studie, 111; *Roßnagel* in Mattern, Informationelle Selbstbestimmung in der Welt des Ubiquitous Computing, 268; *Sokol/Tiaden* in Bizer, Big Brother und die schöne neue Welt der Vermarktung , 167, welche auf die Entscheidung BVerfGE 101, 361 – *Caroline von Monaco II* verweisen, wonach auch das allgemeine Persönlichkeitsrecht nicht beliebig eine Kommerzialisierung der eigenen Person gewährleistet; a.A. *Kilian* in Bizer, Rekonzeptualisierung des Datenschutzrechts , 158. Nach *Roßnagel*, FES-Studie, 111 ließe sich in einer Welt des Ubiquitous Computing zudem die Frage des „Eigentümers“ beziehungsweise der eigentumsähnlichen Herrschaft über personenbezogene Daten nicht mehr klar ermitteln. So „gehören“ Gesundheitsdaten nicht allein dem Patienten, da sie auch Auskünfte über den Arzt geben. Auch eine alleinige Herrschaft des Arztes kommt wegen der Betroffenheit des Patienten jedoch nicht in Betracht. Berücksichtigt man die sich hieran anknüpfende Folgen über die Abrechnung im Wege der privaten oder gesetzlichen Krankenversicherung, etwaig erforderliche statistische Erhebungen zur Früherkennung des Ausbruchs von Infektionskrankheiten und ähnlichem wird das Zuordnungsdilemma deutlich. Die vom Gesetzgeber zu schaffende Informations- und Kommunikationsordnung muss daher bestimmen, wer in welcher Beziehung befugt ist, mit den Daten in einer bestimmten Weise umzugehen.

1442 *Dreier* in Dreier, Grundgesetz, Art. 2, Rn 131 mwN.

1443 *Dreier* in Dreier, Grundgesetz, Art. 2, Rn 133 mwN

Verzicht auf die Schutzwirkung des Grundrechts auf informationelle Selbstbestimmung für grundsätzlich möglich gehalten.[1444]

Der klassische Eingriffsbegriff stößt beim Recht auf informationelle Selbstbestimmung jedoch an seine Grenzen. Dessen Kriterien der Unmittelbarkeit, Finalität, Rechtsförmlichkeit und -verbindlichkeit erfassen faktische Eingriffe erst als Folge der Datenverarbeitung nicht mehr.[1445] Daher wird zunehmend davon ausgegangen, dass die Kriterien des herkömmlichen klassischen Eingriffsbegriffs nicht in jedem Fall erfüllt sein müssen.[1446] Nach heutigem Verständnis ist vielmehr jedes staatliche Verhalten, dass die vom Grundrecht intendierte, umfassende Betätigung oder das von ihm verlangte Freibleiben von staatlichen Eingriffen in Frage stellt, als Eingriff zu klassifizieren.[1447]

Je stärker die Lebensverhältnisse durch technisch vermittelte Kommunikation geprägt sind, desto eher rücken Aktivitäten aller Art in den Schutzbereich des Rechts auf informationelle Selbstbestimmung.[1448] Die in letzter Zeit hinzugekommenen Eingriffe im Rahmen der vorbeugenden Verbrechensbekämpfung wie die Rasterfahndung,[1449] das Kfz-Kennzeichen-Scanning[1450] und Polizeikontrollen zur Identitätsfeststellung[1451] greifen ebenso in das Recht auf informationelle Selbstbestimmung ein wie die zunehmende akustische Überwachung[1452] und die Videoüberwachung öffentlicher Plätze. Tätigkeiten wie die „*heimliche*" Erhebung von Daten auf dem technisch dafür vorgesehenen Weg auf Systemen, welche der Betroffene hierfür geöffnet hat (z. B. durch Browsen auf Webservern), stellen keinen Eingriff in das Grundrecht auf informationelle Selbstbestimmung dar.[1453] Werden aber Informationen, die durch Sichtung allgemein zugänglicher Inhalte gewonnen wurden, gezielt zusammengetragen, gespeichert und gegebenenfalls unter Hinzuziehung weiterer Daten ausgewertet, kann sich hieraus für den Betroffenen eine besondere Gefah-

---

1444 BVerfGE 65, 1 (43) – *Volkszählung.*

1445 *Dreier* in Dreier, Grundgesetz, Art. 2, Rn 83; *Schmidt-Glaeser* in Kirchhoff/Isensee, HdbStR VI, § 129, Rn 95.

1446 *Scholz*, Datenschutz beim Internet-Einkauf, 136.

1447 *Dreier* in Dreier, Grundgesetz, Vorb., 82; *Scholz*, Datenschutz beim Internet-Einkauf, 136.

1448 *Scholz*, Datenschutz beim Internet-Einkauf, 136 mwN auch zu der Diskussion, einer „*Verrechtlichung des Alltäglichem*" entgegen zu wirken. Durch die Möglichkeiten von IKT-Implantaten, den Standort, die Tätigkeit und Kontakte, Vorlieben und Ansichten nahezu beliebig zu erfassen, diese in Data Warehouses zu speichern und im Wege des Data Minings beliebig auszuwerten und hierauf basierend Persönlichkeitsprofile zu erstellen, drohen somit potenziell erhebliche Eingriffe in das Grundrecht auf informationelle Selbstbestimmung. In diesem Sinne auch das BVerfG, 1 BvR 2074/05, 1 BvR 1254/07, Rn 64f, 69, 85, 88ff, 92, 172ff – *Kraftfahrzeugkennzeichenerfassung* zu den Erfassungs–, Auswertungs– und Verknüpfungsmöglichkeiten beim Kfz–Kennzeichen–Scanning.

1449 BVerfGE 115, 320 – 381 – *Rasterfahndung.*

1450 BVerfG, 1 BvR 2074/05, 1 BvR 1254/07, Leitsatz 1 – *Kraftfahrzeugkennzeichenerfassung.*

1451 *Di Fabio* in Maunz/Dürig/Herzog, Grundgesetz, Art 2 Abs. 1, Rn 176.

1452 BVerfGE 109, 279 – 391 – *Großer Lauschangriff.*

1453 BVerfG, 1 BvR 370/07, 1 BvR 595/07, Rn 305f, 308 – Online-Durchsuchung.

renlage ergeben, so dass derartige Maßnahmen einen Eingriff in das Grundrecht auf informationelle Selbstbestimmung darstellen.[1454]

Die Eingriffsintensität wird durch anlasslose Erhebungen, welche praktisch jeden treffen können, gesteigert.[1455] Auch die Heimlichkeit einer Maßnahme verstärkt die Eingriffsintensität, da sie dem Betroffenen vorherigen Rechtsschutz faktisch verwehrt und nachträglichen Rechtsschutz zumindest erschwert.[1456] Heimlichkeit ist in einem Rechtsstaat die Ausnahme und bedarf einer besonderen Rechtfertigung.[1457] Daneben ist von Bedeutung, ob die eröffneten Rechtsschutzmöglichkeiten die von der Maßnahme ausgehenden Persönlichkeitsbeeinträchtigungen vollständig beseitigen oder ob gleichwohl noch Nachteile bestehen bleiben.[1458]

Die Erhebung, Speicherung und Verarbeitung von personenbezogenen oder -beziehbaren Daten oder deren Weitergabe an Dritte durch öffentliche Stellen oder Dritte gegen den Willen der betroffenen Personen ist somit grundsätzlich unzulässig[1459] und stellt einen Eingriff in das Recht auf informationelle Selbstbestimmung dar, welcher nicht ohne gesetzliche Grundlage erfolgen darf.[1460]

4.2.2.3.2. Eingriffe Privater

Die Schutzgüter der Grundrechte bedürfen nicht nur des Schutzes gegenüber staatlichen Eingriffen, denn sie können auch seitens Privater beeinträchtigt werden. Die Gefahren, die dem Einzelnen seitens Privater drohen, sind teilweise erheblich größer als die Gefahren von Schutzgutverletzungen durch den rechtsstaatlich verfassten Staat,[1461] was gerade im

1454 BVerfG, 1 BvR 370/07, 1 BvR 595/07, Rn 309 – Online-Durchsuchung. Auch das gezielte Zusammentragen von Informationen über Konteninhalte, welche einen Überblick über oder Rückschlüsse auf Vermögensverhältnisse, das Verhalten oder soziale Kontakte des Betroffenen ermöglichen, beispielsweise durch Mitgliedsbeiträge, Unterhaltsleistungen oder Zahlungen im Rahmen verbrauchsabhängiger Dauerschuldverhältnisse, stellt einen Eingriff in das Grundrecht auf informationelle Selbstbestimmung dar, vgl. BVerfGE 118, 168–211 – *Kontenabfrage*, Rn 91f; BVerfG, 1 BvR 370/07, 1 BvR 595/07, Rn 315 mwN – Online-Durchsuchung. Dabei kann es sich bei Kontoinhalten und Kontobewegungen sogar um sensible Daten handeln, deren Kenntnisnahme die grundrechtlich geschützten Interessen des Betroffenen erheblich beeinträchtigen, vgl. BVerfG, 1 BvR 370/07, 1 BvR 595/07, Rn 315 mwN – Online-Durchsuchung.

1455 BVerfGE 100, 313 (376, 392) – *Telekommunikationsüberwachung*; 107, 299 (320f) – *Handy-Überwachung*; 109, 279 (353) – *Großer Lauschangriff*; 113, 348 (383) – *Telekommunikationsüberwachung*; 115, 320 (354) – *Rasterfahndung*; BVerfG, 1 BvR 2074/05, 1 BvR 1254/07, Rn 78 mwN – *Kraftfahrzeugkennzeichenerfassung*.

1456 BVerfGE 113, 348 (383f) – *Telekommunikationsüberwachung*; 115, 320 (353) – *Rasterfahndung*; 118, 168–211 – *Kontenabfrage*, Rn 134; BVerfG, 1 BvR 2074/05, 1 BvR 1254/07, Rn 79 mwN – *Kraftfahrzeugkennzeichenerfassung*. Erfährt der Betroffene von einer ihn belastenden staatlichen Maßnahme vor ihrer Durchführung, kann er von vornherein seine Interessen wahrnehmen, insbesondere durch gerichtlichen Rechtsschutz. Wird eine Maßnahme jedoch heimlich durchgeführt, so ist es dem Betroffenen faktisch verwehrt, sich gegen sie im Voraus zur Wehr zu setzen. Erfährt er darüber hinaus auch nachträglich nur unter Einschränkungen oder überhaupt nicht von der Maßnahme, wird es ihm erschwert oder unmöglich gemacht, auf sie jedenfalls im Nachhinein mit rechtlichen Mitteln zu reagieren und so seine Interessen zu wahren, vgl. BVerfGE 118, 168–211 – *Kontenabfrage*, Rn 134 mwN.

1457 BVerfGE 118, 168–211 – *Kontenabfrage*, Rn 134.

1458 BVerfGE 118, 168–211 – *Kontenabfrage*, Rn 134.

1459 BVerfG NJW 1988, 3009ff; BVerfGE 78, 77 (84).

1460 *Scholz*, Datenschutz beim Internet-Einkauf, 136.

1461 *Murswiek* in Sachs/Battis, Grundgesetz, Art. 2 Abs. 1, Rn 24.

Hinblick auf die Bedrohung der informationellen Selbstbestimmung beim Einsatz von IKT-Implantaten zutrifft. Die Frage, ob ein Eingriff in das Recht auf informationelle Selbstbestimmung vorliegt, ist vom Schutzgut aus zu bestimmen. Für die Eingriffsqualität kann es daher keinen Unterschied machen, ob die Datenerhebung gegen den Willen des Betroffenen von einer staatlichen Behörde oder von einem privaten Unternehmen durchgeführt wird.[1462] Der Betroffene ist in beiden Fällen gleich schutzwürdig. Davon zu unterscheiden ist die Frage, welchen Schutz das Recht auf informationelle Selbstbestimmung gegen diese Eingriffe gewährt und welche Verpflichtungen für den Gesetzgeber zur Abwehr dieser Eingriffe bestehen.[1463]

4.2.2.4. Schranken

Der Schutzbereich des Grundrechts auf informationelle Selbstbestimmung ist nicht grenzenlos. Nicht jeder Eingriff in diesen Schutzbereich ist eine Verletzung des Grundrechts.[1464] Häufig kollidieren einzelne Grundrechte miteinander. So beispielsweise die Verpflichtung des Staates, den Bürger vor terroristischer Gewalt zu schützen als Ausfluss des Grundrechts auf Leben und körperliche Unversehrtheit des Art. 2 Abs. 2 GG mit den dazu erforderlichen Datenerhebungsmaßnahmen als Eingriff in das Grundrecht auf informationelle Selbstbestimmung. Einschränkungen sind dabei zum Schutze und zur Förderung von Gemeinschaftsgütern im Rahmen der Verhältnismäßigkeit und praktischen Konkordanz zulässig.[1465]

Das Sammeln, Verarbeiten und Speichern von Daten durch Private ist geschützt durch die Grundrechte der Informationsfreiheit (Art. 5 Abs. 1 GG), der allgemeinen Handlungsfreiheit (Art. 2 Abs. 1 GG), der Berufsfreiheit (Art. 12 GG), der Wissenschaftsfreiheit (Art. 5 Abs. 3 GG) und der Pressefreiheit (Art. 5 Abs. 1 GG).[1466] Das Sammeln, Verarbeiten und Weitergeben von Daten Dritter durch Private stellt daher im Ausgangspunkt eine ebenfalls verfassungsrechtlich gebilligte Ausübung grundrechtlicher Rechte dar, welche - anders als eine entsprechende Tätigkeit durch den Staat - keiner Zulassung bedarf.[1467] Angesichts des Gemeinschaftsbezuges des Grundrechts zum Schutz der auf Kommunikation angewiesenen Individuen wird das Grundrecht auf informationelle Selbstbestimmung zahlreichen im Allgemeininteresse liegenden Beschränkungen unterworfen.[1468] Der demokratische Gesetzgeber ist daher in der Pflicht, den Ausgleich zwischen verschiedenen Grundrechten zu koordinieren und dabei jedem Grundrecht zur größtmöglichen Wirkung zu verhelfen.[1469]

1462 *Scholz*, Datenschutz beim Internet-Einkauf, 142.

1463 *Scholz*, Datenschutz beim Internet-Einkauf, 142.

1464 BVerfG, 1 BvR 2074/05, 1 BvR 1254/07, Rn 75ff – *Kraftfahrzeugkennzeichenerfassung*.

1465 *Starck* in v. Mangoldt/Klein/Starck, Grundgesetz, Art. 2 Abs. 1 GG, Rn 115 mwN.

1466 *Starck* in v. Mangoldt/Klein/Starck, Grundgesetz, Art 2 Abs. 1 GG, Rn 177 mwN.

1467 *Starck* in v. Mangoldt/Klein/Starck, Grundgesetz, Art 2 Abs. 1 GG, Rn 177 mwN.

1468 BVerfGE 65, 1 (44) – *Volkszählung*; *Scholz*, Datenschutz beim Internet-Einkauf, 135 mwN.

1469 *Dreier* in Dreier, Grundgesetz, Art. 2, Rn 134 mwN.

Diese Datenverarbeitung durch Private darf auch nicht beliebig untersagt werden.[1470] Allerdings dürfen auch die weiteren Grundrechte wie die Berufsfreiheit (Art. 12 GG) durch Verfassungsbestimmungen selbst, insbesondere andere Grundrechte, beschränkt werden.[1471] Es bedarf einer Abwägung, welches Grundrecht im konkreten Fall höher zu bemessen ist, um dem Gewicht eines Grundrechts Rechnung zu trägen, ohne andere Grundrechte unnötig zu beschränken. Das Gewicht, welches dem Recht auf informationelle Selbstbestimmung *zur Abwehr* privater Datenverarbeitung dabei im Verhältnis zu den Rechten Privater *auf* Datenverarbeitung zukommt, bestimmt sich nach Art und Umfang der Daten, ihrer Nutzbarkeit und Verwendungsmöglichkeit.[1472] Name, Titel, Geburtstag, Anschrift, Berufs- oder Geschäftsbezeichnung sollen dabei weniger schützenswert sein als Angaben über eine durchlaufene Ausbildung, Krankheiten und sonstige persönliche und finanzielle Verhältnisse.[1473] Da es jedoch kein belangloses Datum mehr gibt, sich vielmehr aufgrund der nahezu unbegrenzten Data-Mining-Möglichkeiten gerade auch aus bislang als nichtssagend angesehenen Daten durch Verknüpfung und Auswertung neue Erkenntnisse gewinnen lassen, muss das Recht auf Verarbeitung soweit eingeschränkt werden, dass die informationelle Selbstbestimmung bestmöglich gewährleistet ist.[1474] Dies gilt besonders im Hinblick auf IKT-Implantate, die eine Ortung und Verfolgung von Personen und damit eine umfassende Beobachtung des Verhaltens und eine Erstellung von Bewegungs-,[1475] Verhaltens- und Persönlichkeitsprofilen ermöglichen. Um den Schutz des Einzelnen vor dem Ausspioniert werden und vor der Erstellung derartiger Profile auch durch Private zu gewährleisten, ist eine auch weitgehende Einschränkung der Rechte Privater an der Datenverarbeitung grundsätzlich gerechtfertigt. Es bedarf allerdings der Betrachtung im Einzelfall, ob durch bestimmte Maßnahmen wie die weitgehende Anonymisierung, Pseudonymisierung, Datensparsamkeit, Umsetzung geeigneter technischer und organisatorischer Schranken der bezweckte Schutz durch gleich geeignete, aber mildere Maßnahmen erreicht werden kann. Ist das der Fall, darf die Verarbeitung nicht per se verboten werden, sondern es muss das mildeste, gleich geeignete Mittel gewählt werden, um den ebenfalls grundrechtlich geschützten berechtigten Verarbeitungsinteressen gerecht zu werden.[1476] Da die aktuelle Vielzahl von Missbrauchsfällen belegt, dass das derzeitige System des einfachgesetzlichen Datenschutzes nicht effektiv wirkt, wird der Gesetzgeber künftig einen

---

1470 Vgl. zu dieser Kollision mit der Berufsfreiheit *Tinnefeld/Ehmann/Gerling*, Datenschutzrecht, 154.

1471 BVerwGE 87, 37 (45); *Tettinger* in Sachs/Battis, Grundgesetz, Art. 12, Rn 99 mwN; *Dreier* in Dreier, Grundgesetz, Vorb., Rn 157 mwN; allerdings nur im Rahmen der Verhältnismäßigkeit und (bezüglich der Berufsausübung) nur zur Wahrung von vernünftigen Erwägungen des Gemeinwohls, vgl. *Wieland* in Dreier, Grundgesetz, Art. 12, Rn 107, 118 mwN; BVerfGE 7, 377 (405f) – *Apothekenurteil*; 78, 155 (162) – *Nicht-Kassenzulassung von Heilpraktikern.*

1472 So (allerdings fälschlicherweise nur die Art der Daten als relevantes Kriterium nennend) auch *Starck* in v. Mangoldt/Klein/Starck, Grundgesetz, Art 2 Abs. 1 GG, Rn 177 mwN; richtigerweise umfassend hingegen BVerfGE 65, 1 (Rn 152): *„Dabei kann nicht allein auf die Art der Angaben abgestellt werden. Entscheidend sind ihre Nutzbarkeit und Verwendungsmöglichkeit"*; vgl. hierzu näher Kapitel 4.3.

1473 *Starck* in v. Mangoldt/Klein/Starck, Grundgesetz, Art. 2 Abs. 1 GG, Rn 177 mwN; BGH JZ 1984, 279 – *Krankenakten*; BVerfGE 84, 192 (194) – *Entmündigung.*

1474 Vgl. zu dieser Kollision mit der Berufsfreiheit *Tinnefeld/Ehmann/Gerling*, Datenschutzrecht, 154.

1475 *Gonzáles/Hidalgo/Barabási*, Nature 2008, 779ff; *Heise online/fr*, Wissenschaftler analysieren individuelle Bewegungsprofile von Handynutzern, http://www.heise.de/newsticker/meldung/109012.

1476 *Dreier* in Dreier, Grundgesetz, Vorb., Rn 157 mwN.

deutlich restriktiveren Ansatz verfolgen müssen, damit das Grundrecht auf informationelle Selbstbestimmung gewahrt bleibt.

4.2.2.5. Schranken-Schranken

Art. 2 Abs. 1 GG sieht eine verfassungsgemäße gesetzliche Grundlage in der Form eines Gesetzesvorbehalts nicht ausdrücklich vor. Dennoch gilt die Grundrechtsschranke der verfassungsmäßigen Ordnung. Darunter wird die Gesamtheit aller materiell und formell verfassungsmäßigen Rechtsnormen verstanden, was einem Gesetzesvorbehalt gleich kommt.[1477]

Das BVerfG orientiert sich hinsichtlich der Schranken des allgemeinen Persönlichkeitsrechts an der Schrankentrias des Art. 2 Abs. 1 GG. Es verschärft aufgrund des auch aus der Menschenwürde abgeleiteten Grundrechts der informationellen Selbstbestimmung dessen Maßstäbe jedoch erheblich.[1478] So werden insbesondere förmliche Gesetze verlangt,[1479] deren Bestimmtheit vergleichsweise hohen Anforderungen unterliegt.[1480] Die das Recht auf informationelle Selbstbestimmung einschränkende gesetzliche Grundlage muss verhältnismäßig sein und die Gebote der Normenklarheit und der Zweckbindung beachten sowie geeignete organisatorische und verfahrensrechtliche Vorkehrungen schaffen.[1481]

4.2.2.5.1. Grundsatz der Verhältnismäßigkeit

Gerade bei den inhaltlichen Anforderungen an den Gesetzesvorbehalt zeigt sich die Bindung des Gesetzgebers an die Grundrechte. Der Grundsatz der Verhältnismäßigkeit folgt sowohl aus dem Rechtsstaatsprinzip als auch aus dem Wesen der Grundrechte. Diese dürfen als Ausdruck des allgemeinen Freiheitsanspruchs des Bürgers gegenüber dem Staat von der öffentlichen Gewalt nur insoweit beschränkt werden, wie es zum Schutz öffentlicher Interessen unerlässlich ist.[1482] Das verfassungsrechtliche Gebot der Verhältnismäßigkeit verlangt, dass die jeweilige Maßnahme einen verfassungsrechtlich legitimen Zweck verfolgt und zur Erreichung des erstrebten Zwecks geeignet, erforderlich und angemessen ist.[1483] Der Eingriff darf den Betroffenen nicht übermäßig belasten und muss zumutbar sein.[1484] Die Maßnahme ist dabei geeignet, wenn das Mittel tauglich ist, um den

1477 *Tinnefeld/Ehmann/Gerling*, Datenschutzrecht, 85; *Scholz*, Datenschutz beim Internet-Einkauf, 135 mwN; BVerfGE 6, 32 (38) – *Elfes*; *Kunig* in Münch/Kunig, Grundgesetz, Art. 2 Abs. 1, Rn 22.

1478 *Murswiek* in Sachs/Battis, Grundgesetz, Art. 2 Abs. 1, Rn 103; ebenso *Dreier* in Dreier, Grundgesetz, Art. 2, Rn 86.

1479 BVerfGE 65, 1 (44) – *Volkszählung*; 92, 191 (197); *Dreier* in Dreier, Grundgesetz, Art. 2, Rn 86 mwN; *Schmidt-Glaeser* in Kirchhoff/Isensee, HdbStR VI, § 129, Rn 103; *Starck* in v. Mangoldt/Klein/Starck, Grundgesetz, Art. 2 Abs. 1 GG, Rn 115 mwN.

1480 BVerfGE 65, 1 (44) – *Volkszählung*; BVerfG, 1 BvR 2074/05, 1 BvR 1254/07, Rn 75 – *Kraftfahrzeugkennzeichenerfassung*; *Simitis*, NJW 1984, 400ff; *Schmidt-Glaeser* in Kirchhoff/Isensee, HdbStR VI, § 129, Rn 105; *Dreier* in Dreier, Grundgesetz, Art. 2, Rn 86 mwN; *Starck* in v. Mangoldt/Klein/Starck, Grundgesetz, Art. 2 Abs. 1 GG, Rn, 115 mwN.

1481 *Scholz*, Datenschutz beim Internet-Einkauf, 137 mwN; BVerfGE 65, 1 (44) – *Volkszählung*; BVerfG, 1 BvR 2074/05, 1 BvR 1254/07, Rn 68, 75 – *Kraftfahrzeugkennzeichenerfassung.*

1482 *Scholz*, Datenschutz beim Internet-Einkauf, 138; BVerfGE 19, 342 (348ff) – *Untersuchungshaft*; 65, 1 (44) – *Volkszählung.*

1483 *Starck* in v. Mangoldt/Klein/Starck, Grundgesetz, Art. 2 Abs. 1 GG, Rn 115 mwN.

1484 BVerfG RDV 2007, 70–74, Rn 71 – *IMSI-Catcher*; BVerfGE 63, 131 (144); BVerfGE 115, 320–381 – *Rasterfahndung.*

angestrebten Zweck erreichen zu können. Erforderlich ist die Maßnahme nur, wenn sie nicht über das notwendige Mindestmaß hinausgeht (Übermaßverbot). Bestehen Alternativen geringerer Eingriffsintensität, sind diese vorzuziehen. Hieraus ergibt sich das Verbot der Datenverarbeitung auf Vorrat, da eine Datenverarbeitung im Einzelfall eine geringere Eingriffsqualität aufweist. Eine Maßnahme ist dann angemessen (Verhältnismäßigkeit im engeren Sinne), wenn der zwar geeignete und erforderliche Grundrechtseingriff dennoch bei einer Gesamtbetrachtung nicht außer Verhältnis zum angestrebten Ziel steht.[1485]

Das Gebot der Verhältnismäßigkeit zieht darüber hinaus auch eine absolute Grenze, welche Eingriffe in den Kern (Wesensgehalt) der informationellen Selbstbestimmung verbietet. Solche Eingriffe sieht das BVerfG bei der Erstellung von Total- oder Teilabbildern der Persönlichkeit, welche den Menschen in seiner Persönlichkeit katalogisieren und registrieren und ihn somit zum bloßen Informationsobjekt herabwürdigen.[1486]

Dem Staat ist es einerseits verwehrt, übermäßig in das Grundrecht auf informationelle Selbstbestimmung einzugreifen, andererseits ist der Staat verpflichtet, derartige Eingriffe durch Dritte zu verhindern (absolute Grenze).[1487] Integrierte Datenbanken, welche ein Gesamtbild des Betroffenen erlauben, sind demnach unzulässig.[1488] Damit erkennt das BVerfG einen letzten, unantastbaren Bereich privater Lebensgestaltung an, der der öffentlichen Gewalt schlechthin entzogen ist.[1489] Selbst schwerwiegende Allgemeininteressen können einen Eingriff nicht rechtfertigen, eine Abwägung nach dem Verhältnismäßigkeitsprinzip findet hier nicht statt.[1490]

4.2.2.5.2. Gebot der Normenklarheit und der Zweckbindung

Aus dem Rechtsstaatlichkeitsgebot des Art. 20 Abs. 3 GG folgt die Forderung nach Rechtssicherheit. Diese verlangt, dass Gesetze hinreichend klar gefasst sind, damit sich der Bürger ein eigenes Bild von der Rechtslage machen kann.[1491] Im Volkszählungsurteil konkretisierte das BVerfG dieses Gebot der Normenklarheit dahingehend, dass sich die Voraussetzungen und der Umfang der Beschränkungen des Rechts auf informationelle Selbstbestimmung für den Bürger so klar erkennen lassen, dass dieser sein Verhalten danach ausrichten kann.[1492] Dieses besondere Transparenzgebot wird durch die Grundsätze

1485 Vgl. hierzu *Tinnefeld/Ehmann/Gerling*, Datenschutzrecht, 149; *Scholz*, Datenschutz beim Internet-Einkauf, 138; BVerfGE 65, 1 (42, 53, 54) – *Volkszählung*; BVerfGE 27, 344 (352ff) – *Scheidungsakte*.

1486 BVerfGE 65, 1 (43ff) – *Volkszählung*; BVerfG, 1 BvR 2074/05, 1 BvR 1254/07, Rn 88–92 – *Kraftfahrzeugkennzeichenerfassung*; *Schmidt-Glaeser* in Kirchhoff/Isensee, HdbStR VI, § 129, Rn 100; *Scholz*, Datenschutz beim Internet-Einkauf, 138 mwN.

1487 *Simitis* in Simitis, BDSG, §1, Rn 199.

1488 BVerfGE 65, 1, 53 – *Volkszählung*; BVerfGE 27, 1 (6) – *Mikrozensus*; *Starck* in v. Mangoldt/Klein/Starck, Grundgesetz, Art. 1 GG, Rn 79.

1489 BVerfGE 80, 367 (373) – Tagebuchaufzeichnung; 103, 21 (31) – Genetischer Fingerabdruck I.

1490 BVerfGE 80, 367 (373) – *Tagebuchaufzeichnung*.

1491 *Schmidt-Glaeser* in Kirchhoff/Isensee, HdbStR VI, § 129, Rn 105; *Scholz*, Datenschutz beim Internet-Einkauf, 138ff mwN.

1492 BVerfGE 65, 1 (Leitsätze 2, 44) – *Volkszählung*; 100, 313 (360) – *Telekommunikationsüberwachung*; *Scholz*, Datenschutz beim Internet-Einkauf, 139 mwN.

der Zweckbestimmung und Zweckbindung ergänzt und präzisiert. Diese erfordern, den Betroffenen vor jeder Datenerhebung, Verarbeitung und Übermittlung detailliert über den Zweck der Datenverarbeitung zu informieren und die Verwendung erhobener Daten an den so bekannt gegebenen Zweck zu binden.[1493]

Je mehr in den Persönlichkeitsbereich eingegriffen wird und je intensiver die vorgesehene Datennutzung ist, desto strengere Anforderungen sind an den verfolgten Zweck und seine Bestimmtheit zu stellen.[1494] Wird aus einer gesetzlichen Regelung die Verwendungsmöglichkeit personenbezogener Daten nicht erkennbar, liegt ein Verstoß gegen das Bestimmtheitsgebot vor.[1495] Aus der Zuweisung einer Aufgabe zu einer bestimmten Stelle allein folgt noch keine Befugnis dieser Stelle zur Erhebung, Bearbeitung und Weitergabe personenbezogener Daten.[1496] Alle Stellen, die zur Erfüllung ihrer Aufgaben personenbezogene Daten sammeln, müssen sich auf das zum Erreichen des angegebenen Zwecks erforderliche Minimum beschränken.[1497] Somit legt die Zweckbindung einerseits das Verarbeitungsziel fest und begrenzt andererseits aber auch den Verarbeitungsumfang.[1498] Es dürfen nur die Daten verarbeitet werden, welche für das Erreichen des Zwecks unabdingbar sind.[1499] Überflüssige personenbezogene Daten dürfen weder erhoben noch verwendet oder genutzt werden.[1500] Eine Datenverarbeitung und Vorhaltung auf Vorrat ist untersagt. Auch die Bildung umfassender Profile ist verboten.[1501] Eine Zweckänderung bezüglich bereits erhobener Daten stellt somit einen erneuten Grundrechtseingriff dar, der seinerseits einer gesetzlichen Grundlage oder erweiterten Einwilligung bedarf und nur in eng umgrenzten Fällen zulässig ist.[1502] Das BVerfG fordert darüber hinaus auch eine Kennzeichnung der Daten mit dem Zweck, zu welchem sie erhoben wurden, um später kontrollieren zu können, ob die Daten zu anderen Zwecken verwendet werden.[1503] Zur Absicherung der Zweckbindung hält das BVerfG einen „*Schutz gegen Zweckentfremdung durch Verwertungsverbote*" für erforderlich.[1504] Rechtswidrig erlangte Daten dürfen nicht verwertet werden, damit das Recht keinen Anreiz setzt, gegen seine eigenen Vorgaben zu verstoßen.[1505]

1493 BVerfGE 65, 1 (46) – *Volkszählung*; 92, 191 (197ff); 100, 313 (360) – *Telekommunikationsüberwachung*; *Scholz*, Datenschutz beim Internet-Einkauf, 139 mwN.

1494 BVerfG, 1 BvR 2074/05, 1 BvR 1254/07, Rn 76ff mwN – *Kraftfahrzeugkennzeichenerfassung*; *Di Fabio* in Maunz/Dürig/Herzog, Grundgesetz, Art 2 Abs. 1, Rn 81.

1495 BVerfGE 65, 1 (46) – *Volkszählung.*

1496 *Di Fabio* in Maunz/Dürig/Herzog, Grundgesetz, Art 2 Abs. 1, Rn 181.

1497 BVerfGE 65, 1 (46, 65) – *Volkszählung.*

1498 *Scholz*, Datenschutz beim Internet-Einkauf, 139.

1499 BVerfGE 65, 1 (46) – *Volkszählung.*

1500 *Bizer*, DuD 2007, 353.

1501 BVerfGE 65, 1 (46, 52ff) – *Volkszählung*; *Scholz* in Roßnagel/Abel, Handbuch Datenschutzrecht, 1845ff.

1502 BVerfGE 56, 37 (50, 52) – *Selbstbezichtigung des Gemeinschuldners*; 57, 170 (201) – *Briefverkehr*, 65, 1 (46) – *Volkszählung*; *Roßnagel*, FES-Studie, 116, *Bizer*, DuD 2007, 352.

1503 BVerfGE 65, 1 (46) – *Volkszählung*; BVerfGE 100, 313 (360ff) – *Telekommunikationsüberwachung*; *Bizer*, DuD 2007, 352.

1504 BVerfGE 65, 1 (46) – *Volkszählung.*

1505 *Scholz*, Datenschutz beim Internet-Einkauf, 140.

Es besteht eine Wechselwirkung zwischen der Zweckbestimmung und der Prüfung der Verhältnismäßigkeit. Erst wenn die datenerhebende und/oder datenverarbeitende Stelle hinreichend genau festgelegt hat, zu welchem Zweck sie die Daten benötigt, ist eine Überprüfung möglich, ob der Eingriff in das Recht auf informationelle Selbstbestimmung auch verhältnismäßig, also geeignet, erforderlich und angemessen ist.[1506]

Die Zweckbestimmung entfaltet ferner Wirkung im Innenverhältnis der datenverarbeitenden Stelle. So darf die öffentliche Verwaltung in einem demokratischen Staat nicht als Informationseinheit betrachtet werden, innerhalb der die Daten beliebig weitergegeben werden dürfen.[1507] Das BVerfG hat unter dem Stichwort der *„informationellen Gewaltenteilung"* den hohen Rang der Regulierung und Abschottung bereichsspezifisch unterschiedlicher Datenflüsse und Bestände betont.[1508] Wenn Bürger damit rechnen müssen, dass ihre einmal erhobenen Daten für jedweden anderen Zweck verwendet werden, werden sie dem Staat in anderer Weise entgegentreten, als wenn sie darauf vertrauen dürfen, dass ihre Daten nur zweckgebunden verarbeitet werden.[1509] Da der Staat an vielen Stellen jedoch auf die vollständige und korrekte Offenbarung von Information seiner Bürger angewiesen ist, muss die *„informationelle Gewaltenteilung"* dem Bürger ermöglichen, gegenüber bestimmten Stellen seine Daten offen zu legen, ohne dass er hierdurch Nachteile durch andere Stellen zu befürchten hat.

4.2.2.5.3. Organisatorische und verfahrensrechtliche Vorkehrungen

In enger Anlehnung an den Verhältnismäßigkeitsgrundsatz fordert das BVerfG vom Gesetzgeber angesichts der Gefährdungen durch die Nutzung der automatisierten Datenverarbeitung vermehrt organisatorische und verfahrensrechtliche Regelungen zu treffen, welche der Gefahr der Verletzung des Persönlichkeitsrechts entgegenwirken.[1510] So sieht es das BVerfG im Rahmen der Erforderlichkeit und Angemessenheit als geboten an, das der Gesetzgeber alles unternimmt, um Missbrauchsmöglichkeiten bei der Datenverarbeitung zu verhindern.[1511] Ähnlich wie bei atomrechtlichen Genehmigungsverfahren oder im Bereich des Umweltschutzes hat das BVerfG in Bereichen, die besondere Gefahren hervorbringen, eine präventive Abwehr der mit den neuen Techniken verbundenen Gefahren durch stärkere Schutzvorkehrungen des Staates gefordert.[1512]

1506 *Schmidt-Glaeser* in Kirchhoff/Isensee, HdbStR VI, § 129, Rn 105; *Tinnefeld/Ehmann/Gerling*, Datenschutzrecht, 87; *Scholz*, Datenschutz beim Internet-Einkauf, 140 mwN.

1507 *Scholz*, Datenschutz beim Internet-Einkauf, 140; *Tinnefeld/Ehmann/Gerling*, Datenschutzrecht, 88.

1508 BVerfGE 65, 1 (69) – *Volkszählung*; *Scholz*, Datenschutz beim Internet-Einkauf, 140.

1509 *Scholz*, Datenschutz beim Internet-Einkauf, 140 mwN.

1510 BVerfGE 65, 1 (Leitsätze 2 und 44) – *Volkszählung*; in diesem Sinne wohl auch BVerfG, 1 BvR 2074/05, 1 BvR 1254/07, Rn 68 – *Kraftfahrzeugkennzeichenerfassung*.

1511 *Scholz*, Datenschutz beim Internet-Einkauf, 140

1512 BVerfGE 49, 89 – *Kalkar I*; 53, 30¸56, 54 – *Mülheim-Kärlich*; *Scholz*, Datenschutz beim Internet-Einkauf, 140ff; *Tinnefeld/Ehmann/Gerling*, Datenschutzrecht, 151.

Zu den organisatorischen und verfahrensrechtlichen Vorkehrungen zählen prozedurale Rechte der Betroffenen wie ein unabdingbares Auskunftsrecht und darauf basierende Datenberichtigungs- und -löschungsansprüche.[1513] Diese Rechte des Betroffenen sind elementare Voraussetzungen für eine effektiv ausübbare Selbstbestimmung. Sie werden daher um Aufklärungs- und Belehrungspflichten für die Daten verarbeitenden Stellen ergänzt, um den Betroffenen in die Lage zu versetzen, seine Rechte bei der Datenerhebung zu kennen und auszuüben.[1514] Ebenfalls hierzu gehören vom BVerfG erwogene Schutzvorkehrungen wie eine technische und organisatorische Abschottung erhobener Daten gegenüber Unberechtigten, eine Kontrolle des Zugriffs hierauf[1515], eine rechtliche und technische Sicherung der frühzeitigen Anonymisierung und Verhinderung einer Deanonymisierung sowie eine automatische Löschung nach Zweckerreichung.[1516] Zu den weiteren Vorkehrungen zählen die Kontrolle durch unabhängige Datenschutzbeauftragte und etwaige prozessuale Möglichkeiten des Rechtsschutzes bei einer Verletzung des Grundrechtes auf informationelle Selbstbestimmung.

4.2.2.5.4. Schranken-Schranken im Rahmen der Grundrechtsgewährleistungspflicht

Die o. g. formellen Anforderungen, welche das GG zur Freiheitssicherung trifft, lassen sich auf die Schutzpflicht des Staates nicht übertragen, da sie rein auf staatliche Eingriffe zugeschnitten sind.[1517] Die Pflicht zum Schutze Dritter vor Eingriffen ist vielmehr eine rein materielle Pflicht des Staates, ohne dass den Grundrechten eine unmittelbare Drittwirkung zukäme, so dass es auch keinen Eingriffsvorbehalt für Eingriffe nicht-staatlicher Stellen gibt.[1518] Ein wirksamer Schutz der Grundrechte ist ohne Beschränkung der Freiheit Dritter aber nicht möglich, wofür wiederum eine gesetzliche Grundlage erforderlich ist. Dabei hat nach der Wesentlichkeitstheorie der Gesetzgeber die wesentlichen Entscheidungen über den Umfang von Freiheitseinschränkungen auf der einen und damit über den Umfang der Schutzgewährleistung auf der anderen Seite zu treffen.[1519] Der Gesetzgeber ist dabei nicht nur materiell verpflichtet, nicht verfassungsrechtlich gerechtfertigte Eingriffe Dritter in grundrechtliche Schutzgüter gesetzlich zu verbieten, sondern auch dazu, die gesetzlichen Eingriffsverbote effektiv durchzusetzen (sekundäre Schutzpflicht).[1520] Die Anforderungen, unter denen ein Gesetzgeber es unterlassen darf, Eingriffe Dritter zu verbieten (und diese damit hinnimmt), entsprechen den o. g. materiellen Anforderungen an die Rechtfertigung staatlicher Eingriffe, insbesondere müssen sie verhältnismäßig sein.[1521] Wie der Gesetz-

---

1513 BVerfGE 65, 1 (46) – *Volkszählung*; *Starck* in v. Mangoldt/Klein/Starck, Grundgesetz, Art 2 Abs. 1 GG, Rn 115 mwN.

1514 *Scholz*, Datenschutz beim Internet-Einkauf, 141.

1515 BVerfGE 65, 1 (49) – *Volkszählung*.

1516 BVerfG, 1 BvR 2074/05, 1 BvR 1254/07, Rn 68 – *Kraftfahrzeugkennzeichenerfassung*; BVerfGE 65, 1 (49) – *Volkszählung*.

1517 *Murswiek* in Sachs/Battis, Grundgesetz, Art. 2 Abs. 1, 26 mwN; *Isensee* in Kirchhoff/Isensee, HdbStR V, § 111, Rn 86; BVerfGE 84, 133 (147) – *Warteschleifenregelung*.

1518 *Murswiek* in Sachs/Battis, Grundgesetz, Art. 2 Abs. 1, 26 mwN.

1519 *Murswiek* in Sachs/Battis, Grundgesetz, Art. 2 Abs. 1, 26 mwN.

1520 *Murswiek* in Sachs/Battis, Grundgesetz, Art. 2 Abs. 1, 27 mwN.

1521 *Murswiek* in Sachs/Battis, Grundgesetz, Art. 2 Abs. 1, 27 mwN.

geber seiner sekundären Schutzpflicht nachkommt, ist verfassungsrechtlich regelmäßig nicht vorgegeben, so dass dem Gesetzgeber die Wahl der Mittel überlassen bleibt. Der Gestaltungsspielraum findet jedoch dort seine Grenze, wo sich ganz bestimmte Mittel als zum Schutz des Schutzgutes erforderlich erweisen, ferner im Untermaßverbot.[1522] Allerdings hat das BVerfG unter Berufung auf das Untermaßverbot auch schon sehr detaillierte Vorgaben gemacht.[1523] Notwendig ist demnach ein angemessener Schutz, welcher als solcher wirksam ist und auf einer sorgfältigen Tatsachenermittlung und vertretbaren Einschätzungen beruht.[1524]

4.2.2.6. Exkurs: Verfassungsrechtliche Vorgaben an Location Based Services (LBS)

Das Angebot personalisierter LBS setzt das Wissen des Diensteanbieters über individuelle Präferenzen des Nutzers und die Kenntnis von ortsbezogenen Informationen des Nutzers voraus.[1525] Denn nur wenn der Diensteanbieter den aktuellen Aufenthaltsort des Nutzers kennt, kann er diesem Informationen zu dem Standort wie beispielsweise nahegelegene Einkaufsmöglichkeiten, Restaurants, Sehenswürdigkeiten oder Wegstreckeninformationen mitteilen. Gleiches gilt, wenn der Standort zur Erbringung von Diensten an Dritte weitergegeben werden soll, beispielsweise um ein Taxi oder einen Rettungswagen an den Standort des Nutzers zu lotsen. Um sinnvolle Dienste für den Nutzer erbringen zu können, sind zudem Kenntnisse über individuelle Präferenzen des Nutzers erforderlich. So soll ein Krankenwagen nur dann an den Standort des Nutzers geführt werden, wenn dieser ihn tatsächlich benötigt. Mag ein Nutzer die italienische Küche nicht, sind für ihn Informationen über nahe gelegene Pizzerien bei der Anfrage nach Restaurants sinnlos. Möchte ein Nutzer Textilien kaufen, interessieren ihn bei einer Suchanfrage an einen LBS-Anbieter nach nahegelegenen Einkaufsmöglichkeiten die Standorte von Lebensmittelgeschäften nicht. Statt einer undifferenzierten Rückmeldung sämtlicher Restaurants oder Geschäfte könnten sich nutzbringende Antworten auf solche beschränken, die den persönlichen Vorlieben, Qualitätsanforderungen und Preisvorstellungen am ehesten gerecht werden. Ein Mehrwert wird durch das Angebot von LBS indes nur erreicht, wenn der Diensteanbieter individuelle Präferenzen des Nutzers grundsätzlich dauerhaft speichert und diese regelmäßig anpasst und ergänzt.[1526]

Da derartige Profile zur Erbringung eines abgestimmten Dienstes und letztlich für die Erfüllung des Vertragszwecks im Interesse des Nutzers bei LBS erforderlich sind,[1527] wird nachfolgend der Frage nachgegangen, ob und unter welchen Voraussetzungen die Erhe-

1522 BVerfGE 46, 160 (164f) – *Schleyer*; *Murswiek* in Sachs/Battis, Grundgesetz, Art. 2 Abs. 1, 30 mwN; *Isensee* in Kirchhoff/Isensee, HdbStR V, § 111, Rn 165f.

1523 BVerfGE 88, 203 /254) – *Schwangerschaftsabbruch II*; *Dreier* in Dreier, Grundgesetz, Vorb., Rn 103 mwN.

1524 BVerfGE 88, 203 /254) – Schwangerschaftsabbruch II.

1525 *Jandt/Laue*, K&R 2006, 318.

1526 So auch *Jandt/Laue*, K&R 2006, 318.

1527 *Jandt/Laue*, K&R 2006, 319 mwN.

bung von Standortdaten und die Profilbildung bei Location Based Services zulässig ist. Dabei wird der Begriff des „Nutzerprofils" zwar seit über zehn Jahren in § 4 Abs. 4 Nr. 6 und § 6 Abs. 3 TDDSG und dessen Nachfolgeregelungen §§ 13 Abs. 4 Nr. 6, 15 Abs. 3 TMG verwendet, dennoch hat ihn der Gesetzgeber bislang nicht definiert.[1528] Die in § 15 Abs. 1 Satz 2 TMG[1529] vorgenommene „*insbesondere*"-Aufzählung der Nutzungsdaten erleichtert jedoch die Abgrenzung zum Nutzungsprofil, da Daten zur Identifikation des Nutzers, über Beginn, Ende sowie Umfang der jeweiligen Nutzung und über die vom Nutzer in Anspruch genommenen Telemedien noch kein Nutzerprofil darstellen können. Erst das Zusammenführen dieser Nutzungsdaten mit dem Ziel, über die Summe der einzelnen Informationen hinaus ein möglichst detailliertes, umfassendes und realitätsgetreues Bild der Präferenzen, Bedürfnisse oder Persönlichkeit einer Person zu erhalten, ergibt ein Nutzerprofil.[1530]

Nach der Rechtsprechung des BVerfG zum Grundrecht auf informationelle Selbstbestimmung ist es mit der Menschenwürde und dem hieraus abgeleiteten Recht auf informationelle Selbstbestimmung nicht vereinbar, den Menschen zwangsweise in seiner ganzen Persönlichkeit zu registrieren und zu katalogisieren.[1531] Zwar lässt das deutsche Datenschutzrecht grundsätzlich Datensammlungen zu einzelnen Lebensbereichen zu.[1532] Je mehr Lebensbereiche hierbei erfasst und je mehr Daten zusammengetragen werden, desto eher liegen differenzierte Persönlichkeitsprofile vor.[1533] Durch die Konzentration von Informationen und Wissen darf aber kein Totalabbild angefertigt werden, welches das Individuum zum bloßen Objekt degradiert.[1534] Schon „*Teilabbilder*" der Persönlichkeit können rechtswidrig sein,[1535] wenn sie den Einzelnen gegenüber dem Verarbeiter oder seiner Umwelt so befangen machen, dass er sich nicht mehr frei und autonom bewegen kann.[1536] Gerade bei so genannten „*Meta-Informationen*", welche erst durch die Auswertung und Verknüpfung personenbezogener Informationen entstehen, beispielsweise bei der Kombination von Daten mit mikrogeografischen Kenntnissen, besteht regelmäßig ein schutzwürdiges Interesse des Betroffenen gegenüber einer Verwendung durch Dritte.[1537]

Diese zunächst auf die *zwangsweise* Datenerhebung durch den Staat bezogenen Aussagen des BVerfG sind auf die Datenverarbeitung durch private Stellen übertragbar.[1538] Das Recht auf informationelle Selbstbestimmung schützt *„nicht nur vor direkten staatlichen Eingriffen"*, sondern *„entfaltet als objektive Norm seinen Rechtsgehalt auch im Privatrecht*

1528 *Lewinski*, RDV 2004, 123; *Rasmussen*, CR 2002, 37.
1529 Ebenso wie § 6 Abs. 1 Satz 2 TDDSG 2002.
1530 *Rasmussen*, CR 2002, 38 mwN.
1531 BVerfGE 27, 1 (6) – *Mikrozensus*.
1532 BVerfGE 65, 1 (53) – *Volkszählung*; *Gola/Schomerus*, BDSG, § 29 BDSG, Rn 15; *Lewinski*, RDV 2004, 126 mwN.
1533 *Lewinski*, RDV 2004, 126.
1534 BVerfGE 27, 1 (6) – *Mikrozensus*; 65, 1 (53) – *Volkszählung*.
1535 BVerfGE 65, 1 (52, 54) – *Volkszählung*.
1536 *Lewinski*, RDV 2004, 126.
1537 *Lewinski*, RDV 2004, 126 mwN.
1538 *Gola/Schomerus*, BDSG, § 29 Rn 4.7; *Jandt/Laue*, K&R 2006, 319;

und strahlt in dieser Eigenschaft auf die Auslegung und Anwendung privatrechtlicher Vorschriften aus".[1539] Im Rahmen der Vertragsbeziehung zwischen Nutzer und Diensteanbieter[1540] von LBS dürften zwar im Regelfall *freiwillige* Profile des Nutzers erstellt werden.[1541] Die vom BVerfG zur Gewährleistung des Grundrechts auf informationelle Selbstbestimmung gezogene absolute Grenze der Datenverarbeitung in Fällen staatlicher Eingriffe schränkt aber auch eine freiwillige Profilbildung Privater ein.[1542] Aufgrund der dargestellten Risiken kann trotz einer Einwilligung in die Profilbildung durch Private eine Verletzung der Menschenwürde eintreten, die eine Schutzpflicht des Staates gegenüber dem Betroffenen bewirkt,[1543] beispielsweise wenn ein umfangreicher Stand an Daten eine Profilbildung ermöglicht, die ein selbstbestimmtes Leben des Betroffenen weitgehend ausschließt. Dies kommt beispielsweise bei der Überwachung des Aufenthaltsortes von Kindern und Demenzkranken durch Dritte oder der Aufzeichnung von Bewegungsmustern und Verhaltensweisen in Betracht. Die Kommunikations- und Handlungsfähigkeit innerhalb der Gesellschaft ist als Grundbedingung eines freiheitlich demokratischen Gemeinwesens grundrechtlich geschützt.[1544]

Dieser staatlichen Schutzpflicht ist der Gesetzgeber ursprünglich durch das grundsätzliche Verbot des Umgangs mit personenbezogenen Daten nachgekommen. Ein solcher darf nur bei Vorliegen einer Einwilligung des Betroffenen oder einer gesetzlichen Erlaubnisnorm erfolgen.[1545] Eine Profilbildung im Rahmen von LBS bedarf demnach einer entsprechenden gesetzlichen Erlaubnis oder der Einwilligung des betroffenen Nutzers. Bei gesetzlichen Erlaubnistatbeständen ist eine Abwägung der betroffenen Interessen erforderlich, welche entweder vom Gesetzgeber bereits abstrakt durchgeführt wurde oder aber vom Verwender im Einzelfall ausdrücklich vorzunehmen ist. Bei der erforderlichen Abwägung sind die Interessen des Datenverwenders an der konkreten Datenverarbeitung den schutzwürdigen Interessen des Betroffenen gegenüberzustellen. Die Betroffeneninteressen müssen gerade im Bezug auf die Interessen des Verarbeiters vorrangig schutzwürdig sein, bei der Beurteilung eines Systems zur Profilbildung kommt es daher vor allem auf den Schutz des Betroffenen vor Durchleuchtung, dauerhafter Beobachtung und der Prognostizierung seines Verhaltens an.[1546] Bislang bestand schon bei Kreditkartenunternehmen, Banken, dem Versandhandel und anderen Unternehmen potentiell die Möglichkeit von Datenbanken, das Leben von Personen *„von der Wiege bis zur Bahre"* zu erfassen. Durch LBS wird diese Erfassung auf zahllose weitere Personen und Daten ausgedehnt, was den Interessen-

1539 BVerfGE 84, 192, 194 (195); *Schmitz* in Spindler/Schmitz/Geis, TDG, E TDDSG, Rn 9 mwN.

1540 Hiervon zu unterscheiden ist die Standortermittlung durch Ermittlungsorgane wie beispielsweise durch Einsatz des IMSI–Catchers.

1541 *Gola/Schomerus*, BDSG, § 29 Rn 4.7; *Jandt/Laue*, K&R 2006, 319; *Schmitz* in Spindler/Schmitz/Geis, TDG, E TDDSG, Rn 9.

1542 *Jandt/Laue*, K&R 2006, 319.

1543 *Jandt/Laue*, K&R 2006, 319.

1544 *Scholz* in Roßnagel/Abel, Handbuch Datenschutzrecht, Kapitel 9.2, Rn 39; BVerfGE 65, 1 (43) – *Volkszählung*; *Lewinski*, RDV 2004, 126 mwN.

1545 So genanntes Verbot mit Erlaubnisvorbehalt, vgl. § 4 Abs. 1 BDSG, §§ 14 Abs. 1, 15 Abs. 1 TMG.

1546 So ausdrücklich zu CRM–Systemen *Lewinski*, RDV 2004.

gegensatz verstärkt und häufig zu einem Überwiegen der Interessen des Betroffenen führen dürfte. Eine stärkere Beteiligung des Betroffenen und eine Verfolgung gemeinsamer Ziele könnten helfen, den Interessengegensatz auszuschließen.[1547] Wesentlicher Punkt bei der Abwägung ist der Grad der Freiwilligkeit des Betroffenen, so dass eine Verarbeitung gegen den erklärten Willen des Betroffenen regelmäßig ausgeschlossen ist.[1548]

4.2.3 Grundrecht auf Gewährleistung der Vertraulichkeit und Integrität informationstechnischer Systeme

Das vom BVerfG in der Entscheidung zu Online-Durchsuchungen jüngst entwickelte Grundrecht auf Vertraulichkeit und Integrität informationstechnischer Systeme stellt eine spezielle Ausgestaltung des Allgemeinen Persönlichkeitsrechts dar und fußt insoweit ebenfalls auf Art. 2 Abs. 1 i.V.m. Art. 1 Abs. 1 GG.[1549] Es ergänzt als subsidiäres Grundrecht den bisherigen – lückenhaften[1550] – anderweitigen Grundrechtsschutz, um neuartigen Gefährdungen zu begegnen.[1551] Die überragende Bedeutung allgegenwärtig gewordener und als eigene genutzter IT-Systeme, welche nach den gegenwärtigen Nutzungsgepflogenheiten typischerweise zum Speichern auch personenbezogener Daten mit gesteigerter Sensibilität genutzt werden, führt zu einem umfangreichen Datenbestand über die persönlichen Verhältnisse und Lebensführung des Betroffenen, insbesondere über private und geschäftliche Kommunikation und höchstpersönliche Aufzeichnungen.[1552] Ein Zugriff hierauf ist daher mit dem nahe liegenden Risiko verbunden, dass die erhobenen Daten in einer Gesamtschau *„einen Einblick in wesentliche Teile der Lebensgestaltung einer Person“*, weitreichende Rückschlüsse auf die Persönlichkeit des Betroffenen bis hin zu einer Bildung von Verhaltens- und Kommunikationsprofilen *„oder gar ein aussagekräftiges Bild der Persönlichkeit“* ermöglichen.[1553] Anknüpfungspunkte des BVerfG waren sowohl

---

1547 So auch *Lewinski*, RDV 2004, 126.

1548 *Simitis* in Simitis, BDSG, § 28, Rn 180; vgl. auch *Menzel*, DuD 2008, 401 mwN.

1549 BVerfG, 1 BvR 370/07, 1 BvR 595/07, Rn 201 – Online-Durchsuchung.

1550 Wie *Britz*, DÖV 2008, 413, *Volkmann*, DVBl 2008, 591f und *Sachs/Krings*, JuS 2008, 483 zutreffend ausführen, erscheinen die Lücken insbesondere im Hinblick auf das Grundrecht auf informationelle Selbstbestimmung allerdings teilweise sehr konstruiert – so dass eine Ausdehnung der informationellen Selbstbestimmung auf den neuen Teilaspekt des Rechts auf Gewährleistung der Vertraulichkeit und Integrität informationstechnischer Systeme durch den Gesetzgeber auch gegenüber privater Datenverarbeitung und im Vorfeld eines Personenbezugs näher gelegen hätte (und dessen Anforderungen z. B. durch entsprechend strenge materielle Anforderungen an die Verhältnismäßigkeit hätten umgesetzt werden können, so *Sachs/Krings*, JuS 2008, 483f), in diesem Sinne auch *Petri*, DuD 2008, 445. Es ist in der Tat nicht einzusehen, weshalb das Recht auf informationelle Selbstbestimmung neuerdings nur noch Schutz vor *„einzelnen“* Datenverarbeitungsvorgängen bieten soll, wurde es doch gerade aufgrund der Sorge vor einer Verarbeitung großer Datenmengen „geschaffen“ und durch die Angst vor der Zusammenstellung *„teilweise oder weitgehend vollständiger Persönlichkeitsbilder“* geprägt, vgl. BVerfGE 65, 1 (42) – *Volkszählung*; ebenso *Britz*, DÖV 2008, 413. Die informationelle Selbstbestimmung bleibt, wie *Britz*, DÖV 2008, 413 es plastisch ausdrückt, *„nicht dadurch unberührt, dass sie in besonderem Maße beeinträchtigt wird“*. Insoweit war der Preis der „Schaffung“ des neuen Grundrechts hoch, da er in einer Entwertung des bisher komfortabel weiten Grundrechts auf informationelle Selbstbestimmung liegt, so *Volkmann*, DVBl 2008, 591. Allerdings sah das BVerfG wenige Tage später in seiner Entscheidung BVerfG, 1 BvR 2074/05, 1 BvR 1254/07 – *Kraftfahrzeugkennzeichenerfassung* den Schutzbereich wieder deutlich weiter, was hoffen lässt.

1551 BVerfG, 1 BvR 370/07, 1 BvR 595/07, Rn 201 – Online-Durchsuchung; *Hornung*, CR 2008, 300 mwN; *Heckmann*, jurisPR-ITR 5/2008, Anm. 1; *Petri*, DuD 2008, 446.

1552 BVerfG, 1 BvR 370/07, 1 BvR 595/07, Rn 171ff, 203 – Online-Durchsuchung; *Stögmüller*, CR 2008, 435; *Volkmann*, DVBl 2008, 591; *Heckmann*, jurisPR-ITR 5/2008, Anm. 1; *Kutscha*, NJW 2008, 1043; *Britz*, DÖV 2008, 412.

1553 *Stögmüller*, CR 2008, 435; BVerfG, 1 BvR 370/07, 1 BvR 595/07, Rn 231f – Online-Durchsuchung; *Kutscha*, NJW 2008, 1043.

die potentiell große Menge und der potentielle Gehalt der Daten, welche angesichts ihrer Herkunft persönlicher Art und damit von gesteigerter Sensibilität sein können als auch die besondere Verletzlichkeit informationstechnischer Systeme.[1554] Wenn die eigentliche Funktion von Grundrechten darin besteht, Menschen effektiv vor unangemessenen Beschränkungen ihrer Freiheit zu schützen, dann müssen die Grundrechte auch vor neuen Gefährdungen der individuellen Freiheit schützen.[1555] Das neue Grundrecht dient daher insbesondere dem Schutz vor einer „*Ausforschung der Persönlichkeit des Betroffenen*" durch Dritte und auch im Vorfeld eines Personenbezugs.[1556] Insoweit hat das BVerfG seine Rechtsprechung konsequent fortgesetzt, in der es die Notwendigkeit eines solchen Freiheitsschutzes „*namentlich auch im Hinblick auf moderne Entwicklungen und die mit ihnen verbundenen neuen Gefährdungen für den Schutz der menschlichen Persönlichkeit*" annahm.[1557] Wie der Zaun um die eigene Wohnung vor der Beobachtung durch Dritte schützt, hat das BVerfG nun auch um die informationstechnischen Systeme einen „*imaginären Zaun*" gezogen.[1558]

4.2.3.1. Schutzbereich

Dieses Grundrecht bewahrt den persönlichen und privaten Lebensbereich der Grundrechtsträger vor einem Zugriff Dritter im Bereich der Informationstechnik auch insoweit, als auf das informationstechnische System insgesamt zugegriffen wird und nicht nur auf einzelne Kommunikationsvorgänge oder gespeicherte Daten.[1559] Es schützt somit vor Persönlichkeitsgefährdungen, welche sich daraus ergeben, dass der Einzelne zu seiner Persönlichkeitsentfaltung auf die Nutzung informationstechnischer Systeme angewiesen ist und dabei dem System persönliche Daten anvertraut oder schon allein durch dessen Nutzung zwangsläufig liefert.[1560] Dieser Aspekt, dass die Abhängigkeit des Einzelnen von der Nutzung seiner Systeme einen grundrechtlichen Schutz erfordert,[1561] ist in der Rechtsprechung des BVerfG neu und verdient im Hinblick auf UC-Anwendungen und IKT-Implantate volle Zustimmung.[1562] Die Risiken bei IKT-Implantaten rühren gerade daher, dass deren Träger auf ihre jederzeitige Funktion angewiesen ist und sie so ständig funktionsbereit mit sich führt. Alle Lebensvorgänge sind so potentiell erfassbar – gerade auch im Vorfeld ei-

1554 *Heckmann*, jurisPR-ITR 5/2008, Anm. 1; *Kutscha*, NJW 2008, 1043; *Britz*, DÖV 2008, 412.

1555 *Petri*, DuD 2008, 444 mwN.

1556 *Britz*, DÖV 2008, 412; BVerfG, 1 BvR 370/07, 1 BvR 595/07, Rn 230 – Online-Durchsuchung.

1557 BVerfGE 54, 148 (153) – *Eppler*, BVerfGE 65, 1 (41f) – *Volkszählung*; so auch *Petri*, DuD 2008, 444.

1558 So *Volkmann*, DVBl 2008, 591.

1559 BVerfG, 1 BvR 370/07, 1 BvR 595/07, Rn 201 – Online-Durchsuchung.

1560 BVerfG, 1 BvR 370/07, 1 BvR 595/07, Rn 199f, 201 – Online-Durchsuchung; zustimmend auch *Britz*, DÖV 2008, 412.

1561 Kritisch hierzu *Hoeren*, MMR 2008, 366 unter Verweis darauf, dass niemand seinem PC zwangsweise Daten anvertraut; a.A. *Hornung*, CR 2008, 301f, welche ersichtlich mehr die Nutzung im Bereich des Ubiquitous Computing zugrunde legt; zustimmend auch *Heckmann*, jurisPR-ITR 5/2008, Anm 1.

1562 So auch *Hornung*, CR 2008, 302f; *Britz*, DÖV 2008, 412; *Heckmann*, jurisPR-ITR 5/2008, Anm. 1.

nes Personenbezugs.[1563] Nur durch die Einbeziehung dieser Umstände in den neu ausgeformten grundrechtlichen Schutz lassen sich die aus der Nutzung der Informationstechnik resultierenden Persönlichkeitsgefährdungen sachgerecht vermeiden.[1564]

Zentraler Anknüpfungspunkt des Grundrechts ist der Begriff des *„informationstechnischen Systems*". Bemerkenswerterweise wird er durch das BVerfG nicht definiert, sondern vorausgesetzt. Er spielte zuvor jedoch bei den Überlegungen des *Bundesministeriums des Inneren* im Rahmen hoheitlicher Online-Durchsuchungen eine Rolle und wurde dort *„bewusst weit gewählt, um der derzeitigen und zukünftigen technischen Entwicklung Rechnung tragen zu können"*.[1565] Da die Entscheidung des BVerfG in Kenntnis dieser Definition und unmittelbar in Bezug auf die Regelung zur Online-Durchsuchung erfolgte,[1566] wird man den Begriff auch hier in diesem Sinne und damit weit verstehen müssen; er umfasst daher jedes System, das mit elektronischen Daten umgeht.[1567] Diese vom Ausgangspunkt her umfassende Einbeziehung vermeidet eine zu stark technisch orientierte Bestimmung des Schutzbereichs und hält diesen für künftige technische Neuerungen offen; zugleich bedarf es auf einer zweiten Ebene jedoch einer Einschränkung des sehr weiten Schutzbereichs.[1568] Entscheidend für eine Einbeziehung in den Schutzbereich ist, dass ein System personenbezogene Daten des Betroffenen in einem Umfang und in einer Vielfalt enthalten *kann*, dass ein Zugriff hierauf ermöglicht, einen Einblick in wesentliche Teile der Lebensgestaltung einer Person zu gewinnen oder gar ein aussagekräftiges Bild der Persönlichkeit zu erhalten.[1569] Dies kann schon aufgrund der Kapazität des Systems zur Erhebung personenbezogener Daten gegeben sein.[1570] Dabei kommt es nicht auf den konkreten Dateninhalt eines Systems an, sondern allein auf dessen Speicher- und Verarbeitungskapazitäten. Ausreichend ist daher, dass die Systeme Daten in diesem Umfang oder in dieser Vielfalt enthalten *„können"*.[1571] Der Schutzbereich ist darüber hinaus auch bei *„dummen"* Systemen, insbesondere relativ einfachen Hard- oder Softwareeinheiten eröffnet, sofern diese zumindest den Zugang zu vernetzen Speicher- oder Verarbeitungskapazitäten eröffnen.[1572] Auch Systeme, welche *„in der technischen Vernetzung personenbezogener Daten des Betroffenen"* in großem Umfang verarbeiten können, sind vom Schutzbereich aus-

---

1563 *Petri*, DuD 2008, 446; vgl. zum Vorfeld eines Personenbezugs auch *Volkmann*, DVBl 2008, 592, welcher kritisch anmerkt, dass man ohne die herbei geredete Schutzlücke im Grundrecht auf informationelle Selbstbestimmung in der Einbeziehung auch *„unpersönlicher Daten*" wohl den einzigen Bereich sehen dürfte, in welchem dem neuen Grundrecht tatsächlich eine neue Bedeutung zukommt.

1564 In diesem Sinne auch *Bär*, MMR 2008, 326.

1565 Siehe Antworten des Bundesministerium des Inneren auf den Fragenkatalog des Bundesministerium der Justiz, http://asset.netzpolitik.org/wp-upload/fragen-onlinedurchsuchung-BMJ.pdf; ebenso *Hornung*, CR 2008, 302.

1566 BVerfG, 1 BvR 370/07, 1 BvR 595/07 – *Online-Durchsuchung.*

1567 So auch *Hornung*, CR 2008, 302.

1568 *Hoeren*, MMR 2008, 366; *Hornung*, CR 2008, 302.

1569 BVerfG, 1 BvR 370/07, 1 BvR 595/07, Rn 203 – *Online-Durchsuchung.*

1570 *Hornung*, CR 2008, 302; BVerfG, 1 BvR 370/07, 1 BvR 595/07, Rn 203 – Online-Durchsuchung.

1571 BVerfG, 1 BvR 370/07, 1 BvR 595/07, Rn 203 – *Online-Durchsuchung*; ebenso *Hornung*, CR 2008, 302; kritisch hierzu *Sachs/Krings*, JuS 2008, 484.

1572 So ausdrücklich *Hornung*, CR 2008, 302 zu *"thin clients"* im Rahmen des Ubiquitous Computing.

drücklich erfasst.[1573] Diese Einbeziehung vernetzter Systeme verdient uneingeschränkte Zustimmung, da die Bedeutung dieser Systeme für den einzelnen und die grundrechtlichen Bedrohungslagen gerade im Bereich des Ubiquitous Computing noch größer sind als bei nicht-vernetzten Systemen.[1574] Auch einfache RFID-Tags und IKT-Implantate wie der VeriChip fallen daher in den Schutzbereich des Grundrechts, da sie selber zwar weder über die nötige Speicher- noch Verarbeitungskapazität verfügen, aber Teil eines vernetzten Gesamtsystems sind, das in großem Umfang sensible Daten zu verarbeiten vermag.[1575] In Anbetracht der rasant zunehmenden Verbreitung gerade auch mobiler informationstechnischer Systeme in der Bevölkerung dürfte der Anwendungsbereich dieses neuen Grundrechts schon heute weit reichen und dürfte sich in naher Zukunft – insbesondere bei einer verstärkten Nutzung von IKT-Implantaten – erheblich ausdehnen.[1576]

Weitere Voraussetzung für eine Eröffnung des Schutzbereichs ist, dass der Betroffene das informationstechnische System *„als eigenes nutzt“* und deshalb den Umständen nach davon ausgehen darf, dass er allein oder zusammen mit anderen zur Nutzung berechtigten Personen über das informationstechnische System selbstbestimmt verfügt.[1577] Entscheidend ist nicht die sachenrechtliche Zuordnung, sondern die tatsächliche Sachherrschaft – beispielsweise der Besitz.[1578] Der Schutz geht jedoch weiter als die Besitzzuordnung und erstreckt sich ausdrücklich auch auf die Nutzung fremder Systeme als *„eigene“* informationstechnische Systeme. Dies geht selbst dann, wenn ein erforderlicher Zugriff auf das *„eigene“* System über informationstechnische Systeme in der Verfügungsgewalt Dritter erfolgt oder das ihm zugewiesene *„eigene“* System Teil eines Systems in der rechtlichen oder tatsächlichen Verfügungsgewalt Dritter ist.[1579] Über den bloßen sachenrechtlichen *„Besitz“* hinaus werden beispielsweise Fälle einbezogen, bei denen ein informationstechnisches System zwar im Eigentum und Besitz eines Dritten steht, dem Betroffenen aber

1573 BVerfG, 1 BvR 370/07, 1 BvR 595/07, Rn 203 – *Online-Durchsuchung*; ebenso *Hornung*, CR 2008, 302.

1574 *Hornung*, CR 2008, 302.

1575 So ausdrücklich zu RFID-Systemen auch *Hornung*, CR 2008, 303.

1576 So (ohne den Bezug auf Implantate) auch *Kutscha*, NJW 2008, 1043.

1577 BVerfG, 1 BvR 370/07, 1 BvR 595/07, Rn 206 – *Online-Durchsuchung*; *Stögmüller*, CR 2008, 436.

1578 *Hoeren*, MMR 2008, 366; ähnlich *Hornung*, CR 2008, 303; *Stögmüller*, CR 2008, 436.

1579 BVerfG, 1 BvR 370/07, 1 BvR 595/07, Rn 206 – *Online-Durchsuchung*. Beispiele hierfür sind zugewiesene virtuelle Maschinen z. B. ein *„eigener“* virtueller Webserver, welcher zusammen mit anderen virtuellen Maschinen Dritter auf dem physischen Server eines Anbieters läuft.

aufgrund gesetzlicher oder vertraglicher Regelungen ein Zugriff auf Teile des Systems zur eigenen Nutzung gestattet ist.[1580]

Der Schutzbereich ist bei einer privaten wie auch geschäftlichen Nutzung des Systems betroffen, da sich in beiden Fällen aus dem Nutzungsverhalten regelmäßig auf persönliche Eigenschaften oder Vorlieben schließen lässt.[1581] Exemplarisch führt das BVerfG neben dem PC auch Mobiltelefone oder elektronische Terminkalender an, da auch diese über einen großen Funktionsumfang verfügen und personenbezogene Daten vielfältiger Art erfassen und speichern können.[1582] Daher ist davon auszugehen, dass auch IKT-Implantate mit eigener Speicher- und Verarbeitungskapazität sowie „*einfache*“ RFID-Implantate erfasst sein dürften, sofern letztere zusammen mit Hintergrunddatenbanken Verwendung finden.[1583]

Geschützt ist zum Einen das Interesse des Nutzers an der Vertraulichkeit der von einem informationstechnischen System erzeugten, verarbeiteten und gespeicherten Daten.[1584] Dass das BVerfG diese Vertraulichkeitserwartung ausdrücklich im Rahmen von Art. 1 Abs. 1, 2 Abs. 1 GG als berechtigte Erwartung anerkennt, ist neu und erweitert den Bereich

---

1580 *Hornung*, CR 2008, 303, welcher weitere technische und rechtliche Kriterien wie Standort des Systems oder Zugriffsicherungen, gesetzliche oder vertragliche Zugriffsbefugnisse und -ansprüche in die Bestimmung mit einbeziehen möchte. Allein auf die Nutzung als „*eigenes*“ System verweist hingegen *Stögmüller*, CR 2008, 436. Die von *Kutscha*, NJW 2008, 1043 geäußerte Kritik, dass das BVerfG die Erhebung von Konotoinhalten und Kontobewegungen durch Anfragen von Verfassungsschutzbehörden bei Kredit- und Finanzdienstleistern nicht am Maßstab des neuen Grundrechts geprüft habe, obwohl der Kunde doch auf die Vertraulichkeit und Integrität des informationstechnischen Systems „seiner Bank“ vertraue, zeigt die Abgrenzungsschwierigkeiten auf. Wenn ein solches System bei der Bank im Interesse des Kunden betrieben würde, wie dies bei angemieteten virtuellen Webservern oder einer vom Patienten hinterlegten elektronischen Patientenakte der Fall wäre, müsste sich das BVerfG auch mit dem neuen Grundrecht befassen. Dass es dies nicht tat, legt nahe, dass es davon ausging, dass das System allein im Interesse der Bank betrieben werde, so dass es sich aus Sicht des betroffenen Bankkunden nicht um ein „eigenes „ System handelt. Unproblematisch läge allerdings ein eigenes System aus Sicht der Bank vor, so dass im Rahmen von Art. 19 Abs. 3 jedenfalls ein Eingriff in die Rechte der Bank zu prüfen wäre. Soweit es sich jedoch nicht um ein Hintergrundsystem rein in der Sphäre der Bank handelt, sondern um ein Frontend wie beispielsweise eine Eingabemaske auf der Website der Bank oder ein Kundenterminal, dürfte dieses zumindest auch im Interesse des Kunden betrieben und von diesem genutzt werden, so dass ein „eigenes“ System vorliegen dürfte. Da allerdings die – gleichen - Daten des Kunden unabhängig davon, ob es sich um eine Speicherung und Verarbeitung im Front- oder Backend handelt, gleich schutzbedürftig sind, erscheint ein Ausschluss des Hintergrundsystems der Bank sehr zweifelhaft. Es wäre daher eine klarere Trennung gewesen, den Schutzbereich auch des neuen Grundrechts für einschlägig zu erachten und lediglich einen unzulässigen Eingriff zu verneinen. Anders wäre es, wenn im Wege eines Bundestrojaners eine Infiltration des Front- oder Backend-Systems der Bank erfolgen solle, wovor das neue Grundrecht auch die Bank als juristische Person schützen würde.

1581 BVerfG, 1 BvR 370/07, 1 BvR 595/07, Rn 203 – *Online-Durchsuchung*; skeptisch dazu, dass das BVerfG den Schutz auch auf Dienstrechner erstrecken will *Heckmann*, jurisPR-ITR 6/2008.

1582 BVerfG, 1 BvR 370/07, 1 BvR 595/07, Rn 203 – *Online-Durchsuchung*.

1583 *Hornung*, CR 2008, 303; Es ist davon auszugehen, dass ein System in der Verfügungsgewalt des Betroffenen sogar weniger Gefährdungen ausgesetzt sein dürfte, als wenn sich derartige Daten auf einem Hintergrundsystem befinden, das der direkten Kontrolle des Betroffenen entzogen ist. Die Entscheidung für das eine oder andere System dürfte zudem in absehbarer Zukunft kaum freiwillig erfolgen, sondern eher technischen Gegebenheiten geschuldet sein, als der Energie– und Platzbedarf flexibler Systeme in der Form von Implantaten eher zu passiven oder nur minimal verarbeitenden Systemen führen dürfte, bis die technischen Probleme vollständig gelöst sind. Daher sind auch „*einfache*“ Systeme als vom Schutzbereich umfasst anzusehen, wenn die Gefährdung erst durch (insbesondere eine gezielte) Verknüpfung entsteht.

1584 So auch *Hoeren*, MMR 2008, 365 unter Verweis auf den missverständlichen Namen des Grundrechts. Ein „*System*“ kann nicht vertraulich und integer sein; geschützt sein kann daher nur die Vertraulichkeit der von dem System verarbeiteten Daten. Der Schutzbereich erfasst jede Erhebung von Daten aus allen Systemen, unabhängig von deren Wichtigkeit und Art des Zugriffs, vgl. *Hornung*, CR 2008, 303.

grundrechtlich geschützter Vertraulichkeitserwartung über die bisher anerkannten Fälle des Art. 10 GG für bestimmte Kommunikationsformen und Art. 13 GG (Wohnung).[1585] Zum Anderen schützt das Grundrecht auch die Integritätserwartung der Betroffenen[1586] hinsichtlich der Datenverarbeitung des Systems vor Zugriffen, die dessen Leistungen, Funktionen und Speicherinhalte durch Dritte nutzbar machen und so die entscheidende technische Hürde für eine Ausspähung, Überwachung oder Manipulation des Systems nehmen.[1587]

Das Grundrecht auf Gewährleistung der Vertraulichkeit und Integrität informationstechnischer Systeme gewährt auch dort Schutz, wo das Grundrecht der informationellen Selbstbestimmung keine Anwendung findet, z. B. bei auf einem eigenen System vorgehaltenen (noch nicht) personenbezogenen oder beziehbaren Daten.[1588] Es kommt weder auf die Wichtigkeit der Daten noch auf die Art des Zugriffs an.[1589] Der Schutz besteht insbesondere vor einem heimlichen Zugriff, durch welchen die auf dem System vorhandenen Daten ganz oder zu wesentlichen Teilen ausgespäht werden können und umfasst alle im System befindlichen Daten.[1590] Das Grundrecht schützt auch vor Datenerhebungen mit Mitteln, die zwar technisch von den Datenverarbeitungsvorgängen des betroffenen informationstechnischen Systems unabhängig sind, aber diese Datenverarbeitungsvorgänge zum Gegenstand haben, beispielsweise bei einer Messung der elektromagnetischen Abstrahlung der Geräte.[1591] Der Betroffene soll auch vor dem Zugriff Dritter auf solche Daten geschützt werden, über die er aufgrund technischer Gegebenheiten keine Steuerungsmöglichkeit hat, z. B. bei im Hintergrund ablaufenden Prozessen.[1592] Damit dient das neue Grundrecht auch dem Schutz der technischen Steuerbarkeit von Verarbeitungsprozessen als solchen – und schützt das allgemeine Persönlichkeitsrecht nicht nur materiell, sondern verlangt auch nach einem Schutz in technischer Hinsicht.[1593] Das BVerfG hat damit anerkannt, dass Datenverarbeitungsprozesse in Staat und Gesellschaft die Persönlichkeitsrechte

1585 *Britz*, DÖV 2008, 412.

1586 Kritisch hierzu *Sachs/Krings*, JuS 2008, 484, welcher aufzeigt, dass es wohl nicht um die Erwartung des Einzelnen im konkreten Fall zu gehen scheint, sondern unabhängig von den realen Gegebenheiten darauf abgestellt wird, dass der Betroffenen eine solche Erwartung *„sollte haben können"*. Dies ist jedoch der richtige Weg, wenn das Grundrecht sowohl der Abwehr, als auch der Gewährleistung dienen soll – denn in diesem Fall sollen sowohl der Gesetzgeber, als auch die Verarbeiter von Daten in die Pflicht genommen werden, dafür Sorge zu tragen, dass informationstechnische Systeme den grundsätzlichen Erwartungen an deren Integrität und Wahrung der Vertraulichkeit gerecht werden. Andernfalls, wenn man nur konkrete Erwartungen erfassen würde, wäre der grundrechtliche Schutz gerade dann ausgehebelt, wenn ein Anbieter den Schutzinteressen nicht nachkommt, mithin ein unsicheres System anbietet.

1587 BVerfG, 1 BvR 370/07, 1 BvR 595/07, Rn 204 – *Online-Durchsuchung*; *Hoeren*, MMR 2008, 365.

1588 *Hornung*, CR 2008, 303.

1589 *Hornung*, CR 2008, 303.

1590 Dies gilt sowohl für im Arbeitsspeicher gehaltene sowie temporär oder dauerhaft auf den Speichermedien des Systems abgelegte Daten, BVerfG, 1 BvR 370/07, 1 BvR 595/07, Rn 205 – *Online-Durchsuchung.*

1591 BVerfG, 1 BvR 370/07, 1 BvR 595/07, Rn 205 – *Online-Durchsuchung*. Das Risiko bei RFID, allein anhand der Beobachtung der durch den unterschiedlichen Strombedarf des Tags bewirkten Modulierung der Trägerwelle bei der Entschlüsselung den Schlüssel zu erfahren, könnte so ein Fall sein. Zwar ist diese nicht vollständig von einem Datenverarbeitungsvorgang unabhängig, allerdings wird dies auch bei einer Nutzung eines PCs nie der Fall sein. Die Formulierung *„auch"* belegt zudem, dass vom BVerfG allein eine Ausdehnung, nicht aber eine Beschränkung des Schutzbereichs gewollt ist.

1592 *Petri*, DuD 2008, 445f.

1593 *Petri*, DuD 2008, 446.

auch gefährden, ohne dass sie zielgerichtet personenbezogene Daten im engeren Sinne erheben und verarbeiten – so dass gerade auch potentiell personenbezogene Daten wie Geodaten oder Daten im Zusammenhang mit dem Einsatz von RFID in den Schutz einbezogen werden müssen.[1594] Denn wenn sich die Gefährdung des allgemeinen Persönlichkeitsrechts technisch in das Vorfeld des Personenbezugs verlagert, muss sich auch der grundrechtliche Schutz hierauf erstrecken.[1595] Es steht allerdings außer Frage, dass dem Individuum kein *totales* Verfügungsrecht über „seine" personenbezogenen Daten einzuräumen ist.[1596] Denn eine ständige Wahrnehmung einer beliebigen Zahl von Daten über eine Person ist beim menschlichen Zusammenleben mit jeder Form der freiwilligen und unfreiwilligen Kontaktaufnahme unweigerlich verbunden.[1597] Da Datenflüsse somit *„das Normalste der Welt"* sind,[1598] dient die Vertraulichkeits- und Integritätserwartung dieses Grundrechts - ähnlich wie das Grundrecht der informationellen Selbstbestimmung – nicht dem Schutz vor *jeglicher* Datenerhebung, sondern dem Schutz vor Persönlichkeitsgefährdungen, welche durch Zugriffe auf Daten in der Sphäre des Betroffenen entstehen können.

Der grundrechtliche Schutz der Vertraulichkeits- und Integritätserwartung besteht unabhängig davon, ob der Zugriff auf das informationstechnische System leicht oder nur mit erheblichem Aufwand möglich ist.[1599]

Da die mit einer Datenerfassung und möglichen Profilbildung verbundenen Risiken unabhängig davon entstehen, ob diese durch den Staat oder eine nicht-staatliche Stelle erfolgt, genügt es nicht, dass der Staat nur selbst bei Zugriffen auf informationstechnische Systeme deren Vertraulichkeit und Integrität beachtet.[1600] Er muss vielmehr auch mit effektiven Mitteln gewährleisten, dass unzulässige Gefährdungen der Vertraulichkeit und Integrität informationstechnischer Systeme auch im Privatrechtsverkehr unterbleiben.[1601] In welcher Form und mit welcher Reichweite dies geschehen muss, ist noch nicht abschließend geklärt.[1602] Wie alle Grundrechte entfaltet das Grundrecht auf Gewährleistung der Vertraulichkeit und Integrität informationstechnischer Systeme allerdings unstrittig eine objektiv-

---

1594 *Petri*, DuD 2008, 446.

1595 In diesem Sinne auch *Petri*, DuD 2008, 446. Dies stellt insoweit eine konsequente Fortentwicklung der Rspr. des BVerfG dar, welches bereits in BVerfGE 27, 1 (7) – *Mikrozensus* den Schutz des Einzelnen auch vor anonymen statistischen Daten für erforderlich hielt.

1596 So *Britz*, DÖV 2008, 412 unter Verweis auf BVerfGE 65, 1 (43f) – *Volkszählung.*

1597 *Britz*, DÖV 2008, 412.

1598 *Britz*, DÖV 2008, 412.

1599 BVerfG, 1 BvR 370/07, 1 BvR 595/07, Rn 206 – Online-Durchsuchung. Auch dies ist wichtig, da andernfalls ungeschützte oder leicht manipulierbare Systeme nicht nur technisch, sondern auch rechtlich völlig schutzlos wären.

1600 *Petri*, DuD 2008, 446; *Stögmüller*, CR 2008, 436; *Heckmann*, jurisPR-ITR 5/2008, Anm. 1.

1601 *Sachs/Krings*, JuS 2008, 486; *Stögmüller*, CR 2008, 436; so ausdrücklich auch *Petri*, DuD 2008, 446f; *Heckmann*, jurisPR-ITR 5/2008, Anm. 1; *Kutscha*, NJW 2008, 1044; *75. Konferenz der Datenschutzbeauftragten des Bundes und der Länder*, DuD 2008, 469.

1602 *Kutscha*, NJW 2008, 1044.

rechtliche Dimension in Form einer zumindest mittelbaren Drittwirkung und staatlichen Schutzpflicht.[1603]

Das BVerfG sieht in dem Grundrecht zutreffend auch eine Möglichkeit zur Abwehr von Persönlichkeitsgefährdungen aufgrund der vielfältigen Möglichkeiten *privater* Akteure, vor welchen das Recht auf informationelle Selbstbestimmung nicht hinreichend schützt.[1604] Insoweit dürfte dem neuen Grundrecht in einer Welt allgegenwärtiger Datenverarbeitung durch IKT-Implantate eine vergleichbare – und sogar noch stärkere – Wirkung auch gegenüber privaten Dritten zukommen, wie sie derzeit schon das Grundrecht auf informationelle Selbstbestimmung innehat. Insoweit ist mit dem Grundrecht ein Gestaltungsauftrag an den Gesetzgeber verbunden, die Vertraulichkeit und Integrität informationstechnischer Systeme auch im Verhältnis zwischen Privaten durch geeignete Maßnahmen beispielsweise im Zivil- und Strafrecht sicherzustellen.[1605] Anpassungsbedarf kann sich vom Arbeits- und Sozialrecht über das Produkthaftungsrecht bis hin zu den Haftungsmaßstäben für die Anbieter von Telekommunikations- und Telemediendiensten ergeben.[1606] Dieser Schutz kann sich auch nachsorgend auswirken und so Gefahren eindämmen, welche erst im Anschluss an eine erteilte Einwilligung oder eine Nutzung eines IKT-Implantats erwachsen. Allerdings kam dem Gesetzgeber herkömmlich hinsichtlich seiner Schutzpflichten ein weiter Entscheidungsspielraum zu,[1607] so dass bislang häufig keine konkreten Maßnahmen verlangt werden konnten.[1608] Die bislang lediglich durch das Untermaßverbot gebildete Grenze kann sich jedoch angesichts der auch durch Private drohende Gefährdung des Grundrechts zu einem Anspruch jedes Grundrechtsträgers gegenüber dem

---

1603 *Heckmann*, jurisPR-ITR 5/2008 , Anm. 1; *Hornung*, CR 2008, 305; *Petri*, DuD 2008, 446f; *Sachs/Krings*, JuS 2008, 486; *Stögmüller*, CR 2008, 435f mwN hält die Reichweite des neuen Grundrechts im Privatrechtsverkehr noch für *„völlig offen“*, sieht aber zumindest aufgrund der mittelbaren Drittwirkung und der statuierten Schutzpflicht des Staates zugleich *„erhebliche Auswirkungen auf das Zivilrecht“*. Er hält sowohl eine Ausstrahlung auf das Privatrecht im Wege von staatlichen Schutzpflichten und einer mittelbaren Drittwirkung für gegeben und folgert hieraus, dass der Schutz des *„passiven Persönlichkeitsrechts“* ins Anspruchsystem des Zivilrechts eingebaut und im Falle schwerwiegender Verletzungen unter strafrechtliche Sanktionen gestellt werden muss. Es wird sogar für erforderlich gehalten, das gesamte IT-Recht und insbesondere das IT-Sicherheitsrecht neu zu vermessen, so *Heckmann*, jurisPR-ITR 5/2008, Anm. 1; ähnlich auch *Kutscha*, NJW 2008, 1044, kritisch hierzu *Sachs/Krings*, JuS 2008, 486, welcher jedenfalls aber eine Interpretation bestehender Regeln im Lichte des neuen Grundrechts gerade in Beziehung auf die Ausforschung durch Private für erforderlich hält. Eine mittelbare Drittwirkung aller Freiheitsrechte bejahen auch *Murswiek* in Sachs/Battis, Grundgesetz, Art. 2 Abs. 1, Rn 37, 40; *Dreier* in Dreier, Grundgesetz, Vorb., Rn 98 mwN.

1604 BVerfG, 1 BvR 370/07, 1 BvR 595/07, Rn 199f mwN – Online-Durchsuchung.

1605 *Petri*, DuD 2008, 446f; *Stögmüller*, CR 2008, 436; in diesem Sinne auch *Kutscha*, NJW 2008, 1044; *75. Konferenz der Datenschutzbeauftragten des Bundes und der Länder*, DuD 2008, 469.

1606 Ähnlich *Heckmann*, jurisPR-ITR 5/2008, Anm. 1.

1607 Vgl. BVerfGE 56, 54 (80f) - *Fluglärm*; 77, 179 (214) - *C-Waffen-Einsatz*; 85, 191 (212) – *Nachtarbeitsverbot*; *Stögmüller*, CR 2008, 436.

1608 *Hornung*, CR 2008, 305.

Staat entwickeln, für einen spezifischen Schutz der Systeme zu sorgen.[1609] Ob der Staat sich künftig noch auf eine Selbstregulierung der Branche oder das private Angebot von Schutzlösungen zurückziehen kann, erscheint angesichts des vom BVerfG zutreffend analysierten Zustandes der IT-Sicherheit und der sehr begrenzten Möglichkeiten des Selbstschutzes sehr fraglich.[1610] Während Versammlungen gegen gewaltbereite Störer, das Eigentum oder die Wohnung durch das Strafrecht, Polizeipräsenz und wachsame Mitbürger und die Meinungsfreiheit und –vielfalt durch eine funktionierende Medienlandschaft geschützt werden können, hat das Grundrecht auf Vertraulichkeit und Integrität informationstechnischer Systeme seinen Bezugspunkt in einem Bereich, der so verletzlich ist wie kein anderer.[1611] Allein schon die Komplexität heutiger IT-Systeme, die rasante technologische Entwicklung, die Unmerklichkeit der Zugriffe, die schier unüberschaubare Zahl von Angreifern in einem weltweiten Netzwerk und die kaum zu überbrückende Wissenskluft zwischen IT-Kriminellen und dem durchschnittlichen Bürger führen dazu, dass die Vertraulichkeit und Integrität informationstechnischer Systeme schon in der heutigen Welt nur schwer wirksam geschützt werden können.[1612] Dies wird sich bei einem flächendeckenden Einsatz von IKT-Implantaten, welche auch außerhalb des Internets den Bürger auf Schritt und Tritt begleiten und umfangreiche Vorgänge des Lebens aufzeichnen und kommunizieren, nochmals drastisch verschärfen. Die sich aus den Entscheidungsgründen ergebende ausdrückliche Einbeziehung von Persönlichkeitsgefährdungen durch private Akteure in der Entscheidung des Bundesverfassungsgerichts, obwohl der konkrete Anlass lediglich eine Maßnahme des Staates war, spricht zusammen mit der Benennung des Grundrechts als ein Recht „*auf Gewährleistung*" jedenfalls für einen vom BVerfG heute schon angenommenen klaren Handlungsauftrag an den Gesetzgeber.[1613] Aufgrund der mittelbaren Drittwirkung des Grundrechts wird bereits gefolgert, dass die Anforderungen an Unternehmen zur Gewährleistung der IT-Sicherheit und IT-Compliance gestiegen seien, so dass nicht nur Vorkehrungen gegen wirtschaftliche Schäden und Risiken wie Datenverluste zu treffen seien, sondern unabhängig von einem vorliegenden Personenbezug auch zur Gewährleis-

1609 Dies hält *Hornung*, CR 2008, 305 derzeit zwar noch nicht für gegeben, sieht jedoch beispielweise in einem strafrechtlichen Schutz vor Hacking durch Private oder der Bereitstellung konkreter Software zum Schutz von Systemen denkbare geeignete staatliche Maßahmen. Meines Erachtens stellen diese hingegen nur Mindestanforderungen dar, über welche der staatliche Schutz- und Gewährleistungsanspruch hinausgehen muss (vgl. näher dazu Kapitel 6). In diesem Sinne ist wohl auch *Petri*, DuD 2008, 446f zu verstehen, welcher auf die vom BVerfG gewählte Bezeichnung eines „*Grundrecht auf Gewährleistung*" und den damit bereits ausgedrückten ausdrücklichen Auftrag an den Gesetzgeber verweist. Auch *Sachs/Krings*, JuS 2008, 486 hält teilweise eine Neuinterpretation bestehender Vorschriften, teils den Erlass neuer Vorschriften durch den Gesetzgeber zum Schutz der Grundrechtsträger vor Übergriffen Privater für erforderlich und verweist darauf, dass angesichts der sehr detaillierten Anforderungen des BVerfG abzuwarten bleibt, wie viel Gestaltungsspielraum dem Gesetzgeber bei der Erfüllung der Schutzpflichten in diesem Fall zugestanden werden wird.

1610 *Heckmann*, jurisPR-ITR 5/2008, Anm. 1.

1611 *Heckmann*, jurisPR-ITR 5/2008, Anm. 1.

1612 *Heckmann*, jurisPR-ITR 5/2008, Anm. 1.

1613 BVerfG, 1 BvR 370/07, 1 BvR 595/07, Rn 199f mwN – Online-Durchsuchung; *Stögmüller*, CR 2008, 437f; *Britz*, DÖV 2008, 412.

tung der Vertraulichkeit und Integrität der IT-Systeme[1614] - und damit erstmals auch für noch nicht, aber zumindest potentiell, personenbeziehbare Daten.

4.2.3.2. Eingriff

Ein Eingriff liegt bei jedem – offenen oder verdeckten – Zugriff auf vom Schutzbereich umfasste Daten und/oder informationstechnische Systeme vor, ebenso bei Maßnahmen, die Zugriffe vorbereiten oder flankieren, welche die Integrität des Systems beeinflussen *können*. Schon dann, wenn auf das System so zugegriffen werden kann, dass dessen Leistungen und Speicherinhalte durch Dritte genutzt werden *können*, soll die entscheidende technische Hürde für die Ausspähung, Überwachung oder Manipulation des Systems genommen sein, so dass ein Eingriff in den Schutzbereich des neuen Grundrechts vorliegt.[1615] Indem allein auf die Möglichkeit eines Zugriffs einerseits abgestellt wird und auch nicht personenbezogene Daten in den Schutzbereich einbezogen sind, ist der grundrechtliche Schutz gegenüber dem Grundrecht auf informelle Selbstbestimmung doppelt vorverlagert und erweitert; auch auf die Heimlichkeit eines Zugriffs kommt es nicht an.[1616] Vor diesem Hintergrund ist allerdings fraglich, ob die *„insbesondere"* auf heimliche Zugriffe bezogenen Ausführungen des BVerfG auch für offene Zugriffe gelten.[1617] Tatsächlich legt das BVerfG die Maßstäbe für die verfassungsrechtliche Beurteilung offener Zugriffe auf informationstechnische Systeme nicht fest. Vor dem Hintergrund, dass es im Zeitalter der DV kein belangloses Datum mehr gibt und der in Zukunft noch zunehmenden Bedeutung informationstechnischer Systeme zur Erstellung von Bewegungs- und Persönlichkeitsprofilen erscheint es zumindest als plausibel, die Ausführungen des BVerfG bei allen – und damit auch bei offen erfolgenden - Zugriffen im Rahmen der verfassungsrechtlichen Verhältnismäßigkeitsprüfung zu berücksichtigen.[1618]

Vielen Gefahren einer umfangreichen Erhebung, Verarbeitung und Übermittlung personenbezogener Daten trägt bereits das Grundrecht auf informationelle Selbstbestimmung Rechnung, welches auf die herkömmliche Datenverarbeitung und deren Risiken abstellt. Wie aufgezeigt, gehen die Risiken heutzutage bereits hierüber hinaus. Neue Gefährdungen eröffnen jedoch nicht nur den Schutzbereich des neuen Grundrechts, sondern wirken sich auch auf die Eingriffsintensität und damit auf die Anforderung an eine verfassungsmäßige Rechtfertigung eines Eingriffs aus. Wie auch beim Grundrecht der informationellen

1614 *Stögmüller*, CR 2008, 439 mwN.

1615 *Volkmann*, DVBl 2008, 592 unter Verweis auf BVerfG, 1 BvR 370/07, 1 BvR 595/07, Rn 204 – Online-Durchsuchung.

1616 *Hornung*, CR 2008, 303; in diesem Sinne auch *Volkmann*, DVBl 2008, 592.

1617 So *Hornung*, CR 2008, 303 zu BVerfG, 1 BvR 370/07, 1 BvR 595/07, Rn 205, 246 – Online-Durchsuchung.

1618 So auch *Hornung*, CR 2008, 303, der eine zumindest teilweise Übertragung der Schrankensystematik zwar für denkbar und plausibel, jedoch eher fernliegend hält.

Selbstbestimmung bestimmen im Ausgangspunkt Umfang und Vielfältigkeit des Datenbestands, der durch einen Zugriff erlangt werden kann, über die Eingriffsintensität.[1619]

Ermöglicht ein Zugriff auf ein System auch die Kenntnisnahme flüchtiger oder nur temporär gespeicherter Daten – z. B. Passwörter, mit denen der Betroffene Zugang zu technisch gesicherten Inhalten auf seinem System oder im Netz erlangt, – und damit auch einen Zugriff auf weitere, besonders sensible Daten, erhöht dies die Intensität eines Eingriffs.[1620] Gleiches gilt bezüglich einer Datenerhebung, die Aufschluss über die Kommunikation des Betroffenen mit Dritten geben kann, wenn dies die – im Allgemeinwohl liegende – Möglichkeit der Bürger beschränkt, an einer unbeobachteten Fernkommunikation teilzunehmen.[1621] Die Furcht vor Überwachung kann eine unbefangene Individualkommunikation verhindern, auch wenn die Überwachung erst nachträglich einsetzt.[1622] Zudem weisen solche Datenerhebungen eine beträchtliche Streubreite auf, da mit den Kommunikationspartnern der Zielperson notwendigerweise Dritte erfasst werden, ohne dass es darauf ankäme, ob in deren Person die Voraussetzungen für einen derartigen Zugriff vorliegen.[1623]

Der Grundrechtseingriff ist dann von besonderer Schwere, wenn eine heimliche technische Infiltration erfolgt und diese die längerfristige Überwachung der Nutzung des Systems und die laufende Erfassung der entsprechenden Daten ermöglicht.[1624] In einem Rechtsstaat ist Heimlichkeit staatlicher Eingriffsmaßnahmen die Ausnahme und bedarf besonderer Rechtfertigung.[1625] Denn hier erfährt der Betroffene nicht im Vorhinein von einer ihn belastenden staatlichen Maßnahme und kann daher keinen gerichtlichen Rechtsschutz in Anspruch nehmen.[1626] Zum anderen hat er bei einer verdeckt durchgeführten Datenerhebung nicht die Möglichkeit, durch sein Verhalten auf den Gang der Ermittlung einzuwirken, wodurch sich das Gewicht des Grundrechtseingriffs erhöht.[1627] Ein solcher Eingriff kommt auch durch Private in Betracht. Trifft der Gesetzgeber hiergegen keine geeigneten und ausreichenden Maßnahmen, liegt in der Verletzung der verfassungsrechtlich gebotenen Schutzgewährung ein Eingriff in das Grundrecht durch den Staat.

Auch eine mögliche längerfristige Überwachung stellt gegenüber einer einmaligen Erhebung von Kommunikationsinhalten und Kommunikationsumständen einen erheblich intensiveren Eingriff dar, da sich das Risiko einer Bildung von Verhaltens- und Kommunikati-

---

1619 In diesem Sinne wohl BVerfG, 1 BvR 370/07, 1 BvR 595/07, Rn 235 – Online-Durchsuchung.

1620 BVerfG, 1 BvR 370/07, 1 BvR 595/07, Rn 236 – Online-Durchsuchung.

1621 BVerfG, 1 BvR 370/07, 1 BvR 595/07, Rn 233 mwN – Online-Durchsuchung; vgl. zur Erhebung von Verbindungsdaten BVerfGE 115, 166 (187ff) – *Telekommunikationsüberwachung*.

1622 BVerfG, 1 BvR 370/07, 1 BvR 595/07, Rn 233 – Online-Durchsuchung.

1623 BVerfG, 1 BvR 370/07, 1 BvR 595/07, Rn 233 mwN – Online-Durchsuchung; vgl. zur Telekommunikationsüberwachung BVerfGE 113, 348 (382f) – *Telekommunikationsüberwachung*; BVerfGE 34, 238 (247) – *Heimliche Tonbandaufnahme*; 107, 299 (321) – *Handy–Überwachung*.

1624 BVerfG, 1 BvR 370/07, 1 BvR 595/07, Rn 234, 238 – Online-Durchsuchung.

1625 BVerfG, 1 BvR 370/07, 1 BvR 595/07, Rn 238 – Online-Durchsuchung; BVerfG NJW 2007, 2464 (2469f) – *Kontenabfrage*.

1626 BVerfG, 1 BvR 370/07, 1 BvR 595/07, Rn 238 – Online-Durchsuchung.

1627 BVerfG, 1 BvR 370/07, 1 BvR 595/07, Rn 238 mwN – Online-Durchsuchung.

onsprofilen erhöht.[1628] Eine umfassende Erhebung der persönlichen Verhältnisse und des Kommunikationsverhaltens des Betroffenen ist als Grundrechtseingriff von besonders hoher Intensität anzusehen.[1629] Gleiches gilt, wenn ein Zugriff unter anderem darauf angelegt und dazu geeignet ist, den Einsatz von Verschlüsselungstechnologien zu umgehen, da auf diese Weise eigene Schutzvorkehrungen des Betroffenen gegen einen von ihm nicht gewollten Datenzugriff unterlaufen werden.[1630]

Das Gewicht des Eingriffs wird schließlich dadurch geprägt, dass infolge des Zugriffs Gefahren für die Integrität des Zugriffsrechners sowie für Rechtsgüter des Betroffenen oder auch Dritter begründet werden.[1631] Auch die Möglichkeit eines Missbrauchs durch die zugreifende Stelle oder Dritte, welche aufgrund der Infiltration des Zugriffsrechners Datenbestände versehentlich oder sogar durch gezielte Manipulationen löschen, verändern oder neu anlegen können, erhöhen die Intensität des Eingriffs, da dies den Betroffenen in vielfältiger Weise schädigen kann.[1632]

4.2.3.3. Schranken und Schranken-Schranken

Das Grundrecht auf Gewährleistung der Vertraulichkeit und Integrität informationstechnischer Systeme ist nicht schrankenlos. Staatliche Eingriffe können sowohl zu präventiven Zwecken als auch zur Strafverfolgung gerechtfertigt sein.[1633] Der Einzelne muss nur solche Eingriffe hinnehmen, die auf einer verfassungsmäßigen gesetzlichen Grundlage beruhen.[1634] Ein grundrechtsbeschränkendes Gesetz muss den Geboten der Normenklarheit und Normenbestimmtheit gerecht werden.[1635] Es gelten dabei die gleichen Erwägungen wie zum Bestimmtheitsgebot im Hinblick auf das allgemeine Persönlichkeitsrecht.[1636]

Im Mittelpunkt der Prüfung steht daher der Grundsatz der Verhältnismäßigkeit, wonach Eingriffe einem legitimen Zweck dienen, als Mittel zum Zweck geeignet, erforderlich und angemessen zu sein haben.[1637] Bei der Angemessenheit sind insbesondere der Umfang des Datenmaterials, die Dauer der Ausforschung sowie deren Heimlichkeit mit dem öffentlichen Interesse – bzw. bei der Abwägung mit gesetzlich gestatteten Eingriffen Privater die Bedeutung der von diesen geltend machbaren Grundrechte z. B. aus Art. 2 Abs. 1, 5, 12,

---

1628 BVerfG, 1 BvR 370/07, 1 BvR 595/07, Rn 236f – Online-Durchsuchung.

1629 BVerfG, 1 BvR 370/07, 1 BvR 595/07, Rn 237 – Online-Durchsuchung.

1630 BVerfG, 1 BvR 370/07, 1 BvR 595/07, Rn 236 – Online-Durchsuchung.

1631 BVerfG, 1 BvR 370/07, 1 BvR 595/07, Rn 239 – Online-Durchsuchung.

1632 BVerfG, 1 BvR 370/07, 1 BvR 595/07, Rn 240 – Online-Durchsuchung.

1633 BVerfG, 1 BvR 370/07, 1 BvR 595/07, Rn 207 – Online-Durchsuchung.

1634 BVerfG, 1 BvR 370/07, 1 BvR 595/07, Rn 207 – Online-Durchsuchung.

1635 BVerfG, 1 BvR 370/07, 1 BvR 595/07, Rn 208 – Online-Durchsuchung.

1636 BVerfG, 1 BvR 370/07, 1 BvR 595/07, Rn 209 mwN – Online-Durchsuchung; BVerfGE 100, 313 (359f, 372) – *Telekommunikationsüberwachung*; 110, 33 (52ff, 57, 70) – *Zollkriminalamt*; 112, 284 (301) – *Kontenabfrage*; 113, 348 (375ff) – *Telekommunikationsüberwachung*; 115, 320 (365) – *Rasterfahndung*.

1637 St. Rspr., vgl. BVerfGE 109, 279 (335ff) – *Großer Lauschangriff*; 115, 320 (345) – *Rasterfahndung*; BVerfG, 1 BvR 370/07, 1 BvR 595/07, Rn 218f mwN – Online-Durchsuchung; *Sachs/Krings*, JuS 2008, 485 mwN; *Kutscha*, NJW 2008, 1043.

14 GG – im Verhältnis zum Eingriff abzuwägen.[1638] Das Spannungsverhältnis zwischen der Pflicht des Staates zum Schutz der Rechtsgüter und dem Interesse des Einzelnen an der Wahrung seiner von der Verfassung verbürgten Rechte kann dazu führen, dass bestimmte intensive Grundrechtseingriffe nur zum Schutz bestimmter Rechtsgüter und erst von bestimmten Verdachts- oder Gefahrenstufen an vorgesehen werden dürfen.[1639] In dem Verbot unangemessener Grundrechtseingriffe finden auch die Pflichten des Staates zum Schutz anderer Rechtsgüter ihre Grenze.[1640] Das Gebot der Angemessenheit verlangt, dass die Schwere des Eingriffs bei einer Gesamtabwägung nicht außer Verhältnis zu dem Gewicht der ihn rechtfertigenden Gründe stehen darf.[1641] Der Gesetzgeber hat das Individualinteresse, das durch einen Grundrechtseingriff beschnitten wird, den Interessen, denen der Eingriff dient, angemessen zuzuordnen. Die Prüfung anhand dieses Maßstabs kann dazu führen, dass ein Mittel nicht zur Durchsetzung von Allgemeininteressen angewandt werden darf, weil die davon ausgehenden Grundrechtsbeeinträchtigungen schwerer wiegen als die durchzusetzenden Belange.[1642]

Die sich aus dem Urteil des BVerfG ergebenden Eingriffsvoraussetzungen liegen im Bereich der Gefahrenabwehr nah an denen des Art. 13 Abs. 4 GG.[1643] Der heimliche Zugriff auf ein informationstechnisches System, mittels dessen die Nutzung des Systems überwacht und seine Speichermedien ausgelesen werden können, stellt einen schwerwiegenden Grundrechtseingriff dar. Dieser ist im Rahmen einer präventiven Zielsetzung angesichts seiner Intensität nur dann angemessen, wenn bestimmte Tatsachen auf eine im Einzelfall drohende Gefahr für ein überragend wichtiges Rechtsgut hinweisen. Dies gilt erst recht, wenn sich noch nicht mit hinreichender Wahrscheinlichkeit feststellen lässt, dass die Gefahr schon in näherer Zukunft eintritt.[1644] Überragend wichtige Rechtsgüter sind Leib, Leben und Freiheit der Person oder solche Güter der Allgemeinheit, deren Bedrohung die Grundlagen oder den Bestand des Staates oder die Grundlagen der Existenz der Menschen berührt.[1645] Selbst bei höchstem Gewicht der drohenden Rechtsgutsbeeinträchtigung kann auf das Erfordernis einer hinreichenden Eintrittswahrscheinlichkeit nicht verzichtet werden.[1646] Zudem müssen zumindest tatsächliche Anhaltspunkte einer konkreten Gefahr für die Schutzgüter der Norm bestehen.[1647] Vermutungen oder allge-

---

1638 So *Sachs/Krings*, JuS 2008, 485 mwN zu den Eingriffen durch den Staat.

1639 BVerfG, 1 BvR 370/07, 1 BvR 595/07, Rn 243 – Online-Durchsuchung.

1640 BVerfGE 115, 320 (358) – *Rasterfahndung*; BVerfG, 1 BvR 370/07, 1 BvR 595/07, Rn 243 mwN – Online-Durchsuchung.

1641 St. Rspr., vgl. BVerfGE 90, 145 (173) – *Haschischkonsum*; 109, 279 (349ff) – *Großer Lauschangriff*; 113, 348 (382) – *Telekommunikationsüberwachung*; BVerfG, 1 BvR 370/07, 1 BvR 595/07, Rn 227 mwN – Online-Durchsuchung.

1642 BVerfGE 115, 320 (345f) – *Rasterfahndung*; BVerfG NJW 2007, 2464 (2469) – *Kontenabfrage*; BVerfG, 1 BvR 370/07, 1 BvR 595/07, Rn 227 mwN – Online-Durchsuchung.

1643 *Hornung*, CR 2008, 303f.

1644 BVerfG, 1 BvR 370/07, 1 BvR 595/07, Leitsatz 2, Rn 242, 245 – Online-Durchsuchung; BVerfGE 113, 348 (386) – *Telekommunikationsüberwachung*; 115, 320 (360f) – *Rasterfahndung*.

1645 BVerfG, 1 BvR 370/07, 1 BvR 595/07, Leitsatz 2, Rn 242 – Online-Durchsuchung.

1646 BVerfG, 1 BvR 370/07, 1 BvR 595/07, Rn 245 mwN – Online-Durchsuchung.

1647 BVerfG, 1 BvR 370/07, 1 BvR 595/07, Rn 249 – Online-Durchsuchung.

meine Erfahrungssätze allein reichen nicht aus.[1648] Das BVerfG verlangt eine Konkretisierung auf den Einzelfall, die zeitliche Nähe des Umschlagens von Gefahr in Schaden und den Bezug auf individuelle Personen als Verursacher.[1649] Die hierdurch bewirkte leichte Vorverlagerung in das Gebiet der Gefahrenvorsorge gilt daher nur in sehr begrenztem Umfang.[1650]

Hat der Betroffene wegen der Heimlichkeit des Zugriffs keine Möglichkeit, vor oder während eines Eingriffs darauf hinzuwirken, dass die staatliche Stelle den Kernbereich seiner privaten Lebensgestaltung achtet, ist diesem vollständigen Kontrollverlust durch besondere Regelungen und geeignete Verfahrensvorkehrungen zur Abschirmung der Gefahr einer Kernbereichsverletzung Rechnung zu tragen.[1651] Die Ermächtigung zum heimlichen Zugriff auf informationstechnische Systeme muss daher mit geeigneten gesetzlichen Vorkehrungen verbunden werden, um die Interessen des Betroffenen verfahrensrechtlich abzusichern.[1652] Insbesondere ist der Zugriff grundsätzlich unter den Vorbehalt richterlicher Anordnung zu stellen,[1653] weil der Betroffene sonst ungeschützt bliebe.[1654]

Anders als im Bereich der präventiven und strategischen Kommunikationsüberwachung[1655] sind im Rahmen des heimlichen Zugriffs auf informationstechnische Systeme aufgrund der besonderen Intensität des Eingriffs keine geringeren Eingriffsvoraussetzungen zuzulassen.[1656] Aus diesem Grund stellt das BVerfG diesen Zugriff auch grundsätzlich unter den Vorbehalt richterlicher Anordnung. Die richterliche Entscheidung hat die Rechtmäßigkeit der vorgesehenen Maßnahme eingehend zu prüfen und die Gründe schriftlich

---

1648 BVerfGE 110, 33 (61) – *Zollkriminalamt*; 113, 348 (378) – *Telekommunikationsüberwachung*; BVerfG, 1 BvR 370/07, 1 BvR 595/07, Rn 250 – Online-Durchsuchung.

1649 *Hornung*, CR 2008, 304.

1650 *Hornung*, CR 2008, 304.

1651 BVerfG, 1 BvR 370/07, 1 BvR 595/07, Rn 272f, 275 – Online-Durchsuchung.

1652 BVerfG NJW 2007, 2464 (2471) mwN; BVerfG, 1 BvR 370/07, 1 BvR 595/07, Rn 257f mwN – Online-Durchsuchung.

1653 BVerfG, 1 BvR 370/07, 1 BvR 595/07, Rn 257f – Online-Durchsuchung: Ein solcher Vorbehalt ermöglicht die vorbeugende Kontrolle einer geplanten heimlichen Ermittlungsmaßnahme durch eine unabhängige und neutrale Instanz. Eine derartige Kontrolle kann bedeutsames Element eines effektiven Grundrechtsschutzes sein. Sie ist zwar nicht dazu geeignet, die Mängel einer zu unbestimmt geregelten oder zu niedrig angesetzten Eingriffsschwelle auszugleichen, da auch die unabhängige Prüfungsinstanz nur sicherstellen kann, dass die geregelten Eingriffsvoraussetzungen eingehalten werden (vgl. BVerfGE 110, 33 (67f) – *Zollkriminalamt*). Sie kann aber gewährleisten, dass die Entscheidung über eine heimliche Ermittlungsmaßnahme auf die Interessen des Betroffenen hinreichend Rücksicht nimmt, wenn der Betroffene selbst seine Interessen aufgrund der Heimlichkeit der Maßnahme im Vorwege nicht wahrnehmen kann. Die Kontrolle dient insoweit der *„kompensatorischen Repräsentation"* der Interessen des Betroffenen im Verwaltungsverfahren (vgl. SächsVerfGH JZ 1996, 957 (964)).

1654 BVerfG, 1 BvR 370/07, 1 BvR 595/07, Rn 259 – Online-Durchsuchung: „Richter können aufgrund ihrer persönlichen und sachlichen Unabhängigkeit und ihrer ausschließlichen Bindung an das Gesetz die Rechte des Betroffenen im Einzelfall am besten und sichersten wahren" (vgl. BVerfGE 103, 142 (151) – Wohnungsdurchsuchung; 107, 299 (325) – Handy–Überwachung). „Vorausgesetzt ist allerdings, dass sie die Rechtmäßigkeit der vorgesehenen Maßnahme eingehend prüfen und die Gründe schriftlich festhalten" (zu den Anforderungen an die Anordnung einer akustischen Wohnraumüberwachung vgl. BVerfGE 109, 279 (358ff) – Großer Lauschangriff; zur Kritik an der Praxis der Ausübung des Richtervorbehalts bei Wohnungsdurchsuchungen vgl. BVerfGE 103, 142 (152 mwN) – Wohnungsdurchsuchung).

1655 BVerfGE 100, 313 (383) – Telekommunikationsüberwachung.

1656 *Hornung*, CR 2008, 304 unter Verweis auf Ausführungen des Gerichts, dass eventuelle Schwierigkeiten bei der Formulierung einer geeigneten Ermächtigungsgrundlage kein verfassungsrechtlich hinnehmbarer Anlass wäre, *„die tatsächlichen Voraussetzungen für einen Eingriff der hier vorliegenden Art abzumildern"*, vgl. BVerfG, 1 BvR 370/07, 1 BvR 595/07, Rn 256 – Online-Durchsuchung.

festzuhalten. Andere Stellen dürfen mit der Kontrolle nur betraut werden, wenn sie die gleiche Gewähr für Unabhängigkeit und Neutralität bieten wie ein Richter, beispielsweise die G10-Kommision.[1657]

Heimliche Überwachungsmaßnahmen staatlicher Stellen müssen ferner – auch durch hinreichende gesetzliche Vorkehrungen – einen unantastbaren Kernbereich privater Lebensgestaltung wahren, dessen Schutz sich aus Art. 1 Abs. 1 GG ergibt.[1658] Selbst überwiegende Interessen der Allgemeinheit können einen Eingriff in ihn nicht rechtfertigen.[1659] Das Urteil zu Online-Durchsuchungen des BVerfG enthält jedoch insofern eine grundlegend neue Weichenstellung, als das BVerfG erstmals eine Unterscheidung der verfassungsrechtlichen Anforderungen an den Kernbereichsschutz *„je nach Art der Information zur Erhebung und der durch sie erfassten Informationen"* zulässt: Es sei *„praktisch unvermeidbar, Informationen zur Kenntnis zu nehmen, bevor ihr Kernbereichsbezug bewertet werden"* könne.[1660] Im Kernbereich privater Lebensgestaltung gehört die Möglichkeit, innere Vorgänge wie Empfindungen und Gefühle sowie Überlegungen, Ansichten und Erlebnisse höchstpersönlicher Art ohne die Angst zum Ausdruck zu bringen, dass staatliche Stellen dies überwachen, zur Entfaltung der Persönlichkeit.[1661] Eine gesetzliche Ermächtigung zu einer Überwachungsmaßnahme, die den Kernbereich privater Lebensgestaltung berühren kann, hat so weitgehend wie möglich sicherzustellen, dass die Erhebung kernbereichsrelevanter Daten informations- und ermittlungstechnisch unterbleibt.[1662] Das BVerfG formulierte daher ein zweistufiges Schutzkonzept für den Kernbereich. Auf der ersten Stufe (Erhebungsebene) hat ein Eingriff nach Möglichkeit zu unterbleiben. Hierzu sind auch *„verfügbare informationstechnische Sicherungen"* wie softwaretechnische Such- und Anschlussmechanismen einzusetzen.[1663] Ist es – wie bei dem heimlichen Zugriff auf ein informationstechnisches System – praktisch unvermeidbar, Informationen zur Kenntnis zu nehmen, bevor ihr Kernbereichsbezug bewertet werden kann, muss für hinreichenden Schutz in der Auswertungsphase gesorgt sein.[1664] Insbesondere muss eine unverzügliche Löschung erfolgen und eine Weitergabe und Verwertung durch Verwertungsverbote ausgeschlossen werden.[1665] Keine Aussage trifft das Urteil zu der Frage, zu welchem Zeitpunkt die Durchsicht zu erfolgen hat. Das BVerfG fordert insbesondere keine unverzügli-

1657 BVerfG, 1 BvR 370/07, 1 BvR 595/07, Rn 260, 269 – Online-Durchsuchung.

1658 BVerfGE 6, 32 (41) – *Elfes*; 27, 1 (6) – *Mikrozensus*; 32, 373 (378f); 34, 238 (245) – *Heimliche Tonbandaufnahme*; 80, 367 (373) – *Tagebuchaufzeichnung*; 109, 279 (313) – *Großer Lauschangriff*; 113, 348 (390) – *Telekommunikationsüberwachung*; BVerfG, 1 BvR 370/07, 1 BvR 595/07, Rn 271 mwN – Online-Durchsuchung; *Sachs/Krings*, JuS 2008, 485 mwN.

1659 BVerfGE 34, 238 (245) – *Heimliche Tonbandaufnahme*; 109, 279 (313) – *Großer Lauschangriff*; BVerfG, 1 BvR 370/07, 1 BvR 595/07, Rn 271 mwN – Online-Durchsuchung.

1660 BVerfG, 1 BvR 370/07, 1 BvR 595/07, Rn 276f – Online-Durchsuchung.

1661 BVerfGE 109, 279 (314) – *Großer Lauschangriff*; BVerfG, 1 BvR 370/07, 1 BvR 595/07, Rn 271 mwN – Online-Durchsuchung.

1662 BVerfG, 1 BvR 370/07, 1 BvR 595/07, Rn 260, 277 – Online-Durchsuchung.

1663 BVerfG, 1 BvR 370/07, 1 BvR 595/07, Rn 282f – Online-Durchsuchung; *Hornung*, CR 2008, 304.

1664 BVerfG, 1 BvR 370/07, 1 BvR 595/07, Rn 277 – Online-Durchsuchung.

1665 BVerfGE 109, 279 (318, 324) – *Großer Lauschangriff*; 113, 348 (391f) – *Telekommunikationsüberwachung*; BVerfG, 1 BvR 370/07, 1 BvR 595/07, Rn 277, 283 – Online-Durchsuchung; vgl. zur Telekommunikationsüberwachung BVerfGE 113, 348 (391f) – *Telekommunikationsüberwachung*; zur akustischen Wohnraumüberwachung BVerfGE 109, 279 (318, 324) – *Großer Lauschangriff*.

che Durchsicht, sondern nur eine unverzügliche Löschung nach Feststellung des Kernbereichsbezugs im Rahmen der Durchsicht.[1666] Dennoch wird eine gesetzliche Ermächtigungsgrundlage zeitliche Vorgaben enthalten müssen, weil andernfalls potentiell kernbereichsrelevante Daten über lange Zeiträume in staatlichen Systemen gespeichert werden dürften.[1667] Gibt es im Einzelfall konkrete Anhaltspunkte dafür, dass eine bestimmte Datenerhebung den Kernbereich privater Lebensgestaltung berühren wird, so hat sie grundsätzlich zu unterbleiben.[1668] Anders liegt es dann, wenn konkrete Anhaltspunkte dafür bestehen, dass kernbereichsbezogene Kommunikationsinhalte mit Inhalten verknüpft werden, die dem Ermittlungsziel unterfallen, um eine Überwachung zu verhindern.[1669]

Lässt sich die Kernbereichsrelevanz der erhobenen Daten vor oder bei der Datenerhebung nicht klären, hat der Gesetzgeber durch geeignete Verfahrensvorschriften sicherzustellen, dass im Falle einer Erhebung derartiger Daten die Intensität der Kernbereichsverletzung und ihre Auswirkungen auf die Persönlichkeit und Entfaltung des Betroffenen so gering wie möglich bleiben.[1670] Das zweistufige Schutzkonzept erscheint als praxisnahe Lösung – wenn es auch den Kernbereichsschutz deutlich abschwächt.[1671] So wird innerhalb des *„absolut"* geschützten Kernbereichs erstmals eine Differenzierung je nach den technischen Möglichkeiten der Datenerhebung und damit aus der Perspektive desjenigen vorgenommen, der in das Grundrecht eingreift.[1672]

Im Rahmen einer Verfassungsbeschwerde gegen eine gesetzliche Regelung für staatliche Maßnahmen eines Zugriffs auf IT-Systeme ist es überraschend, dass das BVerfG sich bei Aufzeigen der Gefährdungen auch mit denen durch Private befasst und diese in den Schutzbereich einbeziehen will. Weniger überraschend, aber misslich ist hingegen, dass sich dem Urteil kaum ausdrückliche Anforderungen an Schranken entnehmen lassen, welche auf Eingriffe Privater Anwendung finden. Man wird allerdings die Anforderungen an förmliche und verhältnismäßige Gesetze insoweit übertragen können, wie dies auch im Rahmen der informationellen Selbstbestimmung zwischenzeitlich anerkannt ist. Angesichts der Bedeutung, die das BVerfG den über das Grundrecht auf informationelle Selbstbestimmung hinausgehenden Gefährdungen beimisst, wird man jedoch bei der üblichen Abwägung im Rahmen der praktischen Konkordanz der Grundrechte (im Bezug auf die Rechte Privater an einer Verarbeitung aus Art. 2 Abs. 1, 5, 12 und 14 GG) dem besonderen Schutzbedürfnis durch eine entsprechend starke Gewichtung des neuen Grundrechts Rechnung tragen müssen. Dies dürfte dazu führen, dass Eingriffe nur in äußerst

1666 *Hornung*, CR 2008, 304 unter Verweis darauf, dass eine zeitnahe Durchsicht die Sicherheitsbehörden vor große Kapazitätsprobleme stellen dürfte.

1667 *Hornung*, CR 2008, 305.

1668 BVerfG, 1 BvR 370/07, 1 BvR 595/07, Rn 281 – Online-Durchsuchung.

1669 BVerfG, 1 BvR 370/07, 1 BvR 595/07, Rn 281 – Online-Durchsuchung.

1670 BVerfG, 1 BvR 370/07, 1 BvR 595/07, Rn 282 – Online-Durchsuchung.

1671 *Hornung*, CR 2008, 305 mwN.

1672 Welche Auswirkungen dies auf andere informationstechnische Ermittlungsmaßnahmen habt, bleibt abzuwarten, vgl. hierzu auch *Hornung*, CR 2008, 305 mwN.

eng begrenzten Ausnahmen zulässig wären. Bedeutsam dürfte für den Gestaltungsauftrag an den Gesetzgeber sein, dass dieser vor dem obigen Hintergrund sogar zu weitgehenden Eingriffen in die Grundrechte aus den Art. 12 und 14 GG berechtigt sein dürfte, z. B. im Rahmen von kostspieligen und aufwändigen Gestaltungsanforderungen an die Hersteller von informationstechnischen Systemen zur Gewährleistung deren Vertraulichkeit und Integrität auch unabhängig von einem Personenbezug.[1673]

4.2.4 Fernmeldegeheimnis

4.2.4.1. Schutzbereich

4.2.4.1.1. Sachlicher Schutzbereich

Das Fernmeldegeheimnis des Art. 10 GG schützt die Vertraulichkeit individueller Kommunikation, wenn diese wegen der räumlichen Distanz zwischen den Beteiligten auf eine Übermittlung durch andere angewiesen ist[1674] und deshalb in besonderer Weise dem Zugriff Dritter offen steht.[1675] Es schützt vor *„ungewollter Informationserhebung und gewährleistet eine Privatheit auf Distanz“*.[1676] Auch dem durch Art. 10 Abs. 1 GG gewährten Fernmeldegeheimnis liegt der Gedanke der Selbstbestimmung zu Grunde: So wie das allgemeine Persönlichkeitsrecht die Befugnis des Individuums sichert, selbst zu bestimmen, ob seine Worte einzig dem Gesprächspartner, einem bestimmten Kreis oder der Öffentlichkeit zugänglich sein sollen[1677] und das Recht auf informationelle Selbstbestimmung die Befugnis schützt, grundsätzlich selbst über die Preisgabe und Verwendung persönlicher Daten zu bestimmen,[1678] so gewährleistet Art. 10 GG die Verfügungsbefugnisse über Inhalte und Umstände der Kommunikation.[1679]

Der Geheimnisschutz des Art. 10 GG erfasst kommunikationsbezogene Daten, auch insoweit diese nicht personenbezogen sind oder von juristischen Personen herrühren.[1680] Anders als beim Grundrecht auf informationelle Selbstbestimmung, bei welchem die personenbezogenen Daten ausdrücklich schutzbedürftig sein müssen, kommt es beim Fernmeldegeheimnis nicht darauf an, ob die Kommunikationsdaten schutzbedürftig sind.[1681]

1673 Vgl. hierzu die Erörterung, warum dies am besten geeignet, erforderlich und angemessen sein dürfte in Kapitel 6.3.1.2.

1674 BVerfGE 85, 386 (396) – *Fangschaltung*; *Hermes* in Dreier, Grundgesetz, Art. 10, Rn 50.

1675 *Roßnagel*, FES-Studie, 113; *Hermes* in Dreier, Grundgesetz, Art. 10, Rn 50; BVerfG, 1 BvR 370/07, 1 BvR 595/07, Rn 290 – Online-Durchsuchung.

1676 BVerfGE 115, 166 – *Telekommunikationsüberwachung*, Rn 65; *Roßnagel*, FES-Studie, 113; BVerfGE 67, 157 (171) – *Telefonüberwachung*; 85, 386 (395ff) – *Fangschaltung*; *Hermes* in Dreier, Grundgesetz, Art. 10, Rn 18 mwN.

1677 BVerfGE 34, 238 (246ff) – *Heimliche Tonbandaufnahme*; 54, 148 (155) – *Eppler*.

1678 BVerfGE 65, 1 (43) – *Volkszählung*.

1679 BVerfGE 67, 157 (172) – Telefonüberwachung; 85, 386 (396) – Fangschaltung; 100, 313 (358) – Telekommunikationsüberwachung; 106, 28 (36) – Mithörvorrichtung; 107, 299 (312f) – Handy-Überwachung; 115, 166 (182) – Telekommunikationsüberwachung; BVerfG, 1 BvR 370/07, 1 BvR 595/07, Rn 183 mwN – Online-Durchsuchung.

1680 *Hermes* in Dreier, Grundgesetz, Art. 10, Rn 94 mwN.

1681 *Hermes* in Dreier, Grundgesetz, Art. 10, Rn 18, 94 mwN.

4.2.4.1.2. Persönlicher Schutzbereich

Grundrechtsberechtigt sind alle an dem fernmeldetechnisch vermittelten Kommunikationsvorgang beteiligten natürlichen oder inländischen juristischen Personen.[1682]

Eine Besonderheit des Fernmeldegeheimnisses besteht darin, dass es nicht alleine ausgeübt werden kann. Vielmehr sind bei dem geschützten Kommunikationsvorgang immer mindestens zwei Personen beteiligt. Teilweise wird im Interesse eines wirksamen Schutzes gefordert, dass es der Zustimmung *aller* Beteiligter bedarf, um den Schutz aus Art. 10 Abs. 1 GG aufzuheben.[1683] In der Tat würde es dem grundrechtlichen Schutz widersprechen, wenn durch die rechtfertigende Zustimmung nur eines der Beteiligten private oder staatliche Dritte diese Grundrechtsgemeinschaft aufbrechen könnten.[1684] Allerdings schützt Art. 10 GG nach Auffassung des BVerfG nicht das Vertrauen der Kommunikationspartner *zueinander*.[1685] Erlangt eine staatliche Stelle von den Inhalten einer über Kommunikationsdienste geführten Fernkommunikation auf dem dafür technisch vorgesehenen Weg Kenntnis, so liegt darin nur dann ein Eingriff in Art. 10 Abs. 1 GG, wenn die staatliche Stelle hierzu nicht durch mindestens *einen* Kommunikationsbeteiligten autorisiert wurde.[1686]

Bislang wurde angenommen, dass der Absender oder Initiator des Vorgangs den grundrechtlich geschützten Empfängerkreis bestimmt.[1687] Geräte des Ubiquitous Computing wie IKT-Implantate bauen systembedingt auch ohne Zutun des Benutzers untereinander Kommunikationsvorgänge auf. Auch RFID-Lesegeräte initiieren möglicherweise ohne Wissen und Wollen des Trägers des RFID-Tags allein auf Betreiben Dritter die Kommunikation. Daher bedarf die Bestimmung des Kreises der Grundrechtsberechtigten einer erneuten Betrachtung.

Benutzt eine natürliche Person ein Mobiltelefon, um eine Funkverbindung zu einem Dritten aufzubauen, ist der Kreis der Grundrechtsberechtigten durch den Initiator problemlos bestimmbar. Daran ändert sich auch nichts, wenn eine vom Benutzer programmierte Notfalleinrichtung eines IKT-Implantats beispielsweise im Falle eines Herzinfarktes über ein Funknetz eine automatische Verbindung zur Rettungsleitstelle aufbaut und an diese Daten wie EKG, Standort und ähnliches übermittelt. Hier kann man die der Programmierung und vorgefassten Regeln folgende Herstellung von Kommunikationsverbindungen dem Grund-

1682 BVerfGE 100, 313 (356ff) – Telekommunikationsüberwachung.
1683 *Hermes* in Dreier, Grundgesetz, Art. 10, Rn 16; BVerfGE 85, 386 (396, 398ff) – *Fangschaltung.*
1684 *Hermes* in Dreier, Grundgesetz, Art. 10, Rn 17.
1685 BVerfG, 1 BvR 370/07, 1 BvR 595/07, Rn 290 – Online-Durchsuchung.
1686 BVerfG, 1 BvR 370/07, 1 BvR 595/07, Rn 291 – Online-Durchsuchung.
1687 *Hermes* in Dreier, Grundgesetz, Art. 10, Rn 26 mwN.

rechtsträger ähnlich einer Computererklärung[1688] zuordnen, wodurch eine interessengerechte und leicht erkennbare Bestimmung der Grundrechtsberechtigten möglich bleibt.

Eine erste Entscheidung im Zusammenhang mit einer derartigen automatisch hergestellten Kommunikation traf das BVerfG in seinem IMSI-Catcher-Beschluss.[1689] Die von Ermittlern genutzte IMSI-Abfrage ermöglicht keinen direkten Rückschluss auf Kommunikationsbeziehungen und -inhalte, sondern lediglich Rückschlüsse über die ermittelte Position eines Endgeräts und damit mittelbar auf den Standort einer Person.[1690] Daher sah das BVerfG den Schutzbereich von Art. 10 Abs. 1 GG als nicht eröffnet, da *„eine technische Kommunikation zwischen Geräten nicht das spezifische Gefahrenpotential aufweist, vor dem Art. 10 Abs. 1 GG Schutz gewährleistet. Art. 10 Abs. 1 GG folgt nicht dem rein technischen Telekommunikationsbegriff des Telekommunikationsgesetztes (vgl. § 3 Nr. 22 TKG), sondern knüpft personal an den Grundrechtsträger und dessen Schutzbedürftigkeit auf Grund der Einschaltung Dritter in den Kommunikationsvorgang an.“*[1691]

Auch bei dem Auslesen eines RFID-Implantats durch ein Lesegerät oder der Datenübermittlung eines sonstigen IKT-Implantats an eine Hintergrunddatenbankanwendung *„kommunizieren“* ausschließlich technische Geräte miteinander. Daher könnte die Rechtsprechung des BVerfG[1692] auch für diese Fälle zu einem Ausschluss des Schutzes durch das Fernmeldegeheimnis führen. Das BVerfG begründete den Ausschluss im IMSI-Catcher-Beschluss jedoch damit, dass es im dortigen Fall an einem menschlich veranlassten Informationsaustausch fehle, der sich auf Kommunikationsinhalte beziehe. Bei der lediglich technisch veranlassten IMSI-Standortabfrage lag nach Ansicht des BVerfG weder ein konkreter Kommunikationsvorgang mit personellem Bezug noch ein Aufbau eines solchen zugrunde.[1693] Bei der von einem IKT-Implantat aktiv ausgesendeten Notfallmeldung aufgrund einer vom Benutzer vorgegebenen Programmierung handelt es sich jedoch um einen zurechenbaren menschlich veranlassten Informationsaustausch, bei dem Daten mit personellem Bezug übertragen werden. Daher bedingt das Schutzziel von Art. 10 Abs. 1 GG eine Einbeziehung derartig erfasster Kommunikationsvorgänge durch IKT-Implantate. Dem steht auch die Rechtsprechung des BVerfG nicht entgegen.

Gleiches muss gelten, wenn ein RFID-Implantat zur bargeldlosen Bezahlung, zur Buchausleihe, für den Zugriff auf die ePA o.ä. seine ID-Nummer sendet, welche eine Verknüpfung mit auch personenbezogenen Daten in einer Hintergrunddatenbank ermöglicht. Als Unterschied zum vorgenannten Fall baut jedoch nicht das Implantat, sondern ein Lesegerät die Verbindung auf. Derartige Fälle weisen daher größere Parallelen zum IMSI-Catcher

---

1688 Vgl. hierzu *Cornelius*, MMR 2002, 353–358.

1689 BVerfG RDV 2007, 70–74 – *IMSI–Catcher.*

1690 So ausdrücklich BVerfG RDV 2007, 70–74, Rn 57 – *IMSI–Catcher.*

1691 BVerfG RDV 2007, 70–74, Rn 59 – *IMSI–Catcher.*

1692 BVerfG RDV 2007, 70–74, Rn 57 – *IMSI–Catcher.*

1693 BVerfG RDV 2007, 70–74, Rn 57 – *IMSI–Catcher.*

auf, welcher auch erst ein empfangsbereites Endgerät aktiviert, um dessen IMSI-Nummer und über die Funkzelle deren Aufenthaltsort ausfindig zu machen. Der Unterschied zwischen einem passiven, durch ein Lesegerät aktivierten Tag und einem selbst regelmäßige Standortmeldungen aussendenden aktiven Tag ist jedoch allein technischer Natur, ohne dass sich Änderungen bei der rechtlichen Bewertung der Kommunikationsumstände und Inhalte ergäben. Beide sind gleich schutzwürdig und -bedürftig, so dass auch passive Tags bei von Dritten initiierten Auslesevorgängen dem Schutz des Art. 10 GG unterfallen müssen.

4.2.4.1.3. Schutzumfang

Die Erfassung der IMSI ermöglicht es, den Standort des Benutzers zu ermitteln. Obwohl diese Möglichkeit die Bereitschaft des Betroffenen zur Nutzung eines Mobiltelefons beeinträchtigen kann, realisiert sich hierdurch nach Ansicht des BVerfG die spezifische Gefahr für die Privatheit der Kommunikation nicht.[1694] Anders sieht es aus, wenn Gespräche selbst abgehört oder die Teilnehmer eines Kommunikationsvorganges registriert werden.

Der vom BVerfG im IMSI-Catcher-Beschluss vorgesehene Ausschluss rein technischer Kommunikationsvorgänge zwischen Geräten aus dem Schutzbereich greift dennoch bei IKT-Implantaten, welche ubiquitär kommunizieren, zu kurz: Denn es sind zahllose Kommunikationsvorgänge denkbar, an denen ein Mensch nur mittelbar aktiv beteiligt ist, welche jedoch umfangreiche Rückschlüsse auf die – grundrechtlich geschützten[1695] – Umstände und das (Kommunikations-)Verhalten des Betroffenen ermöglichen. Ein Beispiel hierfür ist die Ermittlung des Standortes eines Trägers eines IKT-Implantats über GPS und/oder GSM im Rahmen von LBS oder das Auslesen eines implantierten VeriChips (RFIDs), wobei der Standort des Lesegeräts zugleich Aufschluss über den Aufenthaltsort des Implantats und damit mittelbar über dessen Träger gibt.

Es bestehen umfangreiche Parallelen zwischen einem IMSI-Catcher und dem Auslesen eines RFIDs durch ein Lesegerät. In beiden Fällen wird die Ortung und die Identifizierung von Endgeräten ermöglicht, wobei die Daten aller Endgeräte in einer bestimmten Zelle des Mobilfunknetzes/Reichweite des Lesegeräts erfasst werden. In beiden Fällen kann eine bis zum Zeitpunkt des Scans unbekannte Kennung (IMSI/IMEI eines in der gescannten Zelle befindlichen Mobiltelefons bzw. die UID eines RFID-Tags) ermittelt werden. Ferner lässt sich anhand der Kennung aufgrund des Standortes des Sendemastes oder Lesegeräts die Position des Geräts und damit bei IKT-Implanaten auch die Position dessen Trä-

---

1694 BVerfG RDV 2007, 70–74, Rn 59 – *IMSI–Catcher*, a.A. BGH Ermittlungsrichter NJW 2001, 1587; LG Dortmund NStZ 1998, 577; LG Aachen StV 1999, 590 (591); VG Darmstadt NJW 2001, 2273 (2274); weitere Nachweise zur Gegenansicht bei BVerfG RDV 2007, 70–74, Rn 59 – *IMSI–Catcher.*

1695 BVerfGE 67, 157 (172) – Telefonüberwachung; 85, 386 (396) – Fangschaltung; 100, 313 (358) – Telekommunikationsüberwachung; 106, 28 (36) – Mithörvorrichtung; 107, 299 (312f) – Handy–Überwachung; 115, 166 (182) – Telekommunikationsüberwachung; BVerfG, 1 BvR 370/07, 1 BvR 595/07, Rn 183 mwN – Online-Durchsuchung.

gers bestimmen.[1696] In beiden Fällen erkennt der Träger zudem nicht, dass eine Aussendung von Daten durch sein Gerät stattfindet.

Beim Auslesen von RFIDs ist weder technisch noch rechtlich vorgegeben, dass ein RFID-Lesegerät nur *„berechtigt"* auf Tags zugreift. Selbst dort, wo eine Verschlüsselung zum Einsatz kommt, wird bisher zumindest die ID-Nummer zur Kollisionsvermeidung im Klartext gesendet.[1697] Die Daten anderer erfasster Tags werden nicht zwingend technisch verworfen.[1698] Die Möglichkeit, IKT-Implantate wie RFID-Tags zu identifizieren, ermöglicht mithin die Erstellung von Bewegungsprofilen.[1699] Bewegungsprofile sind ein Unterfall von Nutzungsprofilen. Sie bilden Aufenthaltsort und Zeitpunk einzelner Nutzer ab.[1700] Gerade bei mit den Trägern nahezu untrennbar verbundenen IKT-Implantaten lassen sich so präzise Angaben ermitteln und Rückschlüsse ziehen. Genau dies sah das BVerfG im IMSI-Catcher-Beschluss jedoch als vom Fernmeldegeheimnis geschützt an: *„Als Folge der Digitalisierung hinterlässt vor allem jede Nutzung von Telekommunikation personenbezogene Spuren, die gespeichert und ausgewertet werden können. Auch der Zugriff auf diese Daten fällt in den Schutzbereich des Art. 10 GG."*[1701] *„Dazu gehört insbesondere, ob, wann und wie oft zwischen welchen Personen oder Endeinrichtungen Telekommunikationsverkehr stattgefunden hat oder versucht worden ist".*[1702] *„Häufigkeit, Dauer und Zeitpunkt von Kommunikationsverbindungen geben Hinweise auf Art und Intensität von Beziehungen und ermöglichen auf den Inhalt bezogene Schlussfolgerungen".*[1703]

4.2.4.1.4. Zusammenspiel mit dem Grundrecht auf informationelle Selbstbestimmung

Der Mensch verwirklicht sich notwendig in sozialen Bezügen.[1704] Deshalb sah das BVerfG in seiner Entscheidung zum großen Lauschangriff auch eine *„zeitliche und räumliche ‚Rundumüberwachung'"* als unzulässig an. Denn es verletzt die Menschenwürde, *„wenn*

1696 *Saurer*, RDV 2007, 100 mwN; bei RFID ist allein auf Grund des Standortes des Lesegeräts und der begrenzten Reichweite der Standort der RFID–Tags und damit bei IKT–Implantaten dessen Nutzers bestimmt.

1697 Es existieren allerdings technische Lösungen zum Aussenden einer Meta–ID, welche sich bei jeder Anfrage ändert und so eine Identifizierung lediglich zur kollisionsfreien Ansprache ermöglicht, nicht aber ein Verfolgen der Person zulässt. Dieses Verfahren hat sich derzeit jedoch noch nicht durchgesetzt. Vgl. hierzu näher *Langheinrich* in Petkovic/Jonker, RFID and Privacy, 14ff mwN.

1698 Anders hingegen der Sachverhalt bei einer IMSI–Catcher–Abfrage. Hierbei werden – ähnlich dem Kfz–Kennzeichen–Scanning – die Daten der anderen Mobilfunkgeräte unmittelbar gelöscht und nur die Daten des gesuchten Mobilfunkgeräts gespeichert, so dass ein Drittbezug praktisch nicht vorliegt.

1699 *Hermes* in Dreier, Grundgesetz, Art. 10, Rn 21; zu der Möglichkeit bei Mobiltelefonen vgl. *Gonzáles/Hidalgo/Barabási*, Nature 2008, 779ff; *Heise online/fr*, Wissenschaftler analysieren individuelle Bewegungsprofile von Handynutzern, http://www.heise.de/newsticker/meldung/109012.

1700 *Schrey/Meister*, K&R 2002, 185 mwN.

1701 BVerfG RDV 2007, 70–74, Rn 52 mwN – *IMSI–Catcher*, BVerfGE 67, 157 (172) – *Telefonüberwachung*; 85, 386 (396) – *Fangschaltung*; 107, 299 (312) – *Handy–Überwachung*; 110, 33 (53) – *Zollkriminalamt*; 113, 348 (364ff) – *Telekommunikationsüberwachung*.

1702 BVerfG RDV 2007, 70–74, Rn 52 mwN – *IMSI–Catcher*, BVerfGE 100, 313 (358) – *Telekommunikationsüberwachung*; 107, 299 (312ff) – *Handy–Überwachung*.

1703 BVerfG RDV 2007, 70–74 mwN – *IMSI–Catcher*.

1704 BVerfGE 109, 279–391, Rn 140 mwN – *Großer Lauschangriff*, BVerfGE 80, 367 (374) – *Tagebuchaufzeichnung*.

eine Überwachung sich über einen längeren Zeitraum erstreckt und derart umfassend ist, dass nahezu lückenlos alle Bewegungen und Lebensäußerungen des Betroffenen registriert werden und zur Grundlage eines Persönlichkeitsprofils werden können“.[1705] Bei der Lokalisierung des Standortes eines elektronisch detektierbaren implantierten Chips oder einer elektronischen Fußfessel handelt es sich um personenbezogene Angaben.[1706] Jeder Mensch ist im sozialen Leben auf Ortsveränderungen angewiesen. Findet eine Lokalisierung des Aufenthaltsortes des Menschen – beispielsweise als Träger eines IKT-Implantats – statt, gibt es unter Umständen keine Möglichkeit, sich dieser Form der Überwachung zu entziehen.[1707] Dadurch droht zugleich unweigerlich eine Verhaltensänderung der Betroffenen, da sie Orte zu meiden versuchen, deren Aufsuchen unerwünschte Folgen auf Grund der Überwachung erwarten lassen.[1708] Erfolgt eine Überwachung mit weitreichenden Möglichkeiten der Kenntnisnahme und Auswertung erhobener Informationen via Fernkommunikationsmittel, verdrängt das speziellere Grundrecht des Art. 10 Abs. 1 GG das Grundrecht auf informationelle Selbstbestimmung. Daher müssen die Schutzanforderungen aus Art. 2 Abs. 1 in Verbindung mit Art. 1 Abs. 1 GG bei der Auslegung nicht nur der verfassungsrechtlichen Anforderungen an Eingriffe im Rahmen des Art. 10 GG herangezogen werden,[1709] sondern auch bei der Bestimmung des Schutzbereichs. Der Schutz aus Art. 10 GG muss insoweit das Grundrecht auf informationelle Selbstbestimmung inkorporieren. Nicht ohne Grund bezeichnet des BVerfG das Grundrecht aus Art. 10 GG als *„entwicklungsoffen“*, weshalb es nicht nur die bei Entstehung des Gesetzes bekannten Arten des Nachrichtenübertragung, sondern auch neuartige Übertragungstechniken schützt.[1710] Sollen in den Schutzbereich des Fernmeldegeheimnisses der *“Inhalt der Telekommunikation als auch die näheren Umstände des Fernmeldevorgangs“* einbezogen werden, greift es zu kurz, diese nur zu erfassen, *„soweit diese überhaupt auf Kommunikationsinhalte beziehbar sind“.*[1711] Sofern der speziellere Schutzbereich des Art. 10 GG eröffnet ist, darf allein auf Grund des Medienwechsels der Schutz des Grundrechts auf informationelle Selbstbestimmung nicht entzogen, sondern muss angemessen berücksichtigt werden.[1712] Damit erweist sich der Begriff des Fernmeldegeheimnisses tatsächlich als entwicklungsoffen gegenüber fernmeldetechnischen und ordnungspolitischen Neuerungen.[1713]

4.2.4.1.5. Abwehrcharakter

1705 BVerfGE 109, 279–301, Rn 154 mwN – *Großer Lauschangriff*; BVerfGE 65, 1 (42ff) – *Volkszählung.*

1706 So ausdrücklich *Weichert*, DuD 2007, 8.

1707 *Weichert*, DuD 2007, 8.

1708 *Weichert*, DuD 2007, 8; vgl. dazu auch BVerfGE 65, 1ff – *Volkszählung.*

1709 So bereits die ganz h.M., vgl. *Hermes* in Dreier, Grundgesetz, Art. 10, Rn 16 mwN; ebenso BVerfGE 100, 313 (359) – *Telekommunikationsüberwachung.*

1710 BVerfG RDV 2007, 70–74, Rn 51 mwN – *IMSI–Catcher.*

1711 BVerfG RDV 2007, 70–74, Rn 51 mwN – *IMSI–Catcher.*

1712 So ein Grundsatz auch BVerfGE 100, 313 (359) – *Telekommunikationsüberwachung*; 110, 33 (53) – *Zollkriminalamt*; BVerfGE NJW 2006, 976 (979).

1713 So die Feststellung bei *Hermes* in Dreier, Grundgesetz, Art. 10, Rn 38 mwN; BVerfG DVBl 2003, 131 (132).

In seiner klassischen Funktion schützt das Fernmeldegeheimnis die Beteiligten vor hoheitlichen Eingriffen und damit gegenüber dem Staat als durch Art. 1 Abs. 3 GG unmittelbar grundrechtsgebundenen Hoheitsträger.[1714] Unmittelbar Verpflichtete des Fernmeldegeheimnisses sind somit allein staatliche Stellen nicht aber private Unternehmen, welche Übermittlungsanlagen betreiben und Telekommunikationsdienste anbieten.[1715] Dennoch kommen dem Fernmeldegeheimnis auch im Verhältnis zwischen Privaten auf Grund der Ausstrahlungswirkung (mittelbare Drittwirkung) insbesondere dort Bedeutung zu, wo gesetzliche Vorschriften lückenhaft sind und Entscheidungsspielräume offen lassen.[1716]

4.2.4.1.6. Objektiv-rechtlicher Gehalt

Art. 10 GG beschränkt sich nicht auf die Abwehr staatlicher Eingriffe. Das Fernmeldegeheimnis ist auch Element der Gesamtrechtsordnung des Gemeinwesens, so dass dem Geheimnisschutz auch Bedeutung für die Rechtsbeziehung zwischen Privaten zukommt. Insoweit ist der Gesetzgeber grundrechtlich verpflichtet, durch geeignete Vorkehrungen Übergriffe nichtstaatlicher Dritter in die grundrechtlich geschützten Bereiche abzuwehren.[1717] Aus der Bedeutung des Art. 10 GG als objektivem Prinzip der gesamten Rechtsordnung folgt die Verpflichtung aller grundrechtsgebundenen Hoheitsträger, die Vertraulichkeit des Fernmeldeverkehrs gegenüber Übergriffen nichtstaatlicher Dritter zu schützen.[1718] Soweit Beeinträchtigungen des Geheimnisschutzes von Seiten privater Dritter zu besorgen sind, hat der Gesetzgeber daher durch den Einsatz straf-, zivil- und verwaltungsrechtlicher Instrumente für einen effektiven Schutz Sorge zu tragen.[1719] Hinzu kommen organisatorische und verfahrensmäßige Vorkehrungen, welche die Beachtung materieller Regelungen sichern müssen.[1720]

4.2.4.2. Eingriffe, Schranken und Schranken-Schranken

Ein Eingriff in Art. 10 GG liegt bei jeder vom Betroffenen ungewollten Informationserhebung durch Dritte vor. Derartige Eingriffe in das Telekommunikationsgeheimnis wiegen dann besonders schwer, wenn sie Zugriff auf potentiell sensible Kommunikationsinhalte und Einblicke in die persönlichen Angelegenheiten und Gewohnheiten des Betroffenen ermöglichen. [1721] Der Eingriff kann zudem eine gewisse Streubreite aufweisen und hierdurch die Eingriffsintensität erhöhen, wenn Erkenntnisse nicht nur über das Kommunikati-

---

1714 *Hermes* in Dreier, Grundgesetz, Art. 10, Rn 47 mwN.

1715 *Hermes* in Dreier, Grundgesetz, Art. 10, Rn 48 mwN zur Gegenansicht.

1716 *Kamp*, RDV 2007, 236 mwN; *Hermes* in Dreier, Grundgesetz, Art. 10, Rn 92 mwN; *Murswiek* in Sachs/Battis, Grundgesetz, Art. 2 Abs. 1, Rn 37, 40; *Dreier* in Dreier, Grundgesetz, Vorb., Rn 98 mwN.

1717 *Hermes* in Dreier, Grundgesetz, Art. 10, Rn 81.

1718 Diese grundrechtliche Schutzpflicht wurde bereits zu Art. 170 Weimarer Reichsverfassung von der herrschenden Auffassung vertreten und ist in Literatur und Rechtsprechung weitgehend anerkannt, vgl. *Hermes* in Dreier, Grundgesetz, Art. 10, Rn 83 mwN; BVerfGE 106, 28–51 (28ff) – *Mithörvorrichtung*.

1719 BVerfGE 88, 203 (253ff) – *Schwangerschaftsabbruch II*; *Hermes* in Dreier, Grundgesetz, Art. 10, Rn 83 mwN.

1720 *Hermes* in Dreier, Grundgesetz, Art. 10, Rn 88 mwN.

1721 BVerfG, 1 BvR 370/07, 1 BvR 595/07, Rn 297 – Online-Durchsuchung.

onsverhalten desjenigen, gegen den sich die Maßnahme richtet, sondern auch über seine Kommunikationspartner gewonnen werden.[1722] Auch die Heimlichkeit des Zugriffs erhöht die Eingriffsintensität.[1723]

Ein derart schwerwiegender Grundrechtseingriff setzt eine verfassungsgemäße qualifizierte materielle Eingriffsschwelle voraus.[1724] Erforderlich sind zudem Vorkehrungen zum Schutz des Kernbereichs privater Lebensgestaltung, soweit eine staatliche Stelle zur Erhebung von Inhalten der Telekommunikation unter Eingriff in Art. 10 Abs. 1 GG ermächtigt wird.[1725]

4.2.4.3. Kritik

Die bisherige Argumentation des BVerfG, die möglichen Rückschlüsse auf den Standort einer Person würden keine Rückschlüsse auf Kommunikationsbeziehungen und -inhalte liefern, greift auf Grund der hierdurch bei IKT-Implantaten und RFID-Tags gewährten Möglichkeit des Erstellens von Kontaktnetzwerken zu kurz. Aufgrund der vom BVerfG selbst gegebenen Begründung ist der Schutzbereich weiter zu ziehen: Denn anders als beim IMSI-Catcher verschwimmt in Fällen des Auslesens eines RFID-Tags durch ein Lesegerät die Grenze zwischen der Fernkommunikation und der persönlichen Kommunikation. Werden zunehmend Aufgaben auf *„intelligente“* Gegenstände verlagert, beispielsweise die Koordination von Terminen verschiedener Personen untereinander, dürfte auch dieser Datenaustausch zwischen zwei persönlichen digitalen Agenten vor Ort – z. B. für ein nächstes Treffen – umfangreiche Informationen über Kommunikationsbeziehungen liefern.

Zwar kommunizieren in diesen Fällen nur RFID-Tags und zugehörige Lesegeräte und somit ausschließlich technische Geräte miteinander, so dass es im Ausgangspunkt an einem *„menschlich veranlassten Informationsaustausch, der sich auf Kommunikationsinhalte bezieht“*, fehlt.[1726] Eine Kommunikationsverbindung zwischen Tag und Reader wird im Regelfall auch unabhängig von der konkreten Kommunikation der Personen vor Ort miteinander aufgebaut. Sie ermöglicht aber mittelbare Rückschlüsse auf den Aufenthalt Dritter und damit auf potentielle Kommunikation mit diesen. Regelmäßige Aufenthalte in der Nähe der gleichen Personen lassen bereits begründete Rückschlüsse auf das Kommunikationsverhalten der betroffenen Personen zu, so dass das Aussenden der Daten schon im obigen Beispielsfall gerade nicht mehr völlig *„unabhängig von einem konkreten Kommunikationsvorgang oder einem Aufbau einer Kommunikationsverbindung, die einen persona-*

1722 BVerfG, 1 BvR 370/07, 1 BvR 595/07, Rn 297 – Online-Durchsuchung.

1723 BVerfG, 1 BvR 370/07, 1 BvR 595/07, Rn 297 – Online-Durchsuchung.

1724 Auf die besonderen Anforderungen einer Eingriffsermächtigung kann an dieser Stelle nicht eingegangen werden. Es wird daher auf die gängige Kommentarliteratur verwiesen.

1725 BVerfGE 113, 348 (390ff) – *Telekommunikationsüberwachung*; BVerfG, 1 BvR 370/07, 1 BvR 595/07, Rn 299 mwN – Online-Durchsuchung.

1726 BVerfG RDV 2007, 70 (72) – *IMSI-Catcher*.

len Bezug hat", erfolgt.[1727] Auf Grund der bei IKT-Implantaten praktisch untrennbaren Verknüpfung von Implantat und Träger weisen Daten über das RFID-Tag wie dessen Standort, Zeitpunkt und Dauer des Aufenthalts – unabhängig von neben der UID etwaig im Tag selbst gespeicherten Daten – stets einen Personenbezug auf.[1728] Hieraus folgt, dass bereits mit dem Einschalten eines IKT-Implantats oder nur Bereithalten eines passiven RFID-Tags das Risiko verbunden ist, Objekt einer Ermittlung eines Standortes bzw. der Identifikationsnummer zu werden. Damit verfügen die Bürger nicht mehr über ein der Kommunikation ohne ein technisches Medium entsprechendes Sicherheitsniveau.[1729] Im Vorfeld der Entscheidung des BVerfG war in Literatur und Fachgerichtsbarkeit auch kaum umstritten, dass der Einsatz von IMSI-Catchern in den Schutzbereich des Fernmeldegeheimnisses nach Art. 10 Abs. 1 GG eingreift.[1730] Dies wurde mit Aspekten des Informationswandels dieses Grundrechts und dessen spezifischer Offenheit gegenüber technologischen Innovationen sowie organisatorischen Neuausrichtungen bei TK-Dienstleistern begründet.[1731] Nach dem BGH sind von einem Funktelefon in die nächstgelegene Funkzelle eines Mobilfunknetzes übermittelte Standortdaten auch dann Gegenstand von Telekommunikation, wenn deren Benutzer im Einzelfall keine Kenntnis von dem Vorgang hat; gleiches gilt für automatisierte Übertragungen.[1732] Daher liegt beim Auslesen von Daten eines RFID-Tags ein Eingriff in Art. 10 Abs. 1 GG nahe,[1733] so dass jeder Auslesevorgang, welcher nicht der subjektiven Zweckbestimmung des Betroffenen entspricht, hiervon erfasst werden muss.

Allerdings dürfte in Fällen einer nicht beabsichtigten Telekommunikation – z. B. durch ungewolltes unbefugtes Auslesen eines IKT-Implantats durch Dritte – nicht schon die freie Telekommunikation selbst eingeschränkt sein, wohl aber das Recht auf informationelle Selbstbestimmung, die allgemeine Handlungsfreiheit und gegebenenfalls die Freizügigkeit. Letztere sind aber – allein aufgrund des verwendeten technischen Mittels der Telekommunikation – durch Art. 10 GG verdrängt. Fände die Kommunikation ohne technische Hilfsmittel vor Ort statt, bestünde daher deren grundrechtlicher Schutz. Zur Vermeidung von Schutzlücken muss Art. 10 GG deren Schutzbereich daher einschließen.[1734] Da zu den geschützten Grundrechten auch die Kommunikation mit Dritten im Wege eines freien Meinungsaustausch gehört, ist im Lichte der Grundrechte insgesamt eine Ausdehnung des Schutzes des Fernmeldegeheimnisses auf die reine Kommunikation zwischen den Geräten geboten, sofern diese – wie bei IKT-Implantaten – erhebliche Grundrechtsrelevanz besitzt. Entgegen der insoweit zu kurz greifenden Begründung des BVerfG ist daher der Fall

---

1727 BVerfG RDV 2007, 70 (72) – *IMSI–Catcher.*

1728 *Weichert*, DuD 2007, 18f; *Schrey/Meister*, K&R 2002, 180.

1729 *Saurer*, RDV 2007, 102 unter Verweis auf BVerfG NJW 2000, 55 (58).

1730 Bejaht beispielsweise BGH Ermittlungsrichter NJW 2001, 1587; VG Darmstadt NJW 2001, 2273 (2274); weitere Nachweise bei *Saurer*, RDV 2007, 101 (Fn. 15) sowie zur Gegenansicht (dort Fn 16).

1731 *Gusy* in v. Mangoldt/Klein/Starck, Grundgesetz, Art. 10, Rn 14 f, 18; ebenso *Saurer*, RDV 2007, 101.

1732 BGH NJW 2003, 2034 (2035).

1733 So auch *Saurer*, RDV 2007, 101.

1734 *Münch* in Münch/Kunig, Grundgesetz, Art. 10, Rn 43; *Saurer*, RDV 2007, 103 mwN.

des Auslesens von RFID-Implantaten vom grundrechtlichen Schutz des Art. 10 GG erfasst.[1735]

4.2.5 Freizügigkeit

Art. 11 GG gewährt das Recht, *„an jedem Ort innerhalb des Bundesgebiets Aufenthalt und Wohnsitz zu nehmen"* und *"zu diesem Zweck in das Bundesgebiet einzureisen"*.[1736] Es handelt sich dabei um ein elementares Grund- und Menschenrecht[1737] und eine Voraussetzung für die freie Entfaltung der Persönlichkeit und die Ausübung zahlreicher anderer Grundrechte.[1738] Im Hinblick auf Religion, Weltanschauung, politische Verhältnisse und Kultur gewährleistet die Freizügigkeit den Hin- und Wegzug von und in Gegenden, in denen sich gleich oder anders denkende Menschen aufhalten. Ebenfalls verbürgt wird das Recht, im gewohnten sozialen Umfeld zu bleiben als *„Recht auf Heimat"*.[1739] Somit ist die Freizügigkeit eng mit der Menschenwürde verbunden, indem sie die Wahlfreiheit des Ortes der Selbstentfaltung gewährt. Sie rundet das allgemeine Persönlichkeitsrecht und das Recht auf informationelle Selbstbestimmung durch ein Recht auf *„räumliche Selbstbestimmung"* ab. Diese räumliche Selbstbestimmung ist Voraussetzung jeder sozialer Identitätsbildung und Integration, zugleich aber auch für das Erfahren und Verstehen anderer, den kulturellen Austausch und die pluralistisch-offene Struktur der Gesellschaft.[1740]

Soweit nun eine teilweise oder gar vollständige Überwachung durch IKT-Implantate und Location Based Services (LBS) erfolgt, wird es möglich, hierdurch Bewegungs-,[1741] Freundschafts- und Kontaktprofile zu erstellen. Die statistisch nachweisbare Tatsache, *„gleich und gleich gesellt sich gern"* ermöglicht gerade im Wege der Profilbildung auf Grund der Ortswahl einer Person, insbesondere aber durch die Verknüpfung derartiger Daten zahlloser Personen umfangreiche Rückschlüsse auf die jeweilige Religion, Weltanschauung, politische Ansichten sowie Freundschafts- und Kontaktprofile. Durch eine lückenlose automatisierte Kenntnisnahme oder allein die Möglichkeit der Kenntnis sämtlicher Handlungen wird für den Betroffenen unüberschaubar, wer was über ihn weiß. Genau diese vom BVerfG in der Volkszählungsentscheidung[1742] geäußerte Befürchtung führt bei der möglichen Geolokalisation durch LBS in IKT-Implantaten zu Verhaltensanpassungen,

---

1735 Ebenso *Saurer*, RDV 2007, 102.

1736 BVerfGE 2, 266 (273) – *Notaufnahmegesetz*; BVerfGE 80, 137 (150) – *Reiten im Walde.*

1737 Vgl. die Vorgängerfassungen in § 133 Abs. 1 der Frankfurter Paulskirchen–Verfassung von 1849 und Artikel 111 Weimarer Reichsverfassung sowie Art. 13 der allgemeinen Erklärung der Menschenrechte von 1948 und Art. 2 und 3 des Protokolls Nr. 4 zur EMRK.

1738 *Pernice* in Dreier, Grundgesetz, Art. 11, Rn 10 mwN.

1739 *Pernice* in Dreier, Grundgesetz, Art. 11, Rn 10 mwN.

1740 *Pernice* in Dreier, Grundgesetz, Art. 11, Rn 10 mwN.

1741 *Gonzáles/Hidalgo/Barabási*, Nature 2008, 779ff; *Heise online/fr*, Wissenschaftler analysieren individuelle Bewegungsprofile von Handynutzern, http://www.heise.de/newsticker/meldung/109012.

1742 BVerfGE 65, 1ff – *Volkszählung.*

welche neben dem Grundrecht auf informationelle Selbstbestimmung auch die durch Art. 11 GG gewährleistet Freizügigkeit betreffen.[1743]

Art. 11 GG gewährt einen Abwehranspruch gegen jede Art staatlicher Beeinträchtigung der dem Einzelnen gewährten Freiheit.[1744] Als Beeinträchtigung der Freizügigkeit gilt dabei jede rechtliche oder faktische Behinderung oder Belastung.[1745] Adressat des Art. 11 GG ist damit der Staat und somit alle Träger hoheitlicher Gewalt. Eingriffe sind nur unter der Voraussetzung eines qualifizierten Gesetzesvorbehalts zulässig.[1746]

Die Freizügigkeit ist zunächst ein Deutschengrundrecht, so dass Ausländer lediglich über Art. 2 Abs. 1 GG einen ähnlichen Schutz genießen.[1747] Für Unionsbürger zwingen das Gemeinschaftsrecht sowie die EMRK allerdings zu einer erweiternden Auslegung, so dass auch diese als „*Deutsche*“ im Sinne des Art. 116 GG anzusehen sind.[1748]

4.2.6 Unverletzlichkeit der Wohnung

4.2.6.1. Schutzbereich

Art. 13 GG bezweckt im Hinblick auf die Menschenwürde und im Interesse der freien Entfaltung der Persönlichkeit, dem Einzelnen einen „*elementaren Lebensraum*“ zu sichern, auf welchen er zur Befriedigung grundlegender Lebensbedürfnisse sowie zur Freiheitssicherung und Entfaltung seiner Persönlichkeit angewiesen ist.[1749] Die Wohnung ist als Mittelpunkt der menschlichen Existenz[1750] und räumlichen Sphäre der Privatheit von Bedeutung, welche durch das Recht, „*in Ruhe gelassen zu werden*“[1751] gesichert werden soll.[1752] Art. 13 GG sichert das Selbstbestimmungsrecht der Bewohner einer Wohnung darüber, „*wer wann unter welchen Bedingungen Zugang zu der Wohnung haben soll*“.[1753] Das aus Art. 13 GG gewährte Selbstbestimmungsrecht beschränkt sich nicht auf den physischen Zugang anderer Personen zu der Wohnung, sondern erstreckt sich darüber hinaus auch auf die Beherrschung von Informationen über Vorgänge und Gegenstände in der Wohnung.[1754]

1743 So ausdrücklich *Weichert*, DuD 2007, 18ff.

1744 *Pernice* in Dreier, Grundgesetz, Art. 11, Rn 21.

1745 *Pernice* in Dreier, Grundgesetz, Art. 11, Rn 22 mwN.

1746 *Pernice* in Dreier, Grundgesetz, Art. 11, Rn 24 mwN.

1747 *Pernice* in Dreier, Grundgesetz, Art. 11, Rn 18ff mwN.

1748 *Pernice* in Dreier, Grundgesetz, Art. 11, Rn 19 mwN.

1749 BVerfGE 51, 97 (110) – *Wohnungsdurchsuchung*; 89, 1 (6, 12) – *Eigenbedarfskündigung*; 103, 142 (150ff) – *Wohnungsdurchsuchung*; BVerfG, 1 BvR 370/07, 1 BvR 595/07, Rn 191 – Online-Durchsuchung.

1750 BVerfGE 18, 121 (131ff); BVerfGE 89, 1 (9) – *Eigenbedarfskündigung.*

1751 BVerfGE 32, 54 (75) – Betriebsbetretungsrecht; 103, 142 (150ff) – Wohnungsdurchsuchung.

1752 *Hermes* in Dreier, Grundgesetz, Art. 13, Rn 12 mwN.

1753 *Hermes* in Dreier, Grundgesetz, Art. 13, Rn 12 mwN.

1754 BVerfG, 1 BvR 370/07, 1 BvR 595/07, Rn 192 – Online-Durchsuchung; *Kunig* in Münch/Kunig, Grundgesetz, Art. 13, Rn 72; *Schmidt-Glaeser* in Kirchhoff/Isensee, HdbStR VI, § 129, Rn 54.

Art. 13 GG stellt daher ebenso wie Art. 10 GG einen speziellen Ausschnitt des Rechts auf informationelle Selbstbestimmung dar. Berechtigte sind sämtliche Wohnungsinhaber, d. h. alle natürlichen Personen, welche einem Raum kraft Widmung den Schutz der Privatheit verschaffen.[1755] Sachlich werden der Wohnung auch Geschäfts- und Büroräume zugeordnet.[1756] Bezüglich dieser gelten jedoch modifizierte Schranken.

Der durch Art. 13 GG gewährte Schutz richtet sich nicht lediglich gegen Eingriffe des Staates. Vielmehr enthält Art. 13 GG auch einen objektiv-rechtlichen Gehalt, der den Gesetzgeber verpflichtet, die grundrechtlich gewährleistete räumliche Sphäre der Privatheit auch gegenüber Übergriffen (privater) Dritter effektiv zu schützen.[1757] Auch von der Exekutive und Judikative verlangt Art. 13 GG, bei der Auslegung und Anwendung von Normen, welche die räumliche Sphäre der Privatheit gegenüber Übergriffen Dritter schützen sollen, dieser schützenden Wirkung im Einzelfall effektive Geltung zu verschaffen.[1758] Daher ist Art. 13 GG auch bei der Auslegung und Anwendung zivilrechtlicher Vorschriften zu beachten. Im Hinblick auf den Schutz vor einer zivilprozessualen Verwertung von Erkenntnissen, die eine Partei durch heimliche Bespitzelung der anderen Partei erlangt hat, kommt Art. 13 GG ebenfalls erhebliche Bedeutung zu.[1759]

4.2.6.2. Eingriff

Jede Form akustischer oder optischer Wohnraumüberwachung stellt einen Eingriff in Art. 13 GG dar, unabhängig davon, ob dieser durch technische Mittel erfolgt, welche innerhalb oder außerhalb der geschützten Räume angebracht oder eingesetzt werden, etwa unter Ausnutzung von Richtmikrofonen.[1760] Dies gilt auch für die Überwachung von Vorgängen in einer Wohnung mithilfe darin befindlicher informationstechnischer Systeme und zugehöriger Kameras oder Mikrofone.[1761] Daher ist sowohl die Erhebung als auch die Auswertung von Daten eines Trägers eines IKT-Implantats während dessen Aufenthalt in einer Wohnung am Grundrecht aus Art. 13 Abs. 1 GG zu messen.[1762]

1755 *Kunig* in Münch/Kunig, Grundgesetz, Art. 13, Rn 10; *Hermes* in Dreier, Grundgesetz, Art. 13, Rn 17 mwN.

1756 BVerfGE 32, 54 (71) – *Betriebsbetretungsrecht*; *Kunig* in Münch/Kunig, Grundgesetz, Art. 13, Rn 11; *Schmidt-Glaeser* in Kirchhoff/Isensee, HdbStR VI, § 129, Rn 50ff; *Hermes* in Dreier, Grundgesetz, Art. 13, Rn 24 mwN; BVerfG, 1 BvR 370/07, 1 BvR 595/07, Rn 192 – Online-Durchsuchung.

1757 *Hermes* in Dreier, Grundgesetz, Art. 13, Rn 117.

1758 *Hermes* in Dreier, Grundgesetz, Art. 13, Rn 117.

1759 BGH NJW 1970, 1848ff.

1760 BVerfGE 109, 279–381, Rn 171 mwN – *Großer Lauschangriff*; *Roßnagel*, FES-Studie, 114 mwN; BVerfG, 1 BvR 370/07, 1 BvR 595/07, Rn 192f – Online-Durchsuchung.

1761 BVerfG, 1 BvR 370/07, 1 BvR 595/07, Rn 193 – Online-Durchsuchung.

1762 *Roßnagel*, FES-Studie, 114. Nach dem Verlassen der Wohnung entfällt jedoch der Schutz auch Art. 13 GG, so dass nunmehr das Grundrecht auf Vertraulichkeit und Integrität informationstechnischer Systeme und/oder Art. 10 GG Anwendung finden, vgl. hierzu auch BVerfG, 1 BvR 370/07, 1 BvR 595/07, Rn 194 mwN – Online-Durchsuchung.

4.2.6.3. Schranken und Schranken-Schranken

Die Abs. 2 bis 7 des Art. 13 GG enthalten ein differenziertes Schrankensystem, welches unterschiedliche Anforderungen an die Rechtfertigung der verschiedenen Eingriffe stellt. Dabei wird zwischen der Art und Intensität des Eingriffs differenziert, welche von dem Einsatz technischer Mittel der optischen und akustischen Überwachung (Abs. 4) über die nur akustische Überwachung mit technischen Mitteln (Abs. 3) und die Durchsuchung (Abs. 2) bis hin zu sonstigen Eingriffen und Beschränkungen (Abs. 7) reichen.[1763]

Art. 13 Abs. 3 bis 6 GG regeln die optische oder akustische Überwachung von Wohnungen zur Informationserlangung durch den Einsatz technischer Mittel, mit deren Hilfe das nicht öffentlich gesprochene Wort und sonstige Vorgänge ohne Wissen der Betroffenen optisch oder akustisch aufgezeichnet werden können.[1764] Sie sind bei IKT-Implantaten daher von besonderer Bedeutung. Bei der Diskussion über die Zulässigkeit derartiger Eingriffe wurde in der Vergangenheit stets zwischen dem so genannten *„großen"* und dem *„kleinen Lauschangriff"* unterschieden.[1765] Dabei wird unter dem großen Lauschangriff die akustische (virtuelle) *„Durchsuchung"* verstanden, welche im Unterschied zu einer normalen Durchsuchung heimlich erfolgt und deshalb schwerer als die *„offene"* Durchsuchung wiegt.[1766] Bislang als weniger intensiv wird dagegen der *„kleine Lauschangriff"* angesehen, bei dem nicht von außen aufgeklärt wird, sondern bei dem verdeckte Ermittler oder sonstige im staatlichen Auftrag handelnde Personen beim vom Wohnungsinhaber gewährten Zutritt akustische oder visuelle Aufzeichnungsgeräte mit sich führen.[1767]

Diese herkömmliche Grenzziehung dürfte durch den Einsatz von IKT-Implantaten mit allgegenwärtiger Datenverarbeitung verschwimmen. So ist es technisch möglich, die stets mit sich geführten IKT-Implantate sowohl der Bewohner einer Wohnung als auch beliebiger Dritter zur Aufzeichnung von Gesprächen[1768] und sonstigen Geschehnissen[1769] zu nutzen. Hierbei noch zu unterschieden, ob ein Gespräch von außen abgehört wird, das IKT-Implantat des Betroffenen selbst zum Abhören gebraucht wird oder – gar ohne dessen Wissen – dies mit Hilfe von IKT-Implantaten Dritter geschieht, erscheint willkürlich und dem Schutzzweck von Art. 13 GG nicht angemessen. Nach der Einführung derartiger, auch zur Überwachung nutzbarer IKT-Implantate wird den Bewohnern einer Wohnung deren Vorhandensein und damit entsprechender Überwachungsmöglichkeiten zumindest unbewusst bekannt sein. Sie werden sie auch bei ihren Besuchern voraussetzen. Ohne einen hinreichenden Schutz wird sich jeder Bewohner der allgegenwärtigen Möglichkeit

---

1763 *Hermes* in Dreier, Grundgesetz, Art. 13, Rn 29 mwN.

1764 *Hermes* in Dreier, Grundgesetz, Art. 13, Rn 57.

1765 *Hermes* in Dreier, Grundgesetz, Art. 13, Rn 57.

1766 *Hermes* in Dreier, Grundgesetz, Art. 13, Rn 57 mwN.

1767 *Hermes* in Dreier, Grundgesetz, Art. 13, Rn 57 unter Verweis auf § 23 Abs. 3 PolG Baden–Württemberg.

1768 Zum Beispiel durch die Ausnutzung von Cochlea– und Auditory Brain Stem Implantate, aber auch durch Mobiltelefon–Implantate.

1769 Zum Beispiel durch die präzise Überwachung des Aufenthalts einzelner Personen in Räumen, ihrer Bewegung und gegebenenfalls des Zustandes zahlreicher Vitalparameter im Wege des Personal–Health–Monitorings.

der Überwachung ausgesetzt sehen. Der Schutz der Privatsphäre in ihrem Kernbereich persönlicher Lebensentfaltung, wie er durch Art. 13 GG geschützt ist, wird schon durch den potentiellen Zugriff auf derartige Daten von IKT-Implantaten massiv gefährdet. Es bedarf daher einer Anpassung der Schrankenregelung an diese neue Bedrohung.

Neben den unterschiedlich ausgestalteten Richtervorbehalten in Art. 13 Abs. 2-5 GG kommt insbesondere der Zweckbindung erhobener Informationen eine besondere Bedeutung zu. Um den Schutz gegen ungewollte Erhebung von Informationen über Gespräche und sonstige Vorgänge oder Umstände in der Wohnung hinreichend abzusichern, gelten die Grundsätze des Rechts auf informationelle Selbstbestimmung und die Anforderungen des Art. 10 GG hier entsprechend.[1770] Demnach dürfen auch rechtmäßig erhobene Informationen nur zu dem gesetzlich präzisierten Zweck verwendet werden, welcher den konkreten Informationserhebungseingriff legitimiert. Darüber hinaus gehende Änderungen des Verwendungszecks stellen einen selbständig rechtfertigungsbedürftigen Grundrechtseingriff dar.[1771]

Jegliche Informationserhebung aus Wohnungen und deren Verarbeitung, welche nicht dem gesetzlich konkretisierten Zweck und den diesbezüglich einschlägigen Voraussetzungen des Art. 13 GG und gegebenenfalls weiteren Grundrechten aus Art. 2 Abs. 1 i.V.m. Art. 1 Abs. 1 GG und 10 GG genügen, sind rechtswidrig.[1772] Soweit aus dem Kernbereich privater Lebensgestaltung stammende Informationen erhoben worden sind, müssen diese unverzüglich gelöscht werden.[1773] Ferner bestehen umfassende Verwertungsverbote,[1774] denn das mit der akustischen Wohnraumüberwachung verbundene Risiko des Eingriffs in den Kernbereich privater Lebensgestaltung kann verfassungsrechtlich nur hingenommen werden, *„wenn Vorkehrungen dagegen bestehen, dass keine weiteren Folgen aus ausnahmsweise erfolgten Verletzungen entstehen. Es ist zu sichern, dass die durch den Eingriff erlangten Erkenntnisse keinerlei Verwendung im weiteren Ermittlungsverfahren oder auch in anderen Zusammenhängen finden.“*[1775]

4.2.7 Konkurrenzen und Kollisionen

Die vorgenannten Grundrechte konkurrieren teilweise miteinander, schließen sich teilweise aus oder ergänzen einander. Nachfolgend wird daher das Verhältnis dieser Grundrechte umrissen.

1770 *Hermes* in Dreier, Grundgesetz, Art. 13, Rn 33 mwN.
1771 *Hermes* in Dreier, Grundgesetz, Art. 13, Rn 33 mwN.
1772 *Hermes* in Dreier, Grundgesetz, Art. 13, Rn 42.
1773 BVerfGE 109, 279–391, Rn 193 – *Großer Lauschangriff.*
1774 BVerfGE 109, 279–391, Rn 191 und 192 – *Großer Lauschangriff.*
1775 BVerfGE 109, 279–391, Rn 109 – *Großer Lauschangriff.*

4.2.7.1. Grundrecht auf informationelle Selbstbestimmung (Art. 2 Abs. 1 i.V.m. Art. 1 Abs. 1 GG)

Anders als die ebenfalls durch Art. 2 Abs. 1 GG geschützte allgemeine Handlungsfreiheit ist das Grundrecht auf informationelle Selbstbestimmung kein grundsätzlich subsidiäres Grundrecht.[1776] Daher tritt das Grundrecht auf informationelle Selbstbestimmung als Freiheitsgarantie neben andere Grundrechtsverbürgungen und kann mit diesen in Idealkonkurrenz stehen.[1777] In Betracht kommen insbesondere die Grundrechte aus Art. 10 Abs. 1, 12 Abs. 1, 13 Abs. 1 GG und 14 Abs. 1 GG. Welches Grundrecht zur Anwendung gelangt, bestimmt dessen sachlicher Schwerpunkt. Das jeweils speziellere Grundrecht geht dem generelleren vor. Nach der (bisherigen) Definition des BVerfG verdrängt das Grundrecht auf informationelle Selbstbestimmung zudem das neue Grundrecht auf Vertraulichkeit und Integrität informationstechnischer Systeme – zugleich wurde der Anwendungsbereich der informationellen Selbstbestimmung jedoch durch eine (vermeintliche?) Beschränkung auf „einzelne“ Datenerhebungen gegenüber dem neuen Grundrecht deutlich beschnitten; insoweit bleibt die genaue Konturierung der Grenzen beider Grundrechte unscharf. Es würde sich anbieten, beide als zwei Aspekte eines einheitlichen Grundrechts zu interpretieren.[1778]

Das Grundrecht auf informationelle Selbstbestimmung erstreckt sich primär auf im Vorfeld liegende Maßnahmen einer Datenerhebung, Verarbeitung und Übermittlung. Daher setzt auch die Einwilligung im Vorfeld der Datenerhebung und –nutzung an. Allerdings begründen die neuen Möglichkeiten und die zuvor nicht absehbare Bedeutung der modernen Informationstechnik, insbesondere durch mobile Nutzung, für die Lebensführung vieler Bürger neue Gefährdungen der Persönlichkeit, welche sich durch die Vernetzung weiter verstärken.[1779] Dies ist insbesondere dadurch der Fall, dass der Einzelne zu seiner Persönlichkeitsentfaltung auf die Nutzung informationstechnischer Systeme angewiesen ist und aus diesem Grund dem System persönliche Daten anvertraut oder durch dessen Nutzung zwangsläufig liefert.[1780] Der vom Grundrecht auf informationelle Selbstbestimmung bezweckte Vorfeldschutz trägt diesen Persönlichkeitsgefährdungen jedoch nicht vollständig Rechnung. Zugriffe Dritter auf derartige Datenbestände benötigen keiner weiteren Datenerhebung oder -verarbeitung und gehen dennoch in ihrem Gewicht für die Persönlichkeit des Betroffenen weit über einzelne Datenerhebungen hinaus, vor denen das Grundrecht auf informationelle Selbstbestimmung schützt.[1781] Soweit es sich daher nicht um Daten mit

---

1776 *Dreier* in Dreier, Grundgesetz, Art. 2, Rn 93ff mwN.

1777 *Kunig*, Jura 1993, 603; *Murswiek* in Sachs/Battis, Grundgesetz, Art. 2 Abs. 1, Rn 138.

1778 *Britz*, DÖV 2008, 413f.

1779 BVerfG, 1 BvR 370/07, 1 BvR 595/07, Rn 170f, 173f, 177 – Online-Durchsuchung; die zunächst gemachten Ausführungen zu einem *„äußerst groß und aussagekräftig“* gestalteten Datenbestand rechtfertigen hingegen nicht die Einführungen des neuen Grundrechts, wie von *Hoeren*, MMR 2008, 365 und *Hornung*, CR 2008, 301f zutreffend kritisiert. Die besondere Bedeutung des neuen Grundrechts und dessen dogmatischer Rechtfertigung zeigt sich jedoch beim zweiten Ansatzpunkt der Begründung, nämlich der Abhängigkeit des Einzelnen von der Nutzung seiner Systeme.

1780 BVerfG, 1 BvR 370/07, 1 BvR 595/07, Rn 200 – Online-Durchsuchung.

1781 BVerfG, 1 BvR 370/07, 1 BvR 595/07, Rn 200 – Online-Durchsuchung.

einem bloß punktuellen Bezug zu einem bestimmten Lebensbereich des Betroffenen handelt,[1782] kommt ergänzend zum Schutz des Grundrechts auf informationelle Selbstbestimmung ein Schutz des Betroffenen aus dem Grundrecht auf Gewährleistung der Vertraulichkeit und Integrität informationstechnischer Systeme in Betracht.[1783]

4.2.7.2. Grundrecht auf Gewährleistung der Vertraulichkeit und Integrität informationstechnischer Systeme (Artikel 2 Abs. 1 i.V.m. Art. 1 Abs. 1 GG)

Nicht (mehr) von dem Grundrecht auf informationelle Selbstbestimmung, sondern von dem Grundrecht auf Gewährleistung der Vertraulichkeit und Integrität informationstechnischer Systeme sollen künftig von einem Nutzer selbst gespeicherte oder durch dessen Nutzung erzeugte eigene Daten geschützt sein.[1784] Im Übrigen ist das Grundrecht auf Vertraulichkeit und Integrität informationstechnischer Systeme ausdrücklich subsidiär zum Schutz durch andere Grundrechte, insbesondere zum Recht auf informationelle Selbstbestimmung sowie Art. 10 oder Art. 13 GG.[1785] Es greift daher nur dort ergänzend ein, wo deren Schutzbereich nicht eröffnet ist. Dies kann im Verhältnis zu Art. 10 Abs. 1 GG jedoch zu Wertungswidersprüchen führen, da das neue Grundrecht im Verhältnis zu Art. 10 Abs. 1 GG den prozedural stärkeren Grundrechtsschutz in Gestalt des grundsätzlichen Richtervorbehalts vorsieht,[1786] während dieser bei Eingriffen in Art. 10 Abs. 1 GG weder im Grundgesetz noch im Gesetz zur Beschränkung des Brief-, Post- und Fernmeldegeheimnisses (G 10) vorgesehen ist.[1787] Soweit daher eine Kommunikationskomponente hinzu tritt, führt diese zu einer Schwächung des Grundrechtsschutzes, da die Subsidiarität einen Rückgriff auf das Grundrecht auf Gewährleistung der Vertraulichkeit und Integrität informationstechnischer Systeme verhindert.[1788] Angesichts der technologischen Ähnlichkeit IT-gestützter Kommunikationsvorgänge und nicht kommunikativer Nutzungen von informationstechnischen Systemen erscheint diese Differenzierung nicht gerechtfertigt.[1789] So billigt das BVerfG gerade auch der unbefangenen Individualkommunikation im Sinne einer unbeobachteten Fernkommunikation eine besondere Grundrechtsrelevanz bei,[1790] so dass ein Nebeneinander des Schutzes von Art. 10 Abs. 1GG und des neuen Grundrechtes nur konsequent wäre.[1791]

1782 Kritisch hierzu *Hoeren*, MMR 2008, 366, welcher zutreffend darauf verweist, dass es im Zeitalter der EDV kein belangloses Datum mehr gibt und damit gerade im Hinblick auf die neuen Nutzungsmöglichkeiten, vor welcher das Grundrecht schützen soll, eine nicht überzeugende Einschränkung des Schutzbereichs vorgenommen wurde.

1783 BVerfG, 1 BvR 370/07, 1 BvR 595/07, Rn 201ff – Online-Durchsuchung.

1784 Hierzu zu recht kritisch *Britz*, DÖV 2008, 413f, siehe auch Fußnoten 1550 und 1778.

1785 BVerfG, 1 BvR 370/07, 1 BvR 595/07, Rn 167 – Online-Durchsuchung.

1786 BVerfG, 1 BvR 370/07, 1 BvR 595/07, Rn 257ff – Online-Durchsuchung.

1787 So *Britz*, DÖV 2008, 414.

1788 *Britz*, DÖV 2008, 414.

1789 Nach *Britz*, DÖV 2008, 414 gerät diese Differenzierung zumindest *„ins Wanken"*.

1790 BVerfG, 1 BvR 370/07, 1 BvR 595/07, Rn 233 – Online-Durchsuchung.

1791 *Britz*, DÖV 2008, 415.

4.2.7.3. Fernmeldegeheimnis (Artikel 10 GG)

Art. 10 GG schützt Inhalte und Umstände der Telekommunikation medienunabhängig und losgelöst von der Frage, ob der Eingriff auf der Übertragungsstrecke oder am Endgerät ansetzt.[1792] Art. 10 GG ist daher im Verhältnis zur informationellen Selbstbestimmung bei Sachverhalten mit Schwerpunkt auf der Fernkommunikation das speziellere Grundrecht, welches die allgemeine Gewährleistung des Rechts auf informationelle Selbstbestimmung verdrängt.[1793] Dabei weist Art. 10 GG Besonderheiten auf, die er mit dem Grundrecht auf informationelle Selbstbestimmung teilt. So besteht bei beiden Grundrechten die Gefahr, dass sich ein erster Eingriff bei der Erhebung der Informationen durch den weiteren Umgang mit den so gewonnen Informationen fortsetzt oder sogar intensiviert.[1794] Die Schutzwirkung von Art. 10 GG umfasst zu deren Abwehr neben dem Schutz vor der Erhebung auch das Selbstbestimmungsrecht über den weiteren Umgang mit kommunikationsbezogenen Informationen durch Speicherung, Verwendung und Weitergabe. Somit ist auch der Informations-/Datenverarbeitungsprozess erfasst, der sich an die Kenntnisnahme von geschützten Kommunikationsvorgängen anschließt, sowie dessen Gebrauch.[1795] Der Schutzbereich von Art. 10 GG unterscheidet sich insoweit von dem des Grundrechts auf informationelle Selbstbestimmung, da er für eine Schutzgewährung allein an das Kommunikationsmedium anknüpft, nicht jedoch an eine besondere Schutzbedürftigkeit des Kommunikationsinhalts, so dass das Grundrecht aus Art. 10 GG auch juristischen Personen zusteht.[1796] Dennoch müssen die verfassungsrechtlichen Anforderungen an Eingriffe in das Grundrecht auf informationelle Selbstbestimmung bei der Auslegung von Art. 10 GG herangezogen werden, so dass das Fernmeldegeheimnis und das Grundrecht auf informationelle Selbstbestimmung, soweit es um den Schutz der technischen Kommunikationsdaten geht, in einem Ergänzungsverhältnis stehen.[1797] Umgekehrt schützt Art. 10 GG auch geheimhaltungsbedürftige personenbezogene Informationen nur dann, wenn diese nicht über ein Fernkommunikationsmittel übertragen werden. Greift Art. 10 GG nicht ein, werden die technischen Kommunikationsdaten durch das Recht auf informationelle Selbstbestimmung aus Art. 2 Abs. 1 GG in Verbindung mit Art. 1 Abs. 1 GG geschützt.[1798]

1792 BVerfGE 106, 28 (37f) - *Mithörvorrichtung*; 115, 166 (186f) – *Telekommunikationsüberwachung*; *Hermes* in Dreier, Grundgesetz, Art. 10, Rn 53.

1793 BVerfG RDV 2007, 70–74, Rn 66 – *IMSI–Catcher* unter Verweis auf BVerfGE 67, 157 (171) – *Telefonüberwachung*; 100, 313 (358) – *Telekommunikationsüberwachung*; bestätigt in BVerfG NJW 2003, 1787 (1787); einschränkend wiederum BVerfGE 106, 28 (35ff, 39ff) – *Mithörvorrichtung*; BVerfGE 107, 299 (312) – *Handy–Überwachung*; 110, 33 (53) – *Zollkriminalamt*; 113, 348 (364) – *Telekommunikationsüberwachung*; BVerfGE 115, 166 (169ff) – *Telekommunikationsüberwachung;* vgl. hierzu auch *Dreier* in Dreier, Grundgesetz, Art. 2, Rn 94 mwN; *Roßnagel*, FES-Studie, 113; *Hoeren*, MMR 2008.

1794 BVerfGE 85, 386 (399) – *Fangschaltung*; *Hermes* in Dreier, Grundgesetz, Art. 10, Rn 16 mwN.

1795 BVerfGE 100, 313 (359) – *Telekommunikationsüberwachung*; *Hermes* in Dreier, Grundgesetz, Art. 10, Rn 16 mwN.

1796 *Hermes* in Dreier, Grundgesetz, Art. 10, Rn 94 mwN.

1797 *Hermes* in Dreier, Grundgesetz, Art. 10, Rn 16 mwN, 94 mwN; BVerfG RDV 2007, 70–74, Rn 66 mwN – *IMSI–Catcher*; BVerfGE 100, 313 (359) – *Telekommunikationsüberwachung*; 110, 33 (53) – *Zollkriminalamt*; BVerfGE 65, 1 (44ff) – *Volkszählung*; BVerfGE 115, 166 (169ff) – *Telekommunikationsüberwachung; Roßnagel*, FES-Studie, 113 mwN.

1798 BVerfG RDV 2007, 70–74, Rn 67 – *IMSI–Catcher.*

Der Schutz des Art. 10 Abs. 1 GG erfasst neben den Inhalten auch die Umstände[1799] der Telekommunikation unabhängig von der Übermittlungsart und Ausdrucksform (Sprache, Bilder, Töne, Zeichen oder sonstige Daten).[1800] Soweit daher diese im Netz erhoben oder darauf bezogene Daten ausgewertet werden, ist der Eingriff allein an Art. 10 Abs. 1 GG zu messen,[1801] unabhängig davon, ob die Maßnahme technisch auf der Übertragungsstrecke oder am Endgerät der Telekommunikation ansetzt.[1802] Dies gilt grundsätzlich auch dann, wenn das Endgerät ein vernetztes komplexes informationstechnisches System ist, dessen Einsatz zur Telekommunikation nur eine unter mehreren Nutzungsarten darstellt.[1803]

Die Abgrenzung zum Grundrecht auf Vertraulichkeit und Integrität informationstechnischer Systeme erfolgt anhand der Grenzen des Grundrechtsschutzes aus Art. 10 Abs. 1 GG. Soweit dieses einschlägig ist, stellt es die speziellere Norm dar.[1804] Dessen Schutzbereich erstreckt sich jedoch nicht auf die nach Abschluss eines Kommunikationsvorgangs im Herrschaftsbereich eines Kommunikationsteilnehmers gespeicherten Inhalte und Umstände der Telekommunikation, soweit dieser eigene Schutzvorkehrungen gegen den heimlichen Datenzugriff treffen kann.[1805] Lediglich eine Maßnahme, die ausschließlich *„Inhalte und Umstände der laufenden Telekommunikation"* betrifft, ist allein an Art. 10 GG zu messen.[1806] Der durch das Telekommunikationsgeheimnis bewirkte Schutz besteht hingegen nicht, wenn eine staatliche Stelle die Nutzung eines informationstechnischen Systems als solche überwacht oder die Speichermedien des Systems durchsucht.[1807] Dies gilt selbst dann, wenn zur Übermittlung der so erhobenen Daten an die auswertende Behörde eine Telekommunikationsverbindung genutzt wird, wie dies etwa bei einem Online-Zugriff auf gespeicherte Daten der Fall ist.[1808] Soweit der heimliche Zugriff auf ein informationstechnisches System daher dazu dient, Daten zu erheben, die Art. 10 Abs. 1 GG nicht vor einem Zugriff schützt, bleibt eine durch das Grundrecht auf Vertraulichkeit und Integrität informationstechnischer Systeme zu schließende Schutzlücke.[1809] Auch ein allein auf die Quellen-Telekommunikationsüberwachung gerichteter Angriff auf ein *„komplexes informationstechnisches System"* bietet dem Angreifer (derzeit) dennoch die Möglichkeit zur um-

---

1799 D. h. insbesondere, ob, wann und wie oft zwischen welchen Personen oder Telekommunikationseinrichtungen Telekommunikationsverkehr stattgefunden hat oder versucht worden ist, vgl. BVerfGE 67, 157 (172) – *Telefonüberwachung*; 85, 386 (396) – *Fangschaltung*; 100, 313 (358) – *Telekommunikationsüberwachung*; 107, 299 (312f) – *Handy–Überwachung*; BVerfG, 1 BvR 370/07, 1 BvR 595/07, Rn 183 – Online-Durchsuchung.

1800 BVerfGE 106, 28 (36) – *Mithörvorrichtung*; 115, 166 (182) – *Telekommunikationsüberwachung*; BVerfG, 1 BvR 370/07, 1 BvR 595/07, Rn 183 – Online-Durchsuchung.

1801 BVerfG, 1 BvR 370/07, 1 BvR 595/07, Rn 184, 190 – Online-Durchsuchung.

1802 BVerfGE 106, 28 (37f) – *Mithörvorrichtung*; 115, 166 (186f) – *Telekommunikationsüberwachung*; BVerfG, 1 BvR 370/07, 1 BvR 595/07, Rn 184 – Online-Durchsuchung.

1803 BVerfG, 1 BvR 370/07, 1 BvR 595/07, Rn 184 – Online-Durchsuchung.

1804 Vgl. zu der Kritik an dieser Ausgestaltung die Ausführungen oben in Kapitel 4.2.7.2.

1805 BVerfG, 1 BvR 370/07, 1 BvR 595/07, Rn 185 – Online-Durchsuchung; BVerfGE 115, 166 (183ff) – *Telekommunikationsüberwachung*; *Hornung*, CR 2008, 300 mwN.

1806 BVerfG, 1 BvR 370/07, 1 BvR 595/07, Rn 184 – *Online-Durchsuchung.*

1807 BVerfG, 1 BvR 370/07, 1 BvR 595/07, Rn 186 – Online-Durchsuchung.

1808 BVerfG, 1 BvR 370/07, 1 BvR 595/07, Rn 186 mwN – Online-Durchsuchung.

1809 BVerfG, 1 BvR 370/07, 1 BvR 595/07, Rn 187 – Online-Durchsuchung.

fassenden Kontrolle des Systems.[1810] Solange es durch technische Vorkehrungen und rechtliche Vorgaben daher nicht möglich ist, eine Telekommunikations-Quellenüberwachung ausschließlich hierauf zu beschränken, bemessen sich die Schranken nicht an Art. 10 GG, sondern an dem Grundrecht auf Gewährleistung der Vertraulichkeit und Integrität informationstechnischer Systeme.[1811]

Im Verhältnis zu Art. 13 GG erfolgt die Abgrenzung danach, ob die Durchbrechung des Geheimnisschutzes in der Überwindung räumlicher Barrieren erfolgt. In diesem Fall geht Art. 13 GG als spezielleres Grundrecht vor, welches mit dem Schutz der räumlichen Privatsphäre auch die Vertraulichkeit der dort stattfindenden Kommunikationsvorgänge schützt.[1812]

4.2.7.4. Grundrecht der Berufsfreiheit (Artikel 12 Abs. 1 GG)

Für Betriebs- und Berufsgeheimnisse, die Arzt-Patienten-Beziehung oder das Mandanten-Rechtsanwalt-Verhältnis ist allein Art. 12 GG einschlägig.[1813] Art. 12 Abs. 1 GG ist für das Berufsrecht gegenüber Art. 2 Abs. 1 GG *lex specialis*, soweit der sachliche und personelle Schutzbereich der Berufsfreiheit eröffnet ist.[1814] Eine Regelung, welche mit Art. 12 Abs. 1 GG vereinbar ist, bedarf daher nicht der Prüfung, ob eine Verletzung der Grundrechte aus Art. 2 Abs. 1 GG vorliegt.[1815]

4.2.7.5. Grundrecht auf Unverletzlichkeit der Wohnung (Artikel 13 GG)

Art. 13 GG gewährleistet den Schutz privater Lebensgestaltung in der eigenen Wohnung. Grundrechtsträger des Art. 13 GG ist daher jeder Inhaber oder Bewohner eines Wohnraums, unabhängig davon, auf welchen Rechtsverhältnissen die Nutzung des Wohnraums beruht.[1816] Für diese stellt Art. 13 Abs. 1 GG die speziellere Gewährleistung des Schutzes der räumlichen Privatsphäre dar und verdrängt insoweit die Grundrechte auf informationelle Selbstbestimmung und Gewährleistung der Vertraulichkeit und Integrität informationstechnischer Systeme.[1817] Dies gilt beispielsweise bei der Infiltration informationstechnischer Systeme in einer Wohnung, um mit ihrer Hilfe Vorgänge innerhalb der Wohnung zu überwachen, indem etwa ein an das System angeschlossenes Peripheriegerät wie ein

---

1810 BVerfG, 1 BvR 370/07, 1 BvR 595/07, Rn 190 – Online-Durchsuchung; ebenso *Hornung*, CR 2008, 300.

1811 Vgl. ausführlich zu dem vermeintlichen Widerspruch *Hornung*, CR 2008, 300f; kritisch hierzu auch *Hoeren*, MMR 2008, 366.

1812 *Hermes* in Dreier, Grundgesetz, Art. 10, Rn 97 mwN.

1813 *Trute* in Roßnagel/Abel, Handbuch Datenschutzrecht, 165ff.

1814 BVerfGE 97, 228 (253) - Kurzberichterstattung im Fernsehen; 104, 337 (337ff) - Schächterlaubnis; 77, 84 (118) - Arbeitnehmerüberlassung.

1815 *Wieland* in Dreier, Grundgesetz, Art. 12, Rn 175 mwN zur ständigen Rechtsprechung des BVerfG.

1816 BVerfGE 109, 279–391 (Rn 167) – *Großer Lauschangriff*.

1817 BVerfGE 109, 279–391 (Rn 167) – *Großer Lauschangriff*; BVerfGE 100, 313 (359) – *Telekommunikationsüberwachung*.

Mikrofon oder eine Kamera genutzt werden.[1818] Diese Spezialität wirkt sich nicht nur gegenüber staatlicher Überwachung selbst aus, sondern erstreckt sich auch auf notwendige Vorbereitungsakte und auf den Information- und Datenverarbeitungsprozess, der sich der Erhebung anschließt, sowie auf den Gebrauch erlangter Kenntnisse.[1819] Damit schützt Art. 13 Abs. 1 GG für Inhaber oder Bewohner eines Wohnraums den Teil der Privatsphäre, den sonst das allgemeine Persönlichkeitsrecht gewährleistet. Dieses – und damit auch das Grundrecht auf informationelle Selbstbestimmung – greift hingegen dort ein, wo von einer Wohnraumüberwachung Personen betroffen werden, die sich nicht auf Art. 13 Abs. 1 GG berufen können.[1820] Dies sind insbesondere zufällig in einer Wohnung anwesende Personen. Der Schutz dieser Personen in der Wohnung aus Art. 2 Abs. 1 GG in Verbindung mit Art. 1 Abs. 1 GG kann allerdings nicht weiter reichen als der Schutz aus Art. 13 Abs. 1 und 3 GG.[1821]

Keine Anwendung findet Art. 13 GG jedoch auf eine Infiltration informationstechnischer Systeme in einer Wohnung, bei der nicht Vorgänge innerhalb der Wohnung überwacht werden sollen. Vielmehr soll allein von Daten auf dort befindlichen Systemen Kenntnis genommen werden, z. B. im Wege der Onlinedurchsuchung in deren Arbeitspeicher oder auf Speichermedien.[1822] Art. 13 Abs. 1 GG vermittelt dem Einzelnen ferner keinen generellen, von den Zugriffsmodalitäten unabhängigen, Schutz gegen die Infiltration seines informationstechnischen Systems, auch wenn sich dieses System in einer Wohnung befindet.[1823] Insbesondere soweit die Infiltration die Verbindung des Systems zu einem Netzwerk ausnutzt, lässt sie die durch die Abgrenzung der Wohnung vermittelte räumliche Privatsphäre unberührt.[1824] Auch die durch Art. 13 Abs. 1 GG gewährleistete Garantie der Unverletzlichkeit der Wohnung weist somit Schutzlücken gegenüber Zugriffen auf.[1825] Hierauf finden daher die Grundrechte auf informationelle Selbstbestimmung und/oder auf Gewährleistung der Vertraulichkeit und Integrität informationstechnischer Systeme Anwendung. Gleiches

1818 BVerfG, 1 BvR 370/07, 1 BvR 595/07, 193 – Online-Durchsuchung; *Sachs/Krings*, JuS 2008, 483; kritisch hierzu *Hornung*, CR 2008, 301, welcher zutreffend ausführt, dass hierdurch der Schutzbereich aus der Perspektive des Angreifers konstruiert wird und damit die Gefahr birgt, den Gewährleistungsgehalt mit der Entwicklung immer ausgefeilterer Überwachungsmethoden kontinuierlich zu verringern. Es erscheint daher vorzugswürdig, den Schutzbereich von Art. 13 GG auch in diesen Fällen als betroffen anzusehen, wenn sich das System innerhalb der Wohnung befindet und insoweit an ihrer räumlichen Sphäre teilhat, vgl. *Hornung*, CR 2008, 301 mwN. Eine etwaige Unkenntnis der Behörden über den Standort des Systems darf sich nicht zum Nachteil des Grundrechtsinhabers ausschlagen, so auch *Sachs/Krings*, JuS 2008, 483 mwN. Wenn somit die Ablehnung des Schutzbereichs von Art. 13 GG durch das BVerfG wenig überzeugend ist, halten sich dessen tatsächliche Auswirkungen jedoch im überschaubaren Rahmen, da das BVerfG zu Art. 13 Abs. 4 GG vergleichbare Schranken auch für das Grundrecht auf Gewährleistung der Vertraulichkeit und Integrität informationstechnischer Systeme vorgesehen hat.

1819 BVerfGE 109, 279–391 (Rn 167) – *Großer Lauschangriff*; BVerfGE 100, 313 (359) – *Telekommunikationsüberwachung.*

1820 BVerfGE 109, 279–291 (Rn 167) – *Großer Lauschangriff.*

1821 BVerfGE 109, 279–391 (Rn 167) – *Großer Lauschangriff.*

1822 BVerfG, 1 BvR 370/07, 1 BvR 595/07, Rn 195 – Online-Durchsuchung.

1823 BVerfG, 1 BvR 370/07, 1 BvR 595/07, Rn 194 mwN – Online-Durchsuchung.

1824 BVerfG, 1 BvR 370/07, 1 BvR 595/07, Rn 194 – Online-Durchsuchung.

1825 BVerfG, 1 BvR 370/07, 1 BvR 595/07, Rn 191 – Online-Durchsuchung; kritisch hierzu *Hornung*, CR 2008, 301, welche überzeugend darlegt, dass die vom BVerfG vorgesehene Ablehnung des Schutzbereichs teilweise allein der Begründung verfassungsrechtlicher Schutzlücken dient, welcher mit dem neuen Grundrecht auf Gewährleistung der Vertraulichkeit und Integrität informationstechnischer Systeme gefüllt werden sollen.

gilt, soweit es sich um reine Erhebungen und Sammlungen von Daten über Wohnverhältnisse ohne Eindringen oder Verweilen in der Wohnung handelt.[1826]

Soweit von der Wohnraumüberwachung Personen betroffen sind, die nicht als Wohnungsinhaber gelten und sich daher nicht auf Art. 13 Abs. 1 GG berufen können, greift bei diesen der Schutz aus Art. 2 Abs. 1 in Verbindung mit Art. 1 Abs. 1 GG ein.[1827]

4.2.7.6. Grundrecht auf Gewährleistung des Eigentums (Artikel 14 GG)

Betriebs- oder Geschäftsgeheimnisse werden dem Eigentum zugeordnet und sind insoweit durch Art. 14 GG geschützt.[1828] Soweit es sich hierbei nicht um personenbezogene Daten handelt, ist Art. 2 Abs. 1 GG bereits nicht einschlägig. Soweit hingegen personenbezogene Daten betroffen sind, ist zu differenzieren – soweit es um den Schutz als Betriebs- oder Geschäftsgeheimnis (und damit des Eigentums des Betriebsinhabers hieran) geht, findet allein Art. 14 GG Anwendung. Geht es hingegen um den Schutz der Persönlichkeit derjenigen, deren Daten betroffen sind, findet das Grundrecht auf informationelle Selbstbestimmung Anwendung.

4.2.8 Datenschutzregelungen in den Länderverfassungen

Zahlreiche Landesverfassungen enthalten Regelungen zum Datenschutz. So bestimmt beispielsweise Art. 33 der Verfassung von Berlin: Das Recht des Einzelnen, grundsätzlich selbst über die Preisgabe und Verwendung seiner persönlichen Daten zu bestimmen, wird gewährleistet. Einschränkungen dieses Rechts bedürfen eines Gesetzes. Sie sind nur im überwiegenden Allgemeininteresse zulässig. Detaillierter ist die Landesverfassung von Brandenburg in Art. 11 Abs. 1: Jeder hat das Recht, über die Preisgabe und Verwendung seiner persönlichen Daten selbst zu bestimmen, auf Auskunft über die Speicherung seiner persönlichen Daten und auf Einsicht in Akten und sonstige amtliche Unterlagen, soweit sie ihn betreffen und Rechte Dritter nicht entgegenstehen. Personenbezogene Daten dürfen nur mit freiwilliger und ausdrücklicher Zustimmung des Berechtigten erhoben, gespeichert, verarbeitet, weitergegeben oder sonst verwendet werden. Art. 11 Abs. 2 bestimmt: Einschränkungen sind nur im überwiegenden Allgemeininteresse durch Gesetz oder auf Grund eines Gesetzes im Rahmen der darin festgelegten Zwecke zulässig. Jede Erhebung personenbezogener Daten ist dem Berechtigten zur Kenntnis zu geben, sobald der Zweck der Erhebung dies zulässt. Ähnliche Datenschutzregelungen finden sich auch in

---

[1826] BVerfGE 65, 1 (40) – *Volkszählung.*

[1827] BVerfGE 109, 279–381, Rn 167 – *Großer Lauschangriff.*

[1828] BVerfGE 77, 1 (46) – *Neue Heimat.*

anderen Landesverfassungen.[1829] Ferner finden sich in den Landesverfassungen teilweise auch Bestimmungen zum Datenschutzbeauftragten.[1830] Inhaltlich bestehen jedoch keine wesentlichen Unterschiede zu den Gewährleistungen des GG, so dass hierauf nicht näher eingegangen wird.

4.3 *Grundrechtlicher Schutz der Hersteller und Betreiber informationstechnischer Systeme*

Nachdem zuvor die Anforderungen an einen wirksamen Schutz der speziellen Ausprägungen des APR und ergänzender Grundrechte dargestellt wurden, bleibt die Frage, welche Schutzmaßnahmen verfassungsrechtlich zulässig wären. Denn nicht nur der Einzelne ist vor einer Erhebung, Verarbeitung und Übermittlung seiner Daten geschützt. Auch die Tätigkeit eines Datenverarbeiters kann Schutz durch Art. 12 GG (Berufsfreiheit) genießen, während den Datenbeständen selbst und den zu ihrer Nutzung erforderlichen informationstechnischen Systemen ein Schutz durch Art. 14 GG (Eigentum) zukommen könnte.

4.3.1 Grundrechte juristischer Personen

Es stellt sich die Frage nach einer Grundrechtsträgerschaft der Betreiber von informationstechnischen Systemen, insbesondere von Auskunfteien, Scoring-Unternehmen, Gesundheitstelematikdienstleistern, Adresshändlern, Anbietern von Data Warehouses, Georeferenzsystemen und Location Based Services. Diese liegt unproblematisch bei natürlichen Personen vor, da die Grundrechte zu deren Schutz historisch entwickelt wurden. Allerdings sind Betreiber überwiegend als juristische Person organisiert. Für solche bestimmt Art. 19 Abs. 3 GG, dass Grundrechte auch für inländische juristische Personen gelten, soweit sie ihrem Wesen nach auf diese unmittelbar anwendbar sind. Juristische Personen sind demnach nur dann als Grundrechtsinhaber anzusehen, wenn ihre Bildung und Betätigung Ausdruck der freien Entfaltung der dahinter stehenden natürlichen Personen ist und deswegen ein *„Durchgriff“* auf diese Menschen es erforderlich erscheinen lässt.[1831] Eine solche grundrechtstypische Gefährdungslage besteht regelmäßig bei juristischen Personen des Privatrechts in ihrem Aufgabenbereich.[1832] Art. 12 Abs. 1 GG garantiert gemäß Art. 19 Abs. 3 GG daher auch juristischen Personen des Privatrechts die Freiheit, eine Erwerbszwecken dienende Tätigkeit, insbesondere ein Gewerbe zu betreiben, soweit diese

---

1829 Art. 12 Abs. 3–5 Landesverfassung der freien Hansestadt Bremen, Art. 6 Landesverfassung von Mecklenburg–Vorpommern, Art. 4 Abs. 2 der Landesverfassung von Nordrhein–Westfalen, Art. 4 a der Verfassung für Rheinland–Pfalz, Art. 2 Abs. 2 und 3 der Verfassung des Saarlandes, Art. 33 der Verfassung des Freistaates Sachsen Art. 6 Abs. 1 der Verfassung des Landes Sachsen–Anhalt Art. 6 des Freistaats Thüringen Art. 2 Abs. 1 der Verfassung des Landes Hessen und Art. 101 der Verfassung des Freistaats Bayern, vgl. die Nachweisen bei *Dreier* in Dreier, Grundgesetz, Art. 2, Rn 20ff mwN. sowie *Bergmann/Möhrle/Herb*, Datenschutzrecht Bd. III Teil 7, Band I, Teil 2, Ziff 2.2.2 mwN.

1830 Art. 47 der Verfassung von Berlin, Art. 74 der Landesverfassung von Brandenburg, Art. 37 der Landesverfassung von Mecklenburg–Vorpommern, Art. 62 der Niedersächsischen Verfassung Art. 77 a der Landesverfassung von Nordrhein–Westfalen, Art. 57 Verfassung des Freistaats Sachsen.

1831 BVerfG NJW 1990, 1783.

1832 *Stüer/Loges*, NVwZ 2000, 10.

Erwerbstätigkeit ihrem Wesen und ihrer Art nach von einer juristischen wie von einer natürlichen Person ausgeübt werden kann.[1833] Auch die Eigentumsgarantie der Art. 14 GG richtet sich an Private und juristische Personen des Privatrechts.

Bei öffentlich-rechtlichen oder gemischtwirtschaftlichen Betreibern ist zu differenzieren: Die „*grundrechtstypische Gefährdungslage*", wie sie für Privatpersonen im Verhältnis zum Staat kennzeichnend ist, besteht bei öffentlich-rechtlichen Unternehmen regelmäßig nicht.[1834] Materielle Grundrechte gelten deshalb für juristische Personen des öffentlichen Rechts grundsätzlich nicht, soweit diese öffentliche Aufgaben wahrnehmen.[1835] Das gleiche gilt für eine juristische Person des Privatrechts, wenn sie in einer Funktion der Wahrnehmung gesetzlich zugewiesener und geregelter öffentlicher Aufgaben der Daseinsvorsorge betroffen ist.[1836] Die Grundrechtsfähigkeit juristischer Personen des öffentlichen Rechts wird auch bei der Wahrnehmung nicht-hoheitlicher Tätigkeiten grundsätzlich verneint.[1837] Auch gemischtwirtschaftlichen juristischen Personen des Privatrechts wird die Grundrechtsfähigkeit abgesprochen, wenn die öffentliche Hand als deren Mitglied oder Träger nach den Mehrheitsverhältnissen entscheidenden Einfluss auf die Geschäftsführung der Gesellschaft nehmen kann.[1838] Anders ist es, wenn die öffentliche Hand eine Tätigkeit ausübt, die selbst unmittelbar durch spezielle Grundrechte geschützt ist, so z. B. bezüglich einer Datenverarbeitung an einem Universitätsrechenzentrum.

Bei überwiegend nicht-öffentlicher Trägerschaft sowie aufgrund der speziellen Datenverarbeitung an Universitäten und Forschungseinrichtungen ist ein grundrechtlicher Schutz sowohl der Betreiber als auch der Hersteller informationstechnischer Systeme regelmäßig zu bejahen.

Mögliche Maßnahmen zur Abwehr der Risiken für die Grundrechte der informationellen Selbstbestimmung und auf Gewährleistung der Vertraulichkeit und Integrität informationstechnischer Systeme sind insbesondere gesetzliche Verbote und Einschränkungen von Datenverarbeitungen, welche sich entweder nur auf künftige noch zu erstellende Datenbestände oder auch auf bereits bestehende Datenbanken beziehen können. Bei der juristischen Bewertung von Maßnahmen zur Abwehr der Risiken ist zwischen den Einwirkungen auf bereits bestehende Datenbestände und Betriebe (durch Verbote und Nutzungsbeschränkungen) und Verboten und Beschränkungen im Rahmen einer Neuerrichtung oder Nutzung von bestimmten Daten(-banken) und informationstechnischen Systemen zu diffe-

1833 BVerfGE 21, 261 (266) – *Arbeitsvermittlungsmonopol*; 30, 292 (312) – *Erdölbevorratung*; 50, 290 (312) – *Mitbestimmungsgesetz*; 65, 196 (209f) – *Altersruhegeld*.
1834 BVerfGE 61, 82 - *Sasbach*; BVerwG NVwZ 1989, 247; VGH Kassel NVwZ 1984, 736; *Stüer/Loges*, NVwZ 2000, 10.
1835 BVerfG NJW 1990, 1783.
1836 BVerfG NJW 1990, 1783; BVerfGE 68, 193 (205ff) – *Zahntechniker-Innung*.
1837 *Stüer/Loges*, NVwZ 2000, 10.
1838 BVerfGE 45, 63 (80) – *Stadtwerke Hameln*; BVerfG NJW 1980, 1093; a.A. *Stüer/Loges*, NVwZ 2000, 10f mwN auch zur Gegenansicht.

renzieren. Ferner kommen als Adressaten der Maßnahmen die datenverarbeitenden Stellen selbst, aber auch die Hersteller in Betracht.

Es geht mithin um die Regelung von Alt- und Neufällen auf der einen sowie der Adressierung von Maßnahmen an die unmittelbaren Verwender oder an sonstige Nicht-Störer im Vorfeld auf der anderen Seite.

4.3.2 Eingriff in die Berufsfreiheit

Art. 12 Abs. 1 GG schützt die Berufsfreiheit. Danach haben alle Deutschen[1839] das Recht, Beruf, Arbeitsplatz und Ausbildungsstätte frei zu wählen. Die Berufsausübung kann durch Gesetz oder auf Grund eines Gesetzes geregelt werden (Art. 12 Abs. 1 Satz 2 GG). Die Verfassungsbestimmung schützt auch den gewerblichen Betrieb von gefahrgeneigten Anlagen, z. B. von Kernkraftwerken[1840] und informationstechnischen Systemen. Der Betrieb von Kernkraftwerken nach dem AtG, gentechnischen Anlagen nach dem GenTG oder umweltgefährdenden Anlagen nach dem BImSchG steht ebenso wie die Erhebung, Verarbeitung und Übermittlung von personenbezogenen Daten unter einem grundsätzlichen Verbot mit Erlaubnisvorbehalt. Anders als die Erstgenannten bedarf die Datenverarbeitung jedoch keiner behördlichen Genehmigung, sondern ist bereits aufgrund einer gesetzlichen Erlaubnis im Bundesdatenschutz sowie Spezialgesetzen umfangreich zu eigenen und fremden Zwecken zulässig. Für Nutzungen, die nicht hierunter fallen, besteht die Möglichkeit des Betreibers, vom Betroffenen eine ausdrückliche Einwilligung einzuholen, die die gleiche Wirkung hat wie eine gesetzliche Erlaubnis.

Als Eingriffe in Rechte der Betreiber von datenverarbeitenden Systemen kommen - bei Änderungen im BDSG und/oder in Spezialgesetzen - eine Aufhebung oder Beschränkung der gesetzlichen Erlaubnis zur Datenverarbeitung in Betracht.

4.3.2.1. Verbot der Tätigkeit als Datenverarbeiter

Das Errichten und Betreiben von Anlagen zur Datenverarbeitung ist ein Beruf, der dem Schutz des Art. 12 GG unterfällt. Ein in die Zukunft wirkendes Verbot würde sich für diejenigen, die den Beruf - oder als juristische Person das Gewerbe - aufnehmen wollen, als eine Einschränkung der Berufs- und Gewerbefreiheit darstellen.[1841] Bereits tätige Betreiber wären hingegen nicht betroffen. Die Wahl des Berufs eines Betreibers von Anlagen zur Verarbeitung personenbezogener Daten wäre künftig nicht mehr möglich, sodass die Abschaffung eines Berufs vorliegt, was die Berufswahlfreiheit beeinträchtigt. Würde hingegen nicht nur die Aufnahme einer künftigen Tätigkeit, sondern auch die Tätigkeit bisheriger

[1839] EU-Bürger anderer Mitgliedsstaaten sind diesen jedoch gleich gestellt.

[1840] *Stüer/Loges*, NVwZ 2000, 11 mwN.

[1841] So zur Problematik im Atomrecht *Stüer/Loges*, NVwZ 2000, 11 mwN.

Betreiber verboten, käme dies einem umfassenden Berufsverbot gleich. Nach der sog. Drei-Stufen-Theorie, die das BVerfG im Apothekenurteil entwickelt hat,[1842] würde es sich um eine Berufswahlregelung der 3. Stufe mit objektivem Verbotscharakter handeln. Derartige Einschränkungen sind nur zum Schutz vor nachweisbaren oder höchst wahrscheinlichen schweren Gefahren für ein überragend wichtiges Gemeinschaftsgut zulässig.[1843]

Da unser Gemeinwesen auf moderne Kommunikationsmittel mit personenbezogener Datenverarbeitung angewiesen ist, scheidet ein entsprechendes vollständiges Verbot bereits aus faktischen Gründen aus. Ein solches generelles Verbot wäre auch nicht praktikabel.

4.3.2.2. Einschränkungen der Tätigkeit als Datenverarbeiter

Maßgebliche Bedeutung kann daher nur Regelungen zukommen, welche die Erhebung, Verarbeitung und Übermittlung von Daten und Nutzung von informationstechnischen Systemen – gleich ob mit oder (noch) ohne Personenbezug – einschränken. Unabhängig davon, ob die Verarbeitung bestimmter Arten von Daten verboten oder hieran besondere Anforderungen geknüpft werden, läge jeweils nur eine Regelung der Berufsausübung (1. Stufe) vor. Einschränkungen bestimmter Nutzungsformen (z. B. der Übermittlung, Zweckänderung) oder der Verarbeitung bestimmter Daten (z. B. sensibler Daten) können daher durch vernünftige Erwägungen des Gemeinwohls unter Beachtung des Verhältnismäßigkeitsprinzips gerechtfertigt werden. Gleiches gilt hinsichtlich Vorgaben, welche die Verwendung bestimmter Sicherungsmechanismen o.ä. vorschreiben.

4.3.2.3. Rechtfertigung eines Eingriffs

Eine Maßnahme zum Schutz der auch aus der Menschenwürde abgeleiteten Grundrechte auf informationelle Selbstbestimmung und Vertraulichkeit und Integrität informationstechnischer Systeme dient regelmäßig solchen wichtigen Belangen des Gemeinwohls. Es müssen jedoch konkrete Risiken bestehen, zu deren Abwehr eine derartige Einschränkung geeignet, erforderlich und angemessen ist. Eine lediglich geänderte „*Risikophilosophie*“ allein kann diesen Eingriff nicht rechtfertigen.[1844] Allerdings kann auch ein bisher hingenommenes Risiko durch neue Erkenntnisse für die Zukunft durch den Gesetzgeber neu bewertet und als nicht mehr hinnehmbar eingestuft werden, wenn dazu fachwissenschaftliche Erkenntnisse über ein erhöhtes Gefährdungsrisiko vorliegen oder eine grundlegend andere Bewertung dieser Risiken in weiten Teilen der Bevölkerung festzustellen ist.[1845] Die jüngsten Pannen und Missbrauchsfälle von Daten durch öffentliche und private Stellen belegen, dass die bislang häufig als eher theoretisch betrachteten Risiken reale Gefahren sind; insbesondere angesichts eines flächendeckenden Einsatzes von IKT-

1842 BVerfGE 7, 377 – *Apothekenurteil.*

1843 *Stüer/Loges*, NVwZ 2000, 11f mwN.

1844 So zur Problematik im Atomrecht *Stüer/Loges*, NVwZ 2000, 12 mwN.

1845 *Stüer/Loges*, NVwZ 2000, 12 mwN.

Implantaten ist der Gesetzgeber berechtigt und sogar verpflichtet, die dadurch gesteigerten Risiken neu zu bewerten. Der Gesetzgeber ist daher von der Verfassung her nicht verpflichtet, auch in Zukunft die unbeschränkte Errichtung von Anlagen zur Datenverarbeitung und den Betrieb informationstechnischer Systeme im heute zugestandenen Umfang zuzulassen.

Der Gesetzgeber hat neben der Berufsfreiheit aus Art. 12 GG auch die gegenläufigen Schutzpflichten abzuwägen, die sich aus Art. 2 Abs. 1 i. V. m. Art. 1 Abs. 1 GG zu Gunsten möglicher von der Datenverarbeitung Betroffener ergeben.[1846] Regelungen, welche lediglich die Erhebung, Verarbeitung und Übermittlung von Daten – gleich ob mit oder (noch) ohne Personenbezug – einschränken, sind von Verfassungs wegen zulässig, sofern sie auf einer gesetzlichen Grundlage beruhen, die durch ausreichende Gründe des Gemeinwohls gerechtfertigt ist.[1847] Die aus Gründen des Gemeinwohls unumgänglichen Einschränkungen der Berufsfreiheit stehen unter dem Gebot der Verhältnismäßigkeit.[1848] Daher müssen die Eingriffe zur Erreichung des Eingriffsziels geeignet sein und dürfen nicht weiter gehen, als es die Gemeinwohlbelange erfordern.[1849] Für die Eignung reicht es aus, wenn durch die Berufsausübungsregelung der gewünschte Erfolg gefördert werden kann. Es genügt mithin bereits die Möglichkeit einer Zweckerreichung.[1850] Es darf ferner keine milderen, gleich geeigneten Maßnahmen geben, welche den Schutz der Betroffenen sicherstellen können. Die Eingriffsmittel dürfen zudem nicht übermäßig belastend sein,[1851] so dass bei einer Gesamtabwägung zwischen der Schwere des Eingriffs und dem Gewicht der ihn rechtfertigenden Gründe die Grenze der Zumutbarkeit noch gewahrt ist.[1852] Angesichts der großen Bedeutung der aus Art. 2 Abs. 1 i. V. m. Art. 1 Abs. 1 GG hergeleiteten Rechte für die Entfaltung des Einzelnen wie den Bestand des freiheitlich-demokratischen Rechtsstaat ist davon auszugehen, dass bloße Berufsausübungsregeln in nahezu sämtlichen denkbaren Fällen auch nicht völlig außer Verhältnis zu den zu schützenden Grundrechten stehen, so dass die Verhältnismäßigkeit im engeren Sinne regelmäßig gewahrt sein dürfte.

1846 *Stüer/Loges*, NVwZ 2000, 12 mwN.

1847 BVerfGE 7, 377 (405f) – *Apothekenurteil*; 94, 372 (390) – *Apothekenwerbung*; 101, 331 (347) – *Vergütung für Berufsbetreuer*, zuletzt BVerfG, 1 BvR 3262/07, 1 BvR 402/08, 1 BvR 906/08, Rn 95 mwN – *Nichtraucherschutzgesetz*.

1848 BVerfGE 19, 330 (336f) – *Kaufmannsgehilfenprüfung*; 54, 301 (313) – *Buchführungsprivileg I*; 104, 357 (364) – *Apothekenöffnungszeiten*; zuletzt BVerfG, 1 BvR 3262/07, 1 BvR 402/08, 1 BvR 906/08, Rn 95 mwN – *Nichtraucherschutzgesetz*.

1849 BVerfGE 101, 331 (347) – *Vergütung für Berufsbetreuer*, 104, 357 (364) – *Apothekenöffnungszeiten*; zuletzt BVerfG, 1 BvR 3262/07, 1 BvR 402/08, 1 BvR 906/08, Rn 95 mwN – *Nichtraucherschutzgesetz*.

1850 BVerfGE 96, 10 (23) – *Räumliche Aufenthaltsbeschränkung*; 100, 313 (373) – *Telekommunikationsüberwachung*; 103, 293 (307) – *Urlaubsanrechnung*; 117, 163 (188f) – *Anwaltliches Erfolgshonorar*, BVerfG, 1 BvR 3262/07, 1 BvR 402/08, 1 BvR 906/08, Rn 114 – *Nichtraucherschutzgesetz*.

1851 BVerfGE 19, 330 (337) – *Kaufmannsgehilfenprüfung*; BVerfG, 1 BvR 3262/07, 1 BvR 402/08, 1 BvR 906/08, Rn 92 mwN – *Nichtraucherschutzgesetz*.

1852 BVerfGE 103, 1 (10) – *Singularzulassung von Rechtsanwälten*; 106, 181 (192) – *Facharztbezeichnung*; zuletzt BVerfG, 1 BvR 3262/07, 1 BvR 402/08, 1 BvR 906/08, Rn 95 mwN – *Nichtraucherschutzgesetz*.

4.3.2.4. Besonderheit bei Maßnahmen gegenüber Herstellern von informationstechnischen Systemen

Nicht nur gegenüber Betreibern, sondern auch gegenüber Herstellern informationstechnischer Systeme kommen Maßnahmen in Betracht, insbesondere bezüglich der Umsetzung bestimmter Sicherheitsanforderungen in informationstechnischen Systemen. Die Freiheit der Berufsausübung wird durch Art. 12 Abs. 1 GG umfassend geschützt und erstreckt sich auch auf das Recht, Art und Qualität der am Markt angebotenen Güter und Leistungen selbst festzulegen und damit den Kreis der angesprochenen Interessenten selbst auszuwählen.[1853] Unter diesem Gesichtspunkt beeinträchtigen Regelungen, welche den Herstellern von informationstechnischen Systemen die zwingende Umsetzung von Sicherheitstechniken u.ä. vorgeben, zwar nicht die Berufswahl, wohl aber die konkrete Berufsausübung.

Da jedoch mit dem Hersteller – anders als beim Betreiber - ein „Nicht-Störer" in Anspruch genommen wird, gelten besonders strenge Anforderungen an die Verhältnismäßigkeit, insbesondere sind die ohne Ausgleich zumutbaren Belastungen auf das Notwendige zu beschränken. Die Vielzahl bestehender Anforderungen an die Sicherheit technischer Systeme[1854] zeigt aber, dass es sich hierbei keineswegs um einen atypischen Sonderfall gesetzlicher Regelungen handelt, sondern das Ansetzen an der Quelle und damit an der Stelle, welche die effektivste Abwehr von Gefahren ermöglicht. Dies ist außerhalb des Datenschutzrechts bereits völlig üblich und erfolgreich.

4.3.3 Eingriff in die Eigentumsgarantie

Einer Datensammlung kommt ein eigentumsrechtlicher Schutz zu. Dies belegen beispielsweise die §§ 87a ff UrhG, die einer systematisch oder methodisch angeordneten und mit elektronischen Mitteln zugänglichen Sammlung von Daten, deren Beschaffung, Überprüfung oder Darstellung, die eine nach Art oder Umfang wesentliche Investition erfordert, urheberrechtliche Verwertungsrechte einräumen. Bzgl. personenbezogener Daten ist hingegen umstritten, ob diese stets im „Eigentum" des Betroffenen stehen – oder ob auch Dritte hieran „Eigentum" erwerben können. Richtigerweise wird man wohl zumindest rechtmäßig erlangten Daten einen Schutz als Immaterialgut zuerkennen müssen.[1855] Diesen Daten kommt ein erheblicher wirtschaftlicher Wert zu. Es ist daher nur konsequent, dass bei einem Verkauf von Arztpraxen oder Rechtsanwaltskanzleien ein Übergang des

---

1853 BVerfGE 106, 275 (299) – *Arzneimittelfestbetrag*; ebenso BVerfG, 1 BvR 3262/07, 1 BvR 402/08, 1 BvR 906/08, Rn 92 mwN – *Nichtraucherschutzgesetz*.

1854 Vgl. nur das Geräte- und Produktsicherheitsgesetz mit seinen mittlerweile 14 Verordnungen bezüglich elektrischer Betriebsmittel, Spielzeuge, Maschinenlärm, Druckbehältern, Gasverbrauchseinrichtungen, persönlichen Schutzausrüstungen, Maschinen, Sportbooten, Explosionsschutz, Aufzügen, Aerosolpackungen und Druckgeräten, ferner auch das Medizinproduktegesetz.

1855 Hierfür spricht auch der Schutz von Know-how als Betriebs- und Geschäftsgeheimnis, welchen §§ 17, 18 UWG schützen.

Bestands an Patienten- oder Mandantendaten mit vereinbart wird,[1856] ebenso wie bei einem Verkauf eines Unternehmens im Wege eines „*Asset Deals*" regelmäßig der „Kundenstamm" mit übertragen wird. Noch bedeutsamer wird das „Eigentum" an personenbezogenen Daten Dritter bei reinen Datenhändlern, deren Geschäftsmodell auf der möglichst umfassenden Nutzungsmöglichkeit der Daten beruht.

Die verfassungsrechtliche Gewährleistung des Art. 14 Abs. 1 GG erfordert die Erhaltung der Substanz des Eigentums.[1857] Eigentum i. S. des Art. 14 GG ist in seinem rechtlichen Gehalt durch Privatnützigkeit und grundsätzliche Verfügungsbefugnis über den Eigentumsgegenstand gekennzeichnet.[1858] Die Verfügungsbefugnis ist betroffen, wenn der Gesetzgeber eine Regelung trifft, die zwar die Möglichkeit der Veräußerung des geschützten Eigentumsgegenstandes nicht ausdrücklich verbietet, aber sich diese Veräußerung als wirtschaftlich nicht sinnvoll realisierbar erweist.[1859]

Ein gesetzliches Verbot jeglicher Datennutzung würde daher zur Wertlosigkeit der Datenbestände und informationstechnischen Systeme führen und daher einen Eingriff in die Verfügungsbefugnis und damit in die Substanz darstellen.[1860] Allerdings gilt auch hier das bezüglich der Berufsfreiheit gesagte, dass ein vollständiges Verbot der Nutzung von Datenbanken aus Gründen des Gemeinwohls von vornherein ausscheidet. Es geht mithin allein um die Frage, ob und unter welchen Voraussetzungen Einschränkungen bezüglich bestimmter Nutzungsmöglichkeiten informationstechnischer Systeme sowie bestimmter Arten von Daten und das Verlangen „teurer" technischer Schutzvorkehrungen verfassungsrechtlich zulässig sind. Dabei ist jedoch zu beachten, dass die Erhebung und Verarbeitung bereits vom Ausgangspunkt her verboten und nur in – allerdings zahllosen – Ausnahmefällen zugelassen ist.

Soweit es bei den zu treffenden Maßnahmen nur um Beschränkungen der Nutzung geht, welche beispielsweise eine technische Absicherung der Umsetzung gesetzlicher Vorgaben vorsehen, liegt aus Sicht des Eigentümers/Betreibers einer Datensammlung keine (weitere) Beeinträchtigung des Eigentums vor, da nicht die Nutzung an sich eingeschränkt wird, vielmehr nur die Umsetzung bereits bestehender Einschränkungen eingefordert wird.[1861]

1856 Zu Recht wendet sich der BGH gegen diese Praxis, die den Veräußerer auch ohne Einwilligung der betroffenen Patienten verpflichtet, die Patienten- und Beratungskartei zu übergeben und sieht hierin eine Verletzung des informationellen Selbstbestimmungsrechts der Patienten und der ärztlichen Schweigepflicht, so dass sie wegen Verstoßes gegen ein gesetzliches Verbot nichtig ist, vgl. BGHZ 116, 268. Dennoch findet diese Praxis in leicht modifizierter Form weiter Anwendung.

1857 *Stüer/Loges*, NVwZ 2000, 13 mwN.

1858 BVerfGE 79, 292 (303) – *Eigenbedarf II*; 68, 361 – *Eigenbedarf I*.

1859 BVerfGE 52, 1 (31) – *Kleingarten*; *Stüer/Loges*, NVwZ 2000, 13 mwN.

1860 *Stüer/Loges*, NVwZ 2000, 13 mwN.

1861 Zu dem hierin liegenden, verfassungsrechtlich zulässigen Eingriff in die Berufsausübung siehe Kapitel 4.3.2.2.

Auch hierbei ist zwischen Regelungen für bestehende Anlagen und solchen für künftige Datenbanken und Anlagen zu differenzieren. Schließlich sind noch die Auswirkungen der Grundrechte von Herstellern informationstechnischer Systeme zu berücksichtigen.

4.3.3.1. Einschränkungen bzgl. künftiger Datenbanken und deren Nutzung

Eine lediglich für die Zukunft wirkende Einschränkung der Errichtung neuer Datenbanken verstößt nicht gegen die Eigentumsgarantie des Art. 14 GG.[1862] Schutzgut der Eigentumsgarantie ist nur das private Eigentum, nicht eine bloße Chance oder Gewinnerwartung.[1863] Geschützt ist nur das Eigentum im Sinne einer bestehenden Rechtsposition, nicht allgemeine Erwartungen, die erst künftig realisiert werden sollen und auf deren Fortbestand kein rechtlich begründetes Vertrauen besteht.[1864]

4.3.3.2. Einschränkung der Nutzung vorhandener Datenbanken

Die Erstellung und Verwendung eines umfangreichen Datenbestandes war – auch soweit sie sich auf personenbezogene Daten bezieht – trotz des grundsätzlichen Verbots bislang ohne behördliche Zulassung möglich, die nötige Erlaubnis enthielten die Datenschutzgesetze, z. B. §§ 28, 29 BDSG bei privaten Stellen. Bei der verfassungsrechtlichen Beurteilung einer Einschränkung der Nutzung vorhandener Datenbanken kann auf die im Rahmen des Atomausstiegs in der rechtswissenschaftlichen Literatur umfangreichst herausgearbeiteten Gedanken zurückgegriffen werden, da gewisse Parallelen bestehen.[1865] In beiden Fällen geht es darum, aufgrund einer Neubewertung von Risiken eine „*Zukunftstechnologie*" künftig einzuschränken oder sogar zu verbieten. Auch sind die Verarbeitung personenbezogener Daten und die friedliche Nutzung der Atomenergie jeweils als Verbot mit Erlaubnisvorbehalt ausgestaltet.

Es bestehen jedoch auch erhebliche Unterschiede. So fand seitens des Gesetzgebers jahrzehntelang eine ausdrückliche Förderung der friedlichen Nutzung der Atomenergie statt,[1866] welche bei den Kraftwerksbetreibern einen erheblichen Vertrauenstatbestand geschaffen hat. Dieser wurde durch unbefristet erteilte bestandskräftige atomrechtliche Genehmigungen noch verstärkt,[1867] während die private Datenverarbeitung nicht aufgrund eines solchen Akts erfolgt. Auch ist die Zahl der Betroffenen unterschiedlich – während von dem Atomausstieg nur 20 Inhaber erteilter (und davon nur 19 genutzter) Genehmigungen betroffen sind, ist die Zahl der Betroffenen bei einem Verbot der Verarbeitung in

---

1862 So zur Problematik im Atomrecht *Stüer/Loges*, NVwZ 2000, 12 mwN.

1863 *Stüer/Loges*, NVwZ 2000, 12 mwN.

1864 *Stüer/Loges*, NVwZ 2000, 12 mwN.

1865 Ähnlich *Bohne*, NVwZ 1999, 1f, welcher in Kerntechnik, Gentechnik und IKT vergleichbare „*Zukunftstechnologien*" sieht.

1866 *Bohne*, NVwZ 1999, 1 unter Verweis auf die finanzielle wie administrativ-rechtliche Förderung bei der Durchsetzung einzelner Projekte; vgl. hierzu auch § 1 AtG a. F.

1867 *Schmidt-Preuß*, NJW 2000, 1524; ebenso *Stüer/Loges*, NVwZ 2000, 12 mwN.

Datenbanken gespeicherter Daten unüberschaubar groß. Im Gegenzug haben die Kraftwerksbetreiber mehrere Milliarden EUR allein in die Errichtung der Anlagen investiert, während die Betreiber von Datenbanken erheblich geringere Beträge investieren mussten.

In dem Entzug einer atomrechtlichen Betriebsgenehmigung wird unstreitig ein Eingriff in das Eigentum gesehen,[1868] bei dessen Beurteilung allerdings streitig ist, ob es sich dabei um eine Enteignung nach Art. 14 Abs. 3 GG oder eine Inhalts- und Schrankenbestimmung nach Art. 14 Abs. 1 Satz 2 GG handelt.[1869] Gleiches gilt es, für eine Einschränkung der Nutzung von Datenbanken zu klären.

4.3.3.2.1. Enteignung oder Inhalts- und Schrankenbestimmung?

Bei eigentumsrechtlichen Eingriffen ist zu prüfen, ob die den Eigentümer beeinträchtigende Maßnahme eine Inhalts- und Schrankenbestimmung im Sinne des Art. 14 Abs. 1 Satz 2 GG darstellt oder aber eine Enteignung im Sinne des Art. 14 Abs. 3 GG.[1870] Das BVerfG unterscheidet dabei strikt zwischen beiden Rechtsinstituten mit grundlegend unterschiedlichen Folgen.[1871] Gleitende Übergänge zwischen Enteignung und Inhaltsbestimmung des Eigentums gibt es nicht, auch nicht im Falle extremer Einschränkungen oder Belastungen.[1872]

Eine Enteignung ist ein gezielter *konkret-individueller* Zugriff mittels eines Rechtsaktes, der auf die vollständige oder teilweise Entziehung konkreter subjektiver Rechtspositionen gerichtet ist.[1873] Maßgebend ist die Entzugswirkung.[1874] Diese durchbricht nur im konkreten Einzelfall das Eigentum, lässt die Eigentumsordnung an sich aber unberührt.[1875] Der Gesetzgeber muss dabei festlegen, wann eine Enteignung vorliegt, die eine Entschädigungspflicht i. S. des Art. 14 Abs. 3 Satz 2 und 3 GG auslöst.[1876] Die Enteignung ist durch Gesetz oder aufgrund eines Gesetzes zulässig.[1877] Der Gesetzgeber hat allerdings nicht

---

1868 So zur Problematik im Atomrecht *Stüer/Loges*, NVwZ 2000, 12 mwN.

1869 Für eine Einordnung als Inhalts- und Schrankenbestimmung beispielsweise *Stüer/Loges*, NVwZ 2000, 12 mwN; ebenso *Koch/Roßnagel*, NVwZ 2000, 5; a.A. *Schmidt-Preuß*, NJW 2000, 1524.

1870 *Roller*, NJW 2001, 1005; *Sellmann*, NVwZ 2003, 1417.

1871 *Sellmann*, NVwZ 2003, 1417 mwN; *Stüer/Loges*, NVwZ 2000, 13 mwN; *Koch/Roßnagel*, NVwZ 2000, 5f; *Koch*, NJW 2000, 1530; *Roller*, NJW 2001, 1005.

1872 BVerfGE 31, 275 – *Anneliese Rothenberger*; 36, 281 – *Offenlegung*; 42, 263 – *Contergan*; 58, 300; 83, 201 – *Vorkaufsrecht*; *Stüer/Loges*, NVwZ 2000, 13 mwN; *Roller*, NJW 2001, 1005.

1873 St. Rspr., vgl. BVerfG NJW 2003, 196 (197); BVerfGE 102, 1 (15f) – *Altlasten*; BVerfGE 100, 226 – *Denkmalschutz*; 79, 174 (191); grundlegend BVerfGE 58, 300 – *Nassauskiesung*; BVerfGE 52, 1 – *Kleingarten;* ebenso *Schmidt-Preuß*, NJW 2000, 1525; *Koch*, NJW 2000, 1531.

1874 *Sellmann*, NVwZ 2003, 1417; *Schmidt-Preuß*, NJW 2000, 1525.

1875 *Koch*, NJW 2000, 1531; *Roller*, NJW 2001, 1005.

1876 BVerwGE 84, 361.

1877 *Stüer/Loges*, NVwZ 2000, 12 mwN.

die freie Wahl zwischen Administrativ- und Legalenteignung. Das BVerfG hat die Legalenteignung nur in eng begrenzten Ausnahmefällen für zulässig erklärt.[1878]

Eine Inhalts- und Schrankenbestimmung ist demgegenüber eine *generell-abstrakte* Festlegung von Rechten und Pflichten durch den Gesetzgeber oder den von ihm ermächtigten Verordnungsgeber.[1879] Bei der Inhalts- und Schrankenbestimmung belässt der Gesetzgeber die Eigentumspositionen zumindest formal in der Hand des Eigentümers, regelt das Eigentum aber in seinem Gebrauch oder seiner Nutzung insgesamt neu.[1880] Eine Inhalts- und Schrankenbestimmung liegt immer dann vor, wenn mit dem Entzug bestehender Rechtspositionen der Ausgleich privater Interessen beabsichtigt wird; werden zugleich öffentliche Interessen mit verfolgt, ändert dies nichts an der grundsätzlichen Einstufung als Inhalts- und Schrankenbestimmung.[1881] Selbst wenn durch die Neu- oder Umgestaltung der Eigentumsordnung bestehende Rechte vollständig entzogen werden, stellt dies keinen Enteignungstatbestand dar.[1882]

In der juristischen Literatur wird kontrovers diskutiert, ob Nutzungsbeschränkungen, welche ohne Auflösung der Zuordnungsverhältnisse erfolgen, dem betroffenen Eigentumsobjekt aber im praktischen Ergebnis jede Möglichkeit einer privatnützigen Verwendung entziehen, nicht doch als *„Ent-Eignung"* angesehen werden müssten.[1883] Dagegen spricht sich das BVerfG aus, indem es die dogmatische Einordnung unabhängig von der Intensität der Belastung bestimmt.[1884] Allerdings wird die Intensität der Belastung bei der anschließenden Prüfung, ob die Maßnahme verfassungswidrig ist, berücksichtigt. Ist die Intensität der Beeinträchtigung zu hoch, ist eine Inhalts- und Schrankenbestimmung unzulässig und der Gesetzgeber zu einer förmlichen Enteignung gezwungen.[1885] Das BVerfG geht allerdings davon aus, dass inhaltsbestimmende Regelungen im Normalfall entschädigungslos zulässig sind.[1886] Der Gesetzgeber ist ferner gehalten, unzumutbare Belastungen durch Übergangsregelungen, Ausnahme- und Befreiungstatbestände sowie sonstige administrative und technische Vorkehrungen zu vermeiden.[1887]

Vorliegend geht es jedoch nicht um einen Entzug *jeglicher* Möglichkeit einer privatnützigen Verwendung. Wenn den Eigentümern vorhandener Datenbanken durch eine gesetzgebe-

---

1878 BVerfGE 24, 367 – *1. Deichentscheidung.*

1879 BVerfGE 100, 226 (240) – *Denkmalschutz*; 58, 300 (330); 58, 138 (144); 52,1 (27); *Roller*, NJW 2001, 1005; *Sellmann*, NVwZ 2003, 1417; *Schmidt-Preuß*, NJW 2000, 1525; *Koch*, NJW 2000, 1531.

1880 *Stüer/Loges*, NVwZ 2000, 13 mwN.

1881 BVerfGE 100, 289 (302f); BVerfG NJW 2001, 279 (280); *Sellmann*, NVwZ 2003, 1418.

1882 BVerfGE 83, 201 – *Vorkaufsrecht*; *Roller*, NJW 2001, 1005 mwN.

1883 Vgl. die umfangreichen Nachweise bei *Sellmann*, NVwZ 2003, 1418 (dort Fn 10-18).

1884 BVerfGE 100, 226 (240) – *Denkmalschutz*; 83, 201 (211ff) – *Vorkaufsrecht*; *Sellmann*, NVwZ 2003, 1418 mwN; *Stüer/Loges*, NVwZ 2000, 12 mwN; *Roller*, NJW 2001, 1005 mwN.

1885 BVerfGE 100, 226 – *Denkmalschutz*; BVerwGE 84, 361; BVerfGE 50, 290 – *Mitbestimmungsgesetz*; BVerfGE 42, 263 (295) – *Contergan*; *Sellmann*, NVwZ 2003, 1418.

1886 BVerfGE 100, 226 – *Denkmalschutz*, Rn 90; *Roller*, NJW 2001, 1008 mwN.

1887 *Roller*, NJW 2001, 1008.

rische Maßnahme die Möglichkeit *teilweise* entzogen wird, die enthaltenen Daten zu nutzen,[1888] kann dies dazu führen, dass z. B. Auskunfteien Daten über bestimmte Personen oder zu bestimmten Fragestellungen nicht mehr verwenden können. Gleiches gilt bei einer Abschaffung der Privilegierung der Datenverarbeitung zu Werbezwecken oder dem derzeit vom Gesetzgeber geplanten Erfordernis einer Einwilligung des Betroffenen zur künftigen Weiterverwendung der Daten. Schränkt der Gesetzgeber eine zunächst eröffnete Nutzungsmöglichkeit ein und vermindert er dadurch den wirtschaftlichen Wert der Datenbestände, liegt hierin regelmäßig keine Enteignung, sondern eine Bestimmung des Inhalts und der Schranken des Eigentums.[1889] Aus der Verkürzung von früheren Nutzungsmöglichkeiten kann nicht der Tatbestand der Enteignung abgeleitet werden.[1890]

Die gesetzgeberischen Maßnahmen würden auch nicht – wie zur Klassifizierung als Enteignung erforderlich – einen konkret-individuellen Fall betreffen, da nicht der Datenbestand nur eines bestimmten Verarbeiters betroffen wäre, sondern unzählige Datenbestände natürlicher und juristischer Personen von einer solchen Regelung betroffen wären.[1891] Die Regelungen bezwecken zudem die Wahrung der Grundrechte der von der Datenverarbeitung Betroffenen und dienen somit einerseits dem Ausgleich privater Interessen. Sie legen darüber hinaus aber auch den objektiven Umfang eigentumsrechtlicher Verfügungsbefugnisse an Daten allgemeinverbindlich fest und bezwecken dabei eine Optimierung der Eigentumsordnung im Einklang mit den sonstigen Grundrechten Betroffener. Es liegt mithin keine singuläre Durchbrechung der Eigentumsordnung in Einzelfällen vor, welche als Enteignung zu qualifizieren wäre. Vielmehr wird die Eigentumsordnung an sich geändert. Die bloße gesetzliche Beseitigung der nach Art. 14 Abs. 1 Satz 1 GG geschützten Rechte ist daher nicht als eine Enteignung, sondern lediglich als eine Inhalts- und Schrankenbestimmung anzusehen. Anders als beim Atomausstieg mit dem vollständigen Entzug jeglicher Nutzungsmöglichkeiten bleibt die Datenverarbeitung an sich zu einer Vielzahl von Zwecken – wenn auch unter engen Voraussetzungen – grundsätzlich möglich.[1892] Es handelt sich mithin um einen Fall einer Inhalts- und Schrankenbestimmung, in welcher der Gesetzgeber im Zuge der generellen Neugestaltung eines Rechtsgebiets bestehende Rechte beschränkt.[1893]

1888 Z. B. durch ein Verarbeitungs- und Übermittlungsverbot für bestimmte Arten von Daten, aber auch durch ein Verbot bestimmter Nutzungen an sich weiterhin zulässig nutzbarer Daten (z. B. einem Verbot der Profilbildung).

1889 BVerfGE 100, 226 – *Denkmalschutz*; BVerwGE 67, 84 – *Auskiesungsverbot im Landschaftsschutzgebiet*; BVerwG NVwZ 1993, 772f; NJW 1996, 409; *Stüer/Loges*, NVwZ 2000, 12 mwN; ebenso *Roller*, NJW 2001, 1005 mwN.

1890 *Stüer/Loges*, NVwZ 2000, 13 mwN.

1891 Vgl. die Begründung bei *Schmidt-Preuß*, NJW 2000, 1526 zum gegenteiligen Fall im Zusammenhang mit den wenigen betroffenen Kernkraftwerksbetreibern.

1892 Vgl. hierzu die Ausführungen von *Schmidt-Preuß*, NJW 2000, 1525, welcher im Atomausstieg keine Ausgestaltung, Fortentwicklung oder Optimierung der Eigentumsordnung, sondern deren Durchbrechung im Einzelfall sieht.

1893 BVerfG NJW 1998, 367 (368); BVerfGE 83, 201 (211f) – *Vorkaufsrecht*; vgl. auch *Koch/Roßnagel*, NVwZ 2000, 5 sowie *Koch*, NJW 2000, 1532 mwN zur ähnlichen Problematik beim Atomausstieg.

4.3.3.2.2. Anforderungen an eine verfassungsgemäße Inhalts- und Schrankenbestimmung

Die Verfassungsmäßigkeit von Inhalts- und Schrankenbestimmungen ist unabhängig von der Frage der Beseitigung oder Beschränkung bestehender Rechtspositionen zu prüfen.[1894] Des Weiteren muss die Entziehung der alten Rechte selbst verhältnismäßig sein, d. h. die öffentlichen Interessen an der Entziehung der Altrechte so schwer wiegen, dass sie das Vertrauen des Bürgers in den Fortbestand der erworbenen Rechte überwiegen.[1895]

Die Umgestaltung der Rechtsordnung müsste daher zunächst an sich einem legitimen Zweck dienen und verhältnismäßig sein. Schon Staatszielbestimmungen wie der in Art. 20 a GG geforderte Schutz der natürlichen Lebensgrundlagen durch den Staat können das Prinzip der Eigentumsgarantie zurückdrängen.[1896] Im Rahmen einer eigentumsrechtlichen Inhaber- und Schrankenbestimmung sind die schutzwürdigen Interessen des Eigentümers mit den betroffenen Belangen des Gemeinwohls und/oder Privater abzuwiegen, wobei dem Grundsatz der Verhältnismäßigkeit Rechnung zu tragen ist.[1897] Bei der gebotenen Abwägung kommt den kollidierenden Grundrechten große Bedeutung zu. Je stärker sie betroffen sind, desto weitgehender sind Eingriffe in Art. 14 GG gerechtfertigt. Wie bei vielen neuartigen Technologien dauerte es eine Zeit lang, ehe deren Risiken so deutlich zu Tage treten wie derzeit – so dass sich die Entwicklung in einer gewissen Weise verfestigt hat, was einen stärkeren Eingriff erfordert, um überhaupt Wirkung zeigen zu können.[1898] Ein Verbot bestimmter Formen der Datenverarbeitung ist angesichts möglicher Schäden mit erheblichem Ausmaß für eine Vielzahl Betroffener daher eine verfassungsmäßige Eigentumsinhaltsbestimmung, wie das grundsätzliche Verbot der Erhebung und Verarbeitung personenbezogener Daten in den Datenschutzgesetzen zeigt. Vorliegend geht es insoweit „nur“ um eine Beseitigung von Ausnahmen von diesem generellen Verbot.

Die Maßnahme ist auch geeignet. Auch bei grenzüberschreitenden Bedrohungen verlangt das Erfordernis der Eignung einer Maßnahme nur, dass derartige Maßnahmen sowohl die Wahrscheinlichkeit, von Schäden betroffen zu sein, als auch das Ausmaß der Betroffenheit reduzieren können.[1899] Dass eine supra- oder internationale Abstimmung wünschenswert wäre, kann – sofern diese nicht mindestens gleich schnell und im gleichen Ausmaß erzielbar sind – den deutschen Gesetzgeber an einer vorangehenden nationalen Regelung nicht hindern. Derartige (nationale) Regelungen wären daher zumindest geeignet, den bezweckten Schutz des Einzelnen zu fördern, wenn nicht gar sicher zu stellen. Sie wären auch regelmäßig erforderlich, da es kein milderes Mittel gibt, als diejenigen

---

1894 BVerfGE 83, 201 (212) – *Vorkaufsrecht*; ebenso *Koch/Roßnagel*, NVwZ 2000, 5; *Koch*, NJW 2000, 1532.

1895 *Koch/Roßnagel*, NVwZ 2000, 5; *Schmidt-Preuß*, NJW 2000, 1529.

1896 *Sellmann*, NVwZ 2003, 1419.

1897 St. Rspr. des BVerfG, vgl. BVerfGE 102, 1 (17) – *Altlasten*; BVerfGE 100, 226 (240) – *Denkmalschutz*; 58, 300 (335f); *Sellmann*, NVwZ 2003, 1429 mwN.

1898 Ähnlich *Degenhart*, NJW 1989, 2436.

1899 *Koch/Roßnagel*, NVwZ 2000, 5 mwN auch zur Gegenansicht.

Verarbeitungen zu untersagen, von welchen die größten Gefahren ausgehen.[1900] Schließlich stünde die Beeinträchtigung auch nicht außer Verhältnis zu dem aus der Menschenwürde abgeleiteten bei IKT-Implantaten erforderlichen Schutz der personenbezogenen Daten und des informationstechnischen Systems.

Zwar ist der Gesetzgeber bei Inhalts- und Schrankenbestimmungen nicht unmittelbar an die zusätzlichen Anforderungen gebunden, die Art. 14 Abs. 3 GG für die Enteignung aufstellt.[1901] Allerdings kann die Inhalts- und Schrankenbestimmung nach Art. 14 Abs. 1 Satz 2 GG ausgleichspflichtig in dem Sinne werden, dass es zur Rechtfertigung ihrer Regelungen einer Kompensation bedarf.[1902] Eine völlige, übergangslose Beseitigung einer Rechtsposition kommt nur unter besonderen Bedingungen in Betracht.[1903] Soweit daher z. B. bestimmte Scoring-Verfahren, Profilbildungen, die Nutzung von Positionsangaben u.ä. für bestimmte Zwecke (z. B. Werbung, Markt- und Meinungsforschung) bislang aufgrund einer gesetzlichen Zulassung erlaubt waren und diese Erlaubnis entfallen soll, käme das Erfordernis eines Ausgleichs in Betracht. Ein solcher kommt aufgrund des verfolgten Schutzzwecks jedenfalls nicht in Form einer (längeren) Übergangsfrist in Betracht, da bereits die heute bestehenden Risiken regelmäßig in konkrete Schäden umschlagen.[1904]

Dem Schutz der Eigentumsgarantie unterliegen zudem nur solche Vorteile, auf deren Fortbestand der Betriebsinhaber vertrauen kann.[1905] Zweck des BDSG ist es, den Einzelnen davor zu schützen, dass er durch den Umgang mit seinen personenbezogenen Daten in seinem Persönlichkeitsrecht beeinträchtigt wird (§ 1 Abs. 1 BDSG). Die Datenverarbeitung wird daher durch die bestehenden Datenschutzgesetze erheblich begrenzt. Mangels staatlicher Förderung der Datenverarbeitung liegt daher ein besonderes, vom Staat gewecktes Vertrauen nicht vor. Der Eigentümer einer Datenbank hat zudem – im Gegensatz etwa zu Betreibern eines Kernkraftwerks[1906] – nicht im besonderen Vertrauen auf den Bestand seiner gefestigten öffentlich-rechtlichen Position aus der Betriebsgenehmigung und unter Berücksichtigung der engen Widerrufs- bzw. Rücknahmemöglichkeiten seine Investitionsentscheidung getroffen.

1900 Es besteht insbesondere kein Bedürfnis, derartige Verarbeitungen rein aufgrund einer gesetzlichen Zulassung zuzulassen – vielmehr könnte eine gesetzliche Erlaubnis auf die zwingend nach Sinn und Zweck des Vertragsverhältnisses erforderlichen Daten und Verarbeitungen beschränkt und im Übrigen von einer Einwilligung des Betroffenen abhängig gemacht werden. Wenn dies durch begleitende technische und rechtliche Schutzmaßnahmen geschieht, würde eine solche Regelung den Betreibern und Eigentümern von Datensammlungen weiterhin eine Vielzahl nutzbringender und wirtschaftlich verwertbarer Dienste ermöglichen, so dass die Verhältnismäßigkeit gewahrt wäre.

1901 *Stüer/Loges*, NVwZ 2000, 13 mwN.

1902 BVerfGE 25, 112 – 2. *Deichentscheidung*; 37, 132 – *Vergleichsmiete*; BVerfGE 42, 263 – *Contergan*; 50, 290 – *Mitbestimmungsgesetz*; 52, 1 – *Kleingarten*; 58, 137 – *Pflichtexemplar*, 58, 300; 68, 361 – *Eigenbedarf I*; 72, 66 – *Flughafen Salzburg*; 100, 226 – *Denkmalschutz*; BVerwGE 88, 191.

1903 BVerfGE 83, 201 (213) – *Vorkaufsrecht*; ebenso *Schmidt-Preuß*, NJW 2000, 1529, welcher dies im Fall des Atomausstiegs für erforderlich hält.

1904 Vgl. hierzu die in Kapitel 1 aufgezeigten Fälle aus jüngster Zeit.

1905 *Stüer/Loges*, NVwZ 2000, 13 mwN.

1906 So zur atomrechtlichen Genehmigung *Stüer/Loges*, NVwZ 2000, 13 mwN.

Ein Vertrauensschutz der Verarbeiter und Eigentümer von Datenbanken kommt daher allenfalls sehr eingeschränkt in Betracht. Falls beispielsweise nur der gesetzliche Erlaubnistatbestand abgeschafft wird, die parallele Einwilligung in die Erhebung, Verarbeitung und Übermittlung der gleichen Daten aber bestehen bleibt, käme an Stelle einer zwingenden Löschung der Daten eine Pflicht zur wirksamen Sperrung in Betracht. Ferner wäre der Betroffene von den vorhandenen Daten und Nutzungsmöglichkeiten in Kenntnis zu setzen. Erklärt er sodann seine Einwilligung in die geplanten Verarbeitungen, dürften die Daten entsperrt und weiter verwendet werden. Wird die Einwilligung hingegen nicht innerhalb einer bestimmten Frist (z. B. sechs Monaten ab Inkrafttreten des neuen Gesetzes) erteilt, müssten die Daten vollständig gelöscht werden.[1907]

Vor diesem Hintergrund bestehen keine grundsätzlichen Bedenken, eine Stärkung der informationellen Selbstbestimmung und des Rechts auf Vertraulichkeit und Integrität informationstechnischer Systeme durch (auch erhebliche) rechtliche Einschränkungen der Verarbeitungsbefugnisse umzusetzen. Soweit dabei die Einwilligung gestärkt und die gesetzlichen Erlaubnistatbestände reduziert werden, ist von einer ohne weiteren finanziellen Ausgleich und ohne (längere) Übergangsfristen zulässigen Inhalts- und Schrankenbestimmung auszugehen. Soweit gegenüber den Betreibern von Datenbanken und –verarbeitungsanlagen lediglich technische Sicherungsmechanismen zur Gewährleistung der Erfüllung bereits bestehender gesetzlicher Anforderungen vorgeschrieben werden, liegt schon kein Eingriff in Art. 14 GG vor.[1908] Selbst wenn erhebliche Investitionen erforderlich würden, um eine Weiterverwendung vorhandener Daten und Anlagen mit der gebotenen Sicherheit zu ermöglichen, läge hierin allenfalls eine verhältnismäßige Einschränkung. Auch Art. 14 GG ist daher kein Hindernis für eine wirksame staatliche Datenschutzpolitik durch Einschränkungen der Verarbeitungsbefugnisse der Betreiber.

4.3.3.3. Maßnahmen im Bezug auf Hersteller

Bleibt noch die Frage, inwieweit gesetzliche Anforderungen an die sichere Gestaltung informationstechnischer Systeme Eingriffe in das Eigentum der Hersteller sind. Künftige gesetzliche Sicherheitsanforderungen können bisherige Investition in entsprechende Produkte wirtschaftlich entwerten, wenn diese kaum mehr nutzbar und damit nicht mehr wirtschaftlich angemessen verwertbar wären. Auch hier läge nach den oben dargestellten Kriterien keine Enteignung, sondern lediglich eine Inhalts- und Schrankenbestimmung vor, welche jedoch je nach Intensität ausgleichspflichtig sein könnte. Kompensationsleistungen müssten jedoch nicht erfolgen, wenn die wirtschaftlichen Gesichtspunkte ausreichend in

---

1907 Es steht natürlich außer Frage, dass dabei die Anforderungen an eine freiwillige und informierte Einwilligung einerseits und der Wahrung der Rechte des Betroffenen, nur bestimmte Daten und Nutzungen zuzulassen, rechtlich wie technisch gewahrt sein müssen, was eine stark verbesserte Regelung erforderlich macht.

1908 Ein solcher Eingriff kommt jedoch in Art. 12 GG in Betracht, da die Ausübung des Berufs betroffen ist. Wie aufgezeigt wären diese jedoch zulässig. Lediglich soweit erhebliche Investitionen erforderlich sind, käme ein Eingriff in Art. 14 GG in Betracht – falls sich jedoch die Kostenüberwälzung auf die Betreiber im Rahmen der Vorratsdatenspeicherung als verfassungsgemäß entpuppen sollte, dürfte die Messlatte hinsichtlich des zu treffenden Zeit- und Kostenaufwandes künftig sehr hoch liegen.

die gesetzgeberische Abwägung eingestellt werden.[1909] In Betracht kommen Übergangsfristen – je nach Sektor und Technologie - von sechs Monaten bis wenigen Jahren, welche einen Abverkauf bisheriger Technologien und die notwendige Berücksichtigung der neuen Gestaltungsanforderungen von Beginn an erst ermöglichen würden. Angesichts der sich rasant entwickelnden Technik und dementsprechend kurzer Produktzyklen wäre der Schutzverlust hierdurch überschaubar.

Würden zudem anstatt bestimmter fixer Technologien nur Schutzziele vorgegeben und deren Erreichung nur auf Basis des jeweils aktuellen Standes von Wissenschaft und Technik vorgeschrieben, bliebe die konkrete Umsetzung der Innovationskraft jedes Marktteilnehmers überlassen. Zugleich würden sich die Anforderungen dem Fortschritt in der Forschung und Umsetzung entsprechend überschaubar verschärfen und so für eine Optimierung des Schutzes sorgen, ohne dass erneute Eingriffe notwendig würden.

1909 *Stüer/Loges*, NVwZ 2000, 13 mwN.

5 Grenzen des herkömmlichen normativen Schutzkonzepts

Bei der allgegenwärtigen Datenverarbeitung in einer Welt voller IKT-Implantate wird das Datenschutzrecht zunehmend mit den verschiedensten Situationen konfrontiert werden. Es wirken Beteiligte mit ständig wechselnden Rollen mit, vielfältige Zwecke werden gleichzeitig verfolgt und Daten auch in privaten oder gemischt privat-geschäftlichen Beziehungen verwendet. Die Datenverarbeitung wird unmittelbar von den Techniksystemen selbst organisiert, erfolgt für den Betroffenen unbemerkbar und ist in ihren Wirkungen unüberschaubar.[1910] Eine umfassende Datensammlung auch anonymer Daten birgt gerade bei einem breiten Einsatz von „untrennbar" mit dem Körper verbundenen Implantaten die Gefahr der nachträglichen Herstellung eines Personenbezugs. Einmal gesammelte und gespeicherte Daten führen zu wachsenden Begehrlichkeiten, diese für eine Vielzahl von Zwecken einzusetzen.[1911] Die Übergänge zwischen der privatwirtschaflichen Datensammlung und der staatlich erzwingbaren Datenerhebung sind längst fließend geworden. Dadurch kann kaum ausgeschlossen werden, dass ursprünglich für Servicezwecke oder Zwecke der Werbung, Risikobewertung oder Vertragserfüllung erstellte Profile später nicht auch zur Strafverfolgung, bei der Kriminalitätsprävention oder der Fahndung nach Schwarzarbeitern oder Steuerhinterziehern verwendet werden.[1912] Aber auch die Datenerhebung und Verwendung durch die Privatwirtschaft nähert sich zunehmend dem absolut geschützten Kern privater Lebensgestaltung der Betroffenen an.[1913] Auch von der Datenverarbeitung in privater Hand erwachsen massive Bedrohungen der informationellen Selbstbestimmung.[1914] Will man den Datenschutz nicht nur als Abwehrrecht, sondern vor allem auch als Freiheitsrecht verstehen, bedarf es eines Datenschutzes, der die Gefahren aus dieser Entwicklung ernst nimmt und den Risiken von Seiten des Staates und der privaten Datenverarbeitung durch entsprechende Regelungen wirksam begegnet.[1915] Will man die Potenziale der durch IKT-Implantate allgegenwärtig werdenden Datenverarbeitung nutzen, ohne die durch sie gleichfalls möglich werdenden Alpträume zu realisieren,[1916] ist das Datenschutzrecht gefordert, den Entwicklungssprung der Informationstechnik auch rechtlich nachzuvollziehen, um mit den technikbedingten Bedrohungen mithalten zu können.[1917] Um Grundrechtseinschränkungen und Demokratieverluste zu verhindern, muss das Recht im staatlichen und privaten Bereich den Schutz der informationellen Selbstbestimmung und der Vertraulichkeit und Integrität informationstechnischer Systeme wirksam gewährleisten, freiheitseinschränkende Entwicklungen verhindern und freiheits-

1910 *Roßnagel*, FES-Studie, 7f.

1911 *Schaar*, DuD 2007, 260; *Meck*, Skandal im volkseigenen Betrieb, FAZ v. 01.06.2008, http://www.faz.net/s/RubD16E1F55D21144C4AE3F9DDF52B6E1D9/Doc~E566DAAFA70F24EF885F866C331B435BA~ATpl~Ecommon~Sspezial.html; *Lambrecht/Kurz*, Datenschutzbeauftragte prüft Lufthansa-Ermittlungen, FTD v. 10.06.2008, http://www.ftd.de/unternehmen/handel_dienstleister/:Datenschutzbeauftragte%20Lufthansa%20Ermittlungen/369965.html; *Stark*, Der Spiegel 30/2008.

1912 *Schaar*, DuD 2007, 260.

1913 *Dix*, DuD 2007, 256.

1914 *Hassemer*, FAZ v. 05.07.2007, 6.

1915 *Hassemer*, FAZ v. 05.07.2007, 6.

1916 *Roßnagel*, FES-Studie, 105.

1917 *Roßnagel*, FES-Studie, 105.

förderliche unterstützen.[1918] Der allgemeine Modernisierungsbedarf unzähliger Aspekte des Datenschutzrechts wurde in zahlreichen Arbeiten herausgearbeitet und beschrieben.[1919] Im Folgenden wird daher nur auf Kernprobleme eingegangen, welche gerade im Rahmen der Nutzung von IKT-Implantaten bestehen. Dabei werden zum besseren Verständnis zunächst die einfachgesetzlichen Datenschutzregelungen überblicksmäßig vorgestellt. Anschließend werden wesentliche Detailregelungen anhand des BDSG und, wo erforderlich, anhand spezialgesetzlicher Regelungen kurz dargestellt und aufgezeigt, weshalb das herkömmliche Datenschutzrecht nicht geeignet ist, die in den vorherigen Kapiteln skizzierten Risiken wirksam abzuwehren und den Grundrechten zur Wirkung zu verhelfen.

Die Herausforderungen des Datenschutzrechts durch die Entwicklung der Informationstechnik zeigt plastisch das 3-Stufen-Modell von *Roßnagel*: So fand die Datenverarbeitung in der **ersten Stufe** in Rechenzentren statt, bei welchen die Daten in Formularen erfasst und per Hand eingegeben wurden.. Sofern die Daten beim Betroffenen erhoben wurden, war die Erhebung und Verarbeitung weitgehend kontrollierbar und bei Beachtung der Zweckbindung auch bekannt.[1920] Für diese erste Stufe der Datenverarbeitung sind die Schutzkonzepte der ursprünglichen Datenschutzgesetze mit den Regelungen zur Zulässigkeit der Datenverwendung, zu den Anforderungen an die Unterrichtung und Benachrichtigung des Betroffenen, zur Zweckbestimmung, Zweckbindung und Erforderlichkeit entwickelt worden.[1921] Auch die Nutzung von PCs anstelle von Großrechnern hat die Datenschutzrisiken noch nicht auf eine neue qualitative Stufe gehoben, wenngleich sich die Risiken hierdurch erhöht haben. Diese qualitativ neue **zweite Stufe** der Datenverarbeitung wurde jedoch mit der weltweiten Vernetzung der Rechner erreicht.[1922] Der hierdurch entstandene virtuelle soziale Raum ermöglichte es erstmals, nahezu alle Aktivitäten in der körperlichen Welt in eine virtuelle zu übertragen.[1923] Handlungen aus den vielfältigsten Lebensbereichen hinterlassen Datenspuren im Cyberspace, welche ausgewertet werden können und werden.[1924] Weder die Erhebung der Daten noch deren weltweite Verbreitung und Verwendung können vom Betroffenen im Falle der Benutzung von Onlinediensten wirksam kontrolliert werden, wodurch die neue Datenverarbeitung – je nach Nutzung des Internets – einen kleinen oder großen Ausschnitt des täglichen Lebens erfasst.[1925] Dennoch konnte der Betroffene diesen Risiken zumindest teilweise dadurch entgehen, dass er diese virtuellen Räume mied.

1918 So zu der informationellen Selbstbestimmung auch *Roßnagel*, FES-Studie, 105.

1919 Vgl. nur grundlegend *Roßnagel/Pfitzmann/Garstka*, Modernisierung des Datenschutzrechts; ferner *Neumann/Schulz*, DuD 2007, 248ff; *Tauss* in Bizer, Modernisierung des Datenschutzrechts, 115ff; *Dix*, DuD 2007, 256ff; *Roßnagel*, MMR 2005, 71ff; *Bizer/Dingel/Fabian et al.*, TAUCIS; *Bizer/Kamp/Bock et al.*, Schlussbericht.

1920 *Roßnagel*, FES-Studie, 106.

1921 *Roßnagel*, FES-Studie, 106 mwN.

1922 *Roßnagel*, FES-Studie, 106.

1923 *Roßnagel*, ZRP 1997, 26.

1924 *Roßnagel/Banzhaf/Grimm*, Datenschutz im electronic commerce, 55ff; *Roßnagel*, FES-Studie, 106.

1925 *Roßnagel*, FES-Studie, 106f.

Mit der allgegenwärtigen Datenverarbeitung gelangt diese nunmehr aus der virtuellen Welt in Alltagsgegenstände der körperlichen Welt und durch IKT-Implantate sogar in den Menschen selbst. Damit findet die Entwicklung zur **dritten Stufe** statt, welche potenziell alle Lebensbereiche vollständig erfasst.[1926] Körperlichkeit und Virtualität wachsen zusammen. Die Informationen aus der einen Welt sind stets auch in der anderen Welt verfügbar, so dass es keinen einfachen Ausweg aus der stattfindenden Datenverarbeitung mehr gibt.[1927] Die Herausforderungen des Datenschutzes wachsen hierdurch radikal, während zugleich die Lösung dieser Probleme existenziell wird.[1928]

Die bisherigen normativen Schutzkonzepte bieten gerade noch akzeptable Lösungen in Fallkonstellationen mit überschaubaren Verhältnissen, insbesondere mit nur wenigen Instanzen der Datenverarbeitung und klarer Rollenzuweisung sowie eindeutig verfolgten Zwecken. Das Aufkommen von IKT-Implantaten und der hierdurch eingeleitete Übergang in eine Welt der allgegenwärtigen Datenverarbeitung stellt die herkömmliche datenschutzrechtliche Konstellation jedoch grundsätzlich in Frage.[1929] Auf diese neuen Verhältnisse sind die datenschutzrechtlichen Grundsätze kaum anwendbar, da die Ziele, welche mit dem Einsatz allgegenwärtiger Datenverarbeitung verfolgt werden, den Zielen des Datenschutzrechts diametral widersprechen.[1930] Der Träger eines IKT-Implantats wünscht gerade, dass seine Gesundheitsdaten bei Bedarf den zuständigen Stellen zur Verfügung gestellt werden, dass seine Umgebung aufgezeichnet und für die spätere Verwendung gespeichert wird und dass er jederzeit erreichbar und ortbar ist, damit ihm LBS angeboten werden können. Als Konsequenz dieser gewollten Datenverarbeitung wird das bisherige Schutzprogramm als solches in jedem seiner Bestandteile in Frage gestellt.[1931] Dies betrifft insbesondere das Transparenzgebot, das Zweckbindungsgebot, die Einwilligung des Betroffenen als Grundlage der Datenverarbeitung, die Privilegierung der privaten Datenerhebung und -verwendung und Fragen der Priorisierung einer Dezentralisierung vor einer Zentralisierung von Datenbeständen.[1932]

5.1 *Grundzüge des einfachgesetzlichen Datenschutzes*

5.1.1 Bundesdatenschutzgesetz (BDSG)

Kern des einfachgesetzlichen Datenschutzrechts ist das Bundesdatenschutzgesetz (BDSG). Es gilt für alle öffentlichen und privaten Stellen, die personenbezogene Daten

1926 *Roßnagel*, FES-Studie, 107.

1927 *Langheinrich* in Fleisch/Mattern, Die Privatsphäre im Ubiquitous Computing, 336.

1928 *Roßnagel*, FES-Studie, 107.

1929 *Neumann/Schulz*, DuD 2007, 249; *Roßnagel*, FES-Studie, 120f, 126f.

1930 *Roßnagel*, FES-Studie, 126f.

1931 *Roßnagel*, FES-Studie, 127.

1932 *Neumann/Schulz*, DuD 2007, 249.

verarbeiten, sofern keine vorrangige Spezialregelung besteht.[1933] Das BDSG gilt in allen Phasen der Datenverarbeitung, also von der Erhebung (dem Beschaffen von Daten über den Betroffenen, § 3 Abs. 3 BDSG) bis zur Verarbeitung der personenbezogenen Daten. Unter Verarbeitung versteht das Gesetz ungeachtet des dabei angewandten Verfahrens das Speichern, das Verändern, das Übermitteln, das Sperren und das Löschen personenbezogener Daten.[1934] Speichern meint dabei das Erfassen, Aufnehmen oder Aufbewahren personenbezogener Daten auf einem Datenträger zum Zwecke ihrer weiteren Verarbeitung oder Nutzung (§ 3 Abs. 4 Nr. 1 BDSG). Verändern bedeutet das inhaltliche Umgestalten gespeicherter personenbezogener Daten (Nr. 2) und Übermitteln das Bekanntgeben gespeicherter oder durch Datenverarbeitung gewonnener personenbezogener Daten an einen Dritten, in dem die Daten an den Dritten weitergegeben werden oder der Dritte zur Einsicht oder zum Abruf bereitgehaltene Daten einsieht oder abruft (§ 3 Abs. 4 Nr. 3 BDSG). Sperren ist das Kennzeichnen gespeicherter personenbezogener Daten, um ihre weitere Verarbeitung oder Nutzung einzuschränken (§ 3 Abs. 4 Nr. 4 BDSG) und Löschen das Unkenntlichmachen gespeicherter personenbezogener Daten (§ 3 Abs. 4 Nr. 5 BDSG). Jede sonstige Verwendung, bei der es sich nicht um eine Verarbeitung handelt, unterfällt der Nutzung personenbezogener Daten (§ 3 Abs. 5 BDSG).

Da jede Verwendung von personenbezogenen Daten einen Eingriff in das Grundrecht auf informationelle Selbstbestimmung darstellt,[1935] räumen die datenschutzrechtlichen Vorschriften den personenbezogenen Daten einen Sonderstatus ein, der sie grundsätzlich unzugänglich macht (gesetzliches Verbot der Erhebung und Verarbeitung personenbezogener Daten).[1936] Zweck des BDSG ist es, den Einzelnen davor zu schützen, dass er durch den Umgang mit seinen personenbezogenen Daten in seinem Persönlichkeitsrecht beeinträchtigt wird (§ 1 Abs. 1 BDSG). Da eine Verarbeitung dieser Daten aber sowohl für staatliche als auch private Stellen erforderlich und vom Betroffenen gewünscht sein kann, erklärt § 4 Abs. 1 BDSG die Erhebung, Verarbeitung und Nutzung personenbezogener Daten ausnahmsweise für zulässig, wenn sie von einer Rechtsvorschrift erlaubt oder angeordnet wird oder der Betroffene eingewilligt hat (Verbot mit Erlaubnisvorbehalt).[1937] Für jede Phase der Verwendung der Daten ist dabei ein gesonderter Erlaubnistatbestand erforderlich, dessen Vorliegen vorab vom Verwender zu prüfen ist. Eine Rechtsnorm, welche die Verarbeitung personenbezogener Daten zulässt, muss zumindest die Art der zu verar-

---

1933 Vorrangige Regelungen gibt es insbesondere für die öffentlichen Stellen der Länder, deren Datenverarbeitung sich nach den jeweiligen Landesdatenschutzgesetzen und teilweise Landeskrankenhausgesetzen richtet. Diese entsprechen jedoch in nahezu sämtlichen Punkten dem BDSG. Ebenfalls für die vorliegende Untersuchung wesentliche vorrangige Spezialregelungen bestehen nach dem Telemediengesetz (TMG), dem Telekommunikationsgesetz (TKG) und den Sozialgesetzbüchern (SGB). Hierauf wird im Folgenden eingegangen. Einen Überblick über die nahezu unüberschaubare Vielzahl weiterer, vorrangiger Regelungen findet sich in Kapitel 5.2.8.3.1.

1934 § 3 Abs. 4 BDSG.

1935 BVerfGE 100, 313 (366) – *Telekommunikationsüberwachung*; dies gilt auch für die Datenverwendung durch private Stellen, vgl. BVerfGE 84, 192 (195) – *Entmündigung.*

1936 *Fraenkel/Hammer*, DuD 2007, 899; *Simitis*, RDV 2007, 144; *Hetmank*, JurPC Web-Dok. 67/2002, 3.3.1.

1937 *Tinnefeld* in Roßnagel/Abel, Handbuch Datenschutzrecht, § 4, Rn 3; *Hetmank*, JurPC Web-Dok. 67/2002, 3.3.1; *Simitis* in Simitis, BDSG, § 4 a, Rn 1; *Roßnagel*, FES-Studie, 115 mwN.

beitenden Daten und den Zweck der Datenverarbeitung bestimmen. Eine Norm, welche einer Stelle lediglich Aufgaben zuweist, zu deren Erfüllung die Kenntnis bestimmter Informationen erforderlich ist, genügt daher als Ermächtigungsgrundlage nicht.[1938] Soweit eine Rechtsnorm die Verarbeitung der Daten nicht erlaubt, kann diese nur durch die vorherige Einwilligung des Betroffenen zugelassen werden.

Um die informationelle Selbstbestimmung zu wahren, sind personenbezogene Daten gemäß § 4 Abs. 2 BDSG grundsätzlich beim Betroffenen zu erheben. Ohne seine Mitwirkung dürfen sie nur erhoben werden, wenn eine Rechtsvorschrift dies vorsieht oder zwingend voraussetzt, die Geschäftszwecke oder zu erfüllende Verwaltungsaufgabe ihrer Art nach eine Erhebung bei anderen Personen oder Stellen erforderlich machen oder die Erhebung beim Betroffenen einen unverhältnismäßigen Aufwand erfordern würde. Zudem dürfen keine Anhaltspunkte dafür bestehen, dass hierdurch überwiegende schutzwürdige Interessen des Betroffenen beeinträchtigt werden.

Die datenschutzrechtliche Wirkung des BDSG basiert maßgeblich auf der Vorgabe bestimmter allgemeiner Verarbeitungsgrundsätze (Zweckbindung, Systemdatenschutz, Datenvermeidung). Die Zweckbindung gestattet eine Nutzung von Daten nur zu dem Zweck, zu dem sie erhoben wurden. Der Systemdatenschutz soll bewirken, dass bereits die technischen und organisatorischen Systemstrukturen für die Verarbeitung personenbezogener Daten einer datenschutzrechtlichen Kontrolle unterliegen.[1939] Dadurch, dass nur erforderliche Daten erhoben, verarbeitet, übermittelt und gespeichert werden dürfen, soll die Menge und Brisanz an Daten so gering wie möglich gehalten werden (Datenvermeidung).

Art. 28 Abs. 1 DSRL bestimmt, dass die Verwendung bestimmter sensitiver Daten von den Mitgliedstaaten in der Regel untersagt werden muss. Der deutsche Gesetzgeber hat die Definition der sensiblen Daten aus der Richtlinie wörtlich in § 3 Abs. 9 BDSG übernommen. Hierzu zählen Angaben über die rassische und ethnische Herkunft, politische Meinungen, religiöse oder philosophische Überzeugungen, Gewerkschaftszugehörigkeit, Gesundheit oder Sexualleben. Daten von Minderjährigen oder über Straftaten sind in § 3 Abs. 9 BDSG nicht ausdrücklich aufgeführt, obwohl auch diese eine besondere Sensibilität aufweisen.[1940] Die Nutzung besonders sensibler Daten ohne Einwilligung des Betroffenen ist grundsätzlich untersagt. Sie wird jedoch unter bestimmten Voraussetzungen für eigene Geschäftszwecke (§ 28 Abs. 6 BDSG), für Zwecke im Gesundheitsbereich (§ 28 Abs. 7 BDSG) und für besonders ausgerichtete Organisationen (Tendenzbetriebe, § 28 Abs. 9 BDSG) zugelassen. Die Verwendung sensibler Daten durch politische, philosophische, religiöse oder gewerkschaftliche Organisationen (Tendenzbetriebe), die keinen Erwerbs-

---

1938 *Bergmann/Möhrle/Herb*, Datenschutzrecht Bd. I Teil 3, § 4, Rn 17.

1939 *Hoeren*, Internetrecht, Rn 669.

1940 So *Bergmann/Möhrle/Herb*, Datenschutzrecht Bd. I Teil 3, § 28, Rn 54; OLG Frankfurt am Main MMR 2005, 696.

zweck verfolgen, ist zulässig, soweit dies für die Tätigkeit der Organisation erforderlich ist.[1941]

Die Erhebung, Verarbeitung und Nutzung von Gesundheitsdaten richtet sich nach Abs. 6, wenn es um ihre generelle Verwendung geht. Sollen sie im Rahmen der medizinischen Versorgung verwendet werden, ist Abs. 7 einschlägig.[1942] Falls der Betroffene nicht eingewilligt hat, erlaubt § 28 Abs. 6 Nr. 1BDSG die Erhebung, Verarbeitung und Nutzung sensibler Daten, wenn dies zum Schutz lebenswichtiger Interessen des Betroffenen oder eines Dritten erforderlich ist, sofern der Betroffene aus physischen oder rechtlichen Gründen außerstande ist, seine Einwilligung zu geben. Dies ist der Fall, wenn der Betroffene nicht ansprechbar ist.[1943] Ist ein gesetzlicher Vertreter oder Bevollmächtigter vorhanden, muss dieser um Zustimmung ersucht werden.[1944] Nach § 28 Abs. 6 Nr. 2 BDSG dürfen sensible Daten ferner verwendet werden, wenn es sich um solche handelt, die der Betroffene offenkundig öffentlich gemacht hat. Dies erfordert eine freiwillige Entscheidung des Betroffenen, welche beispielsweise bei Pflichtangaben in öffentlichen Registern nicht vorliegt.[1945] Unter den Voraussetzungen des § 28 Abs. 6 Nr. 3 und 4 BDSG ist die Verwendung sensibler Daten zudem zur Durchsetzung rechtlicher Ansprüche und zu Forschungszwecken zulässig.

Im Rahmen des Abs. 7 dürfen sensible Daten für Zwecke der medizinischen Versorgung erhoben werden. Dazu gehören alle gesundheitsbezogenen Dienstleistungen einschließlich der Verwaltung, nicht aber Krankenversicherungen.[1946] Vom Gesetzgeber wurde in erster Linie an Infektionsfälle gedacht, welche bei Übertragung lebensgefährlicher Viren eine Verwendung im Hinblick auf eine sofortige Impfung oder Behandlung zulassen.[1947] Die Datenverarbeitung darf nur durch ärztliches Personal oder sonstige Personen, die einer entsprechenden Geheimhaltungspflicht unterliegen, erfolgen. Die Verarbeitung und Nutzung der Daten muss ferner innerhalb des Zwecks der Geheimhaltungsverpflichtung erfolgen, wobei Hilfsunternehmen im Umfeld ärztlicher Leistungen wie Heilpraktiker und Krankengymnasten mit einbezogen werden können.

§ 28 Abs. 8 BDSG ermöglicht zudem eine Zweckänderung unter den Voraussetzungen von Abs. 6 Nr. 1 bis 4 oder Abs. 7 Satz 1 und ist restriktiv auszulegen.[1948]

1941 *Bergmann/Möhrle/Herb*, Datenschutzrecht Bd. I Teil 3, § 28, Rn 378, 382.

1942 *Simitis* in Simitis, BDSG, § 28, Rn 338.

1943 Vgl. weitere Beispiele bei *Bergmann/Möhrle/Herb*, Datenschutzrecht Bd. I Teil 3, § 28, Rn 358.

1944 *Simitis* in Simitis, BDSG, § 28, Rn 328.

1945 *Bergmann/Möhrle/Herb*, Datenschutzrecht Bd. I Teil 3, § 28, Rn 361.

1946 *Bergmann/Möhrle/Herb*, Datenschutzrecht Bd. I Teil 3, § 28, Rn 368; *Simitis* in Simitis, BDSG, § 28, Rn 42.

1947 *Simitis* in Simitis, BDSG, § 28, Rn 327.

1948 *Simitis* in Simitis, BDSG, § 28, Rn 352.

5.1.2 Telekommunikationsgesetz (TKG)

5.1.2.1. Anwendungsbereich / Abgrenzung zu TMG, RStV und BDSG

Das Telekommunikationsgesetz (TKG) befasst sich mit dem speziellen Aspekt der Übermittlung von Daten über Telekommunikationsnetze und enthält diesbezügliche Datenschutzvorschriften. Hiervon abzugrenzen sind die im Telemediengesetz (TMG) geregelten Telemediendienste, welche auf der Technik der Telekommunikation aufbauen. Hierzu wird zwischen dem rein technischen Vorgang der Telekommunikation und den mit Hilfe der Telekommunikation angebotenen Diensten, welche auf den Übertragungsinhalt oder entsprechende elektronische Zusatzfunktionen ausgerichtet sind, differenziert.[1949] Die erste Ebene elektronischer Kommunikation umfasst die Technik, also insbesondere das Netz, worüber verschiedene Dienste wie Telefon, Telemedien und ähnliches angeboten werden. Auf dieser ersten Ebene können Bestands-, Verbindungs- und Abrechnungsdaten anfallen. Die technische Seite der Kommunikation und der diesbezügliche Datenschutz werden allein durch das TKG geregelt.[1950] Auf der zweiten Ebene sind Dienste angesiedelt, welche auf Basis der ersten, technischen Schicht erbracht werden. Bei den Diensten kann es sich sowohl um Telekommunikationsdienste als auch um Telemediendienste handeln. Historisch bedingt werden reine Telekommunikationsdienste rechtlich im TKG geregelt, während die neueren Telemediendienste vom Geltungsbereich des TMG erfasst werden.[1951] Auf dieser Dienstebene fallen zwar ebenfalls Bestands- und Abrechnungsdaten an, darüber hinaus jedoch auch qualifizierte Nutzungsdaten.[1952] Die dritte Ebene betrifft übermittelte Nachrichten- und Informationsinhalte und somit insbesondere Inhaltsdaten. Die rechtliche Zulässigkeit der Erhebung, Verarbeitung und Nutzung personenbezogener Daten richtet sich auf dieser dritten Ebene nach den allgemeinen Datenschutzvorschriften, insbesondere nach dem BDSG.[1953]

Um eine Abgrenzung der Dienste auf der zweiten Ebene zu ermöglichen, behilft sich der Gesetzgeber mit Beispielsfällen, Erläuterungen und Negativdefinitionen.[1954] So findet das TKG auf Telekommunikationsdienste Anwendung, welche § 3 Nr. 24 TKG als in der Regel gegen Entgelt erbrachte Dienste definiert, die <u>ganz oder überwiegend</u> in der Übertragung von Signalen über Telekommunikationsnetze bestehen. Hierzu zählen neben Sprachdiensten unter anderem auch Datenübertragungsdienste, Datenbankdienste, Zusammenschaltungs- und Netzzugangsdienste sowie Internet- und Serviceproviderdienste.[1955] Umgekehrt grenzt § 1 Abs. 1 TMG Telemediendienste und damit den dortigen Anwendungsbereich hiervon negativ ab. Das TMG findet für alle elektronischen Informations- und

1949 *Robert* in Geppert/Attendorn, Beck'scher TKG-Kommentar, § 91, Rn 7 mwN.
1950 Vgl. zu diesem 3–Schichten–Modell *Bergmann/Möhrle/Herb*, Datenschutzrecht Bd. III Teil 6, Vorb. 1.4.6., 1.5.
1951 Rundfunkdienste werden nach dem Rundfunksstaatsvertrag (RStV) geregelt.
1952 *Bergmann/Möhrle/Herb*, Datenschutzrecht Bd. III Teil 6, Vorb. 1.4.6., 1.5.
1953 *Bergmann/Möhrle/Herb*, Datenschutzrecht Bd. III Teil 6, Vorb. 1.4.6., 1.5.
1954 Vgl. BT–Drs. 16/3078 zur Gesetzbegründung.
1955 *Robert* in Geppert/Attendorn, Beck'scher TKG-Kommentar, § 91, Rn 7 mwN.

Kommunikationsdienste Anwendung, soweit sie nicht Telekommunikationsdienste nach § 3 Nr. 24 TKG, die ganz in der Übertragung von Signalen über Telekommunikationsnetze bestehen, telekommunikationsgestützte Dienste nach § 3 Nr. 25 TKG oder Rundfunk nach § 2 des Rundfunkstaatsvertrages (RStV) sind. Telekommunikationsgestützte Dienste gemäß § 3 Nr. 25 TKG sind solche, welche keinen räumlich und zeitlich trennbaren Leistungsfluss auslösen, sondern bei denen die Leistung noch während der Telekommunikationsverbindung erfüllt wird (Mehrwertdienste).[1956] Bei den Mehrwertdiensten erfolgt eine Individualkommunikation zwischen dem Telekommunikationsdiensteanbieter oder einem Dritten und dem Kunden, in deren Rahmen der Anbieter oder der Dritte dem Kunden eine Inhaltsleistung erbringt.[1957]

Eine trennscharfe Abgrenzung ist nicht möglich. Vielmehr ergeben sich im Anwendungsbereich beider Gesetze sogar planmäßige Überschneidungen, wenn die Übertragung von Signalen über Telekommunikationsnetze nur einen überwiegenden Teil der Telekommunikationsdienste ausmacht. Dies ist nach der Gesetzesbegründung zu TMG und TKG gewollt, da diese Dienste doppelreguliert seien und sowohl unter Art. 2 lit. b) der Telekommunikationsrahmenrichtlinie[1958] als auch unter Art. 2 lit. a der E-Commerce-Richtlinie[1959] fallen.[1960] Die datenschutzrechtliche Zulässigkeit von doppeltregulierten Diensten der zweiten Ebene richtet sich gemäß § 11 Abs. 3 TMG jedoch überwiegend nach dem TKG. Lediglich die § 12 Abs. 3, § 15 Abs. 8 und § 16 Abs. 2 Nr. 2 und 5 TMG finden Anwendung.[1961] Besteht die Dienstleistung im Einzelfall hingegen nur in einer reinen Zugangsvermittlung (Aussenden, Übermitteln und Empfangen) im Sinne einer reinen Transportleistung, findet allein das TKG Anwendung.[1962]

5.1.2.2. Fernmeldegeheimnis

§ 88 TKG enthält eine einfachgesetzliche Umsetzung des Fernmeldegeheimnisses aus Art. 10 GG im Bereich der Telekommunikation. Unter Telekommunikation ist gemäß § 3 Nr. 22 TKG jeder technische Vorgang des Aussendens, Übermittelns und Empfangens von Signalen jeglicher Art in der Form von Zeichnung, Sprache, Bildern oder Tönen mittels

---

1956 Beispielsweise Auskunftsdienste, geteilte–Kosten–Leistungen und Ähnliches, vgl. *Piepenbrock* in Geppert/Attendorn, Beck'-scher TKG-Kommentar, Rn 50–52. Weshalb diese Mehrwertdienste im Sinne von § 3 Nr. 25 TKG nicht den Telemedien unterfallen sollen, anders als beispielsweise Dienste von Access– und E–Mail–Providern, ist nicht nachvollziehbar, kritisch auch *Roßnagel*, NVwZ 2007, 745 mwN; *Hoeren*, NJW 2007, 802.

1957 *Roßnagel*, NVwZ 2007, 745.

1958 Richtlinie 2002/21/EG des Europäischen Parlaments und des Rates vom 07.03.2002 über einen gemeinsamen Rechtsrahmen für elektronische Kommunikationsnetze und –dienste (Rahmenrichtlinie), ABl 2002 Nr. L108, 33ff.

1959 Richtlinie 2000/31/EG des Europäischen Parlaments und des Rates vom 08.06.2000 über bestimmte rechtliche Aspekte der Dienste der Informationsgesellschaft, insbesondere des elektronischen Geschäftsverkehrs, im Binnenmarkt („*Richtlinie über den elektronischen Geschäftsverkehr*", ABl 2000 Nr. L178, 1–16.

1960 BT–Drs. 16/3078, 13; ebenso *Kitz*, ZUM 2007, 369 mwN; *Roßnagel*, NVwZ 2007, 745; *Hoeren*, NJW 2007, 802.

1961 Kopplungsverbot, Speicherung zur Verfolgung von missbräuchlichen Nutzungen und korrespondierende Bußgeldvorschriften; vgl. auch BT–Drs. 16/3078, 13.

1962 BT–Drs. 16/3078, 13; *Hoeren*, NJW 2007, 802; *Bergmann/Möhrle/Herb*, Datenschutzrecht Bd. III Teil 6, Vorb. 1.5.2.

Telekommunikationsanlagen zu verstehen.[1963] Das Fernmeldegeheimnis erstreckt sich auf den Inhalt und die näheren Umstände der Telekommunikation. Erfasst wird insbesondere, ob jemand an einem Telekommunikationsvorgang beteiligt ist oder war und von wo aus eine Verbindung hergestellt wird.[1964] Dies gilt ebenfalls für die näheren Umstände erfolgloser Verbindungsversuche. Zur Wahrung des Fernmeldegeheimnisses sind diejenigen verpflichtet, die geschäftsmäßig Telekommunikationsdienste erbringen. Auf eine Gewinnerzielungsabsicht kommt es dabei nicht an. Das durch Art. 10 GG gewährleistete Fernmeldegeheimnis gilt damit Kraft einfachen Gesetzes auch unmittelbar für private Telekommunikationsrechtsverhältnisse.

Das Fernmeldegeheimnis überschneidet sich teilweise mit dem durch die Datenschutzbestimmungen geregelten Datengeheimnis. Das Fernmeldegeheimnis erfasst die technischen Daten der Übermittlung, die zumindest beim Absender und Empfänger auch personenbezogene Daten sind[1965] und den Inhalt des Gesprächs – unabhängig von einem Personenbezug. Das Datengeheimnis schützt hingegen nur die personenbezogenen Daten von Absender und Empfänger; diese allerdings umfassend und unabhängig davon, ob sie im Rahmen einer Telekommunikation anfallen und daher (auch) dem Fernmeldegeheimnis unterliegen.[1966]

5.1.2.3. Abhörverbot

Im Rahmen der auch bei IKT-Implantaten wie dem VeriChip stattfindenden Kommunikation von RFID-Transpondern mit Lesegeräten ist die Frage, ob das Herstellen und/oder Mithören der Funkkommunikation gemäß § 89 TKG zulässig oder verboten ist, von großer Bedeutung. Denn die Ermittlung der UID aller in Reichweite des Lesegeräts befindlichen Transponder, um unter Verwendung von Anti-Kollisionsverfahren für sie bestimmte Tags herauszufinden, kann zu der Erstellung von Bewegungsprofilen genutzt werden – wenn die Daten verwendet werden dürfen. Ebenfalls von großer Bedeutung ist die Frage nach der Zulässigkeit eines nachfolgenden Auslesens der (ungeschützten) Tags – und der Verwendung der so erhaltenen Daten.

Dem Fernmeldegeheimnis des § 88 TKG kommt in der Form des Abhörverbots des § 89 TKG bereits im Vorfeld der spezifischen datenschutzrechtlichen Regelungen bei RFID und anderen IKT-Implantaten erhebliche Bedeutung zu. § 89 TKG richtet sich nicht nur an die Anbieter von Telekommunikationsdiensten und deren Erfüllungshilfen, sondern betrifft jeden unbefugten Empfang fremder Telekommunikationsvorgänge und die Weitergabe von Informationen an Dritte.[1967] § 89 TKG stellt nicht darauf ab, ob es sich um eine geschäfts-

1963 *Hoeren*, Internetrecht, Rn 664 mwN.

1964 *Schrey/Meister*, K&R 2002, 184; *Bock* in Geppert/Attendorn, Beck'scher TKG-Kommentar, § 88, Rn 13.

1965 *Bergmann/Möhrle/Herb*, Datenschutzrecht Bd. III Teil 6, Vorb. 2.3.2.

1966 *Bergmann/Möhrle/Herb*, Datenschutzrecht Bd. III Teil 6, Vorb. 2.3.2.

1967 *Bock* in Geppert/Attendorn, Beck'scher TKG-Kommentar, § 89, Rn 1.

mäßige Erbringung von Telekommunikationsdiensten handelt, so dass jede private Aussendung und jeder private Abhörvorgang hiervon erfasst wird.[1968] Der Schutzbereich der Vorschrift erstreckt sich ebenfalls auf private Funkaussendungen und soll hierdurch generell verhindern, dass Telekommunikation abgehört wird.[1969] Die Vorschrift dient dem Zweck, auch Gefahren zu begegnen, welche außerhalb des Einflusses von Betreibern von Funkanlagen liegen und der der Einsatz der drahtlosen Übertragungstechnik mit sich bringt.[1970] Hierzu stellt § 148 Abs. 1 Nr. 1 TKG das Abhören einer Nachricht und die Mitteilung ihres Inhalts oder die Tatsache ihres Empfangs durch einen anderen entgegen § 89 Abs. 1 und 2 TKG unter Strafe.[1971]

Wesentliches Tatbestandsmerkmal ist das Abhören mittels einer Funkanlage, worunter elektrische Sende- oder Empfangseinrichtungen, zwischen denen die Informationsübertragung ohne Verbindungsleitungen stattfinden kann, verstanden werden.[1972] Dabei werden Funkanlagen in ihrer Gesamtheit einbezogen, beispielsweise auch Basisstationen bei Wireless-Lan-Routern, Accesspoints oder RFID-Lesegeräten.[1973] Geschützt ist das Abhören von Nachrichten. Trotz der Formulierung kann es nicht auf ein akustisches Wahrnehmen[1974] ankommen, da sämtliche Telekommunikationsformen besonders geschützt sind und der Begriff „Nachrichten" neben dem gesprochen Wort einhellig auch schriftliche Mitteilungen, die Übermittlung von Bildern, verabredete Zeichen oder Töne unabhängig von der Qualität der Nachricht erfasst, sofern die Übermittlung zielgerichtet zur Unterrichtung eines oder mehrerer Kommunikationspartner erfolgt.[1975] Umstritten ist, inwieweit rein technische Vorgänge im Rahmen des Verbindungsaufbaues schon Nachrichten im Sinne der Vorschrift darstellen, beispielsweise die Zuweisung von IP-Adressen mittels des DHCP-Protokolls oder der Verbindungsaufbau in Wireless-Lan-Netzen oder bei RFIDs. Um dem Schutzzweck des § 89 TKG wirksam entsprechen zu können, ist es unabdingbar, auch den Aufbau von Verbindungen, welche eine Nachrichtenübermittlung einleiten, mit einzubeziehen.[1976]

1968 *Bock* in Geppert/Attendorn, Beck'scher TKG-Kommentar, § 89, Rn 1 mwN; *Müller*, DuD 2004, 216 f.

1969 *Ulmen* in Scheurle/Bergmann, TKG, § 89, Rn 2; BT–Drs. 13/4864, 79.

1970 *Bock* in Geppert/Attendorn, Beck'scher TKG-Kommentar, § 89, Rn 1 mwN; vgl. zu den spezifischen Bedrohungslagen für RFID-Systeme durch Abfangen und Dekodieren der Funksignale etwa *Holznagel/Bonnekoh*, MMR 2006, 22 mwN; *BSI; Bundesamt für Sicherheit in der Informationstechnik*, Risiken und Chancen des Einsatzes von RFID-Systemen, 42.

1971 Abhören ist dabei das sich verschaffen einer Information, die nicht für den Mithörenden gedacht war. Insoweit zu eng *Bock* in Geppert/Attendorn, Beck'scher TKG-Kommentar, § 89, Rn 4, welche allein auf das tatsächliche *„akustische"* Wahrnehmen abstellt.

1972 So die Legaldefinition in § 3 Nr. 4 TKG 1996. Zwar ist diese Definition im TKG 2004 nicht mehr enthalten, hierauf kann jedoch weiter zurückgegriffen werden, vlg. *Bock* in Geppert/Attendorn, Beck'scher TKG-Kommentar, § 89, Rn 6 mwN.

1973 So ausdrücklich zu Wireless Lan–Routern *Bock* in Geppert/Attendorn, Beck'scher TKG-Kommentar, § 89, Rn 6 mwN.

1974 So missverständlich *Bock* in Geppert/Attendorn, Beck'scher TKG-Kommentar, § 89, Rn 4 mwN.

1975 So klarstellend *Bock* in Geppert/Attendorn, Beck'scher TKG-Kommentar, § 89, Rn 7 mwN; *Ulmen* in Scheurle/Bergmann, TKG, § 89, Rn 4.

1976 So auch *Müller*, DuD 2004, Rn 217; *Bock* in Geppert/Attendorn, Beck'scher TKG-Kommentar, § 89, Rn 7 mwN; a.A. LG Berlin DAR 1997, 501.

Allerdings stellt der unbeabsichtigte Empfang von Nachrichten kein Abhören im Sinne von § 89 TKG dar. Erkennt der Handelnde jedoch, dass die Sendung nicht für die Allgemeinheit bestimmt ist und verschafft er sich dennoch deren Informationen, ist dies anders zu beurteilen. Zudem darf auch beim unbeabsichtigten Empfang weder der Inhalt noch die Tatsache des Empfangs einer derartigen Sendung an Dritte weitergegeben werden, was § 148 Abs. 1 Nr. 1 Alt. 2 TKG strafrechtlich schützt.

Der strafrechtliche Schutz des § 202 a StGB (Ausspähen von Daten) schützt nicht vor einem Auslesen von RFID-Tags, da diese – zumindest derzeit – üblicherweise nicht vor einem unberechtigtem Zugriff geschützt sind.[1977] Zunehmend werden aber Gegenstände in der realen Welt mit einem RFID-Transponder versehen und so auch in der virtuellen Welt identifizierbar. Die auf dem Transponder gespeicherten Informationen oder weiterführenden Links zu Daten in Datenbanken ermöglichen eine Abbildung der körperlichen Welt in der virtuellen Welt,[1978] wodurch die Bildung von Bewegungs-, Kontakt- und Persönlichkeitsprofilen ermöglicht wird. Hierzu reicht sogar die reine unique identity-Kennung (UID) aus, ohne dass eine Zuordnung zu einer bestimmten Person erforderlich wäre (und ggf. nachträglich hergestellt werden kann). Das Datenschutzrecht erfasst nur Daten mit Personenbezug, was bei RFID-Tags nicht gegeben ist, wenn und solange dieser (noch) nicht hergestellt werden kann, mithin für den Betreiber des Lesegeräts noch nicht einmal personenbeziehbare Daten vorliegen.

Transponder und Lesegeräte für RFIDs stellen Telekommunikationsanlagen im Sinne von § 3 Nr. 23 TKG dar, da zwischen ihnen Kommunikation im Sinne von § 3 Nr. 22 TKG stattfindet.[1979] Hierbei werden Nachrichten in Form von Zeichen übermittelt. § 89 TKG findet daher grundsätzlich Anwendung. Auf die inhaltliche Qualität der Nachricht kommt es nicht an.[1980] Dass sich bei der Kommunikation zwischen Transponder und Lesegerät nicht – wie üblich – ein Dritter in die Kommunikation zwischen Sender und Empfänger einschaltet, sondern der Funkverkehr vom Lesegerät initiiert und gesteuert wird, schließt eine Anwendbarkeit des Abhörverbots nach § 89 TKG nicht aus. Diese Initiierung des Kommuni-

1977 *Müller*, DuD 2004, 216.

1978 *Müller*, DuD 2004, 216 mwN.

1979 Dabei kommt es nicht darauf an, dass der Transponder ein rein passives Element ist und seine Information erst energetischer Anregung durch das Lesegerät aussendet. Entscheidend ist allein der tatsächliche drahtlose Kommunikationsvorgang. Vgl. hierzu *Müller*, DuD 2004, 216 zu den identischen Vorgängernormen § 3 Nr. 16 und Nr. 17 TKG 2002.

1980 *Bock* in Geppert/Attendorn, Beck'scher TKG-Kommentar, § 89, Rn 6f; die als Gegenansicht aufgeführte große Strafkammer des LG Berlin, DAR 1997, 501, scheint in diesem Zusammenhang missverstanden worden zu sein. In der Entscheidung ging es um das Mitführen eines Radarwarngeräts in einem Kraftfahrzeug, bei welchem das LG Berlin nicht von einem Abhören im Sinne des § 95 TKG 1996 ausging. Das LG sah dabei die bloße Informationserlangung durch das Benutzen eines Radarwarngerätes, ob ein Radargerät in Betrieb ist oder nicht, nicht als inhaltliche Wahrnehmung eines Kommunikationsvorganges. Ebenso dürften die vom FoeBUD e.V. angebotenen Buttons, welche den Empfang von Radiowellen eines RFID–Lesegeräts anzeigen sollen, daher ebenso nicht unter die Vorschrift des § 89 TKG fallen. Auch diese zeigen lediglich an, dass in der Nähe ein Lesegerät versucht, Kommunikationsvorgänge aufzubauen. Jegliche inhaltliche Wahrnehmung über das Vorhandensein eines Lesegeräts hinaus wie ausgelesene Informationen oder ähnliches werden jedoch nicht übermittelt. Die Auslegung durch das LG Berlin ermöglicht somit eine sachgerechte Beschränkung der Strafbarkeit, ohne das *„Abhören“* auch auf rein maschineller Ebene zwingend auszuschließen.

kationsvorganges erhöht sogar den Schutzbedarf, da der Inhaber des Transponders den Einwirkungsmöglichkeiten des – unberechtigten – Empfängers noch stärker ausgesetzt ist.[1981] Nach der Gesetzesbegründung soll § 89 TKG gerade auch Kommunikationsvorgänge neuerer Informations- und Kommunikationstechniken erfassen, für welche bei vergleichbarer Interessenlage der gleiche Schutz gelten soll.[1982] Für ein Abhören ist daher nur entscheidend, dass sich der Empfänger die spezifischen Eigenschaften von Funktechnik zu Nutze macht, um Nachrichten zur Kenntnis zu nehmen, die nicht für ihn bestimmt sind.[1983] Das Transponderlesegerät ist aber nicht schon deshalb befugt, eine Information zu empfangen, weil es technikbedingt den zu Grunde liegenden Übermittlungsvorgang initiieren und steuern kann.[1984] Würde man hierauf abstellen, wäre das Abhören jeglicher Funkkommunikation zulässig, sofern es dem Abhörenden nur gelingt, eine derartige Kommunikation aufzubauen. Bei der Empfangsbefugnis einer Nachricht ist daher auf die Bestimmung abzustellen, die eine Person einer von ihrem RFID-Tag ausgesandten oder zur Verfügung gestellten Nachricht zugedacht hat. Es kommt daher maßgeblich darauf an, welchen Empfängern der Inhaber des Transponders diese Daten zugänglich machen will.[1985]

Allerdings ist bei RFIDs zwischen der eindeutigen Kennung (UID) und etwaigen Nutzdaten zu trennen. Während das Auslesen über die Kennung hinausgehender nicht für den Empfänger bestimmter Informationen uneingeschränkt § 89 TKG unterfällt, könnte dies bezüglich der UID anders sein, weil jedes Tag die Aussendung einer Kennung (schon zur Kollisionsvermeidung) zwingend beherrscht und diese jedem Lesegerät zur Verfügung stellt und zur Kollisionsvermeidung (zumindest irgendeine UID) auch stellen muss. Bei jeder Initiierung eines Lesevorgangs melden sich zunächst sämtliche in der Reichweite eines Lesegeräts befindlichen RFID-Tags mit ihrer Kennung.[1986] Erst die Durchführung der Kollisionserkennungsroutine ermöglicht es, letztlich nur die Kennung des gewünschten Tags für weitere Telekommunikationsvorgänge als Adressierungsnummer herauszufiltern, um sodann nur diejenigen RFID-Tags anzusprechen, deren weitergehenden Informationen für den betreffenden Nutzer bestimmt sind.[1987] Es ist technisch nicht vermeidbar, dass bei der Abfrage durch ein Lesegerät zumindest die Kennungen auch anderer Tags ungewollt miterfasst werden.

Durch das unvermeidliche Auslesen der Kennung ist § 89 TKG aufgrund seiner Zwecksetzung einschränkend dahingehend auszulegen, dass diese erste Meldung und Erfassung des Tags und seiner Kennung durch das Lesegerät keinen Fall des Abhörens nach § 89

1981 *Müller*, DuD 2004, 217.
1982 So zur insoweit identischen Vorgängernorm des § 86 TKG BT–Drs. 13/443; ebenso *Müller*, DuD 2004, 217.
1983 *Müller*, DuD 2004, 217.
1984 *Müller*, DuD 2004, 217.
1985 *Müller*, DuD 2004, 217.
1986 *Müller*, DuD 2004, 217.
1987 *Bock* in Geppert/Attendorn, Beck'scher TKG-Kommentar, § 89, Rn 8.

Satz 1 TKG darstellt. Zum Ausgleich findet der in § 89 Satz 2 TKG angeordnete Nachsorgeschutz für unabsichtlich empfangene Informationen erst recht Anwendung, da diese Nachrichten sogar bedingt vorsätzlich erlangt wurden.[1988] In diesem Fall ist vom Empfänger daher sicherzustellen, dass der Inhalt und die Umstände unabsichtlich empfangener Informationen weder verwertet noch an Dritte weitergegeben werden. Der Betreiber des Lesegeräts ist verpflichtet, dafür Sorge zu tragen, dass Informationen über sämtliche weiteren Tags, welche nicht für ihn bestimmt sind, verworfen und nicht gespeichert, verarbeitet oder übermittelt werden. Werden über die Geräterkennung hinausgehende weitere Information ausgelesen, stellt dies auch dann ein unbefugtes Abhören dar,[1989] wenn sich das Lesegerät technisch korrekt Zugriff verschafft. Da die obige Auslegung von § 89 TKG aber umstritten – und deren Auswirkung den Anwendern weitgehend unbekannt ist, wäre eine gesetzgeberische Klarstellung wünschenswert.

5.1.2.4. Datenschutzregelungen im TKG

Die Datenschutzregelungen in den §§ 91 bis 107 TKG regeln den Schutz personenbezogener Daten der Teilnehmer und Nutzer von Telekommunikation bei der Erhebung und Verwendung dieser Daten durch Unternehmen, welche geschäftsmäßig Telekommunikationsdienste erbringen. Das geschäftsmäßige Erbringen von Telekommunikationsdiensten ist in § 3 Nr. 10 TKG als das nachhaltige Angebot von Telekommunikation für Dritte mit oder ohne Gewinnerzielungsabsicht definiert.[1990] Das geschäftsmäßige Erbringen von Telekommunikationsdiensten muss dabei nicht Hauptzweck des Unternehmens sein, so dass beispielsweise auch Hotels, welche ihren Gästen regelmäßig Telefondienste zur Verfügung stellen, dem TKG-Datenschutz unterliegen. Gleiches gilt u. a. für Krankenhäuser, Firmen und Behörden mit eigenen Netzen.[1991]

Durch diese Datenschutzregelungen soll die informationelle Selbstbestimmung im Bereich der Telekommunikation gewährleistet werden.[1992] Dem Fernmeldegeheimnis unterliegende Einzelangaben über Verhältnisse einer bestimmten oder bestimmbaren juristischen Person oder Personengesellschaft stehen insoweit den personenbezogenen Daten gleich. Vom Telekommunikationsdatenschutz werden insbesondere sämtliche Bestandsdaten, Verkehrsdaten und Standortdaten erfasst, für welche ein Verbot mit Erlaubnisvorbehalt gilt.[1993] Ohne ausdrückliche Zulassung ist deren Erhebung und Verwertung mithin untersagt.

1988 *Müller*, DuD 2004, 217.

1989 *Bock* in Geppert/Attendorn, Beck'scher TKG-Kommentar, § 89, Rn 7.

1990 *Robert* in Geppert/Attendorn, Beck'scher TKG-Kommentar, § 91 Rn 9 mwN.

1991 *Robert* in Geppert/Attendorn, Beck'scher TKG-Kommentar, § 91 Rn 9 mwN.

1992 *Robert* in Geppert/Attendorn, Beck'scher TKG-Kommentar, § 91, Rn 1.

1993 *Bergmann/Möhrle/Herb*, Datenschutzrecht Bd. III Teil 6, Vorb. 2.4.1.; *Robert* in Geppert/Attendorn, Beck'scher TKG-Kommentar, § 91, Rn 2.

Die Regelungen der §§ 91ff TKG erstrecken sich auf die auch vom BDSG erfassten Bereiche der Erhebung, Verarbeitung und Nutzung personenbezogener Daten. Im Rahmen seines Anwendungsbereichs ist das TKG vorrangig. Das TKG geht aber über das BDSG hinaus, indem auch Einzelangaben über juristische Personen, welche dem Fernmeldegeheimnis unterliegen, den personenbezogenen Daten natürlicher Personen gleichgestellt sind. Die §§ 95ff TKG enthalten eine abschließende Aufzählung möglicher Erlaubnistatbestände für die Erhebung, Verarbeitung und Nutzung personenbezogener Daten im Telekommunikationsbereich,[1994] so dass ein Rückgriff auf das BDSG insoweit ausgeschlossen ist. Mangels einer entsprechenden Regelung im TKG sind jedoch insbesondere § 11 BDSG (Erhebung, Verarbeitung oder Nutzung personenbezogener Daten im Auftrag), § 7 (Schadensersatz), § 34 (Auskunft an den Betroffenen), § 35 BDSG (Berichtigung, Löschung und Sperrung von Daten) sowie die Regelungen über den Datenschutzbeauftragten im BDSG anwendbar.[1995] Auch wird auf die Definition der personenbezogenen Daten in § 3 Abs. 1 BDSG zurückgegriffen.

Die Dienstanbieter sind verpflichtet, ihre Teilnehmer bei Vertragsabschluss über Art, Umfang, Ort und Zweck der Erhebung und Verwendung personenbezogener Daten so zu unterrichten, dass diese in allgemein verständlicher Form Kenntnis von den grundlegenden Verarbeitungstatbeständen erhalten.[1996] Dabei müssen die Teilnehmer auch auf zulässige Wahl- und Gestaltungsmöglichkeiten hingewiesen werden. Denn erst der Hinweis auf mögliche Alternativen versetzt die Kunden von Telekommunikationsdiensten in die Lage, eigenverantwortliche Entscheidungen beispielsweise über die Aufnahme oder die Nichtaufnahme in Verzeichnisse und Auskunftsdienste treffen zu können.[1997]

Das TKG erlaubt – anders als das BDSG - ausdrücklich die elektronische Einwilligung, sofern der Diensteanbieter sicherstellt, dass der Teilnehmer oder Nutzer seine Einwilligung bewusst und eindeutig erteilt hat, diese protokolliert wird, sie vom Teilnehmer oder Nutzer jederzeit abgerufen und mit Wirkung für die Zukunft widerrufen werden kann.[1998]

§ 95 TKG regelt die Zulässigkeit der Erhebung und Verwendung von Bestandsdaten. Bestandsdaten sind nach der Legaldefinition in § 3 Nr. 3 TKG Daten eines Teilnehmers, die für die Begründung, inhaltliche Ausgestaltung, Änderung oder Beendigung eines Vertragsverhältnisses über Telekommunikationsdienste erhoben werden. Derartige Bestandsdaten sind beispielsweise Name, Vorname und Anschrift des Teilnehmers, Anschlussnummer, Art des Anschlusses und rechnungsrelevante Daten wie Kreditinstitut und Kontonummer des Teilnehmers.[1999] Gemäß § 95 Abs. 1 TKG ist die Datenverarbeitung zur betrieblichen

1994 *Hoeren*, Internetrecht, Rn 666.
1995 *Robert* in Geppert/Attendorn, Beck'scher TKG-Kommentar, § 91, Rn 4 mwN.
1996 § 93 Abs. 1 TKG.
1997 *Büttgen* in Geppert/Attendorn, Beck'scher TKG-Kommentar, § 93, Rn 3.
1998 § 94 TMG.
1999 *Bergmann/Möhrle/Herb*, Datenschutzrecht Bd. III Teil 6, Vorb. 2.4.5.; LG Stuttgart MMR 2005, 624–626.

Abwicklung der Telekommunikationsdienstleistung zulässig, soweit diese für die Abwicklung des Vertragsverhältnisses erforderlich ist.[2000] Nach § 95 Abs. 2 TKG dürfen die Bestandsdaten unter bestimmten Voraussetzungen auch zur Beratung des Teilnehmers, zur Eigenwerbung und zur Marktforschung verwendet werden. Sämtliche Daten sind mit Ablauf des auf die Beendigung folgenden Kalenderjahres zu löschen (§ 95 Abs. 3 Satz 1 TKG).

5.1.3 Telemediengesetz (TMG)

Das zum 01.03.2007 in Kraft getretene TMG[2001] regelt alle elektronischen Informations- und Kommunikationsdienste, soweit sie nicht Telekommunikationsdienste nach § 3 Nr. 24 TKG, die ganz in der Übertragung von Signalen über Telekommunikationsnetze bestehen, telekommunikationsgestützte Dienste nach § 3 Nr. 25 TKG oder Rundfunk nach § 2 des RStV sind (Telemedien). Im Gegensatz zu den Vorgängernormen § 2 TDG und § 2 MDStV wird der Begriff Telemedien nicht positiv legaldefiniert.[2002] Daher muss aus der in § 1 Abs. 1 TMG genannten Obergruppe Informations- und Kommunikationsdienste eine Negativabgrenzung zur Telekommunikation[2003] und dem Rundfunk[2004] vorgenommen werden. In der Gesetzesbegründung erwähnt der Gesetzgeber Beispiele für Telemediendienste. Dies sind Online-Angebote von Waren und Dienstleistungen mit unmittelbarer Bestellmöglichkeit, die multimediale Presse, News-Clubs, Chatrooms, Suchdienste und die kommerzielle Verbreitung von Informationen über das Angebot von Waren und Dienstleistungen mit elektronischer Post (z. B. Werbe-Mails).[2005] Das TMG bezieht sich auf die konkreten Nutzungsformen von Telemediendiensten und deren Daten (Bestands-, Nutzungs- und Abrechnungsdaten).

Das TMG gilt nach § 1 Abs. 1 Satz 2 TMG für alle Anbieter einschließlich der öffentlichen Stellen, unabhängig davon, ob für die Nutzung ein Entgelt erhoben wird.[2006] Keine Anwendung findet es hingegen für die Erhebung und Verwendung personenbezogener Daten

---

2000 Dies gilt somit für die Speicherung der Bestandsdaten wie Name, Anschrift, Nr. des Telefonanschlusses, E-Mail-Adresse oder IP-Adresse, soweit dies zur Vertragsabwicklung erforderlich ist, *Hoeren*, Internetrecht, Rn 666 mwN.

2001 Gesetz zur Vereinheitlichung von Vorschriften über bestimmte elektronische Informations- und Kommunikationsdienste (Elektronischer-Geschäftsverkehr-Vereinheitlichungsgesetz-ElGVG), BGBl I, 2007, 179. Dieses Gesetz ordnete das Bundesrecht der Multimediadienste neu indem es das Teledienstegesetz (TDG) und das Teledienstedatenschutzgesetz (TDDSG) durch das neue Telemediengesetz (TMG) ersetzte. Durch die Neuregelung wurde die Unterscheidung zwischen Telediensten und Mediendiensten durch deren Zusammenfassung zu „*Telemedien*" aufgehoben. Vgl. hierzu näher *Iraschko-Luscher*, IT-Sicherheit & Datenschutz 2007, 608; *Kitz*, ZUM 2007, 369; *Hoeren*, NJW 2007, 802; *Spindler*, CR 2007, 249f; *Roßnagel*, NVwZ 2007, 743.

2002 Die amtliche Begründung besagt allerdings, dass sich das Gesetz auf einen „weiten Bereich von wirtschaftlichen Tätigkeiten, die – sei es über Abruf– oder Verteildienste – elektronisch in Form von Bild–, Text–, oder Toninhalten zur Verfügung gestellt werden" erstreckt, vgl. BT–Drs 16/3078, 13; ebenso Roßnagel, NVwZ 2007, 744 mwN.

2003 Diese richtet sich primär nach dem TKG.

2004 Diese richtet sich nach dem RStV und den jeweiligen Pressegesetzen.

2005 BT–Drs 16/3078, 13.

2006 Damit entfällt im Bereich des TMG die aus dem sonstigen Bundes– und Landesdatenschutz bekannte Unterscheidung danach, ob es sich um eine private oder öffentliche Stelle und eine solche des Bundes oder eines Landes handelt vgl. hierzu auch § 60 RStV

der Nutzer von Telemedien, soweit die Bereitstellung solcher Dienste im Dienst- und Arbeitsverhältnis ausschließlich zu beruflichen oder dienstlichen Zwecken oder innerhalb von oder zwischen nicht öffentlichen Stellen oder öffentlichen Stellen ausschließlich zur Steuerung von Arbeits- oder Geschäftsprozessen erfolgt.[2007] Wird jedoch beispielsweise Mitarbeitern die Nutzung des Internets auch zu privaten Zwecken erlaubt, sind die Datenschutzregelungen des TMG anwendbar.[2008]

Das TMG enthält maßgebliche Regelungen zum Datenschutz[2009] und stellt im Verhältnis zum BDSG insoweit das speziellere Gesetz dar, als es sich auf Daten bezieht, die für die Durchführung eines Telemediendienstes verwendet werden.[2010] Soweit kein Telemediendienst selbst betroffen ist, unterfällt die Verarbeitung von Daten hingegen den allgemeinen datenschutzrechtlichen Vorschriften, insbesondere dem BDSG.[2011] Dies ist vor allem der Fall, wenn der Nutzer Inhaltsdaten zum Abschluss oder für die Durchführung eines Vertrages mit einem anderen Anbieter über den Telemediendienst als bloßes Übertragungsmedium sendet, d. h. der Telemediendienst einen solchen Vertragsschluss nur vermittelt[2012] und diese Daten den Telemediendienst selbst nicht betreffen. Bei den durch das TKG und TMG doppelt Regulierten gilt gemäß § 11 Abs. 3 TMG im Wesentlichen nur das Datenschutzrecht des TKG, während das TMG lediglich ergänzend (Kopplungsverbot aus § 12 Abs. 3 TMG und eingeschränkte Befugnisse zur Datenverarbeitung zur Abwehr missbräuchlicher Nutzungen, § 15 Abs. 8 TMG) hinzukommt.[2013]

Die Regelungen zum Datenschutz bei Telemediendiensten in den §§ 11-15 TMG wurden inhaltlich unverändert aus dem Vorgänger Teledienstedatenschutzgesetz (TDDSG) übernommen.[2014] Auch die datenschutzrechtlichen Regelungen im TMG gehen wie das BDSG von den Grundsätzen der Zweckbindung, des Systemdatenschutzes und der Datenvermeidung aus.[2015] Durch eine Daten einsparende Organisation der Übermittlung, Abrechnung und Bezahlung sowie durch eine technisch-organisatorische Trennung der Verarbeitungsbereiche soll die Erhebung und Verarbeitung personenbezogener Daten möglichst vermieden werden (vgl. § 13 Abs. 6 TMG).[2016]

Wie im allgemeinen Datenschutzrecht ist die Erhebung und Verarbeitung personenbezogener Daten auch nach dem TMG als gesetzliches Verbot mit Erlaubnisvorbehalten aus-

---

2007 § 11 Abs. 1 Nr. 1 TMG.

2008 *Roßnagel*, NVwZ 2007, 748 mwN.

2009 *Roßnagel*, NVwZ 2007, 743; *Hoeren*, NJW 2007, 802; *Kitz*, ZUM 2007, 369.

2010 *Hoeren*, Internetrecht, Rn 605ff; *Roßnagel*, NVwZ 2007, 747.

2011 Beispielsweise bei einem Online–Geschenkservice, vgl. *Hoeren*, NJW 2007, 804; *Hoeren*, Internetrecht, Rn 606; *Jandt*, MMR 2006, 652ff; *Schrey/Meister*, K&R 2002, 184 zu der Vorgängernorm TDDSG.

2012 *Schrey/Meister*, K&R 2002, 184 mwN.

2013 Letztere wird im Vergleich zu § 100 Abs. 3 TKG deutlich eingeschränkt, welcher neben beabsichtigter Leistungserschleichung auch Fälle sonstiger rechtswidriger Inanspruchnahme erfasst, vgl. *Kitz*, ZUM 2007, 373 mwN.

2014 *Spindler*, CR 2007, 240, 242 mwN; *Roßnagel*, NVwZ 2007, 747 mwN; *Hoeren*, NJW 2007, 804 mwN.

2015 *Hoeren*, Internetrecht, Rn 669.

2016 *Hoeren*, Internetrecht, Rn 669.

gestaltet.[2017] Eine Verwendung personenbezogener Daten ist verboten, solange und soweit keine Einwilligung des Nutzers erteilt wurde oder keine gesetzliche Ermächtigungsgrundlage vorliegt. Geändert hat sich gegenüber dem TDDSG, dass sich diese Ermächtigung nunmehr aus dem TMG oder einer anderen Vorschrift, die sich ausdrücklich auf Telemediendienste bezieht, ergeben muss. (§ 12 Abs. 1 TMG). Das TMG selbst enthält Erlaubnistatbestände für Bestands-, Nutzungs- und Abrechnungsdaten. Sämtliche zulässig erhobenen Daten unterliegen einer strengen Zweckbindung und dürfen nur für die Durchführung von Telemediendiensten verwendet werden.[2018] Die Einwilligung kann gemäß § 13 Abs. 2 TMG[2019] auch elektronisch erklärt werden. Dazu muss der Diensteanbieter sicherstellen, dass der Nutzer seine Einwilligung bewusst und eindeutig erteilt (Nr. 1), die Einwilligung protokolliert wird (Nr. 2), der Nutzer den Inhalt der Einwilligung jederzeit abrufen (Nr. 3) und die Einwilligung jederzeit mit Wirkung für die Zukunft widerrufen kann (Nr. 4).[2020] Werden die Inhaltsdaten für ein weiteres Leistungsverhältnis erhoben, welches selbst kein Telemediendienst ist, richtet sich die Erhebung und weitere Verarbeitung allein nach dem BDSG.[2021] Problematisch gestaltet sich die elektronische Einwilligung in Fällen, in welchen neben Bestands- und Nutzungsdaten auch Inhaltsdaten erhoben werden. Diese bedürfen im Zweifel der schriftlichen Einwilligung des Kunden nach den Grundsätzen des BDSG.[2022]

§ 12 Abs. 3 TMG sieht ein Kopplungsverbot vor, wonach die Bereitstellung von Telemedien nicht von der Einwilligung des Nutzers in eine Verwendung seiner Daten für andere Zwecke abhängig gemacht werden darf, wenn dem Nutzer ein anderer Zugang zu diesen Telemedien nicht oder in nicht zumutbarer Weise möglich ist. Verstöße gegen datenschutzrechtliche Regelungen können nach § 16 TMG mit einem Bußgeld geahndet werden.

5.1.4 Sozialgesetzbücher (SGB)

5.1.4.1. Sozialdatenschutz

Krankenkassen benötigen ebenso wie andere Leistungsträger im sozialen Bereich von ihren Mitgliedern eine Fülle von – zum Teil sehr sensiblen – Informationen, z. B. über Einkommensverhältnisse, Familienstand, Geburtsdatum, Gesundheitszustand und Sexualleben.[2023] Hierdurch besteht insbesondere bei der modernen Datenverarbeitung die Gefahr, dass viele Einzeldaten kombiniert und weitergegeben werden, so dass auf diese Weise

---

2017 *Hoeren*, Internetrecht, Rn 670; *Roßnagel*, NVwZ 2007, 747; *Hoeren*, NJW 2007, 854.

2018 § 14 Abs. 1, § 15 Abs. 1 TMG; *Roßnagel*, NVwZ 2007, 747; *Hoeren*, Internetrecht, Rn 670.

2019 Fälschlicherweise unter der Überschrift *„Pflichten des Diensteanbieters"* geregelt.

2020 *Schmitz* in Spindler/Schmitz/Geis, TDG, § 4 TDDSG, Rn 15. Die Vorschrift stellt eine leicht modifizierte Fassung der bereits in § 4 Abs. 2 TDDSG vorgesehenen elektronischen Einwilligung dar, bei welcher lediglich Nr. 4 (jederzeitiger Widerruf für die Zukunft) neu mit aufgenommen wurde.

2021 *Spindler*, CR 2007, 243 mwN.

2022 § 4 a Abs. 1 Satz 3 BDSG; *Spindler*, CR 2007, 243 mwN.

2023 *Bress*, SF Medien (161) 4/2007, 89 vgl. auch BR–Drs. 461/00, 128 sowie zu sensiblen Daten *Steinbach*, NZS 2002, 18 mwN.

ein Persönlichkeitsbild entsteht.[2024] Aufgabe des Sozialdatenschutzes ist, dies zu verhindern und den vom BVerfG entwickelten Anforderungen an die informationelle Selbstbestimmung gerecht zu werden. Sozialdaten sollen einem erhöhten Schutz unterliegen und nur befugt verwendet werden dürfen.[2025] Diesem Schutz dient das Sozialgeheimnis, welches von den Leistungsträgern und den diesen gleichgestellten Stellen eingehalten werden muss. Es schließt die Verpflichtung ein, auch innerhalb des Leistungsträgers sicherzustellen, dass Sozialdaten nur Befugten zugänglich sind und nur an diese weitergegeben werden.[2026]

§ 35 SGB I definiert das Sozialgeheimnis als einen jedermann zustehenden „Anspruch darauf, dass die ihn betreffenden Sozialdaten von den Leistungsträgern nicht unbefugt erhoben, verarbeitet oder genutzt werden". Sozialdaten stellen nach § 67 Abs. 1 SGB X Einzelangaben über persönliche oder sachliche Verhältnisse einer bestimmten oder bestimmbaren natürlichen Person dar, welche von einer in § 35 SGB I genannten Stelle im Hinblick auf ihre Aufgaben nach dem SGB erhoben, verarbeitet oder genutzt werden. Hierzu gehören beispielsweise Informationen über behandelnde Ärzte, Krankenhausaufenthalte, Schwangerschaften, Diagnosen, Röntgenbilder oder die Tatsache, dass eine Person Empfänger von Renten oder Sozialhilfen ist.[2027] Damit werden die Sozialdaten formell und materiell definiert, indem es sowohl auf die Stelle als auch auf den Aufgabenbereich und den Verwendungszweck ankommt.[2028] Anders als in den allgemeinen Datenschutzgesetzen[2029] stehen Betriebs- und Geschäftsgeheimnisse von juristischen Personen oder Personenmehrheiten nach § 35 Abs. 4 SGB I den Sozialdaten gleich, wenn der Betrieb ein schützenswertes Interesse hieran hat.[2030] Ein nicht dem Sozialdatenschutz unterfallendes Datum ist nach den sonstigen Datenschutzgesetzen zu behandeln, insbesondere nach dem BDSG, dem LDSG sowie den bereichsspezifischen Normen.[2031]

Normadressaten sind die Leistungsträger, insbesondere die Bundesagentur für Arbeit, gesetzliche Krankenkassen, Versorgungsämter, Jugendämter, Sozialhilfeträger, Verbände und Arbeitsgemeinschaften dieser Leistungsträger sowie Krankenhäuser.[2032]

§ 35 Abs. 1 Satz 1 SGB I gibt jedermann einen Unterlassungsanspruch gegenüber der unbefugten Erhebung, Verarbeitung oder Nutzung ihn betreffender Sozialdaten. § 35

2024 *Bress*, SF Medien (161) 4/2007, 89.

2025 *Bergmann/Möhrle/Herb*, Datenschutzrecht Bd. III Teil 7, Vorb. Rn 12.

2026 *Bergmann/Möhrle/Herb*, Datenschutzrecht Bd. III Teil 7, Vorb. Rn 12.

2027 BVerwG NJW 1985, 410; LG Göttingen NJW 1979, 601; *Bergmann/Möhrle/Herb*, Datenschutzrecht Bd. III Teil 7, § 67 SGB X, Rn 8 mwN.

2028 *Steinbach*, NZS 2002, 16; *Bergmann/Möhrle/Herb*, Datenschutzrecht Bd. III Teil 7, Vorb. Rn 15, § 35 SGB I, Rn 7.

2029 Wie das BDSG und die LDSG. Allerdings erfassen andere europäische Staaten wie Luxemburg, Dänemark oder Österreich in ihren allgemeinen Datenschutzgesetzen auch Daten juristischer Personen wie die eines eingetragenen Vereins, einer GmbH, einer Genossenschaft oder einer Aktiengesellschaft, vgl. *Hoeren*, Internetrecht, Rn 609.

2030 *Bergmann/Möhrle/Herb*, Datenschutzrecht Bd. III Teil 7, § 35 SGB I, Rn 33, § 67 SGB X, Rn 10ff.

2031 *Steinbach*, NZS 2002, 16.

2032 Vgl. §§ 18 bis 29 SGB I sowie die Aufzählung bei *Bergmann/Möhrle/Herb*, Datenschutzrecht Bd. III Teil 7, § 35 SGB I, Rn 11f.

Abs. 1 Satz 3 SGB I enthält ein Trennungsgebot, wonach Sozialdaten der Beschäftigten und ihrer Angehörigen Personen, die Personalentscheidungen treffen oder daran mitwirken können, weder zugänglich sein noch von Zugriffsberechtigten weitergegeben werden dürfen.[2033] § 35 Abs. 2 SGB I legt fest, dass Sozialdaten nur unter den Voraussetzungen des 2. Kapitels SGB X erhoben, verarbeitet und genutzt werden dürfen, während § 35 Abs. 3 SGB X ausdrücklich klarstellt, dass in Fällen, in denen eine Übermittlung von Sozialdaten unzulässig wäre, auch keine Aussage-, Zeugnis- oder Vorlage- und Auslieferungspflichten von Schriftstücken bestehen. Hieraus folgt, dass Sozialleistungsträger nicht nur das Recht, sondern auch die Pflicht haben, derartige Begehren zu verweigern.[2034] Diese Regelungen werden von entsprechenden Einschränkungen in den Prozessordnungen (z. B. § 54 StPO, § 376 ZPO) flankiert. § 85 SGB X (Bußgeldvorschriften) und § 85 a SGB X (Strafvorschriften) bedrohen Verstöße gegen die zur Aufrechterhaltung des Sozialdatenschutzes getroffenen Normen mit Geldbuße und/oder Strafe.

§§ 67 b, c SGB X sehen für die Verarbeitung, Speicherung und Nutzung von Sozialdaten ein Verbot mit Erlaubnisvorbehalt vor, so dass diese einer Rechtsgrundlage im SGB bedürfen, wofür die bloße Aufgabenzuweisung nicht ausreicht.[2035] Die ordnungsgemäße Einwilligung des Betroffenen tritt auch hier neben die gesetzliche Erlaubnis. Für die Übermittlung sogenannter sensibler Sozialdaten ist – mit Ausnahme der Datenübermittlung für Daten über die Gesundheit oder das Sexualleben – eine Einwilligung zwingend erforderlich. Andernfalls ist die Übermittlung unzulässig (§ 67 b Abs. 1 Satz 2 SGB X). Die Einwilligung kann grundsätzlich für die Zukunft widerrufen werden. Dadurch kann eine weitere Datenverarbeitung unzulässig werden, die zwischenzeitlich erfolgte Verarbeitung lässt dies jedoch unberührt.[2036] Das Widerrufsrecht ist gemäß § 84 a SGB X nicht abdingbar. Ebenso wie im BDSG bedarf die Einwilligung grundsätzlich der Schriftform, wovon nur unter besonderen Umständen abgesehen werden darf (§ 67 b Abs. 2 SGB X).

Grundsätzlich dürfen gemäß § 67 c Abs. 1 Satz 1 SGB X Daten nur für die Zwecke verwendet werden, für welche sie erhoben wurden. Hiervon gestattet § 67 c Abs. 2 SGB X jedoch Ausnahmen in einem abschließenden Katalog der Zweckänderungsgründe, von welchen nur sehr zurückhaltend Gebrauch gemacht werden darf.[2037] Nach Abs. 2 Nr. 2 ist eine Zweckänderung insbesondere bei einer für den konkreten Einzelfall erteilten Einwilligung des Betroffenen zulässig. Die verarbeitende Stelle muss sowohl örtlich als auch

2033 *Spitzenverbände der GKV (Hrsg.)*, Gemeinsames Rundschreiben, http://www.gkv.info/gkv/fileadmin/user_upload/PDF/Rundschreiben_2007/Rundschreiben_Sozialdatenschutzrecht_2007.pdf, § 35 SGB I, Rn 11; *Bergmann/Möhrle/Herb*, Datenschutzrecht Bd. III Teil 7, § 35 SGB I, Rn 21.

2034 *Bergmann/Möhrle/Herb*, Datenschutzrecht Bd. III Teil 7, § 35 SGB I, Rn 27.

2035 *Spitzenverbände der GKV (Hrsg.)*, Gemeinsames Rundschreiben, http://www.gkv.info/gkv/fileadmin/user_upload/PDF/Rundschreiben_2007/Rundschreiben_Sozialdatenschutzrecht_2007.pdf, § 67 b SGB X, Rn 2; *Bergmann/Möhrle/Herb*, Datenschutzrecht Bd. III Teil 7, § 67 b SGB X, Rn 3.

2036 *Bergmann/Möhrle/Herb*, Datenschutzrecht Bd. III Teil 7, § 67 b SGB X, Rn 13.

2037 *Spitzenverbände der GKV (Hrsg.)*, Gemeinsames Rundschreiben, http://www.gkv.info/gkv/fileadmin/user_upload/PDF/Rundschreiben_2007/Rundschreiben_Sozialdatenschutzrecht_2007.pdf, § 67 c SGB X, Rn 9; *Bergmann/Möhrle/Herb*, Datenschutzrecht Bd. III Teil 7, § 67 c SGB X, Rn 14.

sachlich zuständig sein und Aufgaben wahrnehmen, welche ihr im SGB gesetzlich zugewiesen sind. Aufgrund des Grundsatzes der Datensparsamkeit ist eine Datenspeicherung auf Verdacht oder auf Vorrat für eventuelle spätere Aufgaben nicht zulässig.[2038]

§ 35 SGB I i.V.m. §§ 67 bis 85 a SGB X regelt somit die grundsätzlichen Anforderungen an den Datenschutz im Sozialleistungsbereich einheitlich für Bund und Länder und damit auch für die bundes- und landesunmittelbaren Krankenkassen.[2039] Hiermit wurde ein für den Sozialbereich eigenständiges Datenschutzrecht geschaffen,[2040] so dass lediglich Spezialvorschriften in anderen Büchern des SGB Vorrang genießen. Das BDSG und entsprechende LDSG finden nur Anwendung, wenn ausdrücklich auf sie verwiesen wird.[2041] Dennoch ist die Datenverarbeitung im Gesundheitsbereich nicht einheitlich geregelt. Je nach Ausgestaltung des konkreten Einzelfalls können das BDSG, das LDSG, das Landeskrankenhausgesetz (LKHG), das Sozialgesetzbuch (SGB) I, V und X und weitere spezialgesetzliche Normen (Seuchengesetz, Landeskrebsregistergesetz etc.) nebeneinander oder alternativ gelten. So ist für die Verarbeitung personenbezogener Daten von Mitarbeitern und Privatpatienten in Krankenhäusern des Bundes und für private Krankenhäuser grundsätzlich das BDSG anwendbar. Sofern der Patient aber einer gesetzlichen Krankenkasse angehört, finden die spezielleren SGB I, V und X Anwendung und verdrängen das BDSG weitgehend. Bei einem Landeskrankenhaus, das durch Landesmittel gefördert wird, gilt an Stelle des BDSG das LDSG, teilweise verdrängt durch das LKHG und bei gesetzlich Versicherten wiederum das SGB. Bei einem Krankenhaus in kirchlicher Trägerschaft finden weder das LKHG noch das BDSG Anwendung, sondern die datenschutzrechtlichen Vorschriften der jeweiligen Religionsgemeinschaft, ggf. ergänzt um das SGB bei Kassenpatienten. Die bereichsspezifischen Regelungen im SGB sind allerdings weitgehend identisch mit den Regelungen der allgemeinen Datenschutzgesetze. Auch bei Sozial- und Gesundheitsdaten gelten die Grundsätze der Datenvermeidung und Datensparsamkeit wie die der organisatorischen Vorkehrungen zum Schutz von Sozialdaten analog denen des BDSG.

§ 284 SGB V enthält vorrangige Spezialregelungen zur Datenverarbeitung der gesetzlichen Krankenkassen und bestimmt, in welchem Umfang Sozialdaten – insbesondere Versichertendaten, Daten der Leistungserbringer, medizinische Daten der Versicherten und Daten über von Leistungserbringern erbrachte Leistungen und deren Vergütungsansprüche – von diesen erhoben und verarbeitet werden dürfen.[2042] Angaben über ärztliche und

---

2038 *Bergmann/Möhrle/Herb*, Datenschutzrecht Bd. III Teil 7, § 67 c SGB X, Rn 7–9; *Spitzenverbände der GKV (Hrsg.)*, Gemeinsames Rundschreiben, http://www.gkv.info/gkv/fileadmin/user_upload/PDF/Rundschreiben_2007/Rundschreiben_Sozialdatenschutzrecht_2007.pdf, § 67 c SGB X, Rn 5f.

2039 *Bress*, SF Medien (161) 4/2007, 89.

2040 *Bergmann/Möhrle/Herb*, Datenschutzrecht Bd. III Teil 7, Vorb. 13f.

2041 *Steinbach*, NZS 2002, 16; *Bergmann/Möhrle/Herb*, Datenschutzrecht Bd. III Teil 7, Vorb. Rn 14; *Spitzenverbände der GKV (Hrsg.)*, Gemeinsames Rundschreiben, http://www.gkv.info/gkv/fileadmin/user_upload/PDF/Rundschreiben_2007/Rundschreiben_Sozialdatenschutzrecht_2007.pdf, Einleitung, Rn 6.

2042 *Bergmann/Möhrle/Herb*, Datenschutzrecht Bd. III Teil 7, § 284 SGB V, Rn 2.

ärztlich verordnete Leistungen, welche sich auf einen Versicherten beziehen, dürfen nur zur Erfüllung bestimmter Aufgaben automatisiert erfasst werden,[2043] soweit dies zur jeweiligen Aufgabenerfüllung erforderlich ist. Sind sie dies nicht mehr, müssen die Daten gelöscht werden.[2044] § 284 Abs. 3 SGB V enthält ebenfalls den Grundsatz der Zweckbindung, so dass Krankenkassen Sozialdaten ihrer Versicherten nicht über die in § 284 Abs. 1 SGB V genannten Zwecke hinaus verarbeiten dürfen.[2045]

5.1.4.2. Sonderregelung zur elektronischen Gesundheitskarte (eGK)

§ 291 a SGB V stellt eine spezielle Regelung zur Weiterentwicklung der Krankenversichertenkarte (§ 291 SGB V) zu einer elektronischen Gesundheitskarte (eGK) dar. § 291 a Abs. 2 SGB V bestimmt, dass diese neben den Angaben der bisherigen Versichertenkarte auch als elektronisches Rezept, europäische Krankenversichertenkarte und gemäß Abs. 3 als elektronischer Arztbrief und elektronische Patientenakte geeignet sein und das Erheben, Verarbeiten und Nutzen von Notfalldaten, Daten zur Prüfung der Arzneimitteltherapiesicherheit, Speichern freiwilliger Angaben des Versicherten und von Daten über in Anspruch genommene Leistungen und deren vorläufige Kosten für die Versicherten gewährleisten können muss. Bei der eGK handelt es sich um ein mobiles Speicher- und Verarbeitungsmedium mit Prozessorchip nach § 3 Abs. 10 BDSG, auf welches gemäß Abs. 2 Satz 2 und Abs. 3 Satz 5 ausdrücklich die Regelungen des § 6 c BDSG Anwendung finden.[2046]

Nach den Regelungen in Abs. 3 ist der Einsatz der eGK für die darin geregelten Zusatznutzungen nur mit Einwilligung des Versicherten zulässig, so dass Daten erst dann erhoben, verarbeitet oder genutzt werden dürfen, wenn die entsprechende Einwilligung des Versicherten vorliegt (Abs. 3 Satz 3). Wenn auch Abs. 5 von einem *„Einverständnis"* spricht, wird davon auszugehen sein, dass auch hierfür dieselben Voraussetzungen wie bei einer Einwilligung gelten.[2047] Der Einwilligung hat gemäß Abs. 3 Satz 2 eine umfassende Information in allgemein verständlicher Form vorauszugehen, die gemäß Satz 4 zu dokumentieren ist. Sie ist zudem jederzeit widerruflich und kann auf einzelne Anwendungen beschränkt werden.

Abs. 4 gestattet Zugriffe lediglich, soweit sie zur Versorgung des Versicherten im Einzelfall erforderlich sind. Der jeweilige Leistungserbringer darf nur auf die Daten zugreifen, die er für seine konkrete Aufgabe benötigt, eine darüber hinausgehende Erhebung, Verarbeitung

2043 § 284 Abs. 1 Satz 2, 3 SGB V.

2044 § 284 Abs. 1 Satz 4 SGB V. Auch diese Löschungsvorschrift ist daher eine besondere Spezialvorschrift gegenüber § 304 SGB V und § 84 Abs. 2 SGB X, vgl. *Bergmann/Möhrle/Herb*, Datenschutzrecht Bd. III Teil 7, § 284 SGB V, Rn 7.

2045 Dieser Grundsatz wird allerdings durch den 2. Halbsatz wieder aufgeweicht, so dass §§ 35 SGB I und 76 a, 67 c Abs. 2 und 5 SGB X nachrangig zu beachten sind.

2046 Aufgrund der Subsidiarität des BDSG allerdings nur durch die ausdrückliche Weisung in § 291 a Abs. 2, 3 SGB V. Näher zu der Regelung des § 6 c BDSG und deren Schwächen s. Kapitel 5.3.7.1.

2047 So auch *Bergmann/Möhrle/Herb*, Datenschutzrecht Bd. III Teil 7, § 291 a SGB V, Rn 16.

oder Nutzung von Daten mittels der eGK ist unzulässig.[2048] Wegen der Sensibilität der Daten und der bundesweiten Vernetzung von ca. 80 Mio. Versicherten, 37.000 Leistungsanbietern und mehr als 300 Krankenkassen ist es erforderlich, die Zugriffsrechte auf die Daten durch entsprechende Vorkehrungen begleitend abzusichern.[2049] Hierzu dienen § 291 a Abs. 5 und Abs. 5 a SGB V, welche die technische Umsetzung der Zugriffsrechte durch Autorisierung und Authentifizierung regeln. Die mit der eGK erhobenen Gesundheitsdaten der Versicherten können wahlweise auf der eGK oder auf zentralen Servern gespeichert werden. Außer für die Notfallversorgung sind sämtliche Zugriffe nur durch die Inhaber von Heilberufeausweisen (Abs. 4 Satz 1 Nr. 1 und 2) bei Einwilligung der Versicherten zulässig (Abs. 5 Satz 1). Zugriffe berufsmäßig tätiger Gehilfen in Praxen, Apotheken und im Krankenhaus sind nur unter Aufsicht und bei Autorisierung durch einen Angehörigen eines Gesundheitsberufs mit HBA möglich.[2050] Ferner sind jeweils die letzten 50 Zugriffe einschließlich Angaben zur zugreifenden und autorisierenden Person gemäß Abs. 5 Satz 4, Abs. 6 zur Kontrolle der Einhaltung der Zweckbindung zu protokollieren. Abs. 6 Satz 2 schützt wiederum diese Protokolldaten vor einer Zweckentfremdung, indem diese nur für die Datenschutzkontrolle verwendet werden dürfen.

Die konkrete Autorisierung des Leistungserbringers durch den Versicherten muss durch technische Vorkehrungen gewährleistet sein. Die nähere Ausgestaltung der Zugriffsrechte ist im Gesetz nicht geregelt und Aufgabe der Gesellschaft für Telematik (GEMATIK).

Versicherte können gemäß Abs. 5 Satz 3 mit einer eigenen qualifizierten Signaturcard auf Daten zugreifen, die aufgrund von Abs. 3 Satz 1 Nr. 5 gespeichert sind. Im Übrigen erhalten sie lediglich ein Leserecht, ein Recht zur Änderung oder Löschung der Daten durch sie selbst ist nicht vorgesehen. Abs. 6 Satz 1 bestimmt, dass auf Verlangen der Versicherten ein auf der eGK gespeichertes oder mittels der eGK erhobenes Datum zu löschen ist. Dies betrifft alle Daten der freiwilligen Anwendungen nach Abs. 3 Satz 1 sowie das elektronische Rezept (Abs. 2 Satz 1 Nr. 1).

Nach Abs. 8 Satz 2 dürfen Versicherte weder bevorzugt noch benachteiligt werden, weil sie Zugriffe auf die Daten der eGK gestatten oder verweigern (z. B. durch einen geldwerten Vorteil wie eine Beitragsermäßigung oder einen immateriellen Wert wie eine bevorzugte Behandlung).[2051] Ein Verstoß gegen § 291 a Abs. 8 Satz 1 SGB V stellt eine Ordnungswidrigkeit dar.

2048 *Bergmann/Möhrle/Herb*, Datenschutzrecht Bd. III Teil 7, § 291 a SGB V, Rn 20.

2049 *Bergmann/Möhrle/Herb*, Datenschutzrecht Bd. III Teil 7, § 291 a SGB V, Rn 25.

2050 Dies soll sicherstellen, dass bisherige Arbeitsabläufe in Praxen, Apotheken und Krankenhäusern nicht durch die eGK behindert werden, vgl. BR–Drs. 676/04.

2051 *Bergmann/Möhrle/Herb*, Datenschutzrecht Bd. III Teil 7, § 291 a SGB V Rn 44.

5.1.5 Landesdatenschutzrecht (am Beispiel Baden-Württembergs)

Bei öffentlichen Stellen der Länder, Gemeinden und Gemeindeverbänden gilt vorrangig vor dem BDSG das entsprechende Landesdatenschutzgesetz (LDSG); dies ist auch beim Vollzug von Bundesrecht der Fall.[2052] Die landesrechtlichen Datenschutzregelungen dienen ebenso wie das BDSG der Gewährleistung der grundrechtlichen Vorgaben. Hierzu bedienen sie sich im Wesentlichen auch der gleichen Mittel, so dass sich die Normen stark ähneln. Nachfolgend wird daher lediglich auf einzelne wesentliche Besonderheiten hingewiesen, während selbstverständliche Unterschiede (z. B. Landesbehörden anstelle von Bundesbehörden) und unterschiedliche Formulierungen ohne inhaltliche Auswirkungen nicht erwähnt werden.

Auch auf Landesebene findet das Subsidiaritätsprinzip Anwendung, so dass Landesspezialgesetze dem LDSG vorgehen. Landesspezialgesetze sind beispielsweise die Beamtengesetze, die Mediengesetze[2053], die Meldegesetze, die Personalausweisgesetze, die Polizeigesetze,[2054] die Rettungsdienstgesetze, die Schulgesetze, die Sicherheitsüberprüfungsgesetze, die Statistikgesetze, die Verbraucherinformationsgesetze und die Verfassungsschutzgesetze.[2055] Für die vorliegende Untersuchung bedeutsam sind ferner die Landeskrankenhausgesetze (LKHG).[2056]

5.1.5.1. Landesdatenschutzgesetz Baden-Württemberg (LDSG-BW)

Das LDSG-BW entspricht – wie die anderen Landesdatenschutzgesetze auch – im Wesentlichen dem BDSG. § 4 Abs. 4 LDSG-BW sieht abweichend hiervon jedoch auch die Möglichkeit einer elektronische Erteilung der Einwilligung vor, wenn die empfangene Stelle sicherstellt, dass die Einwilligung nur durch eine eindeutige und bewusste Handlung des Einwilligenden erfolgen kann, eine unbemerkte Veränderung ausgeschlossen ist, ihr Urheber eindeutig erkannt werden kann und die Einwilligung mit Tag, Uhrzeit und Inhalt ihrer Erteilung protokolliert wird. Diese Regelung findet allerdings eine Entsprechung im TMG.[2057]

§ 18 Abs. 4 LDSG-BW (ebenso wie andere landesrechtliche Normen[2058]) ermöglicht einer öffentlichen Stelle eine Übermittlung personenbezogener Daten an Private mit Auflagen zu

---

2052 *Bergmann/Möhrle/Herb*, Datenschutzrecht Bd. I Teil 1, 4.3.3.

2053 Landesmediengesetze Baden–Württemberg.

2054 §§ 19–25, 37–48 Polizeigesetz Baden–Württemberg.

2055 Vgl. ebenfalls die ausführlichen Nachweise bei *Bergmann/Möhrle/Herb*, Datenschutzrecht Bd. I Teil 1, 4.3.2 auf über 50 Seiten.

2056 Beispielsweise das Landeskrankenhausgesetz Baden–Württemberg mit den dortigen Regelungen § 43–51.

2057 § 13 Abs. 3 TMG und dessen Vorgängernummern § 4 TDSV und § 12 Abs. 8 MDSV zeigen eine vergleichbare elektronische Einwilligung und Protokollierung vor. Das TMG enthält jedoch keine Vorgaben hinsichtlich der Protokollierung von Tag, Uhrzeit und Inhalt, sondern lediglich eine allgemeine Protokollierungspflicht. Über die Vorschrift von § 4 Abs. 4 LDSG–BW hinausgehen verpflichtet § 13 Abs. 2 Nr. 4 TMG den Dienstanbieter, einen jederzeitigen Widerruf der Einwilligung mit Wirkung für die Zukunft sicherzustellen.

2058 § 16, Abs. 4 Brandenburgisches Landesdatenschutzgesetz, § 16 Abs. 5 Landesdatenschutzgesetz Rheinland–Pfalz; § 16 Abs. 5 Hessisches Landesdatenschutzgesetz und § 16 Abs. 3 Saarländisches Landesdatenschutzgesetz.

versehen, um den Datenschutz beim Empfänger sicherzustellen. Die korrespondierende Vorschrift (§ 16 BDSG) lässt hingegen die Übermittlung an Private nur gänzlich oder gar nicht zu. Anders als § 43 BDSG enthält § 40 Abs. 1 Nr. 2 LDSG-BW als Ordnungswidrigkeitstatbestand auch das Erschleichen nicht offenkundiger personenbezogener Daten durch unrichtige Angaben. § 41 LDSG-BW sieht bei Handlungen im Sinne des § 40 Abs. 1 Nr. 1 bis 4 LDSG-BW gegen Entgelt eine entsprechende Straftat vor.

5.1.5.2. Landeskrankenhausgesetz Baden-Württemberg (LKHG-BW)

Das LKHG-BW enthält gegenüber dem LDSG-BW und dem BDSG teils konkretisierende, teils abweichende datenschutzrechtliche Regelungen. Es findet gemäß § 43 Abs. 1 LKHG-BW Anwendung auf herkömmliche Krankenhäuser (definiert in § 107 Abs. 1 SGB V) sowie Vorsorge- und Rehabilitationseinrichtungen (im Sinne von § 107 Abs. 2 SGB V). Ausgenommen sind Einrichtungen des Bundes (§ 43 Abs. 1 Satz 3) oder der Kirchen und anderer Religionsgemeinschaften und diesen zugehörigen Trägern (§ 2 Abs. 3 LKHG-BW). Die §§ 43ff LKHG-BW regeln den Umgang mit Patientendaten, welche in § 43 Abs. 4 LKHG-BW legaldefiniert werden als Einzelangaben über persönliche oder sachliche Verhältnisse bestimmter oder bestimmbarer Patienten des Krankenhauses sowie ihre Angehörigen, Begleitpersonen und sonstige Bezugspersonen, die im Krankenhaus im Zusammenhang mit der Stationärversorgung oder ambulanten Behandlung des Patienten bekannt werden. Im Übrigen verweist das LKHG-BW auf die Begriffsbestimmungen des LDSG-BW. Gemäß § 43 Abs. 5 LKHG-BW finden sämtliche sonstigen Vorschriften über den Schutz personenbezogener Daten subsidiär Anwendung.

§ 45 Abs. 1 Nr. 1 LKHG-BW erlaubt die Erhebung, Speicherung, Veränderung und Nutzung von Patientendaten zur Versorgung des Patienten einschließlich der erforderlichen Dokumentation, Nr. 2 erstreckt die Erlaubnis auf die verwaltungsmäßige Abwicklung des Behandlungsverhältnisses, insbesondere die Abrechnung. Die Religionszugehörigkeit des Patienten darf zum Zwecke der Krankenhausseelsorge erhoben und gespeichert werden, allerdings nur, wenn der Patient zuvor deutlich auf die Freiwilligkeit und Zweckbestimmung dieser Angabe hingewiesen wurde (§ 55 Abs. 2 Satz 1 LKHG-BW). § 45 Abs. 3 LKHG-BW erstreckt die Befugnis zum Speichern, Verändern und Nutzen von Patientendaten auch auf Maßnahmen zur Qualitätssicherung der stationären Versorgung, zur Erkennung, Verhütung und Bekämpfung von Krankenhausinfektionen, zur Wahrnehmung von Aufsichts- und Kontrollbefugnissen, zur Rechnungsprüfung, zu Organisationsuntersuchungen, zur Prüfung und Wartung von automatisierten Verfahren der Datenverarbeitung sowie zur Ausbildung, Fortbildung und Weiterbildung von Ärzten und Angehörigen anderer Berufe des Gesundheitswesens im Krankenhaus. Dies gilt jedoch nur, soweit diese Zwecke nicht mit anonymisierten Daten erreicht werden können und überwiegende schutzwürdige Interessen des Betroffenen nicht entgegenstehen.

§ 46 LKHG-BW regelt die Zulässigkeit der Übermittlung von Patientendaten an Personen und Stellen außerhalb des Krankenhauses. Dies ist nur zulässig, wenn und soweit es zur Erfüllung der in § 45 Abs. 1 LKHG-BW genannten Zwecke (Nr. 1) zur Qualitätssicherung in der stationären Versorgung (Nr. 2), zur Durchführung medizinischer Forschungsvorhaben des Krankenhauses (Nr. 2 a), im Versorgungsinteresse des Patienten durch Unterrichtung der weiter behandelnden Einrichtung oder von Angehörigen und Bezugspersonen (Nr. 3), zur Rechnungsprüfung (Nr. 4), zur Abwehr von Ansprüchen gegen das Krankenhaus oder seine Mitarbeiter (Nr. 5) oder zur Abwehr einer Gefahr für Leben, Gesundheit oder Freiheit des Patienten oder eines Dritten erforderlich ist (Nr. 6). Im letzteren Fall muss die Gefährdung dieser Rechtsgüter das Geheimhaltungsinteresse des Betroffenen überwiegen und die Gefahr nicht in vertretbarer Weise anders beseitigt werden können. Unzulässig ist eine Übermittlung nach Nr. 1 an privatärztliche Verrechnungsstellen. Sämtliche vorgenannten Übermittlungen sind zudem nur zulässig, wenn die genannten Zwecke nicht mit anonymisierten Daten erreicht werden können und keine überwiegenden schutzwürdigen Interessen des Betroffenen entgegenstehen (§ 46 Abs. 1 Satz 3 LKHG-BW).

Zur Sicherstellung des Arztgeheimnisses bestimmt § 47 Abs. 1 LKHG-BW, dass im Rahmen einer Verlegung von Patienten eine Übermittlung von Patientendaten nur an einen Arzt der empfangenen Einrichtung erfolgen darf. In den sonstigen Fällen des § 46 Abs. 1 Nr. 3 LKHG-BW dürfen Patientendaten nur übermittelt werden, wenn der Patient über die vorgesehenen Übermittlungen und deren Zweck informiert wurde und dem Zweck nicht widersprochen hat. Falls er hierzu nicht in der Lage ist, darf sein erkennbarer Wille der Übermittlung nicht im Wege stehen (§ 37 Abs. 2 LKHG-BW). Die Einrichtung eines automatisierten Verfahrens zur Übermittlung von Patientendaten durch Abruf bedarf der Zustimmung des Ministeriums (§ 47 Abs. 4 Satz 1 LKHG-BW), welche nur bei wichtigen Gründen erteilt werden darf.

Patientendaten sind nach § 48 Abs. 1 LKHG-BW im Krankenhaus selbst oder im Auftrag des Krankenhauses durch ein anderes Krankenhaus zu verarbeiten. Sie dürfen jedoch gemäß § 48 Abs. 2 LKHG-BW auch im Auftrag des Krankenhauses durch ein Rechenzentrum automatisiert verarbeitet werden, wenn die zuständige Datenaufsichtsbehörde hiervon benachrichtigt wird, die verarbeitende Stelle ihren Mitarbeitern nur in zwingenden Gründen eine Zugriffsermächtigung auf Patientendaten einräumt, ihnen diesbezüglich eine § 203 StGB entsprechende Schweigepflicht auferlegt und die nach dem BDSG und dem LDSG für die Verarbeitung von personenbezogenen Daten im Auftrag zu treffenden erforderlichen technischen und organisatorischen Maßnahmen schriftlich festgelegt hat. § 48 Abs. 3 LKHG-BW bestimmt, dass sich auch Patientendaten, welche in einem Rechenzentrum oder einem anderen Krankenhaus im Auftrag verarbeitet werden, im ausschließlichen Gewahrsam des Krankenhauses befinden, in dessen Auftrag sie verarbeitet werden. Hieraus ergibt sich zugleich, dass dieses allein für die Verarbeitung verantwortlich ist.

Nach § 50 Abs. 1 LKHG-BW ist eine zur Verarbeitung von Patientendaten erforderliche Einwilligung vom Krankenhaus im Einzelfall einzuholen, eine Einwilligungserklärung in den allgemeinen Aufgabenbestimmungen reicht nicht aus. Diese Einwilligung bedarf gemäß § 50 Abs. 2 LKHG-BW der Schriftform, soweit nicht wegen besonderer Umstände eine andere Form angemessen ist. Auch eine nicht-schriftliche Einwilligungserklärung ist zu dokumentieren (Abs. 2). Auf Wunsch des Betroffenen muss diesem ein Mehrstück der Einwilligungserklärung ausgehändigt oder übermittelt werden. § 50 Abs. 3 LKHG-BW regelt die Anforderungen an eine elektronische Einwilligungserklärung, die mit denen des LDSG-BW übereinstimmen. Eine Übermittlung von Patientendaten an einen Dritten auf Grund einer entsprechenden Einwilligung ist im Verhältnis zum Krankenhaus nur wirksam, wenn die Einwilligung im Einzelfall eingeholt wurde, im äußeren Erscheinungsbild hervorgehoben ist und sich aus der Einwilligungserklärung selbst ergibt, dass der Betroffene über den Zweck der Verarbeitung durch den Empfänger ausreichend aufgeklärt wurde (§ 50 Abs. 4 LKHG-BW).

5.2 *Grundsätzliche Schwächen des herkömmlichen Datenschutzrechts bei IKT-Implantaten*

5.2.1 Ungeeignete Anknüpfung an einen Personenbezug

5.2.1.1. Gesetzliche Regelung

Das einfachgesetzliche Datenschutzrecht unterscheidet streng danach, ob es sich um personenbezogene Daten handelt oder nicht.[2059] Personenbezogene Daten sind nach der Legaldefinition des § 3 Abs. 1 BDSG Einzelangaben über persönliche oder sachliche Verhältnisse einer bestimmten oder bestimmbaren natürlichen Person. Auch die spezialgesetzlichen Regelungen wie TMG, TKG, LDSG und LKHG stellen auf den gleichen oder (im Fall des SGB) zumindest auf einen vergleichbaren Personenbezug ab. Dadurch, dass auch eine bloße Bestimmbarkeit zur Anwendung der datenschutzrechtlichen Vorschriften führt, werden auch Fälle eines noch nicht vorliegenden Personenbezugs erfasst, wenn bei diesen nicht auszuschließen ist, dass der Personenbezug noch hergestellt wird. Unerheblich ist, zu welchem Zweck die Daten erfasst worden sind, woher sie stammen oder in welcher Form und Darstellung z. B. analog, digital, numerisch, alphanumerisch sie vorliegen. So sind insbesondere Aufzeichnungen in natürlicher Sprache, maschinenlesbare Codes, aber auch vereinbarte oder allgemein bekannte Zeichensprachen und Bild- und Tonaufnahmen einbezogen.[2060] Sowohl das einzelne Datum als auch umfangreiche Informationen über persönliche oder sachliche Verhältnisse einer Person sind Daten im o. g. Sinne.[2061]

2059 Vgl. nur §§ 1 Abs. 2 BDSG, 3 Abs. 1 BDSG, 11 TMG, 35 Abs. 1 SGB I.

2060 Vgl. *Dammann* in Simitis, BDSG, § 3, Rn 3f mwN.

2061 *Dammann* in Simitis, BDSG, § 3, Rn 3, 5, 7.

Die datenschutzrechtlichen Vorschriften finden jedoch nur Anwendung, solange Daten – zumindest für den jeweiligen Datenverwender – einen Personenbezug aufweisen. Während für personenbezogene Daten eine Vielzahl von Verarbeitungsregeln bestehen, ist die anonyme[2062] Erhebung, Verarbeitung, Übermittlung und Nutzung von Daten ohne Einschränkung zulässig.

Bislang war die Herstellung eines Personenbezugs noch recht aufwändig, wenn sich die betroffene Person nicht selbst durch ein elektronisches Medium medienbruchlos identifizierte, beispielsweise durch eine bargeldlose Zahlung oder den Einsatz einer Kundenkarte. Wer bar bezahlte und keine Kundenkarte nutzte, durfte in größeren Städten und Läden von einer vergleichsweise hohen Anonymität ausgehen. Bei allgegenwärtiger Datenverarbeitung hinterlassen IKT-Implantate jedoch unabhängig vom Zahlungsmittel potentiell überall und unmerklich umfangreiche Datenspuren.

Für viele Empfänger und Verarbeiter dieser Daten wird zunächst kein Personenbezug gegeben sein, da die Daten zwar zweifelsfrei einer (vor ihnen stehenden) Person zugeordnet werden können, deren Identität aber noch nicht bekannt ist. In der Folge finden die Datenschutzgesetze keine Anwendung.[2063] Solange ein Verkäufer beispielsweise von seinem Kunden mit einem IKT-Implantat wie dem VeriChip nur dessen UID-Nummer erfährt, ohne über weiteres Zusatzwissen zur Identifizierung zu verfügen, bleibt der (bar bezahlende) Kunde zunächst anonym. Dies ermöglicht dem Empfänger (und Dritten) die Herstellung anonymer oder pseudonymer Profile, welche mit Daten verschiedenster Quellen und Aussagekraft uneingeschränkt angereichert und in jedem beliebigen Kontext verwendet werden dürfen.[2064] In Anbetracht der „Kreativität" der Datenverarbeiter, selbst einen klaren Personenbezug zu leugnen,[2065] dürfte es diesen nicht schwer fallen, möglichst lange und umfassend Daten „anonym" zu sammeln, bis diese eine möglichst umfassende Aussagekraft erlangen.

Erst wenn sich aus diesen Datenspuren Muster ableiten lassen, sich Bewegungs- oder Beziehungsprofile verdichten oder anhand eines Identifikationsmerkmals verkettet werden

---

2062 Auch eine Erhebung und Verarbeitung pseudonymer Daten ist frei von datenschutzrechtlichen Vorgaben, solange für den Erheber/Verarbeiter ein Personenbezug (noch) nicht herstellbar ist.

2063 *Müller* in Mattern, Datenschutzvorsorge gegenüber den Risiken der RFID-Technologie, 293.

2064 *Müller* in Mattern, Datenschutzvorsorge gegenüber den Risiken der RFID-Technologie, 298; ebenso die *Bundesregierung* in ihrem Bericht zu den Aktivitäten, Planungen und zu einem möglichen gesetzgeberischen Handlungsbedarf in Bezug auf die datenschutzrechtlichen Auswirkungen der RFID-Technologie, BT-Drs. 16/7891, 10.

2065 Vgl. nur *Wuermeling*, NJW 2002, 3508ff; *Wuermeling* in Sokol, Scoring rechtmäßig gestalten, 98ff; kritisch hierzu *Weichert*, DuD 2007, 17; ebenso *Petri* in Sokol, Ist Credit-Scoring rechtswidrig?, 122ff.

können, verdichtet sich der Kreis möglicher Personen, auf welche das Profil zutreffen kann, bis schließlich eine betroffene Person bestimmbar wird.[2066]

5.2.1.2. Schwächen der gesetzlichen Regelung

5.2.1.2.1. Leichtere Personenbeziehbarkeit

Für Ubiquitous Computing (UC)-Anwendungen und damit auch für IKT-Implantate ist charakteristisch, dass bei der Datenerhebung häufig noch unklar ist, ob die Daten (schon) personenbeziehbar sind oder (noch) nicht.[2067] Die bei UC-Anwendungen typische – und bei IKT-Implantaten den Regelfall darstellende – enge Verknüpfung von Sensorinformationen mit realen Ereignissen erlaubt selbst bei konsequenter Verwendung von Pseudonymen eine gegenüber den heutigen Bedingungen wesentlich einfachere Personenidentifikation,[2068] beispielsweise durch Zurückverfolgung pseudonymisierter Bewegungsdaten mit bekannten bevorzugten Aufenthaltsorten oder einer Kombination mit anderen Identifizierungsmethoden.[2069] Zudem liegen alle Daten ohne Medienbruch bereits elektronisch vor, was Fehler bei einer Datenübernahme reduziert und eine elektronische Auswertung erheblich erleichtert. Eine Person, welche ein IKT-Implantat trägt, ermöglicht somit einerseits eine umfangreiche und aussagekräftige, zunächst noch anonyme Datensammlung, welche aber bei der Verwendung weiterer anonymer oder pseudonymer Daten durch Zusatzwissen, Veränderungen des Aufwandes von Aufdeckungsanstrengungen oder der Fortentwicklung der technischen Analyse- und Auswertungsinstrumente plötzlich einer Person zugeordnet werden können.[2070] Die Grenze zwischen Personenbezug und fehlendem Personenbezug verschwimmt.[2071]

5.2.1.2.2. Nichterfassung potentiell personenbeziehbarer Daten

Kommt es aber zu der Aufdeckung des Pseudonyms, weist nicht nur mehr ein Datum einen Personenbezug auf. Vielmehr werden alle bis dahin an vielen Orten und zu unter-

2066 *Müller* in Mattern, Datenschutzvorsorge gegenüber den Risiken der RFID-Technologie, 293; Vergleich zu den persönlichen Bewegungsmustern und der hierdurch gegebenen Zuordnungsmöglichkeit auch *Gonzáles/Hidalgo/Barabási*, Nature 2008, 779ff.

2067 BSI; Bundesamt für Sicherheit in der Informationstechnik, Pervasive Computing, 92.

2068 *Roßnagel*, FES-Studie, 186.

2069 *Langheinrich* in Fleisch/Mattern, Die Privatsphäre im Ubiquitous Computing, 330; *Weichert*, DuD 2007, 18f; *Gonzáles/Hidalgo/Barabási*, Nature 2008, 779ff.

2070 *Müller* in Mattern, Datenschutzvorsorge gegenüber den Risiken der RFID-Technologie, 294 mwN. Schon die Möglichkeit der Beschaffung von Zusatzwissen aus allgemein zugänglichen Quellen kann zu einem Personenbezug führen, vgl. *Dammann* in Simitis, BDSG, § 3, Rn 36; *Weichert*, DuD 2007, 19.

2071 *Dix*, DuD 2007, 256; *Tinnefeld* in Roßnagel/Abel, Handbuch Datenschutzrecht, 4.1 Rn 22; *Gola/Schomerus*, BDSG, § 3, Rn 9; *Simitis* in Simitis, BDSG, § 3, Rn 36; *Müller* in Mattern, Datenschutzvorsorge gegenüber den Risiken der RFID-Technologie, 296f ; die *Bundesregierung* spricht insoweit von einer „*Grauzone*" in ihrem Bericht zu den Aktivitäten, Planungen und zu einem möglichen gesetzgeberischen Handlungsbedarf in Bezug auf die datenschutzrechtlichen Auswirkungen der RFID-Technologie, BT-Drs. 16/7891, 10.

schiedlichen Zeiten gesammelten Daten zu diesem Pseudonym mit einem Schlag nachträglich personenbeziehbar.[2072]

Erst ab diesem Moment greift aber das Schutzprogramm des geltenden Datenschutzrechts. Folglich gestattet es, dass die bis zu diesem Zeitpunkt entstandenen und zunächst frei von Anforderungen des Datenschutzgesetzes verwendbaren Daten ohne Schutzmaßnahmen nach Belieben der verarbeiteten Stelle aufgezeichnet, gespeichert, an Dritte verteilt und ausgewertet werden konnten.[2073] Die zuvor anonyme oder pseudonyme Datenerhebung – z. B. von UID-Nummern implantierter RFID-Tags – und deren Verarbeitung in Hintergrundsystemen ermöglichen aufgrund eines umfassenden Data Minings bereits eine tief in die Privatsphäre des Betroffenen reichende Profilbildung seiner Aufenthaltsorte, seines Verhaltens und seiner Interessen jenseits jeglicher Zweckbindung und Informationsvorschriften.[2074] Der Betreiber des Systems, welches den Personenbezug später herstellt, hat zwar hiernach die Schutzvorkehrungen des BDSG einzuhalten, kann dies faktisch aber nur in Fällen tun, in denen die Entstehung des Personenbezugs für ihn rechtzeitig erkennbar wird.[2075] Das späte Eingreifen des Datenschutzrechts bringt insofern besondere Herausforderungen für das Grundrecht der informationellen Selbstbestimmung mit sich.[2076] Insbesondere kann sein Schutzzweck ins Leere gehen, denn viele der Schutzmaßnahmen, welches das Datenschutzrecht vor der Erhebung, Verarbeitung und Nutzung personenbezogener Daten fordert, können nicht mehr in dem notwendigen Umfang nachgeholt werden.

So fehlt bereits die ursprüngliche Zweckbestimmung bei der Datenerhebung, an welche der Datenverwender für die weitere Nutzung gebunden wäre.[2077] Gerade bei UC-Anwendungen und IKT-Implantaten ist es für den Betroffenen zudem nur schwer zu erkennen, welche verantwortliche Stelle welche Informationen ausliest und zu welchem Zweck speichert, verarbeitet und übermittelt.[2078] Solange bei der jeweiligen Stelle kein Personenbezug herstellbar ist, kann diese nicht nur Daten auf Vorrat sammeln, sondern ist zudem auch nicht verpflichtet, den Betroffenen über die Datenerhebung zu unterrichten. Ermöglicht nunmehr ein Hintergrundsystem, den Träger der Implantate aus den zuvor gesammelten anonymen oder pseudonymen Daten zu identifizieren, kann dieser nicht abschätzen, welche Informationen über ihn bekannt sind, welche aus der Kombination der ausgelesenen und aus der Vergangenheit noch vorgehaltenen Daten oder einem Abgleich

2072 *Roßnagel/Scholz*, MMR 2000, 729; *Müller* in Mattern, Datenschutzvorsorge gegenüber den Risiken der RFID-Technologie, 294 mwN.

2073 *Müller* in Mattern, Datenschutzvorsorge gegenüber den Risiken der RFID-Technologie, 294 mwN.

2074 *Bizer/Dingel/Fabian et al.*, TAUCIS, 213f; so auch die *Bundesregierung* in ihrem Bericht zu den Aktivitäten, Planungen und zu einem möglichen gesetzgeberischen Handlungsbedarf in Bezug auf die datenschutzrechtlichen Auswirkungen der RFID-Technologie, BT-Drs. 16/7891, 9f.

2075 So die *Bundesregierung* in ihrem Bericht zu den Aktivitäten, Planungen und zu einem möglichen gesetzgeberischen Handlungsbedarf in Bezug auf die datenschutzrechtlichen Auswirkungen der RFID-Technologie, BT-Drs. 16/7891, 10.

2076 *Müller* in Mattern, Datenschutzvorsorge gegenüber den Risiken der RFID-Technologie, 296.

2077 *Roßnagel/Scholz*, MMR 2000, 729.

2078 *Bizer/Dingel/Fabian et al.*, TAUCIS, 213.

mit statistischen Werten unter Anreicherung mit weiteren Informationen gewonnen und genutzt wurden.[2079] Zwar stünde ihm nun ein Auskunftsanspruch zu – wenn er aber nicht weiß, gegenüber wem dieser geltend gemacht werden muss, besteht dieses Recht nur auf dem Papier. Dies konterkariert die Ziele des Datenschutzrechts, eine Bevorratung personenbezogener Daten zu verhindern und erschwert oder verhindert die Einhaltung der Zweckbindungs- und Transparenzvorschrift.[2080]

Soweit ein Erlaubnistatbestand fehlt, wird die Datenverwendung nach Aufdeckung der Anonymität oder Pseudonymität zwar rechtswidrig, so dass unzulässig gespeicherte Daten zu löschen sind. Mit der Herstellung des Personenbezuges lag jedoch schon ein personenbezogenes Profil vor,[2081] so dass selbst eine baldige Löschung nicht verhindern könnte, dass dieses zunächst bekannt und/oder weiter übermittelt wurde. Dessen Daten können daher auch später durch Dritte gegen den Betroffenen verwendet werden.[2082] Sind die Daten des Betroffenen bereits im Vorfeld verwendet worden, lassen sich die Folgen der Verwendung nur schwer beseitigen.[2083] Erschwerend kommen die erheblichen Defizite bei der Löschung unzulässig gewordener Daten hinzu, so dass sich hieraus insgesamt erhebliche Risiken für die informationelle Selbstbestimmung des Betroffenen ergeben.

Aus dem zunächst fehlenden Personenbezug ergeben sich auch Probleme im Hinblick auf Datensicherheit und zugehörige Organisationspflichten. So unterliegen anonyme Daten keinen Anforderungen an technische und organisatorische Maßnahmen, die zur Gewährleistung der Datensicherheit getroffen werden müssen.[2084] Es liegt vielmehr allein in der Verantwortung der Daten verarbeitenden Stelle, eigene für ausreichend gehaltene Standards einzusetzen.

Das Datenschutzrecht kennt nur zwei Zustände. In dem einen fehlt ein Personenbezug von Daten, so dass das Datenschutzrecht keine Anwendung findet. In dem anderen Zustand liegen personenbezogene Daten vor, was zu der Geltung des Datenschutzrechts führt. Gerade den bei IKT-Implantaten häufig vorkommenden Zwischenzustand, in wel-

2079 *Bizer/Dingel/Fabian et al.*, TAUCIS, 213.

2080 *Müller* in Mattern, Datenschutzvorsorge gegenüber den Risiken der RFID-Technologie, 298; *Bizer/Dingel/Fabian et al.*, TAUCIS, 213.

2081 *Müller* in Mattern, Datenschutzvorsorge gegenüber den Risiken der RFID-Technologie, 298.

2082 *Roßnagel/Scholz*, MMR 2000, 730.

2083 *Müller* in Mattern, Datenschutzvorsorge gegenüber den Risiken der RFID-Technologie, 296.

2084 Hierzu kritisch auch die *Bundesregierung* in ihrem Bericht zu den Aktivitäten, Planungen und zu einem möglichen gesetzgeberischen Handlungsbedarf in Bezug auf die datenschutzrechtlichen Auswirkungen der RFID-Technologie, BT-Drs. 16/7891, 10, welche fordert, dass auch Hintergrundsysteme den Anforderungen des § 9 BDSG genügen müssen, hält jedoch eine Einbeziehung der Verarbeitung *„potentiell personenbeziehbarer“* Daten in das Schutzregime des BDSG oder eines Spezialgesetzes derzeit für nicht angebracht und favorisiert eine Selbstverpflichtungslösung der Industrie, vgl. a.a.O., 13, 14. Als Modell einer Selbstverpflichtung spricht sie jedoch lediglich Möglichkeiten im Handel an, Deaktivierungsmöglichkeiten im Wege eines Opt-out oder aber eine standardmäßige Deaktivierung aller RFID-Chips auf Consumerprodukten umzusetzen (a.a.O., 11), welche bei IKT-Implantaten wie dem VeriChip ins Leere gehen müssen. Ferner haben sich die Beteiligten bislang *„weder über effektive Sanktionsmechanismen noch über die Ausgestaltung“* einigen gekonnt (a.a.O., 11), was die Hauptprobleme einer Selbstverpflichtung der Industrie plastisch vorführt.

chem zunächst anonyme Daten durch weitere Sammlung oder Aggregation einen *potentiell* personenbezogenen Bedeutungsgehalt erlangen, regelt das Datenschutzrecht nicht.[2085] Folglich trifft das geltende Recht keine geeigneten Maßnahmen zur Risikoabwehr. Die bisherige gesetzliche Normierung wird dem Risiko für das Grundrecht der informationellen Selbstbestimmung bei IKT-Implantaten nicht gerecht.[2086]

5.2.1.2.3. Fehlende Vorgaben zum Schutz nicht-personenbezogener Daten

Geht man mit *Dierks* davon aus, dass medizinische Daten in einer extern gespeicherten ePA im Falle einer verschlüsselten Speicherung für andere Personen als den mit dem Zugriffsschlüssel ausgestatteten Arzt keinen Personenbezug aufweisen,[2087] ist insbesondere bei der geplanten lebenslangen Speicherung umfangreichster ePAs von einer erheblichen Schutzlücke auszugehen. Denn die gegenwärtig verfügbare Verschlüsselungstechnik[2088] weist keineswegs die erforderliche Sicherheit für eine mehrere Jahrzehnte lange Speicherung und Nutzung auf,[2089] da sie lediglich nach heutigem Stand der Wissenschaft und Technik aufgrund der derzeit verfügbaren Rechenkapazitäten als nur mit unverhältnismäßigem Aufwand entschlüsselbar gilt.[2090] Betrachtet man aber die rasante Entwicklung, welche eine Vervielfachung der Rechenkapazität mit sich brachte und bringt, muss dies in absehbarer Zeit keineswegs mehr gelten. Hinzu kommt, dass der externe Dienstleister im Vertrauen auf den bei ihm fehlenden Personenbezug etwaige Sicherungsmaßnahmen nicht zu treffen braucht, was einen Einbruch erleichtern kann. Ein Einbruch in dessen Datenverarbeitungssysteme kann zudem – selbst bei verschlüsselten Daten – ein Kopieren derselben nicht verhindern. Werden später aber Schwachstellen eines Verschlüsselungssystems bekannt, führt auch ein Auswechseln der Verschlüsselung nicht mehr zu der erforderlichen Sicherheit der Daten. Vielmehr kann auf sämtliche zuvor von Dritten kopierten Daten zugegriffen und der Personenbezug hergestellt werden. Der An-

---

2085 In diesem Sinne ist wohl auch der Bericht der *Bundesregierung* zu den Aktivitäten, Planungen und zu einem möglichen gesetzgeberischen Handlungsbedarf in Bezug auf die datenschutzrechtlichen Auswirkungen der RFID-Technologie, BT-Drs. 16/7891, 10, 12 zu verstehen, in welchem sie als Lösungsmöglichkeiten fordert, dass auch aus „*potentiell personenbeziehbaren Speicherdaten wie Produktcodes keine allgemeinen Verhaltens-, Nutzungs- und Bewegungsprofile erstellt werden, da die Gefahr besteht, dass diese später ggf. mit einer konkreten Person in Verbindung gebracht werden können.*" Da eine pauschale Einbeziehung potentiell personenbezogener Daten in das BDSG aber möglicherweise auch die Georeferenzierung betreffen würde und es sich um eine „ebenso komplex wie umstritten(e)" datenschutzrechtliche Fragestellung handele, wäre eine „*Änderung des BDSG zum jetzigen Zeitpunkt kaum vorteilhaft für den Verbraucher, aber deutlich nachteilig für die internationale Konkurrenzfähigkeit deutscher Unternehmen*". Dies belegt jedoch nicht die Ungeeignetheit oder fehlende Erforderlichkeit der Maßnahme, sondern unterstreicht lediglich die Sinnhaftigkeit einer europäischen Regelung vergleichbar zur RoHS-Richtlinie (vgl. dazu näher Kapitel 6.3.5). Möglicherweise führen allerdings die nach diesem Bericht ans Licht getretenen Datenschutzskandale bei der Telekom, Lufthansa, NKL und Callcentern hier zu einem Umdenken.

2086 So auch *Müller* in Mattern, Datenschutzvorsorge gegenüber den Risiken der RFID-Technologie, 299; vgl. hierzu näher auch Kapitel 4.2.2.2.1.3.3.

2087 *Dierks/Nitz/Grau*, Gesundheitstelematik und Recht, 232 mwN; so wohl auch die h. M., vgl. *Dammann* in Simitis, BDSG, § 3, Rn 31ff; *Gola/Schomerus*, BDSG, § 3, Rn 10; a. A. wohl *Pahlen-Brandt*, K&R 2008, 288; AG Berlin Mitte K&R 2007, 600, welche auf den objektiven Personenbezug abstellen.

2088 Z. B. die vom Fraunhofer Institut für Biomedizinische Technik entwickelte PaDok-Technik auf Basis einer asymmetrischen Verschlüsselung.

2089 Vgl. hierzu Kapitel 3.5.

2090 Näher zur Sicherheit von kryptographischen Verfahren http://www.SciAm.com/sep2008 sowie *Lysyanskaya*, SciAm 9/2008, 73.

satz des herkömmlichen Datenschutzrechts, nur bei Vorliegen eines Personenbezugs Anforderungen an den Schutz der Daten zu stellen, bringt daher für die informationelle Selbstbestimmung, aber auch hinsichtlich der erforderlichen Vertraulichkeit und Integrität erhebliche Schutzlücken mit sich.[2091]

5.2.1.2.4. Nicht-Erfassung von Missbrauchsfällen zur Herstellung des Personenbezugs

Wie in Kapitel 4.2.2.2.1.2 ausgeführt, sind nach Erwägungsgrund 26 der DSRL bei der Entscheidung über die Bestimmbarkeit der Person alle Mittel zu berücksichtigen, die *vernünftigerweise* von dem Verantwortlichen der DV oder einem Dritten eingesetzt werden können, um die entsprechende Person zu identifizieren.[2092] Ist daher der Personenbezug für eine datenverarbeitende Stelle mit legalen Mitteln nicht möglich, wohl aber leicht mit verbotenen Mitteln, droht die Gefahr, dass sie trotz Verbots einen Personenbezug herstellt. Eine datenverarbeitende Stelle wird aber verbotene Mittel nicht „vernünftigerweise" einsetzen, so dass ausgerechnet der mögliche Missbrauch zur Herstellung des Personenbezugs von der Auslegung nicht erfasst wird. Die Vorgabe des Gesetzgebers kann daher in bestimmten Fällen nur ein frommer Wunsch bleiben, da die allgemeine Lebenserfahrung zeigt, dass Verstöße gegen gesetzliche Bestimmungen gerade beim Datenschutz an der Tagesordnung sind.[2093]

5.2.2 Fehlende Transparenz – Zielkonflikt bei IKT-Implantaten

Eine wirksame informationelle Selbstbestimmung setzt voraus, dass eine betroffene Person in der Lage ist, sich zu informieren *„wer was wann und bei welcher Gelegenheit über sie weiß"*[2094]. Nur eine derartige Transparenz erlaubt der betroffenen Person, die Kenntnis ihres Gegenübers einzuschätzen, hierüber Auskunft zu verlangen und bei unvollständigen, fehlerhaften oder widersprüchlichen Daten Ansprüche auf Berichtigung, Löschung oder Sperrung geltend zu machen. Diese Transparenz soll im herkömmlichen Datenschutzrecht mittels zahlreicher, sich ergänzender Instrumente erreicht werden, angefangen von der Erhebung beim Betroffenen, der Unterrichtung, Benachrichtigung, Anzeige und Information über Ziele und Datenverarbeitungsvorgänge bis hin zu geeigneten Auskunftsrechten über gespeicherte und übermittelte Daten.[2095]

2091 In diesem Sinne wohl ebenfalls *Müller* in Mattern, Datenschutzvorsorge gegenüber den Risiken der RFID-Technologie, 298f sowie die *Bundesregierung* in ihrem Bericht zu den Aktivitäten, Planungen und zu einem möglichen gesetzgeberischen Handlungsbedarf in Bezug auf die datenschutzrechtlichen Auswirkungen der RFID-Technologie, BT-Drs. 16/7891, 10.

2092 So auch die Mindermeinung, vgl. AG Berlin Mitte, K&R 2007, 600 (601); *Pahlen-Brandt*, K&R 2008, 289.

2093 *Pahlen-Brandt*, K&R 2008, 290.

2094 BVerfGE 65, 1ff – *Volkszählung*.

2095 *Roßnagel*, FES-Studie, 133; vgl. auch § 4 Abs. 2 und 3, § 4 a Abs. 1, § 6 b Abs. 2 und 4, § 6 c Abs. 1, 2 und 3, § 19, § 19 a, § 33 und § 34 BDSG.

Aus dem Transparenzgebot ergeben sich ferner Informations- und Benachrichtigungspflichten der datenverarbeitenden Stelle, aber auch Auskunftsansprüche des Betroffenen. Im ersten Fall muss die datenverarbeitende Stelle aktiv werden, im zweiten der Betroffene.[2096] Ohne eine derartige Transparenz wäre der Betroffene in der Ausübung seiner Kontrollbefugnis so sehr eingeschränkt, dass er praktisch rechtlos gestellt wäre.[2097] Genau diese Transparenz gefährdet jedoch der breite Einsatz von IKT-Implantaten und zugehörigen UC-Anwendungen.

5.2.2.1. Gesetzliche Regelungen

5.2.2.1.1. Benachrichtigungspflicht der verantwortlichen Stelle

§ 33 BDSG bestimmt, dass nicht-öffentliche Stellen und bestimmte am Wettbewerb teilnehmende öffentliche Stellen verpflichtet sind, den Betroffenen von der Speicherung bzw. Übermittlung von Daten zu seiner Person zu benachrichtigen.[2098] Erst auf Grund dieser Benachrichtigung wird der Betroffene in die Lage versetzt, sein Auskunftsrecht (§ 34 BDSG) und ggf. die Rechte auf Berichtigung, Löschung und Sperrung von Daten (§ 35 BDSG) auszuüben oder der Verarbeitung seiner Daten zu widersprechen.[2099] Die Vorschrift dient der Umsetzung der Anforderungen des Volkszählungsurteils, wonach jeder Betroffene grundsätzlich ein Recht darauf hat zu erfahren, wer was wann und bei welcher Gelegenheit über ihn weiß.[2100] Diese vom BVerfG[2101] zunächst im Zusammenhang mit der zwangsweisen Erhebung von Daten im Rahmen der öffentlichen Statistik für notwendig erachtete Schutzvorkehrung gilt gleichermaßen im nicht-öffentlichen Bereich und unabhängig davon, ob ein rechtlicher oder faktischer Zwang des Betroffenen zur Datenoffenbarung besteht.[2102] Denn auch hier stellt die Erhebung personenbezogener Daten ohne Mitwirkung des Betroffenen einen mindestens ebenso gravierenden Eingriff in seine Rechte dar wie eine direkte Datenerhebung bei bestehender Auskunftspflicht des Betroffenen.[2103]

Inhaltlich muss die Benachrichtigung klar und deutlich auf die Tatsache der Speicherung von Daten zur Person des Betroffenen hinweisen und Name und Adresse der verantwortlichen Stelle angeben. Darüber hinaus ist der Betroffene von der Art der gespeicherten Daten, der Zweckbestimmung der Erhebung, Verarbeitung oder Nutzung sowie über die Kategorien von Empfängern zu unterrichten, soweit er nach den Umständen des Einzelfalls nicht mit der Übermittlung an diese rechnen muss.[2104] Ein bestimmtes Formerfordernis ist im BDSG nicht enthalten, so dass eine Benachrichtigung schriftlich oder mündlich erfolgen

2096 *Bizer*, DuD 2007, 354.
2097 *Roßnagel*, FES-Studie, 116; *Roßnagel/Müller*, CR 2004, 628.
2098 So die Begründung des Regierungsentwurfs im BT–Drs. 11/4306, 51; *Gola/Schomerus*, BDSG, § 33, Rn 1.
2099 *Bergmann/Möhrle/Herb*, Datenschutzrecht Bd. I Teil 3, § 33, Rn 9; *Dix* in Simitis, BDSG, § 33, Rn 1.
2100 BVerfGE 65, 1 (43) – *Volkszählung.*
2101 *Bizer*, DuD 2007, 354.
2102 *Dix* in Simitis, BDSG, § 33, Rn 2.
2103 *Dix* in Simitis, BDSG, § 33, Rn 2.
2104 § 33 Abs. 1 Satz 3 BDSG.

kann und das Verfassen einer E-Mail sowie telefonische Mitteilungen ausreichen.[2105] Eine Fristenregelung ist im BDSG ebenfalls nicht explizit vorgesehen. Aus der Formulierung des § 33 Abs. 1 BDSG ergibt sich aber, dass die Benachrichtigung im unmittelbaren Zusammenhang mit der erstmaligen Speicherung bzw. Übermittlung steht und somit unverzüglich erfolgen muss.[2106] Werden Daten zur geschäftsmäßigen Verarbeitung oder Übermittlung gespeichert, ist der Betroffene nicht schon bei der Speicherung, sondern erst bei der erstmaligen Übermittlung zu benachrichtigen (§ 33 Abs. 1 Satz 2 BDSG). Die Benachrichtigungspflicht setzt voraus, dass die verantwortliche Stelle den Namen und die Adresse des Betroffenen kennt.[2107] Werden zusätzliche Daten gleicher Art zu bereits zu dem Betroffenen gespeicherten Daten gespeichert, löst dies keine erneute Benachrichtigungspflicht aus.[2108] Anders ist dies zu beurteilen, wenn eine neue Art von Daten über den Betroffenen gespeichert wird,[2109] da ein Betroffener andernfalls von unrichtigen Voraussetzungen hinsichtlich der gespeicherten Daten und der Erforderlichkeit der Ausübung des Auskunftsrechts ausgehen würde.[2110] Gleiches gilt, wenn eine Speicherung weiterer Daten erfolgt und eine Benachrichtigung bei der erstmaligen Speicherung aufgrund eines Ausnahmetatbestands unterblieben ist, dieser aber für die weitere Speicherung nicht mehr vorliegt.[2111] Die Benachrichtigung erfolgt gegenüber jedem Betroffenen einzeln. Das Recht auf Benachrichtigung kann nicht durch Rechtsgeschäft beschränkt oder ausgeschlossen werden.[2112]

§ 33 Abs. 2 BDSG sieht eng auszulegende Ausnahmen von der Benachrichtigungspflicht vor.[2113] Eine Benachrichtigungspflicht besteht nicht, wenn der Betroffene auf andere Weise Kenntnis von der Speicherung oder Übermittlung erlangt hat (Nr. 1), Daten nur gespeichert sind, weil sie auf Grund gesetzlicher, satzungsmäßiger oder vertraglicher Aufbewahrungsvorschriften nicht gelöscht werden dürfen oder ausschließlich der Datensicherung oder Datenschutzkontrolle dienen und eine Benachrichtigung einen unverhältnismäßig großen Aufwand erfordern würde (Nr. 2), Daten geheim gehalten werden müssen (Nr. 3), die Speicherung oder Übermittlung durch Gesetz ausdrücklich vorgesehen (Nr. 4) oder für Fälle der wissenschaftlichen Forschung erforderlich ist und eine Benachrichtigung einen unverhältnismäßigen Aufwand erfordern würde (Nr. 5), wenn das Bekanntwerden der Da-

2105 *Bergmann/Möhrle/Herb*, Datenschutzrecht Bd. I Teil 3, § 33, Rn 29.

2106 *Bergmann/Möhrle/Herb*, Datenschutzrecht Bd. I Teil 3, § 33, Rn 24, 39; *Gola/Schomerus*, BDSG, § 33, Rn 4.

2107 *Gola/Schomerus*, BDSG, § 33, Rn 4; *Bergmann/Möhrle/Herb*, Datenschutzrecht Bd. I Teil 3, § 33, Rn 24; *Dix* in Simitis, BDSG, § 33, Rn 9.

2108 *Dix* in Simitis, BDSG, § 33, Rn 10.

2109 *Gola/Schomerus*, BDSG, § 33, Rn 16; *Dix* in Simitis, BDSG, § 33, Rn 11; a.A. *Schaffland/Wiltfang*, BDSG, § 33, Rn 7.

2110 *Dix* in Simitis, BDSG, § 33, Rn 11.

2111 § 33 Abs. 2 BDSG *Gola/Schomerus*, BDSG, § 33, Rn 16; *Dix* in Simitis, BDSG, § 33, Rn 12 mwN.

2112 Allerdings entfällt in bestimmten Fällen des § 33 Abs. 2 BDSG die Benachrichtigungspflicht, vgl. hierzu *Bergmann/Möhrle/Herb*, Datenschutzrecht Bd. I Teil 3, § 33, Rn 22. Da diese Vorschrift der Sicherung des Grundrechts auf informationelle Selbstbestimmung dient, ist sie extensiv zu Gunsten des Betroffenen auszulegen, während Beschränkungen der Rechte des Betroffenen (beispielsweise § 33 Abs. 2 BDSG) restriktiv auszulegen sind, vgl. *Bergmann/Möhrle/Herb*, Datenschutzrecht Bd. I Teil 3, § 33, Rn 11.

2113 *Dix* in Simitis, BDSG, § 33, Rn 45; *Bergmann/Möhrle/Herb*, Datenschutzrecht Bd. I Teil 3, § 33, Rn 65; a.A. *Schaffland/Wiltfang*, BDSG, § 33, Rn 1.

ten die öffentliche Sicherheit oder Ordnung gefährden oder sonst dem Wohle des Bundes oder eines Landes Nachteile bereiten würde (Nr. 6) sowie bei listenmäßig zusammengefassten Daten oder solchen, welche aus allgemein zugänglichen Quellen entnommen sind (Nr. 7 und 8).

Zur Gewährleistung der erforderlichen Transparenz müssen auch Anbieter von Telemedien gemäß § 13 Abs. 1 TMG den Nutzer zu Beginn des Nutzungsvorgangs über Art, Umfang, Ort und Zweck der Erhebung, Verarbeitung und Nutzung personenbezogener Daten und auch in Staaten außerhalb der Europäischen Gemeinschaft in allgemeinverständlicher Form unterrichten, sofern eine solche Unterrichtung nicht bereits erfolgt ist. Der Inhalt der Unterrichtung muss für den Nutzer jederzeit abrufbar sein (§ 13 Abs. 1 Satz 3 TMG).

Auch im Sozialrecht, insbesondere im Gesundheitsbereich, schreibt der Gesetzgeber zur Förderung der Transparenz eine grundsätzliche Erhebung beim Betroffenen vor.[2114] Dieser muss hierbei allerdings auch mitwirken, es sei denn, der Leistungsträger ist befugt, die Sozialdaten an die erhebende Stelle zu übermitteln, die Erhebung würde beim Betroffenen einen unverhältnismäßigen Aufwand erfordern und es liegen keine Anhaltspunkte vor, dass überwiegende schutzwürdige Interessen des Betroffenen beeinträchtigt werden (kumulative Voraussetzungen).[2115] Rein wirtschaftliche Gründe und gewisse Schwierigkeiten bei der Erhebung beim Betroffenen genügen hierfür jedoch nicht, so dass zumindest zunächst versucht werden muss, die Daten beim Betroffenen selbst zu erheben.[2116]

Werden Sozialdaten beim Betroffenen erhoben, ist dieser spätestens zum Zeitpunkt des Erhebungsvorgangs über die Identität der verantwortlichen Stelle sowie die Zweckbestimmung der Erhebung, Verarbeitung oder Nutzung konkret zu informieren, sofern der Betroffene nicht bereits auf andere Weise darüber in Kenntnis gesetzt wurde. Dem Betroffenen sind ferner Kategorien von Datenempfängern anzugeben, wenn dieser im Einzelfall nicht mit der Nutzung oder Übermittlung an diese rechnen muss oder die Sozialdaten außerhalb des Sozialbereichs Verwendung finden sollen. Dabei führt ein Verstoß gegen Aufklärungs- und Hinweispflichten nicht unmittelbar zur Unzulässigkeit einer Erhebung und nachfolgenden Verarbeitung der Daten.

5.2.2.1.2. Auskunftsrecht des Betroffenen

Die Benachrichtigungspflicht der verantwortlichen Stelle wird ergänzt durch ein unabdingbares Auskunftsrecht des Betroffenen,[2117] welches diesen erst in die Lage versetzt, in Fäl-

2114 § 76 a Abs. 2 SGB X.

2115 *Bergmann/Möhrle/Herb*, Datenschutzrecht Bd. III Teil 7, § 67 a SGB X, Rn 14-16.

2116 *Bergmann/Möhrle/Herb*, Datenschutzrecht Bd. III Teil 7, § 67 a SGB X, Rn 32.

2117 §§ 34, 6 Abs. 1 BDSG.

len unzulässiger Datenverarbeitung weitere Rechte geltend zu machen.[2118] Es dient ebenfalls der verfahrensrechtlich gebotenen Sicherung der informationellen Selbstbestimmung und ist extensiv zu Gunsten des Betroffenen auszulegen, während Beschränkungen restriktiv auszulegen sind.[2119] Voraussetzung für die Auskunftserteilung nach § 34 BDSG ist allein das Auskunftsverlangen des Betroffenen, nicht hingegen die Angabe von Gründen oder die Darlegung eines berechtigten oder gar rechtlichen Interesses.[2120] An das Auskunftsverlangen sind weder Formerfordernisse geknüpft noch ist eine Geschäftsfähigkeit des Betroffenen erforderlich.[2121] Das Auskunftsrecht steht allen Betroffenen und deren Vertretern, nicht aber Dritten zu. Anspruchsgegner ist die für die Datenverarbeitung verantwortliche Stelle im Sinne des § 3 Abs. 7 BDSG.

Der Auskunftsanspruch des Betroffenen erstreckt sich auf alle zu seiner Person gespeicherten Daten.[2122] Ferner kann Auskunft über die Herkunft der Daten (woher sie stammen und von welcher Person oder Institution sie erhoben wurden) und an welche Empfänger oder Kategorien von Empfängern sie weitergegeben wurden, verlangt werden.[2123] Die verantwortliche Stelle ist jedoch nicht verpflichtet, Daten über die Herkunft zu speichern und zur Auskunft bereit zu halten,[2124] so dass dieser Anspruch häufig ins Leere läuft. Der Betroffene kann zudem Auskunft über den Zweck der Speicherung (Nr. 3) verlangen, um ihm auch eine Kontrolle der Einhaltung des Zweckbindungsgrundsatzes zu ermöglichen. Die Auskunft wird gemäß § 34 Abs. 3 BDSG schriftlich erteilt, soweit kein besonderer Umstand eine Auskunft in anderer Form zulässt. Eine gesetzliche Frist für die Auskunftserteilung fehlt, üblicherweise werden zwei bis vier Wochen zugestanden.[2125] Die Auskunft ist gemäß § 34 Abs. 5 Satz 1 BDSG grundsätzlich unentgeltlich.[2126]

Stellen, die geschäftsmäßig personenbezogene Daten zum Zweck der Übermittlung speichern, dürfen die Auskunft verweigern, wenn das Interesse an der Wahrung des Geschäftsgeheimnisses überwiegt.[2127] Dies ist jedoch lediglich der Fall, wenn die Preisgabe der Informationen die Geschäftsbeziehung nachhaltig stört oder deren Erfolg gefährdet.

2118 *Gola/Schomerus*, BDSG, § 34, Rn 1; BVerfGE 65, 1 (46) – *Volkszählung*; OVG Bremen NJW 1987, 2393 (2394); *Bergmann/Möhrle/Herb*, Datenschutzrecht Bd. I Teil 3, § 34, Rn 2 f.; *Dix* in Simitis, BDSG, § 34, Rn 1.

2119 *Bergmann/Möhrle/Herb*, Datenschutzrecht Bd. I Teil 3, § 34, Rn 6.

2120 *Dix* in Simitis, BDSG, § 34, Rn 12; *Gola/Schomerus*, BDSG, § 34, Rn 1, 4.

2121 *Gola/Schomerus*, BDSG, § 34, Rn 1, 4; *Dix* in Simitis, BDSG, § 34, Rn 13 f.

2122 *Dix* in Simitis, BDSG, § 34, Rn 15; *Gola/Schomerus*, BDSG, § 34, Rn 8 ff.; *Bergmann/Möhrle/Herb*, Datenschutzrecht Bd. I Teil 3, § 34, Rn 35 ff.

2123 § 34 Abs. 1 Satz 1 Nr. 1, Nr. 2 BDSG.

2124 *Bergmann/Möhrle/Herb*, Datenschutzrecht Bd. I Teil 3, § 34, Rn 37.

2125 *Bergmann/Möhrle/Herb*, Datenschutzrecht Bd. I Teil 3, § 34, Rn 68.

2126 Lediglich in bestimmten Ausnahmefällen kann ein Entgelt verlangt werden. Auch in diesen Fällen besteht gemäß § 34 Abs. 6 BDSG jedoch die Pflicht für die verantwortliche Stelle, dem Betroffenen zumindest die unentgeltliche persönliche Kenntnisnahme zu ermöglichen und ihn daraufhin zu verweisen. Zulässigkeitsvoraussetzung für ein Entgeltverlangen ist, dass der Betroffene die Auskunft für wirtschaftliche Zwecken nutzen kann. Auch in diesen Fällen darf die Höhe des Entgelts jedoch nur direkt zurechenbare Kosten berücksichtigen und keine abschreckende Wirkung auf das Auskunftsverlangen an sich ausüben.

2127 § 34 Abs. 1 Sätze 3 und 4 BDSG.

Allein das Bestehen einer vertraglichen Geheimhaltungsverpflichtung genügt hierfür nicht.[2128]

Der jüngste Regierungsentwurf zur Änderung des BDSG[2129] sieht eine Stärkung der Auskunfts- und Informationsansprüche der Betroffenen im Zusammenhang mit Kreditscoring durch Auskunfteien vor. Dazu soll ein neuer § 28 b BDSG-RegE eingeführt werden, welcher das Scoring regelt. In § 34 Abs. 2 BDSG-RegE ist ein unentgeltliches[2130] Auskunftsrecht des Betroffenen über die innerhalb der letzten sechs Monate erhobenen oder erstmalig gespeicherten Wahrscheinlichkeitswerte, die zur Berechnung genutzten Datenarten und nachvollziehbar und einzelfallbezogen Informationen über das Zustandekommen der Wahrscheinlichkeitswerte in allgemein verständlicher Form vorgesehen. Auch die bei anderen Stellen gespeicherten und genutzten Daten sowie noch nicht personenbezogenen Daten, bei welchen aber ein Personenbezug hergestellt werden soll, werden von der im Entwurf vorgesehenen Auskunftspflicht erstmals erfasst.[2131] Eine Stelle, welche Daten für eine geschäftsmäßige Übermittlung erhebt, speichert oder verändert, hat nach dem Entwurf ferner dem Betroffenen auf Verlangen einmal jährlich unentgeltlich Auskunft zu erteilen über die in den letzten zwölf Monaten übermittelten Wahrscheinlichkeitswerte einschließlich Angaben über die Empfänger.[2132] Diese Auskunftspflichten sollen durch korrespondierende Bußgeldtatbestände in § 43 Abs. 1 BDSG-RegE abgesichert werden.

Verstöße gegen § 34 BDSG können zivil- und strafrechtliche Folgen haben, da § 34 BDSG zugleich Schutzgesetz im Sinne von § 823 Abs. 2 BGB zu Gunsten des Betroffenen ist.[2133] Bei fehlerhafter, unvollständiger oder nicht rechtzeitig erteilter Auskunft steht dem Betroffenen im Falle eines hieraus entstandenen Schadens ein Schadensersatzanspruch zu, bei schwerwiegenden Persönlichkeitsverletzungen auch ein Schmerzensgeldanspruch.[2134] Verstöße gegen § 34 BDSG können durch die Aufsichtsbehörde beanstandet werden.

Gemäß § 13 Abs. 7 TMG haben auch die Nutzer von Telemedien einen Anspruch auf unverzügliche Auskunft über die zu ihrer Person oder ihrem Pseudonym gespeicherten Daten nach Maßgabe des § 34 BDSG, welche auf Verlangen des Nutzers auch elektronisch zu erteilen ist.

Auch das Sozialrecht kennt Auskunftsrechte des Betroffenen, wonach alle zu seiner Person gespeicherten Sozialdaten sowie Angaben über die Herkunft der Daten und deren

---

2128 *Bergmann/Möhrle/Herb*, Datenschutzrecht Bd. I Teil 3, § 34, Rn 51 mwN.

2129 Gesetzentwurf der Bundesregierung zur Änderung des Bundesdatenschutzgesetzes vom 30.07.2008, online abrufbar unter http://www.bmi.bund.de/Internet/Content/Common/Anlagen/Gesetze/Entwurf__BDSG__Aenderung,templateId=raw,property=publicationFile.pdf/Entwurf_BDSG_Aenderung.pdf.

2130 § 34 Abs. 8 BDSG-RegE v. 30.07.2008.

2131 § 34 Abs. 2, 3 BDSG-RegE v. 30.07.2008.

2132 § 34 Abs. 4, 8 BDSG-RegE v. 30.07.2008.

2133 *Bergmann/Möhrle/Herb*, Datenschutzrecht Bd. I Teil 3, § 34, Rn 116.

2134 *Bergmann/Möhrle/Herb*, Datenschutzrecht Bd. I Teil 3, § 34, Rn 116, 121.

Empfänger mitzuteilen sind.[2135] Das Auskunftsrecht ist jedoch eingeschränkt, wenn Staatsanwaltschaften, Gerichte im Bereich der Strafverfolgung, Polizeibehörden, Verfassungsschutzbehörden, der Bundesnachrichtendienst oder der militärische Abschirmdienst Empfänger von Datenübermittlungen sind. Nur wenn diese empfangende Stelle zugestimmt hat, darf eine Auskunft erteilt werden. Bei Gefährdung der öffentlichen Sicherheit oder der ordnungsgemäßen Aufgabenerfüllung sowie zum Schutz von Informanten darf eine Auskunftserteilung auch gänzlich unterbleiben.[2136]

Neben dem Sozialrecht kennt aber auch das allgemeine Datenschutz- und Zivilrecht Ansprüche auf Einsicht des Patienten in seine Krankenunterlagen. Diesbezüglich war die ältere Rechtsprechung der Zivilgerichte eher restriktiv und erlaubte häufig eine Verweigerung der Einsicht.[2137] Nach der jüngeren Rechtsprechung darf sich hingegen *„der Arzt dem ernstlichen Wunsch des Patienten nicht widersetzen (...), in die objektiven Feststellungen über seine körperliche Befindlichkeit und die Aufzeichnung über die Umstände und den Verlauf der ihm zu Teil gewordene Behandlung Einsicht zu verlangen"*.[2138] Dieser vertragliche Anspruch aus dem Behandlungsvertrag wird vom BGH aus der persönlichen Würde des Patienten und seinem informationellen Selbstbestimmungsrecht hergeleitet, so dass der Patient ein rechtliches Interesse nicht darzulegen braucht.[2139] Allerdings erstreckt sich dieses Einsichtsrecht nur auf *„naturwissenschaftlich konkretisierbare Befunde und die Aufzeichnungen über Behandlungsmaßnahmen – insbesondere Angaben über Medikation und Operationsberichte"*.[2140] Von der Einsicht ausgenommen sind objektive Wertungen, später aufgegebene Verdachtsdiagnosen und regelmäßig auch die Anamnese.[2141] Das umfassende Einsichtsrecht eines Patienten in ärztliche Krankenunterlagen ist für diesen jedoch von erheblicher Bedeutung. Die erwähnten Abgrenzungskriterien sind in der Praxis schwer handhabbar und für den Betroffenen nachteilig.[2142] Sie verstoßen auch gegen § 34 BDSG, welcher gerade keine derartigen Ausnahmen vom Einsichtsrecht vorsieht, so dass die in ärztlichen Unterlagen enthaltenen, einen Patienten betreffenden Angaben – auch soweit sie subjektive Wertungen enthalten – vom gesetzlichen Einsichtsrecht erfasst sind.[2143] Wegen der möglichen Bedeutung der in Krankenunterlagen enthaltenen Informationen hat der Behandelte daher generell ein geschütztes Interesse daran, zu erfahren, wie mit seiner Gesundheit umgegangen wurde, welche Daten sich dabei ergeben haben und auch, wie man die weitere Entwicklung einschätzt.[2144] Dabei ist zu berücksichtigen, dass Dokumentationen in der Krankenakte ohnehin nicht zum absolut geschützten Privat-

2135 § 83 SGB X.
2136 § 83 Abs. 4 SGB X.
2137 BGH NJW 1983, 328 (330ff); NJW 1985, 674; RDV 1989, 79.
2138 BGH NJW 1983, 328 (329); *Dix* in Simitis, BDSG, § 34, Rn 88 mwN.
2139 BGH NJW 1985, 674 (674); *Dix* in Simitis, BDSG, § 34, Rn 88.
2140 BGH NJW 1985, 674 (675); BGH NJW 1989, 774 (775); bestätigend BVerfG MedR 1999, 180.
2141 BGH NJW 1983, 328 (330).
2142 *Dix* in Simitis, BDSG, § 34, Rn 89 mwN.
2143 *Dix* in Simitis, BDSG, § 34, Rn 89.
2144 BVerfG MedR 2006, 419 – Einsichtsanspruch in Krankenhausunterlagen.

bereich desjenigen gehören, der die Dokumentation anfertigt, sondern sich ihrer Funktion nach von vornherein auch an Dritte richten.[2145] Das Einsichtsrecht des Patienten ist daher zwar nicht unbeschränkt, aber doch deutlich weiter zuzugestehen, als es die frühere Rechtsprechung tat. Teilweise werden dem Patienten auch durch die LKHG entsprechende Einsichts- bzw. Auskunftsrechte gewährt.

5.2.2.2. Grenzen der Transparenz

Dass Transparenz auch bei allgegenwärtiger Datenverarbeitung aus Sicht der Betroffenen wichtig bleibt, belegt die Mitte Oktober 2006 von der Europäischen Kommission durchgeführte Konsultation der EU-Bürger über Datenschutz im Zusammenhang mit RFID. Demnach wünschen sich 67 % der Befragten auch bei RFID eine starke Transparenz, da sie sich ernste Sorgen über den Schutz ihrer Privatsphäre machen.[2146] Sie befürchteten, anderenfalls die Kontrolle über ihre Daten und Privatsphäre zu verlieren oder keine Wahlmöglichkeit mehr zu haben, wann und wie sie sich den verschiedenen Risiken ausliefern.[2147]

Ziel von IKT-Implantaten ist es jedoch, ohne Zutun des Betroffenen und damit unbemerkt und im Hintergrund tätig zu sein. Damit führen IKT-Implantate als Design-Merkmal der Technik gewollt zu einer Unmenge unbemerkt erhobener Daten. Diese Form der Datenerhebung stellt aber das Gegenteil dessen dar, was die Vorschriften über Transparenz bezwecken.[2148] Wenn IKT-Implantate massenhaft und allgegenwärtig zum Einsatz kommen, die allgegenwärtige Datenverarbeitung zudem hierdurch in den Hintergrund tritt und damit unmerklich den Menschen bei vielen Alltagshandlungen unterstützt, stößt das bisherige Prinzip der Transparenz an seine Grenzen.[2149]

Durch die zu erwartende Vervielfachung der Datenverarbeitungsvorgänge in allen Lebensbereichen droht bei den derzeitigen Transparenzregeln die Wahrnehmungsfähigkeit der Betroffenen überfordert zu werden.[2150] Weder der Betroffene noch der Verantwortliche werden es akzeptieren, bei meist alltäglichen Verrichtungen täglich tausendfach Anzeigen, Unterrichtungen oder Hinweise geben oder zur Kenntnis nehmen und Entscheidungen treffen zu müssen.[2151] Ein gesetzlicher Zwang hierzu würde daher eher das Gegenteil von

2145 BVerfG MedR 2006, 419 – Einsichtsanspruch in Krankenhausunterlagen.

2146 *Toutziaraki*, DuD 2007, 112.

2147 Vgl. die Zusammenfassung bei *Toutziaraki*, DuD 2007, 112.

2148 *Bizer/Dingel/Fabian et al.*, TAUCIS, 208; *Roßnagel*, FES-Studie, 8, 133; diese Risiken sieht auch die *Bundesregierung* in ihrem Bericht zu den Aktivitäten, Planungen und zu einem möglichen gesetzgeberischen Handlungsbedarf in Bezug auf die datenschutzrechtlichen Auswirkungen der RFID-Technologie, BT-Drs. 16/7891, 7.

2149 So auch *Roßnagel/Müller*, CR 2004, 628ff; *Roßnagel* in Mattern, Informationelle Selbstbestimmung in der Welt des Ubiquitous Computing, 273f; *Roßnagel*, FES-Studie, 133.

2150 *Roßnagel/Müller*, CR 2004, 629; *Roßnagel* in Mattern, Informationelle Selbstbestimmung in der Welt des Ubiquitous Computing, 273f; *Roßnagel*, FES-Studie, 133, 137.

2151 Steven Lipner (Microsoft), Scientific American (Hrsg.), SciAm 9/2008, 76.

Aufmerksamkeit und Sensibilität erreichen.[2152] Eine Beibehaltung der bisherigen Transparenz-Regelungen wäre daher nicht sachgerecht und für eine Verbreitung und Durchsetzung der Technik sogar kontraproduktiv. Verzichtet man jedoch auf derartige Informationen, werden die Betroffenen gar nicht mehr wissen können, ob und wenn ja, welche Handlungen beobachtet und registriert werden und welche Datensammlungen zusammengeführt werden.[2153] Eine Transparenz wäre ausgeschlossen.

Durch die komplexen und vielfältigen Zwecke der Datenverarbeitung in einer Welt des Ubiquitous Computing, in der smarte Gegenstände miteinander kommunizieren, werden der Transparenz auch in weiterer Hinsicht objektive Grenzen gesetzt.[2154] Statt einfacher Datensätze (Name, Adresse, Geburtsdatum, etc.) müssen dem Betroffenen bei IKT-Implantaten häufig komplexe zusammengefasste Daten „*seiner*" Sensoren präsentiert werden, damit dieser in Kenntnis der Daten über deren Erhebung und Verarbeitung durch Dritte entscheiden kann.[2155] Der Betroffene verfügt häufig jedoch nicht über das detaillierte Wissen über Data Mining-Möglichkeiten, um die Relevanz und Brisanz der Daten für einen Dritten mit einem entsprechenden Hintergrundwissen und den Auswertungsmöglichkeiten abschätzen zu können. Hinzu kommt, dass bei IKT-Implantaten im Regelfall keine oder keine adäquaten Ausgabegeräte zur Verfügung stehen, um dem Betroffenen das nötige Wissen zur Einschätzung der Informationen zu vermitteln.[2156]

Bei der Erhebung von Daten ist häufig noch nicht klar, ob es sich um personenbezogene Daten handelt, da diese den Personenbezug möglicherweise erst später durch Verknüpfung mit personenbezogenen Daten erhalten. Liegen zunächst jedoch noch keine personenbezogenen Daten vor, findet das Datenschutzrecht keine Anwendung, so dass auch keine Benachrichtigung des Betroffenen zu erfolgen hat. Erhalten diese Daten den Personenbezug aber später, besteht keine Möglichkeit mehr, den Betroffenen vor der Erhebung hierüber zu benachrichtigen. Ferner kann der Zweck der Verarbeitung zunächst anonymer Daten mehrfach wechseln, so dass selbst eine überobligatorisch erfolgende Unterrichtung des Betroffenen bei der Erhebung über die zu erhebenden Daten und den Zweck ihrer Verarbeitung im Vorfeld des Personenbezuges wenig verlässlich wäre, da niemand hieran gebunden wäre.[2157]

2152 *BSI; Bundesamt für Sicherheit in der Informationstechnik*, Pervasive Computing, 91; *Bizer/Dingel/Fabian et al.*, TAUCIS, 208; *Roßnagel*, FES-Studie, 133f; *Roßnagel* in Mattern, Informationelle Selbstbestimmung in der Welt des Ubiquitous Computing, 273f; *Roßnagel/Müller*, CR 2004, 628ff; *Steven Lipner* (Microsoft), *Scientific American (Hrsg.)*, SciAm 9/2008, 76.

2153 *Roßnagel*, FES-Studie, 133 mwN.

2154 *Roßnagel/Müller*, CR 2004, 629; *Roßnagel* in Mattern, Informationelle Selbstbestimmung in der Welt des Ubiquitous Computing, 273

2155 *Roßnagel* in Mattern, Informationelle Selbstbestimmung in der Welt des Ubiquitous Computing, 273.

2156 Allerdings könnten hier die in der Entwicklung befindlichen Seh- und Hörimplantate einerseits und bei einer vertieften Technik durch Dringung der Umwelt auch für den jeweiligen Zweck individuell angesteuerte Displays für eine gewisse Abhilfe sorgen, vgl. *Roßnagel*, FES-Studie, 134; *Roßnagel/Müller*, CR 2004, 629.

2157 *Roßnagel* in Mattern, Informationelle Selbstbestimmung in der Welt des Ubiquitous Computing, 273; *Roßnagel* in Mattern, Informationelle Selbstbestimmung in der Welt des Ubiquitous Computing, 274.

Ein Auskunftsverlangen des Betroffenen setzt zudem voraus, dass er die für die Datenverarbeitung verantwortliche Stelle ausfindig macht, da nur diese zur Auskunftserteilung verpflichtet ist. Wenn eine Datenbeschaffung bei unterschiedlichen Stellen stattfindet, die anschließende komplexe Auswertung mit mehrstufigen Veränderungen und Übermittlungen wiederum bei anderen Stellen erfolgt und nicht vollständig oder gar nicht protokolliert wird, wird die Durchsetzung des Auskunftsanspruchs massiv gefährdet.[2158] Dies ist insbesondere bei zunächst anonymen Daten der Fall, da sich die erhebenden und übermittelnden Stellen nicht identifizieren und erhobene Daten nicht protokollieren müssen. Daher wird sich eine Kette von anonymen Datenübertragungen kaum weiter- oder zurückverfolgen lassen.[2159] Eine nachträgliche Auskunft über alle verarbeiteten Daten ist daher unmöglich.[2160] Der Betroffene hätte ein wertloses Auskunftsrecht, da er nicht weiß, bei welcher Stelle seine Daten mit dem nötigen Personenbezug versehen wurden – und somit wer sein Ansprechpartner ist. Dem Betroffenen fehlen zudem häufig die Kenntnisse über Struktur und Funktionsweisen von Verarbeitungssystemen bei IKT-Implantanten. Daher wird eine auf einen allgemeinen Hinweis erfolgende Datenverarbeitung der Komplexität des UC nicht gerecht. Die bisher (leidlich) gewährleistete Transparenz droht weiter abzunehmen.[2161]

Bei der medizinischen Datenverarbeitung sieht es nicht viel besser aus. Dort ist zwar im Regelfall der Arzt bekannt, der die Daten erhebt. Neben diesem sind jedoch gerade bei Gesundheitstelematikdienstleistungen häufig weitere verantwortliche Stellen mit verteilten Rollen beteiligt, beispielsweise konsultierte Ärzte und Krankenhäuser, Krankenkassen, Krankheitsregister, Kompetenzzentren, die die Daten aufbereiten usw. Bei IKT-Implantaten werden die Daten des Implantats beispielsweise von einem Telekommunikations-Netzbetreiber an einen medizinischen Dienstleister weitergeleitet, dort von verschiedenen Stellen bearbeitet, ggf. externe Ärzte konsultiert und die Ergebnisse an Rettungsleitwachen, Krankenhäuser und den behandelnden Arzt übermittelt. Bei den zahllosen Datenflüssen und der verteilten Datenverarbeitung in einer flächendeckenden Telematikinfrastruktur läuft der Betroffene zumindest Gefahr, den Überblick zu verlieren, bei welchen Stellen er seinen Auskunftsanspruch geltend machen muss.[2162]

Die im Regierungsentwurf vorgesehenen Änderungen mögen beim Kreditscoring zu einer Verbesserung der Transparenz beitragen. Die hierfür angeführte Begründung, dass ein Betroffener fehlerhafte Daten weder korrigieren noch Missverständnisse aufklären oder seine Interessen sachgerecht gegenüber dem Verwender vertreten kann, wenn er die ihn

2158 *Weichert*, DuD 2006, 695.

2159 *Neumann/Schulz*, DuD 2007, 252; *Roßnagel*, FES-Studie, 150f.

2160 *Roßnagel*, FES-Studie, 136; *Bizer/Dingel/Fabian et al.*, TAUCIS, 208. Selbst dort wo sie prinzipiell möglich ist, würde sie aber eine Speicherung aller (auch anonym) erhobenen und verarbeiteten Daten voraussetzen, um im Ausnahmefall eines tatsächlichen Auskunftsbegehrens die Daten des Anfragenden herausdestillieren zu können – eine derartige Speicherung nur zu Auskunftszwecken ist datenschutzrechtlich aber gerade nicht gewollt.

2161 *Dix*, DuD 2007, 257.

2162 So auch *Weichert*, DuD 2006, 695.

betreffende Entscheidung und deren Zustandekommen nicht nachvollziehen kann,[2163] trifft aber in besonderem Maße auch auf IKT-Implantate und ein Scoring außerhalb des Kreditwesens zu.

Zusammenfassend ist festzuhalten, dass die verfassungsrechtlich gebotene Transparenz, die gewährleistet werden muss, um die informationellen Selbstbestimmung zu wahren, bei IKT-Implantaten rechtlich wie auch tatsächlich sicherzustellen ist – was durch die derzeitigen einfachgesetzlichen Datenschutzregelungen nicht gegeben ist.

5.2.3 Erschwerte Wahrnehmung der Rechte der Betroffenen

5.2.3.1. Gesetzliche Regelungen

Flankierend zu den Benachrichtigungs-, Informations- und Auskunftsrechten des Betroffenen, welche diesen erst in die Lage versetzen, die Notwendigkeit der Ausübung von Korrekturrechten zu erkennen, sind Berichtigungs-, Widerspruchs-, Löschungs- und Sperrungsrechte erforderlich, um die Verarbeitung umstrittener oder fehlerhafter Angaben zu verhindern. § 35 BDSG enthält deshalb Korrekturrechte des Betroffenen bei unrichtiger oder unzulässiger Datenverarbeitung. Normadressat und Anspruchsgegner ist die verantwortliche Stelle im Sinne von § 3 Abs. 7 BDSG. Werden Daten an einen Dritten übermittelt und stellt sich heraus, dass diese unrichtig sind, braucht der Betroffene nicht gegen die empfangende Stelle vorzugehen, sondern kann sich direkt an die übermittelnde Stelle wenden.[2164]

§ 35 Abs. 1 BDSG gewährt ein Recht auf Berichtigung unrichtig gespeicherter personenbezogener Daten ab dem Zeitpunkt, zu dem die verantwortliche Stelle von der Unrichtigkeit der Daten Kenntnis erhält. Davon sind auch die Fälle erfasst, in denen die Daten erst später unrichtig werden.[2165] Eine Unrichtigkeit wird zudem angenommen, wenn Daten derart aus ihrem Kontext gelöst sind, dass Fehlinterpretationen nahe liegen.[2166] Eine bestimmte Frist für die Berichtigung sieht das BDSG nicht vor.[2167] Stellen, welche die Daten geschäftsmäßig zum Zwecke der Übermittlung speichern und sie aus allgemein zugänglichen Quellen entnommen haben, werden von der Berichtigungspflicht ausgenommen. Dem Betroffenen ist in diesem Fall jedoch ein Recht auf Gegendarstellung eingeräumt. Eine Übermittlung der Daten darf daher nur mit beigefügter Gegendarstellung erfolgen.

2163 Gesetzentwurf der Bundesregierung zur Änderung des Bundesdatenschutzgesetzes vom 30.07.2008, online abrufbar unter http://www.bmi.bund.de/Internet/Content/Common/Anlagen/Gesetze/Entwurf__BDSG__Aenderung,templateId=raw,property=publicationFile.pdf/Entwurf_BDSG_Aenderung.pdf, Begründung 2.

2164 OLG Celle NJW 1980, 347 (349); OLG Frankfurt RDV 1988, 178; *Bergmann/Möhrle/Herb*, Datenschutzrecht Bd. I Teil 3, § 35, Rn 20.

2165 *Gola/Schomerus*, BDSG, § 34, Rn 3.

2166 *Gola/Schomerus*, BDSG, § 35, Rn 5 mwN.

2167 In der Literatur wird daher von unverzüglich (so *Gola/Schomerus*, BDSG, § 35, Rn 6) bis zu einer Frist von vier bis sechs Wochen nach dem Verlangen vertreten; vgl. *Bergmann/Möhrle/Herb*, Datenschutzrecht Bd. I Teil 3, § 35, Rn 37.

Handelt es sich bei den Daten um sensible Daten, worunter mehr als nur die in § 3 Abs. 9 BDSG genannten zu verstehen sind, ist der Betroffene nicht auf das Recht zur Gegendarstellung beschränkt.[2168] Vergleichbare Regelungen zur Berichtigung, Löschung und Sperrung von Daten sowie zu einem Widerspruchsrecht des Betroffenen für den Gesundheits- und Sozialbereich enthält das SGB.[2169]

Das Datenschutzrecht enthält darüber hinaus eine Löschungspflicht hinsichtlich personenbezogener Daten, welche bei unzulässiger, unzulässig gewordener Speicherung, nicht beweisbarer Richtigkeit sensibler Daten, Entfall der Erforderlichkeit oder bei geschäftsmäßiger Datenverarbeitung nach Ablauf einer Vierjahresfrist besteht.[2170] Wurden Daten aufgrund einer Einwilligung des Betroffenen gespeichert, diese Einwilligung jedoch widerrufen, so muss die datenverarbeitende Stelle diese Daten löschen, falls sie nicht aufgrund einer gesetzlichen Ermächtigung zur Speicherung befugt bleibt. § 35 Abs. 3 BDSG sieht eine Einschränkung der Löschungspflicht des Abs. 2 vor. An deren Stelle tritt eine vorübergehende Sperrung, die eine weitere Nutzung der Daten verbietet. Eine Sperrung kommt in Betracht, wenn Aufbewahrungsfristen einer Löschung entgegenstehen (Nr. 1), durch die Löschung schutzwürdige Interessen des Betroffenen beeinträchtigt würden (Nr. 2) oder die Löschung einen unverhältnismäßig hohen Aufwand bedeuten würde (Nr. 3). Gleiches gilt, wenn die Richtigkeit der Daten bestritten wird, sich jedoch weder die Richtigkeit noch die Unrichtigkeit feststellen lässt (§ 35 Abs. 4). § 35 Abs. 3 Nr. 3 BDSG zielt auf Fälle ab, in denen personenbezogene Daten auf nicht wiederbeschreibbaren Datenträgern wie CD-ROMs ausgelagert sind.[2171] Unter Verweis auf einen unverhältnismäßigen technischen oder organisatorischen Aufwand kann eine Löschung von Daten, die in Datenbanken vorgehalten werden, hingegen nicht verweigert und durch eine bloße Sperrung ersetzt werden.[2172] Die Löschung der Daten ist die Wiederherstellung des vom Gesetzgeber gewünschten – und aus dem Grundrecht auf informationelle Selbstbestimmung geschuldeten – Zustandes, so dass Ausnahmetatbestände eng auszulegen sind.

§ 35 Abs. 5 BDSG sieht ein weder form- noch fristgebundenes Widerspruchsrecht des Betroffenen vor, auf Grund dessen die verantwortliche Stelle eine Abwägung der Interessen des Betroffenen gegenüber dem Verarbeitungsinteresse der verantwortlichen Stelle vorzunehmen hat. Wenn dabei die Interessen des Betroffenen überwiegen, dürfen die entsprechenden Daten nicht mehr erhoben, verarbeitet oder genutzt werden, so dass diese

2168 *Gola/Schomerus*, BDSG, § 35, Rn 8.

2169 § 84 SGB X. Diese Rechte sind gemäß § 84 a SGB X unabdingbar, so dass sie nicht durch Rechtsgeschäfte ausgeschlossen oder beschränkt werden können. Bei mehreren speicherungsberechtigten Stellen oder einer automatisierten Verarbeitung ist der Betroffene ferner berechtigt, sich an jede dieser Stellen zu wenden, wenn er nicht in der Lage ist, die speichernde Stelle festzustellen. Die kontaktierte Stelle muss das Ersuchen weiterleiten und den Betroffenen hierüber unterrichten.

2170 § 35 Abs. 2 Satz 2 BDSG. Der BDSG-RegE (online abrufbar unter http://www.bmi.bund.de/Internet/Content/Common/Anlagen/Gesetze/Entwurf__BDSG__Aenderung,templateId=raw,property=publicationFile.pdf/Entwurf_BDSG_Aenderung.pdf) sieht eine Verkürzung auf drei Jahre vor, *„soweit es sich um Daten über erledigte Sachverhalte handelt und der Betroffene der Löschung nicht widerspricht"*.

2171 *Fraenkel/Hammer*, DuD 2007, 903.

2172 *Fraenkel/Hammer*, DuD 2007, 903 mwN.

ggf. gelöscht oder gesperrt werden müssen. Für die Fälle der Berichtigung, Löschung und Sperrung personenbezogener Daten enthält § 35 Abs. 6 BDSG eine Ausnahmevorschrift, wenn unrichtige oder umstrittene Daten einer geschäftsmäßigen Datenspeicherung zum Zweck der Übermittlung vorliegen, welche aus allgemein zugänglichen Quellen entnommen wurden und zu Dokumentationszwecken gespeichert sind. Auf Verlangen des Betroffenen ist diesen für die Dauer der Speicherung seine Gegendarstellung beizufügen.

Insbesondere im Bereich der Korrekturrechte gibt es zahlreiche vorrangige bereichsspezifische Regelungen in anderen Normen, welche jedoch häufig nur teilweise deckungsgleich mit § 35 BDSG sind und oft keine abschließende Regelung enthalten. In einigen Fällen wird auch in der Spezialnorm auf die Fortgeltung des BDSG verwiesen, beispielsweise in § 12 Abs. 4 TMG.

§ 35 BDSG ist Schutzgesetz im Sinne von § 823 BGB. Wird dagegen verstoßen, kann dies Schadensersatz- und Schmerzensgeldansprüche auslösen, ferner gemäß § 43 Abs. 3 Nr. 1 BDSG ordnungswidrig und gemäß § 44 BDSG eine Straftat sein. Wer Daten löscht, unterdrückt, unbrauchbar macht oder verändert, kann sich zudem wegen (versuchter) Datenunterdrückung gemäß § 303 a StGB strafbar machen.

5.2.3.2. Erschwerte Wahrnehmung

Die Wahrnehmung dieser Rechte – angefangen von der Auskunft über Berichtigung, Sperrung und Löschung bis hin zu ergänzenden Schadensersatzansprüchen - wird dem Betroffenen bei einer allgegenwärtigen Datenverarbeitung massiv erschwert. Nicht nur nimmt die Zahl der datenverarbeitenden Stellen erheblich zu, was den Adressaten der geltend zu machenden Rechte schon schwer ermittelbar werden lässt. Auch die Vielzahl von Vorgängen mit der Erhebung kleinster Datenmengen – dies jedoch kontinuierlich – erschwert eine Kenntnis des Betroffenen, welche Daten hiervon relevant sein könnten und eine Geltendmachung seiner Rechte erfordern. Ob, wann, wo und in welchem Umfang „neutrale“ Daten personenbeziehbar werden, wird für den Betroffenen so undurchschaubar.[2173] Eine dezentrale Organisation der Datenverarbeitung insbesondere auf IKT-Implantaten hemmt somit aufgrund der unmittelbaren Ver- und Entnetzung, der unbemerkten Zugriffe sowie einer Vervielfachung und höheren Komplexität der Datenverarbeitung die Wahrnehmung der

---

2173 So die *Bundesregierung* in ihrem Bericht zu den Aktivitäten, Planungen und zu einem möglichen gesetzgeberischen Handlungsbedarf in Bezug auf die datenschutzrechtlichen Auswirkungen der RFID-Technologie, BT-Drs. 16/7891, 10 zu den Problemen eines „zufälligen“ Auslesens von RFID-Tags – wobei die Probleme genauso bei einem gezielten Auslesen bestehen.

Rechte von Betroffenen.[2174] Die erhöhte Komplexität der Verarbeitung und Vernetzung stellt ferner jede staatliche Datenschutzkontrolle vor ein erhebliches Massenproblem.[2175]

Eine stärkere Selbstkontrolle der Verarbeitung durch den Betroffenen, die diesen Effekt möglicherweise ausgleichen könnte, scheitert daran, dass ihm keine geeigneten Mittel (angefangen bei einer revisionssicheren Protokollierung[2176] sämtlicher Erhebungs-, Verarbeitungs- und Übermittlungsvorgänge auch (noch) nicht personenbeziehbarer Daten) zur effektiven Ausübung der Kontrolle und ökonomischen Durchsetzung seiner Rechte an die Hand gegeben werden.[2177] Der Betroffene kennt bei ursprünglich anonymer Erhebung häufig nicht einmal die verarbeitende Stelle. Selbst wenn er diese kennt, müsste er seine Rechte im Falle einer verteilten Datenverarbeitung bei einer Vielzahl von Stellen geltend machen. Der ohnehin nur schwer zu erbringende Nachweis einer kausalen Schädigung durch die Datenverarbeitung wird nochmals erschwert. Da eine verschuldensunabhängige Haftung des Datenverarbeiters ähnlich dem Produkthaftungsgesetz entgegen dem Vorschlag der DSRL bislang nicht eingeführt wurde, werden bestehende datenschutzrechtliche Schadensersatzansprüche bislang äußerst selten geltend gemacht.[2178] Einem Betroffenen fehlt gerade bei IKT-Implantaten die nötige Detailkenntnis über Struktur und Funktionsweise des Verarbeitungssystems, um einen kausalen Schaden geltend zu machen, so dass er sich einem unkalkulierbaren Prozessrisiko ausgesetzt sieht.[2179] Auch eine erleichterte Beweisführung (Nachweis der Kausalität eines Schadens) ist entgegen den Vorschlägen des Modernisierungsgutachtens bislang nicht umgesetzt worden.[2180] Da § 7 BDSG keine Ersatzpflicht für immaterielle Schäden durch private Stellen enthält, ist der Aufwand eines zeit- und kostenintensiven Vorgehens zur Erstattung materieller Schäden für den Betroffenen im Verhältnis zum Nutzen regelmäßig nicht vertretbar.[2181]

Abhilfe kann hier auch keine zentrale oder zusammengeführte Datenverarbeitung bieten, die trotz der unzähligen Erhebungs- und Verarbeitungsvorgänge die Ermittlung der verantwortlichen Stelle erleichtert. Angesichts der heute schon bestehenden Vielzahl von verantwortlichen Stellen dürfte eine Zusammenführung zu zentralen Stellen nicht zu erwarten sein. Hierdurch würden sich zwar möglicherweise die Betroffenenrechte leichter realisieren lassen, zugleich aber die datenschutzrechtlichen Probleme verschärfen. Denn wenn die Datenverarbeitung zentral oder abgestimmt-dezentral erfolgt, steigen die Mög-

---

2174 So zu Ubiquitous Computing-Anwendungen allgemein *Roßnagel*, FES-Studie, 149; *Roßnagel/Pfitzmann/Garstka*, Modernisierung des Datenschutzrechts, 185f; *Roßnagel/Müller*, CR 2004, 631; *Bizer/Dingel/Fabian et al.*, TAUCIS, 119; *Roßnagel*, MMR 2005, 73.

2175 *Bizer/Dingel/Fabian et al.*, TAUCIS, 226. Siehe zur mangelhaften Möglichkeit der Datenschutzkontrolle auch Kapitel 5.3.4.

2176 Zu diesem grundsätzlichen Basisprinzip der IT-Sicherheit zur Vermeidung von Missbrauch auch *Fox*, DuD 2008, 375.

2177 *Bizer/Dingel/Fabian et al.*, TAUCIS, 226.

2178 Art. 23 Abs. 1 EG-Datenschutzlinie 95/46/EG; hierzu auch *Simitis* in Simitis, BDSG, § 7 Rn 4; *Roßnagel/Pfitzmann/Garstka*, Modernisierung des Datenschutzrechts, 178ff.

2179 *Bizer/Dingel/Fabian et al.*, TAUCIS, 226.

2180 *Roßnagel/Pfitzmann/Garstka*, Modernisierung des Datenschutzrechts, 181f; *Bizer/Dingel/Fabian et al.*, TAUCIS, 226.

2181 In diesem Sinne auch *Simitis* in Simitis, BDSG, § 7 Rn 32; *Roßnagel/Pfitzmann/Garstka*, Modernisierung des Datenschutzrechts, 182f.

lichkeiten der Profilbildung und Überwachung,[2182] während sie bei einer dezentral erfolgenden Datenverarbeitung erschwert werden.[2183]

Auch bei der eGK und der zwingend vorgesehenen Einführung des elektronischen Rezepts werden die Rechte der Betroffenen nicht hinreichend gewahrt. Während der Versicherte gegenwärtig mit seinem ausgedruckten Einzelrezept auf Papier in die Apotheke seiner Wahl geht und dort dem Apotheker nur das Rezept übergibt, soll er beim künftigen elektronischen Rezept nach den aktuell diskutierten Lösungsvarianten dem Apotheker die Auswahl des einzulösenden Rezepts aus den auf der Karte gespeicherten Rezepten überlassen.[2184] Hierdurch würde der Patient jedoch seiner Chance beraubt, über die Preisgabe besonders schutzwürdiger personenbezogener Daten (über Medikation und damit über Krankheiten) selbst bestimmen zu können. Zumindest der Apotheker würde unabhängig vom konkret eingelösten Rezept zwangsläufig in die Lage versetzt, aus den verschiedenen verschriebenen Medikamenten auf Krankheiten schließen zu können – was bei persönlicher Bekanntheit gerade in kleineren Ortschaften unerwünscht sein kann. Selbst die Möglichkeit, Rezepte an Selbstbedienungsterminals aktiv vor dem Apotheker verbergen zu können, würde hieran nichts Grundsätzliches ändern, da jede Erschwerung der Wahrnehmung der Rechte des Betroffenen zu einem geringeren Einsatz und einer geringeren Akzeptanz führt.[2185] Der Schutz informationeller Selbstbestimmung und die Sicherung der Wahrnehmung der informationellen Rechte der Betroffenen darf aber nicht durch die technische Entwicklung ausgehebelt werden.[2186]

5.2.4 Ausgehöhlte Zweckbindung / unbegrenzte Erforderlichkeit – Zielkonflikt bei IKT-Implantaten

Die Einwilligung soll dem Betroffenen ermöglichen, selbst über Art und Umfang einer Preisgabe und Verwendung seiner Daten zu entscheiden. Gestattet eine Erlaubnisnorm die Datenerhebung und Verwendung, muss auch diese den Zweck und Umfang klar und präzise bestimmen.[2187] Beide Erlaubnistatbestände erfordern, dass eine Verarbeitung stets auf zuvor festgelegte konkrete Verarbeitungszwecke beschränkt bleibt. Während der Betroffene die Zweckbestimmung bei der Einwilligung im Idealfall selbst trifft, wird diese bei der Zulassung durch den Gesetzgeber von diesem vorgegeben. Ziel der Zweckbin-

2182 So auch *Roßnagel/Müller*, CR 2004, 628.

2183 So auch *Roßnagel/Müller*, CR 2004, 628.

2184 Vgl. hierzu kritisch *Bauer*, DuD 2006, 138f.

2185 So auch *Bauer*, DuD 2006, 139, welche zudem auf die für technisch nicht so versierte typische Patientengruppe erhebliche Defizite sieht.

2186 So auch *Weichert*, DuD 2006, 699.

2187 BVerfGE 65, 1 (45f) – *Volkszählung*; *Roßnagel/Müller*, CR 2004, 630 mwN.

dung ist es, ausufernde Datenverarbeitungsvorgänge und insbesondere eine Datenverarbeitung auf Vorrat und Bildung umfassender Profile zu verhindern.[2188]

Gerade dieser für die Gewährleistung des Datenschutzes essentieller Grundsatz der Zweckbindung erhobener Daten und die Beschränkung der Datenverarbeitung auf das zur Erreichung des Zwecks erforderliche Mindestmaß widersprechen den Zielen allgegenwärtiger Datenverarbeitung durch IKT-Implantate diametral. Dies gilt unabhängig davon, ob ein gesetzlicher Erlaubnistatbestand oder eine Einwilligung vorliegt.

5.2.4.1. Gesetzliche Regelung

5.2.4.1.1. Zweckbestimmung zum Zeitpunkt der Datenerhebung

Alle Datenschutzgesetze, insbesondere das BDSG und die LDSG, verlangen, dass die Zwecke, für welche die Daten verarbeitet oder genutzt werden sollen, bereits vor der Erhebung und Speicherung personenbezogener Daten konkret festzulegen und auf eindeutige und rechtmäßige Verwendungen zu beschränken sind.[2189] Dabei kann die Darstellung des Sachverhaltes reichen.[2190] Zu einem konkreten Zweck erhobene Daten dürfen jedoch unter bestimmten Voraussetzungen auch für einen anderen Zweck übermittelt oder genutzt, nicht aber gespeichert oder verändert werden.[2191] Die Verwendung zu einem neuen, anderen Zweck erfordert regelmäßig das Vorliegen eines berechtigten Interesses der verantwortlichen Stelle und eine Abwägung dieses Interesses mit den schutzwürdigen Interessen des Betroffenen.[2192]

Die Zweckbindung wirkt auch auf sämtliche nachfolgenden Verarbeitungs- und Nutzungsvorgänge fort. So gestattet § 14 Abs. 1 BDSG öffentlichen Stellen das Speichern, Verändern und Nutzen von personenbezogenen Daten nur, wenn es zur Erfüllung der in der Zuständigkeit der verantwortlichen Stelle liegenden Aufgaben erforderlich ist und es für die Zwecke erfolgt, für die die Daten erhoben worden sind (Zweckbindung). Ist keine Erhebung vorausgegangen, dürfen die Daten nur für die Zwecke verarbeitet oder genutzt werden, für die sie gespeichert sind.

Im Interesse des Betroffenen oder von sonstigen überwiegenden öffentlichen und privaten Interessen kann eine Zweckbindung nicht lückenlos aufrechterhalten werden. Daher enthält § 14 Abs. 2 BDSG einen umfangreichen, aber eng auszulegenden Katalog von Aus-

2188 *Roßnagel/Pfitzmann/Garstka*, Modernisierung des Datenschutzrechts, 111f; *Roßnagel/Müller*, CR 2004, 630; *Roßnagel*, FES-Studie, 138; BVerfGE 65, 1 (49) – *Volkszählung.*

2189 *Gola/Schomerus*, BDSG, § 14, Rn 9.

2190 Eine genaue rechtliche Qualifizierung ist nicht erforderlich, vgl. *Bergmann/Möhrle/Herb*, Datenschutzrecht Bd. I Teil 3, § 28, Rn 260.

2191 § 28 Abs. 2, 3 und 8 BDSG; *Bergmann/Möhrle/Herb*, Datenschutzrecht Bd. I Teil 3, § 28, Rn 261.

2192 *Bergmann/Möhrle/Herb*, Datenschutzrecht Bd. I Teil 3, § 28, Rn 261, Rn 223 ff.

nahmetatbeständen für öffentliche Stellen.[2193] Eine Zweckänderung ist bei diesen zulässig, wenn Rechtsvorschriften dies vorsehen oder zwingend voraussetzen (Nr. 1), der Betroffene eingewilligt hat (Nr. 2), diese offensichtlich im Interesse des Betroffenen liegt und kein Grund zur Annahme besteht, dass er in Kenntnis des anderen Zwecks die Einwilligung verweigern würde (Nr. 3), zur Überprüfung von Daten, welche beim Betroffenen erhoben wurden, weil tatsächliche Anhaltspunkte für deren Unrichtigkeit bestehen (Nr. 4) oder wenn die Daten allgemein zugänglich sind oder die verantwortliche Stelle sie veröffentlichen dürfte, sofern nicht das schutzwürdige Interesse des Betroffenen am Ausschluss der Zweckänderung offensichtlich überwiegt (Nr. 5). Weiterhin ist die Zweckänderung, welche zur Abwehr erheblicher Nachteile für das Gemeinwohl oder einer Gefahr für die öffentliche Sicherheit (Schutz der verfassungsmäßigen Ordnung, wesentlicher Schutzgüter der Bürger und der Rechtsordnung) oder zur Wahrung erheblicher Belange des Gemeinwohls generell erforderlich ist (Nr. 6), zulässig.[2194] Sie darf ferner unter anderem zur Verfolgung von Straftaten und Ordnungswidrigkeiten (Nr. 7) oder zur Abwehr einer schwerwiegenden Beeinträchtigung der Rechte anderer Personen erfolgen, wenn diese so gewichtig sind, dass das Recht der Betroffenen auf informationelle Zustimmung dahinter zurücktreten muss.[2195] Schließlich ist eine Zweckänderung noch zugunsten der wissenschaftlichen Forschung zulässig (Nr. 9).

Gleichfalls dürfen private Stellen erhobene Daten nur zu den von gesetzlichen Erlaubnistatbeständen oder der Einwilligung umfassten Zwecken verarbeiten und nutzen.

Auch das TMG enthält eine Vorgabe an die Erforderlichkeit und Zweckbindung von Daten. Es unterscheidet ebenso wie die Vorgängernorm im TDDSG zwischen Bestands- (§ 14 TMG) und Nutzungsdaten (§ 15 TMG). Für beide gelten unterschiedliche Anforderungen. Werden beispielsweise bei Vertragsschluss die Präferenzen des Nutzers abgefragt, sind dies Bestandsdaten, da sie der inhaltlichen Ausgestaltung des Vertragsverhältnisses dienen.[2196] Nach § 14 Abs. 1 TMG darf der Diensteanbieter personenbezogene Daten eines Nutzers nur erheben und verwenden, soweit sie für die Begründung, inhaltliche Ausgestaltung oder Änderung eines Vertragsverhältnisses zwischen dem Diensteanbieter und dem Nutzer über die Nutzung von Telemedien erforderlich sind (Bestandsdaten). Beispiele für Bestandsdaten sind Kenn- und Passwörter, IP-Adresse, Konto- oder Kreditkartennummer und Leistungsmerkmale des Nutzersystems.[2197]

Nach § 15 Abs. 1 TMG darf der Diensteanbieter personenbezogene Daten eines Nutzers nur erheben und verwenden, soweit dies erforderlich ist, um die Inanspruchnahme von Telemedien zu ermöglichen und abzurechnen (Nutzungsdaten). Nutzungsdaten sind insbe-

2193 *Sokol* in Simitis, BDSG, § 13, Rn 34; *Gola/Schomerus*, BDSG, § 14, Rn 12.
2194 *Gola/Schomerus*, BDSG, § 14, Rn 20.
2195 *Bergmann/Möhrle/Herb*, Datenschutzrecht Bd. I Teil 3, § 14, Rn 31.
2196 So auch *Jandt/Laue*, K&R 2006, 320.
2197 *Hoeren*, NJW 2007, 805.

sondere Merkmale zur Identifikation des Nutzers (Nr. 1), Angaben über Beginn und Ende sowie Umfang der jeweiligen Nutzung (Nr. 2) und über die vom Nutzer in Anspruch genommenen Telemedien (Nr. 3). Wird während der Erbringung eines Dienstes auf hierfür konkret erforderliche Bestandsdaten zurückgegriffen, stellen sie in diesem Zusammenhang zugleich Nutzungsdaten dar.[2198]

5.2.4.1.2. Zweckänderungen bei Übermittlung und Nutzung

Untere gewissen Voraussetzungen ist es zulässig, zu einem bestimmten Zweck erhobene Daten für einen anderen Zweck zu übermitteln oder zu nutzen.[2199] So gestattet § 28 BDSG für private Stellen die Übermittlung und Nutzung personenbezogener Daten auch für die Zwecke der Wahrung berechtigter Interessen eines Dritten, soweit sie zur Abwehr von Gefahren für die staatliche und öffentliche Sicherheit sowie zur Verfolgung von Straftaten erforderlich sind, für Zwecke der Werbung, der Markt- und Meinungsforschung, wenn es sich um listenmäßig oder sonst zusammengefasste Daten über Angehörige einer Personengruppe handelt und sie auf die genannten Angaben beschränkt sind, sowie zu Forschungszwecken. Hierbei ist an die Zulässigkeit einer Zweckänderung zur Datenübermittlung oder Nutzung stets ein strenger Maßstab anzulegen.[2200]

Beim Einkauf mit Kreditkarten besteht für das Kreditkartenunternehmen beispielsweise kein berechtigtes Interesse, über die reinen Zahlungs- und Abrechnungsvorgänge hinauszugehende Daten zu erhalten.[2201] Soweit es um Patientendaten geht, gehen die Sondervorschriften der Verwendung sensitiver Daten vor.[2202] Allerdings hat der Betroffene selbst grundsätzlich keinen Einfluss auf die Entscheidung der verantwortlichen Stelle, so dass diese selbst dann, wenn der Betroffene sich der Übermittlung oder Nutzung widersetzt, zur Übermittlung berechtigt ist.[2203] Die verantwortliche Stelle ist lediglich verpflichtet, die Stellungnahme des Betroffenen sorgfältig im Rahmen der vom Gesetz geforderten Berücksichtigung der schutzwürdigen Interessen des Betroffenen zu prüfen.[2204]

Für eine zweckdienliche Übermittlung oder Nutzung personenbezogener Daten zur Abwehr von Gefahren für die staatliche und öffentliche Sicherheit genügt nicht, dass die abstrakte Möglichkeit von Gefahren besteht. Vielmehr müssen entweder konkrete Anhaltspunkte hierfür vorliegen oder nach der Lebenserfahrung drohen.[2205] Die Verfolgung von Ordnungswidrigkeiten genügt für eine zulässige Zweckänderung nicht, hingegen sind

2198 So auch *Jandt/Laue*, K&R 2006, 320.
2199 § 28 Abs. 3 BDSG.
2200 *Simitis* in Simitis, BDSG, § 28, Rn 208.
2201 *Bergmann/Möhrle/Herb*, Datenschutzrecht Bd. I Teil 3, § 28. Rn 268.
2202 § 28 Abs. 6 bis 8 BDSG; *Simitis* in Simitis, BDSG, § 28, Rn 223, 320 ff., 38 ff.
2203 *Simitis* in Simitis, BDSG, § 28, Rn 209.
2204 § 28 Abs. 3 Satz 1 Nr. 1 BDSG; *Simitis* in Simitis, BDSG, § 28, Rn 209.
2205 Allerdings müssen hierzu keine erheblichen Gefahren drohen, wie sie aus § 28 Abs. 8 Satz 2 BDSG ergibt. Vgl. *Bergmann/Möhrle/Herb*, Datenschutzrecht Bd. I Teil 3, § 28, Rn 272.

sämtliche Straftaten grundsätzlich erfasst.[2206] Dabei stellt § 28 BDSG keine Anspruchsgrundlage für die Staatsanwaltschaft dar – diese bestimmt sich nach der StPO –, sondern gestattet nur der verantwortlichen Stelle, dieser Daten zu übermitteln.[2207]

Die gestattete Übermittlung oder Nutzung von listenmäßig oder sonst zusammengefassten Daten stellt eine Privilegierung der werbetreibenden Wirtschaft dar. Nach dem ausdrücklichen Wunsch des Gesetzgebers soll sie für Zwecke der Werbung oder Markt- und Meinungsforschung weitgehend erlaubt und von den Restriktionen des BDSG befreit sein.[2208] Eine Übermittlung oder Nutzung ist jedoch nur zulässig, wenn kein Grund zu der Annahme besteht, dass der Betroffene ein schutzwürdiges Interesse an deren Ausschluss hat. Das Listenprivileg kann zudem nicht für alle Daten in Anspruch genommen werden, vielmehr ist eine restriktive Auslegung erforderlich. Während bloße Personenlisten nicht aussagekräftig sind, ändert sich dies durch Angabe eines gemeinsamen, verbindenden Merkmals, z. B. als Mitglieder eines Vereins oder bestimmter Einkommensgruppen. Um die durch übermäßige Übermittlung oder Nutzung personenbezogener Daten entstehenden Gefahren für das Persönlichkeitsrecht des Betroffenen zu vermeiden, ist es unzulässig, mehrere Kriterien listenmäßig zu erfassen, beispielsweise *„alle einen Porsche fahrenden Mitglieder des Golfclubs XY mit Familie und Jahreseinkommen über € 200.000,00"*.[2209] Unerheblich ist, auf welchen Medien die listenmäßig oder sonst zusammengefassten Daten vorliegen.[2210] § 28 Abs. 4 BDSG enthält ein nicht abdingbares Widerspruchsrecht des Betroffenen, so dass entgegenstehende Vereinbarungen nichtig sind.[2211] Das Widerspruchsrecht gilt jedoch nur gegenüber einer Nutzung oder Übermittlung, nicht aber gegenüber einer Erhebung oder Speicherung personenbezogener Daten.[2212]

Für öffentliche Stellen sieht § 14 BDSG ebenfalls eine zweckändernde Übermittlung an andere öffentliche Stellen vor. Darin wird jedoch eine potentiell stärkere Gefährdung gesehen, da diese Daten den Kontext, in dem sie erhoben und gespeichert worden sind, verlassen.[2213] Die öffentliche Stelle, die die Daten nun erlangt, kann diesen ein andersartiges Gewicht oder gar einen neuen Informationsgehalt beimessen oder hieraus erlangen. Die konkrete Befugnis zur Übermittlung muss sich aus speziellen Sachnormen ergeben.[2214]

2206 *Simitis* in Simitis, BDSG, § 28, Rn 225.

2207 *Bergmann/Möhrle/Herb*, Datenschutzrecht Bd. I Teil 3, § 28, Rn 272.

2208 *Bergmann/Möhrle/Herb*, Datenschutzrecht Bd. I Teil 3, § 28, Rn 275.

2209 So das plastische Beispiel bei *Bergmann/Möhrle/Herb*, Datenschutzrecht Bd. I Teil 3, § 28, Rn 277.

2210 Die Ausgabe auf Papier, aber auch auf CD–Rom, DVD, USB–Stick oder im Wege einer abrufbaren Datei fallen hierunter. Vgl. *Bergmann/Möhrle/Herb*, Datenschutzrecht Bd. I Teil 3, § 28, Rn 278.

2211 *Simitis* in Simitis, BDSG, § 28, Rn 280; *Bergmann/Möhrle/Herb*, Datenschutzrecht Bd. I Teil 3, § 28, Rn 304. Die Regelung des § 28 Abs. 4 gilt nach dem Wortlaut nur für Zwecke *„der Werbung oder Markt– oder Meinungsforschung"*. Da das BDSG jedoch die EG–Richtlinie (dort Art. 14) umsetzt, welche keiner derartigen Eingrenzungen vorsieht, ist daher eine Europarechtskonform weite Auslegung geboten. Auch sonstige Werbung (politische, soziale, religiöse etc.) ist daher von dem Widerspruchsrecht erfasst, so: *Bergmann/Möhrle/Herb*, Datenschutzrecht Bd. I Teil 3, § 28, Rn 316.

2212 *Bergmann/Möhrle/Herb*, Datenschutzrecht Bd. I Teil 3, § 28, Rn 321.

2213 *Gola/Schomerus*, BDSG, § 15, Rn 2.

2214 Z. B. § 6 und 18 BVerfSchG; § 10ff MADG; § 8f BNDG; § 161 StPO¸ § 20, 21, 26 BZRG; § 67ff SGB X.

Eine Datenübermittlung an öffentliche Stellen ist nach § 15 Abs. 1 BDSG nur dann zulässig, wenn sie zur Erfüllung der in der Zuständigkeit der übermittelnden Stelle oder des empfangenden Dritten liegenden Aufgaben erforderlich ist und die Voraussetzungen einer zulässigen Nutzung nach § 14 BDSG vorliegen. Die Erforderlichkeit ist nur zu bejahen, wenn es der empfangenden Stelle unmöglich ist, ihre Aufgaben ohne die Kenntnis der zu übermittelnden personenbezogenen Daten ordnungsgemäß zu erfüllen.[2215] Die übermittelnde Stelle muss ebenso, wie die empfangende Stelle (Alt. 2) ein dienstlich berechtigtes Interesse an den Daten haben.[2216] Hauptanwendungsfall der Alt. 2 ist der Abruf personenbezogener Daten aus öffentlichen Registern, bei dem die abrufende Stelle dafür verantwortlich ist, nur berechtigt Daten abzurufen.

Auch das TMG enthält Regelungen zur Zweckänderung, welche für bestimmte Nutzungen bereits gesetzlich zugelassen werden. So darf der Diensteanbieter für Zwecke der Werbung, der Marktforschung oder zur bedarfsgerechten Gestaltung der Telemedien bei Verwendung von Pseudonymen Nutzungsprofile erstellen, sofern der Nutzer dem nicht widerspricht. Der Diensteanbieter hat den Nutzer auf sein Widerspruchsrecht im Rahmen der Unterrichtung nach § 13 Abs. 1 TMG hinzuweisen. Nutzungsprofile dürfen nicht mit Daten über den Träger des Pseudonyms zusammengeführt werden (§ 15 Abs. 3 TMG). Nach dem TMG ist ferner eine Verwendung von Nutzungsdaten auch über das Ende des Nutzungsvorgangs hinaus zulässig, soweit sie für Abrechnungszwecke mit dem Nutzer erforderlich sind (Abrechnungsdaten, § 15 Abs. 4 Satz 1 TMG).

Eine Verletzung der schutzwürdigen Interessen des Betroffenen kann sich aus der Art der betroffenen Daten, aber auch aus deren Verwendungszusammenhang oder aus der Angabe der Zugehörigkeit des Betroffenen zu einer Personengruppe ergeben. Eine listenmäßige Übermittlung oder Nutzung sensibler Daten[2217] verletzt regelmäßig schutzwürdige Interessen des Betroffenen. Als besonders sensibel gelten auch Daten von Minderjährigen[2218] oder Angaben über Straftaten, Ermittlungsverfahren oder Ordnungswidrigkeiten, weshalb das BDSG eine widerlegbare Vermutung aufstellt, dass schutzwürdige Betroffeneninteressen dagegen sprechen.[2219]

Der Betroffene muss gemäß § 28 Abs. 4 Satz 2 BDSG von der verantwortlichen Stelle über diese, sein Widerspruchsrecht und Wege, die Herkunft der Daten festzustellen, unterrichtet werden. Ein Verstoß gegen § 28 Abs. 4 BDSG kann sowohl zivilrechtliche Folgen haben als auch gemäß § 43 Abs. 1 BDSG ein Bußgeld- oder gemäß § 44 Abs. 1 BDSG ein Strafverfahren nach sich ziehen.

2215 *Dammann* in Simitis, BDSG, § 15, Rn 11 mwN; *Gola/Schomerus*, BDSG, § 15, Rn 5f.

2216 HessVGH DSB 12/1991, 18.

2217 Im Sinne des § 3 Abs. 9 BDSG.

2218 Vgl. OLG Frankfurt am Main MMR 2005, 696.

2219 § 28 Abs. 3 Satz 2 BDSG; *Simitis* in Simitis, BDSG, § 28, Rn 254; *Bergmann/Möhrle/Herb*, Datenschutzrecht Bd. I Teil 3, § 28, Rn 282, 297.

5.2.4.1.3. Zweckbindung des Empfängers von Übermittlungen

Nach § 28 Abs. 5 Satz 1 BDSG darf der empfangende private Dritte die Daten nur für den Zweck verarbeiten oder nutzen, zu dessen Erfüllung sie ihm übermittelt werden. Jedoch erlaubt § 28 Abs. 5 Satz 2 BDSG umfangreiche Zweckänderungen, welche die Zweckbindung im Ergebnis faktisch aufheben.[2220] Um den Vorgaben der DSRL gerecht zu werden, muss dem Zweckbindungsgrundsatz durch eine einschränkende Auslegung Geltung verschafft werden.[2221] Ferner besteht die Pflicht der übermittelnden Stelle, den Empfänger auf bestehende Zweckbindungen hinzuweisen.[2222]

Bei der vorzunehmenden Interessenabwägung mit schutzwürdigen Interessen des Betroffenen[2223] ist beispielsweise zu berücksichtigen, dass der Betroffene weder den Dritten noch dessen beabsichtigte Zweckänderung kennt. Seine schutzwürdigen Interessen werden durch eine Zweckänderung stärker beeinträchtigt, so dass tendenziell eine stärkere Gewichtung der Interessen des Betroffenen erforderlich ist.[2224]

5.2.4.2. Unvereinbarkeit der engen Zweckbindung mit IKT-Implantaten

Das Prinzip der Zweckbindung ist durch IKT-Implantate auf zweifache Weise herausgefordert. Zum einen aufgrund der hierdurch entstehenden Möglichkeit, zunächst eine Vielzahl nicht personenbezogener Daten zu erheben und den Personenbezug erst zu einem späteren Zeitpunkt herzustellen und zum anderen durch das immanente Erfordernis allgegenwärtiger Datenverarbeitung, so viele Daten wie möglich zu erheben und zu verarbeiten, um auf dieser Basis für und an Stelle des Betroffenen Entscheidungen treffen oder herbeiführen zu können.

Bei noch nicht personenbezogenen Daten findet das Datenschutzrecht und damit die darin enthaltene strenge Zweckbindung keine Anwendung. Die Datenschutzgesetze stellen aber für die Festlegung des Verwendungszwecks auf den Zeitpunkt der Datenerhebung ab.[2225] Wird der Personenbezug später hergestellt, fehlt es an einem solchen Verwendungszweck, an welchem sich die weitere Verarbeitung und Nutzung der Daten ausrichten könnte.[2226] Da die Daten verarbeitende Stelle die Daten zunächst zweckfrei erhielt, kann sie den Verwendungszweck im Zeitpunkt der Herstellung des Personenbezugs nach ihrem momentanen Bedarf festlegen, was zu einer funktionalen Lockerung des Zweckbindungs-

---

2220 *Simitis* in Simitis, BDSG, § 28, Rn 311; *Gola/Schomerus*, BDSG, § 28, Rn 52; *Simitis* in Simitis, BDSG, § 28, Rn 159; *Bergmann/Möhrle/Herb*, Datenschutzrecht Bd. I Teil 3, § 343.

2221 Art. 46 Satz 1 b DSRL; *Simitis* in Simitis, BDSG, § 28, Rn 317 mwN.

2222 § 28 Abs. 5 Satz 3 BDSG.

2223 § 28 Abs. 2 und 3 BDSG.

2224 *Bergmann/Möhrle/Herb*, Datenschutzrecht Bd. I Teil 3, § 28, Rn 347; im Ergebnis ebenso *Simitis* in Simitis, BDSG, § 28, Rn 317, der hier sogar eine Verwendung in einer Regel bestehenden Form der Interessen des Betroffenen scheitern lässt.

2225 Vgl. § 28 Abs. 1 Satz 2 BDSG. Auch § 13 Abs. 1 TMG knüpft die Informationspflicht des Anbieters über den Zweck der Erhebung und Verarbeitung an den Zeitpunkt der Erhebung.

2226 *Müller* in Mattern, Datenschutzvorsorge gegenüber den Risiken der RFID-Technologie, 297.

grundsatzes bis hin zu dessen Aufhebung führt.[2227] Das Ziel der Regelung, die Erhebung nur für die zum jeweiligen Zweck erforderlichen Daten zuzulassen, bleibt unerfüllt.[2228]

Das Ziel der Zweckbindung steht auch der grundlegenden Idee einer allgegenwärtigen Datenverarbeitung entgegen, welche unbemerkt eine unmittelbare und komplexe technische Unterstützung vielfältiger Alltagshandlungen ermöglichen soll.[2229] Da die zu erfassenden Alltagshandlungen vielfältig sein sollen, wird es schwierig, den Zweck einzelner Datenverarbeitungen im Voraus festzulegen und zu begrenzen.[2230] Die klare Zweckbestimmung aufgrund der funktionalen Zuordnung eines Geräts ist so nicht mehr möglich.[2231] Das Ziel zahlreicher Ubiquitous Computing-Anwendungen im Rahmen von IKT-Implantaten dürfte gerade die denkbar exakteste Erfassung möglichst vieler Parameter zu noch unbekannten Verwertungshandlungen sein, damit ein Computersystem auch ohne künstliche Intelligenz und damit ohne ein echtes Verständnis der Situation eine situationsangepasste Reaktion erbringen kann.[2232] Das Sammeln von so vielen Informationen wie möglich, die später nur potentiell relevant sein könnten, wird so zum Selbstzweck der Datenerhebung.[2233] Da scheinbar banale Daten durch Data-Mining mit relevanten Faktoren korreliert werden können, erhöht dies den Sammeleifer.[2234] Werden Daten für vielfältige und wechselnde Zwecke erhoben, ist eine Zweckbindung nicht nur erschwert, sondern zur bestimmungsgemäßen Nutzung des IKT-Implantats vielfach sogar unpassend.[2235] Ein bereichsspezifisch klar und präzise festgelegter Zweck, wie ihn das BVerfG im Volkszählungsurteil forderte,[2236] ist daher jedenfalls nach dem herkömmlichen Datenschutzrecht kein angemessenes Kriterium mehr zur Abgrenzung zulässiger Datenverarbeitungsvorgänge von unzulässigen.[2237] Zwar könnte das Problem formal durch ein weites Verständnis der Zweckbindung gelöst werden, etwa indem man den Zweck „umfassende Datensammlung" zuließe. Hierdurch würde die Steuerungswirkung der Zweckbestimmung aber völlig entwertet.[2238] Würde die enge Zweckbestimmung durch Generalklauseln ersetzt, wäre dies für das informationelle Selbstbestimmungsrecht kontraproduktiv, da die Datenverarbeitung praktisch freigegeben und für den Betroffenen unkontrollierbar würde.[2239]

2227 *Müller* in Mattern, Datenschutzvorsorge gegenüber den Risiken der RFID-Technologie, 297.

2228 *Müller* in Mattern, Datenschutzvorsorge gegenüber den Risiken der RFID-Technologie, 297.

2229 *Roßnagel/Müller*, CR 2004, 630; *Roßnagel*, FES-Studie, 138f.

2230 *Roßnagel/Müller*, CR 2004, 630; *Roßnagel*, FES-Studie, 139; *Langheinrich* in Fleisch/Mattern, Die Privatsphäre im Ubiquitous Computing, 337.

2231 *Roßnagel*, FES-Studie, 139, *Roßnagel/Müller*, CR 2004, 630.

2232 *Roßnagel*, FES-Studie, 140.

2233 *Roßnagel*, FES-Studie, 140.

2234 *Langheinrich* in Fleisch/Mattern, Die Privatsphäre im Ubiquitous Computing, 337; *Roßnagel*, FES-Studie, 140; vgl. hierzu auch BVerfGE 65, 1ff – *Volkszählung*, welches bereits davon ausging, dass es künftig kein banales Datum mehr gibt.

2235 *Roßnagel*, FES-Studie, 140.

2236 BVerfGE 65, 1 (44, 46) – *Volkszählung.*

2237 In diesem Sinne auch *Roßnagel/Müller*, CR 2004, 630; *Roßnagel*, FES-Studie, 139 mwN.

2238 *Roßnagel*, FES-Studie, 142.

2239 *Roßnagel/Pfitzmann/Garstka*, Modernisierung des Datenschutzrechts, 77 f; *Roßnagel*, FES-Studie, 142f.

Das Prinzip der Erforderlichkeit wird hinsichtlich seiner Begrenzungsfunktion genauso geschwächt wie das Prinzip der Zweckbindung, da es ebenfalls am Zweck der Datenverarbeitung ausgerichtet ist.[2240] Dies ist insbesondere problematisch, wenn sich das derzeit propagierte Digital-Rights-Management (DRM) künftig auf weitere Alltagsgegenstände im Sinne eines „pay per use" erstreckt.[2241] Gerade die elektronische Freischaltung einzelner Nutzungsfunktionen erfordert eine revisionssichere Protokollierung der Nutzungen – und eventuell auch der Art der Nutzungen – durch die in die Gegenstände integrierten Informationssysteme und die Übertragung dieser Daten an den Anbieter.[2242] Bei Geschäftsmodellen wie der individuellen Autoversicherung der WGV, welche die dynamische Gewährung von Rabatten an das – ständig kontrollierte – Fahrverhalten koppelt[2243] oder der wahlweisen Freischaltung von Zusatzfunktionen bei IKT-Implantaten ist eine umfassende Datenerhebung erforderlich. Auf derartige Geschäftsmodelle sind die Prinzipien der Zweckbindung und Erforderlichkeit der Datenverarbeitung nicht eingerichtet.

Das geltende Datenschutzrecht bietet zudem keine hinreichende Lösung für die Bewältigung von zunächst anonym oder pseudonym hergestellten, zwischenzeitlich aber personenbeziehbar gewordenen Persönlichkeitsprofilen, da diese aufgrund der engen Zweckbindung gar nicht existieren dürften. Künftig wird man diese jedoch zumindest teilweise zulassen müssen, wenn IKT-Implantate ihr volles Potential ausspielen sollen. Es bedarf daher geeigneter Kriterien, um zwischen Profilen, welche die informationelle Selbstbestimmung gefährden und solchen, welche eine optimale Befriedigung der Nutzerinteressen gewährleisten, unterscheiden zu können. An die Zweckbindung und Erforderlichkeit anzuknüpfen, erscheint hierzu ungeeignet.[2244]

5.2.5 Entwertete Einwilligung

5.2.5.1. Gesetzliche Regelung

5.2.5.1.1. Leitbild und Rechtsnatur der Einwilligung

Der deutsche Gesetzgeber und die EG-Kommission waren bei der Schaffung der heutigen datenschutzrechtlichen Vorgaben davon überzeugt, dass die Integrität und Autonomie des Einzelnen vor den Folgen einer Verwendung seiner Daten am besten dadurch geschützt wird, dass der Betroffene selbst entscheidet, ob und zu welchen Bedingungen eine Verarbeitung seiner personenbezogenen Daten gestattet ist.[2245] Daher wurde die Einwilligung des Betroffenen als gleichwertige Möglichkeit einer rechtmäßigen Verarbeitung personen-

2240 *Roßnagel*, FES-Studie, 145.

2241 *Roßnagel*, FES-Studie, 146.

2242 *Roßnagel*, FES-Studie, 146 mwN; *Fox*, DuD 2008, 375.

2243 *WGV (Hrsg.)*, WGV startet in Zusammenarbeit mit HP Pilotprojekt für junge Fahranfänger – Testfahrer gesucht, http://www.wgv-online.de/produkte/kfz_youngandsafe.htm.

2244 *Jandt/Laue*, K&R 2006, 316f; *Roßnagel*, FES-Studie, 142; *Roßnagel/Müller*, CR 2004, 630.

2245 Vgl. *Simitis*, RDV 2007, 146.

bezogener Daten im konkreten Fall neben abstrakten gesetzlichen Erlaubnistatbeständen ausgestaltet.[2246]

Da es um die Verwendung personenbezogener Daten des Betroffenen geht, soll diesem die Entscheidung überlassen bleiben, ob und wenn ja, unter welchen Bedingungen eine Erhebung, Verarbeitung und Nutzung seiner Daten erfolgen darf.[2247] Die Einwilligung muss auf der freien Entscheidung des Betroffenen beruhen. Dies ist nur der Fall, wenn er sie in voller Kenntnis des vorgesehenen Zwecks der Erhebung, Verarbeitung oder Nutzung sowie der Folgen einer Verweigerung der Einwilligung fällt (§ 4 a Abs. 1 Satz 1 und 2 BDSG).

Die Rechtnatur der Einwilligung ist umstritten. Nach einer Ansicht ist die Einwilligung eine rechtsgeschäftliche Erklärung,[2248] nach anderer Ansicht ist sie nur eine tatsächliche Handlung.[2249] Im Ergebnis sind sich Literatur und Rechtsprechung jedoch einig, dass eine Geschäftsfähigkeit nicht erforderlich ist,[2250] so dass es stattdessen allein auf die Einsichtsfähigkeit des Betroffenen ankommt. Entscheidend ist, ob der Betroffene in der Lage ist, die Konsequenzen der Verwendung seiner Daten zu überblicken und sich deshalb auch verbindlich hierzu äußern kann.[2251] Soweit Kinder und Jugendliche beispielsweise in der Lage sind, die Notwendigkeit und Tragweite einer ärztlichen Behandlung zu beurteilen, dürfen sowohl der fachmedizinische Eingriff als auch die Verwendung von Angaben über ihre Gesundheit nicht ohne ihr Einverständnis erfolgen.[2252] In dem Maße, mit dem die Einsichtsfähigkeit von Kindern zunimmt, reduziert sich der Entscheidungsspielraum der Eltern.[2253]

5.2.5.1.2. Freiwilligkeit der Einwilligung

Wenn entgegen dem grundsätzlichen Verbot der Datenerhebung und -verarbeitung, das der Gesetzgeber zum Schutz der informationellen Selbstbestimmung erlassen hat, Daten verarbeitet werden sollen, ist eine frei erteilte Einwilligung auf informierter Basis erforderlich.[2254] Freiwilligkeit bedeutet das Fehlen von jeglichem physischen und psychischen Zwang – und soll die Einschätzungsprärogative der betroffenen Person garantieren.[2255] Sie darf dem Betroffenen insbesondere nicht unter Ausnutzung einer wirtschaftlichen oder

2246 Vgl. *Simitis*, RDV 2007, 146; *Simitis* in Simitis, BDSG, § 4 a, Rn 1 mwN, 10 mwN.

2247 *Simitis* in Simitis, BDSG, § 4 a, Rn 2.

2248 LG Hamburg ZIP 1982, 1313, 1315; LG Bremen DuD 2001, 620; *Tinnefeld/Ehmann/Gerling*, Datenschutzrecht, 318; *Simitis* in Simitis, BDSG, § 4 a, Rn 20 mwN.

2249 *Gola/Schomerus*, BDSG, § 4 a, Rn 10 mwN.

2250 *Gola/Schomerus*, BDSG, § 4 a, Rn 10; *Simitis* in Simitis, BDSG, § 4 a, Rn 23ff.

2251 *Gola/Schomerus*, BDSG, § 4 a, Rn 10; *Tinnefeld/Ehmann/Gerling*, Datenschutzrecht, 318ff; *Starck* in v. Mangoldt/Klein/Starck, Grundgesetz, Art. 1 GG, 95.

2252 *Simitis* in Simitis, BDSG, § 4 a, Rn 23.

2253 *Simitis* in Simitis, BDSG, § 4 a, Rn 20.

2254 *Gola/Schomerus*, BDSG, § 4 a Rn 6; *Scholz*, Datenschutz beim Internet-Einkauf, 299 mwN; *Menzel*, DuD 2008, 401.

2255 *Scholz*, Datenschutz beim Internet-Einkauf, 299; *Menzel*, DuD 2008, 401.

sonstigen Machtposition *„abgepresst"* worden sein.[2256] Diese Freiwilligkeit ist insbesondere dann fraglich, wenn der Bürger im Verhältnis zu Behörden, Unternehmen oder Arbeitgebern *de facto* kaum eine andere Wahl hat, als die angeforderten Daten zur Verfügung zu stellen.[2257]

Vor diesem Hintergrund ist es daher unzulässig, eine Leistung davon abhängig zu machen, dass der Betroffene seine Einwilligung in die Erhebung und/oder Verarbeitung solcher personenbezogener Daten erteilt, welche in keinem Zusammenhang mit der Leistung stehen (*„Koppelungsverbot"*). [2258] Das aus dem Telekommunikations- und Multimediarecht herrührende Koppelungsverbot[2259] wird insoweit generalisiert,[2260] ohne dass sich dies dem BDSG ausdrücklich entnehmen ließe. Die Rechtsprechung des BVerfG sieht darüber hinaus sämtliche Einwilligungsklauseln, welche den Betroffenen bei Inanspruchnahme der für ihn relevanten Leistung quasi zwingen, sie zu akzeptieren, nur dann als zulässig an, wenn sie zumindest dem Verhältnismäßigkeitsprinzip entsprechen.[2261]

Eine unter direkt oder indirekt ausgeübtem Zwang oder Druck erteilte oder durch arglistige Täuschung erschlichene Einwilligung gibt nicht den wahren Willen des Betroffenen wieder und soll daher bereits auf Grund des Einwandes des Rechtsmissbrauchs (§ 242 BGB) unwirksam, jedenfalls aber anfechtbar sein.[2262] Hierdurch soll beispielsweise verhindert werden, dass ein Arbeitgeber über eine derart *„erzwungene Einwilligung"* des Arbeitnehmers Informationen verarbeitet, welche ihm nach arbeitsrechtlichen Grundsätzen unzugänglich sind.[2263]

Eine korrespondierende Regelung enthält § 291 a Abs. 8 SGB V zur eGK, wonach vom Inhaber einer eGK nicht verlangt werden darf, Dritten den Zugriff zu gestatten oder eine Datennutzung zu anderen Zwecken als seiner Versorgung zu verlangen. Ferner dürfen

---

2256 *Gola/Schomerus*, BDSG, § 4 a, Rn 6 mwN; vgl. dazu auch Art. 2 h EG–Datenschutzrichtlinie; ebenso *Simitis* in Simitis, BDSG, § 4 a, Rn 62 mwN; *Menzel*, DuD 2008, 401f.

2257 *Gola/Schomerus*, BDSG, § 4 a, Rn 6 mwN; ebenso *Bizer*, DuD 2007, 351; *Menzel*, DuD 2008, 402f; zweifelnd hinsichtlich der Freiwilligkeit beim Kreditscoring auch die Bundesregierung in ihrem Regierungsentwurf zur Änderung des BDSG v. 30.07.2008, http://www.bmi.bund.de/Internet/Content/Common/Anlagen/Gesetze/Entwurf__BDSG__Aenderung,templateId=raw,property=publicationFile.pdf/Entwurf_BDSG_Aenderung.pdf, Begründung 3.

2258 *Bizer*, DuD 2007, Rn 351; ebenso *Simitis* in Simitis, BDSG, § 4 a, Rn 63 sowie *Gola/Schomerus*, BDSG, § 4 a, Rn 6a.

2259 § 95 Abs. 5 TKG, § 12 Abs. 3 TMG; hierzu auch *Menzel*, DuD 2008, 405.

2260 *Simitis* in Simitis, BDSG, § 4 a, Rn 63 mwN; *Tinnefeld/Ehmann/Gerling*, Datenschutzrecht, 320; *Menzel*, DuD 2008, 405.

2261 Bei der Überprüfung versicherungsvertraglicher Schweigepflichtsentbindungserklärungen forderte das Verfassungsgericht daher zumindest die alternative Möglichkeit, an Stelle der pauschalen Schweigepflichtsentbindung dem Betroffenen einen – wenn auch ggf. mit Zeitverzögerung und weiteren Kosten verbunden – Weg anzubieten, wie er die möglichen Auskünfte im Einzelfall konkret beibringen kann. Dies begründete das BVerfG mit dem erheblichen Verhandlungsungleichgewicht des Betroffenen, so dass dieser nicht eigenverantwortlich und selbständig seinen informationellen Selbstschutz sicherstellen kann und es daher Aufgabe des Rechts sei, auf die Wahrung der Grundrechtsposition beider Partner hinzuwirken. Vgl. BVerfG RDV 2007, 20.

2262 Für eine Unwirksamkeit: *Gola/Schomerus*, BDSG, § 4 a, Rn 7; ebenso *Bizer*, DuD 2007, 351, während *Simitis* in Simitis, BDSG, Rn 27 eine Anfechtung zur Aufhebung der Einwilligung für erforderlich hält.

2263 Dies gilt insbesondere für die Einholung von Krankheitsdiagnosen und Arbeitsunfähigkeitszeiten über Bewerber oder neu eingestellte Arbeitnehmer bei der Krankenkasse oder die Befragung von Ärzten oder die Einholung einer SCHUFA-Auskunft des Bewerbers, *Gola/Schomerus*, BDSG, § 4 a, Rn 7.

Betroffene wegen erteilter oder verweigerter Zugriffe weder bevor- noch benachteiligt werden.

Die Freiwilligkeit einer Einwilligung ist nur gewahrt, wenn der Betroffene zuvor so umfassend informiert wurde, dass er den Anlass, das Ziel und die Folgen der geplanten Verarbeitung korrekt abschätzen kann.[2264] § 4 Abs. 3 BDSG bestimmt daher, dass der Betroffene von der verantwortlichen Stelle vor der Erhebung über deren Identität, die Zweckbestimmung der Erhebung, Verarbeitung oder Nutzung und – soweit er nach den Umständen des Einzelfalles nicht mit der Übermittlung an diese rechnen muss – die Kategorien von Empfängern zu unterrichten ist, sofern er nicht bereits auf andere Weise Kenntnis erlangt hat.[2265] Dabei müssen sowohl der unternehmensinterne Datenfluss, als auch Datenübermittlungen an Dritte mitgeteilt werden.[2266] Werden personenbezogene Daten auf Grund einer Auskunftsverpflichtung des Betroffenen (oder gesetzlichen Erlaubnis) erhoben, so ist er bei der Erhebung darüber hinausgehender Angaben über deren Freiwilligkeit zu informieren.[2267] Ferner ist der Betroffene auf Verlangen oder soweit dies nach den Umständen des Einzelfalls erforderlich ist, über die Folgen einer Verweigerung von Angaben aufzuklären (§ 4 Abs. 3 Satz 3 BDSG). Macht sich der Betroffene auf Grund der Information durch den Verwender eine falsche Vorstellung über Art, Umfang und Zweck der Verarbeitung oder die verantwortliche Stelle, ist die Einwilligung unwirksam und die Datenverarbeitung rechtswidrig.[2268]

5.2.5.1.3. Formale Anforderungen

Die Einwilligung muss im Regelfall nach dem BDSG schriftlich (mit eigenhändiger Unterschrift oder aber in elektronischer Form mit qualifizierter elektronischer Signatur) erteilt werden (§ 4 a Abs. 1 Satz 2 BDSG). Lediglich wenn besondere Umstände eine andere Form als angemessen erscheinen lassen, kann auf die Schriftform verzichtet werden und die Einwilligung auch in elektronischer Form erfolgen. Das ausdrückliche Einverständnis des Betroffenen, welches jedoch in beliebiger Erklärungsform dokumentiert sein kann, bleibt indes unverzichtbar.[2269] Die Einwilligung muss klar zu erkennen geben, unter welchen Bedingungen sich der Betroffene mit der Verarbeitung welcher Daten, zu welchem Zweck einverstanden erklärt hat.[2270] Aus diesem Grund sind weder pauschal gehaltene Erklärungen noch Blankoeinwilligungen ausreichend, da diese dem Betroffenen die Möglichkeit nehmen, die Tragweite seines Einverständnisses zu überblicken.[2271] Soll die Einwilligung zusammen mit anderen Erklärungen schriftlich erteilt werden, ist sie gemäß § 4 a

2264 *Menzel*, DuD 2008, 407; *Simitis* in Simitis, BDSG, § 4 a, Rn 70 mwN; *Bizer*, DuD 2007, 351.

2265 *Bergmann/Möhrle/Herb*, Datenschutzrecht Bd. I Teil 3, § 4 a, Rn 81; *Simitis* in Simitis, BDSG, § 4 a, Rn 72ff mwN.

2266 *Gola/Schomerus*, BDSG, § 4, Rn 32.

2267 *Menzel*, DuD 2008, 406f.

2268 *Bizer*, DuD 2007, 351.

2269 *Simitis* in Simitis, BDSG, § 4 a, Rn 43.

2270 *Scholz*, Datenschutz beim Internet-Einkauf, 295.

2271 *Scholz*, Datenschutz beim Internet-Einkauf, 295; BGHZ 95, 362 (367ff), 115, 123 (127); 116, 268, (271).

Abs. 1 Satz 4 BDSG zumindest besonders hervorzuheben und von der übrigen Erklärung gesondert zu unterschreiben.[2272] Umstritten ist, ob die Einwilligung höchstpersönlich durch den Betroffenen erklärt werden muss[2273] oder auch durch einen Vertreter erklärt werden kann.[2274]

Einzelne Landesdatenschutzgesetze und das TMG enthalten demgegenüber abweichende Regelungen. Nach diesen kann die Einwilligung insbesondere auch elektronisch erklärt werden.[2275] Dazu muss der Diensteanbieter sicherstellen, dass der Nutzer seine Einwilligung bewusst und eindeutig erteilt (Nr. 1), die Einwilligung protokolliert wird (Nr. 2), der Nutzer den Inhalt der Einwilligung jederzeit abrufen (Nr. 3) und die Einwilligung jederzeit mit Wirkung für die Zukunft widerrufen kann (Nr. 4).[2276]

Soweit es sich um besonders sensible personenbezogene Daten im Sinne von § 3 Abs. 9 BDSG handelt,[2277] muss sich die erteilte Einwilligung ausdrücklich auch auf diese Daten beziehen (§ 4 a Abs. 3 BDSG). Dieses Erfordernis geht auf die DSRL zurück und verschärft die Anforderungen an die Wirksamkeit der Einwilligung in diesem Bereich.[2278]

Theoretisch ist daher der Vertrag das geeignete Instrument, um ein freies und eigenverantwortliches Handeln in Beziehung zu Dritten zu verwirklichen.[2279] Der in ihm zum Ausdruck gebrachte übereinstimmende Wille der Vertragsparteien lässt in der Regel auf einen sachgerechten Interessenausgleich schließen.[2280] Dazu muss es sich zum Zeitpunkt des Abschlusses tatsächlich um eine freie und eigenverantwortliche Entscheidung des Betroffenen handeln, die sich auf alle Einzelheiten des Vertrages bezieht.

5.2.5.1.4. Einwilligung in Allgemeinen Geschäftsbedingungen o. ä.

Eine wirksame Einwilligungserteilung zu Allgemeinen Geschäftsbedingungen (AGB) wird in der Literatur überwiegend für unzulässig gehalten.[2281] Soweit elementare Geschäftsinteressen wie die Ermittlung der Zahlungsfähigkeit und Kreditwürdigkeit, das Risiko des Eintritts einer Leistungspflicht oder der Schutz vor Täuschung und Missbrauch durch den Ver-

2272 *Bizer*, DuD 2007, 351.

2273 So ausdrücklich *Simitis* in Simitis, BDSG, § 4 a, Rn 30 mwN; ebenso *Tinnefeld/Ehmann/Gerling*, Datenschutzrecht, 321.

2274 *Gola/Schomerus*, BDSG, Rn 10; und weitere Nachweise zur Gegenansicht bei *Simitis* in Simitis, BDSG, § 4 a, Rn 31, Fn 78.

2275 § 13 Abs. 2 TMG, dort fälschlicherweise unter der Überschrift *„Pflichten des Diensteanbieters"* geregelt. Vgl. auch § 4 Abs. 4 LDSG-BW.

2276 *Schmitz* in Spindler/Schmitz/Geis, TDG, § 4 TDDSG, Rn 15. Die Vorschrift stellt eine leicht modifizierte Fassung der bereits in § 4 Abs. 2 TDDSG vorgesehenen elektronischen Einwilligung dar, bei welcher lediglich Nr. 4 (jederzeitiger Widerruf für die Zukunft) neu mit aufgenommen wurde.

2277 Dies sind Angaben über rassische oder ethnische Herkunft, politische Meinungen, religiöse oder philosophische Überzeugungen, Gewerkschaftszugehörigkeit, Gesundheit oder Sexualleben, welche vom Gesetzgeber als besonders schutzwürdig angesehen wurden.

2278 *Simitis* in Simitis, BDSG, § 4 a, Rn 86ff mwN; ebenso *Gola/Schomerus*, BDSG, § 4 a, Rn 16a.

2279 *Petri*, RDV 2007, 154.

2280 BVerfG RDV 2007, 20 (22).

2281 Ablehnend *Bizer*, DuD 2007, 351; in diese Richtung tendierend wohl auch *Gola/Schomerus*, BDSG, § 4 a, Rn 8.

tragspartner betroffen sind, wird der Datenverwender zu der erforderlichen Datenerhebung und Verarbeitung bereits durch die §§ 28f BDSG ermächtigt – so dass für eine zusätzliche Einwilligung regelmäßig kein Raum verbleibt.[2282] Eine Einwilligung kommt daher nur zu solchen Datenverarbeitungen in Betracht, welche nach dem Vertragszweck nicht erforderlich sind – wenn von diesen aber die Gewährung der gewünschten Leistung direkt oder indirekt abhängig gemacht wird, dürfte eine erteilte Einwilligung mangels Freiwilligkeit unwirksam sein.[2283] Auch der BGH hielt eine in den AGB vorgesehene klauselmäßige Einwilligung in Telefonwerbung für unwirksam. Denn Telefonwerbung stelle einen besonders schwer wiegenden Eingriff in die Privatsphäre dar, weshalb eine solche Werbung im privaten Bereich gegen die guten Sitten verstoße.[2284] Selbst dort, wo man auf Grund des praktischen Bedürfnisses nach einer Einwilligung auch in der Form vorformulierter Bedingungen diese unter strengen Auflagen zulassen sollte, muss jedenfalls das Einverständnis des Kunden ausdrücklich erklärt werden.[2285] Sind Ermächtigungen zur Datenverarbeitung in AGB enthalten, dürfen derartige Klauseln zudem nicht ungewöhnlich und damit für den Betroffenen nicht überraschend sein (§ 305c BGB) sowie ihn nicht entgegen Treu und Glauben unangemessen benachteiligen (§ 307 BGB).[2286] Da die erforderliche Freiwilligkeit das Fehlen von jeglichem physischen und psychischen Zwang erfordert,[2287] werden umfassende Datenschutzermächtigungs- oder Allfinanzklauseln in Fällen eines erheblichen Verhandlungsungleichgewichts zu Recht als unwirksam erachtet.[2288] Solche Klauseln dürften den Betroffenen darüber hinaus auch unangemessen benachteiligen, indem sie ihm die Möglichkeit nehmen, die Einwilligungsfolgen zu überschauen, so dass sie zugleich nach § 307 BGB unwirksam sein dürften.[2289]

Eine Klausel muss ferner bestimmt genug sein, um ermächtigende Wirkung zu entfalten.[2290] Ein Verstoß gegen § 307 Abs. 1 Satz 2 BGB wegen mangelnder Klarheit und Verständlichkeit einer Einwilligungsklausel wird beispielsweise für gegeben erachtet, wenn die Klausel ausdrücklich darauf Bezug nimmt, dass die Verarbeitung und Nutzung „*im Rahmen der jeweils geltenden Datenschutzgesetze*“ erfolgt. Denn hierdurch entsteht bei dem Betroffenen der Eindruck, dass die Zulässigkeit einzelner Datenverarbeitungen auch nach seiner Einwilligung datenschutzrechtlichen Regelungen unterworfen ist. Hierdurch wird aber gerade nicht deutlich gemacht, dass bereits durch die Einwilligung die Datenverarbei-

---

2282 *Menzel*, DuD 2008, 406.

2283 *Menzel*, DuD 2008, 406.

2284 BGH RDV 1999, 163.

2285 Dem folgt nunmehr auch § 7 Abs. 2 Nr. 2 UWG, welcher „bei einer Werbung mit Telefonanrufen gegenüber Verbrauchern ohne deren Einwilligung oder gegenüber sonstigen Marktteilnehmern ohne deren zumindest mutmaßliche Einwilligung“ eine unzulässige Belästigung sieht. Vgl. hierzu auch Hoeren, Internetrecht, Rn 629 mwN.

2286 *Gola/Schomerus*, BDSG, § 4 a, Rn 8 mwN; *Scholz*, Datenschutz beim Internet-Einkauf, 296.

2287 *Scholz*, Datenschutz beim Internet-Einkauf, 299.

2288 *Simitis* in Simitis, BDSG, § 4 a, Rn 66ff mwN.

2289 BGHZ 95, 362 (367ff) zur sog. „SCHUFA–Klausel“; *Scholz*, Datenschutz beim Internet-Einkauf, 296 mit ausführlichen weiteren Nachweisen.

2290 Vgl. § 307 Abs. 1, Abs. 2 Nr. 1 BGB; LG Halle CR 1998, 85; *Hoeren*, Internetrecht, Rn 630.

tung in allen dem BDSG unterfallenden Tatbeständen zulässig ist.[2291] Der Betroffene geht daher von einer einer eingeschränkten, einem weiteren Zulässigkeitserfordernis unterfallenden Verarbeitung aus, während tatsächlich eine unbeschränkte Datenverarbeitung erfolgen darf.[2292]

5.2.5.1.5. Folgen von Verstößen

Eine Einwilligung, die den Anforderungen des § 4 a BDSG nicht genügt, ist nichtig.[2293] Dies gilt insbesondere bei Verstößen gegen das Koppelungsverbot,[2294] die geschuldete Unterrichtung[2295] oder die Freiwilligkeit. Bereits erhobene Daten dürfen nicht weiter verwendet werden und sind unverzüglich zu löschen (§§ 20 Abs. 2 Nr. 1, 35 Abs. 2 Nr. 1 BDSG).[2296] Verstöße hiergegen stellen eine Ordnungswidrigkeit im Sinne des § 43 Abs. 2 Nr. 1 BDSG dar.[2297]

5.2.5.2. Schwächen der gesetzlichen Regelung

5.2.5.2.1. Verhandlungsungleichgewicht

Die erforderliche freie Entscheidung ohne jeden – auch faktischen – Zwang kann das heutige Datenschutzrecht jedoch im Hinblick auf IKT-Implantate nicht mehr gewährleisten. Das Rechtsinstitut der Einwilligung, das dem Einwilligenden die individuelle Steuerung von Datenverarbeitungsvorgängen ermöglichen soll, wird in Massengeschäften durch pauschal gehaltene Einwilligungserklärungen, die vom Betroffenen bei Vertragsschluss unterzeichnet werden müssen, praktisch ausgehebelt.[2298] Dies gilt insbesondere dann, wenn ein Unternehmen als Vertragspartner eine solche Verhandlungsmacht hat, dass es den Inhalt einer Vereinbarung faktisch einseitig bestimmen kann.[2299] Wird dem Betroffenen aber eine Einwilligung unter Ausnutzung einer wirtschaftlichen Machtposition abgepresst, kann von einer freien, selbstbestimmten Entscheidung keine Rede sein.[2300] Bei ungleichen Machtverhältnissen ist dies allgemein anerkannt.[2301] Dann besteht die Gefahr, dass die vom Gesetzgeber gewünschte und als Idealfall der Selbstbestimmung gedachte Einwilligung sich

---

2291 *Scholz*, Datenschutz beim Internet-Einkauf, 297 mwN.

2292 Vgl. LG München I DuD 2001, 294 zur Einwilligungsklausel der Payback–Bonuskarte sowie dazu auch *Scholz*, Datenschutz beim Internet-Einkauf, 297.

2293 *Simitis* in Simitis, BDSG, § 4 a, Rn 26, 35 unter Verweis auf § 125 BGB.

2294 Ferner kommt zur Ahndung der Verstöße noch eine Geldbuße gemäß § 43 Abs. 2 Nr. 1 BDSG oder eine Straftat im Sinne des § 44 Abs. 1 in Verbindung mit § 43 Abs. 2 Nr. 1 BDSG in Betracht und dem Betroffenen können Schadensersatzansprüche gemäß den §§ 7, 8 BDSG zustehen.

2295 *Gola/Schomerus*, BDSG, § 4, Rn 46ff.

2296 *Gola/Schomerus*, BDSG, § 4, Rn 46ff.

2297 Ferner kommt zur Ahndung der Verstöße noch eine Geldbuße gemäß § 43 Abs. 2 Nr. 1 BDSG oder eine Straftat im Sinne des § 44 Abs. 1 in Verbindung mit § 43 Abs. 2 Nr. 1 BDSG in Betracht und dem Betroffenen können Schadensersatzansprüche gemäß den §§ 7, 8 BDSG zustehen.

2298 *Dix*, DuD 2007, 257; *Schaar*, DuD 2007, 260; *Menzel*, DuD 2008, 402, 404.

2299 *Petri*, RDV 2007, 154.

2300 *Gola/Schomerus*, BDSG, § 4 a Rn 6 mwN.

2301 *Sokol/Tiaden* in Bizer, Big Brother und die schöne neue Welt der Vermarktung , 166.

beim schwächeren Vertragspartner in eine Fremdbestimmung verkehrt.[2302] Umso asymmetrischer die Machtverhältnisse zwischen Anbieter und Kunden ausgestaltet sind, desto eher droht die freie Selbstbestimmung durch Einwilligung zur Fiktion zu werden.[2303] Eine solche Einwilligung suggeriert eine Freiwilligkeit und Eigenverantwortung, bedeutet aber häufig nichts anderes als faktischen Zwang.[2304] Die Einholung von Einwilligungen wird daher in Fällen, in denen die Nichterteilung zu erheblichen Nachteilen führt, zur wirkungslosen Bürokratie.[2305]

Typische Fälle sind so genannte SCHUFA-Klauseln im Kreditwesen oder die Datenschutzermächtigungs- und Allfinanzklauseln im Versicherungsbereich.[2306] Wer eine im Vertrag enthaltene SCHUFA-Klausel nicht unterzeichnen will, erhält den Kaufgegenstand oder die begehrte Dienstleistung nicht.[2307] Auch bezüglich der konkreten Ausgestaltung technischer Systeme hat der Betroffene in der Regel keine Einwirkungsmöglichkeiten. Die Entscheidungsfreiheit besteht prinzipiell nur noch darin, vorgegebene Bedingungen pauschal zu akzeptieren oder insgesamt auf die angebotenen Waren oder Dienstleistungen zu verzichten.[2308] Verhandlungsmöglichkeiten, nur einzelne Komponenten eines technischen Systems zu nutzen oder nur in deren Nutzung durch den Vertragspartner einzuwilligen, bestehen nicht.[2309] Die vom Gesetzgeber gewünschte Möglichkeit, durch die Einwilligung die Bedingungen und den Umfang der Datenverarbeitung maßgeblich zu beeinflussen, besteht bei zunehmenden technischen Vorgaben nicht mehr. Derart komplexe Systeme werden bei IKT-Implantaten jedoch der Regelfall sein, insbesondere wenn die Datenverarbeitung anschließend über eine Vielzahl von Stellen verteilt ist und unbemerkt im Hintergrund erfolgt.

Um den Entscheidungsvorrang des Betroffenen zu wahren, sollte dieser die Möglichkeit haben, einzelnen Unternehmen bestimmte Verarbeitungen im Wege der Einwilligung zu gestatten. Aufgrund der Machtposition der verantwortlichen Stelle können diese ihre Verarbeitungswünsche jedoch ohne Rücksicht auf die individuelle Situation des Einwilligenden durchsetzen.[2310] Dem Bürger als organisatorisch, ökonomisch oder sozial unterlegenen Partner bleibt im Verhältnis zu Behörden, Unternehmen oder Arbeitgebern häufig kei-

2302 BVerfGE 89, 214 (233) – *Bürgschaftsvertrag*; 114, 1 (34f) – *Bestandsübertragung*; BVerfG RDV 2007, 20 (22) – *Schweigepflichtentbindung*; *Menzel*, DuD 2008, 404.

2303 *Roßnagel/Pfitzmann/Garstka*, Modernisierung des Datenschutzrechts, 91 mwN.

2304 *Schaar*, DuD 2007, 260.

2305 *Neumann/Schulz*, DuD 2007, 253; *Menzel*, DuD 2008, 404.

2306 *Simitis* in Simitis, BDSG, § 4 a Rn 65-67 mwN und *Petri*, RDV 2007, 155 mwN, welche darauf verweisen, dass ein Betroffener ohne Unterzeichnung der entsprechenden Einwilligung der Erklärungen kein Giro-Konto erhält, worauf er jedoch im Arbeitsverhältnis angewiesen ist. Da nahezu alle Kreditinstitute gleichförmig die Eröffnung eines Giro-Kontos von der Unterschrift und die SCHUFA-Klauseln abhängig machen, hat ein Verbraucher daher keine echte Wahl.

2307 *Schaar*, DuD 2007, 260.

2308 *Sokol/Tiaden* in Bizer, Big Brother und die schöne neue Welt der Vermarktung , 166.

2309 *Friedewald/Lindner* in Mattern, Datenschutz, Privatsphäre und Identität in intelligenten Umgebungen, 224 unter Verweis auf die höchst asymmetrischen Machtverhältnisse zwischen Anbietern und Kunden im Bereich des Einzelhandels.

2310 *Roßnagel/Pfitzmann/Garstka*, Modernisierung des Datenschutzrechts, 91 mwN; *Petri*, RDV 2007, 154.

ne andere Wahl als die geforderten Daten zur Verfügung zu stellen.[2311] Als Folge bestätigen die Betroffenen mit ihrer Einwilligung lediglich eine pauschale, generalisierte Entscheidung des Vertragspartners.[2312]

Die Einwilligung wird für Daten verarbeitende Stellen somit zum einfachsten Weg, auf legale Art und Weise an möglichst umfassende personenbezogene Daten Dritter zu gelangen und gesetzliche Verarbeitungshindernisse zu umgehen.[2313] Hierdurch wird das verfassungsrechtlich vorgesehene Regel-Ausnahmeverhältnis eines Vorrangs des freien und eigenverantwortlichen Handelns des Einzelnen gegenüber nicht gesetzlich erlaubten Verarbeitungsinteressen in der Realität zumeist umgekehrt.[2314] Entgegen der vom Gesetzgeber bei dem Erlass der Datenschutzgesetze zugrunde gelegten Annahme, dass eine freiwillige Einwilligung lediglich in diejenigen Datenerhebungen und –verarbeitungen erteilt wird, welche tatsächlich im Interesse des Betroffenen liegen, stellt die Einwilligung geradezu den *„Schlüssel zu einem nahezu unbegrenzten, von allen ansonsten zu beachtenden gesetzlichen Schranken befreiten Zugang zu den von den Daten verarbeitenden Stellen jeweils gewünschten Angaben“* dar.[2315]

5.2.5.2.2. Faktischer Zwang im Bereich der Medizin / Gesundheitstelematik

Dies gilt insbesondere auch im Bereich der Medizin, wo die für eine wirksame Einwilligung erforderliche freie Entscheidung des Betroffenen ohne Zwang und Druck häufig nicht mehr gewährleistet ist und die Einwilligung zur Fiktion gerät.[2316] Patienten befinden sich in der Regel von Anfang an in einer Situation, welche eine freie und selbstständige Entscheidung über den Zugang zu ihren Daten nicht gerade begünstigt.[2317] Zwar ist eine vertragliche Verpflichtung, eine Einwilligung beispielsweise künftig zu erteilen, gemäß § 32 SGB I nichtig.[2318] Doch schon wenn Patienten eine Vielzahl von Einwilligungen und Erklärungen vor einer erforderlichen Behandlung abgeben müssen, sehen sich diese häufig nur vor der Alternative, pauschal alle Einwilligungen abzulehnen oder ebenso pauschal zu erteilen.[2319] Durch das Gefühl krank zu sein und die an eine ärztliche Behandlung geknüpften Hoffnungen schwindet selbst eine sonst vorhandene kritische Einstellung gegenüber der Da-

2311 *Simitis*, NJW 1984, 401; *Bergmann/Möhrle/Herb*, Datenschutzrecht Bd. I Teil 3, § 4, Rn 33f; *Scholz*, Datenschutz beim Internet-Einkauf, 299 mwN.

2312 *Scholz*, Datenschutz beim Internet-Einkauf, 300.

2313 *Simitis*, RDV 2007, 146f; *Simitis* in Simitis, BDSG, § 4 a, Rn 67ff mwN; *Menzel*, DuD 2008, 404.

2314 *Simitis* in Simitis, BDSG, § 4 a, Rn 67ff mwN.

2315 *Simitis* in Simitis, BDSG, § 4 a, Rn 67ff.

2316 *Simitis* in Brem/Druey/Kramer et al., FS Pedrazzini, 492 mwN; so auch (allgemein) zu Fällen, in denen die Komplexität der Einwilligungserklärung die Aufnahmefähigkeit des Betroffenen überfordert *Menzel*, DuD 2008, 401.

2317 *Simitis* in Brem/Druey/Kramer et al., FS Pedrazzini, 492 unter Verweis auf die Erfahrung beim Aufbau von Krebsregistern im NRW; ähnlich bezüglich des begrenzten Verständnisses von Krebspatienten für das Erfordernis, sich vor einer Einwilligung in die rettende Operation durch unzählige Seiten einer umfangreichsten Information zur genetischen Untersuchung des Tumorgewebes quälen zu müssen *Menzel*, DuD 2008, 408.

2318 Dies deshalb, weil § 32 SGB I eine Vereinbarung für nichtig erklärt, die zum Nachteil des Betroffenen von den Vorschriften des SGB abweicht, vgl. *Meier*, Der rechtliche Schutz patientenbezogener Gesundheitsdaten, 226.

2319 *Menzel*, DuD 2006, 152.

tenverarbeitung zu Gunsten der Bereitschaft, jede nur gewünschte Information im Interesse einer besseren Heilungschance zu geben, so dass sich Patienten wie selbstverständlich mit sämtlichen Datenverarbeitungsabsichten einverstanden erklären.[2320] Hier verschafft auch das in § 291 a Abs. 8 SGB V verankerte Verbot, vom Inhaber einer eGK einen Zugriff Dritter oder eine Datennutzung zu anderen Zwecken zu verlangen und Betroffene wegen erteiltem oder verweigertem Zugriff zu bevor- oder benachteiligen, nicht die nötige Abhilfe, da im Interesse der bestmöglichen Chancen einer Heilung auch ohne „zusätzliche" unlautere Anreize ein enormer Druck auf Personen ausgeübt wird, die sich bereits in einer zwangsähnlichen Lage befinden. Es besteht die Gefahr, dass gerade die Häufung von Informationen und Einwilligungsanforderungen in Telematikprojekten des Gesundheitswesens das Freiheitsrecht der informationellen Selbstbestimmung für kranke Menschen in sein Gegenteil verkehrt.[2321] Zudem bleibt die technische Architektur der Umsetzung bei allen derzeit im SGB V vorgesehenen Einwilligungs-, Wahl- und Gestaltungsmöglichkeiten der verschiedenen Telematikanwendungen außerhalb der Mitbestimmung der Versicherten. Hierüber muss zwar informiert werden. Die für Laien nicht zu überschauende Technik wird aber gerade nicht Gegenstand einer mitbestimmten Einwilligung.[2322]

Weitere Probleme ergeben sich bei Minderjährigen, bei denen die pauschale Einschaltung gesetzlicher Vertreter bislang noch die Regel ist.[2323] Je nach Reifegrad des betroffenen Minderjährigen ist dieser vielmehr auch selbst zu befragen, da es sich bei den personenbezogenen Informationen im Gesundheitsbereich um ein höchstpersönliches Gut handelt.[2324] Ab wann ein Minderjähriger einzubeziehen ist, ist aber umstritten. Teilweise wird vertreten, dass sich die Einwilligungsfähigkeit Minderjähriger nicht nach ihrer individuellen Einsichts- und Urteilsfähigkeit, sondern nach der Vermutung des § 36 Abs. 1 SGB I bestimmt, welcher Personen ab Vollendung des 15. Lebensjahres die sozialrechtliche Handlungsfähigkeit zuerkennt.[2325] Um dem Grundrecht auf informationelle Selbstbestimmung gerade auch im Gesundheitsbereich Rechnung zu tragen, wird man dieses Datum jedoch nur als Regelfall und Obergrenze annehmen dürfen, nicht jedoch jüngere Personen von jeglicher Beteiligung oder Einwilligung ausschließen dürfen.[2326] Dennoch stellt sich die Frage, inwieweit ein Minderjähriger tatsächlich „freiwillig" seine Einwilligung erteilt, wenn ihm dies beispielsweise von einem behandelnden Arzt und seinen Erziehungsberechtigten nachdrücklich geraten wird. Die gleiche Illusion einer selbstbestimmten Einwilligung stellt

---

2320 *Bergmann/Möhrle/Herb*, Datenschutzrecht Bd. III Teil 7, § 67 b SGB X, Rn 17; *Menzel*, DuD 2006, 150; *Simitis* in Brem/Druey/Kramer et al., FS Pedrazzini, 492 unter Verweis auf die Erfahrung beim Aufbau von Krebsregistern im NRW.

2321 *Menzel*, DuD 2006, 152; *Menzel*, DuD 2008, 408.

2322 *Simitis*, RDV 2007, 150.

2323 Kritisch hierzu *Simitis*, JZ 2008, 700.

2324 *Bress*, SF Medien (161) 4/2007, 95; *Simitis*, JZ 2008, 700; vgl. zu Einwilligung Minderjähriger nach dem TKG auch *Wittern/Schuster* in Geppert/Attendorn, Beck'scher TKG-Kommentar, § 98, Rn. 12; zur Einwilligung nach dem TMG *Gomille*, ITRB 2007, 116.

2325 *Meier*, Der rechtliche Schutz patientenbezogener Gesundheitsdaten, 226 mwN.

2326 So auch *Simitis*, JZ 2008, 700.

sich bei alten, schwer kranken und geistig nur beschränkt aufnahmefähigen Menschen, wenn diese eine datenschutzrechtliche Einwilligung auf *„freiwilliger"* und *„informierter"* Basis durch eine umfassende Aufklärung erteilen sollen, ohne dass sie die technisch-praktische Möglichkeit einer Datenverarbeitung überschauen (können). Die notwendige Aufklärung übersteigt die Aufnahmefähigkeit und das Verständnis der Betroffenen.[2327] Daher erscheint die erforderliche Entscheidung über Wahlrechte vielen Betroffenen eher als lästige Pflicht gegenüber dem behandelnden Arzt denn als Ausübung eines Freiheits- und Gestaltungsrechts.[2328]

Im Hinblick auf die im Sozialbereich problematische Freiwilligkeit wird daraus teilweise gefolgert, dass die Schwelle der Freiwilligkeit nicht mehr *„absolut"*, sondern *„allenfalls relativ"* gezogen werden soll.[2329] Das Ergebnis wäre jedoch eine ausufernde Erlaubnis der Datenerhebung und -verarbeitung, welche die ursprünglich zur Gewährleistung des Grundrechts auf informationelle Selbstbestimmung eingeführte Einwilligung gänzlich als bürokratische, inhaltsleere Hülle zurücklassen würde. Anstatt die Einwilligung in ihrer bisherigen Form noch weiter abzuschwächen und faktisch zu entwerten, bedarf sie vielmehr einer Stärkung, um ihren Schutz wieder entfalten zu können. Dies gilt insbesondere für das Ubiquitous Computing im Rahmen von IKT-Implantaten, bei welchen sich die Probleme verschärfen. So spielte die Einwilligung als Grundlage einer zulässigen Datenverarbeitung im Sozialbereich bislang allenfalls eine nachgeordnete Rolle.[2330] Dort setzte die herkömmliche Datenverarbeitung in der Regel eine Rechtsvorschrift voraus, so dass für eine Einwilligung allenfalls bei der Erhebung freiwilliger Angaben Raum blieb.[2331] Gerade um die Möglichkeiten des integrierten Gesundheitssystems (eGK, Personal Health Monitoring) nutzen zu können, kommt es künftig aber auf eine solche Erhebung und Verarbeitung freiwilliger Angaben durch eine Vielzahl von Beteiligten an, so dass im Rahmen von IKT-Implantaten und Telematik-Projekten eine Einwilligung regelmäßig erforderlich sein wird.

5.2.5.3. Überforderung des Betroffenen bei mobilen Applikationen

Die Einwilligung als Ausdruck der informationellen Selbstbestimmung muss auch bei umfassender allgegenwärtiger Datenverarbeitung durch IKT-Implantate gewahrt bleiben.[2332] Allerdings dürften die herkömmlichen formellen und materiellen Anforderungen an die Einwilligung des Nutzers bei mobilen Anwendungen – insbesondere solcher durch IKT-Implantate – schwer zu erfüllen sein.[2333] Schon mobile Endgeräte eignen sich aufgrund kleiner Displays nur bedingt, um die an sich gebotenen umfassenden Erklärungen und Un-

2327 *Menzel*, DuD 2006, 152.
2328 *Menzel*, DuD 2006, 152; *Menzel*, DuD 2008, 401, 408.
2329 *Steinbach*, NZS 2002, 19.
2330 *Bergmann/Möhrle/Herb*, Datenschutzrecht Bd. III Teil 7, § 67 b SGB X, Rn 14.
2331 *Bergmann/Möhrle/Herb*, Datenschutzrecht Bd. III Teil 7, § 67 b SGB X, Rn 14.
2332 So auch *Roßnagel/Müller*, CR 2004, 629.
2333 So allgemein zu vielen Anwendungen *Hellmich*, MMR 2002, 156.

terrichtungen zu übermitteln.[2334] Dies gilt erst Recht in Bezug auf IKT-Implantate, welche gar keine Anzeigen mehr enthalten. Wird der Nutzer zudem – was an sich im Interesse einer bestmöglichen Gewährleistung der informationellen Selbstbestimmung läge – vor jeder Datenerhebung und -verarbeitung hierüber informiert und müsste diese einzeln zulassen, wäre er mit einer Flut von Anfragen konfrontiert und damit überfordert. Die vor jeder Verarbeitung und Nutzung der Daten erforderliche Einwilligung stößt angesichts der vielfältigen Vorgänge und der zahlreichen verantwortlichen Stellen an subjektive und objektive Grenzen.[2335] Als Folge würde die bezweckte individuelle Entscheidung dadurch gerade nicht erreicht.

Auf der Grundlage der derzeitigen einfachgesetzlichen Anforderungen können Einwilligung und Unterrichtung bei allgegenwärtiger Datenverarbeitung nicht funktionieren. In Betracht kommt eine Abschwächung der derzeitigen Anforderungen zu einer Unterrichtung und Einwilligung nur einmalig vor der erstmaligen Inanspruchnahme der Leistungen in ausführlicher Form und später nur noch in generalisierter Kurzform unter Verweis auf weiterführende Angaben.[2336] So könnten beispielsweise standortbezogene Dienste (LBS) *„abonniert"* und nicht im Einzelfall angefordert werden.[2337] Dies würde zumindest bei wenigen regelmäßig genutzten Diensten für eine leichte Abhilfe sorgen. Ein solcher Trend zur Generalisierung der Einwilligung zeichnet sich bereits heute in Massengeschäften ab, bei welchen der faktische Zwang zur Abgabe einer Einwilligung in standardisierter Form den Rechtsgedanken einer individuellen Steuerung von Datenverarbeitungsflüssen entwertet.[2338] Hierdurch wird die Steuerungskraft der Einwilligung zur Wahrnehmung der informationellen Selbstbestimmung weiter sinken und im Ergebnis ihre Bedeutung gänzlich verlieren.[2339]

Sofern – wie zu erwarten ist – unterschiedliche Mehrwertdiensteanbieter auftreten und dem Nutzer eine Vielzahl von LBS-Diensten im Einzelfall anbieten, gestaltet sich auch eine vorherige Einwilligung in Form eines Abonnements des Dienstes als kaum praktikabel. Denn ein Nutzer möchte spontan und mobil auf verschiedene LBS verschiedener LBS-Anbieter zugreifen, ohne dass er mit jedem zuvor einen Rahmenvertrag abschließen muss. Um den Nutzen der Technik voll entfalten zu können, ist eine Einwilligung in Rahmenverträgen, welche aufgrund der Informationserfordernisse gerade nicht mobil geschlossen werden können, ungeeignet. Eine mit dem Anbieter von Telekommunikationsdiensten oder sonstigen Netzbetreibern (an Stelle des LBS-Anbieters) getroffene pauschale Einwilligung im Vorfeld wäre mangels Bestimmtheit der Datenverarbeitungstatbestände

2334 *Hellmich*, MMR 2002, 156.

2335 *BSI; Bundesamt für Sicherheit in der Informationstechnik*, Pervasive Computing, 91; *Bizer/Dingel/Fabian et al.*, TAUCIS, 208; *Roßnagel/Müller*, CR 2004, 628ff; *Roßnagel*, FES-Studie, 133f, 137; *Roßnagel* in Mattern, Informationelle Selbstbestimmung in der Welt des Ubiquitous Computing, 273f.

2336 *Roßnagel/Müller*, CR 2004, 629; *Roßnagel*, FES-Studie, 138; *Hellmich*, MMR 2002, 156.

2337 *Hellmich*, MMR 2002, 156.

2338 *Dix*, DuD 2007, 257; *Schaar*, DuD 2007, 260.

2339 *Roßnagel/Müller*, CR 2004, 629; *Roßnagel*, FES-Studie, 138.

unwirksam.[2340] Damit müsste doch wieder in jedem Einzelfall eine ausführliche Unterrichtung und Einwilligung erfolgen, was praktisch gar nicht möglich wäre.[2341]

Noch problematischer wäre die Einhaltung der vom Datenschutzrecht vorgesehenen Formvorschriften, da zumindest die teilweise nach dem BDSG erforderliche Schriftform bei mobiler Nutzung nicht praktikabel erscheint.[2342] Die klassischen Instrumente des Datenschutzrechts, insbesondere die Einwilligungserklärung, tragen den Besonderheiten der mobilen Kommunikation insbesondere bei IKT-Implantaten nicht hinreichend Rechnung.[2343]

5.2.5.4. Einwilligung in die Erhebung und Verwendung von Standortdaten Dritter

5.2.5.4.1. Gesetzliche Regelung

Eine Regelung zur Erhebung und Nutzung von Standortdaten findet sich nur im TKG. Standortdaten sind nach der Legaldefinition Daten, die in einem Telekommunikationsnetz erhoben oder verwendet werden und die den Standort des Endgeräts eines Endnutzers eines Telekommunikationsdienstes für die Öffentlichkeit angeben.[2344] Erfasst werden insbesondere Standortdaten in Fest- und Mobilfunknetzen, aber auch in Datennetzen und im Internet oder über ein Endgerät mit einem GPS-Empfänger.[2345] Ein (End-)Nutzer ist jede natürliche Person, die rein faktisch einen Telekommunikationsdienst für private oder geschäftliche Zwecke nutzt.[2346] Das TKG regelt ausschließlich die Nutzung von Standortdaten, die in Bezug auf die Nutzer von öffentlichen Telekommunikationsnetzen oder Telekommunikationsdiensten für die Öffentlichkeit verwendet werden. Standortdaten aus nicht-öffentlichen Netzen, z. B. private WLAN-Netze in Krankenhäusern zur Lokalisierung von Ärzten, Patienten und Mobiliar, fallen nicht unter das TKG.[2347] Auf solche finden hingegen TMG und BDSG Anwendung, die nicht auf die *„öffentlicher"* Netze abstellen.

Nach seinem Wortlaut erlaubt § 98 TKG nur die Einwilligung in die Verarbeitung von Standortdaten, nicht aber die zwingend vorangehende Erhebung derselben, da das deutsche Recht beide Begriffe unterscheidet (vgl. § 3 Abs. 3, Abs. 4 BDSG). Dies hätte aufgrund des gesetzlichen Verbots mit Erlaubnisvorbehalt die widersinnige Konsequenz, dass die Datenerhebung als notwendige Voraussetzung der Datenverarbeitung mangels ge-

2340 *Hellmich*, MMR 2002, 156.
2341 BSI; Bundesamt für Sicherheit in der Informationstechnik, Pervasive Computing, 91; Hellmich, MMR 2002, 156.
2342 *Roßnagel/Müller*, CR 2004, 629; *Roßnagel*, FES-Studie, 137.
2343 In dieser Tendenz auch *Hellmich*, MMR 2002, 158.
2344 § 3 Nr. 19 TKG.
2345 *Wittern* in Geppert/Attendorn, Beck'scher TKG-Kommentar, § 98, Rn 4.
2346 § 3 Nr. 14 TMG.
2347 *Wittern* in Geppert/Attendorn, Beck'scher TKG-Kommentar, § 98, Rn 4.

setzlicher Erlaubnis verboten wäre. Die Formulierung geht allerdings auf Art. 9 DSRL[2348] zurück, welcher ebenfalls ausschließlich von der Verarbeitung von Standortdaten spricht. In der Richtlinie versteht man die Verarbeitung jedoch als einen Oberbegriff für alle Formen des Umgangs mit Daten, so dass auch die Erhebung der Daten davon umfasst ist.[2349] Bei der Formulierung des § 98 TKG scheint es sich mithin um eine unbedachte Übernahme der Formulierung aus der Richtlinie zu handeln, welche europarechtskonform ergänzend dahingehend auszulegen ist, dass auch die Erhebung und sonstige Nutzung von Standortdaten von § 98 TKG erfasst werden.[2350]

Gemäß § 98 Abs. 2 TKG müssen die Betroffenen auch nach Erteilung einer generellen Einwilligung zur Erhebung und Verarbeitung ihrer Daten diese untersagen können. Lediglich für Notrufdienste sieht § 98 Abs. 3 TKG eine Sonderregelung vor, wonach Diensteanbieter sicherstellen müssen, dass die Übermittlung von Standortdaten an Hilfsdienste auch im Falle einer einzelfallbezogenen oder grundsätzlichen Ablehnung möglich ist.

Standortdaten dürfen auch im Fall einer Einwilligung nicht umfassend, sondern nur innerhalb des für diesen Dienst erforderlichen Zeitraums und in dem Maße erhoben werden, das für die Bereitstellung von Diensten mit Zusatznutzen erforderlich ist (§ 98 Abs. 1 Satz 1 TKG). Maß und Zeitraum hängen dabei von einer Einzelfallbetrachtung unter Berücksichtigung des Diensteprofils, der Effizienz und des Nutzerinteresses ab. Eine detaillierte Regelung wollte der Gesetzgeber nicht treffen, um die Entwicklung der LBS nicht zu stark zu beeinträchtigen.[2351] Im Regelfall dürfte aber beispielsweise eine dauerhafte Speicherung von (historischen) Standortdaten zur Erbringung von LBS nicht notwendig sein.[2352]

§ 98 TKG differenziert ferner zwischen dem Nutzer und dem Teilnehmer von öffentlichen Telekommunikationsnetzen oder Telekommunikationsdiensten. Teilnehmer ist nur diejenige natürliche oder juristische Person, die mit einem Anbieter von Telekommunikationsdiensten einen Vertrag über die Erbringung derartiger Dienste geschlossen hat (§ 3 Nr. 20 TKG), Nutzer hingegen jede natürliche Person, die unabhängig von einer vertraglichen Beziehung faktisch einen Telekommunikationsdienst für private oder geschäftliche Zwecke nutzt (§ 3 Nr. 14 TKG). Zulässig ist eine Verarbeitung rechtmäßig erhobener Standortdaten, wenn die Daten anonymisiert wurden[2353] oder der <u>Teilnehmer</u> seine Einwilligung er-

2348 Richtlinie 2002/58/EG des Europäischen Parlaments und des Rates vom 12. Juli 2002 über die Verarbeitung personenbezogener Daten und den Schutz der Privatsphäre in der elektronischen Kommunikation, ABl Nr. L 201 vom 31.7.2002, 37–47.

2349 Art. 2 lit. b DSRL.

2350 *Gomille*, ITRB 2007, 114; *Wittern* in Geppert/Attendorn, Beck'scher TKG-Kommentar, § 98, Rn 6.

2351 *Wittern* in Geppert/Attendorn, Beck'scher TKG-Kommentar, § 98, Rn 13.

2352 *Schrey/Meister*, K&R 2002, 183. So ist beispielsweise für Routeninformationen stets nur der aktuelle Standort maßgeblich, nicht aber ein durch die fortwährende Speicherung des Standortes entstandenes Bewegungsprofil. Dieses ist spätestens nach Erreichen des Ziels nicht mehr erforderlich und daher zu löschen.

2353 § 98 Abs. 1 Satz 1 Alt. 1 TKG.

teilt hat.[2354] Hierzu genügt eine einmalige, grundsätzliche Einwilligung bezüglich der wiederholten Inanspruchnahme eines standortbezogenen Dienstes.[2355] Dies kann beispielsweise auch beim Abschluss des Rahmenvertrages mit dem Diensteanbieter erfolgen. Vor der Erteilung der Einwilligung muss der Teilnehmer genau und verständlich darüber informiert werden, welche Arten von Standortdaten erhoben werden, wann und wie lange dies geschieht und ob die Daten zum Zweck der Bereitstellung des Dienstes mit Zusatznutzen an Dritte weitergegeben werden.[2356] Die Einwilligung kann gemäß § 98 Abs. 1 Satz 3 TKG jederzeit widerrufen werden. Eine Regelung zur Verwendung von Standortdaten eines Nutzers sieht § 98 TKG nicht vor.[2357]

5.2.5.4.2. Ungelöstes Problem der Einwilligung eines Nutzers in die Erhebung und Verwendung seiner Standortdaten

Keine Lösung sieht das TKG daher für eine Verwendung von Standortdaten Dritter. Hierzu existiert nur ein – nicht überzeugender – Lösungsvorschlag. Einer Ansicht nach soll die Einwilligung des Teilnehmers auch die Erhebung und Verwendung von Standortdaten des Nutzers zulassen, da der Anbieter von Telekommunikationsdiensten nicht erkennen könne, ob neben seinem Vertragspartner noch weitere Personen das Endgerät nutzen.[2358] Wird ein Gerät noch von weiteren Personen benutzt, muss der Teilnehmer diese von der erteilten Einwilligung in Kenntnis setzen, um die ungewollte Preisgabe von Standortdaten durch die unwissenden Mitbenutzer zu verhindern.[2359] Diese Unterrichtung soll zur Gewährleistung des Rechts auf informationelle Selbstbestimmung genügen, da der Nutzer bei Verwendung des Endgeräts in Kenntnis der erteilten Einwilligung zumindest konkludent seine eigene Einwilligung in die Nutzung der Standortdaten erteilt.[2360] Ob eine Einwilligung überhaupt konkludent erteilt werden kann, ist aber umstritten[2361] und aufgrund des bezweckten Schutzes zu verneinen. Eine solche Einwilligung wäre nur wirksam, wenn tatsächlich eine umfassende vorherige Aufklärung des Nutzers durch den Teilnehmer erfolgt ist. Bei einer unvollständigen oder fehlerhaften Aufklärung würde die konkludente Einwilli-

2354 § 98 Abs. 1 Satz 1 Alt. 2 TKG.

2355 So die Begründung zum Regierungsentwurf zu § 96 TKG, BT–Drs. 15/2316, 98; ebenso *Wittern* in Geppert/Attendorn, Beck'scher TKG-Kommentar, § 98, Rn 9; *Gomille*, ITRB 2007, 115.

2356 *Wittern* in Geppert/Attendorn, Beck'scher TKG-Kommentar, § 98, Rn 10.

2357 Zu den sich hieraus ergebenden Einzelfallproblemen siehe die Erörterung in Kapitel 5.2.5.4.2.

2358 *Jandt*, MMR 2007, 78; *Gola*, NZA 2007, 1143.

2359 § 98 Abs. 1 Satz 2 TKG, so auch *Wittern* in Geppert/Attendorn, Beck'scher TKG-Kommentar, § 98, Rn 9 mwN.

2360 *Jandt*, MMR 2007, 78.

2361 So will das BAG RDV 2005, 216-221, Rn 32 bei einem *„freiwilligen"* Verbleiben an einem Ort, der sichtbar videoüberwacht wird, *„regelmäßig"* eine Einwilligung sehen, da der Betroffene dem Ort ja auch fern bleiben könne; eine *„in wettbewerbsrechtlicher Betrachtungsweise rechtswirksame"* konkludente Einwilligungserklärung sah das OLG Frankfurt MMR 2001, 259 (260) als gegeben an; a.A. ausdrücklich *Simitis* in Simitis, BDSG, § 4 a, Rn 44; auch *Gomille*, ITRB 2007, 155 hält eine konkludente Einwilligung zumindest für bedenklich, da diese *„zumindest an die Grenze des herkömmlichen Verständnisses von der datenschutzrechtlichen Einwilligung stößt"*.

gung den Anbieter von Telekommunikationsdiensten dagegen nicht zur Erhebung und Verarbeitung der Standortdaten berechtigen.[2362]

Es mag für den Anbieter von Telekommunikationsdiensten misslich sein, dass er nicht erkennen kann, ob das Endgerät durch eine andere Person genutzt wird. Durch das Abstellen auf eine konkludente Einwilligung des Nutzers kann dieses Problem nicht gelöst werden, da der Anbieter von Telekommunikationsdiensten in diesen Fällen nicht erkennen kann, ob eine etwaige konkludente Einwilligung Dritter aufgrund hinreichender vorheriger Aufklärung wirksam erteilt wurde. Die Erhebung und Verarbeitung des Standortes des Nutzers durch ihn kann folglich selbst bei Zulassung einer konkludenten Einwilligung rechtswidrig sein.[2363] Für eine konkludente Einwilligung spricht daher schon kein Bedürfnis des Anbieters von Telekommunikationsdiensten.

Sachgerecht ist es daher, die Einwilligung des Teilnehmers allein auf die Erhebung und Verarbeitung seiner eigenen Standortdaten zu beziehen und für die Erhebung und Verarbeitung von Standortdaten eines Nutzers dessen ausdrückliche Einwilligung gegenüber dem Anbieter von Telekommunikationsdiensten zu verlangen.[2364] Diese Sichtweise wird auch dem grundrechtlich gebotenen Schutz der informationellen Selbstbestimmung gerecht. Fehlt die gesonderte Einwilligung, ist die Erhebung und Verarbeitung von Standortdaten eines Nutzers nur in anonymisierter Form zulässig.[2365] Hierfür spricht auch Art. 9 Abs. 1 Satz 1, Satz 3 DSRL, der Teilnehmer und Nutzer ausdrücklich gleich behandelt und bei beiden die Erteilung und den Widerruf einer Einwilligung ausdrücklich vorsieht. § 98 TKG ist insoweit europarechtskonform auszulegen.[2366] Die bei mobilen Endgeräten problematische Information und Kommunikation mit dem Betroffenen dürfte sich im Falle allgegenwärtiger Datenverarbeitung durch IKT-Implantate insoweit entschärfen, als der Kreis der „Nutzer“ eines Implantats deutlich geringer ausfallen dürfte, als der eines schnell mal „verliehenen“ Mobiltelefons. Noch entscheidender wird im Hinblick auf IKT-Implantate aber

2362 So auch *Gomille*, ITRB 2007, 115.

2363 Da die Einhaltung der Unterrichtungspflicht nicht kontrollierbar sei, fordert beispielsweise *Gola*, NZA 2007, 1143 als Konsequenz ein Verwertungsverbot *„heimlich“* gewonnener Aufenthaltsdaten. Wie dieses aber praktisch ausgestaltet sein soll, wenn der TK-Anbieter hiervon gar keine Kenntnis hat, verrät *Gola* nicht.

2364 So auch *Gomille*, ITRB 2007, 115. Die in § 98 Abs. 1 Satz 2 TKG vorgesehene Unterrichtung des *„Mitbenutzers“* durch den Teilnehmer über eine erteilte Einwilligung läuft dabei auch nicht ins Leere. Zwar ist in Fällen, bei denen die Nutzung primär durch den Nutzer und nicht (auch) durch den Teilnehmer bezweckt ist, bei europarechtskonformer Auslegung aber schon eine Erhebung von Standortdaten eines Dritten ohne dessen ausdrückliche Einwilligung oder eine anderweitige gesetzliche Ermächtigung unzulässig, da die Einwilligung des Teilnehmers nicht genügt. Eine Ausnahme gilt dort, wo der Teilnehmer zugleich Vertreter des Nutzers ist, beispielsweise ein Erziehungsberechtigter, und für den Vertretenen in dessen Namen einwilligt. Hier ist die Grenze anhand der Grundrechtsmündigkeit und Einsichtsfähigkeit des Betroffenen zu ziehen, ab deren Erreichen eine Vertretung unzulässig wird. Vgl. dazu die Ausführungen sogleich sowie in Kapitel 4.2. Die Regelung in § 98 Abs. 1 Satz 2 TKG findet aber dort eine sinngebende Anwendung, wo eine lediglich eine vorübergehende Gebrauchsüberlassung vorliegt, beispielsweise spontan für ein einzelnes Telefonat. Die sprachliche Differenzierung zwischen *„Nutzer“* und *„Mitbenutzer“* erlaubt daher eine sinnvolle und praxisgerechte Differenzierung.

2365 *Wittern* in Geppert/Attendorn, Beck'scher TKG-Kommentar, § 98, Rn 7.

2366 Zweifel an einer diesbezüglich korrekten Umsetzung der DSRL hat auch *Gomille*, ITRB 2007, 115.

die Information des Trägers des Implantats und die Sicherstellung von dessen freiwilliger informierter Einwilligung in Datenverarbeitungsvorgänge auf und mit Hilfe des Implantats.

Dies gilt insbesondere bei Minderjährigen, die als Nutzer von Implantaten in Erscheinung treten, während das Vertragsverhältnis häufig mit deren Erziehungsberechtigten besteht. Dies kommt beispielsweise bei Kinderortungsdiensten in Betracht, bei denen Eltern – als Vertragspartner – den Standort des Kindes – als Nutzer – durch einen z. B. in den Kinderrucksack eingenähten Chip oder ein entsprechendes IKT-Implantat ermitteln. Bei diesen richten sich die Anforderungen an eine wirksam erteilte Einwilligung nach den hierzu aufgestellten allgemeinen Grundsätzen für die Einwilligung Minderjähriger im Datenschutzrecht.[2367] Demnach gibt es keine feste Altersgrenze, vielmehr ist individuell nach den wachsenden Fähigkeiten und dem steigenden Bedürfnis des Kindes nach einem selbständigen und verantwortungsbewussten Handeln zu entscheiden, ob und wann die Einwilligungsbefugnis auf das Kind übertragen werden soll.[2368] In dem Maße wie die Einsichtsfähigkeit des Betroffenen zunimmt, nimmt der Entscheidungsspielraum der Eltern ab.[2369] Die Datenschutzaufsichtsbehörden gehen ab dem 14. Lebensjahr regelmäßig von der erforderlichen Einsichtsfähigkeit der Minderjährigen aus.[2370]

5.2.6 Fehlende Datensparsamkeit – Zielkonflikt bei IKT-Implantaten

Aus dem Grundrecht auf informationelle Selbstbestimmung folgt ein grundsätzliches Verbot der Verarbeitung personenbezogener Daten. Soweit eine Datenerhebung und -verarbeitung im Interesse des Betroffenen oder der verarbeitenden Stelle dennoch zugelassen ist, ist zur Wahrung der informationellen Selbstbestimmung eine Beschränkung auf die erforderlichen Daten und unverzügliche Löschung entbehrlich gewordener Daten nötig. Die hierfür vorhandenen einfachgesetzlichen Instrumente stehen bei IKT-Implantaten, welche eine möglichst umfassende Datenbasis zur Erfüllung ihrer Aufgaben benötigen, in einem Zielkonflikt.

5.2.6.1. Gesetzliche Regelungen zur Datensparsamkeit

5.2.6.1.1. Datenvermeidung und Datensparsamkeit

Für alle Bereiche des Datenschutzrechts enthält § 3 a BDSG die Zielvorgabe der Datenvermeidung und Datensparsamkeit.[2371] Diese bezieht sich auf sämtliche Vorgänge der Da-

2367 *Wittern* in Geppert/Attendorn, Beck'scher TKG-Kommentar, § 98, Rn 12; *Gomille*, ITRB 2007, 116.

2368 BT–Drs. 15/2319, 21; ebenso *Wittern* in Geppert/Attendorn, Beck'scher TKG-Kommentar, § 98, Rn 12.

2369 *Simitis* in Simitis, BDSG, § 4 a, Rn 20; *Gomille*, ITRB 2007, 116 hält jedoch auch bei Erreichen der Einsichtsfähigkeit *„neben der Einwilligung des gesetzlichen Vertreters auch diejenige des betroffenen Minderjährigen"* für erforderlich. Hierfür besteht aber kein Bedarf, wenn eine volle Einsichtsfähigkeit vorliegt, da sodann die Einwilligung allein des Minderjährigen genügt.

2370 *Roßnagel* in Roßnagel/Abel, Handbuch Datenschutzrecht, 4.8, Rn 22; *Gomille*, ITRB 2007, 116; kritisch zu festen Altersgrenzen *Simitis* in Simitis, BDSG, § 4 a, Rn 21.

2371 *Bizer* in Simitis, BDSG, § 3 a, Rn 28; BT–Drs. 14/6098, 27; *Rasmussen*, CR 2002, 38 mwN; *Bergmann/Möhrle/Herb*, Datenschutzrecht Bd. I Teil 3, § 3 a, Rn 1-4.

tenverarbeitung, d. h. das Erheben, das Verarbeiten und das Nutzen personenbezogener Daten.[2372] Der in § 3 a BDSG weiter verankerte Systemdatenschutz zeichnet sich dadurch aus, dass bereits durch die Gestaltung der Systemstrukturen, in welchen personenbezogene Daten erhoben und verarbeitet werden, einer unzulässigen Datenverwendung vorgebeugt und die Selbstbestimmung des Nutzers sichergestellt werden soll.[2373] Systemdatenschutz bedeutet mit technisch-organisatorischen Mitteln zu gewährleisten, dass eine verantwortliche Stelle nur die Daten verarbeitet, welche sie rechtlich auch verarbeiten darf.[2374] Diensteanbieter sollen bereits bei der Gestaltung und Auswahl von Datenverarbeitungssystemen diese an dem Ziel ausrichten, keine (Datenvermeidung) oder so wenig personenbezogene Daten wie möglich (Datensparsamkeit) zu erheben, zu verarbeiten und zu nutzen.[2375]

Die Regelung des § 3 a BDSG gilt nicht nur gegenüber der verantwortlichen Stelle, sondern wirkt sich mittelbar auch auf die Hersteller und Anbieter von Datenverarbeitungssystemen aus. Wenn die verantwortlichen Stellen neue Datenverarbeitungssysteme anschaffen, muss es sich bevorzugt um datensparsame Technologien handeln. Dies soll zu einer entsprechend steigenden Nachfrage auf dem Markt führen.[2376] § 3 a BDSG ist daher zugleich eine „*Grundnorm*" für das Konzept des „*Datenschutz durch Technik*".[2377]

Eine Verletzung der Verpflichtungen des § 3 a BDSG ist jedoch nicht bußgeld- oder strafbewehrt. Auch die Kontrolle durch die Aufsichtsbehörden nach § 38 Abs. 1 Satz 1 BDSG wird mangels ausreichender Befugnis für wenig wirksam gehalten.[2378]

Eine zu § 3 a BDSG gleichlautende Regelung zum Systemdatenschutz findet sich auch im Sozialrecht (§ 78 SGB X). Auch die LDSG enthalten den Grundsatz entweder als eigenständiges Regelungsprinzip[2379] oder im Zusammenhang mit Regelungen des technisch-organisatorischen Schutzes der Datensicherheit. Auch das TMG sieht in Fortschreibung des TDDSG Regelungen zum Selbst- und Systemdatenschutz vor.

5.2.6.1.2. Löschungspflicht

Grundsätzlich sollen personenbezogene Daten für die Erhebung, Verarbeitung und Nutzung unzugänglich sein. Da das politische, soziale und wirtschaftliche Gefüge der Gesell-

---

2372 *Bizer* in Simitis, BDSG, § 3 a, Rn 50 ff.

2373 BT–Drs. 13/7385, 22.

2374 *Paulus*, DAngVers, 405. Dies kann nach der Gesetzesbegründung beispielsweise durch eine datensparsame Organisation der Übermittlung, der Abrechnung und Bezahlung sowie der Abschottung von Verarbeitungsbereichen gegeneinander unterstützt werden, BT–Drs. 13/7385, 22; *Rasmussen*, CR 2002, 38 mwN.

2375 *Rasmussen*, CR 2002, 38; *Bergmann/Möhrle/Herb*, Datenschutzrecht Bd. I Teil 3, Rn 4.

2376 *Bizer* in Simitis, BDSG, § 3 a, Rn 35.

2377 *Bizer* in Simitis, BDSG, § 3 a, Rn 1. Hierauf wird in Kapitel 0 ausführlicher eingegangen.

2378 *Bizer* in Simitis, BDSG, § 3 a, Rn 83 mwN.

2379 Vgl. § 4 Abs. 2 Datenschutzgesetz Schleswig–Holstein; § 5 Abs. 4 Hamburger Datenschutzgesetz, § 4 Abs. 2 Datenschutzgesetz von Nordrhein–Westfalen; *Bizer* in Simitis, BDSG, § 3 a, Rn 29 mwN.

schaft so nicht funktionsfähig wäre, sehen die Datenschutzgesetze Ausnahmetatbestände vor. Dennoch soll die Erhebung, Verarbeitung und Nutzung personenbezogener Daten eine *„regelwidrige“* Ausnahme darstellen.[2380] Damit dies tatsächlich so ist, fordert das Datenschutzrecht den Regelfall, wann immer es möglich ist, wieder durch Löschung vormals erhobener und verwendeter Daten herzustellen.[2381] Daher erlaubt beispielsweise § 35 Abs. 2 Satz 1 BDSG der verantwortlichen Stelle, gespeicherte Daten jederzeit zu löschen, wenn keine gesetzliche, satzungsmäßige oder vertragliche Pflicht zur Aufbewahrung entgegen steht oder kein Grund zu der Annahme besteht, dass die Löschung schutzwürdige Interessen des Betroffenen beeinträchtigt sowie eine Löschung wegen der besonderen Art der Speicherung nicht oder nur mit unverhältnismäßig hohem Aufwand möglich ist. Gemäß Satz 2 besteht darüber hinaus eine Löschungspflicht personenbezogener Daten, wenn ihre Speicherung unzulässig ist (Nr. 1), die Richtigkeit sensibler Daten von der verantwortlichen Stelle nicht bewiesen werden kann (Nr. 2), ihre Kenntnis für die Erfüllung des Zwecks der Speicherung nicht mehr erforderlich ist (Nr. 3) oder bei geschäftsmäßiger Datenverarbeitung die 4-Jahres-Frist abgelaufen ist (Nr. 4).[2382] Diese Pflichten gelten unabhängig von einem Löschungsverlangen des Betroffenen als gesetzliche Pflichten der verantwortlichen Stelle.

5.2.6.2. Grenzen der Datensparsamkeit

Der Grundsatz der Datensparsamkeit stößt bei einer Verbreitung von IKT-Implantaten noch deutlicher an seine Grenzen. So kann eine Unterstützungsleistung oft erst erbracht werden, wenn das Gerät über eine Vielzahl langfristig gespeicherter Daten verfügt.[2383] Dies betrifft insbesondere Gesundheitsanwendungen im Bereich des Telemonitoring, bei denen eine Reihe von Gesundheitsparametern kontinuierlich aufgezeigt, ausgewertet und überwacht werden muss, um auch langfristige Trends zur Verschlechterung erkennen zu können. Um kontextbezogen reagieren zu können, werden zukünftige Dienstleistungen immer weniger auf die Erhebung von Daten verzichten, selbst wenn deren Relevanz dabei noch nicht feststeht.[2384] Gerade die im Bereich des Personal Health Monitoring bei IKT-

2380 *Fraenkel/Hammer*, DuD 2007, 899; *Simitis*, RDV 2007, 144.

2381 *Fraenkel/Hammer*, DuD 2007, 899.

2382 Der im Hinblick auf das Scoring durch Auskunfteien am 30.07.2008 vom Kabinett beschlossene Gesetzesentwurf der Bundesregierung (BDSG-RegE, online abrufbar unter http://www.bmi.bund.de/Internet/Content/Common/Anlagen/Gesetze/Entwurf__BDSG__Aenderung,templateId=raw,property=publicationFile.pdf/Entwurf_BDSG_Aenderung.pdf) sieht hinsichtlich Nr. 4 eine Verkürzung auf drei Jahre vor, *„soweit es sich um Daten über erledigte Sachverhalte handelt und der Betroffene der Löschung nicht widerspricht“*. Zudem sollen auf Grundlage der neu einzuführenden Regelungen (§ 28 a Abs. 2 Satz 1, § 29 Abs. 1 Satz 1 Nr. 3 BDSG-RegE) gespeicherte Daten nach Beendigung des Vertrages auch zu löschen sein, wenn der Betroffene dies verlangt.

2383 *Roßnagel*, FES-Studie, 147.

2384 *Langheinrich* in Fleisch/Mattern, Die Privatsphäre im Ubiquitous Computing, 341; *Roßnagel* in Mattern, Informationelle Selbstbestimmung in der Welt des Ubiquitous Computing, 278.

Implantaten anfallenden umfangreichen Sensordaten dürften den Grundsatz der Datensparsamkeit erheblich strapazieren.[2385]

5.2.6.3. Gesetzliche Regelungen zu Anonymität und Pseudonymität

Der Gesetzgeber fordert zur Gewährleistung der Datensparsamkeit, von den Möglichkeiten der Anonymisierung und Pseudonymisierung Gebrauch zu machen. Nach der Gesetzesbegründung genießen die anonyme und die pseudonyme Form der Datenverarbeitung sogar Vorrang vor der Verarbeitung von personenbezogenen Volldaten. Soweit dies sachgerecht ist, gilt es daher *„das Mitführen der vollen Identität Betroffener während der eigentlichen Datenverarbeitungsvorgänge zu reduzieren“,*[2386] d. h. Daten der Betroffenen allein in anonymisierter oder pseudonymisierter Form zu erheben und zu verarbeiten.[2387] Diese Vorgabe ergänzt den Grundsatz der Erforderlichkeit, welcher bereits die Erhebung, die Verarbeitung und die Nutzung nur derjenigen personenbezogenen Daten gestattet, welche für den konkreten Zweck zwingend erforderlich sind. Selbst diese Daten müssen soweit wie möglich anonymisiert, pseudonymisiert oder gelöscht werden, sofern Volldaten für die Datenverarbeitung nicht zwingend benötigt werden.[2388]

Die Forderungen des BDSG nach Anonymisierung und Pseudonymisierung stehen unter dem Vorbehalt des technisch Möglichen.[2389] Dabei wird erwartet, dass noch nicht realisierte, aber konzeptionell entwickelte technische Lösungen umgesetzt werden, solange der hierdurch erzeugte Aufwand nicht unangemessen ist.[2390] Privacy Enhancing Technologies (PET) stellen eine so konzipierte und teilweise bereits einsetzbare Technologie dar, deren Nutzung auf Grund von § 3 a BDSG erforderlich ist, soweit die hiermit verbundenen Kosten noch in einem angemessenen Verhältnis stehen.[2391] Die Abwägung erfordert eine Kosten-Nutzen-Untersuchung im konkreten Fall, bei dem die personellen, finanziellen und organisatorischen Kosten der Schutzmaßnahme festzustellen sind.[2392] Dabei führen nicht jegliche Mehrkosten zu einem unangemessenen Aufwand, da der immaterielle Nutzen des Schutzes des Persönlichkeitsrechts des Einzelnen nicht objektiv quantifizierbar ist.[2393] Das Persönlichkeitsrecht des Bürgers müsste an sich stets höher zu bewerten sein als alleinige Wirtschaftlichkeitsgesichtspunkte des Normadressaten, so dass der Aufwand der Maßnahme des Systemdatenschutzes in der Regel in einem angemessenen Verhältnis zum

2385 *Langheinrich* in Fleisch/Mattern, Die Privatsphäre im Ubiquitous Computing, 341.

2386 So die Begründung zum Entwurf, wiedergegeben bei *Bergmann/Möhrle/Herb*, Datenschutzrecht Bd. I Teil 3, § 3 a, Rn 14.

2387 *Gola/Schomerus*, BDSG, § 3 a, Rn 8; *Bergmann/Möhrle/Herb*, Datenschutzrecht Bd. I Teil 3, Rn 14.

2388 Vgl. zu dem Konzept *Bizer* in Simitis, BDSG, §3a, Rn 52ff mwN; BVerfGE 65, 1 (46) – *Volkszählung*; *Bizer*, DuD 2007, 353.

2389 BT–Drs. 14/4329, 33.

2390 *Bizer* in Simitis, BDSG, § 3 a, Rn 75ff.

2391 *Bizer* in Simitis, BDSG, § 3 a, Rn 76ff, 81ff.

2392 *Bergmann/Möhrle/Herb*, Datenschutzrecht Bd. I Teil 3, § 3 a, Rn 18.

2393 *Bergmann/Möhrle/Herb*, Datenschutzrecht Bd. I Teil 3, § 3 a, Rn 18.

angestrebten Schutzzweck stehen dürfte.[2394] Seitens der Wirtschaft wird dies anders bewertet.

Eine in der Zielrichtung ähnliche Vorschrift enthält § 13 Abs. 6 TMG, wonach der Diensteanbieter die Nutzung und Bezahlung von Telemedien anonym oder pseudonym ermöglichen und den Nutzer über diese Möglichkeit informieren muss.[2395]

5.2.6.3.1. Anonymität

Anonymität wird technisch definiert als ein Zustand innerhalb einer derart großen Menge von Subjekten, der dazu führt, dass er nicht identifizierbar ist.[2396] Anonymisieren ist gemäß der Legaldefinition in § 3 Abs. 6 BDSG das Verändern personenbezogener Daten, so dass die Einzelangaben über persönliche oder sachliche Verhältnisse nicht mehr oder nur mit einem unverhältnismäßig großen Aufwand an Zeit, Kosten und Arbeitskraft einer bestimmten oder bestimmbaren natürlichen Person zugeordnet werden können. Die Personenbeziehbarkeit anonymer Daten ist mithin eine Frage der Wahrscheinlichkeit.[2397] Die Zuordnung zu einer Person muss demnach nicht schlechthin ausgeschlossen, sondern nur nach der Lebenserfahrung nicht zu erwarten sein.[2398] Anonymität ist somit dadurch gekennzeichnet, dass für die Einzelangaben die De-Anonymisierung nach der Lebenserfahrung und dem Stand von Wissenschaft und Technik praktisch ausscheidet.[2399]

Da die Regelungen des BDSG nur für personenbezogene Daten gelten, unterfallen anonymisierte Daten, welche die Herstellung eines Personenbezugs für den Datenverarbeiter nicht mehr ermöglichen, nicht mehr den Beschränkungen des BDSG. Dabei ist der Begriff des Personenbezugs aber nicht absolut, sondern relativ zu bestimmen, da ein Zusatzwissen bei bestimmten Personen zu einer Bestimmbarkeit führt, während dies für andere nicht der Fall ist.[2400] Dieselben Daten können – je nach Verwender oder Kontext – somit eine Zuordnung zu einer bestimmten Person ermöglichen oder nicht.[2401] Für denjenigen, der nicht über das nötige Zusatzwissen (z. B. Klardaten von Pseudonymen, welche im Rückschluss den Personenbezug herstellen können) verfügt, liegen keine personenbezogenen Daten vor. Wird jedoch durch ein weiteres bekannt gewordenes Datum ein Personenbezug möglich, *„infiziert"* diese Kenntnis auch sämtliche ursprünglich anonymen oder pseudonymen zugehörigen bekannten Daten.[2402] Für die Bestimmbarkeit kommt es daher

2394 So ausdrücklich *Bergmann/Möhrle/Herb*, Datenschutzrecht Bd. I Teil 3, Rn 18.

2395 So beispielsweise § 9 Abs. 1 Landesdatenschutzgesetz Baden–Württemberg.

2396 *Köhntopp* in Roßnagel, Datenschutz technisch sichern, 57.

2397 *Roßnagel/Scholz*, MMR 2000, 723 mwN.

2398 *Roßnagel/Scholz*, MMR 2000, 723 mwN; *Gola/Schomerus*, BDSG, § 3, Rn 44; auch das BVerfG betont im Nachgang zur Volkszählungsentscheidung (BVerGE 65, 1 (49, 69)), dass von *„Verfassungs wegen lediglich eine faktische Anonymität"* erforderlich ist, vgl. BVerfG NJW 1987, 2805 (2807); BVerfG NJW 1988, 962 (963).

2399 *Roßnagel/Scholz*, MMR 2000, 724.

2400 *Dammann* in Simitis, BDSG, § 3, Rn 33 mwN; *Roßnagel/Scholz*, MMR 2000, 723.

2401 *Gola/Schomerus*, BDSG, § 3, Rn 10; *Roßnagel/Scholz*, MMR 2000, 723.

2402 *Weichert*, DuD 2007, 21; in diesem Sinne auch *Dammann* in Simitis, BDSG, § 3, Rn 35ff.

auf die Kenntnisse, Mittel und Möglichkeiten der verarbeitenden Stelle an. Kann sie mit den ihr zur Verfügung stehenden Hilfsmitteln ohne unverhältnismäßigen Aufwand den Personenbezug herstellen, handelt es sich um personenbezogene Daten.[2403] Dies wird beispielsweise in Fällen angenommen, in denen das Zusatzwissen aus allgemein zugänglichen Quellen[2404] beschafft werden kann und zwar unabhängig davon, ob das Zusatzwissen schon vorliegt, erst besorgt werden muss oder gar eine entsprechende Absicht besteht.[2405] Somit ist das BDSG anwendbar, wenn aus Sicht der übermittelnden Stelle anonyme Daten an eine Stelle übermittelt werden, die den Personenbezug herstellen kann.[2406]

5.2.6.3.2. Pseudonymität

Anonymität ist auch nicht immer erwünscht oder sinnvoll, da eine Identifizierung der Vertragspartner, Amtsinhaber oder Träger einer Berechtigung erforderlich sein kann.[2407] Um sowohl Datensparsamkeit als auch Identifizierbarkeit zu ermöglichen, kann auf das Konzept pseudonymen Handelns zurückgegriffen werden.[2408] Dort, wo ein Personenbezug hergestellt werden muss, beispielsweise zur Abwicklung von Geschäftsvorgängen wie Kaufverträgen, kommt keine Anonymisierung, wohl aber eine Pseudonymisierung in Betracht.[2409] Pseudonymisieren ist wiederum legaldefiniert und gemäß § 3 Abs. 6 a BDSG das Ersetzen des Namens und anderer Identifikationsmerkmale durch ein Kennzeichen zu dem Zweck, die Bestimmung des Betroffenen auszuschließen oder wesentlich zu erschweren. Pseudonymität umfasst aus technischer Sicht das gesamte Spektrum zwischen vollständiger Anonymität und eindeutiger Identifizierbarkeit.[2410] Der Begriff „*Pseudonym*" sagt daher zunächst nichts darüber aus, ob und wenn ja, gegenüber wem ein Pseudonyminhaber anonym oder identifizierbar ist.[2411]

Das Pseudonymisieren kann keine absolute Anonymität herstellen, da der Betroffene stets für den die Pseudonymisierung Durchführenden identifizierbar bleibt. Pseudonymisierung ist insofern weniger als eine Anonymisierung. Allerdings kann eine Pseudonymisierung auch durch eine zwischengeschaltete Stelle erfolgen, so dass nur dieser die Zuordnung zwischen Pseudonym und Betroffenen bekannt ist. Ist der anschließende Datenverwender nicht selbst Inhaber der Zuordnungsregeln und lässt sich daher für ihn der Personenbezug

2403 *Gola/Schomerus*, BDSG, § 3, Rn 10.

2404 Z. B. aus Publikationen, öffentlichen Registern, im Internet, oder aus Pressezeugwissen, aber auch über oder sonstige Informationsdienste, welche mit allgemein zugänglichen Mitteln und Methoden wie Suchmaschinen und kommerziellen Informationsanbietern beschafft werden können, vgl. *Dammann* in Simitis, BDSG, § 3, Rn 36.

2405 *Dammann* in Simitis, BDSG, § 3, Rn 36; *Weichert*, DuD 2007, 19 welcher bereits den Fall, das nicht völlig auszuschließen ist, dass Drittwissen bekannt wird, einen Personenbezug für gegeben hält.

2406 *Gola/Schomerus*, BDSG, § 3, Rn 10.

2407 *Roßnagel/Scholz*, MMR 2000, 724.

2408 *Roßnagel/Scholz*, MMR 2000, 724 mwN; BT–Drs. 13/7385, 23.

2409 *Bergmann/Möhrle/Herb*, Datenschutzrecht Bd. I Teil 3, § 3 a, Rn 17.

2410 *Köhntopp* in Roßnagel, Datenschutz technisch sichern, 57.

2411 *Köhntopp* in Roßnagel, Datenschutz technisch sichern, 57f.

zwischen pseudonymisierten Daten und dem hinter dem Pseudonym stehenden Menschen nur mit einem unverhältnismäßigen Aufwand herstellen, besteht für ihn kein Unterschied zu anonymisierten Daten. Die Datenschutzgesetze finden dann keine Anwendung.[2412] Wenn der Verwender indes zugleich Inhaber der Zuordnungsregelung ist oder sich diese zumutbar beschaffen kann, so dass er den Personenbezug jederzeit selbst wieder herstellen könnte, liegen entweder personenbezogene oder zumindest personenbeziehbare Daten vor, so dass die Datenschutzgesetze uneingeschränkte Anwendung finden.[2413]

Indem ein Betroffener in unterschiedlichen Situationen unter einem Pseudonym handelt, kann er verhindern, dass er bei jedem, der hiervon erfährt, Datenspuren hinterlässt, welche zu ihm führen und gegen seinen Willen gesammelt, weiterverarbeitet und weitergegeben werden können.[2414] Der Betroffene genießt gegenüber Dritten zumindest eine *„relative“* Anonymität,[2415] so dass aus Sicht des Betroffenen häufig eine weitgehende Pseudonymisierung wünschenswert ist. Die Anonymität eines Pseudonyminhabers hängt davon ab, wie viel unmittelbar über die Zuordnung des Pseudonyms zur Person bekannt ist und inwieweit sich durch Beobachtung der Pseudonymverwendung ein Personenbezug erschließen lässt.[2416] Ist die Zuordnung zwischen dem Pseudonym und seinem Inhaber allgemein bekannt, handelt es sich um ein öffentliches Pseudonym, welchem keinerlei Anonymität zukommt.[2417] Beispiele hierfür sind die Künstlernamen von Musikern wie Prince oder Madonna.[2418] Bei zunächst nicht-öffentlichen Pseudonymen ist die Zuordnung anfänglich nur bestimmten Personen bekannt.[2419] So sind die von Identitätstreuhändern verwahrten Daten lediglich dem Treuhänder, nicht jedoch etwaigen Dritten bekannt. Ferner gibt es initial unverkettete Pseudonyme, bei denen die Zuordnung zwischen dem Pseudonym und seinem Inhaber anfänglich allen Parteien mit Ausnahme des Inhabers selbst unbekannt ist[2420] wie beispielsweise ein frei gewählter Benutzername in einem Online-Forum, für dessen Registrierung keine personenbezogenen Daten erforderlich sind. Hierbei ist die Identität niemandem initial bekannt.

Durch bestimmte vom Betroffenen gemachte Angaben werden jedoch Rückschlüsse möglich, welche den ursprünglichen Kreis vieler in Frage kommender Menschen deutlich einengen. Hierdurch kann mit der Zeit eine Wandlung von initial unverketteten zu öffentlichen Pseudonymen erfolgen. Die durch die Verwendung eines Pseudonyms gewährleistete Anonymität ist umso stärker, je weniger personenbezogene Daten des Pseudonyminha-

2412 *Schrey/Meister*, K&R 2002, 186.
2413 *Schrey/Meister*, K&R 2002, 186 mwN.
2414 *Roßnagel/Scholz*, MMR 2000, 724.
2415 *Gola/Schomerus*, BDSG, § 3 a, Rn 10.
2416 *Köhntopp* in Roßnagel, Datenschutz technisch sichern, 58f.
2417 *Köhntopp* in Roßnagel, Datenschutz technisch sichern, 59.
2418 Prince Rogers Nelson und Madonna Louise Veronica Ciccone.
2419 *Köhntopp* in Roßnagel, Datenschutz technisch sichern, 59.
2420 *Köhntopp* in Roßnagel, Datenschutz technisch sichern, 59.

bers mit dem Pseudonym in Verbindung gebracht werden. Denn dann können weniger Informationen über den Inhaber verkettet und der Betroffene lediglich durch die verarbeitende Stelle identifiziert werden. Dadurch ist er gegen Missbrauch seiner Daten durch Dritte in erhöhtem Maße geschützt, da diese ohne Kenntnis der Zuordnungsdaten größere Hürden zur De-Anonymisierung überwinden müssen.[2421]

Werden pseudonymisierte Datenbestände an einen Dritten weitergegeben, der nicht über die Zuordnungsregeln verfügt und aller Wahrscheinlichkeit nach keine Möglichkeiten hat, den Personenbezug wieder herzustellen, handelt es sich auch bei – an sich – pseudonymen Daten aus Sicht des Empfängers um anonyme Daten, wodurch eine Anwendung des BDSG beim Empfänger ausgeschlossen ist.[2422] Ist dagegen die Zuordnung möglich, handelt es sich auch bei pseudonymen Daten ausschließlich um personenbeziehbare Daten, welche vom BDSG genauso behandelt werden wie vollständig personenbezogene Daten. Daher besteht für Verwender häufig kein Anlass, Pseudonyme zu verwenden, was die Regelung weitgehend leerlaufen lässt.

5.2.6.4. Bedeutungsverlust der Anonymisierung und Pseudonymisierung

Es ist zu befürchten, dass bei allgegenwärtiger Datenverarbeitung auch die Anonymisierung und Pseudonymisierung von Daten als Mechanismen der Datensparsamkeit an Bedeutung verlieren wird und die Risiken für die informationelle Selbstbestimmung sogar steigen: Je umfassender Datensammlungen und Auswertungsmöglichkeiten zur Verfügung stehen, desto leichter kann aus der Anonymität und erst recht aus der Pseudonymität heraus ein Personenbezug hergestellt werden.[2423] Liegen jedoch aufgrund der vorherigen Anonymisierung für die vorgeschalteten Erarbeitungsvorgänge anonyme Daten vor, greift das Schutzkonzept des herkömmlichen Datenschutzrechts nicht. Damit sind umfassendere Profilbildungen erlaubt, welche das Grundrecht auf informationelle Selbstbestimmung stärker gefährden können als es der Fall wäre, wenn die Daten im Vorfeld nur nach den strengen Bestimmungen des Datenschutzrechts für personenbezogene Daten verarbeitet werden dürften.[2424]

5.2.7 Überholte Trennung zwischen öffentlichem und privatem Bereich

Nach jetziger Rechtslage wird die Datenverarbeitung im privatwirtschaftlichen Bereich gegenüber der staatlichen Datenverarbeitung privilegiert. Dieser Konstruktion lag das Bild des überwachenden Staates zugrunde, weshalb davon ausgegangen wurde, dass die staatliche Datenverarbeitung die informationelle Selbstbestimmung des Betroffenen erheb-

2421 *Gola/Schomerus*, BDSG, § 3, Rn 10.
2422 *Roßnagel/Scholz*, MMR 2000, 724f; *Gola/Schomerus*, BDSG, § 3 a, Rn 10.
2423 Vgl. hierzu ausführlich Kapitel 5.2.1, ferner *Roßnagel*, FES-Studie, 148.
2424 Siehe hierzu auch die obigen Ausführungen in Kapitel 5.2.1.

lich stärker und schwerwiegender gefährdet als die privatwirtschaftliche. Diese hat allerdings in der Quantität, vor allem aber auch in der Qualität der Datenerhebung und -verarbeitung rasant zugenommen[2425] und stellt die öffentliche Datenverarbeitung längst in den Schatten. Allein die vier größten Auskunftsdienste der deutschen Wirtschaft sollen nach Informationen des Wirtschaftsmagazins *Capital* jährlich 140 Mio. Datensätze pro Bürger liefern. Jeder Bundesbürger über 18 Jahren soll zudem in durchschnittlich 52 kommerziellen Datenbanken erfasst sein.[2426] Angesichts der sich auch durch private Datensammlungen ergebenden Risiken für ein selbstbestimmtes Leben einerseits und zunehmender Zugriffe des Staates auf private Datensammlungen andererseits erscheint diese Trennung zwischen privatem und öffentlichem Bereich überholt.[2427]

5.2.7.1. Gesetzliche Regelung

Gemäß § 1 Abs. 2 BDSG gilt das BDSG für die Erhebung, Verarbeitung und Nutzung personenbezogener Daten durch öffentliche Stellen des Bundes (Nr. 1), subsidiär durch öffentliche Stellen der Länder, Gemeinden und Gemeindeverbände, soweit der Datenschutz nicht durch Landesgesetz geregelt ist und diese Bundesrecht ausführen oder als Organe der Rechtspflege tätig werden und es sich nicht um Verwaltungsangelegenheiten handelt (Nr. 2) und durch nicht-öffentliche Stellen (Nr. 3). Die nicht-öffentlichen Stellen erfassen den gesamten privatwirtschaftlichen Bereich, insbesondere Unternehmen, Firmen, Angehörige freier Berufe, Handwerker und Kaufleute, welche die Datenverarbeitung beruflich, gewerblich oder geschäftsmäßig betreiben.[2428] Anders als die DSRL verzichtet das BDSG aber überwiegend[2429] darauf, die Verarbeitung personenbezogener Daten an allgemeine Grundsätze zu knüpfen, welche von verantwortlichen Stellen zu beachten sind.[2430] Das BDSG differenziert nicht zwischen einzelnen Funktionen oder Aufgaben, in deren Zusammenhang personenbezogene Daten erhoben, verarbeitet oder genutzt werden, sondern nach der institutionellen Einstufung einer Stelle als öffentlich oder nicht-öffentlich und regelt für diese den Datenschutz unterschiedlich.[2431]

5.2.7.1.1. Datenverarbeitung durch öffentliche Stellen

Gemäß § 12 BDSG gilt neben den allgemeinen Vorschriften des ersten, vierten und fünften Abschnitts der zweite Abschnitt des BDSG für öffentliche Stellen des Bundes. Gemäß § 2 Abs. 1 BDSG sind dies alle Behörden, Organe der Rechtspflege und andere öffentlich-rechtlich organisierte Einrichtungen des Bundes, der bundesunmittelbaren Körperschaften,

---

2425 *Schaar*, DuD 2007, 259.

2426 Zitiert nach Verbraucherzentrale Bundesverband e.V. (Hrsg.), DuD 2007, 272.

2427 So auch *Simitis* in *Müller*, Simitis: Besserer Datenschutz dank präventiver Kontrollen, FAZ v. 19.08.2008, http://www.faz.net/s/Rub594835B672714A1DB1A121534F010EE1/Doc~EB72060911A0D44E6B8015EC2E7B4FE25~ATpl~Ecommon~Scontent.html.

2428 *Bergmann/Möhrle/Herb*, Datenschutzrecht Bd. I Teil 1, 3.3.2.

2429 Mit Ausnahme der §§ 3 a bis 11 BDSG.

2430 *Simitis* in Simitis, BDSG, § 27, Rn 1 mwN.

2431 *Bergmann/Möhrle/Herb*, Datenschutzrecht Bd. I Teil 3, § 12 Rn 9.

Anstalten und Stiftungen des öffentlichen Rechts sowie deren Vereinigungen ungeachtet ihrer Rechtsform sowie öffentliche Stellen der Länder, wobei deren Landesdatenschutzgesetze vorgehen und das BDSG insoweit verdrängen. Um Wettbewerbsverzerrungen zwischen privat- und öffentlich-rechtlich organisierten Unternehmen auszuschließen, werden öffentlich-rechtliche Wettbewerbsunternehmen weitgehend nach den Vorgaben für privatwirtschaftliche Unternehmen behandelt.[2432] Dabei ist es nicht erforderlich, dass in jedem Einzelfall tatsächlich Wettbewerb stattfindet, vielmehr genügt ein potenzieller Wettbewerb. Somit fallen auch öffentlich-rechtlich organisierte Krankenhäuser oder kommunale Verkehrs- oder Versorgungsbetriebe, auch wenn sie in ihrem Bereich praktisch konkurrenzlos sind, unter die Vorschriften für Private.[2433] Allerdings unterliegen diese weiterhin der Kontrolle durch den Bundesbeauftragten für Datenschutz und Informationsfreiheit (BfDI).[2434] Um zu verhindern, dass sich öffentliche Stellen ihren Verpflichtungen und Beschränkungen durch eine „Flucht" in die private Rechtsform entledigen, richtet sich die Zulässigkeit der Datenverarbeitung bei beliehenen (privaten) Unternehmen umgekehrt nach den Vorschriften für den öffentlichen Bereich.[2435] Als weitere Ausnahme richten sich die Zulässigkeit der Personaldatenverarbeitung und die diesbezüglichen Betroffenenrechte bei allen öffentlichen Stellen einheitlich nach den Vorschriften für private Stellen.[2436]

5.2.7.1.1.1. Erhebung

§ 13 Abs. 1 BDSG erlaubt die Erhebung[2437] personenbezogener Daten nur, wenn deren Kenntnis zur rechtmäßigen Erfüllung der Aufgaben der verantwortlichen Stelle erforderlich ist. Allerdings begründet § 13 BDSG keine eigenständige Verpflichtung des Betroffenen zur Preisgabe von Daten und gewährt öffentlichen Stellen keinen Anspruch auf die zu erhebenden Daten. Diese sind vielmehr spezialgesetzlich zu regeln.[2438] Das Beschaffen von Daten über den Betroffenen setzt eine Aktivität der erhebenden Stelle voraus, durch welche sie willentlich entweder Kenntnis von den Daten erhält oder die Verfügungsmöglichkeit über diese begründet.[2439] Hieran fehlt es, wenn die Daten der Stelle ohne vorausgehendes Tun zufließen. Eine Erhebung liegt beispielsweise bei einer Befragung mittels Personalfragebögen, bei Kunden- oder Verbraucherbefragungen, bei medizinischen Untersuchungen oder dem Observieren von Personen mittels Kameras vor.[2440]

2432 § 12 Abs. 1 BDSG; *Dammann* in Simitis, BDSG, § 12, Rn 9; *Gola/Schomerus*, BDSG, § 12, Rn 2.

2433 *Gola/Schomerus*, BDSG, § 12 Rn 2.

2434 § 27 Abs. 1 Satz 3 BDSG; *Dammann* in Simitis, BDSG, § 12, Rn 9.

2435 *Dammann* in Simitis, BDSG, § 12, Rn 6 mwN; *Bergmann/Möhrle/Herb*, Datenschutzrecht Bd. I Teil 3, § 12, Rn 9.

2436 § 12 Abs. 4 BDSG, wonach die §§ 27-38 a BDSG Anwendung finden.

2437 Erhebung ist in § 3 Abs. 3 BDSG legaldefiniert.

2438 *Gola/Schomerus*, BDSG, § 13, Rn 2; *Sokol* in Simitis, BDSG, § 13 Rn 7 mwN; Vgl. §§ 284, 285 SGB V, § 148 SGB VI, §§ 199, 201 und 207 SGB VII, § 62 SGB VIII, § 67 e SGB X, § 21 BGSG, § 22 BKAG, § 3 BNDG, § 5 MADG, § 9 BVerfSchG; *Bergmann/Möhrle/Herb*, Datenschutzrecht Bd. I Teil 3, § 13, Rn 11.

2439 *Sokol* in Simitis, BDSG, § 13, Rn 11.

2440 *Hoeren*, Internetrecht, Rn 617 mwN.

Die öffentliche Verwaltung soll nicht mehr Daten verarbeiten, als sie zur Erfüllung ihrer Aufgaben benötigt. Die Aufgaben müssen der erhebenden Stelle zugewiesen sein.[2441] Ist die erhebende Stelle örtlich, sachlich oder instantiell unzuständig, ist die Datenerhebung nach § 13 Abs. 1 BDSG unzulässig.[2442] Von der Erforderlichkeit der Erhebung von Daten für die öffentliche Stelle darf zudem nicht automatisch auf deren Rechtmäßigkeit geschlossen werden, da die Datenerhebung auch im Einzelfall auf Grund rechtswidriger Erhebungsmethoden oder eines Verstoßes gegen das verfassungsrechtliche Übermaßverbot rechtswidrig sein kann.[2443] Die rechtmäßige Aufgabenerfüllung ist daher ein ungeschriebenes Tatbestandsmerkmal.[2444] An der Rechtmäßigkeit einer Datenerhebung fehlt es, wenn die erhebende Stelle von dem Betroffenen mit dem Hinweis auf eine gesetzliche oder vertragliche Verpflichtung Daten verlangt, obwohl es an eben dieser Verpflichtung mangelt.[2445] Gleiches gilt bei der verdeckten Datenerhebung durch technische Einrichtungen wie verdeckte Kameras, Türspione, Spiegel, einseitig durchsichtige Scheiben[2446] oder durch entsprechende IKT-Implantate.

An das Kriterium der Erforderlichkeit werden strenge Anforderungen gestellt. Eine Erhebung ist nur erforderlich, wenn die Kenntnis dieser Daten für die konkrete, aktuelle Aufgabe unerlässlich ist, da diese sonst nicht, nicht vollständig oder nicht in rechtmäßiger Weise zeitgemäß und in angemessener Art und Weise erfüllt werden könnte.[2447] Eine Erhebung von Daten auf Vorrat oder Verdacht ist unzulässig.[2448] Auch der Umfang und die Speicherdauer rechtmäßig erhobener Daten werden durch das Kriterium der Erforderlichkeit begrenzt, so dass diese nach deren Entfall gelöscht werden müssen.[2449] Das Tatbestandsmerkmal der Erforderlichkeit ist ein unbestimmter Rechtsbegriff und daher in vollem Umfang der gerichtlichen Nachprüfung unterworfen.[2450] Ein Verstoß gegen § 13 Abs. 1

2441 *Sokol* in Simitis, BDSG, § 13, Rn 16 mwN; *Bergmann/Möhrle/Herb*, Datenschutzrecht Bd. I Teil 3, § 13, Rn 15 mwN.

2442 *Sokol* in Simitis, BDSG, § 13, Rn 16 mwN.

2443 *Sokol* in Simitis, BDSG, § 13, Rn 24 mwN.

2444 *Sokol* in Simitis, BDSG, § 13, Rn 19f; ebenso *Bergmann/Möhrle/Herb*, Datenschutzrecht Bd. I Teil 3, § 13, Rn 19, 41 zu Verstößen gegen § 13 Abs. 1 und 2 BDSG, nicht jedoch bei Verstößen gegen § 13 Abs. 1 a BDSG; a.A. *Gola/Schomerus*, BDSG, § 13, Rn 2,7 mwN zu beiden Ansichten. Nach *Gola/Schomerus* ist nicht jede Datenerhebung gleichzusetzen mit einem rechtswidrigen Eingriff in das allgemeine Persönlichkeitsrecht. Zwar gehe das BVerfG und der generellen Stufung der Datenverarbeitung als gefährlich wohl davon aus, dass eine Erhebung auch stets einen Eingriff darstellt, dennoch seien auch Fälle denkbar, bei denen die Erhebung offenkundig keinen Eingriff darstelle, so dass hierdurch auch keine Rechtswidrigkeit mangels Rechtsverletzung begründet werden könne. Verstößt die erhebende Stelle jedoch erst durch die Art und Weise der Aufgabenerfüllung, zu welcher sie die Daten erhoben hat, gegen eine Rechtsvorschrift, wirkt diese Rechtswidrigkeit nicht auch auf die Erhebung zurück: *Sokol* in Simitis, BDSG, § 13 Rn 22. Auch die Nichtbeachtung der Hinweispflicht in Abs. 1 a als bloße Formvorschrift berührt die rechtliche Zulässigkeit der Datenerhebung nicht, so *Bergmann/Möhrle/Herb*, Datenschutzrecht Bd. I Teil 3, § 13, Rn 42 mwN.

2445 BAG RDV 1992, 231ff; *Sokol* in Simitis, BDSG, § 13, Rn 23.

2446 Vgl. die Ausführungen von *Sokol* in Simitis, BDSG, § 13, Rn 24 zu der Datenerhebung über Beschäftigte.

2447 *Bergmann/Möhrle/Herb*, Datenschutzrecht Bd. I Teil 3, § 13, Rn 23.

2448 *Gola/Schomerus*, BDSG, § 13, Rn 4; *Bergmann/Möhrle/Herb*, Datenschutzrecht Bd. I Teil 3, § 13, Rn 24 mwN; *Sokol* in Simitis, BDSG, § 13, Rn 28 mwN.

2449 § 35 Abs. 2 Nr. 3 BDSG, vgl. hierzu auch *Fraenkel/Hammer*, DuD 2007, 899; VGH Mannheim, DÖV 1982, 1041.

2450 VGH Mannheim VBlBW 1995, 367 (369).

BDSG macht die Erhebung unzulässig und stellt grundsätzlich einen ungerechtfertigten Eingriff in das Recht auf informationelle Selbstbestimmung dar.[2451]

Wird die Information beim Betroffenen selbst erhoben, ist er auf die ermächtigende Rechtsvorschrift bzw. die Freiwilligkeit seiner Angaben hinzuweisen.[2452] Sofern die Datenerhebung statt beim Betroffenen bei einer nicht-öffentlichen Stelle erfolgt, ist diese auf die Rechtsvorschrift, welche sie zur Auskunft verpflichtet oder aber auf die Freiwilligkeit ihrer Angaben hinzuweisen (§ 13 Abs. 1 a BDSG). Hierdurch soll die nicht-öffentliche Stelle in die Lage versetzt werden, selbst zu prüfen, ob sie die Auskunft geben muss oder verweigern darf.[2453] Der Hinweis auf die Freiwilligkeit muss eindeutig und verständlich sein. Enthält das Auskunftsersuchen mehrere Fragen, von denen nur ein Teil freiwillig zu beantworten ist, ist hierauf entsprechend hinzuweisen.[2454] Die Nichtbeachtung der in § 13 Abs. 1 a BDSG geregelten Hinweispflicht stellt jedoch einen bloßen Formverstoß dar, welcher vom BfDI beanstandet werden kann, die materiell-rechtliche Zulässigkeit der Erhebung ist jedoch nicht berührt.[2455]

Bezüglich der in § 3 Abs. 9 BDSG definierten besonderen Arten personenbezogener („*sensibler*") Daten besteht ein grundsätzliches Erhebungsverbot.[2456] Das Erheben sensibler Daten durch öffentliche Stellen ist nur in den neun enumerativ aufgezählten Fällen des § 13 Abs. 2 BDSG zulässig. Da diese Fälle äußert umfangreich ausgestaltet sind, verbleibt von dem grundsätzlichen Erhebungsverbot im Ergebnis fast nichts.[2457] Das Erheben sensibler Daten ist unter anderem zulässig, soweit eine Rechtsvorschrift dies vorsieht oder aus Gründen eines wichtigen öffentlichen Interesses zwingend erfordert (Nr. 1), der Betroffene einwilligt (Nr. 2) oder dies zur Abwehr einer erheblichen Gefahr für die öffentliche Sicherheit (Nr. 5), zur Abwehr erheblicher Nachteile für das Gemeinwohl oder zur Wahrung erheblicher Belange des Gemeinwohls (Nr. 6) zwingend erforderlich ist. Unter bestimmten Voraussetzungen ist sie auch im Gesundheitsbereich, in der Forschung und zur Verteidigung zulässig (Nr. 7 bis 9). Insbesondere bei selbst veröffentlichten Daten, welche öffentlichen Registern, Teilnehmerverzeichnissen oder Berufsgruppenbranchenbüchern entnommen sind, darf eine Erhebung sensibler Daten erfolgen. Dieser Ausnahmetatbestand rechtfertigt aber keine Datenerhebungen des Staates aufgrund einer *„öffentlichen"* Teilnahme an einer Demonstration, der Ausübung religiöser Praktiken im öffentlichen Raum oder der Wahrnehmung der Meinungsfreiheit im Rahmen eines gesellschaftspolitischen

2451 *Sokol* in Simitis, BDSG, § 13, Rn 28 mwN; BSG NJW 2003, 2932; *Gola/Schomerus*, BDSG, § 13, Rn 4.
2452 § 4 Abs. 3 Satz 2 BDSG.
2453 *Bergmann/Möhrle/Herb*, Datenschutzrecht Bd. I Teil 3, § 13, Rn 26; *Sokol* in Simitis, BDSG, § 13, Rn 30.
2454 *Gola/Schomerus*, BDSG, § 13, Rn 12.
2455 *Bergmann/Möhrle/Herb*, Datenschutzrecht Bd. I Teil 3, § 13, Rn 42.
2456 *Gola/Schomerus*, BDSG, § 13, Rn 13.
2457 *Gola/Schomerus*, BDSG, § 13, Rn 13.

Engagements.[2458] Gleiches gilt hinsichtlich der vom Fernmeldegeheimnis geschützten *„Plapperei über sexuelle Vorlieben und Praktiken im Internet"*.[2459]

5.2.7.1.1.2. Datenverarbeitung, Übermittlung

§ 14 Abs. 1 BDSG gestattet öffentlichen Stellen das Speichern, Verändern und Nutzen von personenbezogenen Daten, wenn es zur Erfüllung der in der Zuständigkeit der verantwortlichen Stelle liegenden Aufgaben erforderlich ist und es für die Zwecke erfolgt, für die die Daten rechtmäßige erhoben bzw. gespeichert worden sind (Zweckbindung).[2460] Jede Phase der Verarbeitung muss zur Erfüllung der in der Zuständigkeit der speichernden Stelle liegenden Aufgabe erforderlich sein. Werden beispielsweise Daten von der Polizei zur Gefahrenabwehr gespeichert, ist dies bis zum Abschluss des Verfahrens grundsätzlich zulässig. Sollen diese Daten danach in kriminalpolizeilichen Spezialdateien vorgehalten, im Wege der vorbeugenden Gefahrenabwehr genutzt oder bei künftigen Ermittlungsverfahren herangezogen werden, liegt eine Zweckänderung vor, welche einer gesetzlichen Ermächtigung bedarf.[2461] Wurden die Daten hingegen von vornherein zulässig zur operativen und vorbeugenden Verbrechensbekämpfung erhoben, dürfen sie dafür weiterhin vorgehalten werden. Ergibt sich die Notwendigkeit der Speicherung der Daten zur vorbeugenden Verbrechensbekämpfung erst später, bedarf es der gesonderten Rechtfertigung.[2462] Eine Zweckänderung ist nur unter den o. g. bestimmten Voraussetzungen zulässig[2463]. Öffentliche Stellen sind zudem nicht zur ungehinderten und ungehemmten Informationssammlung berechtigt, sondern dürfen nur die zur Erfüllung ihrer Aufgaben erforderlichen Daten aus allgemein zugänglichen Quellen erheben und verarbeiten.[2464] Zulässig ist auch eine Datenübermittlung an öffentliche Stellen gemäß § 15 BDSG unter den o. g. Voraussetzungen[2465] sowie unter noch engeren Voraussetzungen nach § 16 BDSG an nicht-öffentliche Stellen.

5.2.7.1.2. Datenverarbeitung durch nicht-öffentliche Stellen

Der Gesetzgeber wollte nicht-öffentlichen Stellen einen größeren Spielraum bei der Verarbeitung personenbezogener Daten einräumen als öffentlichen Stellen.[2466] Daher hat der Gesetzgeber die Datenverwendung nicht auf bestimmte Zwecke oder Aufgaben beschränkt. Auch im nicht-öffentlichen Bereich differenziert das BDSG zwar danach, ob die Verarbeitung für eigene (§ 28 BDSG) oder für fremde Zwecke (§ 29 BDSG) erfolgt und stellt unterschiedliche Anforderungen an deren Rechtmäßigkeit. Ist die Datenverarbeitung

2458 *Sokol* in Simitis, BDSG, § 13, Rn 38.
2459 *Sokol* in Simitis, BDSG, § 13, Rn 38.
2460 *Gola/Schomerus*, BDSG, § 14, Rn 9.
2461 *Gola/Schomerus*, BDSG, § 14, Rn 8 mwN.
2462 *Gola/Schomerus*, BDSG, § 14, Rn 8 mwN.
2463 Siehe Kapitel 5.2.4.1.1.
2464 BVerfGE 65, 1ff – *Volkszählung.*
2465 Siehe 5.2.4.1.2.
2466 *Simitis* in Simitis, BDSG, § 27, Rn 2 mwN.

nicht nur Mittel zum Zweck, sondern stellt sie selbst das geschäftliche Interesse dar, z. B. bei einem Adresshändler, gilt § 29 BDSG. Auf eine Datenverarbeitung sowohl für eigene als auch für fremde Zwecke, wie sie beispielsweise bei Service-Rechenzentren oder Konzernen erfolgt,[2467] finden sowohl § 28 als auch die §§ 29 oder 30 BDSG Anwendung.[2468]

Welche Zwecke jemand verfolgt, ist diesem natürlich selbst überlassen. Den etwas strengeren Anforderungen an eine Nutzung zu fremden Zwecken liegt die Vorstellung zugrunde, dass die Gefährdung der Betroffenen zunimmt, wenn Daten nicht mehr für interne, eigene Zwecke einzelner Stellen, sondern geschäftsmäßig und bezüglich einer offenen Zahl Betroffener für fremde Zwecke verwendet werden.[2469]

Die Vorschriften des BDSG sind nur anzuwenden, wenn im nicht-öffentlichen Bereich personenbezogene Daten einer automatisierten Verarbeitung entstammen oder mithilfe automatisierter Verfahren verarbeitet werden (§ 27 Abs. 2 BDSG). Dies gilt gemäß § 3 Abs. 2 Satz 1 BDSG unabhängig von der Ausgestaltung, Größe oder Leistungsfähigkeit hierzu verwendeter Datenverarbeitungsanlagen.[2470] Sämtliche RFID-Implantate mit Informations- und/oder Kommunikationsfunktion und etwaige zusammen mit diesen genutzte externe Geräte (wearables) wie externe Mobiltelefone, Sensoren oder ähnliches führen daher stets zu Daten, welche unter Einsatz von Verarbeitungsanlagen erhoben, verarbeitet oder genutzt werden. Voraussetzung ist jedoch, dass sich die personenbezogenen Angaben auf einem Datenträger befinden oder mit dem Ziel erhoben werden, diese darauf festzuhalten.[2471] Dort, wo eine Übermittlung nicht gespeicherter Daten erfolgt, beispielsweise bei der Nutzung lediglich gemerkter Daten, findet das Datenschutzrecht keine Anwendung.[2472]

Der Grundsatz der Erforderlichkeit, die Verhältnismäßigkeitsprüfung, die Orientierung an den Kriterien der Datenvermeidung und Datensparsamkeit und dem schutzwürdigen Interesse des Betroffenen finden uneingeschränkte Anwendung.[2473]

5.2.7.1.2.1. Datenerhebung, -verarbeitung und -nutzung für eigene Zwecke

§ 28 BDSG enthält gesetzliche Erlaubnistatbestände für eine Verarbeitung personenbezogener Daten durch Private für „*eigene*“ Geschäftszwecke, ohne diese näher zu definieren.

2467 *Simitis* in Simitis, BDSG, § 28, Rn 25 mwN.

2468 *Simitis* in Simitis, BDSG, § 28, Rn 25 mwN; *Gola/Schomerus*, BDSG, § 28, Rn 6.

2469 *Simitis* in Simitis, BDSG, § 27, Rn 3.

2470 So auch *Bergmann/Möhrle/Herb*, Datenschutzrecht Bd. I Teil 3, § 27, Rn 14.

2471 *Simitis* in Simitis, BDSG, § 27, Rn 26.

2472 Der im Hinblick auf das Scoring durch Auskunfteien am 30.07.2008 vom Kabinett beschlossene Gesetzesentwurf der Bundesregierung (BDSG-RegE, online abrufbar unter http://www.bmi.bund.de/Internet/Content/Common/Anlagen/Gesetze/Entwurf__BDSG__Aenderung,templateId=raw,property=publicationFile.pdf/Entwurf_BDSG_Aenderung.pdf) sieht jedoch künftig eine Einbeziehung von Daten in Auskunftsansprüche vor, auch wenn diese nicht von der verantwortlichen Stelle selbst gespeichert werden und an ihrem ursprünglichen Speicherort noch keinen Personenbezug aufweisen, wenn dieser aber von der verantwortlichen Stelle zur Übermittlung an Dritte oder im Rahmen des Scoringverfahrens hergestellt wird, s. die Begründung zu § 28 b Abs. 4 S. 2 BDSG-RegE, 9.

2473 *Bergmann/Möhrle/Herb*, Datenschutzrecht Bd. I Teil 3, § 28, Rn 193.

Voraussetzung hierfür ist, dass die Datenverarbeitung nur ein akzessorisches Hilfsmittel zur Erfüllung der eigentlichen Geschäftszwecke ist,[2474] zu dem die beabsichtigte Datenverwendung in einem unmittelbaren sachlichen Zusammenhang steht.[2475] Dies ist beispielsweise bei der Datenverarbeitung zur Erfüllung bestimmter geschäftlicher, beruflicher oder gewerblicher Zwecke der Fall, etwa im Rahmen von bei Kauf-, Kredit-, Arbeits-, Arzt- oder Reiseverträgen anfallenden Kunden-, Arbeitnehmer- oder Patientendaten.[2476] Eine Erhebung, Verarbeitung oder Nutzung ist nur bezüglich derjenigen Daten zulässig, die zur Abwicklung des Vertrages erforderlich sind.[2477] Im Rahmen des § 28 BDSG dürfen nur Angaben über den Vertragspartner selbst gespeichert, übermittelt oder genutzt werden, während Angaben über Dritte einer gesonderten Erlaubnis bedürfen.[2478]

Darüber hinaus ist auch die Datenverarbeitung in einem vertragsähnlichen Verhältnis zulässig. Hierzu zählen beispielsweise die zivilrechtlichen Institute der c.i.c. oder der berechtigten Geschäftsführung ohne Auftrag sowie die nachvertraglichen Pflichten des Arbeitgebers, ausgeschiedenen Mitarbeitern Zeugnisse oder Bescheinigungen auszustellen, ferner die Mitgliedschaft des Betroffenen in einem Verein, einer Genossenschaft, einer Partei oder einer Gewerkschaft, die Beziehung zwischen Aktionär und Unternehmen oder Bewerbern im Stadium der Anbahnung eines Arbeitsvertrages,[2479] sowie Verträge zugunsten Dritter, die selber nicht Partei sind wie beispielsweise bei begünstigten Kindern eines Versicherungsnehmers.[2480] Bereits die Tatsache der Mitgliedschaft in Vereinen, einer Partei oder einer Gewerkschaft, der Zeitpunkt des Beitritts oder die genaue Höhe des Vereinsbeitrages stellt ein personenbezogenes Datum dar. Soweit es sich um eine Organisation handelt, welche politisch, philosophisch,[2481] religiös oder gewerkschaftlich ausgerichtet ist, handelt es sich ferner um sensible Daten im Sinne von § 28 Abs. 9 BDSG. Da das Stadium vor Abschluss eines Kreditvertrages als vertragsähnliches Vertrauensverhältnis anzusehen ist, führt das berechtigte Interesse des Kreditgebers, sich über die Bonität seines zukünftigen Kunden zu erkundigen, zu der Berechtigung, die notwendigen Auskünfte über den Kunden einzuholen und hierzu personenbezogene Daten an Dritte wie die SCHUFA zu übermitteln.[2482]

5.2.7.1.2.2. Datenerhebung, -verarbeitung und -nutzung allgemein zugänglicher Daten

Das BDSG erlaubt auch die Erhebung, Verarbeitung und Nutzung personenbezogener Daten, wenn diese allgemein zugänglich sind, es sei denn, dass das schutzwürdige Inte-

---

2474 *Simitis* in Simitis, BDSG, § 28, Rn 22; *Gola/Schomerus*, BDSG, § 28, Rn 4.

2475 BAG RDV 1987, 129.

2476 *Simitis* in Simitis, BDSG, § 28, Rn 22; *Gola/Schomerus*, BDSG, Rn 4; *Bergmann/Möhrle/Herb*, Datenschutzrecht Bd. I Teil 3, § 28, Rn 16.

2477 *Bergmann/Möhrle/Herb*, Datenschutzrecht Bd. I Teil 3, § 28, Rn 18.

2478 *Bergmann/Möhrle/Herb*, Datenschutzrecht Bd. I Teil 3, § 28, Rn 17.

2479 *Bergmann/Möhrle/Herb*, Datenschutzrecht Bd. I Teil 3, § 28, Rn 194 mwN.

2480 § 28 Abs. 1 Satz 1 Nr. 1 Alt. 2 BDSG; *Bergmann/Möhrle/Herb*, Datenschutzrecht Bd. I Teil 3, § 28, Rn 195.

2481 Gemeint ist hier eine Weltanschauungsgemeinschaft.

2482 *Bergmann/Möhrle/Herb*, Datenschutzrecht Bd. I Teil 3, § 28, Rn 209.

resse des Betroffenen an dem Ausschluss der Verarbeitung oder Nutzung gegenüber dem berechtigten Interesse der verantwortlichen Stelle offensichtlich überwiegt.[2483] Erforderlich ist auch hier, dass die Daten für die Erfüllung eigener Geschäftszwecke verwendet werden.

Dabei ist jedoch nicht alles, was einmal veröffentlicht wurde, im Sinne der auf allgemein zugänglichen Daten Bezug nehmenden Vorschriften des BDSG veröffentlicht. Das BVerfG verstand in einer – allerdings auf das Informationsrecht des Einzelnen bezogenen – Entscheidung unter allgemein zugänglichen Quellen zwar alle Medien, welche technisch geeignet und bestimmt sind, der Allgemeinheit Informationen zu verschaffen.[2484] Im Ausgangspunkt werden daher alle veröffentlichten Printmedien,[2485] öffentliche Datenbanken einschließlich aller im Internet frei erhältlichen Informationen, öffentliche Anschläge an Litfasssäulen, Plakattafeln, Bekanntmachungen oder Aushänge, sämtliche visuellen oder akustischen Medien,[2486] öffentliche Veranstaltungen, Messen, Ausstellungen sowie öffentliche Register als allgemein zugängliche Quellen angesehen.[2487] Nicht hierzu zählen hingegen das Grundbuch, das Verkehrszentralregister nach § 28 StVG, das Gewerbezentralregister, das Bundeszentralregister (§§ 30, 41-44 BZRG) oder das Personenstandsregister sowie Behörden- bzw. Gerichtsakten, da in diese nicht jedermann Einblick gewährt wird.[2488] Die allgemeine Zugänglichkeit ist zudem nur gegeben, wenn diese Daten im Zeitraum der Speicherung, Veränderung, Übermittlung oder Nutzung der Daten tatsächlich noch allgemein zugänglich sind. Wurden Daten aus allgemein zugänglichen Registern gelöscht, sind diese Daten nicht mehr allgemein zugänglich und eine Verarbeitung dieser – unter Umständen früher einmal zulässig erhobenen – Daten ist nicht mehr zulässig.[2489] Auf Basis derartig öffentlich zugänglicher Informationen wäre es der Stelle aber rechtlich möglich, ein umfassendes Personenprofil zu erstellen und die so gewonnenen Daten für beliebige eigene Zwecke zu verwenden.[2490] Eine der Zielsetzungen des Datenschutzes ist jedoch, genau dies zu verhindern.[2491]

Zur Wahrung der Persönlichkeitsrechte des Betroffenen ist im Wege der Abwägung zu prüfen, ob dessen schutzwürdige Interessen offensichtlich überwiegen. Offensichtlich bedeutet dabei, dass die Verletzung der Interessen des Betroffenen für einen unvoreinge-

---

2483 § 28 Abs. 1 Satz 1 Nr. 3 Alt. 1 BDSG.

2484 BVerfGE 27, 83 – Überwachungsgesetz.

2485 Z. B. Zeitungen, Zeitschriften, Adressbücher, Telefonbücher, Flugblätter, Handzettel, Messekataloge; vgl. *Bergmann/Möhrle/Herb*, Datenschutzrecht Bd. I Teil 3, § 28, Rn 247 mwN.

2486 Z. B. Hörfunk, Fernsehen, Filme, Videos, Leuchtschriften, Monitore, CD–Roms, DVDs, Musikkassetten; vgl. die Nachweise bei *Bergmann/Möhrle/Herb*, Datenschutzrecht Bd. I Teil 3, § 28, Rn 247.

2487 Handelsregister, Genossenschaftsregister, Geschmacksmusterregister, Vereinsregister, Partnerschaftsregister o. Ä., vgl. *Bergmann/Möhrle/Herb*, Datenschutzrecht Bd. I Teil 3, § 28, Rn 247 mwN.

2488 *Bergmann/Möhrle/Herb*, Datenschutzrecht Bd. I Teil 3, § 28, Rn 248; OLG Hamm RDV 1996, 189; BVerfG RDV 1986, 80.

2489 *Bergmann/Möhrle/Herb*, Datenschutzrecht Bd. I Teil 3, § 28, Rn 250.

2490 *Gola/Schomerus*, BDSG, § 14, Rn 19.

2491 BVerfGE 65, 1ff – *Volkszählung.*

nommenen, verständigen Beobachter ohne weiteres ersichtlich (evident) sein muss.[2492] Im Rahmen des Ubiquitous Computing ist dabei von besonderer Bedeutung, dass sich die Bewertung der in allgemein zugänglichen Quellen enthaltenen Daten durch Zeitablauf, überholende Ereignisse oder Veränderung sonstiger Umstände ändern kann. Beispielsweise liegt in der Veröffentlichung von Vorstrafen, die im Strafregister bereits getilgt sind, ein Verstoß gegen das allgemeine Persönlichkeitsrecht des Betroffenen.[2493] Auch wer sich beispielsweise in seiner frühen Jugend zugespitzt in einer allgemein zugänglichen Quelle über politische Themen geäußert hat, sich für eine Zeitschrift auszog oder über den vor Jahrzehnten im Zusammenhang mit Ordnungswidrigkeiten oder Straftaten berichtet wurde, hat ein derartiges evident überwiegendes Interesse an der *„Gnade des Vergessens“*.[2494] Die Mitwirkung an einer Misswahl 1957 oder in einem NS-Propagandafilm 1941 berechtigt daher beispielsweise nicht mehr zu einer Verarbeitung dieser personenbezogenen Daten, auch wenn diese weiterhin in einer allgemein zugänglichen Quelle enthalten sind.[2495] Sollen Daten zu einer umfassenden Bildung eines teilweisen oder vollständigen Profils dienen, überwiegt ebenfalls das Interesse des Betroffenen und verbietet eine Verwendung dieser Daten zu diesem Zweck. Nur in seltensten Ausnahmefällen überwiegen Verarbeitungsinteressen gegenüber dem schutzwürdigen Interesse des Betroffenen.[2496] Das Risiko einer Fehleinschätzung bei der Abwägung sowie die Beweislast für das Vorhandensein von allgemein zugänglichen Daten trifft die verantwortliche Stelle.[2497]

5.2.7.1.2.3. Daten, die veröffentlicht werden dürfen

Eine Datenerhebung und Verwendung ist bei privaten Stellen auch zulässig, wenn die verantwortliche Stelle die Daten veröffentlichen dürfte.[2498] Auch hier muss die Datenverarbeitung Mittel zur Erfüllung eigener Geschäftszwecke sein. Ferner muss auch hier eine Abwägung mit den schutzwürdigen Interessen des Betroffenen erfolgen, welche nicht offensichtlich überwiegen dürfen. Im Rahmen der Abwägung und Prüfung ist wiederum ein Zeitablauf oder Überholen der Ereignisse zu berücksichtigen.

5.2.7.1.2.4. Sonderfall: Datenerhebung im Arbeitverhältnis / doppelte Vertragsbeziehungen

Häufig sind Mitarbeiter nicht nur arbeitsrechtlich mit dem Arbeitgeber verbunden, sondern unterhalten gleichzeitig geschäftliche Beziehungen, beispielsweise wenn ein Bankangestellter zugleich Kunde seiner Bank oder ein Versicherungsangestellter auch Versiche-

---

2492 *Bergmann/Möhrle/Herb*, Datenschutzrecht Bd. I Teil 3, § 28, Rn 251.

2493 LG Köln RDV 1993, 138.

2494 So ausdrücklich *Dammann* in Simitis, BDSG, § 28, Rn 251.

2495 *Bergmann/Möhrle/Herb*, Datenschutzrecht Bd. I Teil 3, § 28, Rn 251.

2496 Beispielsweise wenn der Betroffene aus anderen Gründen nunmehr im öffentlichen Interesse steht oder erneute Verfahren anhängig sind, vgl. *Bergmann/Möhrle/Herb*, Datenschutzrecht Bd. I Teil 3, § 28, Rn 251.

2497 Dies deshalb, weil es sich bei der Datenverarbeitung um ein Verbot mit Erlaubnisvorbehalt handelt: *Bergmann/Möhrle/Herb*, Datenschutzrecht Bd. I Teil 3, § 28, Rn 253.

2498 § 28 As. 1 Satz 1 Nr. 3 Alt. 2 BDSG.

rungsnehmer seines Arbeitgebers ist. In diesen Fällen doppelter Vertragsbeziehungen sind die beiden Vertragsverhältnisse datenschutzrechtlich getrennt zu behandeln.[2499]

Bei Arbeits- und Dienstverträgen dienen nur solche Daten der Zweckbestimmung des Vertragsverhältnisses, die einen direkten Bezug zur konkreten Tätigkeit aufweisen. Nur diese Daten dürfen erhoben werden.[2500] Eine verdeckte Datenerhebung der Mitarbeiter, beispielsweise durch von Unternehmen beauftragte Detektive, ist datenschutzrechtlich nur in einer extremen Ausnahmesituation zulässig, beispielsweise bei schweren Diebstählen oder dem Verdacht des Verrats von Geschäftsgeheimnissen oder bei Sicherheitsüberprüfungen.[2501] Daten über Mitarbeiter dürfen auch nicht zwangsweise, z. B. durch Drohungen mit einem empfindlichen Übel oder mit Gewalt, oder durch Einsatz von rechtswidrigen Hilfsmitteln (Abhören, heimliche Filmaufnahmen) beschafft werden.[2502]

Eine heimliche Videoüberwachung ist auf Grund des damit bestehenden ständigen Überwachungsdrucks grundsätzlich unzulässig,[2503] so dass diese nur in Ausnahmefällen bei Vorliegen eines konkreten Verdachts[2504] und einer Notwehrsituation oder notwehrähnlichem Lage durchgeführt werden darf.[2505] Ferner muss der Verdacht bestehen, dass strafbare Handlungen oder andere schwere Verfehlungen begangen wurden und alle weniger einschneidenden Mittel ausgeschöpft worden sein,[2506] so dass die Videoüberwachung das einzig verbleibende Mittel darstellt.[2507] Auch in diesem Fall ist zudem eine Verhältnismäßigkeitsprüfung und Güterabwägung im Einzelfall vorzunehmen und die Maßnahme zeitlich zu begrenzen.[2508] Die Videoüberwachung darf in keinem Fall zur Leistungs- und Verhaltenskontrolle eingesetzt werden.[2509] Sofern die Überwachung eines öffentlich zugänglichen Arbeitsplatzes mit Videokamera und die Speicherung dieser Daten erforderlich ist, z. B. bei Schalterräumen bei Banken oder bei Warenhäusern, müssen den Mitarbeitern zumindest unbeobachtete Räume zur Verfügung stehen. Ferner dürfen die Aufnahmen nicht gleichzeitig zur Überwachung des Arbeitsverhaltens genutzt werden.[2510] Entsprechendes muss bei IKT-Implantanten gelten, welche zur Kontrolle und Überwachung von Arbeitnehmern Verwendung finden.

2499 *Simitis* in Simitis, BDSG, § 28, Rn 81; *Hermes* in Dreier, Grundgesetz, Art. 13, § 28, Rn 17.

2500 So auch *Bergmann/Möhrle/Herb*, Datenschutzrecht Bd. I Teil 3, § 28, Rn 23.

2501 *Bergmann/Möhrle/Herb*, Datenschutzrecht Bd. I Teil 3, § 28, Rn 25.

2502 *Bergmann/Möhrle/Herb*, Datenschutzrecht Bd. I Teil 3, § 28, Rn 26.

2503 BAG DB 2003, 2230.

2504 BAG DB 2003, 2230 (2231); LAG Hamm DuD 2002, 108 (109).

2505 BVerfG 1 BvR 161/96, BvR 805/98.

2506 BAG DB 2003, 2230 (2231); *Bergmann/Möhrle/Herb*, Datenschutzrecht Bd. I Teil 3, § 28, Rn 27 mwN.

2507 BAG RDV 1988, 30 (32); DB 2003, 2230 (2231); LAG Mannheim RDV 2000, 27 (29).

2508 BAG DB 2003, 2230 (2231).

2509 *Bergmann/Möhrle/Herb*, Datenschutzrecht Bd. I Teil 3, § 28, Rn 27.

2510 *Bergmann/Möhrle/Herb*, Datenschutzrecht Bd. I Teil 3, § 28, Rn 35.

§ 28 Abs. 1 Nr. 1 BDSG gebietet, jede Datenverarbeitung am Vertragszweck und nicht an der Person des Betroffenen zu orientieren.[2511] Unzulässig wäre es beispielsweise, dass Ausgabeverhalten von Bankmitarbeitern für deren Personalbeurteilung heranzuziehen.[2512] Wird ein Beschäftigter eines Krankenhauses dort Patient, ist der behandelnde Arzt nicht berechtigt, dem Dienstvorgesetzten des Beschäftigten dessen Diagnose mitzuteilen.[2513] Gleiches gilt in Fällen von IKT-Implantaten, welche dem Vertragspartner Zugriff auf personenbezogene Daten aus Finanztransaktionen, zum sonstigen Verhalten des Betroffenen oder auf Gesundheitsdaten liefern, da diese eine umfangreiche Überwachung des Aufenthalts, der Leistung, des Verhaltens und der Kommunikation eines Mitarbeiters ermöglichen.

5.2.7.1.3. Geschäftsmäßige Datenerhebung und –speicherung für fremde Zwecke

§ 29 BDSG enthält Erlaubnistatbestände für die geschäftsmäßige Erhebung, Speicherung oder Veränderung personenbezogener Daten zum Zweck der Übermittlung an andere Personen oder Stellen mit Wiederholungsabsicht und somit für fremde Zwecke,[2514] nicht aber eine Datenverarbeitung oder Nutzung für eigene Zwecke.[2515] In den Fällen des § 29 BDSG muss es sich nicht um eine entgeltliche Datenverwendung handeln, da *„geschäftsmäßig"* weder erwerbsmäßig noch gewinnorientiert bedeutet. Dabei bestehen regelmäßig keine rechtliche Beziehung des Betroffenen zu der verarbeitenden Stelle und keine Möglichkeit der Einflussnahme.[2516]

Das geschäftsmäßige Erheben, Speichern oder Verändern personenbezogener Daten zum Zweck der Übermittlung ist zulässig, wenn kein schutzwürdiges Interesse des Betroffenen entgegensteht. Zu den schutzwürdigen Interessen gehört insbesondere das Persönlichkeitsrecht des Betroffenen.[2517] Dies ist beispielsweise der Fall, wenn die Privatsphäre bei Recherchen unverhältnismäßig berührt wird oder Daten in kompromittierenden Situationen, zur Unzeit oder in verdeckter Weise durch Einsatz rechtswidriger Hilfsmittel beschafft werden.[2518] Dem dürfte bei IKT-Implantaten maßgebliche Bedeutung zukom-

---

2511 *Simitis* in Simitis, BDSG, § 28, Rn 81.

2512 *Bergmann/Möhrle/Herb*, Datenschutzrecht Bd. I Teil 3, § 28, Rn 72 mwN.

2513 Jedenfalls nicht, ohne dem Patienten zuvor Gelegenheit zu geben, selbst tätig zu werden, so LG Braunschweig RDV 1990, 151; *Bergmann/Möhrle/Herb*, Datenschutzrecht Bd. I Teil 3, § 28, Rn 73.

2514 *Bergmann/Möhrle/Herb*, Datenschutzrecht Bd. I Teil 3, § 29, Rn 17; *Ehmann* in Simitis, BDSG, § 29, Rn 49 ff.; hierzu kann auch auf die Definition in § 157 ZPO oder § 1 RBG herangezogen werden, vgl. *Gola/Schomerus*, BDSG, § 29, Rn 4 mwN.

2515 Hierfür gilt vielmehr § 28 BDSG, vgl. *Bergmann/Möhrle/Herb*, Datenschutzrecht Bd. I Teil 3, § 29, Rn 16; *Hoeren* in Roßnagel/Abel, Handbuch Datenschutzrecht, 4.6, Rn 71; *Iraschko-Luscher*, DuD 2005, Rn 471, anderer Ansicht *Gola/Schomerus*, BDSG, § 29, Rn 8, 18; *Ehmann* in Simitis, BDSG, § 29, Rn 218.

2516 Daher soll der *„Schutz"* des § 29 BDSG uneingeschränkt Anwendung finden, vgl. *Gola/Schomerus*, BDSG, § 29, Rn 5; *Ehmann* in Simitis, BDSG, § 29, Rn 51 ff.; *Bergmann/Möhrle/Herb*, Datenschutzrecht Bd. I Teil 3, § 29, Rn 19.

2517 OLG München NJW 1982, 244 (245); BGH NJW 1984, 436; NJW 1984, 1889.

2518 OLG München NJW 1982, 244 (245); BGH NJW 1984, 436; NJW 1984, 1889.

men.[2519] Mit der Möglichkeit staatlicher Zugriffe auf private Datenbanken wird man zur Gewährleistung des objektiven Gehalts des Grundrechts auf informelle Selbstbestimmung zunehmend auch derartige Belange maßgeblich in die Abwägung einbeziehen und so öfter als in der Vergangenheit zu einer Unzulässigkeit der Datenerhebung, -verwendung und -übermittlung auch bei Privaten gelangen müssen.[2520]

Die Zulässigkeit der Speicherung personenbezogener Daten ist unabhängig von der Frage der Zulässigkeit ihrer Erhebung zu prüfen. So kann im Einzelfall die Erhebung mehrerer personenbezogener Daten zulässig sein, nicht aber deren Speicherung. Dies ist beispielsweise der Fall, wenn Daten zur Verifizierung oder von Dritten erhoben werden und sich dann herausstellt, dass diese für die anschließende Nutzung nicht zwingend erforderlich sind. Auch bei der Datenerhebung ist eine Beschränkung auf das erforderliche Maß geboten, da in der bloßen Menge von Daten über den Betroffenen wesentliche Gefahren für das Persönlichkeitsrecht liegen.[2521] Daher hat eine Verhältnismäßigkeitsabwägung zu erfolgen, welche die Wertungen des BVerfG zum Recht auf informationelle Selbstbestimmung berücksichtigt.[2522] Dabei ist beispielsweise zu prüfen, ob auch die Verwendung anonymisierter statt personalisierter Daten ausreichend ist,[2523] sowie ob Art, Inhalt und Aussagekraft der personenbezogenen Daten im Hinblick auf die Aufgaben und Zwecke der Datenverwendung angemessen sind.[2524] Diese Abwägung ist von den Gerichten im vollen Umfang überprüfbar.[2525] Das erforderliche Überwiegen der schutzwürdigen Interessen des Betroffenen kann sich aus der Art der vertraglichen Daten oder aus dem Status des Betroffenen ergeben, beispielsweise bei sensiblen Daten oder Daten Minderjähriger.[2526] Auch können sich Daten in allgemein zugänglichen Quellen durch Zeitablauf, überholende Ereignisse oder sonstige Umstände ändern.[2527]

2519 Beispielsweise wenn fraglich ist, ob eine Erhebung in Kenntnis des Betroffenen erfolgt, wofür ein gedankliches Mitbewusstsein nicht ausreichen dürfte, da dieses bei den Trägern eines Implantats gegebenenfalls ein Leben lang vorhanden wäre – und den bezweckten Schutz hiermit vollständig aushebeln würde. Keine Probleme dürften bestehen, soweit der Betroffene selbst eine Datenübermittlung aktiv anstößt oder in diese im jeweiligen Einzelfall ausdrücklich einwilligt. Die in einer Welt des Ubiquitous Computing überwiegenden Fälle werden jedoch eine Erhebung ohne aktive Mitwirkung des Betroffenen unmittelbar durch das IKT–Implantat erfolgen, entweder indem dieses selbst die Übermittlung anstößt oder aber auf Anfrage einer dritten Stelle (eines Lesegeräts oder ähnlichem) Daten übermittelt. Hierbei dürfte es häufig schwierig werden, festzustellen, ob diese Datenerhebung beim Betroffenen zur Unzeit, in kompromittierenden Situationen oder unverhältnismäßig in seinem persönlichen Bereich erfolgt. So kann die bloße Ermittlung des Standortes und Zeitpunkts am Ort einer Demonstration, beim Besuch eines Psychiater oder einem Bewerbungsgespräch beim Konkurrenzunternehmen durch den Arbeitgeber die schutzwürdigen Interessen des Betroffenen massiv berühren, während die Erhebung des gleichen Standortes zur gleichen Zeit unter anderen Vorzeichen (beim Einkaufsbummel statt bei einer Demonstration, beim Besuch eines Steuerberaters anstelle eines Psychiaters, Vorstellungsgespräch eines Arbeitslosen) die schutzwürdigen Interessen schon deutlich weniger beeinträchtigen kann.

2520 In diesem Sinne wohl auch *Lewinski*, RDV 2004, 127 mwN.

2521 Eine übermäßige Datenerhebung verstößt somit gegen Treu und Glauben nach § 3 a BDSG, vgl. *Bergmann/Möhrle/Herb*, Datenschutzrecht Bd. I Teil 3, § 29, Rn 61 mwN.

2522 BGH NJW 1984, 1889; OLG Hamm RDV 1999, 36.

2523 BAG DuD 2003, 773 (776).

2524 BGH RDV 1986, 81.

2525 BGH NJW 1984, 436; NJW 1986, 2505 (2506).

2526 OLG Frankfurt am Main MMR 2005, 696; *Bergmann/Möhrle/Herb*, Datenschutzrecht Bd. I Teil 3, § 29, Rn 55.

2527 *Bergmann/Möhrle/Herb*, Datenschutzrecht Bd. I Teil 3, § 29, Rn 73.

Zulässig ist ferner ein geschäftsmäßiges Erheben, Speichern oder Verändern von personenbezogenen Daten zum Zwecke der Übermittlung, wenn die Daten aus allgemein zugänglichen Quellen entnommen werden können sowie wenn die verantwortliche Stelle zu deren Veröffentlichung berechtigt wäre. In beiden Fällen dürfen schutzwürdige Interessen des Betroffenen nicht offensichtlich überwiegen.

Eine Datenerhebung *„ins Blaue hinein"* oder Datensammlung auf Vorrat ohne konkrete Festlegung des Erhebungszwecks ist unzulässig.[2528] Die zu einem konkreten Zweck erhobenen Daten dürfen nur für diesen Zweck übermittelt werden. Der die Daten empfangende Dritte darf die übermittelten Daten nur für den Zweck nutzen, der die Zulässigkeit der die Übermittlung begründete.[2529] Allerdings darf der empfangende Dritte unter den Voraussetzungen des § 28 Abs. 2 und 3 BDSG im Rahmen der Verarbeitung für eigene Zwecke eine Zweckänderung vornehmen.[2530]

Erlaubt ist auch die Übermittlung personenbezogener Daten im Rahmen der geschäftsmäßigen Datenverarbeitung bei einem berechtigten Interesse des Empfängers oder als listenmäßige oder sonst zusammengefasste Daten für Zwecke der Werbung oder der Markt- oder Meinungsforschung.[2531] Jedes von der Rechtsordnung nicht missbilligte Interesse ist ein berechtigtes Interesse in diesem Sinne.[2532] Listenmäßig bedeutet, dass eine Datensammlung nach einem Merkmal geordnet wurde. In beiden Fällen ist zu prüfen, ob ein Grund zu der Annahme besteht, dass der Betroffene ein schutzwürdiges Interesse an dem Ausschluss der Übermittlung hat. Ein grundsätzliches Überwiegen der schutzwürdigen Interessen des Betroffenen ist nicht erforderlich.[2533]

Die verantwortliche Stelle ist verpflichtet, die Gründe für das Vorliegen eines berechtigten Interesses und der Art und Weise ihrer glaubhaften Darlegung aufzuzeichnen. Bei automatisierten Abrufverfahren trifft die empfangende Stelle diese Pflicht. Diese Aufzeichnungen müssen so genau sein, dass sie der Aufsichtsbehörde ermöglichen, Kontrollen vorzunehmen. Ein Verstoß hiergegen stellt nach § 43 Abs. 1 Nr. 5 BDSG eine Ordnungswidrigkeit dar. Der Datenempfänger muss ferner gemäß § 29 Abs. 4 BDSG die Regelungen des § 28 Abs. 4 und 5 BDSG bezüglich Widerspruchsrecht, Unterrichtung und Sperrung sowie Zweckbindung beachten. Ein Betroffener kann verlangen, dass seine personenbezogenen Daten nicht in ein Verzeichnis aufgenommen zu werden. Dies muss die verantwortliche Stelle beachten. Ein Verstoß hiergegen ist nach § 43 Abs. 1 Nr. 6 BDSG bußgeldbewehrt. § 29 BDSG stellt eine Schutzvorschrift im Sinne von § 823 Abs. 2 BGB dar, bei deren Ver-

---

2528 *Simitis* in Simitis, BDSG, § 28, Rn 59; *Ehmann* in Simitis, BDSG, § 29, Rn 130.

2529 *Gola/Schomerus*, BDSG, § 29, Rn 35.

2530 *Gola/Schomerus*, BDSG, § 29, Rn 35.

2531 § 29 Abs. 2 BDSG.

2532 *Bergmann/Möhrle/Herb*, Datenschutzrecht Bd. I Teil 3, § 29. Rn 87 mwN.

2533 *Bergmann/Möhrle/Herb*, Datenschutzrecht Bd. I Teil 3, § 29, Rn 94.

letzung der Betroffene einen Anspruch auf Schadenersatz sowie ggf. gemäß § 7 BDSG auf Schmerzensgeld haben kann.

5.2.7.2. Überholte Trennung aufgrund umfangreicherer Datensammlung durch die Wirtschaft als den Staat

Vergleicht man die recht engen Grenzen der Datenerhebung und –verarbeitung öffentlicher Stellen mit den nahezu umfassenden Erlaubnistatbeständen für beliebige eigene oder fremde Zwecke privater Stellen, die zudem durch die Einwilligung der Betroffenen nahezu grenzenlos werden, wird deutlich, dass die privatwirtschaftliche Datenerhebung und -verarbeitung der öffentlichen den Rang abgelaufen hat. Während sich das Volkszählungsurteil[2534] mit der staatlichen Erfassung von Daten im Zusammenhang mit gesellschaftspolitischen Aktivitäten der Bürger befasste, müssen dessen Grundsätze auf privatwirtschaftliche Datensammlungen übertragen werden.[2535] Denn es ist zu befürchten, dass ein Bürger auch durch privatwirtschaftliche Datensammlungen Nachteile erleidet, was zu den vom BVerfG befürchteten Verhaltensanpassungen führen kann.[2536] Die von nichtöffentlichen Stellen gesammelten und genutzten Daten gefährden wie in Kapitel 3 ausführlich dargestellt die Privatsphäre in gleichem Maße wie die von öffentlichen Stellen gespeicherten Informationen.[2537] Denn auch diese können das berufliche Fortkommen, das Privatleben oder die öffentliche Wahrnehmung des Betroffenen gravierend nachteilig beeinflussen, wenn beispielsweise Gesundheitsdaten, persönliche Vorlieben oder private Äußerungen bekannt werden.

5.2.7.3. Gesetzliche Regelung für Zugriffe des Staates auf Daten Privater

Die Grundlage für Zugriffe des Staats auf Datensammlungen Privater bieten Auskunftsbefugnisse im BDSG bzw. den spezielleren Gesetzen wie dem TMG, TKG und SGB. Diese datenschutzrechtlichen Erlaubnistatbestände besagen allerdings nur, dass Diensteanbieter – aus datenschutzrechtlicher Sicht – Auskünfte erteilen dürfen. Sie räumen dem Staat jedoch weder einen Anspruch auf Auskunft ein, noch billigen sie dem Diensteanbieter ein Ermessen über eine Erteilung oder Verweigerung der Auskunft zu.[2538]

Die zu den Erhebungs- und Speicherpflichten korrespondierenden Auskunftsverpflichtungen ergeben sich aus den jeweiligen Spezialgesetzen wie StPO, TKG oder SGB.[2539] We-

---

2534 BVerfGE 65, 1 (44) – *Volkszählung.*

2535 *Mietzner* in Sokol, Anwendungsfelder für mikrogeographische Daten, 150f.

2536 *Mietzner* in Sokol, Anwendungsfelder für mikrogeographische Daten, 150f.

2537 Wie hier *Verbraucherzentrale Bundesverband e.V. (Hrsg.)*, DuD 2007, 272; *Roßnagel*, FES-Studie, 196 (wohl h.M.); a.A. *Jaspers*, DuD 2007, 268 unter Verweis auf die – wie aufgezeigt faktisch nicht bestehende – Vertragsfreiheit im Bereich der privaten Datenverwendung gegenüber staatlichen Datenerhebungen.

2538 *Kitz*, ZUM 2007, 273 mwN; BT–Drs. 16/3135, 2; *Hoeren*, NJW 2007, 805.

2539 BT–Drs. 16/3135, 2. Schwierigkeiten bestehen insoweit, als solche Spezialnormen häufig nicht den Anbieter von Telemedien, sondern den Anbieter von Telekommunikationsdiensten gemäß TKG verpflichten, vgl. *Schmitz* in Spindler/Schmitz/Geis, TDG, § 5 TDDSG, Rn 9ff, *Kitz*, ZUM 2007, 373 mwN.

sentliche Ermächtigungsgrundlagen für Auskunftsverlangen sieht das Terrorismusbekämpfungsergänzungsgesetz vom 09.01.2007 vor, welches Auskunftsmöglichkeiten des Bundesamtes für Verfassungsschutz, des Bundesnachrichtendienstes und des militärischen Abschirmdienstes geschaffen hat. Dort, wo diese Spezialregelungen fehlen, besteht für Ermittlungsbehörden jedoch immer noch die herkömmliche Möglichkeit der Durchsuchung und Beschlagnahme,[2540] so dass *de facto* eine Verweigerung der Herausgabe einmal gesammelter Daten durch den Diensteanbieter kaum zu erwarten sein dürfte.[2541]

5.2.7.3.1. SGB

Übermittlungsbefugnisse an und Anforderungsbefugnisse durch staatliche Stellen gibt es im SGB seit längerem, beispielsweise zur Übermittlung von Standarddaten.[2542] Nach §§ 68 Abs. 3, 72 Abs. 1 Satz 2 und 73 Abs. 2 SGB X können zusätzliche Daten wie frühere Namen, Anschriften und Arbeitgeber, Geldleistungen sowie Staats- und Religionszugehörigkeit übermittelt werden. Die §§ 69, 70, 71, 73 Abs. 1, 74 und 75 SGB X ermöglichen die Übermittlung von Regeldaten und § 67 a Abs. 1 Satz 2 bis 4 und 67 b Abs. 1 Satz 2 SGB X die Übermittlung von Angaben über die rassische und ethnische Herkunft, politische Meinungen, religiöse oder philosophische Überzeugungen, Gewerkschaftszugehörigkeit, Sexualleben oder Gesundheit.

Seit dem 11. September 2001 wurden vermehrt Übermittlungsbefugnisse zur Bekämpfung und Verhütung von Straftaten eingeführt. Ein Beispiel hierfür ist der durch das Terrorismusbekämpfungsgesetz eingefügte § 68 Abs. 3 Satz 1 SGB X, der die Verwendung von Sozialdaten für die Rasterfahndung erlaubt. Wird eine Rasterfahndung aufgrund eines Landes- oder Bundesgesetzes durchgeführt und ist dazu ein Abgleich mit Dateien aus dem Sozialbereich erforderlich, dürfen neben den Identifikationsdaten auch Angaben zur Staats- und Religionszugehörigkeit sowie frühere Anschriften, Namen und Anschriften früherer Arbeitgeber und Angaben über erbrachte oder demnächst zu erbringende Geldleistungen übermittelt werden. Die Übermittlung medizinischer Daten erlaubt dieser abschließende Katalog jedoch nicht.[2543]

Zur Erfüllung der Aufgaben der Sicherheitsbehörden ist gemäß § 72 SGB X eine Übermittlung von Sozialdaten im Einzelfall – und damit nicht im Rahmen der Rasterfahndung – an das Bundesamt und die Landesämter für Verfassungsschutz, den Bundesnachrichten-

---

2540 Unternehmen haben sich mit Herausgabeverlangen, Zugriffen und Informationsanforderungen staatlicher Stellen aber nicht nur im Rahmen der explizit geregelten Zugriffs- und Auskunftsverfahren wie Beschlagnahmeanordnungen, Rasterfahndungen und dem automatisierten Kontenabruf auseinanderzusetzen, sondern häufig auch bei so genannten „*einfachen*" Auskunftsersuchen und „*informellen Befragungen*", denen weder eine Beschlagnahmeanordnung noch ein richterlicher Beschluss zugrunde liegt, vgl. etwa Auskunftsersuchen auf der Grundlage von § 93 Abgabenordnung und § 161 StPO, dazu *Kamp*, RDV 2007, 236ff.

2541 Vgl. hierzu *Hoeren*, NJW 2007, 805.

2542 Vor– und Familienname, Geburtsdatum, Geburtstort, derzeitige Anschrift, Name und Anschrift des derzeitigen Arbeitgebers gemäß § 68 SGB X.

2543 *Bergmann/Möhrle/Herb*, Datenschutzrecht Bd. III Teil 7, § 67 c SGB X, Rn 29.

dienst, den Militärischen Abschirmdienst und das BKA zulässig, nicht aber an andere Sicherheitsbehörden, insbesondere nicht an die Bundes- oder Landespolizei. Auch hier gilt der gleiche, abschließende Katalog.[2544] § 73 SGB X erlaubt die Übermittlung von Sozialdaten zur Durchführung eines Strafverfahrens an Gerichte, Staatsanwaltschaften und die Polizei. Voraussetzung ist jedoch eine richterliche Anordnung, aufgrund derer jedoch sämtliche Sozialdaten übermittelt werden dürfen, soweit diese zur Durchführung eines Strafverfahrens wegen eines Verbrechens oder einer sonstigen Straftat von erheblicher Bedeutung erforderlich sind. Wegen einer sonstigen Straftat dürfen lediglich Name, Vorname, frühere Namen, Geburtsdatum, Geburtsort, derzeitige und frühere Anschrift und Arbeitgeber des Betroffenen übermittelt werden.

§ 77 SGB X sieht eine Übermittlung von Daten an über- oder zwischenstaatliche Stellen im Ausland vor und beschränkt diese auf den im Inland gestatteten Umfang. Werden Daten außerhalb der Mitgliedstaaten der EU übermittelt, muss für das Empfängerland ein angemessenes Datenschutzniveau durch die Europäische Kommission festgestellt worden sein.

§ 78 SGB X schränkt die Übermittlungsbefugnis bei besonders schutzwürdigen Sozialdaten unter dem Gesichtspunkt des § 203 Abs. 1 und 3 StGB ein. Soweit diese Sozialdaten besonders schutzwürdig sind, weil sie einem Arzt- oder sonstigen Berufsgeheimnis unterliegen, dürfen diese nur bei Einwilligung des Betroffenen oder Bestehen einer Mitteilungspflicht übermittelt werden, z. B. nach dem Infektionsschutzgesetz oder bei rechtfertigendem Notstand (§ 34 StGB). Somit dürfen personenbezogene Daten, welche der Krankenkasse von einer in § 203 StGB genannten Person (z. B. Zahnarzt, Apotheker, Psychologe) zugänglich gemacht worden sind, auch nur unter den Voraussetzungen übermittelt werden, unter denen diese Personen selbst übermittlungsbefugt wären. Das Patientengeheimnis „*verlängert*" sich insoweit in die zur Wahrung des Sozialgeheimnisses verpflichteten Stellen.[2545]

5.2.7.3.2. TKG

Wer geschäftsmäßig Telekommunikationsdienste erbringt oder daran mitwirkt und dabei Rufnummern oder andere Anschlusskennungen vergibt oder bereitstellt, ist unabhängig von einer betrieblichen Erforderlichkeit nach § 111 Abs. 1 TKG verpflichtet, bestimmte Bestandsdaten wie Name, Anschrift, Geburtsdatum, Nummer des Anschlusses und Gerätenummer für eventuelle Auskunftsersuchen von Ermittlungsbehörden zu speichern. Diese und weitere zu betrieblichen Erfordernissen nach § 95 TKG erhobene Daten stehen für das manuelle Auskunftsverfahren nach § 113 TKG zur Verfügung. § 112 TKG sieht ein automatisiertes Auskunftsverfahren vor. Nach § 112 Abs. 1 TKG sind Anbieter, die Tele-

---

2544 *Bergmann/Möhrle/Herb*, Datenschutzrecht Bd. III Teil 7, § 72 c SGB X, Rn 8.

2545 BT–Drs. 8/4022, 87.

kommunikationsdienste für die Öffentlichkeit erbringen, verpflichtet, die nach § 111 TKG erhobenen Daten unverzüglich in Kundendateien zu speichern und dabei zu gewährleisten, dass die Bundesnetzagentur für Auskunftsersuchen der berechtigten Stellen jederzeit Daten daraus automatisiert im Inland abrufen kann.

Das TKG enthält seit dem 01.01.2008 in den §§ 113a, 113 b zur Umsetzung der Richtlinie zur Vorratsdatenspeicherung[2546] eingeführte weitere Berechtigungen und Verpflichtungen zur Auskunftserteilung, zusammen mit besonderen Vorgaben für die Vorbereitung einer Auskunftserteilung an Sicherheitsbehörden. Deren Regelungen verpflichten die Anbieter öffentlich zugänglicher Kommunikationsdienste auch diejenigen Daten für sechs Monate zu speichern und für die berechtigten Behörden zum Abruf bereit zu halten, die erforderlich sind, um die Teilnehmer der Kommunikation zu identifizieren, Datum, Zeit und Dauer der Kommunikation festzuhalten sowie die Kommunikationsausrüstung der Nutzer und die benutzten Dienste festzustellen.[2547] Nach § 113 a Abs. 2 TKG betrifft dies insbesondere die Rufnummer (Nr. 1), Beginn und Ende der Verbindung (Nr. 2), Angaben zu dem genutzten Dienst (Nr. 3), die internationale Kennung des anrufenden und angerufenen Anschlusses und Endgeräts, die genutzte Funkzelle, bei im Voraus bezahlten anonymen Diensten die erste Aktivierung des Dienstes nach Datum, Uhrzeit und Funkzelle (Nr. 4) sowie die IP-Adresse im Fall von Internettelefondiensten Nr. 5). Entsprechendes gilt bei SMS, MMS und ähnlichen Nachrichten. Auch für E-Mail-Anbieter (Abs. 3) sowie Internetzugangsdienste (Abs. 4) gelten Speicherpflichten. Der Inhalt der Kommunikation und Daten über aufgerufene Internetseiten dürfen gemäß § 113 a Abs. 8 TKG nicht gespeichert werden. Seit dem 01.01.2008 wird erstmals jeder an einem Mobiltelefon getätigte oder entgegengenommene Anruf auch zu einer Speicherung der Funkzelle führen, was eine Feststellung des Standortes zumindest in Städten auf wenige hundert Meter genau ermöglicht.[2548] Da die Betreiber eines Mobilfunknetzes gemäß § 113 a Abs. 7 TKG auch Daten der Funkzelle vorhalten müssen, aus denen sich die geografische Lage der die jeweilige Funkzelle versorgenden Funkantennen sowie deren Hauptstrahlrichtung ergibt, wird eine noch genauere Lokalisierung auch im Nachhinein möglich.[2549]

Gemäß § 113 b TKG dürfen die nach § 113 a TKG gespeicherten Daten zur Verfolgung von Straftaten, zur Abwehr von erheblichen Gefahren für die öffentliche Sicherheit oder zur Erfüllung der gesetzlichen Aufgaben der Verfassungsschutzbehörden des Bundes und der Länder, des Bundesnachrichtendienstes und des Militärischen Abschirmdienstes an zuständige Stellen auf deren Verlangen übermittelt werden, soweit diese in den jeweiligen

2546 Richtlinie 2006/24/EG vom 15.03.2006 über die Vorratsspeicherung von Daten, die bei der Bereitstellung öffentlich zugänglicher elektronischer Kommunikationsdienste oder öffentlicher Kommunikationsnetze erzeugt oder verarbeitete werden, ABl Zeichen EU Nr. L 105, 54.

2547 Vgl. hierzu auch *Roßnagel*, NVwZ 2007, 748.

2548 *Starostik/Gusy/Gössner et al.*, Verfassungsbeschwerde Vorratsdatenspeicherung (Klageschrift), http://www.starostik.de/downloads/anwalt-berlin-verfassungsbeschwerde-vorratsdatenspeicherung.pdf, 34.

2549 *Starostik/Gusy/Gössner et al.*, Verfassungsbeschwerde Vorratsdatenspeicherung (Klageschrift), http://www.starostik.de/downloads/anwalt-berlin-verfassungsbeschwerde-vorratsdatenspeicherung.pdf, 34.

gesetzlichen Bestimmungen unter Bezugnahme auf § 113 a TKG vorgesehen ist. Gemäß § 100 g StPO ist der Zugriff auf die gespeicherten Daten zur Verfolgung erheblicher oder mittels Telekommunikation begangener Straftaten zulässig. Hiergegen ist eine Verfassungsbeschwerde von mehr als 34.000 Bürgern anhängig. Das BVerfG hat einem ersten Eilantrag teilweise stattgegeben und die Herausgabe der Daten – nicht aber deren Erhebung – nur in Fällen schwerster Straftaten nach dem Katalog des § 100 a StPO zugelassen, sofern dessen weitere Voraussetzungen vorliegen.[2550]

Die Abfrage durch Polizei- und Nachrichtendienste ist aufgrund der noch fehlenden Bezugnahme auf § 113 a TKG im Polizeirecht und den Gesetzen über die Nachrichtendienste noch unzulässig, allerdings wird derzeit bereits eine Weiterverwendung von Daten, welche nach § 100 g StPO oder § 113 TKG erlangt wurden, für eine Vielzahl anderer Zwecke zugelassen (vgl. §§ 474, 482, 483 Abs. 2, 487 StPO).[2551]

5.2.7.3.3. TMG

Während die Anbieter von Telemediendiensten bis zum 31.12.2007 zu keiner Datensammlung und Herausgabe verpflichtet oder befugt waren, hat sich dies durch die Umsetzung der Richtlinie zur Vorratsdatenspeicherung[2552] in §§ 113 a, 113 b TKG geändert.[2553] Durch die Anpassung des TMG an die Regelungen für Anbieter von Telekommunikationsdiensten nach den § 111 bis 114 TKG wurde eine für alle einheitliche Regelung geschaffen. Nach § 14 Abs. 2, § 15 Abs. 5 Satz 4 TMG darf der Diensteanbieter beispielsweise auf Anordnung der zuständigen Stellen im Einzelfall weitgehend Auskunft über Bestands- und Nutzungsdaten erteilen, soweit dies für Zwecke der Strafverfolgung, zur Gefahrenabwehr durch die Polizeibehörden der Länder, zur Erfüllung der gesetzlichen Aufgaben der Verfassungsschutzbehörden des Bundes und der Länder, des Bundesnachrichtendienstes oder des Militärischen Abschirmdienstes oder zur Durchsetzung der Rechte am geistigen Eigentum erforderlich ist.[2554] Während die Vorgängernormen der §§ 5 Satz 2, 6 Abs. 5 Satz 5 TDDSG „nur" eine Datenweitergabe durch die Diensteanbieter gegenüber allen Strafverfolgungsbehörden und Gerichten für Zwecke der Strafverfolgung gestatteten, er-

2550 BVerfG, 1 BvR 256/08, Leitsatz 1 – Vorratsdatenspeicherung (Eilantrag).

2551 Kritisch hierzu auch *Starostik/Gusy/Gössner et al.*, Verfassungsbeschwerde Vorratsdatenspeicherung (Klageschrift), http://www.starostik.de/downloads/anwalt-berlin-verfassungsbeschwerde-vorratsdatenspeicherung.pdf, 33.

2552 Richtlinie 2006/24/EG vom 15.03.2006 über die Vorratsspeicherung von Daten, die bei der Bereitstellung öffentlich zugänglicher elektronischer Kommunikationsdienste oder öffentlicher Kommunikationsnetze erzeugt oder verarbeitete werden, ABl Zeichen EU Nr. L 105, 54.

2553 Die Vorratsspeicherung ergibt sich aus den § 113 a, 113 b des Telekommunikationsgesetzes, welche in Umsetzung der Richtlinie 2006/24/EG (BGBl. I 2007, 3198ff) zum 01.01.2008 eingeführt wurden und eine Speicherung spätestens ab dem 01.01.2009 vorsieht. Hiergegen sind mehrere Verfassungsbeschwerden anhängig.

2554 *Hoeren*, NJW 2007. 805 mwN; *Spindler*, CR 2007, 243; *Kitz*, ZUM 2007, 373.

weitert § 14 Abs. 2 TMG diesen Kreis.[2555] Der Anbieter von Telemediendiensten muss Auskünfte erteilen, wenn eine Anordnung der zuständigen Stelle dies von ihm fordert.

5.2.7.4. Überholte Trennung aufgrund weitgehender Zugriffsbefugnisse des Staates auf Daten Privater

Die Trennung zwischen öffentlichem und nicht-öffentlichem Bereich und damit die Privilegierung Privater muss bereits deshalb als überholt angesehen werden, weil öffentliche Stellen zunehmend ungehindert auf die Datensammlungen von Privaten zugreifen.[2556] Dies belegen nicht nur die oben dargestellten Auskunftsbefugnisse und –pflichten, sondern auch die rein privatrechtliche Beschaffung von Informationen, wie sie beispielsweise die GEZ betreibt.

Auch Maßnahmen wie die Aktion Mikado, bei der die Polizei die Kreditkartendaten aller Bürger nach verdächtigen Zahlungen an einen Kinderpornografieanbieter ohne richterliche Genehmigung oder gesetzlichen Erlaubnistatbestand durch die Kreditkartenunternehmen rastern ließ anstatt sie hierfür herauszuverlangen, eröffnen dem Staat mittelbar den Zugriff auf bei privaten Unternehmen gespeicherte umfangreichste Datensätze.[2557] Wenn Private aber leichter und umfangreicher Daten erheben, generieren und übertragen können, die dem Staat im Regelfall versperrt sind, hebeln Zugriffsbefugnisse des Staates auf diese Daten den Schutzcharakter der strengeren Vorschriften für öffentliche Stellen aus.[2558]

Auch sind die Übergänge zwischen der staatlichen – und mit Sanktionen erzwingbaren – Datenerhebung und den privatwirtschaftlichen Datensammlungen längst fließend geworden, so dass Profile, welche ursprünglich für Zwecke der Werbung, der Risikobewertung oder als Service erstellt wurden, später in der Strafverfolgung, bei der Kriminalitätsprävention oder der Fahndung nach Schwarzarbeitern oder Steuerhinterziehern verwendet werden.[2559]

Zudem tendiert der Staat dazu, sich durch die Einschaltung privater Unternehmen zur Speicherung und gar Rasterung der Daten („*Outsourcing*") seiner Grundrechtsbindung zu entziehen.[2560] Während beispielsweise neue Telematik-Projekte im öffentlichen Bereich noch in begrenztem Umfang der Datenschutz-Kontrollbehörde vorgelegt werden müs-

---

2555 *Kitz*, ZUM 2007, 373. Die Forderung von Bundesregierung und Bundesrat, darüber hinaus auch die vorbeugende Bekämpfung von Straftaten in die Erlaubnistatbestände einzubeziehen, konnte sich im Bundestag allerdings nicht durchsetzen, vgl. *Hoeren*, NJW 2007, 805 (dort Fußnote 37).

2556 *Neumann/Schulz*, DuD 2007, 253; *Kamp*, RDV 2007, 236.

2557 *Starostik/Gusy/Gössner et al.*, Verfassungsbeschwerde Vorratsdatenspeicherung (Klageschrift), http://www.starostik.de/downloads/anwalt-berlin-verfassungsbeschwerde-vorratsdatenspeicherung.pdf, 41 mwN.

2558 *Neumann/Schulz*, DuD 2007, 253.

2559 *Schaar*, DuD 2007, 260.

2560 *Starostik/Gusy/Gössner et al.*, Verfassungsbeschwerde Vorratsdatenspeicherung (Klageschrift), http://www.starostik.de/downloads/anwalt-berlin-verfassungsbeschwerde-vorratsdatenspeicherung.pdf, 41 mwN.

sen,[2561] gilt dies bei inhaltlich identischen Projekten von Landesbetrieben, Universitätskliniken und anderen ehemals staatlichen und nunmehr privatisierten Krankenhäusern nicht mehr.[2562]

Es ist daher unerheblich, ob eine Gefahr ursprünglich von öffentlicher oder privatkommerzieller Datenverarbeitung ausgeht. In beiden Fällen sind verminderte Anforderungen an den Datenschutz grundsätzlich nicht gerechtfertigt.[2563] Ein Datenschutzrecht, welches die nicht-öffentliche Datenverarbeitung weniger strengen Anforderungen unterwirft als die öffentliche, kann die Gefährdungspotentiale der jeweiligen Datenverarbeitung nicht hinreichend reduzieren. Vor diesem Hintergrund ist die Privilegierung privater Datenverarbeitung nicht mehr gerechtfertigt.[2564]

Neben der privatwirtschaftlichen Datenverarbeitung zu wirtschaftlichen Zwecken ist aber auch die Privilegierung der persönlichen und familiären Datenverarbeitung angesichts des auch dort vorhandenen Risikopotentials nicht rechtens.[2565] Zwar muss die persönliche Datenverarbeitung nicht vollständig den strengen Vorschriften des Datenschutzrechts unterworfen werden, da dies vielfach unverhältnismäßig wäre.[2566] Dennoch sollten gerade im Zusammenhang mit IKT-Implantaten die hierdurch verursachten Risiken für die informationelle Selbstbestimmung anderer, z. B. bei Überwachung von Kindern, Eheleuten, Demenzkranken etc.) durch eine abgestufte Regelung erfasst und abgemildert werden.[2567]

5.2.8 Internationale und nationale Zersplitterung des Datenschutzrechts

Das BVerfG forderte, dass der Gesetzgeber den Verwendungszweck *„bereichsspezifisch und präzise“* bestimmt, um die unfreiwillige Erhebung und Verarbeitung personenbezogener Daten zu vermeiden.[2568] So sollte der Datenschutz durch eine vorbeugende Kontrolle der Datenverarbeitung sichergestellt werden. Die bereichsspezifischen Regelungen des Datenschutzrechts werden diesem Erfordernis jedoch nur selten voll gerecht. Häufig ist der Gesetzestext nur schwer verständlich und das Zusammenspiel mehrerer Gesetze aufgrund der vielen Verweisungen erschwert die praktische Anwendung. Die Grenzen nationaler Gesetzgebung und die Probleme bei der Umsetzung supra- und internationaler Vorgaben haben zur Folge, dass es dem Gesetzgeber immer weniger gelingt, den durch das

---

2561 Vgl. § 10 Abs. 3 BDSG für automatisierte Abrufverfahren oder § 23 Abs. 4 HmbDSG für *„Kleidung neue Anwendungen zur Nutzung der Informations- und Kommunikationstechnik“*, vgl. Nachweise *Menzel*, DuD 2006, 149.

2562 *Menzel*, DuD 2006, 149.

2563 *Schuler-Harms* in Sokol, Die kommerzielle Nutzung statistischer Persönlichkeitsprofile als Herausforderung für den Datenschutz, 25f mwN.

2564 *Starostik/Gusy/Gössner et al.*, Verfassungsbeschwerde Vorratsdatenspeicherung (Klageschrift), http://www.starostik.de/downloads/anwalt-berlin-verfassungsbeschwerde-vorratsdatenspeicherung.pdf, 41 mwN.

2565 *Roßnagel*, FES-Studie, 193.

2566 *Roßnagel*, FES-Studie, 193 mwN.

2567 In diesem Sinne auch *Roßnagel*, FES-Studie, 193f.

2568 BVerfGE 65, 1 (46) – *Volkszählung.*

Grundrecht auf informationelle Selbstbestimmung gebotenen Schutz des Einzelnen zu gewährleisten.

5.2.8.1. Unverständliche und komplizierte Normen

Viele Normen zum Datenschutz wie das BDSG sind nur schwer les- und handhabbar, was für Leser und Anwender Akzeptanzprobleme mit sich bringt.[2569] Dies zeigen die § 27 und § 28 BDSG besonders deutlich. So sind sowohl der Satzbau als auch der Inhalt des § 27 Abs. 2 BDSG nicht zuletzt durch die vielfache Negation verworren:[2570] *„Die Vorschriften dieses Abschnittes gelten nicht für die Verarbeitung und Nutzung personenbezogener Daten außerhalb von nicht automatisierten Dateien, soweit es sich nicht um personenbezogene Daten handelt, die offensichtlich aus einer automatisierten Verarbeitung entnommen worden sind*".

An Stelle klarer und allgemein gefasster Normen regeln die Datenschutzgesetze eine Vielzahl von Einzelfällen. Die Normen werden hierdurch unnötig verkompliziert. Anstelle einer eindeutigen und auf jede Verwendung bezogenen Regelung zur Zweckbindung enthält § 28 Abs. 1 BDSG einen für Rechtsanwender so kompliziert formulierten Wortlaut, dass verschiedene Interpretationen förmlich provoziert werden.[2571] Auch die weiteren Absätze des § 28 BDSG haben durch ihre Vielzahl von Ausnahmetatbeständen einen Komplexitätsgrad erreicht, der *„jeden Verantwortlichen in die Verzweiflung treiben muss*".[2572] Auch die unzähligen und teils versteckten Ausnahmetatbestände, die der Gesetzgeber zum Auskunftsrecht des Betroffenen (§ 34 Abs. 4 in Verbindung mit § 33 Abs. 2 BDSG) vorgesehen hat, führen zu einem kaum überblickbaren Anforderungskatalog.[2573] Solche Gesetze erschweren deren Akzeptanz[2574] und lassen Grauzonen entstehen, woraus sich in der Praxis häufig eine datenschutzunfreundliche Anwendung zu Lasten des Rechts auf informationelle Selbstbestimmung entwickelt.[2575]

Nicht besser sieht es in anderen Gesetzen aus. Beispielsweise enthalten die Sozialgesetzbücher ihre maßgeblichen datenschutzrechtlichen Regelungen über die Bücher I und V verteilt, von denen zudem häufig durch Spezialregelungen in den weiteren Büchern abgewichen wird. Kaum mehr überschaubar ist die Regelung zur Weiterentwicklung der Krankenversichertenkarte (§ 291 SGB V) zu einer elektronischen Gesundheitskarte (eGK) in § 291 a SGB V, die eine sich über sieben Seiten und 15 Absätze erstreckende Mammutnorm darstellt.

2569 *Schaar*, DuD 2007, 260.
2570 In diesem Sinne auch *Simitis* in Simitis, BDSG, § 27 Rn 2.
2571 *Simitis* in Simitis, BDSG, § 27, Rn 2.
2572 *Bizer*, DuD 2007, 265.
2573 *Bizer*, DuD 2007, 265.
2574 *Schaar*, DuD 2007, 260; in diesem Sinne auch *Iraschko-Luscher*, IT-Sicherheit & Datenschutz 2007, 456.
2575 *Iraschko-Luscher*, IT-Sicherheit & Datenschutz 2007, 456.

5.2.8.2. Scheinpräzision

Die in ihrem Ansatz völlig berechtigte Forderung des Bundesverfassungsgerichts nach „*bereichsspezifischen und präzisen*“ Regelungen führte in der Praxis ungewollt zu einer Zunahme immer differenzierender Normen für nahezu jeden Spezialbereich, welche nur schwer mit den anderen in Einklang zu bringen sind.[2576] Hierdurch entsteht eine Scheinpräzision, da auch in bereichsspezifischen Normen trotz ihres hohen Detaillierungsgrades häufig nicht auf allgemeine Generalklauseln, Abwägungsregeln oder Auffangnormen verzichtet werden kann, um die Vielzahl der in Betracht kommenden Fälle zu erfassen.[2577] Diese Fülle der bereichsspezifischen Regelungen bereitet zudem Probleme, wenn Spezialgesetze keine Konkretisierungen generell anwendbarer Grundsätze, sondern für sich bestehende und deshalb auch nur aus sich heraus interpretierbare Bestimmungen enthalten.[2578] Ein Beispiel ist § 291 a Abs. 5 Satz 1 SGB V zur eGK, in dem bestimmt wird, dass „*das Erheben, Verarbeiten und Nutzen von Daten mittels der elektronischen Gesundheitskarte in den Fällen des Absatzes 3 Satz 1 (…) nur mit dem **Einverständnis** der Versicherten zulässig*“ ist. Die sonstigen Datenschutzgesetze verlangen hingegen das Vorliegen einer „***Einwilligung***“. Da das SGB aber ein in sich nahezu geschlossenes Datenschutzrecht enthält, wird diskutiert, ob der Gesetzgeber hiermit etwas anderes als eine „Einwilligung“ gemeint haben könnte.

5.2.8.3. Abgrenzungsprobleme

5.2.8.3.1. Vielfalt von Normen und Normgebungskompetenzen

Große Probleme ergeben sich auch bei der Abgrenzung zwischen den Anwendungsbereichen verschiedener Gesetze auf gleicher Ebene (Bund oder Land) und bei der Abgrenzung der Ebenen untereinander. Das wohl bekannteste Datenschutzgesetz, das Bundesdatenschutzgesetz (BDSG), regelt keineswegs sämtliche Sachverhalte umfassend. Vielmehr ist das BDSG gegenüber spezielleren Rechtsvorschriften des Bundes und sämtlichen Datenschutzregelungen durch Landesgesetze ausdrücklich subsidiär. Daher ist vor einer Anwendung des BDSG stets zu prüfen, ob keine vorrangige Regelung besteht. Die Datenerhebung, -verarbeitung und -nutzung für persönliche und familiäre Tätigkeiten ohne berufliche, gewerbliche oder geschäftsmäßige Zielsetzung unterfällt überhaupt nicht dem BDSG,[2579] gleiches gilt für die Datenverarbeitung in Kirchen und öffentlich-rechtlichen Rundfunkanstalten, für welche Spezialgesetze gelten. Auch innerhalb seines Anwendungsbereichs ist zwischen den Regelungen für öffentliche Stellen und denen für privatwirtschaftliche (nicht-öffentliche) Stellen zu unterscheiden, wobei die Trennung keineswegs strikt nach Inhaberschaft oder Organisationsform erfolgt. Vielmehr sind öffentlich-rechtlichen Wettbewerbsunternehmen den nicht-öffentlichen Stellen gleichgestellt, um

2576 *Schaar*, DuD 2007, 260.

2577 *Roßnagel/Pfitzmann/Garstka*, Modernisierung des Datenschutzrechts, 32 mwN.

2578 *Roßnagel/Pfitzmann/Garstka*, Modernisierung des Datenschutzrechts, 33.

2579 *Bergmann/Möhrle/Herb*, Datenschutzrecht Bd. I Teil 1, 3.3.2.

Wettbewerbsverzerrungen zu vermeiden. Für den Bereich des Arbeitnehmerdatenschutzes existiert sogar gar keine ausdrückliche gesetzliche Regelung.

Auf Bundesebene existieren unzählige Spezialgesetze, welche Vorrang gegenüber dem BDSG genießen.[2580] Hierzu zählen beispielsweise das Asylverfahrensgesetz (AsylVfG), das Ausländergesetz (AuslG), das Bundesgrenzschutzgesetz (BGSG), das Bundeskriminalamtgesetz (BKAG), dienstrechtliche Regelungen wie das Bundesbeamtengesetz (BBG), das Beamtenrechtsrahmengesetz (BRRG) und das Sicherheitsüberprüfungsgesetz (SÜG), das Luftsicherheitsgesetz (LuftSiG), die Meldegesetze, die Nachrichtendienstgesetze wie das Bundesnachrichtendienstgesetz (BNDG) oder das Gesetz über den militärischen Abschirmdienst (MADG), das Statistikgesetz (StatG), das Strafgesetzbuch (StGB) und die Strafprozessordnung (StPO) sowie die Straßenverkehrsgesetze und das Bundesverfassungsschutzgesetz (BVerfSchG). Für IKT-Implantate sind das Telekommunikationsgesetz (TKG), das Telemediengesetz (TMG)[2581] und das SGB mit den darin enthaltenen Regelungen zum Schutz des Sozialgeheimnisses,[2582] zum Datenschutz bei der Krankenkasse,[2583] zum Datenschutz bei der Rentenversicherung,[2584] zum Datenschutz bei der Unfallversicherung,[2585] zum Datenschutz bei der Kinder- und Jugendhilfe[2586] und dem Schutz der Sozialdaten von besonderer Bedeutung.[2587]

Über 110 Bundesgesetze und Verordnungen enthalten wesentliche datenschutzrechtliche Regelungen,[2588] eine Juris-Recherche nach aktuell gültigem Bundes- und Landesrecht zum Begriff „*Datenschutz*" lieferte 3.859 und eine nach „*personenbezogene Daten*" 3.948 Treffer.[2589] Diese Zahl ist gegenüber der des Jahres 2001 um über 965 % gewachsen.[2590] Zahlreiche bereichsspezifische Regelungen sind jedoch überflüssig, da sie nur eine Wiederholung der allgemeinen Datenschutzregelungen enthalten[2591] oder Selbstverständliches regeln.[2592] Selbst erfahrene Datenschutzrechtler verbringen bei der Lösung eines

---

2580 Vgl. die Übersicht in *Bergmann/Möhrle/Herb*, Datenschutzrecht Bd. I Teil 1, 4.2.2 mit über 35 Seiten Auflistung derartiger Spezialgesetze und Normen.

2581 Als Nachfolger des Teledienstesgesetzes und Mediendienst sowie des Teledienstedatenschutzgesetzes.

2582 § 35 SGB I.

2583 § 284ff SGB V.

2584 § 157ff SGB VI.

2585 § 199ff SGB VII.

2586 § 61ff SGB VIII.

2587 § 67ff SGB X.

2588 *Bergmann/Möhrle/Herb*, Datenschutzrecht Bd. I Teil 1, 4.2.

2589 Stand 16.02.2008. Auch im Bereich des Gesundheitswesens wird die Zahl der relevanten Gesetze auf 100 und die der untergesetzlichen Vorgaben auf etwa 4.000 geschätzt, vgl. *Dierks*, DuD 2006, 143.

2590 Vgl. die Zahlen bei *Roßnagel/Pfitzmann/Garstka*, Modernisierung des Datenschutzrechts, 30.

2591 Vgl. die umfangreiche und dann noch nur exemplarische Darstellung bei *Roßnagel/Pfitzmann/Garstka*, Modernisierung des Datenschutzrechts, 30.

2592 Vgl. § 3 des Berliner Gesetzes über Datenverarbeitung im Bereich der Kulturverwaltung vom 26.01.1993, wiedergegeben bei *Roßnagel/Pfitzmann/Garstka*, Modernisierung des Datenschutzrechts, 31.

Datenschutzproblems einen großen Teil der Zeit damit, die anwendbare Rechtsgrundlage ausfindig zu machen.[2593]

Das Datenschutzrecht zeichnet sich zudem durch eine Vielfalt von Normgebungskompetenzen aus. Im Bereich der stationären Versorgung bestehen Gesetzgebungskompetenzen auf Bundes- wie auch auf Landesebene und bei Einrichtungen in kirchlicher Trägerschaft auch bei diesen.[2594] Auch die erforderliche Unterscheidung nach Trägerschaft der Einrichtung einerseits und dem Status der Patienten als Privat- oder Kassenpatienten andererseits erschwert die Ermittlung der anzuwenden Vorschriften. Für die Betroffenen ergeben sich hierdurch Nachteile, da es aus ihrer Sicht um die Verarbeitung der gleichen Daten durch ein und dieselbe Institution geht, sich deren Erhebung und die Wahrnehmung ihrer Rechte jedoch nach unterschiedlichen Vorschriften richten, welche teilweise beträchtlich voneinander abweichen.[2595]

5.2.8.3.2. Überschneidungen, widersprüchliche Normen

Diese Unübersichtlichkeit wird durch Überschneidungen bei den Anwendungsbereichen von allgemeinen und bereichsspezifischen Datenschutzregelungen sowie zwischen zwei Spezialregelungen weiter verstärkt.[2596] So gelten beispielsweise – je nach Ausgestaltung des angebotenen LBS – TMG, TKG, RStV und BDSG und damit sich teilweise ent- oder widersprechende Regelungen nebeneinander, je nachdem welche Daten in welchem Stadium verarbeitet werden.[2597] Die Vielzahl von Normen, die ein Anbieter im Bereich der IKT-Implantate beachten muss – TKG, TMG und BDSG, zudem LDSG, SGBs, LKHGs – zeigt, wie unübersichtlich das Datenschutzrecht geworden ist.[2598] Dass ein Anbieter seine datenschutzrechtlichen Pflichten unterschiedlichen Gesetzen entnehmen muss, dürfte kaum zu einer Verbesserung des Datenschutzes beitragen.[2599]

Auch unterscheiden sich die jeweiligen Anforderungen der Gesetze. So sehen beispielsweise § 94 TKG, § 13 Abs. 2 TMG, § 50 Abs. 3 LKHG-BW und § 4 Abs. 4 LDSG-BW eine elektronische Einwilligung vor, während ausgerechnet § 4 a BDSG im Regelfall die Schriftform verlangt, welche nur bei besonderen Umständen durch eine den Anforderungen des Signaturgesetzes entsprechende digital signierte elektronische Einwilligung ersetzt werden kann.[2600]

2593 *Kilian* in Bizer, Rekonzeptualisierung des Datenschutzrechts , 151.

2594 Vgl. hierzu *Dierks*, DuD 2006, 143.

2595 *Simitis* in Simitis, BDSG, § 27, Rn 14.

2596 *Spindler*, CR 2007, 242 mwN; *Jandt*, MMR 2006, 653; *Roßnagel/Pfitzmann/Garstka*, Modernisierung des Datenschutzrechts, 33.

2597 *Spindler*, CR 2007, 242.

2598 *Bizer*, DuD 2007, 265.

2599 So auch *Jandt*, MMR 2006, 656.

2600 Vgl. § 2 SiG, § 126 a BGB, § 4 a BDSG; dazu *Simitis* in Simitis, BDSG, § 4 a, Rn 37 mwN.

Schon die Frage, wann das TMG Anwendung findet, bereitet teils erhebliche Schwierigkeiten, da eine Legaldefinition fehlt, was unter den im Gesetz geregelten „*Telemedien*“ zu verstehen ist. Der Gesetzgeber wollte durch den Verzicht auf eine Legaldefinition eine breite Einbeziehung der vielfältigen neuen Anwendungen und Technikentwicklungen wie RFID, LBS oder Ubiquitous Computing bewirken. Stattdessen ist die Anwendung des TMG aufgrund der schwierigen Abgrenzung zu TKG, BDSG und den weiteren datenschutzrechtlichen Vorschriften genau bei diesen umstritten.[2601]

Diese Zerfaserung des Datenschutzrechts erschwert dessen Anwendung erheblich.[2602] Für die Personen, deren personenbezogene Daten durch die Unternehmen bearbeitet und übermittelt werden, folgt hieraus zudem eine erhebliche Unsicherheit, ob ihre Daten gemäß den gesetzlichen Vorschriften verarbeitet werden und wenn ja, nach welchen und welche Rechte und Mittel ihnen im Einzelfall zur Durchsetzung zustehen.

Das eigentliche Ziel des Grundrechts auf informationelle Selbstbestimmung, die Verarbeitung personenbezogener Daten auf die wirklich unabdingbaren Fälle einzuschränken, wurde verfehlt.[2603] Die Entwicklung des Datenschutzrechts in den letzten 20 Jahren hat vielmehr dazu geführt, dass es insgesamt „*überreguliert, zersplittert und unübersichtlich*“ ist.[2604]

5.2.8.4. Grenzen territorialen Schutzes

Die Vernetzung der Rechnersysteme nimmt auf nationale Grenzen keine Rücksicht und ermöglicht prinzipiell die weltweite Auswertung von Datenbeständen.[2605] Auch die Nutzung von Ubiquitous Computing-Anwendungen wie IKT-Implantaten beispielsweise auf Reisen endet nicht an den Landesgrenzen, so dass der Datenschutz international gelten müsste, um wirksam zu sein.[2606] Hier endet der klassische normenorientierte Ansatz eines Datenschutzes, dessen Rechtsgeltung öffentlich kontrolliert und gewährleistet wird, im Gegensatz zu den Datenströmen.[2607]

2601 Vgl. *Roßnagel*, NVwZ 2007, 744 sowie Kapitel 0.

2602 Verbraucherzentrale Bundesverband e.V. (Hrsg.), DuD 2007, 272.

2603 *Roßnagel/Pfitzmann/Garstka*, Modernisierung des Datenschutzrechts, 29 mwN; *Kilian* in Bizer, Rekonzeptualisierung des Datenschutzrechts , 151.

2604 *Roßnagel/Pfitzmann/Garstka*, Modernisierung des Datenschutzrechts, 30f mwN; in diesem Sinne auch *Verbraucherzentrale Bundesverband e.V. (Hrsg.)*, DuD 2007, 272.

2605 *Köhntopp* in Roßnagel, Datenschutz technisch sichern, 56; ähnlich auch *Degenhart*, NJW 1989, 2436 allgemein zu „*neuen Medien*“.

2606 *BSI; Bundesamt für Sicherheit in der Informationstechnik*, Pervasive Computing, 92; ebenso *Starck* in v. Mangoldt/Klein/Starck, Grundgesetz, Art. 2 Abs. 1 GG, Rn 177 mwN.

2607 *Nedden* in Roßnagel, Risiken und Chancen für das Datenschutzrecht, 74; *BSI; Bundesamt für Sicherheit in der Informationstechnik*, Pervasive Computing, 92 *Tauss* in Bizer, Modernisierung des Datenschutzrechts, 117; ähnlich auch *Degenhart*, NJW 1989, 2436 allgemein zu „*neuen Medien*“ unter Verweis auf BVerfGE 73, 118 (124f, 156f, 196f) - *Niedersächsisches Landesrundfunkgesetz*.

So unterliegen beispielsweise in der Bundesrepublik Deutschland niedergelassene Anbieter und ihre Telemedien gemäß § 3 Abs. 1 TMG den Anforderungen des TMG auch dann, wenn sie Telemedien geschäftsmäßig in einem anderen Staat der Europäischen Gemeinschaft anbieten oder erbringen. Für Anbieter, die ihre Dienste in Deutschland erbringen, aber in einem anderen Staat der Europäischen Gemeinschaft niedergelassen sind, gelten hingegen die Anforderungen des jeweiligen Herkunftsstaats (§ 3 Abs. 2 TMG). Deutsches Recht bleibt dagegen anwendbar, wenn dessen Bestimmungen dem Schutz der öffentlichen Sicherheit und Ordnung, der öffentlichen Gesundheit und den Interessen der Verbraucher vor Beeinträchtigungen oder ernsthaften und schwerwiegenden Gefahren dienen (§ 3 Abs. 5 TMG). Dies bedeutet insbesondere, dass Abhör- und Auskunftsbefugnisse öffentlicher Stellen[2608] auch für Anbieter aus der Europäischen Gemeinschaft vollständige Geltung beanspruchen. Zur Vermeidung von Wertungswidersprüchen nehmen § 3 Abs. 3 und 4 TMG unter anderem die Ausgabe elektronischen Geldes, Verteildienste, Verbraucherverträge und das Datenschutzrecht vom Herkunftslandprinzip aus.[2609] Die Auswirkungen des auf die eCommerce-RL zurückgehenden Herkunftslandsprinzips sind jedoch im Einzelnen noch völlig unklar, so dass bei grenzüberschreitendem Sachverhalt große Rechtsunsicherheit besteht.[2610]

Das BDSG findet gemäß § 1 Abs. 5 BDSG keine Anwendung, sofern die Datenerhebung aus dem EU- oder EWR-Ausland erfolgt, es sei denn, dies erfolgt durch eine Niederlassung im Inland. Sitzt die erhebende Stelle jedoch anderweitig im Ausland, ist das BDSG auf die Erhebung, Verarbeitung und Nutzung von personenbezogenen Daten durch diese im Inland anzuwenden.

Die globale Dimension der Informations- und Kommunikationsnetze setzt nationalen Regelungen daher enge Wirksamkeitsgrenzen, welche den Schutz sogar vereiteln können. Selbst regional einheitliche Regelungen stellen im globalen Zusammenhang lediglich Regelungsinseln dar,[2611] deren begrenzte Ausdehnung mit der Reichweite einer mehr oder minder effektiven Rechtsdurchsetzung zusammenfällt. Das Datenschutzrecht wurde aber selbst innerhalb der EU im Detail unterschiedlich in nationales Recht umgesetzt.[2612] Bei multinational operierenden Unternehmen führt dies zu zahlreichen Hürden beim Austausch personenbezogener Daten, so dass insbesondere kleinere und mittlere Firmen die Vielzahl der Regelungen als bürokratisches Monstrum empfinden.[2613]

2608 Beispielsweise die in der StPO und dem Polizeigesetz geregelten Stellen der Gefahrenabwehr und Rechtsverfolgung oder im Gesundheitsbereich der zur Bekämpfung von Seuchen und ähnlichen Epidemien zuständigen Stellen.

2609 vgl. § 3 Abs. 3 in Nr. 4, Abs. 4 Nr. 5, Nr. 7 TMG; vgl. hierzu auch *Roßnagel*, NVwZ 2007, 746 mwN.

2610 *Spindler/Schuster*, Recht der elektronischen Medien, § 3 TMG Rn 1 mwN.

2611 *Starck* in v. Mangoldt/Klein/Starck, Grundgesetz, Art. 2 Abs. 1 GG, Rn 177 mwN.

2612 *Zwick*, DuD 2006, 24.

2613 Vgl. hierzu *Zwick*, DuD 2006, 24.

Aufgrund der unterschiedlichen Datenschutztraditionen können internationale oder gar globale Vereinbarungen und Verträge hingegen schon zwischen den USA und Europa[2614] nur schwer erzielt werden,[2615] wie nicht zuletzt die Verhandlungen zu dem Safe-Harbor-Agreement zwischen den USA und der EU zeigen.[2616] Das Safe-Harbor-Agreement bewirkte zwar eine teilweise Entschärfung, in dem sich US-Unternehmen freiwillig den strengen europäischen Datenschutzregelungen unterwerfen. Es weist aber eine Reihe von Mängeln auf. So konnten viele Unternehmen lange Zeit nicht am Safe-Harbor-Programm partizipieren, da das Unterfallen unter die Jurisdiktion einer anerkannten staatlichen US-Behörde Teilnahmevoraussetzung war, diese aber nicht für alle Wirtschaftsbereiche zuständig war. Dies betraf insbesondere Finanzinstitute einschließlich Banken und Versicherungen, aber auch Betreiber öffentlicher Telekommunikationsnetze.[2617] Andere Schwächen bestehen hingegen fort. So sieht das Abkommen eine Beschränkung der Informationspflicht und eine Lockerung des Zweckbindungsgrundsatzes vor, wonach eine Änderung des Zwecks ohne ausdrückliche Einwilligung allein im Wege des "Opt-out" möglich ist. Gleiches gilt für eine Weitergabe von Daten an Dritte, vor der lediglich eine Information an den Betroffenen verschickt werden muss – auf deren Zugang oder gar eine Rückantwort kommt es nicht an. Diese Privilegierung insbesondere des Direktmarketinggewerbes und die Ausnahmen ermöglichen es im Ergebnis, die im Safe-Harbor-Agreement getroffenen Vereinbarungen weitestgehend zu unterlaufen.[2618] Die Kontrolle der Einhaltung der Grundsätze soll dabei durch unabhängige Stellen und die FTC gewährleistet werden. Falls ein Unternehmen jedoch selbst eine unabhängige Stelle einrichtet, kann es das Verfahren hierdurch einseitig zu seinen Gunsten gestalten. Ferner besteht keine Pflicht der unabhängigen Stellen, die FTC über relevante Beschwerden zu informieren und auch ein Untersuchen von Beschwerden steht im bloßen Ermessen der FTC. Ein Bericht der EU-Kommission zur Umsetzung der Safe-Harbor-Grundsätze zeigt daher erhebliche Mängel auf.[2619] Zudem gibt es keine entsprechenden Vereinbarungen mit ebenfalls wichtigen Ländern wie Japan oder Südkorea.[2620] Fraglich ist auch, ob multilaterale Abkommen ein akzeptables Datenschutzniveau erreichen können, welches sich flexibel an die Dynamik der technischen Entwicklung anpasst. In Anbetracht der herrschenden Praxis, in derartigen Verhandlungen lediglich den *„kleinsten gemeinsamen Nenner“* vereinbaren zu können, gilt dies umso mehr.[2621]

2614 BSI; Bundesamt für Sicherheit in der Informationstechnik, Pervasive Computing, 92.

2615 Allgemein dazu, dass es schwer sei, internationale Vereinbarungen im Datenschutz festzulegen auch *Peter Hustinx* in *Krempl*, Rufe nach Globalisierung des Datenschutzrechts, http://www.heise.de/newsticker/meldung/107478.

2616 *Tauss* in Bizer, Modernisierung des Datenschutzrechts, 118 mwN.

2617 *Räther/Seitz*, MMR 2002, 429 mwN.

2618 *Räther/Seitz*, MMR 2002, 430.

2619 [=903], 430 mwN; Artikel-29-Datenschutzgruppe, WP 32; Kommission der Europäischen Gemeinschaften (Hrsg.), SEK(2002) 196, 8-11.

2620 BSI; Bundesamt für Sicherheit in der Informationstechnik, Pervasive Computing, 92 mwN.

2621 *Tauss* in Bizer, Modernisierung des Datenschutzrechts, 118 mwN.

Datenschutzgesetze allein reichen insbesondere mangels globaler Gültigkeit daher als Schutz für die Privatsphäre der Nutzung nicht aus.[2622]

5.3 *Exemplarische Einzellfallprobleme des Datenschutzrechts*

5.3.1 Generalklauseln / berechtigtes Interesse

Das allgemeine Datenschutzrecht sieht Generalklauseln wie das *„berechtigte Interesse“* und Abwägungsgebote mit *„schutzwürdigen Interessen“* der betroffenen Person vor. Durch eine solche Abwägung soll ein privater Dritter auch ohne Einwilligung des Betroffenen zur Bearbeitung personenbezogener Daten ermächtigt werden, ohne dass dieser hierdurch beeinträchtigt wird.

5.3.1.1. Gesetzliche Regelung

Hierzu erlaubt es beispielsweise die Erhebung, Verarbeitung oder Nutzung von Daten für eigene Geschäftszwecke auch außerhalb eines Vertrages/vertragsähnlichen Verhältnisses, soweit sie zur Wahrung berechtigter Interessen der verantwortlichen Stelle erforderlich ist und kein Grund zur Annahme besteht, dass das schutzwürdige Interesse des Betroffenen an dem Ausschluss der Verarbeitung oder Nutzung überwiegt.[2623]

Das erforderliche berechtigte Interesse umfasst mehr als nur ein rechtliches Interesse, so dass auch ein wirtschaftliches oder ideelles Interesse ausreicht.[2624] In der Praxis handelt es sich primär um wirtschaftliche Interessen, z. B. an der Kundenbindung durch Werbung oder der Verringerung eines Kreditausfallrisikos.[2625] Ein berechtigtes Interesse einer übermittelnden Stelle an der Weitergabe personenbezogener Daten liegt dann vor, wenn ihr selbst ohne die Übermittlung ein nicht zumutbarer Nachteil entsteht.[2626] Allerdings besteht an einer Verarbeitung oder Nutzung rechtswidrig erlangter Daten kein berechtigtes Interesse, ebensowenig an einer Speicherung von Daten zur Nutzung oder Übermittlung für rechtswidrige Zwecke.[2627] Auch wenn ein berechtigtes Interesse vorliegt, muss die Datenverarbeitung erforderlich sein, woran strenge Maßstäbe anzulegen sind.[2628] Erforder-

---

2622 *Köhntopp* in Roßnagel, Datenschutz technisch sichern, 65; *Starck* in v. Mangoldt/Klein/Starck, Grundgesetz, Art. 2 Abs. 1 GG, Rn 177 mwN.

2623 § 28 Abs. 1 Satz 1 Nr. 2 BDSG. Dabei ist umstritten, inwieweit diese Regelung neben den Erlaubnistatbeständen des § 28 BDSG im Zusammenhang mit einem Vertrag/vertragsähnlichen Verhältnisses Anwendung finden kann, da hierdurch die Einschränkungen in Vertragsverhältnissen/vertragsähnlichen Verhältnissen unterlaufen werden könnten, vgl. *Schaffland/Wiltfang*, BDSG, § 28, Rn 13. Nach h.M. erscheint eine restriktive Anwendung geboten, welche in Fällen typischer Vertragsverhältnisse eine Erlaubnis nach Nr. 2 ausschließt, so *Bergmann/Möhrle/Herb*, Datenschutzrecht Bd. I Teil 3, § 28, Rn 217; *Simitis* in Simitis, BDSG, § 28, Rn 78 mwN; *Gola/Schomerus*, BDSG, § 28, Rn 9; *Bergmann/Möhrle/Herb*, Datenschutzrecht Bd. I Teil 3, § 28, Rn 217.

2624 BGHZ 1991, 233 (240); VGH Mannheim NJW 1984, 1911 (1912).

2625 *Simitis* in Simitis, BDSG, § 28, Rn 85.

2626 *Bergmann/Möhrle/Herb*, Datenschutzrecht Bd. I Teil 3, § 28, Rn 238.

2627 *Bergmann/Möhrle/Herb*, Datenschutzrecht Bd. I Teil 3, § 28, Rn 220.

2628 So der Verweis auf das Volkszählungsurteil BVerfGE 65, 1 ausdrücklich; *Bergmann/Möhrle/Herb*, Datenschutzrecht Bd. I Teil 3, § 28, Rn 221.

lich bedeutet dabei, dass die Interessen ohne die jeweilige Datenverarbeitung nicht oder zumindest nicht angemessen gewahrt werden können.[2629] Es darf zu ihr keine objektiv zumutbare Alternative geben und beispielsweise keine Möglichkeit bestehen, anonymisierte oder pseudonyme Daten zu verwenden.[2630]

Auch im Falle eines vorliegenden berechtigten Interesses muss eine Abwägung mit den schutzwürdigen Interessen des Betroffenen erfolgen. Als schutzwürdiges Interesse gilt insbesondere das Persönlichkeitsrecht des Betroffenen, so dass sich eine Abwägung am Verhältnismäßigkeitsgrundsatz auszurichten hat.[2631] Art, Inhalt und Aussagekraft der personenbezogenen Daten sind dabei an den Aufgaben und Zwecken der Datenverwendung zu messen.[2632] Diese Abwägung ist von den Gerichten in vollem Umfang überprüfbar.[2633] Eine Verletzung des Abwägungsgebots führt zu einem Beweisverwertungsverbot[2634] und kann Bußgeldtatbestände verwirklichen.[2635]

Eine Abwägung kann dazu führen, dass nur eine teilweise Verwendung der Daten zugelassen wird, beispielsweise eine Speicherung oder eine Nutzung, nicht jedoch eine Übermittlung.[2636] Ein vollständiges oder teilweises Überwiegen der schutzwürdigen Interessen des Betroffenen kann sich beispielsweise aus der Art der fraglichen Daten oder aus dem Status des Betroffenen (z. B. Minderjährigkeit) ergeben.[2637] Eine Unzulässigkeit der Verarbeitung besonders sensibler Daten ist auch gegeben, wenn aus vorliegenden Daten sensible Inhalte im Sinne von § 3 Abs. 9 BDSG abgeleitet werden können.[2638] Beispiele hierfür sind Zahlungen an politische Parteien, Gewerkschaften und Kirchen, welche Rückschlüsse auf die von § 3 Abs. 9 BDSG erfassten politischen Meinungen, religiösen oder philosophischen Überzeugungen oder eine Gewerkschaftszugehörigkeit ermöglichen. Gleiches gilt für Zahlungen an Ärzte, Kliniken oder einen Versandhandel für Sexspielzeuge, welche Rückschlüsse auf die Gesundheit oder das Sexualleben zulassen.[2639] Deren Verarbeitung zu Marketingzwecken bedarf der ausdrücklichen Einwilligung in Kenntnis der besonderen Sensibilität der Daten (§§ 28 Abs. 6 bis 8, 29 Abs. 5 BDSG). Auch eine Nutzung von Kundendaten aus einem Vertragsverhältnis zur Erstellung von Verhaltens- und

---

2629 *Gola/Schomerus*, BDSG, § 28, Rn 34.

2630 Vgl. auch BAG DuD 2003, 773 (776).

2631 BGH NJW 1984, 1889; OLG Hamm RDV 1990, 36.

2632 BGH RDV 1986, 81.

2633 BGH NJW 1984, 436; NJW 1985, 2505 (2506).

2634 LAG Hamm DuD 2004, 633 (634).

2635 *Bergmann/Möhrle/Herb*, Datenschutzrecht Bd. I Teil 3, § 28, Rn 224.

2636 *Bergmann/Möhrle/Herb*, Datenschutzrecht Bd. I Teil 3, § 28, Rn 226.

2637 *Bergmann/Möhrle/Herb*, Datenschutzrecht Bd. I Teil 3, § 28, Rn 228; So ist eine Erhebung von personenbezogenen Daten von Kindern im Alter zwischen 3 und 12 Jahren nicht nach § 28 Abs. 1 BDSG rechtfertigbar. Die Minderjährigkeit der Kinder und ihre mangelnde datenschutzrechtliche Einsichtsfähigkeit erfordern in solchen Fällen eine Interessenabwägung, welche stets zugunsten des Minderjährigenschutzes ausfällt. So stufte das OLG Frankfurt am Main MMR 2005, 696 das Verhalten als Ausnutzen der geschäftlichen Unerfahrenheit der Minderjährigen und somit als wettbewerbswidrig ein. Eine derartige Datenerhebung bedarf daher der der Einwilligung bzw. Zustimmung der Eltern.

2638 *Weichert*, RDV 2003, 116.

2639 *Weichert*, RDV 2003, 116 mwN.

Persönlichkeitsprofilen für allgemeine Werbezwecke, welche nicht für die konkrete Fortentwicklung des Vertrages erforderlich sind, stellt einen unverhältnismäßigen Eingriff in das informationelle Selbstbestimmungsrecht des Kunden dar.[2640]

5.3.1.2. Schwächen der gesetzlichen Regelung (Verrechtlichungsfalle)

Es ist daher regelmäßig den verantwortlichen Stellen überlassen, einzuschätzen, ob die Datenverwendung rechtmäßig ist. Durch eine Ansammlung äußerst allgemein gehaltener Formulierungen mit ungemein interpretationsfähigen Formulierungen lässt das derzeitige Datenschutzrecht den verantwortlichen Stellen einen mitunter sehr weiten Auslegungs- und Bewertungsspielraum.[2641] Anstatt die Rechte und Interessen der Betroffenen hierdurch zu wahren hat diese Regelung dazu geführt, dass die Nutzung personenbezogener Daten, die vertraglich impliziert oder zumindest mit überwiegendem kommerziellem Bedarf begründbar ist, kaum auf Einschränkungen stößt.[2642] In der Praxis findet eine Interessenabwägung kaum statt,[2643] da die verantwortliche Stelle selten einen Grund für ein entgegenstehendes berechtigtes Interesse des Betroffenen sehen dürfte.[2644] Den Unternehmen reicht häufig bereits die Feststellung, dass sie selbst ein Interesse an den Daten haben.[2645] Abwägungsergebnis ist daher tendenziell eine einseitige Begünstigung der Verarbeitungsinteressen der verantwortlichen Stelle, was dem Konzept der Entscheidungsprärogative der betroffenen Person widerspricht.[2646] Selbst wenn der Betroffene widerspricht und so der verantwortlichen Stelle ausnahmsweise ein schutzwürdiges Interesse zur Kenntnis gebracht wird, bewertet diese im Regelfall ihr Eigeninteresse als höher.[2647]

Auch eine diskutierte Beschränkung von Abwägungsklauseln auf die *„wirklich erforderlichen“* Angaben ist nicht zielführend, da jede verarbeitende Stelle zunächst dazu neigt, ihren Bedarf an Daten möglichst weit auszulegen.[2648] Sie wird eher dazu tendieren, die Erforderlichkeit zu bejahen, als sie zu verneinen.[2649] Generalklauseln leisten häufig einer Interpretation Vorschub, welche nicht den Schutz der Betroffenen sicherstellt, sondern eingefahrenen Verarbeitungsgewohnheiten entspricht, diese zementiert und legalisiert.[2650]

2640 *Bergmann/Möhrle/Herb*, Datenschutzrecht Bd. I Teil 3, § 28, Rn 242.

2641 *Simitis*, JZ 2008, 699; ähnlich auch die *Bundesregierung* bei der Darstellung des Problems im BDSG 2001 zum BDSG-RegE vom 30.07.2008, 1, online abrufbar unter http://www.bmi.bund.de/Internet/Content/Common/Anlagen/Gesetze/Entwurf__BDSG__Aenderung,templateId=raw,property=publicationFile.pdf/Entwurf_BDSG_Aenderung.pdf.

2642 *Kilian* in Bizer, Rekonzeptualisierung des Datenschutzrechts , 151.

2643 *Iraschko-Luscher*, IT-Sicherheit & Datenschutz 2007, 456f.

2644 *Jandt/Laue*, K&R 2006, 316.

2645 *Iraschko-Luscher*, IT-Sicherheit & Datenschutz 2007, 457.

2646 *Petri*, RDV 2007, 154; *Roßnagel/Pfitzmann/Garstka*, Modernisierung des Datenschutzrechts, 78.

2647 *Roßnagel*, FES-Studie, 577; *Iraschko-Luscher*, IT-Sicherheit & Datenschutz 2007, 457.

2648 *Simitis* in Brem/Druey/Kramer et al., FS Pedrazzini, 485.

2649 So gingen die Polizeibehörden in den 80er Jahren beispielsweise davon aus, dass die Angabe zu der Aids-Infektion eine notwendige Angabe im Rahmen ihrer Informationssysteme darstellt, vgl. die Tätigkeitsberichte Nr. 16 und Nr. 17 des Hessischen Datenschutzbeauftragten, zitiert nach *Simitis* in Brem/Druey/Kramer et al., FS Pedrazzini, 485 mwN.

2650 *Simitis* in Brem/Druey/Kramer et al., FS Pedrazzini, 492 mwN; *Simitis*, JZ 2008, 699f.

Abstrakte Interessenabwägungsklauseln wie sie in den §§ 28, 29 BDSG enthalten sind, sind für die Wahrung der informationellen Selbstbestimmung kontraproduktiv, da sie die Datenverarbeitung praktisch freigeben und für die betroffene Person unkontrollierbar machen.[2651]

Es wird daher auch von einer „Verrechtlichungsfalle" gesprochen, welche unter dem Deckmantel der Datenschutzgesetze die Verwendung von Daten für bestimmte Verarbeitungsinteressen freigibt.[2652]

5.3.2 Privilegierung der Verarbeitung zu eigenen Zwecken

Gleiches gilt hinsichtlich der Unterscheidung zwischen einer privilegierten Datenverarbeitung für eigene und einer nicht privilegierten Datenverarbeitung für fremde Zwecke in §§ 28, 29 BDSG. Diese läuft ins Leere, wenn es den Verarbeitern gelingt, fremde Zwecke als *„eigene"* auszugestalten. Dies ist beispielsweise bei Auskunfteien[2653] der Fall, bei denen die Erhebung und Verarbeitung möglichst vieler Daten das eigentliche Geschäftsziel darstellt.[2654] Bei diesen besteht ein elementares Interesse, sowohl die Anzahl als auch die Art der verwendeten Daten sowie den Kreis der Abnehmer der Verarbeitungsergebnisse möglichst weit zu fassen.[2655] Trotz dieser „eigenen" Zwecke dienen die Verarbeitungsergebnisse aber maßgeblich Dritten als Arbeits- und Entscheidungsgrundlage. Da deren Ziele bei der Erhebung durch die Auskunftei häufig noch nicht bekannt sind, müssen die erhobenen und erzeugten Informationen höchst unterschiedlichen Interessen genügen und dementsprechend breit erfasst und verarbeitet werden.

Durch eine Privilegierung der Datenverarbeitung von Auskunfteien wird damit *„der Bock zum Gärtner gemacht"*, da ein Verarbeiter mit einem besonderen wirtschaftlichen Interes-

2651 *Roßnagel* in Mattern, Informationelle Selbstbestimmung in der Welt des Ubiquitous Computing, 276; *Roßnagel/Pfitzmann/Garstka*, Modernisierung des Datenschutzrechts, 77f; *Simitis*, JZ 2008, 699f.

2652 *Simitis*, JZ 2008, 700; *Menzel*, DuD 2008, 401.

2653 Die *Bundesregierung* versteht in ihrem BDSG-RegE vom 30.07.2008, Begründung Seite 1, online abrufbar unter http://www.bmi.bund.de/Internet/Content/Common/Anlagen/Gesetze/Entwurf__BDSG__Aenderung,templateId=raw,property=publicationFile.pdf/Entwurf_BDSG_Aenderung.pdf, unter einer Auskunftei unter Verweis auf *Ehmann* in Simitis, BDSG, § 29, Rn 73 *„ein Unternehmen [...], das unabhängig vom Vorliegen einer konkreten Anfrage geschäftsmäßig bonitätsrelevante Daten über Unternehmen oder Privatpersonen sammelt, um sie bei Bedarf seinen Geschäftspartnern für die Beurteilung der Kreditwürdigkeit der Betroffenen gegen Entgelt zugänglich zu machen"*. Diese Definition ist insoweit zu eng, als auch die Sammlung und das Zugänglichmachen nicht kreditrelevanter Informationen geschäftsmäßig ohne konkreten Auftrag betrieben werden kann. Es kann daher beispielsweise auch über gesundheits- oder verhaltensbezogene Daten Auskunft erteilt werden – da die *Bundesregierung* unter „Scoring" im Sinne von § 28 b BDSG-RegE aber nur die Berechnung eines Wahrscheinlichkeitswertes für ein zukünftiges Verhalten des Betroffenen sieht, musste sie – aus ihrer Sicht konsequent – ein Scoring bei Lebens- und Krankenversicherungen u.ä. hiervon ausnehmen (a.a.O. S. 21). Dies rechtfertigt jedoch nicht, bereits die Definition von „Auskunfteien" derart eng zu fassen. Um deren datenschutzrelevante Tätigkeit mit zu erfassen, wird in dieser Arbeit der Begriff „Auskunftei" daher umfassend verstanden.

2654 So auch *Bundesregierung* in ihrer Begründung zum BDSG-RegE vom 30.07.2008, 1, online abrufbar unter http://www.bmi.bund.de/Internet/Content/Common/Anlagen/Gesetze/Entwurf__BDSG__Aenderung,templateId=raw,property=publicationFile.pdf/Entwurf_BDSG_Aenderung.pdf.

2655 *Simitis* in Simitis, BDSG, § 27, Rn 3; in diesem Sinne auch die *Bundesregierung* in ihrer Begründung zum BDSG-RegE vom 30.07.2008, a.a.O.

se an der Sammlung und Veräußerung möglichst vieler Daten die Rechtmäßigkeit der Verarbeitung dieser personenbezogenen Daten in einer Abwägung beurteilen soll. Das Ergebnis solcher Abwägungsvorgänge steht praktisch von vornherein fest.[2656] Betroffenen dürfte es bei einer derart weitreichenden potentiellen Nutzung durch die Auskunftei und den Dritten zudem schwer fallen, herauszufinden, was mit ihren Daten geschieht, so dass aus ihrer Sicht das Verarbeitungsrisiko entsprechend größer ist.[2657] Auch wenn somit durchaus eine Verarbeitung für „*eigene Zwecke*" im Sinne des BDSG vorliegt, passt die Begründung geringerer Risiken bei einer Verarbeitung zu eigenen Zwecken und damit deren Privilegierung nicht mehr auf Fälle, in denen im Endeffekt personenbezogene Angaben geschäftsmäßig für fremde Zwecke verarbeitet werden.[2658]

5.3.3 Löschungsdefizite

Ein weiteres ungelöstes Problem in der Praxis des Datenschutzrechts sind die Defizite bei der Löschung personenbezogener Daten, da diese – wenn überhaupt – nur äußerst zurückhaltend erfolgt.[2659] Der Schutz von Daten, welche einmal erhoben wurden, gestaltet sich äußerst schwierig. So wird kaum garantiert werden können, dass diese Daten nicht zu weiteren Zwecken verwendet werden.[2660] Wie die internationale Entwicklung zeigt,[2661] werden einmal erfasste Daten immer widerwilliger gelöscht, da sie sich in Zukunft als nützlich erweisen könnten.[2662] Nur die endgültige und vollständige Löschung von Daten stellt den gesetzlich gewünschten Zustand wieder her und sichert, dass die Daten nicht zweckentfremdet werden können. Zur Einhaltung der datenschutzrechtlichen Prinzipien Zweckbindung, Erforderlichkeit und Datensparsamkeit ist somit eine möglichst frühe Löschung personenbezogener Daten geboten.[2663]

Problematisch ist allerdings, dass die Daten häufig aufgrund von handels- und/oder steuerrechtlichen Vorschriften auch nach Abwicklung des eigentlichen Geschäftsvorgangs aufgrund von Dokumentationspflichten vorgehalten werden müssen. Tendenziell werden die erlangten Daten daher im Zweifel länger gespeichert als erforderlich. Derartige Aufbewahrungspflichten erfordern, dass die Daten aus dem Prozess der normalen Datenverar-

---

2656 *Dix*, DuD 2007, 257.

2657 *Simitis* in Simitis, BDSG, § 27, Rn 3.

2658 *Simitis* in Simitis, BDSG, § 27, Rn 4.

2659 *Fraenkel/Hammer*, DuD 2007, 900, welche darauf verweisen, dass beispielsweise die Mehrzahl der deutschen Versicherungen Kundendaten auch dann nicht löschen, wenn Versicherungsverträge gekündigt werden, obwohl alle Leistungen wechselseitig erbracht wurden. Auch im Versandhandel sei es durchaus üblich, einmal gespeicherte Kundendaten nicht mehr zu löschen, auch wenn die letzte Bestellung mehr als zwei Jahre zurückliegt und es keine offenen Forderungen mehr gibt. Die derart gesammelten „Kellerbestände" würden für gelegentliche Werbeaktionen vorgehalten.

2660 Dies insbesondere, da in der digitalen Welt beliebige Kopien existieren können, was ein wirksames Löschen erschwert, vgl. *Köhntopp* in Roßnagel, Datenschutz technisch sichern, 56.

2661 Vgl. nur die Überlegungen zum Zugriff auf Mautdaten, Fluggastdaten, die Vorratsdatenspeicherung oder aber auch zur britischen Gendatenbank, dazu *Langheinrich* in Mattern, Gibt es in einer total informatisierten Welt noch eine Privatsphäre?, 250f mwN.

2662 *Langheinrich* in Mattern, Gibt es in einer total informatisierten Welt noch eine Privatsphäre?, 251.

2663 *Fraenkel/Hammer*, DuD 2007, 900.

beitung ausgesondert und nach § 35 Abs. 3 Nr. 1 BDSG gesperrt werden.[2664] Dies unterbleibt jedoch häufig. Eine der Ursachen für die Löschungsdefizite ist die Regelung in § 35 Abs. 2 Satz 2 BDSG, welche zwar zwingende Pflichten zur Löschung von Daten durch die verantwortliche Stelle vorsieht, aber keine konkreten Fristen für die Vornahme derartiger Löschungen festlegt.[2665] Auch das TMG enthält keine Löschungsfristen, obwohl eine *„nicht rechtzeitige“* Löschung gemäß § 16 Abs. 2 Nr. 5 TMG sogar bußgeldbewehrt ist. Diese ergebnisoffenen Formulierungen führen zu erheblicher Rechtsunsicherheit, so dass die Unternehmen die Daten im Zweifel nicht löschen.[2666] Die Schwächen des herkömmlichen Systems liegen somit zum einen in nicht hinreichend klaren gesetzlichen Vorgaben, zum anderen aber auch darin, dass den Stellen die Vornahme der Löschung auferlegt wird, ohne dass dies technisch-organisatorisch abgesichert ist.

5.3.4 Fehlende Kontrolle und Sanktionen

Ein Grundproblem des Datenschutzrechts sind die unzureichenden Möglichkeiten der Aufdeckung und Sanktionierung von Normverstößen. So besitzen die externen Aufsichtsbehörden (BfDI bzw. die entsprechenden Landesbeauftragten) nicht nur eingeschränkte Kontroll- und noch eingeschränktere Sanktionsmöglichkeiten. Sie sind darüber hinaus häufig auch personell unzureichend ausgestattet, was eine wirksame Datenschutzkontrolle verhindert.[2667] So sind beispielsweise in Bayern lediglich sechs Datenschützer für den gesamten nicht-öffentlichen Bereich zuständig.[2668] Dadurch, dass den Aufsichtsbehörden immer mehr Aufgaben übertragen, diese aber nicht mit einer entsprechenden personellen Substanz ausgestattet werden, entsteht ein wachsendes Vollzugsdefizit.[2669]

Zwar haben die Aufsichtsbehörden mittlerweile die Möglichkeit, die Datenverarbeitung einer verantwortlichen Stelle auch ohne konkreten Anlass zu prüfen. Da aber aufgrund stark beschränkter personeller Ressourcen mit regelmäßigen und flächendeckenden Kontrollen nicht zu rechnen ist,[2670] scheitert eine effektive Durchsetzungskontrolle.[2671] Die unbefriedigende Kontrolle im Nachhinein wird im Datenschutzrecht – anders als im Umweltrecht – auch nicht durch eine geeignete Vorabkontrolle ausgeglichen. So sieht § 4 d Abs. 1 BDSG zwar vor Inbetriebnahme von *„Verfahren automatisierter Verarbeitungen“* eine Meldepflicht vor, die unter anderem auch die Meldung von Regellöschungsfristen mit einschließt. Allerdings entfällt die Meldepflicht gemäß § 4 d Abs. 2 BDSG, wenn die verantwortliche Stelle

2664 *Fraenkel/Hammer*, DuD 2007, 901.

2665 *Fraenkel/Hammer*, DuD 2007, 900.

2666 *Fraenkel/Hammer*, DuD 2007, 902.

2667 *Jansen* in *Krempl*, Kripo will "mafiöse Strukturen" im Handel mit persönlichen Daten bekämpfen, http://www.heise.de/newsticker/meldung/114203.

2668 *Ermert*, Daten sind wie Schokolade: Vorratshaltung sorgt für Appetit, http://www.heise.de/newsticker/meldung/110716.

2669 *Bizer*, DuD 2007, 265; ebenso *Schaar*, DuD 2007, 260.

2670 *Bizer/Dingel/Fabian et al.*, TAUCIS, 214; kritisch auch *Leutheusser-Schnarrenberger* in *Ermert*, Daten sind wie Schokolade: Vorratshaltung sorgt für Appetit, http://www.heise.de/newsticker/meldung/110716.

2671 *Bizer/Dingel/Fabian et al.*, TAUCIS, 218; *Roßnagel*, FES-Studie, 153; ebenso *Künast* in *Rademaker*, Grüne fordern Datenschutz in Verfassung, FTD v. 18.08.2008, http://www.ftd.de/politik/deutschland/401307.html.

einen betrieblichen Beauftragten für Datenschutz bestellt hat. Durch die fehlende Vorabmeldung und mangelnde Möglichkeiten nachträglicher flächendeckender Kontrolle haben Aufsichtsbehörden keinen Überblick darüber, ob und inwieweit die Unternehmen ihrer Verpflichtung zur Löschung von Daten nachkommen.[2672] Ebenso fehlen im Datenschutzrecht vielfältige Mitwirkungspflichten von Unternehmen, die den zuständigen Behörden die Aufsicht erleichtern sollen.[2673]

Auch ist die Befugnis von Aufsichtsbehörden, einmal festgestellte Mängel mit Bußgeldern zu ahnden und so Druck für eine datenschutzgerechte Umsetzung auszuüben, äußerst eingeschränkt. Zwar kann das Ministerium als zuständige Kontrollbehörde[2674] vorsätzliche oder fahrlässige Verstöße gegen einzelne Vorschriften des BDSG gemäß § 43 BDSG nach dem Opportunitätsprinzip als Ordnungswidrigkeit mit Geldbußen bis zu EUR 250.000 ahnden. In den Bundesländern ist dies die jeweils oberste Landesbehörde, welche die Zuständigkeit auch den direktverantwortlichen Behörden (in Baden-Württemberg beispielsweise dem Regierungspräsidenten) übertragen kann.[2675]

Allerdings fehlen überwiegend konkrete Bußgeldbewehrungen mit präventivem Charakter.[2676] Lediglich eine fehlende Unterrichtung des Betroffenen über sein Widerspruchsrecht aus § 28 Abs. 4 BDSG ist nach § 43 Abs. 1 Nr. 3 BDSG bußgeldbewehrt. Die unterlassene, unvollständige oder unzutreffende Unterrichtung der Betroffenen, ein Verstoß gegen die dem Betroffenen mitgeteilte Zweckbindung der Daten, die Bildung umfassender Kundenprofile, eine Übermittlung von Verbraucherdaten an eine Auskunftei oder eine unterlassene Löschung oder Sperrung trotz Zweckerreichung werden ebenso wie eine Missachtung der Auskunftspflicht gegenüber dem Betroffenen nicht als gesonderte Tatbestände in § 43 BDSG aufgeführt.[2677] § 43 Abs. 2 Nr. 1 BDSG enthält lediglich einen Auffangtatbestand, der eine *„unbefugte“* Datenverarbeitung als Ordnungswidrigkeit sanktioniert. Aufgrund der zahlreichen Abwägungsklauseln im materiellen Datenschutzrecht ist die Feststellung einer eindeutigen Zuwiderhandlung und damit des Vorliegens einer *„unbefugten“* Datenverarbeitung aber häufig kaum möglich, wenn man sich nicht dem Vorwurf eines Verstoßes gegen den Bestimmtheitsgrundsatz nach Art. 103 Abs. 2 GG aussetzen will. Als Folge wird von dem Auffangtatbestand nur äußerst zurückhaltend Gebrauch gemacht.[2678] Dieses Problem scheint auch die Bundesregierung erkannt zu haben, da sie zumindest hinsichtlich der geplanten Erweiterung des Bußgeldtatbestandes bei einer Verletzung von Auskunftspflichten im Zusammenhang mit dem Kreditscoring ausdrücklich auf

---

2672 *Fraenkel/Hammer*, DuD 2007, 901.

2673 Solche sieht beispielsweise das Umweltrecht vor in §§ 40ff, 54 KrW-/AbfG, §§ 16, 52a, 55 BImSchG, § 21 GenTG, §§ 16ff ChemikalienG.

2674 (§ 36 Abs. 1 a, Abs. 2 Nr. 2 b OWiG.

2675 *Gola/Schomerus*, BDSG, § 43, Rn 28, 31.

2676 Bizer/Kamp/Bock et al., Schlussbericht, 151.

2677 Vgl. *Bizer/Kamp/Bock et al.*, Schlussbericht, 151f.

2678 *Simitis* in Simitis, BDSG, § 43, Rn 22; *Bizer/Kamp/Bock et al.*, Schlussbericht, 152 mwN.

deren hinreichende Bestimmtheit verweist[2679] – ohne allerdings die Kritik an den übrigen Tatbeständen aufzugreifen. Nicht besser sieht es bei den ergänzenden Strafvorschriften aus, welche eine in § 43 Abs. 2 BDSG bezeichnete Handlung bei vorsätzlicher Begehung gegen Entgelt oder in der Absicht, sich oder einen anderen zu bereichern oder zu schädigen, mit Freiheitsstrafe bis zu zwei Jahren oder mit Geldstrafe bedrohen. Auch hier versperrt der Bestimmtheitsgrundsatz eine gebotene umfassende Wirkung. Die Tat ist zudem nur ein Antragsdelikt, für welches allerdings neben dem Betroffenen auch die verantwortliche Stelle, der Bundesbeauftragte für den Datenschutz und die Informationsfreiheit (BfDI) und die Aufsichtsbehörde antragsberechtigt sind (§ 44 Abs. 2 Satz 2 BDSG).

Die – an sich effektiven – Mittel der Anordnungen und Untersagungen kommen zudem nur bei technischen Mängeln in Betracht, so dass sich die Aufsichtsbehörden gegenüber der Privatwirtschaft allzu oft als *„zahnlose Tiger"* erweisen.[2680]

Die komplizierte Aufsichtsstruktur (Bundesbeauftragter, Landesbeauftragter, betrieblicher Datenschutzbeauftragter) erschwert dem Betroffenen zudem die für seinen Fall zuständige Stelle zu ermitteln[2681] und verhindert so eine Information der Beauftragten durch Dritte.

Diese unbefriedigende Situation wird sich bei einer Zunahme der Nutzung von IKT-Implantaten verschärfen und die Kontrollkapazitäten der Aufsichtsbehörden um ein Vielfaches übersteigen.[2682] Wenn jeder Betroffene künftig zahllose mobile Kommunikationsmittel implantiert mit sich herumträgt, diese dynamisch nutzt und Lesegeräte an nahezu jedem Ort einen Teil der Daten erfassen, verarbeiten und übermitteln können, wird sich eine Aufsichtsbehörde mit einer unübersehbaren Vielfalt und Komplexität konfrontiert sehen. Das herkömmliche Aufsichtskonzept ist künftig noch weniger geeignet.[2683]

Auch ein Tätigwerden des Betroffenen selbst zur Wahrung seiner Rechte verspricht keine Abhilfe. Zwar verpflichtet § 7 BDSG eine verantwortliche Stelle im Falle einer unzulässigen oder unrichtigen Erhebung, Verarbeitung oder Nutzung personenbezogener Daten gegenüber dem Betroffenen zum Schadensersatz. Die Ersatzpflicht entfällt, wenn die verantwortliche Stelle die nach den Umständen des Einzelfalls gebotene Sorgfalt beachtet hat. Bei privaten Stellen ist eine schuldhafte Verletzung im Sinne des § 276 BGB erforderlich, wobei § 7 Satz 2 BDSG eine Umkehr der Beweislast in dem Sinne vorsieht, dass bei rechtswidrigem Umgang mit den Daten ein schuldhaftes Handeln unterstellt wird, die verantwort-

2679 Regierungsentwurf zur Änderung des BDSG v. 30.07.2008, online abrufbar unter http://www.bmi.bund.de/Internet/Content/Common/Anlagen/Gesetze/Entwurf__BDSG__Aenderung,templateId=raw,property=publicationFile.pdf/Entwurf_BDSG_Aenderung.pdf, Begründung 23.

2680 *Schaar*, DuD 2007, 260.

2681 *Schaar*, DuD 2007, 260.

2682 *Bizer/Dingel/Fabian et al.*, TAUCIS, 204; *Roßnagel*, FES-Studie, 153; *Bizer/Kamp/Bock* et al., Schlussbericht, 151.

2683 So auch *Roßnagel*, FES-Studie, 153.

liche Stelle sich jedoch exkulpieren kann.[2684] Der Betroffene hat daher diejenigen Tatsachen vorzutragen und zu beweisen, die die Rechtswidrigkeit der Erhebung, Verarbeitung oder Nutzung bewirken. Anschließend muss die verantwortliche Stelle darlegen und beweisen, dass sie kein Verschulden trifft oder dass ihre Handlung für den Schaden nicht ursächlich war.[2685] Der im Rahmen des § 7 BDSG zu ersetzende Schaden betrifft jedoch lediglich Vermögensschäden, während immaterielle Schäden bei schwerwiegenden Verletzungen des allgemeinen Persönlichkeitsrechts allein nach § 253 BGB zu ersetzen sind.[2686] Angesichts eines hohen Prozess- und Kostenrisikos, praktisch kaum quantifizierbarer materieller Schäden und einer fehlenden Erstattung immaterieller Schäden blieb der vorgesehene Schadenersatz bislang ein stumpfes Schwert gegenüber privaten Datenanbietern.[2687]

5.3.5 Ausnahme persönlicher oder familiärer Tätigkeiten vom Datenschutzrecht

Die Nutzung von Daten aus der Ortung Dritter (z. B. von Kindern oder Ehepartnern zum Zweck der Kontrolle) im Rahmen von LBS unterfällt grundsätzlich dem BDSG. Eine Datenverarbeitung ausschließlich für persönliche oder familiäre Tätigkeiten ist jedoch gerade vom Anwendungsbereich des BDSG ausgenommen.[2688] Bezweckt daher eine Privatperson die Überwachung einer anderen und schaltet dazu – anders als im Beispielsfall des ÖGH[2689] – keine Detektei mit eigener Hard- und Software ein, sondern überlässt dem Auftraggeber ein eigenes System mit der nötigen Hard- und Software, um den Aufenthaltsort und die Bewegung eines Angehörigen zu überwachen, fände hierauf auch das BDSG keine Anwendung. Als Folge würde eine derart gravierend in das Persönlichkeitsrecht des Betroffenen eingreifende Maßnahme keinem Datenschutzgesetz unterfallen.[2690] Das Datenschutzrecht wird beim Ubiquitous Computing daher den Anforderungen an einen wirksamen Schutz der informationellen Selbstbestimmung im privaten Bereich nicht gerecht.

2684 *Gola/Schomerus*, BDSG, § 7, Rn 8f.

2685 LG Bonn RDV 1995, 253; LG Bielefeld RDV 1996, 43; *Gola/Schomerus*, BDSG, § 7 Rn 11; BGH RDV 1996, 132 – *Krankenunterlagen*.

2686 BGHZ 128, 1 (14 ff) – *Caroline von Monaco*; BT–Drs. 14/7752, 25; *Gola/Schomerus*, BDSG, § 7, Rn 19 mwN.

2687 Im Bereich der automatisierten Datenverarbeitung durch öffentlichen Stellen sieht § 8 Abs. 1 BDSG hingegen eine verschuldensunabhängige Schadensersatzpflicht vor, welche gemäß Abs. 2 ausdrücklich auch Fälle einer schweren Verletzung des Persönlichkeitsrechts erfasst, der Höhe nach aber auf € 130.000,00 begrenzt ist (Abs. 3). § 254 BGB findet Anwendung. § 8 Abs. 4 BDSG enthält eine Beweiserleichterung für den Geschädigten. Sind mehrere Stellen speicherungsberechtigt und ist der Geschädigte nicht in der Lage, die speichernde Stelle festzustellen, wird die Haftung jede dieser Stellen angeordnet. Auch bei personenbezogenen Sozialdaten besteht bei unzulässiger und unrichtiger Datenverwendung gegen die verantwortliche Stelle ein Schadensersatzanspruch (§ 82 SGB X. Auf diesen sind die §§ 7, 8 BDSG entsprechend anzuwenden. Der Schadenersatzanspruch gilt aber nur für personenbezogene Sozialdaten, nicht aber für die ebenfalls vom Sozialgeheimnis erfassten Betriebs- und Geschäftsgeheimnisse).

2688 §§ 1 Abs. 2 Nr. 3, 27 Abs. 1 Satz 2 BDSG.

2689 ÖGH, GRUR Int 2007.

2690 *Simitis* in Simitis, BDSG, § 27, Rn 50.

5.3.6 Beschlagnahmeverbote medizinischer Daten auf der eGK

Während medizinische Daten bei Ärzten bislang von der ärztlichen Schweigepflicht erfasst und durch Beschlagnahmeverbote (§ 97 StPO) abgesichert sind, existiert ein vergleichbarer Schutz für Daten, welche aus dem Gewahrsam des Arztes in den des Patienten gelangen, nicht. Sowohl eine Speicherung auf einer vom Patienten mit sich geführten eGK oder einem entsprechenden IKT-Implantat als auch eine (verschlüsselte) Speicherung beim Arzt oder bei externen Dienstleistern, auf welche allein mit Hilfe des Implantats (als Schlüssel) zugegriffen werden kann, führt zu einem alleinigen Verfügungsrecht des Betroffenen.[2691] Sobald aber nicht mehr der Arzt, sondern allein der Patient allein verfügungsbefugt ist, greifen weder die ärztliche Schweigepflicht noch die Beschlagnahmeverbote, so dass diese bei einer Speicherung auf einem Datenträger des Betroffenen ins Leere gehen.[2692] Die ärztliche Schweigepflicht und die entsprechende Gewährleistung der Vertraulichkeit der Kommunikation zwischen Arzt und Patient sind aber elementare Voraussetzungen eines funktionierenden Gesundheitssystems.[2693] Wenn sich ein Patient künftig nicht mehr auf die Vertraulichkeit von Angaben verlassen kann, weil der Arzt diese in Erfüllung seiner Dokumentationspflichten in die ePA einfügen muss, wird das Arzt-Patienten-Verhältnis massiv gestört.[2694]

5.3.7 Mangelhafte Technikadäquanz

Eine seit Jahren bemängelte große Schwachstelle des Datenschutzrechts ist dessen fehlende Technikadäquanz, da die Entwicklungsdynamik des Datenschutzrechts mit den Erfordernissen, die sich aus den individuellen und gesellschaftlichen Folgen neuer Technologien ergeben, nicht Schritt hält.[2695]

5.3.7.1. Zu enge Erfassung mobiler Speicher- und Verarbeitungsmedien

Ein Beispiel für eine fehlende Technikadäquanz ist § 6c BDSG. Dieser wurde 2001 im Hinblick auf mobile Medien mit einem eigenen Prozessor („*intelligente Chipkarten*") eingeführt, auf denen personenbezogene Daten über die Speicherung hinaus automatisiert verarbeitet werden können, ohne dass diese Medien über eine eigene Steuereinheit und ein Ausgabemedium verfügen.[2696] Ziel war es, den besonderen Gefährdungen der Rechte des Betroffenen Rechnung zu tragen, die durch den Einsatz der miniaturisierten Computer wie durch den Verlust an Kenntnis und Kontrolle des Betroffenen über die auf dem Medium stattfindenden Speicher- und Verarbeitungsprozesse entstehen.[2697] Denn dem Betroffe-

2691 In diesem Sinne auch *Dierks/Nitz/Grau*, Gesundheitstelematik und Recht, 164f mwN.

2692 *Dierks/Nitz/Grau*, Gesundheitstelematik und Recht, 165.

2693 A.A. *Dierks/Nitz/Grau*, Gesundheitstelematik und Recht, 168 ohne jegliche Begründung.

2694 A.A. *Dierks/Nitz/Grau*, Gesundheitstelematik und Recht, 168 ohne jegliche Begründung.

2695 *Bizer/Kamp/Bock et al.*, Schlussbericht, 150; *Roßnagel/Pfitzmann/Garstka*, Modernisierung des Datenschutzrechts, 15 ff.

2696 *Bizer* in Simitis, BDSG, § 6 c, Rn 2.

2697 *Bergmann/Möhrle/Herb*, Datenschutzrecht Bd. I Teil 3, § 6 c Rn 4; BT-Drs. 16/4882, 14/5793, 63; *Gola/Schomerus*, BDSG, § 6 c, Rn 2; *Hornung*, DuD 2004, 15.

nen ist es ohne technische Mittel nicht möglich, die auf seiner Karte über ihn gespeicherten und sich möglicherweise auf Grund von Verarbeitung verändernden Inhalte einzusehen.[2698] Wenn der Betroffene dazu auch noch Dritten Zugriff auf diese Daten eröffnen muss, ohne deren Inhalt jederzeit zuverlässig zu kennen, führt dies zu einem erheblichen Transparenz- und Kontrollverlust.[2699] Gleiches gilt für das Speichern, Ändern, Sperren oder Löschen von personenbezogenen Daten auf dem Medium.

5.3.7.1.1. Gesetzliche Regelung

Damit der Betroffene weiß, was andere über ihn aus seinem mobilen personenbezogenen Speicher- und Verarbeitungsmedium erfahren können, sind besondere Transparenzregelungen erforderlich.[2700] § 6 c BDSG verpflichtet daher die Stellen, die ein Medium ausgeben oder ein ganz oder teilweise auf einem solchen Medium ablaufendes Verfahren zur automatisierten Verarbeitung personenbezogener Daten auf das Medium aufbringen, ändern oder bereithalten, dazu, den Betroffenen zu unterrichten.[2701] Erforderlich sind Angaben zu ihrer Identität und Anschrift und – in allgemeinverständlicher Form – zur Funktionsweise des Mediums einschließlich der Art der zu verarbeitenden personenbezogenen Daten. Die erforderlichen Angaben zur Funktionsweise des Mediums sind sehr weitgehend und erfassen neben Angaben zu verwendeten Chips und Betriebssystemen auch Angaben über Zugriffsbefugnisse verschiedener Stellen, den Ablauf von Auslesevorgängen einschließlich etwaig außerhalb des mobilen Mediums ablaufender Verarbeitungsschritte[2702] bis hin zu Sicherungsmechanismen gegenüber einem unbefugten Auslesen durch Dritte und Handhabung des Mediums im Alltag.[2703] Schließlich ist der Betroffene darüber zu unterrichten, wie er seine Rechte nach den §§ 19, 20, 34 und 35 BDSG ausüben kann und welche Maßnahmen er bei Verlust oder Zerstörung des Mediums treffen sollte. Neben den ausdrücklich erwähnten Unterrichtungspflichten enthält § 6 c BDSG aber auch einen Anspruch des Betroffenen auf Unterrichtung.[2704] Die anbietende Stelle muss die zur Wahrnehmung der Auskunftsrechte erforderlichen Geräte und Einrichtungen in angemessenem Umfang zum unentgeltlichen Gebrauch zur Verfügung stellen (§ 6 c Abs. 2 BDSG).[2705] Kommunikationsvorgänge, die die Datenverarbeitung auf einem Medium auslösen, müssen für den Betroffenen eindeutig erkennbar sein (§ 6 c Abs. 3 BDSG).

2698 *Bizer* in Simitis, BDSG, § 6 c, Rn 3.

2699 BT–Drs. 14/11002, 53 (94); *Bizer* in Simitis, BDSG, § 6 c, Rn 3 mwN.

2700 BVerfGE 65, 1 (44) – *Volkszählung*; *Bizer* in Simitis, BDSG, § 6 c, Rn 4 mwN.

2701 BT–Drs. 14/5793, 63; ebenso *Weichert* in Roßnagel/Abel, Handbuch Datenschutzrecht, XXI; *Bizer* in Simitis, BDSG, § 6 c, Rn 3; *Gola/Schomerus*, BDSG, § 6 c, Rn 2b.

2702 So ausdrücklich die Gesetzesbegründung, BT-Drs. 14/5793, 63.

2703 *Hornung*, DuD 2004, 19; allgemeiner auch *Schmitz/Eckhardt*, CR 2007, 174.

2704 So mit überzeugender Herleitung und Begründung *Hornung*, DuD 2004, 18f, welcher darauf verweist, dass diese nicht bußgeldbewehrte Vorschrift andernfalls gänzlich leer liefe. Da die Norm aber nicht nur dem öffentlichen, sondern zumindest auch den Interessen des Betroffenen zu dienen bestimmt ist, muss sie einen im nicht-öffentlichen wie öffentlichen Bereich durchsetzbaren Anspruch gewähren, auch wenn dies in der Norm selbst nicht ausdrücklich erwähnt werde.

2705 Schmitz/Eckhardt, CR 2007, 174.

Eine Datenverarbeitung, die kontaktlos und ohne sonstige Kenntlichmachung z. B. beim Passieren eines Terminals erfolgt, wäre daher rechtswidrig.[2706]

5.3.7.1.2. Nichterfassung "dummer" RFID-Tags

Eine Schwachstelle der Regelung ist die fehlende Ausdehnung auf Tags, auf denen keine Datenverarbeitung erfolgt („*dumme*" Tags). Medien, die bereits alle benötigten Daten ohne Änderungsmöglichkeit beinhalten und allein eine Lesemöglichkeit ohne Datenverarbeitung ermöglichen – wie Zutrittskarten mit biometrischen Merkmalen zwecks Prüfung der Identität –, sind nicht von § 6 c BDSG erfasst,[2707] da die Datenverarbeitung hierbei nicht *auf* dem Chip stattfindet. Denn auf diesem ist lediglich eine Nummer zur Identifizierung des Chips/der Person gespeichert, die er zum Auslesen bereitstellt, während die Verarbeitung in Hintergrundsystemen erfolgt.[2708] Auch auf die elektronische Versichertenkarte ist § 6 c BDSG nicht anwendbar, da es sich in der herkömmlichen Fassung lediglich nur um einen auslesbaren Speicherchip handelt.[2709] Erst soweit im Rahmen der eGK oder einem vergleichbaren implantierbaren Chip eine Datenverarbeitung auf der Karte selbst erfolgt, findet § 6 c BDSG Anwendung. Im Bereich der Datenverarbeitung durch die Krankenkassen gilt jedoch die Spezialregelung der §§ 291, 291 a SGB V.[2710] Die elektronischen biometrischen Reisepässe und Personalausweise sind ebenfalls nur auslesbar, so dass § 6 c BDSG keine Anwendung findet.[2711]

Die von § 6 c BDSG bezweckte Abwehr einer erhöhten datenschutzrechtlichen Gefahr aufgrund der Intransparenz einer Verarbeitung auf mobilen personenbezogenen Speicher- und Verarbeitungsmedien stellt sich bei IKT-Implantaten und RFID-Tags ebenso.[2712] Bei diesen wird die Intransparenz allerdings primär durch die unbemerkte Datenübermittlung zwischen Tag und Lesegerät[2713] und der weiteren Datenverarbeitung/Verknüpfung mit Informationen in der Datenbank des Empfängers ohne Kenntnis und Kontrollmöglichkeiten des Betroffenen bewirkt und nicht durch die Datenverarbeitung auf dem Chip.[2714] Durch die unmerkliche Einbindung in ein größeres DV-System kann auf diese Weise bei einfachen, passiven Tags, welche nur eine – personenbeziehbare – Nummer speichern, ein großes datenschutzrechtliches Problem entstehen.[2715] Während § 6 c BDSG unstrittig für komplexe aktive RFID-Tags und IKT-Implantate gilt[2716], die eine eigene Datenverarbeitung

2706 So die Gesetzesbegründung, BT-Drs. 14/5793, 64; ebenso *Hornung*, DuD 2004, 20.

2707 *Gola/Schomerus*, BDSG, § 6 c, Rn 2 mwN; *Hornung*, DuD 2004, 16.

2708 Vgl. hierzu auch *Hornung*, MMR 2006, XX bis XXI.

2709 *Bizer* in Simitis, BDSG, § 6 c, Rn 15.

2710 *Bizer* in Simitis, BDSG, § 6 c, Rn 15f. Dazu näher in Kapitel 5.1.4.2.

2711 *Hornung*, DuD 2004, 15; *Bizer* in Simitis, BDSG, § 6 c, Rn 19.

2712 So auch bei RFID–Systemen auch *Weichert* in Roßnagel/Abel, Handbuch Datenschutzrecht, XXI.

2713 So *Weichert* in Roßnagel/Abel, Handbuch Datenschutzrecht, XXI.

2714 *Gola/Schomerus*, BDSG, § 6 c, Rn 2a.

2715 *Weichert* in Roßnagel/Abel, Handbuch Datenschutzrecht, XXI.

2716 So auch die *Bundesregierung* in ihrem Bericht zu den Aktivitäten, Planungen und zu einem möglichen gesetzgeberischen Handlungsbedarf in Bezug auf die datenschutzrechtlichen Auswirkungen der RFID-Technologie, BT-Drs. 16/7891, 9.

und Speicherung erlauben, ist umstritten, ob nicht zumindest eine analoge Anwendung auf einfache read-only RFID-Tags erforderlich ist, wenn deren Daten nach dem Auslesen mit weiteren Daten einer Datenbank verknüpft und verarbeitet werden können.

Im Schrifttum wird teilweise vertreten, dass es nicht auf die Beschaffenheit des Datenträgers ankommen soll. Vielmehr sollen entsprechende Chips auf Grund des von § 6 c BDSG verfolgten Schutzzwecks stets von der Vorschrift erfasst werden.[2717] Es bestehe eine vergleichbare Gefährdungslage, welche eine Ausdehnung der Norm und damit ihres Schutzes auf jede unbemerkte Erhebung und Datenverarbeitung auch in einer externen Datenbank erforderlich mache.[2718] Dem ist zuzugeben, dass der Verlust an Kenntnis und Kontrolle, wie er vom Gesetzgeber vor der Schaffung des § 6 c BDSG befürchtet wurde, sogar noch höher ist, wenn der Betroffene nicht einmal über eine Zugriffsmöglichkeit auf die Datenbank verfügt und Dritte über ihn beliebige Informationen erheben und verarbeiten können. Zudem stellen derart *„dumme“* Tags nur eine Zwischenstufe dar, bis genügend leistungsfähige Chips vorliegen. Die Gesetzesbegründung will andere Ausgestaltungen des Mediums aber ausdrücklich erfassen.[2719] Eine rein auf technischen Zwängen basierende Lösung sollte den Schutz daher nicht versperren.

Gegen eine Anwendung spricht aber der klare Wortlaut in § 3 Abs. 10 Nr. 2 BDSG, welcher verlangt, dass auf dem Medium selbst eine automatisierte Verarbeitung stattfinden muss.[2720] Auch wenn der Schutzzweck eine breite Anwendung nahe legt, wäre eine Auslegung wider den klaren Wortlaut des § 3 Abs. 10 Nr. 2 BDSG *contra legem* und ist daher abzulehnen. Bei einfachen Tags, welche lediglich ein Auslesen ohne Verarbeitung auf dem Chip selber ermöglichen, greift § 6 c BDSG daher nicht ein.[2721] Dies bedeutet, dass ein Großteil der derzeit ausgegebenen Chipkarten und read-only RFIDs ohne eigene Datenverarbeitung – wie der VeriChip – nicht erfasst werden.[2722]

Während § 6 c BDSG die Rechte der Betroffenen für „smarte“ Tags und reine Chipkartenlösungen stärkt, gilt diese Regelung somit gerade bei den milliardenfach im Umlauf befindlichen „dummen“ RFID-Systemen nicht. Derzeit findet die Verarbeitung von Daten aus Kosten- und Effizienzgründen aber häufig nicht auf dem Implantat, sondern in Hintergrunddatenbanken statt. Das Implantat dient dabei der reinen Zugangsvermittlung zu den gespeicherten Daten. Auf Grund der Unmerklichkeit der Datenübermittlung bei funkbasie-

---

2717 *Tinnefeld/Ehmann/Gerling*, Datenschutzrecht, 311; vgl. die weiteren Nachweise bei *Weichert* in Roßnagel/Abel, Handbuch Datenschutzrecht, XXI.

2718 *Gola/Schomerus*, BDSG, § 6 c, Rn 2a.

2719 BT–Drs. 14/5793, 63.

2720 So ausführlich auch mit guter Begründung und Diskussion der Gegenansicht *Hornung*, MMR 2006, XX; *Hornung*, DuD 2004, 15f; *Gola/Schomerus*, BDSG, § 6 c, Rn 2 a mwN; *Schmitz/Eckhardt*, CR 2007, 173.

2721 *Holznagel/Bonnekoh*, MMR 2006, 21; *Gola/Schomerus*, BDSG, § 6 c, Rn 2a; *Weichert* in Roßnagel/Abel, Handbuch Datenschutzrecht, XXI; *Bizer* in Simitis, BDSG, § 9 a, Rn 270; *Hornung*, DuD 2004, 15f.

2722 So mit guter Begründung und mwN *Weichert* in Roßnagel/Abel, Handbuch Datenschutzrecht, XXII ebenso *Hornung*, Die digitale Identität, 258f.

renden Medien wie RFID-Systemen und IKT-Implantaten ist es – zumindest, wenn andere Nutzungen wie die in Hintergrunddatenbanken ein gleiches oder gar höheres Gefahrenpotenzial aufweisen – mit dem Transparenzprinzip nicht vereinbar, datenschutzrechtliche Aufklärungspflichten allein an die Frage zu knüpfen, ob die Datenverarbeitung „*auf*" dem Chip selbst automatisiert im Sinne von § 3 Abs. 10 Nr. 2 BDSG erfolgt.[2723] Das Transparenzprinzip erfordert, dass das Datenschutzrecht eine neue Technologie wie die RFID-Technologie erfasst und deren Probleme sachgerecht löst.[2724] Die bisherige Ausnahme „*dummer*" Tags ist in einer Welt des Ubiquitous Computing nicht sachgerecht.[2725]

5.3.7.2. Unerfüllbare Informationspflichten

Weitere ungelöste Probleme ergeben sich bei der Erfüllung der im Telemediengesetz vorgesehenen Informationspflichten beim Einsatz von IKT-Implantaten.

5.3.7.2.1. Gesetzliche Regelung

So gelten für Anbieter geschäftsmäßiger, in der Regel gegen Entgelt angebotener Telemedien die allgemeinen Informationspflichten des § 5 Abs. 1 TMG. Diese müssen beispielsweise Name und Anschrift der Niederlassung und gegebenenfalls deren Rechtsform und Vertretungsberechtigte (Nr. 1), Angaben, die eine schnelle elektronische Kontaktaufnahme und unmittelbare Kommunikation ermöglichen einschließlich E-Mail-Adresse (Nr. 2) und gegebenenfalls die Zulassungs-/Aufsichtsbehörde (Nr. 3), das entsprechende Register (Nr. 4), die zuständige Kammer (Nr. 5) sowie Umsatzsteueridentifikationsnummer (Nr. 6) angeben.[2726]

5.3.7.2.2. Fehlende Ausgabemöglichkeiten / Überforderung des Betroffenen

Zwar dürfte der Gesetzgeber bei der Regelung des § 6 TMG primär die persönliche Kommunikation mit dem Nutzer und nicht die Kommunikation mit einem elektronischen Agenten eines Nutzers vor Augen gehabt haben. Dennoch lässt sich dem Wortlaut der Regelung nicht entnehmen, dass derartige Fälle nicht erfasst sein sollen. Für das Vorliegen einer Kommunikation macht es keinen Unterschied, ob dem Benutzer eine Werbe-E-Mail zugeht oder dieser einen elektronischen Agenten vorschaltet, der eingehende Post vorsortiert und ihm geordnet zur Kenntnis bringt. In einer Welt des Ubiquitous Computing mit einer allgegenwärtigen Vernetzung smarter Gegenstände wäre es jedoch für die nötige Aufmerksamkeit und Entscheidung kontraproduktiv bis unmöglich, dem Betroffenen bei jeder Kontaktaufnahme durch ein Empfangs- oder Lesegerät sämtliche Informationen im

---

2723 So zu RFID-Systemen ausdrücklich *Weichert* in Roßnagel/Abel, Handbuch Datenschutzrecht, XXII.

2724 *Weichert* in Roßnagel/Abel, Handbuch Datenschutzrecht, XXII.

2725 *Weichert* in Roßnagel/Abel, Handbuch Datenschutzrecht, XXII; *Roßnagel/Pfitzmann/Garstka*, Modernisierung des Datenschutzrechts, 185f; *Roßnagel/Müller*, CR 2004, 628ff.

2726 *Roßnagel*, NVwZ 2007, 746. Bei journalistisch–redaktionell gestalteten Angeboten sind nach § 55 Abs. 2 RStV zusätzlich noch Verantwortlicher mit Namen und Anschrift zu benennen.

Vorfeld anzuzeigen. Es würde nicht nur an passenden Ausgabegeräten – gerade bei IKT-Implantaten – fehlen, auch würde die Aufmerksamkeit des Betroffenen völlig überfordert. Verlangt man daher weiterhin die allgemeinen und besonderen Informationen der § 5, 6 TMG beim täglichen Umgang mit IKT-Implantaten, gerät die gesetzliche Regelung zur Farce. Verzichtet man hingegen hierauf, geht ein wesentliches Stück Transparenz verloren.[2727]

Die speziellen Anforderungen wie sie sich aus einer verbreiteten Anwendung von neuen Technologien wie Telematikanwendungen ergeben, sind bislang im gültigen Datenschutzrecht nicht hinreichend berücksichtigt.[2728] Dies wird sich durch IKT-Implantate noch weiter verschärfen.

5.3.7.3. Unklare Rechtslage zur Nutzung von Standortdaten im Rahmen von LBS

Die Trennung zwischen Telekommunikationsdiensten (nach dem TKG) und Telemedien (nach dem TMG) sowie die ggf. subsidiäre Anwendbarkeit des BDSG auf datenschutzrechtliche Sachverhalte führt zu einer aus Sicht der Anbieter und Anwender kaum mehr nachvollziehbaren Zerfaserung der Sachverhalte und Anwendbarkeit des jeweiligen Datenschutzrechts.

5.3.7.3.1. Gesetzliche Regelung

Im Ausgangspunkt findet das TKG auf Telekommunikationsdienste Anwendung, welche § 3 Nr. 24 TKG als in der Regel gegen Entgelt erbrachte Dienste definiert, die <u>ganz oder überwiegend</u> in der Übertragung von Signalen über Telekommunikationsnetze bestehen, ferner auf telekommunikationsgestützte Dienste gemäß § 3 Nr. 25 TKG, d. h. solche, die keinen räumlich und zeitlich trennbaren Leistungsfluss auslösen, sondern bei denen die Leistung noch während der Telekommunikationsverbindung erfüllt wird (Mehrwertdienste).[2729]

Umgekehrt grenzt § 1 Abs. 1 TMG Telemediendienste und damit den dortigen Anwendungsbereich hiervon negativ ab, als dieses für alle elektronischen Informations- und Kommunikationsdienste Anwendung findet, soweit sie nicht Telekommunikationsdienste nach § 3 Nr. 24 TKG, die <u>ganz</u> in der Übertragung von Signalen über Telekommunikationsnetze bestehen, oder telekommunikationsgestützte Dienste nach § 3 Nr. 25 TKG oder

---

[2727] So bereits *Roßnagel*, NVwZ 2007, 744, welcher den Anwendungsbereich des Gesetzes bezogen auf RFID, Location Based Services und Ubiquitous Computing zumindest für schwer bestimmbar hält.

[2728] *Dierks/Nitz/Grau*, Gesundheitstelematik und Recht, 136.

[2729] Beispielsweise Auskunftsdienste, geteilte–Kosten–Leistungen und Ähnliches, vgl. *Piepenbrock* in Geppert/Attendorn, Beck'scher TKG-Kommentar, Rn 50–52. Weshalb diese Mehrwertdienste im Sinne von § 3 Nr. 25 TKG nicht den Telemedien unterfallen sollen, anders als beispielsweise Dienste von Access– und E–Mail–Providern, ist nicht nachvollziehbar, kritisch auch *Roßnagel*, NVwZ 2007, 745 mwN; *Hoeren*, NJW 2007, 802.

Rundfunk nach § 2 des Rundfunkstaatsvertrages (RStV) sind. Ausweislich der Entwurfsbegründung zum TKG sollen Sonderdienste im Sinne von § 3 Nr. 25 TKG, welche während der Telefonverbindung in Anspruch genommen und über die Telefonrechnung abgerechnet werden, nur dem TKG unterfallen.[2730]

5.3.7.3.2. Schwächen der gesetzlichen Regelung

5.3.7.3.2.1. Abgrenzungsschwierigkeiten bei LBS

Bei den Lokalisierungsdiensten (LBS) nebst den hiermit in Zusammenhang stehenden Dienstleistungen[2731] handelt es sich um elektronische Informations- und Kommunikationsdienste, welche dem TMG und/oder dem TKG unterfallen können. Im Wesentlichen sind vier Fallkonstellationen denkbar.

Bei der ersten liegt ein Dreipersonenverhältnis vor. Es besteht ein Vertrag zwischen dem Nutzer und einem Anbieter von Telekommunikationsdiensten, ferner ein Vertrag zwischen dem Nutzer und einem Anbieter von Location Based Services (LBS). Der Nutzer ermittelt seinen Standort mithilfe seines mobilen Endgeräts selbst (z. B. durch einen GPS-Empfänger) und überträgt diesen über seinen Anbieter von Telekommunikationsdiensten an den LBS-Anbieter, welcher auf Basis der Standortdaten und etwaiger weiterer Daten seine Leistungen erbringt und die Ergebnisse der Datenverarbeitung wieder über den Anbieter von Telekommunikationsdiensten an den Nutzer sendet (1. Fallgruppe).[2732] Als Variante hiervon ermittelt nicht der Nutzer, sondern dessen Anbieter von Telekommunikationsdiensten (z. B. durch Triangulation mehrerer Mobilfunksendermasten) den Standort des Nutzers und überträgt diesen anschließend an den LBS-Anbieter (2. Fallgruppe). In der nächsten Variante bietet der Anbieter von Telekommunikationsdiensten alle Dienstleistungen selbst an, ist also Netzbetreiber und zugleich LBS-Anbieter des Nutzers, so dass nur ein Zweipersonenverhältnis vorliegt (3. Fallgruppe).[2733] Die letzte Fallgruppe betrifft Mehrpersonenverhältnisse, bei denen nicht der Standort des Abrufenden, sondern der eines Dritten ermittelt werden soll (4. Fallgruppe). Dies ist zum Einen der Fall, wenn ein LBS-Diensteanbieter einen Vertrag mit einer Person schließt (z. B. einem Elternteil/Sorgeberechtigten oder Arbeitgeber), das mobile Endgerät jedoch durch einen Dritten genutzt wird (z. B. Kinder, Demenzkranke oder Arbeitnehmer) und es um die Ermittlung

---

2730 § 1 Abs. 1 Satz 1 TMG; als Beispiele werden 0190– und 0900– Rufnummern genannt, vgl. *Wittern/Schuster* in Geppert/Attendorn, Beck'scher TKG-Kommentar, § 3, Rn 51 mwN.

2731 Beispielsweise Übermittlung von Routeninformationen, Informationen über so genannten Points of Interest oder Ähnliches.

2732 *Hellmich*, MMR 2002, 153.

2733 *Hellmich*, MMR 2002, 153.

von dessen Standort geht, zum anderen aber auch bei so genannten „*Friendfinder*"-Diensten.[2734]

Bei der 1. Fallkonstellation überträgt der Anbieter von Telekommunikationsdiensten lediglich vom Nutzer ermittelte Daten an den LBS-Anbieter sowie von diesem ermittelte Ergebnisse zurück zu dem Nutzer. Aus seiner Sicht liegt daher ein Dienst vor, welcher ganz in der Übertragung von Signalen über Telekommunikationsnetze besteht. Folglich findet auf Anbieter von Telekommunikationsdiensten in dieser Konstellation allein das TKG Anwendung. Anders beim LBS-Anbieter, aus dessen Sicht lediglich eine Datenauswertung ohne eigene Übertragung erfolgt. Aus dessen Sicht handelt es sich bei seiner Dienstleistung weder ganz noch überwiegend um eine Übertragung von Signalen. Daher bemisst sich die datenschutzrechtliche Zulässigkeit seiner Verarbeitung personenbezogener Standortdaten nicht nach dem TKG.[2735] Der Anwendungsbereich des TMG ist hingegen für den LBS-Anbieter eröffnet, da dieser für die Inanspruchnahme von Telemedien erforderliche Daten des Nutzers verarbeitet (§§ 2 Nr. 3, 15 Abs. 1 TMG).

In den Fällen der 2. Fallkonstellation tritt zu der Übertragung von Signalen durch den Anbieter von Telekommunikationsdiensten die Standortermittlung als Messungs- und Berechnungsdienstleistung hinzu.[2736] Ein Telekommunikationsdienst im Sinne von § 3 Nr. 24 TKG liegt aber auch dann noch vor, wenn die Transportleistung im Vordergrund steht und mehr als 50 % der erbrachten Dienstleistungen ausmacht.[2737] Vorliegend ist die Standortermittlung zwar eine wesentliche Teilleistung des Anbieters von Telekommunikationsdiensten. Ohne die anschließend erfolgende Übertragung der ermittelten Standortdaten an den LBS-Diensteanbieter weist sie aber weder für den Betroffenen noch den LBS-Anbieter einen Nutzen auf. Ferner erfolgt auch die Standortermittlung selbst durch die Übertragung von Signalen. Die vom Anbieter von Telekommunikationsdiensten erbrachten Dienste bestehen daher zwar nicht mehr ganz, wohl aber noch überwiegend in der Übertragung von Signalen und nur untergeordnet in der Standortermittlung. Folglich ist durch § 3 Nr. 24 TKG dessen Anwendungsbereich eröffnet. Hinzu tritt allerdings das TMG, welches nur

2734 ÖGH, GRUR Int 2007 sowie *Gola*, NZA 2007, 1142f. Die ebenfalls große praktische Bedeutung aufweisende Standortermittlung und Bewegungsverfolgung bei mutmaßlichen Straftätern bestimmt sich hingegen nach den strafprozessualen Erlaubnistatbeständen, insbesondere § 100 i StPO und stellt somit keinen speziellen Fall des TMG dar. Ob der TK–Anbieter und der Telemedienanbieter derartige Daten an Ermittlungsbehörden weitergeben dürfen, bestimmt sich nach § 14 Abs. 2 TMG (für Bestandsdaten) und aufgrund der Verweisung in § 15 Abs. 5 Satz 4 TMG auch für Nutzungsdaten nach denselben Voraussetzungen. Für TK–Anbieter gelten die entsprechenden Bestimmungen im TKG. Nachfolgende Untersuchung beschränkt sich auf die Erhebung, Verarbeitung und Übermittlung personenbezogener Daten Dritter im Verhältnis zwischen Privaten.

2735 Zum alten TDG ging Wittern hingegen noch davon aus, dass LBS „*vorrangig*" nach § 98 TKG nicht auch nach dem TDG zu beurteilen seien, wie hier *Roßnagel*, NVwZ 2007, § 98, Rn 11 unter Darstellung der Gegenansicht der Hamburgischen Datenschutzbeauftragten.

2736 Zwar erfolgt die Standortbestimmung hierbei auch durch die Übertragung von Signalen von drei Mobilfunkantennen zu dem Mobiltelefon des Nutzers. Diese Übertragungen dienen jedoch nicht der Übertragung von Inhalten, sondern um aufgrund der Länge der Signale auf Zeit und Stärke des Signals die Entfernung des Nutzers von jedem der drei Sendemasten ermitteln zu können. Hieraus lässt sich der Standort des Nutzers ermitteln. Bei der gebotenen funktionalen Sichtweise liegt daher eine inhaltliche Komponente des Dienstes in Form der Standortermittlung vor.

2737 *Wittern/Schuster* in Geppert/Attendorn, Beck'scher TKG-Kommentar, § 3, Rn 48.

Dienste ausschließt, die „ganz“ in der Übertragung von Signalen liegen, so dass beide Normen nebeneinander Anwendung finden. § 11 Abs. 3 TMG schließt jedoch die Anwendung der Vorschriften des TMG für den Telekommunikationsdienstleister weitgehend aus, lediglich das Kopplungsverbot findet weiter Anwendung. Die datenschutzrechtliche Zulässigkeit der Standortermittlung und Übertragung desselben an Dritte bestimmt sich für den Anbieter von Telekommunikationsdiensten somit nach dem TKG. Auf den Anbieter des LBS findet wiederum nur das TMG Anwendung.

Als Variante zur 2. Fallkonstellation kommen Fälle in Betracht, bei denen der Telekommunikations- und der LBS-Anbieter ein Profil des Nutzers lediglich unter einem Pseudonym führen, dessen Zuordnungsschlüssel aber allein beim Anbieter von Telekommunikationsdiensten liegt. Aus Sicht des LBS-Anbieters handelt es sich bei dem übermittelten Standort des pseudonymen Nutzers um anonyme Daten. Auf die Weitergabe der Standortdaten durch den Anbieter von Telekommunikationsdiensten an den LBS-Anbieter unter Verwendung des Pseudonyms fände weiterhin das TKG Anwendung. Aufgrund des Standortes, des Pseudonyms und des hierzu gespeicherten Profils könnte der LBS-Anbieter sodann seinen Dienst erbringen und das Ergebnis der Datenverarbeitung über den Anbieter von Telekommunikationsdiensten an den Nutzer übermitteln. In diesem Fall wäre das Verhalten des Anbieters von Telekommunikationsdiensten abschließend durch das TKG geregelt, während aus Sicht des LBS-Anbieters nur anonyme Daten vorliegen, so dass weder das BDSG noch das TMG Anwendung finden.

Bei der 3. Fallkonstellation erbringt der Anbieter von Telekommunikationsdiensten zugleich auch den LBS. Würde man in diesen Fällen nur die Gesamtleistung des Anbieters von Telekommunikationsdiensten betrachten, also von einem kombinierten oder integrierten Dienst ausgehen, stünden sich die Standortermittlung/Übertragung und die eigentliche LBS-Dienstleistung als jeweils unverzichtbar und gleichwertig gegenüber. Eine derartige Gesamtbetrachtung würde aber mangels eines Überwiegens der Telekommunikationsdienstleistung fälschlicherweise dazu führen, dass kein Fall des § 3 Nr. 24 TKG mehr vorläge, so dass das TKG keine Anwendung fände und sich der Dienst allein nach dem TMG bemessen würde. Da es ein Anbieter aber in der Hand hat, den Dienst vollständig selbst oder aber z. B. teilweise durch eine rechtlich selbständige Tochtergesellschaft zu erbringen, könnte er sich die ihm genehme rechtliche Regelung aussuchen. Richtigerweise wird man zur Vermeidung von Wertungswidersprüchen eine funktionale Betrachtung der einzelnen Komponenten des integrierten Dienstes vornehmen müssen,[2738] so dass es bei den Ergebnissen der 1. und 2. Fallgruppe bleiben könnte.

Eine Anwendung des TMG könnte jedoch deshalb ausscheiden, weil das TMG auf telekommunikationsgestützte Mehrwertdienste im Sinne von § 3 Nr. 25 TKG, bei denen die

[2738] So ausdrücklich auch *Wittern/Schuster* in Geppert/Attendorn, Beck'scher TKG-Kommentar, § 3, Rn 49.

Inhaltsleistung noch während der Telekommunikationsverbindung erfüllt wird, keine Anwendung findet.[2739] Die Regelung des § 3 Nr. 25 TKG war bezüglich der 1. und 2. Fallgruppe ohne Bedeutung, da dort der LBS – falls er einen solchen Mehrwertdienst darstellen sollte - nicht auch durch den Anbieter von Telekommunikationsdiensten, sondern von einem Dritten erbracht wurde. Falls der LBS einen solchen Mehrwertdienst darstellt, würde sich der Dienst insgesamt nur nach dem TKG bemessen. Dies kann beispielsweise der Fall sein, wenn ein Mobilfunkanbieter den Standort eines Nutzers während einer bestehenden Verbindung durch die genutzte Mobilfunkzelle ermittelt, hierauf basierend den LBS erbringt und die Kosten des Dienstes über die Telefonrechnung bezahlt werden. Wird hingegen die Leistung separat in Rechnung gestellt, beispielsweise aufgrund einer organisatorischen Trennung beider Vertragsverhältnisse, wäre § 3 Nr. 25 TKG mangels *„Mehrwertdienst“* nicht einschlägig. Gleiches gilt, wenn nach der Standortermittlung und/oder Übertragung die Leitung unterbrochen und erst nach Auswertung durch den LBS-Anbieter zur Übermittlung der Ergebnisse des LBS zurück an den Nutzer wieder hergestellt würde, da die Leistung in diesem Fall nicht *„während der Verbindung“* erbracht würde. Insoweit hätte es ein Anbieter von LBS- oder Telekommunikationsdienstleistungen durch die Bestimmung von Verbindungs- oder Abrechnungsmodalitäten in der Hand, seinen Dienst allein dem TKG zu unterstellen. Noch kurioser wird das Ergebnis, wenn man die zugrunde liegende Mobilfunktechnik betrachtet: Während bei einem herkömmlichen leitungsvermittelten Telefonat oder einer solchen Datenfunkverbindung (High Speed Circuit Switched Data, HSCSD) ein Kanal dauerhaft aufrecht erhalten bleibt, ist dies beispielsweise bei dem ebenfalls weit verbreiteten und alternativ angebotenen paketorientierten General Packet Radio Service (GPRS) nicht der Fall. Bei diesen wird vielmehr für jedes kleinste Datenpaket eine neue Verbindung aufgebaut, um die Funkkanäle im Übrigen für Dritte frei zu halten. Je nachdem, welche Übertragungsart (HSCSD oder GPRS) ein Kunde nutzt oder ein Anbieter von Telekommunikationsdiensten zur Verfügung stellt, fänden bei einem Abstellen auf § 3 Nr. 25 TKG entweder allein das TKG oder zusätzlich auch das TMG Anwendung. Eine derartige Differenzierung nach der Art der beliebig regelbaren Abrechnung des angebotenen Dienstes oder der beliebig ausgestaltbaren technischen Verbindungsherstellung wäre jedoch willkürlich und würde zu sachlich nicht gerechtfertigten Wertungswidersprüchen führen. Dies scheint vom Gesetzgeber bei der Schaffung von § 3 Nr. 25 TKG nicht bedacht worden zu sein, welcher als Leitbild eine Auskunftserteilung während eines Telefonats vor Augen hatte.

Eine mögliche Lösung wäre es, § 3 Nr. 25 TKG einschränkend auszulegen, dass er auf LBS keine Anwendung findet. Stattdessen sollte sich die Abgrenzung der auf LBS anzuwendenden Normen allein nach § 3 Nr. 24 TKG bemessen. Fraglich ist in diesen Fällen aber die Bedeutung der in § 98 Abs. 1 Satz 1 TKG geregelte Zulässigkeit nicht nur der Erhebung, sondern auch der Verarbeitung von anonymen Standortdaten. Da es sich bei

[2739] § 1 Abs. 1 Satz 1 TMG.

anonymisierten Daten nicht mehr um die von den datenschutzrechtlichen Vorschriften des TMG erfassten personenbezogenen Daten (§ 12 Abs. 1 TMG) handelt, findet das TMG keine Anwendung. Allerdings liegt die erbrachte Dienstleistung weder ganz noch überwiegend in der Übertragung von Signalen, so dass auch das TKG keine Anwendung finden kann. Die derzeitige gesetzliche Regelung stellt daher gerade bei den für IKT-Implantate bedeutsamen LBS eine widersprüchliche und unbefriedigende Rechtslage dar, welche die mangelnde Technikadäquanz des geltenden Datenschutzrechts unterstreicht.

5.3.7.3.2.2. Einwilligung für Dritte / Einwilligungsverbot?

Im Rahmen der der vierten Fallgruppe sind zwei verschiedene Fallkonstellationen denkbar: Die Standortermittlung (auch) im Interesse des ermittelten Dritten und die Standortermittlung ausschließlich im Interesse des Auftraggebers. Ein Beispiel hierfür ist der vom österreichischen Mobilfunkbetreiber „3“ Hutchison Austria[2740] angebotene Dienst *„Friendfinder“*, welcher es ermöglicht, speziell registrierte *„Freunde“* zu lokalisieren.[2741] In diesem Modell fungiert ein Gruppenmitglied als Auftraggeber einer konkreten Suche nach (passiv betroffenen) *„Freunden“*, deren Standort ermittelt und übermittelt wird. Die Rollen können dabei beliebig wechseln.

Fraglich ist, wessen Einwilligung erforderlich ist, damit der Dienst zulässig ist. Wird der Standort des *„Freundes“* durch ein von ihm mit sich geführtes Gerät ermittelt und lediglich durch den Anbieter von Telekommunikationsdiensten an den LBS-Anbieter übertragen, besteht die Leistung des Anbieters von Telekommunikationsdiensten ganz in der Übertragung von Signalen über Telekommunikationsnetze und unterfällt allein dem TKG. Wird auch der Standort durch den Anbieter von Telekommunikationsdiensten ermittelt, liegt die Leistung des Anbieters von Telekommunikationsdiensten noch überwiegend in der Übertragung von Signalen, so dass das TKG weiterhin Anwendung findet. Da sowohl der Auftraggeber als auch der Betroffene Vertragspartner des Anbieters sind, könnten beide als *„Teilnehmer“* der Ortungsleistung im Sinne von § 98 TKG zu klassifizieren sein. Als solche könnten beide nach dem Wortlaut des § 98 TKG in die Standortermittlung auch des jeweils anderen einwilligen. Damit der bezweckte Schutz des Betroffenen nicht umgangen wird, muss bei einem Auseinanderfallen von Auftraggeber und Betroffenem der Ortungsdienstleistung jedoch allein auf die Einwilligung des Betroffenen abgestellt werden.[2742] Nur wenn dessen Einwilligung vorliegt, ist die Erhebung und Übermittlung der Standortdaten an den LBS-Anbieter zur Erbringung der weiterführenden Dienstes (hier: Information des Auftraggebers über den Standort des Betroffenen) zulässig.

2740 Dieses Unternehmen fungiert sowohl als Anbieter von Kommunikationsdienstleistungen als auch von LBS.

2741 Siehe hierzu näher ÖGH, GRUR Int 2007 sowie *Gola*, NZA 2007, 1142f.

2742 In diesem Sinne wohl auch *Gomille*, ITRB 2007, 116; a.A. *Gola*, NZA 2007, 1143 ohne Begründung. Auf die Einwilligung des *„Auftraggebers“* kann es jedoch dann ankommen, wenn dieser zugleich gesetzlicher Vertreter des *„Betroffenen“* ist. Dies ist aber kein Widerspruch, da in diesem Fall der *„Auftraggeber“* dem Lager des *„Betroffenen“* zuzurechnen ist. Es kommen aber Interessenkonflikte in Betracht.

Die weitere Verarbeitung und Übermittlung der Standortdaten bemisst sich nicht nach dem TKG.[2743] Die Tätigkeit des LBS-Anbieters besteht vielmehr in der Vermittlung der Position des Georteten an den Auftraggeber und bezieht sich mithin auf Inhaltsdaten. Da der Dienst über den rein technischen Vorgang der Übertragung von Signalen hinaus geht, liegt ein Telemedium vor.[2744] Allerdings kennt das TMG den Begriff des Teilnehmers nicht. § 12 Abs. 1 TMG stellt auf die Einwilligung des Nutzers ab. Als Nutzer kommen wiederum Auftraggeber wie Betroffene in Betracht, da beide in gewissem Maße an der Ortungsleistung beteiligt sind. Auch hier gilt, dass der Auftraggeber nicht wirksam in eine Verarbeitung personenbezogener Daten des Betroffenen einwilligen kann. Es kommt daher für die Einwilligung darauf an, ob der Betroffene ein Nutzer des Telemediums ist.

Nutzer ist gemäß § 11 Abs. 2 TMG jede natürliche oder juristische Person, die Telemedien nutzt, insbesondere um Informationen zu erlangen oder zugänglich zu machen. Der Gesetzgeber ging ersichtlich von einem „aktiven" Nutzer aus. Das bloße Betroffensein im Rahmen einer Datenkommunikation, bei welcher der Standort ermittelt und an einen Dritten weitergeleitet wird, führt somit nicht zu einer Einstufung als Nutzer im Sinne des TMG.[2745] Hieraus wird teilweise gefolgert, dass die überwachte Person in die Kommunikation gerade nicht wechselseitig eingebunden, sondern nur einseitig integriert sei, indem die Standortdaten ihres mobilen Endgeräts lediglich ohne ihr Zutun an den Anbieter des Telemediendienstes übertragen werden.[2746] Nutzer und Betroffener der Datenverarbeitung würden mithin auseinander fallen. Da sich die Regelung zur Einwilligung in § 13 Abs. 2 TMG aber ausdrücklich auf den Nutzer beziehe, ermögliche sie keine Einwilligung des Betroffenen.[2747] Diese Beschränkung auf das Anbieter-Nutzer-Verhältnis lasse in der Folge den spezialgesetzlichen Vorrang des TMG vor den allgemeinen Datenschutzvorschriften entfallen, so dass für die datenschutzrechtlichen Rechte und Pflichten im Verhältnis zwischen dem Betroffenen und dem Anbieter des Telemediendienstes auf die Vorschriften des BDSG zurückzugreifen sei.[2748] Dies wäre ein weiterer Beleg für die fehlende Technikadäquanz des Datenschutzrechts, wenn gerade die neuen Nutzungsformen von den für sie erlassenen spezialgesetzlichen Normen nicht erfasst würden.

Obige Ansicht übersieht aber die zweite Alternative der Nutzerdefinition in § 11 Abs. 2 TMG, welche auch jedermann einschließt, der Telemedien nutzt, um Informationen zugänglich zu machen. Zwar bestehen gewisse Unterschiede zwischen einem Nutzer, wel-

---

2743 A.A. ohne nähere Begründung *Gola*, NZA 2007, 1143.

2744 *Jandt*, MMR 2007, 76; im Ausgangspunkt auch *Gomille*, ITRB 2007, 116, welcher allerdings § 98 TKG dennoch als *lex specialis* ansieht (dazu sogleich).

2745 So im Ergebnis auch *Jandt*, MMR 2006, 655, welche jedoch fälschlicherweise davon ausgeht, dass zwischen dem Betroffen zu dem Diensteanbieter keine Datenkommunikation stattfindet. Zumindest im Beispiel der oben Zitierten Detektei findet jedoch genau eine solche Datenkommunikation statt. Sie wird lediglich nicht mit Wissen oder auf Betreiben des Betroffenen, sondern ausschließlich der Detektei vorgenommen, so dass es deswegen an der Nutzeigenschaft des Betroffenen fehlt.

2746 *Jandt*, MMR 2006, 655.

2747 So auch ausdrücklich *Jandt*, MMR 2006, 655.

2748 *Jandt*, MMR 2006, 655.

cher sich „nur" lokalisieren lassen will und beispielsweise einem Webhoster, der Informationen „aktiv" zum Abruf bereithält. Es ist aber nicht so, dass der Nutzer die Standortermittlung lediglich duldet. Jedenfalls wenn der Nutzer sein Endgerät beispielsweise mit integriertem GPS-Empfänger so konfiguriert, dass der Standort kontinuierlich ermittelt und auf Anfrage übermittelt wird, wäre dessen Übermittlung durch die Einwilligung nach dem TKG gedeckt. Soweit es allein um die Verwendung anderweitig erlangter Standortdaten zur Erbringung eines LBS geht, dieser Dienst aber – gerade aus Sicht des Betroffenen – den Sinn und Zweck hat, einem bestimmten Personenkreis die Information über seinen Standort zugänglich zu machen, liegt ein Fall des § 11 Abs. 2 Alt. 2 TMG vor. Dass der Betroffene nach seiner Einwilligung keine weiteren Aktivitäten zur Nutzung entfaltet, als diese zum Abruf bereit zu halten, ist in diesem Fall dem Dienst immanent und versperrt eine Klassifizierung als Nutzer nicht. Eine Einwilligung des Betroffenen als Nutzer genügt mithin auch für eine Verarbeitung erhobener Daten nach dem TMG. Um Wertungswidersprüche zu vermeiden, müsste man auch in Fällen, in denen die Ortung nicht durch das Gerät des Betroffenen, sondern durch den Anbieter des Telekommunikationsdienstes erfolgt, die unter Umständen lange zurückliegende pauschale Einwilligung in die Standortermittlung als „aktive" Zugänglichmachung des Standortes für Dritte ansehen, woran man zweifeln darf. Eine befriedigende Lösung stellt daher auch diese Auslegung der – hoch umstrittenen – gesetzlichen Regelung nicht dar.

Anders sieht dies in Fällen aus, in denen die Standortermittlung aus Sicht des Betroffenen nicht (auch) in dessen Interesse, sondern allein im Interesse des Auftraggebers liegt. Ein Beispiel ist der vom ÖGH zu entscheidende Fall,[2749] bei dem eine Detektei über das Mobilfunknetz des Anbieters von Telekommunikationsdiensten eine SMS an ein zu ortendes Mobiltelefon sandte, auf welchem eine ohne Wissen des Betroffenen eingespielte spezielle Software diese verarbeitete und daraufhin die Identifikationsnummer des gerade benutzten Mobilfunkmastes an die Detektei zurücksandte. Durch eine von der Detektei erstellte Karte der Positionen der Mobilfunkmasten konnte diese den Standort des Betroffenen ermitteln und dessen Bewegungen verfolgen. Dies alles geschah ohne Wissen des Betroffenen im Interesse des Auftraggebers.

Die Standortermittlung fand zwar indirekt unter Mithilfe des Anbieters von Telekommunikationsdiensten, jedoch ohne dessen Kenntnis statt. § 98 TKG kann aber nur Anwendung finden, wenn ein Standort durch den Anbieter von Telekommunikationsdiensten in dessen Netz ermittelt werden soll. Wird dieser Anbieter von Telekommunikationsdiensten bei der Standortermittlung umgangen und nur für eine Datenübertragung genutzt, verbleibt für eine Anwendung von § 98 TKG auf diesen kein Raum. Würde der Anbieter von Telekommunikationsdiensten hingegen die Standortermittlung vornehmen, fände § 98 TKG Anwendung und der Dienst wäre mangels Einwilligung des Betroffenen unzulässig.

2749 ÖGH, GRUR Int 2007, 165f. Selbstverständlich müsste sich der Sachverhalt dieser Entscheidung in Deutschland abspielen, um zu einer Anwendbarkeit deutschen Rechts zu kommen.

Auch für die Detektei kommt eine Anwendung von § 98 TKG nicht in Betracht. Sie ermittelte zwar durch Abgleich der übersandten Nummer des Mobilfunkmastes im Ergebnis den Standort des Betroffenen. Allerdings bestand ihr Dienst weder ganz noch überwiegend in der Übertragung von Signalen, da sie sich insoweit gerade des Anbieters von Telekommunikationsdienstleistungen zur Übertragung der SMS zu und von dem Mobiltelefon des Betroffenen bediente. Die eigentliche Standortermittlung wiederum fand anhand eines Abgleichs der Datenbank statt, auf welche § 98 TKG erst Recht keine Anwendung findet. Das Gleiche gilt im abgewandelten Fall, bei dem der Anbieter von Telekommunikationsdiensten den Standort ermittelt und der Detektei mitteilt.

Der angebotene Dienst der Detektei stellt inhaltlich einen reinen Telemediendienst dar, so dass sich dessen Zulässigkeit nach dem TMG bestimmen könnte. Der Betroffene ist gemäß § 11 Abs. 2 TMG aber schon kein Nutzer, da er an dem Dienst weder aktiv zur Beschaffung von Informationen teilnimmt noch Dritten Informationen zugänglich machen will. Auf das Verhältnis Betroffener – Diensteanbieter findet daher auch das TMG keine Anwendung. Dies wird durch eine weitere Erwägung bestätigt: So gestatten die §§ 14, 15 TMG dem LBS-Diensteanbieter – sofern keine Einwilligung des Betroffenen vorliegt – eine Verarbeitung von Daten u. a. allein zu erforderlichen Vertragszwecken. Nach § 15 Abs. 1 TMG ist das zugrunde liegende Vertragsverhältnis Maßstab für die Bestimmung der Erforderlichkeit der Datenverarbeitung, so dass ein Vertragsverhältnis zwischen Betroffenen und Anbieter die Grundvoraussetzung für jeglichen Umgang mit den Daten darstellt.[2750] Die gesetzliche Erlaubnis der Verarbeitung von Standortdaten nach dem TMG kann daher nur Konstellationen erfassen, in denen der Nutzer des Telemediums und der von der Standortdatenverarbeitung Betroffene identisch sind.[2751] Eine Berechtigung zur Verarbeitung und Weiterübermittlung von Standortdaten muss im vorliegenden Fall daher verneint werden.[2752]

Mehrpersonenkonstellationen, bei denen Nutzer und Betroffene nicht identisch sind, werden vom TMG somit nicht berücksichtigt.[2753] Eine derartige Verwendung bestimmt sich daher nach dem BDSG und erfordert dort – mangels vertraglichem oder vertragsähnli-

2750 So auch *Jandt*, MMR 2006, 654.

2751 *Schulz* in Roßnagel, TDDSG, § 1, Rn 41; *Gomille*, ITRB 2007, 116.

2752 *Gomille*, ITRB 2007, 116; im Ergebnis, wenn auch mit unzutreffender Begründung, auch *Jandt*, MMR 2006, 654; vgl. zu § 28 Abs. 1 Satz 1 Nr. 1 BDSG auch *Di Fabio* in Maunz/Dürig/Herzog, Grundgesetz, Art 2 Abs. 1, § 28, Rn 84f; zu Art. 2 Abs. 1 GG auch *Dreier* in Dreier, Grundgesetz, Art. 2, Kapitel 4.6, Rn 18.

2753 *Jandt*, MMR 2006, 656.

chem Verhältnis – im Regelfall eine Einwilligung des Betroffenen.[2754] Die erforderliche, aber vom Anbieter kaum zu überprüfende, Unterscheidung danach, in wessen Interesse die Standortermittlung liegt und der erforderliche Rückgriff auf das BDSG, welches anders als das TMG im Regelfall keine elektronische Einwilligung (ohne qualifizierte Signatur) vorsieht, lassen das geltende Datenschutzrecht auch an dieser Stelle nicht gerade als sehr technikadäquat erscheinen.

5.3.8 Umstrittenes Erfordernis einer Einwilligung bei LBS

Umstritten ist, ob die Erhebung und Verarbeitung von Standortdaten und die Erstellung und Verwendung von Profilen im Rahmen von LBS aufgrund des Vertragszwecks nach dem TMG zulässig ist oder aber der Einwilligung bedarf. Ausgangspunkt der Betrachtung ist der Regelfall, dass ein LBS nur mittels Nutzung eines Telemediendienstes möglich und die gesamte personalisierte und ortsbezogene Dienstleistung eigentliches Ziel des Dienstes ist. In diesen Fällen richtet sich die Zulässigkeit der Verarbeitung personenbezogener Daten und der damit einhergehenden Profilbildung durch den LBS-Anbieter nach den Erlaubnistatbeständen des TMG.[2755] Soweit personenbezogene Daten allerdings nicht durch die Nutzung des Telemediendienstes selbst anfallen, sondern gesonderter Inhalt des Angebots sind, der über das Nutzungsverhältnis hinausgeht, unterliegt ihr Umgang den allgemeinen Datenschutzregelungen des BDSG.[2756]

2754 In diesem Zusammenhang ist ferner umstritten, nach welcher Norm die Einwilligung erteilt werden muss. Teilweise wird vertreten, dass § 98 TKG ausdrücklich die Verarbeitung von Standortdaten regele und daher das gegenüber dem TMG speziellere Gesetz darstelle. Folglich solle sich die Einwilligung allein nach dem TKG richten (so *Wittern* in Geppert/Attendorn, Beck'scher TKG-Kommentar, § 98, Rn 11 unter Verweis auf die Gegenansicht von Lubomierski; ohne Begründung *Gola*, NZA 2007, 1143). Hierfür spräche ferner, dass die DSRL das Erfordernis einer parallelen Einwilligung nicht hergäbe (*Wittern* in Geppert/Attendorn, Beck'scher TKG-Kommentar, § 98, Rn 11 unter Verweis auf die Gegenansicht von Lubomierski). Allerdings kann beides nur gelten, wenn der Anwendungsbereich des TKG eröffnet ist. Dem ist aber gerade hinsichtlich des LBS nicht der Fall, wenn dieser nicht vom Anbieter von Telekommunikationsdiensten, sondern von einem Dritten erbracht wird, welcher an der Telekommunikation nicht beteiligt ist. Daher kann eine Einwilligung nach dem TKG nur gegenüber dem Anbieter von Telekommunikationsdiensten, nicht aber gegenüber dem Anbieter des allein dem TMG unterfallenden LBS erfolgen. Die von der Gegenansicht durch Postulierung von § 98 TKG als lex specialis bezweckte einheitliche Behandlung der Verarbeitung von Standortdaten (*Gomille*, ITRB 2007, 116 mwN) wäre aber in jenen Fällen nicht gegeben, in denen der Anbieter von LBS und der Anbieter der Telekommunikationsdienstleistung nicht identisch sind. Bei diesen fallen die für die Erhebung und Verarbeitung der Daten einschlägigen Normen stets auseinander, so dass – je nach Dienst – TKG und/oder TMG Anwendung finden müssen. Auf Basis ihrer Begründung müsste die Gegenansicht daher konsequenterweise auch in Fällen der Personenidentität nach den Diensten trennen, um eine willkürliche Auswahl des anzuwendenden Gesetzes durch den Anbieter zu vermeiden (a.A. *Gomille*, ITRB 2007, 116 in Fällen, in denen der Nutzer und der Betroffene (Geortete) auseinanderfallen). Diese Gegenansicht fußt zudem auf der Annahme, dass eine Verarbeitung von Standort- und Profildaten im Rahmen eines LBS ohne Einwilligung allein aufgrund des Vertragszwecks zulässig sei (*Gomille*, ITRB 2007, 116 unter Verweis auf *Jandt*, MMR 2007, 77), was nicht der Fall ist. Soweit der Anwendungsbereich des TMG bei Mehrpersonenverhältnissen nicht eröffnet ist, weil der Betroffene kein „Nutzer" ist (Fallgruppe 4, Variante 2), richtet sich die Zulässigkeit nach dem BDSG, welches in diesen Fällen jedoch ebenfalls keine gesetzliche Erlaubnis vorsieht, sondern das Erfordernis einer Einwilligung vorschreibt. Es liegen daher auch keine „weniger strengen Anforderungen" vor (*Gomille*, ITRB 2007, 116 unter Verweis auf *Jandt*, MMR 2007, 77), welche gegen eine differenzierte Anwendung der sachnächsten Gesetze sprächen, vielmehr erfordern alle in Frage kommenden Gesetze stets eine ausdrückliche Einwilligung des Betroffenen.

2755 So zum TDDSG *Jandt/Laue*, K&R 2006, 320 und bestätigend zum TMG *Jandt*, MMR 2006, 54. Soweit Standortdaten allein anonym verarbeitet werden, greift § 98 TKG, da das TMG nur eine Verarbeitung personenbezogener Daten erfasst.

2756 *Jandt/Laue*, K&R 2006, 320 mwN.

Die vom Diensteanbieter im Rahmen der Erbringung eines LBS anfallenden Daten, beispielsweise in der Form von Orts- und Bewegungsdaten, stellen Nutzungsdaten im Sinne von § 15 TMG dar.[2757] Die Erhebung und Verwendung dieser Nutzungsdaten ist ohne Einwilligung des Betroffenen nur zulässig, wenn und soweit dies zur Inanspruchnahme von Telemedien und deren Abrechnung erforderlich ist (§ 15 Abs. 1 Satz 1 TMG). An die Erforderlichkeit werden strenge Anforderungen gestellt. Ob die Einwilligung vorliegt, hängt von der konkreten Ausgestaltung der Diensterbringung ab.[2758] § 15 Abs. 3 TMG regelt die Erstellung und Verwendung von Nutzerprofilen und lässt sie bei Verwendung von Pseudonymen für Zwecke der Werbung, Marktforschung oder zur bedarfsberechten Gestaltung der Telemedien zu, wobei diese nicht mit Daten über den Träger des Pseudonyms zusammengeführt werden dürfen. Personenbezogene Nutzungsprofile für andere Zwecke – wie einen LBS – scheinen daher von den Erlaubnistatbeständen des TMG nicht gedeckt zu sein,[2759] so dass ein im Interesse des Nutzers liegender LBS nur pseudonymisiert oder mit Einwilligung des Nutzers erbracht werden könnte.

Nach einer Ansicht soll die Profilbildung nach § 15 Abs. 1 TMG auch ohne Einwilligung des Betroffenen zulässig sein, da sie integraler Bestandteil des vertraglich vereinbarten Teledienstes ist.[2760] Dies wird damit begründet, dass sich die in der Literatur angeführten Beispiele zur Rechtfertigung des Verbots der Profilbildung primär auf eine Verhinderung von Änderungen des ursprünglichen Erhebungs- oder Verarbeitungszwecks etwa für Zwecke der Werbung und des Marketings beziehen.[2761] Wenn dies aber nicht zu befürchten sei, spräche nichts gegen eine Zulassung der personenbezogenen Profilbildung nach § 15 Abs. 1 TMG *innerhalb* der aus dem Vertragszweck zu entnehmenden Erforderlichkeit. Hingegen soll § 15 Abs. 3 TMG zum Tragen kommen, wenn Daten *außerhalb* des Erforderlichkeitsmaßstabs genutzt werden sollen.[2762] Ferner differenziere das TMG[2763] zwischen einer auf die Vertragserfüllung gestützten erlaubten Datenerhebung, -verarbeitung und -nutzung und einer ausdrücklichen Einwilligung des Betroffenen.[2764] Auch im Rahmen einer Profilbildung müsse daher Raum für vertragliche Zwecke sein. Folgt man dieser Ansicht, wäre die Erhebung, Verarbeitung und Nutzung personenbezogener Daten bereits zulässig, wenn ein Nutzer eine bestimmte Leistung ausdrücklich anfordert und die Daten zur Erfüllung des Vertrages erforderlich sind.[2765] Nutzerpräferenzen, welche die Herausfilterung der für den Nutzer relevanten Informationen aus dem gesamten Datenbestand des Anbieters erst ermöglichen, dürften im Regelfall solche erforderlichen Informationen dar-

2757 *Roßnagel* in Roßnagel/Abel, Handbuch Datenschutzrecht, Kapitel 7.9, Rn 55f.; *Jandt/Laue*, K&R 2006, 320 mwN.

2758 *Roßnagel*, NVwZ 2007, § 6 TDDSG, Rn 5, 10; *Jandt/Laue*, K&R 2006, 320.

2759 So die wohl h.M., vgl. *Schmitz* in Spindler/Schmitz/Geis, TDG, § 6 TDDSG, Rn 25; *Roßnagel* in Roßnagel/Abel, Handbuch Datenschutzrecht, Kapitel 7.9, Rn 77 *Scholz*, Datenschutz beim Internet-Einkauf, 253; a.A. *Jandt/Laue*, K&R 2006, 320 mwN zur h.M..

2760 *Hellmich*, MMR 2002, 156; so noch zu der Vorgängervorschrift des TDDSG auch *Jandt/Laue*, K&R 2006, 320.

2761 Zu *Jandt/Laue*, K&R 2006, 320 mwN.

2762 So zur insoweit unveränderten Vorgängervorschrift der §§ 6 Abs. 1, 6 Abs. 3 TDDSG *Jandt/Laue*, K&R 2006, 321.

2763 Ebenso dessen Vorgängernormen TDSV und TDDSG sowie §§ 4, 28f BDSG.

2764 *Hellmich*, MMR 2002, 155.

2765 *Hellmich*, MMR 2002, 155f.

stellen. Auch die Ermittlung des Standortes ist erforderlich, um ortsbezogene Dienstleistungen anbieten zu können. Der Nutzer müsste aber auch in solchen Fällen über die ihn betreffende Datenverarbeitung informiert werden, damit er weiß, dass und in welchem Umfang standortbezogene Daten erfasst und übermittelt werden.[2766] Da die Erforderlichkeit eng auszulegen ist, wäre – auch wenn man dieser Ansicht folgen würde – die Speicherung (anders als die akute Verwendung) des Standortes, an welchem sich der Benutzer bei Inanspruchnahme des Dienstes befand, regelmäßig nicht erforderlich, wenn der Nutzer dies nicht explizit wünscht.[2767] Gleiches gilt hinsichtlich einer Nutzung der Daten des Dienstes zur Erstellung eines Profils persönlicher Präferenzen.[2768] Selbst wenn eine derartige Profilbildung durch den Nutzer gewünscht ist, dürfen die Daten ausschließlich zu Zwecken des Nutzers und nicht zu Zwecken des Diensteanbieters verwendet werden. So wäre beispielsweise die Weitergabe derartiger Profile an Dritte oder die Zusendung maßgeschneiderter Werbung Dritter an den Nutzer nicht erforderlich, so dass das Profil hierfür nicht verwandt werden darf. Sollen hingegen nicht erforderliche oder sonst über die Erlaubnistatbestände der § 14, 15 TMG hinausgehende Daten erhoben, gespeichert, bearbeitet oder übermittelt werden, bedarf es auch nach dieser Ansicht der förmlichen Einwilligung des Betroffenen.

Diese Auffassung erscheint aber in mehrerlei Hinsicht fragwürdig. So *„passt“* die Vorschrift des § 15 Abs. 1 TMG schon vom Wortlaut her nicht auf die Verarbeitung von Standortdaten und Profilen, wie die in Satz 2 beispielhaft aufgezählten zulässigen Nutzungsdaten zur Ermöglichung und Abrechnung der Dienste zeigen. Diese sollen insbesondere Daten zur Identifikation des Nutzers, über Beginn, Ende sowie Umfang der Nutzung und über vom Nutzer in Anspruch genommene Telemedien sein. Dies verdeutlicht, dass sich § 15 Abs. 1 TMG gerade nur auf das einzelne Nutzungsdatum und gerade nicht auf umfangreiche Datensammlungen zur Profilbildung bezieht. Insbesondere aber zeigt der systematische Aufbau von § 15 TMG ein klares Regel-Ausnahme-Verhältnis zwischen Abs. 1 und den darauf folgenden Bestimmungen auf. Daher gelten für über Einzelangaben im Sinne des Abs. 1 hinausgehende Nutzungsdaten strengere Anforderungen. Wenn bei einem LBS mehr als eine reine Lokalisierung erfolgen soll, wird nicht nur auf Einzelangaben zurückgegriffen. Vielmehr müssen gespeicherte persönliche Präferenzen des Nutzers einbezogen werden, welche entweder zuvor vom Nutzer angegeben (und damit dem BDSG unterfallende Inhaltsdaten darstellen würden) oder bei einem selbstlernenden System aufgrund der wiederholten Inanspruchnahme desselben Telemediums (LBS) nach und nach aus Nut-

2766 *Hellmich*, MMR 2002, 156 unter Verweis auf die Vorgängernorm § 3 Abs. 5 TDSV, § 4 Abs. 1 TDDSG (heut § 13 Abs. 1 TMG), § 33 BDSG.

2767 So könnte sich ein Jogger oder Radfahrer, welcher anhand der hierdurch ermittelbaren Strecke Entfernung und Zeit und gegebenenfalls mittels weiterer Daten wie Puls seine Leistung und Leistungsfähigkeit ermitteln möchte, die Erstellung eines Bewegungsprofils wünschen. Auch dort, wo der Standort zu Abrechnungszwecken benötigt wird, beispielsweise bei dem von O2 angebotenen *„Festnetzersatz“*, bei welchem Telefonate im Umkreis von 500 m auf einen festgelegten Standort zu günstigeren Konditionen abgerechnet werden, wäre eine Standortermittlung erforderlich.

2768 Dies könnte aber erforderlich sein, um ihn beispielsweise künftig auch ohne aktives Zutun mit passenden Informationen zu versorgen.

zungsdaten gebildet wurden. Eine Zusammenführung von Daten aus der Inanspruchnahme *verschiedener* Telemedien erlaubt § 15 Abs. 2 TMG, allerdings allein zu Abrechnungszwecken. Zur Profilbildung und Diensteerbringung würden aber gerade nicht Daten *verschiedener* Telemedien, sondern Daten desselben Telemediums herangezogen, so dass auch § 15 Abs. 2 TMG nicht einschlägig ist. Nutzungsprofile werden allein in § 15 Abs. 3 TMG geregelt, welcher mithin eine *lex specialis* enthält, die die Anwendung der allgemeineren Norm des § 15 Abs. 1 TMG verdrängt.

Die Gegenauffassung begründet ihre Sichtweise mit dem praktischen Bedürfnis nach einer *einverständlichen* Zulassung der Datenverarbeitung im Rahmen eines Vertragsverhältnisses ohne förmliche Einwilligung. Sie überzeugt bei näherer Betrachtung nicht. So soll auch nach dieser Ansicht das *Einverständnis* nur wirksam sein, wenn der Betroffene zuvor im gleichen Umfang wie bei einer Einwilligung informiert wurde. Der Nutzer muss mithin auch nach dieser Ansicht mit dem Anbieter einen Vertrag schließen und auf hinreichend informierter Basis sein (untechnisches) *Einverständnis* zu der zur Leistungserbringung erforderlichen Profilbildung erteilen.[2769]

Sowohl die vorherige Information als auch der Vertragsschluss weisen Förmlichkeiten auf, die es nicht gerade als zumutbar erscheinen lassen, eine ausdrückliche förmliche Einwilligung zu erteilen,[2770] zumal diese nach § 13 Abs. 2 TMG auch elektronisch erfolgen kann. Auch sehen weder das TMG, das BDSG noch das TKG ein *Einverständnis* vor. Sie differenzieren vielmehr zwischen einer von Gesetzes wegen oder nur aufgrund einer wirksamen Einwilligung des Betroffenen zulässigen Datenerhebung und -verarbeitung. Auch wenn die Profilbildung im Rahmen von LBS – sofern es sich um vom Nutzer abgerufene Dienste handelt – in der Regel nicht zwangsweise durch Dritte, sondern freiwillig und im Interesse des Betroffenen erfolgt,[2771] sprechen die staatlichen Schutzpflichten aus dem Grundrecht auf informationelle Selbstbestimmung auch im Verhältnis zu Privaten gegen eine Zulassung der Profilbildung ohne Einwilligung des Betroffenen allein auf Basis von § 15 Abs. 1 TMG. Daher ist für eine Verarbeitung nicht anonymisierter Standort- und Profildaten stets eine ausdrückliche Einwilligung im Sinne der datenschutzrechtlichen Vorgaben zu fordern. Diensteanbieter sind aufgrund der grundrechtlichen und datenschutzrechtlichen Anforderungen an eine wirksame Einwilligung verpflichtet, den Nutzer auf den konkreten Umfang und den Zweck der Einwilligung in die Datenverarbeitung hinzuweisen.[2772] Hier wäre eine gesetzgeberische Klarstellung – wie in nahezu allen Fällen der Einwilligung – wünschenswert.

2769 So auch *Jandt/Laue*, K&R 2006, 320.

2770 Diese Einwilligung wird auch von *Jandt/Laue*, K&R 2006, 322 für eine Möglichkeit gesehen, eine Profilbildung zuzulassen. Auf Basis einer Einwilligung kann sich die Profilbildung für alle weiteren Datenarten wie Bestands– oder Inhaltsdaten beziehen.

2771 *Jandt/Laue*, K&R 2006, 322.

2772 *Schmitz* in Spindler/Schmitz/Geis, TDG, § 3 TDDSG, Rn 15 zur insoweit unveränderten Vorgängervorschrift.

5.3.9 Verbot automatisierter Einzelfallentscheidungen

Wenn zunehmend IKT-Implantate und elektronische Agenten auch auf Seiten der verantwortlichen Stelle Entscheidungen im Einzelfall automatisiert treffen sollen, ergeben sich weitere Probleme.

5.3.9.1. Gesetzliche Regelung

Sofern es sich hierbei um für den Betroffenen nachteilige Entscheidungen handelt, sind diese – bei Verwertung mehrerer Personenmerkmale – bereits durch § 6 a BDSG verboten. Nach dieser Sonderregelung dürfen Entscheidungen, die für den Betroffenen eine rechtliche Folge nach sich ziehen oder ihn erheblich beeinträchtigen, nicht ausschließlich auf eine automatisierte Verarbeitung oder Nutzung personenbezogener Daten gestützt werden. Dabei muss die automatisierte Entscheidung allerdings auf der Bewertung mehrerer Persönlichkeitsmerkmale des Betroffenen beruhen, welche es erlauben, ein Persönlichkeitsprofil zu erstellen.[2773] Die Bewertung von Persönlichkeitsmerkmalen muss stets durch einen Menschen erfolgen, der *„das Ergebnis einer standardisierten Computeranalyse nicht zur einzigen Entscheidungsgrundlage macht"*.[2774] Anders als die sonstigen Regelungen des BDSG dient § 6 a BDSG nicht der Begrenzung der Verarbeitung personenbezogener Daten, sondern dem Verbot ihrer automatisierten Verwendung gegenüber dem Betroffenen.[2775] Damit soll verhindert werden, dass der Betroffene zum bloßen Objekt einer Verarbeitung wird. Die Vorschrift dient der Umsetzung der DSRL, welche eine Datennutzung für automatisierte Entscheidungen verbietet, wenn diese Daten in Kombination mit weiteren ein Persönlichkeitsprofil ermöglichen.[2776] Dies betrifft beispielsweise Merkmale wie Alter, Geschlecht, Beruf, Ausbildung, Einkommen, Zahl und Alter der Kinder, aber auch Krankheitszeiten, medizinische Untersuchungsergebnisse oder Messwerte über physiologische oder organische Befunde einer Person.[2777] Werden über medizinische Befunddaten hinausgehend soziale Daten einbezogen, sind diese Daten regelmäßig geeignet, im Rahmen einer automatisierten Verarbeitung ein Persönlichkeitsprofil zu erstellen und unterfallen § 6 a BDSG.[2778]

Die bloße Identifizierung anhand biometrischer Merkmale wie Stimme, Fingerabdruck, Irisscan, Foto oder Bewegung, aufgrund welcher der Zugang oder Zugriff gewährt werden soll, stellt selbst im Fall einer Kombination von Merkmalen keine automatisierte Einzelentscheidung über Persönlichkeitsmerkmale dar. Denn in solchen Fällen geht es nicht um eine Bewertung der Persönlichkeit des Betroffenen, sondern lediglich um die Feststellung

---

2773 *Bergmann/Möhrle/Herb*, Datenschutzrecht Bd. I Teil 3, § 6 a, Rn 8.

2774 BT–Drs. 14/5793, 65.

2775 *Bizer* in Simitis, BDSG, § 6 a, Rn 1.

2776 Art. 15 Abs. 1 DSRL nennt beispielsweise die berufliche Leistungsfähigkeit, Kreditwürdigkeit, Zuverlässigkeit und das Verhalten einer Person als *„einzelne Aspekte"*, vgl. *Bizer* in Simitis, BDSG, § 6 a, Rn 33; *Bergmann/Möhrle/Herb*, Datenschutzrecht Bd. I Teil 3, § 6 a, Rn 8.

2777 *Bizer* in Simitis, BDSG, § 6 a, Rn 33; *Bergmann/Möhrle/Herb*, Datenschutzrecht Bd. I Teil 3, § 6 a, Rn 8.

2778 *Bergmann/Möhrle/Herb*, Datenschutzrecht Bd. I Teil 3, § 6 a, Rn 8 mwN.

seiner Identität.[2779] Werden aber biometrische Identifikationsmerkmale zur Bewertung von Persönlichkeitsmerkmalen als Grundlage für eine Entscheidung automatisiert verarbeitet, findet § 6 a BDSG Anwendung.[2780]

Die Bewertung auf Basis lediglich eines vorgegebenen Persönlichkeitsmerkmals wie beispielsweise die Entscheidung des Geldautomaten, die Auszahlung eines bestimmten Betrages zu verweigern, weil der Verfügungsrahmen erschöpft ist, fällt ebenfalls nicht unter § 6 a BDSG.[2781] In diesem Fall dient der individuelle Verfügungsrahmen des Kunden nicht einer hierauf aufbauenden Profilbildung, sondern stellt nur *„ein"* direkt genutztes Persönlichkeitsmerkmal dar, welches zu der automatisierten Entscheidung *„keine Auszahlung"* führt.[2782] Anders sieht es bei der Bonitätsprüfung aus, bei der personenbezogene Daten des Antragsstellers unter Verwendung mathematisch-statistischer Verfahren für die Einschätzung des zukünftigen Zahlungsverhaltens ausgewertet werden.[2783] Dazu werden auf Grund statistisch gewonnener Erfahrungen für die Zahlungsmoral als relevant ermittelte Daten (z. B. Wohngebiet, häufige Umzüge, Anzahl von Girokonten) ausgewertet und mit Positiv- oder Negativpunkten (Score) bewertet.[2784] Die Ausgangsdaten als aggregierte oder anonymisierte Sammelangaben über Personengruppen sind nach herrschender Meinung keine Einzelangaben im Sinne von § 3 Abs. 1 BDSG, wenn kein Rückschluss auf eine einzelne Person möglich ist.[2785] Weist ein Kunde ein zu diesen Gruppen sehr ähnliches Profil auf, wird ihm aufgrund statistischer Erkenntnisse das Profil dieser bestimmten Gruppe zugeordnet, so dass nunmehr ein Personenbezug hergestellt wird.[2786] Die statistische Wahrscheinlichkeit spricht dafür, dass der Betroffene ähnlich wie andere Personen mit gleichen Merkmalen beispielsweise seinen Zahlungsverpflichtungen wahrscheinlich nicht nachkommen wird. Als Folge erhält der Kunde keinen Kredit oder keine auf Rechnung gelieferte Ware.[2787] Auch wenn es sich dabei nur um „vermutete" Informationen mit einer gewissen Wahrscheinlichkeit handelt, wird der Betroffene doch im Regelfall so behandelt, als ob diese Daten auch für ihn zutreffend wären.[2788] Eine automatisierte Entscheidung anhand dieser zu einem Profil – hier: Score – zusammengefügten Daten ist durch § 6 a BDSG mithin ausgeschlossen. Hierbei kommt es nicht darauf an, ob das Scoring-Verfahren und die anschließende Entscheidung in einer Hand liegen.[2789] Eine „ausschließ-

---

2779 *Gola/Schomerus*, BDSG, § 6 a, Rn 8; ebenso *Bizer* in Simitis, BDSG, § 6 a, Rn 37; BT–Drs. 14/4329, 37.

2780 *Bizer* in Simitis, BDSG, § 6 a, Rn 37.

2781 *Bizer* in Simitis, BDSG, § 6 a, Rn 35 mwN.

2782 *Bizer* in Simitis, BDSG, § 6 a, Rn 35.

2783 *Gola/Schomerus*, BDSG, § 6 a, Rn 15a.

2784 *Gola/Schomerus*, BDSG, § 6 a, Rn 15a; in diesem Sinne auch der Regierungsentwurf zur Änderung des BDSG v. 30.07.2008, online abrufbar unter http://www.bmi.bund.de/Internet/Content/Common/Anlagen/Gesetze/Entwurf__BDSG__Aenderung,templateId=raw,property=publicationFile.pdf/Entwurf_BDSG_Aenderung.pdf.

2785 *Tinnefeld/Ehmann/Gerling*, Datenschutzrecht II 3.1.1, 186; *Hoeren*, Internetrecht, Rn 615 mwN.

2786 BAG RDV 1986, 138 BAG RDV 1995, 29; *Hoeren*, Internetrecht Rn 615 mwN; *Gola/Schomerus*, BDSG, § 6 a, Rn 15a.

2787 *Gola/Schomerus*, BDSG, § 6 a, Rn 15a.

2788 *Gola/Schomerus*, BDSG, § 6 a, Rn 15a mwN zur Problematik und den gegenteiligen Meinungen; vgl. dazu auch *Wuermeling*, NJW 2002, 3508 bis 3510.

2789 *Bergmann/Möhrle/Herb*, Datenschutzrecht Bd. I Teil 3, § 6 a, Rn 6; *Bizer* in Simitis, BDSG, § 6 a, Rn 5; BT–Drs. 14/5793, 65.

lich“ auf eine automatisierte Verarbeitung gestützte Entscheidung liegt insbesondere dann vor, wenn keine inhaltliche Bewertung und darauf gestützte Entscheidung durch eine natürliche Person stattgefunden hat.[2790]

Die Entscheidung muss für den Betroffenen rechtlich nachteilige Folgen haben oder ihn erheblich beeinträchtigen. Dies ist beispielsweise bei der Verweigerung einer behördlichen Genehmigung oder der Ablehnung oder Kündigung eines Kredites der Fall.[2791] Im Falle lediglich begünstigender Entscheidungen (§ 6 a Abs. 2, 1. Alt. BDSG) oder wenn die Wahrung der berechtigten Interessen des Betroffenen durch geeignete Maßnahmen gewährleistet und dem Betroffenen die Tatsache des Vorliegens einer automatisierten Einzelentscheidung von der verantwortlichen Stelle mitgeteilt wird (§ 6 a Abs. 2, 1. Alt. BDSG), findet § 6 a BDSG keine Anwendung.

Nach § 6 a Abs. 3 BDSG hat der Betroffene einen Auskunftsanspruch gemäß §§ 19, 34 BDSG auf den logischen Aufbau der automatisierten Verarbeitung der ihn betreffenden Daten. Hierdurch soll es dem Betroffenen möglich werden, die Art und Weise der Verarbeitung seiner Daten nachzuvollziehen.[2792] Dabei sind die Kriterien offen zu legen, auf die sich das Bewertungsverfahren stützt. Dies soll dem Betroffenen ermöglichen, nachzuvollziehen, auf welchen seiner Daten die einzelnen Bewertungen seiner Persönlichkeitsmerkmale beruhen und welche Bedeutung die Werte für die automatisierte Entscheidung haben.[2793]

Diese Auskunft darf die verarbeitende Stelle nicht unter Berufung auf Betriebs- und Geschäftsgeheimnisse verweigern.[2794] Entgegen § 6 a Abs. 1 BDSG erfolgte verbotswidrige Entscheidungen sind rechtswidrig und unterliegen der Kontrolle durch den Bundesbeauftragten für den Datenschutz (§ 24 Abs. 1 Satz 1 BDSG).[2795] Auch wenn ein Verstoß gegen § 6 a Abs. 1 BDSG nicht als Ordnungswidrigkeit nach § 43 BDSG oder als Straftat nach § 44 BDSG geahndet werden kann, handelt es sich um eine unzulässige Datenverwendung, die eine zivilrechtliche Haftung auslöst.[2796]

5.3.9.2. Schwächen der gesetzlichen Regelung

Die Ausnahmeregelung in § 6 a Abs. 2 Satz 1 Nr. 2 BDSG stellt die Eignung der Regelung zur verfahrensrechtlichen Sicherung der informationellen Selbstbestimmung wieder in

2790 So klarstellend der Regierungsentwurf zur Änderung des BDSG v. 30.07.2008, online abrufbar unter http://www.bmi.bund.de/Internet/Content/Common/Anlagen/Gesetze/Entwurf__BDSG__Aenderung,templateId=raw,property=publicationFile.pdf/Entwurf_BDSG_Aenderung.pdf zur Änderung von § 6 a Abs. 1 BDSG.

2791 *Bergmann/Möhrle/Herb*, Datenschutzrecht Bd. I Teil 3, § 6 a, Rn 9.

2792 BT-Drs. 14/4329, 38.

2793 *Bizer* in Simitis, BDSG, § 6 a, Rn 55 mwN.

2794 *Bizer* in Simitis, BDSG, § 6 a, Rn 56.

2795 *Bizer* in Simitis, BDSG, § 6 a, Rn 57ff.

2796 *Bergmann/Möhrle/Herb*, Datenschutzrecht Bd. I Teil 3, § 6 a, Rn 15.

Frage, da sie keine Berücksichtigung zu Beginn oder während des Entscheidungsprozesses vorsieht, sondern dem Betroffenen nur nachträglich eine Verdeutlichung des eigenen Standpunktes ermöglicht.[2797] Hierdurch wird das Interesse des Betroffenen an einer menschlichen Meinungsbildung nicht in gleicher Weise gewahrt.[2798] Auch die Ausgestaltung der Pflicht, den Betroffenen von der Tatsache einer automatikgestützten Entscheidung zu informieren, wahrt dessen Interessen nicht hinreichend, da keine bestimmte Form vorgeschrieben ist und eine formularmäßige abstrakt-generelle Information über die Art der Entscheidung möglich bleibt. Insgesamt vernachlässigt die Ausnahmeregelung daher den Persönlichkeitsschutz des Betroffenen.[2799] Besserung verspricht hier jedoch der jüngste Regierungsentwurf zur Änderung des BDSG,[2800] der zumindest hinsichtlich des Kreditscorings die Auskunftsrechte des Betroffenen stärken soll. Die sonstigen automatisierten Entscheidungen bei IKT-Implantaten werden jedoch noch nicht einmal adressiert, geschweige denn gelöst.

5.3.10 Kein Datenschutz durch Wettbewerb

5.3.10.1. Gesetzliche Regelung

§ 9 a BDSG sieht ein freiwilliges Datenschutzaudit vor, welches als Anreiz zur Anhebung des Datenschutzniveaus datenvermeidende und datensparsame Techniken durch die Chance auf Wettbewerbsvorteile fördern soll[2801] und hierdurch über die zwingend erforderlichen Mindestanforderungen des BDSG hinaus eine Verbesserung des Datenschutzes und der Datensicherheit bezweckt.[2802] Es geht nicht darum, Defizite bei der Umsetzung der gesetzlichen Datenschutzverpflichtungen festzustellen und abzubauen, sondern ein überobligatorisch hohes Datenschutzniveau durch gesetzlich nicht gebotene *„Anstrengungen zur kontinuierlichen Verbesserung des Datenschutzes“* zu schaffen.[2803] Dieses soll durch unternehmerische Selbstverantwortung über marktwirtschaftliche und wettbewerbliche Mechanismen bewirkt werden und die Entwicklung und frühzeitige Implementierung datenschutzfreundlicher technologischer Innovationen fördern.[2804]

2797 *Schuler-Harms* in Sokol, Die kommerzielle Nutzung statistischer Persönlichkeitsprofile als Herausforderung für den Datenschutz, 88.

2798 *Schuler-Harms* in Sokol, Die kommerzielle Nutzung statistischer Persönlichkeitsprofile als Herausforderung für den Datenschutz, 35.

2799 *Schuler-Harms* in Sokol, Die kommerzielle Nutzung statistischer Persönlichkeitsprofile als Herausforderung für den Datenschutz, 36.

2800 Regierungsentwurf zur Änderung des BDSG v. 30.07.2008, online abrufbar unter http://www.bmi.bund.de/Internet/Content/Common/Anlagen/Gesetze/Entwurf__BDSG__Aenderung,templateId=raw,property=publicationFile.pdf/Entwurf_BDSG_Aenderung.pdf zur Änderung von § 6 a Abs. 1 BDSG.

2801 *Bizer* in Simitis, BDSG, § 9 a, Rn 7; *Bizer* in Simitis, BDSG, Rn 2.

2802 *Bergmann/Möhrle/Herb*, Datenschutzrecht Bd. I Teil 3, § 9 a Rn 4; *Gola/Schomerus*, BDSG, § 9 a, Rn 7 mwN; BR–DRs 461/00, 18; *Bizer* in Simitis, BDSG, § 9 a, Rn 51.

2803 *Gola/Schomerus*, BDSG, § 9 a, Rn 6 mwN.

2804 BT–Drs 13/7385, 57; BT–Drs 14/1191, 14; *Bizer* in Simitis, BDSG, § 9 a, Rn 7; *Bizer* in Simitis, BDSG, § 9 a, Rn 3 mwN.

Verbesserungen sind beispielsweise das Vorsehen von Löschungsfristen zur Optimierung des Grundsatzes der Erforderlichkeit oder eines Opt-in-Verfahrens anstelle der Opt-out-Regelungen in § 28 Abs. 4 BDSG sowie Maßnahmen zur wirksamen Wahrnehmung der Betroffenenrechte, in dem einfache Informationsmöglichkeiten zur Verfügung gestellt werden.[2805]

Normadressat des § 9 a BDSG sind die Anbieter der für die Verarbeitung personenbezogener Daten erforderlichen technischen Infrastruktur sowie die für die Datenverarbeitung verantwortlichen Stellen im Sinne des § 3 Abs. 7 BDSG.[2806]

Um die Aussagekraft der Auditierung zu gewährleisten, sind Datenschutzkonzepte und technische Einrichtungen, auf welchen das Konzept implementiert ist, Gegenstand des Audits.[2807] Hierzu wird eine unabhängige Überprüfung und Bewertung von technischen Einrichtungen und Datenschutzkonzepten angeboten.[2808] Unter einem Datenschutzkonzept versteht man das zur Erfüllung der Anforderungen des Datenschutzes und der Datensicherheit geplante Vorgehen. Hierzu ist zunächst eine Bestandsaufnahme erforderlich, darauf basierend die Festlegung von Datenschutzzielen sowie von technischen und organisatorischen Maßnahmen zu deren Umsetzung einschließlich der Zeitpläne, Zuständigkeiten und Maßnahmen der Zielerreichungskontrolle.[2809]

Ein Produktaudit beschränkt sich hingegen auf die Funktionalität eines Produkts für eine Verbesserung des Datenschutzes und der Datensicherheit.[2810] Dabei sind der Zweck und der Einsatzbereich des Produkts und seine besonderen Eigenschaften, welche eine Verbesserung des Datenschutzes und der Datensicherheit bewirken sollen, vom Audit umfasst. Hierzu gehören die Eigenschaften des Produkts zur Datenvermeidung und Datensparsamkeit, der Gewährleistung der Datensicherheit und Revisionsfähigkeit des Produkts sowie der Gewährleistung der Betroffenenrechte.[2811]

5.3.10.2. Fehlendes Ausführungsgesetz

Gemäß § 9 a Satz 2 BDSG wird die nähere Ausgestaltung des Datenschutzaudits jedoch einem Ausführungsgesetz vorbehalten, welches bis heute nicht in den Bundestag eingebracht wurde. Damit hat der Bundesgesetzgeber jahrelang die Chance vertan, dass besonders datenschutzfreundliche Techniken und Dienste entsprechend überprüft, ausgezeichnet und vom Anbieter beworben werden konnten. Dagegen hat sich ein vom Land

2805 *Bizer* in Simitis, BDSG, § 9 a, Rn 52 mwN.
2806 *Bizer* in Simitis, BDSG, § 9 a, Rn 41.
2807 *Bizer* in Simitis, BDSG, § 9 a, Rn 55.
2808 *Gola/Schomerus*, BDSG, § 9 a, Rn 7 mwN, BR–DRs 46/100, 18; *Bizer* in Simitis, BDSG, § 9 a, Rn 1; *Bergmann/Möhrle/Herb*, Datenschutzrecht Bd. I Teil 3, § 9 a Rn 4.
2809 *Bizer* in Simitis, BDSG, § 9 a, Rn 59ff.
2810 *Roßnagel/Pfitzmann/Garstka*, Modernisierung des Datenschutzrechts, 145f.
2811 *Bizer* in Simitis, BDSG, § 9 a, Rn 68.

Schleswig-Holstein und dem Unabhängigen Landeszentrum Datenschutz entwickeltes Datenschutz-Gütesiegel[2812] Meriten verdient und wurde von der Europäischen Kommission mit einem Europäischen Innovationspreis prämiert. In der Folge fördert die Europäische Kommission derzeit ein internationales Projekt, in dem das Datenschutz-Gütesiegel Schleswig-Holstein unter dem Begriff „European Privacy Seal" (EuroPriSe) in 8 Staaten der Europäischen Union eingeführt wird. Das „European Privacy Seal" sieht eine öffentlich-rechtliche Zertifizierung auf der Basis von privaten Gutachten vor. Ein am 07.09.2007 von der Bundesregierung vorgelegter Entwurf eines Bundesdatenschutzauditgesetzes (BDSAuditG)[2813] greift dessen Regelungen bedauerlicherweise nicht auf.[2814] Auf diese Weise entsteht die Gefahr eines nationalen Sonderweges. Zudem soll lediglich die *„Vereinbarkeit mit den Vorschriften des Datenschutzes"* zertifiziert werden,[2815] wodurch schon ein bloßes gesetzeskonformes Verhalten zur Messlatte der Auszeichnung würde.[2816] Ein gesetzgeberisches Erfordernis bestünde daher nur, wenn man davon ausginge, dass die meisten Unternehmen sich nicht rechtskonform verhalten[2817] (was aber – wie die aktuellen Datenschutzskandale auch in Deutschland zeigen – durchaus möglich ist). Eine Möglichkeit, den Wettbewerb zu stärken, böte ein solches Audit jedoch nicht. Einen deutlichen Wettbewerbsvorteil bietet nur ein Datenschutzgütesiegel, welches den Nachweis erbringt, dass der Anbieter die gesetzgeberischen Vorgaben nachweisbar deutlich überschreitet und insgesamt vorbildliche Datenschutzmaßnahmen getroffen hat.[2818] Der Regierungsentwurf sieht zudem vor, dass wesentliche Regelungen insbesondere zu den Einzelheiten der Antragstellung, der Form und des Verfahrens der Auditierung erst in den zu erlassenden Rechtsverordnungen enthalten sein sollen,[2819] was das ohnehin schon zersplitterte Datenschutzrecht weiter verkomplizieren und einer breiten Anerkennung und damit Durchsetzung hindernd entgegen stehen dürfte.

5.4 *Fazit*

Auf Grund seiner Zersplitterung, seiner hohen Komplexität, seiner Unübersichtlichkeit, zahlreicher Schutzlücken und erheblicher Defizite bei seiner Um- und Durchsetzung ist das geltende Datenschutzrecht nicht zeitgemäß und stellt weder eine einfache, verständli-

2812 § 4 Abs. 2 Landesdatenschutzgesetz Schleswig-Holstein (LDSG SH).

2813 Online abrufbar z. B. unter https://www.datenschutzzentrum.de/bdsauditg/20070907-entwurf-bdsauditg.pdf.

2814 Näher zu der ausführlichen Kritik *ULD (Hrsg.)*, Erste Stellungnahme des ULD, https://www.datenschutzzentrum.de/bdsauditg/20070928-stellungnahme.html.

2815 § 1 Abs. 1 BDSAuditG-RegE vom 07.09.2007 (a.a.O.).

2816 So kritisch auch *Schläger/Karper*, Stellungnahme zum Entwurf eines Bundesdatenschutzauditgesetzes, http://82.198.195.82/presse/mitteilungen/2007/Stellungnahme_dsn_BDAG_Internet_20071219.pdf, 2.

2817 Wie zuvor.

2818 Wie zuvor; so auch *Deutsche Vereinigung für Datenschutz e.V. (Hrsg.)*, Stellungnahme zum Bundesdatenschutzauditgesetz vom 7. September 2007, http://www.datenschutzverein.de/Themen/Stellungnahme_Bundesdatenschutzauditgesetz_DVD.pdf, 2.

2819 § 8 Nr. 1, 2 BDSAuditG-RegE.

che, risikoadäquate noch effektive Regelung gerade auch des technisch-organisatorischen Datenschutzes dar.[2820]

IKT-Implantate schaffen ein radikal neues Problem für die bisherigen Prinzipien und Instrumente des Datenschutzrechts zur Gewährleistung der informationellen Selbstbestimmung.[2821] Das in den 70er- und 80er Jahren entwickelte Schutzprogramm vermag die entstehenden Risiken in keinem seiner Bestandteile umfassend aufzufangen. Eine umfassende Modernisierung des Datenschutzrechts ist überfällig.[2822] Bei den Schwächen der gesetzlichen Regelung handelt es sich überwiegend um ein Konzeptproblem und nur zu einem kleinen Teil um ein Vollzugsproblem.[2823] Allen Detailkorrekturen und Interpretationskünsten zum Trotz lässt sich mit den bisherigen Regelungen der vom BVerfG verfolgte Zweck, dass der Bürger stets erkennen kann, mit welcher Verarbeitung seiner Daten er zu rechnen hat, nicht erreichen.[2824] Vielmehr wird durch das geltende Recht das grundsätzliche Verbot mit Erlaubnisvorbehalt bei IKT-Implantaten eher verschleiert als gestärkt.[2825] Die bestehende Grundkonzeption weist daher insbesondere für IKT-Implantate und mögliche Nutzungsarten derselben einen erheblichen Novellierungsbedarf der Regelungsgrundsätze und Regelungstechnik auf, um den datenschutzrechtlichen Schutz des Nutzers zu gewährleisten.[2826]

Es wäre eine Illusion zu glauben, dass die Entwicklung von IKT-Implantaten aufgehalten oder gar verboten werden könnte.[2827] Gerade der durch IKT-Implantate im Gesundheitsbereich erhoffte Nutzen wird von den Betroffenen überwiegend gewollt, so dass diese die informationelle Selbstbestimmung zwar abstrakt hoch halten werden, sich im konkreten Fall aber – mehr oder weniger notgedrungen – damit abgeben müss(t)en, dass Hintergrundsysteme die notwendigen Kenntnisse über ihre Lebensweise, Gewohnheiten, Einstellungen und Präferenzen erhalten.[2828] Es kann daher nicht darum gehen, den Datenschutz gegen Nutzerinteressen und Technikentwicklung durchzusetzen. Da die bisherigen Prinzipien des Datenschutzes mit den Prinzipien allgegenwärtiger Datenverarbeitung nicht vereinbar sind und den Risiken mit dem herkömmlichen Schutzkonzept nicht mehr ausreichend Rechnung getragen werden kann, sind neue Ansätze zur Risikovorsorge und Ge-

---

2820 *Jaspers*, DuD 2007, 267; *Roßnagel/Müller*, CR 2004, 628; *Schaar*, DuD 2007, 260; *Bizer*, DuD 2007, 156.

2821 *Roßnagel/Müller*, CR 2004, 625ff; *Müller* in Mattern, Datenschutzvorsorge gegenüber den Risiken der RFID-Technologie, 307; *Roßnagel*, MMR 2005, 71ff; *Roßnagel* in Mattern, Informationelle Selbstbestimmung in der Welt des Ubiquitous Computing, 279.

2822 *Müller* in Mattern, Datenschutzvorsorge gegenüber den Risiken der RFID-Technologie, 307; *Roßnagel*, MMR 2005, 72; *Roßnagel*, FES-Studie, 155ff.

2823 *Roßnagel*, FES-Studie, 155.

2824 *Simitis*, RDV 2007, 151; *Dix*, DuD 2007, 256; *Roßnagel/Pfitzmann/Garstka*, Modernisierung des Datenschutzrechts, 33.

2825 *Kilian* in Bizer, Rekonzeptualisierung des Datenschutzrechts , 151; *Schaar*, DuD 2007, 260.

2826 So auch *Jandt*, MMR 2006, 653 zu Telemediendienste in Mehrpersonenverhältnissen; *Simitis*, RDV 2007, 151; Trotz der Kritik von Datenschutzexperten, dass kein konsistentes Datenschutzmodel vorliegt, welches die fortschreitende Konvergenz der Technik mit einem passenden Datenschutzrecht versieht (vgl. die Nachweise bei *Jandt*, MMR 2006, 653 (Fußnoten 6, 12)), sieht der Gesetzgeber aber keinen Anlass zu grundlegenden inhaltlichen Änderungen, vgl. BR-Drs. 556/06, 15.

2827 So auch *Roßnagel*, MMR 2005, 73.

2828 *Roßnagel*, MMR 2005, 73 mwN.

fahrenabwehr in einem umfassenden Gesamtkonzept geboten. Andernfalls wird das derzeitige Datenschutzkonzept von der technischen Realität zur Bedeutungslosigkeit degradiert.[2829] Neben der seit langem angemahnten erforderlichen Modernisierung muss es sich risikogerecht fortentwickeln, um vollziehbar, vereinfacht und in seinen Anforderungen handhabbar zu werden.[2830] Um den Risiken und Gefahren für das Persönlichkeitsrecht und für personenbezogene Daten zu begegnen, müssen stets geeignete technische und organisatorische Maßnahmen getroffen werden.[2831] Da die Datenverarbeitung international erfolgt, müssen auch hier geeignete Schutzmöglichkeiten entwickelt werden.

2829 *Langheinrich* in Fleisch/Mattern, Die Privatsphäre im Ubiquitous Computing, 340; ebenso *Roßnagel*, FES-Studie, 173.

2830 *Roßnagel*, FES-Studie, 174.

2831 *Bergmann/Möhrle/Herb*, Datenschutzrecht Bd. III Teil 6, Vorb. 1.3.2. Dabei wird zunehmend für erforderlich gehalten, jedem Nutzer Mittel und Wege für einen Selbstschutz an die Hand zu geben, da sich der Staat einerseits aus der Gesetzgebung immer weiter zurückzieht und dies dem freien Spiel der wirtschaftlichen Kräfte überlassen will und sich andererseits selbst zum fast ungezügelten Datensammler wandelt.

6 Lösungsansätze zur Abwehr der Risiken von IKT-Implantaten

Die Gewährleistung der informationellen Selbstbestimmung durch das herkömmliche Schutzprogramm wird bei IKT-Implantaten in einer Welt des Ubiquitous Computing weitgehend ausgehöhlt. Um ihr auch künftig zur Durchsetzung zu verhelfen, muss das normative Schutzprogramm im Hinblick auf die neuen Herausforderungen modifiziert und ergänzt werden.[2832] Hierzu ist der Gesetzgeber aufgrund seiner verfassungsrechtlichen Schutzpflicht für das Grundrecht auf informationelle Selbstbestimmung verpflichtet.[2833] Anstatt den Staat aus seiner allgemeinen Schutz- und Gewährleistungsverpflichtung zu entlassen, ist er vielmehr aufgefordert, den Datenschutz von einzelfallbezogenen und ineffektiven Detailregelungen mit großer Tiefe auf eine neue risikoadäquate Schutzkonzeption umzustellen[2834] und dem Anspruch auf Vertraulichkeit und Integrität informationstechnischer Systeme zur Geltung zu verhelfen. Durch die bereits bestehende Komplexität und Zersplitterung des Datenschutzrechts in eine Vielzahl von Vorschriften kommt die Schaffung eines weiteren Spezialgesetzes hierfür nicht in Betracht. Insbesondere aufgrund der Durchdringung aller Lebensbereiche durch IKT-Implantate erscheint es angezeigt, das Dickicht der datenschutzrechtlichen Vorschriften zu lichten und mit dem BDSG ein für öffentliche und private Stellen gleichermaßen und vorrangig anzuwendendes Datenschutzrecht zu schaffen. Anstatt sich aus TMG, TKG, BDSG, LDSG, LKHG, SGB und zahllosen weiteren Gesetzen, die nebeneinander, alternativ oder kumulativ anzuwenden sind und sich teilweise widersprechen, Vorschriften heraussuchen zu müssen, würde so ein übersichtliches und konsistentes Datenschutzrecht geschaffen. Dabei gilt es insbesondere, die bisherigen Schwachstellen und Abgrenzungsprobleme zu lösen. Nachfolgend werden Lösungsansätze für die grundsätzlichen Probleme eines Datenschutzes bei IKT-Implantaten mit allgegenwärtiger Datenverarbeitung dargestellt.

Es geht nicht darum, die Grundsätze des bisherigen Schutzprogramms vollständig aufzugeben, da diese nicht nur für herkömmliche Datenverarbeitungsvorgänge bedeutsam und in vielen Fällen zur Erreichung der Schutzziele zielführend und unerlässlich sind.[2835] Jedoch bedarf das Recht insoweit einer umfassenden Modernisierung, als es in die Lage versetzt werden muss, auf die neuen Gefährdungen risikoadäquat zu reagieren.[2836] Ein modernes, den Möglichkeiten vernetzter und globalisierter Datenverarbeitung angepasstes Datenschutzrecht lebt dabei weniger von Kontrolle, Verboten und Beschränkungen der Erhebung und Verarbeitung persönlicher Daten. Vielmehr sollte es von einer frühzeitigen Einbeziehung des Datenschutzes bei der Planung und Entwicklung von Techniken, Ablaufplänen und Konzepten und einer Stärkung des Selbst- und Mitbestimmungsrechts der

2832 *Roßnagel*, APuZ 5-6/2006, 13; *Roßnagel* in Mattern, Informationelle Selbstbestimmung in der Welt des Ubiquitous Computing, 279.

2833 *Bizer*, DuD 2007, 265.

2834 *Tauss* in Bizer, Modernisierung des Datenschutzrechts, 119.

2835 In diesem Sinne auch *Roßnagel* in Mattern, Informationelle Selbstbestimmung in der Welt des Ubiquitous Computing, 279.

2836 In diesem Sinne auch *Roßnagel* in Mattern, Informationelle Selbstbestimmung in der Welt des Ubiquitous Computing, 279.

Betroffenen gekennzeichnet sein.[2837] Neben dem bisherigen reaktiven Datenschutz, welcher wirksamer und damit glaubwürdiger gestaltet werden muss, ist für eine Verbesserung des Datenschutzniveaus ein proaktiver Datenschutz unentbehrlich.[2838] Es geht dabei nicht darum, die Informationsgesellschaft aufzuhalten, sondern die Position des Einzelnen durch eine Beseitigung des bestehenden Informations- und Verhandlungsungleichgewichts zu stärken und den Wandel der freiheitlich-demokratischen Gesellschaft in eine Überwachungsgesellschaft zu vermeiden.[2839]

Hierzu werden verschiedene Lösungen diskutiert und Technikmodelle entwickelt und erprobt. In der Literatur werden Vier-Säulen-Modelle[2840], sechs Thesen[2841] oder sieben Grundsätze[2842] vorgeschlagen, welche sich inhaltlich jedoch im Wesentlichen mit denselben Ansätzen und Regelungsmodellen beschäftigen. Da sie sich häufig überschneiden und logisch ineinander greifen müssen, um wirksam zu sein, wird nachfolgend nur grob nach den vier Feldern *Datenschutz durch Prozessmanagement, Datenschutz durch Technikgestaltung, Datenschutz durch Recht und Datenschutz durch Wettbewerb* unterschieden und an passender Stelle auf die jeweils anderen Regelungsgebiete verwiesen.

6.1 *Datenschutz durch Prozessmanagement*

6.1.1 Organisations-, Gestaltungs- und Verarbeitungsregeln

Bislang konzentrierte sich das Datenschutzrecht vor allem auf die Frage der *Zulässigkeit* der Datenerhebung und -verarbeitung und damit auf den gesetzlichen oder individuellen Erlaubnisakt. Hieran ist problematisch, dass ein derartiger einmaliger Akt zeitlich oft Jahre oder Jahrzehnte vor einer späteren Datenverarbeitung liegen kann und ihm nur eine einmalige – und häufig abstrakte – Prüfung der Interessen zugrunde liegt.[2843] Den konkreten und aktuellen Bedingungen des Umgangs mit personenbezogenen Daten wird dies nicht in jedem Einzelfall gerecht.

Bei IKT-Implantaten wird die Erhebung, Speicherung und Verarbeitung personenbezogener Daten unausweichlich zunehmen. Daher kommt einer Beeinflussung des konkreten Umgangs mit diesen Daten auch zu späteren Zeitpunkten für die Wahrung der informationellen Selbstbestimmung eine erhebliche Bedeutung zu. Sicherheit „ist zu 80% eine Frage

[2837] *Schuler-Harms* in Sokol, Die kommerzielle Nutzung statistischer Persönlichkeitsprofile als Herausforderung für den Datenschutz, 37; *Schaar*, DuD 2007, 261.
[2838] Bizer/Kamp/Bock et al., Schlussbericht, 162.
[2839] In diesem Sinne auch *Schaar*, DuD 2007, 261.
[2840] *Bizer*, DuD 2007, 265; *Bizer*, DuD 2007, 726.
[2841] *Roßnagel*, MMR 2005, 73.
[2842] *Roßnagel* in Mattern, Informationelle Selbstbestimmung in der Welt des Ubiquitous Computing, 279.
[2843] *Roßnagel*, FES-Studie, 179.

der Organisation“,[2844] weshalb der Datenschutz künftig vorrangig auf Gestaltungs- und Verarbeitungsregeln setzen sollte, die von der verarbeitenden Stelle permanent zu beachten sind, anstatt das Schwergewicht auf die einmalige Entscheidung über die Zulassung der Datenverarbeitung zu legen.[2845] Es geht mithin um die Einrichtung und Einbindung eines kontinuierlich fortgeschriebenen Datenschutz- und Sicherheitsmanagements, um eine ordnungsgemäße, rechtskonforme und sichere Datenverarbeitung zu gewährleisten. Obwohl es sich hierbei zunächst um organisatorische Fragen handelt, besteht ein enger Zusammenhang mit dem Prinzip des Datenschutzes durch Technik, wie schon die Anlage zu § 9 BDSG mit ihrer Verknüpfung technischer und organisatorischer Maßnahmen im herkömmlichen Datenschutzrecht zeigt.[2846] Der Datenschutz durch Prozessmanagement fordert die Umsetzung datenschutzrechtlicher Grundsätze durch organisatorische Vorkehrungen, welche wiederum zum Großteil aufgrund des Datenschutzes durch Technik einfach, schnell und vergleichsweise sicher automatisiert umgesetzt werden können.

6.1.2 Prozessmanagement (Informationspflichten)

Wenn die Regelung der Datenverarbeitungsverhältnisse stärker den Parteien überlassen werden soll, muss die Transparenz der Datenverarbeitung gegenüber den betroffenen Personen erhöht werden.[2847] Dies erfordert, dem Betreiber einer Datenerhebung und/oder -verarbeitung – auch bei noch nicht personenbezogenen, aber potentiell personenbeziehbaren Daten – weitergehende Informationspflichten aufzuerlegen,[2848] da nur der informierte Bürger seine Rechte eigenverantwortlich und selbstbestimmt wahrnehmen kann.[2849] Dazu müssen sowohl der betroffenen Person als auch den Kontrollbehörden ausreichende Informationen über die Datenerhebung, die Umstände und Verfahren ihrer Verarbeitung und die Zwecke ihrer Nutzung vorliegen.[2850] Die Informationen müssen Art, Herkunft und Zweckbindung der Daten, die erhoben und verwendet werden sollen sowie Angaben über die logische Struktur der Auswertungen umfassen. Ferner sind die Ausnahmen von Informationspflichten zu streichen, insbesondere diejenige zur Wahrung von Geschäftsgeheimnissen.[2851] Nur dann wird dem Betroffenen eine eigenständige und – gegebenenfalls

2844 *Peter Maucher*, Sicherheitsfachmann von Hewlett-Packard, in *Finsterbusch*, Der Verlust der Privatsphäre, FAZ v. 23.08.2008, http://www.faz.net/s/RubEC1ACFE1EE274C81BCD3621EF555C83C/Doc~E0DC34A6794FD44EFBB16202743535201~ATpl~Ecommon~Scontent.html.

2845 *Roßnagel/Pfitzmann/Garstka*, Modernisierung des Datenschutzrechts, 70ff; *Roßnagel* in Mattern, Informationelle Selbstbestimmung in der Welt des Ubiquitous Computing, 280; *Roßnagel*, FES-Studie, 180; *Roßnagel*, MMR 2005, 73; *Bizer*, DuD 2007, 726.

2846 *Bizer*, DuD 2007, 726.

2847 *Tauss* in Bizer, Modernisierung des Datenschutzrechts, 123.

2848 *Bizer/Dingel/Fabian et al.*, TAUCIS, 224.

2849 *Schaar*, DuD 2007, 261.

2850 *Tauss* in Bizer, Modernisierung des Datenschutzrechts, 123.

2851 So der Vorschlag des Landes Baden-Württemberg in *Heise online/anw*, Baden-Württemberg will schärfere Gesetze gegen Datenhandel, http://www.heise.de/newsticker/meldung/114835.

mit entsprechender Unterstützung – unabhängige Beurteilung ermöglicht, ob und welche Verarbeitungen im Hintergrundsystem rechtmäßig erfolgten.[2852]

Um die Transparenz durch Informationspflichten zu verbessern, dürfen Informationspflichten nicht nur auf das Vorfeld einer Datenerhebung beschränkt sein. Sie müssen vielmehr auch alle anschließenden Datenverarbeitungen und -übermittlungen erfassen und durch Auskunftsansprüche ergänzt werden. Nur so können die Betroffenen wissen, wer welche Daten an wen übermittelt hat und welche Verwendung sie bei diesen Dritten finden.[2853] Zudem muss der Auskunftsanspruch neben den bereits gespeicherten Daten auch zusammengeführte Daten und relevante Auswertungs- und Interpretationsmöglichkeiten erfassen, z. B. mögliche Berechnungen durch Kombination mit statistischen Daten (Score-Werte).[2854]

Um den Betroffenen das nötige Wissen über die Datenverarbeitung zu verschaffen und zugleich eine Überforderung durch (in der Praxis ignorierte) Zwangsinformation über Hunderte einzelner Verarbeitungsvorgänge zu vermeiden, bedarf es angepasster Konzepte.[2855] Zur Stärkung der Rechte der Betroffenen ist hierzu insbesondere eine vollständige, verständliche und transparente Information erforderlich. Ferner muss die Gestaltung der Protokollierung und Einsichtnahme für den Betroffenen mit angemessenem Aufwand über- und durchschaubar sein[2856] und sicherstellen, dass jeder Datenzugriff erfasst wird.[2857] Hierzu sollte dem Betroffenen zumindest ein Lesezugriff auf sämtliche seiner Daten zustehen, welche bei einem Unternehmen gespeichert oder verknüpft sind oder gegebenenfalls durch eine übliche Auswertung generiert werden können.[2858]

2852 Eingeschränkt auf Fälle der geschäftlichen DV *Tauss* in Bizer, Modernisierung des Datenschutzrechts, 123; ohne die Einschränkung auf die geschäftsmäßige Datenverarbeitung auch *Bizer/Dingel/Fabian et al.*, TAUCIS, 225; *Roßnagel/Müller*, CR 2004, 629; *Roßnagel*, FES-Studie, 180; *Roßnagel* in Mattern, Informationelle Selbstbestimmung in der Welt des Ubiquitous Computing, 280; a.A. *Jaspers*, DuD 2007, 269, welcher derartige Informationen über die Struktur für nicht allgemein verständlich und daher für wenig sinnvoll hält.

2853 *Schaar*, DuD 2007, 261; *Bizer/Dingel/Fabian et al.*, TAUCIS, 224; *Weichert*, DuD 2006, 698.

2854 *Weichert*, DuD 2006, 698; *Schaar*, DuD 2007, 261.

2855 *Roßnagel/Müller*, CR 2004, 629.

2856 In diesem Sinne wohl auch *Tauss* in Bizer, Modernisierung des Datenschutzrechts, 123, welche jedoch derartige Ansprüche nur dann zugestehen will, wenn dies ohne Offenlegung von schützenswerten Geheimnissen möglich ist, was die geforderte Transparenz, wie die Erfahrung mit bisherigen Generalklauseln und auslegungsbedürftigen Begriffen zeigt, faktisch wieder entwerten dürften. Es sollte daher vielmehr Aufgabe der datenverarbeitenden Stelle sein, ihre Systeme so zu gestalten, dass eine vollständige transparente Auskunft ohne Offenbahrung von Geschäftsgeheimnissen erteilt werden kann, so dass die von *Tauss* erforderlich gehaltene Einschränkung fallen kann. Wie hier *Schaar*, DuD 2007, 261, welcher darauf verweist, dass ein derartiger Auskunftsanspruch nicht durch Verweis auf vermeintliche Geschäfts- oder Betriebsgeheimnisse zurückstehen oder durch die Geltendmachung von Auskunftskosten oder hohe formale Hürden für den Betroffenen erschwert werden darf. Die Beauskunftung muss zudem über herkömmliche Informationswege und mindestens in gleich einfacher Art und Weise möglich sein wie die ursprüngliche Erhebung, das heißt insbesondere auch durch elektronische Abfragen des Identitätsmanagers oder des Betroffenen selbst über elektronische Medien.

2857 *Edathy* in *Krempl*, Illegaler Handel mit Kundendaten: Der "GAU" wird immer noch größer, http://www.heise.de/newsticker/meldung/114457.

2858 *Bizer/Kamp/Bock et al.*, Schlussbericht, 154 unter Verweis darauf, dass es im Bereich des eCommerce längst möglich und teilweise auch Praxis ist, dass jeder Verbraucher sein Datenschutzkonto beim Vertragspartner zumindest lesend einsehen kann.

Es wäre insoweit eine konsequente und technikadäquate Fortentwicklung der bisherigen gesetzlichen Regelung,[2859] wenn sämtliche in der Zukunft eingesetzten datenverarbeitenden Alltagsgegenstände den Betroffenen über die nötigen Einzelheiten geplanter oder erfolgender Datenerhebungs- und -verarbeitungsvorgänge in elektronischer standardisierter Form informieren müssten.[2860] Durch eine Verpflichtung zur Protokollierung aller Erhebungen, Nutzungen und Übermittlungen auf Anbieterseite und entsprechende Auskunftsrechten des Betroffenen könnte dieser zudem im Nachhinein jederzeit kontrollieren, welcher Anbieter welche Anfragen gestellt hat, inwieweit diese von seinem Identitätsmanagementsystem angenommen oder abgelehnt wurden und welche Verarbeitungen der Anbieter geplant und durchgeführt hat. Eine derartige organisatorische Verpflichtung würde dem Betroffenen bei entsprechender technischer Umsetzung die Wahrnehmung seiner Rechte aus dem Grundrecht auf informationelle Selbstbestimmung wieder ermöglichen.

Der Auskunftsanspruch könnte noch um eine Informationspflicht der verantwortlichen Stelle über Pannen bei der Verarbeitung personenbezogener Daten ergänzt werden.[2861] Sofern dies möglich ist, sollte der Betroffene dabei unmittelbar informiert werden.[2862] Falls dieser nicht ermittelt werden kann – oder gegebenenfalls auch zusätzlich – kommt eine Information der Öffentlichkeit in Betracht. Eine derartige Information bei Datenschutzpannen würde dem Betroffenen zumindest für die Zukunft den Wechsel seines Diensteanbieters ermöglichen und so den Wettbewerb um datenschutzkonforme Produkte und Verfahren stärken.[2863] Neben der Unterrichtung der Öffentlichkeit sollte ferner eine Verpflichtung aufgenommen werden, die zuständige Aufsichtsbehörde detailliert zu informieren, damit sie den Betroffenen bei der Bewertung der Datenschutzpanne und der Minderung der hieraus resultierenden Risiken und Gefahren sachkundig behilflich sein kann.

Schließlich sollte die verantwortliche Stelle verpflichtet werden, jederzeit nachzuweisen, dass sie die Gestaltungsziele mit ihrem Datenschutzkonzept erreicht.[2864] Dieses Gesamtpaket an Maßnahmen würde zudem eine zügige und einfache Fremdkontrolle durch Aufsichtbehörden unterstützen, indem sie den Aufwand für die Sachverhaltsermittlung weitgehend reduziert.[2865]

2859 §§ 6 b Abs. 2 und 6 c Abs. 3 BDSG.

2860 *Roßnagel*, FES-Studie, 160, 180; *Roßnagel* in Mattern, Informationelle Selbstbestimmung in der Welt des Ubiquitous Computing, 280.

2861 Hierfür bspw. *Peter Schaar* (BfDI) und *Peter Hustinx* (EU-Datenschutzbeauftragter) in *Krempl*, Rufe nach Globalisierung des Datenschutzrechts, http://www.heise.de/newsticker/meldung/107478; ebenso *Schaar* in *Krempl*, Kripo will "mafiöse Strukturen" im Handel mit persönlichen Daten bekämpfen, http://www.heise.de/newsticker/meldung/114203 sowie in *Averesch/Rost*, Datenschützer fordert Meldepflicht, BZ v. 07.08.2008, http://www.berlinonline.de/berliner-zeitung/archiv/.bin/dump.fcgi/2008/0807/tagesthema/0076/index.html; dagegen *Joachim Rieß* (Konzerndatenschutzbeauftragter bei Daimler) in *Krempl*, Rufe nach Globalisierung des Datenschutzrechts, http://www.heise.de/newsticker/meldung/107478.

2862 *Schaar* in *Krempl*, Rufe nach Globalisierung des Datenschutzrechts, http://www.heise.de/newsticker/meldung/107478.

2863 *Hustinx* in *Krempl*, Rufe nach Globalisierung des Datenschutzrechts, http://www.heise.de/newsticker/meldung/107478.

2864 *Roßnagel/Müller*, CR 2004, 631; *Roßnagel/Pfitzmann/Garstka*, Modernisierung des Datenschutzrechts, 102.

2865 *Bizer/Dingel/Fabian et al.*, TAUCIS, 225.

6.2 *Datenschutz durch Technik*

6.2.1 Proaktive Technikgestaltung

Der „*Datenschutz durch Technik*" ist kein neues Konzept, sondern seit fast drei Jahrzehnten ein Teilgebiet der Informatik.[2866] Es gewinnt durch die aktuelle Entwicklung an Bedeutung, da ein „*nachsorgender*" Datenschutz häufig leerläuft. Verstöße gegen das Datenschutzrecht sind möglich, ziehen aber nur – wenn überhaupt – reaktive Konsequenzen nach sich, die auf eine kaum mehr mögliche nachträgliche Änderung der Datenverarbeitung zielen.[2867] Aufgrund der beschränkten Ressourcen der staatlichen Datenschutzbeauftragten ist eine nachträgliche Kontrolle häufig nicht wirksam. Ein moderner Datenschutz muss daher präventiv wirken. Ansätze zu einer Entwicklung und Förderung eines präventiv wirkenden Datenschutzes durch Technik finden sich bereits im geltenden Datenschutzrecht, insbesondere in den §§ 3 a, 9 und 9 a BDSG.[2868] Dies ist jedoch bei IKT-Implantaten nicht genug. Ein effektiver Datenschutz bedarf einer umfassenden proaktiven Strategie, die Datenschutz- und Sicherheitsrisiken und damit Verstöße gegen das Datenschutzrecht bereits im Vorfeld aufgrund technologischer, aber auch organisatorischer Maßnahmen vermeidet und die Folgen von Verstößen mildert.[2869]

Die Zunahme personenbezogener Daten durch die ursprünglich zur Freiheitsförderung (z. B. im Rahmen des Personal Health Monitorings) eingeführten Techniken umfassender Datenverarbeitung lässt freiheitsbedrohende Kontrollpotentiale erwachsen.[2870] Statt des bisherigen ungenügenden Abstellens auf reine Verhaltensregelungen sollte der Datenschutz künftig stärker durch eine datenschutzfördernde Technikgestaltung gewährleistet werden.[2871] Der Datenschutz durch Technik strebt an, das Entwicklungsdilemma, bei dem jede gewünschte und sinnvolle personalisierte Nutzung von Informationstechnik zwangsläufig zu mehr Überwachung führt,[2872] zu durchbrechen, indem schon die Entwicklung von Verfahren und die Gestaltung von Hard- und Software am Ziel eines bestmöglichen Datenschutzes ausgerichtet wird. In einer durch IKT-Implantate durch und durch technisierten Welt hat die informationelle Selbstbestimmung nur dann eine Chance, wenn sie durch eine datenschutzfreundliche Begrenzung der Verarbeitungstechnologien unterstützt wird. Dazu ist der Datenschutz von Beginn an standardmäßig technisch in Produkte und Dienste zu

---

2866 Vgl. *Pfitzmann*, DuD 1999, 405; *Bizer/Kamp/Bock et al.*, Schlussbericht, 164 mwN.

2867 *Bizer/Dingel/Fabian et al.*, TAUCIS, 219.

2868 *Bizer*, DuD 2007, 265; *Bizer/Kamp/Bock et al.*, Schlussbericht, 164.

2869 Kommission der Europäischen Gemeinschaften (Hrsg.), KOM(2007), 96, 7, 10; *Bizer/Dingel/Fabian et al.*, TAUCIS, 219.

2870 So *Roßnagel*, FES-Studie, 158; vgl. hierzu näher Kapitel 3.3 und 3.4.

2871 *Nedden* in Roßnagel, Risiken und Chancen für das Datenschutzrecht, 55ff, 67ff; *Roßnagel*, APuZ 5-6/2006, 14; *Kommission der Europäischen Gemeinschaften (Hrsg.)*, KOM(2007), 96, 7, 10; in diesem Sinne wohl auch *Dyson*, SciAm 9/2008, 27, welche fordert, dass die Gesellschaft jedem Betroffenen die technischen und rechtlichen Mittel an die Hand geben muss, mit welchen dieser seine individuellen Präferenzen zwischen Datenschutz und Freigabe von Daten regulieren kann.

2872 So *Roßnagel*, FES-Studie, 158 mwN.

implementieren.[2873] Nur dies kann das Entstehen ernsthafter Defizite beim Datenschutz komplexer Systeme verhindern.[2874] *„The answer to the machine is in the machine"*.[2875]

Der Datenschutz durch Technik gibt dem Betroffenen selbst Mittel an die Hand, mit denen er seine informationelle Selbstbestimmung ausüben und seine Daten wirksam schützen kann.[2876] Datenschutz durch Technik betritt insoweit kein Neuland, da er auf den herkömmlichen Grundsätzen Datenvermeidung/Datensparsamkeit, Datensicherheit, Selbstdatenschutz, Transparenz und Ermöglichung wirksamer externer Kontrollen aufbaut.[2877] Diese Grundsätze stehen miteinander in Beziehung und ergänzen einander.

Ein Datenschutz durch Technik setzt Verarbeitungsregeln automatisch durch, ohne dass es eines Handelns des Verwenders oder Betroffenen bedarf. Technische Systeme sollen daher nur das können, was deren Verwender auch dürfen.[2878] Die optimale Umsetzung des Datenschutzes durch Technik führt zu Systemen und Verfahren, welche die Grundsätze der Datensparsamkeit, der Zweckbindung, der Erforderlichkeit und der Datensicherheit automatisiert technisch realisieren. Dies bedeutet, dass ein derartiges System nur die zur Aufgabenerfüllung unerlässlichen personenbezogenen – ebenso wie (noch) nicht personenbezogenen Daten[2879] – erhebt und verarbeitet, eine weitergehende Nutzung technisch unterbindet und den Abruf der Ergebnisse nur im Rahmen der zuvor definierten Zwecke ermöglicht.[2880] Nicht mehr erforderliche Daten werden automatisch technisch gesperrt und nach Ablauf von Aufbewahrungsfristen (oder wenn solche von vornherein nicht bestehen) umgehend automatisiert gelöscht.[2881] Beispielsweise wäre technisch sicherzustellen, dass im Rahmen des befugten Auslesens von (fremden) RFID-Tags erlangte Daten wie deren UID-Kennung oder Inhaltsdaten entsprechend der Vorgabe von § 89 TKG unverzüglich automatisiert verworfen werden, sobald feststeht, dass es sich nicht um die Gesuchten handelt, auf welche der Zugriff berechtigterweise erfolgte.[2882] Um unbefugte Zugriffe und Verstöße gegen die Grundsätze der Erforderlichkeit und der Zweckbindung zu vermeiden, arbeiten derartige Systeme standardmäßig wo immer möglich mit Anonymi-

---

2873 *Nedden* in Roßnagel, Risiken und Chancen für das Datenschutzrecht, 67; *Köhntopp* in Roßnagel, Datenschutz technisch sichern, 55; *Roßnagel*, FES-Studie, 183; *Jaspers*, DuD 2007, 269; *Bizer/Kamp/Bock et al.*, Schlussbericht, 164f; *BSI; Bundesamt für Sicherheit in der Informationstechnik*, Pervasive Computing, 59; *Kommission der Europäischen Gemeinschaften (Hrsg.)*, KOM(2007), 96, 7, 10.

2874 BSI; Bundesamt für Sicherheit in der Informationstechnik, Pervasive Computing, 59; Bizer/Kamp/Bock et al., Schlussbericht, 165.

2875 *Clark* in Hugenholtz/Dommering, The future of copyright in a digital environment, 139ff.

2876 *Bizer/Dingel/Fabian et al.*, TAUCIS, 219f mwN; in diesem Sinne auch *Dyson*, SciAm 9/2008, 27; *Whitfield Diffie* (Sun Microsystems) und *Art Gilliland* (Symantec), in *Scientific American (Hrsg.)*, SciAm 9/2008, 74.

2877 *Köhntopp* in Roßnagel, Datenschutz technisch sichern, 56f.

2878 *Roßnagel*, FES-Studie, 184.

2879 Dazu näher Kapitel 6.3.1.4.

2880 *Köhntopp* in Roßnagel, Datenschutz technisch sichern, 57.

2881 *Bizer/Dingel/Fabian et al.*, TAUCIS, 329.

2882 So auch die *Bundesregierung* in ihrem Bericht zu den Aktivitäten, Planungen und zu einem möglichen gesetzgeberischen Handlungsbedarf in Bezug auf die datenschutzrechtlichen Auswirkungen der RFID-Technologie, BT-Drs. 16/7891, 11.

tät, ansonsten mit Pseudonymität und stets mit Kryptografie.[2883] Gleichfalls könnten Überwachungssysteme durch ein *„multiparty computation"* Verfahren (Secure Function Evaluation, SFE) so abgewandelt werden, dass sie die Verfolgung unerlässlicher Sicherheitsinteressen weiter ermöglichen, ohne jedermann zum Gegenstand der Überwachung in einer staatlichen wie privaten Datenbank werden zu lassen.[2884] Die Anwendung von Kryptographie, Authentisierung, anonymer Datenübertragung (z. B. im Wege des Onion Routing), Zero-Knowledge proofs und anonymer Autorisierung kann eine umfangreiche Nutzung und Verbreitung von personenbezogenen Daten sowie deren Verarbeitung ermöglichen, ohne dass der Betroffene die Kontrolle hierüber verliert, da nur bei ihm die Zuordnungsschlüssel zusammenlaufen.[2885]

Ein solcher technischer Datenschutz bietet gegenüber einem rein rechtlichen Datenschutz zudem Effektivitätsvorteile, da die technisch gesicherte Einhaltung datenschutzrechtlicher Vorgaben einen Missbrauch weitgehend ausschließt. Daten, die nicht (mehr) vorhanden sind, können nicht missbraucht werden; gegen Verhaltensregeln kann verstoßen werden, nicht aber gegen wirksame technische Begrenzungen.[2886] Werden gut verschlüsselt gespeicherte Daten ausgespäht, über unsichere Netze übertragen oder gehen diese verloren, wäre zumindest deren Nutzung durch Dritte über einen langfristigen Zeitraum unmöglich.[2887]

Die Gewährleistung eines Selbstdatenschutzes, der den Betroffenen in die Lage versetzen soll, einer Verwendung seiner Daten zuzustimmen oder sie zu verweigern und Einfluss auf bei Dritten vorhandene Daten nehmen zu können, hängt damit unmittelbar zusammen.[2888] Selbstdatenschutz als Technik zur Gewährleistung der Rechte des Betroffenen erfordert komfortable Benutzeroberflächen, welche die preiszugebenden Daten, Entscheidungen über eine anonyme oder personenbezogene Nutzung, die Zulassung zu verschiedenen Verwendungszwecken und Verwendungszeiträumen sowie etwaig erforderliche Gegenleistungen vollständig und übersichtlich anzeigen und dem Betroffenen ermöglichen, sie einfach festzulegen.[2889] Auch datenschutzrechtliche Konzepte wie Einwilligung, Wider-

2883 *Köhntopp* in Roßnagel, Datenschutz technisch sichern, 57 mit einer übersichtlichen Darstellung von Anonymität und Pseudonymität und der Grauzone zum Personenbezug; ebenso *Bizer/Dingel/Fabian et al.*, TAUCIS, 329; zu dem zwingenden Erfordernis der Verschlüsselung von Informationen, um Schutzlücken durch Fehlverhalten von Nutzern und Angriffen Dritter zu reduzieren, auch *John Landwehr* (Adobe Systems) und *Ryan Sherstobitoff* (Panda Security) in *Scientific American (Hrsg.)*, SciAm 9/2008, 77.

2884 Vgl. zu dieser Möglichkeit *Lysyanskaya*, SciAm 9/2008, 68, 73.

2885 Vgl. die Anwendungsbeispiele bei *Lysyanskaya*, SciAm 9/2008, 66-73 mwN.

2886 *Roßnagel* in Mattern, Informationelle Selbstbestimmung in der Welt des Ubiquitous Computing, 282.

2887 *John Landwehr* (Adobe Systems) und *Ryan Sherstobitoff* (Panda Security) in *Scientific American (Hrsg.)*, SciAm 9/2008, 77.

2888 *Bizer/Dingel/Fabian et al.*, TAUCIS, 219 mwN; *Dyson*, SciAm 9/2008, 27.

2889 *75. Konferenz der Datenschutzbeauftragten des Bundes und der Länder*, DuD 2008 , 473; *Köhntopp* in Roßnagel, Datenschutz technisch sichern, 62; so auch *Art Gilliand* (Symantec) und *Steven Lipner* (Microsoft) in *Scientific American (Hrsg.)*, SciAm 9/2008, 74f, 77.

spruch, Auskunft, Berichtigung und Löschung lassen sich derart technisch unterstützen,[2890] beispielsweise durch Identitätsmanagementsysteme und DRM.

Um dies auch gegenüber Dritten durchsetzen zu können, in deren Kontrollbereich die Daten gelangt sind, bedarf es rechtlicher Vorgaben, wonach nur konforme Systeme Verwendung finden und Daten nur an solche übermittelt werden dürfen. Mit entsprechenden Standards – analog einem weiterentwickelten P3P-Modell[2891] – käme so eine konkrete und freiwillige Einwilligung des Nutzers auf informierter Basis und anschließende Übermittlung der freigegebenen Daten an den Verarbeiter in Betracht. Diese Daten könnten vom empfangenden System nur gemäß der Vorgaben des Betroffenen genutzt werden.[2892] Eine entsprechende gesetzgeberische Gestaltungsanforderung an die Technik und die verarbeitende Stelle ermöglicht zudem, den bisher nur von der Datenverarbeitung „*Betroffenen*" künftig zu einem aktiven Teilnehmer mit eigener Bestimmungsmacht und eigenen Entscheidungsmöglichkeiten werden zu lassen.[2893] Stellt sich bei der Verarbeitung heraus, dass weitere Daten erforderlich sind, könnten diese kurzfristig angefordert und vom Betroffenen freigegeben werden. Entschließt sich ein Betroffener hingegen, die Vertragsbeziehung oder ein vorvertragliches oder sonstiges Verhältnis zum Datenverwender zu beenden, würden dessen Daten automatisch für den normalen Geschäftsgang gesperrt/gelöscht. Der Widerruf von Einwilligungen könnte spezifisch auf bestimmte Daten und Nutzungsarten bezogen werden. Dies würde helfen, der bisherigen Alles-oder-nichts-Praxis durch Erteilung einer umfassenden „*Generalermächtigung*" ein wirksames Modell zur Wiederherstellung der ursprünglich mit der Einwilligung bezweckten Wahrnehmung der informationellen Selbstbestimmung entgegenzusetzen. Indem mit der Datenschutztechnik eine Allianz eingegangen wird, könnte die Einwilligung – und damit die informationelle Selbstbestimmung – eine Renaissance erleben.[2894]

Dies gelingt aber nur, wenn die Anwenderfreundlichkeit als eigenständige rechtliche Gestaltungsvorgabe für die datenschutzsichernde Technik im Datenschutzrecht verankert wird.[2895] Eine Hard- und Software, die dem Konzept des technischen Datenschutzes gerecht werden will, müsste ein systemintegrierter Bestandteil sein und erlauben, die techni-

---

2890 *Köhntopp* in Roßnagel, Datenschutz technisch sichern, 62.

2891 Plattform for Privacy Preferences, einem für die Nutzung im Internet entwickelten System für standardisierte Datenschutzvorgaben, vgl. dazu näher *Köhntopp* in Roßnagel, Datenschutz technisch sichern, 63; http://www.w3.org/p3p/ sowie Kapitel 6.2.2.2.

2892 Dies würde den von *Köhntopp* in Roßnagel, Datenschutz technisch sichern, 62 aufgeführten Erfordernis einer „*Kooperation*" des Datenverwenders durch rechtliche Vorgaben und diese umsetzende technische Regelungen quasi „*automatisch*" gerecht werden.

2893 *Nedden* in Roßnagel, Risiken und Chancen für das Datenschutzrecht, 69.

2894 *Roßnagel/Müller*, CR 2004, 629; *Roßnagel*, FES-Studie, 138; *Roßnagel/Müller*, CR 2004, 629; *Köhntopp* in Roßnagel, Datenschutz technisch sichern, 65 f.; *Roßnagel/Müller*, CR 2004, 629; *Nedden* in Roßnagel, Risiken und Chancen für das Datenschutzrecht, 67; *Roßnagel/Müller*, CR 2004, 629; *Langheinrich* in Abowd/Brumitt/Shafer, Privacy by Design, 273 ff.

2895 *Nedden* in Roßnagel, Risiken und Chancen für das Datenschutzrecht, 72; *75. Konferenz der Datenschutzbeauftragten des Bundes und der Länder*, DuD 2008, 473; zu diesem Erfordernis auch *Art Gilliand* (Symantec) und *Steven Lipner* (Microsoft) in *Scientific American (Hrsg.)*, SciAm 9/2008, 74f, 77.

schen Möglichkeiten des Datenschutzes so einfach zu handhaben, dass sie von jedermann ohne tiefgehende technische Vorkenntnisse genutzt werden können.[2896] Anwenderfreundlichkeit ist eine unverzichtbare Voraussetzung dafür, dass das angestrebte Schutzziel bei der Umsetzung von Gestaltungsvorgaben in eine datenschutzsichere Technik nicht nur abstrakt, sondern auch konkret erreicht wird und Datenschutz durch Technik tatsächlich stattfindet.[2897]

Ein Datenschutz durch Technik würde ebenfalls dem Transparenzproblem von IKT-Implantaten Rechnung tragen. Die Transparenz der Datenerhebung und Verarbeitung ermöglicht eine Wahrnehmung des Rechts auf informationelle Selbstbestimmung.

Indem die Verarbeitungszwecke vom Anbieter detailliert mitgeteilt werden, kann ein Träger eines IKT-Implantats die geplante Datenerhebung und -verarbeitung in ihrem gesamten Umfang einschließlich der Übermittlung an zu benennende Dritte übersehen. In herkömmlicher Form würde dies allerdings die Kontrollmöglichkeit des Nutzers übersteigen und eine sachgerechte Entscheidung ausschließen. Abhilfe könnten *„intelligente"* elektronische Agenten schaffen. Diese würden solche Informationen empfangen und gemäß der Programmierung durch den jeweiligen Nutzer verarbeiten. Basierend auf den individuellen Datenschutzpräferenzen des Betroffenen könnten sie automatisierte Einwilligungen erteilen oder verweigern, ohne den Betroffenen zu überfordern.

6.2.2 Identitätsmanagement durch autonome elektronische Agenten

6.2.2.1. Anwendungsmöglichkeiten und -voraussetzungen

Je nach Anwendungszweck und technischer Realisierbarkeit kann das Datenmanagement durch elektronische Agenten verschiedene, aufeinander aufbauende und ergänzende Funktionen aufweisen. Im Ausgangspunkt schützt es den Benutzer lediglich vor einem unbemerkten Auslesen des IKT-Implantats, indem es Aktivitäten von Sensoren und Lesegeräten erkennt und dem Nutzer anzeigt. Ergänzend könnte es Zugriffe auf das IKT-Implantat protokollieren.[2898] Hinzu kämen Verpflichtungen des Erhebers, nur Lesegeräte einzusetzen, welche eine drahtlos empfangbare, maschinenlesbare Ankündigung übersenden, in der die beabsichtigte Datenerhebung sowie die Strukturen und Arbeitsweisen der Datenverarbeitung mitgeteilt würden.[2899] Wenn dies in standardisierter und maschineninterpretierbarer Form (z. B. ähnlich dem P3P-System[2900] für Datenschutzerklärungen bei Websites) erfolgt, würde dies für eine hohe Transparenz sorgen, da versteckte Klau-

2896 Schaar, DuD 2007, 261; 75. Konferenz der Datenschutzbeauftragten des Bundes und der Länder, DuD 2008, 473.

2897 *Nedden* in Roßnagel, Risiken und Chancen für das Datenschutzrecht, 72; *Art Gilliand* (Symantec) und *Steven Lipner* (Microsoft) in *Scientific American (Hrsg.)*, SciAm 9/2008, 74f, 77.

2898 *Roßnagel*, FES-Studie, 160.

2899 *Langheinrich* in Fleisch/Mattern, Die Privatsphäre im Ubiquitous Computing, 338; *Roßnagel*, FES-Studie, 160.

2900 Platform for Privacy Preferences, vgl. dazu näher *Köhntopp* in Roßnagel, Datenschutz technisch sichern, 63; http://www.w3.org/p3p/ sowie Kapitel 6.2.2.2.

seln im *„Kleingedruckten"* nicht mehr möglich wären oder vage Formulierungen dem Betroffenen zumindest mit geeigneten Warnhinweisen angezeigt werden könnten. Die wichtigsten Anforderungen an ein Identitätsmanagementsystem sind die Gewährleistung der Kontrolle des Nutzers über preisgegebene Daten sowie die Unterstützung von Pseudonymität und Anonymität.[2901]

Allerdings stoßen diese für Ubiquitous Computing entwickelten Ansätze bei IKT-Implantaten mehrfach an ihre Grenzen. So ist bei diesen im Regelfall kein geeignetes Ausgabemedium (z. B. ein PDA) vorhanden, auf welchem die übermittelten Informationen angezeigt werden könnten. Die zu erwartende Vielzahl von Kommunikationsvorgängen mit erforderlichen Entscheidungen über eine Einwilligung würde den Nutzer überfordern. Will der Nutzer den Bedingungen der Verarbeitung selbst zustimmen, müsste er sich detailliert mit sämtlichen Einzelheiten befassen, so dass eine individuelle Einwilligung kaum möglich wäre. In der Praxis würde daher weiterhin nur eine generalisierte Einwilligung erteilt werden können.

Ein Träger des IKT-Implantats könnte aber beispielsweise am heimischen PC, am Terminal bei seinem betreuenden Arzt oder mobil auf einem PDA zu dem ihm genehmen Zeitpunkt Regeln nach einem standardisierten System aufstellen und in einen elektronischen Agenten einprogrammieren. Der Agent wüsste sodann, welche Nutzungen unter Preisgabe welcher Daten in welchen Fällen erlaubt sein sollen. Wenn nun die verantwortliche Stelle dem elektronischen Agenten über ein Lesegerät die geplante Erhebung von Daten des Betroffenen und den Umfang der gewünschten Datenverarbeitungen in standardisierter Form mitteilt, könnte dieser die Anfragen mobil überprüfen und – je nach Interesse des Trägers – einzelne oder sämtliche Daten übermitteln und Verarbeitungen zulassen oder untersagen.[2902] Eine jederzeitige Verfügbarkeit von Ausgabemedien wäre nicht mehr erforderlich und es könnte eine feinmaschigere Einwilligung für jeden einzelnen Datenverarbeitungsvorgang vom Anbieter bei dem Agenten des Betroffenen eingeholt werden, ohne dass dies den Nutzer überfordert oder belästigt.[2903]

Lediglich wenn eine Beantwortung der Anfrage nicht durch eine vorhandene Regel erfolgen kann, wäre eine Interaktion mit dem Betroffenen notwendig. Wird beispielsweise eine P3P (Plattform for Privacy Preferences)-konforme Einwilligung gemäß den eingestellten Präferenzen automatisiert erteilt oder abgelehnt, erspart sich ein Nutzer das *„Abnicken"* entsprechender Erklärungen und kann so seine Aufmerksamkeit auf die wirklich relevanten oder schwierigen Fragen lenken.[2904] Will ein Anbieter für eine vom Betroffenen ge-

---

2901 *Sorge/Westhoff*, DuD 2008, 338.

2902 *Roßnagel* in Mattern, Informationelle Selbstbestimmung in der Welt des Ubiquitous Computing, 282 mwN; *Langheinrich* in Fleisch/Mattern, Die Privatsphäre im Ubiquitous Computing, 347ff, 358; *Köhntopp* in Roßnagel, Datenschutz technisch sichern, 63f.

2903 Siehe hierzu auch *Behrendt/Hilty/Erdmann*, APuZ 42/2003, 13f.

2904 *Roßnagel*, APuZ 5-6/2006, 14; *Roßnagel*, FES-Studie, 162 mwN.

wünschte Handlung, für welche der Agent noch keine Regel kennt (z. B. eine Ausleihe von Büchern aus einer Bibliothek, bei der der Nutzer noch nicht registriert ist) Daten erheben, ist eine Interaktion mit dem Betroffenen erforderlich. Dies könnte an vom Anbieter an strategischen Punkten aufgestellten Terminals erfolgen, zu denen der Betroffene durch den Agenten geleitet wird. Der Agent des Betroffenen würde sich gegenüber dem Terminal (bevorzugt durch ein Transaktionspseudonym) identifizieren und der Betroffene sich z. B. durch PIN-Eingabe o. ä. authentifizieren. Anschließend wird ihm die vom Agenten nicht lösbare Anfrage bzw. der nicht lösbare Teil in standardisierter Form gemäß den Präferenzen des Betroffenen angezeigt. Nach der Prüfung wird der Vorgang durch Einwilligung oder Ablehnung der Anfrage durch den Betroffenen abgeschlossen. Derartige Terminals würden es zudem erlauben, ausnahmsweise und abweichend von den voreingestellten Regeln in einzelne oder sämtliche Akte der Datenverarbeitung einzuwilligen oder diese zu untersagen. Weiterentwickelte Agenten könnten darüber hinaus anhand des Einwilligungsprofils des Trägers und hinzukommender Einzelfallentscheidungen mehr über den Betroffenen lernen und das Regelwerk auch für künftige, unbekannte Fälle dem mutmaßlichen Willen des Trägers anpassen.

Informationspflichten könnten ebenso technisch realisiert werden und es dem Nutzer erlauben, auch nach der Erhebung beispielsweise über eine sichere Verbindung ähnlich einem Kontoauszug die jeweils übermittelten Daten, Freigaben zu bestimmten Zwecken und Verarbeitungs- und Übermittlungsvorgänge durch den Empfänger einzusehen und zu kontrollieren. Sinnvoll wäre es ferner, wenn der Agent bei Bedarf auch über konkrete Lesevorgänge hinaus jederzeit über eine spezielle Schnittstelle einen sicheren Zugang auf die Systeme Dritter herstellen und dort gemäß den Präferenzen des Betroffenen dessen Berichtigungs-, Widerrufs- und Löschungsrechte unmittelbar umsetzen kann.[2905] Kann ein solcher Agent mit Dritten kommunizieren, Pseudonyme und andere Identitäten verwalten oder wechseln und die Weitergabe von Daten an Dritte protokollieren und steuern, wäre ein umfassendes Identitätsmanagement greifbar nahe. Bei diesem könnte der Betroffene wählen, ob er anonym bleiben oder mit welchen persönlichen Informationen er in Erscheinung treten will, wer seine personenbezogenen Daten erhält und wie diese verwendet werden dürfen.[2906]

Damit ein wirksames Identitätsmanagementsystem seinen Zweck erfüllen kann, muss es zahlreichen Anforderungen gerecht werden. Neben der zwingend erforderlichen Sicherheit der verwendeten Protokolle müssen Authentizität, Integrität und Nichtabstreitbarkeit der

---

2905 *Roßnagel* in Mattern, Informationelle Selbstbestimmung in der Welt des Ubiquitous Computing, 282 mwN; *Langheinrich* in Fleisch/Mattern, Die Privatsphäre im Ubiquitous Computing, 347ff, 358; *Köhntopp* in Roßnagel, Datenschutz technisch sichern, 63f.

2906 Die Idee eines derartigen technischen Systems zum Identitätsmanagement in Nutzerhand wurde bereits 1985 entwickelt, allerdings bislang erst in kleinen Teilen implementiert, vgl. *Köhntopp* in Roßnagel, Datenschutz technisch sichern, 63f; *Roßnagel* in Mattern, Informationelle Selbstbestimmung in der Welt des Ubiquitous Computing, 282 mwN; *Langheinrich* in Fleisch/Mattern, Die Privatsphäre im Ubiquitous Computing, 347ff, 358.

übermittelten Informationen gewährleistet werden können – für beide Seiten einer Übertragung.[2907] Allerdings muss es dem Nutzer auch möglich sein, nach seiner Wahl auf die Erfüllung einzelner Kriterien zu verzichten, z. B. der Nichtabstreitbarkeit. Es muss ferner zwingend auf bereichsübergreifende Identifikatoren verzichtet werden, um das Erstellen von Benutzerprofilen zu erschweren.[2908] Hierbei kann beispielsweise auf eine biometrische Verschlüsselung zurückgegriffen werden, die trotz eindeutiger Identifikation anhand biometrischer Daten die Nutzung verschiedener Identitäten zulässt.[2909] Ebenfalls zur Verhinderung der Erstellung von Profilen muss es möglich sein, einzelne Attribute nachzuweisen, ohne dabei andere Attribute preisgeben zu müssen[2910] – beispielsweise bei einem erforderlichen Altersnachweis, welcher nicht mit dem Geburtsdatum selbst oder gar Namen, Anschrift, Bankverbindung o.ä. zusammen erfolgen muss. Ferner müssen für den Benutzer sämtliche genutzten Identitäten transparent sein, d. h. er muss immer wissen können, unter welcher Identität er jeweils auftritt und welche Attribute seinem Gegenüber bei der Authentifizierung übermittelt werden.[2911] Es muss sich ferner aus Sicht des Benutzers jederzeit transparent nachvollziehen lassen können, welche Erklärungen er – bzw. sein Agent – zu welchem Zweck zugelassen hat. Dies geht einher mit einer erforderlichen Nutzerfreundlichkeit, von der unmittelbaren Bedienung bis hin zu administrativen Prozessen und wird von einer gewissen Standardisierung begleitet werden müssen.[2912]

Dies alles müsste durch eine rechtliche Regelung flankiert werden, welche auf Verarbeiterseite ausschließlich Systeme zulässt, die die technische Umsetzung der Datenschutzvorgaben gewährleisten und ein Umgehen ausschließen.[2913] Durch eine geschlossene Kette datenschutzgerechter technischer Systeme könnte der Nutzer so die Datenerfassung, -verarbeitung, -übermittlung und Löschung durch Dritte über den gesamten Zeitraum, zu dem Daten bei diesen vorhanden sind, beeinflussen. Voraussetzung hierfür ist jedoch, dass ein Zugriff des Betroffenen oder seines Agenten nicht am Identitätsmanagementsystem vorbei personenbezogene Datenspuren erzeugt, welche die durch ein solches System bezweckte Kontrolle über personenbezogene Daten wieder zunichte macht.[2914]

6.2.2.2. Standardisierung

Nur wenn allgemein akzeptierte Standards realisiert sind und Interoperabilitätsanforderungen ein Identitätsmanagement über Produkt- und Herstellergrenzen hinweg ermöglichen,

2907 *Sorge/Westhoff*, DuD 2008, 338.
2908 *Sorge/Westhoff*, DuD 2008, 338.
2909 *Cavoukian/Stoianov*, Biometric Encryption, 16f, 20ff; vgl. dazu näher Kapitel 6.2.3.
2910 *Sorge/Westhoff*, DuD 2008, 338.
2911 *Sorge/Westhoff*, DuD 2008, 338.
2912 *Sorge/Westhoff*, DuD 2008, 338.
2913 Vgl. hierzu näher Kapitel 6.3, dort insbesondere Kapitel 6.3.3.
2914 *Köhntopp* in Roßnagel, Datenschutz technisch sichern, 64. Die Regelungen zur Vorratsdatenspeicherung würden aber genau dies bewirken.

funktionieren technische Lösungen eines benutzerfreundlichen und wirksamen technikgestützten Identitätsmanagements.[2915] Damit sich jedes Lesegerät gegenüber jedem IKT-Implantat eindeutig identifizieren und über die geplante Erhebung und Verarbeitung in verständlicher Form informieren kann, bedarf es eines universellen Systems zur Strukturierung und Darstellung der Vorgänge in maschinenlesbarer Form.

Anleihen können dabei bei der XML-basierten, maschinenlesbaren Datenschutzerklärung „*Platform for Privacy Preferences (P3P)*“ [2916] gemacht werden. Diese ermöglicht den automatischen Abgleich der Datenschutzpräferenzen mit den hinterlegten Datenschutzregeln des Diensteanbieters.[2917] Stimmen Präferenzen und Verarbeitungsregeln überein, wird eine Datenerhebung erlaubt. Widersprechen sie sich, wird die Datenerhebung oder -übermittlung entweder unterbunden oder der Betroffene gewarnt.[2918]

Die Idee des P3P wurde auf Ubiquitous Computing Anwendungen bereits übertragen. Sie wird dort unter dem Stichwort „*Privacy awareness (PawS)*“ diskutiert.[2919] Bei diesem System verfügt der Betroffene über einen Agenten (sog. Privacy-Assistent - PA), der die von Lesegeräten ausgesendeten Anfragen empfängt, die maschinenlesbare Datenschutzerklärung auswertet und gegebenenfalls die gewünschten Daten bereitstellt.[2920] Auf Anbieterseite stehen die Lesegeräte („*Privacy-Beacons*“) sowie „*Privacy Aware*“-Datenbanken. Persönliche Nutzerdaten werden von diesen „*datenschutzbewussten*“ Softwaresystemen nur als Einheit mit den vom Agenten übermittelten Datenschutzpräferenzen gespeichert, wobei auch deren Einhaltung überwacht wird.[2921] Die bislang vorgestellten Softwaresysteme stellen die Verknüpfung von Datenerhebung und Zweckbindung allerdings noch nicht sicher, da ein anderweitiges Auslesen außerhalb des geplanten Verarbeitungsvorgangs möglich bleibt.[2922] Erst zusätzliche Sicherungsmechanismen wie eine Verschlüsselung der Daten, die Pseudonymisierung der Identifizierungsdaten sowie technische, organisatorische und rechtliche Abwehrmaßnahmen gegen unberechtigte Zugriffe würden für die nötige Sicherheit sorgen.

Die Verknüpfung von Daten mit Verarbeitungsregeln sollte bereits aufgrund der heutigen Zweckbindungsvorgaben erfolgen. Dennoch zeigt die Praxis, dass Daten regelmäßig für beliebige Zugriffe vorgehalten werden oder allenfalls Verarbeitungsregeln allgemein auf-

---

2915 *Bizer/Dingel/Fabian et al.*, TAUCIS, 228; *Sorge/Westhoff*, DuD 2008, 338; wohl in diesem Sinne sind auch die Bestrebungen der EU-Kommission zu verstehen, im Wege ihrer internationalen Kontakte mit Regierungen insbesondere der USA und asiatischer Länder auf eine weltweite Interoperabilität auf Grundlage offener, fairer und transparenter internationaler Normen hinzuwirken, um sicherzustellen, dass internationale Normen den europäischen Anforderungen vor allem in Bezug auf Datenschutz und Sicherheit entsprechend, vgl. *Kommission der Europäischen Gemeinschaften (Hrsg.)*, KOM(2007), 96, 10, 12.

2916 *Bizer/Dingel/Fabian et al.*, TAUCIS, 304f mwN.

2917 Vgl. *Roßnagel*, FES-Studie, 161 mwN; *Bizer/Dingel/Fabian et al.*, TAUCIS, 304f mwN.

2918 *Roßnagel*, FES-Studie, 161. Er könnte sodann beispielsweise der Erhebung/Verarbeitung im Einzelfall doch zustimmen.

2919 *Bizer/Dingel/Fabian et al.*, TAUCIS, 304 unter Verweis auf Langheinrich.

2920 *Bizer/Dingel/Fabian et al.*, TAUCIS, 305.

2921 *Bizer/Dingel/Fabian et al.*, TAUCIS, 305.

2922 *Langheinrich* in Fleisch/Mattern, Die Privatsphäre im Ubiquitous Computing, 338; *Roßnagel*, FES-Studie, 164.

gestellt werden, nicht aber direkt in Datenbanken mit den Daten verknüpft werden. Ein Missbrauch ist daher leicht möglich. Ein solches System versetzt den Gesetzgeber erstmals in die Lage, ohne Überforderung der Verpflichteten die realisierbare Einhaltung auch differenzierter Verarbeitungserlaubnisse zu verlangen. Hierzu muss er allerdings die Umsetzung technischer Sicherungsmaßnahmen rechtlich vorschreiben. Eine solche Gestaltungsanforderung an die Technik ermöglicht im Regelfall eine strengere Beachtung von Verarbeitungsregeln, als dies bei der herkömmlichen Zweckbindung der Fall ist. Zudem würde ein solches System es ermöglichen, beispielsweise nicht mehr pauschal in eine Nutzung zu jeglichen Werbe- und Marketingzwecken einzuwilligen, sondern differenziert nur in bestimmte Nutzungen. Dies gewährleistet, dass die Anbieter die bei IKT-Implantaten gewünschten Profile im Rahmen des jeweils zwingend Erforderlichen bilden können. Indem erteilte Einwilligungen (z. B. *„welchem Anbietern wurde in den letzten 14 Tagen eine Einwilligung für Werbung im Bereich Mobilfunk erteilt?“*) eingesehen werden können und der Anbieter dafür Sorge trägt, dass Datenverarbeitungsvorgänge standardisiert und automatisch gesperrt oder gelöscht werden, würden zudem zahlreiche der befürchteten negativen Auswirkungen einer Einführung von IKT-Implantate vermieden und die nachsorgende Wahrnehmung der Rechte der Betroffenen ermöglicht.

Allerdings führt die Verknüpfung der Interaktion der Agenten mit Hintergrundsystemen samt etwaiger Protokollierungen und Einsichtsrechte des Betroffenen nicht zuletzt für die IT-Sicherheit zu einem gesteigerten Aufwand.[2923] Eine erhöhte IT-Sicherheit, welche zudem mit einer Stärkung des Datenschutzrechts einhergeht, wäre zu begrüßen. Derartig sichere Systeme stellen keinen Luxus dar, auf den aus Kostengründen verzichtet werden kann. Vielmehr gebieten die Grundrechte auf Integrität und Vertraulichkeit personenbezogener Daten und informationelle Selbstbestimmung eine solche Umsetzung, um ihnen auch bei IKT-Implantaten zur nötigen Geltung zu verhelfen. Da derartige Systeme eine Kooperation der Betreiber voraussetzen und nur in einem kontrollierten Bereich funktionieren, müssen sie durch rechtliche und organisatorische Maßnahmen flankiert werden.[2924] Dies gilt umso mehr, weil Standardisierungen – insbesondere wenn sie nicht nur international, sondern sogar global ausgerichtet sein sollen – in der Regel einen mühseligen und langwierigen Weg darstellen.[2925] Das Beispiel P3P belegt, dass dieser Weg grundsätzlich beschritten werden kann.[2926]

6.2.2.3. Rechtslage

Ein Privacy Awareness System kann nicht nur die Transparenz erhöhen, sondern auch im konkreten Einzelfall eine automatisch generierte Zustimmung zur Datenverwendung ertei-

---

2923 *Bizer/Dingel/Fabian et al.*, TAUCIS, 305.

2924 *Bizer/Dingel/Fabian et al.*, TAUCIS, 305f mwN. Vgl. hierzu auch Kapitel 6.1 und 6.3.

2925 *Nedden* in Roßnagel, Risiken und Chancen für das Datenschutzrecht, 72.

2926 *Nedden* in Roßnagel, Risiken und Chancen für das Datenschutzrecht, 72.

len, wenn Präferenzen und Datenschutz-Policy übereinstimmen.[2927] Wenn Anbieter zudem verpflichtet sind, ihre Systeme mit datenschutzfreundlichen, sicheren Grundeinstellungen auszuliefern, wären die gröbsten Fehler auch bei der Verwendung durch weniger technisch versierte Nutzer ausgeschlossen.

Ähnlich wie bei Spamfiltern in E-Mail-Anwendungen könnte sich sogar ein Markt für *„trainierte"* Agenten entwickeln. Die Anbieter könnten dem Betroffenen je nach Verwendungszweck Datenschutzprofile offerieren, die auf eine höchstmögliche Sicherheit bei gleichzeitiger Bequemlichkeit ausgerichtet sind, indem die sicheren Grundeinstellungen im Alltag umfangreich getestet und bereits passende Regeln für wiederkehrende Ausnahmefälle eingepflegt wurden.

Zudem kann sich ein weiterentwickelter Agent aufgrund der Entscheidungen des Nutzers in Einzelfällen im Laufe der Zeit immer mehr an dessen Präferenzen annähern, so dass Rückfragen schließlich immer seltener werden und der Agent *„Verhandlungen"* mit Lesegeräten vollständig autonom vornimmt.[2928] Ein derartiger Agent kann eine ihm gestellte Aufgabe auf der Basis neuer Erkenntnisse flexibel lösen[2929] und geht daher über herkömmliche Softwareprogramme mit *„Computererklärungen"*[2930] hinaus. Das Besondere *„autonomer"* elektronischer Agenten ist, dass weder im Zeitpunkt der Erstellung der Regeln noch im Zeitpunkt der Absendung der Willenserklärung ein Mensch konkret beteiligt ist. Zwar wurden ursprünglich bestimmte Vorgaben programmiert. Diese wurden im weiteren Verlauf jedoch modifiziert, so dass der Nutzer zuletzt nicht einmal konkret weiß, wann, an wen und mit welchem konkreten Inhalt eine Erklärung abgegeben wird.[2931] Der Grad der Konkretisierung einer durch einen autonomen elektronischen Agenten abzugebenden Willenserklärung ist gegenüber einer herkömmlichen Computererklärung auf Basis fester Vorgaben daher noch einmal geringer, da der Nutzer dem Agenten nur mehr oder weniger spezifizierte Vorgaben macht, während dieser anschließend die *„Verhandlung"* mit dem Datenerheber über den zulässigen Umfang der Erhebung und Verarbeitung führt.[2932] Ändern sich die Präferenzen des Betroffenen, würde ein solcher Agent auch ohne dessen ausdrücklichen Auftrag erteilte Einwilligungen bei Verwendern widerrufen und eine Löschung oder Sperrung vorhandener Daten veranlassen. Die Frage ist daher, ob und unter welchen Voraussetzungen vom autonomen elektronischen Agenten erstellte Willenserklärungen wirksam sind.

2927 *Langheinrich* in Fleisch/Mattern, Die Privatsphäre im Ubiquitous Computing, 338.

2928 Vgl. hierzu auch *Cornelius*, MMR 2002, 353.

2929 Vgl. hierzu auch *Cornelius*, MMR 2002, 353.

2930 Unter einer Computererklärung wird herkömmlich eine Willenserklärung verstanden, welche mittels eines Computer-Programms aufgrund vorheriger fester Programmierung automatisiert erzeugt und elektronisch übermittelt wird, ohne dass konkret ein Mensch daran beteiligt ist. *Cornelius*, MMR 2002, 354 mwN.

2931 *Cornelius*, MMR 2002, 354 mwN.

2932 *Cornelius*, MMR 2002, 354.

Die herrschende Lehre betrachtet jedenfalls eine Computererklärung als eine dem Benutzer zurechenbare Willenserklärung. Der nötige Rechtsbindungswillen wird aus dem notwendigen menschlichen Mitwirkungsakt bei der Einstellung der Präferenzen abgeleitet.[2933] Zutreffend sehen *Sorge*[2934] und *Cornelius*[2935] auch die Erklärung eines *„autonomen"* elektronischen Agenten als eine Willenserklärung mit dem nötigen Rechtsbindungswillen an, welche demjenigen zugerechnet werden kann und muss, der den Agenten einsetzt. Ähnlich wie bei einer Computererklärung oder Blankettermächtigung eines Dritten, bei welcher der Betroffene die Konkretisierung der Willenserklärung einem anderen überlässt, lässt sich auch die Erklärung des Agenten dem Implantatträger als eigene Willenserklärung zurechnen. Denn der *„autonome"* Agent dient ausdrücklich dazu, die Interessen des Implantatträgers durchzusetzen, was für den Empfänger auch erkenntlich ist. Die rechtliche Bindung des Betroffenen an die Erklärung des Agenten beruht auf seinem Willen, den Agenten als Werkzeug zur *„Fertigung"* seiner Willenserklärung einzusetzen und auf eine spezialisierte Kontrolle zu verzichten.[2936] Der verminderte Grad der Konkretisierung sowie die Fähigkeit des Agenten zur autonomen Entscheidung rechtfertigen vor diesem Hintergrund keine andere rechtliche Einordnung, da auch *„autonome"* Agenten ausschließlich innerhalb der vom Betroffenen vorgegebenen Zielvorgaben handeln und Erklärungen abgeben können.[2937] Der Einsatz autonomer elektronischer Agenten im Rahmen eines Identitätsmanagements bedarf daher keiner grundlegenden Rechtsänderung, sondern ist auf Basis herkömmlicher Regelungen lösbar.[2938] Die bestehenden Informationspflichten müssten jedoch angepasst werden [2939], da die für eine Einwilligung erforderliche vorherige Information des Betroffenen selbst (anders als die seines Agenten) nicht erfolgen kann. Eine Klarstellung, dass die Informationspflicht auch durch Übermittlung einer maschinenlesbaren, standardisierten Datenschutzerklärung an den (auch autonomen) elektronischen Agenten erfüllt wird, wäre sachdienlich.

6.2.2.4. Privacy-DRM (Digital Rights Management)

Zwingende Voraussetzungen eines wirksamen Datenschutzes durch Technik sind designbedingte Beschränkungen der erhebenden, verarbeitenden, speichernden und übermittelnden Systeme, welche eine personenbezogene Datenverarbeitung nur unter den bei der Einwilligung genannten Voraussetzungen zulassen.[2940] Technische Schutzmechanismen müssen ferner sicherstellen, dass sämtliche Daten nach Entfall der Erforderlichkeit umgehend automatisiert gelöscht bzw. bei bestehenden Aufbewahrungspflichten für den normalen Zugriff gesperrt werden. Daher müssen – und insoweit wäre ein solches System

2933 *Cornelius*, MMR 2002 355; *Sorge*, Softwareagenten, 26ff.
2934 *Sorge*, Softwareagenten, 24ff.
2935 *Cornelius*, MMR 2002, 353ff.
2936 *Cornelius*, MMR 2002 355; *Sorge*, Softwareagenten, 26ff.
2937 *Cornelius*, MMR 2002, 355; *Sorge*, Softwareagenten, 33, 36.
2938 *Sorge*, Softwareagenten, 36; *Cornelius*, MMR 2002, 358.
2939 *Sorge*, Softwareagenten, 40; *Cornelius*, MMR 2002, 358.
2940 *Bizer/Dingel/Fabian et al.*, TAUCIS, 229.

gerade eine „*umgekehrte*“[2941] Nutzungsform des herkömmlichen Content-DRM-Systems im Bereich der Filme und Musik – die aus Gesetz oder Einwilligung resultierenden Beschränkungen jeglicher Datenerhebung und -verarbeitung in Form eines vom Betroffenen beherrschten Digital Rights Managements (DRM) und gegebenenfalls Trusted Computing (TC) technisch gegenüber dem Verwender um- und durchgesetzt werden.[2942] Dies wird in der Literatur neuerdings unter der Bezeichnung „*Privacy-DRM*“ diskutiert.[2943] Will ein Betroffener (Emittent) einem Anbieter ein Datum in einer bestimmten Weise zugänglich machen, ihn aber daran hindern, *alles* damit tun zu können, muss technisch sichergestellt sein, dass trotz der Verarbeitung des Datums im System des Anbieters dessen Handlungsmöglichkeiten auf das definierte Maß beschränkt bleiben. Der Emittent legt dabei die Regeln fest, unter welchen Bedingungen die Daten verarbeitet werden dürfen und verknüpft diese als Metadaten mit der Datei.[2944]

Dem stehen derzeit noch Hindernisse wie ein erheblicher zusätzlicher organisatorischer und technischer Aufwand entgegen.[2945] Da auf frei programmierbaren Systemen die Errichtung sicherer, geschützter Bereiche unmöglich ist, müssen Sicherheitseigenschaften durch Eingriffe in die Ausführungsschicht realisiert werden („*geschlossene Architektur*“).[2946] Dies kann beispielsweise durch dedizierte Hardware geschehen, welche nicht frei programmierbar ist und gegen Manipulationen und reverse engineering physisch geschützt ist. Daten könnten zu dieser Architektur in verschlüsselter Form auch über nicht vertrauenswürdige Netze übertragen werden, sofern sichergestellt ist, dass die Entschlüsselung und Verarbeitung erst und ausschließlich in der Hardware erfolgt, welche einen Vertrauensbereich des Emittenten darstellt.[2947] Die zunehmend in Laptops und Firmen-PCs verbreitete Technik des *trusted computing* erlaubt die Schaffung sicherer Bereiche auch auf frei programmierbarer Hardware, die allerdings gegen physische Manipulationen des Besitzers geschützt sein sollte.[2948] Hierzu dient ein herkömmliches Trusted Platform Module (TPM), welches die Funktionalität besitzt, Geheimnisse auch vor dem Besitzer der Hardware sicher zu verwahren und Prüfsummen über Programme im Arbeitsspeicher des PC zu verwalten; nur wenn diese Prüfsummen mit vom Emittenten definierten Referenzwerten übereinstimmen, wird vom TPM die Entschlüsselung der Daten über eine beliebige, vom Emittenten als vertrauenswürdig zugelassene Software freigegeben.[2949] Die ge-

2941 „*Umgekehrt*“ deshalb, weil nicht der Anbieter seine Interessen gegenüber dem Kunden, sondern der Kunde (Betroffene) gegenüber dem Anbieter (der verantwortlichen Stelle) durchsetzt.

2942 *Bizer/Dingel/Fabian et al.*, TAUCIS, 306.

2943 *Böhme/Pfitzmann*, DuD 2008, 342.

2944 *Böhme/Pfitzmann*, DuD 2008, 342f.

2945 *Bizer/Dingel/Fabian et al.*, TAUCIS, 306.

2946 *Böhme/Pfitzmann*, DuD 2008, 343. Diese halten zudem digitale Wasserzeichen in einer *offenen Architektur* für gänzlich ungeeignet, da sich zum einen bei diesen Daten kein „digitales Rauschen“ zur Einbettung des Wasserzeichens biete, dieses durch den Abgleich leicht veränderter Daten miteinander leicht entfernen ließe und auch bei Mediendaten alle bisherigen Versuche zur unentfernbaren Einbettung von Wasserzeichen selbst unter Laborbedingungen gescheitert sind, vgl. S. 344f.

2947 *Böhme/Pfitzmann*, DuD 2008, 343f.

2948 *Böhme/Pfitzmann*, DuD 2008, 344.

2949 *Böhme/Pfitzmann*, DuD 2008, 344.

schlossene Architektur hat sich aufgrund hoher Kosten ausreichend sicherer Hardware, zögerlicher Verbreitung von TPMs und der Schwachstelle eines weiterhin möglichen analogen Abgriffs der Inhalte (analoges Loch) bei den bisherigen Systemen in den Bereichen Musik und Film nicht in reiner Form durchgesetzt.[2950] Anders als im Bereich des bisherigen Content-DRMs (Aufzeichnen der analogen Wiedergabe abgespielter Filme oder Musikstücke) wäre bei einer Datenbank mit zumindest potentiell personenbezogenen Daten das analoge Loch z. B. im Wege der Screen Copy wohl in deutlich geringerem Maße zu befürchten. Einen Schutz vor Adresshändlern, welche heute schon Klingelschilder abschreiben sowie Kleinanzeigen und Telefonbücher eintippen lassen und damit zeigen, dass sie keinen noch so großen Aufwand scheuen, lässt jedoch umfangreiche Aktivitäten zur Ausnutzung des analogen Lochs befürchten.[2951] Selbst in diesem Fall würde ein Privacy-DRM durch die Einschränkungen in der regelmäßigen Verarbeitung immer noch einen beträchtlichen Sicherheitsgewinn darstellen gegenüber heutigen, kaum gesicherten Datenbeständen und ohne jegliche effektive Kontroll- und Einwirkungsmöglichkeit der Betroffenen.[2952] Durch zumindest innerhalb der EU harmonisierte Vorschriften des Gesetzgebers zum Einsatz derart sicherer TPM-Systeme wäre auch deren Marktdurchdringung für ein Privacy-DRM deutlich leichter zu bewerkstelligen als bei herkömmlichem Content-DRMs, so dass sich diese bisherigen Umsetzungshindernisse lösen ließen.

Problematisch bleibt allerdings, dass zumindest potentiell personenbezogene Daten mit der Zeit nicht zwingend an Brisanz verlieren, sich durch den längeren Zeitraum der für eine Auswertung zur Verfügung stehenden Daten im Gegenteil sogar häufig ein höherer „Wert" ergeben dürfte. Privacy-DRM-Systeme, welche den Schutz der enthaltenen Inhalte daher nur über einen kürzeren Zeitraum (z. B. von wenigen Jahren) sicherstellen sollen und können, erscheinen somit als ungeeignet.[2953] Der gegenüber Mediendaten bei Content-DRM-Systemen wesentlich höhere Wert von personenbezogenen Daten macht sie

---

2950 *Böhme/Pfitzmann*, DuD 2008, 344.

2951 *Böhme/Pfitzmann*, DuD 2008, 346f.

2952 A.A. *Böhme/Pfitzmann*, DuD 2008, 346, welche der Ansicht sind, dass ein Privacy-DRM-System, dass 90% der Anbieter und Emittenten dazu bringt, sich an vereinbarte Regeln zu halten, nicht als großer Erfolg bezeichnet werden kann, wenn es auch ein Fortschritt gegenüber heute sein mag.

2953 So auch *Böhme/Pfitzmann*, DuD 2008, 345.

zum lohnenden Ziel mächtiger Angriffe und erfordert entsprechend hohe Sicherheitsstandards bei der eingesetzten Technik.[2954]

Ferner kann auch ein Privacy-DRM vor einer böswilligen Datensammlung und -nutzung, durch welche Daten z. B. über eine nichtkonforme Hardware oder aufgrund von Sicherheitslücken ausgespäht werden, nicht vollständig schützen.[2955] Dennoch würde ein Privacy-DRM die regelmäßigen Vollzugsdefizite im Datenschutzrecht durch eine Beschränkung der (ungesperrt) vorhandenen Daten auf das absolute Minimum, den Schutz der Datenverarbeitung vor Zweckentfremdung und eine automatisierte Umsetzung von Löschungspflichten deutlich entschärfen und gleichzeitig eine moderne und effektive Datenverarbeitung ermöglichen.[2956] Auch ein „digitales Vergessen“ oder die Beschränkung von Data-Mining-Möglichkeiten bei gleichzeitiger Zulassung bestimmter Auswertungen verspricht man sich von dieser Technologie.[2957] Werden infolge einer technisch gesicherten Datensparsamkeit und einer umgehenden Löschung weniger Daten gespeichert, reduziert sich zudem das Missbrauchspotential. Standardisierte Datenverarbeitungssysteme mit Privacy-DRM würden auch den Aufsichtsbehörden die Datenschutzkontrolle erleichtern und sie befähigen, Missbrauchsfälle mit Nachdruck zu verfolgen.[2958]

Derartige Privacy-DRM-gesicherte Identitätsmanagementsysteme ermöglichen auch die automatisierte Kontrolle von Verarbeitungsregeln.[2959] Ein derartiges Identitätsmanagementsystem durch Privacy-DRM müsste nutzerzentriert organisiert werden, so dass die

---

2954 So *Böhme/Pfitzmann*, DuD 2008, 345f unter Verweis auf von der Firma Trend-Micro ermittelte Schwarzmarktpreise für eine gültige Kombination von Anschrift, Bankverbindung und Geburtsdatum in den USA zwischen 80 und 300 USD. Selbst wenn nur jede zehnte Adresse diesen Wert aufweisen würde, beliefe sich der Schwarzmarktwert der zwei CDs mit 25 Millionen Datensätzen, welche den britischen Finanzbehörden im November 2007 abhanden kamen, auf ca. EUR 140 Mio. Deutlich niedrigere Beträge zahlten hingegen die im Auftrag des Verbraucherzentrale Bundesverband e.V. tätigen Rechercheure, welche für Datensätze mit Namen und Anschriften von über 6 Mio. Verbraucher, darunter 4 Mio. mit Bankverbindungen, lediglich EUR 850 zahlten, vgl. *Spiegel Online (Kröger*, Verbraucherschützer kaufen sechs Millionen Datensätze, http://www.spiegel.de/wirtschaft/0,1518,572752,00.htm. Die Kosten von Kreditkartendaten belaufen sich auf dem Schwarzmarkt nach Angaben von Trend Micro weniger als einen USD, während für Zugangsdaten zum Online-Banking mindestens zehn USD pro Konto verlangt würden, vgl. *F.A.S. (Hrsg.)*, Für zehn Dollar das Bankkonto leerräumen, F.A.S. v. 24.08.2008, http://www.faz.net/s/RubE2C6E0BCC2F04DD787CDC274993E94C1/Doc~E457AAE6F26C140609542A7F35970071A~ATpl~Ecommon~Scontent.html. Umso aussagekräftiger und schwerer zu beschaffen derartige Datensätze sind oder werden, umso höher dürfte ihr Wert auf dem Schwarzmarkt werden.

2955 *Bizer/Dingel/Fabian et al.*, TAUCIS, 306.

2956 *75. Konferenz der Datenschutzbeauftragten des Bundes und der Länder*, DuD 2008, 472; *Roßnagel*, FES-Studie, 182; so für „90%“ der Fälle auch *Böhme/Pfitzmann*, DuD 2008, 343, 346, welche jedoch hierin keinen großen Erfolg sehen.

2957 *Böhme/Pfitzmann*, DuD 2008, 343.

2958 Gerade diese beiden letzten Aspekte sprechen dafür, trotz der von *Böhme/Pfitzmann*, DuD 2008, 346 aufgezeigten Probleme einer 100%ig sicheren Lösung, das Ziel einer Privacy-DRM weiter zu verfolgen. Denn neben der auch von *Böhme/Pfitzmann* für möglich gehaltenen Einbeziehung von 90% aller Teilnehmer einer Datenverarbeitung an derartigen regeln würde schon die technische Reduzierung der frei verfügbaren Daten und die erleichterte Kontrolle durch Aufsichtsbehörden den Datenschutz bereits gegenüber dem heutigen *status quo* verbessern – und in einer Welt des Ubiquitous Computing überhaupt erst handhabbar machen. Auch wenn selbstverständlich der beste technisch mögliche Schutz angestrebt werden soll, so dass derartige Systeme ähnlich wie im Umweltrecht sich stets am letzten Stand der Wissenschaft und Technik zu orientieren hätten, wird man nicht ein 100%iges Sicherheitsniveau erreichen können. Anders als *Böhme/Pfitzmann* annehmen, ist dies aber auch für eine wesentliche Verbesserung des Datenschutzes auch gar nicht erforderlich, da man durch eine Entlastung der Aufsichtsbehörden beispielsweise Verstößen leichter auf die Spur kommen könnte.

2959 *Roßnagel*, FES-Studie, 159ff, 183.

Betroffenen ihre Daten auch dann verwalten und Vorgaben für deren automatisierte Kontrolle und Rechtevergabe treffen können, wenn diese bei Dritten gespeichert sind.[2960] Die Kontrolle und Rechtevergabe sollte aus Praktikabilitätsgründen weitestgehend auf Agenten übertragbar sein. Das von der Europäischen Union geförderte Projekt PRIME ist bahnbrechend. Auf der Basis des europäischen Rechts soll ein derartiges nutzerkontrolliertes Identitätsmanagementsystem zur täglichen Nutzung durch die Informationsgesellschaft entwickelt und implementiert werden.[2961]

6.2.2.5. Datensicherheit

Ein Identitätsmanagement in einem Privacy Awareness System bedarf nicht nur eines elektronischen Agenten zur Erteilung und Verweigerung differenzierter Einwilligungen, sondern auch korrespondierender Pflichten zur technischen Umsetzung der sich hieraus ergebenden datenschutzrechtlichen Pflichten durch den Systembetreiber. Um auch unberechtigte Zugriffe auf Daten zu reduzieren, sind weitere Maßnahmen erforderlich. Neben einer konsequenten strafrechtlichen Verfolgung und Sanktionierung von Missbrauchsfällen hat auch eine hohe Datensicherheit eine abschreckende Wirkung.[2962] Die Systeme müssen daher – unabhängig von einem vorhandenen oder herstellbaren Personenbezug[2963] – stets gemäß dem jeweiligen Stand der Technik abgesichert werden. Die konsequente Verschlüsselung von Daten nach offenen und von Wissenschaft und Technik derzeit als sicher eingestuften Verfahren stellt beispielsweise eine solche Absicherungsmaßnahme gegen einen unbefugten Zugriff dar.[2964] Diese bereitet bei herkömmlichen RFID-Chips aufgrund der geringen Prozessorkapazität und zur Verfügung stehender Energie jedoch noch Probleme. Sowohl der VeriChip als auch der µ-Chip verzichten derzeit auf jede Verschlüsselung, was zur Sicherung der informationellen Selbstbestimmung und Vertraulichkeit und Integrität von Daten bei auch nur potentiell herstellbarem Personenbezug nicht hinnehmbar ist. Die wachsenden Möglichkeiten zur Speicherung und Aufladung von Energien auch bei IKT-Implantaten und die fortschreitende Miniaturisierung dürften zumindest teilweise für Abhilfe sorgen.[2965] Auch ein verschlüsselter Zugriff auf Inhaltsdaten setzt eine vorhergehende Identifizierung des Tags durch Kollisionsvermeidungsprotokolle voraus, die wiederum ein Verfolgen des Trägers ermöglichen. Daher muss auch die Identifikations-

2960 Ein derartiges System wird als IMS vom Typ 3 näher beschreiben in *Bizer/Dingel/Fabian et al.*, TAUCIS, 312 mwN.

2961 PRIME (Privacy and Identity Management for Europe), http://www.prime-project.eu.

2962 *Roßnagel*, FES-Studie, 182.

2963 Vgl. hierzu näher Kapitel 6.3.1.4.

2964 *Roßnagel*, FES-Studie, 165; *John Landwehr* (Adobe Systems) und *Ryan Sherstobitoff* (Panda Security) in *Scientific American (Hrsg.)*, SciAm 9/2008, 77.

2965 Vgl. nur die Forschungsansätze in Kapitel 1. Gegenüber dem VeriChip stellt der µ-Chip zudem eine beeindruckende Weiterentwicklung dar. Wenn derartige Chips für IKT-Implantate einmal mit 65nm oder kleinerer Fertigungstechnik hergestellt werden, stünde der Implementierung sicherer Verschlüsselungstechniken jedenfalls kein Größenproblem entgegen.

nummer beim Verbindungsaufbau technisch gesichert werden, beispielsweise durch eine Meta-ID[2966] und Transaktionspseudonyme.[2967]

6.2.3 Anforderungen an ein datenschutzgerechtes Identitätsmanagementsystem

6.2.3.1. Nutzerzentriertes Identitätsmanagementsystem

Ein Identitätsmanagementsystem kann sowohl als serverbasierender Dienst, als auch als nutzerzentriertes System in der alleinigen Verfügungsgewalt des Betroffenen realisiert werden. Vorteil einer serverbasierten Lösung ist insbesondere die Möglichkeit zur kontinuierlichen Verbesserung und Aktualisierung des Dienstes durch den Anbieter, jedoch ist hierbei ein Vertrauen in die Sicherheit des Dienstes und des Anbieters zwingend erforderlich.[2968] Wird bei diesem die Sicherheit kompromittiert, wird auf einen Schlag eine große Anzahl von Identitäten gefährdet, ausspioniert, personenbezogen und missbrauchbar zu werden. Eine nutzerzentrierte Lösung bietet unter Umständen – gerade als möglichst kleines, Ressourcen sparendes Implantat – eine geringere Absicherungsmöglichkeit gegen Angriffe Dritter, gefährdet bei seiner Kompromittierung aber „nur" die jeweils betroffene Person und nicht auf einen Schlag womöglich Millionen von Personen. Da ein „Abhandenkommen" eines derartigen IKT-Implantats mit eingebautem Identitätsmanagementsystem eher wenig wahrscheinlich wäre und die nötige Anbindung an Kommunikationsnetzwerke die Aktualisierung der genutzten Software zur Behebung von Sicherheitsmängeln und zur Erweiterung des Funktionsumfangs ebenso ermöglichen wie ein serverbasierender Dienst, jedoch nicht zusätzlich noch auf die Sicherheit und Integrität des Anbieters und sämtlicher seiner Mitarbeiter vertraut werden muss, erscheint ein solches als das sicherere und selbstbestimmtere System und damit als Mittel bei der Wahl von IKT-Implantaten.

Ein derartiges Identitätsmanagement würde voraussetzen, dass das IKT-Implantat mit Dritten Stellen selbständig kommuniziert, d. h. zunächst unter Verwendung eines Transaktionspseudonyms sich gegenüber dem Dritten authentifiziert und eine sicher verschlüsselte Verbindung aufbaut.[2969] Über diese wird sodann das gewünschte Pseudonym nebst zugehöriger erforderlicher Attribute und Vorgaben zu deren Nutzung übertragen. Der Agent muss dabei Protokoll über verwandte Pseudonyme und übermittelte Attribute und Nutzungsbefugnisse führen,[2970] wobei das Protokoll je nach Ausgestaltung auf dem Implantat oder aber verschlüsselt unter Verwendung eines weiteren Pseudonyms z. B. im Internet

---

2966 So existieren technische Lösungen zum Aussenden einer Meta-ID, welche sich bei jeder Anfrage ändert und so eine Identifizierung lediglich zur kollisionsfreien Ansprache ermöglicht, nicht aber ein Verfolgen der Person zulässt. Dieses Verfahren hat sich derzeit jedoch noch nicht durchgesetzt. Vgl. hierzu näher *Langheinrich* in Petkovic/Jonker, RFID and Privacy, 14ff mwN; *Roßnagel*, FES-Studie, 166.

2967 Diese werden jeweils nur für einen einzigen Vorgang verwendet und ermöglichen so keine Verkettung verschiedener Vorgänge, vgl. hierzu näher *Pfitzmann*, DuD 1999, 406.

2968 Sorge/Westhoff, DuD 2008 Sorge/Westhoff, DuD 2008 Sorge/Westhoff, DuD 2008.

2969 *Sorge/Westhoff*, DuD 2008, 339f.

2970 *Sorge/Westhoff*, DuD 2008, 339.

auf einem Server gespeichert werden kann. In letzterem Fall ist jedoch zusätzlich die Nutzung einer anonymen Internetverbindung erforderlich, z. B. über das Onion Ring Netzwerk (TOR), um eine Rückverfolgbarkeit des Nutzers und seines Implantats zu verringern. Um in jeder Phase eine über einen längeren Zeitraum sichere Verschlüsselung zu gewährleisten, müssen hinreichende Reserven bei der verwendeten Schlüssellänge eingeplant werden.

6.2.3.2. Biometrische Verschlüsselung (*biometric encryption*)

Die größten Datenschutzrisiken eines biometrischen Systems könnten dadurch vermieden werden, dass der komplette biometrische Teil der Anwendung (vom Sensor über die Verarbeitung zur Merkmalsextraktion, den Referenzdatenspeicher und den Merkmalsvergleich) sich in der Verfügungsgewalt der Betroffenen befindet.[2971] Dies ist allerdings gerade bei IKT-Implantaten nicht möglich, da der Merkmalsabgleich zwingend außerhalb des Körpers erfolgen muss. Es kann daher nicht vermieden werden, dass der biometrische Teil des Systems den Einflussbereich des Betroffenen verlässt. Daher ist zumindest durch rechtliche, technische und organisatorische Vorgaben sicherzustellen, dass der biometrische Teil (insbesondere das Lesegerät und die Merkmalsextraktionsteile des Systems) vollständig von der Kommunikationsschnittstelle abgeschottet ist.[2972] Die Schwächen herkömmlicher biometrischer Systeme würden weitgehend vermieden werden, wenn anstelle biometrischer Klardaten künftig die Daten nur im Lesemodul selbst verwendet würden und anschließend technisch abgesichert sofort wieder gelöscht würden.[2973] Die hierzu dienende Technik wird als biometrische Verschlüsselung (*biometric encryption*) bezeichnet und ist seit kurzem massenmarkttauglich. So setzt beispielsweise ein von Philips entwickeltes neuartiges *„priv-ID“*-System auf ein solches System biometrischer Verschlüsselung, bei dem nicht das biometrische Datum selbst (z. B. ein Fingerabdruck), sondern nur ein beliebiges alphanumerisches Passwort gespeichert wird.[2974] Dieses Passwort wird bei der Registrierung (*enrolment*) allerdings verschlüsselt. Als Schlüssel dient ein Hash-Wert, der aus biometrischen Daten ermittelt wird. Dazu wird aus den hierzu gemessenen biometrischen Rohdaten (z. B. dem Fingerabdruck, einem biometrischen Lichtbild o.ä.) zunächst das Rauschen entfernt und eine Fehlerkorrektur vorgenommen. Aus diesen Daten wird sodann zunächst im Wege der Merkmalsextraktion ein herkömmliches Template gebildet und dieses anschließend in einen Hash-Wert umgewandelt.[2975] Rückschlüsse aus dem Hash-Wert auf die Originaldaten sind derzeit[2976] nicht möglich, wohl aber umgekehrt eine erneue Messung und Umwandlung, die wieder zu dem gleichen Hash-Wert führt.[2977] Das

2971 *Biermann/Bromba/Busch et al.*, White Paper zum Datenschutz in der Biometrie, 23.

2972 *Biermann/Bromba/Busch et al.*, White Paper zum Datenschutz in der Biometrie, 23.

2973 *Biermann/Bromba/Busch et al.*, White Paper zum Datenschutz in der Biometrie, 23.

2974 Kevenaar/van der Veen/Zhou et al., DuD 2008, 394f; Cavoukian/Stoianov, Biometric Encryption, 16f.

2975 Kevenaar/van der Veen/Zhou et al., DuD 2008, 394f; Cavoukian/Stoianov, Biometric Encryption, 16f.

2976 Vgl. zu der Entwicklung von Angriffen auf Hash-Funktionen wie SHA-1 etwa *Rechberger*, Österreichische Kryptologen attackieren Hash-Funktionen, http://www.heise.de/security/news/meldung/114553 mwN.

2977 Kevenaar/van der Veen/Zhou et al., DuD 2008, 395

Passwort wird dann mit diesem Hash-Wert als Schlüssel verschlüsselt und das Ergebnis auf dem vom Betroffenen mit sich geführten Dokument (in einem Barcode auf Papier, auf einer Chipkarte, einem RFID-Chip o.ä.) oder in einer Hintergrunddatenbank des Betreibers gespeichert. Alle ermittelten biometrischen Daten werden hiernach gelöscht, der Betreiber kennt fortan nur noch das ursprünglich ausgewählte Passwort. Will sich ein Betroffener nun gegenüber dem Betreiber identifizieren, teilt er diesem das Ergebnis (das mit dem Hash-Wert verschlüsselte Passwort) mit. Der Betreiber misst ferner das biometrisches Datum, erstellt wiederum den Hash-Wert und entschlüsselt mit diesem das mitgeteilte Ergebnis. Stimmt das so ermittelte Passwort mit dem gespeicherten überein, hat sich der Betroffene eindeutig identifiziert. Das gemessene biometrische Datum und der Hash-Wert werden unverzüglich wieder gelöscht.[2978] Ein auf Iris-Scans aufsetzendes derartiges System hat in Tests eine FRR von 0,47% und eine FAR von 0,000005% erreicht.[2979]

Der große Vorteil dieses Systems ist, dass der Betreiber nicht über gespeicherte biometrische Klardaten, Templates oder Hash-Werte verfügt und auch nicht verfügen muss – und sich dennoch der Betroffene zweifelsfrei identifizieren kann.[2980] Für den Abgleich genügt allein das gespeicherte Passwort – und das mit dem Hash-Wert verschlüsselte Passwort (Ergebnis) beim Betroffenen. Wird nun das Passwort oder System des Betreibers kompromittiert oder das Ergebnis ausgespäht, kann unproblematisch ein neues Passwort zufällig vergeben werden. Dieses wird wieder entsprechend verschlüsselt. Hierdurch können nicht nur biometrische Daten nicht aus dem System ausgespäht werden (da sie nicht gespeichert sind), sondern es kann auch ein kompromittierter Zugangsschlüssel jederzeit ausgetauscht werden, ohne dass die biometrischen Daten selbst kompromittiert währen.[2981] Muss sich zudem das Lesegerät zunächst zweifelsfrei über eine sicher verschlüsselte Verbindung gegenüber dem Implantat ausweisen, bevor dieses seine Daten überträgt und ist technisch sichergestellt, dass das Messgerät zur Ermittlung des biometrischen Datums nur den Hash-Wert weitergibt, nicht aber Klardaten oder Templates, könnten die Schwachstellen heutiger biometrischer Systeme weitgehend ausgeräumt werden und ein sicheres Identitätsmanagement ohne die gravierenden Gefährdungen der Privatsphäre erreicht werden. Es wäre durch Zwischenschaltung von Trust Centern auch möglich, Benutzer zweifelsfrei zu identifizieren, ohne dass der Anbieter des jeweiligen Systems im Einzelfall deren Personalien kennt – und es sich aus dessen Sicht mithin um eine pseudonyme Nutzung handelt. Durch eine Nutzung von IKT-Implantaten als „Token", auf welchem die biometrischen Daten (sogar nur als nicht wieder auf die Merkmale rückbeziehbarer Hash-Wert) gespeichert sind, würde zudem der Nachteil[2982] eines herkömmlichen datenschutzgerechten Token-Systems reduziert, das beim Vergessen oder Verlieren

2978 Kevenaar/van der Veen/Zhou et al., DuD 2008, 394f; Cavoukian/Stoianov, Biometric Encryption, 16f.

2979 *Cavoukian/Stoianov*, Biometric Encryption, 22.

2980 *Cavoukian/Stoianov*, Biometric Encryption, 20; vgl. zu dieser Anforderung an datenschutzgerechte biometrische Systeme auch *Biermann/Bromba/Busch et al.*, White Paper zum Datenschutz in der Biometrie, 23.

2981 Kevenaar/van der Veen/Zhou et al., DuD 2008, 394f.

2982 *Biermann/Bromba/Busch et al.*, White Paper zum Datenschutz in der Biometrie, 23.

des Tokens eine Authentifizierung und damit die Nutzung des Systems ausschließt. Durch die jederzeitige Widerrufbarkeit der Passwörter wäre sogar bei einem Verlust des Implantats eine schnelle Sperrung wie heute bei Kreditkarten möglich.

Allerdings müssen die inhärenten Risiken von Schlüsseln, die auf biometrischer Basis erstellt wurden, noch weiter erforscht werden, da diese die Schlüssellänge von 160/148/128 bit deutlich reduzieren und hierdurch Angriffe auf das System ermöglichen könnten.[2983] In all diesen Fällen würde stets nur die Sicherheit des Systems (vor Fälschungen) reduziert werden, nicht jedoch die Sicherheit der biometrischen Daten und damit der Privatsphäre.[2984]

6.3 *Datenschutz durch Recht*

Ein Datenschutz durch Technik und die hieraus resultierende teilweise Verlagerung der Kontrolle und Durchsetzung des Datenschutzes auf den Betroffenen – durch Profile, DRM und elektronische Agenten – und den Verwender reduzieren den Umfang des vom Staat zu gewährleistenden Datenschutzes im konkreten Einzelfall. Die datenschutztechnischen Lösungen können wirkungsvoll sein. Sie benötigen aber ein organisatorisches Umfeld, welches nur aufgrund geeigneter rechtlicher Rahmenbedingungen geschaffen werden kann.[2985] Ein Datenschutz durch Technik ist daher kein Selbstläufer. Vielmehr sind das Datenschutzrecht auf die Technik und die Technik auf ein unterstützendes Datenschutzrecht gegenseitig angewiesen.[2986] Das Ziel, den Datenschutz so weit wie möglich in Produkte, Dienste und Verfahren technisch zu integrieren, kann nur erreicht werden, wenn die Nutzung datenschutzgerechter und datenschutzfördernder Technik rechtlich zwingend vorgeschrieben ist.[2987] Dies ermöglicht die Einbindung datenschutzrechtlicher Ziele in allen Entwicklungs- und Entscheidungsprozessen bei der Herstellung, der Auswahl und dem Einsatz technischer Einrichtungen und Verfahren.[2988]

Die von der Bundesregierung derzeit noch favorisierte „Lösung" einer Selbstverpflichtung der Industrie[2989] mag die von ihr erhoffte Wahrung der „*Konkurrenzfähigkeit deutscher Unternehmen*" bringen, solange sich nicht auch im Ausland die große Bedeutung eines effektiven und umfassenden Datenschutzes durchsetzt. Sie könnte aber auch die erhoffte Wirkung verfehlen, wenn sich in wesentlichen Märkten die Bedeutung des Datenschutzes aus Sicht der betroffenen Verbraucher wandelt und die hiesige Industrie diesen Trend verpasst – und so nicht rechtzeitig innovative Produkte anbieten kann. Die Arbeiten des ULD unter

2983 *Cavoukian/Stoianov*, Biometric Encryption, 23.
2984 *Cavoukian/Stoianov*, Biometric Encryption, 23.
2985 *Roßnagel*, FES-Studie, 172.
2986 *Roßnagel*, FES-Studie, 173 mwN.
2987 *Tauss* in Bizer, Modernisierung des Datenschutzrechts, 125; *Köhntopp* in Roßnagel, Datenschutz technisch sichern, 55.
2988 *Nedden* in Roßnagel, Risiken und Chancen für das Datenschutzrecht, 69.
2989 Bericht der *Bundesregierung* zu den Aktivitäten, Planungen und zu einem möglichen gesetzgeberischen Handlungsbedarf in Bezug auf die datenschutzrechtlichen Auswirkungen der RFID-Technologie, BT-Drs. 16/7891, 13f.

Förderung der Europäischen Kommission an einem europäischen Datenschutzgütesiegel (EuroPriSe – European Privacy Seal) haben jedenfalls seitens der Industrie aus acht Mitgliedsstaaten der EU ein großes Interesse an datenschutzfreundlichen Techniken geweckt.[2990] Zudem spricht die Bundesregierung selbst davon, dass die „*bisherigen Selbstverpflichtungsansätze*“ noch hinter den Mindeststandards zurückbleiben, da sich die Beteiligten beispielsweise hinsichtlich RFIDs im Handel noch nicht zu den Kernfragen einer Lösung haben einigen können und auch effektive Sanktionsmechanismen noch fehlen. Ob eine zeitnahe Selbstregulierung des Marktes gelingen könne, sei „*daher gegenwärtig völlig offen*“.[2991]

Dies zeigt umso mehr, dass der Staat für die Sicherstellung des Datenschutzes verantwortlich bleibt, wenn auch eher in Form einer Gewährleistungs- oder Strukturverantwortung.[2992] Es bleibt daher Aufgabe des Staates, rechtliche Gestaltungsvorgaben für einen wirksamen Systemdatenschutz aufzustellen. Dies gilt insbesondere für die rechtliche Absicherung von Selbstschutzmöglichkeiten, die einzufordernde hohe Anwenderfreundlichkeit datenschutzsichernder Werkzeuge, die Gewährleistung einer Aufklärung über datenschutzsichernde Techniken und geeignete Schutzmaßnahmen. Der Staat muss zudem die nötigen rechtlichen Rahmenbedingungen für Zertifizierung und Auditierung schaffen und durch geeignete rechtliche Vorgaben darauf einwirken, dass die vorgenannten Konzepte und Werkzeuge des System- und Selbstdatenschutzes zur praktischen Anwendbarkeit gelangen.[2993] Der Ansatz, Datenschutz durch und mit der Technik zu schaffen, stellt einen Handlungsauftrag an den Gesetzgeber dar. Dieser darf Datenschutz durch Technik nicht nur geschehen lassen, sondern muss auf die Herausbildung dieser Technik gestaltend und fördernd Einfluss nehmen und deren Einsatz gezielt vorschreiben.[2994]

Ähnlich den Erwägungen, die zur Einführung des AGB-Gesetzes (heute §§ 305 ff. BGB) geführt haben, sollte das bestehende Kräfteungleichgewicht zwischen Datenverwendern und Betroffenen gerade auch im privaten Bereich durch eine gesetzliche Regelung abgemildert werden. Durch eine Stärkung des Kopplungsverbots, der Möglichkeit der Aushandlung individueller Einwilligungen durch elektronische Agenten und eine Stärkung des Zweckbindungsgebots kann hier viel erreicht werden.

2990 Vgl. hierzu die Unterseiten der Projekthomepage unter https://www.datenschutzzentrum.de/europrise/, zuletzt abgerufen am 18.08.2008.

2991 Bericht der *Bundesregierung* zu den Aktivitäten, Planungen und zu einem möglichen gesetzgeberischen Handlungsbedarf in Bezug auf die datenschutzrechtlichen Auswirkungen der RFID-Technologie, BT-Drs. 16/7891, 13f.

2992 *Nedden* in Roßnagel, Risiken und Chancen für das Datenschutzrecht, 74 mwN.

2993 *Nedden* in Roßnagel, Risiken und Chancen für das Datenschutzrecht, 74 mwN.

2994 *Nedden* in Roßnagel, Risiken und Chancen für das Datenschutzrecht, 67; in diesem Sinne ist wohl auch der Bericht der *Bundesregierung* zu den Aktivitäten, Planungen und zu einem möglichen gesetzgeberischen Handlungsbedarf in Bezug auf die datenschutzrechtlichen Auswirkungen der RFID-Technologie, BT-Drs. 16/7891, 14 zu verstehen, in welchem „*Fördermaßnahmen zur Entwicklung datenschutzfreundlicher Technologien*“ angedacht werden.

Sowohl hinsichtlich des Ziels, eine effektive Lösung zur Wahrung der Grundrechte Einzelner zu schaffen, deren Wirkung nicht an den Grenzen der einzelnen Nationalstaaten endet, als auch vor dem Hintergrund, die nationale Industrie im Wettbewerb nicht durch zu strenge Vorgaben im Alleingang zu benachteiligen, kommt umso mehr eine europäische Regelung vergleichbar zur RoHS-Richtlinie in Betracht.

6.3.1 Das Vorsorgeprinzip im Datenschutz

6.3.1.1. Ansatz des Vorsorgeprinzips im Datenschutzrecht

Eine umfassende Datenverarbeitung insbesondere durch IKT-Implantate führt zu erheblichem Bedrohungspotential, welches nachträglich-korrigierend kaum in den Griff zu bekommen ist. Zur Sicherstellung eines effektiven Datenschutzes bedarf die bisherige Gefahrenabwehr einer Ergänzung durch eine proaktive Vermeidungsstrategie, die Verstöße gegen den Datenschutz bereits im Vorfeld verhindert, um Risiken zu reduzieren und die Folgen potentieller Schäden präventiv zu begrenzen.[2995]

Da sich die Technik sehr dynamisch entwickelt, liegen aktuell keine umfassenden wissenschaftlichen Erkenntnisse vor, anhand derer exakte Prognosen über das quantitative Ausmaß drohender Schäden und deren Eintrittswahrscheinlichkeit erstellt werden können.[2996] Für derartige Fälle wurde im Umweltrecht das Vorsorgeprinzip entwickelt, welches zwischenzeitlich auch in zahlreiche andere Rechtsgebiete Einzug gehalten hat. Da neue Technologien möglicherweise schädliche Nebenwirkungen für die Gesellschaft mit sich bringen, soll das Vorsorgeprinzip gewährleisten, dass sich die Gesellschaft bewusst für oder gegen die Entwicklung der Technologien bzw. deren Einsatz entscheiden kann, auch dann, wenn über die Existenz und das Ausmaß eines Risikos noch Ungewissheit besteht.[2997] Es dient somit dem Umgang mit Risiken in Situationen, in denen noch keine akute Gefährdung vorliegt und soll die sich möglicherweise erst langfristig manifestierenden Risiken minimieren, um Freiräume für zukünftige Entwicklungen zu erhalten.[2998] Daher findet es dort Anwendung, wo Instrumente der nachsorgenden, auf den Status quo bezogenen Gefahrenabwehr der Verantwortung des Staates für ein verfassungsverträgliches Handeln nicht mehr gerecht werden.[2999] Damit unterscheidet sich das Vorsorgeprinzip von der Gefahrenabwehr, welche erst im Falle eines Risikos mit akutem Gefährdungspotential zur Anwendung kommt.[3000]

2995 Roßnagel, APuZ 5-6/2006, 14; *Bizer/Dingel/Fabian et al.*, TAUCIS, 219.

2996 Auf die erheblichen Prognoseunsicherheiten bei Zukunftstechnologien, insbesondere im Hinblick auf deren Chancen und Risiken weist *Bohne*, NVwZ 1999, 3f zutreffend hin.

2997 *Hilty* in Mattern, Risiken und Nebenwirkungen der Informatisierung des Alltags, 201.

2998 *Hilty* in Mattern, Risiken und Nebenwirkungen der Informatisierung des Alltags, 200.

2999 *Müller* in Mattern, Datenschutzvorsorge gegenüber den Risiken der RFID-Technologie, 300f mwN; vgl. näher zur verfassungsrechtlich gebotenen Risikoabwehr auch Kapitel 4.2.

3000 *Hilty* in Mattern, Risiken und Nebenwirkungen der Informatisierung des Alltags, 200.

Wenn die vom Datenschutzrecht für die Verarbeitung personenbezogener Daten geforderten Schutzmaßnahmen aufgrund der vorangegangenen Anonymität der Daten unterbleiben, können sie bei späterer Herstellung des Personenbezugs häufig nicht mehr sachgerecht nachgeholt werden.[3001] Durch die massenhaften Datensammlungen von Sensordaten, Umgebungsdaten, Präferenzen und Kontaktprofilen sind die hieraus erwachsenden Risiken nicht beherrschbar, wenn das Datenschutzrecht erst eingreift, nachdem der Personenbezug hergestellt wurde.[3002] Es drohen irreparable Schäden und mithin eine Schutzlücke für das Grundrecht auf informationelle Selbstbestimmung.[3003] Es gilt daher den durch IKT-Implantate geschaffenen Risiken für die Grundrechte der Betroffenen durch flankierende Maßnahmen ihre schädliche Wirkung zu nehmen, so dass den potentiell Betroffenen ihre individuellen, selbstbestimmten Entfaltungschancen in einer offenen demokratischen Gesellschaft erhalten bleiben.[3004] Um dem Gefährdungspotential zu begegnen, das dem datenschutzrechtsfreien Datenumgang innewohnt, muss die nachsorgende – und deshalb zu spät wirkende – Gefahrenabwehr durch eine präventiv wirkende Gefahrenvorsorge ergänzt werden.[3005] Erste Ansätze hierzu sind § 3 a BDSG sowie § 78 b SGB X, die die verantwortlichen Stellen dazu anhalten, bei der Auswahl von Technik und Gestaltung datenverwendender Vorgänge die datenschutzgerechtesten Lösungen einzusetzen. Da ein Verstoß gegen § 3 a BDSG jedoch nicht sanktioniert ist, darf man ihn wohl als *„untauglichen Versuch“* der Umsetzung des Vorsorgeprinzips ansehen. Gleiches gilt hinsichtlich des in § 9 a BDSG geregelten Datenschutzaudits, welches mangels Ausführungsgesetz bislang keine Bedeutung erlangt hat.

Die Anwendung des Vorsorgeprinzips führt auch dann zu einem Schutz, wenn noch keine personenbezogenen Daten vorliegen, beispielsweise bei pseudonymen oder anonymen Daten, bei denen jedoch die Absicht oder Wahrscheinlichkeit besteht, später einmal einen Personenbezug herzustellen.[3006] Die Umsetzung des Vorsorgeprinzips ermöglicht es, zur Risikobegrenzung bereits im Vorfeld personenbezogener Daten Anforderungen an eine transparente, datensparsame, kontrollierbare und missbrauchsvermeidende Technikgestaltung zu formulieren.[3007]

6.3.1.2. Neue Regelungsadressaten

Eine datenschutzfreundliche Technik bei allgegenwärtiger Datenverarbeitung, wie sie durch IKT-Implantate entsteht, ist alles andere als ein Selbstläufer. Damit die Technik ihren Beitrag leisten kann, müssen die Aufgaben und Ziele einer datensparsamen Technikgestaltung von Anfang an bei der Entwicklung, der Gestaltung, der Markteinführung und

3001 *Roßnagel/Scholz*, MMR 2000, 730.

3002 Vgl. Kapitel 5.2.1.

3003 *Roßnagel*, FES-Studie, 186.

3004 *Müller* in Mattern, Datenschutzvorsorge gegenüber den Risiken der RFID-Technologie, 302f.

3005 *Müller* in Mattern, Datenschutzvorsorge gegenüber den Risiken der RFID-Technologie, 299ff; *Roßnagel*, FES-Studie, 185.

3006 *Roßnagel*, APuZ 5-6/2006, 14.

3007 *Roßnagel*, APuZ 5-6/2006, 14, Seite 15.

der Anwendungsvorbereitung berücksichtigt werden.[3008] Die Datenschutztechnik ist folglich für die nötige Verbreitung und Effektivität auf das Datenschutzrecht angewiesen.[3009]

Selbst wenn die bislang als Regelungsadressaten herangezogenen „*verantwortlichen Stellen*“ alle Datenschutzvorgaben bei IKT-Implantaten einhalten wollen, sind ihnen nur einzelne Funktionen der jeweiligen Anwendung, nicht aber die damit verbundenen komplexen Datenverarbeitungen bewusst und verständlich.[3010] Beispielsweise wird nicht jeder Arzt, der im Wege eines Home Monitorings den Gesundheitszustand seiner Patienten überwacht, die komplexen Datenerhebungs- und -verarbeitungsvorgänge bei den mitgenutzten Dienstleistern kennen und überblicken. Daher werden bei einer allgegenwärtigen und durch jedermann genutzten Datenverarbeitung selbst die „*verantwortlichen Stellen*“ ohne eine entsprechende datenschutzfreundliche Technik und Voreinstellung kaum in der Lage sein, ihren Verpflichtungen zum Datenschutz nachzukommen.[3011] Dies gilt umso mehr, je mächtiger die Informationstechnik gerade bei IKT-Implantaten wird.[3012]

Zwar dürfte ein gewisser Markteffekt durch die Einführung einer verschuldensunabhängigen Haftung mit Enthaftungsmöglichkeiten und die Versicherbarkeit von Risiken dazu führen, dass die „*verantwortlichen Stellen*“ bevorzugt und verstärkt eine datenschutzfreundliche Technik von den Entwicklern fordern und einkaufen werden.[3013] Wenn es aber – wie erwartet – dazu kommt, dass sich jederzeit und vielfältig vernetzende Gegenstände mit Daten versorgen und diese eine gewisse Autonomie erhalten, wäre bei einem allein auf die „*verantwortlichen Stellen*“ abzielenden Ansatz nicht gewährleistet, dass auch nur überwiegend, geschweige denn nahezu ausschließlich eine entsprechend sichere und datenschutzfreundliche Technik eingesetzt wird.[3014] Eine solche Regelung dürfte viele Gestaltungsziele nicht erreichen[3015] und sogar bei ungeeigneten Stellen ansetzen, da den „*verantwortlichen Stellen*“ meist das technische Wissen, die Gestaltungskompetenz und vor allem der (legale) Zugriff auf Hard- und Software Dritter zur Umsetzung und Kontrolle der datenschutzrechtlichen Vorgaben fehlen dürfte.[3016]

Auch wenn von IKT-Implantaten selbst und der zugehörigen Datenverarbeitungsinfrastruktur keine Gefahren für die informationelle Selbstbestimmung ausgehen, sondern diese erst

---

3008 *BSI; Bundesamt für Sicherheit in der Informationstechnik*, Risiken und Chancen des Einsatzes von RFID-Systemen, 110; *Langheinrich* in Fleisch/Mattern, Die Privatsphäre im Ubiquitous Computing, 340; *Roßnagel*, FES-Studie, 172f mwN.

3009 *Roßnagel*, FES-Studie, 173; *Bizer/Dingel/Fabian et al.*, TAUCIS, 228; *Nedden* in Roßnagel, Risiken und Chancen für das Datenschutzrecht, 72; *Köhntopp* in Roßnagel, Datenschutz technisch sichern, 65f.

3010 *Roßnagel*, FES-Studie, 184.

3011 *Bizer/Dingel/Fabian et al.*, TAUCIS, 120; Roßnagel, FES-Studie, 184.

3012 So bereits zu dem Vorgänger des „*Wearable Computing*“ und entsprechend aufgerüsteter Menschen *Roßnagel*, FES-Studie, 69f, 184.

3013 So auch *Bizer/Dingel/Fabian et al.*, TAUCIS, 230f.

3014 In diesem Sinne auch *Roßnagel*, MMR 2005, 74f; *Roßnagel*, FES-Studie, 191.

3015 *Roßnagel*, FES-Studie, 192.

3016 *Roßnagel*, MMR 2005, 75.

durch deren Betrieb und die Einbindung in Hintergrundinformationssysteme entstehen,[3017] darf der Technikbereich selbst und damit der Technikentwickler als Adressat von Normen künftig nicht außen vor gelassen werden.[3018] Andernfalls würde gerade die effektivste Risikovermeidungs- und -minimierungsmöglichkeit aufgegeben.[3019] Der Datenschutz ist von Anfang an in technische Protokolle zu integrieren[3020] und in datenschutzkonforme Systementwürfe aufzunehmen.[3021] Es ist erforderlich, Regelungsadressaten mit den entsprechenden Handlungsmöglichkeiten zu wählen.[3022] Daher sind neben den „*verantwortlichen Stellen*" auch die Technikentwickler und -gestalter im Hinblick auf eine datenschutzkonforme Gestaltung ihrer Produkte in die Pflicht zu nehmen.[3023]

Staatliche Schutzmaßnahmen müssen sich, wenn Grundrechte Dritter betroffen sind, am Grundsatz der Verhältnismäßigkeit orientieren.[3024] Sie müssen hinsichtlich des verfolgten Zwecks der Risikovorsorge bei IKT-Implantaten geeignet, erforderlich und angemessen sein. Die zu treffenden Schutzmaßnahmen bewegen sich somit zwischen dem Unter- und dem Übermaßverbot.[3025] Dabei ist zu beachten, dass einschneidende(re) Maßnahmen allein gegen den potentiellen Gefahrenverursacher getroffen werden.[3026] Dies verbietet keineswegs, auch die Technikgestalter als Adressaten des Datenschutzrechts in Anspruch zu nehmen, wenn nur hierdurch eine Risikoabwehr (effektiv) möglich ist. Als konkrete Risikovorsorgemaßnahme gegenüber Technikgestaltern kommen daher eher von diesen zu beachtende Planungs- und Gestaltungsgrundsätze als Verbote oder nachträgliche Schadensbeseitigungspflichten in Betracht.[3027] Es würde aber nicht genügen, auf bloße Selbstverpflichtungen der Industrie zu verweisen, wenn diese nicht zu einer umfassenden Lösung der jeweiligen Probleme führen. Hierdurch würde der Gesetzgeber seinem verfassungsrechtlichen Schutzauftrag für die Grundrechte der Betroffenen nicht gerecht.

6.3.1.3. Beweislastumkehr beim Personenbezug?

Auch gegenüber den „*verantwortlichen Stellen*" führt die Anwendung des Vorsorgeprinzips – über die konkrete Gefahrenabwehr hinaus – zu neuen Anforderungen, insbesondere im Hinblick auf die immer stärker verschwimmenden Grenzen zwischen fehlendem und vor-

3017 *Müller* in Mattern, Datenschutzvorsorge gegenüber den Risiken der RFID-Technologie, 303.

3018 So aber *Müller* in Mattern, Datenschutzvorsorge gegenüber den Risiken der RFID-Technologie, 303, welche allein auf die die Datenverarbeitung durchführende verantwortliche Stelle abstellt.

3019 Siehe Kapitel 6.2.

3020 *Langheinrich* in Fleisch/Mattern, Die Privatsphäre im Ubiquitous Computing, 358.

3021 BSI; Bundesamt für Sicherheit in der Informationstechnik, Pervasive Computing, 59, 65; Roßnagel, FES-Studie, 192.

3022 *Roßnagel*, MMR 2005, 75; *Roßnagel*, FES-Studie, 192.

3023 *Roßnagel*, MMR 2005, 75; *Roßnagel/Pfitzmann/Garstka*, Modernisierung des Datenschutzrechts, 143ff; *Roßnagel*, FES-Studie, 192.

3024 *Müller* in Mattern, Datenschutzvorsorge gegenüber den Risiken der RFID-Technologie, 304.

3025 *Müller* in Mattern, Datenschutzvorsorge gegenüber den Risiken der RFID-Technologie, 304.

3026 *Müller* in Mattern, Datenschutzvorsorge gegenüber den Risiken der RFID-Technologie, 303.

3027 *Müller* in Mattern, Datenschutzvorsorge gegenüber den Risiken der RFID-Technologie, 305.

handenem Personenbezug.[3028] Dies betrifft beispielsweise Schutzmaßnahmen für potentiell personenbeziehbare Daten, die das Ziel verfolgen, die Wahrscheinlichkeit einer Personenbeziehbarkeit zu vermindern und das Schadenspotential im Falle einer Herstellung des Personenbezugs zu reduzieren.[3029] Die Wahrscheinlichkeit einer Personenbeziehbarkeit wird dabei durch eine wirksame Löschung und größtmögliche Datensparsamkeit verringert. Da dies bei IKT-Implantaten dem Zweck der geplanten Nutzung jedoch häufig widerspricht, kommt der Reduzierung drohender Schäden die größere Bedeutung zu.

Da der Betroffene nicht überschaut, ob und wenn ja, welche Datenverarbeitungsvorgänge in Hintergrundsystemen beim Verwender erfolgen und diese auch nicht kontrollieren kann, wird in der Literatur gefordert, in einem System allgegenwärtiger Datenverarbeitung die Personenbeziehbarkeit der erfassten Daten bei der verantwortlichen Stelle zu vermuten, wobei diese die Vermutung widerlegen kann.[3030] Da nur die verantwortliche Stelle die Struktur und die Verarbeitungsvorgänge des Systems kennt und für dessen Steuerung verantwortlich ist, wäre es interessengerecht, ihr die Beweislast aufzuerlegen und hierdurch die Kontrollmöglichkeit der Verarbeitung in der Praxis zu stärken.[3031] Zugleich soll durch die im Zweifel bestehende Anwendbarkeit der Datenschutzgesetze eine Verlagerung von Verarbeitungen in so genannte *„unsichere Drittstaaten“* und damit ein *„Datenschutz-Shopping“* verhindert werden.[3032]

Bei nahezu sämtlichen erhobenen Daten besteht zumindest die Möglichkeit, diese mit einem Personenbezug zu versehen. Daher müssen auch (noch) anonyme, jedoch keinesfalls belanglose[3033] Daten zwingend in einen *„Vorfeldschutz“* einbezogen werden.[3034] Eine uneingeschränkte Anwendung der datenschutzrechtlichen Vorschriften auf (noch) anonyme Daten scheitert daran, dass es noch keinen Betroffenen gibt, dem gegenüber die Informationspflichten erfüllt werden müssten und der seine Einwilligung erteilen könnte. Da eine gesetzliche Regelung, die in die Grundrechte der Datenverarbeiter aus Art. 12, 14 GG eingreift, auch noch erforderlich und angemessen zu sein hat, wäre die Aufstellung einer solchen (widerleglichen) Vermutung der Personenbeziehbarkeit in vielen Fällen zudem unverhältnismäßig.[3035] Denn auch wenn jedes Datum potentiell personenbeziehbar ist oder wird, besteht zwischen den einzelnen Datenarten ein Unterschied hinsichtlich Aussagekraft und Wahrscheinlichkeit eines Personenbezuges, so dass eine faktische Gleichstel-

---

3028 Vgl. hierzu *Dix*, DuD 2007, 256; *Tinnefeld* in Roßnagel/Abel, Handbuch Datenschutzrecht, 4.1 Rn 22; *Gola/Schomerus*, BDSG, § 3, Rn 9; *Simitis* in Simitis, BDSG, § 3, Rn 36; *Müller* in Mattern, Datenschutzvorsorge gegenüber den Risiken der RFID-Technologie, 296f sowie Kapitel 5.2.1.2.

3029 *Roßnagel*, FES-Studie, 187.

3030 *Bizer/Dingel/Fabian et al.*, TAUCIS, 223f.

3031 *Bizer/Dingel/Fabian et al.*, TAUCIS, 224.

3032 *Bizer/Dingel/Fabian et al.*, TAUCIS, 224.

3033 BVerfGE 65, 1ff – *Volkszählung.*

3034 So auch *Roßnagel/Scholz*, MMR 2000, 728 ff; *Bizer/Dingel/Fabian et al.*, TAUCIS, 200; *Müller* in Mattern, Datenschutzvorsorge gegenüber den Risiken der RFID-Technologie, 294; *Roßnagel/Pfitzmann/Garstka*, Modernisierung des Datenschutzrechts, 107ff.

3035 In diesem Sinne auch *Roßnagel*, FES-Studie, 187.

lung zwischen personenbezogenen und potentiell personenbeziehbaren Daten jedenfalls dann nicht als geboten erscheint, wenn andere Mittel in gleichem Maße zur Zweckerreichung geeignet sind.

6.3.1.4. Einbeziehung „potentiell personenbeziehbarer Daten"

Soweit für eine Datenverarbeitung kein Personenbezug erforderlich ist, muss dieser von Anfang an vermieden oder – wo dessen Erforderlichkeit entfallen ist – nachträglich durch (automatische) Löschung oder Anonymisierung beseitigt werden.[3036] Anonymität und anonymitätsnahe Arten von Pseudonymen sollte darüber hinaus ein Vorrang gegenüber sonstigen Pseudonymen und insbesondere der Verwendung von personenbezogenen Daten eingeräumt werden.[3037] Die legitimen Auswertungsinteressen der Unternehmer könnten erleichtert unter anonymitätsnahen Pseudonym zugelassen werden, wenn zugleich sichergestellt ist, dass die Zuordnungstabelle zwischen Pseudonym und Klarnamen einer besonders strikten Zweckbindung unterliegt und durch technische Maßnahmen das nach dem Stand der Wissenschaft und Technik Erforderliche getan ist, um eine Identifizierung der Betroffenen zu verhindern.[3038]

Eine Verschärfung der Anforderungen an personenbezogene Daten und eine technisch-organisatorische Sicherstellung allein würden das Datenschutzniveau nicht ausreichend erhöhen. Da ein Personenbezug bei IKT-Implantaten vielfältig herstellbar sein wird, dürfen auch anonyme (und anonymitätsnahe pseudonyme) Daten zur Vermeidung von Schutzlücken nicht aus dem grundsätzlichen Schutzbereich des Datenschutzrechts entlassen werden. Als Ausweg bietet sich an, zwischen dem Zustand, in welchem Daten nicht personenbezogen und daher nicht vom Datenschutzrecht erfasst sind und dem Zustand, in welchem die Daten eindeutig personenbezogen sind, einen „*dritten Zustand*" abzugrenzen, welcher „*potentiell personenbeziehbare*" Daten erfasst, von denen ein erhöhtes Risiko für die informationelle Selbstbestimmung ausgeht.[3039]

3036 In diesem Sinne auch *Tauss* in Bizer, Modernisierung des Datenschutzrechts, 124; ähnlich auch *Bizer/Dingel/Fabian et al.*, TAUCIS, 329; *Köhntopp* in Roßnagel, Datenschutz technisch sichern, 57.

3037 In diesem Sinne auch *Tauss* in Bizer, Modernisierung des Datenschutzrechts, 124.

3038 In diesem Sinne auch *Bizer/Kamp/Bock et al.*, Schlussbericht, 153f.

3039 So auch *Müller* in Mattern, Datenschutzvorsorge gegenüber den Risiken der RFID-Technologie, 294. In diesem Sinne ist wohl auch der Bericht der *Bundesregierung* zu den Aktivitäten, Planungen und zu einem möglichen gesetzgeberischen Handlungsbedarf in Bezug auf die datenschutzrechtlichen Auswirkungen der RFID-Technologie, BT-Drs. 16/7891, 10, 12 zu verstehen, in welchem sie als Lösungsmöglichkeiten fordert, dass auch aus „*potentiell personenbeziehbaren Speicherdaten wie Produktcodes keine allgemeinen Verhaltens-, Nutzungs- und Bewegungsprofile erstellt werden, da die Gefahr besteht, dass diese später ggf. mit einer konkreten Person in Verbindung gebracht werden können.*" Da eine pauschale Einbeziehung potentiell personenbezogener Daten in das BDSG aber möglicherweise auch die Georeferenzierung betreffen würde und es sich um eine „ebenso komplex wie umstritten(e)" datenschutzrechtliche Fragestellung handele, wäre eine „*Änderung des BDSG zum jetzigen Zeitpunkt kaum vorteilhaft für den Verbraucher, aber deutlich nachteilig für die internationale Konkurrenzfähigkeit deutscher Unternehmen*". Dies belegt jedoch nicht die Ungeeignetheit oder fehlende Erforderlichkeit der Maßnahme, sondern unterstreicht lediglich die Sinnhaftigkeit einer europäischen Regelung vergleichbar zur RoHS-Richtlinie (vgl. dazu näher Kapitel 6.3.5). Möglicherweise führen allerdings die nach diesem Bericht ans Licht getretenen Datenschutzskandale bei der Telekom, Lufthansa, NKL und Callcentern hier zu dem nötigen Umdenken.

Bei IKT-Implantaten dürfte es sich häufig um personenbezogene Daten handeln. Falls dies noch nicht der Fall ist, der Personenbezug aber beabsichtigt ist, weil beispielsweise nur hierdurch ein wirtschaftlicher Nutzen aus den Daten gezogen werden kann, sollten für diese bereits die strengeren Regelungen *„potentiell personenbeziehbarer“* Daten gelten. Um Unklarheiten und Beweisschwierigkeiten zu vermeiden, käme *insoweit* eine gesetzliche Vermutung der beabsichtigten Personenbeziehbarkeit in Betracht, die von der verantwortlichen Stelle jedoch widerlegt werden kann. Dies beträfe beispielsweise eindeutig (noch) nicht personenbezogene statistische Ausgangsdaten beim Scoring, welche mit personenbezogenen Daten zusammengeführt werden sollen und müssen, um den gewünschten Mehrwert zu generieren.

Um die Rechte der Betroffenen insbesondere auf Information, Korrektur und Löschung auch im Fall einer nachträglichen Herstellung des Personenbezuges zu wahren, müssten der verantwortlichen Stelle für *„potentiell personenbeziehbare“* Daten geeignete Dokumentations- und Nachweispflichten auferlegt werden, wann, wo und von wem sie jedes einzelne Datum erlangt und auf welche Art und Weise sie dieses verarbeitet und an wen sie es übermittelt hat.

Da im Regelfall keine wirksame Einwilligung des Betroffenen in die Erhebung und Verarbeitung derart aggregierter Daten vorliegen dürfte,[3040] würde in einer Vielzahl von Fällen eine Pflicht zur Löschung oder Sperrung der Daten unmittelbar im Zeitpunkt der Herstellung des Personenbezugs entstehen. Dies gilt insbesondere, wenn der Forderung nach einer weitgehenden Abschaffung gesetzlicher Ausnahmeerlaubnistatbestände nachgekommen würde. Durch einen Verzicht auf Abwägungsklauseln allgemein – und insbesondere in Fällen der nachträglichen Herstellung eines Personenbezuges – würde die Einwilligung wieder gestärkt und für die Betroffenen die verlorene Transparenz teilweise wieder hergestellt werden. Wird der Datenschutz durch Technik derart umgesetzt, dass Löschungen und Sperrungen in Fällen der nachträglichen Herstellung eines Personenbezugs nicht nur möglich werden, sondern darüber hinaus auch weitestmöglich automatisiert erfolgen können und deren Umsetzung durch Kontrollen und Sanktionsmechanismen überprüft und durchgesetzt werden kann, ließen sich die Folgen einer nachträglichen Herstellung des Personenbezugs reduzieren.

Ist eine verantwortliche Stelle ausnahmsweise der Ansicht, Daten aus einem nachträglich hergestellten Personenbezug ohne vorherige Einwilligung des Betroffenen weiter verwenden zu müssen, hat an Stelle der Löschung zunächst eine wirksame Sperrung zu erfolgen.[3041] Der Betroffene ist sodann über den hergestellten Personenbezug und über sämt-

---

3040 Anders in Fällen, in denen der Betroffene beispielsweise der Einholung einer SCHUFA-Auskunft zustimmt und über die Durchführung eines Scoring-Verfahrens informiert wurde.

3041 Dies soll verhindern, dass die Daten weiterhin im *„normalen“* Datenverkehr genutzt werden können. Nur eine Einwilligung desjenigen, dessen personenbezogene Daten nunmehr vorliegen, kann die Daten (abgesehen von Kontrollzwecken durch die Datenschutzaufsicht) freischalten.

liche vorliegenden Daten, hieraus gezogene und planmäßig ziehbare Schlüsse sowie die Quellen der Daten zu informieren. Auf Basis dieser Information kann sodann eine Einwilligung des Betroffenen erbeten werden. Wird diese erteilt, sind die von der Einwilligung erfassten Daten und Verwendungen unverzüglich einer entsprechenden Zweckbindung zu unterwerfen, und zwar in dem gleichen Maße, als wenn diese von vornherein bestanden hätte. Erst nach Versehen der Daten mit der Zweckbindung darf die Sperrung im erforderlichen Umfang aufgehoben werden. Im Falle einer verweigerten Einwilligung sind sämtliche nicht von der Einwilligung erfassten Daten zu löschen, sofern keine gesetzlichen Aufbewahrungspflichten entgegenstehen. Alle derartigen Verarbeitungsvorgänge – von der Versehung der Daten mit der Zweckbindung über Sperrung und Löschung – sind von der verantwortlichen Stelle zu protokollieren. Das Protokoll muss gegen den unberechtigten Zugriff gesichert werden.

Dadurch, dass auch *„potentiell personenbeziehbare“* Daten dem Datenschutzrecht – wenn auch in abgeschwächter Form – unterfallen würden, wäre auch die Profilbildung in den Griff zu bekommen, wenn die Grundsätze der Datensparsamkeit, der Erforderlichkeit und der Zweckbindung auch bei anonymen Daten Anwendung finden. Bei geeigneter technischer Umsetzung und Kontrolle könnte auch ein grundsätzliches Verbot der Sammlung anonymer Daten auf Vorrat zur Herstellung eines Personenbezugs erlassen werden, von dem nur in eng begrenzten Ausnahmefällen abgewichen werden darf. In Betracht kommt beispielsweise die Anordnung einer förmlichen Zulassung der Datensammlung auf Vorrat durch die (unabhängigen, nicht betrieblichen) Datenschutzbeauftragten. Diese könnten die verfolgten Ziele, das hierzu genutzte Verfahren und die eingesetzten Sicherungsmechanismen prüfen und im Einzelfall zulassen.

Wenn die übermittelnde Stelle verpflichtet wäre, potentiell personenbeziehbare Daten nur dann an Dritte zu übermitteln, wenn sichergestellt ist, dass auch diese die gleichen Anforderungen erfüllen, würde auch die Gefahr einer unkontrollierbaren Verbreitung eindämmbar.[3042] Zugleich würde das Problem des Datentransfers in *„unsichere Drittstaaten“* verringert.[3043] Bei konsequenter Umsetzung der Grundsätze der Datenvermeidung und Sparsamkeit sowie des grundsätzlichen Verbots der nachträglichen Herstellung des Personenbezuges (mit der Folge, dass derartige Daten im Regelfall bei Herstellung des Personenbezugs automatisch gelöscht werden) könnte das Problem der Daten im *„dritten Zustand“* lösbar sein.

Dort, wo eine Anonymität aufgrund des verfolgten Zwecks ausscheiden muss, sollten Pseudonyme verwendet werden.[3044] Gelten für diese die gleichen abgestuften Anforde-

3042 Noch weitergehender *Roßnagel*, FES-Studie, 187, welcher ein Verbot jeglicher Herstellung eines Personenbezugs durch die empfangende Stelle als Zulässigkeitsvoraussetzung fordert. Dies dürfte jedoch weder technisch wie praktisch handhabbar sein, so dass stattdessen obige Lösung im Wege einer automatisierten Sperrung oder Löschung vorzuziehen ist.

3043 *Roßnagel*, FES-Studie, 187.

3044 In Betracht kommen beispielsweise Transaktionspseudonyme.

rungen wie für *„potentiell personenbeziehbare Daten“*, bestünde für die verantwortlichen Stellen der nötige Anreiz, pseudonymisierte Daten an Stelle von personenbezogenen Volldaten zu verwenden. Zugleich wäre sichergestellt, dass ein Anbieter bei pseudonymisierten Daten und der Gewährleistung eines hohen Schutzniveaus die erforderlichen Auswertungsvorgänge weiterhin durchführen kann.

Die Risikominimierungsmaßnahmen könnten auch über die Fälle einer geplanten nachträglichen Herstellung eines Personenbezugs hinaus allgemein durch eine Vorabkontrolle ergänzt werden, um der systemimmanenten Komplexität und dem Problem der mangelnden Einblicke des Betroffenen in die Datenverarbeitungsvorgänge gerecht zu werden und die erforderliche Transparenz herzustellen.[3045] Datenverarbeitungssysteme und -anwendungen sollten hinsichtlich der zu erhebenden und verarbeitenden Daten, der Abläufe, der zu verwendenden Technik und der Sicherstellung der Einhaltung der datenschutzrechtlichen Vorgaben einer Art Bauartzulassung bedürfen, um zu dokumentieren und zu beweisen, dass die Technik datenschutzkonform ist. Ähnlich wie bei Medizinprodukten, Kraftfahrzeugen und Industrieanlagen kommt ein abgestuftes System in Betracht, welches von der reinen Angabe einer Konformität bei der Veröffentlichung wesentlicher Spezifikationen durch den Hersteller bis hin zu förmlichen Zulassungsverfahren je nach Gefahrgeneigtheit reichen könnte. Herstellererklärungen müssten von Wettbewerbern überprüft werden können, z. B. im Rahmen des Wettbewerbsrecht, der behördlichen Nachprüfung unterliegen und falsche Angaben mit Bußgeld und ggf. Strafe geahndet werden. Insoweit kommt eine Anlehnung an das MPG oder GPSG in Betracht. Um Haftungsrisiken zu reduzieren und den Schutz zu erhöhen, kommen ergänzend oder alternativ Zertifizierungen und Datenschutzaudits auf freiwilliger Basis hinzu.[3046]

Versteht man unter potentiell personenbezogenen Daten auch solche, bei denen der Personenbezug zumindest durch unlautere Mittel leicht hergestellt werden kann, würde man zudem die Schutzlücken[3047] schließen, welche andernfalls bestünden. Da die gesetzlichen Anforderungen an diese nur potentiell personenbeziehbaren Daten jedoch gegenüber den personenbezogenen oder -beziehbaren abgeschwächt wären, wäre eine solche Regelung im Interesse der gesetzestreuen Datenverarbeiter noch verhältnismäßig, ohne den Schutz der informationellen Selbstbestimmung ausgerechnet vor vorsätzlichem Missbrauch unnötig zu reduzieren.[3048]

3045 *Bizer/Dingel/Fabian et al.*, TAUCIS, 224.

3046 *Roßnagel/Pfitzmann/Garstka*, Modernisierung des Datenschutzrechts, 130ff; *Roßnagel*, FES-Studie, 187f

3047 Siehe Kapitel 5.2.1.2.4.

3048 So in der Begründung auch *Pahlen-Brandt*, K&R 2008, 290, welche jedoch auch in Fällen des (nur!) illegal herstellbaren Personenbezugs durch beliebige Dritte stets eine volle Anwendbarkeit des Datenschutzrechts fordert, indem sie allein auf die „objektive“ Personenbeziehbarkeit abstellt, welche über E 26 der DSRL hinaus auch illegales Handeln mit berücksichtigen muss. Vgl. hierzu näher Kapitel 4.2.2.2.1.2 und 5.2.1.2.4.

6.3.2 Gefährdungshaftung im Datenschutzrecht

Nicht nur gesetzliche Mindeststandards können einen hinreichenden Datenschutz bewirken. Wirksamer sind häufig Regelungen, die von den Marktteilnehmern im eigenen Interesse befolgt werden. Führen Verstöße zu empfindlichen Strafen oder Schadensersatzzahlungen, sind Unternehmen regelmäßig daran interessiert, diese zu vermeiden – und wählen entsprechend geeignete Mittel.[3049] Allerdings muss es sich um durchsetzbare, gefährdungs- und schadensadäquate Sanktionsmöglichkeiten und Ersatzpflichten gerade auch für Nichtvermögensschäden bei der Verletzung von Datenschutzvorschriften durch öffentliche wie nicht-öffentliche Stellen handeln, damit eine präventive Wirkung erwartet werden kann.[3050]

Die Einführung einer Gefährdungshaftung für den Betrieb von Systemen zur Verarbeitung von personenbezogenen – und potentiell personenbeziehbaren – Daten bei IKT-Implantaten auch für immaterielle Schäden gegenüber nicht-öffentlichen Stellen ist für einen wirksamen Datenschutz unerlässlich.[3051] Gefährdungshaftungssysteme, welche aufgrund der Komplexität der Technik oder Potenzierung von Risiken im Massenverkehr eingeführt wurden, sieht das deutsche Recht beispielsweise beim Straßenverkehrsgesetz[3052], dem Umwelthaftungsgesetz[3053] oder dem Produkthaftungsgesetz[3054] vor. Ein Geschädigter, der einen Schaden durch eine Datenverarbeitung geltend machen will, könnte bei IKT-Implantaten ohne eine Gefährdungshaftung kaum die Ursächlichkeit als auch das Verschulden des Anbieters nachweisen.[3055] Zur Abmilderung sieht § 8 BDSG für den öffentlichen Bereich eine verschuldensunabhängige Gefährdungshaftung vor. Der bei IKT-Implantaten zunehmend wichtige nicht-öffentliche Bereich wird dagegen in § 7 BDSG nur durch eine verschuldensabhängige Haftung mit Beweislastumkehr erfasst. In beiden Fällen handelt es sich um den Einsatz einer zwar erlaubten, aber gefährlichen Technik, welche „*in Anbetracht der komplexen, für außenstehende Dritte kaum nachvollziehbaren Vorgänge bei der automatisierten Datenverarbeitung*“ dazu führt, dass „*es dem Betroffenen nicht zugemutet werden (kann), dem Betreiber der Anlage ein Verschulden nachweisen zu müssen*“.[3056] Da diese Begründung des Gesetzgebers bezüglich § 8 BDSG gerade bei IKT-Implantaten auch im Rahmen der privaten Datenverarbeitung berechtigt ist, ist eine Differenzierung zwischen dem öffentlichen und nicht-öffentlichen Bereich überholt und nicht mehr sachgerecht.[3057] Es ist daher erforderlich, auch für privatwirtschaftliche Stellen eine Gefährdungshaftung für jede geschäftsmäßige automatisierte Datenverarbeitung ein-

---

3049 Roßnagel, FES-Studie, 196; *Bizer/Dingel/Fabian et al.*, TAUCIS, 233; Neumann/Schulz, DuD 2007, 253.
3050 *Neumann/Schulz*, DuD 2007, 253.
3051 *Bizer/Dingel/Fabian et al.*, TAUCIS, 233; Roßnagel, FES-Studie, 196.
3052 § 7 Abs. 1 StVG.
3053 § 1 UHaftG.
3054 § 1 Abs. 1 ProdHaftG.
3055 So *Roßnagel*, FES-Studie, 196 allgemein zu Ubiquitous-Computing-Anwendungen
3056 So die Begründung zu § 8 BDSG für den öffentlichen Bereich in BR-Drs. 618/88, 108.
3057 So auch allgemein im Ubiquitous Computing *Roßnagel*, FES-Studie, 196f.

zuführen.[3058] Es erscheint auch als verhältnismäßig, die Kosten der Vermeidung, Verminderung und Beseitigung von Schäden denjenigen Marktteilnehmern anzulasten, die die Risiken verursachen.[3059]

Um strukturell bedingte Beweisprobleme des Geschädigten zu vermindern, sollten ferner Beweiserleichterungen nach dem Vorbild des Umwelthaftungsgesetz (§ 6 UHaftG) oder des Gentechnikgesetzes (§§ 32 Abs. 1, 34 GenTG) vorgesehen werden.[3060] Geeignet wäre beispielsweise eine Kausalitätsvermutung zu Lasten des Betreibers, wenn das System nach den Gegebenheiten des Einzelfalles, beispielsweise dem Ablauf der Verarbeitung, für die Verursachung des Schadens geeignet ist.[3061] Wenn ein Geschädigter die Rechtswidrigkeit oder Unrichtigkeit der Datenverarbeitung sowie Umstände des Einzelfalls belegt, die eine hohe Wahrscheinlichkeit für die Ursächlichkeit eines entstandenen Schadens begründen, soll die verantwortliche Stelle nachweisen müssen, dass ihr Fehler den Schaden nicht verursacht haben kann.[3062] Eine derartige Haftungsregelung erscheint auch ökonomisch sinnvoll, weil sie die Verantwortung nicht nur beim Verursacher des konkreten Schadens, sondern gerade auch bei demjenigen verortet, der die wirtschaftlichen Vorteile für das Inverkehrbringen des Produkts oder Verfahrens zieht und Einfluss auf eine Gefahren vermeidende Gestaltung nehmen kann.[3063] Dabei würde die Zurechnung der Verantwortung bei der Betriebsgefahr ansetzen, welche durch den Gebrauch eines Systems zur Verarbeitung (auch potentiell) personenbeziehbarer Daten ausgelöst wird, so dass der Betroffene weder Vorsatz noch Fahrlässigkeit des Betreibers nachweisen müsste.[3064]

Um den Vollzug der Datenschutzregelungen zu fördern und das Datenschutzniveau zu verbessern, sollte eine allgemeine Haftungsregelung an die Stelle der Gefährdungshaftung treten, wenn die verantwortliche Stelle nachweist, dass sie für den Zeitraum, in welchem die Verletzung erfolgt sein muss, alle Anforderungen des Datenschutzrechts erfüllt hat.[3065] Den Nachweis einer derartigen Datenschutzkonformität könnte der Betreiber über eine Datenschutzkontrolle im Einzelfall, insbesondere aber auch durch eine Vorabkontrolle oder Auditierung des Systems erbringen, so dass die Aufwendungen für Maßnahmen zur Risikoverringerung mit dem Ausschluss der Gefährdungshaftung „*belohnt*“ würde.[3066]

Hierdurch würde zudem ein Druck der verantwortlichen Stellen auf ihre Lieferanten ausgehen, datenschutzkonforme Produkte und Konfigurationen zu liefern, welche diese durch

3058 *Roßnagel*, FES-Studie, 197.
3059 *Bohne*, NVwZ 1999, 10.
3060 *Roßnagel*, FES-Studie, 197.
3061 *Bizer/Dingel/Fabian et al.*, TAUCIS, 232.
3062 *Roßnagel/Pfitzmann/Garstka*, Modernisierung des Datenschutzrechts, 183.
3063 *Bizer/Dingel/Fabian et al.*, TAUCIS, 233.
3064 *Bizer/Dingel/Fabian et al.*, TAUCIS, 233.
3065 Roßnagel, FES-Studie, 197; *Bizer/Dingel/Fabian et al.*, TAUCIS, 233.
3066 *Bizer/Dingel/Fabian et al.*, TAUCIS, 233; Roßnagel, FES-Studie, 197.

entsprechende Zertifikate und Gütesiegel nachweisen und sich hierdurch Wettbewerbsvorteile verschaffen könnten.[3067]

6.3.3 Verbot des Handels mit personenbezogenen Daten?

Ebenfalls diskutiert wird ein generelles Verbot des Handels mit personenbezogenen Daten wie Name, Anschrift, Geburtsjahr, Beruf und Kontendaten, da nur auf diesem Weg der *„außer Kontrolle geratene Datenhandel zu stoppen"* sei.[3068] Andere Stimmen mahnen, dass ein generelles Verbot des Verkaufs von personenbezogenen Daten letztlich weder dem Betroffenen noch der Wirtschaft nütze und daher wenig förderlich für den Datenschutz sei.[3069] Verbraucherdaten seien ein wertvolles Wirtschaftsgut, während die Probleme nicht aus dem Handel an sich, sondern der Art des Umgangs mit personenbezogenen Daten entstünden.[3070] Wichtiger sei daher, die Einwilligung zu stärken und auf die Einhaltung der von ihr gesetzten Grenzen zu pochen.[3071] In der Tat wird sich ein gänzliches Verbot des Handels mit personenbezogenen Daten weder politisch noch faktisch durchsetzen lassen. Eine Stärkung der informationellen Selbstbestimmung kann jedoch auch durch den Datenschutz durch Technik, eine Reduzierung der offenen General- und Abwägungsklauseln und der datenschutzrechtlichen Privilegierungen erreicht werden, so dass es eines gänzlichen Verbots nicht bedarf. Es sollte jedoch der Handel in allen Fällen verboten werden, in denen keine ausdrückliche Einwilligung des Betroffenen vorliegt – und die Freiwilligkeit der Einwilligung durch geeignete Informationspflichten und ein allgemeines Kopplungsverbot umfassend sicher gestellt werden, wobei Zweifel ähnlich dem AGB-Recht stets zu Lasten des Verwenders führen müssten. [3072]

3067 *Bizer/Dingel/Fabian et al.*, TAUCIS, 233f.

3068 *Sokol* in *Krempl*, Illegaler Handel mit Kundendaten: Der "GAU" wird immer noch größer, http://www.heise.de/newsticker/meldung/114457.

3069 *Weichert* (ULD) in *Heise online/anw*, Datenschützer gegen generelles Datenverkaufsverbot, http://www.heise.de/newsticker/meldung/114752.

3070 *Weichert* (ULD) in *Heise online/anw*, Datenschützer gegen generelles Datenverkaufsverbot, http://www.heise.de/newsticker/meldung/114752.

3071 So *Weichert* (ULD) im Anschluss an *Horst Seehofer* und *Brigitte Zypries* in *Heise online/anw*, Datenschützer gegen generelles Datenverkaufsverbot, http://www.heise.de/newsticker/meldung/114752.

3072 In diesem Sinne auch *Klöckner* in *Heise online/se*, CDU-Verbraucherpolitiker wollen Datenschutz rasch verbessern, http://www.heise.de/newsticker/meldung/114690; dem Ansinnen von *Zypries* in *FAZ (Hrsg.)*, Zypries will Datenhändlern Gewinne beschneiden, FAZ v. 22.08.2008, http://www.faz.net/s/Rub0E9EEF84AC1E4A389A8DC6C23161FE44/Doc~E7D2EFCE2A2B845DA974EB239A2D7D6D2~ATpl~Ecommon~Scontent.html und *Künast* in *Rademaker*, Grüne fordern Datenschutz in Verfassung, FTD v. 18.08.2008, http://www.ftd.de/politik/deutschland/401307.html, stets eine *schriftliche* Einwilligung zu fordern, dürfte gerade in einer Welt des Ubiquitous Computing lebensfremd und alles andere als wegweisend sein – wenn allerdings (wie im Zivilrecht üblich) an Stelle der Schriftform die elektronische Einwilligung mit qualifizierter Signatur treten kann, wäre dies zu begrüßen und könnte zugleich zu dem Einzug der nötigen Signatur- und Verschlüsselungstechniken in alle Haushalte und damit insgesamt zu einer sicheren Kommunikation führen; für ein striktes Kopplungsverbot auch *Simitis* in *Müller*, Simitis: Besserer Datenschutz dank präventiver Kontrollen, FAZ v. 19.08.2008, http://www.faz.net/s/Rub594835B672714A1DB1A121534F010EE1/Doc~EB72060911A0D44E6B8015EC2E7B4FE25~ATpl~Ecommon~Scontent.html.

6.3.4 Rechtlicher Änderungsbedarf für einen Datenschutz durch Technik

Technikentwickler und -gestalter müssen durch gesetzliche Vorgaben verpflichtet werden, datenschutzkonforme, insbesondere transparente, datensparsame, kontrollierbare und missbrauchsvermeidende Techniksysteme zu gestalten, die Umsetzung dieser Verpflichtung zu dokumentieren und gegebenenfalls überprüfen zu lassen sowie auf verbleibende Risiken hinzuweisen.[3073]

6.3.4.1. Opt-In statt Opt-Out

Die Erfahrung mit Kundenbindungssystemen zu Opt-In- und Opt-out-Regelungen in der Praxis zeigt, dass in Fällen, in denen die Betroffenen ihre Einwilligung in die Verwendung der Daten für Werbezwecke aktiv durch anklicken (Opt-In) erteilen müssen, lediglich 20 % der Verbraucher die Einwilligung erteilen würden. Müssen sie – beispielsweise durch Entfernen des Häkchens im Einwilligungsfeld oder Streichen der Regelung – hingegen selbst tätig werden, um eine Einwilligung zu verweigern, belassen es 80% bei der vorformulierten, erteilten Einwilligung.[3074] Die hierdurch bewirkte „*Umgehung*" des grundsätzlichen Verbots der Datenverarbeitung durch „*Erschleichen*" von Einwilligungserklärungen im Wege des Opt-out lassen eine datenschutzgerechte Technikgestaltung durch entsprechende Voreinstellungen als unerlässlich erscheinen. Jede Verwendung personenbezogener Daten sollte daher von der freiwilligen und expliziten Einwilligung des Betroffenen im Wege eines Opt-In abhängig gemacht werden.[3075] Hierzu eignet sich besonders eine „*Delegation*" der Einwilligung auf einen Agenten des Betroffenen, für den Datenschutzbeauftragte, Datenschutzvereinigungen und sonstige Verbände oder Organisationen Empfehlungen in Form direkt einsetzbarer Datenschutzpräferenzmuster geben könnten.[3076] Wenn Technikgestalter selbst für eine datenschutzkonforme Default-Einstellung sorgen müssen, wird die Umsetzung der datenschutzrechtlichen Vorschriften auch für die nachgeschalteten Datenverarbeiter erleichtert.[3077]

6.3.4.2. Anwenderfreundlichkeit

Ferner muss eine datenschutzsichernde Technik anwenderfreundlich sein, damit das angestrebte Schutzziel nicht nur abstrakt, sondern auch tatsächlich erreicht wird.[3078] Die An-

---

3073 *Roßnagel/Pfitzmann/Garstka*, Modernisierung des Datenschutzrechts, 143ff; *Roßnagel*, FES-Studie, 192; *Roßnagel*, MMR 2005, 75; *Roßnagel*, APuZ 5-6/2006, 14, Seite 15; mit dieser Tendenz wohl auch *Kommission der Europäischen Gemeinschaften (Hrsg.)*, KOM(2007), 96, 7, 10.

3074 *Verbraucherzentrale Bundesverband e.V. (Hrsg.)*, DuD 2007, 272 unter Verweis auf ein Gutachten des unabhängigen Landeszentrums für Datenschutz (ULD), Schleswig-Holstein im Auftrag des Verbraucherzentrale Bundesverbands, abrufbar unter https://www.datenschutzzentrum.de/wirtschaft/Kundenbindungssysteme.pdf.

3075 Verbraucherzentrale Bundesverband e.V. (Hrsg.), DuD 2007, 273; Bizer/Kamp/Bock et al., Schlussbericht, 153.

3076 *Roßnagel*, FES-Studie, 179.

3077 *Roßnagel*, APuZ 5-6/2006, 14, Seite 15; ähnlich auch *Schaar* in *Krempl*, Zypries gegen Festschreibung des Datenschutzes im Grundgesetz, http://www.heise.de/newsticker/meldung/110299.

3078 *Nedden* in Roßnagel, Risiken und Chancen für das Datenschutzrecht, 72

wenderfreundlichkeit muss als besondere Gestaltungsvorgabe gegenüber Technikgestaltern festgeschrieben werden.[3079]

6.3.4.3. Vorgabe von „Schutzzielen"

Die Verankerung datenschutzrechtlicher Gestaltungsanforderungen an die Technik kann in unterschiedlicher Form geschehen. So enthält die Anlage zu § 9 BDSG eher konkrete Maßnahmen, während neuere Ansätze lediglich Anforderungen in Form von Schutzzielen vorgeben.[3080] Letzteres weist den Vorteil größerer Zukunftsoffenheit auf, da nicht eine bestimmte und möglicherweise in Kürze schon überholte Ausformung der Technik vorgeschrieben wird, sondern es sich um eine technikneutrale Regelung handelt.[3081] Durch die Formulierung gesetzlicher Gestaltungsanforderungen an die Technik in Form von Schutzzielen stünde ein breiter Erfüllungskorridor zur Verfügung, um das Schutzziel – soweit technisch möglich und zumutbar – im Sinne eines Optimierungsgebotes vergleichbar den Regelungen im Emissionsschutzrecht gemäß des jeweils aktuellen Stands der Technik zu erreichen.[3082] Wird ein Verfahren beispielsweise durch Aufdeckung von konzeptionellen Schwachstellen oder dessen mangelhafter Umsetzung in konkreten Produkten unsicher, würden flankierende Rückrufpflichten ähnlich denen im GPSG zumindest eine fortdauernde Nutzung der Produkte und Verfahren reduzieren.

6.3.4.4. Einsatz autonomer Agenten

Auch wenn der Einsatz *„autonomer"* elektronischer Agenten für ein Identitätsmanagement keiner grundlegenden Rechtsänderung bedarf,[3083] sollte dennoch klargestellt werden, dass eine derartig erteilte Einwilligung trotz ihrer hinsichtlich der Eindeutigkeit und Belastbarkeit fehlenden Schriftlichkeit ein brauchbares Instrumentarium darstellt.[3084] Da der Einwilligung hierdurch wieder die gebotene größere Bedeutung zukommen kann, welcher der ursprünglichen Intention des Gesetzgebers und des BVerfG deutlich besser entspricht als die heute praktizierte Variante, sollten hiergegen keine Widerstände bestehen. Gleiches gilt bezüglich der Erfüllung von Informationspflichten gegenüber dem Agenten an Stelle des Betroffenen.[3085]

3079 *Nedden* in Roßnagel, Risiken und Chancen für das Datenschutzrecht, 72f.

3080 Beispielsweise § 10 des Datenschutzgesetzes von Nordrhein-Westfahlen. Die mit einem Identitätsmanagement in Nutzerhand einhergehenden Funktionen zu Einwilligung, Widerspruch, Auskunft, Löschung oder Berichtigung werden nur dann wirkungsvoll sein, wenn entsprechende Gestaltungsanforderungen – zumindest in abstrakter Form und ohne Bezug auf eine bestimmte technische Lösung – im Gesetz verankert werden, vgl. *Nedden* in Roßnagel, Risiken und Chancen für das Datenschutzrecht, 68f.

3081 *Nedden* in Roßnagel, Risiken und Chancen für das Datenschutzrecht, 71.

3082 So auch *Nedden* in Roßnagel, Risiken und Chancen für das Datenschutzrecht, 71.

3083 *Sorge*, Softwareagenten, 36; *Cornelius*, MMR 2002, 358.

3084 *Roßnagel*, FES-Studie, 162.

3085 *Sorge*, Softwareagenten, 40; *Cornelius*, MMR 2002, 358.

6.3.4.5. Kopplungsverbot

Ergänzend ist ein ausdrückliches Kopplungsverbot für sämtliche Anwendungsbereiche erforderlich. Damit wäre untersagt, den Vertragsschluss oder die Vorteilgewährung auch mittelbar von der Einwilligung in eine Erhebung und Verarbeitung von Daten abhängig zu machen, die nicht (mehr) für die Vertragserfüllung zwingend erforderlich sind.[3086] Das Kopplungsverbot sollte auch dann bestehen, wenn ein Betroffener auf andere Anbieter ausweichen kann. Es sollte jegliche über den unmittelbaren Vertragszweck hinausgehende Datenerhebung und -verarbeitung der freien Entscheidung des Betroffenen überlassen bleiben.[3087]

6.3.4.6. Zweckbindung, Regellöschungsfristen, Ausnahmetatbestände

Auch die Zweckbindung sollte durch stärkere Beachtung von Löschungsregeln wirksamer ausgestaltet werden.[3088] Es sollten Regelfristen für die Sperrung und Löschung von Vertragsdaten mit Rücksicht auf gesetzliche Aufbewahrungsfristen festgelegt werden.[3089] Gerade eine „*Bedarfsweckung*“ aufgrund vorhandener Daten wie im Beispiel der Maut-Daten zeigt die Erforderlichkeit der Umsetzung einer strikten Zweckbindung durch technische Lösungen in Form von Löschungsroutinen, welche greifen, sobald der Primärzweck der Daten erreicht wurde.[3090] Die immer weiter ausgebaute Liste „*ausnahmsweise*“ zulässiger zweckwidriger Verarbeitungsmöglichkeiten sollte aufgegeben werden, um Zweckentfremdungswünschen und Missbrauchsmöglichkeiten zuvor zu kommen.[3091]

Diese Maßnahmen sind nicht isoliert durchzuführen, sondern müssen mit Protokollpflichten und Maßnahmen zur technischen Durchsetzung der Grenzen der erteilten Erlaubnis und sonstigen gesetzlichen Anforderungen (z. B. Löschung) einhergehen. Deren Umsetzung („ob“) ist durch technische und organisatorische Maßnahmen gesetzlich vorzuschreiben, während das „Wie“ dem Erfindungsreichtum der Entwickler und Systembetreiber überlassen bleibt, solange sie nur eine nach dem Stand von Wissenschaft und Technik sichere Ausführungsform wählen.

Dabei muss der Gesetzgeber in einer Gesellschaft, in der nahezu alle personenbezogenen Daten schon gespeichert und tendenziell jederzeit zugänglich sind, einen klaren Verzicht auf die Erreichbarkeit und Verwendbarkeit anordnen – und so die technische Erreichbarkeit gegen eine normative Unzugänglichkeit tauschen.[3092] Dies schließt eine Ab-

3086 Verbraucherzentrale Bundesverband e.V. (Hrsg.), DuD 2007, 273.

3087 In diesem Sinne auch Verbraucherzentrale Bundesverband e.V. (Hrsg.), DuD 2007, 273.

3088 *Roßnagel* in Mattern, Informationelle Selbstbestimmung in der Welt des Ubiquitous Computing, 280.

3089 Bizer/Kamp/Bock et al., Schlussbericht, 154.

3090 *Bizer/Dingel/Fabian et al.*, TAUCIS, 215; Simitis, RDV 2007, 152.

3091 *Simitis*, RDV 2007, 152.

3092 *Simitis*, JZ 2008, 702.

kehr von einer äußerst allgemein gehaltenen, beliebig interpretierbaren und damit nur die Datenverarbeitung ermöglichenden Gesetzessprache ein.[3093]

6.3.4.7. UWG und Verbraucherschutz

Schließlich sollten die Datenschutzgesetze als verbraucherschützende Vorschriften[3094] und wettbewerbsrelevante Regelungen im Sinne des UWG anerkannt werden. Dies würde es ermöglichen, dass nicht nur die chronisch überlasteten Datenschutzaufsichtsbehörden, sondern auch Verbraucherschutzverbände und Wettbewerber die Einhaltung von Datenschutzvorschriften einklagen und durchsetzen könnten.

6.3.5 Supranationale Regelungen

6.3.5.1. Erfordernis supranationaler Regelungen

Das Erfordernis möglichst weltweit gültiger, einheitlicher Datenschutznormen ist unumstritten.[3095] Das Erreichen dieses Ziels wird gerade durch die supranationale Vorgabe eines Datenschutzes durch Technik aber auch möglich. Ein solcher Datenschutz durch Technik erlaubt es, die Grenzen rein normativer Regelungsansätze wegen der zwangsläufig auf das eigene Hoheitsgebiet beschränkten Regelungsmacht nationaler Gesetzgeber zu überwinden. Denn die Grenzen territorialer Rechtsgeltung sind für eine datenschutzgerechte und datenschutzfreundliche Technik nicht vorhanden, so dass deren Vorteile überall dort zum Tragen kommen, wo sie eingesetzt wird.[3096] Zwar mag ein rein nationaler Ansatz eines Datenschutzes durch Technik als gesetzgeberische Vorgabe bezogen auf Deutschland nicht genügen, um eine möglichst globale Standardisierung zu bewirken. Die RoHS-Richtlinie[3097] hat aber gezeigt, dass eine auf EU-Ebene getroffene supranationale Regelung gerade im Technikbereich eine weltweite Standardisierung bewirken kann. Als darin der Import und Vertrieb gefährlicher Substanzen in Produkten weitgehend verboten wurde, haben nahezu sämtliche großen Konzerne derartige Produkte weltweit aus ihrer Palette verbannt. Ursachen hierfür waren der Wunsch der Unternehmen nach einer höheren Flexibilität im Vertrieb durch einheitliche Produkte, um so Nachfrageengpässe in einzelnen Regionen ausgleichen zu können, aber auch verminderte Entwicklungskosten und der Nachahmereffekt der Richtlinie, der beispielsweise zu vergleichbaren Regelungen in

---

3093 *Simitis*, JZ 2008, 700, 702.

3094 Verbraucherzentrale Bundesverband e.V. (Hrsg.), DuD 2007, 273.

3095 Vgl. nur *Peter Hustinx* (Europäischer Datenschutzbeauftragter), *Peter Schaar* (BfDI), *Peter Fleischer* (Datenschutzbeauftragter von Google) in *Krempl*, Rufe nach Globalisierung des Datenschutzrechts, http://www.heise.de/newsticker/meldung/107478.

3096 *Nedden* in Roßnagel, Risiken und Chancen für das Datenschutzrecht, 70.

3097 Richtlinie 2002/95/EG des Europäischen Parlaments und des Rates vom 27.01.2003 zur Beschränkung der Verwendung bestimmter gefährlicher Stoffe in Elektro- und Elektronikgeräten, ABl L37/19 vom 13.02.2003.

China, Norwegen, Südkorea und der Schweiz sowie zu Überlegungen, ähnliche Verordnungen in Japan und den USA zu erlassen, geführt hat.[3098]

Auch das zwischen der europäischen Union und den USA ausgehandelte Safe-Harbour-Agreement zeigt auf, wie datenschutzrechtliche Vorgaben innerhalb der EU Wirkungen auch im Ausland erzielen können. Dadurch, dass diese sich nur auf Daten von EU-Bürgern bezieht, werden deren Daten bei einer Verarbeitung in den USA besser geschützt als Daten von US-Bürgern.[3099] Um den Eindruck einer Diskriminierung beziehungsweise einer Zwei-Klassen-Gesellschaft gegenüber US-Bürgern zu vermeiden, die sich berechtigterweise fragen, warum ihre Daten nicht genauso schützenswert sind wie die von Bürgern der EU, haben Konzerne wie Microsoft, Intel, HP und Procter & Gamble angekündigt, allen Konsumenten weltweit einen Datenschutzstandard zu bieten, der dem der EU entspricht.[3100] Nicht zuletzt standen hierbei rein wirtschaftliche Erwägungen im Vordergrund, da eine erforderliche Trennung von Geschäftsprozessen und Datenbanken bei einer Verarbeitung von Daten von EU-Bürgern und Nicht-EU-Bürgern äußerst arbeits-, zeit- und kostenintensiv sein kann, so dass eine Ausdehnung des Schutzes auf alle personenbezogenen Daten gleich ihrer Herkunft ein wirtschaftlich wie marketingmäßig geeigneter Ausweg war.[3101]

Ein Datenschutz, der bei der „*Quelle*“ ansetzen und bereits die Entwicklung und Ausbreitung von Technologien regulieren will, bedarf der internationalen Abstimmung.[3102] Andernfalls könnten derartige Maßnahmen als technische Handelshemmnisse angesehen werden, welche gegen internationale Abkommen der Welthandelsorganisation (WTO) verstoßen könnten.

Die Anwendung identischen Rechts in supranationalen Räumen ist nur aufgrund schwer zu erreichender internationaler Abkommen möglich,[3103] die zudem oft nur den kleinsten gemeinsamen Nenner verbindlich vorschreiben. Dagegen ermöglicht die zwingende Vorgabe technischer Gestaltungsvorschriften in einem wichtigen Absatzmarkt wie der EU die

3098 Vgl. hierzu auch *Toshiba Europe GmbH (Hrsg.)*, Presseinformation, http://www.harvard.de/pressemeldungen/Toshiba%20CSGA/2006/2006-01-10%20Toshiba%20produziert%20ab%20April%2006%20nur%20noch%20RoHS.pdf und *Heise online/ck*, Nokia will RoHS-Richtlinie weltweit einhalten, http://www.heise.de/newsticker/meldung/75010, wonach Toshiba und Nokia die RoHS-Vorgaben der EU auch weltweit einhalten wollen.

3099 *Räther/Seitz*, MMR 2002, 429.

3100 *Räther/Seitz*, MMR 2002, 429 mwN.

3101 *Räther/Seitz*, MMR 2002, 429 mwN.

3102 Behrendt/Hilty/Erdmann, APuZ 42/2003, 20; in diesem Sinne auch Kommission der Europäischen Gemeinschaften (Hrsg.), KOM(2007), 96, 10, 12

3103 So auch Peter Hustinx in *Krempl*, Rufe nach Globalisierung des Datenschutzrechts, http://www.heise.de/newsticker/meldung/107478.

Entwicklung und den weltweiten Einsatz von datenschutzfreundlichen Systemen bereits aus fiskalischen Erwägungen der Hersteller.[3104]

6.3.5.2. Ausblick auf kommende supranationale Regelungen

Die EU-Kommission hat im Jahre 2006 erkannt, dass die RFID-Technik einen wichtigen Schritt für die Weiterentwicklung zahlreicher Sektoren wie Verkehr, Gesundheitswesen und Handel darstellt, deren Anwendungen von der Rückverfolgbarkeit von Lebensmitteln über die Mobilität bis zur Beobachtung von Arbeitnehmern und Alzheimer-Kranken reichen.[3105] Zugleich sah sie, dass eine Einbindung in einen Gesetzesrahmen, der dem Bürger einen wirksamen Schutz seiner Grundrechte, des Datenschutzes und der Privatsphäre gewährleistet, Voraussetzung für eine Massenanwendung ist.[3106] Aus diesen Gründen veranstaltete sie im Jahr 2006 eine öffentliche Konsultation, deren Ergebnisse sie im März 2007 mit Vorschlägen für Folgemaßnahmen veröffentlichte.[3107] 70% der Teilnehmer der Online-Konsultation hielten technische Schutzvorkehrungen für einen besseren Schutz der Privatsphäre (Privacy Enhancing Technologies, PET), Aufklärungsmaßnahmen (67%) sowie konkrete Rechtsvorschriften über den Einsatz von RFID (55%) für erforderlich.[3108] Um die RFID-Technik für Anwender akzeptabel werden zu lassen, müssen rechtliche und politische Rahmenbedingungen geschaffen werden, die die ethischen Auswirkungen, die notwendige Wahrung der Privatsphäre und der (technischen, insbesondere auch datensicherheitstechnischen, gesundheitlichen und umweltpolitischen) Sicherheit, die Verwaltung der RFID-Datenbanken, die Verfügbarkeit der Funkfrequenzen sowie die Festlegung einheitlicher internationaler Normen umfassen sollen.[3109] Aufgrund der grenzüberschreitenden Auswirkungen müssen solche Rahmenbedingungen einen einheitlichen Einsatz innerhalb des Binnenmarktes sicherstellen.[3110]

Der unabhängig von den für die Datenverarbeitung verwendeten Mitteln und Verfahren in der allgemeinen DSRL und ergänzend in der eCommerce-RL geregelte Schutz personenbezogener Daten (wobei letztere auf RFID häufig keine Anwendung findet), bedarf aus Sicht der Kommission mindestens einer Ergänzung um Gestaltungskriterien, welche Datenschutz- und Sicherheitsrisiken von vornherein auf technologischer, organisatorischer und wirtschaftlicher Ebene ausschließen.[3111] Dies will die Kommission durch die Ausarbeitung anwendungsbezogener Leitlinien (Verhaltensregeln, gute Praktiken) durch eine Arbeitsgruppe aus Fachleuten aller beteiligten Seiten unterstützen.[3112] Die zunächst für En-

3104 In diesem Sinne auch *Nedden* in Roßnagel, Risiken und Chancen für das Datenschutzrecht, 70.
3105 Kommission der Europäischen Gemeinschaften (Hrsg.), KOM(2007), 96, 4.
3106 Kommission der Europäischen Gemeinschaften (Hrsg.), KOM(2007), 96, 3.
3107 Kommission der Europäischen Gemeinschaften (Hrsg.), KOM(2007), 96.
3108 Kommission der Europäischen Gemeinschaften (Hrsg.), KOM(2007), 96, 5.
3109 Kommission der Europäischen Gemeinschaften (Hrsg.), KOM(2007), 96, 5.
3110 Kommission der Europäischen Gemeinschaften (Hrsg.), KOM(2007), 96, 5.
3111 Kommission der Europäischen Gemeinschaften (Hrsg.), KOM(2007), 96, 6f, 10f.
3112 Kommission der Europäischen Gemeinschaften (Hrsg.), KOM(2007), 96, 10.

de 2007[3113] und später für Mai 2008[3114] angekündigte Empfehlung zu Grundprinzipien, die von Behörden und anderen Beteiligten im Zusammenhang mit der RFID-Nutzung anzuwenden sind, wurde jedoch bis zum Ende August 2008 noch nicht veröffentlicht.

Da sich RFID-Systeme und die damit verbundenen Sicherheits- und Datenschutzrisiken unablässig verändern, bedürfen sie nach Ansicht der Kommission der ständigen Beobachtung, Bewertung, Lenkung und Regulierung wie auch der Forschung und Entwicklung. Die konkreten Risiken hängen stark von der jeweiligen Anwendung ab, so dass eine undifferenzierte Einheitslösung der gesamten Palette möglicher Anwendungen nicht gerecht werden kann.[3115] Daher will die Kommission prüfen, welche Vorschriften in der eCommerce-RL geändert werden sollen, wobei sie Vorarbeiten einer einzusetzenden RFID-Interessengruppe, der Artikel-29-Datenschutzgruppe und der European Group on Ethics in Science and New Technologies (EGE) berücksichtigen will.[3116] Die zuständige Kommissarin Viviane Reding machte bei ihrer Vorstellung der RFID-Konsultation im März 2003 jedoch bereits deutlich, dass sie an einer Verschärfung der Anforderungen der Richtlinien nicht interessiert sei, ganz im Gegenteil: *„I am here to tell you that on RFIDs, there is not going to be a regulation. My view is that we should underregulate rather than overregulate so that this sector can take off“*.[3117] Dieser in der juristischen Literatur als *„Aussitzmodell“* bezeichnete Ansatz erscheint unverantwortlich,[3118] da eine langjährige Ungewissheit über künftige rechtliche und technische Anforderungen weder den Herstellern und Betreibern die nötige Rechtssicherheit verschafft, noch den Schutz der Betroffenen auf absehbare Zeit sicher stellt. Da jede gesetzliche Beschränkung des Einsatzes von RFID-Chips dem Eingeständnis gleich käme, dass Daten-„GAUs“ hierdurch auch nur möglich wären, drohen zudem Effizienzverluste, welche im Fall eines derartigen GAUs nur eine ineffiziente Bewältigung der Krise ermöglichen.[3119] Dabei kann die Entscheidung, ob sich eine bestimmte Technologie durchsetzt, durchaus dem Markt überlassen bleiben – eine solche „Marktlösung“ bedeutet aber nicht, dass der Staat die weitere technische Entwicklung allein dem Markt und gesellschaftlichen Kräften überlassen muss; vielmehr muss der Staat den rechtlichen Ordnungsrahmen setzen, der erst das Funktionieren des Marktes auch für

---

3113 Kommission der Europäischen Gemeinschaften (Hrsg.), KOM(2007), 96, 10.

3114 *Europäische Kommission (Hrsg.)*, Existing regulation on RFID, http://ec.europa.eu/information_society/policy/rfid/eu_approach/regulation/index_en.htm.

3115 Kommission der Europäischen Gemeinschaften (Hrsg.), KOM(2007), 96, 7.

3116 Kommission der Europäischen Gemeinschaften (Hrsg.), KOM(2007), 96, 10f.

3117 Zitiert nach *Albrecht*, SciAm 9/2008, 53.

3118 So *Bohne*, NVwZ 1999, 5 zu der Frage eines Ausstiegs aus der friedlichen Nutzung der Kernenergie.

3119 *Bohne*, NVwZ 1999, 7 unter Verweis auf die Problematik beim Reaktorunfall von Tschernobyl und dem anschließenden Durcheinander amtlicher Strahlenschutzmaßnahmen, welche zum Erlass des Strahlenschutzvorsorgegesetzes geführt haben. Auch der „Aktionismus“ deutscher Politiker nach dem Bekanntwerden der aktuellen Datenschutzskandale (welche trotz der vorschnellen Bezeichnung als „GAU“ immer weitere Ausmaße annehmen, vgl. *Krempl*, Illegaler Handel mit Kundendaten: Der "GAU" wird immer noch größer, http://www.heise.de/newsticker/meldung/114457), zeigt die wenig effiziente Handhabung auch im Bereich des Datenschutzrechts exemplarisch auf.

schwächere Beteiligte gewährleistet und Gemeinwohlbelange schützt, wo der Markt versagt.[3120]

Der Innenausschuss des EU-Parlaments hat am 25.08.2008 daher zu recht für eine Reihe von Änderungen in der geplanten Novellierung der eCommerce-RL ausgesprochen, darunter eine Einbeziehung von IP-Adressen unter die Richtlinie als personenbezogene Daten, wenn sie allein oder in Verknüpfung mit anderen Informationen auf eine Person bezogen werden können.[3121] Welches Ausmaß diese Änderungen annehmen, insbesondere ob nur legale Verknüpfungen mit eigenen oder fremden Daten oder auch naheliegende illegale Verknüpfungsmöglichkeiten mit erfasst werden, ist aber unklar. Ferner soll die Kommission lediglich aufgefordert werden, binnen zweier weiterer Jahre mit der Artikel-29-Datenschutzgruppe einen speziellen Entwurf einer Richtlinie zur Behandlung von IP-Adressen als personenbezogene Daten vorzulegen.[3122] Schließlich sollen insbesondere auch öffentlich zugängliche private TK-Netze künftig von der Richtlinie erfasst werden, um so beispielsweise Universitätsnetzwerke oder soziale Netzwerke wie StudiVZ oder Facebook erfassen zu können.[3123] Wollen Anbieter auf lokal oder im Netz des Betroffenen gespeicherte Daten zugreifen, bedarf dies nach dem Entwurf künftig der vorherigen ausdrücklichen Einwilligung (Opt-in) des Betroffenen.[3124] Ferner sieht der Entwurf eine Informationspflicht bei schwerwiegenden Datenschutzpannen vor, welche an die Regulierungsbehörden zu melden sind, die dann über eine Unterrichtung der Betroffenen entscheiden. Ferner sollen Datenschutzpannen künftig in den Jahresberichten von Gesellschaften veröffentlicht werden müssen.[3125] Die erste Lesung im EU-Parlament soll noch im September 2008 stattfinden, anschließend werden Stellungnahmen u.a. vom Rat eingeholt. Wann und mit welchem tatsächlichen Inhalt die geänderte Richtlinie in Kraft treten wird, ist daher noch völlig offen.

Dies bleibt daher ebenso abzuwarten wie die Vorschläge der Kommission in ihrer für Ende 2008 angekündigten Mitteilung[3126] zu Handlungsalternativen und Vorschriften zur Wahrung des Datenschutzes, der Privatsphäre und weiterer politischer Ziele – und ob letzteres tatsächlich schon Ende 2008 erfolgt.

3120 *Bohne*, NVwZ 1999, 10.

3121 *Krempl*, EU-Abgeordnete beschließen Reformentwurf zur "E-Privacy-Richtlinie", http://www.heise.de/newsticker/meldung/110002.

3122 *Krempl*, EU-Abgeordnete beschließen Reformentwurf zur "E-Privacy-Richtlinie", http://www.heise.de/newsticker/meldung/110002.

3123 *Krempl*, EU-Abgeordnete beschließen Reformentwurf zur "E-Privacy-Richtlinie", http://www.heise.de/newsticker/meldung/110002.

3124 *Krempl*, EU-Abgeordnete beschließen Reformentwurf zur "E-Privacy-Richtlinie", http://www.heise.de/newsticker/meldung/110002.

3125 *Krempl*, EU-Abgeordnete beschließen Reformentwurf zur "E-Privacy-Richtlinie", http://www.heise.de/newsticker/meldung/110002.

3126 Kommission der Europäischen Gemeinschaften (Hrsg.), KOM(2007), 96, 13.

6.3.6 Einwilligung

Teilweise wird gefordert, die für Laien ohnehin unüberschaubare Technik nicht zum Gegenstand der Einwilligung zu machen, sondern es dem Gesetzgeber zu überlassen, Regelungen gesetzlich erlaubter Datenverarbeitungen zu schaffen, unter denen beispielsweise auch der *„kranke Mensch“* sein Grundrecht auf Datenschutz behält.[3127] Angesichts der Vielzahl von Telematikanwendungen, die derzeit entwickelt werden und maßgeschneiderter Lösungen bedürfen, sowie der wenig reformfreudigen Praxis des Gesetzgebers dürfte dieser Weg nicht zielführend sein. Eine Lösung über von der verantwortlichen Stelle durchgeführte Interessenabwägungen und Abwägungsklauseln muss ebenfalls ausscheiden, da dies häufig sogar zu einer Schwächung der informationellen Selbstbestimmung führt. Der Begriff des *„berechtigten Interesses“* in der Terminologie der Datenschutzgesetze sollte vielmehr aufgegeben werden, da er in der Praxis entgegen der Ursprungsintention nahezu jede von der verantwortlichen Stelle gewünschte Datenverarbeitung erlaubt.[3128] Stattdessen sollte der Entscheidungsprärogative des Betroffenen wieder Geltung verschafft werden. Eine Datenverarbeitung sollte aufgrund gesetzlicher Zulassung nur zur unmittelbaren Erfüllung des Vertrages oder vertragsähnlichen Zwecks im erforderlichen Rahmen zulässig sein.[3129] Im Übrigen sollte die Preisgabe persönlicher Daten künftig ausschließlich an eine bewusste Entscheidung des Einzelnen geknüpft und im Rahmen eines zunehmenden Einsatzes von IKT-Implantaten noch mehr als heute der Regelfall sein.[3130]

Damit die Einwilligung wieder zu dem ursprünglichen Ausdruck des Rechts auf informationelle Selbstbestimmung wird, ist der Gesetzgeber gefordert, das in der Regel bestehende erhebliche Machtgefälle zwischen dem Betroffenen und den verarbeitenden Stellen zu beheben und die Selbstbestimmung zu stärken.[3131] Ziel eines modernen Datenschutzrechts ist es mithin nicht, die Einwilligung im Einzelfall durch gesetzliche Zulassungen abzuschaffen, sondern im Gegenteil die Datenerhebung und -verarbeitung im Wesentlichen der individuellen Selbstbestimmung zu überlassen und deren Freiwilligkeit durch geeignete Rahmenregelungen abzusichern.

Eine Einwilligung müsste ferner unabhängig vom anzuwendenden Gesetz auch ohne Schriftform möglich sein, dafür aber an strengere Protokollierungs- und Kontrollmöglichkeiten geknüpft werden. Eine elektronische Einwilligung durch Agenten könnte die derzeit faktisch entwertete Einwilligung deutlich stärken.[3132] Hierzu muss der Betroffene (bzw.

3127 *Menzel*, DuD 2006, 150.

3128 *Roßnagel*, FES-Studie, 177.

3129 Bizer/Kamp/Bock et al., Schlussbericht, 153.

3130 Ähnlich auch *Langheinrich* in Fleisch/Mattern, Die Privatsphäre im Ubiquitous Computing, 338f; *Tauss* in Bizer, Modernisierung des Datenschutzrechts, 123.

3131 *Tauss* in Bizer, Modernisierung des Datenschutzrechts, 123; *Petri*, RDV 2007, 155, welcher auf die Entscheidung des BVerfG RDV 2007, 20 (22) mwN verweist, wonach die Sicherstellung eines Mindestmaßes an Steuerungsbefugnis der schwächeren Vertragspartei bei einem Machtgefälle auch Aufgabe der Rechtsprechung ist.

3132 In diesem Sinne wohl auch *Roßnagel* in Mattern, Informationelle Selbstbestimmung in der Welt des Ubiquitous Computing, 280; *Roßnagel*, FES-Studie, 180; *Roßnagel*, MMR 2005, 73.

sein elektronischer Agent jedoch im Vorfeld einer Entscheidung über die Einwilligung, über die verantwortliche Stelle, die zu erhebenden Daten, den Verwendungszweck, die Empfänger, das Hintergrundsystem der Verarbeitung einschließlich deren Logik und Kriterien, die Auswertung und Kombination mit weiteren Daten und deren Herkunft sowie mögliche Entscheidungskriterien informiert werden.[3133] Ansatzweise sieht dies § 291 a Abs. 3 Satz 2 SGB V zur elektronischen Gesundheitskarte bereits vor, lässt durch die weite Formulierung jedoch die nötige Klarheit vermissen. Ferner bedarf es der gesetzgeberischen Ge-staltungsvorgaben an die Technik, welche eine Verwendung der Daten nur im Rahmen der von der Einwilligung erfassten Zweckbindung zulassen darf und dem Betroffenen eine Kontrolle durch Protokollierung und Auskunftspflichten ermöglichen muss.

6.3.7 Stärkung der Datenschutzaufsicht

Die Kontrollstellen sollten besser ausgestattet und rechtlich aufgrund entsprechender Einsichts-, Eingriffs- und Sanktionsmittel in die Lage versetzt werden, eine umfassende und wirksame Kontrolle durchführen zu können.[3134] Hierzu ist insbesondere mehr Personal erforderlich, um auch Kontrollen vor Ort durchführen zu können.[3135] Ähnlich zur Steuerfahndung regt daher der Bund Deutscher Kriminalbeamter den Einsatz von *„Datenfahndern“* an, die regelmäßig in Unternehmen den Umgang mit Kundendaten kontrollieren sollten.[3136]

Insbesondere sollte die überkommene Trennung zwischen öffentlichem und nichtöffentlichem Bereich und die medienabhängige Trennung zwischen der Telekommunikation, Telemediendiensten und Aufgaben nach den Sozial- und anderen Gesetzbüchern aufgegeben werden.[3137] Nur eine damit einhergehende Zusammenführung der Aufsichtsstellen führt zu wünschenswerten Synergieeffekten und erleichtert dem Betroffenen die Anrufung dieser Stellen und damit die Durchsetzung seiner Datenschutzrechte.[3138]

Dabei sollten die Kontrollstellen weitergehende Eingriffsbefugnisse für grobe Missbrauchsfälle erhalten[3139] und auch für die Systemkontrolle mit ihren Funktionen und Strukturen zu-

---

3133 *Bizer/Dingel/Fabian et al.*, TAUCIS, 227.

3134 *Krempl*, Kripo will "mafiöse Strukturen" im Handel mit persönlichen Daten bekämpfen, http://www.heise.de/newsticker/meldung/114203; in diesem Sinne auch *Roßnagel*, FES-Studie, 198; *Rohleder* in *Krempl*, Datenschützer sieht alle Bundesbürger vom illegalen Datenhandel betroffen, http://www.heise.de/newsticker/meldung/114507.

3135 *Künast* in *Rademaker*, Grüne fordern Datenschutz in Verfassung, FTD v. 18.08.2008, http://www.ftd.de/politik/deutschland/401307.html.

3136 *Krempl*, Kripo will "mafiöse Strukturen" im Handel mit persönlichen Daten bekämpfen, http://www.heise.de/newsticker/meldung/114203.

3137 In diesem Sinne auch *Tauss* in Bizer, Modernisierung des Datenschutzrechts, 126; *Simitis* in *Müller*, Simitis: Besserer Datenschutz dank präventiver Kontrollen, FAZ v. 19.08.2008, http://www.faz.net/s/Rub594835B672714A1DB1A121534F010EE1/Doc~EB72060911A0D44E6B8015EC2E7B4FE25~ATpl~Ecommon~Scontent.html.

3138 In diesem Sinne auch *Tauss* in Bizer, Modernisierung des Datenschutzrechts, 126.

3139 *Roßnagel/Pfitzmann/Garstka*, Modernisierung des Datenschutzrechts, 194ff.

ständig sein. Die Kontrolle konkreter Daten über Identitätsmanagementsysteme sollte künftig stärker dem Benutzer überantwortet werden.[3140]

Darüber hinaus bedarf es auch besserer Sanktionsmöglichkeiten. So wird ein Hauptgrund für die große Zahl von Verletzungen der Datenschutzgesetze darin gesehen, dass Unternehmen bei Verstößen keine spürbaren Sanktionen fürchten müssen.[3141] Neben unabhängigen Datenschutzkontrollinstanzen, die regelmäßige Kontrollen in Unternehmen durchführen, sind daher empfindliche Sanktionen erforderlich, um Verstöße effektiv zu unterbinden.[3142] Dazu müssen insbesondere die Bußgeldvorschriften auf sämtliche relevanten Vorschriften ausgedehnt, die Bußgelder der Höhe nach drastisch verschärft[3143] und gewerbsmäßige Fälle stets durch entsprechende Strafvorschriften sanktioniert werden. Will man das Milliardengeschäft mit illegalen Daten[3144] austrocknen, müssen auch Bußgelder in Millionenhöhe drohen – und auch tatsächlich verhängt werden.[3145]Schutzlücken müssen geschlossen und Wertungswidersprüche beseitigt werden.[3146] Zwingend erforderlich erscheint es, eine unterlassene Löschung/Sperrung bei nachträglicher Herstellung eines Personenbezuges in den Schutz der Ordnungswidrigkeiten und Straftaten mit aufzunehmen.

Um die Verfolgbarkeit von Verstößen gegen datenschutzrechtliche Normen zu erleichtern, sollte das Strafantragsbefugnis entfallen, so dass die Staatsanwaltschaft künftig von Amts wegen strafrechtliche Ermittlungen aufzunehmen hat, auch wenn kein Strafantrag vorliegt.[3147]

Es wird ferner erwogen, zusätzlich zu den bußgeldlichen und strafrechtlichen Regelungen auch einen Gewinnabschöpfungsanspruch einzuführen, wie er ins UWG bereits Eingang

---

3140 In diesem Sinne wohl auch *Roßnagel*, FES-Studie, 198f.

3141 *Verbraucherzentrale Bundesverband e.V. (Hrsg.)*, DuD 2007, 274; *Krempl*, Datenschützer sieht alle Bundesbürger vom illegalen Datenhandel betroffen, http://www.heise.de/newsticker/meldung/114507.

3142 *Verbraucherzentrale Bundesverband e.V. (Hrsg.)*, DuD 2007, 274; *Krempl*, Datenschützer sieht alle Bundesbürger vom illegalen Datenhandel betroffen, http://www.heise.de/newsticker/meldung/114507.

3143 So *Peter Schaar* in *Heise online/dpa/hob*, Bundesdatenschutzbeauftragter fordert Millionen-Strafen bei Missbrauch, http://www.heise.de/newsticker/meldung/114349; *Renate Künast* in *Rademaker*, Grüne fordern Datenschutz in Verfassung, FTD v. 18.08.2008, http://www.ftd.de/politik/deutschland/401307.html; ähnlich *Bernhard Rohleder* in *Krempl*, Datenschützer sieht alle Bundesbürger vom illegalen Datenhandel betroffen, http://www.heise.de/newsticker/meldung/114507.

3144 So *Klaus Jansen* vom Bund Deutscher Kriminalbeamter in *Krempl*, Kripo will "mafiöse Strukturen" im Handel mit persönlichen Daten bekämpfen, http://www.heise.de/newsticker/meldung/114203.

3145 So *Peter Schaar* in *Heise online/dpa/hob*, Bundesdatenschutzbeauftragter fordert Millionen-Strafen bei Missbrauch, http://www.heise.de/newsticker/meldung/114349; zurückhaltender *Weichert* in *Ermert*, Daten sind wie Schokolade: Vorratshaltung sorgt für Appetit, http://www.heise.de/newsticker/meldung/110716, welcher zwar auf in Kürze bevorstehende Bußgelder in erstmals sechsstelliger Höhe verweist, aber sich nicht trauen würde, in den *„neunstelligen Bereich zu gehen, bevor [er] im sechsstelligen Bereich geübt habe“*.

3146 So ist beispielsweise ein Verstoß gegen die Verpflichtung, den Adressaten eines Werbeschreibens auf sein Widerspruchsrecht hinzuweisen, bußgeldbewährt, während das Ignorieren eines Widerspruchs des Betroffenen keine Folgen hat, vgl. hierzu näher *Dix*, DuD 2007, 258.

3147 So auch *Brigitte Zypries* in *FAZ (Hrsg.)*, Zypries will Datenhändlern Gewinne beschneiden, FAZ v. 22.08.2008, http://www.faz.net/s/Rub0E9EEF84AC1E4A389A8DC6C23161FE44/Doc~E7D2EFCE2A2B845DA974EB239A2D7D6D2~ATpl~Ecommon~Scontent.html, welche hierfür *„offen“* sei.

fand.[3148] Ziel soll es sein, dass Firmen *„jeden Cent, den sie durch den unrechtmäßigen Handel eingenommen haben, wieder herausgeben“* müssen.[3149] Man sollte sich aber davor hüten, diese mit den elementaren Rechtsgrundsätzen des deutschen Rechts nur schwer zu vereinbarende Figur als Allheilmittel vorschnell ins Datenschutzrecht einzufügen – bestenfalls bliebe sie dort nur ein *„schöner bunter Papiertiger“*.[3150]

6.3.8 „Informationelle Gewaltenteilung“ statt umfassender Überwachung

Um eine Nutzung von IKT-Implantaten von dem damit zusammenhängenden Überwachungs- und Kontrollpotential zu trennen, wird zudem eine *„informationelle Gewaltenteilung“* gefordert.[3151] Dabei gilt es insbesondere, einen angemessenen Ausgleich der widerstreitenden Interessen zwischen der inneren Sicherheit und der Wahrung des Grundrechts auf informelle Selbstbestimmung zu finden.[3152]

Grundrechtseinschränkungen müssen eng umgrenzte Ausnahmefälle bleiben. Dies gilt insbesondere im Bereich der reinen Risikovorsorge im Vorfeld von Gefahren, welche an Regelfällen und nicht an Extremfällen ausgerichtet sein müssen.[3153] Anstatt die Eingriffsbefugnisse des Staates – häufig ohne richterliche Kontrolle und auf die Allgemeinheit bezogen – auszuweiten und dabei sogar zeugnisverweigerungsberechtigte Personen von der Überwachung zu erfassen, gilt es vielmehr, auch den Bereich privater Lebensgestaltung wieder vor einer überbordenden *„Regelüberwachung und -kontrolle“* zu schützen und Freiräume zu schaffen, wo sie – wie im Gesundheitssystem – zwingend erforderlich sind. Gerade bei IKT-Implantaten käme hierzu eine ausdrückliche Ausdehnung des Fernmeldegeheimnisses in Betracht.[3154]

Wenn nicht mehr den Überwachungsinteressen, sondern den vielfältigen Bedürfnissen nach einem datensparsamen und datenschutzkonformen Umgang der Vorrang eingeräumt wird, kann eine allgegenwärtige Datenverarbeitung gerade auch bei dem regelmäßig bestehenden Personenbezug bei IKT-Implantaten unter Wahrung des Grundrechts auf informationelle Selbstbestimmung Realität werden.[3155] Es gilt daher, Eingriffsbefugnisse des

---

3148 *Brigitte Zypries* in *FAZ (Hrsg.)*, Zypries will Datenhändlern Gewinne beschneiden, FAZ v. 22.08.2008, http://www.faz.net/s/Rub0E9EEF84AC1E4A389A8DC6C23161FE44/Doc~E7D2EFCE2A2B845DA974EB239A2D7D6D2~ATpl~Ecommon~Scontent.html; ebenso *Bärbel Höhn* in *Krempl*, Illegaler Handel mit Kundendaten: Der "GAU" wird immer noch größer, http://www.heise.de/newsticker/meldung/114457; zurückhaltend *Weichert* in *Ermert*, Daten sind wie Schokolade: Vorratshaltung sorgt für Appetit, http://www.heise.de/newsticker/meldung/110716; kritisch zu der systemwidrigen Regelung in § 10 UWG und deren Pendant im Kartellrecht *Schaub*, GRUR 2005, 918ff (924) mwN.

3149 *Brigitte Zypries* in *FAZ (Hrsg.)*, Zypries will Datenhändlern Gewinne beschneiden, FAZ v. 22.08.2008, http://www.faz.net/s/Rub0E9EEF84AC1E4A389A8DC6C23161FE44/Doc~E7D2EFCE2A2B845DA974EB239A2D7D6D2~ATpl~Ecommon~Scontent.html.

3150 So zu der Regelung in § 10 UWG bereits *Schaub*, GRUR 2005, 918ff (924) mwN.

3151 *Roßnagel*, FES-Studie, 189.

3152 *Roßnagel*, FES-Studie, 189.

3153 *Roßnagel*, FES-Studie, 190.

3154 *Bizer/Dingel/Fabian et al.*, TAUCIS, 226.

3155 In diesem Sinne auch *Roßnagel*, FES-Studie, 190.

Staates weg von einer massenhaften Datenbevorratung und allgegenwärtigen potentiellen Überwachung hin zu Ausnahmefällen zu entwickeln, welche punktuell, aktuell und auf Täter und Verdächtige beschränkt, zeitlich befristet, kontrollierbar aber effektiv eine Handlungsfähigkeit des Staates beibehalten.[3156] Hierzu gilt es insbesondere, künftig auf Regelungen wie die Vorratsdatenspeicherung im TKG, aber auch solchen aus dem Gesetz zur Neuregelung der Telekommunikationsüberwachung und anderer verdeckter Ermittlungsmaßnahmen sowie zur Umsetzung der Richtlinie 2006/24/EG vom 21. Dezember 2007[3157] zu verzichten. Statt einer Aufzeichnung jeglicher Kommunikation kommen Regellöschungsfristen von beispielsweise einem Monat in Betracht, binnen derer die Daten jedoch in begründeten Fällen *„eingefroren"*, also gesperrt werden können. Ein Regelzugriff auf diese darf sodann nicht mehr möglich sein und auch diese Daten wären nach Ablauf bestimmter Fristen (z. B. mehrere Monate) zu löschen – es sei denn, in diesem Zeitraum ergeht eine richterliche Anordnung, die die Herausgabe oder weitere Aufbewahrung der Daten für den zur Überprüfung erforderlichen Zeitraum anordnet. Werden die Daten von Ermittlungsbehörden benötigt, ermöglicht ein schnelles Handeln die Sicherung der Daten potentieller Straftäter für eine spätere Strafverfolgung. Sie müssten bei Vorliegen der entsprechenden Voraussetzungen in deren weiterem Verfahren auch herausgegeben werden. Die generelle längerfristige Sammlung und Speicherung der Daten aller Bürger würde so vermieden. Auch dieses Konzept bedarf der Umsetzung durch Technik, insbesondere was das *„Einfrieren"*, Sperren, Freigeben und Löschen angeht.

6.3.9 Ausdrückliche Festschreibung des Datenschutzes im Grundgesetz?

Angesichts der aktuellen Skandale um den Missbrauch von personenbezogenen Daten durch die Telekom, Lufthansa, Callcenter und weitere staatliche und private Stellen wird teilweise gefordert, den Datenschutz im Grundgesetz zu verankern.[3158] Da, wie aufgezeigt, der Datenschutz als Teil des Allgemeinen Persönlichkeitsrechts durch Art. 2 Abs. 1, 1 Abs. 1 GG jedoch bereits im Grundgesetz enthalten ist, wird diese Forderung vielfach als rein symbolischer Akt abgelehnt.[3159] Hiergegen spricht insbesondere, dass die durch das Grundrecht auf Gewährleistung der Vertraulichkeit und Integrität informationstechnischer Systeme eingeführte neue Schutzdimension für Computer und die vernetzte Welt noch derart im Fluss sei und vom Bundesverfassungsgericht selbst die gesamten Bedeu-

---

3156 In diesem Sinne auch *Roßnagel*, FES-Studie, 190.

3157 BGBl 2007, Teil I Nr. 70 vom 31.12.2007, 3198ff.

3158 So *Renate Künast* und *Peter Schaar* in *Rademaker*, Grüne fordern Datenschutz in Verfassung, FTD v. 18.08.2008, http://www.ftd.de/politik/deutschland/401307.html; ebenso *Schaar* und *Dieter Wiefelspütz* in *Krempl*, Zypries gegen Festschreibung des Datenschutzes im Grundgesetz, http://www.heise.de/newsticker/meldung/110299.

3159 *Brigitte Zypries* in *FAZ (Hrsg.)*, Zypries will Datenhändlern Gewinne beschneiden, FAZ v. 22.08.2008, http://www.faz.net/s/Rub0E9EEF84AC1E4A389A8DC6C23161FE44/Doc~E7D2EFCE2A2B845DA974EB239A2D7D6D2~ATpl~Ecommon~Scontent.html; *Julia Klöckner* in *Heise online/se*, CDU-Verbraucherpolitiker wollen Datenschutz rasch verbessern, http://www.heise.de/newsticker/meldung/114690; *Sebastian Edathy* in *Krempl*, Illegaler Handel mit Kundendaten: Der "GAU" wird immer noch größer, http://www.heise.de/newsticker/meldung/114457; *Wolfgang Hoffmann-Riehm* in *Krempl*, Zypries gegen Festschreibung des Datenschutzes im Grundgesetz, http://www.heise.de/newsticker/meldung/110299.

tungszusammenhänge noch nicht annähernd abschließend geklärt seien,[3160] so dass eine vorschnelle Grundgesetzänderung die Entwicklung eher hemmen denn fördern dürfte. Derzeit dürfte es in der Tat erst einmal um die einfachgesetzliche Neugestaltung des Schutzkonzeptes unter Einbeziehung der Vorgaben der schon aus dem Grundgesetz herauslesbaren Grundrechte gehen – bis dies umgesetzt ist, dürfte auch der Schutzbereich des neuen Grundrechts soweit konkretisiert sein, dass dessen ausdrückliche Verankerung im Grundgesetz dem Datenschutz in all seinen Facetten insgesamt hilft, anstatt ihn durch eine Diskussion um eine Grundgesetzänderung zu lähmen, indem einfachgesetzliche Änderungen solange unterbleiben.

6.4 *Datenschutz durch Wettbewerb*

Die datenschutzgerechte Gestaltung einer allgegenwärtigen Nutzung von IKT-Implantaten ist – selbst im Fall einer supranationalen verbindlichen Festschreibung von Regeln des Datenschutzes auch durch Technik und entsprechend nachsorgende Kontrolle und Sanktionen nur beschränkt erreichbar.[3161] Die erforderliche aktive Mitwirkung von Entwicklern, Gestaltern, Anwendern und Nutzern erscheint nur möglich, wenn diese aus der Mitwirkung auch Vorteile ziehen können.[3162] Es gilt daher, Anreize für einen effektiven und sich fortentwickelnden Schutz zu bieten,[3163] bei denen die Verfolgung legitimen Eigennutzes zugleich dem Datenschutz dient.[3164]

6.4.1.1. Versicherbarkeit

Eine Möglichkeit ist es, die Einführung einer Gefährdungshaftung durch eine Versicherbarkeit abzumildern. Eine solche würde den Datenschutz auch nicht schwächen, sondern sogar stärken, da das Haftungsrisiko der Versicherer geringer wird oder gar entfällt, wenn eine verantwortliche Stelle die datenschutzrechtlichen Pflichten nachweislich vollständig erfüllt.[3165] Da eine Versicherung die Versicherungsprämien in der Regel anhand der vom Betreiber getroffenen Risikovorsorge ausrichtet, werden Betreiber zur Reduzierung ihrer Versicherungsbeiträge versuchen, durch datenschutzkonforme Produkte und Dienstleistungen ihre Haftungsrisiken zu minimieren.[3166] Ein Druck von Versicherern und deren Rückversicherern kann daher – aus rein wirtschaftlichen Erwägungen des Unternehmens – zu einer Verbesserung des Datenschutzes auch über gesetzliche Mindeststandards hinaus führen. Um die Versicherbarkeit zu erleichtern und für eine entsprechende Versiche-

---

3160 *Wolfgang Hoffmann-Riehm* in *Krempl*, Zypries gegen Festschreibung des Datenschutzes im Grundgesetz, http://www.heise.de/newsticker/meldung/110299.

3161 Nach Roßnagel, FES-Studie, 194 soll sie durch „herkömmliche Command-and-Control-Ansätze nicht zu erreichen" sein.

3162 *Roßnagel*, FES-Studie, 194.

3163 *Tauss* in Bizer, Modernisierung des Datenschutzrechts, 125.

3164 *Roßnagel*, FES-Studie, 194; *Roßnagel*, MMR 2005, 75.

3165 *Roßnagel*, FES-Studie, 196.

3166 *Hoeren*, NJW 2007, 233.

rung zu sorgen, sollte die Gefährdungshaftung jedoch auf einen angemessenen Höchstbetrag beschränkt und bis zu dieser Höhe eine Deckungsvorsorge gefordert werden.[3167]

6.4.1.2. Datenschutz als Wettbewerbsvorteil

Datenschutz kann – und muss – darüber hinaus zu einem Werbeargument und Wettbewerbsvorteil werden.[3168] Denn der Datenschutz durch Wettbewerb wird als ein entscheidender Faktor angesehen, welcher die Durchsetzung technischer Standards fördern und so datenschutzgerechten Technologien zum Durchbruch verhelfen könnte.[3169] Die beiden zentralen Instrumente eines ergänzenden, marktwirtschaftlichen Datenschutzrechts – das freiwillige Datenschutzaudit und das Datenschutzgütesiegel – *„belohnen"* Datenschutzanstrengungen und -investitionen in Form eines werbewirksamen Zertifikats, das die Konformität entsprechender Geräte und Produkte/Dienstleistungen bestätigt.[3170]

Neben dieser Wegbereiterfunktion für neue Techniken können derartige Zertifikate auch für eine *„Übererfüllung"* gesetzlicher Erfordernisse vergeben werden. Auch Datenschutzempfehlungen von renommierten Verbraucher- und Datenschutzschutzorganisationen und Zeitschriften (z. B. Stiftung Warentest), Datenschutz-Rankings oder die Berücksichtigung von Auditzeichen oder Zertifikaten bei der öffentlichen Auftragsvergabe[3171] können einen Wettbewerb um den *„besseren"* Datenschutz entstehen lassen.[3172] Das Ziel eines Datenschutzaudits, die Transparenz über den vorhandenen Datenschutz und die Datensicherheit zu erhöhen, Vertrauen von Nutzern zu gewinnen und für eine kontinuierliche Verbindung des Datenschutzes und der Datensicherheit zu sorgen, könnte so erreicht werden.[3173]

Allerdings sollte eine Einbindung der Datenschutzbehörden in Auditverfahren nur auf der Ebene der Ausarbeitung und Fortschreibung einheitlicher Kriterien erfolgen, nicht aber unmittelbar bei der Überprüfung der Datenschutzkonformität einzelner Produkte oder Verfahren, da dies ihre verfassungsrechtlich und europarechtlich gebotene Unabhängigkeit beeinträchtigen würde.[3174]

Darüber hinaus könnte die Schaffung einer übergreifenden *„Qualitätsnorm für Datenschutz und Schutz der Privatsphäre"* nach dem Vorbild der ISO 9000:2000[3175] helfen, die zu-

---

3167 *Roßnagel*, FES-Studie, 197.

3168 *Roßnagel*, FES-Studie, 194 mwN; in diesem Sinne auch *Tauss* in Bizer, Modernisierung des Datenschutzrechts, 125; *Bizer*, DuD 2007, 266; *Bizer/Kamp/Bock et al.*, Schlussbericht, 165 mwN.

3169 *Neumann/Schulz*, DuD 2007, 253.

3170 Bizer/Kamp/Bock et al., Schlussbericht, 165.

3171 *Dix*, DuD 2007, 258.

3172 *Roßnagel*, MMR 2005, 75.

3173 Verbraucherzentrale Bundesverband e.V. (Hrsg.), DuD 2007, 274.

3174 *Dix*, DuD 2007, 258.

3175 Internationaler Standard für die Entwicklung, Herstellung und den Vertrieb von Produkten und Dienstleistungen zur Qualität und Qualitätsmanagement, vgl. hierzu *Nedden* in Roßnagel, Risiken und Chancen für das Datenschutzrecht, 73 mwN.

nächst nur auf europäischer Ebene vorgeschriebenen Anforderungen an den technischen und organisatorischen Datenschutz noch transparenter zu machen. Würden sich Betriebe und Dienstleister nach einer derartigen ISO-Qualitätsnorm zertifizieren, würde dies sowohl den Wettbewerb positiv stimulieren als auch eine Datenschutzkontrolle vereinfachen. Bereits heute bietet das unabhängige Landeszentrum für Datenschutz (ULD) in Schleswig-Holstein sein Datenschutz-Gütesiegel an, wofür es bereits im Jahr 2004 einen europäischen Innovationspreis verliehen bekam. Auch wird dort derzeit im Auftrag der EU-Kommission an einer Europäisierung des Datenschutz-Gütesiegels gearbeitet, welches sich in Aufbau- und Ablauforganisation an internationalen Standards orientiert, insbesondere an der ISO 27001.[3176]

6.5 *Fazit*

Viele der durch IKT-Implantate aufgeworfenen organisatorischen, technischen und rechtlichen Probleme sind nicht grundlegend neu, werden aber durch die Verbreitung der IKT-Implantate, das Eindringen in alle Lebensbereiche und die fortschreitende Miniaturisierung und Vernetzung deutlich verschärft. Es handelt sich bei IKT-Implantaten um eine Dual-Use-Technologie, welche einerseits die Erleichterung, Unterstützung und Ergänzung unserer körperlichen und geistigen Fähigkeiten und neue Freiheiten insbesondere bei Patienten, zugleich aber auch eine umfassende Überwachung eines Menschen ermöglicht. Dies kann die bestehende Machtverteilung in der Gesellschaft stark verändern und die informationelle Selbstbestimmung in besonderem Maße gefährden. Während Versammlungen gegen gewaltbereite Störer, das Eigentum oder die Wohnung durch das Strafrecht, Polizeipräsenz und wachsame Mitbürger und die Meinungsfreiheit und –vielfalt durch eine funktionierende Medienlandschaft geschützt werden können, haben die informationelle Selbstbestimmung und das Grundrecht auf Vertraulichkeit und Integrität informationstechnischer Systeme ihren Bezugspunkt in Bereichen, die so verletzlich sind wie kein anderer.[3177] Allein schon die Komplexität heutiger IT-Systeme, die rasante technologische Entwicklung, die Unmerklichkeit der Zugriffe, die schier unüberschaubare Zahl von Angreifern in einem weltweiten Netzwerk und die kaum zu überbrückenden Wissenskluft zwischen IT-Kriminellen und dem durchschnittlichen Bürger führen dazu, dass diese ihre Daten und Systeme schon in der heutigen Welt nur schwer wirksam schützen können.[3178] Dies wird sich bei einem flächendeckenden Einsatz von IKT-Implantaten, welche auch außerhalb des Internets den Bürger auf Schritt und Tritt begleiten und umfangreiche Vorgänge des Lebens aufzeichnen und kommunizieren, nochmals drastisch verschärfen.

Die Entwicklung und Nutzung von IKT-Implantaten in einer Welt allgegenwärtiger Datenverarbeitung erfolgt daher in einer Vielzahl von Spannungsfeldern. Diese beginnen bei

3176 *Bizer*, DuD 2007, 266 mwN.
3177 *Heckmann*, jurisPR-ITR 5/2008, Anm. 1.
3178 *Heckmann*, jurisPR-ITR 5/2008, Anm. 1.

dem berechtigten Interesse des Staates, den Terrorismus wirksam bekämpfen zu wollen, was zu Datenerhebungen, -speicherungen und –nutzungen in nie dagewesenem Ausmaß führt. Dem stehen die ebenfalls berechtigten Individualinteressen der Betroffenen entgegen, sich frei von staatlicher Überwachung entwickeln und entfalten zu können, auch dann, wenn IKT-Implantate faktisch ihre vollständige Überwachung ermöglichen. Die jüngsten Entscheidungen des BVerfG zur Vorratsdatenspeicherung, Onlinedurchsuchung und dem Kfz-Kennzeichen-Scanning sprechen eine deutliche Sprache, indem dieses den Gesetzgeber an die „*kurze Leine*" nimmt. Neben diesem schon zu Zeiten der Volkszählung gefürchteten Staat als möglicher „Big Brother" haben in den zwei Jahrzehnten nach der Volkszählungsentscheidung des BVerfG insbesondere Private als Datenverarbeiter eine Bedeutung erlangt, welche damals nicht erwartet wurde. Geschätzte 90% der Daten in Datenbanken werden heute von Privaten genutzt, deren Möglichkeit zur Verhaltensbeeinflussung, Manipulation und bloßen Drohung hiermit dem Staat längst den Rang abgelaufen hat. Auch diese Datenverarbeitung der „Little Brother" steht daher in einem eklatanten Spannungsverhältnis zu den Individualinteressen der hiervon Betroffenen. Um das Gleichgewicht wieder herzustellen, ist eine Abschaffung der bisherigen Privilegierung privater Datenverarbeitung und deren deutliche Einschränkung erforderlich. Zugleich gilt es jedoch, die Verarbeiter mit ins Boot zu nehmen, da gegen sie ein effektiver Datenschutz massiv erschwert wäre. Noch komplexer stellt sich das Spannungsverhältnis im Bereich medizinischer Anwendungen von IKT-Implantaten dar. Hiermit verbinden nicht nur die Anbieter erhebliche wirtschaftliche Interessen, auch die Betroffenen selbst haben häufig ein besonders großes Interesse an der Nutzung der neuen Möglichkeiten – und dennoch wünschen sie, dass der Schutz der hierdurch entstehenden Daten gewahrt bleibt. Wie aufgezeigt steht zudem der Schutz personenbezogener und auch nur potentiell personenbeziehbarer Daten auch im allgemeinen Interesse, um einen freiheitlich-demokratischen Staat durch Mitwirkung selbstbestimmter Bürger zu stärken.

Es kann daher nicht das Ziel sein, einzelne Interessen auf Kosten der jeweils gegensätzlichen durchzusetzen. Es wäre zudem eine Utopie, zu glauben, man könne eine technische Entwicklung aufhalten, nur weil dies national derzeit unerwünscht ist. Es muss vielmehr darum gehen, eine ausgewogene und bestmögliche Realisierung der jeweiligen widerstreitenden Interessen zu erreichen. Hierdurch können sowohl die erhofften Vorteile von IKT-Implantaten realisiert werden, ohne die Betroffenen gleich einem verhaltensändernden Überwachungsdruck durch private oder staatliche Stellen auszusetzen. Das derzeitige einfachgesetzliche Datenschutzrecht weist jedoch erhebliche konzeptionelle Mängel auf, welche es in einer Welt allgegenwärtiger Datenverarbeitung weitgehend leer laufen lassen. Gepaart mit einer Vielzahl von Schwächen im Detail und eklatanten Vollzugsdefiziten kann es seinen Zweck nicht (mehr) erfüllen.

Das BVerfG weist jedoch den Weg, indem es neben dem schon herkömmlichen Schutz personenbezogener Daten auch informationstechnische Systeme in ihrer Gesamtheit in den Schutzbereich einbezieht, ohne dass es auf das tatsächliche Vorhandensein personenbezogener Informationen noch ankäme. Auch die Erstreckung des Schutzes auf Eingriffe Privater ist zielführend. Von besonderer Bedeutung ist dabei, dass das BVerfG die Grundrechte zunehmend im Sinne einer Gewährleistungsgarantie versteht und damit den unmissverständlichen Gestaltungsauftrag an den Gesetzgeber ausspricht, den Datenschutz und die Vertraulichkeit und Integrität informationstechnischer Systeme auch im Verhältnis zwischen Privaten durch geeignete Maßnahmen beispielsweise im Zivil- und Strafrecht sicherzustellen.[3179] Ob der Staat sich künftig noch auf eine Selbstregulierung der Branche oder das private Angebot von Schutzlösungen zurückziehen kann, erscheint angesichts des vom BVerfG zutreffend analysierten Zustandes der IT-Sicherheit und der sehr begrenzten Möglichkeiten des Selbstschutzes sehr fraglich.[3180] Die ausdrückliche Einbeziehung von Persönlichkeitsgefährdungen durch private Akteure in der Entscheidung des Bundesverfassungsgerichts spricht zusammen mit der Benennung des Grundrechts als ein Recht *„auf Gewährleistung"* jedenfalls für einen vom BVerfG heute schon angenommenen klaren Handlungsauftrag an den Gesetzgeber.[3181]

Erforderlich ist eine konsequente Umsetzung des Vorsorgeprinzips, Stärkung der Aufsicht, Kontrolle und Sanktionierung von Verstößen durch staatliche Stellen. Dies muss um gestärkte Möglichkeiten eines Selbstschutzes ergänzt werden, auch und gerade zur effektiven Rechtsverfolgungsmöglichkeit durch Private in eigener Initiative. Gerade die Menge personenbezogener Daten bei allgegenwärtiger Datenverarbeitung ermöglicht und fördert aber einen Missbrauch, der durch Verbote zwar sanktioniert, nicht aber verhindert werden kann. Dies kann aber insbesondere durch Vorgaben an Technikgestalter in weitem Maße erfolgen, so dass Systeme künftig schon im Auslieferungszustand nach dem jeweiligen Stand von Wissenschaft und Technik „sicher" sind. Hierdurch würde für jedermann die Erfüllung der Schutzanforderungen erleichtert. Nur durch eine technische Absicherung der technischen und rechtlichen Um- und Durchsetzung datenschutzrechtlicher Vorgaben, insbesondere der Zweckbindung, Datensparsamkeit und Löschung werden die Grundrechte der Betroffenen bei ubiquitärer Datenverarbeitung weiterhin gewahrt bleiben können. Denn dieser Schutz kann sich dann künftig auch nachsorgend auswirken und so Gefahren eindämmen, welche erst im Anschluss an eine erteilte Einwilligung oder eine Nutzung eines IKT-Implantats erwachsen. Der Datenschutz durch Technik kann so nicht nur den Status Quo des Datenschutzniveaus der 2. Stufe der Datenverarbeitung auch bei der durch IKT-Implantate erreichten 3. Stufe realisieren, sondern sogar zu *mehr* Datenschutz auch gegenüber dem heutigen Niveau führen.[3182] Denn durch PET können Datenschutzrisiken zum frühestmöglichen Zeitpunkt, gewissermaßen *„an der Quelle"* erfasst und zum Ge-

3179 *Petri*, DuD 2008, 446f; *Stögmüller*, CR 2008, 436; in diesem Sinne auch *Kutscha*, NJW 2008, 1044; *75. Konferenz der Datenschutzbeauftragten des Bundes und der Länder*, DuD 2008, 469.

3180 *Heckmann*, jurisPR-ITR 5/2008, Anm. 1.

3181 BVerfG, 1 BvR 370/07, 1 BvR 595/07, Rn 199f mwN – Online-Durchsuchung; *Stögmüller*, CR 2008, 437f; *Britz*, DÖV 2008, 412.

3182 *Köhntopp* in Roßnagel, Datenschutz technisch sichern, 55; *Roßnagel*, FES-Studie, 183 mwN.

genstand gezielter, auf Risikovermeidung gerichteter Gegenmaßnahmen gemacht werden. Als geeignete Ansätze eines PET kommen ein Identitätsmanagement, insbesondere im Wege der biometrischen Verschlüsselung und eine Sicherstellung der Umsetzung beim Verarbeiter durch ein Privacy-DRM in Betracht.

Vorbedingung hierfür ist aber ein Datenschutzrecht, das erst die Voraussetzungen für einen Datenschutz durch Technik schafft, indem es sanktionierte und durchsetzbare Pflichten vorsieht und Anreize zu dessen Umsetzung bietet. Nur durch eine transdisziplinäre Zusammenarbeit zwischen der Informatik und dem Recht kann ein Mehrwert für den Datenschutz des Einzelnen erreicht werden.[3183] Wenn dies erfolgt, kann ein Datenschutz auch bei allgegenwärtiger Datenverarbeitung gelingen.[3184] Die Grenzenlosigkeit der Datenverarbeitung führt aber dazu, dass rein nationale Lösungsansätze von vornherein zum Scheitern verurteilt sind. Nur eine zumindest supranationale Vorgabe z. B. auf EU-Ebene und damit in einem wirtschaftlich bedeutsamen Markt kann den nötigen Impuls für eine weltweite Verbreitung und Umsetzung der Vorgaben geben, die einen Datenschutz durch Technik Realität werden lassen können.

Dennoch stellen sämtliche dargestellten Lösungsansätze zusammen zwar notwendige, nicht aber hinreichende Bedingungen zur Gewährleistung der informationellen Selbstbestimmung bei einem flächendeckenden Einsatz von IKT-Implantaten dar.[3185] Diese Ansätze müssen vielmehr noch um eine Aufklärung der Betroffenen über die Chancen und Risiken von IKT-Implantaten und das Erfordernis der Wahrung des Datenschutzes ergänzt werden.[3186] Erforderlich ist, das Bewusstsein in der breiten Bevölkerung dafür zu erzeugen, dass die informationelle Selbstbestimmung ein hohes, aber gefährdetes Gut ist, das zu bewahren ist; dies gilt gerade auch für das Gefährdungspotential durch die Datenverarbeitung Privater.[3187] Ohne diese Erkenntnis und ein Eintreten vieler für diesen Reformpro-

---

3183 *Köhntopp* in Roßnagel, Datenschutz technisch sichern, 65 mwN.

3184 *Roßnagel*, FES-Studie, 185.

3185 *Roßnagel*, APuZ 5-6/2006, 14, Seite 15.

3186 In diesem Sinne auch *Heckmann*, jurisPR-ITR 5/2008, Anm. 1; *Roßnagel*, MMR 2005, 75; *Roßnagel* in Mattern, Informationelle Selbstbestimmung in der Welt des Ubiquitous Computing, 286; vgl. auch *Heise online/anw*, Sachsen-Anhalts Schüler sollen über Datenschutz aufgeklärt werden, http://www.heise.de/newsticker/meldung/102191 und *Heise online/uk*, Schüler wissen zu wenig über Datenschutz, http://www.heise.de/newsticker/meldung/102891, wonach die Landesdatenschutzbeauftragten von Mecklenburg-Vorpommern und Sachsen-Anhalt künftig verstärkt an Schulen über den Umgang mit personenbezogenen Daten informieren wollen. Ebenso *75. Konferenz der Datenschutzbeauftragten des Bundes und der Länder*, DuD 2008, 473, welche im Rahmen der schulischen Bildung das Datenschutzbewusstsein fördern will; ebenso die verbraucherpolitische Sprecherin der CDU/CSU-Bundestagsfraktion *Julia Klöckner* in *Heise online/se*, CDU-Verbraucherpolitiker wollen Datenschutz rasch verbessern, http://www.heise.de/newsticker/meldung/114690.

3187 *Heckmann*, jurisPR-ITR 5/2008, Anm. 1; in diesem Sinne sind wohl auch die Aussagen zahlreicher Politiker und Datenschutzbeauftragter zu verstehen, welche den Bürger auffordern, seine Rechte auch aktiv wahrzunehmen und mit Daten pfleglicher umzugehen, z. B. *Renate Künast* in *Rademaker*, Grüne fordern Datenschutz in Verfassung, FTD v. 18.08.2008, http://www.ftd.de/politik/deutschland/401307.html, *Peter Schaar* in *Heise online/dpa/hob*, Bundesdatenschutzbeauftragter fordert Millionen-Strafen bei Missbrauch, http://www.heise.de/newsticker/meldung/114349, *Brigitte Zypries* in *FAZ (Hrsg.)*, Zypries will Datenhändlern Gewinne beschneiden, FAZ v. 22.08.2008, http://www.faz.net/s/Rub0E9EEF84AC1E4A389A8DC6C23161FE44/Doc~E7D2EFCE2A2B845DA974EB239A2D7D6D2~ATpl~Ecommon~Scontent.html, *Gerhard Billen* (vzbv e.V.) in *Krempl*, Kripo will "mafiöse Strukturen" im Handel mit persönlichen Daten bekämpfen, http://www.heise.de/newsticker/meldung/114203.

zeß dürfte es nicht zuletzt auch am politischen Willen fehlen, diesen umzusetzen. Auch die Betroffenen selbst müssen jedoch aktiv werden und dürfen sich nicht allein auf den Staat verlassen.[3188]

Ein effektiver Datenschutz bei der Nutzung von IKT-Implantaten wird alles andere als ein Selbstläufer. Dennoch zeigen die dargestellten Lösungsmöglichkeiten, dass bei einem Zusammenwirken von rechtlichen Gestaltungen, insbesondere auf supranationaler Ebene, geeigneten Anforderungen an Technikgestalter und -entwickler aufgrund marktwirtschaftlicher Anreize und rechtlicher Vorgaben, einem verstärkten Bewusstsein in der Bevölkerung über die Bedeutung von Datenschutz, einer effektiveren und schärferen Kontrolle und Sanktionierung von Verstößen insgesamt durchaus die Möglichkeit besteht, dass das mit IKT-Implantaten verbundene und erhoffte Potential ohne Aufgabe des Grundrechts auf informationelle Selbstbestimmung Wirklichkeit werden könnte. Einer sicheren, datenschutzgerechten und selbstbestimmten Nutzung von IKT-Implantaten mit Hilfe von Identitätsmanagementsystemen oder elektronischen Agenten stehen jedenfalls nach bisherigem Erkenntnisstand keine unüberwindbaren technischen und tatsächlichen Hürden entgegen. Datenschutz durch Technik ist grundsätzlich möglich. Die konkrete Ausgestaltung derartiger Systeme ist hingegen in vielen Punkten noch völlig offen.[3189] Die technischen Möglichkeiten hierzu gilt es daher zu entwickeln.

[3188] In diesem Sinne auch der baden-württembergische Innenminister *Heribert Rech* und der Verbraucherminister *Peter Hauk* in *Heise online/anw*, Baden-Württemberg will schärfere Gesetze gegen Datenhandel, http://www.heise.de/newsticker/meldung/114835.

[3189] In diesem Sinne auch *Bizer/Dingel/Fabian et al.*, TAUCIS, 314.

7 Literaturverzeichnis

75. Konferenz der Datenschutzbeauftragten des Bundes und der Länder: Entschließungen vom 3./4. April 2008 in Berlin, DuD 2008, 469-474

Abowd, Gregory / Brumitt, Barry / Shafer, Steven (Hrsg.): Proceedings of the Third International Conference on Ubiquitous Computing (UbiComp 2001), Atlanta, 2001, online abrufbar unter http://www.vs.inf.ethz.ch/publ/papers/privacy-principles.pdf

AP (Hrsg.): Betrüger buchten ohne Erlaubnis Geld ab, in: Frankfurter Allgemeine Zeitung v. 12.08.2008, online abrufbar unter http://www.faz.net/s/Rub77CAECAE94D7431F9EACD163751D4CFD/Doc~EA8B2C0ACC8EB4D00A8069DA181125CDB~ATpl~Ecommon~Scontent.html

APA/dpa: Empörung über Erfassung 13-Jähriger in "Datenbank potentieller Gewalttäter", in: derStandard.at v. 02.07.2008, online abrufbar unter http://derstandard.at/?url=/?id=3400358

Alahuhta, Petteri / De Hert, Paul / Delaitre, Sabine et al.: Dark Scenarios in ambient intelligence: Highlighting risks and vulnerabilities. SWAMI Deliverable D2. A report of the SWAMI consortium to the European Commission under contract 006507, 2006, online abrufbar unter http://swami.jrc.es

Albrecht, Astrid: Biometrische Verfahren im Spannungsfeld von Authentizität im elektronischen Rechtsverkehr und Persönlichkeitsschutz, 1. Aufl., Baden-Baden, 2003

Albrecht, Katherine: RFID TAG - You're it, SciAm 9/2008, 49-53

Applied Digital Solutions, Inc.: Beth Israel Deaconess Medical Center, Boston, Agrees to Implement VeriChip Technology, http://www.adsx.com/pressreleases/2005-03-03.html, abgerufen am 15.03.2006

Applied Digital Solutions, Inc.: VeriChip Corporation Enters into a Memorandum of Understanding for Development of a Firearm's User Autorization System - 'Smart Gun' - Using VeriChip RFID Technology, http://www.adsx.com/pressreleases/2004-04-13.html, abgerufen am 15.03.2006

Applied Digital Solutions, Inc.: VeriChip Corporation's RFID Technology Prevents Infant Abduction at North Carolina Hospital, http://www.adsx.com/pressreleases/2005-07-19.html, abgerufen am 15.03.2006

Applied Digital Solutions, Inc.: VeriChip-FAQ, http://www.adsx.com/prodservpart/verichip.html, www.adsx.com/faq/verichip.html, abgerufen am 27.07.2005

Arbeitskreis "Technische und organisatorische Datenschutzfragen der Konferenz der Datenschutzbeauftragten des Bundes und der Länder unter Mitwirkung des Arbeitskreises Medien": Orientierungshilfe Datenschutz in drahtlosen Netzen, DuD 2005, 700-720

Artikel-29-Datenschutzgruppe: Arbeitspapier Datenschutzfragen im Zusammenhang mit der RFID-Technik (WP 119), Brüssel, 2005

Artikel-29-Datenschutzgruppe: Stellungnahme 3/2005 zur Umsetzung der Verordnung (EG) Nr. 2252/2004 des Rates vom 13. Dezember 2004 über Normen für Sicherheitsmerkmale und biometrische Daten in den von Mitgliedsstaaten ausgestellten Pässen und Reisedokumenten (WP 112), Brüssel, 2005, online abrufbar unter http://europa.eu.int/comm/justice_home/fsj/privacy/index_de.htm

Artikel-29-Datenschutzgruppe: Work Program 2006-2007 Article 29 Working Party, Brüssel, 2006

Averesch, Sigrid / Rost, Susanne: Datenschützer fordert Meldepflicht, in: Berliner Zeitung v. 07.08.2008, online abrufbar unter http://www.berlinonline.de/berliner-zeitung/archiv/.bin/dump.fcgi/2008/0807/tagesthema/0076/index.html

BBC News: Electronic tagging for Alzheimer's, http://news.bbc.co.uk/1/hi/england/2284537.stm, abgerufen am 19.04.2006

BSI; Bundesamt für Sicherheit in der Informationstechnik: Pervasive Computing: Entwicklung und Auswirkungen, Ingelheim, 2006

BSI; Bundesamt für Sicherheit in der Informationstechnik: Risiken und Chancen des Einsatzes von RFID-Systemen: Trends und Entwicklungen in Technologien, Anwendungen und Sicherheit, Ingelheim, 2004, online abrufbar unter http://www.bsi.bund.de/fachthem/rfid/RIKCHA.pdf

Baeriswyl, Bruno: Data Mining und Data Warehousing: Kundendaten als Ware oder geschütztes Gut? RDV 2000, 6-11

Bager, Jo: Dabei sein ist alles - Das Phänomen SchülerVZ, c't 5/2008, 92-95

Bager, Jo: SchülerVZ-Reichweite: Die Schüler klicken wie verrückt, http://www.heise.de/newsticker/meldung/101540, abgerufen am 09.01.2008

Bannerman, Lucy: Police target dangerous suspects before the can offend, in: Times Online v. 27.11.2006, online abrufbar unter http://www.timesonline.co.uk/printFriendly/0,1-2-2473501-2,00.html

Barrie-Anthony, Steven: Cellphones: Just a leash for children? in: LA Times v. 21.6.2006, online abrufbar unter http://www.latimes.com/technology/la-et-phonetrackers21jun21,0,531476.story?coll=la-home-headlines

Bauer, Gerd: "Aktive" Patiententerminals, DuD 2006, 138-141

Bechtold, Stefan: Rechtliche Technikgestaltung von Digital-Rights-Management-Systemen - ein Blick auf ein entstehendes Forschungsgebiet, Technikfolgenabschätzung 2/2006, 47-51

Becker, Konrad (Hrsg.): Die Politik der Infosphäre - World-Information.Org, Bonn 2002

Beckmann, Elke: Der Schutz personenbezogener Daten im sozialen Sicherungssystem auf der Basis des deutschen, österreichischen und europäischen Rechts, 1. Aufl., Baden-Baden, 2000

Behrendt, Siegfried / Hilty, Lorenz M. / Erdmann, Lorenz: Nachhaltigkeit und Vorsorge - Anforderungen der Digitalisierung an das politische System, APuZ 42/2003, 13-20

Berg, Wilfried: Telemedizin und Datenschutz, MedR 2004, 411-414

Bergmann, Lutz / Möhrle, Roland / Herb, Armin: Datenschutzrecht: Handkommentar zum Bundesdatenschutzgesetz, Stuttgart, München, Hannover, 34. EL 2007

Beschlüsse des Düsseldorfer Kreises: Sitzung der Obersten Aufsichtsbehörden für Datenschutz im nicht öffentlichen Bereich, Bremen 8./9. November 2006, DuD 2007, 37-38

Bibliographisches Institut & F. A. Brockhaus AG: Brockhaus-Wissen 2004 (CD-Edition) 2004

Bielefeldt, Heiner: Freiheit und Sicherheit im demokratischen Rechtsstaat, 1. Aufl., Berlin, 2004

Biermann, Heinz / Bromba, M. / Busch, Christoph et al.: White Paper zum Datenschutz in der Biometrie, 1. Aufl., Berlin, 2008, online abrufbar unter http://www.teletrust.de/fileadmin/files/ag6/Datenschutz-in-der-Biometrie-080521.pdf

Biotronik: Wissenswertes über Ihren Herzschrittmacher - Patientenbroschüre, Berlin, 2000

Bizer, Johann / Dingel, Kai / Fabian, Benjamin et al.: TAUCIS Technikfolgenabschätzung Ubiquitäres Computing und Informationelle Selbstbestimmung, Kiel; Berlin, 2006

Bizer, Johann / Kamp, Meike / Bock, Kirsten et al.: Erhöhung des Datenschutzniveaus zugunsten der Verbraucher, 1. Aufl., Kiel, 2006

Bizer, Johann: 2007: ein Jahr des Selbstschutzes, DuD 2007, 2

Bizer, Johann: Datenschutz als Gestaltungsaufgabe, DuD 2007, 725-730

Bizer, Johann: Herausforderung für den Datenschutz, DuD 2006, 198

Bizer, Johann: Modernisierung des Datenschutzes, DuD 2007, 156

Bizer, Johann: Modernisierung des Datenschutzes: Vier Säulen des Datenschutzes, DuD 2007, 264-266

Bizer, Johann: Sieben Goldene Regeln des Datenschutzes, DuD 2007, 350-356

Bizer, Johann (Hrsg.): Umbruch von Regelungssystemen in der Informationsgesellschaft: Freundesgabe für Alfred Büllesbach, Stuttgart 2002

Bludau, Hans-Bernd / Bludau, Heike: Mobile Anwendungen in der Medizin - Big Brother hält gesund, Dtsch Ärztebl/PC 3/2002, 22-24

Boahen, Kwabena: Neuromorphic Chips, SciAm 5/2005, 38-45

Boggan, Steve: Cracked it!, in: The Guardian v. 17.11.2006, online abrufbar unter http://www.guardian.co.uk/technology/2006/nov/17/news.homeaffairs

Boggan, Steve: Passports: This isn't supposed to happen: how a baby became bin Laden, in: Times Online v. 06.08.2008, online abrufbar unter http://www.timesonline.co.uk/tol/news/uk/crime/article4467098.ece

Boggan, Steve: 'Fakeproof' e-passport is cloned in minutes, in: Times Online v. 06.08.2008, online abrufbar unter http://www.timesonline.co.uk/tol/news/uk/crime/article4467106.ece

Bohn, Philipp: Akzeptanz von Digital Rights Management - Ergebnisse zweier Konsumentenbefragungen, Technikfolgenabschätzung 2/2006, 41-46

Bohne, Eberhard: Staat und Konfliktbewältigung bei Zukunftstechnologien, NVwZ 1999, 1-11

Bonnert, Erich: Prothetische Chips, c't 5/2006, 68

Borchers, Detlef: Elektronische Gesundheitskarte: Der letzte Check-up ist nicht in Sicht, http://www.heise.de/ct/hintergrund/meldung/74610, abgerufen am 23.06.2006

Borchers, Detlef: Interoperabilitätstests mit biometrischen Reisepässen, http://www.heise.de/ct/hintergrund/meldung/73803, abgerufen am 02.06.2006

Borchers, Detlef: Kreditkarte mit RFID-Chip für den Schlüsselbund, http://www.heise.de/newsticker/meldung/73399, abgerufen am 22.05.2006

Borchers, Detlef: LKW-Maut: Schäuble will Zweckbindung der Mautdaten aufheben, http://www.heise.de/newsticker/meldung/76391, abgerufen am 04.08.2006

Borchers, Detlef: Metro zeigt RFID auf der Cebit, http://www.heise.de/newsticker/meldung/68313, abgerufen am 13.01.2006

Borchers, Detlef: Operation RFID startet in Ungarn, c't 23/2006, 48

Borchers, Detlef: Smartcard-Preisträger kritisiert Planungen für die E-Patientenakte, http://www.heise.de/newsticker/meldungen/84989, abgerufen am 08.02.2007

Borchers, Detlef: Wohin mit der Signatur: Smarte Bürger am Scheideweg, http://www.heise.de/newsticker/meldung/113314, abgerufen am 24.07.2008

Borking, John J.: Privacy-Enhancing Technologies (PET) - Darf es ein Bitchen mehr sein? DuD 2001, 607-615

Bourzac, Katherine / Schwan, Ben: Gesundheitsmonitor für das Schlachtfeld, http://www.heise.de/tr/artikel/70303, abgerufen am 03.03.2006

Bovenschulte, Marc / Gabriel, Peter / Gaßner, Katrin et al.: RFID: Opportunities for Germany, 1. Aufl., Berlin, 2007

Bradsher, Keith: China Enacting a High-Tech Plan to Track People, in: The New York Times v. 12.07.2007, online abrufbar unter http://www.nytimes.com/2007/08/12/business/worldbusiness/12security.html

Brem, Ernst / Druey, Jean / Kramer, Ernst / Schwander, Ivo (Hrsg.): Festschrift zum 65. Geburtstag von Mario M. Pedrazzini, 1. Aufl., Bern 1990

Bress, Dieter: Sozialdatenschutz - ein Überblick, SF Medien (161) 4/2007, 89-102

Britz, Gabriele: Vertraulichkeit und Integrität informationstechnischer Systeme, DÖV 2008, 411-415

Bull, Peter: Entscheidungsfragen in Sachen Datenschutz, ZRP 1975, 7-13

Bultmann, Marion / Welbrock, Rita / Biermann, Heinz et al.: Datenschutz und Telemedizin - Anforderungen an Medizinnetze, Konferenz der Datenschutzbeauftragten des Bundes und der Länder, 10/2002

Bundesdruckerei GmbH (Hrsg.): 125 Jahre Bundesdruckerei, 2000-2010 - Ein neues Jahrtausend, http://www.bundesdruckerei.de, abgerufen am 08.08.2006

Bundeskriminalamt (Hrsg.): Forschungsprojekt Gesichtserkennung als Fahndungshilfsmittel - Foto-Fahndung - Abschlussbericht, Wiesbaden, 2007, online abrufbar unter http://www.bka.de/kriminalwissenschaften/fotofahndung/pdf/fotofahndung_abschlussbericht.pdf

Bundesministerium für Gesundheit (Hrsg.): Die Gesundheitskarte - Elektronische Patientenakte, http://www.die-gesundheitskarte.de/glossar/details/elektronische_patientenakte.html, abgerufen am 06.01.2007

Bundesministerium für Gesundheit (Hrsg.): Die Gesundheitskarte - Medizinische Funktionen, http://www.die-gesundheitskarte.de/grundfunktionen/medizinische_funktionen/index.html, abgerufen am 06.01.2007

Bundesregierung (Ministerium des Inneren) (Hrsg.): Datenschutz bei RFID-Chips. Antwort auf die Kleine Anfrage der FDP-Fraktion (BT-Drs. 15/3025), BT-Drs. 15/3190, zugleich RDV 2004, 196-198

Bär, Wolfgang: Anmerkung zu 1 BvR 370/07 und 1 BvR 595/07, MMR 2008, 325-327

Böhme, Rainer / Pfitzmann, Andreas: Digital Rights Management zum Schutz personenbezogener Daten? DuD 2008, 342-347

CASPIAN (Hrsg.): VeriChip RFID Implants in Mexican Attorney General's Office Overstated, http://www.spychips.com/press-releases/mexican-implant-correction.html, abgerufen am 13. Oktober 2005

CERT; Centre of Excellence for Applied Research and Training (Hrsg.): No Big Brother for UAE Drivers, http://cert.hct.ac.ae/NewsAndEvents/News/2006/4/No_Big_Brother_for_UAE_drivers.aspx, abgerufen am 04.04.2006

CNSystems; Medizintechnik GmbH (Hrsg.): Synkopen, http://www.synkope.at, abgerufen am 12.04.2006

Caffrey, Andrew: Location tracking, in: The Boston Globe v. 10.10.2005, online abrufbar unter http://www.boston.com/business/technology/articles/2005/10/10/location_tracking____for_people_products_places____is_fast_coming_into_its_own?mode=PF

Cahill, Suzanne: Letters: Electronic tagging of people with dementia, BMJ 2003, 281

Capgemini Consulting (Hrsg.): RFID and Consumers - What European Consumers Think About Radio Frequency Identification and the Implications for Businesses, Frankfurt am Main 2005

Capurro, Raphael: Neuroimplantate: Stimulus oder Steuerung - Vortrag vor dem Nationalen Ethikrat, Sitzung vom 25. Januar 2006, Berlin, online abrufbar unter http://www.ethikrat.org/veranstaltungen/pdf/Wortprotokoll_FB_2006-01-25.pdf

CarPhone Warehouse Group plc; Philip Gould Associates; YouGov (Hrsg.): Mobile Life Report 2006, 2006

Cavoukian, Ann / Stoianov, Alex: Biometric Encryption: A Positive-Sum Technology that Achieves Strong Authentication, Security AND Privacy, Toronto, 2007, online abrufbar unter http://www.eubiometricsforum.com/dmdocuments2/WhitePaperBiometricEncryptionOntario.pdf

Chaos Computer Club e.V. (Hrsg.): Fingerabdruck an der Supermarkt-Kasse genauso unsicher wie Biometrie im Reisepass, http://www.ccc.de/updates/2007/umsonst-im-supermarkt?language=de, abgerufen am 27.11.2007

Chaos Computer Club e.V. (Hrsg.): Wie können Fingerabdrücke nachgebildet werden? http://www.ccc.de/biometrie/fingerabdruck_kopieren?language=de, abgerufen am 09.10.2004

Choi, Charles Q.: Miniaturized Power - With nanobatteries, power sources finally shrink with the rest of electronics, SciAm 2/2006, 54-57

Chlamtac, Imrich (Hrsg.): First International Conference on Security and Privacy for Emerging Areas in Communications Networks (SecureComm 2005) - 05 - 09 Sept. 2005, Los Alamitos, 2005

Chorost; Michael: Ein ganz normales Ohr, http://www.heise.de/tr/artikel/102518, abgerufen am 05.02.2008

Clark, Nicola: British Airways adopts N.Y. biometric screening, in: International Herald Tribune v. 01.09.2006, 9

Cornelius, Kai: Vertragsabschluss durch autonome elektronische Agenten, MMR 2002, 353-358

DeNoon, Daniel / Smith, Michael: Chip Implants: Better Care or Privacy Scare? Implanted RFID Chips Carry Coded Medical Information, http://www.webmd.com/content/Article/109/109216.htm, abgerufen am 27.07.2005

Dean, B. / Schachter, M. / Vincent, C. et al.: Prescribing errors in hospital inpatients: their incidence and clinical significance, Qual Saf Health Care 2002, 340-344, online abrufbar unter http://www.saferhealthcare.org.uk/NR/rdonlyres/4FB661E2-1FC3-48AE-974B-74D4E40F3EBC/0/QSHC2002113404.pdf

Degenhart, Christoph: Die Bewältigung der wissenschaftlichen und technischen Entwicklungen durch das Verwaltungsrecht, NJW 1989, 2435-2441

Deubroeck, Yvan (Hrsg.): Neue europäische Richtlinien empfehlen implantierbare Defibrillatoren und die kardiale Resynchronisationstheraphie als Behandlungsstandard bei Herzinsuffizienz (Medtronic Pressemitteilung vom 03. September 2005), 2005

Deutsch, Erwin: Das Persönlichkeitsrecht des Patienten, AcP (192) 1992, 161-180

Deutsche Gesellschaft für Medizinrecht (DGMR): Einbecker Empfehlungen zu Rechtsfragen der Telemedizin (1999), MedR 1999, 557-558

Deutsche Vereinigung für Datenschutz e.V. (Hrsg.)*:* Stellungnahme zum Bundesdatenschutzauditgesetz vom 7. September 2007, http://www.datenschutzverein.de/Themen/Stellungnahme_Bundesdatenschutzauditgesetz_DVD.pdf, abgerufen am 19.08.2008

Deutschlandradio Kultur: Interview 2006, online abrufbar unter http://www.dradio.de/dkultur/sendungen/interview/527905/

Di Martino, Alessandra: Datenschutz im europäischen Recht, Bd. 20, 1. Aufl., Baden-Baden, 2005

Dickopf, Michael (Hrsg.)*:* Digitale Sicherheitsmerkmale im ePass, Bonn, 01.06.2005

Dierks, Christian / Feussner, Hubertus / Wienke, Albrecht (Hrsg.): Rechtsfragen der Telemedizin, 1. Aufl., Berlin, Heidelberg, New York 2001

Dierks, Christian / Nitz, Gerhard / Grau, Ulrich: Gesundheitstelematik und Recht: rechtliche Grundlagen und legislativer Anpassungsbedarf, Frankfurt am Main, 2003

Dierks, Christian: Gesundheits-Telematik - Rechtliche Antworten, DuD 2006, 142-152

Digital Angel Corp. (Hrsg.)*:* Pressemitteilungen, http://www.digitalangelcorp.com/about_press.asp, abgerufen am 20.04.2006

Diller, Gottfried: Hören mit einem Cochlear-Implant: eine Einführung, 2. Aufl., Heidelberg, 1997

Directnews/EUROFORUM Deutschland GmbH (Hrsg.)*:* RFID - Die Welt wird smart. Pressebericht zur Handelsblatt-Jahrestagung. RFID. 3. und 4. Mai 2004, Düsseldorf, http://www.news-ticker.org/pm.php?news_id=1684, abgerufen am 13.01.2006

Dix, Alexander: Modernisierung des Datenschutzes: Lösungsansätze, DuD 2007, 256-258

Dohms, Heinz-Roger: Wenn Frau Müller in die Kasse greift, in: Financial Times Deutschland v. 04.04.2008, online abrufbar unter http://www.ftd.de/unternehmen/handel_dienstleister/338301.html

dpa/chy: "Petz-Paragraf" durch die Hintertür, ÄP Dermatologie / Allergologie 2008, 50, online abrufbar unter http://www.aerztlichepraxis.de/rw_4_Archiv_HoleArtikel_401038_Artikel.htm

Dreier, Horst (Hrsg.)*:* Grundgesetz, 2. Aufl., Tübingen 2006

Dreier, Thomas: Steuerung durch Recht - Einige Überlegungen zum rechtlichen Schutz technischer Schutzmaßnahmen im Urheberrecht, Technikfolgenabschätzung 2/2006, 13-19, online abrufbar unter http://www.itas.fzk.de/tatup/062/inhalt.htm

Dyson, Esther: Reflections on Privacy 2.0, SciAm 9/2008, 26-31

Däubler, Wolfgang: RFID-Technik als arbeitsrechtliches Problem, dbr 6/2005, 30-31

E-Health Insider: Germany joins hospital RFID pilots, http://www.e-health-insider.com/news/item.cfm?ID=1177, abgerufen am 13.01.2006

EGE, European Group on Ethics in Science and New Technologies to the European Commission (Hrsg.)*:* Opinion No. 20 - Opinion on the ethical aspects of ICT implants in the human body, Bd. 20, 1. Aufl., Luxemburg, 2005

ESA Media Relations Office (Hrsg.)*:* ESA's most advanced navigation satellite launched tonight, http://www.esa.int/esaCP/SEM9GD2QGFF_index_0.html, abgerufen am 27.04.2008

Eicher, Claus Christoph: Der gläserne Autofahrer, ADACmotorwelt 11/2006, 78-79

Ekahau, Inc. (Hrsg.)*:* Ekahau T201 Wi-Fi Tag Datasheet, http://www.ekahau.com/file.php?id=120

Ekahau, Inc. (Hrsg.)*:* T201 Wi-Fi tag - Quick setup & low cost deployment over standard Wi-Fi networks, http://www.ekahau.com/?id=4410, abgerufen am 11.01.2006

Electronic Privacy Information Center (EPIC) (Hrsg.)*:* VeriChip - EPIC urges privacy safeguards for RFID, http://www.epic.org/privacy/rfid/verichip.html, abgerufen am 27.07.2005

Ellersiek, Christa / Becker, Wolfgang: Das Celler Loch: Geschichte einer Geheimdienstaffäre, 1. Aufl., Hamburg, 1987

Enquete-Kommission Zukunft der Medien in Wirtschaft und Gesellschaft - Deutschlands Weg in die Informationsgesellschaft (Hrsg.): Vierter Zwischenbericht, BT-Drs. 13/11002, online abrufbar unter http://dip.bundestag.de/btd/13/110/1311002.pdf

Ermert, Monika: Daten sind wie Schokolade: Vorratshaltung sorgt für Appetit, http://www.heise.de/newsticker/meldung/110716, abgerufen am 10.07.2008

Europa-Kontakt e.V. (Hrsg.): Wehret der Versuchung, EU-Informationsbrief Gesundheit 03/2005, 59-63

Europäische Kommission (Hrsg.): Existing regulation on RFID, http://ec.europa.eu/information_society/policy/rfid/eu_approach/regulation/index_en.htm, abgerufen am 20.08.2008

F.A.S. (Hrsg.): Für zehn Dollar das Bankkonto leerräumen, in: Frankfurt Allgemeine Sonntagszeitung v. 24.08.2008, online abrufbar unter http://www.faz.net/s/RubE2C6E0BCC2F04DD787CDC274993E94C1/Doc~E457AAE6F26C140609542A7F35970071A~ATpl~Ecommon~Scontent.html

FAZ (Hrsg.): "Kein großer Akt, an illegale Daten zu kommen", in: Frankfurter Allgemeine Zeitung v. 18.08.2008, online abrufbar unter http://www.faz.net/s/Rub0E9EEF84AC1E4A389A8DC6C23161FE44/Doc~E2908A0589E7F4A6985A2F969782DDF16~ATpl~Ecommon~Scontent.html

FAZ (Hrsg.): Datendieb stellt sich der Polizei, in: Frankfurter Allgemeine Zeitung v. 15.08.2008, online abrufbar unter http://www.faz.net/s/Rub77CAECAE94D7431F9EACD163751D4CFD/Doc~E8C9D628E3E8A4229A1D55EFA97239F7D~ATpl~Ecommon~Scontent.html

FAZ (Hrsg.): Datendiebstahl-Skandal erreicht die Telekom, in: Frankfurter Allgemeine Zeitung v. 19.08.2008, online abrufbar unter http://www.faz.net/s/RubD16E1F55D21144C4AE3F9DDF52B6E1D9/Doc~E7EFF73030B234E9D893FEA1C765A594F~ATpl~Ecommon~Scontent.html

FAZ (Hrsg.): Lufthansa hat Passgierdaten ausgewertet, in: Frankfurter Allgemeine Zeitung v. 09.06.2008, online abrufbar unter http://www.faz.net/s/RubD16E1F55D21144C4AE3F9DDF52B6E1D9/Doc~E63C2E2E8A7B7418999E8B71FEB948238~ATpl~Ecommon~Scontent.html?rss_aktuell

FAZ (Hrsg.): Zypries will Datenhändlern Gewinne beschneiden, in: Frankfurter Allgemeine Zeitung v. 22.08.2008, online abrufbar unter http://www.faz.net/s/Rub0E9EEF84AC1E4A389A8DC6C23161FE44/Doc~E7D2EFCE2A2B845DA974EB239A2D7D6D2~ATpl~Ecommon~Scontent.html

FDA; U.S. Food and Drug Administration (Hrsg.): Classification of VeriChip as Class II (Exhibit 99.2), http://www.sec.gov/Archives/edgar/data/92462/000106880004000587/ex99p2.txt, abgerufen am 27. Juli 2005

FDA; U.S. Food and Drug Administration: 21 CFR Part 880; Docket No. 2004N-0477, Federal Register Vol. 69, No. 237, December 10, 2004 - Rules and Regulations

FTD (Hrsg.): Briten verlieren Daten von 84.000 Häftlingen, in: Financial Times Deutschland, online abrufbar unter http://www.ftd.de/politik/europa/403816.html

FTD (Hrsg.): EU erlaubt Doubleclick-Kauf, in: Financial Times Deutschland v. 11.03.2008, online abrufbar unter http://www.ftd.de/technik/medien_internet/329549.html

FTD (Hrsg.): Sarah Palin im Test - "Haben Sie je für Sex bezahlt?", in: Financial Times Deutschland v. 03.09.2008, online abrufbar unter http://www.ftd.de/politik/international/408935.html

Federrath, Hannes: Experte: Schleichender Verlust an Datenschutz, http://www.heise.de/newsticker/meldung/70728, abgerufen am 12.03.2006

Finsterbusch, Stephan: Der Verlust der Privatsphäre, in: Frankfurter Allgemeine Zeitung v. 23.08.2008, online abrufbar unter http://www.faz.net/s/RubEC1ACFE1EE274C81BCD3621EF555C83C/Doc~E0DC34A6794FD44EFBB16202743535201~ATpl~Ecommon~Scontent.html

Fiutak, Martin: RFID-Tag wird mit GPS gekoppelt, http://www.silicon.de/hardware/netzwerk-storage/0,39039015,39183913,00/rfid_tag+wird+mit+gps+gekoppelt.htm, abgerufen am 14.07.2007

Fleisch, Elgar / Mattern, Friedemann (Hrsg.): Das Internet der Dinge – Ubiquitous Computing und RFID in der Praxis, Berlin, Heidelberg, New York, 2005

Foster, Julie: 'Digital Angel' not pursuing implants - Plans to create under-the-skin monitoring device discontinued, http://www.worldnetdaily.com/news/article.asp?ARTICLE_ID=23268, abgerufen am 20.04.2006

Fox, Dirk: Spitzel und Brandstifter, DuD 2008, 375

Fraenkel, Reinhard / Hammer, Volker: Keine Mautdaten für Ermittlungsverfahren, DuD 2006, 497-500

Fraenkel, Reinhard / Hammer, Volker: Rechtliche Löschvorschriften, DuD 2007, 899-904

Frattini, Franco: Antwort auf eine Anfrage der EU-Parlamentarierin Jeanine Hennis-Plasschaert am 15.09.2006, Nr. P-2846/06EN,

Fritz, Martin: "Wo bist Du jetzt"-Handy soll Japans Eltern beruhigen, http://www.tagesschau.de/aktuell/meldungen/0,1185,OID4998340,00.html, abgerufen am 29.11.2005

Frost, Norbert: Gesundheitstelematik, Telemedizin, Teledermatologie - Eine interdisziplinäre Gegenstandsbeschreibung, 1. Aufl., Münster, 2000

Future of Identity in the Information Society (FIDIS): ePass: Sicherer für die Passkontrolle - unsicherer für die Bürger - Budapester Deklaration von fidis zum ePass, DuD 2006, 760-762

Garfinkel, Simson L.: Information of the World, Unite! SciAm 9/2008, 61-65

Garstka, Hansjürgen: Datenschutz in Praxisnetzen aus Sicht des Datenschutzbeauftragten, ZaeFQ 1999, 781-784

Gastmeier, P. / Witte, W.: Zum Management des MRSA-Screenings, Epidemiologisches Bulletin, Robert-Koch-Institut, 2005, 385-389

Geary, James: The Body Electric - An Anatomy of the New Bionic Senses, 1. Aufl., New Brunswick, 2002

Geiger, Stefan: Richter sichern Bürgerrechte, in: Stuttgarter Zeitung v. 06.02.2007

Geiger, Stefan: Und das Recht? in: Stuttgarter Zeitung v. 10.01.2007

Geiger, Stefan: Wenn die Banken Hilfspolizei spielen, in: Stuttgarter Zeitung v. 10.01.2007

Geis, Ivo / Geis, Esther: Das informationelle Selbstbestimmungsrecht als Pathosformel des Datenschutzrechts oder Schutz der Privatheit während und nach der elektronischen Kommunikation. Zugleich Anmerkung zum Urteil des Bundesverfassungsgerichts vom 2.3.2006 - 2 BvR 2099/04, K&R 2006, 279-280

Geppert, Martin / Attendorn, Thorsten (Hrsg.): Beck'scher TKG-Kommentar, 3. Aufl., München 2006

Gola, Peter / Schomerus, Rudolf: Bundesdatenschutzgesetz, 9. Aufl., München, 2007

Gola, Peter: Datenschutz bei der Kontrolle "mobiler" Arbeitnehmer - Zulässigkeit und Transparenz, NZA 2007, 1139-1144

Golem.de (Hrsg.): Google kauft DoubleClick für 3,1 Milliarden US-Dollar, http://www.golem.de/0704/51672.html, abgerufen am 14.04.2007

Gomille, Christian: Das Mobiltelefon als Peilsender, ITRB 2007, 114-116

Gonzáles, Marta C. / Hidalgo, César A. / Barabási, Albert-Lászlo: Understanding individual human mobility patterns, Nature 2008, 779-782

Goppel, Thomas: Die Würde des Menschen hat einen Anspruch auf "Privatheit", DuD 2005, 321-322

Green, Kate: Basisstation mit Power, http://www.heise.de/tr/artikel/81484, abgerufen am 27.11.2006

Grell, Detlef: Pflegefälle (Editorial), c't 2/2007, 1

Grimm, Rüdiger / Puchta, Stefan / Müller, Michael et al.: privacy4DRM - Datenschutzverträgliches und nutzungsfreundliches Digital Rights Management, 2005, online abrufbar unter http://www.bmbf.de/pub/privacy4drm_studie.pdf

Grossberg, Adam / Teplitsky, Rich (Hrsg.): Bell Labs technology would give consumers greater control over their privacy when using mobile devices, http://www.lucent.com/press/0104/040119.nsa.html, abgerufen am 13.01.2006

Gärtner, Birgit: Ich kommuniziere, also bin ich verdächtig, http://www.telepolis.de/r4/artikel/22/22360/1.html, abgerufen am 18.05.2006

Göres, Ulrich: Rechtmäßigkeit des Zugriffs auf die Daten der Mauterfassung, NJW 2004, 195-198

Haas, P.: Kritische Thesen zu patientenbezogenen Anwendungen der Gesundheitstelematik, Bundesgesundheitsbl 2005, 771-777

Haines, Lester: Japanese to tag schoolkids, http://www.theregister.co.uk/2004/07/09/japanese_tag_schoolkids/, abgerufen am 27.07.2005

Haines, Lester: Kidnap-wary Mexicans get chipped, http://www.theregister.co.uk/2004/07/14/mexicans_get_chipped/, abgerufen am 27.07.2005

Handelsblatt (Hrsg.): Kennzeichenerfassung ist verfassungswidrig, in: Handelsblatt v. 11.03.2008, online abrufbar unter http://www.handelsblatt.com/News/Auto/Recht-Steuern/_pv/_p/205919/_t/ft/_b/1402400/default.aspx/kennzeichenerfassung-ist-verfassungswidrig.html

Hanika, Heinrich: Telehealth - Herausforderungen für die Notfall- und Rettungsmedizin, Notfall & Rettungsmedizin 2003, 271-277

Hanika, Heinrich: Telemedizin - Handlungs- und Weiterentwicklungsbedarf, MedR 2001, 107-111

Hanika, Heinrich: Telepflege - Informations- und Kommunikationstechnologien in der Pflege, PflR 2003, 483-494

Hansen, Marit / Meissner, Sebastian (Hrsg.): Verkettung digitaler Identitäten, Kiel, 2007, online abrufbar unter https://www.datenschutzzentrum.de/projekte/

Hansmann, Uwe: Pervasive computing handbook, Tokyo, 2000

Hascher, Wolfgang: Identifikation mit Mini-Chips, Elektronik 19/2003, 21ff, online abrufbar unter http://www.elektroniknet.de/topics/kommunikation/fachthemen/2003/0021/print.htm

Hassemer, Winfried: Partner Staat, in: Frankfurter Allgemeine Zeitung v. 05.07.2007

HealthDay/MedLine Plus: This Chip Could Be a Lifesaver - Embedded microchip gives ER crews speedy access to patients' medical history, http://www.nlm.nih.gov/medlineplus/news/fullstory_30121.html, abgerufen am 21.02.2006

Heckmann, Dirk: Das Grundrecht auf Vertraulichkeit und Integrität informationstechnischer Systeme und seine Auswirkungen auf das IT-(Sicherheits-)Recht, jurisPR-ITR 5/2008, Anm. 1

Heckmann, Dirk: EDITORIAL, jurisPR-ITR 6/2008, Anm. 1

Heckmann, Dirk: Rechtspflichten zur Gewährleistung von IT-Sicherheit im Unternehmen - Maßstäbe für ein IT-Sicherheitsrecht, MMR 2006, 280-285

Heerwagen, Michael: Positionsbestimmung im freien Feld - Genauigkeits- und Verfügbarkeitsanalyse von Positionsbestimmungsverfahren, 2005, online abrufbar unter http://zack1.e-technik.tu-ilmenau.de/~webkn/Arbeiten/DIPLOMREFERAT/2115-04D-04.pdf

Heier, Markus: Vom Vorteil, eine zweite Meinung zu hören, in: Frankfurter Allgemeine Zeitung v. 12.08.2008, online abrufbar unter http://www.faz.net/s/Rub7F74ED2FDF2B439794CC2D664921E7FF/Doc~E141124A65B194F30AEE84657275F4167~ATpl~Ecommon~Scontent.html

Heise Online / fr: Holländischer Computerexperte fälschte britischen E-Pass, http://www.heise.de/newsticker/meldung/113884, abgerufen am 06.08.2008

Heise Online / fr: Wissenschaftler analysieren individuelle Bewegungsprofile von Handynutzern, http://www.heise.de/newsticker/meldung/109012, abgerufen am 05.06.2008

Heise Online / tpa: Frankreich: Geheimdienst-Datenbank "Edvige" beunruhigt die Öffentlichkeit, http://www.heise.de/newsticker/meldung/113202, abgerufen am 23.07.2008

Heise online / anw: Baden-Württemberg will schärfere Gesetze gegen Datenhandel, http://www.heise.de/newsticker/meldung/114835, abgerufen am 25.08.2008

Heise online / anw: Boing kommt Laptop mit tausenden Mitarbeiterdaten abhanden, http://www.heise.de/newsticker/meldung/82523, abgerufen am 14.12.2006

Heise online / anw: Britischer Polizeichef regt Satellitenüberwachung von Sexualstraftätern an, http://www.heise.de/newsticker/meldung/75552, abgerufen am 17.07.2006

Heise online / anw: Datenschützer gegen generelles Datenverkaufsverbot, http://www.heise.de/newsticker/meldung/114752, abgerufen am 25.08.2008

Heise online / anw: Erneut Festplatte mit Daten britischer Bürger verkauft, http://www.heise.de/newsticker/meldung/115021, abgerufen am 27.08.2008

Heise online / anw: Festplatten mit Kontodaten auf eBay verscherbelt, http://www.heise.de/newsticker/meldung/114905, abgerufen am 26.08.2008

Heise online / anw: Kinder per Handy an die Leine legen, http://www.heise.de/newsticker/meldung/81941, abgerufen am 04.12.2006

Heise online / anw: Neue Vorstöße zur RFID-Selbstregulierung der Industrie, http://www.heise.de/newsticker/meldung/73621, abgerufen am 29.05.2006

Heise online / anw: Politiker wollen Videoüberwachung ausdehnen und Anti-Terrordatei ausbauen, http://www.heise.de/newsticker/meldung/77061, abgerufen am 21.08.2006

Heise online / anw: Sachsen-Anhalts Schüler sollen über Datenschutz aufgeklärt werden, http://www.heise.de/newsticker/meldung/102191, abgerufen am 22.01.2008

Heise online / axv: Offiziell: Sechs Namen für Windows Vista, http://www.heise.de/newsticker/meldung/70116, abgerufen am 27.02.2006

Heise online / axv: Vista: Von Home Basic zur Ultimate per Mausklick, http://www.heise.de/newsticker/meldung/70515, abgerufen am 08.03.2006

Heise online / ciw: 23C3: Fingerabdruck-Systeme lassen sich noch immer leicht austricksen, http://www.heise.de/newsticker/meldung/83013, abgerufen am 28.12.2006

Heise online / ciw: IDF: Notebook-Akkus drahtlos laden, http://www.heise.de/newsticker/meldung/114654, abgerufen am 22.08.2008

Heise online / ck: Nokia will RoHS-Richtlinie weltweit einhalten, http://www.heise.de/newsticker/meldung/75010, abgerufen am 03.07.2006

Heise online / dpa / hob: Bundesdatenschutzbeauftragter fordert Millionen-Strafen bei Missbrauch, http://www.heise.de/newsticker/meldung/114349, abgerufen am 16.08.2008

Heise online / fr: Britische Regierung plant weiterhin Kfz-Maut, http://www.heise.de/newsticker/meldung/114400, abgerufen am 18.08.2008

Heise online / fr: Daten von hunderttausenden Patienten sind in Großbritannien verloren gegangen, http://www.heise.de/newsticker/meldung/101035, abgerufen am 23.12.2007

Heise online / gr / dpa: Festplatte mit geheimen Polizeidaten versteigert, http://www.heise.de/newsticker/meldung/58177, abgerufen am 02.04.2005

Heise online / hb: ePass birgt Sicherheitsrisiken, http://www.heise.de/newsticker/meldung/79292, abgerufen am 11.10.2006

Heise online / hos: 23C3: Fahrlässiger Umgang mit Kreditkartendaten beanstandet, http://www.heise.de/newsticker/meldung/83049, abgerufen am 30.12.2006

Heise online / hos: 23C3: Verkehrsdatenanalyse als Großangriff auf die Privatsphäre, http://www.heise.de/newsticker/meldung/83054, abgerufen am 30.12.2006

Heise online / jk: Erosion des Datenschutzes befürchtet, http://www.heise.de/newsticker/meldung/67192, abgerufen am 11.12.2005

Heise online / jk: Kanadische Provinzbehörden als Datenschleudern, http://www.heise.de/newsticker/meldung/71444, abgerufen am 29.03.2006

Heise online / mhe: Nanobatterien für Netzhautimplantate, http://www.heise.de/newsticker/meldung/68412, abgerufen am 17.01.2006

Heise online / pmz: Britische Behörden vermissen Datenträger mit Informationen über gefährliche Straftäter, http://www.heise.de/newsticker/meldung/114657, abgerufen am 22.08.2008

Heise online / pmz: Hitachi treibt Miniaturisierung von RFID-Tags voran, http://www.heise.de/newsticker/meldung/85432, abgerufen am 16.02.2007

Heise online / pmz: Katrina-Opfer bekommen RFID-Chips implantiert, http://www.heise.de/newsticker/meldung/64033, abgerufen am 19.09.2005

Heise online / pmz: Offenburg führt erstes Fingerabdruck-Bezahlsystem an Schulen ein, http://www.heise.de/newsticker/meldung/82817, abgerufen am 20.12.2006

Heise online / pmz: Sicherheitsexperte führt Klonen von RFID-Reisepässen vor, http://www.heise.de/newsticker/meldung/76379, abgerufen am 03.08.2006

Heise online / pmz: Studie: Riskanter Umgang mit Geschäftsinformationen auf Handys, http://www.heise.de/newsticker/meldung/83895, abgerufen am 18.01.2007

Heise online / pmz: TeleMonitoring zur Kostendämpfung im Gesundheitswesen, http://www.heise.de/newsticker/meldung/70415, abgerufen am 06.03.2006

Heise online / pmz: USA starten Ausgabe von RFID-Reisepässen, http://www.heise.de/newsticker/meldung/76514, abgerufen am 07.08.2006

Heise online / se: CDU-Verbraucherpolitiker wollen Datenschutz rasch verbessern, http://www.heise.de/newsticker/meldung/114690, abgerufen am 23.08.2008

Heise online / se: Münchner Zentralbibliothek arbeitet mit RFID-Technik, http://www.heise.de/newsticker/meldung/69470, abgerufen am 11.02.2006

Heise online / ssu: Big Brother für jeden: Handy-Ortung wird zur Massendienstleistung, http://www.heise.de/newsticker/meldung/73970, abgerufen am 07.06.2006

Heise online / ssu: GSM-Handy-Chip mit integriertem Strom-Management, http://www.heise.de/newsticker/meldung/73454, abgerufen am 23.05.2006

Heise online / tol: "Digitale Patientenbegleitung" soll vor alten Gewohnheiten schützen, http://www.heise.de/newsticker/meldung/56764, abgerufen am 24.02.2005

Heise online / uk: Schüler wissen zu wenig über Datenschutz, http://www.heise.de/newsticker/meldung/102891, abgerufen am 02.02.2008

Heise online / vdr: Schnüffel-Affäre bei HP weitet sich aus, http://www.heise.de/newsticker/meldung/77946, abgerufen am 08.09.2006

Helberger, Natali: Digitales Rechtemanagement und Verbraucherinteressen. Plädoyer für eine DRM-Agenda, die auch die Interessen der Verbraucher berücksichtigt, Technikfolgenabschätzung 2/2006, 33-41

Hellmich, Stefanie: Location Based Services - Datenschutzrechtliche Anforderungen, MMR 2002, 152-158

Hencke, David: Firms tag workers to improve efficiency, in: The Guardian v. 07.06.2005, online abrufbar unter http://www.guardian.co.uk/print/0,3858,5209912-111276,00.html

Hennig, Jan E. / Ladkin, Peter B. / Sieker, Bernd: Privacy Enhancing Technology Concepts for RFID Technology Scrutinised, RVS-RR-04-02, 15, online abrufbar unter http://www.rvs.uni-bielefeld.de/publications/Reports/PETC_RFID_Scrutinised.pdf

Hensold, Sabine: Funktechnik im Klinikbereich -RFID-basierte Patientenidentifikation im Klinikum Saarbrücken, KU 2005, 748-750

Herb, Armin: Datenerwerb durch die GEZ bei Adresshändlern - Die kreative Idee einer kaum geliebten Institution, RDV 2005, 252-257

Herzog, J. / Deuschl, G. / Volkmann, J.: Die Tiefe Hirnstimulation in der Therapie des idiopathischen Parkinson-Syndroms, Nervenheilkunde 2003, 498-503, online abrufbar unter http://www.schattauer.de/zs/nhk/2003/10/pdf/03100498.pdf

Herzog, Rainer (Hrsg.): MobiHealth, http://www.mobihealth.org, abgerufen am 19.04.2006

Hetmank, Sven: Einführung in das Recht des Datenschutzes, JurPC Web-Dok. 67/2002, Abs. 1-25

Heyers, Johannes / Heyers, Hermann Josef: Arzthaftung - Schutz von digitalen Patientendaten, MDR 2001, 1209-1216

Hildebrandt, Mireille: Profiling: From Data to Knowledge, DuD 2006, 548-552

Hines, Nico / Byers, David: Stolen passports 'worth up to £5 million', in: Times Online v. 29.07.2008, online abrufbar unter http://www.timesonline.co.uk/tol/news/uk/crime/article4420850.ece

Hlo: Das optimale Interface, Automobil-Produktion 2/2006, 52-54

Hoeren, Thomas: Das Telemediengesetz, NJW 2007, 801-806

Hoeren, Thomas: Internetrecht, September 2007, online abrufbar unter http://www.uni-muenster.de/Jura.itm/hoeren/materialien/Skript/skript_September2007.pdf

Hoeren, Thomas: Was ist das "Grundrecht auf Integrität und Vertraulichkeit informationstechnischer Systeme"? MMR 2008, 365-366

Holznagel, Bernd / Bonnekoh, Mareike: Radio Frequency Identification - Innovation vs. Datenschutz? MMR 2006, 17-23

Hornung, Gerrit: Datenschutz für Chipkarten, DuD 2004, 15-20

Hornung, Gerrit: Der Personenbezug biometrischer Daten, DuD 2004, 429-431

Hornung, Gerrit: Die digitale Identität, 1. Aufl., Baden-Baden, 2005

Hornung, Gerrit: Ein neues Grundrecht, CR 2008, 299-306

Hornung, Gerrit: RFID und datenschutzrechtliche Transparenz, MMR 2006, XX-XXII

Hornung, Gerrit: Zwei runde Geburtstage: Das Recht auf informationelle Selbstbestimmung und das WWW, MMR 2004, 3-8

Hornyak, Tim: RFID Powder, SciAm 2/2008, 60-63

Hugenholtz, Bernt; Dommering, Egbert (Hrsg.): The future of copyright in a digital environment: proceedings of the Royal Academy colloquium organized by the Royal Netherlands Academy of Sciences (KNAW) and the Institute for Information Law, (Amsterdam, 6 - 7 July 1995), The Hague 1996, online abrufbar unter http://www.gbv.de/dms/goettingen/214185346.pdf

Hughes, Julian C. / Louw, Stephen J.: Electronic tagging of people with dementia who wander - Ethical considerations are possibly more important than practical benefits, BMJ 2002, 847-848, online abrufbar unter http://bmj.bmjjournals.com/cgi/content/full/325/7369/847

Hustinx, Peter: Opinion of the European Data Protection Supervisor on the Proposal for a Council Decision concerning access for consultation of the Visa Information System (VIS) by the authorities of Member Staates responsible for internal security and by Europol, Brüssel, 2006

IDENTEC SOLUTIONS AG (Hrsg.): ILR (Intelligent Long Range) Technology, http://www.identecsolutions.com/ilr.html, abgerufen am 06.03.2008

IDENTEC SOLUTIONS AG (Hrsg.): Intelligent Long Range Tags - GPS Tag, http://www.identecsolutions.com/ilrlongrange.html, abgerufen am 06.03.2008

IEEE Solid-State Circuits Society (Hrsg.): Advance Program ISSCC 2007, 2007, online abrufbar unter http://www.isscc.org/isscc/2007/ap/isscc2007.advanceprogram110306.pdf

IdentTechnology AG (Hrsg.): Skinplex - Detektion und Nahfeld Kommunikation über die Haut, Flugblatt vom 16.11.2005, http://www.ident-technology.com/index.php?option=com_docman&task=doc_download&gid=6&Itemid=43&lang=de, abgerufen am 16.11.2005

IdentTechnology AG (Hrsg.): Skinplex - Einführung in die Technologie, http://www.skinplex.info/index.php?option=com_content&task=view&id=6&Itemid=4&lang=de, abgerufen am 15.03.2006

Implant Centrum an der Universität Freiburg (Hrsg.): Das Cochlear Implantat, http://www.ukl.uni-freiburg.de/hno/icf/cochlearimplant.html, abgerufen am 16.03.2006

Institut für Technik der Informationsverarbeitung der Universität Karlsruhe (TH) (Hrsg.): Personal Health Monitoring – Motivation, http://www.phmon.de, abgerufen am 19.04.2006

Iraschko-Luscher, Stephanie: Das neue Telemediengesetz, IT-Sicherheit & Datenschutz 2007, 608-610

Iraschko-Luscher, Stephanie: Der "gläserne" Schuldner, DuD 2005, 467-472

Iraschko-Luscher, Stephanie: Modernisierung des Datenschutzes, IT-Sicherheit & Datenschutz 2007, 456-458

Jacob, Joachim: Datenschutz als Persönlichkeitsrecht, ZaeFQ 1999, 722-727

Jain, Anil K. / Pankanti, Sharath: Beyond Fingerprinting, SciAm 9/2008, 54-57

Jandt, Silke / Laue, Philip: Voraussetzungen und Grenzen der Profilbildung bei Location Based Services, K&R 2006, 316-322

Jandt, Silke: Das neue TMG - Nachbesserungsbedarf für den Datenschutz im Mehrpersonenverhältnis, MMR 2006, 652-657

Jandt, Silke: Datenschutz bei Location Based Services, MMR 2007, 74-78

Jaspers, Andreas: Modernisierung des Datenschutzes aus Sicht der GDD e.V, DuD 2007, 267-270

Jell, Thomas: Patient Tracking based on RFID labels, Siemens Business Services, München 2005, online abrufbar unter http://www.isst.fraunhofer.de/deutsch/download/4546_ThomasJell-Patient-Tracking.pdf

Jell, Thomas: RFID Technologien, Anwendungen, Nutzen, München, 2005

Johannes, Rubina (Hrsg.)*:* 2006 Identity Fraud Survey Report - Consumer Version, Pleasanton, CA, 2006

Jung, W. / Birkemeyer, R.: Home Monitoring mit implantierbaren Defibrillatoren - ein diagnostischer Fortschritt? Herzschr Elektrophys 2005, 183-190

Kamp, Meike: Datenschutzkonformer Umgang mit staatlichen Auskunftsersuchen, RDV 2007, 236-242

Kandel, Dunja: Funkende Bücher. Über 50 Bibliothekne im Vergleich, RFID-Forum 2 /, 12-25

Kaufmann, Noogie C.: Rechtsprechung zum Datenschutzrecht 2006 - Teil 1, DuD 2007, 31-36

Kelter, Harald / Wittmann, Stefan: Radio Frequency Identification - RFID, DuD 2004, 331-334

Kent, Jonathan: BBC News: Malaysia car thieves steal finger, http://news.bbc.co.uk/go/pr/fr/-/2/hi/asia-pacific/4396831.stm, abgerufen am 13. Oktober 2005

Kevenaar, Tom / van der Veen, Michiel / Zhou, Xuebing et al.: Privacy for Biometric Identification Information, DuD 2008, 393-395

Kidspotter A/S (Hrsg.)*:* The Kidspotter Solution, http://www.kidspotter.com/menu.aspx?id=0&type=p#, abgerufen am 11.01.2006

Kienzle, Hans F.: Spezielle Probleme der Schweigepflicht im Krankenhaus aus ärztlicher Sicht, ZaeFQ 1999, 746-752

Kinetic Consulting (Hrsg.)*:* Tag Team Care: RFID could transform healthcare, http://www.kineticconsulting.co.uk/rfid2.html#, abgerufen am 13.01.2006

Kirchhoff, Paul / Isensee, Josef (Hrsg.): Handbuch des Staatsrechts der Bundesrepublik Deutschland, 2. Aufl., Berlin 2000/2001

Kitz, Volker: Das neue Recht der elektronischen Medien in Deutschland - sein Charme, seine Fallstricke, ZUM 2007, 368-375

Koch, Cordelia: Freiheitsbeschränkung in Raten? Biometrische Merkmale und das Terrorismusbekämpfungsgesetz, Frankfurt am Main, 2002

Koch, Hans-Joachim / Roßnagel, Alexander: Neue Energiepolitik und Ausstieg aus der Kernenergie, NVwZ 2000, 1-9

Koch, Hans-Joachim: Der Atomausstieg und der verfassungsrechtliche Schutz des Eigentums, NJW 2000, 1529-1535

Kommission der Europäischen Gemeinschaften (Hrsg.)*:* Funkfrequenzkennzeichnung (RFID) in Europa: Schritte zu einem ordnungspolitischen Rahmen, KOM(2007), 96, 2007, online abrufbar unter http://ec.europa.eu/information_society/policy/rfid/doc/rfid_de.pdf

Krack, P. / Batir, A. / Van Blercom, N. et al.: Five-Year Follow-up of Bilateral Stimulation of the Subthalamic Nucleus in Advanced Parkinson's Disease, NEJM 2003, 1925-1934

Krempl, Stefan: Bedenken gegen "Rasterfahndung" im Holzklotz-Fall, http://www.heise.de/newsticker/meldung/113253, abgerufen am 23.07.2008

Krempl, Stefan: Bundeskabinett verabschiedet Gesetz zum biometrischen Personalausweis, http://www.heise.de/newsticker/meldung/113204, abgerufen am 23.07.2008

Krempl, Stefan: Bundesrat fordert zentralen Abgleich biometrischer Passdaten, http://www.heise.de/newsticker/meldung/85446, abgerufen am 16.02.2007

Krempl, Stefan: Bundesregierung will Kundendaten für vorbeugende Straftatenbekämpfung, http://www.heise.de/newsticker/meldung/80147, abgerufen am 27.10.2006

Krempl, Stefan: CCC stemmt sich gegen biometrische Vollerfassung der Bundesbürger, http://www.heise.de/newsticker/meldung/85662, abgerufen am 21.02.2007

Krempl, Stefan: CDU/CSU-Fraktion liebäugelt mit zentraler Speicherung biometrischer Daten (Tagungsbericht vom Symposium des Bundesdatenschutzbeauftragten zum Thema "Biometrie und Datenschutz - Der vermessene Mensch"), 28.06.2006, online abrufbar unter http://www.heise.de/newsticker/meldung/74796

Krempl, Stefan: Datenschützer sieht alle Bundesbürger vom illegalen Datenhandel betroffen, http://www.heise.de/newsticker/meldung/114507, abgerufen am 20.08.2008

Krempl, Stefan: Datenschützer waren vor neuem elektronischen Ausweis, http://www.heise.de/newsticker/meldung/113284, abgerufen am 24.07.2008

Krempl, Stefan: EU will RFID bändigen, c't 13/2006, 196-197

Krempl, Stefan: EU-Abgeordnete beschließen Reformentwurf zur "E-Privacy-Richtlinie", http://www.heise.de/newsticker/meldung/110002, abgerufen am 25.08.2008

Krempl, Stefan: Illegaler Handel mit Kundendaten: Der "GAU" wird immer noch größer, http://www.heise.de/newsticker/meldung/114457, abgerufen am 19.08.2008

Krempl, Stefan: Kripo will "mafiöse Strukturen" im Handel mit persönlichen Daten bekämpfen, http://www.heise.de/newsticker/meldung/114203, abgerufen am 13.08.2008

Krempl, Stefan: Rufe nach Globalisierung des Datenschutzrechts, http://www.heise.de/newsticker/meldung/107478, abgerufen am 06.05.2008

Krempl, Stefan: Schäuble wirbt für neuen elektronischen Personalausweis, http://www.heise.de/newsticker/meldung/113165, abgerufen am 22.07.2008

Krempl, Stefan: Unisys will biometrische Passdaten für kartenbasierte Mehrwertdienste nutzen, http://www.heise.de/newsticker/meldung/74093, abgerufen am 10.06.2006

Krempl, Stefan: Warnungen vor "Superdatenbank" der Sicherheitsbehörden, http://www.heise.de/newsticker/meldung/83870, abgerufen am 17.01.2007

Krempl, Stefan: Wir brauchen überwachungsfreie Räume, http://www.heise.de/newsticker/meldung/81571, abgerufen am 24.11.2006

Krempl, Stefan: Zypries gegen Festschreibung des Datenschutzes im Grundgesetz, http://www.heise.de/newsticker/meldung/110299, abgerufen am 01.07.2008

Krüger-Brand, Heike: Anforderungen an die digitale Krankenakte, Dtsch Ärztebl 2003, A2988-A2989

Krüger-Brand, Heike: Telemedizin-Service für Herzpatienten, Dtsch Ärztebl/PC 1/2002, 29

Krüger-Brand, Heike: Telemonitoring - Chance für die Versorgung chronisch Kranker, Dtsch Ärztebl 2001, A18

Krüger-Brand, Heike: Telemonitoring im Dienste des Patienten, Dtsch Ärztebl/PC 2/2003, 15-17

Kuhn, Cynthia / Wilson, Wilkie: 'Tagging' Alzheimer's Patients - Electronic Devices Deter Wandering Off, but at What Cost? http://www.webmd.com/content/Article/52/50224.htm, abgerufen am 19.04.2006

Kunig, Philip: Das Grundrecht der informationellen Selbstbestimmung, Jura 1993, 595-604

Kupsch, Andreas / Ulm, Gudrun / Funk, Thomas: "Hirnschrittmacher" gegen die Parkinson-Erkrankung - Eine Patientenaufklärung, http://www.charite.de/ch/neuro/klinik/patienten/ag_bewegungsstoerungen/pdf/DBS_Aufklaerungsmaterial.pdf, abgerufen am 13.01.2006

Kurs, André / Karalis, Aristeidis / Moffatt, Robert et al.: Wireless Power Transfer via Strongly Coupled Magnetic Resonances, Science 317, 2007, 83-86

Kutscha, Martin: Mehr Schutz von Computerdaten durch ein neues Grundrecht? NJW 2008, 1042-1044

Lambrecht, Matthias / Kurz, Andreas: Datenschutzbeauftragte prüft Lufthansa-Ermittlungen, in: Financial Times Deutschland v. 10.06.2008, online abrufbar unter http://www.ftd.de/unternehmen/handel_dienstleister/369965.html

Langheinrich, Marc / Mattern, Friedemann: Digitalisierung des Alltags, APuZ 42/2003, 6-12, online abrufbar unter http://www.vs.inf.ethz.ch/res/papers/apuz2003.pdf

Laschet, Carsten / Brisch, Klaus: RFID: Fluch oder Segen - Ein rechtlicher Annäherungsversuch, StoffR 2005, 80-84

Laszig, R. / Aschendorff, A. /, et al.: Aktuelle Entwicklung zum Kochleaimplantat, HNO 2004, 357-362

Leenes, Ronald / Schallaböck, Jan / Hansen, Marit: PRIME White Paper v2, 2007, online abrufbar unter https://www.prime-project.eu/prime_products/whitepaper/PRIME-Whitepaper-V2.pdf

Legoland Billund (Hrsg.): Presseerklärung: LEGOLAND® Saison 2004 eröffnet, http://www.lego.com/legoland/billund/Press/pressrelease.asp?locale=1031&id=8840&yearcode=2004&archive=True, abgerufen am 12.01.2006

Lehrman, Sally: Partial to Crime, SciAm 12/2006, 8-9

Leigh, David / Evans, Rob: Warning over privacy of 50m patient files, in: The Guardian v. 01.11.2006, online abrufbar unter http://www.guardian.co.uk/print/0,329615632-117700,00.html

Leonhardt, Volker: Der Herzschrittmacher, http://www.stimulation.de/praxis/praxis_herzschrittmacher.html, abgerufen am 20. Oktober 2005

Leppard, David: Police call for tracker chips in paedophiles, in: Times Online v. 16.07.2006, online abrufbar unter http://www.timesonline.co.uk/newspaper/0,176-2272338,00.html

Lewinski, Kai von: Persönlichkeitsprofile und Datenschutz bei CRM, RDV 2004, 122-131

Lindl, Birgit: RFID-Technology für die Bibliothek der Zukunft, B.I.T. Online, 108-112

Lysyanskaya, Anna: How to Keep Secrets Safe, SciAm 9/2008, 67-73

Mand, Elmar: Datenschutz in Medizinnetzen, MedR 2003, 393-400

Mangoldt, Hermann von / Klein, Friedrich / Starck, Christian (Hrsg.): Kommentar zum Grundgesetz, 5. Aufl., München, 2005

Mattern, Friedemann (Hrsg.): Die Informatisierung des Alltags, 1. Aufl., Berlin, Heidelberg, 2007

Mattern, Friedemann: Buchbesprechung "Pervasive Computing Handbook", http://www.vs.inf.ethz.ch/publ/papers/PervCompHbkRezess.pdf, abgerufen am 13.03.2006

Matthiessen-Kreuder, Ursula / Köster, Ulrich: RFID in der Pilotphase - Gesamtbetriebsvereinbarung bei der Kaufhof Warenhaus AG, dbr 6/2005, 32-33

Maunz, Theodor / Dürig, Günter / Herzog, Roman (Hrsg.): Grundgesetz: Kommentar, 8. Aufl., München, 2004

Mayberg, Helen S. / Lozano, Andres M. / Voon, Valerie et al.: Deep Brain Stimulation for Treatment-Resistant Depression, Neuron 2005, 651-660

Meck, Georg: Skandal im volkseigenen Betrieb, in: Frankfurter Allgemeine Zeitung v. 01.06.2008, online abrufbar unter http://www.faz.net/s/RubD16E1F55D21144C4AE3F9DDF52B6E1D9/Doc~E566DAAFA70F24EF885F866C331B435BA~ATpl~Ecommon~Sspezial.html

Medtronic: Medtronic Insertable Loop Recorder Disclosure Statement, http://www.medtronic.com/reveal/disclaimer.html, abgerufen am 12.04.2006

Medtronic: Reveal® Plus Insertable Loop Recorder (ILR), http://www.medtronic.com/physician/reveal/index.html, abgerufen am 12.04.2006

Medtronic: Tiefe Hirnstimulation - Medtronic Hintergrund, http://www.medtronic.com/germany/downloadablefiles/Hintergrund_dbs_final_frei.pdf, abgerufen am 13.01.2006

Meier, André: Der rechtliche Schutz patientenbezogener Gesundheitsdaten, Karlsruhe, 2003

Meikle, James: Biometric passport chips can be cloned in an hour, researcher warns, in: The Guardian v. 06.08.2008, online abrufbar unter http://www.guardian.co.uk/technology/2008/aug/06/news.terrorism

Menzel, Hans-Joachim: Datenschutzrechtliche Einwilligungen, DuD 2008, 400-408

Menzel, Hans-Joachim: Informationelle Selbstbestimmung in Projekten der Gesundheits-Telematik, DuD 2006, 148-152

Merati-Kashani, Jasmin: Der Datenschutz im E-Commerce: die rechtliche Bewertung der Erstellung von Nutzerprofilen durch Cookies, Bd. 51, München, 2005

Meyer, Sabine (Hrsg.)*:* Eine neue Studie zeigt, dass eine frühe Diagnostik und Behandlung mit Hilfe des implantierbaren Herzüberwachungsgeräts von Medtronic Synkopen reduziert, Stockholm, 05.09.2005

Millward, David: 'Spy in the sky' keeps watch on speeding drivers, http://www.telegraph.co.uk/news/worldnews/1514648/.html, abgerufen am 04.03.2006

Millward, David: 'Spy-in-the-sky' paves way for road pricing, http://www.telegraph.co.uk/news/newstopics/fairdealfordrivers/2573876/.html, abgerufen am 18.08.2008

Moore, Gordon E.: Cramming more components onto integrated circuits, Electronics 1965, 114-117, online abrufbar unter http://ftp://download.intel.com/museum/Moores_Law/Articles-Press_Releases/Gordon_Moore_1965_Article.pdf

Murswiek, Dietrich: Die staatliche Verantwortung für die Risiken der Technik: verfassungsrechtliche Grundlagen und immissionsschutzrechtliche Ausformung, Berlin, 1985

Musiyiwa, Ambrose: Britain Criticized for Tagging Asylum Seekers, http://www.worldpress.org/Europe/2281.cfm, abgerufen am 06.03.2006

Möller, Jan / Puchta, Stefan: Privacy4DRM: Nutzer- und datenschutzfreundliches Digital Rights Management, Technikfolgenabschätzung 2/2006, 26-32, online abrufbar unter http://www.itas.fzk.de/tatup/062/inhalt.htm

Müller, J. H.: Gesundheitstelematik und Datenschutz, Bundesgesundheitsbl 2005, 628-634

Müller, Joachim: Die apparative Versorgung der Schwerhörigkeit: Cochlea-Implantate und Hirnstammimplantate - Aktuelle Entwicklungen der letzten 10 Jahre, Laryngo-Rhino-Otol 2005, Supplement 1: 60-69

Müller, Jürgen: Ist das Auslesen von RFID-Tags zulässig? DuD 2004, 215-217

Müller, Reinhard: Simitis: Besserer Datenschutz dank präventiver Kontrollen, in: Frankfurter Allgemeine Zeitung v. 19.08.2008, online abrufbar unter http://www.faz.net/s/Rub594835B672714A1DB1A121534F010EE1/Doc~EB72060911A0D44E6B8015EC2E7B4FE25~ATpl~Ecommon~Scontent.html

Müller, Thomas: Sehprothesen sollen Blinden bald das Augenlicht zurückgeben, Ärzte Zeitung v. 01.07.2005

Münch, Ingo von; Kunig, Philip (Hrsg.): Grundgesetz-Kommentar, 5. Aufl., München 2005

NTT DoCoMo (Hrsg.)*:* Imadoko (Location Confirmation) Service, http://www.nttdocomo.co.jp/english/p_s/service/phs/ichi.html, abgerufen am 29.11.2005

Neumann, Andreas: Datenschützer fordern Streichung von Rasterfahndung und Kfz-Kennzeichen-Scanning, http://www.heise.de/newsticker/meldung/73443, abgerufen am 23.05.2006

Neumann, Andreas: Richtlinie 2006/24/EG über die Vorratsdatenspeicherung von Kommunikationsdaten im Amtsblatt der Europäischen Union veröffentlicht, http://www.tkrecht.de/index.php4?direktmodus=nachrichten&nid=20060413-1, abgerufen am 13.04.2006

Neumann, Karsten / Schulz, Gabriel: Modernisierung des Datenschutzes: Herausforderungen durch die Technik, DuD 2007, 248-255

North, Adrian: New University of Leicester study identifies links between musical tastes and lifestyle, http://www.eurekalert.org/pub_releases/2006-09/uol-nuo091206.php, abgerufen am 14.09.2006

Nsanze, Fabienne: "ICT Implants in the Human Body" A Review, "ICT Implants in the Human Body" A Review, 115-154

o.V.: Bürger besorgt über Datenschutz, RDV 2008, 128

o.V.: Fokus: Neuroprothetik, Technology Review 4 / 2007, 67-83

o.V.: Mit Geschwindigkeitskontrolle günstiger versichert, c't 26/2006, 34

Oeff, M. / Neuzner, J. / Griebenow, R.: Telemonitoring in der Kardiologie, Herzschr Elektrophys 2005, 133

Otten, Geelke: Zweckbindung im Autobahnmautgesetz - Zur Nutzung von Mautdaten für Zwecke der Strafverfolgung, DuD 2005, 657-660

Paar, Christof: Embedded Security in Automobilanwendungen, Elektronik Automotive 01/2004, online abrufbar unter http://www.crypto.ruhr-uni-bochum.de/imperia/md/content/texte/publications/journals/elektronik_escar_v2.pdf

Pahlen-Brandt, Ingrid: Zur Personenbezogenheit von IP-Adressen, K&R 2008, 288-296

Pany, Thomas: Big Mother - Sind paranoide Eltern die neuen Überwacher? http://www.telepolis.de/r4/artikel/22/22965/1.html, abgerufen am 25.06.2006

Paulus, Eva-Maria: Das neue Bundesdatenschutzgesetz und die entsprechenden Änderungen im SGB X, DAngVers, 405-408

Peeters, Maarten: Identity Theft Scandals in the U.S.: Opportunity to Improve Data Protection, MMR 2005, 415-420

Petkovic, Milan / Jonker, Willem (Hrsg.): Security, Privacy, and Trust in Modern Data Management 2006, online abrufbar unter http://www.vs.inf.ethz.ch/publ/papers/langhein2006rfidprivacy.pdf

Petri, Thomas B.: Das Urteil des Bundesverfassungsgerichts zur "Online-Durchsuchung", DuD 2008, 443-448

Petri, Thomas B.: Datenschutzrechtliche Einwilligung im Massengeschäftsverkehr, RDV 2007, 153-158

Pfitzmann, Andreas: Datenschutz durch Technik, DuD 1999, 405-408

Pfitzmann, Andreas: Wird Biometrie die IT-Sicherheitsdebatte vor neue Herausforderungen stellen? DuD 2005, 286-289

Privalt, Martin: Information über Herzschrittmacher und Defibrillatoren, http://www.herzschrittmacher.info/hersteller.htm, abgerufen am 20.10.2005

Protector: Datenübertragung über die Haut für Security-Anwendungen - Sicherheit hautnah, Protector 1-2/2006, 48-49

Puhl, Widmar: Chips im Kopf - Der "verdrahtete Mensch" ist längst unter uns, in: Handfeste Luftschlösser: vom praktischen Nutzen der Utopie, Marbach am Neckar, 2004

Quiroga, Jorge: Missing Persons Search Cost Police About $1,500 A Day - Bracelet Helps Track Autism, Alzheimer's Patients, http://www.thebostonchannel.com/print/4729116/detail.html, abgerufen am 19.04.2006

RGS Technologies (Hrsg.): Locate children with GPS, http://www.911togo.com/gps_child_locator_watch/gps-child-locator.html, abgerufen am 19.04.2006

RSA Security, Inc.: RSA Security Demonstrates New RFID Privacy Technology: The RSA Blocker Tag, http://www.rsasecurity.com/press_release.asp?doc_id=3376&id=1034, abgerufen am 20.04.2006

Rademaker, Maike: Grüne fordern Datenschutz in Verfassung, in: Financial Times Deutschland v. 18.08.2008, online abrufbar unter http://www.ftd.de/politik/deutschland/401307.html

Rasmussen, Heike: Datenschutz im Internet, CR 2002, 36-45

Rauner, Max: Die Merkels von Nebenan, Zeit Wissen 4/2006, 36-41

Rechberger, Christian: Österreichische Kryptologen attackieren Hash-Funktionen, http://www.heise.de/security/news/meldung/114553, abgerufen am 20.08.2008

Reder, Bernd: Wireless LAN: Legoland ortet verloren gegangenes Kind mittels Funknetz, http://cydome.com/de/berndreder/archives/000342.shtml, abgerufen am 11.01.2006

Reppesgaard, Lars: Der gläserne Geschäftsreisende, in: Handelsblatt v. 16-18.02.2007

Retina Implant AG (Hrsg.): Web-Informationen, http://www.retina-implant.de, abgerufen am 28.06.2005

Rihaczek, Karl: Identitätsdiebstahl, DuD 2004, 649

Rihaczek, Karl: Okkulte Daten, DuD 2006, 469

Roggenbuck, Jörn: Klinikum Saarbrücken erweitert RFID-Pilotprojekt um Blutkonserven, http://www.innovations-report.de/html/berichte/informationstechnologie/bericht-55463.html, abgerufen am 20.02.2006

Roller, Gerhard: Enteignung, ausgleichspflichtige Inhaltsbestimmung und salvatorische Klauseln- Eine Bestandsaufnahme im Lichte der neuen Judikatur des BVerfG, NJW 2001, 1003-1009

Rosahl, Steffen: Hirnstammimplantate zur Wiederherstellung des Hörvermögens, http://ww.nf2.de/abi_rosahl.htm, abgerufen am 20.03.2006

Roth, Wolf-Dieter: Niederlande: Biometrie-Pass erfolgreich gehackt, http://www.telepolis.de/r4/artikel/21/21907/1.html, abgerufen am 01.02.2006

Rossmann, Torsten / Tropea, Cameron (Hrsg.): Bionik - Aktuelle Forschungsergebnisse in Natur-, Ingenieurs- und Geisteswissenschaft, 1. Aufl., Berlin, Heidelberg, New York 2005

Roßnagel, Alexander (Hrsg.): Allianz von Medienrecht und Informationstechnik?: Ordnung in digitalen Medien durch Gestaltung der Technik am Beispiel von Urheberschutz, Datenschutz, Jugendschutz und Vielfaltschutz, 1. Aufl., Baden-Baden 2001

Roßnagel, Alexander (Hrsg.): Recht der Multimedia-Dienste: Kommentar zum IuKDG und zum MDStV, München 2006

Roßnagel, Alexander / Abel, Ralf Bernd (Hrsg.): Handbuch Datenschutzrecht, München 2003

Roßnagel, Alexander / Banzhaf, Jürgen / Grimm, Rüdiger: Datenschutz im electronic commerce: Technik - Recht - Praxis, Bd. 18, Heidelberg, 2003

Roßnagel, Alexander / Müller, Jürgen: Ubiquitous Computing - neue Herausforderungen für den Datenschutz, CR 2004, 625-632

Roßnagel, Alexander / Pfitzmann, Andreas / Garstka, Hansjürgen: Modernisierung des Datenschutzrechts, 1. Aufl., Berlin, 2001

Roßnagel, Alexander / Scholz, Philip: Datenschutz durch Anonymität und Pseudonymität, MMR 2000, 721-731

Roßnagel, Alexander / Sommerlatte, Tom / Winand, Udo (Hrsg.): Digitale Visionen - Zur Gestaltung allgegenwärtiger Informationstechnologien, 1. Aufl., Berlin Heidelberg New York 2008, online abrufbar unter http://www.vs.inf.ethz.ch/publ/papers/AllgegenwInfoverarb.pdf

Roßnagel, Alexander: Das Telemediengesetz, NVwZ 2007, 743-748

Roßnagel, Alexander: Datenschutz im 21. Jahrhundert, APuZ 5-6/2006, 9-15

Roßnagel, Alexander: Datenschutz in einem informatisierten Alltag, Berlin, 2007

Roßnagel, Alexander: Globale Datennetze - Ohnmacht des Staates - Selbstschutz der Bürger, ZRP 1997, 26-30

Roßnagel, Alexander: Modernisierung des Datenschutzrechts für eine Welt allgegenwärtiger Datenverarbeitung, MMR 2005, 71-75

Räther, Philipp: Datenschutz und Outsourcing, DuD 2005, 461-466

Röder, Pia: Osama bin Laden auf dem Passbild, in: Süddeutsche Zeitung v. 11.08.2008, online abrufbar unter http://www.sueddeutsche.de/politik/593/305561/text/

Rötzer, Florian: Asylbewerber an die elektronische Fessel, http://www.heise.de/r4/artikel/22/22241/1.html, abgerufen am 14.03.2006

Rötzer, Florian: Datenbank mit potentiellen Gewalttätern, http://www.heise.de/tp/r4/artikel/24/24074/1.html, abgerufen am 27.11.2006

Rötzer, Florian: Emirate testen weltweit einmaliges Überwachungsprojekt, http://www.heise.de/bin/tp/issue/r4/dl-artikel2.cgi?artikelnr=22383&mode=print, abgerufen am 09.05.2006

Rötzer, Florian: Identifizierung aus der Entfernung, http://www.heise.de/bin/tp/issue/r4/dl-artikel2.cgi?artikelnr=22171, abgerufen am 07.03.2006

Rötzer, Florian: Lebenslänglich wird jeder Schritt überwacht, http://www.telepolis.de/r4/artikel/23/23941/1.html, abgerufen am 10.11.2006

Rötzer, Florian: Schule als Hochsicherheitszone - US-Justizministerium sucht nach technischen Mitteln, um eine Massenüberwachung in Bildungseinrichtungen zu ermöglichen, http://www.telepolis.de/r4/artikel/21/21546/1.html, abgerufen am 31.12.2005

Rötzer, Florian: Sicherheit geht vor Datenschutz, http://www.heise.de/tp/r4/artikel/22/22663/1.html, abgerufen am 13.05.2006

Rötzer, Florian: Umfassender Lauschangriff auf US-Bürger, http://www.heise.de/tp/r4/artikel/22/22650/1.html, abgerufen am 11.05.2006

SCHUFA Holding AG (Hrsg.): SCHUFA Produkte und Services, http://www.schufa.de/02_01.html, abgerufen am 06.03.2008

Sachs, Michael / Battis, Ulrich (Hrsg.): Grundgesetz: Kommentar, 4. Aufl., München 2007

Sachs, Michael / Krings, Thomas: Das neue "Grundrecht auf Gewährleistung der Vertraulichkeit und Integrität informationstechnischer Systeme", JuS 2008, 481-486

Saeltzer, Gerhard: Sind diese Daten personenbezogen oder nicht? DuD 2004, 218-227

Santucci, Gérald: Policy Framework Paper. Workshop on RFID Security, Data Protection and Privacy, Health and Safety Issues, May 16-17, 2006, 1. Aufl., Brüssel, 2006

Saurer, Johannes: Grundrechtskonkurrenzen bei der Mobilfunküberwachung - insbesondere beim Einsatz des IMSI-Catchers, RDV 2007, 100-103

Schaar, Peter: Datenschutz im Spannungsfeld von Privatsphärenschutz, Sicherheit und Informationsfreiheit, RDV 2006, 1-5

Schaar, Peter: Modernisierung des Datenschutzes: Ethik der Informationsgesellschaft, DuD 2007, 259-263

Schaefer, Robert: Ludwigshafener FH-Professor fordert Telematik-Feldversuch in der Medizin, http://idw-online.de/pages/de/news21162, abgerufen am 14.10.2005

Schaffland, Hans-Jürgen / Wiltfang, Noeme: Bundesdatenschutzgesetz, Erscheinungsbeginn: 1977, 1. Aufl., Berlin, Stand 2005

Schaub, Renate: Schadensersatz und Gewinnabschöpfung im Lauterkeits- und Immaterialgüterrecht, GRUR 2005, 918-924

Scheurle, Klaus-Dieter / Bergmann, Bettina (Hrsg.): Telekommunikationsgesetz, 2. Aufl., München 2006

Scherer, Joachim: Die "Telekom-Affäre": Neue Chancen für das Telekommunikationsgeheimnis? MMR 2008, 433-434

Schlomski, Jürgen: Mehr Handys als Festnetz-Anschlüsse. Der Mobilfunkmarkt in Deutschland, http://www.ce-markt.de/CE-Markt-Exklusiv/Mobilfunkmarkt/mobilfunkmarkt.html, abgerufen am 20.10.2005

Schläger, Uwe / Karper, Irene: Stellungnahme zum Entwurf eines Bundesdatenschutzauditgesetzes, http://82.198.195.82/presse/mitteilungen/2007/Stellungnahme_dsn_BDAG_Internet_20071219.pdf, abgerufen am 19.12.2007

Schmidt, Stefan / Hanloser, Stefan: RFID-Ticketing bei der FIFA-Fußball-Weltmeisterschaft Deutschland 2006, CR 2006, 75-76

Schmidt, Walter: Die bedrohte Entscheidungsfreiheit, JZ 1974, 241-250

Schmidt-Preuß, Matthias: Atomausstieg und Eigentum, NJW 2000, 1524-1529

Schmitz, Peter / Eckhardt, Jens: Einsatz von RFID nach dem BDSG, CR 2007, 171-177

Schnurr, Eva-Maria: Schock fürs Leben, Zeit Wissen 1/2006, 90-92

Schober Information Group (Hrsg.): Consumer MarketBase Deutschland, http://www.schober.de/site/index.php?id=1, abgerufen am 06.03.2008

Scholz, Philip: Datenschutz beim Internet-Einkauf: Gefährdungen, Anforderungen, Gestaltungen, 1. Aufl., Baden-Baden, 2003

Schreiber, Hans-Ludwig: Die ärztliche Schweigepflicht gegenüber Krankenkassen, Arbeitgebern, Behörden und Versicherungsgesellschaften - rechtliche Überlegungen, ZaeFQ 1999, 762-766

Schrey, Joachim / Meister, Matthias: Beschränkte Verwendbarkeit von Standortdaten - Hemmschuh für den M-Commerce? K&R 2002, 177-189

Schwan, Ben: Der ganz normale (mobile) Datenschutzalbtraum, http://www.heise.de/tr/blog/artikel/113404, abgerufen am 18.08.2008

Schüler, Hans-Peter: Firma markiert Mitarbeiter per RFID, http://www.heise.de/newsticker/meldung/69438, abgerufen am 10.02.2006

Schüler, Hans-Peter: Hitachi will noch kleinere RFID-Chips bauen, http://www.heise.de/newsticker/meldung/69246, abgerufen am 06.02.2006

Schüler, Hans-Peter: Kleiner ist billiger, c't 5/2006, 64

Schüler, Hans-Peter: RFID unter der Haut, c't 5/2006, 64

Schüler, Hans-Peter: RFID-Handys für Pflege-Ambulanz, c't 5/2006, 64

Schüler, Hans-Peter: RFID: Passwortraten leicht gemacht, http://www.heise.de/newsticker/meldung/69698, abgerufen am 16.02.2006

Scientific American (Hrsg.)*:* Improving Online Security, SciAm 9/2008, 74-77

Security Point: Die Haut als Datenleitung, Security Point 6/2005, 20, online abrufbar unter http://www.ident-technology.com/index.php?option=com_docman&task=doc_download &gid=4&Itemid=43&lang=de

Sellmann, Christian: Die eigentumsrechtliche Inhalts- und Schrankenbestimmung - Entwicklungstendenzen, NVwZ 2003, 1417-1423

Shamir, Adi / Oren, Yossi: Power Analysis of RFID Tags, http://www.wisdom.weizmann.ac.il/~yossio/rfid/, abgerufen am 21.04.2006

Shaw, George Bernard: Man and superman, London, 1952

Sherriff, Lucy: Outbreak of RFID tagging at medical facilities, http://www.theregister.co.uk/2004/07/27/rfid_new_york/, abgerufen am 27.07.2005

Siebenhaar, Hans-Peter / Louven, Sandra: Deutsche Telekom will wieder Anzeige erstatten, in: Handelsblatt v. 20.08.2008, online abrufbar unter http://www.handelsblatt.com/unternehmen/it-medien/;2024900

Simitis, Spiros (Hrsg.)*:* Bundesdatenschutzgesetz, 6. Aufl., Baden-Baden, 2006

Simitis, Spiros: Biowissenschaften und Biotechnologie - Perspektiven, Dilemmata und Grenzen einer notwendigen rechtlichen Regelung, JZ 2008, 693-703

Simitis, Spiros: Die informationelle Selbstbestimmung - Grundbedingungen einer verfassungskonformen Informationsverarbeitung, NJW 1984, 398-405

Simitis, Spiros: Hat der Datenschutz noch eine Zukunft? RDV 2007, 143-153

Sinell, Paul: Sicherheit und Datenschutz bei E-Passports, München, 2006, online abrufbar unter http://www.net.informatik.tu-muenchen.de/teaching/WS05/security/ausarbeitungen/11-Paul_Sinell-e_passports.pdf

Slack, James: Ministers accused of trying to build DNA database by stealth, http://www.dailymail.co.uk/pages/live/articles/news/news.html?in_article_id=480017&in_page_id=1770&ito=1490, abgerufen am 05.09.2007

Sokol, Bettina (Hrsg.): Living by numbers, Düsseldorf 2005

Sokolov, Daniel A.J.: Berührungsloses Zahlen mit Visa ab 2007 auch in Europa, http://www.heise.de/newsticker/meldung/81541, abgerufen am 24.11.2006

Sokolov, Daniel A.J.: Österreichs Bundesbahnen installieren Videoüberwachung, http://www.heise.de/newsticker/meldung/78358, abgerufen am 19.09.2006

Sokolov, Daniel A.J.: Österreichs Justizministerin vertuscht Datendiebstahl, http://www.heise.de/newsticker/meldung/108045, abgerufen am 18.05.2008

Sokolov, Daniel A.J.: Über 3.300 Überwachungskameras bei Österreichischen Bundesbahnen, http://www.heise.de/newsticker/meldung/107481, abgerufen am 06.05.2008

Solove, Daniel J. / Rotenberg, Marc: Information privacy law, New York, 2003

Solove, Daniel J.: The End of Privacy? SciAm 9/2008, 78-83

Sorge, Christoph / Westhoff, Dirk: eIDs und Identitätsmanagement, DuD 2008, 337-341

Sorge, Christoph: Softwareagenten: Vertragsschluss, Vertragsstrafe, Reugeld, Karlsruhe, 2006

Spagat, Elliot: Hand-Held Homing Devices: GPS Hits Household Gadgets, in: The Wall Street Journal v. 11.09.2002, online abrufbar unter http://www.linkspoint.com/wsj.html

Spiegel Online (AP): Datenschützer warnt vor Missbrauch, http://www.spiegel.de/netzwelt/mobil/0,1518,463814,00.html, abgerufen am 02.02.2007

Spiegel Online (Konrad Lischka): Wer Deutschlands größte Datensammler sind, http://www.spiegel.de/netzwelt/web/0,1518,573014,00.html, abgerufen am 19.08.2008

Spiegel Online (Kröger, Michael): Verbraucherschützer kaufen sechs Millionen Datensätze, http://www.spiegel.de/wirtschaft/0,1518,572752,00.htm, abgerufen am 18.08.2008

Spiegel Online (hda / AP): Erneut Hackerangriff auf US-Ministerium, http://www.spiegel.de/netzwelt/technologie/0,1518,433003,00.html, abgerufen am 22. Juni 2006

Spiegel Online (hen/amz/AP/dpa/ddp): Bayern, Niedersachsen und Baden-Württemberg sperren sich gegen Autoscan-Stopp, http://www.spiegel.de/politik/deutschland/0,1518,540785,00.html, abgerufen am 11.03.2008

Spiegel Online (mak/dpa): Intel macht den letzten Draht los, http://www.spiegel.de/netzwelt/tech/0,1518,573676,00.html, abgerufen am 23.08.2008

Spiegel Online: Informant besitzt 1,5 Millionen Adressen, http://www.spiegel.de/wirtschaft/0,1518,572533,00.html, abgerufen am 16.08.2008

Spindler, Gerald / Schuster, Fabian: Recht der elektronischen Medien: Kommentar, München, 2008

Spindler, Gerald / Schmitz, Peter / Geis, Ivo (Hrsg.): TDG, München, 2004

Spindler, Gerald: Das neue Telemediengesetz - Konvergenz in sachten Schritten, CR 2007, 239-245

Spitzenverbände der GKV (Hrsg.): Gemeinsames Rundschreiben zum Sozialdatenschutz im SGB I und SGB X, http://www.gkv.info/gkv/fileadmin/user_upload/PDF/Rundschreiben_2007/Rundschreiben_Sozialdatenschutzrecht_2007.pdf, abgerufen am 22.08.2007

Stark, Holger: Republik im Raster, Der Spiegel 30/2008, online abrufbar unter http://www.spiegel.de/spiegel/0,1518,566847,00.html

Starostik, Meinhard / Gusy, Christoph / Gössner, Rolf et al.: Verfassungsbeschwerde Vorratsdatenspeicherung (Klageschrift), http://www.starostik.de/downloads/anwalt-berlin-verfassungsbeschwerde-vorratsdatenspeicherung.pdf, abgerufen am 31.12.2007

Stein, Rob: Implantable Medical ID Approved By FDA, in: Washington Post v. 14.10.2004, online abrufbar unter http://www.washingtonpost.com/wp-dyn/articles/A29954-2004Oct13.html

Steinbach, Robert: Die Umsetzung der EG-Datenschutzrichtlinie im Sozialgesetzbuch, NZS 2002, 15-25

Stelzer, Manfred (Hrsg.): Biomedizin - Herausforderung für den Datenschutz, 1. Aufl., Wien 2005

StepStone (Hrsg.): StepStone Survey: "Are eMails and online activities being monitored by your company?", http://www.stepstone.de/ueberuns/presse/poll_monitored.html, abgerufen am 11.12.2006

Stirn, Alexander: Der elektronische Gesundheits-Check, in: Frankfurter Allgemeine Zeitung v. 21.07.2008, online abrufbar unter http://www.faz.net/s/Rub58F0CED852D8491CB25EDD10B71DB86F/Doc~E656390AE7E454FCA9081223CD051BDA7~ATpl~Ecommon~Scontent.html

Stokar, Silke / Wieland, Wolfgang: Der Fingerabdruck im Reisepass ist ein hohes Sicherheitsrisiko. Pressemitteilung Nr. 1673/2006 vom 21.12.2006, http://www.stokar.de/index/show/386070.html

Stögmüller, Thomas: Vertraulichkeit und Integrität informationstechnischer Systeme in Unternehmen, CR 2008, 435-439

Stüer, Bernhard / Loges, Sandra: Ausstieg aus der Atomenergie zum Nulltarif? NVwZ 2000, 9-15

Summers, Chris: Mobile phones - the new fingerprints, http://news.bbc.co.uk/1/hi/uk/3303637.stm, abgerufen am 18.12.2003

Sutherland, Ed: Hospitals take the Pulse of Wi-Fi Tracking, http://www.wi-fiplanet.com/columns/article.php/3497116, abgerufen am 13.01.2006

SWAMI Consortium (Hrsg.): Safeguards in a World of Ambient Intelligence (SWAMI) 2006, online abrufbar unter http://swami.jrc.es

Synovate (Hrsg.): Federal Trade Commission - Identity Theft Survey Report, 2003, online abrufbar unter http://www.ftc.gov/os/2003/09/synovatereport.pdf

TELEPOLIS / fr: EU will Verbindungsdaten an die USA weitergeben, http://www.heise.de/newsticker/meldung/78467, abgerufen am 21.09.2006

TELEPOLIS / fr: Schäuble schlägt europaweite Vernetzung der Gen- und Fingerabdruckdatenbanken vor, http://www.heise.de/newsticker/meldung/83740, abgerufen am 15.01.2007

Telepolis (Hrsg.): Privates wird öffentlich, Öffentliches privat, http://www.telepolis.de/r4/artikel/22/22860/1.html, abgerufen am 13.06.2006

Telit; wireless Solutions S.p.A. (Hrsg.): GE864-QUAD Embedded Data-Sheet, Sgonico (Trieste), Italien, 2006, online abrufbar unter http://www.telit.com

The British Journal of Healthcare & Information Management (Hrsg.): Birmingham Heartlands RFID-tags patients to avoid litigation, http://www.bjhc.co.uk/news/1/2005/n502016.htm, abgerufen am 13.01.2006

The Gallup Organization (Hrsg.): Data Protection in the European Union - Data controller's perception - Analytical report, 1. Aufl., 2008, online abrufbar unter http://ec.europa.eu/public_opinion/flash/fl_226_en.pdf

Tiedemann, Klaus / Sasse, Christoph: Delinquenzprophylaxe, Kreditsicherung und Datenschutz in der Wirtschaft, Köln, 1973

Tinnefeld, Marie-Theres / Ehmann, Eugen / Gerling, Rainer W.: Einführung in das Datenschutzrecht, 4. Aufl., München, Wien, 2005

Tinnefeld, Marie-Theres: Durchschaut bis in die letzte Zelle - Modelle der Überwachung, insbesondere im Arbeitleben, RDV 2006, 97-101

Tinnefeld, Marie-Theres: Totale Überwachung - die einzige Antwort auf Terroranschläge? MMR 2002, 495-496

Toshiba Europe GmbH (Hrsg.): Presseinformation, http://www.harvard.de/pressemeldungen/Toshiba%20CSGA/2006/2006-01-10%20Toshiba%20produziert%20ab%20April%2006%20nur%20noch%20RoHS.pdf, abgerufen am 10.01.2006

Toutziaraki, Theodora: Ein winzig kleiner Chip, eine riesengroße Herausforderung für den Datenschutz, DuD 2007, 107-112

Travis, Alan: Electronic tagging for asylum seekers, in: The Guardian v. 14.03.2006, online abrufbar unter http://society.guardian.co.uk/asylumseekers/story/0,1730390,00.html

U.S. Department of Justice (Hrsg.): Retail Hacking Ring Charged for Stealing and Distributing Credit and Debit Card Numbers from Major U.S. Retailers - More Than 40 Million Credit and Debit Card Numbers Stolen, http://www.usdoj.gov/opa/pr/2008/August/08-ag-689.html, abgerufen am 05.05.2008

ULD (Hrsg.): Erste Stellungnahme des ULD zum Referentenentwurf (Stand 07.09.2007) des Bundesministeriums des Innern (BMI) eines Bundesdatenschutzauditgesetzes (BDSAuditG), https://www.datenschutzzentrum.de/bdsauditg/20070928-stellungnahme.html, abgerufen am 28.09.2007

UNECE; United Nations Economic Commission for Europe (Hrsg.): 49th Statistics of Road Traffic Accidents in Europe and North America, 49. Aufl., Genf, 2004, online abrufbar unter http://www.unece.org/trans/main/wp6/pdfdocs/RAS_2004.pdf

UNESCO - Information for All Programm (IFAP) (Hrsg.): Ethical Implications of Emerging Technologies: A Survey, 1. Aufl., Paris, 2007

University Health Network (Hrsg.): Experimental electrode implant treatment shows promise for helping severely depressed, http://www.uhn.ca/media/releases/2005/feb/electrode_implant.pdf, abgerufen am 11.01.2006

Universität Regensburg (Hrsg.)*:* Informationen zur elektronischen Zeitschriftenbibliothek, http://rxblx1.uni-regensburg.de/ezeit/about.phtml?bibid=UBTUE&colors=3&lang=de, abgerufen am 26.08.2006

VATM - Verband der Anbieter von Telekommunikations- und Mehrwertdiensten e.V. (Hrsg.)*:* Mobilfunk - Einführung, http://www.vatm.de/content/mobilfunk/mobilfunk.html, abgerufen am 20.10.2005

Vater, Margit / Rameken, M. / Pitscher, H. F. et al.: Der Endless-Loop-Rekorder im klinischen Alltag - Ergebnisse des multizentrischen Reveal®-Registers, Herzschr Elektrophys 2002, 101-109

Vater, Margit / Rameken, M. / Pitscher, H. F. et al.: ILR-Ereignisrekorder Reveal Plus, http://www.herzberatung.de/ereignisrekorder.htm, abgerufen am 12.04.2006

Verbraucherzentrale Bundesverband e.V. (Hrsg.)*:* Modernisierung des Datenschutzes aus Sicht des Verbraucherschutzes, DuD 2007, 271-274

Verbraucherzentrale Schleswig-Holstein (Hrsg.)*:* Callcenter sind im Besitz von Kontodaten, http://www.verbraucherzentrale-sh.de/UNIQ121986881404013/link481821A.html, abgerufen am 11.08.2008

VeriChip Corporation (Hrsg.)*:* Implantable Personal Verification Systems - Introducing VeriChip, VeriChip Herstellerbroschüre, online abrufbar unter http://www.4verichip.com

Vetter, Reinhard: Chancen und Risiken zentralisierter Patienten-Datenbestände. Vortrag anlässlich des 11. Hessischen Datenschutzforums am 19. September 2002 in Wiesbaden, München, 2002

Vetter, Reinhard: Datenschutzrechtliche Aspekte der Telemedizin, ZaeFQ 2001, 662-666

Volkmann, Uwe: Anmerkung zum Urteil des BVerfG vom 27.02.2008, 1 BvR 370/07 und 1 BvR 595/07, DVBl 2008, 590-593

Vollmuth, Jan: Marktvolumen erreicht 2008 rund 5,29 Milliarden US-Dollar, http://www.elektronikpraxis.vogel.de/themen/elektronikmanagement/marktforschungmarktentwicklung/articles/108705/, abgerufen am 08.02.2008

WGV (Hrsg.)*:* WGV startet in Zusammenarbeit mit HP Pilotprojekt für junge Fahranfänger – Testfahrer gesucht, http://www.wgv-online.de/produkte/kfz_youngandsafe.htm, abgerufen am 12.12.2006

Warda, Frank / Noelle, Guido: Telemedizin und eHealth in Deutschland: Materialien und Empfehlungen für eine nationale Telematikplattform, 1. Aufl., Köln, 2002

Warda, Frank: Die elektronische Gesundheitsakte in Deutschland, Bundesgesundheitsbl 2005, 742-746

Weber, Karsten: Privacy invasions, EMBO reports Vol 7 Special Issue 2006, S36-S39

Weichert, Thilo: Angriff auf den Datenschutz? Biometrieausweise fördern grundsätzliche Rechtsänderungen, c't 11/2005, 94-99

Weichert, Thilo: Auskunftsanspruch in verteilten Systemen, DuD 2006, 694-699

Weichert, Thilo: Datenschutzrechtliche Anforderungen an Chipkarten, DuD 1997, 266-277

Weichert, Thilo: Datenschutzrechtliche Anforderungen an Data-Warehouse-Anwendungen, RDV 2003, 113-121

Weichert, Thilo: Der Personenbezug von Geodaten, DuD 2007, 17-23

Weiser, Marc: The Computer for the 21st Century, SciAm 3/1991, 94-104

Westermann, Lars: Tickende Hunde, Technology Review 4/2007, 80-82

Westhues, Jonathan: Demo: Cloning a VeriChip, http://cq.cx/verichip.pl, abgerufen am 12.02.2006

Westhues, Jonathan: Proximity Cards, http://cq.cx/prox.pl, abgerufen am 12.02.2006

Wetz, Andreas: ÖBB-Plan: Flächendeckende Videoüberwachung, in: Die Presse v. 14.09.2006

Wherify Wireless (Hrsg.)*:* Products - WheriFone, http://www.wherify.com/html/solutions.asp?pageId=50, abgerufen am 17.04.2006

Wilke, Matthias: Data-Mining - eine neue Dimension der Verarbeitung von Arbeitnehmerdaten, absolute und kontinuierliche Analyse von personenbezogenen Daten im Handel, RDV 2002, 225-230

Williams, Ted: International Best Practice Guide - An overview of RFID, http://www.ambicentres.net/article.cfm?id=122, abgerufen am 13.01.2006

Winsemann, Bettina: Generalverdacht gegen alle Kreditkartenbesitzer, http://www.heise.de/tp/r4/artikel/24/24443/1.html, abgerufen am 15.01.2007

Winsemann, Bettina: Stille Post im digitalen Dorf - Eine Ente namens "Biometrische Daten der Bundesbürger für die Wirtschaft", http://www.telepolis.de/r4/artikel/21/21937/1.html, abgerufen am 04.02.2006

Witthau, Bernhard: Pressemeldung: GdP begrüßt Pläne der Bundesregierung: Witthau: Maut-Daten zur Aufklärung schwerster Straftaten nutzen, http://www.gdp.de/gdp/gdpcms.nsf/id/p60801?Open&ccm=500020000&L=DE, abgerufen am 04.08.2006

Wright, David / Vildjiounaite, Elena / Maghiros, Ioannis et al.: The brave new world of ambient intelligence: A state-of-the-art review. Deliverable D1. A report of the SWAMI consortium to the European Commission under contract 006507, 2006, online abrufbar unter http://swami.jrc.es

Wuermeling, Ulrich: Scoring von Kreditrisiken, NJW 2002, 3508-3510

Zeller Jr., Tom: Black Market in Credit Cards Thrives on Web, in: The New York Times v. Late Edition vom 21.06.2005

Zeller Jr., Tom: For Victims, Repairing ID Theft Can Be Gruelling, in: The New York Times v. 01.10.2005, online abrufbar unter http://www.nytimes.com/2005/10/01/technology/01theft.html

Zimmermann, Peter: 26. Tätigkeitsbericht 2005 des Landesbeauftragten für den Datenschutz Baden-Württemberg, http://www.baden-wuerttemberg.datenschutz.de/lfd/tb/2005/default.htm, abgerufen am 11.12.2005

Zrenner, Eberhardt: Will Retinal Implants Restore Vision? Science 2002, 1022-1025

Zugck, C. / Nelles, M. / Frankenstein, L. et al.: Telemedizinisches Monitoring bei herzinsuffizienten Patienten, Herzschr Elektrophys 2005, 176-182

Zwick, Werner: Standardisierung im Datenschutz - Auswirkungen auf die Praxis, DuD 2006, 24-28

8 Abkürzungsverzeichnis

a.A.	andere Ansicht
a.a.O.	am angegebenen Ort
ABl	Amtsblatt der Europäischen Gemeinschaften
ABMG	Autobahnmautgesetz
Abs.	Absatz
AcP	Archiv für die civilistische Praxis (Zeitschrift)
AFIS	Automatisiertes Fingerabdruckidentifizierungssystem
AG	Amtsgericht
AktG	Aktiengesetz
Anm.	Anmerkung
APR	Allgemeines Persönlichkeitsrecht
APuZ	Aus Politik und Zeitgeschichte (Zeitschrift)
Art.	Artikel
AtG	Gesetz über die friedliche Verwendung der Kernenergie und den Schutz gegen ihre Gefahren (AtomG)
Aufl.	Auflage
ÄP Dermatologie / Allergologie	Ärztliche Praxis Dermatologie / Allergologie (Zeitschrift)
BaFin	Bundesanstalt für Finanzdienstleistungsaufsicht
BAG	Bundesarbeitsgericht
BAN	Body Area Network
Bd.	Band
BDSAuditG	Bundesdatenschutzauditgesetz
BDSG	Bundesdatenschutzgesetz
BfDI	Bundesbeauftragter für Datenschutz und Informationsfreiheit
BGB	Bürgerliches Gesetzbuch
BGBl	Bundesgesetzblatt
BGH	Bundesgerichtshof
BGHZ	Entscheidungssammlung des Bundesgerichtshofs
BImSchG	Gesetz zum Schutz vor schädlichen Umwelteinwirkungen durch Luftverunreinigungen, Geräusche, Erschütterungen und ähnliche Vorgänge (Bundes-Immissionsschutzgesetz)
BJHC&IM	The British Journal of Health Care and Information Management (Zeitschrift)
BKA	Bundeskriminalamt
BMBF	Bundesministerium für Bildung und Forschung
BMJ	British Medical Journal (Zeitschrift)
BR-Drs.	Bundesratsdrucksache
BSG	Bundessozialgericht
BSI	Bundesamt für Sicherheit in der Informationstechnik
BT-Drs.	Bundestagsdrucksache
Bundesgesundheitsbl	Bundesgesundheitsblatt, Gesundheitsforschung, Gesundheitsschutz (Zeitschrift)
BVerfG / BvG	Bundesverfassungsgericht
BVerfGE	Entscheidungssammlung des Bundesverfassungsgerichts
BVerwG	Bundesverwaltungsgericht
BW	Baden-Württemberg
BZ	Berliner Zeitung (Zeitung)
CA	Certification Authority
CASPIAN	Consumers Against Supermarket Privacy Invasion and Numbering
CCC	Chaos Computer Club e.V.
CD	Compact Disc
CEO	Chief Executive Officer

CERT	Center for Excellence for applied Research and Training
CFR	Code of Federal Regulation
CR	Computer & Recht (Zeitschrift)
CRM	Customer Relationship Management
CRT	Cardiale Resynchronisationstherapie
CSCA	Country Signing Certificate Authority
c't	Magazin für Computer Technik (Zeitschrift)
CTO	Chief Technological Officer
CVC2	Card Validation Code Typ 2
CVV2	Card Verification Value Typ 2
d. h.	das heißt
DAngVers	Die AngestelltenVersicherung (Zeitschrift)
DAR	Deutsches Autorecht (Zeitschrift)
DB	Der Betrieb (Zeitschrift)
dbr	Der Betriebsrat (Zeitschrift)
DECT	Digital Enhanced Cordless Telecommunications
DES	Data Encryption Standard
DHCP	Dynamic Host Configuration Protocol
DNA	Desoxyribonukleinsäure
DÖV	Die Öffentliche Verwaltung (Zeitschrift)
DRM	Digital Rights Management
DSA	Digital Signature Algorithm
DSB	Datenschutzberater (Zeitschrift)
DSRL	Richtlinie 95/46/EG zum Schutz natürlicher Personen bei der Verarbeitung personenbezogener Daten und zum freien Datenverkehr (Datenschutzrichtlinie)
DtschÄrzteBl	Deutsches Ärzteblatt (Zeitschrift)
DtschÄrzteBl/PC	Deutsches Ärzteblatt/PraxisComputer (Zeitschrift)
DuD	Datenschutz und Datensicherheit
DV	Datenverarbeitung
DVBl	Deutsches Verwaltungsblatt (Zeitschrift)
DVD	Digital Versatile Disc
E	Einführung
EAC	Extended Access Control
ECDSA	Elliptic Curve Digital Signature Algorithm
eCommerce-RL	Richtlinie 2002/58/EG über die Verarbeitung personenbezogener Daten und den Schutz der Privatsphäre in der elektronischen Kommunikation
EDV	Elektronische Datenverarbeitung
EGE	European Group on Ethics in Science and New Technologies to the European Commission
eGK	elektronische Gesundheitskarte
EGMR	Europäischer Gerichtshof für Menschenrechte
EGV	Vertrag zur Gründung der Europäischen Gemeinschaft
EKG	Elektrokardiogramm
EM	Europameisterschaft
EMBO Report	European Molecular Biology Organization Report (Zeitschrift)
EMRK	Europäische Konvention zum Schutze der Menschenrechte und Grundfreiheiten
ePA	elektronische Patientenakte
ePass	biometrischer Reisepass
EPC	Electronic Product Code
EPIC	Electronic Privacy Information Center
EU	Europäische Union
EuGH	Europäischer Gerichtshof

f	folgende (Seite)
FAQ	Frequently Asked Questions
FAR	False Acceptance Rate
FAZ	Frankfurter Allgemeine Zeitung (Zeitung)
FDA	US Food and Drug Administration
FES	Friedrich-Ebert-Stiftung
ff	fortfolgende (Seite)
FIDIS	Future of Identity in the Information Society
FIFA	Fédération Internationale de Football Association
Fn	Fußnote
FRR	False Rejection Rate
FS	Festschrift
FTC	US Federal Trade Commission
FTD	Financial Times Deutschland (Zeitung)
GAU	Größter Anzunehmender Unfall
GenTG	Gesetz zur Regelung der Gentechnik
GEZ	Gebühreneinzugszentrale
GG	Grundgesetz
GIS	Geographic Information System
GPRS	General Packet Radio Service
GPS	Global Positioning System
GPSG	Geräte- und Produktsicherheitsgesetz
GRUR	Gewerblicher Rechtsschutz und Urheberrecht (Zeitschrift)
GRUR Int	Gewerblicher Rechtsschutz und Urheberrecht International (Zeitschrift)
GRUR-RR	Gewerblicher Rechtsschutz und Urheberrecht - Rechtsprechungsreport (Zeitschrift)
GSM	Global System for Mobile Communications
h.A.	herrschende Ansicht
h.M.	herrschende Meinung
HdbStR	Handbuch des Staatsrechts der Bundesrepublik Deutschland
HELUMA	Multizentrisches prospektives Register zur Dokumentation der aktuellen Therapie und des Langzeitverlaufs bei Patienten mit Linksventrikulärer Dysfunktion in der klinischen Praxis der Herzinfarktzentren Heidelberg - Ludwigshafen - Mannheim
Herzschr Elektrophys	Herzschrittmachertherapie und Elektrophysiologie (Zeitschrift)
HessVGH	Hessischer Verwaltungsgerichtshof
HF	High Frequency (Hochfrequenz)
HMD	Head Mounted Display
HP	Hewlett Packard
HPC	Health Professional Card
Hrsg.	Herausgeber
HTML	Hyper Text Markup Language
HUD	Head Up Display
IBM	International Business Machines Corporation
ICAO	International Civil Aviation Organisation
ICD	Implantable Cardioverter Defibrillator
ID	Identification
IEEE	Institute of Electrical and Electronics Engineers
IKT	Informations- und Kommunikationstechnologie
ILR	Implantable Loop-Recorder
IMEI	International Mobile Equipment Identity
IMS	Identitätsmanagementsystem
IMSI	International Mobile Subscriber Identity
IP	Internet Protokoll

ISO	International Organization for Standardization
IT	Informationstechnologie
ITRB	Der IT-Rechts-Berater (Zeitschrift)
Jura	Juristische Ausbildung (Zeitschrift)
jurisPR-ITR	juris PraxisReport IT-Recht (Online-Zeitschrift)
JurPC Web-Dok	Internet-Zeitschrift für Rechtsinformatik und Informationsrecht (Online-Zeitschrift)
JuS	Juristische Schulung (Zeitschrift)
JVA	Justizvollzugsanstalt
JZ	Juristenzeitung (Zeitschrift)
K&R	Kommunikation und Recht (Zeitschrift)
KIS	Krankenhausinformationssystem
KrW-/AbfG	Gesetz zur Förderung der Kreislaufwirtschaft und Sicherung der umweltverträglichen Beseitigung von Abfällen
KU	KrankenhausUmschau (Zeitschrift)
LA	Los Angeles
LAG	Landesarbeitsgericht
LAN	Local Area Network
LARYNGO-Rhino-Otol	LARYNGO-Rhino-Otology (Zeitschrift)
LBS	Location Based Services
LDSG	Landesdatenschutzgesetz
LF	Low Frequency (Langwelle)
LG	Landgericht
LKHG	Landeskrankenhausgesetz
LS	Leitsatz
Mass.	Massachusetts
MBU	Mobile Base Unit
MDR	Monatsschrift des deutschen Rechts (Zeitschrift)
MedR	Medizinrecht (Zeitschrift)
MMR	Multimedia und Recht (Zeitschrift)
MPG	Medizinproduktegesetz
MRSA	Methicillin-resistenter Staphylococcus aureus
MRT	Magnet-Resonanz-Tomographie
mwN	mit weiteren Nachweisen
Nature	Nature International weekly journal of science (Zeitschrift)
NEJM	The New England Journal of Medicine (Zeitschrift)
NFC	Near Field Communication
NJW	Neue Juristische Wochenschrift (Zeitschrift)
NRW	Nordrhein-Westfalen
NStZ	Neue Zeitschrift für Strafrecht (Zeitschrift)
NVwZ	Neue Zeitschrift für Verwaltungsrecht (Zeitschrift)
NY	New York
NZA	Neue Zeitschrift für Arbeitsrecht (Zeitschrift)
NZS	Neue Zeitschrift für Sozialrecht (Zeitschrift)
ÖBB	Österreichische Bundesbahnen
OBU	On Board Unit
OECD	Organisation für wirtschaftliche Zusammenarbeit und Entwicklung
ÖGH	Österreichischer Oberster Gerichtshof
OLG	Oberlandesgericht
ONS	Object Naming Service
OVG	Oberverwaltungsgericht
OWiG	Gesetz über Ordnungswidrigkeiten
P3P	Platform for Privacy Preferences
PA	Privacy Assistent

PawS	Privacy awareness System
PDA	Personal Digital Assistant
PET	Privacy Enhancing Technologies
PflR	Pflegerecht (Zeitschrift)
PHMon	Personal Health Monitoring
PIN	Persönliche Identifikationsnummer
PKD	Public Key Directory
PKI	Public Key Infrastructure
PRIME	Privacy and Identity Management for Europe
ProdHaftG	Produkthaftungsgesetz
Qual Saf Health Care	Quality and Safety in Health Care (Zeitschrift)
R	Recommendation (Empfehlung des Europarats)
Radiologe	Der Radiologe (Zeitschrift)
RAF	Rote Armee Fraktion
RDV	Recht der Datenverarbeitung (Zeitschrift)
RegE	Regierungs-Entwurf
RFID	Radio Frequency Identification
RL	Richtlinie
Rn	Randnummer
RoHS-Richtlinie	Richtlinie 2002/95/EG zur Beschränkung der Verwendung bestimmter gefährlicher Stoffe in Elektro- und Elektronikgeräten
RSA	Ron Rivest, Adi Shamir, Leonard Adleman
Rspr.	Rechtsprechung
RStV	Rundfunkstaatsvertrag
RVS-RR	Rechnernetze und verteilte Systeme Group Research Report (Online-Publikation)
SächsVerfGH	Verfassungsgerichtshof des Freistaats Sachsen
SCHUFA	Schutzgemeinschaft für allgemeine Kreditsicherung
SciAm	Scientific American (Zeitschrift)
Science	Science Magazine (Zeitschrift)
SD	Secure Digital (Flash-Speicherkarte)
SF Medien	Zeitschrift für die berufliche Bildung in der Sozialversicherung (Zeitschrift)
SGB	Sozialgesetzbuch
SHA	Secure Hash Algorithm
SigG	Gesetz über Rahmenbedingungen für elektronische Signaturen (Signaturgesetz)
SIM	Subscriber Identity Module
SMS	Short Message Service
st. Rspr.	ständige Rechtsprechung
StGB	Strafgesetzbuch
StoffR	Stoffrecht (Zeitschrift)
StPO	Strafprozessordnung
str.	strittig
StVG	Straßenverkehrsgesetz
StZ	Stuttgarter Zeitung (Zeitung)
SWAMI	Safeguards in a World of Ambient Intelligence
SWIFT	Society for Worldwide Interbank Financial Telecomm.
SZ	Süddeutsche Zeitung (Zeitung)
TAN	Transaktionsnummer
TAUCIS	Technikfolgenabschätzung ubiquitäres Computing und Selbstbestimmung
TC	Trusted Computing
TDDSG	Teledienstedatenschutzgesetz

TDG	Teledienstegesetz
TDSV	Teledienstedatenschutzverordnung
Technikfolgen-abschätzung	Technikfolgenabschätzung - Theorie und Praxis (Zeitschrift)
Teddi	Telemedizinische Beratung und Schulung von Kindern und Jugendlichen mit Diabetes mellitus
TK	Telekommunikation
TKG	Telekommunikationsgesetz
TMG	Telemediengesetz
UC	Ubiquitous Computing
UHF	Ultra-High-Frequency
UID	Unique Identifier
ULD	Unabhängiges Zentrum Datenschutz Schleswig-Holstein
UMTS	Universal Mobile Telecommunication System
UN	Vereinte Nationen
UNECE	United Nations Economic Commission for Europe
UNESCO	United Nations Educational, Scientific and Cultural Organisation
UNHCR	United Nations High Commissioner for Refugees
USB	Universal Serial Bus
USPTO	United States Patent and Trademark Office
VAE	Vereinigte Arabische Emirate
VATM	Verband der Anbieter von Telekommunikations- und Mehrwertdiensten
VBlBW	Verwaltungsblätter für Baden-Württemberg (Zeitschrift)
VDE	Verband der Elektrotechnik, Elektronik und Informationstechnik e.V.
VerfG	Verfassungsgericht
VGH	Verwaltungsgerichtshof
Vorb.	Vorbemerkung
VVG	Versicherungsvertragsgesetz
vzbv	Verbraucherzentrale Bundesverband
WAP	Wireless Application Protocol
WEP	Wired Equivalent Privacy
WGV	Württembergische Gemeindeversicherung
WiFi / Wi-Fi	Wireless Fidelity
WiTricity	Wireless Electricity
WLAN	Wireless Local Area Network
WORM	Write Once, Read Many
WP	Working Paper
WPA/WPA2	Wi-Fi Protected Access
WREL	Wireless Resonant Energy Link
XML	Extensible Markup Language
ZaeFQ	Zeitschrift für ärztliche Fortbildung und Qualitätssicherung
ZRP	Zeitschrift für Rechtspolitik (Zeitschrift)
ZUM	Zeitschrift für Urheber- und Medienrecht (Zeitschrift)

9 Glossar und Erläuterungen

Ambient Intelligence

Der Begriff **Ambient Intelligence** (übersetzt: Umgebungsintelligenz) wurde von *Emile Aarts* vom europäischen Elektronikkonzern Philips geprägt. **Ambient Intelligence** beschreibt die Integration von Sensoren und Elektronik in den Alltag zur Erleichterung alltäglicher Vorgänge. Der Begriff zielte ursprünglich auf die Bereiche Heimcomputer, intelligentes Haus (smart home) und Unterhaltung, während ⇒*Pervasive Computing* ursprünglich mehr den Bereich geschäftlicher Computernutzung beschrieb.[3190] Die technologische Entwicklung hat die Grenzen zwischen privatem und geschäftlichem Umfeld jedoch verschwimmen lassen, so dass **Ambient Intelligence** zwischenzeitlich ein jeden Lebensbereich umfassendes, allgemeines Feld der Nutzung geworden ist. **Ambient Intelligence** ist insoweit das europäische Pendant zu den aus den USA stammenden Begriffen ⇒*Pervasive Computing*/⇒*Ubiquitous Computing*, so dass inhaltlich auf die Erläuterungen zu diesen verwiesen wird. Teilweise unterscheidet man die Begriffe, in dem man **Ambient Intelligence** als mehr auf den Menschen zentrierten Begriff versteht. Anders als die eher anwendungsneutralen Begriffe ⇒*Ubiquitous Computing* und Ubiquitous Communication steht **Ambient Intelligence** beispielsweise für die Nutzung dieser Technologien im Umfeld eines Menschen, z. B. im Zusammenhang mit dem Design einer neuen Benutzerschnittstelle.[3191]

Authentisierung

Authentisierung ist der Vorgang des Nachweises der eigenen Identität (Gegenstück zur ⇒*Authentifizierung*). [3192]

Authentifizierung

Authentifizierung ist der Vorgang der Überprüfung (Verifikation) der behaupteten Identität eines Gegenübers,[3193] d. h. des Nachweises darüber, dem Gegenüber einer Kommunikation eine bestimmte Identität zugeordnet ist.[3194]

Autorisierung

Autorisierung bezeichnet die Zuweisung und Überprüfung von Zugriffsrechten auf Daten und Dienste an bestimmte Systemnutzer. Die **Autorisierung** erfolgt in der Regel nach einer erfolgreichen ⇒*Authentifizierung*.[3195]

3190 *Wright/Vildjiounaite/Maghiros et al.*, The brave new world of ambient intelligence - Deliverable D1 - SWAMI, 7f mwN.

3191 *Wright/Vildjiounaite/Maghiros et al.*, The brave new world of ambient intelligence - Deliverable D1 - SWAMI, 7 mwN.

3192 *Neumann/Schulz*, DuD 2007, 249.

3193 *Neumann/Schulz*, DuD 2007, 249

3194 *Sorge/Westhoff*, DuD 2008, 337.

3195 *Neumann/Schulz*, DuD 2007, 249.

Biometrie

Unter **Biometrie** wird die automatisierte, digitale Messung von natürlichen, hoch charakteristischen, physiologischen oder verhaltenstypischen (=biometrischen) Merkmalen von Menschen zum Zwecke der ⇒*Identifikation* (und Unterscheidung von anderen Personen) verstanden.[3196] Biometrische Daten sind Körper- oder Verhaltensmerkmale von Personen, die berührungslos oder durch Berührung gemessen werden können, z. B. Fingerabdrücke, Handflächen oder ein Scan der Iris.[3197] Dabei werden die von einem Sensor ausgelesenen Körpermerkmale in einem Computerprogramm verarbeitet und auf bestimmte Charakteristika reduziert. Letztlich verbleibt nur ein – im Idealfall eindeutiger, nur diesem Menschen zuzuordnender – Zahlenwert, welcher mit sämtlichen gespeicherten Werten verglichen werden kann.[3198] Biometrische Technologien werden derzeit überwiegend zur Zugangskontrolle eingesetzt (⇒*Autorisierung*, ⇒*Authentifizierung*).[3199]

Data Mining und Data Warehousing

Data Mining ist die automatisierte Suche nach bisher nicht bekannten Zusammenhängen in umfangreichen Datensätzen, z. B. in einem **Data Warehouse**.[3200] Beim **Data Mining** („Datenbergbau") werden personenbezogene Daten beispielsweise von zahlreichen einzelnen Geschäftsvorgängen und Verwaltungsvorgängen mit Software-Tools nach bestimmten Kriterien sortiert, gespeichert und zur Analyse und Auswertung bereit gehalten.[3201] Die Auswertung erfolgt durch spezielle Algorithmen oder Methoden der künstlichen Intelligenz, die automatisiert Ähnlichkeiten oder sonstige Gesetzmäßigkeiten in den Datensätzen erkennen und aus diesen Wirkungszusammenhänge ableiten.[3202] Dies ermöglicht es, zuvor verborgene Erkenntnisse und Zusammenhänge als Mehrwert zu gewinnen, die in einem Nutzer-, Verhaltens- oder Kundenprofil zusammengefasst werden können. Mit anderen Worten soll in dem „Rohstoff Daten" nach „Diamanten" gesucht werden, d. h. nach Informationen, welche zuvor nicht vorlagen.[3203] Dies können beispielsweise bislang unbekannte Trends und verborgene Muster sein.[3204] Besondere Bedeutung kommt dem **Data Mining** im Marketing zu. Dort wird es zur Erstellung umfangreicher detaillierter Kundenprofile verwendet.[3205] Sein Einsatz ist jedoch ebenfalls zur Identifizierung

---

3196 *Albrecht*, Biometrische Verfahren im Spannungsfeld von Authentizität im elektronischen Rechtsverkehr und Persönlichkeitsschutz, 31 mwN; ebenso *Hornung*, DuD 2004, 429.

3197 *Saeltzer*, DuD 2004, 218.

3198 *Koch*, Freiheitsbeschränkung in Raten?, 1 mwN.

3199 *Becker*, Die Politik der Infosphäre, 234.

3200 *Weichert*, RDV 2003, 119.

3201 *Bergmann/Möhrle/Herb*, Datenschutzrecht Bd. I Teil 3, § 3 a, Rn 3.

3202 *Wilke*, RDV 2002, 227; *Baeriswyl*, RDV 2000, 6; *Schuler-Harms* in Sokol, Die kommerzielle Nutzung statistischer Persönlichkeitsprofile als Herausforderung für den Datenschutz, 6; *Weichert*, RDV 2003, 119.

3203 *Baeriswyl*, RDV 2000, 6.

3204 *Schuler-Harms* in Sokol, Die kommerzielle Nutzung statistischer Persönlichkeitsprofile als Herausforderung für den Datenschutz, 6.

3205 *Becker*, Die Politik der Infosphäre, 236; *Wilke*, RDV 2002, 226f.

verdächtiger Verhaltensmuster, z. B. bei Kassierern im Handel[3206] oder im Wege der Terrorismusbekämpfung[3207] (Rasterfahndung) möglich. Bei der Rasterfahndung als besonderer polizeilicher Ermittlungsmethode lässt sich die Polizeibehörde von anderen öffentlichen oder privaten Stellen personenbezogene Daten übermitteln, um einen automatischen Abgleich (Rasterung) mit anderen Daten vorzunehmen. Durch den Abgleich soll diejenige Schnittmenge von Personen ermittelt werden, auf welche bestimmte, vorab festgelegte und für die weiteren Ermittlungen als bedeutsam angesehene Merkmale zutreffen.[3208]

In einem **Data Warehouse** werden operative Daten aus unterschiedlichsten Quellen zusammengeführt und für häufig noch nicht eindeutig definierte Auswertungen angeglichen und zeit- und funktionsgerecht zur Verfügung gehalten.[3209] Dabei wird auf eine langfristige und möglicht umfassende Auswertung von Daten Wert gelegt. Ein gut geführtes **Data Warehouse** ist somit eine Voraussetzung für die Implementierung von **Data Mining** Konzepten. Data Warehouse-Konzepte haben häufig die wirtschaftliche Vermarktung von Persönlichkeitsprofilen zum Ziel.[3210]

Beide Instrumente tendieren zu einer kontextunabhängigen und nicht zweckgebundenen Datenspeicherung, da die Daten für alle möglichen Zwecke ausgewertet werden sollen.[3211]

Gesundheitstelematik

Gesundheitstelematik (international: **health-telematics** oder in Europa häufig auch **Health-Care-Telematics**) bezeichnet den Einsatz von ⇒"*Telematik* in der Medizin"[3212] und ist ein Kunstwort aus Gesundheitswesen, Telekommunikation und Informatik.[3213] Hierunter versteht man alle einrichtungsübergreifenden und ortsunabhängigen Anwendungen der modernen ⇒*Informations- und Kommunikationstechnologie* zur Überbrückung von Raum und Zeit im Gesundheitswesen.[3214] Gesundheitstelematik wird häufig auf administrative Prozesse, Wissensvermittlungs- und Behandlungsverfahren bezogen[3215] und auch als „**e-health**“ bezeichnet (was die Nutzung von *IKT* für eine patientenorientierte umfassende gesundheitliche Versorgung umschreibt).

3206 So werden beispielsweise bei Rewe mithilfe des Programms „Rewis“ die mehr als 20.000 Kassen überwacht und nach Abweichungen von üblichen Buchungsmustern gesucht, ähnlich bei Kaufhof, Praktiker, Plus oder Edeka, *Dohms*, Wenn Frau Müller in die Kasse greift, FTD v. 04.04.2008, http://www.ftd.de/unternehmen/handel_dienstleister/:Wenn%20Frau%20M%FCller%20Kasse/338301.html; hierzu auch *Wilke*, RDV 2002, 227.

3207 *Baeriswyl*, RDV 2000, 9.

3208 BVerfG, Beschluss vom 04. April 2006, 1 BvR 518/02, RDV 2006, 158-168, 158.

3209 *Baeriswyl*, RDV 2000, 6; *Weichert*, RDV 2003, 119.

3210 *Bergmann/Möhrle/Herb*, Datenschutzrecht Bd. I Teil 3, § 3 a, Rn 3.

3211 *Weichert*, RDV 2003, 119.

3212 *Dierks*, DuD 2006, 142; *Frost*, Gesundheitstelematik, Telemedizin, 51.

3213 *Haas*, Bundesgesundheitsbl 2005, 771; *Warda/Noelle*, Telemedizin und eHealth, 23.

3214 *Haas*, Bundesgesundheitsbl 2005, 771; *Warda/Noelle*, Telemedizin und eHealth, 23; *Hanika*, PflR 2003, 485.

3215 *Hanika*, Notfall & Rettungsmedizin 2003, 272 mwN; *Hanika*, PflR 2003, 485

GPS

GPS ist die Abkürzung von „Global Positioning System“ (globales Ortungssystem) und steht für ein U.S.-amerikanisch kontrolliertes, weltweit verfügbares Satellitennavigationssystem für zivile und militärische Zwecke. Es besteht aus in kreisförmigen Bahnen angeordneten Satelliten, welche fortlaufend Positionssignale aussenden. Diese Signale können (nahezu) überall auf der Erde von mindestens vier Satelliten gleichzeitig empfangen werden.[3216]

Mit einem **GPS**-Empfänger (Antenne, Signalempfangsteil, Präzisionsuhr, Mikroprozessor, Stromversorgung) kann die eigene Position aus den vier Satellitensignalen errechnet werden. Die Signale wurden vom Betreiber (Pentagon) im zivilen Bereich so kodiert, dass die Messgenauigkeit bei ± 20m liegt.[3217]

Die Europäische Raumfahrtagentur ESA will im Jahr 2013 ein eigenes, technisch kompatibles Satellitennavigationssystem namens Galileo aufbauen, das aus 30 Satelliten bestehen soll.[3218] Dieses soll eine höhere Genauigkeit auch im zivilen Bereich und eine Rückkanalfunktion bieten, so dass Notsignale vom Benutzer über den Satelliten an die Basisstation gesendet werden können.[3219] Die ersten beiden Testsatelliten befinden sich bereits im All.[3220]

Home Care / Home Monitoring

Siehe die Einträge zu ⇒Teleüberwachung und ⇒Ubiquitous Healthcare.

Identifizierung / Identifikation

Identifizierung ist der Vorgang, anhand dessen eine Person oder ein Objekt eindeutig erkannt werden soll (Feststellung der Identität einer Person ⇒*Identitätsfeststellung*, ⇒ *Authentisierung*).[3221]

Identitätsfeststellung

Identitätsfeststellung ist die Überprüfung, welche Personalien (Identität) einer natürlichen Person zuzuordnen sind (⇒ *Authentifizierung*).[3222]

3216 Bibliographisches Institut & F. A. Brockhaus AG, Brockhaus-Wissen.

3217 Die Messungenauigkeit beträgt technisch bedingt nur ca. 15-20 m, wurde bis zum Jahr 2000 für die zivile Nutzung aber künstlich erhöht auch die in *Bibliographisches Institut & F. A. Brockhaus AG*, Brockhaus-Wissen genannten 100m, *Heerwagen*, Positionsbestimmung im freien Feld, 15.

3218 Siehe hierzu näher die Projektseiten der EU unter http://ec.europa.eu/dgs/energy_transport/galileo/index_de.htm.

3219 *ESA Media Relations Office (Hrsg.)*, ESA's most advanced navigation satellite launched tonight, http://www.esa.int/esaCP/SEM9GD2QGFF_index_0.html.

3220 *ESA Media Relations Office (Hrsg.)*, ESA's most advanced navigation satellite launched tonight, http://www.esa.int/esaCP/SEM9GD2QGFF_index_0.html.

3221 *Neumann/Schulz*, DuD 2007, 249.

Informations- und Kommunikationstechnologie (IKT)

IKT bedeutet „Informations- und Kommunikationstechnologie".

Unter **Informationstechnologie** (IT) versteht man die gesamte Informations- und Datenverarbeitung, einschließlich der hierzu benötigten Hard- und Software. IT beschreibt Geräte und Verfahren zur Verarbeitung von Informationen und Daten. Aufgrund der Weiterentwicklung der Computertechnik wird hierunter teilweise auch der Bereich der Telekommunikation verstanden, sofern ein inhaltlicher Zusammenhang zum Computer besteht.

Kommunikationstechnologie steht zusammenfassend für die Hintergrundtechnologien der technisch gestützten Fernkommunikation (wie Telefon, Mobil- und Satellitenkommunikation), u. a. für Mikroelektronik, Nachrichten-, Funk-, Vermittlungs- und Übertragungstechnik.

Aufgrund der fließenden Abgrenzung der Techniken untereinander und zur Informationstechnik werden sie oft unter **IuK-Technologie** oder **IKT** zusammengefasst.

Kryptographie (Verschlüsselung)

Kryptographie soll die Fernkommunikation vor dem Mitlesen und Verfälschen von Nachrichten sichern.[3223] Für digitale Daten werden derzeit primär symmetrische und asymmetrische kryptographische Verfahren verwendet. Bei symmetrischen Verfahren wird derselbe Schlüssel zum Ver- und Entschlüsseln verwendet, bei asymmetrischen Verschlüsselungsverfahren dient ein Schlüssel dem Verschlüsseln und ein anderer dem Entschlüsseln. Beide Schlüssel sind aufeinander abgestimmt. Es ist jedoch nahezu unmöglich, aus dem einen Schlüssel den anderen zu bestimmen.[3224]

Bei der in der Praxis gängigen asymmetrischen Verschlüsselung berechnet ein Kommunikationspartner ein geeignetes Schlüsselpaar oder erhält dieses von einer vertrauenswürdigen Instanz. Einen Schlüssel hält er geheim (geheimer Schlüssel), den anderen gibt er dem Empfänger oder sogar allgemein bekannt (öffentlicher Schlüssel).[3225]

3222 *Neumann/Schulz*, DuD 2007, 249.

3223 Unter Nachrichten sind sämtliche Arten von Daten wie Texte, E-Mails, Bilder, Videos und Dateien jeglicher Art zu verstehen. Zur Verständlichkeit wird nachfolgend jedoch weiterhin nur von Nachricht oder Daten gesprochen.

3224 *Schmidt* in Dierks/Feussner/Wienke, Datensicherheit, 105.

3225 *Meier*, Der rechtliche Schutz patientenbezogener Gesundheitsdaten, 324 mwN; *Schmidt* in Dierks/Feussner/Wienke, Datensicherheit, 105.

Die Verschlüsselung dient entweder dazu, die Daten vor dem Zugriff Unbefugter zu schützen, oder aber, den Absender der Daten sicher zu identifizieren.

Um die Daten vor dem Zugriff Dritter geheim zu halten, verschlüsselt ein Kommunikationspartner diese mit dem öffentlichen Schlüssel. Zwar kann so unter Umständen jeder an der Kommunikation Beteiligte anschließend den entstandenen „Datenmüll“ sehen. Nur der berechtigte Empfänger kann ihn aber mit seinem geheimen Schlüssel wieder entschlüsseln und die Daten im Klartext lesen.[3226]

Da asymmetrische Verfahren eine höhere Rechenkapazität erfordern als symmetrische, verwendet man für lange Nachrichten selten asymmetrische Verfahren. Diese werden vielmehr symmetrisch verschlüsselt, während der (symmetrische) Schlüssel asymmetrisch verschlüsselt wird. So gelangt der benötigte symmetrische Schlüssel gemeinsam mit der Nachricht sicher zum Empfänger, ohne dass das aufwändige asymmetrische Verfahren für die gesamte Nachricht anzuwenden wäre.[3227] Mittels dieses symmetrischen Schlüssels kann der Empfänger nun die Nachricht entschlüsseln.

Will der Absender hingegen seine Identität belegen und sicherstellen, dass die Nachricht dem Empfänger auch unverfälscht zuging, wird umgekehrt verfahren: Der Absender verschlüsselt die Nachricht mit seinem geheimen Schlüssel. Jedermann kann nun mit dem öffentlichen Schlüssel die Nachricht entschlüsseln. Wurde das Schlüsselpaar von einer vertrauenswürdigen Stelle herausgegeben, welche die Identität des Inhabers des geheimen Schlüssels überprüft (authentisiert) hat, wird durch eine gelungene Entschlüsselung mit dem öffentlichen Schlüssel belegt, dass die Nachricht nur von dem Inhaber[3228] des geheimen Schlüssels stammen kann. Um auch hier den Aufwand des asymmetrischen Verfahrens zu reduzieren, wird nicht die gesamte Nachricht verschlüsselt. Stattdessen wird lediglich ein aus allen Zeichen der Nachricht errechneter (nahezu stets) eindeutiger und (128- bis 160-Bit) kurzer *„Fingerabdruck“* (Hash-Wert) gebildet und nur dieser verschlüsselt. Der Empfänger kann nun den Hash-Wert entschlüsseln. Anschließend berechnet er den Hash-Wert der empfangenen Nachricht und vergleicht diesen Wert mit dem vom Absender in der Nachricht übermittelten Wert. Da jede Änderung der Nachricht zu einem anderen Hash-Wert führt, ist dem Empfänger die Nachricht nur dann unverfälscht zugegangen, wenn der verschlüsselt übertragene Hash-Wert und der errechnete Hash-Wert der Nachricht übereinstimmen.[3229] Die Nachricht trägt daher eine Art mit ihr verbundenes digitales Sigel des Absenders, weshalb man dieses Verfahren auch als „digitale Signatur“ be-

3226 *Schmidt* in Dierks/Feussner/Wienke, Datensicherheit, 105.

3227 *Schmidt* in Dierks/Feussner/Wienke, Datensicherheit, 105.

3228 Natürlich steht und fällt diese Methode mit der Sicherheit des geheimen Schlüssels. Ein kompromittierter Schlüssel muss daher unverzüglich ausgetauscht werden, da die gesamte bisherige Kommunikation, welche mit einem kompromittierten Schlüssel erfolgte, nicht mehr sicher ist.

3229 *Meier*, Der rechtliche Schutz patientenbezogener Gesundheitsdaten, 325; *Garfinkel*, SciAm 9/2008, 63.

zeichnet.[3230] Im deutschen Recht sind asymmetrische Verschlüsselungsverfahren durch die Einführung der qualifizierten elektronischen Signatur nach § 2 Nr. 2 SigG zu einem gesetzlich anerkannten Verfahren im Rechtsverkehr geworden.[3231]

Kombiniert man dieses Verfahren mit der Verschlüsselung des Nachrichteninhalts, ist sowohl ein Mitlesen der Nachricht durch Dritte ausgeschlossen, als auch eine Überprüfung des Absenders und der Unverfälschtheit der Nachricht möglich.[3232]

Die gesamte **Kryptographie** ist zwischenzeitlich derart einfach in übliche e-Mail-Anwendungen und andere Kommunikationsmittel eingearbeitet, dass das gesamte Verfahren für den Benutzer „unsichtbar" abläuft. Dieser empfängt nach erfolgter Prüfung des Hash-Wertes häufig nur eine Nachricht, dass die Nachricht eine gültige (oder ungültige) digitale Signatur enthält. Ebenso kann jedes Computersystem, RFID-Tag oder IKT-Implantat so entworfen werden, dass es automatisch die von ihm erzeugten Daten mit einer qualifizierten Signatur versieht. Hierdurch kann die Identität der übermittelnden Stelle und die Integrität der übermittelten Daten (Schutz vor Verfälschungen) sichergestellt werden.[3233]

Location Based Services (LBS)

Unter **Location Based Services** (**LBS**, standortbezogene Dienste) versteht man über ein (insbesondere Funk-)Netzwerk erbrachte mobile Dienstleistungen, welche dem Nutzer in Echtzeit in Abhängigkeit von seinem Standort angeboten werden,[3234] beispielsweise Mobilfunk-Online-Anwendungen, z. B. in Form der Zurverfügungstellung von Dienstleistungen an bestimmten Orten, der unterschiedlichen Beantwortung gleicher Anfragen in Abhängigkeit des Standortes oder in Bezug auf den Standort weiterer Nutzer. Die Anwendungsmöglichkeiten sind vielfältig und umfassen derzeit beispielsweise die Bereiche Navigation (Ermittlung des Standortes und Berechnung des Weges zum Ziel), Information (über Veranstaltungen nahe zum Standort, aber auch über nächstgelegene Tankstellen, Hotels, Restaurants, Apotheken), Notfalldienste (Notarztleitsystem, automatische Standortübermittlung an die Pannenhilfe, aber auch in Form der Überwachung von Patienten), Unterhaltung (Handy-Partys, Community Spiele) und Sicherheit (Fahrzeugüberwachung, Status- und Standortüberwachung von Personen, z. B. durch „Wo bist Du jetzt"-Kinderortungsdienste für Eltern oder zur Überwachung von Strafgefangenen).[3235] In Florida werden beispielsweise alle Kinderschänder, in Kalifornien sogar alle 90.000 Sexual-

3230 *Schmidt* in Dierks/Feussner/Wienke, Datensicherheit, 106.

3231 *Meier*, Der rechtliche Schutz patientenbezogener Gesundheitsdaten, 324 mwN.

3232 *Schmidt* in Dierks/Feussner/Wienke, Datensicherheit, 106; *Meier*, Der rechtliche Schutz patientenbezogener Gesundheitsdaten, 324ff mwN.

3233 *Meier*, Der rechtliche Schutz patientenbezogener Gesundheitsdaten, 326 mwN.

3234 *Neumann/Schulz*, DuD 2007, 251.

3235 *Neumann/Schulz*, DuD 2007, 251; *Jandt/Laue*, K&R 2006, 316; weitere Beispiele hierzu in den Kapiteln 2.1.3, 2.2 und 2.4.1.

straftäter mittels GPS-Sender lebenslang überwacht.[3236] Ein wichtiger Teilbereich der Nutzung von **LBS** sind ferner so genannte Geomarketing-Services (Werbung mit örtlichem Bezug).[3237] Diese können grundsätzlich anonym abgewickelt werden, indem der Nutzer lediglich eine Abfrage startet („Wo ist die nächste Pizzeria?") und die Abfragedaten anschließend gelöscht werden. Von der Werbewirtschaft ist jedoch häufig eine Analyse und Ergänzung der angefallenen Lokalisierungsdaten gewünscht, z. B. durch die Zuordnung einer Anfrage zu einer Adresse, Verknüpfung mit weiteren soziodemographischen Daten, Analyse der Lokalisierungsdaten und der Suche nach bestimmten Mustern (⇒*Data Mining*). **LBS** werden daher als Vorstufe des ⇒*Ubiquitous Computing* angesehen.[3238]

Pervasive Computing / Ubiquitous Computing

Pervasive Computing bedeutet „alles durchdringende Informationsverarbeitung",[3239] ähnlich dem häufig synonym verwendeten **Ubiquitous Computing**, welches für „allgegenwärtige Datenverarbeitung" steht.[3240] Diese Begriffe vereinigen grundlegende Techniken wie den Einsatz von Mikroprozessoren, drahtlose Funktechniken und die Datenübertragung durch das Internet.[3241] Forscher bei IBM erläutern **Pervasive Computing** mit „*Convenient access, through a new class of appliances, to relevant information with the ability to easily take action on it when and where you need it*",[3242] mithin als den bequemen Zugriff durch neuartige Geräte auf relevante Informationen. Hierdurch soll die Möglichkeit geschaffen werden, auf Informationen jederzeit und an jedem Ort zu reagieren. Ebenfalls nahezu synonym wird teilweise der Begriff ⇒ *Ambient Intelligence* gebraucht, welcher überwiegend in Europa Verwendung findet und eine Konvergenz aus **Ubiquitous Computing**, Ubiquitous Communication und intelligenten, benutzerfreundlichen Eingabegeräten beschreiben soll.[3243] Da unter ⇒ *Ambient Intelligence* jedoch häufig das intelligente Haus und zugehörige Systeme verstanden werden, welche die Umgebung den Wünschen des Benutzers anpassen,[3244] wird dieser – an sich zum Thema dieser Arbeit durchaus passende – Begriff zur Vermeidung von Missverständnissen nicht verwendet.

3236 Section 3000.07 Californian Penal Code (in der Form der im November 2006 mit über 70% Zustimmung der Kalifornischen Wahlberechtigten angenommenen Proposition 83) für Personen auf Bewährung, Section 3004 (b) Californian Penal Code für Sexualstraftäter auf Lebenszeit; hierzu auch *Rötzer*, Lebenslänglich wird jeder Schritt überwacht, http://www.telepolis.de/r4/artikel/23/23941/1.html.

3237 *Weichert* in Sokol, Geomarketing und Datenschutz - ein Widerspruch?, 133f.

3238 *Neumann/Schulz*, DuD 2007, 251.

3239 Langheinrich/Mattern, APuZ 42/2003, 6; Neumann/Schulz, DuD 2007, 252.

3240 *BSI; Bundesamt für Sicherheit in der Informationstechnik*, Risiken und Chancen des Einsatzes von RFID-Systemen, 12, 14; *Schaar*, RDV 2006, 1; *Neumann/Schulz*, DuD 2007, 252; *Roßnagel*, FES-Studie, 9.

3241 *BSI; Bundesamt für Sicherheit in der Informationstechnik*, Risiken und Chancen des Einsatzes von RFID-Systemen, 12.

3242 *Hansmann*, Pervasive computing handbook.

3243 *Alahuhta/De Hert/Delaitre et al.*, Dark Scenarios in ambient intelligence: Highlighting risks and vulnerabilities, 15.

3244 *Alahuhta/De Hert/Delaitre et al.*, Dark Scenarios in ambient intelligence: Highlighting risks and vulnerabilities, 15

Der Begriff **Ubiquitous Computing** wurde 1991 von *Mark Weiser*, einem Forschungsleiter am Xerox Palo Alto Research Center (PARC) in Kalifornien, in einem Aufsatz für Scientific American mit dem Titel „The Computer for the 21st Century" erstmals verwandt.[3245]

Inhaltlich besagt **Pervasive Computing**, dass im Zuge der Entwicklung immer mehr Alltagsgegenstände mit immer kleinerer, tragbarer Mikroelektronik ausgestattet sein werden. Die so entstehenden „intelligenten" Objekte („Smart Objects") vernetzen sich in einem sich stetig ändernden mobilen Netz drahtlos und unauffällig miteinander und können sich hierdurch und mittels Sensoren Informationen über ihre Umgebung verschaffen.[3246] Sie werden daher nahezu alle Bereiche des täglichen Lebens beeinflussen, während Computer ihre Dienste zunehmend unsichtbar im Hintergrund verrichten werden.[3247]

Es geht daher nach der längst zur Geschichte gewordenen Mainframe-Epoche und dem darauf folgenden (Internet-) Zeitalter des „Personal Computing", in dem wir uns gegenwärtig noch befinden, um den schon absehbaren nächsten Paradigmenwechsel in der Computeranwendung, wo Rechner quasi im Überfluss vorhanden sind und uns bei allen Tätigkeiten begleiten.[3248] Tatsächlich erlauben es bereits heutzutage sowohl die technischen als auch die wirtschaftlichen Bedingungen, kleinste Prozessoren und Speicherbausteine in viele Alltagsgeräte einzubauen oder zu diversen preiswerten und tragbaren „information appliances" zusammenfügen, die drahtlos mit dem Internet verbunden sind und so den Zugriff auf beliebige Informationen „jederzeit und an jedem Ort" ermöglichen. Informationsverarbeitung dringt damit überall ein und wird allgegenwärtig (ubiquitär).[3249] Handys mit SMS-, MMS- und WAP-Fähigkeit, kontaktlose Chipkarten und PDAs, welche per Infrarot oder einer Funkschnittstelle (wie z. B. Bluetooth) mit ihrer Umgebung kommunizieren, sind zusammen mit Geräten aus dem Unterhaltungsbereich, wie MP3-Player, Set-Top-Boxes und mit dem Internet verbundene Spielkonsolen, erste Vorboten des anbrechenden „Post-PC-Zeitalters", das nicht zuletzt durch das Zusammenwachsen des Internets mit den sich schnell weiterentwickelnden Mobilkommunikationssystemen (Stichworte: UMTS, Wireless Internet, M-Commerce) charakterisiert ist und von IBM-Chairman Lou Gerstner einmal so beschrieben wurde: *„A billion people interacting with a million e-businesses through a trillion interconnected intelligent devices...",*[3250] eine Milliarde Menschen interagieren mit einer Millionen elektronischer Geschäfte durch eine Billion miteinander verbundener intelligenter Apparate.

3245 *Weiser*, SciAm 3/1991, 94ff.

3246 *Neumann/Schulz*, DuD 2007, 252; *BSI; Bundesamt für Sicherheit in der Informationstechnik*, Risiken und Chancen des Einsatzes von RFID-Systemen, 14, 22; *Langheinrich/Mattern*, APuZ 42/2003, 7; *Weiser*, SciAm 3/1991, 94ff.

3247 *BSI; Bundesamt für Sicherheit in der Informationstechnik*, Risiken und Chancen des Einsatzes von RFID-Systemen, 14, 22; *Langheinrich/Mattern*, APuZ 42/2003, 7; *Weiser*, SciAm 3/1991, 94ff.

3248 *Mattern*, Buchbesprechung "Pervasive Computing Handbook", http://www.vs.inf.ethz.ch/publ/papers/PervCompHbkRezess.pdf; vgl. das Drei-Stufen-Modell bei *Roßnagel*, APuZ 5-6/2006, 9f.

3249 *Mattern*, Buchbesprechung "Pervasive Computing Handbook", http://www.vs.inf.ethz.ch/publ/papers/PervCompHbkRezess.pdf.

3250 *Mattern*, Buchbesprechung "Pervasive Computing Handbook", http://www.vs.inf.ethz.ch/publ/papers/PervCompHbkRezess.pdf.

Pervasive Computing wird als neue Anwendungsform von Informations- und Kommunikationstechnologien (⇒*IKT*) betrachtet.[3251]

Einen wichtigen Teilbereich des **Pervasive Computing** stellen digitale automatische Identifikationssysteme (Auto-ID-Systeme) dar, welche beispielsweise herkömmliche Barcode-Scanner ersetzen. Ziel der Auto-ID-Technologie ist das Bereitstellen von Informationen zu jeglichen Objekten mit Hilfe der ⇒*RFID*-Technologie.[3252]

In den Abschnitten dieser Arbeit wird der Verständlichkeit und Konsistenz halber stets der wohl am weitesten verbreitete Begriff „**Ubiquitous Computing**" als Synonym für die anderen, eng verwandten Begriffe verwendet.[3253] Eine inhaltliche Differenzierung ist hierbei – sofern nicht ausdrücklich genannt – jedoch nicht beabsichtigt.

PET – Privacy Enhancing Technologies

Privacy Enhancing Technologies (**PET**) steht für Technologien und Gestaltungen der technischen Systeme, die den Schutz der Privatsphäre verbessern.[3254] **PET** werden als ein zusammenhängendes Ganzes von ⇒*IKT*-Maßnahmen definiert, die die Privatsphäre (gemäß EG-Richtlinie 95/46, DSRL) schützen, indem sie ohne Verlust der Funktionsfähigkeit des Informationssystems personenbezogene Daten und deren unnötige bzw. unerwünschte Verarbeitung weitestmöglich vermeiden.[3255] Den Gefährdungen des Datenschutzes soll also schon bei der Erhebung der Daten durch eine technisch unterstützte Datenverarbeitung begegnet werden. Grundlegendes Prinzip der **PET** ist, bei der Datenverarbeitung keine oder möglichst wenig personenbezogene Daten zu benutzen. Die Einhaltung der Anforderungen des Datenschutzes soll dabei möglichst schon auf technischem Wege und nicht erst organisatorisch oder rechtlich gewährleistet werden, da so die Missbrauchswahrscheinlichkeit und -möglichkeit am Geringsten ist.[3256] Dabei geht man davon aus, dass „weniger mehr ist", da Daten, die es nicht gibt, auch nicht missbraucht werden können.[3257] Darum sollte bei der Erhebung von Daten stets geprüft werden, ob diese erforderlich sind. So genügt in vielen Fällen beispielsweise die Angabe einer Altersgruppe anstelle des genauen Geburtsdatums. Auch kann eine echte Identität entbehrlich sein, wenn es nur um die Zuordnung geht. Diesen Zweck erfüllt eine anonyme Pseudo-Identität ebenso. Daten wie Name und Anschrift können getrennt von persönlichen Daten gespeichert werden, so dass ein erforderlicher Zugriff auf einzelne Daten nicht sogleich sämtliche Daten personenbezogen macht. Als technische Maßnahme steht neben der Anonymisierung beispielsweise die Verschlüsselung zur Verfügung.

3251 *BSI; Bundesamt für Sicherheit in der Informationstechnik*, Risiken und Chancen des Einsatzes von RFID-Systemen, 22.
3252 *BSI; Bundesamt für Sicherheit in der Informationstechnik*, Risiken und Chancen des Einsatzes von RFID-Systemen, 14.
3253 So auch *Roßnagel*, FES-Studie, 9.
3254 *Borking*, DuD 2001, 607.
3255 *Borking*, DuD 2001, 610 mwN.
3256 *Roßnagel*, FES-Studie, 185; *Borking*, DuD 2001, 608.
3257 *Borking*, DuD 2001, 614.

Zudem soll dem Anwender durch die **PET** die technische Möglichkeit gegeben werden, selbst zu bestimmen, wann und inwieweit er seine Identität preisgibt (Opt-In und Identitätsmanagement). Ergänzend kommen präventive Maßnahmen zum Schutz der Privatsphäre hinzu.[3258]

Nach Schätzungen von Experten wurde von **PET** im Jahre 2001 nur minimaler Gebrauch gemacht.[3259] Selbst die Forschung zu **PET** beschäftigte sich in der Regel nicht mit ⇒*Ubiquitous* oder ⇒*Pervasive Computing.*[3260] Dies ändert sich aber zunehmend: So stellte Lucent Technologies, ein großer Ausrüster von Netzwerkhardware, 2004 eine **Privacy Enhancing**-Softwaretechnologie vor, welche dem Anwender eine enge Kontrolle darüber ermöglicht, wem und unter welchen Umständen sie ihre Positionsdaten mitteilen wollen, wenn sie an PDAs und Mobiltelefonen ortsbasierende Dienste (⇒*Location Based Services*) in Anspruch nehmen.[3261] Auch andere Hersteller wie RSA Security, Inc., bieten **PET** an, z. B. in Form eines sog. RSA Blocker Tag, welches das ungewollte Auslesen und Verfolgen von Personen und Gegenständen mit ⇒*RFID* Tags verhindern soll, ohne die Funktionsfähigkeit von anderen ⇒*RFID*-Anwendungen zu behindern.[3262] Auch die TAUCIS-Studie[3263] aus dem Jahre 2006 und das laufende PRIME (Privacy and Identity Management for Europe) Projekt der EU[3264] befassen sich mit PET im Zusammenhang mit ⇒*Ubiquitous* oder ⇒*Pervasive Computing.*

Radio Frequency Identification (RFID)

RFID steht für „**Radio Frequency Identification**"[3265] (kontaktlose Identifikation[3266] oder Funkerkennung).[3267] Hierunter versteht man heute primär eine Funktechnik, die Mikrochips zur Datenspeicherung verwendet. Der Chip wird um eine Antenne und eine Spule ergänzt, die häufig auch kombiniert sind. Das komplette Gerät („Device") bezeichnet man als Transponder[3268] oder auch häufig als „Label", „Tag" oder **RFID**-Tag.[3269] Das Tag ent-

3258 *Borking*, DuD 2001, 608.

3259 *Borking*, DuD 2001, 612 spricht von einem Einsatz in nur in einem Promille aller Informationssysteme in den Niederlanden; ähnlich *Langheinrich* in Abowd/Brumitt/Shafer, Privacy by Design, Kapitel 1.

3260 *Langheinrich* in Abowd/Brumitt/Shafer, Privacy by Design, Kapitel 1 mwN.

3261 *Grossberg/Teplitsky*, Bell Labs technology would give consumers greater control over their privacy when using mobile devices, http://www.lucent.com/press/0104/040119.nsa.html.

3262 *RSA Security*, RSA Security Demonstrates New RFID Privacy Technology: The RSA Blocker Tag, http://www.rsasecurity.com/press_release.asp?doc_id=3376&id=1034.

3263 *Bizer/Dingel/Fabian et al.*, TAUCIS.

3264 Leenes/Schallaböck/Hansen, PRIME White Paper v2.

3265 *Zimmermann*, 26. Tätigkeitsbericht 2005 des Landesbeauftragten für den Datenschutz Baden-Württemberg, http://www.baden-wuerttemberg.datenschutz.de/lfd/tb/2005/default.htm, 2.0; *Laschet/Brisch*, StoffR 2005, 80; *Kelter/Wittmann*, DuD 2004, 331.

3266 *BSI; Bundesamt für Sicherheit in der Informationstechnik*, Risiken und Chancen des Einsatzes von RFID-Systemen, 22.

3267 *Däubler*, dbr 6/2005, 31.

3268 *Kelter/Wittmann*, DuD 2004, 331.

3269 Vgl. *Kelter/Wittmann*, DuD 2004, 331, welche darauf hinweisen, dass sich noch kein einheitlicher Sprachgebrauch durchgesetzt hat.

hält dabei die zu speichernden und bei Bedarf zu übermittelnden Informationen[3270] sowie ggf. die Verarbeitungshardware.

Ein **RFID**-System besteht aus zwei Komponenten, dem Tag und einem Lesegerät für die im Transponder gespeicherten Informationen.[3271] Hinzu kommt auf Herstellerseite noch ein Gerät, das der Programmierung und dem Schreiben von Identifikationsdaten auf den Transponder dient.[3272]

Tags werden je nach Einsatzzweck in Papier, Plastik oder Keramik / Glas verpackt.[3273] Die Bauformen von Transpondern reichen vom Glas-Injektat bis hin zum Scheckkartenformat, mit einer Größe von üblicherweise unter 1,5 cm^2 bei einer Dicke von wenigen Mikrometern.[3274] Im Februar 2006 stellte der japanische Halbleiterkonzern Hitachi einen so genannten „µ-Chip" vor, der trotz seines 128-Bit-ROM nur noch einen Platzbedarf von 0,15mm^2 bei lediglich 0,0075mm Dicke aufweist.[3275] Ein Jahr später war die Miniaturisierung bereits so weit fortgeschritten, dass der nunmehr „Powder LSI" (large scale integrated) genannte Chip bei gleichen Leistungsdaten, aber im 90-Nanometer-Prozess via silicon-on-insulator (SOI) gefertigt, nur noch 0,05mm x 0,05mm x 5 µm misst.[3276] Damit kann der Chip vom bloßen Auge nicht mehr wahrgenommen werden.[3277] Der Chip ist aus einer Entfernung von 30 cm im 2,45 GHz-Band auslesbar.[3278] Bei beiden Chips wurden jedoch alle „nicht essentiellen" Funktionen entfernt, darunter jegliche Verschlüsselungsmöglichkeit.[3279]

Es existieren ferner Tags, die schlagfest oder bei bis zu +200 Grad Celsius einsetzbar sind.[3280] Die extrem flexiblen Möglichkeiten der Ausgestaltung von Form, Größe und Einsatzbedingungen machen **RFID**-Systeme insgesamt zu einer sehr vielseitigen automatischen Identifikationstechnologie,[3281] was ihre rasante Verbreitung erklärt.

3270 *Kelter/Wittmann*, DuD 2004, 331.

3271 *BSI; Bundesamt für Sicherheit in der Informationstechnik*, Risiken und Chancen des Einsatzes von RFID-Systemen, 23; *Kelter/Wittmann*, DuD 2004, 331.

3272 *Kelter/Wittmann*, DuD 2004, 331.

3273 *Lampe/Flörkemeier/Haller* in Fleisch/Mattern, Einführung in die RFID-Technologie, 71f.

3274 *Hensold*, KU 2005, 748.

3275 *Schüler*, Hitachi will noch kleinere RFID-Chips bauen, http://www.heise.de/newsticker/meldung/69246.

3276 *Heise online/pmz*, Hitachi treibt Miniaturisierung von RFID-Tags voran, http://www.heise.de/newsticker/meldung/85432; *IEEE Solid-State Circuits Society (Hrsg.)*, Advance Program ISSCC 2007, http://www.isscc.org/isscc/2007/ap/isscc2007.advanceprogram110306.pdf; *Hornyak*, SciAm 2/2008, 60ff.

3277 *Hornyak*, SciAm 2/2008, 63.

3278 *Heise online/pmz*, Hitachi treibt Miniaturisierung von RFID-Tags voran, http://www.heise.de/newsticker/meldung/85432; *IEEE Solid-State Circuits Society (Hrsg.)*, Advance Program ISSCC 2007, http://www.isscc.org/isscc/2007/ap/isscc2007.advanceprogram110306.pdf; *Hornyak*, SciAm 2/2008, 62.

3279 *Hornyak*, SciAm 2/2008, 62.

3280 *BSI; Bundesamt für Sicherheit in der Informationstechnik*, Risiken und Chancen des Einsatzes von RFID-Systemen, 16.

3281 *BSI; Bundesamt für Sicherheit in der Informationstechnik*, Risiken und Chancen des Einsatzes von RFID-Systemen, 16.

Es existieren aktive und passive Tags. Aktive Tags verfügen über eine eigene Energiequelle und haben häufig eine größere Reichweite. Die passive **RFID**-Technik nutzt induktive Kopplung (NF, HF) bzw. elektromagnetische Kopplung (UHF, MW),[3282] bei der der zur Arbeit benötigte Strom von dem Lesegerät über ein Magnetfeld von außen „drahtlos" auf die Antenne/Spule als Spannung übertragen (induziert) wird.[3283] Das entsprechende Magnetfeld wird von einem Lesegerät (Scanner) erzeugt. Dieser Stromimpuls aktiviert den Chip, welcher dann mittels der übertragenen Energie arbeitet und seine Daten über eine winzig kleine Antenne an seine Umgebung abstrahlt, in der sie über entsprechende Lesegeräte empfangen werden können.[3284]

RFID-Systeme nutzen unterschiedliche Frequenzbereiche, vom Langwellen- bis hin zum Mikrowellenbereich. Passive **RFID**-Systeme weisen je nach Frequenz und maximal zulässiger Sendeleistung in den jeweiligen Ländern eine unterschiedliche Reichweite auf. So beträgt die maximale Sendeleistung in der Europäischen Union 0,5 W.[3285] Bei Niederfrequenzsystemen (NF) im Bereich von 100-135 kHz beträgt die Reichweite hiermit bis zu 1m, bei Hochfrequenzsystemen (HF) um 13,56 MHz max. 1,2-1,8m, bei Ultrahochfrequenzsystemen (UHF) mit 868 MHZ (Europa) und 915 MHz (USA) beträgt die Reichweite 3-8m, bei Mikrowellensystemen (MW) mit 2,45 oder 5,8 GHz sind Reichweiten von 3-8m, bei aktiven Systemen sind auch sehr viel größere Reichweiten um die 100 Meter möglich.[3286] Durch kontinuierliche Weiterentwicklung rechnet man seitens der Industrie mit einer stetig steigenden Lese-Reichweite der Systeme bei höheren Arbeitsfrequenzen.[3287] Im kommerziellen Einsatz haben sich dabei bislang die Frequenzbereiche 100-135 KHz sowie 13,56 MHz etabliert, da diese Frequenzen (fast) weltweit zur Nutzung zur Verfügung stehen, ferner relativ häufig noch 868/915-925 MHz und 2,45 GHz, wobei bislang für längere Reichweiten nur das 868/915MHz-Band einen nennenswerten Einsatz z. B. in der Logistik gefunden hat.[3288]

Die erreichbaren Datenübertragungsraten lagen in der Vergangenheit bei max. 5 kbit/s, während neuere Geräte nach ISO-Standard 18000 Part 3 Mode 2 im HF-Bereich schon über 100 kbit/s erreichen.[3289] Typische Erkennungsraten liegen im LF/HF-Bereich bei 10-

3282 *Lampe/Flörkemeier/Haller* in Fleisch/Mattern, Einführung in die RFID-Technologie, 74f.

3283 *Kelter/Wittmann*, DuD 2004, 331.

3284 *BSI; Bundesamt für Sicherheit in der Informationstechnik*, Risiken und Chancen des Einsatzes von RFID-Systemen, 32; *Jell*, RFID Technologien, Anwendungen, Nutzen, 3; *Kelter/Wittmann*, DuD 2004, 331.

3285 *Laschet/Brisch*, StoffR 2005, 81.

3286 *Hensold*, KU 2005, 748; *BSI; Bundesamt für Sicherheit in der Informationstechnik*, Risiken und Chancen des Einsatzes von RFID-Systemen, 29-30; *Jell*, RFID Technologien, Anwendungen, Nutzen, 6; *Lampe/Flörkemeier/Haller* in Fleisch/Mattern, Einführung in die RFID-Technologie, 73, 75f.

3287 *Jell*, RFID Technologien, Anwendungen, Nutzen, 6.

3288 *BSI; Bundesamt für Sicherheit in der Informationstechnik*, Risiken und Chancen des Einsatzes von RFID-Systemen, 15, 28-30 mit weiteren Angaben zu den in einzelnen Ländern verfügbaren freien Frequenzen; *Jell*, RFID Technologien, Anwendungen, Nutzen, 6.

3289 *Lampe/Flörkemeier/Haller* in Fleisch/Mattern, Einführung in die RFID-Technologie, 79.

30 **RFID**-Tags pro Sekunde, während im UHF-Bereich 100-500 Tags pro Sekunde ausgelesen werden können.[3290]

Dabei induziert das vom Lesegerät erzeugte Magnetfeld zunächst einen Strom in allen in Reichweite befindlichen Tags. Damit nur ein einzelnes Tag ausgelesen werden kann, muss durch die Verwendung von Anti-Kollisionsverfahren jedes Tag der Reihe nach abgefragt werden.[3291] Hierbei melden sich die Tags der Reihe nach auf den „Inventory"-Befehl mit ihrer weltweit eindeutigen Kennung (Unique Identifier, UID).[3292] Erst nach Ermittlung des gewünschten Tags findet der eigentliche Datenaustausch statt, bei dem auch über die UID hinausgehende Nutzdaten ausgelesen werden.

Die Kosten von einfachen read-only Tags lagen 2005 bei 25 Cent und mehr, Hitachi bietet den „µ-Chip" seit 2006 für 7 Cent an. Durch die Umstellung auf die Silicon-on-Insulator-Technik konnten die Chips weiter verkleinert und die Herstellungsgeschwindigkeit um den Faktor 60 gesteigert werden.[3293] Hitachi peilt hierfür bereits einen Stückpreis von nur noch 0,7 Cent pro Powder LSI Chip an.[3294] Das Marktvolumen der **RFID**-Technologie in Europa wird für das Jahr 2008 mit 2,5 bis 3,6 Milliarden Euro prognostiziert.[3295] Im Jahre 2003 wurden weltweit bereits rund eine Milliarde **RFIDs** produziert.[3296] Die UNESCO erwartet, dass ab dem Jahre 2010 jährlich mehr als 500 Milliarden **RFID**-Tags in den Umlauf gebracht werden.[3297]

RFID finden Einsatz in Wegfahrsperren[3298] und bei der Zugangskontrolle in Skianlagen,[3299] in „intelligenten Mülltonnen", in den seit November 2005 ausgegebenen biometrischen Reisepässen, in den Tickets zur FIFA Fußball-WM 2006,[3300] zur Zutrittskontrolle in Schulen und Sicherheitsbereichen,[3301] aber auch in den Stadtbüchereien in Stuttgart[3302] und München[3303] sowie in elektronischen Ticketing-Systemen im öffentlichen Nahver-

3290 *Lampe/Flörkemeier/Haller* in Fleisch/Mattern, Einführung in die RFID-Technologie, 79.

3291 *„Tree-Walking"* oder *„ALOHA"*-Protokolle, vgl. *Müller*, DuD 2004, 215f.

3292 *Müller*, DuD 2004, 215.

3293 *Hornyak*, SciAm 2/2008, 62f.

3294 *Schüler*, c't 5/2006, 64

3295 *Hensold*, KU 2005, 748, 749.

3296 *Däubler*, dbr 6/2005, 31.

3297 *UNESCO - Information for All Programm (IFAP) (Hrsg.)*, Ethical Implications of Emerging Technologies, 45 mwN.

3298 Laschet/Brisch, StoffR 2005, 81; Bundesregierung (Ministerium des Inneren) (Hrsg.), BT-Drs. 15/3190, zugleich RDV 2004, 196; Kelter/Wittmann, DuD 2004, 331.

3299 *Lampe/Flörkemeier/Haller* in Fleisch/Mattern, Einführung in die RFID-Technologie, 69; *Laschet/Brisch*, StoffR 2005, 81; *Kelter/Wittmann*, DuD 2004, 331.

3300 Schmidt/Hanloser, CR 2006; Laschet/Brisch, StoffR 2005, 81.

3301 *BSI; Bundesamt für Sicherheit in der Informationstechnik*, Risiken und Chancen des Einsatzes von RFID-Systemen, 22; *Kelter/Wittmann*, DuD 2004, 331.

3302 *Zimmermann*, 26. Tätigkeitsbericht 2005 des Landesbeauftragten für den Datenschutz Baden-Württemberg, http://www.baden-wuerttemberg.datenschutz.de/lfd/tb/2005/default.htm, 2.0; *Lindl*, B.I.T. Online, 108-112.

3303 *Heise online/se*, Münchner Zentralbibliothek arbeitet mit RFID-Technik, http://www.heise.de/newsticker/meldung/69470.

kehr.[3304] Neben den schon lange als elektronische Diebstahl-Sicherheitsetiketten eingesetzten 1-Bit-Tags wird im Einzelhandel nunmehr die Einführung von **RFID**-Tags zur Produktkennzeichnung betrieben, zunächst auf Palettenebene, künftig – bei weiter sinkenden Preisen – sollen auch einzelne Produkte hiermit gekennzeichnet werden, wie erprobungshalber heute schon im METRO Future Store.[3305] Die Europäische Zentralbank erwägt den Einsatz von **RFID**-Chips in Euronoten, um die Fälschungssicherheit zu erhöhen.[3306]

Wesentliche technische Vorteile der **RFID**-Technik gegenüber den Strichcodes sind, dass die **RFIDs** auch ohne Sichtkontakt, aus einiger Entfernung und sogar palettenweise ausgelesen werden können. Die im Chip gespeicherte Nummer kann zudem deutlich länger sein (z. B. 128 Bit) als es bei Strichcodes praktikabel wäre.[3307] Hierdurch wird es möglich, jedes einzelne Produkt (statt nur jede Produktgruppe) mit einer individuellen Nummer auszustatten. Folglich können in der zugehörigen Datenbankanwendung mit jeder Nummer weitergehende Informationen verknüpft werden, also neben der Produktbezeichnung auch Informationen wie beispielsweise Tag und Uhrzeit der Herstellung, Verfallsdatum, bestimmungsgemäßes Vertriebsgebiet oder Hersteller. Je nach verwendeter Technologie kann der Chip nicht nur ausgelesen, sondern auch (wiederholt) beschrieben werden.[3308] Die Steuerlogik eines Tags kann dabei auch als hochkomplexer Mikrochip ausgestaltet sein, mit leistungsfähiger Mikroprozessoreinheit und verschiedenen Co-Prozessoren für Spezialaufgaben, z. B. das Berechnen elektronischer Signaturen.[3309]

Die METRO Group verspricht sich beispielsweise einen Nutzen im Bereich der Logistikprozesse durch die Optimierung von Lieferketten, ein neues Bestandsmanagement und im Bereich der Warensicherung, Warenerfassung und im Kassiervorgang.[3310]

RFID ist keine neue Technologie. Das US-Militär verwendet **RFID** seit 1940, u. a. zur Freund-Feind-Erkennung alliierter Flugzeuge. Seit 1977 sind **RFID**-Systeme auch im privaten Bereich freigegeben. Derzeit ca. 40 Millionen **RFID**-Tags werden als Implantate seit den achtziger Jahren verwendet, um beispielsweise Haustiere und Nutztiere individuell zu

---

3304 *Däubler*, dbr 6/2005, 31; *BSI; Bundesamt für Sicherheit in der Informationstechnik*, Risiken und Chancen des Einsatzes von RFID-Systemen, 11; *Kelter/Wittmann*, DuD 2004, 332.

3305 *Borchers*, Metro zeigt RFID auf der Cebit, http://www.heise.de/newsticker/meldung/68313; *BSI; Bundesamt für Sicherheit in der Informationstechnik*, Risiken und Chancen des Einsatzes von RFID-Systemen, 11, 22; *Laschet/Brisch*, StoffR 2005, 81.

3306 *BSI; Bundesamt für Sicherheit in der Informationstechnik*, Risiken und Chancen des Einsatzes von RFID-Systemen, 11.

3307 *Lampe/Flörkemeier/Haller* in Fleisch/Mattern, Einführung in die RFID-Technologie, 69.

3308 *Jell*, RFID Technologien, Anwendungen, Nutzen, 2, 5; *BSI; Bundesamt für Sicherheit in der Informationstechnik*, Risiken und Chancen des Einsatzes von RFID-Systemen, 15.

3309 So können Taktfrequenzen von 1 bis 15 MHz sowie leistungsstarke kryptographische Funktionen in diesen Chips realisiert werden, vgl. *Kelter/Wittmann*, DuD 2004, 331f.

3310 Matthiessen-Kreuder/Köster, dbr 6/2005.

kennzeichnen.[3311] Seit 2002 werden **RFID**-Implantate (VeriChip), wenn auch bislang nur vereinzelt, bei Menschen eingesetzt.

Telehealth

Der Begriff **Telehealth** schließt ⇒*Telemedizin* und Telepflege mit ein und umfasst als ganzheitlicher Begriff alle ⇒*Telematik*-Anwendungen im Gesundheitswesen.[3312] Der Begriff kann nicht ganz trennscharf von ⇒*Gesundheitstelematik* abgegrenzt werden. Er wird jedoch häufig mehr patientenbezogen verwendet als der Begriff ⇒*Gesundheitstelematik*, welcher stärker auch administrative Prozesse bezeichnet.

Telekonsultation

Telekonsultation umschreibt die Einholung medizinischer Expertise über beliebige räumliche Distanzen sowie ggf. auch zeitlich asynchron, meist einhergehend mit der ⇒*telematischen* Übertragung von Signal- oder Bilddaten.[3313] Nicht spezialisierte Mediziner v. a. in entlegenen Gebieten können so die erhobenen Untersuchungsbefunde direkt mit einem Spezialisten diskutieren.[3314] Hierunter fällt jedoch auch die Fern-Beratung und Untersuchung von Patienten durch einen Arzt an einem anderen Ort.

Telematik

Telematik setzt sich zusammen aus Telekommunikation und Informatik.[3315] Die gebräuchliche Definition des EU-Parlaments und des Sachverständigenrates für die Konzertierte Aktion im Gesundheitswesen[3316] versteht **Telematik** als die gemeinsame oder getrennte Anwendung von Telekommunikationstechnik und Informatik. Nach dieser weiten Definition fallen eine Vielzahl von informations- und kommunikationstechnischen Methoden und Systemkomponenten hierunter, welche u. a. auch in der Medizin und Gesundheitsverwaltung Anwendung finden. Anwendungsbeispiele sind in Netzstrukturen integrierte Informationssysteme, z. B. Verkehrsleitsysteme und Systeme zur verkehrsabhängigen Ermittlung von Straßenbenutzungsgebühren (sog. „LKW-Maut"). Patientenüberwachungssysteme, Ferndiagnose oder Telearbeitssysteme sind Anwendungsbereiche der ⇒ (*Gesundheits-*) **Telematik**. [3317]

Telemedizin

3311 *BSI; Bundesamt für Sicherheit in der Informationstechnik*, Risiken und Chancen des Einsatzes von RFID-Systemen, 23; *Kelter/Wittmann*, DuD 2004, 332f.

3312 *Hanika*, Notfall & Rettungsmedizin 2003, 272 mwN; *Hanika*, PflR 2003, 485.

3313 *Haas*, Bundesgesundheitsbl 2005, 771.

3314 Bibliographisches Institut & F. A. Brockhaus AG, Brockhaus-Wissen.

3315 *Dierks*, DuD 2006,142; *Frost*, Gesundheitstelematik, Telemedizin, 54; *Deutsche Gesellschaft für Medizinrecht (DGMR)*, MedR 1999, 557f.

3316 *Hanika*, Notfall & Rettungsmedizin 2003, 272, 277 mwN.

3317 Bibliographisches Institut & F. A. Brockhaus AG, Brockhaus-Wissen.

Telemedizin wird definiert als die Nutzung von ⇒ *Informations- und Kommunikationstechnologie* (⇒*Telematik*) zur Erbringung und Unterstützung der medizinischen Versorgung bei räumlich getrennten Teilnehmern („Telemedicine is the use of information and telecommunication technologies to provide and support health care when distance separates the participants“).[3318] Der Begriff ist breiter gefasst als ⇒*Gesundheitstelematik* und bezeichnet den konkreten Einsatz von ⇒ (*Gesundheits-*) *Telematik*-Anwendungen zur Erbringung medizinischer Leistungen[3319] (medizinische Diagnostik und Behandlung sowie Datenarchivierung)[3320] bei denen die Anwendung von Telekommunikationsmitteln zur Echtzeit-Überbrückung von Raum und Zeit[3321] in Verbindung mit Methoden der Informatik zum Austausch von Daten, Informationen und Wissen zwischen Patienten, Leistungserbringern, der Gesundheitsverwaltung sowie Anbietern von Produkten und Dienstleistungen im Vordergrund steht.[3322]

Durch Vernetzung von Universitätskliniken, kommunalen Krankenhäusern und niedergelassenen Ärzten können individuelle Kenngrößen (z. B. Röntgenbilder, Langzeit-EKG) abgerufen werden. Die **Telemedizin** soll dazu beitragen, die Informations- und Datenflut in Diagnostik und Therapie zu bewältigen und gleichzeitig die Effizienz und Effektivität der medizinischen Versorgung zu erhöhen. Ein Beispiel aus der telemedizinischen Praxis ist das Telescreening für die diabetische Retinopathie (Netzhauterkrankung als Spätfolge des Diabetes mellitus mit etwa 1.000 Erblindungen je Jahr in Deutschland).[3323]

Telepflege

Telepflege ist ein Unterfall von ⇒*Telehealth* und erfasst die Pflege der Patientengesundheit zur Vorbeugung von Erkrankungen, zur Überwachung chronischer Beschwerden bzw. zur Nachbereitung/Nachsorge nach einer stationären Behandlung. In der angloamerikanischen Literatur wird sie häufig als Telenursing oder Telecare bezeichnet.[3324] Sie ist nicht ganz trennscharf von der *Telemedizin* abzugrenzen. Im Gegensatz zur ⇒*Telemedizin* geht es hierbei jedoch nicht primär um die Behandlung, sondern um die Vorbeugung von Krankheiten bzw. deren erforderliche Überwachung und (Nach-)Behandlung. Während beispielsweise bei Diabetikern die Gabe von Insulin die übliche Behandlung ist, dient die Telepflege dazu, die Umstände der alltäglichen Insulingabe zu überwachen und so eine bessere Einstellung der Patienten zu erreichen, die stationäre Klinikaufenthalte, ambulante

3318 *Bahlo* in Dierks/Feussner/Wienke, Telemedizin - Chancen und Risiken aus Sicht des Patienten, 125 unter Verweis auf M. J. Field, Telemedicine: A guide to accessing telecommunications in health care, 1996; vgl. auch die Definition in den Einbecker Empfehlungen der *Deutsche Gesellschaft für Medizinrecht (DGMR)*, MedR 1999, 557f: „Telemedizin ermöglicht oder unterstützt in Überwindung räumlicher Entfernungen medizinische Dienstleistungen durch die kombinierte Anwendung von *Tele*kommunikation und Infor*matik* (Telematik)“; *Dierks*, DuD 2006, 142.

3319 *Dierks*, DuD 2006, 142;*Hanika*, Notfall & Rettungsmedizin 2003, 272 mwN; *Hanika*, PflR 2003, 485.

3320 Bibliographisches Institut & F. A. Brockhaus AG, Brockhaus-Wissen; Hanika, PflR 2003, 485.

3321 *Warda/Noelle*, Telemedizin und eHealth, 23; *Hanika*, PflR 2003, 485.

3322 *Frost*, Gesundheitstelematik, Telemedizin.

3323 Bibliographisches Institut & F. A. Brockhaus AG, Brockhaus-Wissen.

3324 *Hanika*, PflR 2003, 486; vgl. dazu ferner *Frost*, Gesundheitstelematik, Telemedizin, 173.

Hausbesuche sowie ein Auftreten von Beschwerden insgesamt deutlich reduzieren kann und soll.[3325] Anwendungen der **Telepflege** sind die digitale Hauspflege (Home Care) und die Telerehabilitation, die Übergänge zum eher der ⇒*Telemedizin* zuzuordnenden Home Monitoring sind jedoch fließend.

Teleüberwachung / Telemonitoring

Teleüberwachung bezeichnet die fortlaufende Messung oder Ermittlung von für den Verlauf einer Erkrankung relevanten Parameter und deren kontinuierliche oder bedarfsgemäße Übertragung,[3326] durch welche Personen ortsunabhängig überwacht werden (Wireless Monitoring), so dass bei kritischen Situationen interveniert werden kann.[3327] **Teleüberwachung** stellt im Gesundheitswesen eine Form der ⇒*Telemedizin* dar und ist dort dem übergeordneten Bereich der ⇒*Gesundheitstelematik* zuzuordnen. Beispielhafte Anwendung ist die Überwachung von Biosignalen (z. B. EKG) bei Risikopatienten,[3328] wofür sich die Begriffe ⇒*Home Monitoring* oder ⇒*Home Care*[3329] eingebürgert haben. Ziel einer Teleüberwachung ist es, Patienten aus einer erforderlichen stationären Überwachung in ihre gewohnte Umgebung zu entlassen, ohne die Überwachung abzubrechen, sondern diese auch dort aufrechtzuerhalten.

Ubiquitous Healthcare

Ubiquitous bedeutet übersetzt „allgegenwärtig", **Healthcare** steht für „Gesundheitspflege". Eine mögliche Übersetzung von **Ubiquitous Healthcare** wäre somit „allgegenwärtige Gesundheitspflege". Ermöglicht wird diese durch eine immer stärkere Durchdringung des Alltags mit kleinen Computern, Sensoren und „intelligenten" Objekten („Smart Objects"), ⇒*Pervasive Computing*. Ubiquitous Healthcare umfasst die verschiedensten Formen der Pflege und Versorgung von Patienten und ist nicht auf bestimmte Techniken und Anwendungen beschränkt. Im Vordergrund steht derzeit nicht die Behandlung von Krankheiten, sondern die Gesundheitspflege, d. h. eine Förderung der Gesundheit, z. B. durch entsprechende Überwachung von Vitalparametern. **Ubiquitous Healthcare** ist somit dem übergeordneten Bereich ⇒*Telehealth* zuzuordnen. Eine Hauptanwendung im Bereich der allgegenwärtigen Gesundheitspflege ist die ⇒*Teleüberwachung*, welche auch als ⇒*Home Monitoring* oder ⇒*Home Care* bezeichnet wird.

Wi-Fi

WiFi oder **Wi-Fi** steht für Wireless Fidelity. Dieser einprägsamere Ausdruck wurde in Anlehnung an „HiFi" (High Fidelity) von der Industrie geprägt. Wi-Fi wird insbesondere in den USA häufig – fälschlicherweise – als Synonym für **WLAN** verwendet. Der Zusammen-

[3325] *Hanika*, PflR 2003, 486ff.
[3326] *Dierks*, DuD 2006, 145.
[3327] Enger und nur den medizinischen Bereich erfassend *Haas*, Bundesgesundheitsbl 2005, 771.
[3328] *Dierks*, DuD 2006, 145.
[3329] *Bludau/Bludau*, Dtsch Ärztebl/PC 3/2002, 22.

schluss von über 200 Herstellern von WLAN-Geräten nennt sich daher auch „WiFi Alliance“.[3330] Die WiFi-Allianz stellt sicher, dass unterschiedliche WLAN-Geräte auch unterschiedlicher Hersteller problemlos miteinander kommunizieren können.

WLAN

WLAN oder **W-LAN** steht für Wireless LAN (Local Area Network) und bezeichnet ein auf Funk aufbauendes Netzwerk, basierend auf dem Standard des IEEE (Institute of Electrical and Electronics Engineers)[3331] Nr. 802.11. Die benutzten Frequenzen des so genannten ISM-Bandes (Industrial-Scientific-Medical) zwischen 2,4 und 2,4835 GHz sind nicht genehmigungs- oder kostenpflichtig, was zu einer rasanten, weltweiten Verbreitung gerade auch im privaten Umfeld geführt hat.

3330 http://www.wi-fi.org/OpenSection/why_Wi-Fi.asp?TID=2.
3331 http://www.ieee.org/portal/site.

10 English Summary

This paper by Attorney-at-Law Sascha Theissen was accepted as a dissertation in the winter semester 2008 / 2009 by the Faculty for Information Technology of Karlsruhe University (*Universität Fridericiana zu Karlsruhe*). It is an interdisciplinary study of legal, technical and organisational risks relating to information and communication technology (ICT) implants and their defence in the world of ubiquitous computing.

The following is a short summary of the main content of the study.

By using 45 nm process technology to increase capacity microelectronics facilitate the integration of sensors, processing units and communication interfaces, such as wireless LAN, Bluetooth and UMTS in the smallest chips. The μ chip from Hitachi on RFID basis is only 0.4 mm² in size and 60 microns thick. The omnipresent networking by mobile phones with Internet connection and GPS receivers is reality. Location-based services (LBS) have long been state-of-the-art technology. Their progress does not stop short of the medical sector. There are already numerous information and communication technology (ICT) implants which make it possible to be part of this worldwide data network when required or even permanently. Instead of the permanent supervision of patients in hospitals the patient can often be supervised and cared for subsequently by means of sensors, measuring appliances and apparatus in the patient's home. Miniature sensors provide vital values measured directly from implants in radio receivers so that the location and the state of health of the patient can be requested at any time by the patient's doctor and medical service providers (home monitoring, health telematics).

Further implants (e.g. the VeriChip) fulfil the function of electronic health cards, serve the purpose of identification or cashless payment and make it possible to establish the residence of the patient (by location-based services). So far this has been used to supervise children, dementia patients or criminals convicted of sexual offences. The integration of biometric identification functions and the relocation of external receivers in the body appear to be desirable and technically possible in the foreseeable future.

This gives rise to potential risks with respect to data protection and data security. So far there has been no publication which explicitly deals with such risks of ICT implants. It is only in the area of ethics that the use of such implants has been discussed by the European Group on Ethics of the European Commission (EGE) and the National Council for Ethics. And yet these risks are not new and do not apply purely to ICT implants. As ICT implants are the epitome of ubiquitous computing the risks in this respect are also relevant to ICT implants. Therefore, previous work in related areas was consulted and their significance for ICT implants investigated. In the case of the latter the problems become much more grave since usual safety functions, such as the deactivation of the RFID by the kill order in retail trade to avoid the traceability of the purchasers or the packing of the biometric pass in an aluminium cover to protect it from illegal readouts, are of course out of the question as far as implants are concerned. There is also always a personal reference - at least potentially - owing to the permanent link of implant and patient which cannot be interrupted.

Risks relating to the right of self-determination owing to the use of personal data, personal security and identity arise from the use of ICT implants. There are threats ranging from a loss of trust and control to dependence on technology and its providers. Instead of the previous largely statistical and less extensive data collections there will be dynamic databases which are fed from omnipresent data sources and are subject to permanent change. For the first time it will be possible to record and supervise conduct fully automatically in certain periods of time. In addition to the risks arising from the technology there is here in particular the danger that the risks associated with such new areas of use will no longer be adequately perceived with the result that a review of the consequences of using the technology will not take place and law and strategies to avoid possible risks are not in place.

ICT implants in omnipresent data processing are developed and used in a number of environments. The first of these is the legitimate interest of the state to want to effectively combat terrorism which leads to the collection, saving and use of data to an extent not previously experienced. This is countered by the legitimate individual interests of the patient to be able to freely develop without the supervision of the state even when ICT implants enable full supervision. By means of numerous security statutes and possibilities of collecting and processing data, such as the provisions relating to dragnet investigations and data retention the legislature has increased the volume of data collected from private and state authorities and has clearly extended its authority to gain access hereto. However, the risks with respect to the private sphere, right of self-determination relating to the use of personal data and the confidentiality and integrity of information technology systems emanate nowadays only partly from the state (keyword: internal security) as the epitome of Orwell's "*Big Brother*". A further new factor is in particular the collection and processing of data by private companies, known as "*Little Brothers*". This is in comparison to the collection and processing by the state and is even more extensive. This development has increased considerably and is penetrating more and more spheres of life, purely based on the fact that the new technology makes many things more useful, more comfortable, simpler and more cost-effective. The legislature has been remarkably passive specifically as regards this development when the drafting and issuing legislation which could guarantee the safe use of this technology.

There is no question of waiving or deactivating the electronics as a way out of this problem of supervision as far as implants are concerned. Despite cash payments, the refusal to shop online and mobile telephones the wearer of an ICT implant can be traced around the clock. As the wearer of an implant one can potentially become a transparent human being. Every step, every meeting with third parties, every visit to specific places (e.g. a mosque or synagogue, visiting the Oktoberfest in Munich, a demonstration) can be registered. Detailed profiles can be prepared and conclusions be drawn by using data mining tools. Religious affiliation, political convictions, visits to doctors and the identity of friends and acquaintances become publicly accessible.

This can have huge implications, for example if an insurance company or an employer learns of a visit to a psychiatrist or a job interview with a competitor. Parents can easily recognise and forbid undesired contact with children based on the presence of other persons at the same place and with the same pattern of movement. There are hardly any technical limits to prevent both state and private parties from supervising individuals.

This dissertation therefore explores the principal basic rights of the parties affected by data-processing and those of the parties processing the data and which requirements arise herefrom with respect to the protection of the party involved. It also investigates in detail the implications of the "new" basic right to the guarantee of confidentiality and integrity of information technology systems.

Previous measures to defend risks by means of existing ordinary statutes are then explained in the light of the protection offered and the risks either pending or existing. Thereby, it illustrates the conceptual weaknesses of the provisions with respect to the use of ICT implants and also looks at the problems in detail.

Key points here are of the lack of suitability of the link of all requirements to a personal reference which does not cover the increase in data in the case of ICT implants which initially only has potentially, but not actually, a personal reference. The guarantee of transparency required will be faced with considerable difficulties if countless processes are to take place unnoticed. This makes it more difficult to comply with the rights of the patients, a prerequisite for which is a knowledge of the data, the processing thereof and the possibilities of using it. The principles of specific purpose and data economy do not apply either inherent in the system if implants are used to support the individual with respect to comprehensive collection of data. The division between public and non-public areas with the privileged status of private data processing has also been overtaken by the most extensive data processing by private parties and access by the state hereto. Furthermore, data protection law does not meet the requirements of technology. This is evident from the provision in § 6 c of the German Data Protection Act in which a special provision is included to defend risks relating to data-processing on smart cards. However, this provision does not apply to RFID implants which have an UID which is only linked in the background databases with further information. It is very unfortunate that several statutes apply to LBS depending on structure. The study therefore concludes that the ordinary law data protection for ICT implants frequently does not apply and contains only inadequate provisions for many problems which furthermore are distributed among the numerous ordinary law statutes and therefore are confusing and ineffectively drafted. The government bill published in December 2008 relating to an amendment to data protection provisions can only remedy the details of individual weak points but does not remedy either the conceptual weaknesses listed above or the details of many further weaknesses.

The dissertation therefore concludes with proposals which are supposed to provide the protection required by the parties involved again. The protection concept illustrated is based on four pillars, data protection by process management, data protection by technology, data protection by law and data protection by competition. Thereby, particular attention is paid to the possibilities of the technical implementation of data protection, e.g. by privacy enhancing technologies (PET) such as identity management systems, privacy DRMs and biometric encryption and its significance for ICT implants. It is important that data protection in future is taken into account and implemented at the design stage of ICT implants and its associated telematics applications in order to exclude many of the pending risks and to take into account the principles of case law of the Federal Constitutional Court.

A pre-requirement for this is a data protection law which provides the conditions for data protection by technology by sanctioning it and providing implementable duties and offering motivation for its implementation. Added value for the data protection of individual can only be achieved by cross-discipline cooperation between information technology and law.

What is required in particular is a logical implementation of the principle of precaution, a reinforcement of supervision, control and sanctioning of breaches by state bodies, supplemented by the increased possibilities of self protection, including the effective legal prosecution by private parties. As abuse can be sanctioned by the prohibitions but not prevented this must in particular be reduced by requirements made of the architects of the technology by rendering information technology systems in future in their default status as "safe" in accordance with the respective state-of-the-art technology with respect to science and technology. Only technological safeguarding and other technical and legal implementation of data protection requirements, in particular specific purpose, data economy and deletion will continue to guarantee the basic rights of the parties involved with respect to ubiquitous computing. In order to restore the required data protection the privileged status of private data processing and its clear limitation must be abolished. This is also permitted under constitutional law. It is particularly important that the Federal Constitutional Court increasingly understands the basic rights within the meaning of a warranty guarantee and thereby issues the clear order to the legislature to secure data protection, confidentiality and integrity of information technology systems including such with respect to private persons in the form of suitable measures, for example in civil and criminal law. In view of the status of IT security accurately analysed by the Federal Constitutional Court and of the very restricted possibilities of self protection, self-regulation by the branch to achieve the minimum of protection is not possible. Instead this is the task of the legislature.

However, the manufacturers must also be included. Data protection by competition can be promoted by a certificate in particularly exemplary guarantees. The government bill can at least satisfy the basic requirement by issuing a data protection audit act. However, there is still a wide area to promote data protection through competition as yet unexplored, for example on the basis of the lack of introduction of strict liability (which can be insured).

As data protection does not stop at the borders of national states supranational regulations are also required which can be effective far beyond the EU owing to market factors, similar to the RoHS Directive.

Nevertheless, the solutions proposed constitute conditions which are necessary but not yet adequate with respect to the guarantee of self-determination owing to the use of personal data if ICT implants are used across the board. These suggestions must be supplemented by an explanation to the parties involved relating to the chances and risks of ICT implants and the requirement of compliance with data protection rules. The public at large must be made aware that the self-determination owing to the use of personal data is a high-value good which is at risk and which must be protected. This applies in particular to the risk potential caused by the process of the data by private parties. Without this knowledge and the support of many in this respect there will probably not be enough political will to implement this. The parties involved must themselves become active and may not rely entirely on the state.

Effective data protection with respect to the use of ICT implants does not sell itself. However, this dissertation does illustrate possible solutions through which the potential associated with and hoped for from ICT implants could be realised without renouncing the basic right to self-determination owing to the use of personal data, if legal provisions on a supranational level, suitable requirements of the architects of the technology, market motivation and legal requirements are combined. As far as is currently known, there are no insurmountable technical or actual hurdles which would prevent safe independent use in compliance with data protection law with the assistance of identity management systems or electronic agents. Data protection through technology is possible as a matter of principle. However, there are many open issues with respect to the specific design of such systems and the implementation thereof is awaited. A further purpose of this dissertation is to promote discussion and to highlight, not just for the benefit of lawyers but also for technical experts, engineers and other architects of technology and users of technology, the data protection law principles to be complied with and to show means and ways in which these can be and must be effectively implemented.